D1198991

Diccionario Bíblico Conciso Holman

Diccionario
Bíblico Conciso
Holman

Diccionario Bíblico Conciso Holman
© 2011 por Broadman & Holman Publishers
Todos los derechos reservados

Publicado por
Broadman & Holman Publishers
Nashville, Tennessee 37234

ISBN 978-0-8054-9574-4

Impreso en los Estados Unidos de América
1 2 3 4 5   15 14 13 12 11

Cómo usar este diccionario

La mayoría de quienes enseñan la Biblia estará de acuerdo en que un diccionario bíblico es la primera herramienta de consulta que debiera adquirir quien desea estudiar las Escrituras. Tener un diccionario bíblico y una Biblia le ayudará a empezar a descubrir los tesoros de la Palabra de Dios. Él inspiró cada uno de los libros que conforman la Biblia, y permitió que tuviéramos acceso a ellos a fin de que los creyente en Cristo pudiéramos crecer en nuestra fe.

Hay diccionarios bíblicos de todos los tamaños. El *Diccionario Bíblico Conciso Holman* logra el perfecto equilibrio entre una obra demasiado breve y otra con una abrumadora cantidad de información.

El *Diccionario Bíblico Conciso Holman* es sumamente completo en el espectro de temas que cubre, pero los artículos se han pensado y diseñado para aquellos que desean un pantallazo sobre personajes, lugares o conceptos bíblicos.

Si usted está estudiando un libro de la Biblia, tal vez le convenga comenzar por leer el artículo que le da una perspectiva general y amplia de ese libro. Luego, entonces, podrá tomar nota de las palabras que se hallan en el pasaje a estudiar y sobre las que usted desee más información. Es muy probable que encuentre uno o más artículos que le ayuden a entender esos temas.

Si está realizando un estudio temático, sería aconsejable que haga una lista de las palabras relacionadas con ese tema, y que luego las busque en este diccionario. Hallará artículos sobre cada una de las principales doctrinas de la fe cristiana.

Uno de los aspectos únicos del *Diccionario bíblico Conciso Holman* al compararlo con todos los diccionarios existentes, es la amplia gama de artículos sobre temas y cuestiones contemporáneas. Muchos de esos temas no se mencionan en la Biblia con el nombre con que los conocemos hoy, pero en la Biblia Dios nos ha dejado principios que se aplican a cuestiones y situaciones del siglo XXI. Temas tales como:

Aborto	Drogas
Abuso de menores	Mantenimiento artificial de la vida
Anticonceptivos	SIDA
Carrera profesional	Suicidio asistido
Defectos congénitos	Tarjetas de crédito

Y muchos temas más...

❧A❧

AARÓN Hermano de Moisés; primer sumo sacerdote de Israel de la tribu de Leví; hermano de María. Ver Ex. 6:16-26. Inició el sistema de sacrificios (Lev. 1-7). Esposo de Elisabet; padre de Nadab, Abiú, Eleazar e Itamar. Los dos primeros murieron cuando ofrecieron sacrificios con fuego que Dios no había ordenado (Lev. 10:1-2). Los dos que siguen iniciaron linaje sacerdotal: (1) Itamar a través de Elí hasta Abiatar, y (2) Eleazar hasta Sadoc (1 Sam. 14:3; 22:20; 1 Rey. 2:26-27; 1 Crón. 6:50-53).

Aarón comenzó el sacerdocio formal de Israel (Ex. 28-29; Lev. 8-9), ofreció sacrificios por sus propios pecados (Lev. 16:11) y luego por los de otros; fue un símbolo o tipo del sacerdote perfecto (Sal. 110:4, donde al rey futuro se lo describe como sacerdote eterno; comp. Zac. 6:11-15).

Aarón fue vocero de Moisés ante Faraón, y extendió la vara de Moisés a fin de traer las plagas de Dios sobre la tierra (Ex. 7:9,19). Él y Hur ayudaron a Moisés a sostener en alto la vara, símbolo del poder de Dios, a fin de que Israel venciera a los amalecitas (Ex. 17:12). En Sinaí, Aarón y sus dos hijos mayores, Nadab y Abiú, subieron al monte con Moisés y 70 ancianos para establecer el pacto (Ex. 24:9). Como Moisés se demoraba en el monte, el pueblo le pidió a Aarón: "haznos dioses" (Ex. 32:1). Aarón hizo un becerro y aparentemente dirigió al pueblo para adorar al ídolo. En Núm. 12 él y María hablaron contra el matrimonio de Moisés con la mujer cusita (etíope), y con celos murmuraron contra lo que había elegido Dios. Aarón confesó su pecado y rogó que hubiera misericordia para María. Cuando Coré, Datán y Abiram se opusieron a Moisés y Aarón, la intercesión de Aarón detuvo la plaga (Núm. 16). Más tarde Dios vindicó el liderazgo de Aarón (Núm. 17). En Cades, Aarón y Moisés pecaron al tomar el poder de Dios para sí mismos (Núm. 20:7-13). Fue así que ni a Aarón ni a Moisés se les permitió entrar en la Tierra Prometida. Aarón murió en el monte Hor a los 123 años (Núm. 20:23-28).

AARÓN, VARA DE Instrumento que usó Aarón para demostrar a Faraón que el Dios de los hebreos era el Señor. Se convirtió en serpiente cuando fue arrojada al suelo (Ex. 7:8-13), causó las primeras tres plagas (Ex. 7:19-20; 8:5-7,16-19), y se la usó para golpear las rocas en Horeb y Cades a fin de que produjeran agua (Ex. 17:1-7; Núm. 20:7-11). Después de la rebelión de Coré (Núm. 16:1-50), la vara de Aarón reverdeció y produjo almendras —señal divina de que la casa de Aarón serviría a Dios en el tabernáculo, lugar en que se colocó la vara (Núm. 17:1-11; comp. Heb. 9:4).

AB Quinto mes en el calendario religioso judío, correspondiente al undécimo mes en el calendario cívico hebreo y a porciones de julio y agosto.

ABADÓN (*"perecer"*) Lado oscuro de la existencia más allá de la muerte; paralelo al Seol y a la muerte (Job 26:6; 28:22; 31:12; Prov. 15:11; 27:20; Sal. 88:11). Nombre hebreo (Apoc. 9:11) del ángel del abismo, cuyo nombre griego era Apolión. Ver *Infierno.*

ABANA Moderno río Barada que fluye desde el monte Hermón a través de Damasco en Siria (2 Rey. 5:12).

ABARIM Cadena montañosa en Moab que incluye el monte Nebo, desde donde Moisés vio la Tierra Prometida (Núm. 27:12; 33:47-48; Deut. 32:49; comp. Jer. 22:20).

ABBA Palabra aramea para "padre" que usó Jesús para hablar de su íntima relación con Dios, una relación que otros pueden tener por medio de la fe (Mar. 14:36; Luc. 11:1-2; Rom. 8:15; Gál. 4:6-7).

ABDÍAS (*"siervo de Yavéh"*) Doce hombres del AT entre quienes se encuentran: (1) Persona encargada del palacio de Acab; intermediario entre Elías y Acab (1 Rey. 18:3-16). Salvó a los profetas de Jehová de la ira de Jezabel. (2) Descendiente de David a través de Hananías (1 Crón. 3:21). (3) Profeta que actuó algún tiempo después que Babilonia tomó a Jerusalén en el 586 a.C.; condenó a Edom por oponerse a Judá. Sus mensajes constituyen el cuarto libro del Libro de los Doce o de los profetas menores.

ABDÍAS, LIBRO DE El cuarto libro (y el más breve) de los profetas menores, que preserva el mensaje del profeta Abdías, poco antes del 500 a.C. Su sección central, versículos 10-14, trata de la caída de Jerusalén en manos de los babilónicos en el 586 a.C., y concentra la atención en el papel que jugó Edom en *ese* trágico evento. A pesar de los vínculos que había de acuerdo a tratados ("hermano," v. 10), los edomitas, junto con otros, no habían ido en ayuda de Judá y aun habían ayudado a Babilonia, saqueando Jerusalén y entregando a los refugiados. Más aún, los edomitas anexaron el Neguev al sur de Judá, y aun el territorio al sur de él (comp. v. 19).

La profecía de Abdías fue la respuesta a una implícita oración de lamento, por ejemplo Sal. 74,79 o 137, en la cual Judá apeló a Dios para que actuara como Juez y Salvador. Los versículos 2-9 dan el veredicto divino. Dios prometió derrotar a esos superhombres y derribar su capital en la montaña, la cual reflejaba un altivo engreimiento de parte de ellos. Sus aliados los traicionarían, y ni su maquinada sabiduría ni sus guerreros podrían salvarlos. Esto parece ser una temerosa mirada hacia el futuro, a la infiltración de los nabateos desde el desierto del este y su eventual toma del territorio tradicional de Edom.

El catálogo de los crímenes de Edom (vv. 10-14) funciona como la acusación que garantizó el veredicto de castigo por parte de Dios. El pensamiento subyacente es que Judá había sido la víctima del "día de Jehová" cuando Dios intervino en juicio (vv. 15,16; comp. Lam. 1:12; 2:21). El día de Jehová abarca no sólo al pueblo de Dios sino también a sus no menos malvados vecinos. La caída de Edom iba a detonar este evento escatológico, en el cual se restauraría el orden en un mundo rebelde. Luego entonces vendría la vindicación del pueblo de Dios, no por sus propios méritos sino como testigos terrenales de la gloria de Dios; y así "el reino será de Jehová" (v. 21). El propósito de Abdías es sostener la fe en el gobierno moral de Dios, y la esperanza en el triunfo final de su justa voluntad divina.

ABED-NEGO Nombre babilónico (Dan. 1:7) de Azarías, joven hebreo que junto con Daniel fue enviado a servir en la corte de Nabucodonosor, y a quien Dios libró del horno de fuego (Dan. 2:48-3:30).

ABEL (*"aliento, vapor, pradera"*) Hijo de Adán y Eva; primer pastor; primera persona que adoró a Dios en forma correcta (Gén. 4; Heb. 11:4; 12:24); primer ser humano que murió. Abel hizo su ofrenda con la actitud correcta y de la manera apropiada. Los celos llevaron a su hermano Caín a matar a Abel.

ABEL-BET-MAACA La moderna Abil el-Oamh, 19 km (12 millas) al norte del lago Huleh cerca de Dan; en un tiempo fue parte de Maaca, ciudad-estado aramea (2 Sam. 10:6; 20:1-22; 1 Rey. 15:20; 2 Rey. 15:29). Una ciudad con sólidas tradiciones israelitas, conocida por sus personas sabias.

ABÍAS (*"mi Padre es Yavéh"*) (1) Segundo hijo de Samuel cuyas malas acciones como juez llevaron a Israel a pedir un rey (1 Sam. 8:2-5). (2) Hijo de Jeroboam, primer rey del reino del norte. Murió conforme a la profecía de Ahías (1 Rey. 14:1-18). (3) Hijo de Roboam a quien se conocía por su numerosa familia (2 Crón. 13:21); segundo rey del dividido reino del sur (915-913 a.C.); antepasado de Jesús (Mat. 1:7). (4) Sacerdote líder durante el regreso del exilio (Neh. 12:4); luego una familia sacerdotal (Neh. 12:17) a la que pertenecía Zacarías, padre de Juan el Bautista (Luc. 1:5).

ABIATAR (*"padre de abundancia"*) Hijo de Ahimelec, el undécimo sumo sacerdote que sucedió a Aarón; sobrevivió la matanza de los sacerdotes en Nob (1 Sam. 22); se convirtió en sumo sacerdote y consejero de David (1 Sam. 23:6,9; 30:7; 2 Sam. 2:1; 5:19); junto a Sadoc, responsable de llevar el arca a Jerusalén (1 Crón. 15:11,12; 2 Sam. 15:24). Fiel a David durante la rebelión de Absalón (2 Sam. 15). Tiempo después apoyó a Adonías y no a Salomón (1 Rey. 1:7). Éste lo destituyó del sacerdocio y lo desterró a Anatot, su pueblo natal, cumpliéndose así la profecía hecha a Elí (1 Sam. 2:31-35). Ver *Sacerdotes; Levitas.*

ABIB Mes de la siega; incluía partes de marzo y abril; tiempo del éxodo de Egipto (Ex. 13:4) y la fiesta de la Pascua (Ex. 23:15; 34:18; Deut. 16:1); más adelante recibió el nombre de Nisán (Est. 3:7). Ver *Calendarios.*

ABIGAIL (*"mi padre se regocijó"*) (1) Esposa de Nabal, y luego de la muerte de éste, de David; alabada por su sabiduría en contraste con Nabal. Ella impresionó a David con su belleza, humildad, alabanza y consejo (1 Sam. 25:32-33). Nabal murió de un ataque cardíaco. Ver 1 Sam. 30:1-18. (2) Hermana de David y madre de Amasa (1 Crón. 2:16-17), comandante del ejército de David (2 Sam. 17:25).

ABILINIA Región montañosa en el gobierno del tetrarca Lisanias al comienzo del ministerio de Juan el Bautista (Luc. 3:1,7). Situada aprox. 29 km (18 millas) al noroeste de Damasco en las montañas Antilíbano. Su capital era Abila. En el año 37 d.C. Abilinia pasó a estar bajo el control administrativo de Herodes Agripa I. Luego fue parte del reino de su hijo, Agripa II.

ABIMELEC (*"mi padre es rey"*) (1) Rey de Gerar que tomó a Sara para sí pensando que era hermana y no esposa de Abraham (Gén. 20). (2) Probablemente el mismo que en *1*, un rey que disputó la propiedad de un pozo de agua en Beerseba con Abraham y luego hizo un pacto con él (Gén. 21:22-34). (3) Rey de los filisteos en Gerar emparentado con *1*, o tal vez el mismo. Isaac vivió bajo su protección y con temor hizo pasar a Rebeca, su esposa, como su hermana (Gén. 26). (4) Hijo de Gedeón, el juez de Israel (Jue. 8:31). Tomó el poder a la muerte de su padre, matando a sus hermanos y haciéndose nombrar rey por sus parientes en Siquem. Esto dio lugar a la famosa fábula de Jotam (Jue. 9:7-21).

ABIRAM (*"mi padre es exaltado"*) (1) Líder de la rebelión contra Moisés y Aarón en busca de autoridad sacerdotal. Dios hizo que la tierra se abriera y se tragara a los rebeldes (Núm. 16;

26:9-11). (2) Hijo de Hiel. Este reedificó Jericó a precio de la vida de Abiram, cumpliendo así la advertencia de Josué (1 Rey. 16:34).

ABISAG (*"mi padre se desvió"* o *"es vagabundo"*) Joven virgen de Sunem que fue llevada a la cama de David en los últimos días de éste para abrigarlo (1 Rey. 1:1-4; 2:17).

ABISMO Lugar oscuro de los muertos (Rom. 10:7). Abadón rige el abismo (Apoc. 9:11), desde donde surgirá la bestia del fin de los tiempos de Apocalipsis (11:7). La bestia del abismo enfrentará la destrucción definitiva (Apoc. 17:8). Satanás será atado allí durante el milenio (Apoc. 20:1-3). Ver *Hades; Infierno; Seol.*

ABIÚ (*"mi padre es él"*) Segundo hijo de Aarón; uno de los primeros sacerdotes de Israel (Ex. 6:23; 28:1). Vio a Dios (Ex. 24). Él y su hermano Nadab ofrecieron "fuego extraño" ante Dios (Lev. 10:1-22). Ver *Sacerdotes.*

ABLUCIONES Lavados ceremoniales para purificación antes de la adoración. Parte del trasfondo del bautismo del NT. Los lavados del AT limpiaban de la impureza de una condición inferior o no deseada como preparación para el inicio de una condición más elevada y más deseable (Ex. 29:4; 30:19-21; Lev. 8:6; Lev. 11-15; Deut. 21:1-9). A veces las abluciones incluían lavado general o baño completo (Lev. 14:8; 15:5; Núm. 19:7-8).

Las enseñanzas del AT muestran que la meta era la pureza. El lavado externo es solo un símbolo (Sal. 24:4; 51:7; 73:13; Prov. 30:12; Isa. 1:16; 4:4; Jer. 2:22; 4:14; Ezeq. 16:4-9; 36:25-27; Zac. 13:1).

Hebreos 9:10 hace referencia a "varias abluciones" practicadas por los hebreos bajo la ley, pero ya no necesarias porque Cristo "fue ofrecido una sola vez para llevar los pecados de muchos" (9:28).

El único lavado que ordena el NT es el bautismo (Hech. 22:16; 1 Cor. 6:11), que no es eficaz como ritual en sí sino sólo al mostrar la obra de la Palabra de Dios en la persona bautizada (Ef. 5:26; ver Heb. 10:22).

ABNER (*"padre es una lámpara"*) Tío de Saúl y funcionario militar importante (1 Sam. 14:50). A la muerte de Saúl, se puso del lado de Is-boset, hijo de Saúl (2 Sam. 2:8), hasta que fue acusado de traición por tomar una de las concubinas de Saúl (2 Sam. 3:7-8). Abner transfirió su lealtad hacia David. En un rapto de ira mezclada con celos, Joab, general de David, mató a Abner, que fue sepultado en Hebrón (2 Sam. 3). Ver 1 Sam. 17:55-58; 20:25; 26:5,14-15.

ABOGADO Uno que intercede por otro; Cristo intercediendo ante el Padre en favor de los pecadores. El concepto de abogado aparece en Gén. 18:23-33; Ex. 32:11-14; 1 Sam. 7:8-9; Job 16:19; Jer. 14:7-9,13,19-22; Amós 7:2,5-6. Los traductores a veces usan "abogado" para expresar la idea del griego *parakletos* (1 Juan 2:1), una palabra que además se encuentra sólo en Juan 14:16,26; 15:26; 16:7 para referirse al Espíritu Santo. Ver *Consolador; Espíritu Santo.*

ABOMINACIÓN, ABOMINACIÓN DESOLADORA Algo detestable para Dios, especialmente con relación a la idolatría; aquello que se vuelve odioso, despreciado u odiado, como el agua contaminada por peces muertos (Ex. 7:18; ver 1 Sam. 13:4; Luc. 16:15; Apoc. 21:27); no puede ser aceptado en adoración ni comido (Lev. 11; ver 7:18; Deut. 29:17); adoración, prácticas culturales y morales ofensivas, tales como la homosexualidad (Lev. 18:22); para los egipcios, comer con extranjeros (Gén.43:22); y particularmente dioses extraños (Ezeq. 6:11).

"Abominación desoladora" es un término especial en Dan. 9:27; 11:31; 12:11; Mat. 24:15; Mar. 13:14; Luc. 16:15; Apoc. 17:4,5; 21:27. Daniel 9:27; 11:31 y 12:11 ofrecen evidencia de un ídolo o altar pagano que iba a profanar el santo templo en Jerusalén. Aparentemente es tanto una referencia histórica —podría ser la construcción de un altar a Zeus por parte de Antíoco Epifanes en Jerusalén en el 167 a.C.—, como también una referencia escatológica. Jesús al menos hizo una indicación a la destrucción de Jerusalén por parte de Roma en el 70 d.C., y posiblemente más futura al fin de los tiempos.

ABORRECER Tener una fuerte reacción negativa hacia alguien a quien se considera enemigo; también amar a alguien menos que a otro. Conflicto. Celos y envidia a menudo dan como resultado animosidad, separación venganza y hasta asesinato (Gén. 26:27; 27:41; Jue. 11:7; 2 Sam. 13:15,22). Algunas leyes judías tratan específicamente con el odio o el favoritismo (Deut. 19:11-13; 21:15-17; 22:13-21).

Se condena el aborrecer a otros y se anima a que amemos a nuestros enemigos (Lev. 19:17; Mat. 5:43-44). La vida de pecado está caracterizada por el odio (Gál. 5:19-21; Tito 3:3; 1 Juan 2:9,11).

Jesús tenía conocimiento de una tradición donde se mandaba aborrecer a los enemigos (Mat. 5:43). Los rollos del mar Muerto indican que los esenios en Qumrán practicaban el odio hacia los enemigos, pero se oponían a la represalia. Jesús hizo énfasis en amar a los enemigos y hacer bien a quienes nos aborrecen (Luc. 6:27). Los creyentes deben odiar o aborrecer todo aquello que se opone a Dios,

para así reflejar que uno está de acuerdo con la oposición de Dios hacia la maldad (Sal. 97:10; 139:19-22; Prov. 8:13; 13:5; Amós 5:15).

Los discípulos de Jesús debían "aborrecer" a sus familias para entonces seguir a Cristo (Luc. 14:26), es decir, establecer conscientemente prioridades del reino por sobre prioridades de la familia; debían amar a la familia menos de lo que amaban a Jesús (Mat. 10:37). De la misma manera, uno debe aborrecer la vida personal a fin de obtener vida eterna (Juan 12:25). Los discípulos iban a ser odiados y aborrecidos así como el mundo aborrecía a Jesús (Juan 15:18-24; 17:14; 1 Juan 3:13). Cerca del fin de los tiempos habría odio y persecución (Mat. 24:9). Jesús animó a sus discípulos a regocijarse cuando esto ocurriera (Luc. 6:22-23).

La gente a veces aborrece a Dios (Sal. 68:1; 81:15) y a su pueblo. Estos enemigos de Dios habrán de ser castigados. Dios es amor (1 Juan 4:8), pero el Dios santo y celoso también aborrece el pecado (Prov. 6:16-19; 8:13; Mal. 2:16). Dios aborrece la idolatría (Deut. 12:31) tanto como la adoración hipócrita de los hebreos (Isa. 1:14; Amós 5:21). Él desea que el pecador se arrepienta (Ezeq. 18:32). Algunos textos dejan implícito que el aborrecimiento de Dios está dirigido principalmente a las acciones pecaminosas antes que a personas pecadoras (Heb. 1:9; Apoc. 2:6).

El odio o aborrecimiento de Dios es una fuerte reacción moral contra el pecado, por lo general más afín al concepto de amar menos. Que Dios aborreciera a Esaú (Mal. 1:2-5; Rom. 9:13) hace énfasis en la libertad divina de elegir, no en una reacción emocional. Ver *Enemigo; Amor; Ira.*

ABORTO La Biblia otorga gran valor a toda la vida humana, incluyendo la vida del niño por nacer. La enseñanza bíblica declara que la vida es un don sagrado dado por Dios (Gén. 1:26-27; 2:7; Deut. 30:15-19; Job 1:21; Sal. 8:5; 1 Cor. 15:26), especialmente la vida de los niños (Sal. 127:3-5; Luc. 18:15-16), y condena a aquellos que quitan la vida (Ex. 20:13; 2 Rey. 8:1-13; Amós 1:13). Dios controla el desarrollo de la vida del niño no nacido (Job 31:15; Sal. 139:13-16; Ecl. 11:5; Isa. 44:2; 46:3; 49:5; Jer. 1:5; Luc. 1:15; Gál. 1:15). Oseas 9:11 da a entender que la vida comienza en la concepción, mientras Luc. 1:41,44 reconoce la conciencia que tiene un niño por nacer.

El alto valor que da la Biblia a la vida humana del niño por nacer es congruente con la ley mosaica en relación con el aborto por negligencia (Ex. 21:22-25). Esta ley se puede comparar con estatutos similares en el Código de Hammurabi (N° 209-214), donde el castigo por actos de negligencia que dieran como resultado el aborto por parte de la mujer, dependía del nivel legal o social de la madre, no de que el niño por nacer fuera (o no fuera) una persona. La ley N° 53 de Asiria Media (siglo XII a.C.) convirtió en ofensa capital el aborto inducido.

ABRAHAM (*"padre de una multitud"*) Primer patriarca hebreo; hijo de Taré (Gén.11:27); ejemplo supremo de fe; amigo de Dios "para siempre" (2 Crón. 20:7).

Dios llamó a Abram a que viajara de Ur de los caldeos a Canaán, y le aseguró que sería el padre de una gran nación. La belleza de Sarai, su esposa, atrajo al faraón cuando se trasladaron a Egipto durante una hambruna (Gén. 12:10), pero Dios intervino para salvarla (comp. Gén. 20:12). Al regresar a Palestina Abram recibió promesas de Dios a través de un pacto (Gén. 15; 17). Tuvo un hijo, Ismael, con Agar, la sierva de Sarai. Sara tuvo su hijo tan largamente esperado cuando Abra-

ham tenía 100 años. Ismael y su madre fueron expulsados al desierto de Parán. Dios probó la fe y la obediencia de Abraham ordenándole que sacrifique a Isaac. Sin embargo, Dios proveyó un sacrificio alternativo y salvó la vida del muchacho.

En su vejez Abraham se volvió a casar y tuvo más hijos, hasta que murió a los 175 años de edad.

Luego Dios fue conocido como el Dios de Abraham (Ex. 3:6). A través de él Dios había revelado su plan para la salvación humana (Ex. 2:24; comp. 32:13; 33:1).

Juan mostró que pertenecer a la descendencia de Abraham no garantizaba salvación (Mat. 3:9; ver Luc. 19:9; Juan 8:39; Rom. 9). Los extranjeros se unirían a él en el reino (Mat. 8:11; comp. Luc. 16:23-30).

Para Pablo, Abraham fue el más grande ejemplo de fe (Rom. 4; Gál. 3). En Hebreos, Abraham proporcionó el modelo para el diezmo (Heb. 7) y tuvo un rol prominente en la lista de la fe (Heb. 11). Santiago usó el ejemplo de Abraham para mostrar que la justificación por la fe se demuestra en las obras (Sant. 3:21-24).

ABRAHAM, SENO DE Lugar a donde los ángeles llevaron al mendigo Lázaro cuando éste murió (Luc. 16:22-23). Reclinarse en el seno del anfitrión durante las comidas era el honor más elevado. El mendigo fue consolado luego de morir al serle otorgado el lugar de más íntima camaradería con el padre de toda la nación hebrea. Ver *Cielo*.

ABRAM (*"padre es exaltado"*) Nombre original de Abraham (Gén. 11:26; cambiado en 17:5).

ABRIGO Ver *Ropa*.

ABSALÓN (*"padre de paz"*) Tercer hijo del rey David; se rebeló contra su padre y fue asesinado por Joab, el comandante de David (2 Sam. 3:3; 13-19). El lamento de David por Absalón muestra la profundidad del amor de un padre ante la pérdida de un hijo, y además muestra pesadumbre por fracasos personales que llevaron a tragedias familiares y nacionales.

ABSTINENCIA Refrenarse en forma voluntaria de alguna acción, como por ejemplo comer ciertas clases de comidas o beber bebidas alcohólicas.

Los ejemplos del AT en cuanto a abstinencia se refieren al ayuno, al día de reposo (Ex. 20:8-11), al voto nazareo (Núm. 6) y a leyes sobre comidas (Lev. 11; 19:23-25; Deut. 14). El día de la expiación era el ayuno más prominente en Israel. La observancia del día de reposo y de leyes de alimentos se convirtió en la característica distintiva y hasta singular de los israelitas. Ver *Nazareo*; *Sábado, Sabat, Día de reposo*; *Votos*; *Ayuno*.

Las formas de abstinencia del AT fueron cuestiones de controversia entre Jesús y los líderes religiosos (Mar. 2:18-3:6). Jesús enfatizó la importancia del motivo interno por sobre la observancia externa (Mat. 6:16-18). Pablo estableció el principio de abstenerse de toda actividad que pudiera ofender o hacer tropezar a otro (Rom. 14; 1 Cor. 8).

ABUSO DE MENORES Los incidentes de abuso de niños en la Biblia por lo general comprenden la matanza de niños. Las instancias que se registran de abuso de menores incluyen la muerte de los niños varones israelitas en Egipto (Ex. 1:16-17,22), los niños varones de Belén (Mat. 2:16), los hijos de Mesa (2 Rey. 3:4,27), Acab (2 Rey. 16:3; comp. 2 Rey. 23:10) y Manasés (2 Crón. 33:6), y las hijas de Lot (Gén. 19:8) y Jefté (Jue. 11:30-40). La Biblia reconoce que ciertas acciones pecaminosas pasan de generación en generación (Ex. 34:7).

Ezequiel comparó los orígenes del pueblo de Israel con un bebé abandonado (Ezeq. 16:4-5) que Dios había encontrado y cuidado (Ezeq. 16:6-14). El salmista comparó a Dios con un padre que "se compadece de los hijos" (Sal. 103:13), una enseñanza sobre la que Jesús elaboró al declarar que Dios muestra más amor y preocupación que los padres humanos (Luc. 11:11-13).

Las acciones de Jesús al recibir a los niños (Mar. 10:13-16) ejemplifica el cuidado que padres y maestros deben tener hacia los niños que están bajo su protección. A los padres se los exhorta a no provocar a sus hijos (Ef. 6:4; Col. 3:21), un mandamiento que prohíbe todo tipo de abuso y descuido. Además, los cristianos tienen la responsabilidad de dejar al descubierto y rectificar acciones dañinas para con otros, especialmente personas inocentes y desvalidas (Sal. 82:3-4; Jer. 22:3; Ef. 5:11).

ACAB   *("hermano del padre")* (1) Séptimo rey (874-853 a.C.) del reino del norte; hijo y sucesor de Omri; se casó con la princesa fenicia Jezabel y le construyó una "casa de marfil" (1 Rey. 22:39); incitó la ira de Dios más que cualquier otro rey israelita previo; disfrutó de cierto éxito político y militar, pero transigió espiritualmente y fracasó (1 Rey. 16:30-32; 18:4,19; 21). Acab venció dos veces al rey sirio Benadad, pero murió en la tercera batalla. Una inscripción de Salmanasar III de Asiria dice que Acab proporcionó 2000 carros y 10.000 soldados para la Batalla de Qarqar (853 a.C.).

Acab parece haber adorado a Jehová, Dios de Israel, y a otros dioses. Consultó a los profetas de Jehová (1 Rey. 20:13-14,22,28; 22:8,16), le puso a sus hijos nombres divinos (Ocozías, Joram y Atalía), y no interfirió en la ejecución de los profetas de

Baal después de la contienda en el monte Carmelo (1 Rey. 18:40). La influencia de Jezabel eclipsó a la de los profetas, y Acab se convirtió en un lamentable ejemplo de maldad (Miq. 6:16).

(2) Falso profeta que vivía en Babilonia, profetizó mentiras y fue condenado por Jeremías (Jer. 29:20-23).

ACAD Ciudad famosa de Mesopotamia, gobernada por Sargón I alrededor del 2350 a.C. (Gén. 10:10); se desconoce su ubicación exacta. Le dio el nombre el idioma acadio que se hablaba en Babilonia y Asiria.

ACADIO Primeros invasores semíticos de Mesopotamia de que se tiene conocimiento; idioma que hablaban; idioma internacional de la diplomacia y el comercio en el Cercano Oriente antes del 1000 a.C.; la capital era Acad. Ver Gén. 10:10. Durante el reinado de Sargón el Grande, los acadios conquistaron Mesopotamia y establecieron el primer imperio en la historia del mundo (2360-2180 a.C.).

La lengua semita fue utilizada en inscripciones y documentos cuneiformes a partir del 2400 a.C. Los dialectos acadios se pueden resumir en tres fases: antiguo babilónico y antiguo asirio, aprox. 2000-1500 a.C.; babilónico medio y asirio medio, aprox. 1500-1000 a.C., y neobabilónico, aprox. 1000-100 a.C. y neoasirio, aprox. 1000-600 a.C.

ACÁN (*"problema"*, 1 Crón. 2:7). Hombre de la tribu de Judá (Jos. 7:1) luego de cuyo robo de una porción del botín de Jericó sobrevino la derrota del ejército israelita. Él y su familia fueron apedreados hasta morir (Jos. 7:25). Ver *Hai*; *Josué*.

ACAYA Provincia romana donde Gayo era procónsul en la época del apóstol Pablo (Hech. 18:12,27-28). Incluía la mitad sur de la antigua Gre-cia, incluyendo el Peloponeso, Esparta, Atenas y Corinto, el centro administrativo.

ACAZ (*"él ha comprendido"*) Rey malvado de Judá (735-715 a.C.); hijo y sucesor de Jotam y padre de Ezequías; participó en prácticas idólatras monstruosas (2 Rey. 16:3,11). Acaz rechazó el consejo de Isaías cuando Rezín, rey de Siria, y Peka, rey de Israel, unieron sus fuerzas para atacar Jerusalén. Le pidió ayuda a Tiglat-pileser III de Asiria (Isa. 7) y se rindió a la dominación asiria.

ACCIÓN DE GRACIAS 1. Gratitud dirigida hacia Dios (excepto Luc. 17:9; Hech. 24:3; Rom. 16:4), generalmente en respuesta a hechos concretos de Dios en la historia. Los sacrificios y ofrendas no debían hacerse de mala gana sino con acción de gracias (Sal. 54:6; Jon. 2:9). Al cántico de acción de gracias se lo valora más que al sacrificio (Sal. 69:30-31). David empleó a los levitas "para que recordasen y confesasen y loasen a Jehová" (1 Crón. 16:4; también 23:30; Neh. 12:46). El peregrinaje al templo y la adoración en el templo se caracterizaban por la acción de gracias (Sal. 42:4; 95:2; 100:4; 122:4). Se expresaba gratitud por: liberación personal (Sal. 35:18) y nacional (Sal. 44:7-8); la fidelidad de Dios al pacto (Sal. 100:5); el perdón (Sal. 30:4-5; Isa. 12:1). Toda la creación se une ofreciendo acciones de gracias a Dios (Sal. 145:10). Ver *Salmos*.

La acción de gracias es un elemento natural de la adoración cristiana (1 Cor. 14:16-17) y debe caracterizar toda la vida del creyente (Col. 2:7; 4:2). Los primeros cristianos expresaban gratitud por: el ministerio de sanidad de Cristo (Luc. 17:16); la liberación del creyente del pecado lograda por Cristo (Rom. 6:17-18; 7:25); el don indecible de la gracia de

Dios en Cristo (2 Cor. 9:14-15; 1 Cor. 15:57; comp. Rom. 1:21); la fe de otros cristianos (Rom. 1:8).

2. Acción de gracias epistolar. Ver *Carta, Formato y propósito.*

ACEITE Un producto indispensable en el antiguo Cercano Oriente, para comida, medicina, combustible y ritual; considerado una bendición de Dios (Deut. 11:14; comp. 8:8).

El aceite doméstico se hacía de olivas. A veces el aceite se combinaba con perfumes y se usaba como un cosmético (Est. 2:12). Este aceite, llamado "aceite puro," era más liviano y se consideraba el mejor aceite. El aceite puro se usaba en las lámparas del santuario (Ex. 27:20; Lev. 24:2) y en los sacrificios diarios (Ex. 29:40; Núm. 28:5). Salomón también usó este aceite en sus negociaciones con Hiram (1 Rey. 5:11). Después que se extraía el aceite puro, se producía otra clase de aceite calentando la pulpa y prensándola otra vez. El tercer grado de aceite se producía aplastando y prensando la pulpa aun más.

Se usaba aceite durante la preparación de la comida, en reemplazo de la grasa animal, con harina para preparar tortas (Núm. 11:8; 1 Rey. 17:12-16), y con miel (Ezeq. 16:13), harina (Lev. 2:1,4), y vino (Apoc. 6:6). El aceite se utilizaba como combustible para lámparas, tanto en los hogares (Mat. 25:3) como en el tabernáculo (Ex. 25:6).

El aceite se empleaba durante la ofrenda de purificación de la lepra. Se usaba aceite para ungir el cuerpo en preparación para la sepultura (Mat. 26:12; Mar. 14:8). A varias personas se las ungía con aceite: reyes (1 Sam. 10:1; 16:13), sacerdotes (Lev. 8:30), y posiblemente profetas (1 Rey. 19:16; Isa. 61:1). Algunos objetos eran también ungidos en dedicación a Dios: el tabernáculo y todo su mobiliario (Ex. 40:9-11), los escudos de los soldados (2 Sam. 1:21; Isa. 21:5), altares (Lev. 8:10-11), y pilares (Gén. 35:14).

Como medicina, el aceite o ungüento era usado en el tratamiento de las heridas (Isa. 1:6; Luc. 10:34). Santiago 5:14 puede referirse ya sea a un uso simbólico del aceite, o a su uso medicinal. El aceite tenía uso cosmético como protección contra el sol abrasador o la sequedad del desierto (Rut 3:3; Ecl. 9:8). Ver *Cosméticos; Comercio.*

Al aceite se lo consideraba un símbolo de honor (Jue. 9:9), mientras que la virtud era comparada con el aceite perfumado (Cant. 1:3; Ecl. 7:1). Como símbolo de riqueza, al aceite también se lo asociaba con la arrogancia del rico (heb. "valle de aceite"; "valle fértil," Isa. 28:1,4). El aceite era símbolo de gozo y alegría (Sal. 45:7), de modo que en tiempo de dolor, no se practicaba la unción con aceite (2 Sam. 14:2). Ver *Ungir.*

ACEITE PURO La mejor clase de aceite de oliva, que se producía machacando olivas maduras en un mortero. Ver *Aceite.*

ACÉLDAMA (*"campo de sangre"*) Campo que compró Judas Iscariote, donde luego se quitó la vida (Hech. 1:19; ver Mat. 27:7). Ver *Judas.*

ACMETA Capital del antiguo imperio medo, ubicada en los montes Zagros en el oeste de Irán, sobre dos caminos principales que desde el sur y el este llevan a la ciudad de Teherán (Esd. 6:2); la moderna Hamadán.

ACO Puerto mediterráneo al norte del monte Carmelo; le fue asignado a la tribu de Aser, que no lo pudo conquistar (Jue. 1:31). Los griegos le dieron el nombre de Tolemaida. En su tercer viaje misionero, Pablo pasó un día en Tolemaida (Hech. 21:7).

ACOR (*"problema, aflicción"* o bien *"tabú"*) Valle donde Acán y su familia fueron apedreados hasta morir (Jos. 7:24-26). Más adelante formó parte del límite de Judá. Hay promesas sobre este lugar en Isa. 65:10 y Os. 2:15.

ACRABIM (*"escorpiones"*) La "subida de Acrabim" al sudoeste del mar Muerto conforma el límite sur de Canaán (Núm. 34:4; Jos. 15:3; Jue. 1:36); paso montañoso en el camino al sudeste de Beerseba, la moderna Neqb es-Safa.

ACRÓSTICO Herramienta literaria por medio de la cual cada sección de una obra literaria comienza con letras sucesivas del alfabeto. Es así que en el Salmo 119 los primeros ocho versículos comienzan con *alef*, la primera letra del alfabeto hebreo; los siguientes ocho con *bet*, la segunda letra del alfabeto hebreo, y el mismo patrón continúa hasta los versículos 169-176, donde cada uno comienzan con *tau*, la última letra del alfabeto hebreo. Otros ejemplos en la Biblia son Sal. 9-10; 25; 34; 37; 111; 112; 145; Prov. 31:10-31; Lam. 1; 2; 3; 4. El estilo de acróstico ayudaba a la gente a memorizar el poema y expresaba lo completo de un tema: desde la *A* hasta la *Z*.

ACSAF (*"lugar de hechicería"*) Ciudad-estado que se unió a Jabín, rey de Hazor, oponiéndose a Josué cuando éste invadió la región norte de Israel (Jos. 11:1); una ciudad limítrofe de Aser (Jos. 19:25); probablemente situada cerca de Aco.

ACUEDUCTOS Conductos de agua calados en la roca, en la tierra o cañerías de piedra, cuero o bronce usados desde tiempos muy remotos en el Medio Oriente a fin de transportar agua de lugares distantes a pueblos y ciudades. Ver 2 Sam. 5:8; 2 Rey. 18:17; 20:20; 2 Crón. 32:3-4,30; Isa. 7:3; 22:11; 36:2. El túnel de Siloé era un serpenteante acueducto subterráneo que desviaba agua de la fuente de Gihón al estanque de Siloé (2 Rey. 20:20).

ACUSADOR Persona que declara que otra es culpable de un crimen o una ofensa moral. La palabra hebrea es *Satán* (comp. Sal. 109:6 en varias versiones). Ver *Satanás*. La acusación falsa conllevaba un serio castigo (Deut. 19:15-21). El salmista oró pidiendo juicio contra sus acusadores (Sal. 109:4,20,29). Los acusadores falsos llevaron a la convicción criminal y a la muerte de Cristo (Mat. 27:12). Los acusadores judíos (Hech. 22:30) al final hicieron que Pablo apelara a Roma (Hech. 25:11). La ley de Moisés fue suficiente para acusar de pecado a la gente (Juan 5:45), pero un día las acusaciones habrán de cesar (Apoc. 12:10).

ACZIB (*"engañoso"*) (1) Pueblo en el sur de Judá, tal vez la moderna Tel el-Beida, cerca de Laquis (Jos. 15:44). Miqueas 1:14 hace un juego de palabras usando Aczib, literalmente "las casas de engaño serán engañosas". (2) Pueblo fronterizo de Aser (Jos. 19:29) que la tribu israelita no pudo conquistar (Jue. 1:31); tal vez sea la moderna Tel Akhziv, cerca de Aco.

ADAM Ciudad cerca del río Jordán donde las aguas del Jordán se alzaron para que cruce Israel (Jos. 3:16); probablemente Tel ed-Damieh cerca del río Jaboc.

ADAMA (*"tierra, tierra cultivable"*) (1) Tierra de cuyo polvo Dios formó a la humanidad, que ofrece el juego de palabras Adán del polvo de '*adamah*'. Ver *Tierra*. (2) Ciudad en Neftalí (Jos. 19:36) cerca de donde el río Jordán se une al mar de Tiberias, quizás la moderna Hagar ed-Damm.

ADÁN Y EVA (*"hombre"* y *"vida"*) Primer hombre y primera mujer creados por Dios, de quienes descienden todos los seres humanos. Ellos voluntariamente decidieron introducir el pecado en la experiencia humana (Gén. 1-3). Las consecuencias del pecado de Adán y Eva cayeron no sólo sobre ellos sino también sobre toda la tierra (Gén. 3:14-19). El castigo fue ser sacados del Edén (Gén. 3:22-24). Esto también fue un acto de misericordia por parte de Dios, ya que salvó a la humanidad de vivir eternamente en un estado pecaminoso y ofreció la posibilidad de redención futura.

En el NT la genealogía de Jesús se remonta a Adán (Luc. 3:38). Hay opiniones divididas en cuanto a la primera aparición de Adán como nombre propio: algunos prefieren Gén. 2:20; otros Gén. 4:25; ver 5:1a,3,4,5 y 1 Crón. 1:1.

En 2 Cor. 11:3 se muestra que la credulidad de Eva ante la serpiente fue algo no deseable. En 1 Tim. 2:11-15 a las mujeres se las insta a permanecer en silencio y sujetas al hombre porque Adán fue creado antes que Eva y porque Eva fue engañada y pecó.

Dos veces Pablo usó el contraste entre Cristo y Adán para clarificar el logro de Cristo para con la humanidad. Rom. 5:12-21 se refiere a Adán como tipo de Aquel que habría de venir, aunque el contraste es mayormente negativo. Así como el pecado entró al mundo por un hombre, Adán (5:12), así también el acto de justicia de un hombre, Jesús, lleva a todas las personas a la absolución de pecado y a la vida (5:18). En 1 Cor. 15 Pablo usó la analogía Adán-Cristo para reafirmar la resurrección. Así como por un hombre vino la muerte, así también por un Hombre vino la resurrección (15:21). Así como el primer Adán fue hecho un ser viviente, el postrer Adán fue hecho un ser que

daba vida (15:45). Adán representaba la vieja humanidad con todas sus fallas, mientras Jesús representaba la nueva humanidad tal como Dios quiso que fuera la humanidad desde el principio. El sacrificio de Jesús hace posible la entrada a la nueva humanidad. Ver *Humanidad*.

ADAR Duodécimo mes del calendario judío postexílico; incluye partes de febrero y marzo. Época de la fiesta de Purim establecida en Ester (9:21). Ver *Calendarios; Fiestas*.

ADINO (*"amando el lujo"*) Principal de los capitanes de David que mató a 800 hombres en una ocasión (2 Sam. 23:8). No aparece en la Septuaginta ni en el texto hebreo del pasaje paralelo (1 Crón. 11:11).

ADIVINACIÓN Y MAGIA Intento de hacer contacto con poderes sobrenaturales a fin de encontrar respuestas a preguntas que permanecen ocultas a los seres humanos y que a menudo tienen que ver con el futuro; practicadas ampliamente en el antiguo Cercano Oriente, especialmente entre los babilonios, que las desarrollaron hasta convertirlas en respetadas disciplinas (Ezeq. 21:21). En la *hepatoscopía*, la adivinación por el hígado, sacerdotes especialmente preparados observaban el hígado de un animal sacrificado —el hígado era el asiento de la vida— a fin de determinar las actividades futuras de los dioses. A los hígados se los dividía en zonas, cada una de las cuales contenía sus propios secretos. Entre los vecinos de Israel, hasta los dioses estaban subordinados al gran poder de la magia.

Otros métodos incluían el *agüero* (predicción del futuro según señales en la naturaleza, especialmente el vuelo de los pájaros), la *hidromancia* (adivinación mezclando líquidos; ver Gén. 44:5), el *echar suertes* (Jon. 1:7-8), la *astrología* (2 Rey. 21:6) y la *necro-*

mancia (1 Sam. 28:7-25). Dios le dio a los sacerdotes de Israel el Urim y el Tumim (1 Sam. 28:6) para que pudieran determinar la voluntad divina.

El AT muestra que hasta Israel practicaba la magia (1 Sam.2:3,7; 2 Rey. 9:22; Isa. 2:6; comp. Isa. 3:2-3; 2 Crón. 33:6; Jer. 27:9; 29:8). Aunque se dice que en la antigua Israel y entre sus vecinos se practicaban varias clases de adivinación y magia (Deut. 18:9-14; 1 Sam. 6:2; Isa. 19:3; Ezeq. 21:21; Dan. 2:2), Israel había sido clara y firmemente exhortada a no tomar parte en tales actividades (Lev. 19:26,31; 20:6,27; Deut. 18:9-14; Ezeq. 13:23).

ADMA (*"tierra roja"*) Ciudad conectada a Sodoma y Gomorra como límite del territorio cananeo (Gén. 10:19), tal vez bajo la parte sur del mar Muerto. El rey de Adma fue vencido junto con los reyes de Sodoma y Gomorra por una coalición de cuatro reyes del este (Gén. 14). Ver Gén. 19:29; Deut. 29:23; Os. 11:8.

ADMINISTRACIÓN (1) Don espiritual que Dios le da a algunos miembros para edificar a la iglesia (1 Cor. 12:28). El griego *kubernesis* sólo aparece aquí en el NT. Describe la capacidad para liderar o tener un cargo de liderazgo. (2) A veces se habla de "administrar justicia" en la traducción de la expresión idiomática hebrea "hacer justicia" (2 Sam. 8:15). Ver también 2 Cor. 8:20. El AT quiere que las personas en autoridad establezcan una sociedad donde con la ley de Dios se haga justicia a todos, sin favoritismos ni prejuicios.

ADONÍAS (*"Jah es Señor"*) (1) Cuarto hijo de David (2 Sam. 3:4). En la vejez de David Adonías trató de establecer en Israel, sin conseguirlo, que el hijo mayor fuera siempre el príncipe heredero (1 Rey. 1:5-50). Cuando Salomón se convirtió en rey,

Adonías pidió se le conceda como esposa Abisag, la joven que cuidó de David. Considerando que esta era una aspiración de rey, la respuesta de Salomón fue hacer matar a Adonías (1 Rey. 2:13-28). Ver *David*. (2) Levita a quien Josafat envió para que le enseñara al pueblo de Judá el libro de la ley (2 Crón. 8). (3) Líder postexílico que firmó un pacto para obedecer la ley de Dios (Neh. 10:16).

ADONIRAM (*"el Señor es exaltado"*) Aparece como Adoram en 1 Rey. 12:18 y 2 Crón. 10:18. Funcionario encargado de grupos de trabajo que Salomón reclutó en Israel (1 Rey. 4:6; 5:14). Israel se rebeló contra la orden de hacer trabajar a ciudadanos libres, y apedreó a Adoniram y lo mató.

ADONISEDEC (*"el Señor es justo"* o *"el dios Sedec es señor"*) Rey de Jerusalén que reunió a la coalición de reyes cananeos para luchar contra Gabaón luego que Josué hiciera un tratado de paz con Gabaón (Jos. 10).

ADOPCIÓN Proceso legal por el cual una persona asumía responsabilidades paternas por el hijo o la hija de otra persona, como hizo Mardoqueo con Ester, la hija de su tío (Est. 2:15). La Biblia no contiene leyes mostrando el proceso, los derechos o las responsabilidades que incumben a la adopción. Los ejemplos del AT en cuanto a Moisés (Ex. 2:10) y Ester (Est. 2:7,15) tuvieron lugar en culturas extranjeras y puede reflejar esos escenarios más que las prácticas hebreas. El AT deja implícito que la relación de Israel con Dios era la de una criatura adoptada (Ex. 4:22; Deut. 14:2; Os. 11:1; comp. Rom. 9:4).

Los creyentes son hijos de Dios (Luc. 20:36; Rom. 9:26; Gál. 3:26), y tienen una relación especial e íntima con Dios. Jesús tiene una relación singular como el "Hijo unigénito" (Juan

1:18; 3:16). "Adopción" es un *status* que las personas reciben de Dios a través de la obra del Espíritu Santo cuando son redimidos por Jesús (Gál. 4:3-7; Ef. 1:3-6). La "adopción" simboliza el amor y la gracia de Dios al aceptar a los creyentes como miembros íntimos de su familia. Esto elimina el temor que sienten los pecadores ante la presencia santa, y proporciona poder para orar con confianza a Dios llamándolo "Abba" (Rom. 8:14-16). Ver *Abba*. El creyente tiene todos los derechos de la herencia y con Jesús heredará vida eterna con Dios, pero ello no significa que el creyente puede escapar de la persecución del mundo (Rom. 8:17-30).

ADORACIÓN Respuesta humana a la percepción de la presencia divina (Gén. 28:16-17). La respuesta puede ser privada e intensamente personal, en forma de oraciones, confesiones, silencio, y experiencias meditativas de varias clases (Mat. 26:39; Mar. 14:32-35; Luc. 22:41).

La adoración en la Biblia a veces implica experiencias personales y otras veces experiencias colectivas. La experiencia personal da lugar a la adoración colectiva, y la necesita. Es así que a los cristianos primitivos se les advertía que no dejaran de reunirse para adorar, sino que se exhortaran unos a otros en la fe y en la vida espiritual (Heb. 10:25). Congregarse en adoración es una afirmación de lo que los adoradores creen y una oportunidad de respuesta para con las acciones de gracia de Dios.

Dios está presente con su pueblo en todo momento. Aun así, Él ha establecido tiempos y momentos para adorar. (Ex. 23:17,14). Ver *Fiestas*. La intensa adoración durante tiempos y en lugares especiales, puede dar como resultado una aguda conciencia de la presencia divina. Estas ocasiones y lugares son también los contextos

para la educación religiosa y el desarrollo y disfrute del compañerismo entre los adoradores. Los salmos con expresiones de lamento, confesión, acción de gracias, alabanza, enseñanza, y celebración muestran la amplitud de la adoración en el AT. Ver *Día de la expiación; Fiestas; Sábado*.

Para los cristianos, el sistema total de las actividades del templo, el sacerdocio, el sacrificio, y los rituales para limpiar los pecados, o se tornaron obsoletos o fueron reinterpretados en formas significativas (por ejemplo, la iglesia misma se transforma en el templo, 1 Cor. 6:19; Ef. 2:21-22; 1 Ped. 2:9). La Cena del Señor, la crucifixión y la resurrección de Jesús están estrechamente relacionadas con la celebración de la Pascua (1 Cor. 11:23-26; Mat. 26:17,26-28 y paralelos). La Pascua cristiana es una forma de la Pascua judía. Los cristianos primitivos convirtieron Pentecostés (ver Hech. 2:1-42) en una celebración cristiana (1 Cor. 16:8; Hech. 20:16). La fiesta de los tabernáculos no ha continuado en la adoración cristiana excepto en formas relacionadas, como por ejemplo la acción de gracias y las fiestas de la cosecha. El día de la expiación se usa teológicamente para interpretar el sacrificio de Cristo en Heb. 8-9. Ver *Año eclesiástico*.

Los cristianos se reunían para adorar el primer día de la semana (Hech. 20:7; comp. 1 Cor. 16:2; Juan 20:19,26), y asistían juntos al templo diariamente (Hech. 2:46). Las reuniones de los cristianos primitivos eran ocasiones gozosas para enseñar, profetizar, cantar, orar, leer las cartas apostólicas, y para el "partimiento del pan" en la Cena del Señor (Hech. 2:42,46; 1 Cor. 14:26; Ef. 5:19-20; Col. 3:16; 1 Tes. 5:16-18). Las reuniones del primer día de la semana de los cristianos primitivos no tenían lugar los sábados (días de reposo). La celebración del primer día se transformó en "el día del Señor" (Apoc. 1:10) y se hizo énfasis en la resurrección.

El centro mismo de la adoración cristiana es el poder de la presencia de Cristo en una comunidad de discípulos congregados (ver Mat. 18:20; Juan 14:12-14; Hech. 2:43-47; 4:9-12,32-37; 1 Cor. 5:3-4; Apoc. 2:1). La presencia de Cristo se manifiesta especialmente en el partimiento del pan en la Cena del Señor (comp. Luc. 24:28-32,35).

ADORACIÓN, ESTILOS DE Diferentes maneras de expresarle a Dios que Él es digno. Toda la adoración realizada en espíritu y en verdad es aceptable a Dios (Juan 4:23). Los estilos de adoración son tan variados como las personas. La Biblia provee numerosos ejemplos de experiencias de adoración, tanto públicas (1 Crón. 29:20) como privadas (Gén. 22:5), tanto animadas (2 Sam. 6:14-16) como tranquilas (Dan. 6:10). Típicamente, en la adoración las personas se inclinaban delante de Dios como una señal de temor y reverencia (Ex. 12:27; 1 Crón. 29:20; Sal. 5:7; 95:6; Mat. 2:11; comp. Isa. 6:1-7). En otros casos, era más apropiado cantar y danzar delante del Señor (Ex. 15:20-21; 2 Sam. 6:14-16).

En la adoración se cantaban salmos (comp. Sal. 57:7-8; 150:1-6). La música también desempeñaba un papel importante en la experiencia de adoración de la iglesia primitiva (Ef. 5:19-20; Col. 3:16). Los sacrificios de animales eran una parte importante en la adoración del AT (Lev. 1-9). A los cristianos, en cambio, se los instruyó para que ofrezcan a Dios sacrificio de alabanza (Heb. 13:15).

ADORAM Ver *Adoniram.*

ADRAMELEC (*"Adra es rey"*) (1) Dios de la ciudad de Sefarvaim (2 Rey. 17:24). Quienes lo adoraban

sacrificaban a sus propios hijos (17:31-33). Ver *Sefarvaim.* (2) Asesino de Senaquerib, rey de Asiria, mientras éste estaba ofreciendo adoración en el templo de Nisroc (2 Rey. 19:37). Una de las versiones de los manuscritos hebreos describe a este Adramelec como hijo de Senaquerib. Otros manuscritos no incluyen "sus hijos".

ADRAMITENA Ver *Adramitio.*

ADRAMITIO Puerto marítimo cerca de la moderna Edremit en la costa noroeste de Turquía en la provincia romana de Asia. Puerto de origen de la nave que usó Pablo para navegar de Cesarea a Italia a fin de apelar su caso ante César (Hech. 27:2).

ADRIEL (*"Dios es mi ayuda"*) Hombre de Mehola en la parte norte del río Jordán (1 Sam. 18:19), que se casó con Merab, hija de Saúl, después que ella le había sido prometida a David. Este dio los cinco hijos de Adriel a los gabaonitas, que los ahorcaron como venganza por las acciones inexplicables de Saúl contra Gabaón (2 Sam. 21:1-9).

ADULAM (*"lugar sellado"*) Ciudad a 8 km (5 millas) al sur de Bet-semes en Judá, probablemente la moderna tell esh-Sheikh Madkur (Gén. 38:1,12; Jos. 12:15; 15:35; 1 Sam. 22:1; 23:13; 2 Crón. 11:7; Neh. 11:30; Miq. 1:15).

ADULTERIO Infidelidad en el matrimonio que ocurre cuando uno de los cónyuges voluntariamente tiene relaciones sexuales con una persona que no sea su cónyuge; prohibido por la ley de Israel (Ex. 20:14). Se consideraba que tanto el hombre como la mujer adúlteros eran culpables, y se prescribía para ambos el castigo de muerte (Lev. 20:10; ver Sal. 51:4). Los profetas del AT usaron el adulterio como una metáfora para describir la infidelidad a Dios (Jer. 3:6-10; Ezeq. 23:27; Os. 4:11-14).

Jesús enseñó que el adulterio tiene origen en el interior de una persona (Mat. 15:19). La codicia en el corazón viola la ley tanto como lo hacen las relaciones sexuales ilícitas en sí (Mat. 5:27-28; comp. 1 Cor. 6:9; Gál. 5:19; Sant. 4:4). El NT asocia el adulterio con el nuevo casamiento después del divorcio, excepto cuando la infidelidad dio origen al divorcio (Mat. 5:32; Mar. 10:11-12). El vínculo matrimonial se rompe con la muerte (Rom. 7:3; 1 Cor. 7:39). Los adúlteros pueden ser perdonados (Juan 8:3-11) y ser parte del pueblo de Dios (1 Cor. 6:9-11). Ver *Divorcio; Matrimonio*.

ADUMÍN (*"los rojos"*) Paso rocoso en el camino que desciende de Jerusalén a Jericó; moderna Tal'at ed-damm; límite de Judá y Benjamín (Jos. 15:7; 18:17).

ADVERSARIO Enemigo, ya sea humano o satánico. Los salmistas a menudo oraban pidiendo ser liberados de adversarios (Sal. 38:20; 69:19; 71:13; 81:14; 109:29). El diablo es el peor enemigo que tenemos y debemos resistirlo (1 Ped. 5:8-9).

ADVIENTO Venida o segunda venida de Cristo; período antes de navidad durante el cual los cristianos se preparan para la época de navidad y reflexionan en el significado de la venida de Cristo. Ver *Año eclesiástico; Segunda venida*.

AFEC (*"lecho de arroyo o río"* o *"fortaleza"*) (1) La moderna tell Ras el'Ain cerca del nacimiento el río Yarkon en las llanuras de Sarón al nordeste de Jope; ciudad a cuyo rey derrotó Josué (Jos. 12:18); sitio donde se formaron los ejércitos filisteos para enfrentar a Israel (1 Sam. 4:1), y que dio como resultado la victoria filistea y la captura del arca del pacto de Israel. Ver 1 Sam. 29. Ver *Antípatris*. (2) Ciudad fronteriza norte que Josué no conquistó (Jos. 13:4); tal vez sea la moderna Afqa, 24 km (15 millas) al este de la antigua Biblos y 37 km (23 millas) al norte de Beirut. (3) Ciudad que le fue asignada a Aser (Jos. 19:30) pero no fue conquistada (Jue. 1:31); tal vez sea la moderna tell Kerdanah a 5 km (3 millas) de Haifa y 10 km (6 millas) al sudeste de Aco. (4) Ciudad al este del Jordán cerca del mar de Galilea donde Benadad marchó al frente de Siria contra Israel aprox. en el 860 a.C. pero fue derrotado como lo había predicho un profeta (1 Rey. 20:26-30). Ver 2 Rey. 13:17.

AFEITAR Ver *Navajas*.

AGABO (*"langosta"*) Profeta en la iglesia de Jerusalén que visitó la iglesia de Antioquía y predijo una hambruna universal que ocurrió diez años después (Hech. 11:27-29). Esto condujo a la iglesia de Antioquía a comenzar un ministerio de ayuda para la hambruna en favor de la iglesia en Jerusalén. En Cesarea, Agabo predijo que Pablo sería arrestado en Jerusalén (Hech. 21:10-11).

AGAG (*"el ardiente"*) Título común para los reyes amalecitas (Núm. 24:7), particularmente uno a quien Saúl, desobedeciendo a Dios, dejó vivo pero Samuel mató (1 Sam. 15:8).

AGAGUEO Descendiente de Agag; sinónimo de amalecita (Est. 3:1). Ver *Agag; Amalecita*.

ÁGAPE Comida de comunión y camaradería que la comunidad cristiana celebraba con gozo en conjunción con la Cena del Señor (Judas 12). Como una concreta manifestación de obediencia al mandamiento del Señor de amarnos unos a otros, el ágape era una expresión práctica de la comunión que caracterizaba la vida de la iglesia. Ver Hech. 2:46; 20:7-12; 1 Cor. 11:17-34.

Las comidas religiosas de este tipo eran una práctica común entre los judíos del primer siglo. Una familia o un grupo de amigos se reunía para un momento devocional especial, se reunían semanalmente antes de que se pusiera el sol para una comida en la casa u otro lugar adecuado. Jesús y sus discípulos probablemente hayan formado uno de esos grupos. Las comidas de camaradería de la iglesia primitiva parecen una continuación de la mesa de comunión que caracterizó la vida de Jesús y sus discípulos. Esa comunión gozosa era una concreta manifestación de la gracia del reino de Dios que había proclamado Jesús. La última comida de Jesús con sus discípulos puede representar un ejemplo específico de dicha comida de comunión, y hace que algunos liguen este evento a los orígenes del ágape.

AGAR (*"extranjera"*) Sierva de Sara; le fue dada a Abraham como concubina; madre de Ismael (Gén. 16:1-16; 21:8-21; 25:12; Gál. 4:24-25). Pablo (Gál. 4) utilizó la historia de Agar para simbolizar la esclavitud del antiguo pacto en contraste con la libertad del nuevo pacto, simbolizada por Isaac.

ÁGATA Ver *Minerales y metales*.

AGRICULTURA Ocupación primaria en la Biblia. Aun aquellos que vivían en pueblos por lo general tenían huertas o tierra cultivable. El calendario religioso se basaba principalmente en el año agrícola. Ver *Fiestas*. Las cosechas primarias de la Biblia incluyen cereales, uvas y olivas (Gén. 27:28; Deut. 7:13; Joel 1:10). Ver *Siega; Aventar; Vid; Lagar*.

AGRIPA Ver *Herodes*.

AGUA Líquido necesario para la vida; creado por Dios como parte de su buena creación; controlada soberanamente por Dios (Gén. 1-2; Isa. 40:12). Él controla los procesos naturales de precipitación y evaporación, al igual que los cursos de las masas de agua (Job 5:10; 36:27; 37:10; Sal. 33:7; 107:33; Prov. 8:29). Dios normalmente asegura la provisión de agua para las necesidades humanas (Deut. 11:14). El agua a veces se usa como castigo del pecado, como en el diluvio en días de Noé (Gén. 6:17) o la sequía proclamada por Elías (1 Rey. 17:1). El control divino del agua enseña a la gente obediencia y dependencia de Dios.

Dios partió el mar (Ex. 14:21), proveyó de agua en el desierto (Ex. 15:25; 17:6), y dividió el río Jordán (Jos. 3:14-17). El agua también fue parte en varios milagros de Jesús (Mat. 14:25; Luc. 8:24-25; Juan 2:1-11).

El agua es una metáfora o comparación para indicar temor (Jos. 7:5), muerte (2 Sam. 14:14), pecado (Job 15:16), presencia de Dios (Sal. 72:6), fidelidad matrimonial (Prov. 5:15-16), conocimiento de Dios (Isa. 11:9), salvación (Isa. 12:3), el Espíritu (Isa. 44:3-4), bendiciones de Dios (Isa. 58:11), voz de Dios (Ezeq. 43:2), ira de Dios (Os. 5:10), justicia (Amós 5:24), nacimiento (Juan 3:5), el Espíritu (Juan 4:10), entrenamiento espiritual (1 Cor. 3:6), y vida (Apoc. 7:17). Ver *Creación; Hambruna y sequía; Diluvio; Lluvia*.

AGUAS AMARGAS Agua que debía beber una mujer sobre quien recaían sospechas de adulterio (Núm. 5:11-31); combinación de agua santa y polvo del suelo del tabernáculo. Si la mujer era inocente, el agua no habría de dañarla, y como bendición ella concebiría hijos; si era culpable, su muslo se "caería" y su vientre se hincharía.

AGUIJÓN EN LA CARNE "Mensajero de Satanás" que Dios le dio a Pablo para asegurar su humildad después de una profunda experiencia de "visiones," "revelaciones" y "arrebatamiento hasta el tercer cielo" (2 Cor. 12:7). Las conjeturas en cuanto a su naturaleza van desde epilepsia, a malaria, o una enfermedad de los ojos. Toda la experiencia de sufrimiento de Pablo como apóstol (comp. 2 Cor. 1:3-11; 4:7-5:10; 6:1-10; 7:2-7; 11:16-33), provocada por Satanás y expresada a través de los males de este mundo, fue el "mensajero de Satanás," el "aguijón en la carne" que Dios dio y utilizó para guardar al gran apóstol obediente en humildad.

ÁGUILA Ver *Aves*.

AGUJA Las agujas para coser se hacían muy frecuentemente de bronce, si bien también se usaba el hueso y el marfil. La enseñanza de Jesús de que "es más fácil pasar un camello por el ojo de una aguja, que entrar un rico en el reino de Dios" (Mat. 19:24; comp. Mar. 10:25; Luc. 18:25) ilustra la imposibilidad de que una persona rica se salve a menos que intervenga Dios, que hace lo imposible (Mat. 19:26).

AGUR (*"trabajador contratado"*) Autor de al menos parte de Prov. 30.

AHAVA Río en Babilonia y pueblo cercano donde Esdras reunió a los judíos para regresar a Jerusalén (Esd. 8:15,21,31).

AHÍAS (*"mi hermano es Yavéh"*) (1) Sacerdote de la familia de Elí en Silo (1 Sam. 14:3-4). Llevó a Saúl el arca de Dios (1 Sam. 4:18). (2) Escriba de Salomón (1 Rey. 4:3). (3) Profeta de Silo que rasgó sus ropas en 12 pedazos y le dio 10 a Jeroboam para indicar la decisión de Dios de dividir el reino después de la muerte de Salomón (1 Rey. 11:29-39). Más adelante el profeta ciego anunció el fin del reino de Jeroboam y de su dinastía (1 Rey. 14:1-18; 15:29). Ver 2 Crón. 9:29.

AHICAM (*"mi hermano se levantó"*) Hijo de Safán, el escriba de Josías; padre de Gedalías (2 Rey. 25:22-25; Jer. 39:14); llevó el libro de la ley a Hulda a fin de determinar la voluntad de Dios (2 Rey. 22:8-20); protegió a Jeremías (Jer. 26:24).

AHIMAAS (quizás *"hermano de la ira"* o *"mi hermano es consejero"*) Hijo de Sadoc, sacerdote de David (2 Sam. 15:27); mensajero secreto de la corte de David cuando Absalón se rebeló (2 Sam. 15:36; 7:17; 17:18-21; 18:19-29).

AHIMELEC (*"mi hermano es rey"*) Ver *Sumo sacerdote*. Sacerdote principal en Nob, que dio a David y a sus hombres el pan de la proposición (1 Sam. 21:1-15). Jesús utilizó esta acción para justificar la violación de reglamentos del culto a fin de satisfacer la necesidad humana (Mat. 12:1-8) y para mostrar que Él es Señor del día de reposo. Ahimelec también le dio a David la gran espada de Goliat, que finalmente dio como resultado la muerte de 85 sacerdotes por parte del rey Saúl (1 Sam. 22).

AHINOAM (*"mi hermano es amable"*) (1) Esposa del rey Saúl (1 Sam. 14:50). (2) Esposa de David, de Jezreel (1 Sam. 25:43; 27:3; 2 Sam. 2:2-4); madre de Amnón, su primer hijo (2 Sam. 3:2). Ver 1 Sam. 30:1-20.

AHITOB (*"mi hermano es bueno"*) (1) Sacerdote, hijo de Finees; nieto de Elí que ministraba en Silo (1 Sam. 14:3); padre de Ahimelec (22:9). (2) Padre de Sadoc, el sumo sacerdote en los reinados de David y Salomón

(2 Sam. 8:17); antepasado de Esdras (Esd. 7:2).

AHITOFEL (*"hermano de la necedad"*, o bien un intento del escriba de ocultar un nombre que incluye a un dios cananeo como por ejemplo Ahibaal) Consejero de David que se unió a la rebelión de Absalón contra David (2 Sam. 15-17). A su consejo se lo consideraba palabra de Dios (16:23).

AHLAB (*"bosque de montaña"* o *"fértil"*) Ciudad que Aser no pudo conquistar (Jue. 1:31; ver Jos. 19:29). Probablemente khirbet el-Machalib sobre el Mediterráneo, a 6,5 km (4 millas) de Tiro.

AHOLA (*"morador de tienda"*) Nombre de mujer que usó Ezequiel para representar a Samaria (Ezeq. 23:1-10). Ahola y su hermana, Aholiba (Jerusalén), se muestran como rameras que se unían a varios hombres (otras naciones) y así cometían adulterio espiritual contra Dios. Dios declaró a través del profeta que Samaria sería entregada en manos de su "amante," Asiria (23:9).

AHOLIAB (*"tienda del padre"*) Artesano danita, diseñador, y bordador que asistió a Bezaleel en la supervisión de la construcción y equipamiento del tabernáculo (Ex. 31:6; 35:34; 36:1-2; especialmente 38:23).

AHOLIBA (*"adorador de la tienda"*) Hermana menor en la alegoría de Ezeq. 23, a quien se identifica con Jerusalén (23:4,11-49). Ver *Ahola*.

AHORCAR Método de ridiculizar, deshonrar y profanar el cadáver de un enemigo. Según las leyes bíblicas no era un modo de llevar a cabo la pena capital, aunque los egipcios (Gén. 40:19,22) y los persas (Est. 7:9) lo practicaban. Después de matar a un enemigo o a un delincuente, los israelitas podían colgarlo en una picota o

en un árbol para vergüenza pública como muestra adicional de degradación y advertencia (Gén. 40:19; Deut. 21:22; Jos. 8:29; 2 Sam. 4:12), pero las leyes de la Biblia exigían que los cadáveres fuesen bajados y sepultados ese mismo día (Deut. 21:22-23; comp. Gén. 40:19; Jos. 8:29; 10:26-27; 1 Sam. 31:10; 2 Sam. 21:8-10).

AHUZAT (*"que asió"* o *"propiedad"*) Funcionario presente en el pacto de paz con Isaac (Gén. 26:26). Literalmente "el amigo del rey", que era el consejero más allegado del rey.

AJALÓN (*"lugar del ciervo"*) Ciudad levítica en la tribu de Dan (Jos. 19:42; 21:24) y valle cercano donde se detuvo la luna ante la orden de Josué (Jos. 10:12); la moderna Yalo a 22,5 km (14 millas) de Jerusalén cerca del límite filisteo, al sur de Bet-horón. Ver Jue. 1:34-35; 18:1; 1 Sam. 14:31; 1 Crón. 8:13; 2 Crón. 11:10; 28:16-21. (2) Elón, un juez de la tribu de Zabulón, fue sepultado en la región norte de Ajalón (Jue. 12:12), quizás tell et-Butmeh.

AJELET-SAHAR (*"cierva de la mañana"*) Directiva musical en el título del Sal. 22. Tal vez sea una melodía.

AJENJO Planta no venenosa pero amarga, usada frecuentemente como analogía para hablar de amargura y dolor; lo opuesto de justicia y rectitud (Amós 5:7; Jer. 23:15); una de las estrellas ardientes que traen destrucción (Apoc. 8:10-11).

AKENATÓN Faraón egipcio (1370-1353 a.C.). Ver *Egipto*.

ALA Se la usa figurativamente con respecto a: la ayuda de Dios (Rut 2:12), el juicio de Dios (Jer. 48:40), la fuerza para regresar del exilio (Isa. 40:31).

ALABANZA Proclamar el mérito de Dios; una de las muchas respuestas de la humanidad a la revelación que Dios hace de sí mismo; hombres y mujeres también pueden ser objetos de alabanza, ya sea por parte de otras personas (Prov. 27:21; 31:30) o por parte de Dios mismo (Rom. 2:29); los ángeles y el mundo natural son también capaces de alabar a Dios (Sal. 148).

Los modos de alabanza incluyen ofrecer sacrificios (Lev. 7:13), movimiento físico (2 Sam. 6:14), silencio y meditación (Sal. 77:11-12), testimonio (Sal. 66:16), oración (Fil. 4:6), y una vida santa (1 Ped. 1:3-9). La alabanza está casi invariablemente ligada a la música, tanto instrumental (Sal. 150:3-5) como vocal, y especialmente ésta. Las canciones de alabanza bíblicas van desde estallidos de acción de gracias personales y más o menos espontáneos por alguna acción redentora de Dios (Ex. 15; Jue. 5; 1 Sam. 2; Luc. 1:46-55,67-79) a salmos e himnos formales adaptados para la adoración colectiva en el templo (2 Crón. 29:30) y en la iglesia (Col. 3:16).

La alabanza debe originarse en el corazón y no ser una mera demostración exterior (Mat. 15:8). La alabanza colectiva se debe realizar de manera ordenada (1 Cor. 14:40). La alabanza también está firmemente ligada a la vida diaria de una persona (Amós 5:21-24). Ver *Música; Salmos; Adoración.*

ALABASTRO Ver *Minerales y metales.*

ALAMOT (*"sobre o de acuerdo a mujer joven"*) Notación musical que aparentemente significa melodía para voz aguda, canción para una soprano (1 Crón. 15:20; Sal. 46, subtítulo).

ALARMA Señal para moverse o para estar en alerta. En hebreo la palabra significa, literalmente, un grito, pero se usaban instrumentos musicales (Núm. 10:1-10). Ver Lev. 25:9; Núm. 10:5-6; 31:6; Jos. 6; 1 Sam. 4:5; 2 Crón. 13:12; Jer. 4:19; Os. 5:8; Joel 2:1.

ALDEA Área residencial con 20 ó 30 casas, sin muralla, cuyas casas generalmente tenían un solo cuarto (Lev. 25:29,31), y con poco o sin gobierno organizado. El ganado se guardaba en el espacio abierto interior, donde se almacenaba el grano. El trabajo principal en las aldeas era la agricultura. Los pastores generalmente vivían alrededor de las aldeas. Las tierras de pastoreo se consideraban propiedad de la aldea (ver 1 Crón. 6:54-60). Ver *Agricultura; Ciudades y vida urbana; Casa.*

ALEGORÍA Medio de presentar o interpretar una historia, poniendo la atención no tanto en el significado literal sino en significados ocultos o simbólicos. La alegoría surgió con los filósofos cínicos y estoicos del período helenista (400-200 a.C.). Los eruditos bíblicos por lo general sostienen que ninguna porción del AT fue escrita como alegoría, aunque porciones del AT han sido interpretadas alegóricamente por generaciones que siguieron. La interpretación alegórica del AT surgió entre los judíos helenistas en Alejandría después del 200 a.C. Filón, que murió aprox. en el 50 a.C., fue su proponente más prolífico.

Algunas de las parábolas de Jesús fueron interpretadas como alegorías (Mat. 13:24-30,36-43; Mar. 4:1-20). Pablo empleó interpretaciones alegóricas (1 Cor. 5:6-8; 9:8-10; 10:1-11; Gál. 4:21-31), y en una ocasión empleó la palabra *alegoría* (Gál. 4:24). Hebreos se refiere en forma alegórica a temas del AT tales como Melquisedec, el sacerdocio del AT y el tabernáculo.

ALEJANDRÍA   Capital de Egipto desde el 330 a.C.; el más importante centro de judaísmo fuera de Jerusalén; aquí se realizó la Septuaginta; fundada por Alejandro Magno como excelente centro griego cultural y académico, con la mejor biblioteca en el mundo antiguo (más de 500.000 volúmenes); designada como el principal puerto de Egipto de la península en el extremo occidental del delta del Nilo. Ver Hech. 6:9; 18:24; 27:6; 28:11.

ALEJANDRO MAGNO Rey de Macedonia (356-323 a.C.). Ver *Grecia; Intertestamentaria, Historia y literatura.*

ALELUYA Exclamación que significa "Alabad a Jehová" y ocurre con frecuencia en los salmos. A los Salmos 146-150 a veces se los llama salmos Aleluya. Ver *Salmos.*

ALFA Y OMEGA Primera y última letra del alfabeto griego, usadas en Apocalipsis para describir la soberanía y la naturaleza eterna de Dios o de Cristo (Apoc. 1:8,17; 21:6; 22:13).

ALFARERÍA EN TIEMPOS DE LA BIBLIA Utensilios domésticos cotidianos cuyos materiales son la base para fechar restos arqueológicos de la antigüedad. Las pocas declaraciones de la Biblia acerca de la preparación de la arcilla, "como pisa el barro el alfarero" (Isa. 41:25), y el fracaso y éxito del alfarero sobre la rueda (Jer. 18:3-4), no llegan a señalar la importancia y abundancia de los "vasos de barro" (Lev. 6:21; Núm. 5:17; Jer. 32:14), el término colectivo común para la alfarería en la antigüedad. La obra del alfarero al dar forma a la arcilla sin valor proveyó la imagen que los escritores y profetas bíblicos usaron para describir la relación Creador-criatura entre Dios y los seres humanos (Job. 10:8-9; Isa. 45:9).

Los tiestos de alfarería (Job 2:8) se han transformado en la clave para establecer un marco cronológico más

seguro para otra información cultural a partir del período neolítico antes del 5000 a.C., cuando apareció por primera vez la alfarería. Ver *Vasijas (arqueología).*

La Biblia sólo menciona "vasijas de barro" como productos de alfarería (Lam. 4:2; Jer. 19:1), pero seguramente había muchos otros tipos.

El barro para la producción de la alfarería puede dividirse en dos tipos: silicato puro de aluminio (arcilla "limpia"), que no se encuentra en Israel, y silicato de aluminio mezclado con óxidos de hierro, compuestos de carbono y otros ingredientes (a veces se la llama arcilla "rica"). El alfarero preparaba la arcilla seca tamizando y sacando el material extraño, y dejándola en agua para lograr una granulación uniforme. Una vez alcanzada la textura deseada, el alfarero la mezclaba pisándola o amasándola a mano, y entonces estaba listo para darle forma. Ver *Vasijas (arqueología).*

Cada cultura producía su propia alfarería distintiva y durable. Ese carácter distintivo ha permitido a los arqueólogos rastrear las "huellas digitales" de cada cultura a través del tiempo. El arqueólogo puede describir las migraciones de una raza desde un lugar a otro, la influencia de un nuevo pueblo en una región o área particular, y la actividad comercial del pueblo.

ALFEO (1) Padre del apóstol Jacobo el menor (Mat. 10:3; Mar. 3:18; Luc. 6:15; Hech. 1:13). (2) Padre del apóstol Leví (Mar. 2:14). Ver *Mateo.*

ALGUACIL Corresponde al oficio del *lictor*, alguien que hacía cumplir la voluntad de un magistrado local (Hech. 16:35,38).

ALIANZA Ver *Pacto.*

ALIENTO, RESPIRACIÓN Aire que entra o sale de un ser viviente.

Hay dos términos hebreos para dar la idea de "aliento", uno para referirse a aliento o respiración de todas las formas de vida, incluyendo a Dios (Gén. 2:7; Job 27:3; 33:4); la otra palabra hebrea se refiere en especial al vigor del aliento o la respiración en las experiencias extremas de la vida, el juicio y la muerte, con los significados ampliados —"viento" o "espíritu"— con relación a la voluntad o propósito de una persona.

En la creación, Dios dio aliento de vida a los seres humanos (Gén. 2:7; Hech. 17:25) y quita el aliento cuando la persona muere (Gén. 7:22; Job 34:14). Su aliento causó el poderoso viento en Pentecostés (Hech. 2:2). Jesús sopló el Espíritu Santo sobre sus discípulos (Juan 20:22). Comp. Hech. 9:1; Apoc. 13:15. Ver *Espíritu; Vida.*

ALMA Existencia vital de un ser humano. Una persona es una unidad. Cuerpo y alma o espíritu no son términos opuestos, sino más bien términos complementarios para describir aspectos de la persona total, que es inseparable. Ver *Antropología; Humanidad.* Alma habla de todo el ser humano en su vida física, con necesidad de comida y vestido (Mat. 6:25). El significado básico del hebreo es "garganta." Así, la Biblia se refiere al "alma" hambrienta, sedienta, satisfecha (Sal. 107:5,9; Prov. 27:7; Jer. 31:12,25). Por momentos, *alma* puede intercambiarse con "vida" (Prov. 7:23; 8:35-36) y se puede identificar con "sangre" (Deut. 12:23). Una persona no tiene un alma. Una persona *es* un alma viviente (Gén. 2:7). Esto significa un ser viviente que le debe la vida misma al Creador, al igual que sucede con el animal (Gén. 2:19). Por esta vida o alma uno da todo lo que tiene (Job 2:4).

El alma puede motivarse, amargarse, confirmarse, perturbarse o mantenerse en suspenso (Hech. 14:2,22; 15:24; Juan 10:24; comp. 1 Sam. 1:10; 2 Rey. 4:27; 2 Sam. 17:8). El alma como expresión de toda la personalidad (Sal. 33:20) se regocija, alaba, espera y es paciente.

A veces, *alma* reemplaza simplemente a un pronombre personal, tal como en la expresión "viva mi alma," que significa "déjame vivir" (1 Rey. 20:32). El alma no representa una parte del ser humano que, después de la muerte, es divina, inmortal, y que no muere, como frecuentemente pensaban los griegos. Un ser humano existe como una unidad total y permanece como una persona total en la mano de Dios después de la muerte. A la persona en ningún momento se la considera un alma incorpórea.

ALMENDRO Ver *Plantas en la Biblia;* Gén. 43:11; Ex. 25:33-34; Núm. 17:8; Ecl. 12:5; Jer. 1:11.

ÁLOE Ver *Plantas en la Biblia.*

ALÓN-SAANANIM Pueblo en el extremo nordeste de Neftalí cerca de Cades (Jos. 19:33); "valle de Zaanaim" (Jue. 4:11) es literalmente "la encina que está en Zanayin" (NVI) o "encina en Zaanaim" (BLA). Esto probablemente indica un "árbol sagrado" asociado con un centro de adoración. Ver *Zaanaim.*

ALTAR Estructura usada en la adoración para ofrecer sacrificios a Dios o a los dioses. Los altares se usaban para el sacrificio de animales, cereales, fruta, vino e incienso. Ver *Sacrificio y ofrendas.* Los altares más sencillos, y tal vez los más antiguos, eran los altares de tierra (Ex. 20:24) construidos de ladrillos de barro —un material de construcción típico en Mesopotamia— o bien un montículo elevado, de forma escarpada.

El altar de piedra es el que más se menciona en el texto bíblico, y el que se ha hallado con más frecuencia en las excavaciones. Estos altares podían constar de una única piedra grande (Jue. 6:19-23; 13:19-20; 1 Sam. 14:31-35) o de piedras no labradas apiladas cuidadosamente (Ex. 20:25; 1 Rey. 18:30-35). Los altares hebreos de piedra no debían tener escalones (Ex. 20:25-26), probablemente en parte para distinguirlos de los altares cananeos. En la visión de Ezequiel (caps. 40-48) el altar del templo restaurado tiene tres niveles y muchos escalones.

El altar central en el atrio del templo de Salomón era un altar de bronce de aprox. 2,8 m² (30 pies cuadrados) y unos 5 metros (15 pies) de altura (2 Crón. 4:1). Este era el altar del holocausto. El tabernáculo había tenido un altar similar de madera de acacia y cubierto con bronce (Ex. 27:1-2).

Para hacer expiación por el pecado se aplicaba la sangre del animal de sacrificio sobre los cuernos del altar (por ejemplo, Ex. 29:12; Lev. 4:7; ver Jer. 17:1). Aparentemente, tomarse de los cuernos del altar era una manera de buscar refugio o protección cuando a alguien lo acusaban de un serio delito (1 Rey. 1:50-51; 2:28-34; comp. Ex. 21:12-14).

En el lugar santo, al salir del lugar santísimo, había un altar de oro o altar del incienso (1 Rey. 7:48-50; comp. Ex. 30:1-6). Ver *Lugar alto*.

Las referencias a altares en el NT tienen que ver con la adoración apropiada (Mat. 5:23-24) y la hipocresía en la adoración (Mat. 23:18-20). Ver Luc. 1:11; Rom. 11:3; Heb. 13:10; Sant. 2:21; Apoc. 9:13. El tema del NT es que Jesucristo es el sacrificio máximo que nos justifica ante Dios.

AMALECITA Descendiente de Amalec, nieto de Esaú (Gén. 36:12); tribu nómada que habitaba en las tierras desoladas en el nordeste de la península de Sinaí y el Neguev; primer grupo que atacó a los israelitas en Refidim después del éxodo (Ex. 17:8-16; Núm. 14:39-45; 24:20; comp. Deut. 25:17-19). En vista de sus atrocidades, Dios ordenó a Saúl que exterminara a los amalecitas (1 Sam. 15:2-3). Saúl desobedeció, y los amalecitas no pudieron ser vencidos en forma completa hasta casi el 700 a.C. (1 Crón. 4:43).

AMÁN (*"magnífico"*) Agagueo que se convirtió en primer ministro del rey persa Asuero (Est. 3:1); enconado enemigo de los judíos que ideó un complot para exterminarlos. El ardid se descubrió a través de la intervención de Ester. Amán fue ahorcado en la horca que él mismo había construido para el judío Mardoqueo. Ver *Ester*.

AMARNA, TELL EL Sitio a 320 km (200 millas) al sur de El Cairo en la ribera oriental del río Nilo en la antigua ciudad egipcia de Akenatón; en 1888 se hallaron tablas de arcilla que contenían principalmente comunicaciones diplomáticas entre Egipto y los territorios controlados por Egipto, incluyendo a Siria y Palestina. Los gobernantes de pequeñas ciudades-estado palestinas (incluyendo Siquem, Jerusalén y Meguido) se quejan de ser maltratados por otros gobernantes y piden ayuda egipcia. Estas cartas son evidencia de la intranquilidad, falta de unidad e inestabilidad política del período anterior a la conquista hebrea. Ver *Egipto*.

AMASA (*"carga"* o *"llevar una carga"*) (1) Capitán del ejército de Judá que reemplazó a Joab durante la rebelión de Absalón contra su padre David (1 Sam. 17:25). (2) Líder en la tribu de Efraín que evitó que los soldados de Israel pecaran (2 Crón. 28:12-14).

**AMASAR, ARTESA DE AMA-
SAR** Proceso de hacer masa de pan
mezclando harina, agua y aceite juntamente con un pedazo de la masa del
día anterior, todo lo cual se trabajaba
con las manos en una artesa. La mezcla se dejaba reposar en la artesa para
que leudara y fermentara (Ex. 12:34).
Amasar por lo general era tarea de la
mujer (Gén. 18:6; 1 Sam. 28:24),
pero ocasionalmente lo hacían los
hombres (Os. 7:4). Los tazones o ar-
tesas podían ser de madera, arcilla o
bronce, y eran objetos ya sea de bendición o maldición divina (Deut.
28:5,17; ver Ex. 8:3).

AMASÍAS (*"Jehová es poderoso"*)
Varias personas, incluyendo (1) sacerdote en Bet-el que envió de regreso a
Amós diciendo que no tenía derecho
de profetizar contra el rey Jeroboam II
(789-746 a.C.) en el lugar de adoración del rey (Amós 7:10-17); (2) noveno rey de Judá, hijo de Joás y padre
de Uzías (797-767) que se vengó del
asesinato de su padre de manera misericordiosa y fuera de lo común: sólo
mató a los siervos culpables, no a los
hijos de los siervos (2 Rey. 14:5-6).
Ver 2 Crón. 25.

AMATISTA Ver *Minerales y metales*.

AMÉN Transcripción de una palabra
hebrea que significa algo así como
cierto, seguro y válido, verdadero y
fiel; muestra la aceptación de la validez de una maldición o un juramento
(Núm. 5:22; Deut. 27:15-26; Jer.
11:5), la aceptación de un mensaje
bueno (Jer. 28:6) y es parte de una
doxología para afirmar lo que se ha dicho o pedido en oración (1 Crón.
16:36; Neh. 8:6; Sal. 106:48).
"Amén" puede confirmar lo que ya es
o puede indicar la esperanza de algo
que se desea. En la oración judía
"amén" aparece al final como una respuesta afirmativa a una declaración o

un deseo de otros, y es de esta manera que se utiliza en las epístolas del NT
(Rom. 1:25; 11:36; 15:33; 1 Cor.
16:24; Gál. 1:5; Ef. 3:21; Fil. 4:20).
Pablo concluyó algunas de sus cartas
con la palabra "amén" (1 Tes. 5:28;
2 Tes. 3:18).

Jesús usó literalmente la palabra
"amén" al comienzo de una declaración para afirmar la verdad de lo que
estaba diciendo (Mat. 5:18; 16:28;
Mar. 8:12; 11:23; Luc. 4:24; 21:32;
Juan 1:51; 5:19), afirmando que el
reino de Dios está ligado a su propia
persona y enfatizando la autoridad de
lo que dijo. En Apoc. 3:14 a Jesús se
lo llama "el Amén", para decir que Él
es el testigo de Dios confiable y verdadero. Ver Isa. 65:16.

AMIGO, AMISTAD Profunda relación de confianza entre dos personas;
simple asociación (Gén. 38:12;
2 Sam. 15:37) o compañerismo basado en el amor. El ejemplo más conocido es la relación entre David y
Jonatán, el hijo de Saúl (1 Sam.
18:1,3; 20:17; 2 Sam. 1:26). El AT
atestigua la amistad entre Dios y los
seres humanos, que conversaron cara
a cara (Ex. 33:11; comp. Isa. 5:1-7).
Abraham era amigo de Dios (2 Crón.
20:7; Isa. 41:8; Sant. 2:23). Proverbios previene sobre amistades dudo-
sas y exalta las virtudes de un
verdadero amigo (14:20; 17:17-18;
18:24; 19:4,6; 22:11,24; 27:6,
10,14).

A Jesús se lo describe como "amigo de los pecadores" (Mat. 11:19). Él
llamó "amigos" a sus discípulos (Luc.
12:4; Juan 15:13-15). El NT hace énfasis en la conexión que existe entre
amigos y alegría (Luc. 15:6,9,29), y al
mismo tiempo advierte sobre la posibilidad de que algunos amigos de-
muestren no ser tales (Luc. 21:16).
Santiago hizo una advertencia en contra de la amistad con el mundo (Sant.
4:4). Sólo en 3 Juan 15 la palabra

"amigo" es un título que los cristianos se dan a sí mismos.

AMIGO DEL REY Título de un funcionario de la corte (1 Rey. 4:5); consejero y compañero del monarca, a la manera de un secretario de estado.

AMMI (*"mi pueblo"*) Nombre que Oseas le dio a la Israel restaurada (2:1) en contraste con Lo-ammi, "no mi pueblo", tercer hijo de Gomer.

AMNÓN (*"confiable, fiel"*) Primer hijo de David (2 Sam. 3:2); violó a su media-hermana Tamar, a quien su hermano Absalón vengó matando a Amnón (2 Sam. 13:1-20).

AMÓN (*"fiel"*) (1) Gobernador de Samaria cuando Josafat era rey de Judá; puso en prisión al profeta Micaías (1 Rey. 22:26). (2) Rey de Judá (642 a.C.) que sucedió a su padre Manasés; fue muerto en una revuelta de palacio (2 Rey. 21:19-23). Ver Mat. 1:10. (3) Antepasado postexílico de los sirvientes del templo (Neh. 7:59), a quien en Esdras 2:57 se lo llama Ami. (4) Un dios egipcio cuyo centro de culto en Tebas Jeremías amenazó con destrucción divina (Jer. 46:25).

AMONITAS Pueblo semita emparentado con Israel a través de Lot (Gén. 19:30-38) que vivía al nordeste del mar Muerto en una ciudad-estado cerca de Rabá; luchó a menudo con los israelitas disputando la fértil Galaad. Ver Deut. 2:20; 23:3; Jue. 10:6-11:40; 1 Sam. 11; 31:11-13; 2 Sam. 10-12; 23:37; 1 Rey. 11; 1 Crón. 11:39; 2 Crón. 12:13; 20:1; 24:26; 26:8; 27:5; Esd. 9:1; Neh. 2:10,19; 4:3,7; 13:1; Jer. 40:11,14; 41:10,15; 49:1-2; Ezeq. 25. Salomón tomó una o tal vez más esposas amonitas y permitió en Jerusalén la adoración de Milcom, el dios amonita (1 Rey. 11:1-8; comp. 2 Rey. 23:13).

AMOR Preocupación altruista, leal y benevolente por el bienestar de otra persona; es un "camino más excelente" que las lenguas e incluso la predicación (1 Cor 13); amor físico entre los sexos, incluso deseo sexual (Jue. 16:14; 2 Sam. 13:1-4); amor en la familia y entre amigos (Gén. 22:1-2); amor como una actitud abnegada de entrega aparece en el importante mandamiento a los israelitas de amar al extranjero recordando la acción redentora de Dios (Lev. 19:33-34).

El amor de la infiel Israel es "como nube de la mañana, y como el rocío de la madrugada, que se desvanece" (Os. 6:4). Dios, que es fiel, desea un amor constante. La relación que tuvo Oseas con una esposa adúltera le permitió comprender que Dios no había abandonado a Israel a pesar de la infidelidad de ésta. El amor es el cumplimiento de la ley (Rom. 13:10; comp. Deut. 6:4-6).

Jesús unió el *Shemá* de Deuteronomio (el mandamiento a amar a Dios) con las palabras de Lev. 19:18, "amarás a tu prójimo como a ti mismo" (ver Mat. 22:34-40; Mar. 12:28-34; Luc. 10:25-28). La parábola del buen samaritano ilustra el amor altruista que debe ser característico de los ciudadanos del reino que cumplen los dos mandamientos de amar (Luc. 10:25-37). Jesús dio un mandamiento radical: amar a los enemigos y orar por los perseguidores (Mat. 5:43-48). De acuerdo a Jesús, amar a los que nos aman es simplemente hacer lo que hacen quienes no son sus discípulos. El amor que los discípulos de Jesús tienen por otros debe ser tan completo como completo es el amor de Dios (Mat. 5:48; comp. Rom. 5:8).

Pablo asoció el amor con las importantes palabras bíblicas fe y esperanza (1 Cor. 13; ver 1 Tes. 5:8; Gál. 5:6) y declaró que lo más importante es el amor. Los dones del Espíritu (el lenguaje de éxtasis, la sabiduría, la fe y el autosacrificio) no sirven para nada si no hay amor; sólo el amor edifica (1 Cor. 13:1-3). El amor es paciente y bondadoso, no es celoso ni orgulloso, no es arrogante ni grosero. El amor no se regocija en lo malo sino en lo bueno. El amor es paciente, cree, espera y soporta todas las cosas (1 Cor. 13:4-7). El amor aparece en contraste con la predicación y el conocimiento, y con la fe y la esperanza, ya que el amor permanece para siempre (1 Cor. 13:8-13).

El amor cristiano es una relación abnegada y desinteresada que es resultado de lo que Dios hace en Cristo. La fuente del amor cristiano es Dios mismo (Rom. 5:8), y la respuesta de fe del creyente hace que el amor sea una posibilidad en la vida del ser humano (Rom. 5:5). El cristiano debe aumentar el amor y abundar en amor (1 Tes. 3:12-13; comp. Rom. 14:15; Gál. 5:13-15). El amor cristiano es evidencia y anticipo de la meta de los propósitos de Dios para sus hijos (Rom. 5:2,5; 1 Tes. 3:13).

Juan 3:16 indica la relación del amor del Padre con la obra de Cristo, y de ambos con la vida de los creyentes. Juan hace énfasis en la dimensión ética del amor entre cristianos, algo basado en el nuevo mandamiento de Jesús (Juan 13:34-35; comp. 14:15,21,23-24; 15:9,12,17). Lo que se ordena es la disciplinada voluntad de procurar el bienestar de otros. El mandamiento de Jesús se basa en su misma vida: "como yo os he amado". Nuestro amor por Jesucristo está íntimamente relacionado con nuestro cumplimiento de la tarea pastoral (Juan 21:15-17). Este amor debe manifestarse en acciones (1 Juan 3:18). Quien aborrece a su hermano está en tinieblas (1 Juan 2:9). Quien no hace lo bueno ni ama a su hermano, no es de Dios (1 Juan 4:20). "El que no

ama, no ha conocido a Dios; porque Dios es amor" (1 Juan 4:8; comp. 2 Juan 5-6; 3 Juan 5-6,9-10).

Lo que suceda en el juicio final, tendrá relación con aquello que sucede aquí y ahora. Los cristianos aman porque han sido amados. En dicho amor el pueblo de Dios tiene la experiencia de los eternos propósitos de Dios y los lleva a cabo (Mat. 25:31-46).

AMOR FRATERNAL Sentimiento hacia otros que nos lleva a tratarlos como si fueran parte de nuestra familia; apreciar a otra persona y querer lo mejor para ella; la palabra básica a veces significa "besar" para mostrar amistad íntima (Mar. 14:44); nunca se usa para referirse al amor de Dios ni para el amor erótico (Rom. 12:10; 1 Tes. 4:9; Heb. 13:1; 1 Ped. 1:22; 2 Ped. 1:7; comp. 1 Ped. 3:8). Los israelitas fueron llamados a amar a otros en una variedad de relaciones interpersonales: de amigo a amigo (Sal. 38:11; Prov. 10:12); de esclavo a amo (Ex. 21:5; Deut. 15:16); al prójimo (Lev. 19:18); a los pobres y desafortunados (Prov. 14:21,31); al extranjero (Lev. 19:34; Deut. 10:19). A menudo la relación de amor entre personas se da en el contexto de un pacto, como por ejemplo en el caso de David y Jonatán (1 Sam. 18:1-3).

La iglesia practica el amor fraternal (1 Tes. 4:9; Rom. 12:10; 13:8-10; 1 Cor. 8:13; Gál. 5:14). Para Juan, el amor fraternal es un tema dominante. Jesús dio un nuevo mandamiento, que nos amemos unos a otros (Juan 13:34; ver 17:26; 1 Juan 2:9; 3:10,18,23; 4:8,20; 2 Juan 6). Las epístolas hacen la conexión entre amor fraternal y hospitalidad (Heb. 13:1-2), y amor fraternal y pureza (1 Ped. 1:22; comp. 2 Ped. 1:7). Ver *Amor; Hospitalidad; Ética.*

AMOROSOS, ENREDOS La Biblia describe varios ejemplos de relaciones sexuales voluntarias fuera de los límites del matrimonio, incluyendo seducción (Gén. 39:7-18; Prov. 7:6-23; 9:13-18), adulterio (2 Sam. 11:2-5; Os. 3:1; Juan 4:17-18), incesto (Gén. 38:12-26; 2 Sam. 13:1-14; Ezeq. 22:11; 1 Cor. 5:1) y el uso de una prostituta (Gén. 38:15; Joel 3:3; 1 Cor. 6:13-20).

La infidelidad matrimonial se prohíbe de manera expresa en Ex. 20:14; Prov. 5:15-20; Mat. 5:27-28 (donde al voyerismo se lo equipara con el adulterio); 1 Cor. 6:9,18; 7:1-3; Col. 3:5-6 y 1 Tes. 4:3-5. La conducta inmoral está bajo el juicio de Dios (Heb. 13:4). La Biblia también describe algunas de las consecuencias que deben enfrentar tanto personas que se han visto involucradas en inmoralidad, como también sus familias (Gén. 35:22; 2 Sam. 13:21-22) y otras partes inocentes (2 Sam. 11:6-21; 12:10-14; Job 31:9-10). Estas consecuencias incluyen alienación (1 Cor. 5:1-2), culpa (Sal. 51:1-14), odio (2 Sam. 13:15,22), vergüenza pública (Gén. 38:23-26; 1 Sam. 2:22-24; 2 Sam. 12:11-12; Mat. 1:19), embarazo no deseado (2 Sam. 11:5) y devastación personal (Prov. 6:27-32; 7:21-27; Rom. 1:26-27).

Los profetas utilizaron la infidelidad matrimonial, y particularmente la prostitución, como un símbolo gráfico de la infidelidad espiritual de Israel para con Dios (Isa. 1:21; Jer. 2:20; 3:1-2; Ezeq. 16:15-58; Os. 1-3; Apoc. 17:5). Sin embargo, así como Dios está dispuesto a perdonar infidelidad entre cónyuges (2 Sam. 12:13; Juan 8:10-11), también está dispuesto a perdonar a aquellos que le son infieles a Él (Os. 14:4-7).

AMORREOS (*"occidentales"*) Pueblo que ocupaba parte de la Tierra Prometida y a menudo luchó contra Israel; nombre general para todos los habitantes de Canaán, de la misma manera que "cananeo" (Gén. 15:16; Jos. 24:15; Jue. 6:10; 1 Rey. 21:26). Controlaron Babilonia (2000-1595 a.C.), y su rey más influyente fue Hammurabi (1792-1750). Entre el 2100 y el 1800 a.C. se establecieron en los montes de Canaán. Ver Gén 14; Núm. 13:29; 21:21-35; Deut. 3:8; Jos. 10:1-27; 11:1-15; 12:2; Jue. 1:34-36; 11:19; 1 Rey. 9:20-21; 2 Crón. 8:7,8; Sal. 135:10-12; 136:17-22. La cultura amorrea fue la raíz de la decadencia de Jerusalén (Ezeq. 16:3,45); y la idolatría amorrea contaminó la religión del reino del norte y el reino del sur (1 Rey. 21:26; 2 Rey. 21:11; Amós 2:9,10).

AMÓS (*"una carga"*) Profeta de Judá que ministró en Israel aprox. en el 750 a.C. Fue un laico que negó ser profeta profesional (7:14-15). Amós acusó tanto a Judá como a Israel, y desafió las características superficiales de las instituciones religiosas.

Amós probablemente comenzó su ministerio con el llamado de Dios en el 765 a.C., "dos años antes del terremoto" (1:1). Durante el reinado de Jeroboam II el reino del norte emulaba a la generación de Salomón en cuanto a estabilidad y prosperidad económica (2 Rey. 14:23-27). El reino del sur prosperó durante el reinado del rey Uzías (Amós 1:1). Los problemas sociales, morales y religiosos relacionados con esa prosperidad fueron el aspecto central del juicio que hizo Amós.

AMÓS, LIBRO DE Tercer libro de los profetas menores que contiene una colección de profecías pronunciadas por Amós. En el aspecto moral, Israel y Judá se justificaban a sí mismas diciendo que eran justas, y se basaban en las bendiciones de Dios sobre ellas. El lujo excesivo y el desenfreno eran manifiestos (ver caps. 1; 4; 5; 6; 8). Israel explotaba a los pobres (2:6; 3:10; 4:1; 5:11; 8:4-6), pervertía la justicia y cambiaba el dinamismo de una experiencia religiosa personal con la superficialidad de la religión institucional (7:10-17). En oposición a estas maldades morales y religiosas, Amós machacó su tema central: "Corra el juicio como las aguas, y la justicia como arroyo impetuoso" (5:24).

Ya sea al dirigirse a otras naciones, a Israel o a Judá, el profeta condenaba a aquellos que pecaban contra una conciencia universal (1:1-2:3), contra la ley revelada (2:4-5) o contra el amor redentor de Dios (2:6-16). Amós desafió al pueblo a vivir según los estándares del pacto. Él tuvo una severa palabra de juicio contra las damas de la aristocracia que alentaban la injusticia y la violencia de sus esposos (4:1). Para los que se hallaban superficialmente confiados en Sión y en Samaria (6:1), la única esperanza era la renovación de una auténtica experiencia religiosa que llevara a una vida de justicia y rectitud que llenaría toda la tierra (5:24). Para quienes rechazaran eso, sólo había juicio: "Prepárate para venir al encuentro de tu Dios, oh Israel" (4:12).

AMRAFEL (acadio, *"el Dios Amurru pagó la deuda"* o *"la boca de Dios ha hablado"*) Aparte de esta mención bíblica, desconocido rey de Sinar o Babilonia que se unió a la coalición para vencer a Sodoma y Gomorra. Abraham rescató a Lot de estos reyes (Gén. 14:1-9).

AMRAM (*"pueblo exaltado"*) Padre de Moisés, Aarón y María, y nieto de Leví (Ex. 6:18-20); dio nombre a una de las familias levíticas (Núm. 3:27; 1 Crón. 26:23).

ANA (*"gracia"*) (1) Madre del profeta Samuel (1 Sam. 1:2). (2) Profetisa viuda y de edad avanzada que reconoció al Mesías cuando fue llevado al templo para la dedicación (Luc. 2:36).

ANAB (*"uva"*) Ciudad al sur de Judá de la cual Josué eliminó a los anaceos (Jos. 11:21); le fue dada a Judá (Jos. 15:50); la moderna khirbet Anab aprox. a 24 km (15 millas) al sudoeste de Hebrón. Ver *Anac, Anaceos.*

ANAC, ANACEOS (*"de cuello largo"* o *"de cuello fuerte"*) Gigantes y su antepasado; ocupaban Canaán, especialmente Hebrón y los montes de la zona (Núm. 13:22; Jos. 11:21); parte vivía entre los filisteos (Jos. 11:22). Arba fue un héroe de los anaceos (Jos. 14:15).

ANAHARAT (*"desfiladero"*) Ciudad en el límite de Isacar (Jos. 19:19), posiblemente la moderna tell el-Mukharkhash, entre el monte Tabor y el Jordán.

ANAMELEC (*"Anu es rey"*) Dios de los de Sefarvaim, que ocuparon parte de Israel después que el reino del norte fue al exilio en el 721 a.C. Sus adoradores le sacrificaban niños (2 Rey. 17:31).

ANANÍAS (forma griega del hebreo *Hananías, "Jehová ha actuado con gracia"*) (1) Esposo de Safira (Hech. 5:1-6). Ellos vendieron su propiedad y declararon falsamente que daban todas las ganancias al fondo común de la iglesia primitiva en Jerusalén (Hech. 4:32-34). Ambos murieron por haber mentido al Espíritu Santo (Hech. 5:3,10). (2) Discípulo en Damasco que ayudó a Pablo después de la visión de éste camino a Damasco (Hech. 9:10-19). (3) Sumo sacerdote judío, del 47 al 58 d.C. (Hech. 23:2; 24:1), y por lo tanto presidente del Sanedrín que juzgó a Pablo en Jerusalén (Hech. 23-24). Revolucionarios judíos en oposición a Roma lo asesinaron al comienzo de la rebelión judía (66 d.C.). Ver *Saduceos; Sanedrín.*

ANÁS (*"misericordioso"*) Hijo de Set; sacerdote cuando Juan el Bautista comenzó a predicar (Luc. 3:2). Evidentemente fue nombrado sumo sacerdote alrededor del 6 d.c. por Cirenio gobernador de Siria; fue depuesto en el 15 d.c. por Gratus, pero continuó ejerciendo marcada influencia (Juan 18:13; Hech. 4:6).

ANAT Un dios amorreo y cananeo. Ver *Canaán.*

ANATEMA Alguien o algo sacrificado a Dios para destrucción en cumplimiento de un voto; posiblemente un término técnico en la iglesia primitiva para significar exclusión de la membresía en la iglesia. Traducción griega del hebreo *cherem*, el llamado de la guerra santa que imponía destrucción del botín de guerra (Lev. 27:28; Deut. 20:10-18). Pablo invocó la maldición sobre todos los que no amaban al Señor (1 Cor. 16:22; comp. Rom. 9:3; Gál. 1:8-9). Los dones espirituales, especialmente la profecía exaltada, no hacen que la gente diga "Jesús es anatema" (1 Cor. 12:3).

ANATOT Ciudad de Benjamín a 5 km (3 millas) al nordeste de Jerusalén (Jos. 21:18) donde el rey Salomón envió a Abiatar después de deponerlo como sumo sacerdote (1 Rey. 2:26-27); hogar de Jeremías, que puede haber sido un sacerdote de la rechazada familia de Abiatar (Jer. 1:1). Amenazado por los ciudadanos de Anatot (Jer. 11:21-23), él compró un campo allí en obediencia a la palabra de Dios, como símbolo de esperanza luego del exilio (Jer. 32:6-15). Anatot fue habitada nuevamente después del exilio (Neh. 7:27; 11:32).

ANCIANO Líder tribal en Israel y líder de la iglesia primitiva; transliteración del griego *presbuteros*, en español "presbítero", una clase de sacerdote.

En la antigua Israel, los ancianos de las tribus asumían importantes papeles en el gobierno nacional (Ex. 3:16,18; 24:9-11; Núm. 11:16-17).

Los ancianos exigieron que Samuel nombrara un rey (1 Sam. 8:4-5), tuvieron a su cargo papeles cruciales para que David obtuviera y mantuviera el trono (2 Sam. 3:17; 5:3; 17:15; 19:11-12), y representaron al pueblo en la consagración del templo de Salomón (1 Rey. 8:1,3). Deuteronomio da a los ancianos la responsabilidad de administrar justicia, actuar como jueces a las puertas de la ciudad (Deut. 22:15), tomar decisiones en casos que afectaran la vida familiar (Deut. 21:18-21; 22:13-21), y ejecutar decisiones (Deut. 19:11-13; 21:1-9).

El "concilio de ancianos" era parte integral del Sanedrín en Jerusalén. El NT a menudo hace referencia a los ancianos de los judíos, por lo general en conjunción con los principales sacerdotes o los escribas (Mat. 21:23; Mar. 14:43). Estos ancianos, aparentemente integrantes de importantes familias, tenían cierta autoridad pero no eran los líderes principales en asuntos religiosos o políticos. Los ancianos tenían papeles importantes en el gobierno de las sinagogas.

En las primeras iglesias cristianas judías, al menos en la iglesia en Jerusalén, el cargo de "anciano" seguía el modelo de la sinagoga. Los ancianos aparentemente actuaban como consejo en la toma de decisiones, incluso para toda la iglesia (Hech. 15; 21:17-26). Pablo y Bernabé nombraron ancianos en las iglesias en su viaje misionero (Hech. 14:23) para que actuaran como líderes espirituales, no simplemente como consejo de gobierno. Estos ancianos no parecen ajustarse al modelo judío (Hech. 20:28). El contexto de Tito 1:5-9, el único pasaje que menciona tanto ancianos como obispos, indica que los términos son intercambiables. Los ancianos eran los líderes espirituales de las iglesias (Tit. 1:6-9; 1 Tim. 3:1-7). La única referencia específica al ministerio de los ancianos es la descripción (Sant. 5:14-15) de los ancianos que debían orar por un enfermo y ungirlo. Ninguno de estos pasajes indica que había un único anciano en la congregación. La referencia a imponer las manos en 1 Tim. 4:14, así como la ceremonia análoga en la encomendación de los siete (Hech. 6:6), parece indicar que la iglesia reconocía esa función o cargo en una ceremonia formal. Con la posible excepción de 1 Tim. 4:4, ninguna de las referencias a dichas ceremonias implica que ésta daba a las personas ningún poder o categoría especial.

ANCIANO DE DÍAS Frase en Dan. 7 que describe al eterno Dios; literalmente, "uno que está avanzado en (de) días"; puede significar "uno que hace avanzar el tiempo o rige sobre él". Comp. Gén. 24:1; 1 Rey. 22:19-20; Job 36:26; Sal. 50:1-6; 55:19; Isa. 26:1-27:1; 44:6; Ezeq. 1; Joel 3:2. En la antigua literatura ugarítica, al dios El se lo llamaba "el padre de los años".

ANCLA Una pesa de piedra, hierro o plomo en el extremo de una soga o cable que al sumergirse en agua hace que un barco quede en un sitio (Hech. 27:29-30,40). Hebreos 6:19 compara la esperanza del evangelio con la "segura y firme ancla del alma".

ANDRÉS Discípulo de Juan el Bautista que se convirtió en uno de los primeros discípulos de Jesús, a quien le llevó su hermano Simón (Juan 1:40-42); pescador (Mat. 4:18).Le preguntó a Jesús sobre la profecía en cuanto al templo (Mar. 13:3). Ver también Juan 6:8; Hech. 1:13. Se cree que su-

frió la muerte en una cruz en forma de X. Ver *Discípulos; Apóstoles.*

ANEM (*"fuentes"*) Ciudad de los levitas en el territorio de Isacar (1 Crón. 6:73); la moderna Jenín o khirbet Anim. En Jos. 21:29 se la llama Enganim.

ANFÍPOLIS (*"alrededor de la ciudad"*) Ciudad cerca del golfo Egeo entre Tesalónica y Filipos. Pablo y Silas pasaron por allí al dirigirse a Tesalónica en el segundo viaje misionero de Pablo (Hech. 17:1).

ÁNGEL Mensajero celestial que entrega un mensaje a seres humanos, lleva a cabo la voluntad de Dios, alaba a Dios, es integrante del ejército de Dios, o bien guarda el trono de Dios; también son llamados "hijos de Dios', "santos" y "huestes celestiales". La Biblia no presenta una angeología plenamente detallada. Ver *Querubín; Ejército de los cielos; Serafín; Hijos de Dios.*

Querubines y serafines son ángeles con alas, guardias o ayudantes en el trono divino (Isa. 6:2-6; Ezeq. 1:4-28; 10:3-22).

A menudo los ángeles aparecen como hombres comunes y corrientes, pero hacen cosas o aparecen de una manera que evidentemente no es humana (Gén. 16:7-11; 19:13,24; Ex. 3:2; Núm. 22:23; Jue. 6:21; 13:20; Mar. 16:5; Juan 20:12). Los ángeles son seres creados.

Mateo 18:10 y algunos otros pasajes que asignan roles protectores a los ángeles, dan a entender que hay una contraparte celestial para representar en el cielo a cada persona (por ejemplo, en Dan. 12:1, Miguel el príncipe angelical sobre Israel; en Dan. 10:13; Hech. 12:15; Apoc. 1:20; 2-3, ángeles de iglesias específicas). Sin embargo, la expresión *ángel de la guarda* no se halla en la Biblia y la idea es sólo algo que muchos ven implícito en esos pasajes.

Los ángeles revelaban la voluntad de Dios y/o anunciaban eventos claves (Gén. 19:1-22; Ex. 3:2-6; Jue. 2:1-5; 13:2-23; Mat. 1:20-24); aseguraban el bienestar o la supervivencia del pueblo de Dios (Ex. 14:19,20; 1 Rey. 19:1-8; Mat. 4:11; Hech. 12:7-11); y ponían en vigor la ira de Dios sobre los malvados entre los judíos y los gentiles (Gén. 19:12-13; 2 Sam. 24:17; 2 Rey. 19:35). Hebreos ofrece un extenso contraste entre Jesús y los ángeles (Heb. 1:3-2:16).

ANIM (*"manantiales"*) Ciudad de Judá (Jos. 15:50); la moderna khirbet Ghuwein at-Tahta, 17,5 km (11 millas) al sur de Hebrón.

ANIMALES Seres vivientes que Dios creó (Gén. 1:24-26; 2:19-20). No siempre resulta clara la identificación de animales, especialmente en el Antiguo Testamento.

Mamíferos Toda clase de vertebrados superiores incluyendo los seres humanos y todos los animales que alimentan a su cría con leche secretada por glándulas mamarias, y que además tienen la piel más o menos cubierta con pelos.

Mamíferos domésticos. Muchos animales se domesticaban para uso en la producción alimenticia, militar y de transporte.

1. Asno o burro. Animal inmundo usado para carga; lo usaban los que viajaban en son de paz; similar a los burros de hoy pero más grande; aparece en Mesopotamia y en Egipto 3000 años antes de Cristo; usado para montar (Núm. 22:21; Jue. 5:10), como bestia de carga (1 Sam. 16:20) y para trabajos agrícolas (Deut. 22:10; comp. Esd. 2:67). El asno estaba bajo el reglamento del día de reposo, y el primogénito se redimía (Ex.

13:13). Que Jesús haya elegido un asno para su entrada triunfal en Jerusalén simbolizaba su rol como el Príncipe de paz (Zac. 9:9; Mat. 21:1-5).

2. Buey. Bovino grande domesticado, extremadamente útil como animal de trabajo; a menudo se los unía de a dos en yugo para faenas agrícolas y para transportar cargas. Se permitía como alimento, y se ofrecían en sacrificio (Deut. 14:4-6; Lev. 17:3-4). Ver *Ganado* y *Buey salvaje*, más abajo.

3. Burro. Ver *Asno*, más arriba.

4. Caballo. Animal de pezuñas sólidas usado para montar, como animal de guerra y para transportar mercaderías; en Israel no fueron de uso común hasta la época de David y Salomón; éste tenía 12.000 caballos. Se usaban para tirar de carros (1 Rey. 4:26; 10:26). Como la ley de Moisés prohibía la cría de caballos, Salomón los importaba de Egipto (Deut. 17:16; 2 Crón. 1:16).

5. Cabra. Rumiante de cuernos ahuecados con orejas largas, por lo general cubierto de pelo largo y negro; a veces eran moteadas; importante fuente de alimento. El macho se usaba para sacrificios (Lev. 22:27). Ver Macho cabrío. La piel se utilizaba para hacer vestimentas, instrumentos musicales y odres; el pelo de cabra se tejía y se hacían telas (Ex. 26:7). Ovejas y cabras pastaban en los mismos pastos, pero había que separar los distintos ganados porque el macho cabrío a menudo era hostil con las ovejas (Mat. 25:32).

6. Camello. Animal de gran tamaño, inmundo (Lev. 11:4), con giba, rumiante de Asia y África usado para transportar cargas o pasajeros; domesticado antes del 2000 a.C. Puede acumular en su estómago reservas de agua para varios días; principal medio de transporte para llevar mercadería y personas por terreno seco y caluroso. Un camello joven puede caminar unos

160 km (100 millas) por día. Ver Gén. 24:35; Job 1:3; Mat. 23:24; Mar. 1:6; 10:25; Jer. 2:23; Isa. 60:6.

7. Cerdo. Animal robusto con hocico grande y piel gruesa; era inmundo (Lev. 11:7; Deut. 14:8; ver Isa. 65:4; 66:3,17); símbolo de vileza y paganismo (Mat. 7:6). Al que apacentaba cerdos se lo excluía del templo.

8. Ganado. Por lo general no sólo el ganado bovino (buey, toro, becerro, ternero, vaca) sino también todos los animales domésticos incluyendo ovejas, cabras y otros (Gén. 1:24; Juan 4:12). El ganado tenía gran valor para los sacrificios, la comida y el trabajo (Deut. 25:4; Luc. 14:19).

El toro era señal de gran productividad y fuerza (Deut. 33:17). En la religión cananea, el jefe de la asamblea recibía el nombre de "padre toro El". Al toro se lo asociaba con Baal y puede haber influido en Jeroboam cuando estableció becerros de oro en Betel y Dan (1 Rey. 12:28). El mar de bronce en el atrio del templo de Jerusalén se apoyaba en el lomo de 12 toros de bronce.

9. Mula. Resultado de la cruza de una yegua y un asno; era común que la realeza montara este animal (1 Rey. 1:33). Como la ley de Moisés prohibía las cruzas (Lev. 19:19), los israelitas importaban las mulas (Ezeq. 27:14) como animales de guerra, para montar o para llevar cargas (2 Rey. 5:17). Eran especialmente útiles para mover cargas pesadas en áreas montañosas.

10. Oveja. Animal robusto, más grande que la cabra pero sin barbas; riqueza principal de pueblos pastoriles; prominente en el sistema de sacrificios de Israel; fuente de alimentos y abrigo. La cola, que llegaba a pesar 7 kg (15 libras), a veces se ofrecía como sacrificio (Ex. 29:22; Lev. 3:9). Los cuernos de los carneros se usaban como trompetas (Jos. 6:4) y como recipientes para el aceite (1 Sam. 16:1).

11. Perro. Animal que solía alimentarse de carroña y a menudo era salvaje; a veces se lo tenía como mascota doméstica. En Mar. 7:27 Jesús probablemente se refirió a los pequeños perros que la gente tenía como mascotas. A algunos perros evidentemente se los usaba para guardar el ganado (Job 30:1). Ver más abajo *Perros salvajes.*

Mamíferos salvajes Los animales salvajes proporcionaban comida y caza, y la gente de la época bíblica les tenía miedo.

1. Antílope. Animal herbívoro, ligero de patas y con cuernos; aprox. del tamaño de un burro, con crin bajo su cuello, que lo hace parecer una cabra de gran tamaño. Ver Deut. 14:5; comp. Isa. 51:20.

2. Behemot. Bestia de gran tamaño en Job 40:15-24; ha sido identificada con el elefante, el cocodrilo y el búfalo; lo más probable es que sea el hipopótamo, un anfibio grande y de piel gruesa, mamífero de la familia de los Hippopotamidae.

3. Búfalo. Animal de gran tamaño considerado como antepasado del ganado doméstico; símbolo de fuerza feroz. Ver Núm. 23:22; 24:8; Deut. 33:17; Isa. 34:7; Job 39:9; Sal. 22:21; 29:6; 92:10. Ver Ganado, más arriba.

4. Carnero montés. Pequeño antílope (rupicarpa) de alrededor de 60 cm (2 pies) de altura; vive en regiones montañosas (Deut. 14:5).

5. Chacal. Animal nocturno y ruidoso que se alimenta de carroña; carnívoro parecido al zorro, pero con cabeza más ancha y hocico y orejas más cortas. Ver Zorro. Comp. Job 30:29; Sal. 44:20; Isa. 13:22; 34:13; 35:7; 43:20; Jer. 9:10; 10:22; 14:6; 49:33; 51:37; Lam. 4:3; Miq. 1:8; Mal. 1:3. Los seres humanos han abandonado el lugar en que moran los chacales (Isa. 13:22; Jer. 10:22).

6. Ciervo. Animal con astas, dos pezuñas grandes y dos pequeñas. Ver Job 39:1; Sal. 42:1. Su carne era parte de la mesa de Salomón (1 Rey. 4:23). El corzo es un ciervo pequeño con cuernos grandes. Ver también Gén. 49:21; Prov. 5:19; Isa. 35:6; Hab. 3:19.

7. Comadreja. Mamífero pequeño e inmundo de la familia del visón. Ver Lev. 11:29.

8. Elefante. El marfil de sus colmillos estaba entre las riquezas que importó Salomón (1 Rey. 10:22).

9. Erizo. Roedor grande con púas cortantes mezcladas con pelo. Ver Isa. 14:23; 34:11; Sof. 2:14. Representa el mundo salvaje y misterioso que los seres humanos no pueden controlar.

10. Gacela. Animal veloz de ojos bellos; se parece al antílope, pero es más pequeño; Israel lo consideraba un animal limpio (Deut. 12:15,22; comp. Deut. 14:5; 15:22; 2 Sam. 2:18; 1 Rey. 4:23; 1 Crón. 12:8; Prov. 6:5; Cant. 2:7,9,17; 3:5; 4:5; 7:3; 8:14; Isa. 13:14).

11. Hiena. Animal con rayas, nocturno, de carroña; tiene la apariencia de un zorro; repulsivo en el mundo antiguo; para los egipcios eran mascotas. Ver Isa. 13:22; 34:14.

12. Hipopótamo. Ver Behemot más arriba.

13. Íbice. Animal salvaje parecido a la cabra (Deut. 14:5); a veces se lo identifica con la cabra montés (1 Sam. 24:2; Sal. 104:18).

14. Liebre. Animal de orejas largas; de la familia del conejo (Leporhyidae); se la consideraba inmunda (Lev. 11:6; Deut. 14:7).

15. León. Felino grande y veloz, con gran melena; símbolo de la tribu de Judá (Gén. 49:9; Apoc. 5:5). Símbolo proverbial de fuerza y osadía (Jue. 14:18; Prov. 30:30) con un ru-

gido aterrador (Isa. 5:29). Los leones parecían preferir la vegetación del valle del Jordán (Jer. 49:19). Ver 1 Sam. 17:34-35; Dan. 6:16-23.

16. Leopardo. Felino grande, veloz y grácil, con pelaje amarillo y manchas negras; sumamente peligroso para los animales y las personas; común en Palestina, especialmente en los bosques del Líbano. Ver Cant. 4:8; Isa. 11:6; Dan. 7:6; Os. 13:7; Hab. 1:8; Apoc. 13:2.

17. Lobo. Gran canino salvaje considerado antepasado principal del perro doméstico; amenazaba constantemente a las ovejas y los pastores, y ganó reputación por su malicia (Gén. 49:27; Mat. 7:15; Luc. 20:3); acechaba a su presa por la noche (Jer. 5:6; Sof. 3:3); usado simbólicamente para describir a personas engañosas y codiciosas (Ezeq. 22:27; Hech. 20:29). Juan 10:12 describe su método de ataque.

18. Mono. Primate grande y semierecto; no es originario de la Tierra Santa; ciertas variedades se tenían como mascotas; algunos de los regalos de Hiram a Salomón (1 Rey. 10:22; 2 Crón. 9:21).

19. Murciélago. Cuadrúpedo que amamanta a su progenie; mamífero placentario volador nocturno con miembros anteriores modificados para formar alas; aparece en la lista de aves inmundas (Lev. 11:19; Deut. 14:18). Los murciélagos viven en cavernas (Isa. 2:20-21).

20. Oso. Mamífero grande y pesado con pelo largo, grueso e hirsuto; come insectos, fruta y carne; puede llegar a medir 1,80 m (6 pies) y a pesar unos 220 kg (500 libras); feroz (2 Rey. 2:23-24); amenaza para viñas y manadas de ovejas y cabras (1 Sam. 17:34-35).

21. Perro. Animal inmundo; designación de los malvados (Isa. 56:10-11) y los gentiles (Mar. 7:27). Ver Perro doméstico más arriba. A veces jaurías corrían libremente por las calles de las aldeas (1 Rey. 14:11; Sal. 22:16-21; 59:6), pero servían como vigilancia para los ganados (Isa. 56:10; Job 30:1) y para los hogares (Ex. 11:7). A algunos se los entrenaba para la caza (Sal. 22:17,21). Metafóricamente, perro era una expresión de desprecio (1 Sam. 17:43: Fil. 3:2; comp. Isa. 66:3; 2 Ped. 2:22; Apoc. 22:15) y autohumillación (1 Sam. 24:14). "Perro" también se puede referir a un varón que ejercía la prostitución (Deut. 23:19), aunque aún se debate el significado de "el precio de un perro". Jesús usó a los perros para enseñarle al pueblo a hacer discriminación en cuanto a quién enseñar (Mat. 7:6).

22. Puerco montés. Cerdo macho, un peligro para los sembrados (Sal. 80:13). Ver Cerdo más arriba.

23. Ratón. Roedor inmundo con hocico puntiagudo (Lev. 11:29); aparentemente se les temía porque transmitían plagas (1 Sam. 6:4). No se podían comer, pero algunos lo hacían (Isa. 66:17).

24. Tejón. Mamífero de madriguera, el más grande de la familia de la comadreja. Ver Ex. 25:5; 26:14.

25. Topo. Roedor de gran tamaño, de color gris. Ver Isa. 2:20.

26. Zorro. Animal carnívoro, veloz, sagaz, con una cola larga y tupida; a menudo se lo identifica con el chacal o con el lobo. Ver Jue. 15:4; Neh. 4:3; Cant. 2:15; Lam. 5:18; Ezeq. 13:4; Mat. 8:20; Luc. 9:58; 13:32.

Reptiles Animal que se arrastra o se mueve sobre su vientre, o con pequeñas patas cortas.

1. Áspid. Serpiente venenosa: Deut 32:33; Job 20:14,16; Sal. 91:13; Rom. 3:13.

2. Camaleón. Lagartija inmunda e inocua (*Chamaeleo chamaeleo*) que cambia de color para adaptarse a su ambiente; la singularidad de sus ojos le permite mirar en dos direcciones al mismo tiempo; se alimenta mayormente de insectos; vive en árboles y arbustos; se cuelga en las ramas con su cola. Ver Lev. 11:30.

3. Lagartija. Reptil de cuerpo largo que se distingue de la serpiente por tener dos pares de patas cortas. En Lev. 11:30 se mencionan varias clases.

4. Rana. Anfibio palmípedo; ver Ex. 8:1-15; Sal. 78; 105.

5. Serpiente. Nombre genérico que traduce ocho palabras hebreas para expresar la idea de reptiles de cuerpo largo, y específicamente serpientes tales como la víbora y el áspid; sigue siendo símbolo del mal y del maligno (Gén. 3; 49:17; Ex. 7; Núm. 21; Sal. 58:14; 140:3; Prov. 23:32; Isa. 14:29; 27:1; 2 Cor. 11:3; Apoc. 12:9-15; 20:2). En Palestina hay por lo menos 33 especies distintas.

ANIMALES, PROTECCIÓN DE

La Biblia hace una clara distinción entre animales y personas. Aunque ambos fueron creados por Dios (Gén. 1:20-30), sólo las personas fueron hechas a imagen divina (Gén. 1:27) y tienen un alma inmortal (Gén. 2:7; 1 Ped. 1:9). Que Adán haya puesto nombre a los animales (Gén. 2:19-20) significa que tenía dominio sobre ellos (Gén. 1:26-28; Sal. 8:5-8). Este dominio aumentó luego del diluvio, y Dios le dio a la humanidad los animales como comida (Gén. 9:3).

Aunque Jesús dijo que las personas tienen más valor que los animales (Mat. 6:26), de ninguna manera esto da piedra libre para maltratarlos. Estos le pertenecen a Dios (Sal. 50:10), y tienen gran valor en sí mismos. Las personas deben cuidar de los animales y cuando los usen, deben tratarlos con toda dignidad.

Tal como Dios cuida a los animales salvajes (Job 38:39-41; Sal. 104:10-

30; 147:7-9; Mat. 6:26), así también los dueños deben tratar bien a sus animales domésticos (Prov. 12:10; 27:23). La ley mosaica estipula que los animales deben recibir suficiente alimento (Ex. 23:11; Deut. 25:4; comp. 1 Cor. 9:9; 1 Tim. 5:18), deben recibir ayuda con las cargas que lleven (Ex. 23:5), no se los debe hacer trabajar en exceso (Ex. 20:10; Deut. 5:14), y se los debe tratar con consideración (Deut. 22:6-7,10). Ezequiel comparó a los líderes injustos de Israel con pastores que maltrataban a su rebaño (Ezeq. 34:1-6), una situación que fue revertida por Jesús el buen pastor (Juan 10:11; comp. Luc. 15:3-6).

ANTEDILUVIANOS (*"antes del diluvio"*) Personas que vivieron antes del diluvio (Gén. 4:1,17-24; 5:1-32; 6-8). Ver *Diluvio*.

ANTEPASADOS Personas de quienes alguien es descendiente; recibieron honra en la historia bíblica. Los reyes al señalar su linaje llegaban a David, y los sacerdotes, a Aarón (2 Tim. 1:5; Heb. 11).

ANTEPASADOS, CULTO A LOS Adoración u homenaje a los padres ya fallecidos o a los antepasados; la Biblia lo condena y lo prohíbe (Lev. 19:26-32; 20:6,27; Deut. 14:1; 18:10-11; 26:14; Isa. 8:19; 65:4). Varias naciones vecinas de Israel deificaban a los antepasados. Ezequiel 43:7-9 parece sugerir que existía adoración a los cuerpos de los reyes muertos de Israel.

El culto a los muertos busca que haya una relación con la persona muerta, y sostiene que algunos de los espíritus que han partido deben recibir alimentos o adoración, y que pueden ser canales de información con el mundo espiritual. Ver 1 Sam. 28. A veces se requerían actos de homenaje, deferencia, y ofrendas de comida y

bebida para honrar a espíritus buenos o para aplacar la ira de los espíritus malos. La comida, bebida y distintos artefactos que se sepultaban con el cadáver supuestamente satisfacían las necesidades de la vida en el más allá. Los israelitas a veces lo hacían (1 Sam. 28). Ver *Sepultura; Muerte; Adivinación y magia; Genealogías; Médium*.

ANTICONCEPTIVOS Como respuesta al mandamiento de Dios en el huerto del Edén, "Fructificad y multiplicaos; llenad la tierra" (Gén. 1:28; comp. Gén. 9:1,7), los hombres y las mujeres en la antigüedad valoraban en extremo la reproducción humana (1 Sam. 1:8; Sal. 127:3-5). En la antigua Israel, la seguridad emocional y económica se expresaba con una familia numerosa (Sal. 113:9) y se protegía con estructuras y costumbres legales que aseguraran la continuidad genealógica (Deut. 25:5-10; Rut 4:5; Mar. 12:18-23). La identidad personal de una persona se basaba principalmente en parentesco y linaje, de modo que a una mujer estéril se la consideraba una mujer incompleta (Gén. 30:22-23: 1 Sam. 1:5-6). Por estas razones el intento anticonceptivo de Onán resultó desagradable tanto para Dios como para su familia (Gén. 38:8-10).

En el mundo antiguo era común que hubiera eunucos (por ej. Mat. 19:12; Hech. 8:27). El objetivo de la castración no era la anticoncepción sino que se realizaba por una serie de razones: castigo, indicación de devoción religiosa o para habilitar a un hombre para ciertas tareas que requerían completa lealtad, como por ejemplo la supervisión de las mujeres de la casa real (Est. 1:10-12; 2:3). Sin embargo, la ley de Moisés reconoció que la castración era contraria al orden de la creación y prohibía que personas castradas tuvieran parte en el culto religioso (Deut. 23:1). Para la época de Isaías esta prohibición ya no era tan estricta (Isa. 56:3-5).

ANTICRISTO Persona (Dan. 7:25; 8:10,13; 11:40) o grupo de personas (Dan. 7:7-28) que se oponen a Dios y su propósito (1 Juan 2:18,22; 4:3; 2 Juan 7). Muchos judíos consideraron que la llegada de Antíoco Epifanes IV fue la encarnación de estos versículos. Sin embargo, el gobierno de Antíoco no cumplió todas las expectativas de estas Escrituras. Grandes figuras romanas como Pompeyo y Calígula también fueron consideradas anticristos. Ver *Abominación desoladora; Intertestamentaria, Historia.* Posteriormente en el judaísmo se consideró que el Imperio Romano era el cuarto reino o el anticristo colectivo (2 Baruc 26-40; 4 Esd. 5:3-4).

En 1 Juan 2:18 los anticristos eran maestros humanos que habían abandonado la iglesia. Dichos anticristos niegan la encarnación (1 Juan 4:3) y la deidad de Cristo (1 Juan 2:2). En 2 Juan 7 a los anticristos se los identifica como engañadores que enseñan que Jesucristo no se encarnó. El concepto de anticristo aparece en la expresión "falsos cristos" (Mat. 24:24; Mar. 13:22), y señala a otro gobernante romano que nuevamente habría de entrar al templo como lo hicieron Antíoco y Pompeyo. En Apoc. 13:3 la bestia que sube desde el mar puede haber sido simbólica de un regreso de Nerón.

En 2 Tes. 2:1-12 y 2 Cor. 6:15 la figura del anticristo se halla armada con poder satánico y está unida a Belial, un ser satánico. El gobierno romano aquí está refrenando su poder. En Apocalipsis el César romano es la fuerza maligna en sí.

Los dispensacionalistas esperan a un futuro gobernador romano que aparecerá durante la tribulación y regirá toda la tierra. Los amilenialistas

interpretan el término como algo simbólico.

ANTIGUO TESTAMENTO La primera parte de la Biblia cristiana relata la historia de la nación de Israel y el trato de Dios para con ellos hasta alr. del 400 a.C. Para los judíos es la Biblia completa, algunas veces llamada Tanak por sus tres partes (Torá o ley, Nebim o profetas, Ketubim o escritos). Los cristianos ven su complemento en el NT, que revela a Jesucristo como el cumplimiento de la profecía del AT. La ley (Génesis-Deutoronomio) comienza con la creación del mundo y concluye cuando Israel está por entrar a la Tierra Prometida. Los profetas —Josué, Jueces, Samuel, Reyes, Isaías, Jeremías, Ezequiel, y el Libro de los Doce (profetas menores)— continúan con la historia de la nación en la tierra de Palestina y llegan hasta el exilio, e incluyen mensajes proféticos a la nación. Los Escritos (todos los otros libros) contienen el relato del regreso del exilio, una recopilación de literatura poética y de sabiduría a través de la historia de la nación, e historias selectas sobre la guía de Dios en vidas individuales. Ver *Biblia, Formación y canon.*

ANTÍLOPE Ver *Animales.*

ANTIMONIO Ver *Minerales y metales.*

ANTINOMIANISMO Enseñanza falsa de que sólo la fe es necesaria para la salvación y que uno está libre de las obligaciones morales de la ley.

ANTÍOCO Nombre de 13 gobernantes de Siria Palestina que tuvieron su asiento en Antioquía. Ver *Daniel; Intertestamentaria, Historia; Macabeos; Seléucidas.*

ANTIOQUÍA Dos ciudades del NT. *1.* La ciudad más grande del Imperio Romano después de Roma en Italia y Alejandría en Egipto; a menudo llamada Antioquía sobre el (río) Orontes o bien Antioquía de Siria; fue fundada aprox. *en el* 300 a.c. *por* Seleuco Nicátor; un bullicioso puerto marítimo; aprox. a 32 km (20 millas) de la costa mediterránea sobre el río Orontes, casi 500 km (300 millas) al norte de Jerusalén. La deidad patrona de Antioquía era la diosa pagana "Fortuna".

La persecución de Esteban y de otros esparció a los cristianos judíos a Chipre, Cirene y Antioquía (Hech. 11:19), donde los judíos fueron llamados cristianos por primera vez (11:26). Los esfuerzos de socorro en vista del hambre en la iglesia de Jerusalén fueron dirigidos y realizados desde Antioquía. El Espíritu Santo guió a la iglesia en Antioquía a apartar a Bernabé y a Saulo para el primer viaje misionero organizado (13:1-3).

2. Una ciudad en Pisidia en el Asia Menor, al oeste de Iconio, fundada por Seleuco Nicátor. Durante el gobierno romano a esta ciudad se la llamó Cesarea. Pablo predicó allí en una sinagoga en su primer viaje misionero (Hech. 13:14-46; comp. 14:19-21; 2 Tim. 3:11).

ANTIPAS (1) Tetrarca de Galilea cuando Juan el Bautista y Jesús comenzaron sus ministerios públicos (Luc. 3:1); ordenó que Juan el Bautista fuera decapitado (Mat. 14:3); trató a Jesús con desprecio (Luc. 23:11) antes de la crucifixión, y se ganó la amistad de Pilato (23:4). (2) Mártir de la iglesia en Pérgamo (Apoc. 2:13).

ANTÍPATRIS (*"en lugar del padre"*) Ciudad que construyó Herodes el Grande en honor de su padre Antípater en el 9 a.C.; a 65 km (40 millas) de Jerusalén y 40 km (25 millas) de Cesarea en la Vía Maris; sitio de la Afec del AT. Ver Hech. 23:31. Ver *Afec.*

ANTONIA, TORRE DE Fortaleza que construyó Herodes el Grande cerca de la esquina noroeste del templo aprox. en el 6 a.c.; era el palacio donde residía, barracas para tropas romanas, depósito de seguridad para el manto del sumo sacerdote, y un atrio central para hablar públicamente; tradicionalmente se la considera el lugar del juicio de Jesús ante Pilato (Juan 19:13); destruida por Tito en el 66 d.C. La torre tenía 25 m (75 pies) de altura y llevaba ese nombre en honor de Marco Antonio, amigo de Herodes.

ANTROPOLOGÍA Ver *Humanidad.*

ANTROPOMORFISMO Proceso de aplicar características humanas a un dios, animal u objeto inanimado; dar forma humana a algo que no es inherentemente humano; en especial aplicar características humanas a Dios.

El antropomorfismo es un desarrollo natural en una fe que considera que Dios es un ser activo y gregario. La forma de Dios permanecía como un misterio, y su carácter no era tanto concebido sino revelado.

Los escritores sagrados hablan de los ojos de Dios, de sus oídos, manos y pies; pero con cuidado evitan que las descripciones sean demasiado tangibles y concretas. Dios camina; huele; ve; es parte de las emociones humanas, gobierna, pastorea y ama.

El lenguaje de la Biblia en cuanto a "imagen" y "semejanza" (Gén. 1:26-27; 5:1-2; 9:6) es lo inverso de antropomorfismo. En vez de crear una imagen de Dios partiendo de la experiencia o la imaginación humana, la humanidad es imagen de Dios. Lo que debemos ser se refleja plenamente en lo que Él es (ver 1 Juan 3:2). Ver *Imagen de Dios.*

El antropomorfismo supremo podemos verlo en el eterno Verbo de

Dios que se hizo carne y habitó entre nosotros (Juan 1:14). Jesús tomó la forma (*morphe*) de un siervo (Fil. 2:7). A través de su sacrificio en la cruz Él reveló a un Dios de gracia cuyo amor no conoce límites.

ANUNCIACIÓN Acto de anunciar o de ser anunciado algo; el anuncio que hizo el ángel Gabriel a María en cuanto al nacimiento de Jesús (Luc. 1:26-38).

ANZUELO Elemento curvado o doblado, de hueso o hierro, usado para atrapar o sostener peces (Job 41:1-2; Isa. 19:8; Mat. 17:27). Habacuc describió al pueblo de Dios diciendo que eran peces desvalidos que serían atrapados con anzuelos (1:15) y redes. Amós 4:2 se refiere a la antigua práctica de los conquistadores de llevar a los cautivos con ganchos tipo anzuelo en sus labios. Comp. 2 Crón. 33:11.

AÑO Ver *Calendarios*.

AÑO DE JUBILEO Ver *Fiestas*.

AÑO ECLESIÁSTICO Tiempos de culto para celebrar los actos de salvación específicamente cristianos. La iglesia primitiva del NT se distanció del judaísmo y de sus tres fiestas de cosecha, que eran los momentos más importantes del año religioso (Ex. 23:14-17). Ver *Fiestas*. A través de los años, la iglesia llegó a tener fiestas cristianas: Adviento, Navidad, Pascua, Epifanía, Semana Santa, Cuaresma y Pentecostés, juntamente con el día del Señor el primer día de cada semana. Las fiestas más importantes se centran en la vida de Cristo. Para el año 400 d.C. ya se habían establecido los elementos básicos del calendario eclesiástico.

Al Adviento se lo empezó a considerar el comienzo del año eclesiástico, y a la mitad del año que iba entre Adviento y Pentecostés —el período durante el cual tenían lugar las fiestas

más importantes— se lo consideró como un tiempo para que los cristianos concentraran su atención en la vida y obra de Cristo. El resto del año, de Pentecostés a Adviento, se convirtió en un tiempo para centrar la atención en las enseñanzas de Jesús y en la aplicación de esas enseñanzas en la vida de los cristianos.

AOD (*"unidad, poderoso"*) (1) Benjamita zurdo a quien el Señor levantó como juez para liberar a los israelitas de la opresión moabita (Jue. 3:15). Por medio de una artimaña obtuvo acceso al rey moabita Eglón, y lo asesinó. Ver *Jueces*. (2) Bisnieto de Benjamín y jefe de familia (1 Crón. 7:10). (3) Jefe de familia en la tribu de Benjamín (1 Crón. 8:6).

APELAR A CÉSAR Derecho que tenía una persona para que su caso fuera oído por el emperador (Hech. 25:1-12). Aparentemente, Pablo fundamentó su pedido en su ciudadanía romana. Sin embargo, a algunos ciudadanos romanos en África se les negaba el derecho de apelación y eran crucificados por Galba, el gobernador de la provincia. Ver *Pablo*.

APIA Mujer cristiana a quien Pablo saludó (Filem. 2). La tradición cristiana primitiva dice que era esposa de Filemón.

APOCALIPSIS, LIBRO DE Último libro de la Biblia, una obra apocalíptica que señala hacia la esperanza futura y llama a la fidelidad presente. Para alentar la fidelidad cristiana, Apocalipsis habla del mundo glorioso que habrá de venir (21:4; comp. 7:16), con la reaparición del Jesús crucificado y resucitado. Este Señor ahora entronizado retornará para concluir la historia del mundo (y las tribulaciones de quienes leyeran en ese momento), con la destrucción de los enemigos de Dios, la salvación final de su propio pueblo, y la creación de un nuevo cielo y una nueva tierra. El autor utiliza una experiencia personal intensa y un rico simbolismo apocalíptico para advertir a sus lectores de los desastres y tentaciones inminentes que requerirán un firme compromiso con el Señor resucitado.

El apóstol Juan, el autor, estaba exiliado en la isla de Patmos (1:9). Un cristiano fiel en Pérgamo había padecido la muerte (2:13), y se le advirtió a la iglesia en Esmirna de un tiempo de persecución inminente (2:10); pero en la época en que Juan escribió, las persecuciones descritas en Apocalipsis ya se preveían.

Los eruditos tradicionalmente han sugerido dos fechas para la redacción del Apocalipsis, basados en las repetidas referencias a la persecución (1:9; 2:2-3,10,13; 3:9-10; 6:10-11; 7:14-17; 11:7; 12:13-13:17; 14:12-20; 19:2; 21:4). Desde aprox. el 150 d.C., autores cristianos señalaban que Juan escribió durante el reino de Domiciano (81-96 d.C.), pero no hay consenso histórico que apoye una persecución de cristianos bajo Domiciano, mientras que sí existe una fuerte evidencia de persecución bajo Nerón (54-68 d.C.). En el siglo pasado, la mayoría de los eruditos del NT optaron por la fecha tardía bajo Domiciano (alr. del 95 d.C.), si bien existe un resurgimiento de la opinión que arguye en favor de un contexto inmediatamente después del reinado de Nerón (alr. del 68 d.C.).

Juan denominó su obra una "profecía" (1:3; 22:10,19), pero también le dio algunas características de una epístola (1:4-7; 22:21).

La introducción (1:1-8) nombra a los destinatarios, "las siete iglesias" de la provincia romana de Asia. El propósito: "revelación" de "las cosas que deben suceder pronto." Y el tema: el Señor Dios mismo ha garantizado la vindicación final del Jesús crucificado delante de toda la tierra. La visión de Juan (1:9-20) fue del Señor resucitado que le dio instrucciones de enviar no sólo las siete cartas, sino también una revelación de las cosas "que han de ser después de estas."

Las cartas a las siete iglesias (2:1-3:22) incluyen: destinatarios; descripción del Señor resucitado usando una porción de la descripción visionaria de 1:9-20; una sección de "yo conozco" que es de reconocimiento o crítica; exhortación a arrepentirse o (para Esmirna y Filadelfia) a mantenerse firmes (2:10; 3:10-13); una exhortación a oír "lo que el Espíritu dice a las iglesias"; y una promesa de recompensa a "el que venciere," esto es, a aquel que consigue la victoria perseverando en la causa de Cristo.

Se le dice a la iglesia en Éfeso (2:1-7) que vuelva a su primer amor; a Esmirna (2:8-11), que sea fiel hasta la muerte; a Pérgamo (2:12-17) y a Tiatira (2:18-29), que se cuiden de la enseñanza falsa y las acciones inmorales; a Sardis (3:1-6), que despierte y complete sus obras de obediencia; a Filadelfia (3:7-13) que esté segura de que la fe en Jesús le asegurará acceso al reino eterno; y a Laodicea (3:14-22), que se vuelva de su auto-engaño y se arrepienta de su tibieza.

Los capítulos 4 y 5 ligan las exhortaciones introductorias a las iglesias por parte del Señor resucitado (caps. 2 y 3), con los juicios y el triunfo final del Cordero (caps. 6-22). Al describir la entronización de Cristo y su poder para llevar a cabo los propósitos divinos de juicio y salvación, estos capítulos proveen la base histórica y teológica de la autoridad del Señor resucitado, tanto sobre la iglesia como sobre el mundo. Al igual que Dan. 7, Apoc. 5 habla tanto de un libro de juicio como de un agente divino, glorioso y redentor —el Jesús crucificado, el Cordero y el León de Dios, ahora entronizado y por lo tanto digno de tomar el libro y abrir los sellos.

Los siete sellos (6:1-8:5) La apertura de los primeros cuatro sellos introduce a cuatro jinetes de colores diferentes (6:1-8), que representan los juicios de Dios a través de los trastornos de la guerra y sus devastadoras consecuencias sociales (violencia, hambre, pestilencia y muerte). El quinto sello (6:9-11) es el ruego de los santos martirizados pidiendo justicia divina sobre sus opresores. Por ahora, ellos deben esperar. El sexto sello presenta las señales típicas del fin: un gran terremoto, el oscurecimiento del sol, el ensangrentamiento de la luna, y la caída de las estrellas de los cielos (comp. Mat. 24:29). El gran día de la ira de Dios (y del Cordero) ha llegado, y no hay salvación (6:14-17), pero el pueblo de Dios no debe desesperarse porque, como "los siervos de nuestro Dios" (7:3), ellos tienen la promesa del cielo.

El cap. 7 consta de dos visiones (7:1-8,9-17), la segunda interpretando y concluyendo la primera. El sellado de los 144.000 (7:1-8) emplea símbolos judíos para describir a aquellos que conocen a Dios a través de Jesucristo. Los 144.000 comprenden al número total del pueblo de Dios, que ahora está formado por todos (judíos y gentiles) los que son seguidores de Jesús.

En la segunda visión (7:9-17), los 144.000 se han transformado en "una gran multitud, la cual nadie podía contar." Ellos son "los que han salido de la gran tribulación," para experimentar ahora los goces del cielo y el alivio de las tribulaciones que han soportado (comp. 7:14-17 con 21:1-6; 22:1-5). Ellos han experimentado las tribulaciones de este siglo malo,

pero ahora en el cielo pueden gozar de la presencia de Dios (7:15; 21:3).

Apocalipsis 8:1-5 nos presenta el séptimo sello y las señales del fin mismo de la historia humana. El profeta comienza de nuevo, usando siete trompetas para declarar que los juicios de Dios también tienen un propósito redentor.

Siete trompetas (8:6-11:19)
Las primeras cuatro trompetas describen los juicios parciales ("la tercera parte") sobre la vegetación de la tierra, los océanos, las aguas y las lumbreras celestiales (8:6-13). Las últimas tres trompetas se describen como tres "ayes" sobre la tierra, y enfatizan el juicio de Dios sobre la humanidad. Todos estos juicios no tienen efecto redentor, porque "los otros hombres" que no mueren por estas plagas no se arrepienten de sus inmoralidades (9:20-21). Entre la sexta y la séptima trompeta se nos recuerda la mano protectora de Dios sobre su pueblo (10:1-11:4), mientras que el pueblo de Dios da un testimonio profético al mundo.

En 10:1-8 se reafirma el llamado de Juan (siguiendo el modelo de Ezeq. 2:1-3:11). La nota de protección y testimonio se enfatiza nuevamente en 11:1-13. Las persecuciones durarán "cuarenta y dos meses," pero el pueblo de Dios no puede ser destruido, porque los "dos testigos" (11:3-13) deben dar testimonio de la misericordia y el juicio de Dios. A los "dos testigos" también se los llama los "dos candeleros" (11:4), terminología que en 1:20 ya se ha interpretado diciendo que equivale a la iglesia. Esta debe mantener un fiel testimonio al mundo, incluso hasta la muerte si fuera necesario. El triunfo temporario del mal ("por tres días y medio," 11:9,11) se transformará en la vindicación celestial cuando los dos testigos sean levantados de los muertos (11:11-12).

Con la séptima trompeta (y el tercer ay) ha llegado el fin de la historia, "el tiempo de juzgar a los muertos" y que los santos sean recompensados (11:18). Juan ahora expone esos "42 meses" de persecución (y protección/testimonio).

La persecución de los justos por el dragón (12:1-13:18) Los tres años y medio o los "cuarenta y dos meses," o los "1260 días," o "un tiempo, y tiempos y la mitad de un tiempo" es el período durante el cual los poderes del mal harán sus obras. Durante este tiempo, Dios protegerá a su pueblo (12:6,14) mientras ellos dan testimonio de su fe (11:3) y simultáneamente sufren en manos de estos poderes de maldad (11:2,7; 12:13-17; 13:5-7). El cap. 12 inequívocamente destaca el comienzo de este período con la ascensión y entronización de Cristo (12:5).

El cielo se regocija porque ha sido rescatado de Satanás, pero la tierra debe ahora lamentarse, porque el diablo ha sido arrojado a la tierra, y su enojo es grande. Él sabe que ha sido derrotado por la entronización de Cristo y que tiene poco tiempo (12:12). La mujer, que (como Israel) ha dado a luz al Cristo (12:1-2) y también al "resto de la descendencia de ella", aquellos que "tienen el testimonio de Jesucristo", ahora recibe el golpe de la ira del dragón frustrado (12:17). La mujer es sustentada y protegida durante "1260 días" (12:6), durante "un tiempo, y tiempos, y la mitad de un tiempo" (12:14).

El dragón da a luz a dos secuaces (cap. 13) para que lo ayuden en la persecución de aquellos que creen en Jesús. Satanás entonces se encarna en un gobernante político, la bestia del mar (13:1), que hablará blasfemias por "cuarenta y dos meses" (13:5). Él hará "guerra contra los santos" (13:7), mientras que la segunda bestia

(o falso profeta, 19:20), que sube de la tierra (13:11), procura engañar a la tierra de modo que sus habitantes adoren a la primera bestia.

En los caps. 12 y 13, el período de tiempo no es de tres años y medio literales, sino todo el tiempo entre la ascensión y el retorno de Cristo, en el que se le permitirá al dragón ejecutar su obra de maldad sobre la tierra (comp. Gál. 1:2; Ef. 2:2). Satanás todavía está enfurecido, pero este tiempo es corto, y su maldad cesará con el retorno de Cristo.

Resumen de triunfo, advertencia y juicio (14:1-20) El cap. 14 emplea siete "voces" para relatar nuevamente las esperanzas y advertencias del cielo. Los 144.000 fieles serán rescatados y llevados al trono del cielo (14:1-5). Un ángel anuncia el evangelio eterno y advierte a la tierra sobre el juicio venidero (14:6-7). Se advierte al pueblo de Dios que no siga a la bestia, porque aquellos que la siguen sufrirán separación de Dios (14:9-12). Finalmente, dos voces convocan a la cosecha (14:14-20).

Las siete copas (15:1-16:21) Al igual que las siete trompetas y los siete sellos, las copas son también diferentes. La ira de Dios ya no es parcial o temporaria, sino completa y eterna, final e irrevocable. Las siete copas no tienen descanso entre el sexto y el séptimo derramamiento de juicio. Sólo queda la ira sin más demora. Babilonia la Grande, el símbolo de todos aquellos que se han jactado en contra del Dios altísimo, caerá. El fin ha llegado (16:18).

La caída de Babilonia (17:1-18:24) El cap. 17 vuelve a hablar de la sexta copa, la caída de Babilonia la Grande, y el cap. 18 ofrece un lamento conmovedor por la gran ciudad.

Advenimiento de la esposa, la santa ciudad (19:1-22:25).

Todo el cielo se regocija sobre el justo juicio de Dios sobre la maldad (19:1-6). La esposa del Cordero, el pueblo de Dios, se ha preparado mediante la fidelidad a su Señor a través de la hora de sufrimiento (ver 19:7-8). El cielo es abierto, y aquel por cuya venida se ha rogado fielmente desde edades pasadas, aparece para luchar contra los enemigos de Dios, un conflicto de cuyo resultado no quedan dudas (19:11-16). La primera bestia y la segunda bestia son arrojadas en el lago de fuego del que no hay retorno (19:20). El dragón —Satanás— es arrojado en un abismo infernal, que se cierra y sella por mil años (20:1-3). En razón de que los poderes de maldad reinaron por "tres años y medio" (el período de tiempo entre la ascensión y el retorno de nuestro Señor), Cristo reinará por "mil años." Los muertos en Cristo son resucitados para gobernar con Él (20:4-6), y se vindica el gobierno justo de Dios sobre la tierra.

Al final del reinado de Cristo, Satanás es enviado a su destino final (20:7-10). En una batalla final, Satanás y sus seguidores son vencidos, y el diablo se une a la bestia y al falso profeta en el lago de fuego donde "serán atormentados día y noche por los siglos de los siglos" (20:10). Entonces tiene lugar el juicio final, en el que todos los que no están incluidos en "el libro de la vida" son arrojados al lago de fuego (20:11-15).

Frecuentemente se considera que el cap. 21 se refiere al período que sigue al reino de 1000 años, pero es más probable que sea una repetición del retorno de Cristo desde la perspectiva de la esposa, así como el cap. 17 fue una recapitulación de la séptima copa. Ser la esposa es ser la santa ciudad, la Nueva Jerusalén, que vive en la presencia de Dios y del Cordero, y que experimenta protección, gozo, y la luz eterna y vivificadora de Dios

(21:9-27). Sus siervos lo servirán y reinarán con Él por siempre y para siempre (21:1-5).

Conclusión (22:6-21)   Juan concluye su profecía declarando la total fidelidad de sus palabras. Aquellos que prestan atención a su profecía recibirán las bendiciones de Dios. Aquellos que ignoran las advertencias serán dejados fuera de las puertas de la presencia de Dios (22:6-15). Juan cierra su libro orando y pidiendo solemne y esperanzadamente que el Señor venga (22:17,20). Las iglesias deben tener oídos para oír lo que el Espíritu ha dicho (22:16). El pueblo de Dios, por su gracia (22:21), debe perseverar en la hora de tribulación, sabiendo que su Señor entronizado retornará en triunfo.

APOCALÍPTICA, LITERATURA

(*"descubrir"*; figurativamente, *"revelar"*) (1) Escrito de parte de Dios que emplea lenguaje simbólico para hablar de una intervención divina que habrá de tener lugar en poco tiempo; (2) sistema doctrinal explícito en estos escritos; (3) movimiento(s) que produjeron los escritos y las doctrinas.

Porciones de Joel, Amós, Zacarías e Isaías tienen características apocalípticas, pero Daniel es el único libro del AT que es enteramente apocalíptico. Apocalipsis en griego es *apokalupsis*. Estos escritos afirman que su fuente de origen es Dios; la mayoría de las veces hablan de una próxima intervención divina; usan lenguaje simbólico o pictórico que a la vez es parabólico; tienen un intermediario angélico que explica al profeta el significado del mensaje; y a su vez el profeta hace conocer a otros sus visiones.

La literatura apocalíptica animaba a la gente a alistarse y a participar en la victoria final de Dios en la historia. Esta literatura encontró su verdadero cumplimiento en el mensaje de Jesús y en su vida, muerte, resurrección y en la esperanza de su regreso.

APÓCRIFOS, LIBROS (*"cosas que están ocultas"*) Colección de 15 libros escritos entre el 200 a.C. y el 100 d.C.; forman parte de la Vulgata, la Biblia en latín. Los 15 libros apócrifos, con la excepción de 2 Esdras, aparecen en la traducción griega del Antiguo Testamento, la Septuaginta. La Iglesia Católica Romana considera que todos, con excepción de 1 y 2 Esdras y la Oración de Manasés, son canónicos y tienen autoridad. Desde la época de la Reforma los libros apócrifos se han omitido del canon de las iglesias protestantes.

1 Esdras Libro histórico del primer siglo de la era cristiana, que es paralelo a los últimos capítulos de 2 Crónicas, Esdras y Nehemías; cubre el período desde Josías hasta la lectura de la ley que hace Esdras. La historia de los 3 guardias, 3:1-5:3, el único pasaje importante que no se halla en el AT, relata cómo a Zorobabel le fue permitido dirigir a los exiliados en su regreso a Palestina.

1 Macabeos Fuente de información primaria para el período 180-134 a.C.; hace énfasis en que Dios obró a través Matatías y sus hijos para que hubiera liberación. Después de los versículos introductorios que tratan sobre Alejandro Magno, el libro ofrece las causas de la revuelta contra los Seléucidas y detalles sobre Judas y Jonatán. Simón recibe menos atención. Hay breves referencias a Juan Hircano al final, lo cual sugiere que el libro se escribió en la última parte de la vida de éste o bien luego de su muerte, probablemente poco después del 100 a.C.

2 Macabeos Historia de la primera parte de la revuelta contra los Seléucidas del 180 al 161 a.C.; está basado en lo que de otra manera son cinco volúmenes desconocidos escritos por Jasón de Cirene; escrito poco después del 100 a.C.; no se considera tan exacto históricamente como lo es 1 Macabeos. Con toda claridad el libro enseña que hay una resurrección del cuerpo, al menos para los justos.

Tobías Romance histórico escrito aprox. en el 200 a.C.; se dedica más a dejar enseñanzas que a registrar hechos históricos; historia de una familia exiliada en Asiria en el 721 a.C. El libro hace énfasis en la concurrencia al templo, la oración, los diezmos, las limosnas, la obediencia a la ley, el casamiento entre israelitas y la separación de judíos y gentiles. Presenta por primera vez el concepto de ángel de la guarda.

Judit Novela folclórica escrita entre el 250 y el 150 a.C.; no es exacta históricamente; muestra la importancia de obedecer la ley. Este libro hace énfasis en la oración y el ayuno. Se denuncia la idolatría, y el Dios de Israel es glorificado. El libro muestra profundo odio hacia los paganos y manifiesta que el fin justifica los medios.

Ester (agregados) Los agregados fueron hechos entre el 125 y el 75 a.C. El texto hebreo de Ester contiene 163 versículos; el texto griego, 270. Los agregados se dan en seis lugares distintos. La Vulgata latina los coloca al final. Se incluyen el sueño de Mardoqueo, la interpretación del sueño, los textos de las cartas a que se hace referencia en 1:22; 3:13; 8:5,10; 9:20,25-30, y las oraciones de Ester y Mardoqueo, todo lo cual proporciona una base religiosa para el libro cuya forma original nunca menciona a Dios.

Cántico de los tres jóvenes Uno de los tres agregados a Daniel de aprox. el 100 a.C.; sigue a 3:23 en el texto griego; satisface la curiosidad sobre los acontecimientos en el horno de fuego. La sección final es un himno de alabanza que hace énfasis en que Dios libera a su pueblo como respuesta a la oración.

Susana Una "historia de detectives" al final del libro de Daniel en la Septuaginta. Dos jueces tratan de tener relaciones sexuales con Susana. Ellos declaran que la vieron tener relaciones íntimas con un joven. Daniel prueba la inocencia de Susana.

Bel y el dragón "Historia de detectives" que precede a Susana en la Septuaginta. Daniel demostró que Bel, un ídolo babilónico, era una imagen hecha por el hombre. En la segunda parte Daniel mató a un dragón, enfureciendo así al pueblo. Estas historias ridiculizan el paganismo y la adoración de ídolos.

La sabiduría de Salomón Colección sapiencial escrita en Egipto aprox. en el 100 a.C. La primera sección consolaba a los judíos oprimidos y condenaba a aquellos que se habían alejado de su fe en Dios. Muestra las ventajas de la sabiduría por sobre la maldad. La segunda sección es un himno de alabanza a la sabiduría, que aparece identificada como una persona que estaba en la presencia de Dios. La sección final muestra que la sabiduría es algo útil para Israel a lo largo de su historia. Este escrito presenta el concepto griego de inmortalidad más que la enseñanza bíblica de resurrección.

La sabiduría de Jesús, hijo de Sirac Escrito sapiencial también conocido con el nombre de Eclesiástico; hace énfasis en la importancia de la ley y la obediencia a ella; escrito en hebreo aprox. en el 180 a.C.; traducido al griego por el nieto del autor poco después del 132 a.C. Un judío muy culto, devoto y que había viajado mucho combinó la sabiduría judía tradicional con material del mundo griego. Los caps. 44-50 alaban a los grandes padres de Israel de manera

algo similar a Hebreos 11. A la sabiduría se la identifica con la ley.

Baruc Colección sapiencial escrita poco antes del 100 a.C. La primera sección, en prosa, declara ser una historia de la época de Jeremías y Baruc. La segunda sección, poesía, es una alabanza de la sabiduría. La sección final, también poética, ofrece esperanza a los lectores. A la sabiduría se la equipara con la ley.

Carta de Jeremías Intento de proporcionar la carta mencionada en 29:1-23, pero escrita poco antes del 100 a.C.; a menudo queda añadida a Baruc como el capítulo 6; condena la idolatría usando expresiones muy fuertes.

Oración de Manasés Escrito devocional de antes del 100 a.C., que afirma ser la oración del rey arrepentido (ver 2 Crón. 33:11-13,18-19; comp. 2 Rey. 21:10-17).

2 Esdras (escrito apocalíptico) Compuesto demasiado tardíamente como para ser incluido en la Septuaginta. Los caps. 1-2 y 15-16 son escritos cristianos. Los caps. 3-14 son de alrededor del 20 a.C. Ver *Apocalíptica, Literatura*. Presenta al Mesías preexistente que permanecerá 400 años y luego morirá. La sección final informa que Esdras fue inspirado para escribir 94 libros: 24 de ellos eran una nueva redacción del AT canónico; los otros 70, se darían a los sabios. Ver *Pseudoepigráficos*.

APÓCRIFOS, NUEVO TESTAMENTO Término colectivo que se refiere a un gran conjunto de escritos religiosos fechados en los primeros siglos de la era cristiana; por su forma y contenido, alegan tener una condición y autoridad igual a la Escritura; similar en forma al NT (Evangelio, Hechos, epístolas y Apocalipsis).

Ninguno de los libros apócrifos del NT (con la posible excepción del Apocalipsis de Pedro y los Hechos de Pablo) han sido aceptados como Escritura sagrada.

Ciertos grupos aceptaron los escritos apócrifos en base al deseo universal de preservar las memorias de la vida y muerte de importantes figuras del NT. Las obras apócrifas tenían el propósito de suplementar la información del NT sobre Jesús o los apóstoles. Los grupos herejes intentaban obtener autoridad para sus propias perspectivas particulares, y lo hacían apelando a autoridad apostólica. Los libros apócrifos se pueden dividir en las siguientes categorías.

1. Evangelios apócrifos, que a su vez se subdividen en evangelios de la infancia, de la pasión, judeo-cristianos, y de grupos heréticos.

Los evangelios de la infancia relatan el nacimiento y/o la infancia de Jesús, tratando de llenar los vacíos que ellos creían que había. *El protoevangelio de Santiago* glorifica a María, e incluye el milagroso nacimiento de ésta, la presentación de ella en el templo, sus esponsales con José (un hombre mayor y con hijos), y el milagroso nacimiento de Jesús. *El Evangelio de la infancia según Tomás* describe al niño Jesús usando sus poderes milagrosos por conveniencia personal, como por ejemplo al hacer doce pajarillos con arcilla maleable, palmear sus manos, y que las aves comiencen a volar.

Otros escritos son *El Evangelio árabe de la infancia, El Evangelio armenio de la infancia, El Evangelio de pseudo-Mateo, El Evangelio latino de la infancia, La vida de Juan según Serapion, El Evangelio del nacimiento de María, La ascensión de la virgen* y *La historia de José el carpintero.*

Los Evangelios de la pasión suplementan los relatos canónicos de la crucifixión y resurrección de Jesús. *El Evangelio de Pedro* es una obra del siglo II que resta importancia a la humanidad de Jesús, subraya todo lo milagroso y reduce la culpabilidad de Pilato. *El Evangelio de Nicodemo (Los hechos de Pilato)* amplía el juicio y la muerte de Jesús e incluye personas que testificaron a favor de Jesús, además de incluir un relato vívido de cuando Jesús descendió al infierno.

Entre los Evangelios judeo-cristianos se incluyen *El Evangelio de los ebionitas, el Evangelio de los hebreos* y *el Evangelio de los nazarenos. El Evangelio de los hebreos* parece parafrasear el Evangelio de Mateo, pero hace un énfasis especial en Jacobo, el hermano del Señor.

Los Evangelios heréticos son mayormente gnósticos. Ver *Gnosticismo. El Evangelio de la verdad* no contiene referencias a las palabras o acciones de Jesús. Otros Evangelios heréticos incluyen: *El Evangelio de los doce apóstoles; los Evangelios de Felipe, Tomás, Matías, Judas y Bartolomé; de las preguntas de María; El Evangelio según María,* y evangelios atribuidos a herejes importantes como Cerinto, Basilides y Marción.

El Evangelio de Tomás (escrito aprox. en el 100 d.C.) es una colección de 114 dichos secretos "que el Jesús viviente dijo y Dídimo Judas Tomás puso por escrito". Es uno de los casi 50 documentos que se descubrieron en 1945 cerca de Nag Hammadi en el Alto Egipto.

2. Hechos apócrifos son relatos legendarios de los viajes y acciones heroicas de los apóstoles del NT; estos escritos trataron de ser paralelos al libro de Hechos y así suplementarlo. Los cinco hechos apócrifos de más importancia son historias de entre el 100 y el 300 d.C. , que toman el nombre de un tal "Leucius Carinus". Gran parte del material que ofrecen es sumamente fantástico, muy afín a una novela romántica (con animales que hablan e insectos que obedecen).

Los hechos de Juan (150-160 d.c.) contienen milagros y sermones por parte de Juan de Asia Menor, y tiene una marcada orientación gnóstica. *Los hechos de Andrés*, de poco antes del 300 d.C., es también un escrito decididamente gnóstico. *Los hechos de Pablo* data de antes del 200 d.C. y fue escrito por un presbítero asiático que escribió "por amor a Pablo". Posteriormente el religioso fue depuesto por publicar el escrito.

Los hechos de Pedro, escrito poco antes del 200 d.c., habla de Pedro defendiendo a la iglesia de un hereje llamado Simón el mago; la defensa la realizó predicando y posteriormente siendo crucificado cabeza abajo. Como los otros hechos, éste promueve un estilo de vida de autonegación y alejamiento de la sociedad.

Los hechos de Tomás, escrito luego del 200 d.C., parece haberse originado en el cristianismo siriaco. Relata cómo a Judas Tomás, el "mellizo del Mesías", le fue dada la India cuando los apóstoles echaron suertes por el mundo. Tomás hace énfasis en la virginidad.

Otros hechos apócrifos posteriores incluyen: *La historia apostólica de Abdías, La historia fragmentaria de Andrés, La ascensión de Jacobo (Santiago), El martirio de Mateo; La predicación de Pedro, Los hechos eslavos de Pedro, La pasión de Pablo, La pasión de Pedro, La pasión de Pedro y Pablo; Los hechos de Andrés y Matías, Andrés y Pablo, Pablo y Tecla, Bernabé, Jacobo el Grande, Pedro y Andrés, Pedro y Pablo, Felipe,* y *Tadeo.*

3. Epístolas apócrifas, un pequeño grupo de epístolas apócrifas que incluye muchas que le han sido atribuidas a Pablo. *La epístola de los apóstoles,* que data de después del 100

d.C., es una colección de visiones que hablan de las enseñanzas de Cristo luego de su resurrección. *Tercera Corintios,* también parte de *Los hechos de Pablo,* aparentemente fue la respuesta de Pablo a una carta de Corinto. *La epístola latina* a los laodicenses reúne frases paulinas y probablemente fue motivada por Col. 4:16 donde Pablo menciona una epístola a los de Laodicea.

Otras epístolas apócrifas importantes incluyen *La correspondencia de Cristo y Abgar, La epístola a los alejandrinos, La epístola de Tito, de Pedro a Santiago, de Pedro a Felipe,* y *de María a Ignacio.*

4. Apocalipsis apócrifos hacen énfasis en el cielo y el infierno. *El apocalipsis de Pedro* parece haber tenido cierto grado de canonicidad durante un tiempo. Presenta visiones del Señor resucitado e imágenes de terror de quienes están en el infierno. *El apocalipsis de Pablo* probablemente haya surgido como consecuencia de la referencia que hace Pablo en 2 Cor. 12:2 a un hombre en Cristo que fue arrebatado hasta el tercer cielo. Otros apocalipsis incluyen el de *Jacobo (Santiago), de Esteban, de Tomás, de la Virgen María,* y varias obras que fueron descubiertas en Nag Hammadi. Ver *Apocalíptica, Literatura.*

5. Otras obras apócrifas incluyen una colección de dichos atribuidos a Jesús, *Las predicaciones de Pedro, Las homilías y los reconocimientos clementinos, El apócrifo de Juan, El apócrifo de Santiago* y ciertos escritos gnósticos como el *Pistis Sofía, La sabiduría de Jesús,* y *Los libros de Jeu.*

Estos escritos muestran cómo el NT da prioridad a hechos históricos y no a la fantasía humana. Los apócrifos del NT por lo general no son confiables desde el punto de vista histórico y nunca tienen autoridad en cuestiones de fe y de práctica.

APOLIÓN (*"destructor"*) Nombre griego de Abadón. Ver *Abadón*.

APOLONIA (*"perteneciente a Apolo"*) Ciudad en el norte de Grecia o Macedonia sobre la carretera internacional llamada Vía Ignacia, a 50 km (30 millas) de Anfípolis y 60 km (38 millas) de Tesalónica. Ver Hech. 17:1.

APOLOS Judío de Alejandría que fue a Éfeso luego del primer viaje de Pablo. Aunque manejaba el AT con gran vigor, le faltaba un entendimiento completo de los caminos de Dios, de modo que Priscila y Aquila lo instruyeron (Hech. 18:26). Ver Hech. 18:26-28; 19:1; 1 Cor. 1:12; 3:4-6,22; 16:12; Tito 3:13. Ver *Aquila y Priscila; Éfeso; Corinto; Corintios, 1 y 2*.

APOSENTO Habitación privada en una vivienda. Jesús animó a la gente a ir al aposento para orar (Mat. 6:6; comp. Luc. 12:3).

APOSENTO ALTO Cuarto escaleras arriba escogido por Jesús para su comida final con los discípulos antes de su arresto (Mar. 14:14-15).

APOSTASÍA (*"estar alejado de"*) Acción de rebelarse, olvidar, abandonar o alejarse de lo que uno ha creído. El AT menciona la idea de este alejamiento cuando las personas pasaban de ser leales a un rey a ser leales a otro rey extranjero (2 Rey. 25:11; Jer. 37:13-14; 39:9; 52:15). Ideas asociadas incluyen el concepto de "rebelión" (Jos. 22:22); "infidelidad" (2 Crón. 29:19); "prevaricación" (2 Crón. 33:19); "rebeldías" (Jer. 2:19; 8:5).

En Hech. 21:21 los judíos acusaron a Pablo de hacer que los judíos fuera de Palestina abandonaran la ley de Moisés. En 2 Tes. 2:3 Pablo enseñó que la apostasía habría de preceder al día del Señor. Ver 1 Tim. 4:1. Tal apostasía habría de incluir engaño doctrinal, insensibilidad moral y transgresión ética.

En la parábola del sembrador, Jesús habló de aquellos que creen durante un tiempo pero "se apartan" durante tiempos de pruebas (Luc. 8:13). Hebreos dice que los que tienen "corazón malo de incredulidad" se apartan del Dios vivo (3:12). Los que "recayeron" no pueden ser "renovados otra vez para arrepentimiento" (Heb. 6:6). Pero Dios puede guardar de caer al creyente (Jud. 24).

La apostasía es un concepto bíblico, pero sus implicaciones han sido motivo de airados debates. Algunos sostienen que aunque los verdaderos creyentes pueden apartarse, nunca se alejarán completamente. Otros afirman que todo el que se aleja en realidad nunca fue salvo y aunque puede haber creído durante un tiempo, nunca tuvo la experiencia de la regeneración. Y otros arguyen que las advertencias bíblicas contra la apostasía son reales y que los creyentes tienen la libertad, al menos en forma potencial, de rechazar la salvación de Dios. La convicción de pecado es en sí evidencia de que el creyente no se ha apartado. El deseo de salvación muestra que uno no tiene un "corazón malo de incredulidad".

APOSTOLES Ver *Discípulos*.

APOSTÓLICO, CONCILIO
Reunión en Jerusalén en que los apóstoles y los ancianos de Jerusalén defendieron el derecho de Pablo y Bernabé de predicar el evangelio a los gentiles sin tener que forzar a los convertidos a obedecer la ley judía (Hech. 15; comp. Lev. 17-18).

APOSTÓLICOS, PADRES Autores cristianos de los primeros tiempos de la era cristiana. Se cree que conocieron a los apóstoles, pero no se los menciona en la Biblia.

Didaché o Enseñanza de los doce apóstoles Manual de la iglesia primitiva; en su forma actual fue completado aprox. en el 100 d.C., y posiblemente mucho antes, desde Siria; instrucciones en cuanto al bautismo, el ayuno y las oraciones, la Eucaristía, la hospitalidad, el culto en el día del Señor, y los obispos y diáconos; concluye con una exhortación.

Epístola de 1 Clemente Tercer obispo de Roma que en el 96 d.C. respondió a un disturbio en la iglesia en Corinto y apeló a la unidad y la sumisión para con los que habían sido nombrados presbíteros por los apóstoles y sus sucesores.

Segunda carta de Clemente a los corintios Sermón anónimo aprox. del 140 d.C. que insta a los oyentes a arrepentirse de sentirse demasiado atraídos por el "mundo"; citó escritos que tenían autoridad; ahora categóricamente se la clasifica como escrito gnóstico.

Las siete epístolas de Ignacio Escritas por este obispo de Antioquía cuando se dirigía a Roma, donde sufrió el martirio durante el reinado de Trajano (98-117). Escribió a las iglesias de Filadelfia y Esmirna, y a Policarpo, obispo de Esmirna; instó a que se aceptara la autoridad episcopal. Esto sugiere que las iglesias de Asia Menor aún no habían aceptado el gobierno a cargo de un único obispo con presbíteros y diáconos que le estaban subordinados.

Interpretación de los oráculos del Señor Obra de Papías, obispo de Hierápolis; cinco volúmenes; escrita entre el 110 y 120 d.C.

Epístola de Policarpo de Esmirna Cartas de presentación para las cartas de Ignacio escritas poco después del 100 d.C.; conjunto de citas de cartas de Pablo exhortando a la fe y a la virtud.

El martirio de Policarpo El relato más antiguo sobre la muerte de un mártir; escrito poco después del martirio que tuvo lugar en el 156 d.C.; primer uso registrado del término "católico" para referirse a la iglesia; escrito para fortalecer la fe durante la persecución; hermoseado con sucesos milagrosos.

La epístola de Bernabé Ni es una carta ni es obra de Bernabé. Este sermón o tratado intenta demostrar que los judíos entendieron mal las Escrituras y desde el comienzo no vieron a Jesús en las Escrituras porque las interpretaron literalmente. La obra incluye exposición alegórica.

El apocalipsis del pastor de Hermas arguyó contra aquellos que rechazaban el arrepentimiento por serios pecados luego del bautismo, como por ejemplo la apostasía, el adulterio o el asesinato, y decían que tales personas deben sufrir exclusión permanente.

La epístola a Diognetus Apología atrayente; tal vez del siglo III d.C. El autor hace un contraste entre la fe de otras religiones, que no satisface, y las enseñanzas cristianas sobre el amor y la buena ciudadanía.

La apología de Cuadrato Fragmento de una defensa del cristianismo dirigida al emperador Adriano; se cree que fue bastante posterior a los padres apostólicos y puede ser la misma obra que "La epístola a Diognetus".

Como escritos que anteceden a la formación del canon del NT, resultan de gran valor para entender el cristianismo de la era postapostólica.

AQUILA Y PRISCILA Pareja de esposos que se dedicaban a fabricar tiendas (2 Tim. 4:19); fueron de Italia a Corinto (Hech. 18:2) después que Claudio ordenó que los judíos fueran expulsados de Roma (ver Rom. 16:3-4). Se hicieron cristianos y ayudaron a Pablo en su ministerio; lo acompañaron a Éfeso (Hech. 18:19), instruyeron a Apolos (18:25), tuvieron una iglesia en casa de ellos, y se unieron a Pablo al escribir a los corintios (1 Cor. 16:19). Segunda Timoteo 4:19 puede indicar que la pareja estaba en Éfeso.

AQUIS (1) Rey de Gat, una ciudad filistea, hacia quien huyó David cuando tuvo temor de Saúl (1 Sam. 21:10) y a cuyo ejército se unió David al ir expandiendo en forma astuta su influencia en los alrededores de Siclag (1 Sam. 27; 28:1-2; 29:1-11). (2) Rey de Gat a quien acudió Simei para buscar a sus siervos, y al hacerlo violó el acuerdo con Salomón y perdió su vida (1 Rey. 2:36-46).

AR (*"ciudad"*) Ciudad en la frontera norte de Moab sobre la ribera sur del río Arnón (Núm. 21:15,28); ver Deut. 2:9,18,29; Isa. 15:1.

ARAB (*"emboscada"*) Ciudad en la zona alta de Judea cerca de Hebrón (Jos. 15:52). Por lo general se la identifica con la moderna er-Rabiyeh.

ARABÁ (*"área seca, infértil"*) Nombre hebreo que significa desierto, con clima muy cálido y pocas lluvias. (1) El uso moderno del nombre hace referencia a una gran hendidura de 175 km (110 millas) debajo del mar Muerto hasta el golfo de Elot o de Aqaba. Una región rica en cobre; se la protegía con fortalezas militares para salvaguardar valiosas rutas comerciales y marítimas que hacían conexión con el sur de Arabia y el este de África. Ver Deut. 2:8; 1 Rey. 9:26-27. (2) Desierto de Judá; laderas orientales de las montañas de Judá, con escasas precipitaciones, profundos cañones y altos acantilados donde David se escondió de Saúl (1 Sam. 23:24-25). (3) Todo el valle del Jordán, 110 km (70 millas) desde el mar de Galilea hasta el mar Muerto, o más precisamente las

áreas desérticas al norte de Zor o la fértil zona de la costa del Jordán. Ver Deut. 3:17; Jos. 8:14; 11:2,16; 12:8; 2 Sam. 2:29; Jer. 39:4; Ezeq. 47:8; Zac. 14:10. (4) Mar del Arabá, el mar Muerto. Ver Deut. 3:17; 4:49; Jos. 3:16; 2 Rey. 14:25. (5) Arabot de Moab o la llanura de Moab, la costa oriental del mar Muerto al sur del wadi Nimrim. Ver Núm. 22:1; 31:12; 36:13; Deut. 34:1; Jos. 13:32. (6) Zona desértica sobre la costa oriental del río Jordán desde el mar de Galilea hasta el mar Muerto. Ver Jos. 12:1. (7) Arabot de Jericó o llanuras de Jericó, zona cerca del Jordán que en el pasado fue dominada por la ciudad-estado de Jericó (Jos. 4:13; 5:10; 2 Rey. 25:5; Jer. 39:5). (8) El arroyo de Arabá.

ÁRABES Personas de las regiones del noroeste de Arabia; llamados "hijos del oriente"; pastores nómadas que cuidaban ovejas y cabras, y posteriormente camellos; a veces *árabe* se refiere a nómadas, sin que por ello haya referencia geográfica o étnica.

Madianitas, ismaelitas, gente de Cedar, amalecitas, dedanitas, temanitas y otros eran árabes étnica y lingüísticamente. Los israelitas reconocían la relación consanguínea que tenían con los árabes a través de Ismael, hijo de Abraham, o de Cetura, segunda esposa de Abraham (Gén. 25).

Los habitantes de la zona sur de Arabia, en las montañas periféricas del mar Rojo y del océano Índico, contaban con un sofisticado sistema de irrigación y considerable riqueza obtenida con incienso, especias, oro, plata, piedras preciosas y comercio en general.

El NT hace referencia a los árabes nabateos, que controlaban lo que hoy es el sur de Jordania y el Neguev de Israel; durante un tiempo llegaron a controlar el norte hasta Damasco. Ver Hech. 2:11; Gál. 1:17.

ARABIA Península asiática ubicada entre el mar Rojo al oeste y el golfo pérsico al este, e incluye 3,1 millones de km^2 (1,2 millones de millas cuadradas); uno de los climas más secos del mundo; hogar de los árabes de la Biblia; incluye toda la Arabia Saudí actual, el Yemen, Omán, los Emiratos Árabes Unidos, Qatar y Kuwait, como así también partes de Irak, Siria, Jordania y la península del Sinaí. Ver 1 Rey. 10:15; 2 Crón. 9:14; 17:11; 21:16; 22:1; 26:7; Neh. 2:19; 4:7; 6:1; Isa. 13:20; 21:13; Jer. 3:2; 25:24; Ezeq. 27:21; Hech. 2:11; Gál. 1:17; 4:25.

La mayoría de las referencias bíblicas a gente o territorio árabe son referencias a las partes norte y oeste de este todo, pero a veces incluye tanto la porción norte como la sur.

ARACEOS Clan cananeo que aparece en la tabla de las naciones (Gén. 10:17); aparentemente su centro estaba cerca de Arqa, la moderna tell Arqa en Siria, 130 km (80 millas) al norte de Sidón.

ARAD (1) Ciudad cananea a unos 17,5 km (11 millas) al oeste sudoeste de Beerseba (Núm. 21:1-3, probablemente Tel Malhata). Israel le dio a esta desvastada ciudad el nuevo nombre de Horma (ver Jos. 12:14; Jue. 1:16-17). (2) Importante fortaleza para Judá desde la época de Salomón hasta Josías; 27 km (17 millas) al oestesudoeste de Beerseba; no se la menciona en la Biblia. Allí se ha descubierto un templo con una arquitectura muy parecida al tabernáculo bíblico y al templo de la Biblia; incluso se ha hallado un lugar santísimo. Allí se han encontrado hasta los nombres de familias sacerdotales: Pasur (Esd. 2:38; 10:22) y Meremot (Esd. 8:33; Neh. 10:5). (3) Hijo de Berías el benjamita (1 Crón. 8:15,16). (4) Rey cananeo que atacó a Israel cerca del monte Hor y fue derrotado (Núm. 21:1).

ARAM (1) Ver *Arameos*. (2) Antepasado inicial de los arameos, hijo de Sem y nieto de Noé (Gén. 10:22-23). (3) Nieto de Nacor, el hermano de Abraham (Gén. 22:21). (4) Integrante de la tribu de Aser (1 Crón. 7:34). (5) Antepasado de Jesús (Luc. 3:33).

ARAM DE SOBA Ver *Soba*.

ARAMEA, LENGUA Lengua semítica del norte que hablaban los arameos; similar al fenicio y al hebreo; idioma en que están escritos Esd. 4:8-6:18; 7:12-26; Dan. 2:4b-7:28; Jer. 10:11, y dos palabras en Gén. 31:47; en el imperio persa se convirtió en el idioma internacional del comercio y la diplomacia, y era el idioma común en la época de Jesús. Ver 2 Rey. 18:26; Esd. 4:8-6:18; 7:12-26; Dan. 2:4b-7:28; Jer. 10:11; Mar. 5:41; 14:36; 15:34.

En el NT, las palabras y frases en arameo judeo-palestino incluyen *Abba* (padre, Mar. 14:36); talita *cumi* (muchacha, levántate, Mar. 5:41); *lama sabactani* (¿por qué me has desamparado?, Mar. 15:34).

ARAMEOS Confederación indefinida de pueblos y colonias en lo que ahora es Siria y en partes de Babilonia de donde provenían Jacob y Abraham (Deut. 26:5); la ciudad más importante era Damasco. Los arameos vivieron como pueblos independientes colonizados por nómadas antes del 1000 a.C.

Aprox. al comienzo de la monarquía de Israel, los arameos se convirtieron en una poderosa fuerza política. Tomaron extensas zonas de tierras asirias, derrotando a Tiglat-pileser I y II y a Asur-rabi II. Cayeron derrotados ante David (2 Sam. 8:9-10), quien se casó con Maaca, hija de Talmui, rey de Gesur. De ella nació Absalón (2 Sam. 3:3). Ver *Asiria; Damasco; Aramea, Lengua.*

ARAM-NAHARAIM (*"Aram de los dos ríos"*) Transliteración en el subtítulo del Sal. 60. Ver Gén. 24:10; Deut. 23:4; Jue. 3:8 y 1 Crón. 19:6. Tierra entre los ríos Tigris y Éufrates.

ARAR (*"montaña"*), **ARARITA** Pueblo, región, tribu o alusión general a zona montañosa (2 Sam. 23:11,33; 1 Crón. 11:34-35).

ARARAT Región montañosa que alcanza casi 6000 m (17.000 pies) en el oeste de Asia, al nordeste del lago Van; en fuentes extrabíblicas se la conoce como Urartu; ubicada al sudeste del mar Negro y al sudoeste del Caspio donde se encontraba la naciente de los ríos Tigris y Éufrates. Ver Gén. 8:4; 2 Rey. 19:37; Isa. 37:38; Jer. 51:27. La gente de Ararat se llamaba a sí misma "hijos de Haldi" (el dios nacional) y a su tierra la llamaban Biainae.

ARAUNA (posiblemente heteo, *"liberto, noble"*) Jebuseo de quien David compró una era como sitio para el sacrificio (2 Sam. 24:15-25). (1 Crón. 21:15-30 y 2 Crón. 3:1 se refieren a Arauna llamándolo Ornán.)

ÁRBOL DE LA VIDA Planta en el huerto de Edén que simboliza el acceso a la vida eterna; metáfora utilizada en Proverbios (3:18; 11:30; 13:12; 15:4). La relación de Adán y Eva con Dios cambió radicalmente cuando ellos pecaron; lo más importante fue que dejaron de tener acceso al árbol de la vida (Gén. 3:22-24; comp. Apoc. 2:7; 22:2,14).

La sabiduría es un "árbol de vida" para los que echan mano de ella (Prov. 3:18). Árbol de vida es también "el fruto del justo" (11:30), "el deseo cumplido" (13:12), y "la lengua apacible" (15:4). Ver *Adán y Eva; Edén; Árbol del conocimiento.*

ÁRBOL DEL CONOCIMIENTO Planta en medio del huerto de Edén usada para probar la lealtad de la primera pareja al Creador (Gén. 2-3); comer del árbol conducía al conocimiento del bien y del mal (Gén. 3:5,22); el único árbol en el Edén que estaba prohibido a la humanidad bajo pena de muerte (Gén. 2:17). Este árbol del conocimiento fue la oportunidad de Adán y Eva para demostrar obediencia y lealtad a Dios, pero la serpiente lo utilizó para tentar a Eva a comer y llegar ser como Dios, "sabiendo el bien y el mal" (Gén. 3:5). Comer del fruto prohibido dio como resultado vergüenza, culpa, exclusión del jardín, y separación del árbol de la vida y de Dios. Ver *Adán y Eva; Edén; Árbol de la vida.*

ARCA Barco o nave, y particularmente una que construyó Noé siguiendo instrucciones de Dios a fin de que Noé, su familia y representantes de todo el reino animal se salvaran del diluvio; se convirtió en símbolo de la fe de Noé y de la gracia de Dios (Gén. 6:14-9:18; Ex. 2:3-5; Mat. 24:38; Luc. 17:27; Heb. 11:7; 1 Ped. 3:20).

La forma del arca era fuera de lo común; se aproximaba a un bloque gigante de unos 150 m (450 pies) de largo, 25 m (75 pies) de ancho y 15 m (45 pies) de alto (Gén. 6:15). El arca constaba de tres pisos con salones (Gén. 6:14,16), además de una ventana y una puerta (Gén. 6:16).

ARCA DEL PACTO Lugar (1,20 m [4 pies] de largo, 75 cm [2 1/2 pies] de ancho y 75 cm de alto) en que originalmente se guardaron los Diez Mandamientos; símbolo central de la presencia de Dios con el pueblo de Israel. Algunos pasajes sugieren que al arca también se la consideraba trono o estrado de la deidad invisible (Jer. 3:16-17; Sal. 132:7-8). Después de la conquista de Canaán estuvo ubicada en varios sitios: en Gilgal, Siquem (Jos. 8:30-35; ver Deut. 11:26-32; 27:1-26) o en Bet-el (Jue. 20:26), y luego se la llevó a Silo en forma permanente (1 Sam. 1:9; 3:3). Los filisteos capturaron el arca (1 Sam. 4) pero Dios subyugó al dios filisteo Dagón e hizo que apareciera peste bubónica entre ellos hasta que devolvieron el arca (1 Sam. 5:1-6:12; ver 6:13-15,19-20). David la llevó a Jerusalén (1 Sam. 6:21-7:2; 2 Sam. 6). Finalmente Salomón construyó el templo para que fuera morada del arca (1 Rey. 8; 2 Crón. 5). Jeremías 3:16-17 tal vez indique que los babilonios la capturaron o la destruyeron en el 587 a.C. Ver *Lugar santísimo; Propiciatorio; Tabernáculo; Templo.*

Hebreos 9:1-10 muestra que el arca era parte del antiguo orden de requisitos externos, que esperaba la llegada del nuevo día de Cristo en que habría un Sacrificio perfecto que podría limpiar la conciencia humana. Apocalipsis 11:19 muestra que el arca del pacto será parte del templo celestial cuando éste sea revelado.

ARCÁNGEL Ángel principal de un grupo de ángeles; opera como mediador entre Dios y los seres humanos, a menudo como intérprete del mensaje de Dios. Muchas veces los arcángeles aparecen en grupos de números específicos: siete (Tobías 12:15); cuatro (4 Esd. 5:20); cuatro (Enoc 4; 87:2-3; 88:1); tres (Enoc 90:31). Los arcángeles Miguel (Dan. 10:13; 12:1; Enoc 9:1; 10:11), Gabriel (Dan. 8:16; Enoc 9:1; 20:7; 40:9), Rafael (Tobías 3:17; 12:15; Enoc 10:4; 40:9) y Uriel (Enoc 9:1; 19:1; 20:2) llegaron a una categoría especial de héroes.

ARCILLA Material básico para la construcción y las artes que consistía en varios tipos de tierra o arena combinadas con agua hasta formar una sustancia que pudiera moldearse en ladrillos para construcción, esculturas, alfarería, juguetes o tablillas para escribir. Una pieza de arcilla marcada con anillo de sello presentaba prueba de posesión o autoridad.

ARCO IRIS Arco de color causado por la reflexión y refracción de la luz del sol por las gotas de lluvia; le recordaba a Israel y a su Dios del pacto con Noé de no destruir nunca más la tierra con un diluvio (Gén. 9:8-17); símbolo de la majestad y belleza de Dios (Ezeq. 1:28; comp. Hab. 3:9; Apoc. 4:3; 10:1).

AREÓPAGO Lugar del discurso de Pablo a los filósofos epicúreos y estoicos de Atenas (Hech. 17:19); colina rocosa de unos 125 m (370 pies) de alto, en las inmediaciones de la acrópolis y el *agora* (mercado); también hace referencia al concilio que originalmente se reunía en esta colina.

ARETAS (*"excelencia moral, poder"*) Varios reyes árabes que se concentraron en Petra. Los primeros tres se relacionaban con los asmoneos. Aretas IV gobernó desde Petra (9 a.C.-40 d.C.) como súbdito de Roma. Herodes Antipas se casó y luego se divorció de la hija de Aretas para casarse con Herodías (Mar. 6:17-18). Aretas se unió a un oficial romano para derrotar al ejército de Herodes en el 36 d.C. Aparentemente tuvo cierto control sobre Damasco y trató de arrestar a Pablo luego de la conversión de éste (2 Cor. 11:32).

ARFAD Ciudad-estado en la parte norte de Siria estrechamente identificada con Hamat; la moderna tell Erfad, unos 40 km (25 millas) al norte de Alepo; ver 2 Rey. 10:34; 19:13; Isa. 10:5-19; Jer. 49:23.

ARGOB (*"montículo de tierra"*) (1) Hombre que se unió a Peka (2 Rey. 15:25) para matar a Pekaía, rey de Israel (742-740 a.C.), o bien fue matado por Peka. (2) Territorio en Basán al este del río Jordán; famoso por sus ciudades fortificadas (Deut. 3:4). Moisés le dio esta tierra de gigantes a Manasés (Deut. 3:13), cuyo hijo Jair la conquistó (Deut. 3:14) y le cambió el nombre a Basán-havot-jair.

ARIEL (*"león de Dios"*) (1) Líder judío en el cautiverio; mensajero de Esdras a los levitas (Esd. 8:16). (2) Nombre dado a Israel (Isa. 29); aparentemente la parte superior del altar sobre el que los sacerdotes ofrecían sacrificios.

ARIMATEA Ciudad de José, el que pidió el cuerpo de Jesús luego de la crucifixión (Mat. 27:57; comp. Luc. 23:51); tal vez se trate de Ramá, el lugar de nacimiento de Samuel; la moderna Rentis, 24 km (15 millas) al este de Jaffa.

ARIOC (hurrita, *"siervo de la diosa luna"*) (1) Rey de Elasar que se unió a la coalición contra Sodoma y Gomorra (Gén. 14). (2) Comandante de la guardia del rey Nabucodonosor (Dan. 2:14-25).

ARISTARCO (*"el mejor gobernante"*) Compañero de Pablo a quien los seguidores de Artemisa tomaron en Éfeso (Hech. 19:29). Aparentemente el mismo tesalonicense que acompañó a Pablo de Grecia a Jerusalén cuando el apóstol regresó de su tercer viaje misionero (Hech. 20:4; ver Hech. 27:2; Col. 4:10; Filem. 24).

ARMAGEDÓN (*"montaña de Meguido"*) Sitio del Medio Oriente donde se desarrollará la batalla final entre las fuerzas del bien y del mal (Apoc. 16:16), en el valle de Esdraelón o en Jezreel, un valle de 22 km (14 millas) por 32 km (20 millas) de extensión cerca de la antigua ciudad de Meguido. Allí murió el rey Josías en una batalla con el faraón Necao (2 Rey. 23:29-30).

ARMAS Ver *Armas y armadura; Carros; Caballo.*

ARMAS NUCLEARES La descripción del fin del mundo predicha en 2 Ped. 3:10,12 es interpretada por algunos como los efectos de una explosión atómica. En los arsenales militares modernos, sólo las armas nucleares pueden hacer que "los elementos ardiendo" sean "deshechos y la tierra y las obras que en ella hay" sean "quemadas" (2 Ped. 3:10).

Las armas nucleares representan lo mejor de la humanidad combinado con lo peor. Las personas fueron creadas con capacidad para una gran inteligencia y creatividad. En respuesta a la torre de Babel, Dios indicó que nada que las personas se propongan hacer será imposible para ellas (Gén. 11:7). No obstante, por medio de las armas nucleares, las personas tienen también la capacidad de literalmente destruir la creación.

Como todos los avances tecnológicos, las armas nucleares tientan a quienes las controlan a pensar que pueden controlar sus propias vidas. Por esta razón, es oportuna la advertencia de Isaías a Ezequías, que miró "en aquel día hacia la casa de armas del bosque" (Isa. 22:8b) para seguridad: sin primero ordenar la vida de uno conforme a los principios de Dios, incluso el mejor de los esfuerzos humanos resulta inútil (Isa. 22:11; comp. Isa. 7:9), y muy posiblemente sea autodestructivo.

ARMAS Y ARMADURA Instrumentos y cubierta corporal para defensa y/o protección. El arco y la flecha eran armas eficaces de largo alcance (300 a 400 metros/yardas). Israel contaba con arqueros expertos en la tribu de Benjamín (1 Crón. 8:40; 2 Crón. 17:17; comp. 1 Crón. 5:18; 1 Sam. 31:31; 1 Rey. 22:34; 2 Rey. 9:24; 2 Crón. 35:23). Los arcos se construían con una única pieza de madera o, para que fueran más eficaces, con capas pegadas de madera, cuernos, tendones y tal vez hasta con bronce (2 Sam. 22:35; Job 20:24). El tamaño variaba desde aprox. 1 a 2 metros (entre 3 y 6 pies). Las flechas se hacían de varas de madera o de caña, con puntas de metal. La flecha era dirigida por plumas, en especial de águilas, buitres o milano. La aljaba de cuero se ataba a la espalda o se colgaba del hombro, y podía contener entre 20 y 30 de estas flechas, aunque si se ataba a un carro, podía llevar hasta 50. Por lo general se usaba un protector de cuero sobre el brazo para protegerlo de la cuerda de tripa.

La honda (1 Sam. 17:40-50) era de largo alcance y podía ser mortal (Jue. 20:16; 1 Crón. 12:2). Un pedazo de tela o cuero con dos cuerdas de cuero trenzado a cada lado podía sostener una piedra lisa. Para defender Jerusalén, el rey Uzías de Judá fabricó grandes catapultas que arrojaban flechas y piedras a una gran distancia (2 Crón. 26:15). Una jabalina es una lanza que se arroja a menor distancia que la que se puede alcanzar con flechas u hondas (1 Sam. 17:6). Las jabalinas, que por lo general se hacían de madera o caña, tenían una cuerda de cuero que se envolvía alrededor del asta y hacía que al lanzar el arma ésta girara sobre sí misma cuando con la mano se retenía la cuerda, y/o se fijaba un contrapeso en el cabo del asta. Esta última podía ser lo suficientemente afilada como para clavarse en la tierra y hacer que la jabalina o lanza quede parada (1 Sam. 26:7) o hasta se podía usar para matar (2 Sam. 2:23). A menudo se usaba la aljaba para que el soldado pudiera llevar más de una lanza o jabalina.

El combate cuerpo a cuerpo requería armas distintas. Había un tipo de lanza que era más larga y más pesada que la jabalina, y también se podía arrojar al enemigo (1 Crón. 12:24,34; 2 Crón. 23:9). En el frente de batalla por lo general había soldados de infantería equipados con escudos rectangulares y lanzas que sobresalían de la barrera de escudos y arremetían hacia adelante a expensas del frente del enemigo.

Se utilizaban dos tipos de espada: la de filo único y la de doble filo (Sal. 149:6; Prov. 5:4). La forma más eficaz de usar la de filo único era blandirla y golpear al enemigo para lacerar la carne. La hoja podía ser recta o muy curva. La espada de dos filos se usaba mayormente para penetrar y no tanto para lacerar. El puñal era más corto que la espada (Jue. 3:16-26).

La maza era un garrote de guerra para aplastar la cabeza del enemigo. El pesado extremo superior de metal o de piedra de esta arma podía tener formas variadas: redonda, oval o forma de pera. Su mango de madera se ajustaba pasando a través de la cabeza o extremo superior, así como en el caso de un martillo o un hacha. El uso de yelmos o cascos hizo que la maza diera lugar al penetrante filo del hacha de guerra.

Los pajes de armas acompañaban a los líderes militares para llevar armas adicionales y equipo defensivo que se habría de usar durante una batalla (flechas, jabalinas, escudos).

Los arietes, tal como muestra Ezequiel en su ilustración para los israelitas (Ezeq. 4:2), se montaban sobre ruedas y tenían extremos de metal unidos a astas de madera a fin de que pudieran soportar el impacto contra las puertas de la ciudad o los muros de piedra.

Para defenderse de todas estas armas uno contaba con el escudo y la armadura. Los escudos se hacían de mimbre o de cuero estirado sobre marcos de madera, y tenían maniguetas del lado de adentro. Se realizaba una mezcla de metal y cuero colocando en parte de la superficie discos de metal sobre el cuero. Un escudo redondo para defenderse de armas menos pesadas cubría, como máximo, la mitad del cuerpo (2 Crón. 14:8; Neh. 4:16; 1 Rey. 14:25-28). Un escudo más grande era más rectangular y cubría prácticamente todo el cuerpo. A veces el escudo lo llevaba un escudero (1 Sam. 17:41; 1 Crón. 12:8,34; 2 Crón. 14:8).

La armadura cubría las partes más vulnerables del cuerpo: la cabeza y el pecho. Saúl y Goliat usaron cascos (1 Sam. 17:5,38; comp. 2 Crón. 26:14). El casco por lo general se hacía de cuero o de metal.

El uso de la flecha hizo que la cota de malla (llamada "coraza", Jer. 46:4; 51:3 o "coselete", 2 Crón. 26:14) fuera necesaria para cubrir el torso (1 Sam. 17:5; 2 Crón. 26:14; Neh. 4:16; Jer. 46:4; 51:3). Para el soldado antiguo el peto era un entretejido tipo escamas de pescado que consistía en pequeñas hojuelas de metal cosidas a la tela o el cuero. Podía haber entre 700 y 1000 de estas escamas en cada una de las cotas. Por lo general no se usaba protección de armadura en las piernas (1 Sam. 17:6).

Dios es el fiel protector de su pueblo, "escudo a los que en él esperan" (Prov. 30:5; comp. Gén. 15:1).

ARMONÍA DE LOS EVANGELIOS Forma de ordenar los cuatro Evangelios en columnas paralelas a fin de estudiar sus similitudes y sus diferencias; también se llama sinopsis o paralelo de los Evangelios.

Después del 100 d.C. Taciano, un cristiano de Siria, compiló los cuatro Evangelios en una narración parafraseada titulada *Diatessaron*. El método de Taciano entreteje material de los Evangelios a fin de presentar una narrativa continua de la vida de Jesús.

Los eruditos contemporáneos comparan las variaciones entre los Evangelios y utilizan sus hallazgos como ayuda para la interpretación. Para hacer esto ubican el texto de cada Evangelio en columnas paralelas. Dicho estudio de Mateo, Marcos y Lucas muestra lo siguiente:

1. Parte del material en un Evangelio se repite casi palabra por palabra en uno o ambos de los otros Sinópticos (Mar. 2:23-27; Mat. 12:1-8; Luc. 6:1-5).

2. Parte del material está incluido en un solo Evangelio (la parábola del hijo pródigo, Luc. 15:11-32).

3. En los tres Evangelios sinópticos la aparición de Juan el Bautista, el bautismo y la tentación de Jesús, y la iniciación del ministerio de Jesús se hallan todos vinculados; el ministerio de Jesús estuvo limitado a Galilea hasta que asistió a la celebración de la Pascua en Jerusalén, donde fue crucificado; el relato termina con su crucifixión y resurrección.

Lucas contiene un 50% de la esencia de los versículos de Marcos, mientras Mateo contiene 90% de Marcos. No obstante los tres Evangelios también cuentan con diferencias importantes. Entre las explicaciones que se han dado se incluyen las siguientes:

1. Solución inicial. Agustín (354-430 d.C.) sugirió que Mateo fue quien escribió primero; Marcos abrevió Mateo, y Lucas se basó en ambos.

2. Soluciones después de 1800.

A nosotros nos falta un Evangelio, quizás transmitido oralmente y cuya forma se concretó por constante repetición o bien un documento escrito. Al escribir sus relatos, Mateo, Marcos y Lucas seleccionaron material de este Evangelio.

Los evangelistas usaron dos documentos: Marcos y una colección de las enseñanzas de Jesús que ahora aparecen tanto en Mateo como en Lucas.

3. La hipótesis de cuatro documentos. Poco después de 1900, B.H. Streeter declaró que los autores de los Sinópticos usaron cuatro documentos: (1) Marcos, cuyo orden, vocabulario y estructura estilística siguen tanto Mateo como Lucas; (2) "Q" (del alemán *Quelle*, "fuente"), las enseñanzas comunes que utilizaron Mateo y Lucas; la más importante contribución de Q es el Sermón del Monte (Mat. 5-7 y Luc. 6:20-49); "M", el material de Mateo que era desconocido (o al menos no fue utilizado) por Marcos y Lucas; en este material se incluye el relato de la infancia de Jesús en Mateo y los pasajes del AT en relación a Jesús como Mesías; (4) "L", material exclusivo en Lucas que contiene al menos un relato de la infancia y muchas parábolas, como por ejemplo la del buen samaritano y la del hijo pródigo.

Si bien la mayoría de los eruditos contemporáneos sostiene que Mateo y Lucas utilizaron Marcos y "Q" pero ninguna otra fuente escrita, uno debe admitir que todas las soluciones para los problemas sinópticos son teorías y no hechos comprobados. Muchos estudiosos de la Biblia hoy están volcándose nuevamente a la perspectiva de que Mateo se escribió en primer lugar.

ARNÓN (*"río impetuoso"* o *"río inundado con bayas"*) Río que trazaba el límite de Moab y los amorreos (Núm. 21:13; comp. v. 24; Deut. 3:8; Jos. 3:16; Jue. 11:12-33; ver Isa. 16:2; Jer. 8:20); wadi el-Mojib; cerca del mar Muerto. El gran valle del río se eleva casi 600 m (1700 pies) hasta la cima de los acantilados.

AROER (*"enebro"*) (1) Ciudad en el extremo norte del desfiladero de Arnón al este del mar Muerto, en la frontera sur del territorio que Israel reclamaba como suyo al este del río Jordán (Jos. 13:9; comp. v. 16; Núm.

32:34; Deut. 3:12); khirbet Arair, 4 km (2.5 millas) al este del camino que bordea el río Arnón. Ver Deut. 4:48; Jos. 12:2; Jue. 11:26; 2 Rey. 10:33; comp. Isa. 17:2; Jer. 48:19. Los moabitas controlaron Aroer durante el reinado de Mesa, como lo testifica la inscripción del rey en la Piedra Moabita (aprox. 850 a.C.). (2) Ciudad de Gad (Jos. 13:25) cerca de Rabá, capital de los amonitas; tal vez lugar donde Jefté derrotó a los amonitas (Jue. 11:33). (3) Pueblo en el sur de Judá aprox. 19 km (12 millas) al sudeste de Beerseba, con cuyos líderes David dividió el botín de guerra (1 Sam. 30:28); la moderna khirbet Arara.

ARPA Ver *Música, Instrumentos musicales, Danza.*

ARQUELAO Hijo y sucesor principal de Herodes el Grande (Mat. 2:22). Su hermano Herodes Antipas también se sintió con derecho al trono. Los hermanos apelaron a Augusto, quien le dio a Arquelao la mitad de la tierra de su padre, y dividió el resto entre Antipas y Felipe. Arquelao interfirió con el sumo sacerdocio, se casó violando la ley judía y oprimió a samaritanos y judíos. Una revuelta popular envió delegaciones a César para denunciar a Arquelao. En el 6 d.C. el gobierno romano lo desterró a Galia y anexó su territorio a Siria.

ARQUEOLOGÍA Y ESTUDIOS BÍBLICOS El estudio del pasado, basado en la recuperación, examen y explicación de los restos materiales de la vida, el pensamiento y la actividad humana, coordinado con la información que existe sobre el ambiente y el contexto de tiempos antiguos. El propósito de las excavaciones es reconstruir en su totalidad, tanto como sea posible, el ambiente antiguo del sitio.

La arqueología bíblica trata de entender mejor la Biblia a partir de fuentes extrabíblicas. Las afirmaciones básicas de la Biblia —que Dios existe, que está activo en la historia y que Jesús es el Hijo de Dios que resucitó de los muertos— no están sujetas a verificación arqueológica.

La arqueología puede ayudar a clarificar e iluminar la Biblia de varias maneras importantes:

1. La arqueología y el texto bíblico. La arqueología, a través de la recuperación de antiguas copias hebreas y griegas de la Escritura, más el descubrimiento de otra literatura antigua escrita en idiomas afines, ha ayudado a los estudiosos a determinar un texto bíblico más exacto. Ver *Rollos del mar Muerto; Biblia, Textos y versiones.*

2. El conocimiento de cómo se escribía ha aumentado en forma considerable.

3. Ha mejorado el conocimiento de palabras y significados bíblicos.

4. La arqueología ha proporcionado la ubicación de muchos lugares mencionados en la Biblia, incluyendo reinos enteros tales como el imperio heteo (o hitita) en Turquía y la antigua ciudad de Ebla en tell Mardikh en Siria.

5. Documentos de Asiria, Babilonia y Egipto han clarificado muchos elementos en la historia bíblica.

6. La literatura bíblica se puede interpretar mejor al compararla con los descubrimientos literarios de los arqueólogos.

7. Otros documentos aumentan nuestro conocimiento de los personajes bíblicos. A partir del monumento de Salmanasar III sabemos de la participación de Acab en la batalla de Qarqar en el 853 a.C., y sabemos del tributo de Jehú a Salmanasar III según se halla registrado en el obelisco negro que ahora está en el Museo Británico. Ninguno de estos episodios se menciona en la Biblia.

8. Se han encontrado antecedentes del movimiento profético en Mari y Ebla, donde se registra un caso en que se usa la palabra hebrea equivalente.

9. La arqueología elimina barreras de tiempo y cultura. La arqueología ha descubierto numerosos ejemplos de pesas y medidas, puntas de arado, armas, herramientas, joyas, recipientes de barro, sellos y monedas. El arte antiguo muestra estilos de ropas, armas, medios de transporte, métodos de guerra y estilos de vida. La excavación de tumbas sirvió para mostrar costumbres de sepultura que en sí mismas reflejan lo que se creía sobre la vida y la muerte.

10. Los estudios arqueológicos han prestado ayuda en cuestiones cronológicas.

11. Los descubrimientos de los rollos del mar Muerto muestran que el judaísmo era más complicado de lo que se suponía hasta entonces.

ARQUERO Uno que dispara una flecha con un arco a fin de cazar presas grandes o pequeñas o para luchar durante la guerra. Un arquero podía tirar con un arco de 45 kg (100 libras), que a su vez podía disparar una flecha a una distancia de 300 a 400 metros/yardas. Ver Gén. 49:23-24; 2 Sam. 11:24. *Ver Armas y armadura.*

ARQUITAS   Pueblo desconocido (Jos. 16:2); un clan de Benjamín o, más probablemente, un remanente de los antiguos habitantes cananeos. Su único representante en la Biblia fue Husai. Ver *Husai.*

ARQUITECTURA EN TIEMPOS DE LA BIBLIA La construcción, las técnicas y los materiales usados en la edificación de estructuras en el antiguo Cercano Oriente.

Los pueblos del antiguo Cercano Oriente generalmente usaban piedra, madera, cañas y barro. El barro servía como argamasa, se le daba forma de ladrillo, y se ponía a secar al sol. Los edificios religiosos o los grandes edificios públicos usaban madera, que era más cara y provenía de cedros, cipreses, sándalos y olivos. El sicómoro proporcionaba madera menos costosa. La piedra caliza y el basalto eran comunes en la construcción.

1. Estructuras públicas. Las ciudades estaban rodeadas por muros protectores para guardarlas de fuerzas enemigas. Los muros de contención mantenían en su lugar cualquier peso que estuviera detrás de ellos; se utilizaban en terrenos agrícolas para evitar la erosión y crear un lugar con nivel adecuado para el cultivo en las laderas de montes; se colocaban debajo de los muros de una ciudad para detener la erosión del suelo que, finalmente, debilitaría dichos muros.

En los proyectos de grandes edificios públicos por lo general se usaba una técnica en que se alternaban piedras colocadas a lo largo y a lo ancho para formar el muro. En la época de Salomón era popular el muro casamata, dos muros paralelos con muros perpendiculares colocados a intervalos entre los paralelos. Un muro casamata era más fuerte que un muro sólido y ahorraba materiales y mano de obra.

El muro intercalado comenzó a usarse después de la época de Salomón. Cada tramo del muro se colocaba, en forma alternada, o ligeramente hacia adelante o ligeramente hacia atrás de la sección anterior. Esto permitía que los defensores de la ciudad dispararan a los atacantes desde tres ángulos: directamente hacia el frente, a la derecha o a la izquierda de los atacantes.

La puerta de la ciudad era la parte más débil de las defensas de la ciudad. Restos de puertas en Meguido, Gezer y Hazor muestran que la entrada a las puertas estaba flanqueada por dos torres cuadradas. El complejo de las puertas constaba de tres cámaras o habitaciones a cada lado (un total de seis). Cada par de recámaras estaba separado por una puerta, y las seis habitaciones probablemente sirvieran como cuartel de la guardia. El acceso a la puerta desde fuera de la cuidad por lo general se colocaba en ángulo, y esto obligaba a los atacantes a exhibir sus flancos a los defensores de la ciudad, y hacía que disminuyera la velocidad de los atacantes una vez que entraban.

2. Estructuras privadas. En tiempos del AT, las casas por lo general se construían alrededor de un patio central, y se entraba desde la calle. A menudo eran de dos pisos de alto, y una escalera permitía el acceso a la planta alta. Las paredes de la casa eran de ladrillos de barro colocados sobre un cimiento de piedra, y luego revocados. Los pisos se cubrían con pequeñas piedras o con revoque, o se hacían de tierra trillada. A lo largo de las paredes había grandes vigas de madera que sostenían la estructura del techo. Entre las vigas se colocaban piezas más pequeñas de madera o caña, que luego se cubrían con una capa de barro. Había hileras de columnas para sostener el techo. Como éste era plano en la parte exterior, durante la época de calor la gente dormía allí; también se utilizaba como depósito. Para recoger agua de lluvia a veces se usaban caños de arcilla o piedra que iban desde el techo y bajaban hasta las cisternas.

La casa más común era la de cuatro habitaciones, con una gran sala en la parte posterior, y tres habitaciones paralelas que salían de uno de los costados de la gran sala. La habitación del medio era como un patio pequeño y sin techo, y servía de entrada a la casa. Los hornos en el patio estaban construidos de ladrillos de barro y luego revocados en la parte exterior. Los silos para cereales, fueran públicos o privados, eran redondeados y se cavaban en el suelo a algunos metros de profundidad.

En tiempos del NT, ideas griegas y romanas tuvieron gran influencia en la arquitectura israelita.

1. Estructuras públicas. En Palestina y la región del Jordán se construyeron más de 20 teatros romanos. En Cesarea, el auditorio semicircular, con asientos en una parte inferior y una superior, tenía una capacidad para 4500 personas. Había teatros similares en Escitópolis (Bet-seán), Pella, Gerasa, Petra, Dor, Hipos y Gadara.

Los hipódromos para carreras de carros eran largos, angostos y rectos, con curvas en ambos extremos. Había hipódromos en Gerasa, Cesarea, Escitópolis, Gadara y Jerusalén.

2. Estructuras privadas. Las casas tenían habitaciones alrededor de un patio. Una escalera en la parte exterior de la casa llevaba a los pisos altos.

Las casas de los ricos a menudo tenían columnas alrededor de un patio central, que contaba con habitaciones que nacían en dicho patio. Las cocinas, bodegas, cisternas y lugares para bañarse pueden haber estado ubicados bajo tierra. En Jerusalén se sabe de una casa que ocupó unos 60 m² (650 pies cuadrados), una casa grande de acuerdo a lo que resultaba estándar en el primer siglo.

ARREBATAMIENTO Acción de Cristo en que arrebata a los creyentes en el momento de su retorno (1 Tes. 4:17). El premilenialismo sostiene que habrá un período de tribulación inmediatamente antes de la segunda venida de Cristo. Los pretribulacionistas creen que el arrebatamiento ocurrirá antes de la tribulación, y que la iglesia estará en el cielo durante la tribulación sobre la tierra. Los tribulacionistas

medios colocan el arrebatamiento en la mitad del período de tribulación de siete años, y según ellos la iglesia permanece sobre la tierra sólo la primera mitad de la tribulación. Estos puntos de vista ven la segunda venida de Cristo en dos fases: una venida secreta en las nubes para arrebatar a la iglesia, y su retorno con la iglesia para reinar sobre la tierra. Los postribulacionistas sostienen que la iglesia permanecerá sobre la tierra durante el período de la tribulación. Si bien la iglesia experimentará tribulación, estará protegida de la ira divina. Ver *Escatología; Esperanza; Tribulación.*

ARREPENTIMIENTO Sentimiento de remordimiento, un cambio de mente, o un volverse del pecado a Dios. Como sentimiento de pesar, el término puede aplicarse incluso a Dios (Joel 2:13; Jon. 4:2). Dios se lamentó de haber creado a la raza humana (Gén. 6:6-7). Sintió pesar por haber hecho a Saúl rey de Israel (1 Sam. 15:11,35). Dios se arrepintió en el sentido de cambiar de parecer acerca de un juicio que había anunciado (Ex. 32:14; Amós 7:1-6; Jon. 3:6-10). En una ocasión, Él se arrepintió de sus buenas intenciones (Jer. 18:10). En relación con las personas, arrepentimiento significa una reorientación del pecador hacia Dios. En este sentido, Dios no se arrepiente como los seres humanos (1 Sam. 15:29).

En el antiguo Israel, el arrepentimiento se expresaba primero de manera colectiva. Esta experiencia se caracterizaba por el ayuno, llevar cilicio (el traje tradicional para luto), arrojar cenizas (Isa. 58:5; Neh. 9:1; Dan. 9:3), y recitar oraciones y salmos en una liturgia penitencial. Los profetas atacaron la adoración fingida y llamaron a una contrición genuina, introduciendo el concepto bíblico característico del arrepentimiento, haciendo un cambio radical dentro del corazón (Ezeq. 18:31), dejando el pecado y al mismo tiempo volviéndose a Dios. Este alejamiento o conversión se manifestaba abiertamente en justicia, bondad y humildad (Miq. 6:8; Amós 5:24; Os. 2:19-20).

Juan el Bautista llamó a su generación a este tipo radical de cambio y bautizó a aquellos que respondían (Mar. 1:4-5). Él esperaba, por medio de sus acciones, que la gente demostrara el cambio que había tenido lugar en sus corazones (Luc. 3:10-14). Su mensaje de arrepentimiento estaba inseparablemente ligado a su expectativa del Mesías (Luc. 3:15-17; ver también Hech. 19:4).

El Mesías predicó un mensaje de arrepentimiento, y esperaba el reino de Dios (Mar. 1:15) para todas las personas (Luc. 13:1-5; comp. 5:32; 15:11-32). Jesús exhortó a sus seguidores a cambiar y volverse como niños (Mat. 18:3). Insistió en que la vida de arrepentimiento se hacía evidente por el "fruto" (Luc. 6:20-45). Quienes no se arrepentían, lo rechazaban (Luc. 10:8-15; 11:30-32). En su nombre se debía proclamar arrepentimiento y perdón a todas las naciones (Luc. 24:47).

Pedro (Hech. 2:38; 3:19; 5:31) y Pablo (Hech. 17:30; 20:21) dijeron a judíos y gentiles por igual "que se arrepintiesen y se convirtiesen a Dios, haciendo obras dignas de arrepentimiento" (Hech. 26:20). La predicación apostólica virtualmente identificaba el arrepentimiento con la fe en Cristo: ambos daban como resultado el perdón de pecados (Hech. 2:38; 10:43; comp. Hech. 20:21; Heb. 6:1; 1 Juan 1:9).

El arrepentimiento de Judas no fue del tipo que lleva a la salvación (Mat. 27:3). Pablo describe un cambio en la actitud de los corintios en cuanto a él (2 Cor. 7:8-13), que dio como resultado reconciliación. En las cartas a las siete iglesias en Apocalipsis el significado de arrepentimiento parece ser la renovación del compromiso con Cristo o renovación de la fe (2:5,16,21-22; 3:3,19). Ver *Confesión; Conversión; Fe; Reino de Dios.*

ARRODILLARSE Postura común cuando se pide una bendición de alguien que se cree puede otorgarla; proviene de la misma raíz que la palabra para "bendecir". Arrodillarse también se considera una señal de reverencia, obediencia o respeto. La persona oraba arrodillada (Dan. 6:10; Hech. 7:60; 9:40; 20:36; Ef. 3:14; comp. 1 Rey. 18:42), y de esa forma reconocía la superioridad de otro (2 Rey. 1:13; Mat. 17:14; 27:29; Mar. 1:40; 10:17; Luc. 5:8), o así adoraba a Dios (1 Rey. 8:54), a Jesús (Fil. 2:10) o a ídolos (1 Rey. 19:18; Isa. 66:3, donde bendecir a un ídolo habla de arrodillarse ante éste). Ver *Bendición y maldición.*

ARTAJERJES (persa, *"reino de justicia"*) (1) Artajerjes I Longímano o "mano larga" fue hijo de Jerjes I y gobernó Persia (465-424 a.C.) y apoyó el trabajo de Esdras (Esd. 7:6-26). Le concedió a Nehemías su pedido de ir a Judá (Neh. 2:5-6), y lo nombró gobernador (Neh. 5:14). Se vio forzado a firmar la "Paz de Calias" (449 a.C.) y a hacer la paz con Grecia. (2) Artajerjes II Mnemón gobernó Persia del 404 al 359 a.C. Algunos estudiosos de la Biblia creen que fue el gobernante durante cuyo mandato Esdras hizo su obra. Consiguió el poder sobre Grecia, pero perdió influencia en Egipto. (3) Artajerjes III Oco gobernó del 358 al 337 a.C. como tirano sanguinario, y obtuvo control sobre Egipto. (4) Gobernó Persia 337-336 a.C.

ARTE Y ESTÉTICA Elaboración y reconocimiento de objetos bellos. El espíritu artístico se remonta a la obra de Dios cuando produjo la belleza de la creación (Gén. 1-2). Dios les dio a los seres humanos la capacidad de diseñar objetos bellos y gráciles para que puedan disfrutar más de la vida (Gén. 4:21-22).

Las enseñanzas religiosas de los israelitas en cuanto a hacer y adorar ídolos (Ex. 20:4-6) arrojan cierta sombra con respecto a las labores artísticas. Dios ordenó a los israelitas que aceptaran los artefactos egipcios cuando dejaron Egipto (Ex. 12:35) y que utilizaran habilidades artísticas en la construcción del tabernáculo (Ex. 25-27; 35:20-29), con su elaborada arca del pacto (Ex. 37:7-9; 1 Sam. 4:4), velos primorosos (Ex. 36:35-37) y resto del moblaje (Ex. 36:9-38:20).

La música y la danza se convirtieron en expresiones artísticas populares (1 Sam. 18:6; 2 Sam. 6:14; comp. Mat. 14:6; 26:30; Mar. 6:22; Luc. 15:25). El majestuoso templo de Salomón (1 Rey. 5-6; 7:13-51) y otros edificios reales (1 Rey. 7:1-12) demostraron que Israel había desarrollado su propio estilo de manifestaciones artísticas. Pero aun así eran los extranjeros (1 Rey. 5:18; 7:13-14) quienes producían la mayoría del intrincado trabajo en madera de las paredes y puertas (por ejemplo el tallado fino, los apliques de palmeras y los bordes elaborados, 1 Rey. 6:14-36) y asimismo el trabajo ornamental de metal (1 Rey. 7:23-50). Los israelitas lentamente fueron teniendo sus propios artesanos (1 Rey. 5:18). Construyeron ornamentados edificios públicos y realzaron la belleza de sus propios hogares (1 Rey. 22:39; Jer. 22:14; Ezeq. 23:14). Esto los llevó a poner más énfasis en sí mismos que en Dios y la obra de Dios (Sal. 45:8; Isa. 30:20; Os. 13:2; Amós 3:15; Hag. 1:4).

ARTEMISA Diosa griega de la luna que controlaba la naturaleza para hombres y animales; imagen materna que concedía fertilidad a la humanidad; hija de Zeus y Leto; con la predicación de Pablo su adoración se vio amenazada (Hech. 19:28 Diana: diosa romana similar a Artemisa, que era más popular).

ARUBOT (*"agujero de humo"* o *"chimenea"*) Durante el reinado de Salomón, cuartel general desde donde funcionarios administraban Soco y la tierra de Hefer (1 Rey. 4:10). La moderna Arabba, 14,5 km (9 millas) al norte de Samaria.

ARVAD, ARVADEO Ciudad en el extremo norte de Fenicia; proveyó marineros y soldados para Tiro (Ezeq. 27:8,11); probablemente isla rocosa con el nombre actual de Ruad, cerca de la costa de Siria; tiene relación con Canaán (Gén. 10:18).

ASA (*"médico"* o *"sanidad"*) Hijo y sucesor de Abiam como rey de Judá (913-873 a.C.; 1 Rey. 15:8; Mat. 1:7-8); hombre piadoso; eliminó dioses extranjeros y prácticas religiosas asociadas, y hasta quitó a su madre del poder político (1 Rey. 15:13). El profeta Hanani lo amonestó (2 Crón. 16:7) por confiar en el rey de Siria en vez de confiar en Dios (1 Rey. 15:17-20). También confió en médicos antes que en el Señor (2 Crón. 16:12). Ver *Israel, Historia de; Cronología del período bíblico.*

ASAF (*"él juntó"*) (1) Padre de un oficial de la corte en el reinado de Ezequías (715-686 a.C.; 2 Rey. 18). (2) Músico levita a quien David nombró para que sirviera en el tabernáculo hasta que se terminara el templo (1 Crón. 6:39); padre de un clan de músicos del templo (1 Crón. 9:15; 15:19; 16:37). El servicio musical que realizaban podría llamarse "profético" (1 Crón. 25:1-7; comp. 2 Crón. 20:14-19; 2 Crón. 20:14-19; 2 Crón. 29:30). David estableció la tradición de enviar salmos a Asaf para que los cantores del templo los cantaran (1 Crón. 16:7). Los Salmos 50, 73-83 se titulan "Salmos de Asaf". Esto puede referirse al autor de los salmos, a los cantores que usaban los salmos en la adoración, o a una colección especial de salmos. Ver *Salmos.*

ASALARIADO Ver *Jornalero.*

ASAMBLEA Ver *Congregación.*

ASCALÓN Una de las cinco ciudades filisteas principales; sobre la costa del Mediterráneo y la ruta comercial Vía Maris, 19 km (12 millas) al norte de Gaza y 16 km (10 millas) al sur de Asdod; la única ciudad filistea directamente sobre la costa marítima; asignada a la tribu de Judá; una de las ciudades palestinas más grandes. La ciudad se rebeló contra Egipto y luego fue saqueada, quizás por Ramsés II (1282 a.C.), y con toda seguridad por Merneptah.

Josué no había tomado Ascalón (Jos. 13:3), pero Judá lo hizo (Jue. 1:18). En el relato de Sansón, pertenecía a los filisteos (Jue. 14:19), y lo mismo fue cierto con Saúl y David (1 Sam. 6:17; 2 Sam. 1:20). Ver Amós 1:8; Jer. 25:20; 47:5,7; Sof. 2:4,7; Zac. 9:5. Ascalón se convirtió en un centro de cultura y aprendizaje helenista. Herodes el Grande tenía allí familia y amigos, y le dio a la ciudad bellos edificios, le construyó un palacio, y a su muerte le dejó la ciudad a su hermana Salomé. Los judíos atacaron la ciudad en la primera revuelta romana (66 d.C.), pero pudo sobrevivir y le fue fiel a Roma.

ASCENSIÓN Acción de ir al cielo en forma corpórea desde la vida terrenal; fue la experiencia de Enoc (Gén. 5:24) y Elías (2 Rey. 2:1-2), pero en forma suprema de Jesucristo (Hech. 1:9). La ascensión de Jesús concluyó su ministerio terrenal, y le permitió a los testigos presenciales ver tanto al Cristo resucitado en la tierra como al Cristo victorioso y eterno que regresaba al cielo para ministrar a la diestra del Padre.

ASDOD La ciudad más al norte de cinco ciudades filisteas principales (Jos. 13:3) que le fueron asignadas a Judá (Jos. 15:46-47), donde los filisteos vencieron a Israel y capturaron el arca del pacto (1 Sam. 4-6); 16 km (10 millas) al norte de Ascalón; 4 km (2,5 millas) al este del mar Mediterráneo sobre la llanura filistea.

Allí permanecían algunos anaceos (Jos. 11:22). Ver *Anac, Anaceos.* David subyugó a los filisteos, incluyendo a Asdod en forma implícita (2 Sam. 5:25; 8:1), pero no fue sino hasta el reinado de Uzías (783-742 a.C.) cuando éste la capturó, que se la describió diciendo que estaba bajo el control de Israel (2 Crón. 26:8). Fue lo suficientemente independiente como para rebelarse de Sargón III en el 711 a.C.; los asirios la subyugaron con facilidad; permaneció bajo control asirio hasta que la capturó el faraón egipcio Samético I (664-610 a.C.) después de un sitio de 29 años, según lo relata Herodoto. Fue tomada por Nabucodonosor (604-562 a.C.). Ver Neh. 13:23-24; Isa. 20:1-6; Jer. 25:20; Amós 1:8; Zac. 9:6.

En el período griego Asdod, cuyo nombre fue Azoto, era una ciudad floreciente hasta que fue capturada por Israel al mando de Judas Macabeo, quien destruyó altares e imágenes (1 Macab. 5:68). Jonatán quemó la ciudad (1 Macab. 10:84-87). Josefo relató que Pompeyo separó a Asdod de Israel después de su victoria (63 a.C.). Gabino reconstruyó la ciudad y la anexó a la provincia de Siria. Augusto se la otorgó a Herodes el Grande. Herodes se la dejó a su hermana Salomé, quien la legó a Julia, esposa de Augusto. Su grandeza como ciudad terminó con la destrucción romana en el 67 d.C.

ASER (*"fortuna"*, *"felicidad"*) (1) Octavo hijo de Jacob, a través de Zilpah, la concubina (Gén. 30:13); antepasado de la tribu de Aser (Gén. 46:17; ver 49:20). (2) Tribu de Aser. Ver *Tribus de Israel*. (3) Pueblo limítrofe en Manasés (Jos. 17:7).

ASERA Madre de Baal y diosa de la fertilidad en Siria, Fenicia y Canaán; objeto de madera que la representaba. Deuteronomio 7:5 y 12:3 instruía a los israelitas a cortar y quemar las imágenes de Asera. Deuteronomio 16:21 prohibía plantar árboles para Asera. Ver 1 Rey. 15:13; 18:19; 2 Rey. 21:7; 23:4; 2 Crón. 15:16. Ver *Canaán*.

ASESINATO Quitar vida humana en forma intencional; matar ilegítimamente a un ser humano (Ex. 20:13; Deut. 5:17), ya que las personas han sido creadas a la imagen de Dios y la vida se considera un regalo divino. Quitar la vida de un ser humano en forma deliberada es usurpar la autoridad que le pertenece a Dios. El asesino debe estar preparado para perder su propia vida (Gén. 9:6; comp. Núm. 35:16-31). Jesús eliminó el concepto de que el asesinato es una acción física y lo transformó en la intención del corazón de una persona (Mat. 5:21-22). El asesinato en realidad comienza cuando una persona pierde el respeto por otra. "Todo aquel que aborrece a su hermano es homicida; y sabéis que ningún homicida tiene vida eterna permanente en él" (1 Juan 3:15). Ver *Imagen de Dios; Diez Mandamientos*.

ASFALTO Especie de betún mineral que se hallaba en pedazos negros sólidos en la piedra caliza cretácea en la ribera oeste del mar Muerto (ver Gén. 14:10), usado como argamasa al colocar ladrillos en los edificios y los zigurats de Mesopotamia (ver Gén. 11:3) y como elemento de calafateo para balsas y barcazas en el Éufrates (ver Ex. 2:3; comp. Gén. 6:14). Ver *Brea*.

ASIA Provincia romana en la zona occidental de Asia Menor, que comprendía la zona sudoeste de Anatolia; su capital fue Pérgamo y luego Éfeso; conocida por su culto a Artemisa (Diana) (Hech. 19:27); ubicación de las siete iglesias de Apocalipsis. Ver Hech. 2:9; 16:6; 19:10,22; 21:27; 1 Ped. 1:1. Ver *Roma y el Imperio Romano*.

ASIA MENOR, CIUDADES DE Ciudades en la península de Anatolia (la moderna Turquía) que conectaban Europa con el Cercano Oriente. En el relato del NT resultan importantes las siguientes: Alejandría, Troas, Asón, Éfeso, Mileto, Pátara, Esmirna, Pérgamo, Sardis, Tiatira, Filadelfia, Laodicea, Colosas, Atalia, Antioquía, Iconio, Listra, Derbe y Tarso.

Ciudades costeras *Troas* describe tanto la región noroeste de Asia Menor como también la ciudad portuaria. Ubicada a 16 km (10 millas) de la antigua Troya, Troas de Alejandría fue fundada como colonia romana durante el reinado de Augusto (27 a.C.-14 d.C.) y sirvió como puerto principal para comercio entre Asia Menor y Macedonia. Ver Hech. 16:11; 20:13.

Asón. Una ciudad portuaria de gran actividad, rodeada por un muro que databa de la época posterior al 400 a.C. En Asón había un templo de Atenea en lo alto de la acrópolis con vista al puerto.

Éfeso era el centro comercial más importante de Asia Menor. En la época de Pablo, Éfeso era probablemente la cuarta ciudad en el mundo en cuanto a tamaño, con una población estimada en 25.000 personas. Durante el reinado del emperador Adriano, a Éfeso se la nombró capital de la provincia romana de Asia. El templo de Diana era una de las siete maravillas del mundo, la estructura de mármol más grande en el mundo helénico (ver Hech. 19:34). El sitio de la antigua Éfeso ahora lo ocupa la ciudad turca de Seljuk.

Mileto tenía una marcada influencia sobre la región sudoeste de Anatolia, permaneció independiente durante el gobierno lidio de la zona, y resistió el intento de incursiones por parte de los persas hasta el 494 a.C. En la época del NT Mileto tenía poca importancia (Hech. 20:15), pero anteriormente había sido un próspero puerto para la industria de la lana.

Pátara era un popular puerto para barcos que se dirigían al oriente, especialmente durante los primeros meses del otoño cuando los vientos favorables hacían más fácil los viajes a Egipto y la costa fenicia. El puerto estaba ubicado cerca de la desembocadura del río Xantus, y era la principal instalación naviera de Lidia. Ver Hech. 21.

Esmirna rodeaba un muy buen protegido puerto sobre la costa egea en la desembocadura del río Hermo. Durante el siglo I d.C. Esmirna fue una de las más importantes ciudades de Asia. Un gran templo dedicado al emperador Tiberio hacía alarde de la estrecha alianza entre la ciudad y el Imperio.

Ciudades del interior *Pérgamo*, ubicada a 24 km (15 millas) tierra adentro de cara al río Caico, fue el sitio del primer templo dedicado a un emperador romano: Augusto, en el 29 a.C. Un altar a Zeus tal vez sea el "trono de Satanás" (Apoc. 2:13). A la ciudad se la conocía como centro de culto a los dioses Asclepio, Zeus, Demetrio y Perséfone, Serapis, Isis y el culto al emperador.

Sardis. La ciudad más grande de Lidia. Fue la primera municipalidad que acuñó monedas de plata y de oro. Ubicada en el fértil valle del Hermo. Era la capital del rey Creso de Lidia. La ciudad fue vencida por ejércitos persas en el 549 a.C. y romanos en el 188 a.C. Sufrió un tremendo terremoto en el 17 d.C. del que nunca se recuperó totalmente.

Filadelfia. También ubicada sobre el río Hermo. Fundada después del 200 a.C.; y posición líder en el culto a Dionisio. Luego del terrible terremoto del 17 d.C., siguieron peligrosos temblores durante 20 años, y con cada uno la ciudad se fue debilitando más. La referencia que hace Juan en cuanto a darle un "nombre nuevo" (Apoc. 3:12) puede ser un juego de palabras de la propuesta dedicación de la ciudad como "Neocesarea" en honor de la ayuda que había enviado Tiberio.

Laodicea se halla en el centro del valle donde el río Menderes se une al Licos. Está situada sobre la principal ruta comercial este-oeste, y era la ciudad más importante de la rica provincia de Frigia. Se la conocía por la ropa y las alfombras de la espléndida y brillante lana negra autóctona. En Laodicea había una escuela de medicina reconocida por la producción de colirio, un remedio para ojos. Ver Apoc. 3:14-18.

Colosas. Situada a 17,5 km (11 millas) al sur de Laodicea. Ya en el 450 a.C. la ciudad era conocida como centro comercial, famosa por su lana de color rojo. Sin embargo, el establecimiento de Laodicea llevó a la decadencia de la prosperidad de Colosas. Epafras estableció la iglesia allí durante el tercer viaje misionero de Pablo (Col. 1:7; 4:12-13).

Ciudades en el este de Asia Menor Gran parte del ministerio de Pablo en Asia se centró en las provincias de Galacia y Licaonia. En el primer viaje lo más probable es que Pablo y Bernabé hayan llegado por mar a *Atalia*, un puerto relativamente pequeño y sin importancia.

Hacia el norte del puerto y cruzando Panfilia estaba ubicada *Antioquía* en la provincia de Galacia (Hech. 13:14). Establecida en el 25 a.C. sobre una ciudad helenista mucho más antigua, había sido renovada por Roma para defender Galacia. Un templo a Augusto dominaba la plaza central. Carros que transportaban mármol de Anatolia pasaban por Antioquía camino a los barcos en Éfeso.

Iconio. Al sudeste de Antioquía se encuentra Iconio (Hech. 13:51). Ubicada en una planicie fértil y bien irrigada, Iconio producía grandes cantidades de frutas y cereales para las provincias vecinas.

Listra estaba situada a unos 32 km (20 millas) al sur de Iconio a lo largo de la Vía Sebaste. La ciudad honraba a Júpiter y a Mercurio como sus patronos (ver Hech. 14). Timoteo era nativo de Listra.

Derbe se encontraba a 100 km (60 millas) de Listra en la actual Kerti Huyuk. Derbe carecía de importancia. La decisión de Pablo de visitar la ciudad habla de gran cantidad de judíos en la región.

Tarso de Cilicia fue el hogar de Pablo durante su niñez; estaba en el extremo oriental de la ruta este-oeste que comenzaba en Éfeso. El río Cidno le proporcionaba a Tarso una salida al mar Mediterráneo a unos 15 km (10 millas). Las principales industrias de Tarso eran la madera y el lino, pero muchos, incluyendo el apóstol Pablo, se dedicaban a la manufactura de tela de pelo de cabra. Tarso contaba con una universidad y una escuela de filosofía.

ASIMA Un dios sirio hecho en Hamat y adorado allí (2 Rey. 17:30; comp. Amós 8:14); el nombre se basaba en la palabra hebrea para expresar culpa. Los escritores hebreos tal vez deliberadamente hayan escrito un término asociado con *culpa* en vez del nombre del dios o de la diosa. La diosa de Hamat puede haber sido Asera. Ver *Asera.* Samaria quizá haya incorporado en su culto religioso al dios de Hamat.

ASIRIA, HISTORIA Y RELIGIÓN DE Nación al norte de Babilonia sobre las riberas del río Tigris (Gén. 2:14) en el norte de Mesopotamia. Se convirtió en un gran imperio que se expandió a Palestina (aprox. 855-625 a.C.).

Historia El nombre Asiria proviene de Asur, su primera capital, fundada aprox. en el 2000 a.C. Génesis 10:11-12 habla de la fundación de otras ciudades asirias, en especial Cala y Nínive. Para el 1900 a.C. estas ciudades tenían intercambio comercial hasta Capadocia, en el este del Asia Menor. Una Asiria más expandida estuvo en guerra con el famoso rey Hammurabi de Babilonia poco antes de dividirse en ciudades-estado de menor tamaño aprox. en el 1700 a.C.

Tiglat-pileser III (744-727 a.C.), verdadero fundador del imperio asirio, modificó la administración de los territorios conquistados. Las naciones cercanas a Asiria eran incorporadas como provincias. A otras se las dejaba con su gobernante nativo, aunque quedaban sujetas a la supervisión asiria. Tiglat-pileser también llevó en exilio a los pueblos conquistados para que vivieran en las tierras que habían dejado otros exiliados conquistados anteriormente. Comp. 2 Rey. 17:24. Cuando Tiglat-pileser, también llamado Pul, llegó a la costa de Fenicia, Menahem de Israel (2 Rey. 15:19) y Rezín de Aram-Damasco le dieron tributos y se convirtieron en vasallos de Asiria. Rápidamente se formó una alianza anti-asiria. Israel y Aram-Damasco atacaron Jerusalén aprox. en el 735 a.C. e intentaron reemplazar al rey Acaz de Judá con un hombre leal a la alianza anti-asiria (2 Rey. 16:2-6; Isa. 7:1-6) para así obligar la participación de Judá. A pesar de las protestas de Isaías (Isa. 7:4,16-17; 8:4-8), Acaz apeló a Tiglat-pileser pidiendo ayuda (2 Rey. 16:7-9). Como respuesta, Tiglat-pileser hizo una campaña contra Filistea (734 a.C.), redujo a Israel al área inmediata a Samaria (2 Rey. 15:29; 733 a.C.) y anexó Aram-Damasco (732 a.C.), deportando a la población. Acaz se convirtió en vasallo asirio (2 Rey. 16:10; 2 Crón. 28:16,20-22).

Salmanasar V (726-722 a.C.) sitió a Samaria durante tres años cuando Oseas decidió no pagar tributo (2 Rey. 17:3-5). La ciudad cayó en manos de Salmanasar (2 Rey. 17:6; 18:9-12), quien aparentemente murió ese mismo año. Su sucesor, Sargón II (722-705 a.C.), se llevó el crédito por la deportación de 27.290 habitantes de Samaria, según consta en inscripciones reales asirias.

Sargón combatió rebeliones en Gaza en el 720 a.C. y Asdod en el 712 a.C. (Isa. 20:1). Ezequías de Judá se sintió tentado a unirse a la rebelión de Asdod, pero Isaías hizo advertencias contra ello (Isa. 18). Un rey rebelde de Babilonia, Merodac-baladán, encontró apoyo en Elam, el enemigo de Asiria en el oriente. Viéndose forzado a huir de Babilonia en el 710 a.C., Merodac-baladán regresó algunos años después y envió emisarios a Ezequías en Jerusalén (2 Rey. 20:12-19; Isa. 39), aparentemente como parte de una revuelta anti-asiria.

Senaquerib (704-681 a.C.) debió enfrentarse a una extendida revuelta en el sur de Mesopotamia, liderada por Merodac-baladán y los elamitas. Ezequías de Judá lideró a Fenicia y a Palestina en la rebelión. Al subyugar a Babilonia, Senaquerib entonces (710 a.C.) reafirmó su control sobre las ciudades-estado de Fenicia, saqueó Jope y Ascalón, e invadió Judá, donde Ezequías había realizado considerables preparaciones militares (2 Rey. 20:20; 2 Crón. 32:1-8,30; Isa. 22:8b-11). El relato de Senaquerib de manera notable suplementa la versión bíblica (2 Rey. 18:13-19:36). Él alegó haber destruido 46 ciudades amuralladas (ver 2 Rey. 18:13) y haber tomado 200.150 cautivos. Tres dignatarios de Senaquerib intentaron negociar la rendición de Jerusalén (2 Rey. 18:17-37), pero Ezequías, animado por Isaías, continuó resistiendo (2 Rey. 19:1-7,20-35). El ejército asirio se retiró, y Ezequías pagó un tributo muy alto (2 Rey. 18:14-16). El relato asirio alega que hubo una victoria sobre el ejército egipcio y menciona el tributo de Ezequías, pero es bastante vago en cuanto al final de la campaña. La Biblia menciona la aproximación del ejército egipcio (2 Rey. 19:9) y relata una milagrosa derrota a los asirios por parte del ángel del Señor (2 Rey. 19:35-36). Senaquerib sufrió un serio revés pues Ezequías fue el único rey de la revuelta que siguió en su trono.

Religión La religión asiria era esencialmente como la babilónica, y reconocía la existencia de miles de dioses, pero con sólo 20 que tenían importancia en la práctica.

1. Los antiguos dioses, Anu, Enlil y Ea, deidades patronas de las más antiguas ciudades sumerias, eran dioses cósmicos. Después del surgimiento de Babilonia, Marduk también fue parte de las deidades cósmicas. Anu de Uruk (el Erec bíblico; Gén.10:10), el dios de los cielos, no tenía un papel demasiado activo. Enlil de Nipur era dios de la tierra. Ea de Eridu era señor de las aguas subterráneas y dios de los artesanos.

2. Deidades astrales. Eran dioses asociados a cuerpos celestes, e incluían al dios-sol Shamas, el dios-luna Sin, e Ishtar, la diosa de la estrella de la mañana y del lucero (para los griegos, Afrodita; para los romanos, Venus). Sin era el dios patrono de Ur y Harán, ambos lugares asociados con los comienzos de Abraham (Gén. 11:31). Ishtar de Nínive (para los cananeos, Astarte/Astarot, Jue. 10:6; 1 Sam. 7:3-4; 1 Rey. 11:5) era muy popular como "reina del cielo" (Jer. 7:18; 44:17-19,25).

3. Los dioses más nuevos por lo general estaban asociados a una ciudad más nueva o a ninguna. Ver Babilonia, Historia y religión de.

ASKENAZ Ver *Escitas.*

ASNAPAR Ver *Asurbanipal.*

ASNO Ver *Animales.*

ASÓN Ver *Asia Menor, Ciudades de.*

ÁSPID Ver *Animales, Reptiles.*

ASTAROT Forma plural de Astoret, diosa cananea de la fertilidad, el amor y la guerra; hija del dios El y la diosa Asera. (1) A fin de deshonrar a la diosa, los escribas hebreos formaban la palabra Astoret reemplazando las vocales de Astart o Asteret con vocales de la palabra *boshet,* que en hebreo es vergüenza. La forma griega es Astarte. (2) Ciudad en Basán, que en documentos egipcios (posteriores al 1800 a.C.) se llamaba Astartu o Astarot; ubicada en la moderna Tel Ashtarat en Siria, unos 32 km (20 millas) al este del mar de Galilea, sobre un importante ramal de la Vía Maris y sobre el Camino del rey.

ASTORET Ver *Astarot.*

ASUERO Ver *Jerjes; Persia.*

ASUR, ASURIM (1) Hijo de Sem; por lo tanto un semita, así como el pueblo hebreo (Gén. 10:22). (2) Tribu árabe desconocida (Gén. 25:3); tal vez también se haga referencia a ella en la profecía de Balaam (Núm. 24:22-24), pero es más probable que sea una alusión a Asiria.

ASURBANIPAL, ASNAPAR Último gran rey asirio (668-629 a.C.); hijo de Esar-hadón; en Esd. 4:10 se lo identifica como el rey de Asiria que tomó Susa, Elam y otras naciones, y luego hizo que los habitantes se establecieran en Samaria. Su famosa biblioteca contenía más de 20.000 tablillas de arcilla, e incluían literatura asiria, sumeria y acadia. Ver *Asiria, Historia y religión de.*

ATALAYA Uno que hace guardia. Las ciudades antiguas tenían un atalaya ubicado sobre los muros, para hacer sonar una alarma si se acercaba un enemigo (2 Rey. 9:17; Ezeq. 33:2-3). Los profetas de Israel se veían a sí mismos como atalayas advirtiendo a la nación sobre el inminente juicio de Dios si el pueblo no se arrepentía. Las viñas y los campos tenían atalayas, especialmente durante la siega, para que hubiera protección de animales y de ladrones.

ATALIA Puerto marítimo sobre la costa norte del Mediterráneo en Asia Menor donde Pablo se detuvo brevemente en su primer viaje misionero (Hech. 14:25); hoy se conoce con el nombre de Antalia.

ATALÍA (*"Jehová ha anunciado su naturaleza, que es suprema"* o *"Jehová es recto"*) (1) Esposa de Joram, rey de Judá, y madre de Ocozías, rey de Judá; hija de Acab y Jezabel de Israel (2 Rey. 8:18) o bien de Omri, rey de Israel (2 Rey. 8:26, de acuerdo a una traducción literal del texto como aparece en RVR; la interpretación del texto amplía el significado del hebreo para hija, para llegar a significar descendiente del sexo femenino). Ella llevó el culto a Baal del reino del norte a la corte de Judá, y tuvo gran influencia durante el año en que reinó su hijo (1 Rey. 8:27-28). A la muerte de éste, hizo matar a todos los herederos varones y gobernó Judá durante seis años (2 Rey. 11:1-4); la única mujer que fue gobernante. El sacerdote Joiada fue líder de una rebelión, instauró a Josías como rey y causó la muerte de Atalía (2 Rey. 11:5-20).

ATALÍAS (1) Hijo de Joram en la tribu de Benjamín (1 Crón. 8:26). (2) Padre de Jesaías (Esd. 8:7).

ATAR Y DESATAR Poder y medio que tiene la iglesia para anunciar que el pecado ha sido condenado o perdonado. Las llaves del reino que le fueron dadas a Pedro son símbolo de "echar llave" y "sacar llave" a los pecados, y eran una ilustración de la autoridad que tenía Pedro para atar y desatar (Mat. 16:19). Más tarde (Mat. 18:18), el mismo poder le fue dado a los apóstoles y a la iglesia como un todo. Lo que la iglesia declarara que estaba mal o era correcto, ya habría sido anticipado y ratificado en el cielo con sanción divina. El cielo establece el estándar, y la tierra sigue la pauta establecida por el cielo. Los creyentes son responsables de tener un espíritu perdonador y de enseñar las condiciones necesarias para el perdón (Mat. 6:12; Juan 20:23). La iglesia debe proclamar el camino de salvación; los que aceptan a Cristo son perdonados, pero quienes lo rechazan son condenados. Los pecados han sido lavados (desatados) por la sangre de Jesús (Apoc. 1:5).

ATAROT (*"coronas"*) (1) Pueblo construido por la tribu de Gad (Núm. 32:3,34); la moderna khirbet Attarus, 13 km (8 millas) al noroeste de Dibón y 13 km al este del mar Muerto. (2) Aldea en el límite de Benjamín y Efraín

(Jos. 16:2,7); tal vez sea khirbet el-Oga en el valle del Jordán.

ATENAS Capital de Ática, antiguo distrito de la Grecia centro-oriental, donde Pablo predicó a los filósofos griegos (Hech. 17:15-34).

AUGUSTO (*"reverendo"*) Título que el Senado romano le dio al emperador Octavio (31 a.C.-14 d.C.) en el 27 a.C. Él era quien gobernaba el Imperio Romano, incluyendo Palestina, cuando nació Jesús, y ordenó el censo que llevó a José y María hasta Belén (Luc. 2:1). Ver *Roma y el Imperio Romano*. El título Augusto pasó a los sucesores de Octavio como emperadores de Roma. Se aplicó a Nerón en Hech. 25:21,25.

AUTOESTIMA Respeto por y aceptación confiada de uno mismo como una persona creada por Dios y útil a Dios. La autoestima debe estar basada en el entendimiento de que las personas son creadas por Dios para ser altamente exaltadas (Sal. 8:3-8; comp. Gén. 1:26-27), y aún así son pecadores caídos miserablemente (Rom. 3:23; 7:24). Toda persona, no importa cuán pecadora sea, tiene un valor inestimable para Dios (Luc. 15:11-32; 1 Cor. 6:20) y Él la ama de modo superlativo (1 Juan 4:10; comp. Rom. 8:35-39). Los cristianos poseen una nueva naturaleza que les permite tener confianza en sí mismos, pero sólo a través de Cristo (1 Cor. 9:24; 2 Cor. 3:5; 10:7; Fil. 3:4-7; 4:13). Tanto la exaltación como la humillación de sí mismo ignoran la obra de Cristo en el creyente (2 Cor. 12:7-10; Col. 2:18,23). Pablo enseñó que los cristianos deben pugnar por una autoestima balanceada, que sea capaz de ministrar a las necesidades de otros (Rom. 12:3; 2 Cor. 10:7-13; Gál. 6:1-3; Fil. 2:3).

AUTORIDAD Absoluto poder y libertad de Dios, la fuente de toda otra autoridad o poder; el término se usa rara vez en el AT (Gén. 1:28; 3:16; Lev. 19:3; Prov. 29:2; Est. 9:29; Dan. 4:17; 7:13-14). El NT una y otra vez enseña que "no hay autoridad sino de parte de Dios" (Rom. 13:1; ver Juan 19:11).

La iglesia y su ministerio tienen auténtica autoridad religiosa en tanto y en cuanto están al servicio de la misión de Jesús siendo fiel a la Biblia y edificando a la iglesia (Mat. 28:18-20). El cristiano por fe acepta la verdad de la autoridad de la Escritura, en obediencia acepta los mandamientos de la Escritura como autoridad, y así demuestra amor por el Señor (Juan 14:15).

AVA Pueblo que aparentemente era de Siria, tal vez tell Kafr Ayah sobre el río Orontes, o los elamitas de Ama. Los asirios lo conquistaron e hicieron que se establecieran en Israel para reemplazar a los israelitas que ellos mismos habían llevado al exilio (2 Rey. 17:24). Sus dioses no pudieron ayudarlos contra los asirios, y esto se pudo usar para llamar a Jerusalén a rendirse ante Dios (2 Rey. 18:34, donde Iva se refiere al pueblo de Ava). Comp. 2 Rey. 19:13. Los aveos que hicieron al dios Nibhaz (2 Rey. 17:31) tal vez sean este pueblo.

AVARICIA Deseo excesivo o reprensible de adquirir cosas; codicia (1 Sam. 2:29; Os. 4:8). Jesús advirtió contra todo tipo de avaricia (Luc. 12:15). El estándar paulino para el ministerio cristiano no daba lugar a la avaricia (1 Tes. 2:5; 1 Tim. 3:3,8). La avaricia era señal de un estilo de vida gentil o pagano (Ef. 4:19).

AVÉN (*"maldad"*) Sustantivo usado en nombres de lugares para indicar que Israel consideraba que en ese sitio se adoraban ídolos. (1) On o Heliópolis en Egipto (Ezeq. 30:17); (2) importantes centros de culto de Israel, como por ejemplo Bet-el y Dan (Os. 10:8); (3) valle, tal vez usado en lugar de nombres conocidos, por ejemplo Bet-avén en lugar de Bet-el (Jos. 7:2; 18:12). Ver *Bet-avén*.

AVENTAR Proceso de separar el grano de las partes no comestibles. Los tallos se arrojan al aire, y el viento se lleva el tamo y la paja, permitiendo que sólo el grano, que es más pesado, caiga al suelo (Isa. 30:24). El aventar se usa como una analogía del juicio de Dios (Mat. 3:12).

AVES Animales con sangre caliente, alados y cubiertos de plumas. El término hebreo se usa colectivamente para referirse a criaturas voladoras o aves domésticas y asimismo a insectos alados (Gén. 1:20,21,22,26,28,30; 2:19,20). Génesis 6:20 nota que hay una división de aves en distintas especies, y Lev. 20:25 las pone en la categoría de limpias o inmundas. En Lev. 11:13-19 y Deut. 14:12-18 hay una lista de aves específicas que los hebreos consideraban inmundas y por lo tanto no debían comer. Todas las aves de rapiña, incluyendo águilas, buitres, gavilanes y halcones se consideraban inmundas.

Hay un segundo término hebreo que puede hacer referencia a aves de toda clase (Gén. 7:14; Deut. 4:17), pero por lo general denota aves de caza (Sal. 124:7; Prov. 6:5) o que usualmente se posan en los árboles (Sal. 102:7; Dan. 4:12).

Hay dos términos griegos que se utilizan para referirse a aves en general (Mat. 6:26; 8:20; 13:4; Luc. 9:58; 12:24; Hech. 10:12; 11:6; Rom. 1:23), para describir la completa destrucción de Babilonia (Apoc. 18:2) y para aves domésticas carnívoras (Apoc. 19:17,21).

La Biblia menciona por nombre una gran cantidad de aves. Los traductores usan distintos equivalentes españoles para referirse a diferentes aves.

Abubilla Ave de la familia *Upupidae* con un penacho de plumas en la cabeza y un pico largo, angosto y curvado. Uno de los animales inmundos de Lev. 11:19 y Deut. 14:18 cuya identidad se cuestiona.

Águila Varias aves de rapiña grandes e inmundas (Lev. 11:13; Deut. 14:12), que están activas durante la luz del día; el ave voladora más grande de Palestina; puede alcanzar 2,5 m (8 pies) de envergadura en sus alas; a veces el término se traduce "buitre"; construye grandes nidos de palillos sobre despeñaderos rocosos en las montañas (Job 39:27-28; Jer. 49:16). Ver Ex. 19:4; Deut. 28:49; 32:11; 2 Sam. 1:23; Jer. 4:13; Prov. 23:5; Isa. 40:31. A menudo se usa en forma simbólica (Ex. 19:4; Deut. 32:11; Ezeq. 1:10; 10:14; Dan. 7:4; Apoc. 4:7) y representa la protección y el cuidado de Dios.

Avestruz El ave de mayor tamaño; inmunda (Lev. 11:16; Deut. 14:15); veloz pero incapaz de volar. Job 39:13-18 describe las características del avestruz. Ver Lam. 4:3.

Azor Ave rapaz falcónida grande, incluida en la lista de aves inmundas (Lev. 11:13; Deut. 14:12).

Búho Ave rapaz del orden *Strigiformes;* por lo general es nocturna, inmunda (Deut. 14:16; Lev. 11:17). Los búhos que hacen su nido en ruinas son símbolo de desolación (Sal. 102:6; Isa. 34:15).

Buitre Varios tipos de aves de rapiña, inmundas, que se alimentan de animales muertos. Ver Lev. 11:18; Deut. 14:27. A veces la palabra se ha traducido "águila" (Mat. 24:28; Luc. 17:37).

Cigüeña Ave de gran tamaño y patas largas; inmunda (Lev. 11:19) y de la misma familia que la garza; famosa por la manera en que cuida a sus crías, y por regresar cada año a la misma zona para hacer nido. Durante la migración desde África en invierno a Europa en la primavera, se detienen en Palestina. Ver Job 39:13; Sal. 104:17; Jer. 8:7; Zac. 5:9.

Codorniz Ave de caza migratoria, marrón moteado. Dios las utilizó para proporcionar alimento a Israel en el desierto (Ex. 16:13; Núm. 11:31-32; Sal. 105:40). Grandes cantidades de codornices migran hacia el norte durante la primavera después de pasar el invierno en África.

Cuervo Ave inmunda de carroña (Lev. 11:15; Deut. 14:14), llamativa en razón de su color negro (Cant. 5:11); ejemplo del cuidado de Dios para con su creación (Job 38:41; Sal. 147:9; Luc. 12:24); la primera ave que envió Noé desde el arca luego del diluvio (Gén. 8:7), y también el ave que envió Dios para alimentar a Elías (1 Rey. 17:4-6). Ver Prov. 30:17; Luc. 12:24.

Gallina, Gallo En la época bíblica se conocían tanto los pollos domésticos como los salvajes, pero sólo aparecen en la comparación que hace Jesús de su cuidado por Jerusalén y del cuidado de una gallina por sus polluelos. Las palabras griegas son términos generales que hacen referencia a aves y polluelos (Mat. 23:37; Luc. 13:34). Todas las referencias al canto del gallo en el NT (con excepción de la mención en Mar. 13:35) están relacionadas con la negación de Pedro (Mar. 14:30).

Garza Ave zancuda con cuello y patas largas (*Areidae*); se la consideraba inmunda (Lev. 11:19; Deut. 14:18).

Gavilán Familia de aves rapaces inmundas, con actividad durante el día (Lev. 11:16; Deut. 14:15; Job 39:26).

Gaviota Ave acuática (de la familia de las láridas), inmunda (Lev. 11:16; Deut. 14:15), de largas alas y palmípeda.

Golondrina Ave canora pequeña y de alas largas, que migra a Palestina desde marzo hasta el invierno boreal. Hacía nidos en el templo (Sal. 84:3) y a menudo se la veía con los pajarillos comunes. Ver Isa. 38:14; Jer. 8:7.

Gorrión Ave de la familia de los pinzones; el término hebreo conlleva el significado general "ave" (Sal. 8:8; Ezeq. 17:23), y a veces en RV 1960 se traduce "pajarillo". En el aspecto ceremonial se lo consideraba limpio, y solía ser alimento de los pobres. Jesús usó la imagen del cuidado de Dios por pajarillos (Mat. 10:29-31; Luc. 12:6-7) como seguridad del cuidado de Dios hacia los seres humanos. Ver Sal. 84:3; 102:7; Prov. 26:2.

Grulla Pájaro similar pero no de la misma familia que las golondrinas. Ver Isa. 38:14; Jer. 8:7.

Lechuza Ave de rapiña, inmunda (Lev. 11:16; Deut. 14:15). Ver Isa. 34:11.

Milano Ave rapaz, cuya mejor descripción es ave de carroña de la familia *accipitradae*, la subfamilia de *milvinae* del género *milvus;* de tamaño mediano y color rojizo; se lo consideraba inmundo, y no debía comerse (Lev. 11:14; Deut. 14:13).

Paloma Ver Gén. 8:8-12; Sal. 55:6; 68:13; Cant. 2:14; 5:2; 6:9; Isa. 38:14; 59:11; Jer. 48:28; Ezeq. 7:16; Mat. 10:16. El Espíritu de Dios descendió sobre Jesús como una paloma después de su bautismo (Mat. 3:16; Mar. 1:10; Luc. 3:22; Juan 1:32).

Palomino Término general para la subfamilia *Columbinae* que se usaba para sacrificios y ofrendas (Lev. 1:14; 5:7,11; 12:6,8; 14:22,30; comp. Luc. 2:24).

Pelícano Ave grande palmípeda con pico gigante y una especie de bolsa agrandable en la mandíbula inferior. El hebreo en Lev. 11:18 y Deut. 14:17 sugiere un ave que regurgita la comida para alimentar a su cría. Otros pasajes (Sal. 102:6; Isa. 34:11; Sof. 2:14) asocian el mismo término hebreo con ruinas desiertas, un hábitat poco probable para el pelícano.

Perdiz Ave de caza de cuerpo robusto, de tamaño mediano con plumaje jaspeado. Ver 1 Sam. 26:20; comp. Jer. 17:11.

Quebrantahuesos Buitres grandes incluyendo el buitre con "barba", el azor y el petrel gigante; ave inmunda (Lev. 11:13; Deut. 14:12).

Somormujo Ave acuática de gran tamaño (*Phalacrocorax carbo carbo*) que es parte de la lista de aves inmundas (Lev. 11:17; Deut. 14:17).

Tórtola Un tipo de paloma que tuvo un papel preponderante en el sistema de sacrificios en la Biblia (Gén. 15:9; Lev. 1:14; 5:7,11; 12:6; 14:22,30; 15:14; Luc. 2:24). Era símbolo de la llegada de la primavera (Cant. 2:12; Jer. 8:7).

En el Sermón del Monte Jesús resumió una de las más grandes lecciones que podemos aprender de las aves (Mat. 6:25-26).

AYUNO Abstenerse de comer a fin de poder conocer la mente de Dios, hacerlo como expresión de duelo y aflicción y/o por pecados negligentes (Esd. 8:23; Sal. 69:10; Isa. 58; Zac. 7:5; Joel 2:12). La Biblia describe tres formas principales de ayuno: (1) el ayuno normal, que incluía total abstinencia de comida pero no de agua (Luc. 4:2); (2) abstinencia tanto de comida como de agua por no más de tres días (Esd. 10:6; Est. 4:16; ver Hech. 9:9); (3) dieta restringida sin llegar a la abstinencia completa (Dan. 10:3).

El ayuno debe realizarse ante Dios, en la intimidad de la relación con Dios

(Ex. 34:28; 1 Sam. 7:6; 1 Rey. 19:8; Mat. 6:17). La iglesia primitiva a menudo ayunaba buscando la voluntad de Dios en cuanto al liderazgo para la iglesia local (Hech. 13:2).

AZECA (*"tierra cultivada"*) Ciudad donde Josué venció a la coalición del sur de reyes liderados por Adonisedec de Jerusalén (Jos. 10:10); le fue asignada a Judá (Jos. 15:35); situada en tell Zakariya, 9 km (5,5 millas) al nordeste de Bet Govrin sobre el valle de Ela. Ver 1 Sam. 17:1; 2 Crón. 11:9; Neh. 11:30; Jer. 34:7.

AZOTES, AZOTAR Forma severa de castigo corporal que incluía latigazos y golpes, llevada a cabo generalmente con la víctima atada a un poste o banco, y administrada por un siervo de la sinagoga (si era por razones religiosas), o por un esclavo o soldado.

Juan 19:1 utiliza esta palabra para la golpiza dada a Jesús antes de su crucifixión. Mateo y Marcos usan una palabra que significa "flagelación" (un castigo menor), mientras que Lucas dice que Pilato ofreció "castigar" a Jesús (23:16), lo cual era un castigo todavía más liviano. Según Deut. 25:3 el número de azotes es 40, más tarde reducido a 39, 13 golpes sobre el pecho y 26 en la espalda. Frecuentemente las víctimas morían por la golpiza.

AZOTO Ver *Asdod; Filisteos*.

AZUFRE Material combustible usado como medio de retribución divina (Gén. 19:24; Deut. 29:23; Job 18:15; Sal. 11:6; Isa. 30:33; 34:9; Ezeq. 38:22; Luc. 17:29; Apoc. 14:10; 19:20; 20:10; 21:8).

BAAL (*"señor, dueño, poseedor o esposo"*) Nombre propio y nombre de la deidad de las tormentas de la religión cananea, a quien se adoraba como dios de la fertilidad.

Formas compuestas de nombres de personas que tenían autoridad o adoraban a Baal, y nombres de lugares donde se adoraban deidades cananeas, como por ejemplo Baal-peor (Núm. 25:5; Deut. 4:3; Sal. 106:28; Os. 9:10); Baal-hermón (Jue. 3:3; 1 Crón. 5:23); Baal-gad (Jos. 11:17; 12:7; 13:5). Ver *Canaán, Historia y religión de.*

BAAL-BERIT (*"señor del pacto"*) Deidad cananea con templo en Siquem a quien adoraron los israelitas luego de la muerte de Gedeón (Jue. 8:33).

BAAL-GAD (*"Baal de Gad"* o *"señor de Gad"*) Pueblo que representaba el límite norte de las conquistas de Josué (Jos. 11:17) en el valle del Líbano al pie del monte Hermón; aparentemente es lo mismo que monte de Baal-hermón (Jue. 3:3).

BAAL-HAZOR (*"Baal de Hazor"*) Sitio montañoso donde Absalón, el hijo de David, llevó a cabo las celebraciones de los esquiladores (2 Sam. 13:23); puede corresponder al Hazor de Neh. 11:33; la moderna Jebel el-Asur, 8 km (5 millas) al nordeste de Bet-el.

BAALI (*"mi señor"* o *"mi Baal"*) Juego de palabras (Os. 2:16) en cuanto al día en que Israel ya no adoraría a Baal. Israel, la esposa, llamaría a Jehová, su Dios y esposo, "mi hombre" (heb. *'ishi*), pero no lo llamaría "mi señor" (heb. *baali*).

BAAL-MEÓN (*"señor de la residencia"* o *"Baal de la residencia"*) Ciudad que Rubén construyó al este del Jordán (Núm. 32:36), probablemente sobre la frontera norte de su tribu; khirbet Main, 16 km (10 millas) al sudoeste de Hesbón y 16 km al este del mar Muerto; probablemente sea Bet-baal-meón (Jos. 13:17); Bet-meón (Jer. 48:23). Ezequiel 25:9 pronuncia juicio sobre Baal-meón de Moab aprox. en la época del exilio en el 587 a.C.

BAAL-PEOR Lugar de culto y nombre de una deidad moabita, madianita y amonita que adoraron los israelitas cuando tuvieron relaciones sexuales ilícitas con mujeres moabitas (Núm. 25:3); para generaciones posteriores de israelitas, el incidente se convirtió en paradigma de pecado y juicio divino (Deut. 4:3; Sal. 106:28; Os. 9:10). Ver *Moab; Peor.*

BAAL-ZEBUB (*"señor de las moscas"*) Deidad filistea de quien buscó ayuda el rey israelita Ocozías luego de lastimarse (2 Rey. 1:2). El escritor hebreo probablemente modificó en forma intencional el nombre del dios a partir del original Baal-zebul: "Baal, el príncipe". Al referirse al príncipe de los demonios, Jesús utilizó la forma Beelzebú, una clara variación de Baal-zebub (Mat. 10:25). Ver *Baal; Filisteos; Satanás.*

BAAL-ZEFÓN (*"señor del norte"* o *"Baal del norte"*) (1) Lugar en Egipto con el nombre de un dios cananeo, cerca de donde Israel acampó antes del milagro de cruzar el mar (Ex. 14:2,9). (2) Un dios cananeo según textos ugaríticos; santuario en Jebel el-Aqra, 40 km (25 millas) al norte de Ugarit. Ver *Éxodo.*

BAASA Rey de Israel (908-886 a.C.) en Tirsa que accedió al trono con violencia matando a su predecesor Nadab (1 Rey. 15:27) y exterminando a toda la descendencia de Jeroboam

(15:29). Hizo guerra contra Asa, rey de Judá (1 Rey. 15:16). Ver *Israel; Cronología; Tirsa.*

BABEL (*"confusión"*)(1) Palabra hebrea para referirse a Babilonia. (2) Ciudad que construyeron los descendientes desobedientes de Noé para hacerse un nombre, a fin de no estar esparcidos por toda la tierra (Gén. 11:4,9; comp. 9:1; 11:4). Dios produjo confusión en el idioma de ellos, con lo que aparentemente se originaron los diferentes idiomas humanos.

BABILONIA, HISTORIA Y RELIGIÓN DE Ciudad-estado en el norte de Mesopotamia sobre el río Éufrates, unos 80 km (50 millas) al sur de la moderna Bagdad; con el tiempo se convirtió en un gran imperio que absorbió a la nación de Judá y destruyó Jerusalén.

Los occidentales semitas (amorreos) establecieron un reino poco después del 2000 a.C., la época de los patriarcas hebreos. Hammurabi (1982-1750 a.C.), el sexto rey de esta primera dinastía de Babilonia, construyó un imperio de tamaño considerable, y convirtió a Babilonia en el asiento político de la zona sur de Mesopotamia, la región llamada Babilonia.

En el 851 a.C. el rey asirio Salmanasar III hizo que, en forma nominal, Babilonia estuviera sujeta a la "protección" asiria. Una serie de golpes de estado en Babilonia impulsaron al rey asirio Tiglat-pileser III a entrar en Babilonia en el 728 a.C. y proclamarse rey con el nombre Pulu (el Pul de 2 Rey. 15:19; 1 Crón. 5:26). Murió al año siguiente. Para el 721 a.C. gobernaba Babilonia el caldeo Marduk-apal-iddina (el Merodac-baladán del AT). Con el apoyo elamita resistió los avances del asirio Sargón II en el 720 a.C. Babilonia obtuvo independencia momentánea, pero en el 710 a.C. Sargón atacó nuevamente, y forzó a

Merodac-baladán a huir a Elam. Sargón entonces tomó el trono de Babilonia.

Cuando murió Sargón en el 705 a.C., Babilonia y otras naciones, incluyendo Judá con el rey Ezequías, se rebelaron contra la dominación asiria. Merodac-baladán había regresado a Babilonia desde Elam; fue probablemente en este contexto que envió emisarios a Ezequías (2 Rey. 20:12-19; Isa. 39). En el 703 a.C. Asiria, al mando de Senaquerib, derrotó a Merodac-baladán, que huyó una vez más y murió en el exilio. Surgió otra revuelta contra Asiria iniciada por los elamitas. En el 689 a.C. Senaquerib destruyó la ciudad sagrada de Babilonia. Los babilonios interpretaron que el asesinato de Senaquerib a manos de sus propios hijos (2 Rey. 19:37) en el 681 a.C. fue un juicio sagrado por la destrucción de la ciudad.

Esar-hadón, hijo de Senaquerib, inmediatamente comenzó a reconstruir Babilonia para ganarse al pueblo. A su muerte, el príncipe heredero Asurbanipal gobernó sobre Asiria, mientras otro hijo ascendió al trono de Babilonia. En el 651 a.C. el rey babilonio se rebeló contra su hermano. Finalmente prevaleció Asurbanipal y fue coronado rey de una Babilonia llena de resentimiento.

La dominación asiria concluyó a la muerte de Asurbanipal en el 627 a.C. En el 626 a.C. Babilonia cayó en manos de un gobernante caldeo, Nabopolasar, el primer rey del imperio neobabilónico. En el 612, con la ayuda de los medos, los babilonios saquearon Nínive, la capital asiria. El remanente del ejército asirio se reagrupó en Harán en el norte de Siria, lugar que terminó abandonado cuando se aproximaron los babilonios en el 610 a.C. Sin embargo, Egipto desafió a Babilonia por el derecho a heredar el imperio de Asiria. En el 609 el

Faraón Necao II con los últimos asirios (2 Rey. 23:29-30) no pudo volver a tomar Harán. En el 605 a.C. las fuerzas babilonias al mando del príncipe heredero Nabucodonosor, expulsaron a los egipcios en la batalla de Carquemis, que fue decisiva (Jer. 46:2-12).

En el 604 y el 603 a.C. Nabucodonosor II (605-562 a.C.), rey de Babilonia, hizo una campaña militar a lo largo de la costa palestina, y Joacim, rey de Judá, fue hecho vasallo de Babilonia. Una derrota babilónica en la frontera de Egipto en el 601 probablemente animó a Joacim a rebelarse. Durante dos años Judá sufrió el acoso de vasallos de Babilonia (2 Rey. 24:1-2). Luego entonces, en diciembre del 598 a.C., Nabucodonosor marchó contra Jerusalén. Joacim murió ese mismo mes, y su hijo Joaquín entregó la ciudad a los babilonios el 16 de marzo del 597 a.C. Gran parte del pueblo de Judá, incluyendo a la familia real, fue deportado a Babilonia (2 Rey. 24:6-12). Finalmente Joaquín fue liberado de la cárcel y tratado como un rey en exilio (2 Rey. 25:27-30; Jer. 52:31-34). Textos que se han excavado en Babilonia muestran que a él y a sus cinco hijos les fueron asignadas raciones de alimentos.

Nabucodonosor nombró a Sedequías para que reine sobre Judá. A pesar de las objeciones de Jeremías pero con promesas de ayuda egipcia, Sedequías se rebeló contra Babilonia en el 589 a.C. En la resultante campaña babilónica Judá fue asolada y Jerusalén sitiada. Una campaña infructuosa por parte del faraón Hofra le dio un pequeño respiro a Jerusalén, pero hubo un renovado ataque (Jer. 37:4-10). La ciudad cayó en agosto del 587 a.C. Sedequías fue capturado, Jerusalén quemada y el templo destruido (Jer. 52:12-14). Muchos más habitantes de Judá fueron llevados en exilio a Babilonia (2 Rey. 25:1-21; Jer. 52:1-30).

La ciudad de Babilonia se extendía sobre el Éufrates, y estaba rodeada por un muro exterior de 18 km (11 millas) que circundaba los suburbios y el palacio veraniego de Nabucodonosor. El muro interior era lo suficientemente ancho como para que entraran dos carros alineados de lado a lado. Se podía entrar por ocho puertas, la más famosa de las cuales era la puerta de Ishtar en el norte, que se usaba en el festival anual del año nuevo.

Nabucodonosor, el más grande rey del imperio neobabilónico, fue el último gobernante poderoso de Babilonia. A él le siguió su hijo Awel-marduk (561-560 a.C.) —el Evil-merodac del AT (2 Rey. 25:27-30)—, Neriglissar (560-558 a.C.) y Labashi-Marduk (557 a.C.), quien fue asesinado siendo apenas un niño. Pareciera que el último rey de Babilonia, Nabónido (556-39 a.C.), tuvo preferencia por Sin, el dios luna, en vez de por Marduk, el dios nacional. Durante 10 años él trasladó su residencia a Tema, en el desierto siro-arábigo, y dejó a su hijo Belsasar (Dan. 5:1) como regente en Babilonia. Nabónido regresó a una capital dividida sobre la cual se cernía una amenaza de los medos y los persas, que se habían unido. En el 539 a.C. el persa Ciro II entró en Babilonia sin encontrar resistencia. Esto dio por terminado el dominante rol de Babilonia en la política del Cercano Oriente.

Babilonia continuó siendo un importante centro económico y la capital provincial durante el dominio persa. Después de Alejandro Magno, la ciudad entró en decadencia económica, pero siguió siendo un importante centro religioso hasta la época del NT. Para el 200 d.C. el lugar estaba deshabitado.

En el pensamiento judeo-cristiano, tanto la ciudad de Babilonia como la torre de Babel se convirtieron en símbolos de la decadencia humana y el juicio divino. En Apoc. 14:8; 16:19; 17:5; 18:2 y probablemente en 1 Ped. 5:13 Babilonia se refiere a Roma, la ciudad que había personificado esta idea para los cristianos de la iglesia primitiva.

La religión babilónica es la variante más conocida de un sistema religioso complejo y sumamente politeísta común en toda la Mesopotamia. Ver *Asiria, Historia y religión de,* para un comentario sobre antiguos dioses, deidades astrales y nuevos dioses.

Se tiene conocimiento de varios mitos sobre los dioses babilónicos, el más importante de los cuales es la *Enuma Elish,* la obra épica de la creación. Este mito mostraba cómo a través de una lucha cósmica Marduk se convirtió en el dios principal. Marduk mató a Tiamat (la diosa del mar y representante del caos). De la sangre de otro dios que había sido matado, Ea creó a la humanidad. Finamente Marduk fue exaltado y colocado en Esagila, su templo.

BAHURIM (*"jóvenes"*) Aldea benjamita en el camino de Jerusalén a Jericó (2 Sam. 3:16; 16:5; 17:18; 19:16; 1 Rey. 2:8-9,36-46; 1 Crón. 11:33); probablemente Ras et-Tmim, al este del monte Escopus cerca de Jerusalén. En 2 Sam. 23:31 aparece el gentilicio barhumita por un cambio que introdujo un copista.

BAJO RELIEVE Obra de calado sobre basas de bronce del mar (gran lavacro) en el templo de Salomón (1 Rey. 7:29). En apariencia era como una guirnalda y puede haber estado cubierto de oro.

BALAAM Profeta no israelita a quien Balac, rey de Moab, instó a maldecir a los israelitas invasores y prometió pagarle. Dios se negó a permitirle que maldijera a Israel, pero Balaam viajó para conversar con Balac. El asna de Balaam habló con el profeta (Núm. 22:21-30; 2 Ped. 2:16). Ver Núm. 31:8; Deut. 23:3-6; Jos. 13:22. Balaam insistió diciendo que Dios habría de bendecir a Israel (Núm. 23-24) y aun habló de una estrella futura y un cetro (Núm. 24:17), una profecía que finalmente se cumplió en Jesús. Una inscripción de aprox. el 700 a.C. en tell Deir Alla al este del Jordán habla de Balaam como un "vidente de los dioses".

Pedro hizo una advertencia contra los falsos maestros que abandonaron el camino recto y siguieron el camino de Balaam (2 Ped. 2:15; comp. Apoc. 2:14).

BALAC Rey de Moab que mandó llamar al profeta Balaam para que éste pronuncie una maldición sobre los israelitas (Núm. 22:2).

BALANZAS Instrumentos que consistían en dos platillos que colgaban de cuerdas que a su vez estaban unidas a una barra horizontal, usados para determinar peso, especialmente en el comercio y las actividades bancarias (Lev. 19:36; Job 6:2; Os. 12:7). En toda transacción o compra el dinero debía pesarse (Jer. 32:9-10). Las balanzas se podían manipular fácilmente, en especial con pesas que no fueran del peso correcto o teniendo dos juegos de pesas, uno para comprar y otro para vender. Ver Prov. 11:1; 16:11; 20:23; Ezeq. 45:9-12; Os. 12:7; Amós 8:5; Miq. 6:10-11; comp. Job 31:6; Sal. 62:9; Prov. 16:11; Isa. 46:6.

BALSAMERA Ver *Cosméticos; Plantas en la Biblia.*

BÁLSAMO Ver *Plantas en la Biblia.*

BÁLSAMO DE GALAAD Ver *Plantas en la Biblia*.

BALUARTE, FORTALEZA Estructura sólida parecida a un muro, construida para defensa; posiblemente un sistema de dos muros con un espacio entre ambos. La salvación de Dios es un baluarte (o fortaleza) para su pueblo (Isa. 26:1; ver Sal. 8:2; 1 Tim. 3:15).

BAMA (*"lugar alto"*) Ver Ezeq. 20:29; *Lugar alto*.

BAMOT-BAAL (*"lugares altos de Baal"*) Lugar en Moab asignado a Rubén (Jos. 13:17); puede ser la moderna Gebel Atarus o khirbet el-Qeqiyeh. Ver Núm. 22:41.

BANCARIO, SISTEMA Ocupación para la custodia, préstamo y cambio de dinero. La primera forma de dinero fueron pequeños pedazos de metal; las monedas se acuñaron con posterioridad. El prototipo del papel moneda tal vez hayan sido tiras de cuero tachonadas con metales preciosos como una forma legal de pago. Los documentos del sistema bancario se remontan hasta el 2000 a.C. en Babilonia. Para el 1500 a.C., el sistema bancario se había extendido hacia el este a los comerciantes marítimos de Fenicia en la costa norte de Palestina. Para el año 1000 a.C., el sistema bancario se extendió a los centros de comercio fenicios, incluyendo Roma, Atenas, Cartago y Menfis. Las instituciones religiosas llevaron a cabo las funciones bancarias más tempranas, y los sacerdotes estaban a cargo de las mismas. En Roma y Atenas se empezaron bancos estatales o públicos. Se organizaron bancos privados, pero no tuvieron demasiado éxito.

Los banqueros prestaban dinero mientras hubiera tierra o personas como garantía colateral, y por lo general cobraban un mínimo de 20% de interés. La ley del AT protegía a los pobres, y prohibía a los judíos cobrarse intereses unos a otros (Ex. 22:25; Lev. 25:35-38; Deut. 23:19-20; comp. Sal. 15:5; Prov. 28:8; Ezeq. 18:8,13; 22:12; comp. Deut. 23:20). Los sacerdotes establecieron un estándar para el peso de una moneda de un siclo (Núm. 3:47). En la antigua Israel el sistema bancario se llevaba a cabo con transacciones entre personas, pero los bancos no existían como institución (Neh. 5:1-13). Las personas ricas prestaban dinero a los agricultores pobres, y los hijos, la tierra y las cosechas funcionaban como garantía (5:2-3). A veces para garantizar un préstamo se requerían prendas (Gén. 38:17), pero ciertos elementos esenciales, como el manto, no se podían retener pasado el anochecer (Deut. 24:12; Amós 2:8). Al prestamista se le prohibía entrar a la casa del deudor para "tomarle la prenda" (Deut. 24:10-11). Un hombre podía hipotecar su casa y sus campos, podía poner como prenda su trabajo como siervo o el trabajo de su familia para pagar la deuda (Neh. 5:1-5; Sal. 119:11). Este sistema daba como resultado abusos tan generalizados que los profetas lo condenaron (Neh. 5:6-13; Ezeq. 22:12; comp. Prov. 17:18; 22:26).

Las parábolas de los talentos (Mat. 25:14-30) y la de las minas (Luc. 19:11-27) ofrecen credibilidad a la práctica de dar grandes sumas de dinero a los banqueros para invertir o para que devenguen interés. Jesús condenó la vieja costumbre de enterrar el dinero para guardarlo (Jos. 7:21), diciendo que era algo "malo y negligente" (Mat. 25:25-27).

El templo se convirtió en un banco, pues prestaba dinero para financiar negocios, construcción y otros programas. Pilato hizo que surgiera una ola de protestas cuando construyó un acueducto utilizando uno de los fondos o reservas del templo (*Corbán*) que debía usarse exclusivamente para propósitos religiosos. Después de la destrucción del templo en el 70 d.C., el emperador romano Vespasiano ordenó el continuo pago del impuesto, que debía depositarse en el templo de Júpiter. *Ver Dinero; Cambistas.*

BANCARROTA Durante el período bíblico, una persona no tenía la opción de declararse en bancarrota como un medio legal para escapar de sus deudas. Si alguien no podía pagar sus deudas, sus acreedores podían tomar la propiedad del deudor (Neh. 5:3-4; Sal. 109:11) o sus hijos (Ex. 21:7-11; 2 Rey. 4:1-7; Neh. 5:5; Job 24:9) hasta que se consideraba que el pago era suficiente, o de lo contrario el deudor mismo podía ser vendido en esclavitud (Lev. 25:39-43; comp. Prov. 22:7) o encarcelado (Luc. 12:58-59).

La remisión regular de deudas en el Israel antiguo (Deut. 15:1-3) nunca se concibió como algo que instara a las personas a pedir prestado en forma irresponsable. Más bien, los escritores de la Biblia simplemente esperaban que el pueblo de Dios pagara sus deudas, aun si el hacerlo significaba una gran pérdida (Ex. 22:14; comp. Sal. 15:4). A quienes no pagaban sus deudas se los consideraba malvados (Sal. 37:21) y necios (comp. Luc. 14:28-29).

BANDERA Emblema que se portaba como insignia. Podía ser una bandera propiamente dicha o la figura tallada de un animal, ave o reptil. Se podía moldear en bronce, como la serpiente en Núm. 21:8-9. Cuando los israelitas dejaron Sinaí rumbo a Canaán, marcharon bajo la bandera de cuatro tribus principales: Judá, Rubén, Efraín y Dan (Núm. 10). Ver también Isa. 13:2; 49:22.

BANQUETE Comida elaborada, a veces llamada fiesta, para celebrar triunfos y para otras ocasiones gozosas (Dan. 5:1; Luc. 15:22-24). Ver *Hospitalidad.*

La mayoría de los banquetes tenían lugar al anochecer, después de la jornada de trabajo. Por lo general sólo se invitaba a los hombres. Cuando no había siervos presentes, eran las mujeres quienes servían la comida. Los comensales se reclinaban en asientos a la manera de camas, se colocaban en ángulo recto con respecto a la mesa (Mar. 6:39; Luc. 12:37), y comían pescado, pan, aceitunas, varias clases de verduras, quesos, miel, dátiles e higos. La carne de vaca o de cordero sólo la usaban los ricos o se reservaba para ocasiones especiales (Mar. 14:12; Luc. 15:23). El vino era una parte importante de las fiestas. Ver Mat. 9:9-10; Mar. 10:37; 14:1-9; Luc 7:36-50; 14:7-11; 19:1-6; Juan 2:1-11; 12:1-8; 13:23.

Al referirse al banquete mesiánico, Jesús usó la figura de una fiesta victoriosa (Mat. 8:11; Luc. 13:29). La victoria final es "la cena de las bodas del Cordero" de Dios (Apoc. 19:9).

BAÑARSE Lavamiento de todo tipo, por lo general actos ceremoniales de purificación (Ex. 30:19-21; Lev. 14:8). El clima seco del Medio Oriente prohibía el baño total excepto en ocasiones especiales (2 Sam. 11:2) o cuando había suficiente agua (Ex. 2:5; Juan 9:7). Durante tiempos de duelo o ayuno, el rostro y la ropa se dejaban sin lavar (2 Sam. 12:20), una práctica que Jesús prohibió (Mat. 6:17). A los corderos se los lavaba antes de la esquila (Cant. 4:2); a los bebés luego del nacimiento (Ezeq. 16:4); a los cadáveres, en preparación para la sepultura (Hech. 9:37).

BAR Traducción aramea del hebreo *ben*, "hijo de"; a menudo se usa como prefijo para nombres de varones, a fin de indicar de quién eran hijos.

BARAC Hijo de Abinoam convocado por la profetisa Débora para asumir el liderazgo militar de los israelitas contra las fuerzas cananeas de Sísara (Jue. 4:6).

BARBA Las expresiones artísticas del Cercano Oriente presentaban a los hebreos con barbas largas y redondeadas, en contraste con los romanos y los egipcios, que se afeitaban, y en contraste también con los nómadas del desierto y residentes de Palestina, que a menudo se recortaban o se cortaban la barba (ver Jer. 9:26; 25:23; 49:32; comp. Lev. 19:27; 21:5; 2 Sam. 10:4-5; Isa. 7:20; 15:2; 50:6; Jer. 41:5; 48:37; Ezeq. 5:1). El término hebreo para "barba" también significa "viejo" y se aplicaba a hombres (Jue. 19:16), esclavos o criados (Gén. 24:2), mujeres ancianas (Zac. 8:4) y ancianos (Ex. 19:7).

BÁRBARO Extranjero, alguien que no hablara griego (Hech. 28:2,4) o no fuera griego. Ver Col. 3:11; comp. 1 Cor. 4:11; Rom. 1:14.

BARJESÚS Mago y falso profeta judío en Pafos (Hech. 13:6), a quien Pablo denunció y dejó ciego; en Hech. 13:8 se lo llama Elimas.

BAR-KOCHBA (*"hijo de la estrella"*) Título judío que los rebeldes le dieron a Simeón bar Kosevah, líder de una frustrada revuelta en los años 132-125 d.C. Este título lo designaba Mesías (Núm. 24:17).

BARRABÁS Asesino e insurgente que estaba preso en el momento del juicio a Jesús (Mar. 15:17), y a quien Pilato liberó a pedido de la multitud.

BARRERA DE ESCUDO Nudos en la superficie plana de los escudos (Job 15:26).

BARTOLOMÉ (*"hijo de Talmai"*) Apóstol (Mat. 10:2-4; Mar. 3:16-19; Luc. 6:14-16; Hech. 1:13) al que siempre se menciona después de Felipe. El relato que hace Juan del llamado de Felipe al discipulado, está muy relacionado con el llamado de Natanael (1:43-51). Esto lleva a que tradicionalmente se identifique a Bartolomé con Natanael. Ver *Natanael; Apóstoles, Discípulos*.

BARUC (*"bendito"*) Hijo de Nerías; actuó como escriba y amigo de Jeremías (Jer. 32:12; 36; 43:3; 45). La tradición judía atribuyó a Baruc muchas obras literarias posteriores. Ver *Apócrifos; Jeremías; Pseudoepigráficos, Libros*.

BARZILAI (*"hecho de hierro"*) Hombre de Galaad, al este del Jordán; ayudó a David en Mahanaim cuando el rey huía de Absalón (1 Sam. 17:27-29; ver 19:31-39; 1 Rey. 2:7).

BASÁN Área fértil (Deut. 32:14; Ezeq. 39:18); región del extremo norte de Palestina al este del río Jordán; gobernada por el rey Og en tiempos de Moisés (Núm. 21:33-35); asignada a Manasés (Deut. 3:13; Jos. 13:29-31). Las ciudades principales incluyen Edrei, Karnaim, Astarot y Salca. Ver *Palestina*.

BASTARDO Hijo ilegítimo, pero no necesariamente extramatrimonial; podía hacer alusión a la progenie de una unión incestuosa o de un matrimonio que estaba prohibido (Lev. 18:6-20; 20:11-20). A los hijos ilegítimos no se les permitía entrar en la congregación (Deut. 23:2). Los que no reciben disciplina del Señor son hijos ilegítimos (Heb. 12:8). En Zac. 9:6 la palabra se traduce "extranjero".

BATALLA Ver *Ejército; Armas y armadura*.

BATO Ver *Pesos y medidas*.

BAUTISMO La inmersión o sumersión de un creyente en agua, para simbolizar la completa renovación y cambio en la vida del creyente, y para dar testimonio de que la muerte, sepultura y resurrección de Jesucristo es el camino de salvación. La muy radical secta de Qumrán que proporcionó los rollos del mar Muerto, hacía mucho énfasis en ritos de pureza y purificación, ritos que por lo general incluían la inmersión y resaltaban la importancia del arrepentimiento y la sujeción a la voluntad de Dios. Aproximadamente en la época de Jesús, el judaísmo comenzó a enfatizar los lavados rituales para limpiar a una persona de la impureza (comp. Lev. 16:4,24), y empezó a bautizar a convertidos gentiles, aunque el rito primordial en la iniciación del judaísmo seguía siendo la circuncisión.

Juan el Bautista bautizaba por inmersión a los pecadores arrepentidos (Juan 1:6,11). El bautismo de Juan apuntaba a la venida del reino de Dios por medio del Mesías, quien habría de bautizar con el Espíritu y con fuego (Mat. 3:11).

Juan también bautizó a Jesús, quien nunca pecó (Mat. 3:13-17; Juan 1:13-16). Su bautismo se realizó para que se cumpliera toda justicia (Mat. 3:15). De esta manera, Él se pudo identificar con la humanidad pecadora y ser modelo para que sigan otros. Las principales diferencias entre el bautismo de Juan y el de Jesús radica en que este último incluye el compromiso personal con Cristo y la venida del Espíritu Santo (Juan 1:33).

El bautismo habla del sufrimiento y la muerte de Cristo (Mar. 10:38-39; Luc. 12:50; comp. Rom. 6:1-7; Col. 2:12). Ser bautizado es vestirse de Cristo (Gál. 3:27). El bautismo muestra que una persona ha muerto a la vieja forma de vida y ha sido resucitada a una nueva forma de vida, la vida eterna en Cristo (Mat. 28:19-20; Col. 3:1; 2 Tim. 2:11), lo cual habla de la resurrección de Cristo (Rom. 6:1-6).

El bautismo del NT es para creyentes (Hech. 2:38; 8:12-13,36-38; Ef. 4:5). El bautismo viene después de la convicción de pecado, el arrepentimiento y la confesión de Cristo como Señor y Salvador. Ser bautizado es dar testimonio personal a través del símbolo del bautismo.

El bautismo tiene lugar una sola vez. En el NT aparentemente sólo había nuevo bautismo cuando un grupo de personas nunca había recibido el Espíritu Santo (Ef. 4:30; ver también Hech. 1:4-5; 2:38-41; 8:12-13,36-39).

BAUTISMO DE FUEGO Capacidad de Jesús para sumergir (bautizar) a las personas en la presencia de Dios para que estuvieran conscientes de sus pecados y de la necesidad de ser limpiados de ese pecado. Ser bautizado con el Espíritu Santo y con fuego es tener convicción de pecado, justicia y juicio (Juan 16:8). Ver Mat. 3:11; Luc. 3:16.

BAUTISMO DEL ESPÍRITU SANTO Ser sumergido (bautizado) en la presencia y en el ser mismo de Dios (Mar. 1:8; Juan 1:33; 7:37-39; Hech. 1:5; 2:3-4,16-21; 10:44; 11:16; ver Mat. 3:11; Luc. 3:16; comp. Joel 2:28-32), hacerse consciente de la pecaminosidad que uno tiene, y desear limpieza y purificación (Juan 16:8). Una persona que ha sido bautizada con el Espíritu Santo recibe dones espirituales (Rom. 12:4-8; 1 Cor. 12:1-14:40; Ef. 4:1-16; 1 Tim. 4:16; 1 Ped. 4:10-11), conocimiento y dirección en su vida (Juan 14:26; 16:13). Además recibe poder para hacer la obra del ministerio (Luc. 24:49; Hech. 1:8), que incluye el testimonio personal (Hech. 1:8; ver Juan

15:26-27) y el hacer milagros (Juan 14:12; Hech. 3:4-10; 5:12).

BAUTISMO INFANTIL Ceremonia en que la iglesia bautiza a un bebé. Los grupos cristianos adoptan distintas posiciones en cuanto a la práctica y el significado del bautismo infantil. Quienes hacen énfasis en una respuesta consciente de fe en el proceso de salvación, limitan el bautismo a los creyentes. Los que interpretan el bautismo como señal divina del Nuevo Pacto, reservan el ritual para los hijos de los creyentes (comp. 1 Cor. 7:14). Los que consideran el bautismo como el medio por el cual la gracia de Dios se hace efectiva para salvación, acogen a todos los niños.

Quienes están a favor del bautismo infantil presentan los siguientes argumentos: (1) Es posible que los bautismos de familias incluyeran a niños pequeños (Hech. 16:5,33; 18:8; 1 Cor. 1:16). (2) La bienvenida y la bendición de Jesús para con los niños es un mandato a bautizarlos (Mar. 10:13-16); "impedir" es un término técnico asociado con el bautismo (Hech. 8:36). (3) La circuncisión, figura del bautismo (Col. 2:11), incluía a los niños (Gén. 17:12). (4) Los niños participaron en las ceremonias de renovación del pacto en el AT (Deut. 20:10-13; Jos. 8:35; Joel 2:16).

Los que defienden el bautismo de los creyentes lo fundamentan en lo siguiente: (1) el requisito para el bautismo del NT es la fe (Hech. 18:8), que se demuestra en la confesión (Rom. 10:9-10) y en el arrepentimiento (Hech. 2:38). (2) El bautismo infantil en realidad se realiza por temor de que a los niños se los considere responsables de su pecado. Los bautistas contestan con la doctrina de una edad en que la persona se vuelve responsable pues tiene lugar el pecado consciente (Gén. 8:21; Sal. 25:7; Jer. 3:25) y se hace posible una respuesta consciente

para con Dios (1 Rey. 18:12; Sal. 71:5,17). (3) Los bautismos de familias no necesariamente tienen que haber incluido niños; el bautismo se ve prefigurado en la salvación de Noé y su familia (todos adultos) en el arca (1 Ped. 3:20-21). (4) La bendición a los niños por parte de Jesús demuestra el amor de Cristo hacia los niños. A los niños se los presenta como ejemplo a los discípulos, y no tanto como discípulos (Mat. 18:2-4). (5) La circuncisión es una analogía imperfecta del bautismo; sólo los varones participaban en la circuncisión, mientras que en el bautismo "no hay varón ni mujer" (Gál. 3:28). El testimonio del NT es: "Lo que es nacido de la carne, carne es", y se necesita un nacimiento espiritual para entrar al reino de Dios (Juan 3:5-6). Quien hereda las promesas de Dios no es el Israel de la carne sino aquellos que son parte del Israel espiritual por un compromiso de fe (Rom. 6-8; Gál. 6:16). (6) La responsabilidad de la comunidad de la fe para con sus niños es instruirlos en el camino de Señor (Deut. 4:9-10; 11:19; Prov. 22:6); la participación de los niños en la renovación del pacto fue algo instructivo. Ver *Bautismo*.

BAUTISMO POR LOS MUERTOS Práctica mencionada por Pablo en 1 Cor. 15, en que un creyente que aún estaba vivo era bautizado en nombre de una persona muerta. Pablo no defendió la práctica de bautizar por los muertos. Él señaló la incongruencia en la forma de pensar de ellos para así convencerlos de la realidad de la resurrección de los muertos.

BAUTISTA Ver *Juan* (2).

BAYIT Según Isa. 15:2, nombre de un lugar de culto moabita.

BEBIDA El agua era la bebida principal, y se sacaba de cisternas (2 Sam. 17:18; Jer. 38:6) o pozos (Gén. 29:2;

Juan 4:11). En tiempos de sequía había que comprar agua (Deut. 2:28; Lam. 5:4). La leche también era una bebida común, aunque se la consideraba comida y no bebida. El vino "nuevo" y el "mosto" probablemente eran las primeras gotas de jugo antes que las uvas fueran pisadas y tuvieran efectos embriagantes (Os. 4:11; Hech. 2:13). El vino ácido, tal vez vinagre mezclado con aceite, era una bebida común de los jornaleros (Rut 2:14; Luc. 23:36). Al vino se lo consideraba un artículo de lujo que tanto podía alegrar el corazón (Sal. 104:15) como embotar la mente (Isa. 28:7; Os. 4:11). Ver *Leche; Agua; Vino.*

BEDELIO Traducción de una palabra de significado incierto (Gén. 2:12; Núm. 11:7). Palabras similares en otros idiomas están a favor de identificar el bedelio con una goma resinosa que en su forma de gota pequeña puede parecer una perla o una piedra.

BEELZEBÚ Ver *Baal-zebub.*

BEER (*"pozo"*) Término que aparece frecuentemente en construcciones compuestas de nombres de lugares: Beerseba, *"pozo de siete"*

BEERSEBA (*"pozo de siete"*) Importante ciudad de los patriarcas en el sur del desierto de Judá (Gén. 21; 22; 26; 28:10; 46:1-5; ver 1 Sam. 8:1-3; Amós 5:5; 8:14; Neh. 11:27,30); importante empalme de caminos a Egipto en el centro geográfico de la región seca y semidesértica conocida como el Neguev; centro administrativo de la región antes del 3000 a.C.; extremo sur de Israel, "Dan a Beerseba" (2 Sam. 24:2; 1 Rey. 4:25; comp. 2 Rey. 23:8; 2 Crón. 19:4; 30:5). Ver Jos. 15:28; 19:1,2,9.

BEHEMOT Ver *Animales; Leviatán.*

BEKA Ver *Pesos y medidas.*

BEL Ver *Apócrifos; Babilonia.*

BELÉN (*"casa de pan"*, *"lucha"* o *"Lahamu"* [dios]) (1) Hogar de David y lugar en que fue ungido (1 Sam. 16:1-13; 17:12,15); lugar donde nació Jesús (Mat. 2:1-12; Luc. 2:4-20; Juan 7:43; comp. Miq. 5:2) a unos 8 km (5 millas) al sudoeste de Jerusalén, muy cerca del gran camino de Jerusalén al Neguev; lugar de sepultura de Raquel (Gén. 35:19); mencionada por primera vez antes del 1300 a.C. en las cartas de Amarna. Ver Jue. 17:7-13; comp. cap. 19; Rut 1:1-2,19,22; 2:4; 4:11; 2 Sam. 2:32; 23:14,24; 2 Crón. 11:6; Esd. 2:21; Jer. 41:17. (2) Pueblo en el territorio de Zabulón, aprox. 11 km (7 millas) al noroeste de Nazaret (Jos. 19:15); lugar de sepultura de Ibzán (Jue. 12:10); moderna beit-Lahm. (3) Nombre de persona (1 Crón. 2:51,54).

BELIAL Transliteración de un término hebreo de mofa (Deut. 13:13), "inútil" o "sin valor". En Nah. 1:15 donde RVR 1960 traduce "el malvado", en el original Belial parece ser el nombre de cierto poder maligno. Pablo (2 Cor. 6:15) declaró la incompatibilidad de Cristo y Belial, a quien aparentemente se lo iguala a Satanás. Los rollos del mar Muerto usan Belial para referirse al líder de las fuerzas de las tinieblas. Ver *Satanás; Anticristo.*

BELSASAR (*"príncipe de Bel"*) Rey babilonio durante cuyo banquete Dios envió un mensaje de juicio en clave (Dan. 5:1,28,30). Hijo de Nabónido que reinó como corregente con su padre (553-539 a.C.). De acuerdo a una inscripción babilónica, Nabónido viajó a Arabia y dejó a Belsasar a cargo del gobierno. Ver *Babilonia.*

BEN (*"hijo de"*) Ver *Bar.*

BENADAD (*"hijo de Hadad* [el dios]*"*) Nombre de persona o título real de los reyes de Damasco. Ver *Da- masco; Siria.*

BENAÍA *("Jehová ha construido")* Nombre de varias personas, incluyendo el capitán de los soldados de David (2 Sam. 8:18; 20:23; 1 Crón. 27:5-6) que desarmó a un egipcio y lo mató con su propia espada (2 Sam. 23:20-23), apoyó a Salomón contra Adonías (1 Rey. 1:8-47) y se convirtió en ayudante principal de Salomón (1 Rey. 2:25-46) y en jefe del ejército (1 Rey. 4:4).

BEN-AMMI *("hijo de mi pueblo")* Hijo de Lot y de su hija menor, después que sus dos hijas se desesperaron por casarse y engañaron a su padre emborrachándolo (Gén. 19:38); antepasado inicial de los amonitas.

BENDICIÓN Oración pidiendo la bendición de Dios, o una afirmación de que la bendición de Dios es inminente; la más famosa es la bendición sacerdotal (o bendición aarónica) en Núm. 6:24-25. La mayoría de las epístolas del NT concluyen con bendiciones. Ver *Bendición y maldición.*

BENDICIÓN Y MALDICIÓN Acción de dispensar poderes divinos que hacen realidad las palabras de bendición o maldición, y que está basada en la relación de la parte afectada y Dios. En esa relación los seres humanos bendicen a Dios alabándolo y le piden que bendiga sus vidas y quite la bendición de sus enemigos, que también se consideran enemigos divinos. Por medio de la bendición, Dios sustenta a la creación y la enriquece.

Las personas en el AT podían bendecir a Dios (Gén. 9:26; Ezeq. 18:10; Rut 4:14; Sal. 68:19). Dios también bendice a hombres y mujeres (Gén. 12:23; Núm. 23:20; Sal. 109:28; Isa. 61:9). Las personas también podían bendecirse unas a otras (Gén. 27:33; Deut. 7:14; 1 Sam. 25:33), o

podían bendecir ciertas cosas (Deut. 28:4; 1 Sam. 25:33; Prov. 5:18). Sin embargo, por lo general cuando se usa como verbo, la palabra se encuentra en voz pasiva ("ser bendecido, ser bendito"), indicando que sólo Dios tiene poder para bendecir.

Las palabras de bendición se usan como saludo. La invocación de bendición es un saludo con más fuerza que "paz" (Gén. 48:20). Las bendiciones se podían usar al encontrarse con alguien (Gén. 47:7), al partir (Gén. 24:60), por parte de mensajeros (1 Sam. 25:14), como un saludo matutino (Prov. 27:14), como felicitación ante la prosperidad (Gén. 12:3), para rendir homenaje (2 Sam. 14:22) y como señal de amistad (2 Sam. 21:3).

La principal característica de la bendición del NT es su expresión del gozo religioso del pueblo como resultado de la seguridad de la salvación y de ser parte del reino de Dios.

Jesús hizo énfasis en la bendición en las bienaventuranzas del Sermón del Monte (Mat. 5:3-11) y en su elogio a los que respondían afirmativamente al reino de Dios (Mat. 23:39; 24:46; Mar. 11:9; Luc. 10:23; 14:15).

Una conocida fórmula de maldición en Deuteronomio contrastaba la bendición y la maldición (Deut. 27:15-26; ver 28:16-19; Mal. 2:2). El significado básico de la palabra es "liviano, insignificante, banal", y por lo tanto se usaba para describir a personas que eran tenidas en muy poca estima (2 Sam. 6:22), o podía tener como objetivo hacer despreciable a alguien; por eso se maldecía a las personas (Gén. 12:3; Ex. 21:17). La palabra también significa tratar con desprecio (2 Sam. 19:44; Isa. 23:9) o deshonrar (Isa. 8:21).

El Señor era la fuente de toda bendición, y en la adoración el pueblo trataba de expresar gratitud por esa bendición (Sal. 103:1-2). La bendición ocupaba un lugar central en la ceremonia de renovación del pacto (Deut. 28:3-6). La bendición de Aarón proclama y al mismo tiempo solicita la bendición del Señor sobre la congregación, que está en una correcta relación con Dios (Núm. 6:24-26).

BENEFACTOR Título honorario dado a reyes u otras personas prominentes por logros de gran mérito o por su servicio público; se le dio a algunos reyes helenistas de Egipto. En el reino de Dios, por contraste, las personas deben dedicarse a un servicio humilde, modesto y tal vez insignificante (Luc. 22:24-27).

BENJAMÍN (*"hijo de la mano derecha"* o *"hijo del sur"*) Segundo hijo que Raquel le dio a Jacob; antepasado de la tribu de Benjamín. Ver *Tribus de Israel*.

BERACA (*"bendición"*) (1) Habilidoso soldado que podía usar su honda, su arco y su flecha con la mano derecha o la izquierda (1 Crón. 12:3). (2) Valle cerca de Tecoa donde el rey Josafat de Judá (873-848 a.C.) y su pueblo bendijeron a Dios después de un milagroso triunfo sobre Amón, Moab y Edom (2 Crón. 20:26); actual wadi Berekut cerca de khirbet Bereikut.

BEREA (*"lugar de muchas aguas"*) Ciudad en Macedonia 70 km (45 millas) al oeste de Tesalónica a donde Pablo escapó luego que los judíos de Tesalónica hicieron un alboroto (Hech. 17:10; ver 20:4); la actual Verria, rodeada de fuentes de agua en la llanura abajo del monte Bermión.

BERENICE (*"don"*) Compañera de Herodes Agripa II en una relación probablemente incestuosa (Hech. 25:13); hija de Herodes Agripa I, nacida aprox. en el 28 d.C.; primero se casó con alguien llamado Marcos y luego con su propio tío Herodes. De

esta última unión nacieron dos hijos antes que Berenice enviudara aprox. en el 48 d.C. Luego ella se casó con Polemo, rey de Cilicia. El historiador romano Tácito dice que ella fue amante del emperador romano Tito. Ver *Herodes*.

BERILIO Ver *Joyas; Minerales y metales*.

BERIT (*"pacto"*) Ver *Baal-berit*.

BERNABÉ (*"hijo de estímulo o consolación"*, Hechos 4:36; lingüísticamente más exacto, *"hijo de profecía"* o *"hijo de exhortación"*) Levita nacido en Chipre, llamado José antes que los apóstoles lo llamaran Bernabé; vendió su propiedad y dio el dinero a la iglesia de Jerusalén (Hech. 4:36-37); presentó a Saulo de Tarso ante la iglesia de Jerusalén (9:26-27). La iglesia eligió a Bernabé para que fuera a Antioquía de Siria e investigara la predicación sin traba a los gentiles. Bernabé se aseguró a Saulo como ayudante. Llevaron ayuda para la iglesia en Jerusalén con motivo de la hambruna (11:19-30). En el primer viaje misionero de Pablo, pareciera que al comienzo el líder fue Bernabé (caps. 13-14). Ambos fueron enviados a Jerusalén para tratar de resolver las cuestiones de cómo podían ser salvos los gentiles y cómo los cristianos judíos podían tener comunión con ellos (15:1-21; comp. Gál. 2:1-10). Los dos se separaron por diferencias en si debían llevar a Juan Marcos con ellos nuevamente (15:36-41).

En Gál. 2:13 Pablo indicó que en una oportunidad Bernabé dudó sobre la plena aceptación de cristianos gentiles. En 1 Cor. 9:6 Pablo elogió a Bernabé por seguir la práctica paulina de autosostenerse económicamente en vez de depender de las iglesias. Col. 4:10 declara que Marcos era sobrino de Bernabé.

BESO Tocar con los labios los labios, mejillas, hombros, manos o pies de otra persona como gesto de amistad, aceptación, respeto y reverencia. Dónde se daba el beso tenía distintos significados, como Jesús lo dejó en claro en el episodio de la mujer que besó sus pies (Luc. 7:36-50). Con tres excepciones (Prov. 7:13; Cant. 1:2; 8:1), al término se lo usa sin visos eróticos.

Entre los cristianos primitivos se practicaba el ósculo o beso santo (1 Tes. 5:26; 1 Cor. 16:20; 2 Cor. 13:12; Rom. 16:16) como modo de saludo, señal de aceptación y para impartir bendición. En el beso sustituto la persona besaba su propia mano y la movía de un lado a otro en dirección del objeto a ser besado (Job 31:27).

BESTIA Cualquier animal, para diferenciarlos de las personas (Ecl. 3:18-21), de los reptiles (Gén. 1:24) y a veces del ganado (Gén. 1:30). Las bestias se dividían en limpias e inmundas (Lev. 11:1-8), salvajes y domésticas (Gén. 1:24; 2:20; Ex. 19:13; 22:10; Núm. 3:13).

BESTIALIDAD Contacto sexual entre un ser humano y un animal; en los códigos del AT el acto se castigaba con la muerte (Ex. 22:19; Lev. 20:15-16; ver Lev. 18:23; Deut. 27:21). Los pueblos vecinos de Israel practicaban la bestialidad en el culto a la fertilidad y el culto a dioses-animales.

BETÁBARA (*"casa del cruce"*) Nombre geográfico que reemplaza a Betania en algunos manuscritos griegos (Juan 1:28).

BET-ANAT (*"casa de Anat"*) Ciudad fortificada en Neftalí (Jos. 19:38; Jue. 1:33); aparentemente un centro de culto a la diosa cananea Anat; puede ser la moderna Safed el-Battik, 25 km (15 millas) al este de Tiro.

BETANIA Hogar de María, Marta y Lázaro en la ladera oriental del monte de los Olivos a 3 km (2 millas) al sudeste de Jerusalén (Juan 11:18) donde Jesús resucitó de los muertos a Lázaro (Juan 11-12) y María ungió a Jesús en casa de Simón el leproso (Mat. 26:6; Mar. 14:3); lugar de la ascensión de Cristo (Luc. 24:50-53); parada final antes de Jerusalén muy cerca del camino este-oeste al venir desde Jericó.

BET-ANOT (*"casa de Anat"*) Ciudad de Judá (Jos. 15:59); allí puede haber estado el templo a la diosa cananea Anat; tal vez sea khirbet beit Anun, 2,5 km (1,5 millas) al sudeste de Halhul.

BET-ARBEL (*"casa de Arbel"*) Lugar de la humillante batalla que Oseas usó como ejemplo de lo que le podría suceder a Israel (Os. 10:14); tal vez sea Irbid en Galaad, 6,5 km (4 millas) al noroeste de Tiberias. Ver *Salmán.*

BET-AVÉN (*"casa de engaño"* o *"de idolatría"*) (1) Ciudad fronteriza en el territorio de Benjamín cerca de Hai al este de Bet-el (Jos. 7:2; 18:12) y al oeste de Micmas (1 Sam. 13:5); probablemente el tell Maryam a poco más de 1 km (menos de una milla) al oeste de Micmas. Ver 1 Sam. 14:23. (2) Oseas (4:15; 5:8; 10:5,8) le dio este nombre a Bet-el para describirla como casa de engaño e idolatría en vez de casa de Dios.

BET-DAGÓN (*"casa de Dagón"*) Aparentemente lugar de culto al dios filisteo Dagón. (1) Pueblo en Judá (Jos. 15:41); tal vez el moderno khirbet Dajun en el camino que conecta Ramalleh y Jope. (2) Pueblo en el territorio de Aser (Jos. 19:27); actual tell Regeb, a 8 km (5 millas) al sudeste de Haifa.

BET-DIBLATAIM (*"casa de las dos tortas de higos"*) Pueblo en Moab sobre el cual Jeremías profetizó juicio

(Jer. 48:22); puede ser khirbet et-Tem. Aprox. en el 830 a.C. Mesa, rey de Moab, se jactó de haber edificado la ciudad, como se registra en la Piedra de Moab.

BET-EDÉN (*"casa de dicha"*) Ciudad-estado siria, Amós 1:5. Ver 2 Rey. 19:12; Ezeq. 27:23.

BET-EL (*"casa de Dios"*) (1) Ciudad en la intersección del camino principal norte-sur a través del terreno montañoso y la ruta principal desde Jericó a la llanura costera; posee abundantes fuentes de agua que ya en el 3200 a.C. la hicieron fértil y atractiva para la colonización; lugar de culto para los patriarcas y el reino del norte; la moderna Beitin. El arca del pacto se mantenía en Bet-el (Jue. 20:17-28; 21:1-4). Allí Débora (Jue. 4:5) y Samuel (1 Sam. 7:16) fueron jueces de los asuntos civiles y religiosos de los israelitas. Jeroboam I convirtió Bet-el en un centro religioso de su religión apóstata en el reino del norte. Hizo esto con un becerro de oro, sacerdotes no levitas y una fiesta ilegítima (1 Rey. 12:29-33). (2) Aparentemente un dios semita occidental. Muchos eruditos encuentran alusiones a esta deidad en Jer. 48:13 o en otros pasajes, especialmente Gén. 31:13; Amós 5:5.

BETER (*"división"*)(1) Cadena montañosa usada como imagen emotiva en Cant. 2:17. (2) Pueblo de Judá de acuerdo al texto griego de Jos. 15:59, no incluido en el hebreo; khirbet el-Yahudi, 11 km (7 millas) al sudoeste de Jerusalén; capital de Bar Kochba.

BETESDA (*"casa de misericordia"*) Estanque de Jerusalén donde Jesús sanó a un hombre que había estado enfermo 38 años (Juan 5:2). Algunos manuscritos griegos llaman Betsaida a ese lugar. Ver *Sanidad divina*.

BET-HAQUEREM (*"casa de la viña"*) Ciudad que se usaba para avisar que los enemigos se estaban acercando desde el norte (Jer. 6:1); centro administrativo postexílico cuyo funcionario principal ayudó a Nehemías a reparar la puerta del muladar (Neh. 3:14); probablemente la moderna Ramat Rahel, a mitad de camino entre Jerusalén y Belén. Las excavaciones arqueológicas muestran que estuvo ocupada desde aprox. el 800 a.C. y que hubo un gran palacio, aparentemente de Joacim (609-597). Ver Jer. 22:13-19.

BET-HORÓN Ciudades gemelas, una más alta que la otra —Alta Bet-horón y Baja Bet-horón; asignadas a los levitas; una importante ruta en este lugar domina el camino a la Sefela. Ver Jos. 10:10; 16:3,5; 18:13-14; 21:22; 1 Sam. 13:18; 1 Rey. 9:17; 1 Crón. 7:22-24; 2 Crón. 25:13. La Alta Bet-horón, a 600 m (1750 pies) sobre el nivel del mar, es la moderna beit Ur el-Foqa, 8 km (5 millas) al noroeste de Gabaón y 16 km (10 millas) al noroeste de Jerusalén. La Baja Bet-horón, la moderna beit Ur et-Tahta, está a 3 km (2 millas) al este y a sólo 350 m (1050 pies) sobre el nivel del mar.

BET-JESIMOT (*"casa de desiertos"*) Pueblo en Moab donde acampó Israel justo antes que muriera Moisés y Josué los guiara en el cruce del Jordán (Núm. 33:49; comp. Jos. 12:3; Ezeq. 25:9; ver Jos. 13:20); tell el-Azeme, a poco menos de 20 km (12 millas) al sudeste de Jericó.

BET-PEOR (*"casa de Peor"*) Pueblo rubenita en cuyo valle acampó Israel cuando Moisés pronunció los sermones de Deuteronomio (Deut. 3:29; ver 4:46; Jos. 13:20; Os. 9:10; comp. Núm. 25:1-5; Deut. 34:6); la moderna khirbet Uyun Musa, 32 km (20 millas) al este del extremo norte del mar Muerto.

BETSABÉ (*"hija de la abundancia"*) Bella esposa de Urías el heteo (2 Sam. 11:3) con quien David tuvo una relación adúltera, acto que lo llevó a realizar un complot para la muerte de Urías; más adelante, David se casó con Betsabé (2 Sam. 11:4). Como madre de Salomón, ella tuvo gran influencia política (1 Rey. 1:11-2:19). Ver *David*.

BETSAIDA (*"casa de peces"*) Hogar de Andrés, Pedro y Felipe (Juan 1:44; 12:21) en el lado nordeste del mar de Galilea; reconstruida durante la época de Felipe el tetrarca, quien le dio el nombre de Julia en honor de la hija del emperador Augusto. Ver Mat. 11:21; Mar. 8:22; Luc. 9:10; 10:13. La aldea original puede ser el-Araj y el-Mesadiyye, mientras que por otro lado et-Tell probablemente sea la ciudad de Betsaida Julia de Herodes Felipe.

BET-SEÁN (*"casa de quietud"*) Ciudad, la moderna tell el-Husn, sobre el perenne arroyo de Harod, en el empalme de los valles de Jezreel y del Jordán, que dominaba las rutas norte-sur a lo largo del Jordán y este-oeste desde Galaad al mar Mediterráneo; estuvo bajo el dominio de la dinastía XVIII de Egipto durante la edad de bronce tardía. Ver Jos. 17:6,16; Jue. 1:27; 1 Sam. 31; 2 Sam. 21:12-14; 1 Rey. 4:12; 14:25-28. La ciudad permaneció abandonada hasta que fue reconstruida aprox. en el 300 a.C. y recibió el nombre de Escitópolis ("ciudad de los escitas"), la ciudad más grande de Decápolis (Mat. 4:25; Mar. 5:20) y la única ciudad de ese grupo que estaba al oeste del río Jordán. Incluía templos, un teatro, un anfiteatro, calles con columnatas, un hipódromo, tumbas y muchos edificios públicos.

La moderna aldea de Beisán preserva el nombre de la antigua ciudad.

BET-SEMES (*"casa del sol"* o *"de Semes el dios sol"*) (1) Pueblo entre el monte Tabor y el río Jordán (Jos. 19:22); se trata de el-Abeidiyeh, 3 km (2 millas) al sur de Galilea, o bien de khirbet Semsin, al este del Tabor. (2) Pueblo en el territorio de Neftalí probablemente cerca de Bet-anat (Jos. 19:38; Jue. 1:33); no fue conquistado hasta la época de David; posiblemente khirbet er-Ruweisi. (3) Pueblo egipcio al que se identifica con Heliópolis (8 km [5 millas] al nordeste de El Cairo) en Jer. 43:13 según la Septuaginta. (4) Pueblo de la tribu de Dan en la frontera sur con Judá (Jos. 15:10; 19:41) con vista al valle de Sorec, a unos 38,5 km (24 millas) al oeste de Jerusalén en la estratégica zona natural entre los filisteos y los israelitas; la moderna tell er-Rumeilah. Aparentemente Israel controlaba Bet-semes aprox. en el 1050 a.C., cuando el arca pasó por la ciudad al ser devuelta por los filisteos (1 Sam. 6:13). Ver 2 Rey. 14:11-14; 2 Crón. 25:21-24; 2 Crón. 28:18-19. La ciudad israelita tenía industrias para producción de aceite de oliva, vino, cobre, tintura para ropa y trigo. Nabucodonosor destruyó la ciudad (588-587 a.C.).

BET-SUR (*"casa de la roca"*) Ciudad asignada a Judá (Jos. 15:58); khirbet et-Tubeiqeh, 29 km (18 millas) al sudoeste de Jerusalén y 6,5 km (4 millas) al norte de Hebrón sobre una importante intersección de rutas; uno de los lugares más altos sobre el nivel del mar en Palestina. Ver 2 Crón. 11:7; 12:2; Neh. 3:16. Tuvo un papel preponderante durante las guerras macabeas.

BEULA (*"casada"*) Nombre simbólico para Jerusalén (Isa. 62:4) que expresa la buena fortuna y cercanía entre Sión y sus hijos.

BEZEC (*"relámpago"*) Lugar donde Judá y Simeón derrotaron a los cananeos liderados por Adoni-bezec ("señor de Bezec") (Jue. 1:4), y donde Saúl contó a los israelitas a fin de liberar a Jabes de Galaad (1 Sam. 11:8); khirbet Salhab, a unos 29 km (18 millas) de Jabes de Galaad.

BIBLIA, FORMACIÓN Y CANON, ANTIGUO TESTAMENTO Documentos dados por Dios que el pueblo de la fe se siente compelido a obedecer. Los católicos romanos y los ortodoxos griegos incluyen los libros apócrifos (con la excepción de Baruc por parte de los ortodoxos). Los protestantes no usan los libros apócrifos. Ver *Apócrifos.*

El canon hebreo se divide en tres secciones: la ley (Génesis a Deuteronomio), los profetas (*anteriores:* Josué, Jueces, 1-2 Samuel, 1-2 Reyes; *posteriores:* Isaías, Jeremías, Ezequiel y el libro de los doce), y los escritos (Salmos, Proverbios, Job, Cantares, Rut, Lamentaciones, Eclesiastés, Ester, Esdras-Nehemías, 1-2 Crónicas). Estas divisiones se mencionaron por primera vez en un prólogo al libro apócrifo de Sirac (aprox. 132 a.C.; comp. Luc 24:44).

De manera clara el Pentateuco declara ser inspirado y tener autoridad (Ex. 17:14; 24:3-4; Lev. 1:1; 4:1; 5:14; 6:1; Deut. 31:9,13). Esdras citó el Pentateuco como Escritura (Neh. 8:1-18). El Pentateuco se convirtió en el estándar por el cual se juzgaron todas las subsiguientes adiciones al canon.

Los profetas anteriores hacen referencia a Moisés y a textos del Pentateuco en varios lugares (Jos. 1:1-18; 8:34-35; 13:8; 24:6; comp. Jue. 2:1-15; 1 Sam. 12:6-15; 1 Rey. 2:3; 8:56; 2 Rey. 18:6,12; 21:8; 23:25).

El más debatido texto sobre el canon en los profetas anteriores es 2 Rey. 22:1-23:25, y muestra que un importante código legal ya era canónico en el 622 a.c., aunque no se puede determinar su verdadera extensión (comp. 23:1-3).

En los profetas posteriores hay sólo cinco referencias directas a Moisés (Isa. 63:11-12; Jer. 15:1; Miq. 6:4; Mal. 4:4). Sólo la referencia en Malaquías está relacionada a cuestiones canónicas. Los profetas denunciaron a Israel por quebrantar lo que parece ser un pacto muy conocido y específico (Isa. 24:5; Jer. 11:10; Ezeq. 16:59; Os. 6:7; Mal. 2:10). Parece probable, entonces, que a través de la era profética la nación poseyera un pacto obligatorio con autoridad canónica.

Isaías 8:16,20 declara que para hallar dirección, Israel debía dirigirse a la "ley" y al "testimonio", que puede significar que la ley tenía como suplementos otros libros o relatos. Los profetas afirmaban tener tanto autoridad como inspiración, y por lo tanto, cuando la comunidad de la fe consideró valederos otros libros en adición al Pentateuco, esto demandó consideración. La virtual repetición de Isa. 36:1-38 en 2 Rey. 18:17-20:11 puede significar que la profecía puede haber sido parte del canon antes del 500 a.C.

Los Escritos a menudo hablan de Moisés y la ley (Esd. 3:2; 6:18; 7:6; Neh. 8:1-14; 2 Crón. 8:13; 23:18; 25:4; Sal. 77:20; 90:1; 103:7; Dan. 9:11,13). Prov. 25:1 muestra que los dichos de Salomón se consideraban material digno de preservar y obedecer, una actitud sinónima con la canonización. De manera que a Proverbios ya se lo consideraba Escritura en la época de Ezequías. El Sal. 72:20 tal vez refleje la gradual recopilación de los Salmos.

A partir de sus orígenes, la iglesia usó las Escrituras que heredó de sus raíces judías (Mat. 5:17; 2 Tim. 3:16). El NT cita todos los libros del AT con excepción de Ester, Eclesiastés, Cantares, Esdras, Nehemías, Abdías, Nahum y Sofonías.

En los libros apócrifos, Sirac muestra que la ley y al menos algunos de los Profetas y Escritos ya eran canónicos aprox. en el 180-130 a.C. Segunda Macabeos 2:13-14 tal vez revele que el canon fue establecido con anterioridad al 132 a.C. Los rollos del mar Muerto, en que se hallan representados todos los libros del AT con excepción de Ester, e incluyendo Tobías, Eclesiástico y algunas obras pseudoepigráficas, indican que aun si en el 132 a.C. el canon permanecía abierto, no había una cantidad ilimitada de libros bajo consideración.

En el NT Jud. 14-15 cita 1 Enoc, pero no lo pone a la misma altura de la Escritura. Mateo 23:35 y Luc. 11:51 unen a Abel y Zacarías como el primer (Gén. 4:8-12) y el último (2 Crón. 24:20) asesinato en el AT. Jesús citó un canon que comienza con Génesis y concluye con Crónicas. En lo que respecta al NT, el canon del AT ya estaba cerrado y probablemente lo hubiera estado durante algún tiempo.

Aprox. en el 90 d.C. Josefo habló de 5 libros de Moisés, 13 libros de profetas y 4 libros de himnos y preceptos, un canon de tres partes que él creía se había establecido hacía tiempo. El famoso concilio de Jamnia de rabinos judíos (80-117 d.C.) debatió la cuestión del canon varias veces pero sólo mencionó Ezequiel, Eclesiastés y el Cantar de los Cantares, y simplemente afirmó la autoridad de las Escrituras.

La evidencia es demasiado ambigua como para determinar con certeza cómo se formó el canon del AT. Desde fechas tan tempranas como 622 o 550 a.C. y no más tardía que el 450 a.C., se hacía referencia a los libros del Pentateuco como autoridad para los israelitas fieles. Para el 400 a.C. ya se habían escrito todos los Profetas, y se aceptaron como canónicos antes del 200 a.C. La influencia recíproca que tenían indica que los escritos de los profetas se consideraron autoridad mucho antes de esa fecha. Es probable que los Escritos se hayan aceptado en el canon ente el 180 y el 114 a.C., de modo que todo el canon ya estaba establecido en el 150 a.C. o tal vez antes.

BIBLIA, FORMACIÓN Y CANON, NUEVO TESTAMENTO Cuerpo de literatura que los cristianos obedecen por ser la Palabra de Dios para la fe y la práctica. No hay evidencia histórica de que ningún individuo, iglesia o concilio ecuménico en particular determinaran en un momento específico los límites del canon del NT. Incluso en la actualidad, el leccionario oficial de la iglesia ortodoxa griega tiene material de sólo 22 de los 27 libros del NT.

Jesús mismo preparó el camino para añadir material al canon del AT cuando puso sus palabras no simplemente por encima de la interpretación de los escribas (Mat. 5:33-37,43-48) sino a la par de la ley del AT (Mat. 5:21-42). La iglesia primitiva le dio nivel de autoridad a las palabras de Jesús al citar las enseñanzas de Cristo juntamente con la Escritura del AT (1 Cor. 7:10-11; 9:14; 11:17-26; 1 Tes. 4:15; 1 Tim. 5:17-18). Luc. 1:1-2 y Papías, obispo de Hierápolis aprox. en el 100 d.C., muestran que la necesidad de que hubiera relatos escritos ordenados sobre la vida y enseñanza de Jesús ya era evidente antes que se escribieran nuestros Evangelios.

Pablo dio instrucciones a las iglesias en Colosas y Laodicea a fin de que se intercambien las cartas para lectura pública (Col. 4:16). La epístola a los Gálatas debía circular entre una cantidad de iglesias (1:2). Aparentemente se enviaron copias de Efesios a varias iglesias en el valle del Lico. Segunda Pedro 3:15-16 es la referencia más temprana a la existencia de una colección de las cartas de Pablo, y muestra la autoridad que se percibía en esta colección. Para el tiempo de Ignacio, obispo de Antioquía aprox. en el 110 d.C., ya había cierto tipo de *corpus* paulino, y para la época de Marción (aprox. 140 d.C.) el proceso de recolección virtualmente ya estaba completo.

Para el 150 d.C. había en uso un grupo mucho más grande de documentos que los que encontramos en nuestro canon del NT. Cinco escritos eran particularmente populares: *La epístola de Bernabé, El pastor de Hermas, 1 Clemente, El apocalipsis de Pedro* y la *Didaché.* Ver *Apócrifos, Nuevo Testamento.* En ciertos círculos de la iglesia se cuestionaban otras obras, como nuestros libros canónicos de Santiago, Hebreos, 2 Pedro, 2-3 Juan y Apocalipsis. Para el 367 d.C. Atanasio pudo hablar de los 27 libros canónicos diciendo que eran "los libros del NT".

Aprox. en el 140 d.C. Marción fue expulsado de la iglesia en Roma luego de haber creado una lista de escritos canónicos donde rechazaba todo el AT y todos los escritos cristianos que hablaban de un Dios de Justicia en contraposición con un Dios de Gracia. En su lista sólo incluyó el Evangelio de Lucas y versiones editadas de diez cartas paulinas.

En la iglesia un núcleo de escritos eran reconocidos en forma universal y se convirtieron en la "regla de fe" a la que todos los otros escritos debían compararse. Estos libros eran la encarnación de la fe apostólica, y se po-

día comprobar que habían sido escritos por un apóstol o compañero muy cercano. Otros patrones canónicos incluían fecha muy temprana, obras que se sabía habían sido transmitidas, y sana doctrina intrínseca.

Con anterioridad al 180 d.C., los escritos canónicos aceptados circulaban en dos grupos: evangelios y epístolas. Aprox. para el 160-180 d.C. y basándose en asociación apostólica, en la presencia de material temprano y auténtico, en la fecha tardía de evangelios rivales, y en la conexión con una comunidad bien establecida, se llegaron a aceptar los cuatro Evangelios como obras canónicas. Poco después del 200 d.C., las 13 cartas de Pablo se aceptaron y se usaron en Roma, Cartago, Francia y Alejandría. Sin embargo, una lista posterior al 300 d.C. no incluye Filipenses, 1-2 Tesalonicenses ni Hebreos. Las listas también incluyen algunos de los cinco libros apócrifos populares mencionados más arriba. Dichos libros adicionales se colocaban al final de la lista, indicativo de una distinción en cuanto a valor y autoridad.

Apocalipsis fue uno de los escritos más ampliamente usados y aceptados. A Hebreos se lo citó en Roma en los primeros tiempos, pero después del 100 d.C. cayó en desuso en occidente. De las otras cartas, entre el 100 y el 300 d.C. sólo se citaban con frecuencia 1 Pedro y 1-2 Juan, pero para el 100 d.C. todas eran conocidas.

El canon del Fragmento de Muratori (aprox. 200 d.C.) distingue entre libros autorizados para el uso público y libros recomendados para lectura personal (*El apocalipsis de Pedro, El pastor de Hermas*). Asimismo distingue libros del período apostólico y libros posteriores (*Hermas*).

Herejías como el montanismo, que enfatizaba la continuación de los dones de inspiración y profecía, obligaron a la iglesia a llegar a una decisión definitiva. Diocleciano (emperador aprox. en el 303) demandó que se quemaran libros bíblicos y de liturgia, lo que forzó a la iglesia a decidir cuáles eran los escritos que tenían autoridad como para que los creyentes estuvieran dispuestos a ser torturados y matados a causa de ellos.

Eusebio, obispo de Cesarea aprox. en el 325-340, hizo una lista que mencionaba como "libros reconocidos" a los cuatro Evangelios, Hechos, las epístolas de Pablo posiblemente incluyendo Hebreos, 1 Juan y 1 Pedro, con un signo de interrogación en cuanto a Apocalipsis. Cuestionados pero con amplia aceptación estaban Santiago, Judas, 2 Pedro y 2-3 Juan.

En el siglo IV, una serie de concilios eclesiásticos reconoció aquellos escritos que ya estaban reconocidos por las iglesias representadas. La lista del sínodo de Laodicea (363 d.C.) no incluyó Apocalipsis y mostró que algunas iglesias no usaban 2-3 Juan ni 2 Pedro. En el 367, Atanasio de Egipto hizo una lista de los 27 libros del canon actual. La iglesia del oriente siguió cuestionando algunos libros, de manera que hasta hoy la iglesia ortodoxa siria no incluye 2 Pedro, Judas, 2-3 Juan ni Apocalipsis. En occidente, el sínodo de Hipona (393 d.C.) y el sínodo en Cartago (397 d.C.) acordaron la aceptación de los 27 libros. Jerónimo y Agustín fueron influencias importantes en estos debates conciliares. Es así que el canon del NT a que se llegó en estos concilios occidentales, no fue algo nuevo que se impuso a la iglesia desde afuera, sino que fue un reconocimiento de lo que por regla general ya se había aceptado en la iglesia durante varias generaciones.

BIBLIA, HERMENÉUTICA Ciencia de la interpretación de la Biblia. Para interpretar una obra literaria, debemos hacer al menos cinco preguntas: (1) ¿Quién era el escritor y a quién le estaba escribiendo? (2) ¿Cuál era el trasfondo histórico-cultural del escritor? (3) ¿Cuál era el significado de las palabras en la época del escritor? (4) ¿Cuál era el significado de lo que quiso decir el autor y por qué dijo lo que dijo? (5) ¿Qué significado tiene esto para mí en este momento y en mi situación?

El intérprete de la Biblia debe observar algunos *principios básicos*. El objetivo principal del intérprete es descubrir el significado original que quiso dar el autor cuando escribió el pasaje que se está considerando. No hay que olvidar los elementos humanos que utilizó el Espíritu Santo cuando nos dio la Palabra de Dios. Debe favorecerse la interpretación que sea más clara y más simple. Sólo se debe asignar un significado al pasaje de la Biblia, a menos que un pasaje posterior de la Escritura le asigne un segundo significado.

La interpretación comienza con una *tarea histórica*. El intérprete debe conocer tanto como sea posible sobre el escritor y el *trasfondo histórico-cultural*. El intérprete también necesita saber quiénes eran los *destinatarios originales*. Las palabras dirigidas a los no cristianos se interpretan de manera muy distinta que las palabras dirigidas a cristianos. El significado del pasaje podría depender de saber si los destinatarios originales eran judíos o gentiles.

Hay también una *tarea literaria* que comienza con la *traducción* de la Escritura del antiguo hebreo, arameo y griego al idioma que el intérprete entienda mejor. La traducción en sí es una fase de la interpretación. Si uno no puede traducir, debe apoyarse en buenas traducciones de la Biblia.

El *estudio lexicográfico* consulta un lexicón o diccionario a fin de encontrar el significado que tenían ciertas palabras claves para el escritor original. En la fase *gramática o sintáctica*, uno pregunta qué quieren decir ciertas construcciones gramaticales, las formas verbales que se usaron, los elementos en que se ha hecho énfasis, la relación de una palabra con otra. Hay buenos comentarios críticos que pueden guiar al intérprete en este aspecto.

El *análisis retórico* trata de determinar qué clase de retórica o lenguaje estaba usando el escritor de la antigüedad. Aquí uno trata de reconocer las varias *formas literarias* que usaron los distintos escritores. ¿Prosa o poesía? ¿Narración descriptiva, ley o profecía? En las porciones narrativas se incorporan figuras del lenguaje. Tales figuras deben interpretarse en su sentido simbólico y no tanto como lenguaje descriptivo y literal. La literatura apocalíptica emplea símbolos vívidos e imágenes fantásticas para transmitir cierto mensaje, misterio o profecía de una manera velada y sumamente imaginativa. Ver *Apocalíptica, Literatura.*

El *contexto literario de un pasaje* proporciona pautas para la interpretación. El contexto puede ser un párrafo, todo el capítulo o hasta el libro completo en el caso de los libros más breves de la Biblia. Cuando a un versículo se le asigna un significado sin tener en cuenta el contexto, es muy probable que ese significado sea equivocado.

El intérprete debe *comparar* el significado que se le da a un pasaje con lo que se enseña al respecto en la Escritura para ver si la interpretación se adecua a lo que la Biblia dice en otros lugares. Debemos ser cuidadosos de no interpretar la Escritura de manera tal de dar cabida a contradicciones en nuestra interpretación de la Biblia. Esta enseña un tema y un mensaje, y

dentro de esa unidad, también hay diversidad.

El intérprete tiene una *tarea personal y espiritual.* Un buen intérprete en oración debe buscar la guía del Espíritu Santo (Juan 16:12-15; 2 Ped. 1:19-21). La correcta interpretación sólo se logra con iluminación y guía divina.

Por último, el intérprete deberá buscar la *aplicación.* Al saber lo que la Biblia dijo a los lectores y oyentes originales y al conocer sus principios, el intérprete debe entonces aplicar el antiguo mensaje a nuestras situaciones que hoy son tan diferentes.

BIBLIA, TEOLOGÍA DE LA Estudio de las enseñanzas doctrinales de la Biblia.

Dios es el personaje central en la Biblia. El tema central es su obra para proporcionar redención al ser humano. La Biblia comienza enseñando que Dios creó a los seres humanos y creó el mundo en el que éstos viven. Los seres humanos son responsables ante Dios porque provienen de la mano creadora de Dios. El primer hombre y la primera mujer pecaron en una rebelión deliberada contra Dios, y rompieron la comunión que tenían con Dios. El pecado de ellos se transmitió a todos sus descendientes, haciendo que el problema número uno de los seres humanos sea la separación de Dios a causa del pecado. La transmisión de este pecado incluye la acción deliberada y personal de cada uno de nosotros de modo que todos somos responsables por nuestros pecados.

La Biblia delínea varias etapas de la revelación que Dios hace de sí mismo: el llamado a Abraham; el establecimiento del pacto con la comunidad israelita, que se convirtió en el pueblo escogido; la institución del sistema de sacrificios, que enseñaba al pueblo la manera adecuada de acercarse a Dios en busca de perdón; la vida, muerte y resurrección de Jesús como la provisión de perdón y regeneración para los que están muertos en pecados; la iglesia como comunidad del nuevo pacto, el pueblo que Dios redimió y ahora lleva a cabo la obra de Dios en el mundo; por último, la vida por venir: en el cielo para los redimidos y en el infierno para los que no fueron regenerados.

Dios En el AT vemos cuatro énfasis primordiales en cuanto a Dios. (1) La unidad de Dios: Hay un solo y único Dios y Él rige este mundo. (2) La santidad de Dios es la diferencia cualitativa entre Dios y todo lo demás. Al Dios santo debemos acercarnos en forma reverente. (3) El señorío soberano de Dios. Como Dios es Creador y gobierna sobre todo y todos, le debemos obediencia a toda costa; y todas las personas deben comparecer ante Él. (4) Dios es fiel, no es inconstante y cambiante como los dioses de los paganos. El NT completa la doctrina de Dios intensificando el enfoque en Dios como Padre y en la primacía del amor de Dios.

Los seres humanos Cada persona es una criatura de Dios, creada a imagen de Dios. Dios creó al hombre como ser espiritual y lo creó principalmente para que viva en comunión con Dios y actúe de modo responsable preservando la creación de Dios. El pecado hizo que la naturaleza humana se corrompiera, e hizo a todos sumamente susceptibles al pecado. Con la excepción de Jesucristo, todos los que vivieron a partir de Adán y Eva siguieron esas pisadas y pecaron contra Dios.

La redención La necesidad de redención de una persona tiene al menos cinco aspectos: Las personas deben (1) hacer que su culpa sea perdonada y quitada; (2) aprender obediencia responsable; (3) aprender a tener reverencia ante Dios; (4) aprender a vivir por fe; (5) aprender a vivir para los propósitos de Dios y no para caprichos egoístas. La Biblia es la historia que va revelando cómo Dios ha satisfecho cada una de esas necesidades a través de la vida, muerte y resurrección de Jesús.

Jesucristo Jesucristo es el eterno Hijo de Dios que tomó forma humana y vivió en esta tierra como alguien que era tanto Dios como hombre. Su venida fue profetizada en el AT como la venida de un Mesías, un Siervo sufriente que redimiría a su pueblo. En el NT su vida se presenta como una revelación de Dios en cuanto a cómo es Dios mismo. Él proclamó el gran mensaje de Dios de maneras mucho más claras y contundentes en comparación a cómo había hablado Dios en el pasado por medio de profetas y sacerdotes. Jesucristo murió en la cruz y fue resucitado al tercer día como el cumplimiento pleno y último del antiguo sistema de sacrificios. Los escritores del NT consideraron que la muerte de Jesús es la expresión máxima del amor perdonador de Dios. La muerte y la resurrección de Jesús fueron el modo en que Dios conquistó el pecado y la muerte.

El Espíritu Santo Jesús regresó junto a su Padre para retomar el lugar que le correspondía a la diestra de Dios. Luego vino el Espíritu Santo, la presencia divina que mora en cada creyente. El Espíritu Santo, el agente de la regeneración, equipa al creyente para una eficaz vida de servicio a Dios en la iglesia y en el mundo.

La salvación La salvación llega a un individuo como resultado de su respuesta de fe al recibir el regalo de la gracia de Dios. La salvación incluye el perdón de pecados y la regeneración de la naturaleza humana pecaminosa. La salvación da como resultado un nuevo estilo de vida para los propósitos de Dios en este mundo y bajo su dirección. Cuando se entiende adecuadamente, la salvación debe incluir una vida de crecimiento espiritual cuya meta es vivir una vida semejante a la de Cristo.

La iglesia La iglesia es la nueva comunidad del pacto, el fruto lógico del pueblo de Dios del AT. Es el cuerpo de Cristo, y Él es la cabeza de ese cuerpo. Su vida fluye a todas los miembros del cuerpo al tiempo que Él lo dirige y obra en el mundo por medio de ese cuerpo así como una vez obró en el mundo por medio de su propio cuerpo físico.

El fin La Biblia indica un tiempo culminante cuando Dios habrá de completar lo que ha estado haciendo en este mundo desde el comienzo de la creación. Jesús regresará a la tierra, el reino de Dios será consumado, los muertos serán resucitados, los que no han sido regenerados pasarán la eternidad en el infierno, y los creyentes en Cristo pasarán la eternidad con Dios en el cielo.

BIBLIA, TEXTOS Y VERSIONES

El proceso de determinar y preservar en forma escrita y en traducciones el texto de los documentos originales.

1. Texto y versiones del Antiguo Testamento. Los escribas judíos enterraban los manuscritos viejos en un depósito o *genizah* y luego destruían estos manuscritos. Los escribas hebreos, llamados *masoretas*, produjeron el texto masorético entre el 500 y el 1000 d.C. Los eruditos textuales usan varias herramientas para descubrir el texto que existía detrás del texto masorético. El *Pentateuco Samaritano* es el texto de los primeros cinco libros del AT preservados entre los samaritanos después que se separaron de Judá aprox. en el 400 a.C. Este texto fue preservado en forma independiente al texto masorético, aunque las copias más antiguas que

existen no se hicieron sino hasta después del 1000 d.C. Solo en muy pocos casos los eruditos consideran que el Pentateuco Samaritano preserva un texto superior al masorético.

Las paráfrasis arameas del AT, los *Tárgumes*, se originaron porque los judíos en las sinagogas del Medio Oriente no podían entender las Escrituras hebreas. A medida que alguien leía el texto hebreo, un intérprete recitaba paráfrasis arameas, que con el tiempo se estereotiparon. Se escribieron antes de Cristo (los rollos del mar Muerto contienen un fragmento de un Tárgum de Job). La mayoría de los manuscritos de Tárgumes se originaron entre el 500 y el 1000 d.C. Los Tárgumes resultan de más interés para determinar doctrina judía que para determinar las primeras fases del texto del AT.

La *Septuaginta*, una traducción griega del AT realizada en Alejandría, Egipto, entre aprox. el 250 y el 100 a.C. a fin de satisfacer las necesidades de judíos y otras personas greco-parlantes; mantiene variantes textuales (especialmente en Éxodo, Samuel y Jeremías) que parecen ser superiores al texto masorético. Algunas de esas variantes encuentran apoyo en copias de textos hebreos hallados en Qumrán. Las otras dos traducciones griegas más famosas del AT son *Aquila* y *Teodoción* de después del 100 d.C.

Los rollos del mar Muerto se escribieron antes del 100 a.C. y son más de mil años más antiguos que los manuscritos básicos de los textos masoréticos. Se hallaron manuscritos bíblicos con fragmentos o copias completas de todos los libros del AT con excepción de Ester. Los rollos de Qumrán a veces difieren del texto masorético (hay 1375 casos en Isaías), pero la mayoría de las variaciones son insignificantes.

Se pueden usar otras versiones del AT como por ejemplo la Siriaca, la Antigua Latina, la Vulgata Latina, pero ninguna de ellas ofrece muchas variantes importantes en cuanto a los textos masoréticos. El cuidadoso trabajo de los escribas hebreos preservó el texto de la Biblia hebrea de modo que hoy lo tenemos esencialmente como existía antes de Cristo.

2. Texto y versiones del Nuevo Testamento. Al comienzo el NT por lo general se preservaba en frágiles papiros. Sólo se conocen 94 fragmentos de papiros con manuscritos del NT. Y pocos contienen más que sólo parte de una única página de texto. Los manuscritos originales en papiro contenían sólo porciones del NT. Los más antiguos datan de poco después del 100 d.C.

A partir de aprox. el 350 d.C., el NT circuló como un volumen único en grandes manuscritos de pergamino que también contenían el AT griego y otros escritos cristianos como *1 y 2 Clemente, El pastor de Hermas y La epístola de Bernabé.* El pergamino se hacía con pieles de animales.

Los escritos cristianos que contienen citas del NT griego también proporcionan evidencia en cuanto al texto del NT. Sin embargo, algunos "padres" de la iglesia eran muy inexactos en las citas que realizaban y confiaban en una memoria imperfecta.

Para el 150 d.C. se habían realizado amplios esfuerzos para traducir toda la Escritura al latín antiguo y al siriaco. A partir del año 200, las traducciones aparecieron en varios dialectos de los idiomas egipcios, los idiomas de Armenia, Georgia, Etiopía, Arabia, Nubia y áreas de Europa.

La Vulgata Latina, producida aprox. en el 400 d.C. por Jerónimo, se convirtió en la Biblia de la iglesia latina. Entre los ortodoxos de la Europa oriental, el griego continuó siendo el idioma oficial de las Escrituras. Durante el largo período del 400 al 1500, la mayoría de los manuscritos griegos del NT usaron el texto oficial de la iglesia ortodoxa, de modo que hoy la mayoría de los manuscritos griegos del NT son del tipo llamado bizantino, eclesiástico, koiné, estándar u oriental. Los manuscritos más antiguos y (para la mayoría de los eruditos) más confiables son los del tipo alejandrino (también llamado tipo neutral, egipcio y africano). Los encargados de imprenta de alrededor del año 1500 sólo contaban con los del tipo bizantino.

Desde ese entonces hemos descubierto más de 5300 copias manuscritas del NT completo o partes de éste. La tarea de la crítica textual es el proceso de revisión y corrección y de utilización de todo este material para reproducir el texto más antiguo posible. El celo misionero es un importante impulsor de esta tarea. Sin la crítica textual, no serían posibles Biblias modernas en ningún idioma.

BIBLIA, TRADUCCIONES El uso de los textos originales en hebreo, griego y arameo para crear una edición de la Escritura en otro idioma. Para las antiguas traducciones, ver *Biblia, Textos y versiones.*

La invención de la imprenta en 1443 y el inicio de la Reforma Protestante en 1517 avivó un gran interés en la traducción de la Biblia. La mayor parte de los idiomas modernos de Europa tuvieron traducciones impresas en esa época: en alemán, 1466; italiano, 1471; español, 1478 y francés, 1487. Cada una tiene una larga historia de traducción de manuscritos antes que estos se imprimieran.

Hay evidencias de que la Biblia en idioma español ya era conocida en España en el siglo X. Un edicto de Jaime I de Aragón en 1223 prohibió a sus súbditos tener los libros del AT y el NT en idioma romance. El Concilio de Tolosa en 1229 prohibió a los legos usar la Biblia en el idioma vernáculo. Sin embargo, no se conocen esas traducciones.

La primera traducción importante al castellano de la que se tienen datos precisos, es la conocida como Biblia *Alfonsina*, traducida por orden del rey Alfonso X de Castilla (Alfonso el Sabio), que apareció en 1280 y fue una traducción de la *Vulgata;* pero en forma resumida y parafraseada.

En 1430 apareció una versión del AT realizada por el rabino Moisés Arragel, de Guadalajara, España, por órdenes de Luis Guzmán. Como se salvó de Inquisición, con el tiempo esta Biblia pasó a la familia del duque de Alba, que la posee en la actualidad, por lo que se conoce como la Biblia de la Casa de Alba.

En 1527 el cardenal Quiroga obsequió al rey Felipe II la traducción al español que había realizado de la Vulgata. Esta traducción se conoce como la Biblia de Quiroga.

En 1543 apareció una versión del NT traducido por Francisco de Enzinas, quien utilizó el texto griego que había publicado Erasmo en Bruselas en 1516. La obra de Enzinas fue el primer NT completo que se conoció en español.

Mientas tanto, a fines del siglo XV los judíos habían sido expulsados de España. Fueron al exilio, pero con ellos llevaron el idioma. Algunos se establecieron en Ferrara, Italia, donde en 1533 apareció la Biblia de Ferrara, que fue una traducción realizada por Yom Tob Atías y Abram Usque.

En 1556 Juan Pérez de Pineda publicó su versión del NT, para la cual había usado la versión de Enzinas y había agregado su propia traducción de los Salmos.

En 1560 salió a la luz la Biblia del Oso, traducida por Casiodoro de Reina. Esta fue la primera versión de la Biblia completa traducida al español a partir de los originales en hebreo, griego y arameo. Para el NT, Reina usó la tercera edición griega de Erasmo.

Cipriano de Valera invirtió veinte años en la revisión de la traducción que había completado Reina. Publicó el NT en Londres en 1596, y en 1602 toda la Biblia en Amsterdam. Otras revisiones de esta traducción se hicieron en 1862, 1865, 1874, 1883, 1890, 1909, 1960 y 1995. La revisión de 1960 realizada por las Sociedades Bíblicas Unidas ha tenido una amplia aceptación en el mundo evangélico hispano. Es interesante notar que el trabajo de Valera se realizó durante el Siglo de Oro en la literatura.

En 1977 la Editorial CLIE publicó una revisión de la versión Reina-Valera de 1909. En 1989 la Editorial Mundo Hispano publicó la versión Reina-Valera Actualizada, también basada en la versión de 1909 y cotejada con diversas traducciones y los mejores textos en los idiomas originales. En 1995 las Sociedades Bíblicas Unidas presentaron otra revisión de la edición de 1960.

En 1986 apareció la Biblia de las Américas, una nueva traducción publicada por la Fundación Bíblica Lockman.

En 1999 la Sociedad Bíblica Internacional lanzó la muy publicitada Nueva Versión Internacional.

La versión castellana inicial de Casiodoro de Reina había aparecido en 1569, pero pasaron más de dos siglos antes que la iglesia de Roma autorizara la publicación de una Biblia en español.

En 1790 se publicó en Valencia la Biblia de Felipe Scío de San Miguel, traducida de la Vulgata por orden del rey Carlos III. Esta Biblia consta de 16 tomos.

Otra traducción de la Vulgata apareció en 1822 y fue realizada por Félix Torres Amat y Miguel Petisco; en 1833 se publicó la Biblia de Rivera, igualmente traducida de la Vulgata. Esta fue la primera Biblia en español que se publicó en el continente americano.

Mientas tanto, en el mundo evangélico las versiones de la Biblia continuaban apareciendo. En 1857 lo hizo la traducción del NT llamada del "Nuevo Pacto", y que se atribuye a Guillermo Norton de Edimburgo.

La Versión Moderna fue una traducción realizada por H.B. Pratt, misionero, y publicada en 1893 por la Sociedad Bíblica Americana de Nueva York. Esta versión se distingue por ser muy fiel a los idiomas originales; sin embargo, la popularidad que logró fue limitada.

Bajo los auspicios de la iglesia católico-romana en Argentina, Juan José de la Torre publicó en 1903 su versión del NT.

Entre los evangélicos, en 1919 apareció el NT traducido por Pablo Besson, pastor en Argentina. En 1923 se publicó la Versión Hispanoamericana del NT, a cargo de una comisión de traductores designada por la Sociedad Bíblica Británica y Extranjera y la Sociedad Bíblica Americana.

En 1944 se publicó en Madrid la versión conocida como Nácar-Colunga. Esta fue la primera traducción a cargo de traductores católico-romanos a partir de los idiomas bíblicos originales. Nácar-Colunga ha llegado a ser la versión católica más difundida.

A partir de la década de 1940, hubo una verdadera explosión de traducciones de la Escritura al español. Lo que sigue es una lista no exhaustiva:

1947 Biblia, Bover-Cantera, Madrid, católica.

1951 Biblia, Juan Straubinger, Buenos Aires, católica.

1960 Revisión de la versión Reina-Valera, comisión de las Sociedades Bíblicas Unidas.

1962 NT, Centro Bíblico Hispanoamericano, Toluca, México.

1964 Biblia, Ediciones Paulinas, España, católica.

1964 Biblia, Evaristo Nieto, católica.

1964 Biblia, Serafín de Ausejo, Barcelona, católica.

1966 NT, "Dios llega al hombre", Versión Popular, Sociedades Bíblicas Unidas.

1966 NT, José María Valverde, revisada por Luis Alonso Schokel, católica.

1967 NT, Carlos de Villapadierna, Editorial Difusora Bíblica, Madrid, católica.

1967 Biblia de Jerusalén, Bilbao, España.

1968 NT Ecuménico, primera edición costeada por la Comunidad Taizé.

1968 NT, Libro de la Nueva Alianza, Levoratti, Perdia y Trusso, católica.

1971 NT, Versión Moderna (sin nombre de autor), España.

1972 La Nueva Biblia para Latinoamérica, Ramón Ricciardi, católica.

1972 NT Viviente, paráfrasis basada en *The Living New Testament* de Kenneth Taylor.

1973 NT, Biblia de las Américas, The Lockman Foundation, La Habra, California.

1975 Nueva Biblia Española, dirigida por Luis Alfonso Schokel y Juan Mateos.

1979 Biblia, Versión Popular, Sociedades Bíblicas Unidas.

1979 Biblia, La Biblia al Día, paráfrasis, Editorial Unilit, Miami.

1986 La Biblia de las Américas, The Lockman Foundation, La Habra, California.

1989 Biblia, Reina-Valera Actualizada, Editorial Mundo Hispano, El Paso, Texas.

1995 Revisión de la versión Reina-Valera, comisión de las Sociedades Bíblicas Unidas.

1999 Nueva Versión Internacional, Sociedad Bíblica Internacional.

La mejor traducción es la que tiene influencia en la vida del lector y le da esperanza. La tarea de la traducción no ha concluido. Nuevos descubrimientos y nuevos estudiantes de la Palabra de Dios habrán de producir más traducciones de la Biblia para servir a la iglesia y ayudar en la misión de la iglesia en futuras generaciones.

BIBLOS Ver *Gebal*.

BIENAVENTURANZAS La primera parte del Sermón del Monte que pronunció Jesús (Mat. 5-7), y que describe la vida de un ciudadano del reino de Dios. Cada bienaventuranza tiene aplicación y debe ponerse en práctica en cada disciplina; además conlleva una sólida promesa de beneficio ulterior para aquellos que viven ese tipo de vida.

BILDAD (*"el Señor amó"*) Amigo de Job (2:11); un suhita que defendía las ideas teológicas tradicionales.

BILHA (*"despreocupada"*) Sierva de Raquel (Gén. 29:29) que se convirtió en concubina de Jacob y madre de Dan y Neftalí (Gén. 29:29; 30:4-7). Ver *Patriarcas; Tribus de Israel*.

BITINIA Distrito en el norte de Asia Menor (parte de la actual Turquía). Ver Hech. 16:7; 1 Ped. 1:1.

BITRÓN (*"cañada"*) Nombre de una barranca o paso montañoso (2 Sam. 2:29).

BLASFEMIA Acción impropia en el uso del nombre de Dios; actitud de falta de respeto en una acción dirigida contra el carácter de Dios.

La blasfemia incluye la pronunciación del nombre de Dios con una actitud de falta de respeto (Lev. 24:14-16; Neh. 9:18,26). Natán acusó a David de burlarse de los mandamientos de Dios y presentar ocasión para que los enemigos de Israel blasfemaran, es decir que no entendieran el verdadero carácter de Dios (2 Sam. 12:14; comp. ejército de los asirios, 2 Rey. 19:6,22,35-37; Isa. 37:6,23; 52:5-6; Ezeq. 35:12-15).

El NT amplía el concepto de blasfemia e incluye acciones contra Cristo y contra la iglesia como cuerpo de Cristo. Los líderes judíos consideraron que Jesús era blasfemo (Mat. 26:65; Mar. 2:7; 14:64; Luc. 22:69) porque declaraba que podía perdonar pecados y que era el Mesías. Los verdaderos blasfemos eran aquellos que negaban las declaraciones mesiánicas de Jesús y rechazaban la unidad entre Jesús y el Padre (Mar. 15:29; Luc. 22:65; 23:39).

Las persecuciones contra los cristianos se describen como actos de blasfemia (1 Tim. 1:13; 1 Ped. 4:4; Apoc. 2:9). Los cristianos deben evitar conductas que puedan dar ocasión a la blasfemia, especialmente en cuanto a su actitud y su hablar (Ef. 4:31; Col. 3:8; 1 Tim. 6:4; Tito 3:2).

La blasfemia es un pecado perdonable. Sin embargo, la blasfemia contra el Espíritu Santo no tiene perdón (Mat. 12:32; Mar. 3:29; Luc. 12:10). Ver *Pecado imperdonable*.

BOANERGES (*"hijos del trueno"*) Nombre que Jesús le dio a Jacobo y a Juan (Mar. 3:17); puede indicar que estos hermanos tuvieran un temperamento como de truenos. Ver *Apóstoles, Discípulos*.

BOAZ Pilar izquierdo o del norte que Salomón estableció en el templo (1 Rey. 7:21), y que tenía una función desconocida. Ver *Jaquín*.

BOCA (1) Sinónimo de labios (1 Rey. 19:18; 2 Rey. 4:34; Job 31:27; Prov. 30:20; Cant. 1:2); (2) órgano para comer y beber (Jue. 7:6; 1 Sam. 14:26-27), a veces usado en expresiones figuradas, por ejemplo cuando se dice que el "mal" (Job 20:12) o la palabra de Dios (Sal. 19:10) son dulces a la boca. Las descripciones antropomórficas de la tierra o el Seol, los describen diciendo que abren su boca para beber sangre o tragar a personas (Gén. 4:11; Núm. 16:30,32; Isa. 5:14). (3) Órgano del habla (Gén. 45:12; Deut. 32:1) o de la risa (Job 8:21; Sal. 126:2). La frase "la boca de Jehová lo ha dicho" es un frecuente recordatorio de la confiabilidad del mensaje profético (Isa. 1:20; 40:5; Jer. 9:12; comp. Deut. 8:3; Mat. 4:4). "Fuego" (2 Sam. 22:9) o una "espada" (Apoc. 1:16) que salen de la boca de Dios describen lo certero de la palabra de juicio divino. (4) El término hebreo para hablar de la "boca" también se utiliza para hablar de la abertura de pozos, cuevas, costales, y también para el borde de una espada.

BODAS La ceremonia de bodas en tiempos bíblicos constaba de tres elementos: la marcha procesional, la fiesta y la consumación.

Normalmente una boda comenzaba cuando el novio, ataviado con un vestido especial (Isa. 61:10) y en compañía de sus amigos (Juan 3:29), iba caminando hasta el hogar de la esposa. Luego, la esposa volvía con el esposo a la casa de este en alegre procesión (Sal. 45:15; Isa. 62:5; comp. Jer. 7:34). Ella también vestía galas de boda (Sal. 45:13-14a; Isa. 49:18; 61:10; Jer. 2:32; Apoc. 19:7-8; 21:2) y era acompañada por su cortejo, típicamente vírgenes jóvenes (Sal. 45:14b).

En el hogar del novio la pareja, junto con sus cortejos y muchos invitados, festejaba con gran gozo y cantos (Sal. 78:63; Ezeq. 33:32; Mat. 9:15; 25:1-13; Juan 2:1-10; Apoc. 19:9). Durante la fiesta, el novio extendía su manto sobre la novia, indicando su compromiso con ella en matrimonio (comp. Rut 3:9; Ezeq. 16:8).

El matrimonio se consumaba esa noche (Gén. 29:23-25; Cant. 4:16; comp. Deut. 22:13-17). La esposa y el esposo, como el sol naciente, salían de su recámara a la otra mañana radiantes y preparados para una nueva vida (Sal. 9:5).

Fundamentándose en una imagen profética de Israel como la esposa de Cristo (Os. 1-3) y en la referencia que Pablo hace a la iglesia como la esposa de Cristo (2 Cor. 11:2; Ef. 5:26-27), Juan vio un tiempo futuro cuando se haría la ceremonia de la boda de Jesús con la iglesia (Apoc. 19:7-9).

BOJE Ver *Plantas en la Biblia*.

BOOZ (*"vivaz"*) Héroe del libro de Rut; pariente rico del esposo de Noemí que se casó con Rut y fue bisabuelo de David (Mat. 1:5; Luc. 3:32). Ver *Rut*.

BORRACHERA Condición caracterizada por mareos, dolores de cabeza y vómitos como resultado de haber consumido bebidas alcohólicas. Desde Gén. 9:21 en adelante la Biblia describe el vergonzoso estado de la persona ebria y las acciones vergonzosas que son consecuencia de este estado.

Jesús advirtió que las preocupaciones de esta vida pueden llevar a la ansiedad y a la embriaguez (Luc. 21:34). Una y otra vez Pablo advirtió contra los peligros de la borrachera (Rom. 13:13; 1 Cor. 5:11; Gál. 5:21; 1 Tes. 5:7). Primera Timoteo 3:3 y Tito 1:7 advierten a los líderes de la iglesia que no deben ser borrachos. La borrachera es una costumbre pagana, no cristiana (1 Ped. 4:3). Los borrachos están entre aquellos que no "heredarán el reino de Dios" (1 Cor. 6:10).

BOSRA (*"inaccesible"*) (1) Hogar ancestral de Jobab, rey de Edom (Gén. 36:33; ver Isa. 34:6; Jer. 49:13,22; Amós 1:12); centro de pastores conocido por los vestidos de lana (Isa. 63:1); en algunas épocas fue capital de Edom; 40 km (25 millas) al sudeste del extremo sur del mar Muerto en la moderna Buseirah. Ver *Edom.* (2) Ciudad moabita que condenó Jeremías (Jer. 48:24); puede ser el mismo lugar que Beser.

BÓVEDA De acuerdo a Jer. 37:16, celda en una prisión.

BRASAS, CARBONES Madera quemada usada como combustible (Lev. 16:12; Isa. 44:19). Las brasas proveían calor para refinar metales (Ezeq. 24:11). Las brasas o carbones ardientes se convirtieron en símbolo de juicio divino (Sal. 18:13). Ver *Cocinar y calentar.*

BRASERO Olla portátil usada para calentar una habitación durante tiempo frío (Jer. 36:22-23).

BRAZA Medida de profundidad que equivale a poco menos de 2 metros (6 pies) (Hech. 27:28). Ver *Pesos y medidas.*

BRAZALETE Banda ornamental que hombres y mujeres usaban en la muñeca o el antebrazo, y que por lo general era de bronce, aunque se han encontrado brazaletes de hierro, plata, vidrio y, en raras ocasiones, de oro. Ver Gén. 24:22,30,47; Núm. 31:50; Isa. 3:19; Ezeq. 16:11.

BRAZO Extremidad superior del cuerpo humano; simbolizaba poder y fuerza. Ver Ex. 6:6; 15:16; Deut. 5:15; Job 38:15; 40:9; Sal. 10:15; 44:3.

BRONCE Ver *Minerales y metales.*

BRONCE, SERPIENTE DE Figura que hizo Moisés y ubicó en un asta en medio del campamento israelita (Núm. 21), a fin de que los israelitas que fueran mordidos por serpientes expresaran su fe mirando a esta serpiente de metal, y así fueran sanados. Ezequías destruyó este símbolo, que aparentemente era objeto de adoración (2 Rey. 18:4). Jesús, que fue levantado en una cruz, es el camino elegido por Dios para proporcionar sanidad espiritual a todos los que tienen fe (Juan 3:14). Ver *Moisés; Desierto; Expiación.*

BUENO, BONDAD Experiencias concretas de lo que Dios ha hecho y está haciendo en las vidas de los que son suyos. Dios es bueno y hace cosas buenas (1 Crón. 16:34; Sal. 119:68). Ver Gén. 50:20; Jos. 21:45; Sal. 14:1,3; 52:9; Mar. 8:28; Sant. 1:17. Su bondad la vemos en lo buena que fue la obra de su creación (Gén. 1:31) y sus actos salvíficos (Ex. 18:9; Esd. 7:9; Sal. 34:8; Fil. 1:6). A las personas que quieren vivir de acuerdo a la voluntad de Dios se las llama personas buenas. Los cristianos han sido salvados para hacer buenas obras (Ef. 2:10; Col. 1:10) con la ayuda del Espíritu Santo.

BUENOS PUERTOS Bahía abierta en la costa sur de Creta, cerca de la ciudad de Lasea (Hech. 27:8-20).

BUL (*"mes de la cosecha"*) Octavo mes, o bien parte de octubre y noviembre. Salomón terminó de construir el templo en este mes (1 Rey. 6:38). Ver *Calendarios; Fiestas.*

CAB Ver *Pesos y medidas.*

CABALLERÍA Los soldados montados de un ejército (Ex. 14:9,18,28; Jue. 4; 2 Sam. 8:4). Asiria usó tropas de caballería desde el 900 a.C. La caballería proporcionaba una línea de defensa, servía como medio de exploración y perseguía al ejército vencido. Dios no le permitía a Israel depender de la riqueza y la seguridad que representaban los caballos militares (Deut. 17:16; Isa. 31:1). Salomón desarrolló una fuerza militar que incluía caballos (1 Rey. 4:26; 9:17; 10:26). Todas las alusiones a jinetes pueden hacer referencia a personal conectado con carros y no tanto a jinetes individuales o unidades de caballería.

CABALLO Ver *Animales; Meguido.*

CABELLO, PELO Cubierta de la cabeza del ser humano (Núm. 6:5) y de animales (Mat. 3:4). Hombres y mujeres siempre han deseado una hermosa cabellera (Cant. 5:11). En tiempos del AT tanto hombres como mujeres llevaban el cabello largo (Jue. 16:13; 2 Sam. 14:25-26). En la era del NT, los hombres llevaban su cabello mucho más corto que las mujeres (1 Cor. 11:14-15).

El cabello cano era una respetada señal de ancianidad (Prov. 20:29). Ver *Calvicie*. En Lev. 13 el color de los cabellos en un área infectada de piel indicaba si había "lepra" o si ésta se había curado. Un leproso curado debía afeitar todo su cuerpo (Lev. 14:8-9). Ver *Lepra*.

Por lo general las mujeres llevaban el cabello suelto, pero a veces se hacían trenzas o peinados especiales (2 Rey. 9:30). Los escritores del NT hicieron advertencias contra la ostentación en el cabello de las mujeres

(1 Tim. 2:9; 1 Ped. 3:3). El cabello untado con aceite simbolizaba bendición y gozo (Sal. 23:5; Heb. 1:9; comp. Luc. 7:46). El dolor y el duelo se indicaban con cabello despeinado y desarreglado (Jos. 7:6; 2 Sam. 14:2). Jesús les dijo a sus seguidores que no siguieran la costumbre de los fariseos, que se negaban a arreglarse el cabello cuando ayunaban (Mat. 6:17).

Los hombres israelitas se recortaban el cabello, pero la ley les prohibía cortarlo por sobre sus orejas (Lev. 19:27; comp. Deut. 14:1-2); los judíos ortodoxos todavía usan largos tirabuzones o rizos laterales. Quienes hacían un voto nazareo no podían cortarse el cabello durante el curso del voto; luego se tenían que afeitar toda la cabeza (Núm. 6:1-21; Hech. 18:18; 21:24).

El cabello puede ser símbolo de algo que es innumerable (Sal. 40:12) o puede hablar de cosas insignificantes (Luc. 21:18).

CABEZA Se la consideraba el asiento de la vida, pero no del intelecto. Los judíos creían que el corazón era el centro o el asiento del intelecto. "Cabeza" habla de la cabeza física de una persona (Gén. 48:18; Mar. 6:24) o de animales (Lev. 1:4). A menudo se usaba para hablar de toda la persona (Hech. 18:6).

"Cabeza" puede significar líder, jefe o príncipe (Isa. 9:15). Israel era la nación "cabeza", el primogénito de Dios (Jer. 31:7). Damasco era la "cabeza" (capital) de Siria (Isa. 7:8). El marido es "cabeza de la mujer" (Ef. 5:23).

Cristo es la "cabeza" de su cuerpo, la iglesia; la iglesia es su "esposa" (Ef. 5:23-33). Cristo hace que la iglesia crezca (Ef. 4:15-16). Cristo además es "cabeza" de todo el universo (Ef. 1:22) y de todo principado y potestad (Col. 2:10). La influencia divina en el mundo da como resultado lo siguiente: Dios es la "cabeza" de Cristo; Cristo es la "cabeza" del hombre; el hombre es "cabeza" de la mujer, y como tal debe amar y cuidar a su esposa así como Cristo lo hace con la suya (1 Cor. 11:3).

Hay bendiciones sobre la cabeza (Gén. 49:26); por lo tanto, es sobre la cabeza que se imponen las manos (Gén. 48:17). Ungir la cabeza con aceite era símbolo de gozo y prosperidad (Sal. 23:5; Heb. 1:9). En la ceremonia de consagración, la cabeza del sumo sacerdote se ungía con aceite (Ex. 29:7; Lev. 16:32). Cuando se imponían las manos en la cabeza del animal que se ofrecía por el pecado, los pecados humanos eran transferidos al animal (Ex. 29:10,15,19).

CABO Ver *Pesos y medidas.*

CABRA Ver *Animales.*

CABUL (*"engrillado"* o *"trenzado"*) (1) Pueblo en el extremo nordeste de Aser (Jos. 19:27); tal vez sea la moderna Kabul, 15 km (9 millas) al sudeste de Aco o cerca de khirbet Ras ez-Zeitun; centro de operaciones de Josefo. (2) Región de Galilea (que probablemente incluía 1 de más arriba) que Salomón dio a Hiram, rey de Tiro, como pago por los materiales y mano de obra en la construcción del templo y el palacio. A Hiram no le agradó y le puso por nombre Cabul, "como nada". De acuerdo a las reglas de urbanidad del Cercano Oriente, aparentemente el obsequio hacía que a cambio, se esperara otro obsequio, ya que Hiram le dio a Salomón 120 talentos de oro (1 Rey. 9:10-14; comp. 2 Crón. 8:2).

CADEMOT (*"lugares antiguos"* o *"lugares orientales"*) Ciudad levítica en la tribu de Benjamín (Jos. 13:18; 21:37; 1 Cron. 6:79). Comp. Deut. 2:26.

CADES-BARNEA (*"consagrado"*) Sitio donde permanecieron los hebreos la mayor parte de los 38 años después de dejar el monte Sinaí y antes de entrar en la Tierra Prometida (Núm. 13:3-21,26); frontera sur de Judá (Jos. 15:3); cerca de Ein el-Qudeirat sobre importantes rutas —el camino desde Edom a Egipto y el camino del mar Rojo al Neguev y al sur de Canaán, que luego fue el sur de Judá. Moisés envió doce espías desde Cades-barnea (Núm. 13:3-21,26). Desde ese lugar, los hebreos intentaron una fallida penetración sur a Canaán (Núm. 13:26; 14:40-45). Gén. 14:7.

CADMONEOS (*"orientales"*) Tribu que, de acuerdo a la promesa de Dios, Israel despojaría de su tierra (Gén. 15:19); probablemente habitó el desierto siro-arábigo entre Palestina-Siria y el Éufrates; puede estar relacionada con "los del oriente" (Jue. 6:33; comp. Gén. 25:6; Jue. 8:10-12,21,26; 1 Rey. 4:30-31; Job 1:3).

CAFTOR Ver *Filisteos; Creta.*

CAÍDA Nombre que tradicionalmente se le asigna al primer pecado de Adán y Eva, y que dio como resultado juicio tanto sobre la humanidad como sobre la naturaleza. Dios le dio al hombre una vocación con la cual sentirse satisfecho (Gén. 2:15). La primera pareja tuvo gran libertad para tomar de las cosas buenas de la creación de Dios (2:16); sin embargo, su libertad tenía limitaciones (2:17). El "conocimiento del bien y del mal" (Gén. 3:5,22) era el objeto y el símbolo de la autoridad de Dios, y era un recordatorio para Adán y Eva de que la libertad que tenían no era absoluta sino que debía ponerse en ejercicio en dependencia de Dios. En orgullosa rebeldía la pareja trató de lograr absoluta independencia. Dicho dominio absoluto sólo le corresponde a Dios.

La ambición de Adán y Eva afectó cada una de las dimensiones de la experiencia humana; por ejemplo, ellos exigieron el derecho de decidir qué era bueno y qué era malo.

A la serpiente se la identifica con Satanás, el gran tentador (1 Juan 3:8; Apoc. 12:9). Los seres humanos no pueden echar la culpa de su pecado a la tentación demoníaca (Sant. 1:12-15). La pregunta de la serpiente distorsionó o al menos amplió la orden de Dios de no comer del árbol (Gén. 3:1), y animó a la mujer a que tratara a Dios y su Palabra como objetos que se deben someter a consideración y evaluación. La serpiente pintó una imagen de Dios como alguien que de manera sádica y arbitraria puso ante la pareja una prohibición que ahogaría el disfrute de la vida en el Edén.

La primera vez que la humanidad cedió a la tentación fue al dudar de las instrucciones de Dios y del carácter de Dios, que es amor. Ella mencionó la prohibición divina en cuanto a un árbol en medio del huerto. Tal vez su ansiedad cuando dudó del carácter de Dios la llevó a aumentar el espectro de la prohibición y a decir que ni siquiera podían tocar el árbol.

La serpiente directamente atacó el carácter de Dios, declarando que la pareja no iba a morir. Arguyó que el motivo divino era no permitir que la pareja fuera como Dios. Adán y Eva se sintieron insatisfechos con la libertad que tenían y pensaron que podían tener aun más. Trataron de lograr una libertad sin restricciones: no querían ser responsables ante nadie, ni siquiera ante Dios. La serpiente les aseguró que comer del árbol no iba a dar como resultado muerte sino igualdad con Dios. La mujer vio que el fruto era bueno para comer, era agradable de vista, y creyó que produciría conocimiento (Gén. 3:6; comp. 1 Juan 2:16). Comió del fruto y le dio a Adán, quien también comió.

El pecado tuvo resultados inmediatos en la relación de la pareja: la actitud hacia donde lo más importante era el yo, afectó la manera en que se miraban el uno al otro. La desconfianza (Gén. 3:7) empezó a corroer la confianza mutua y la intimidad del vínculo que los convertía en una sola carne (Gén. 2:24).

La pareja se sintió obligada a esconderse de Dios. Después de haber pecado, apareció vergüenza en las relaciones entre sí y en la relación con Dios (Gén. 3:8). Dios los buscó y les preguntó: "¿Dónde estás tú?" (Gén. 3:9). Al final los pecadores deben contestarle a Dios. Adán admitió que la presencia de Dios ahora provocaba miedo y que la vergüenza humana había hecho que se escondieran (Gén. 3:10).

El hombre admitió su pecado, pero sólo después de recordarle a Dios de manera enfática que la mujer había sido crucial en la participación de él. La mujer tenía tanta culpa como él, pero inmediatamente le echó la culpa a la serpiente engañosa (Gén. 3:12-13). Vergüenza y echar la culpa a otro son respuestas muy naturales por parte de los seres humanos.

Dios actuó de manera inmediata y los castigó. La conducta de la serpiente prefiguró la inversión y el trastocamiento del orden creado y del dominio que tenía la humanidad. Había sido atrayente y astuta, pero la serpiente se convirtió en el más bajo de los animales. El juicio de Dios incluyó contienda entre serpientes y seres humanos. Algunos creen que un significado más pleno del versículo promete la victoria de Cristo sobre Satanás (Gén. 3:14-15).

El castigo de la mujer se vinculó con su papel distintivo en el cumplimiento del mandamiento de Dios

(Gén. 1:28). Su privilegio en la participación de la obra creadora de Dios se vio frustrado por dolor intenso. A pesar de este dolor, ella desearía intimidad con su esposo, pero su deseo se iba a ver frustrado por el pecado. La dependencia mutua y la unidad de ambos fueron desplazadas por el dominio del hombre (Gén. 3:16).

El castigo para Adán también incluyó la frustración de su servicio. Se perdió la gran capacidad de fructificación que había existido antes de la caída. Hasta su duro trabajo se iba a ver frustrado por la maldición de la tierra, que también necesitaba redención (Isa. 24; Rom. 8:19-23; Col. 1:15-20). Jehová, el Dios de gracia, proporcionó vestimenta para la humanidad caída (Gén. 3:20-21).

Como parte del trágico juicio divino, luego de su pecado la pareja fue expulsada del Edén. Se hizo evidente que la serpiente había mentido en cuanto a las consecuencias de comer ese fruto (Gén. 3:4). El pecado humano trajo consigo muerte (Gén. 3:19,22).

Los escritores del NT hablaron de la caída tanto de las personas como de la naturaleza. Tanto unas como otra gimen pidiendo redención (Rom. 8:19-23). Al comparar a Adán con Cristo, Pablo declaró que el pecado y la muerte entraron en el mundo a través de Adán, y que el pecado y la muerte ahora son cosas comunes a todas las personas (Rom. 5:12; 6:23). A Adán se lo puede describir como representante de los seres humanos, todos los cuales son partícipes de su castigo (Rom. 5:19).

CAIFÁS (*"roca"* o *"depresión"*) Sumo sacerdote cuando Jesús fue crucificado (Mat. 26:3); yerno de Anás y líder del complot para arrestar y ejecutar a Jesús. Evidentemente fue nombrado sumo sacerdote aprox. en el 18 d.C. y destituido aprox. en el 36 o 37 d.C. Ver *Sumo sacerdote*.

CAÍN (*"adquisición"*) Primer hijo de Adán y Eva (Gén. 4:1). Caín era agricultor, y su hermano Abel era pastor. Dios aceptó la ofrenda de Abel pero rechazó la de Caín. Éste entonces mató a su hermano Abel. Como castigo, Dios le quitó la capacidad de cultivar la tierra de manera productiva y lo convirtió en un vagabundo. Para protegerlo de todo el que quisiera vengar el asesinato de Abel, Dios puso una marca en Caín.

CAL, PIEDRA DE Piedra blanda fácilmente triturable; figura utilizada para describir la total destrucción del altar (Isa. 27:9).

CALA Capital asiria que construyó Nimrod (Gén. 10:8-12); actual tell Nimrud en la orilla este del río Tigris, en la confluencia de éste y el Alto Zab, 32 km (20 millas) al sur de Nínive. Asurbanipal II (883-859 a.C.) la convirtió en capital de Asiria. Ver A*siria, Historia y religión de*.

CALABAZA SILVESTRE Una planta venenosa, probablemente *Citrillus colocynths* (2 Rey. 4:39).

CÁLAMO Ver *Plantas en la Biblia*.

CALDEA, CALDEOS Región en el centro y sudeste de Mesopotamia, la tierra entre los tramos más bajos de los ríos Tigris y Éufrates; parte del actual Irak cerca de la frontera con Irán, y tocando el nacimiento del golfo Pérsico; pueblo que vivía allí.

Después del 750 a.C. los caldeos emergieron como campeones de la resistencia contra Asiria. Ver *Babilonia, Historia y religión de*.

CALDERO Olla para cocinar fabricada con distintos materiales. La palabra es traducción de varios vocablos hebreos (1 Sam. 2:14; 2 Crón. 35:13; Job 41:20; Ezeq. 11:3,7,11;

Jer. 52:18,19; Miq. 3:3). Ver *Alfarería*.

CALEB (*"perro"*) Uno de los únicos dos espías que Moisés envió a practicar un reconocimiento en Canaán y regresó con un informe positivo (Núm. 13:30). Dios lo recompensó permitiéndole sobrevivir los años de peregrinación en el desierto. A los 85 años Caleb conquistó Hebrón (Jos. 14).

CALENDARIOS Sistema para ordenar el tiempo. La Misná organizó por primera vez las informaciones bíblicas en el detallado sistema calendario que los judíos observan en la actualidad, y que probablemente refleja la práctica judía en la época de Jesús. La Biblia a menudo fecha eventos según las antiguas fiestas judías.

Todos los pueblos de la zona de la Mesopotamia, y asimismo los árabes, los griegos y los romanos, comenzaban el año en la primavera. Para los fenicios, cananeos e israelitas el año nuevo comenzaba en el otoño ya que la siega culminaba un ciclo agrícola y comenzaba el siguiente. Durante el exilio y en el período que le siguió, los judíos hicieron el cambio al año nuevo de primavera, pero a partir de la época rabínica se comenzó a observar nuevamente el año nuevo en el otoño.

El AT refleja el uso de un calendario lunar-solar basado en la observación de los cuerpos celestiales, y regula un sofisticado orden de actividad económica y religiosa. La órbita del sol marcaba el comienzo del año y de la actividad religiosa, pero el inicio de los meses dependía de las fases de la luna. La luna nueva marcaba el nuevo mes. Esto daba como resultado a veces un mes de 29 días y otras veces de 30, y un año de 354 1/4 días. Los hebreos aprendieron de los babilonios a agregar un mes adicional cada dos o 3 años.

Los esenios, conocidos por los rollos del mar Muerto, crearon un calendario puramente solar con meses de 30 días que combinaban cálculos matemáticos con una ideología especial. Agregaban un día especial al final de cada período de tres meses, lo cual daba como resultado un año de 364 días.

La práctica más antigua de Israel para dar nombre a los meses (Ex. 13:4; 23:15; 34:18; 1 Rey. 6:1,37-38; 8:3) era usar los nombres cananeos de los meses, de los cuales en la Biblia han sobrevivido cuatro: Abib (marzo-abril), Zif (abril-mayo), Etanim (septiembre-octubre) y Bul (octubre-noviembre).

La práctica generalizada en el AT es computar los meses del primero al duodécimo; el primer mes siempre era en la primavera, una costumbre que data de los patriarcas de Mesopotamia (Gén. 11:31). Los que regresaron del exilio trajeron con ellos nombres babilónicos: Nisán (mar.-abr.), Iyyar (abr.-mayo), Siván (mayo-jun.), Tamuz (jun.-jul.), Ab (jul.-ago.), Elul (ago.-sept.), Tisrí (sept.-oct.), Maresván (oct.-nov.), Quisleu (nov.-dic.), Tébet (dic.-ene.), Sebat (ene.-feb.), Adar (feb.-mar.). El mes que se intercalaba se llamaba *WeAdar*, "y-Adar".

CALLE DE LOS PANADEROS Calle en Jerusalén donde estaban la mayoría de los panaderos (Jer. 37:21).

CALVICIE La condición en que una persona no tiene cabello. La calvicie natural sólo se menciona en las leyes levíticas sobre la lepra (Lev. 13:40-43). Eliseo fue ridiculizado por su calvicie, pero tal vez él haya rapado su cabeza como señal de duelo por la partida de Elías (2 Rey. 2:23; comp. Isa. 3:24; 15:2-3; 22:12; Jer. 48:37; Ezeq. 29:18). A los sacerdotes (Lev. 21:5; Ezeq. 44:20) y al pueblo (Deut.

14:1) les estaba prohibido por ley raparse la cabeza por razones cosméticas o en señal de duelo por los muertos en formas que imitaran costumbres paganas. Deuteronomio 21:11 puede referirse la práctica de rapar a los cautivos, a la calvicie en razón de gran dolor, o como un símbolo de cambio en el estilo de vida. Ver *Duelo; Lepra; Cabello, Pelo.*

CALZONCILLOS Vestiduras sacerdotales hechas de lino, que cubrían los muslos y se usaban por recato (Ex. 20:26); el sacerdote los usaba el día de la expiación, y otros sacerdotes durante ocasiones ceremoniales (Ex. 28:42; 39:28; Lev. 6:10; 16:4; Ezeq. 44:18).

CAM (*"caliente"*) Segundo de los tres hijos de Noé (Gén. 5:32). Luego del diluvio descubrió a su padre desnudo y borracho, y se lo dijo a Sem y a Jafet (Gén. 9:20-29). Noé lanzó una maldición sobre Canaán, el hijo de Cam. Cam llegó a ser el antepasado inicial de cusitas, egipcios y cananeos (Gén. 10:6).

CAMA, LECHO Lugar para dormir o descansar. En el caso de los muy pobres, la cama era un pequeño colchón de paja o tela que se desenrollaba en el suelo con una mera piedra como almohada (Gén. 28:10-11; Juan 5:9) y un manto o capa para cubrirse. En el caso de pobres más afortunados, una pequeña casa de barro servía como protección contra los elementos y como cocina, lugar de trabajo y espacio para dormir. Para los pocos que contaban con mucho dinero, lo usual era tener varios dormitorios que contaban con camas muy ornamentadas (Est. 1:6; Prov. 7:16-17; Amós 6:4). Una cama de hierro aparece como elemento singular en Deut. 3:11.

CAMALEÓN Ver *Animales, Reptiles.*

CAMBISTAS Personas cuya profesión era vender o cambiar dinero romano u otro dinero extranjero por dinero judío que fuera aceptable en la adoración del templo. Los cambistas preparaban mesas en el atrio de los gentiles en el templo. El dinero corriente en Jerusalén en ese tiempo eran las monedas sirias de plata, y los fieles las usaban para pagar el impuesto del templo (medio siclo) y para comprar sacrificios para el altar. Algunos cambistas obtenían grandes ganancias y daban préstamos a una tasa de interés que iba del 20 al 300% anual. Jesús volteó las mesas de los cambistas y los sacó del atrio del templo a ellos y a los que vendían animales (Mat. 21:12).

CAMELLO Ver *Animales.*

CAMELLO, PELO DE Material tosco que se tejía con el pelo del lomo y la joroba del camello; había un material, de más calidad que se tejía con el pelo de la parte de abajo del animal. La señal de un profeta era vestir un manto velloso (Zac. 13:4; comp. 2 Rey. 1:8). Juan el Bautista vestía tosco pelo de camello (Mar. 1:6; comp. Mat. 11:8).

CAMINAR, ANDAR Un paso más lento en contraste con correr (Ex. 2:5; Mat. 4:18); conducta o forma de vida de una persona (Gén. 5:24; Rom. 8:4; 1 Juan 1:6-7).

CAMINO REAL Importante ruta de transporte al este del río Jordán, en uso continuo durante más de 3000 años, desde Damasco al golfo de Aqaba; principal ruta caravanera para Transjordania (Núm. 20:17; 21:22). Los romanos la mejoraron durante el reinado de Trajano y la llamaron "Camino de Trajano".

CAMPAMENTO Vivienda temporaria para pueblos nómadas y para militares. La antigua Israel era un grupo de tribus no asentadas (Ex. 14:19; 16:13; Núm. 2; comp. Heb. 13:11,13). En Canaán, "campamento" fue el nombre de una instalación militar, ya sea de Israel (1 Sam. 4:3; 14:21) o de un enemigo (2 Rey. 7:10). Ver también Gén. 32:8,21; Ex. 14:24. La palabra hebrea también se traduce "ejército" (1 Sam. 17:1). La iglesia es "el campamento de los santos" que está bajo el ataque de las fuerzas de Satanás (Apoc. 20:9).

CAMPANILLA Objeto de oro fijado a las vestiduras del sumo sacerdote como señal o advertencia de que éste se estaba moviendo (Ex. 28:33-35; 39:25-26); también usado para los caballos (Zac. 14:20).

CANÁ (*"lugar de cañas"*) (1) Arroyo que forma parte de la frontera entre Efraín y Manasés (Jos. 16:8; 17:9); wadi Qanah. (2) Ciudad en el límite norte de Aser (Jos. 19:28); la moderna Qana, unos 10 km (6 millas) al sudeste de Tiro; no se debe confundir con la Caná del NT. (3) (con distinta grafía hebrea, *"nido"*) Pueblo en Galilea donde Jesús cambió el agua en vino durante una boda (Juan 2:1); donde el noble le pidió a Jesús que sanara a su hijo (Juan 4:46), y el lugar de residencia de Natanael (Juan 21:2); posiblemente khirbet Qana 14,5 km (9 millas) al norte de Nazaret.

CANAÁN, HISTORIA Y RELIGIÓN DE Territorio entre el mar Mediterráneo y el río Jordán, desde el arroyo de Egipto hasta la región alrededor de Ugarit en Siria o hasta el Éufrates; puente terrestre entre Mesopotamia y Egipto, y entre el Mediterráneo y el mar Rojo. Aparentemente Canaán significó cosas distintas en distintas épocas. Números 13:29 limita los cananeos a quienes habitan "junto al mar, y a la ribera del Jordán". Comp. Jos. 11:3. Israel era consciente de que la "Tierra Prometida" (Canaán) era más grande (Gén. 15:18; Ex. 23:21; Núm. 13:21; Deut. 1:7; 1 Rey. 4:21). La tierra básica de Israel sólo llegaba desde Dan a Beerseba (2 Sam. 24:2-8,15; 2 Rey. 4:25). A veces al hablar de Israel se incluía tierra al este del Jordán (2 Sam. 24:5-6). En ocasiones la tierra de Galaad se contrastaba con la tierra de Canaán (Jos. 22:9).

Historia El término *Canaán* parece ser un vocablo no-semita, posiblemente hurrita. Originalmente, puede haberse referido a ciertos mercaderes (ver Isa. 23:8; Zac. 14:21; comp. Os. 12:7-8; Ezeq. 17:4; Sof. 1:11), y geográficamente Canaán se limitaba a Fenicia a lo largo de la costa marítima.

La Biblia identifica a Canaán como hijo de Cam y nieto de Noé (Gén. 9:18; 10:6) y la coloca entre naciones que estaban bajo influencia egipcia (Gén. 10:15-20).

Durante el antiguo reino egipcio (aprox. 2600-2200 a.C.) el poder de Egipto se extendía hacia el norte hasta Ugarit. Además, durante la dinastía XII (1990-1790 a.C.), Egipto controló esa zona tal como lo demuestran los Textos de Execración.

Aprox. en el 2000 a.C. los amorreos invadieron Canaán desde Mesopotamia. Desde el 1720 hasta el 1570 a.C. los hicsos controlaron Egipto y procuraron dominar Canaán, y debieron enfrentarse a oposición hurrita y hetea (hitita). Egipto recobró su poder después del 1570 pero se debilitó nuevamente aprox. en el 1400 cuando pequeñas ciudades-estado en Canaán luchaban entre sí, como se observa en las cartas de Amarna. De modo que durante la época de Josué Israel no debió enfrentarse a un poder unido sino a un grupo de ciudades-estado independientes. Después de la conquista, los cananeos y los israelitas se fusionaron gradualmente, y se unieron durante el reinado de David.

Religión Tablillas cuneiformes del 1400 a.c. al 1200 a.c. descubiertas en Ugarit proporcionan la mejor información sobre el pensamiento y la religión cananeos antes de la ocupación israelita; dichas tablillas representan sus perspectivas religiosas entre el 2000 y el 1500 a.c. Canaán tenía un panteón de deidades, cada una de las cuales contaba con claras tareas asignadas, pero donde un dios con frecuencia adoptaba la identidad de otro.

1. El encabezaba el panteón como rey de los dioses. Era el dios creador y un dios de la fertilidad. Se lo representaba como un toro, y residía en el monte Safón en el norte.

2. Atirat era esposa de El; en el AT equivalía a *Asera*, una palabra que en hebreo tenía dos plurales, uno femenino (*Aserot*) y uno masculino (*Aserim*). A Atirat se la reconocía como la madre de 70 deidades, diosa de la fertilidad y creadora de los dioses.

3. Baal era el dios principal en el culto popular. Era accesible a la gente, no estaba alejado en el norte. Las estatuas lo representan con cuernos para dar la idea de la fuerza y la fertilidad que se asocian con la imagen de un toro.

4. Anat era la diosa a quien adoraban los amorreos en Mari aprox. en el 1750 a.C. y aparentemente el centro de culto estaba en Hanat. También se la veneraba en Egipto, en especial por parte de Ramsés II. En Canaán era tanto hermana como consorte de Baal, y era diosa del amor, virgen perpetua, y diosa de la guerra que peleaba en favor de Baal de modo extremadamente cruel y sangriento.

5. Mot era el dios de la muerte y la esterilidad, y estaba asociado con el ciclo de estaciones de la vegetación, el reposo sabático del séptimo año para la agricultura y la muerte individual. Este dios durante un tiempo podía hacer que los poderes regeneradores de Baal fueran ineficaces.

6. Yam recibía el nombre de "príncipe río" y "juez río". Era el caótico dios del mar, capaz de hacer que el cosmos se convirtiera en caos.

El culto cananeo estaba ligado a magia procreadora. La unión sexual de un dios y una diosa representada por un sacerdote y una sacerdotisa, aseguraba la fertilidad de los seres humanos, los animales y todo el mundo de la naturaleza. El Dios de Israel prohibió esas prácticas, pero Israel constantemente cedió a las tentaciones de la magia, especialmente en su manifestación sexual.

Algunos nombres israelitas (por ejemplo Isbaal, Jerobaal y Merib-baal), la arquitectura del templo de Salomón, los dioses de las esposas extranjeras de Salomón que habían sido llevados a Jerusalén, y especialmente la creación de becerros o toros en los dos templos del norte (Bet-el y Dan) muestran la continua influencia de la religión cananea sobre Israel. Ver 1 Rey. 18-19.

En Canaán los israelitas hallaron a un pueblo que tenía una historia memorable y una religión floreciente. Un largo proceso histórico llevó a la eliminación del baalismo y de otros elementos de la religión cananea. La lucha israelita con la religión cananea proporcionó renovada y profunda fe en Israel.

CANANISTA Frase identificatoria para el apóstol Simón (Mat. 10:4; Mar. 3:18). Otras referencias en el NT lo mencionan como Simón el zelote (Luc. 6:15; Hech. 1:13). "Cananista" probablemente sea el equivalente arameo del griego "zelote". Ver *Apóstoles, Discípulos; Zelote.*

CANASTO, CESTA Recipientes tejidos o trenzados, de varias formas y tamaños, hechos de caña, red u hojas. Se utilizaban para llevar comida (Gén. 40:16-18), para cosechar cereales (Deut. 26:2; 28:5), para llevar cargas pesadas como por ejemplo barro para ladrillos o hasta las cabezas de los 70 hijos de Acab que le fueron entregadas a Jehú (2 Rey. 10:7). También se mencionan canastas para el almuerzo (Mat. 14:20; 15:37). Pablo usó una gran canasta para escapar por sobre el muro de Damasco (Hech. 9:25).

CANCILLER Título de un funcionario real persa que vivía en Samaria y ayudaba en la administración de la provincia persa; no era el cargo provincial más alto, o sea el gobernador. Ver Esd. 4:8-9,17.

CANDACE Más que nombre, era el título de la reina de Etiopía (Hech. 8:27).

CANE Ciudad en el norte de Siria; socia comercial de Tiro (Ezeq. 27:23) conocida por sus caballos y esclavos; probablemente la ciudad llamada Kannu en documentos asirios.

CANON Ver *Biblia, Formación y canon de.*

CANTARES DE SALOMÓN Colección de poemas románticos que constituyen el vigésimo segundo libro del AT, y que aparece en los escritos hebreos; el título hebreo, "Cantar de los Cantares de Salomón," significa las mejores canciones de Salomón. Se debate que el título signifique que Salomón sea el autor. Una tradición rabínica antigua (*Baba Bathra 15a*) atribuye Cantares a Ezequías y sus escribas (comp. Prov. 25:1).

Debido a su lenguaje erótico y a la dificultad de su interpretación, los rabinos cuestionaron el lugar de los Cantares de Salomón en el canon. El concepto griego del cuerpo como algo malo llevó a muchos intérpretes a encontrar en Cantares una alegoría del amor sagrado entre Dios e Israel, Cristo y la iglesia, o Cristo y el alma. Con pocas excepciones, las interpretaciones alegóricas de Cantares han prevalecido durante la mayor parte de la historia de la iglesia.

En el período moderno, la mayoría de los eruditos ha retornado a una interpretación literal de Cantares. Un enfoque reciente y prometedor es consciente de los paralelos con la poesía de amor egipcia, pero muestra que Cantares expresa una perspectiva bíblica singular del amor sexual. Al igual que Gén. 2:23-25, Cantares celebra el don divino del amor corporal entre un hombre y una mujer. Aquí se despliegan la sabiduría y abundancia del Creador. De modo que es mejor considerar a Cantares como un ejemplo de la poesía sapiencial de Israel (comp. Prov. 5:15-20; 6:24-29; 7:6-27; 30:18-20). El *principal* propósito de Cantares es celebrar más que instruir. No obstante, uno puede leer entre líneas la sabiduría bíblica sobre el amor. "Fuerte es como la muerte el amor. . . . Las muchas aguas no podrán apagar el amor. . . . Si diese el hombre todos los bienes de su casa por este amor, de cierto lo menospreciarían" (8:6-7). El amor tiene un tiempo y lugar justos (3:5). Todos los aspectos del amor desfilan delante de nosotros: momentos de unión y separación, éxtasis y angustia, anhelo y satisfacción.

Finalmente, hay cierta validez en la larga historia de interpretación que ha visto en el amor puro de Cantares un reflejo del amor divino-humano (comp. Ef. 5:21-32; Cant. 3:6-11; y la tipología mesiánica de Sal. 45). No obstante, este paralelo no debe ser forzado al punto de alegorizar detalles del poema. Ver también *Alegoría; Sabiduría.*

CÁNTARO (1) Recipiente para llevar agua, usualmente de arcilla aunque algunos eran de piedra (Juan 2:6). Los cántaros grandes almacenaban agua (1 Rey. 18:34; Juan 2:6); otros más pequeños podían llevarse sobre los hombros de una mujer (Juan 4:28). El agua también se acarreaba en cueros de animales. Ver *Alfarería; Vasijas, recipientes y utensilios.* (2) Ver *Pesos y medidas.*

CÁNTICO Ver *Himnos.*

CAOS Condición de vacuidad, desorden y desolación.

El caos está definido por el desorden primitivo que precedió a la actividad creadora de Dios. Cuando las "tinieblas estaban sobre la faz del abismo", Dios destruyó las fuerzas de la confusión (Gén. 1:2). A través de las Escrituras, al caos se lo personifica como el principal oponente de Dios. En antiguas leyendas semitas, había un terrible monstruo del caos llamado Rahab (el orgulloso), leviatán (la criatura-dragón deforme) o Yam (el mar rugiente). Ver *Rahab; Leviatán.*

El tema del caos está implícito en el NT cuando se describe la victoria de Dios en Cristo (Mar. 4:35-41; 6:45-52; Juan 6:16-21; Apoc. 21:1).

CAPADOCIA Provincia romana en Asia Menor al sur de Ponto, que se extendía unos 500 km (300 millas) al este hacia Armenia, con Cilicia y los montes Tauro al sur (Hech. 2:9; 1 Ped. 1:1). Aunque es terreno montañoso, la población eminentemente rural lograba buenas cosechas, y criaba ganado y caballos. Cuando Pedro predicó en Pentecostés, en Jerusalén había judíos de Capadocia.

CAPERNAUM (*"aldea de Nahum"*) Base de operaciones de Jesús (Mat. 9:1; Mar. 1:21; 2:1); hogar de Pedro, Andrés, Mateo, y tal vez Jacobo y Juan; centro económico en Galilea con puesto aduanero e instalaciones militares comandadas por un centurión; tell Hum en la costa noroeste del mar de Galilea, aprox. 4 km (2,5 millas) al oeste de la entrada al Jordán.

CAPITEL Término de arquitectura que indica una estructura de poco más de 3 m (10 pies) que se colocaba sobre la cabeza de las columnas (1 Rey. 7:16), o bien la base sobre la que se situaba la estructura. En Ex. 36:38; 38:17,19,28 RVR 1960 traduce la palabra hebrea para hablar de "cabeza" con el vocablo "capitel", mientras que un término hebreo distinto también es traducido de la misma manera en 2 Crón. 3:15.

CARBUNCLO Ver *Minerales y metales.*

CÁRCEL, PRISIÓN El encarcelamiento como castigo legal no aparece en los antiguos códigos legales. La ley de Moisés permitía un lugar de custodia hasta que se decidiera el caso (Lev. 24:12; Núm. 15:34). Recién en el período persa la Biblia menciona el encarcelamiento como castigo por quebrantar la ley religiosa (Esd. 7:26). La Biblia da muchos ejemplos de prisioneros políticos (Gén. 39:20; 40:3; 2 Crón. 16:10; 1 Rey. 22:26-27). La verdadera prisión en que Jeremías fue colocado inicialmente era una casa privada reformada (Jer. 37:15). Fue confinado en una mazmorra subterránea (Jer. 37:16), quizás una cisterna transformada, y más tarde en el "patio de la cárcel" (Jer. 37:20-21). Allí estaba disponible para consulta con el rey (Jer. 38:14,28), podía hacer negocios (Jer. 32:2-3,6-12) y podía hablar con libertad (Jer. 38:1-4).

Los profetas fueron encarcelados por denunciar la política real (2 Crón. 16:10), por predecir cosas malas para el rey (1 Rey. 22:26-27), y por ser sospechosos de colaborar con el enemigo (Jer. 37:11-15). Los prisioneros políticos en las prisiones asirias y babilónicas incluían a reyes de naciones rebeldes (2 Rey. 17:4; 24:15; 25:27; Jer. 52:11). Sansón llegó a ser prisionero en una cárcel filistea (Jue. 16:21). A los prisioneros de guerra generalmente se los mataba o vendía como esclavos.

Los prisioneros soportaban raciones magras (1 Rey. 22:27) y trabajo forzado (Jue. 16:21). En algunos casos, eran encerrados y torturados con calabozo y cepo (2 Crón. 16:10; Jer. 29:26). La vida en prisión se transformó en un símbolo de opresión y sufrimiento (Sal. 79:11). La liberación de la prisión proveyó de un cuadro de restauración o salvación (Sal. 102:20; 142:7; 146:7; Isa. 61:1; Zac. 9:11-12).

En tiempos del NT, las personas podían ser encarceladas por no pagar una deuda (Mat. 5:25-26; Luc 12:58-59), por criticar al rey (Luc. 3:19-20), por insurrección política y acciones criminales (Luc. 23:19,25), así como por ciertas prácticas religiosas (Luc. 21:12; Hech. 5:18-19; 8:3). Pedro estuvo bajo fuertes medidas de seguridad, que consistían en cadenas, múltiples guardias y puertas de hierro (Hech. 12:5-11; comp. 16:23-24).

Pablo, quien había apresado a otros (Hech. 8:3; 22:4; 26:10), frecuentemente estuvo en prisión (Hech. 23:16-18,35; 24:23; 2 Cor. 11:23). Mientras aguardaba juicio en Roma, permaneció bajo guardia permanente en un tipo de arresto domiciliario (28:16-17,30), donde pagaba sus propios gastos y tenía libertad para recibir visitas y predicar el evangelio "abiertamente y sin impedimento" (Hech. 28:30-31). Pablo consideraba que su encarcelamiento era por causa de Cristo (Ef. 3:1; 4:1; Fil. 1:13-14; Filem. 1,9).

La preocupación por los prisioneros es una virtud que Cristo espera de cada discípulo (Mat. 25:36,39,43-44). Satanás será encarcelado durante el milenio (Apoc. 20:1-3,7).

CARNAL Relacionado con apetitos y deseos de la carne o mundanos, en contraposición con los deseos piadosos y espirituales. La naturaleza humana básica es carnal, entregada al pecado, y por lo tanto está en el reino de la muerte y es incapaz de observar la ley espiritual de Dios (Rom. 7:14). Ver *Cuerpo; Carne.* Hasta los miembros de la iglesia pueden ser carnales si sólo son niños en Cristo (1 Cor. 3:1-4). Ver Heb. 7:16; 9:10; 1 Ped. 2:11.

CARNE Término con significado literal y para representar la dedicación humana a los deseos físicos por sobre la obediencia a Dios. Carne a menudo se refiere a la parte muscular del cuerpo humano (Gén. 2:21; Job 10:11) y de animales (Deut. 14:8; 1 Cor. 15:39). Aun cuando esté muerta, una persona sigue siendo carne (1 Sam. 17:44) hasta que el cuerpo regresa a la tierra como polvo (Ecl. 12:7).

Los seres humanos usan carne de animales para comida (Gén. 9:3-4; 1 Sam. 2:13,15), mientras que por otro lado la carne humana puede llegar a ser comida por animales (Gén. 40:19; Apoc. 19:17-18). La carne de animales se usaba para sacrificios (Ex. 29:31).

"Carne" puede denotar el cuerpo humano en su totalidad (Jue. 8:7; 1 Rey. 21:27; Ef. 5:29; Heb. 9:13) o puede denotar una parte, especialmente al referirse a los órganos sexuales (Gén. 17:14; Gál. 6:13; Ef. 2:11; Fil. 3:3; Col. 2:13; comp. Lev. 15:2,3,7,19). "Toda carne" se refiere a toda la humanidad (Joel 2:28) o a la creación humana y la animal (Gén. 6:17; 7:16; Lev. 17:14). "Hueso de mis huesos y carne de mi carne" (Gén. 2:23; comp. 29:14) denota parentesco entre Adán y Eva, que llegaron a ser una carne (Gén. 2:24; Mat. 19:5; 1 Cor. 6:16; Ef. 5:31).

Pablo habló de sus sufrimientos por Cristo diciendo que era sufrimiento en la "carne" (Col. 1:24). Carne y corazón es la persona toda (Hech. 2:26-27). "Carne" es la humanidad creada en su estado natural, no automáticamente pecaminosa sino débil, limitada y temporal, y por lo tanto vulnerable al pecado (Gén. 3:5; Mat. 26:41; Mar. 14:38).

Quienes siguen los impulsos de la carne, viven "en las cosas de la carne" (Rom. 8:5), dan lugar a pasiones pecaminosas, y producen obras contrarias a Dios y a su ley divina (Rom. 8:5-7; Gál. 5:16-17,19-21,23-24; comp. 1 Juan 2:16; 1 Ped. 4:2; 2 Ped. 2:10). La persona en su carne no puede discernir la revelación que Dios hace de sí mismo (Mat. 16:17; Gál. 1:13-24). La carne sirve como base de operaciones del pecado (Rom. 7:8,11) y así esclaviza a una persona al pecado (Rom. 6:15-23; 7:25). Las personas dominadas por la carne son hijos de ira (Ef. 2:3) y no pueden heredar el reino de Dios (1 Cor. 6:9-10; Gál. 5:19-21; Ef. 2:11-12; 5;5).

Cristo se hizo una persona de carne y sangre (Juan 1:14; Rom. 8:3; Heb. 4:15) para redimir a aquellos que están en el pecado de la carne. Él no cedió a los deseos de la carne. Los creyentes permanecen físicamente "en" la carne, pero no viven "según" la carne (Gál. 2:20; Fil. 1:22-24), pues no están en la carne sino en el Espíritu (Rom. 8:6-17; Gál. 5:24). Ver *Antropología; Cuerpo.*

CARNE Y ESPÍRITU Sustancia material y sustancia inmaterial. La "carne" no es un concepto malo sino que parte del diseño artístico de Dios (Gén. 2:21), parte de lo que Dios consideró "bueno en gran manera" (Gén. 1:31). Génesis 2:24 sugiere que el

hombre y su esposa se convertirían en "una sola carne", lo que aparentemente indica tanto unión sexual como psicológica.

Aun así, frecuentemente la Biblia contrasta la carne con el espíritu. Después que nuestros primeros padres pecaron, toda la descendencia que siguió nació con una tendencia hacia el mal que se manifiesta particularmente en la carne (Mar. 14:38). No debemos cumplir "los deseos de la carne" (1 Juan 2:16) ya que "el deseo de la carne es contra el Espíritu" (Gál. 5:17). Andar en obediencia al Espíritu Santo, que vive en el espíritu de la persona que ha nacido dos veces, es la única manera de no permitir que nos gobierne la carne (Gál. 5:16). La carne nunca debe regir la vida espiritual de los seres humanos, sino que debe estar sujeta a los propósitos y metas espirituales.

Algunos cristianos son carnales (1 Cor. 3:1; comp. Rom. 8:7); esto quiere decir que mientras por un lado han sido salvos, no obstante están gobernados ante todo por sus deseos carnales y no por el Espíritu. Ver *Antropología; Carne; Espíritu.*

CARPINTERO Oficio que Jesús elevó a un lugar de honor (Mar. 6:3). Ver *Ocupaciones y profesiones en la Biblia.*

CARQUEMIS (*"fuerte de Quemos"*) Centro del reino heteo tardío; importante ciudad en la ribera occidental en el gran recodo del río Éufrates; punto de cruce en la ruta comercial internacional; la moderna Jerablus, mayormente en el lado turco del moderno límite turco-sirio.

El faraón Necao II de Egipto fue a Carquemis para salvar al remanente del ejército asirio. Llegó demasiado tarde para salvar a los asirios, tal vez demorado por el fallido reto de Josías en Meguido (2 Crón. 35:20-24).

Nabucodonosor derrotó a Necao en Carquemis, y así obtuvo autoridad sobre toda el Asia occidental (Jer. 46:2-12).

CARRERA (PROFESIONAL) Por regla general, durante el período bíblico los hijos se dedicaban al mismo tipo de trabajo que sus padres. Sin embargo, en forma ocasional Dios elegía carreras específicas para las personas, haciendo que dejaran la ocupación familiar y se dedicaran a servirlo a Él en forma directa (por ej. Ex. 3:10; 1 Sam. 16:1-13; 1 Rey. 19:19-21; Amós 7:14-15; Mar. 1:16-20).

La Biblia defiende todo tipo de trabajo que sea honesto y positivo (Tito 3:1; comp. Gén. 2:15; Neh. 2:18) y no contradiga el evangelio (Hech. 16:16-18; 19:23-27). Todo trabajo se debe realizar en el nombre de Jesús (Col. 3:17) y para gloria de Dios (1 Cor. 10:31), como si Dios mismo fuera el empleador (Col. 3:23). Y esto es así ya sea que uno trabaje como obispo, algo que Pablo consideraba "buena obra" (1 Tim. 3:1), o en un trabajo que no sea tenido en alta estima por el mundo (comp. la actitud egipcia hacia la ganadería en Gén. 46:34). Por este motivo Dios se interesa más por la actitud que tengamos hacia el trabajo que por la tarea en particular (Ecl. 9:10; Col. 3:23).

Dios desea que alcancemos nuestro potencial. Por esta razón Él dirige a las personas para que éstas elijan carreras (Sal. 73:24) que se ajusten a sus habilidades y a las áreas específicas de sus dones (comp. Ex. 39:43).

CARRO, CARRETA Vehículo con dos o cuatro ruedas de madera tirado por bueyes y usado para transportar gente y mercaderías (Gén. 45:17-21); algunas veces se usaban como instrumentos de guerra (Ezeq. 23:24). Ver *Transporte y viajes*.

CARROS Vehículos terrestres de dos ruedas, fabricado de madera y trozos de cuero, generalmente tirado por caballos y usado más que nada en las batallas como plataforma móvil para disparar; muy utilizado en Mesopotamia antes del 3000 a.C., e introducido en Canaán y Egipto (Gén. 41:43; 46:29; 50:9) por los hicsos aprox. entre el 1800-1600 a.C. También se usaban en la caza, para el transporte de dignatarios (Hech. 8:26-38) y en ceremonias del estado y religiosas. Los carros de hierro de los filisteos estaban fortificados con planchas de metal, lo cual los hacía militarmente más fuertes que los de los israelitas (Jue. 1:19; 4:3,13-17; 1 Sam. 13:5-7). Los carros se convirtieron en parte importante del ejército de Salomón y de sus cuestiones comerciales (1 Rey. 4:26; 9:15-19; 10:28-29). Los registros asirios muestras que Acab llevó 2000 carros a la batalla de Qarqar (853 a.C.). Ver *Armas y armadura*.

CARTA Mensaje escrito enviado como medio de comunicación entre personas a quienes separa la distancia (2 Sam. 11:14-15; 1 Rey. 21:8-11; 2 Rey. 5:5-6; 10:1-7; 19:8-14; 20:12; 2 Crón. 30:1-6; Hech. 9:1-2; 15:22-23; 22:5; comp. Esd. 4:17; 5:7; Neh. 2; 6; Est. 3; 8-9; Hech. 23:16-35; 28:21; 1 Cor. 16:3; 2 Cor. 3:1-2). Jeremías 29 es una carta con palabras de exhortación y aliento de parte de un profeta remoto.

Pablo expandió su ministerio escribiendo cartas a lugares en los que había estado y a lugares que esperaba visitar. Los críticos de Pablo en Corinto lo acusaron de ser más valiente y destacado en sus cartas que en su ministerio personal. Pablo negó la acusación. Él consideraba que sus cartas eran congruentes con lo que hubiera dicho si hubiera estado en persona en el lugar (2 Cor. 10:9-11). La mayoría de las cartas de Pablo estaban dirigidas a iglesias (notar Col. 4:16). Y hasta las cartas que dirigió a individuos tenían como objetivo ministrar a las iglesias. La epístola a Filemón incluye a la iglesia en el saludo inicial (Filem. 1-2). El Imperio Romano contaba con servicio postal, pero no incluía las cartas personales. Por lo tanto, las cartas de Pablo eran llevadas por mensajeros (ver Fil. 2:25; Col. 4:7-8). Segunda Pedro 3:15-16 menciona la dificultad de algunos para entender las cartas de Pablo. Otras cartas del NT incluyen 1, 2 Pedro y Judas. Santiago contiene un saludo, pero no hay otro elemento que sea común a las cartas. Hebreos termina como una carta. En 2 y 3 Juan aparece claramente el formato de una carta, pero no sucede con la misma claridad en 1 Juan. Apocalipsis fue enviada a iglesias de Asia (Apoc. 1:4). Los capítulos 2 y 3 contienen cartas a estas iglesias de parte del Señor resucitado.

CARTA DE DIVORCIO Ver *Familia; Divorcio*.

CASA Lugar donde viven las personas, por lo general en una unidad de "familia extendida" que asimismo recibía el nombre de "casa". Abraham dejó Mesopotamia, donde vivía en casas hechas de ladrillos de barro (comp. Gén. 11:3), para morar en tiendas (Heb. 11:9). Las tiendas se hacían de pelo de cabra y eran apropiadas para la vida nómada. Cuando Josué conquistó Canaán, Israel empezó a edificar casas como los cananeos.

En las tierras bajas del valle del Jordán, las casas se construían de ladrillos de barro porque no había suficiente piedra. En las zonas montañosas se utilizaban piedras del lugar. Las casas de los pobres eran pequeñas y modestas; generalmente tenían de una a cuatro habitaciones, y casi siempre había un patio en el lado este de la casa de modo que los vientos del oeste, los más frecuentes, alejaran el humo de la casa. En este patio la familia preparaba la comida en un horno de barro, guardaba vasijas, hacía ropa y alfarería, y guardaba los animales.

En razón del calor en verano y el frío en invierno, las casas se construían con muy pocas ventanas, y a veces con ninguna. Esto también proporcionaba más protección de los intrusos, pero al mismo tiempo las casas eran oscuras y no tenían atractivo. La única manera de escapar del interior lúgubre y confinado era el patio y, especialmente, el techo plano. Aquí las mujeres de la casa podían realizar muchas de sus tareas diarias —lavar, hilar, secar higos y dátiles, y hasta cocinar. Así podían disfrutar de brisas frescas en el calor del día y podían dormir en el verano (Hech. 10:9; comp. 2 Rey. 4:10). Los pobres no contaban con el espacio ni el dinero para tener muebles. Comían y dormían sobre colchonetas que se podían enrollar. La mayoría de los pisos eran de tierra apisonada, aunque a veces eran de un emplasto de lodo y cal, y ocasionalmente de trozos de piedra caliza. El techo se sostenía con vigas puestas a través de la parte superior de las estrechas habitaciones, y luego se cubrían con ramas y lodo apretado para formar una superficie firme y lisa. El paralítico de Capernaum fue bajado hasta Jesús por una abertura en uno de estos techos (Mar. 2:4; estaba cubierto con tejas, Luc. 5:19). Los israelitas debían construir una baranda alrededor del techo para evitar caídas (Deut. 22:8).

Las familias adineradas construían casas más grandes y a veces usaban piedras labradas. Las amueblaban con sillas, mesas y sillones que a la vez se usaban como camas. En tiempos del NT los ricos podían cubrir sus pisos con hermosos mosaicos y adornar con bellos frescos las paredes revocadas.

Para esta época muchas de las casas con influencia romana incluían atrios, que enfatizaban la idea de pasar tiempo en el exterior de la casa, algo que ya se había comenzado a hacer en patios y sobre techos. En los tiempos de la Biblia se construyeron casas de dos pisos; y al piso superior se llegaba por una escalera exterior.

CASA DE INVIERNO Parte de un palacio o casa separada que tenían los ricos y estaba calefaccionada y por lo tanto era más cálida que el resto de la casa (Jer. 36:22), o bien estaba construida en una región más cálida. Ver Amós 3:15.

CASA PATERNA Nombre que en el antiguo Cercano Oriente se le daba a toda la familia extendida, y que reflejaba una organización social donde un varón era cabeza de toda la familia. La casa paterna o casa del padre podía designar a los clanes o familias dentro de una tribu (Ex. 6:14-25) o incluso a toda una tribu (Jos. 22:14). "Casa de Jacob" (Ex. 19:3; Amós 3:13), "casa de Israel" (Ex. 40:38) y "casa de Isaac" (Amós 7:16) son designaciones para la nación de Israel y hacen alusión a la casa del padre.

En Juan 2:16, "la casa de mi padre" designa al templo, que a su vez equivalió al cuerpo de Cristo (2:21). La referencia a "la casa de mi padre" como un lugar de muchas moradas (14:2) se puede explicar de dos maneras. Casa se puede entender como un lugar o una familia. En los salmos, el templo es la casa de Dios donde esperan morar los justos (23:6; 27:4). De modo que hay un paso muy corto hasta llegar a la idea del cielo como la morada de Dios donde hay abundante lugar para los discípulos. Si casa se entiende como familia, el enfoque está en la comunión con Dios. En contraste con lo que sucede con los siervos, un hijo mora en la casa paterna (Juan 8:35).

CASIA Ver *Plantas en la Biblia.*

CASTIDAD Pureza santa que se exigía del pueblo de Dios, en especial en alusión a la pureza sexual de la mujer; originalmente "casto" hacía referencia a la pureza santa de las deidades. Ver *Pureza.*

CASTIGO Acto de disciplina con el propósito de instruir y causar la clase de arrepentimiento (Jer. 31:18-19) que cambia el comportamiento. Las personas tienen temor de pasar por la experiencia del airado castigo de Dios (Sal. 6:1; 38:1). Sin embargo, el Padre debe corregir a sus hijos (2 Sam. 7:14; comp. Deut. 8:5; 21:18; Prov. 13:24; 19:18). El castigo de Dios lleva a la sanidad (Job 5:17-18; comp. Prov. 3:11; Heb. 12:5). Dicho castigo es algo que escoge Dios, no los seres humanos (Os. 10:10; comp. 7:12), y muestra su amor (Apoc. 3:19) a la vez que nos aleja del castigo eterno (1 Cor. 11:32; comp. Deut. 11:2; Sal. 94:12; Heb. 12:10). El castigo procura bendición (Sal. 94:12; 118:18). El Siervo sufriente ha cargado con nuestro castigo para que nosotros no tengamos que sufrirlo (Isa. 53:5).

CASTIGO CORPORAL La Biblia enseña que el castigo corporal puede tener un papel importante en la corrección de la mala conducta (Prov. 20:30). Proverbios anima a los padres a "usar la vara" con sensatez en la crianza de sus hijos (Prov. 13:24; 22:15; 23:13-14).

En la Biblia aparecen otros ejemplos de castigo corporal. Gedeón hirió a los hombres de Sucot con espinos y abrojos porque se habían negado a ayudarlo a perseguir a los reyes madianitas Zeba y Zamuna (Jue. 8:16). Dios declaró que si el hijo de David obraba mal, estaría sujeto a castigo "con azotes de hijos de hombres" (2 Sam. 7:14), un uso figurado del castigo corporal para referirse a sujeción a enemigos. La ley de Moisés reglamentaba la severidad del castigo por un delito (Deut. 25:1-3).

La Biblia reconoce que el castigo corporal, así como otras formas de disciplina, resulta más eficaz si se recibe con un espíritu dispuesto y sumiso. Proverbios 17:10 indica que una persona necia no prestará atención ni con cien azotes.

CASTIGO ETERNO   Juicio continuo y eterno. Todos los "castigos" en el AT fueron ejecutados en un marco histórico (por ej. plagas, guerra, hambruna, enfermedad, exilio).

El destino eterno de la creación y de los seres humanos está ligado a la predicación del evangelio y, por lo tanto, a la muerte de Jesús, su resurrección y su prometido regreso (Heb. 6:2). Lo contrario de "vida eterna" — "castigo eterno"— se considera que es "fuego eterno", la "muerte segunda" o una "destrucción eterna". La imagen habla de sufrimiento sin fin, pérdida, condenación y separación de la presencia de Dios. Dicho trauma del fin de los tiempos es lo que le espera al diablo, a los poderes angélicos que se oponen a Dios (Mat. 24:41; Jud. 6; Apoc. 19:3) y a los seres humanos que voluntariamente continúan en "pecado", una decisión que demuestra solidaridad con los poderes de la maldad (Mat. 25:36; Mar. 3:29; Jud. 13; Apoc. 14:11). El evangelio es una revelación presente e histórica de la justicia y la ira del fin de los tiempos (Rom. 1:16-17). Cuando aparezca Jesús, todo el mal será destruido y todos los seres humanos que continuaron en oposición a Dios han de recibir su sentencia eterna (2 Tes. 1:9). Ver *Escatología; Infierno.*

CÁSTOR; PÓLUX Gemelos hijos de Júpiter o Zeus que supuestamente guardaban a los marineros; la insignia del barco que llevó a Pablo de Malta a Roma (Hech. 28:11).

CAUTIVERIO Exilio de Israel en Babilonia entre el 597 y el 538 a.C. Ver *Exilio.*

CAZA, CAZADOR Matar animales salvajes para comer o como pasatiempo. La caza era una importante fuente de alimentos suplementaria, especialmente en la época seminómada de la civilización: Nimrod, Gén. 10:9; Ismael, 21:20; Esaú, 25:27. La sangre del animal que se cazaba debía vertirse en tierra (Lev. 17:13; comp. Deut. 14:3).

Las armas del cazador eran el arco y las flechas (Gén. 21:20; 27:3), redes (Job 18:8; Ezeq. 12:13), mallas (Job 18:8), lazo, trampa y cuerdas (Job 18:9-10). Terror, foso y red (Isa. 24:17-18; ver también Jer. 48:43-44) tal vez aluda al método "Battue" para la caza en que un grupo forma un cordón y golpea la tierra, haciendo que el animal quede en un área cerrada, en un foso o una red. Antiguos tallados egipcios muestran tales métodos de caza.

Jeremías describe a Dios cazando a los exiliados esparcidos por todas partes a fin de hacerlos regresar a Israel (Jer. 16:16). Saúl persiguió a David a la manera de un cazador (1 Sam. 24:11). Los fariseos se complotaron contra Jesús "para sorprenderle" (Mat. 22:15), "acechándole, y procurando cazar…" (Luc. 11:54). El diablo nos tiende un lazo (1 Tim. 3:7; 2 Tim. 2:26). Las mujeres que practicaban artes mágicas eran cazadoras que cazaban las almas (Ezeq. 13:17-23). Miqueas 7:2 describe a los infieles que se cazan unos a otros con red. Proverbios 6:5 nos exhorta a escapar de la maldad así como la gacela escapa del cazador.

CEBADA Cereal por el que era famosa Palestina (Deut. 8:8); comida de los pobres (Rut 3:15,17; 2 Sam. 17:28; 2 Rey. 4:42; 7:1,16,18; 2 Crón. 2:10,15; 27:5; Jer. 41:8). Cuando había problemas con la cosecha de la cebada, se consideraba que había desastre (Joel 1:11; ver Jue. 7:13; Ezeq. 4:12; Juan 6:9,13; 1 Rey. 4:28). Existía una variedad de primavera (*Hordeum vulgare*) y una variedad de invierno (*Hordeum hexastichon*). Ver *Agricultura*; *Plantas en la Biblia*.

CEBADA, COSECHA DE La siega (Rut 2:23) comenzaba a fines de abril o principios de mayo; precedía en dos semanas a la cosecha del trigo (Ex. 9:31-32); cuando comenzaba se ofrecían las primicias a fin de consagrar a Dios la cosecha (Lev. 23:10).

CEDAR (*"poderoso"* o *"moreno"* o *"negro"*) (1) Segundo hijo de Ismael y nieto de Abraham (Gén. 25:13; 1 Crón. 1:29). (2) Tribu árabe que descendía de Cedar; vivía al sur de Palestina y al este de Egipto (Gén. 25:18); nómadas; vivían en tiendas (Sal. 120:5; Cant. 1:5); criaban ovejas y cabras (Isa. 60:7; Jer. 49:28-29,32) y camellos, que vendían incluso a lugares lejanos como Tiro (Ezeq. 27:21); gobernados por príncipes (Ezeq. 27:21); guerreros famosos, en especial flecheros (Isa. 21:16-17).

CEDES (*"lugar sagrado"* o *"santuario"*) (1) Ciudad en el sur de Judá (Jos. 15:23). Probablemente Cades-barnea. Ver *Cades-barnea*. (2) Pueblo cananeo en el este de Galilea a quien Josué venció (Jos. 12:22); asignado a Neftalí (Jos. 19:32,37; comp. Jue. 4:6) para los levitas (Jos. 20:7; 21:32); también se la llama Cedes de Galilea; khirbet Qedish, unos 3 km (2

millas) al sur de Tiberias. Cedes de Neftalí era el lugar originario de Barac (Jue. 4:6) y el lugar donde Débora y Barac reunieron sus fuerzas para la batalla (Jue. 4:1-10; comp. 4:21; 5:24-27). Tiglat-pileser III tomó Cedes de Neftalí durante el reinado de Peka de Israel. Sus habitantes fueron exiliados a Asiria (2 Rey. 15:29). (3) Ciudad levítica en Isacar (1 Crón. 6:72), también llamada Cisón (Jos. 21:28); tal vez tell Abu Qudeis, unos 3 km (2 millas) al sudeste de Meguido.

CEDRO Ver *Plantas de la Biblia*.

CEFAS Ver *Pedro*.

CEGUERA Incapacidad para ver; muy común en los tiempos bíblicos. El sufrimiento de la persona ciega se hacía peor con la creencia tan generalizada de que la aflicción era resultado del pecado (Juan 9:1-3).

Los ciegos tenían muy pocas oportunidades de ganarse la vida, y con frecuencia se hacían mendigos (Mar. 10:46). Un ciego no podía ser sacerdote (Lev. 21:18). Ver Deut. 27:18; Lev. 19:14.

La causa más común de la ceguera eran las infecciones. El tracoma probablemente haya sido prevaleciente en tiempos antiguos. La lepra también podía causar ceguera. Prácticamente no había tratamientos eficaces para aquellos que sufrían de enfermedades en los ojos y de ceguera. Jesús sanó a muchos ciegos (Mat. 9:27-31; 12:22; 20:30-34; Mar. 10:46-52; Juan 9:1-7).

La Biblia habla de la ceguera espiritual como el gran problema humano (Isa. 42:19; 56:10; Mat. 15:14; 23:16-26). Jesús vino para revertir la situación, y dejó en claro quiénes tenían vista espiritual y quiénes estaban ciegos espiritualmente (Juan 9:39-41; comp. 2 Ped. 1:5-9; Apoc. 3:17). El "dios de este mundo" ciega a las personas (2 Cor. 4:4; 1 Juan 2:11).

CELIBATO Voto de abstención del matrimonio. Jesús dijo que algunos se habían hecho eunucos en razón del reino, y que los que podían, debían hacerlo (Mat. 19:12). Esta declaración tradicionalmente se ha interpretado como una referencia al celibato (ver *Eunuco*). Pablo aconsejó a los solteros que permanezcan solteros (1 Cor. 7:8; pero notar 1 Tim. 4:1-3).

CELOS Intolerancia de rivalidad o de infidelidad; actitud que sospecha rivalidad o infidelidad; hostilidad o envidia para con un rival o para con alguien que se presume goza de ventajas. Dios es celoso para con su pueblo Israel; es decir, Dios no tolera que haya dioses rivales (Ex. 20:5; 34:14; Deut. 4:24; 5:9). Una manifestación de que Dios es celoso para con su pueblo es la manera en que Dios lo protege de los enemigos. Es así que los celos de Dios incluyen vengar a Israel (Ezeq. 36:6; 39:25; Nah. 1:2; Zac. 1:14; 8:2). A Finees se lo describe diciendo que era celoso con los celos de Dios (Núm. 25:11,13). A Elías también se lo caracteriza diciendo que era celoso para con las cosas de Dios (1 Rey. 19:10,14). En el NT Pablo habla de su celo divino por los cristianos en Corinto (2 Cor. 11:2).

En Núm. 5:11-30 vemos el proceso por el cual un esposo podía poner a prueba a su esposa si sospechaba que ésta le había sido infiel. Los hermanos de José tuvieron celos de él (Gén. 37:11) y lo vendieron como esclavo (Hech. 7:9). Un grupo celoso de entre los judíos incitó a la multitud contra Pablo (Hech. 17:5). Los celos, así como la envidia, aparecen en las listas de vicios (Rom. 13:13; 2 Cor. 12:20; Gál. 5:20-21). Se considera que los celos son peores que la ira o el enojo (Prov. 27:4). Santiago consideró que los celos (o la envidia con amargura) son una característica de la sabiduría terrenal y demoníaca (3:14)

y además la fuente de todo desorden y maldad (3:16). Ver *Envidia*.

CELOSÍA Ventana con obra de enrejado (Jue. 5:28; Prov. 7:6). Los arqueólogos han encontrado este tipo de ventanas en palacios reales.

CENA DEL SEÑOR Un recordatorio que celebraba la iglesia primitiva en conmemoración de la muerte de Jesús en sacrificio por el pecado de la humanidad. La forma en que debía observarse fue establecida por el Señor en la última cena cuando simbólicamente Él se ofreció como el cordero pascual para expiación. Su muerte el día siguiente cumplió la profecía. Sólo Pablo utiliza la expresión "Cena del Señor" (1 Cor. 11:20), aunque hay una alusión a ella en Apoc. 19:9 "la cena de las bodas del Cordero". Los padres de la iglesia comenzaron a llamar a esta ocasión la "Eucaristía" (es decir, "acción de gracias"), palabra que tomaron de la bendición sobre el pan y el vino aprox. en el 100 d.C. Las distintas iglesias celebran regularmente la Cena del Señor como señal del nuevo pacto que fue sellado con la muerte y la resurrección de Cristo. Ver *Ordenanzas*.

CENAZ (1) Nieto de Esaú; jefe de los edomitas (Gén. 36:11,15). (2) Padre de Otoniel (Jos. 15:17; Jue. 1:3); hermano de Caleb (1 Crón. 4:13). (3) Nieto de Caleb e hijo de Ela (1 Crón. 4:15).

CENCREA Ciudad portuaria oriental en Corinto, 11 km (7 millas) al este de la ciudad sobre el golfo Sarónico (Hech. 18:18; Rom. 16:1).

CENEOS (*"herrero"*) Tribu nómada de la zona montañosa sudeste de Judá, probablemente herreros, cuya tierra Dios le prometió a Abraham (Gén. 15:19). Balaam profetizó ruina y cautiverio para este pueblo (Núm. 24:21-22). A Jetro, suegro de Moisés, se lo llama "sacerdote de Madián" (Ex. 3:1) y se lo describe como ceneo (Jue. 1:16). Ver 1 Sam. 15:6; 1 Crón. 2:55.

CENEZEOS Clan al que, de acuerdo a la promesa de Dios, Israel despojaría de su tierra (Gén. 15:19); antes de la conquista vivían en el Neguev. La tribu de Judá absorbió a parte de los cenezeos, y lo mismo hizo Edom.

CENIZAS Residuo de lo que se quemaba, asociado con sacrificios, luto, ayuno y destrucción divina. El dolor, la humillación y el arrepentimiento se expresaban con cenizas sobre la cabeza o sentándose sobre ceniza. A veces la ceniza que quedaba luego de ofrecer un sacrificio se usaba en las ceremonias de purificación.

CENSO Recuento de una población para propósitos impositivos o para determinar el potencial humano disponible para la guerra (Ex. 30:13-16; Núm. 1; comp. 26:2-4). David contó a los guerreros de Israel. En 2 Samuel 24 se indica que el Señor incitó a David a que realizara el censo, y 1 Crón. 21 dice que fue Satanás quien instó a David. En ambos relatos apareció una pestilencia en Israel como resultado del censo. Esdras 2 da razón de los que dejaron el exilio con Zorobabel y Nehemías. Un censo romano afectó el lugar natal de Jesús (Luc. 2:1-5). Ver Hech. 5:37.

CENTURIÓN Oficial del ejército romano, que nominalmente estaba al frente de 100 soldados (Mat. 8:5; Mar. 15:39; Hech. 27:3). La conversión del centurión Cornelio marcó el comienzo de la evangelización al mundo gentil (Hech. 10).

CEPO Instrumento que aseguraba los pies (y algunas veces el cuello y las manos) de un prisionero (Job 13:27; Jer. 29:26; Hech. 16:24), usualmente hecho de madera con agujeros;

también podía ser un instrumento de tortura que estiraba y separaba las piernas, haciendo que el prisionero se sentara en posiciones antinaturales.

CERETEOS Pueblo que vivía al sur de los filisteos o con éstos (1 Sam. 30:14), ya sea como tribu emparentada o como soldados a sueldo. Su lugar de origen puede haber sido Creta. David usó a algunos de estos soldados como guardaespaldas (2 Sam. 8:18; comp. Ezeq. 25:16; Sof. 2:5).

CÉSAR Nombre de familia o apellido de Julio César que adoptaron subsiguientes emperadores; era un título que se usaba prácticamente como sinónimo de autoridad civil. Ver Mat. 22:15-21. Ver *Roma y el Imperio Romano*.

CÉSAR, CASA DE Todas las personas, esclavos y libres, al servicio del emperador; llegaron a ser miles. Ver Fil. 1:13; 4:22.

CESAREA Importante puerto del Mediterráneo, 37 km (23 millas) al sur del monte Carmelo; el lugar también se conocía con el nombre de Cesarea sobre el mar, Cesarea Sebaste, Cesarea de Palestina y Cesarea de Judea. La falta de un puerto natural entre Sidón y Egipto llevó a Abdashtart (su nombre griego era *Straton*), un rey sidonio, a construir un fondeadero aprox. en el 330 a.C. El lugar empezó a llamarse Torre de Estrato.

Herodes construyó un magnífico puerto y lo llamó Sebastos (en latín, *Augustus*). La nueva ciudad de Herodes tenía diseño helénico y se la denominó Cesarea en honor a César. Después del destronamiento de Arquelao en el 6 d.C., Cesarea se convirtió en la capital de la provincia de Judea y el lugar de residencia oficial de los procuradores. Un levantamiento público dio como resultado la profanación de la sinagoga Knestha d'Merredtha en el 66 d.C., lo cual precipitó la guerra judeo-romana. Ver Hech. 8:40; 10; 23:23; 25:1-7; comp. Hech. 9:30; 18:22; 21:8. Herodes Agripa I falleció allí en su residencia (Hech. 12:19-23).

CESAREA DE FILIPOS Ciudad cerca del límite sirio-palestino donde Jesús preguntó a sus discípulos quién creían ellos que era Él (Mar. 8:27-30); probable sitio de la transfiguración (Mar. 9:2-8); aprox. 400 m (1150 pies) sobre el nivel del mar, en una llanura triangular en el alto valle del Jordán a lo largo de la ladera sudoeste del monte Hermón; cerca de Nahr Banias, un manantial del Jordán; la moderna Banias; una de las regiones más fértiles y hermosas en Palestina.

Cesarea de Filipos parece haber sido un centro religioso desde sus primeros tiempos, primero para el dios cananeo Baal-gad (dios de la buena fortuna), y luego para el dios griego Pan. Herodes el Grande construyó un templo y lo dedicó al emperador Augusto. En el 20 a.C. durante el gobierno de Augusto los romanos le dieron el territorio a Herodes el Grande. Luego pasó a su hijo Felipe (4 a.C.-34 d.C.), quien reconstruyó la ciudad, la embelleció y le dio el nombre de Cesarea de Filipos, en honor a César Tiberio y a sí mismo. Herodes Agripa II le dio el nombre de Neronias en honor a Nerón. Luego de subyugar a los judíos (70 d.C.), los romanos la volvieron a llamar Paneas.

CETRO Vara o bastón oficial de un rey, símbolo de su autoridad; probablemente provenía de un garrote antiguo que llevaban los líderes prehistóricos; se extendía hacia un visitante o dignatario (Est. 5:2) para indicar aprobación de la visita y permitir a la persona acercarse al trono.

CETURA (*"incienso"* o *"la perfumada"*) Esposa de Abraham (Gén.

25:1) o concubina (1 Crón. 1:32); madre de tribus al este y sudeste de Palestina.

CHIPRE Gran isla en el Mediterráneo oriental de 221 km (138 millas) este a oeste y 96 km (60 millas) norte a sur; eclipsada en tamaño sólo por Sicilia y Cerdeña. En el AT, Quitim (Isa. 23:1; Jer. 2:10). Ver *Quitim.* Gran parte de Chipre es montañosa; los montes Tróodos (2100 m [5900 pies]) dominan las secciones del oeste y del centro, mientras que los montes Karpas (1100 m [3100 pies]) se extienden a lo largo de la costa norte.

Chipre era el lugar de nacimiento de José, el que tenía por sobrenombre Bernabé, un judío helenista convertido que luego acompañó a Pablo (Hech. 4:36-37). La persecución asociada con el martirio de Esteban llevó a los cristianos judíos a Chipre, donde predicaron el evangelio a la comunidad judía (Hech. 11:19-20). En el 46 o 47 d.C. Pablo, Bernabé y Juan Marcos visitaron Chipre en el primer viaje misionero del apóstol (Hech. 13). La conversión del procónsul Sergio Paulo fue producto, en parte, de que el mago Barjesús quedara ciego. Juan Marcos y Bernabé regresaron a Chipre después de separarse de Pablo (Hech. 15:39). Más adelante Pablo pasó dos veces por la isla en distintos viajes, al ir de regreso a Jerusalén (Hech. 21:3) y en su viaje a Roma (Hech. 27:4). Ver *Quitim; Fenicia.*

CIELO Parte de la creación de Dios que está por sobre la tierra y las aguas, que incluye "aire" y "espacio" y sirve como morada para Dios y sus criaturas celestiales. Al cielo se lo puede describir como una partición que Dios extendió o desplegó (Isa. 42:5; 44:24; Sal. 136:6; comp. Ezeq. 1:22-26; 10:1) a fin de separar las aguas celestiales que producen lluvia de los ríos, mares y océanos que están abajo (Gén. 1:6-8). Las luces o lumbreras celestiales —el sol, la luna y las estrellas— fueron colocadas en esta partición (Gén. 1:14-18) que tiene ventanas o compuertas por medio de las cuales Dios envía lluvia para irrigar la tierra (Gén. 7:11). Las nubes tienen una función similar pues producen lluvia, y a menudo "nubes" y "cielo/s" se utilizan como sinónimos (Deut. 33:26; Sal. 57:10; Isa. 45:8; Jer. 51:9; comp. Sal. 36:6; 108:4).

Así como Él hizo esa partición, también puede romperla (Isa. 64:1). El cielo no separa a Dios de su creación y ni de su pueblo. El hebreo no emplea un término para hablar de "aire" o "espacio" entre el cielo y la tierra sino que todo es parte del cielo. Es así que la Biblia habla de las "aves del cielo", aunque a veces en las traducciones castellanas se habla del "aire" (Deut. 4:17). Aun Absalón al quedar colgando de un árbol donde se enredaron sus cabellos, "quedó suspendido entre el cielo y la tierra" (2 Sam. 18:9; comp. 1 Crón. 21:16; Ezeq. 8:3). El cielo es el cofre divino de tesoros, donde se guardan cosas tales como la lluvia (Deut. 28:12), el viento y los relámpagos (Jer. 10:13) y nieve o granizo (Job 38:22). El maná milagroso para Israel en el desierto provino de los depósitos celestiales de Dios (Ex. 16:11-15).

El cielo es un canal de comunicación entre Dios y los seres humanos (Gén. 28:12; 2 Sam. 22:10; Neh. 9:13; Sal. 144:5). A diferencia de las naciones vecinas, Israel sabía que el cielo y los astros celestiales no eran dioses y no había razón para adorarlos (Ex. 20:4). El cielo no es eterno (Job 14:12; Isa. 34:4; 51:6). Habrá un nuevo cielo y una nueva tierra (Isa. 65:17; 66:22).

Aparte de la referencia paulina al tercer cielo (2 Cor. 12:2-4), los escritores de la Biblia hablaron de un solo cielo. Jesús proclamó que con su misma presencia y ministerio, el reino de los cielos/de Dios había aparecido (Mar. 1:15). Jesús prometió un hogar celestial para sus seguidores (Juan 14:2-3; comp. 2 Cor. 5:1-2). El cielo es la esperanza de gloria (Col. 1:27). El Espíritu Santo es el anticipo de la participación del creyente en el cielo (2 Cor. 5:5). La imagen de un banquete mesiánico revela que la vida en el cielo será tiempo de gozo, celebración y comunión con Dios (Mat. 26:29). En el cielo no habrá vida matrimonial (Luc. 20:34-36). Los cristianos deben regocijarse porque sus nombres están escritos en el cielo (Luc. 10:20). Cristo está sentado en el cielo a la diestra de Dios (Ef. 1:20). El cielo es el lugar donde la herencia del creyente está guardada hasta la revelación del Mesías (1 Ped. 1:4).

En Apoc. 21:1-22:5, al cielo se lo describe como (1) el tabernáculo (21:1-8), (2) la ciudad (21:9-27), y (3) el huerto (22:1-5), es decir, comunión perfecta con Dios, protección perfecta y provisión perfecta.

CIELOS NUEVOS Término técnico y escatológico (Isa. 65:17; 66:22; 2 Ped. 3:13; Apoc. 21:1) para hablar del estado final y perfeccionado del universo. La promesa de una nueva creación de cielos y tierra surgió como consecuencia del pecado humano y de la maldición divina que siguió (Gén. 3:17). Las personas no pueden ser totalmente libres del poder del pecado sin la redención del orden creado —tanto la tierra como los cielos (Isa. 51:16; Mat. 19:28; 24:29-31; 26:29; Mar. 13:24-27,31; Hech. 3:20-21; Rom. 8:19-23; 2 Cor. 5:17; Heb. 12:26-28; 2 Ped. 3:10-13). Dios es la causa de esta nueva creación (Isa. 65:17; 66:22; Apoc. 21:22; comp. Isa. 66:28; Heb. 12:28; 2 Ped. 3:13). Características de la nueva tierra y los nuevos cielos incluyen pureza (Apoc. 21:27), libertad de la ira y la maldición de Dios (Apoc. 22:3), y comunión perfecta entre los santos y con Dios (21:1,3).

CIERVO Ver *Animales*.

CILICIA Área geográfica y/o provincia romana en el sudeste de Asia Menor sobre la costa del Mediterráneo; lugar originario de algunos de los que se oponían a Esteban (Hech. 6:9). La ciudad más importante en Cilicia era Tarso, el lugar natal de Pablo (Hech. 21:39; 22:3; ver Hech. 15:41; 27:5; Gál. 1:21). Para la época del concilio de Jerusalén (Hech. 15), el cristianismo ya había penetrado en Cilicia. Ver *Pablo; Tarso*.

CILICIO Ropa de material áspero fabricado de pelo de cabra o de camello, usada como señal de duelo o angustia (Isa. 58:5; Jon. 3:8); ya sea una bolsa floja ubicada sobre los hombros o un taparrabos.

CIMIENTO Aquello sobre lo cual se edifica una estructura; la primera capa de una estructura, que proporciona una base estable para lo que se va a edificar. El cimiento preferido era el lecho de roca (Mat. 7:24). La mejor opción era una sólida plataforma de piedra labrada del tamaño justo (1 Rey. 5:17). Las casas humildes tenían cimientos de piedras desiguales. Por lo general, los sitios en que se hacía una construcción se nivelaban llenando las zanjas especiales con ripio o piedras pequeñas. La prohibición de colocar cimiento para Jericó (Jos. 6:26) era una prohibición de reconstruir la ciudad como un sitio fortificado, y no una prohibición para habitar el lugar. La esplendidez de la nueva Jerusalén se hace evidente en su cimiento de piedras preciosas (Isa. 54:11; Apoc. 21:19).

El AT dice que la tierra (la tierra seca) está apoyada sobre cimientos (2 Sam. 22:16; Sal. 18:15; 82:5). A Dios se lo describe como el constructor que estableció los cimientos (Prov. 8:29; Sal. 104:5). También se dice que las montañas (Deut. 32:22; Sal. 18:7) y la bóveda de los cielos (2 Sam. 22:8; Job 26:11) se apoyan sobre cimientos. El gran poder de Dios se halla expresado en imágenes de los cimientos de la tierra que tiemblan (Isa. 24:18) o quedan al descubierto (2 Sam. 22:16) ante el Todopoderoso.

A la enseñanza de Cristo se la compara a un cimiento de roca (Mat. 7:24; Luc. 6:48). La idea de fundamento sirve como metáfora para el inicio de la predicación del evangelio (Rom. 15:20; Heb. 6:1-2), como metáfora para los apóstoles y profetas como primera generación de predicadores (Ef. 2:20; comp. Apoc. 21:14,19) y para hablar de Cristo como el contenido de la predicación (1 Cor. 3:10-11).

CINERET (*"con forma de arpa"*) (1) Mar o lago también llamado mar de Galilea, lago de Genesaret o mar de Tiberias; frontera este de Canaán (Núm. 34:11) y frontera oeste de Gad (Jos. 13:27). (2) Ciudad de Neftalí (Jos. 19:35) en el extremo occidental del mar de Cineret (Jos. 11:2), aunque en este caso la referencia podría ser al mar; la actual tell al-Oreimeh.

CIRCUNCISIÓN Acción de quitar el prepucio del miembro viril; en la antigua Israel, se realizaba en el octavo día después del nacimiento de los hijos de los israelitas nativos, de los siervos y de los extranjeros (Lev. 9:3). La circuncisión la realizaba el padre y utilizaba un cuchillo de pedernal (comp. Jos. 5:3).

La práctica israelita estaba fundamentada en la circuncisión de Abraham, que fue señal del pacto entre Dios y el patriarca (Gén. 17:10). De acuerdo a fuentes bíblicas y extrabíblicas, varios pueblos semitas y nosemitas practicaban la circuncisión: egipcios, edomitas, amonitas, moabitas y los árabes del desierto (Jer. 9:25-26; comp. Ezeq. 32:17-32). Los filisteos, los asirios y los babilonios eran incircuncisos.

Incircuncisos son quienes no son sensibles a la dirección de Dios (comp. Ex. 6:12; Jer. 6:10). La circuncisión del corazón implica total devoción a Dios (Deut. 10:16; Jer. 4:4).

En la iglesia primitiva surgió una controversia (Hech.10-15) sobre si los gentiles convertidos debían circuncidarse. Pablo contribuyó a que el concilio de Jerusalén decidiera que la circuncisión no era esencial para la fe y la comunión cristiana. Los únicos requisitos eran la circuncisión del corazón y la fe (Rom. 4:9-12; Gál. 2:15-21).

CIRENE Ciudad capital del distrito romano de Cirenaica en el norte de África durante la época del NT; hogar del Simón que fue obligado a llevar la cruz de Jesús (Mat. 27:32). Cirenaica y Creta formaban una provincia. Simón de Cirene puede haber sido parte de la importante población de judíos de habla griega que residían en la ciudad.

CIRENIO Funcionario romano mencionado en Luc. 2:2, que era gobernador de Siria cuando nació Jesús; su nombre completo era Publius Sulpicius Quirinius. Fue cónsul de Roma, líder militar, tutor de Gayo César y legado (gobernador). Murió en el 21 d.C.

Cirenio fue gobernador de Siria del 6-9 d.C., pero esta fecha es demasiado tardía para el nacimiento de Jesús, que ocurrió antes de la muerte de Herodes el Grande en el 4 a.C. Fuentes extrabíblicas establecieron que para el nacimiento de Jesús el gobernador de Siria era Saturnino (9-7 a.C.) o Varo (6-4 a.C.).

Una antigua inscripción ha demostrado que un gobernador que se ajusta a la descripción de Cirenio gobernó Siria en dos oportunidades. Aparentemente el nacimiento de Cristo tuvo lugar durante el primer ejercicio de Cirenio en su cargo como gobernador, cuando sus responsabilidades principales radicaron en cuestiones militares. Mientras tanto Varo era el gobernador encargado de asuntos civiles. Cirenio actuó un segundo período en los años 6-9 d.C.

CIRO Rey persa que permitió que los judíos regresen del exilio en el 538 a.C.; nació aprox. en el 590 a.C.; tercer rey de Anshan (moderno Malyan); se convirtió en rey aprox. en el 559 a.C.; fue criado por un pastor luego que su abuelo Astiages, rey de Media, ordenara la muerte de Ciro. Ciro organizó a los persas formando un ejército, y se rebeló contra su abuelo y su padre (Cambises I), los derrotó, y se apropió del trono aprox. en el 550 a.C.

Un decreto de Ciro en el 539 a.C. (2 Crón. 36:22-23; Esd. 1:1-4) liberó a los cautivos que había tomado Babilonia durante su severo gobierno, incluyendo a los judíos tomados de Jerusalén en el 586 a.C. Se les permitió regresar para reconstruir el templo y la ciudad. Ciro restauró los valiosos tesoros del templo que habían sido tomados durante el exilio. A muchos judíos les había ido bien en Babilonia en el aspecto financiero, y los tales no deseaban regresar al desierto en que se había convertido Judá. De estos judíos Ciro cobró un impuesto para ayudar a financiar el viaje de los que querían reconstruir Jerusalén.

Ciro públicamente adoraba a los dioses de cada reino que conquistaba. De esta manera se ganaba la simpatía de sus súbditos y reducía las posibilidades de rebelión. A él se lo llama el pastor y el ungido de Jehová (Isa. 44:28-

45:6). Ciro murió mientras peleaba una guerra fronteriza con el pueblo nómada de los masagetas. Su tumba está en Pasagarda (la moderna Murgah).

CIS (tal vez *"regalo"*) Cinco hombres del AT, incluyendo al padre de Saúl (1 Sam. 9:2), hombre benjamita de Gabaa (1 Sam. 9:1-3,21; 2 Sam. 21:14; 1 Crón. 8:33).

CISÓN (*"curvo, sinuoso"*) Pequeño río que fluye este-oeste por el valle de Jezreel. Durante la primavera alcanza un ancho de unos 22 m (65 pies) y una longitud de 37 km (23 millas). Ver Jue. 4:7,13; 5:21; 1 Rey. 18:40; Sal. 83:9).

CISTERNA Traducción del término hebreo que da idea de agujero, hoyo, pozo; por lo general un depósito con forma de botella o de pera al cual fluía agua desde un techo, un túnel o un patio. La diferencia entre cisterna y pozo de agua a menudo no resulta aparente. La porosa piedra caliza en la que se cavaban cisternas permitía que se escurriera gran parte del agua. Después del 1300 a.C. a las cisternas se las comenzó a revocar, lo cual dio como resultado un sistema mucho más eficiente para depósito de agua. Ver Gén. 37:20-29; Jer. 14; 38:6; 41:7,9.

CIUDAD CELESTIAL, LA Cumplimiento de las esperanzas del pueblo de Dios en cuanto a salvación final; representa vida ordenada, seguridad de los enemigos y prosperidad material (Heb. 11:10,16; 12:22). Ver *Ciudades y vida urbana*. Los creyentes ya han llegado a la Jerusalén celestial (12:22), al menos en parte. La experiencia de los patriarcas, cuya esperanza iba más allá de la vida terrenal (Heb. 11:13-16), indica que en el cielo habrá un cumplimiento final de la salvación. Ver *Cielo*.

CIUDAD DE DAVID (1) La parte más antigua de Jerusalén en su esquina sudeste, que representaba la ciudad que había sido ocupada por los jebuseos y conquistada por David (2 Sam. 5:7); se la llamaba Sión; menos de 4 hectáreas (10 acres) limitadas por el valle de Cedrón al este y el valle de Tiropeón al oeste. Ver *Jerusalén; Sion*. Salomón vivió allí hasta que construyó su propio palacio y el templo fuera de los límites de la ciudad de David tradicional (1 Rey. 3:1). (2) Lucas usó la expresión "ciudad de David" para hacer referencia a Belén, donde nacieron tanto David como Jesús (Luc. 2:4,11).

CIUDAD DE LA SAL Ciudad asignada a Judá "en el desierto" (Jos. 15:61-62). Algunos han intentado identificar la ciudad de la sal con Qumrán, pero los hallazgos arqueológicos no lo apoyan.

CIUDAD DE LAS AGUAS Ciudad en Amón, probablemente parte de Rabá, la capital, o toda ella (2 Sam. 12:27).

CIUDAD DE LAS PALMERAS Jericó o sitio cerca de Jericó donde vivían los ceneos (Jue. 1:16; ver Deut. 34:3; Jue. 3:13; 2 Crón. 28:15). Algunos identifican la región con Zoar en el lado sur del mar Muerto, o con Tadmor, a unos 32 km (20 millas) al sur del mar Muerto. Ver *Jericó*.

CIUDAD DEL SOL Ver *Heliópolis; Herez*.

CIUDADANO, CIUDADANÍA *Status* reconocido oficialmente en un estado político y que brindaba ciertos derechos y responsabilidades según lo definiera dicho estado. Los derechos de la ciudadanía cambiaban a medida que cambiaban los gobiernos romanos. En tiempos del NT apareció la definición en la ley juliana aprobada aprox. en el 23 a.C.

La ciudadanía romana se podía obtener de varias maneras: siendo hijo de padres romanos, o hijo de una mujer romana independientemente de la ciudadanía del padre; al retirarse del ejército; al ser liberado de la esclavitud por un amo romano; comprando la libertad de la esclavitud; cuando un general romano o el emperador mismo otorgaba ciudadanía a alguien individualmente o como parte de una unidad política; comprando la ciudadanía. Pablo era ciudadano romano de nacimiento, pero no sabemos cómo su familia llegó a obtener dicha ciudadanía.

Un ciudadano era responsable por los impuestos romanos de propiedad e impuestos municipales, tenía el derecho de votar en Roma (aunque en este aspecto diferentes clases sociales tenían diferentes derechos), se convertía en miembro de una tribu romana, tenía garantizado un juicio justo y quedaba exento de ciertas formas de castigo, no podía ser ejecutado sin un juicio, no podía ser crucificado a menos que hubiera una orden imperial, y si apelaba a César debía ser llevado a Roma para el juicio. Al enfrentarse a la oposición y la persecución, Pablo hizo uso de estos derechos (Hech. 16:37; 22:26-28; 25:11).

CIUDADES DE LA LLANURA Cinco ciudades en Gén. 14 —Sodoma, Gomorra, Adma, Zeboim y Zoar— que se cree estaban ubicadas cerca del extremo sur del mar Muerto. Con excepción de Zoar, todas fueron destruidas por la maldad de Sodoma y Gomorra (Gén. 19:24-29).

CIUDADES DE REFUGIO Lugar seguro al que podía huir una persona que hubiera matado a otra en forma accidental. La ciudad proporcionaba asilo al fugitivo y lo protegía hasta el juicio que determinara la culpa o inocencia de la persona. Si, de acuerdo a

la opinión de los ancianos de la ciudad, la muerte había ocurrido accidentalmente o sin intención de que sucediera, el hombre podía permanecer en la ciudad de refugio sin temor de perjuicio o venganza por parte de los familiares del muerto (Jos. 20:2-6; ver Ex. 21:12-14; Núm. 35:1-34; Deut. 4:41-43; 19:1-13). Ver *Vengador*.

CIUDADES FORTIFICADAS Pueblos con una sólida defensa, por lo general una gran estructura de muros y ciudadelas o fortalezas interiores; importante centro militar o administrativo de una región. La ubicación era mucho más crítica que el tamaño. Ver Jos. 19:35-38; 2 Crón. 11:5-12; Jer. 34:6-7. Las ciudades fortificadas cumplían una función estratégica. Podían guardar una importante carretera (como en el caso de Laquis y Hazor), proteger pasos montañosos (Meguido y Taanac) y servir como fortalezas de frontera (Arad y Hazor). En una ciudad fortificada había tropas apostadas. En tiempos de peligro, la gente de la región circundante buscaba protección en una ciudad fortificada (Jer. 4:5; 8:14).

CIUDADES Y VIDA URBANA Centro de población permanente y amurallado que sirve como centro cultural, comercial y gubernamental para las poblaciones rurales y aldeas vecinas. La ciudad más antigua que se ha excavado hasta el momento es tell es-Sultan, la Jericó del AT, que ya era una ciudad con gran movimiento entre el 8000 y el 7000 a.C. Ver *Jericó*.

El AT hace diferencia entre ciudades y aldeas según tuvieran o no un muro de defensa. Jericó ocupaba menos de 4 hectáreas (10 acres). Aprox. en el 750 a.C. Nínive en Asiria cubría unos 6,50 km^2 (aprox. 1720 acres o más de 2,5 millas cuadradas). Cala (antigua Nimrod) ocupaba 3,25 km^2

(1,25 millas cuadradas). La Jerusalén de Salomón, sólo 13 hectáreas (33 acres); incluso en los días de Jesús ocupaba unas 81 hectáreas (200 acres). Hazor, en el norte de Israel, tenía aprox. 71 hectáreas (175 acres) de superficie.

Recientes estimaciones de población sugieren que en la mayoría de las ciudades había entre 35.000 y 40.000 habitantes por km^2, (entre 160 y 200 habitantes por acre). De modo que Siquem podría haber tenido entre 2000 y 2500 habitantes durante la época del AT; Jerusalén en tiempos de Salomón pudo haber contado con entre 5000 y 6500. Aun cuando Jerusalén se expandió en los días de Josías, probablemente no haya llegado a más de 25.000 habitantes. Una inscripción hallada en Ebla en el norte de Siria y fechada entre el 2400 y el 2250 a.C. afirma que Ebla contaba con una población de 250.000 personas. Sin embargo, no resulta claro si esta cifra hacía referencia a la ciudad, a todo el reino controlado por Ebla, o si era una exageración para impresionar a otras ciudades que tuvieran el tamaño de Ebla. Para el 300 d.C. la ciudad de Roma pudo haber tenido casi un millón de habitantes.

La mayor parte de la actividad comercial de una región tenía lugar en la ciudad misma. Por lo general, ésta estaba ubicada en la ruta principal o en la intersección de caminos y rutas comerciales de una región. El principal santuario o lugar de culto con frecuencia se hallaba en la ciudad en sí. Cuando había amenaza de guerra o invasiones, los habitantes de las aldeas circundantes huían a la ciudad amurallada buscando protección.

La típica ciudad del antiguo Cercano Oriente incluía las siguientes características:

1. *Muros* de piedra o de ladrillos de barro, a veces de un grosor considerable. Aprox. en el 1700 a.C. el bastión en Hazor en el norte de Israel en algunos lugares tenía 17 m (50 pies) de altura y hasta 100 m (290 pies) de espesor y un perímetro de unos 3,5 km (más de 2 millas). Ver Arquitectura en tiempos de la Biblia.

2. *Puertas.* La parte más importante y más vulnerable del muro era la puerta. Ésta por lo general estaba flanqueada por masivas torres de protección. La entrada en sí era angosta, unos 4 o 5 m (12 a 15 pies) de ancho. Durante la noche o en caso de un ataque, dos pesadas puertas de madera se podían cerrar y apuntalar con barras de metal. El complejo de las puertas tenían dos o tres series de puertas por las que uno tenía que pasar para obtener acceso a la ciudad. Dentro de la estructura de la puerta interior había entre cuatro y seis cámaras o habitaciones para los guardias. Este espacio abierto a menudo era el sitio del mercado. Además los edificios públicos generalmente estaban cerca de dicho espacio al aire libre. Las puertas de la ciudad también servían como tribunal para la ciudad (Jos. 20:4; Rut 4:1-6).

3. *Provisión de agua.* Durante tiempos de paz, la provisión de agua podía estar fuera de los muros a una distancia razonable de la ciudad. Durante tiempos de guerra y sitios de la ciudad era necesario un abastecimiento de agua protegido que fuera accesible desde dentro de la ciudad. Muchas casas tenían cisternas, especialmente en las regiones más áridas. Se construían extensos túneles de agua y sistemas de estanques cavando en el lecho de roca del tell hasta alcanzar el nivel de agua de los manantiales (2 Rey. 20:20). Los romanos a menudo construían grandes acueductos para transportar agua desde lugares lejanos hasta una ciudad.

4. Tierra para agricultura. El AT habla de los campos de una ciudad (Lev. 25:34; Jos. 21:12; Neh. 11:25,30), e indica que parte de la tierra era propiedad común y parte pertenecía a una familia o clan. Las grandes ciudades no tenían suficientes tierras a su alrededor como para satisfacer las necesidades de alimento, de modo que debían depender del comercio del excedente de productos agrícolas de aldeas más pequeñas. Las aldeas, a su vez, debían depender de las ciudades para bienes manufacturados y elementos mercantiles de regiones distantes. La tierra para agricultura no debía venderse a quien no perteneciera a la familia o clan (Lev. 25:25-28, pero ver Isa. 5:8).

5. Acrópolis. El punto de más altura de muchas ciudades formaba una acrópolis o citadela interior, y era residencia para la aristocracia o la realeza. A menudo en la acrópolis estaban ubicados grandes santuarios o templos.

6. Trazado de calles. Las ciudades del antiguo Cercano Oriente por lo general tenían un trazado de calles regular. En Babilonia, las calles principales llevaban desde las puertas de la ciudad hasta su centro. En el período de la monarquía, las ciudades israelitas tenían una especie de patio abierto al cruzar las puertas interiores. Una calle circular llevaba desde dicho patio alrededor del perímetro de la ciudad. La calle circular permitía un fácil acceso a todas las secciones de la ciudad, y además proporcionaba a los militares acceso rápido a cualquier parte del muro de la ciudad. Había otras calles que partían de esta circular y llevaban al centro de la ciudad. En las ciudades romanas a la calle principal se la llamaba *cardo*, una calzada ancha y embaldosada en dirección norte-sur. La calle principal este-oeste era el *decumanus*.

7. Diseño de casas. Las casas más antiguas tenían una habitación principal y un patio. En la época de la monarquía, la típica casa israelita contaba con un patio abierto y tres habitaciones. En el patio la familia realizaba sus actividades y cocinaba las comidas. Una de las tres habitaciones probablemente alojara el ganado. Las otras dos habitaciones eran áreas para vivir y depósito. Algunas de estas casas tienen escalones que muestran la presencia de un piso superior (1 Rey. 17:19,23). Los sucesores de Alejandro Magno construyeron muchas ciudades griegas en Palestina. La cultura griega fue el modelo utilizado en Decápolis y otras ciudades helénicas.

CLAUDA Pequeña isla cuyo nombre aparece escrito de varias maneras en los manuscritos griegos; la moderna Gavdos, 37 km (23 millas) al sudoeste de Creta (Hech. 27:16).

CLAUDIO Emperador romano del 41 al 54 d.C., que en el 44 d.C. convirtió a Judea en provincia romana. Ver *Roma y el Imperio Romano.*

CLAUDIO LISIAS Capitán del ejército romano que protegió a Pablo de los judíos que querían asesinarlo (Hech. 23:26).

CLEOFAS Pariente de una de las Marías que estuvo junto a la cruz durante la crucifixión (Juan 19:25). El texto griego dice, literalmente, "la de Cleofas". La interpretación más natural es que Cleofas era pariente de María. Ver *María.*

CLIMA Condiciones del tiempo en Palestina, incluyendo factores geográficos y cambios de estación. Los patrones climáticos de Palestina resultan del choque del calor extremo del desierto de Arabia, y los vientos más frescos del Mediterráneo provenientes del oeste. El clima es subtropical con inviernos fríos y húmedos, y veranos cálidos y secos. Desde octubre hasta abril los días van de frescos y soleados a cubiertos, fríos y lluviosos. Las lluvias llenan los arroyos y riachos estacionales, que proveen la mayor parte del agua para el año entrante. La elevación de la tierra, que cae unos 1300 m (3900 pies) en las partes altas de Galilea hasta unos 395 m (1296 pies) bajo el nivel del mar en el mar Muerto, provee barreras naturales que influyen sobre el clima. La lluvia generalmente disminuye cuando uno viaja más al sur y al interior. Así, la llanura costera y Galilea reciben más lluvia que las colinas centrales y el desierto del Neguev. La nieve cubre las elevaciones más altas del monte Hermón durante la mayor parte del invierno y ocasionalmente cae sobre Jerusalén y las colinas de alrededor. El valle del Jordán, particularmente en el área del mar Muerto, permanece templado en el invierno, lo que hace que el lugar sea el emplazamiento tradicional de los palacios de invierno de reyes y gobernantes. El mar Mediterráneo se torna ventoso y frío, haciendo que los viajes sean peligrosos.

En abril y mayo vientos cálidos del desierto soplan a través de la tierra desde el este en horas tempranas de la mañana. La tierra y los ríos estacionales comienzan a secarse, y la vegetación se torna marrón. Cada día, cerca del mediodía, el viento sopla del oeste, trayendo consigo un aire un poco más fresco desde el mar. El calor aún permanece intenso. La zona montañosa central es más fresca que las estribaciones y las áreas costeras, pero el desierto de Judea y el Neguev se tornan intensamente cálidos. Las temperaturas a lo largo del mar Muerto y el Arabá permanecen por sobre los 32º C (90º F) por semanas y semanas. Ya del otro lado del valle del Jordán sobre la meseta de Transjordania hacia el este, la temperatura se modera una

vez más. La lluvia no es común en los meses del verano; usualmente caen en octubre, noviembre, febrero, y marzo.

Se consideraba que los vientos y la lluvia estaban bajo la dirección personal de Dios. El control de los elementos por parte de Cristo demostró a los discípulos su llamado celestial. Al viento cálido del este frecuentemente se lo veía como la ira de Dios, que traía infertilidad y muerte. La lluvia significaba las continuas bendiciones de Dios; su ausencia hablaba de juicio divino. Ver *Fertilidad, Culto a la; Palestina; Lluvia; Viento.*

COA Nación que se opondría a Israel (Ezeq. 23:23); no se la ha podido identificar con seguridad. Algunos la identifican con el pueblo Guti de Babilonia, pero es discutible.

COAT, COATITAS Segundo hijo de Leví (Gén. 46:11; Ex. 6:16-20); cabeza de la rama coatita del sacerdocio levítico (Núm. 3:19,29-31; 4:15, 17-20; 7:9; 26:59; Jos. 21:4,5,9-19, 20-26; 1 Sam. 5-6; 2 Sam. 6:6-11; 1 Crón. 6:1-3,16,18,33,38,54-60, 61, 66-70; 9:32; 15:5; 23:6,12-13,18-20; 26:23; 2 Crón. 20:19; 29:12; 34:12).

COBRADOR DE IMPUESTOS Ver *Publicano.*

COBRE Ver *Minerales y metales; Minas y minería.*

COCINAR Y CALENTAR Preparar alimentos calentándolos y dar calor al ambiente. En los tiempos de la Biblia, el medio usado para calentar —las llamas— era también el medio para cocinar.

En un campamento beduino, se encendía fuego en un agujero en la tierra o sobre piedras planas. El fuego se encendía por fricción o prendiendo yesca con chispas (Isa. 50:7,11).

Cuando la gente se mudaba de tiendas o carpas a casas, el fuego para cocinar por lo general se seguía encendiendo afuera en la esquina más extrema del patio. Fue sólo más adelante que en las casas de más categoría hubo una chimenea. Se precisaba fuego para que la gente se calentara, pero la única ventana necesitaba un lienzo que actuara como tosco cortinado. Como había un pequeño orificio de salida, el humo ennegrecía el techo y hacía que la familia se ahogara y tosiera. Durante la monarquía, las casas de la familia real tenían un sistema de calefacción central en el que el calor de las fogatas bajo el piso se entubaba por debajo de habitaciones que tenían pisos recubiertos de cemento o adoquines.

Para cocinar, en la fogata se colocaban grandes piedras planas. Una vez que se habían extinguido las llamas, la masa de pan se ubicaba sobre las piedras calientes. Cuando el fuego se apostaba en un agujero en la tierra, la masa se ponía sobre los laterales calientes de la depresión en el suelo. Otro método común era invertir sobre el fuego un bol de alfarería poco profundo, y colocar la masa del pan sobre la superficie convexa del bol.

Muchos años después se inventó el "horno" de alfarería: un cono truncado ubicado sobre el fuego. Los panes entonces se colocaban en el interior del cono, en la parte superior, alejados de las llamas. Fue recién en la época romana que se comenzaron a usar hornos de alfarería donde la caja de fuego estaba separada de la zona de cocción por una pieza divisoria de barro.

A medida que las comunidades crecían, apareció el panadero. Su horno tenía forma de túnel. A los costados había estantes para la masa, y se encendía el fuego en el piso. Las amas de casa podían llevar su propia masa para que se cocinara en el horno comunitario. Los niños al final del día juntaban brasas para encender fuego en sus hogares (Os. 7:4-7). Mientras estaba preso, Jeremías recibió una ración de pan de una panadería local (Jer. 37:21).

A veces sobre el fuego se colocaba una placa de metal para hornear, y se ponía grano sobre la superficie de metal. El grano estallaba y se abría, y proporcionaba lo que la Biblia llama grano tostado (1 Sam. 25:18).

La sopa de verduras, preparada con habas, verduras verdes y hierbas era la comida principal con que se comía el pan. Se colocaba una gran olla directamente sobre el fuego. El guiso que Jacob le dio a Esaú fue sopa de lentejas (Gén. 25:30), que se comía haciendo una especie de cuchara con un trozo de pan y mojándolo en la olla. La ley prohibía la mezcla de semillas en las sopas (Lev. 19:19). En ocasiones especiales, por ejemplo cuando llegaba un huésped, se agregaba carne a la sopa.

La mayoría de la carne se hervía o guisaba y se obtenía del ganado o de la caza. La carne se asaba sólo durante fiestas y días muy especiales, como por ejemplo la Pascua (Ex. 12:8-9).

La carne se podía obtener de las ovejas y cabras del rebaño, pero en el valle del Jordán era popular la caza de animales salvajes de la selva. A los huéspedes de Abraham se les sirvió ternero (Gén. 18:7), mientras que los huéspedes de Gedeón comieron carne de cabrito (Jue. 6:19). Además la leche se usaba como un ingrediente básico en la cocina, pero estaba prohibido cocinar un cabrito en la leche de su madre (Ex 23:19). La leche se usaba como bebida y en la preparación de otros alimentos. A veces la leche se fermentaba para hacer yogur, aunque en algunas traducciones a esa bebida se llamaba "leche" (Jue. 4:19).

Se usaba leche para hacer queso (1 Sam. 17:18) y cuando se colocaba en un odre y se agitaba y exprimía, se convertía en manteca.

Mientras estaba en Egipto, Israel se acostumbró a la comida típica de ese país: pepinos, ajo, puerro, cebollas y melones (Núm. 11:5). Algunas de estas plantas se comían crudas con pan o como ensalada. Otras se cocinaban para agregar sabor adicional a un potaje. También se usaban hierbas para saborizar. Durante la época de calor se recogía sal de las costas del mar Muerto y se usaba tanto para preservar como para condimentar alimentos. Era muy común el uso de eneldo, comino (Isa. 28:25-27), coriandro, cilantro y azúcar. También se preparaban *chutneys* especiados para realzar el sabor de las comidas. En la Pascua se utilizaba un *chutney* hecho con dátiles, higos, pasas y vinagre.

El aceite de oliva se usaba en vez de agua tanto para combinar con harina como también para freír (ver 1 Rey. 17:12). Los higos (incluyendo los silvestres), las granadas y las nueces se comían crudos o cocidos a fuego lento.

Para la época del NT, el pescado era una adición común a la dieta. Lo más usual era asar el pescado sobre el fuego (Juan 21:9), o bien salarlo y comerlo luego.

Algunas uvas se secaban al sol y se hacían pasas. La mayor parte de las uvas se trituraban para obtener jugo. Ver *Vino; Lagar*. El vino era una bebida natural y la más segura porque el suministro de agua a menudo resultaba inseguro. Un ama de casa solía hervir el jugo de uva para hacer jalea o dulce, que se untaba sobre el pan. Esto bien puede ser la "miel" en la "tierra que fluye leche y miel" (Ex. 3:8,17).

CÓDICE Colección de páginas de manuscritos ligadas en forma de libro. Los códices bíblicos se copiaban a mano sobre pergamino a partir de manuscritos más antiguos. Se han preservado casi 250 de estos manuscritos en códice, fechados del 300 al 1000 d.C. Ver *Escritura*.

CODICIA Deseo inmoderado de poseer lo que pertenece a otra persona, por lo general cosas tangibles (Ex. 20:17; ver Jos. 7:21; Miq. 2:2).

COF Letra décimo novena del alfabeto hebreo.

COLONIA Pueblo o parte de un pueblo que establecía el gobierno romano a fin de proporcionar tierra o propiedades para los militares veteranos y la clase baja. Aunque a muchas ciudades mencionadas en el NT, incluyendo Corinto, se las consideraba colonias, sólo Filipos se describe como una colonia de Roma (Hech. 16:12). Augusto fundó colonias en Antioquía de Pisidia, Listra, Troas y Siracusa. Tolemaida (Aco) e Iconio eran colonias romanas, mientras que en Siria/Palestina, Berytus (Beirut), Heliópolis (Baalbek) y Cesarea se convirtieron en colonias después de los días de Jesús. Las colonias tenían gobierno local autónomo (Hech. 16:12-40) y en algunos casos estaban exentas de capitación y de impuestos sobre bienes raíces.

COLORES En la literatura de la Biblia, los colores a menudo tienen importancia simbólica. El blanco puede ser símbolo de pureza o gozo; el negro puede simbolizar juicio o corrupción; el rojo, pecado o sangre vital; y el púrpura puede ser símbolo de lujo y elegancia. En la literatura apocalíptica —Daniel y Apocalipsis— los colores son herramientas para expresar verdades en lenguaje velado: *blanco* para conquista o victoria; *negro* para hambre o pestilencia; *rojo*, derramamiento de sangre durante guerras; *amarillo*, muerte; *púrpura*, realeza.

El azul se obtenía de moluscos mediterráneos (una clase del *Gastrohypoda*); la palabra griega también aparece traducida "púrpura" (Ezeq. 23:6). Al azul se lo consideraba inferior al púrpura real, pero era un color muy popular y se usó en el tabernáculo (Ex. 25:4; 26:1,4; Núm. 4:6-7; 15:38), en el templo (2 Crón. 2:7,14; 3:14) y en la vestimenta de los sacerdotes (Ex. 28:5-6,8,15; 39:1).

De ciertos elementos naturales como la leche, la piel leprosa y la nieve se dice que son blancos (Gén. 49:12; Lev. 13:3-4; Isa. 1:18), y lo mismo sucede con el ropaje de Jesús y de los ángeles para indicar la gloria de quien los viste (Mat. 17:2; 28:3; Hech. 1:10).

El negro se usa para denotar el color de objetos físicos: el cabello (Lev. 13:31,37; Cant. 5:11), la piel (Job 30:30; Cant. 1:5-6; Lam. 4:8), el cielo como una señal de que lloverá (1 Rey. 18:45) y animales (Gén. 30:32-43; Zac. 6:2,6; Apoc. 6:5). "Negro" también se usa figurativamente para describir duelo (Job 30:28; Jer. 4:28; 8:21), un día sin visiones (Miq. 3:6) y el lugar de los muertos (Job 3:5; Jud. 13).

COLOSAS Ver *Asia Menor, Ciudades de.*

COLOSENSES, EPÍSTOLA A LOS Carta de Pablo a la iglesia en Colosas; una de las epístolas de la prisión (con Efesios, Filemón y Filipenses). Tradicionalmente, la fecha de escritura es el 61 o 62 d.C., y el lugar, Roma. Como alternativas se han sugerido Cesarea a fines de la década del 50, y Éfeso a mitad de esa década. El propósito principal de Colosenses fue corregir enseñanzas falsas que estaban perturbando a la iglesia.

Filemón y Colosenses mencionan a varias de las mismas personas y aparentemente llegaron a destino con el mismo mensajero (Col. 4:7-18; Filem. 1,2,10,23,24).

El libro se puede dividir en dos secciones principales luego de la típica introducción: polémica contra enseñanzas falsas (1:3-2:23); exhortaciones a una vida cristiana adecuada (3:1-4:17). Como resulta típico en Pablo, hay una extensa acción de gracias (1:3-8) y una oración (1:9-14) que llevan al cuerpo de la carta. Pablo le agradeció a Dios por la fe, la esperanza y el amor (1:4-5) que tenían los colosenses en virtud de su positiva respuesta al evangelio. Él oró pidiendo que ellos tuvieran un completo conocimiento y entendimiento de la voluntad de Dios y que vivieran como es digno de santos redimidos (1:9-14).

La sección doctrinal comienza con una descripción de la grandeza de la preeminencia de Cristo (1:15-20): era Dios mismo encarnado (1:15,19), Señor supremo sobre toda la creación (1:15-17), Señor supremo de la iglesia (1:18) y la única fuente de reconciliación (1:20).

Pablo habló de la herejía que se caracterizaba por: (1) una perspectiva inferior de Cristo que no consideraba a Jesús totalmente divino o quizás no lo aceptaba como la única fuente de redención (1:15-20); (2) "filosofías" que parecían verosímiles y eran anticristos (2:8); (3) observancia legalista de "tradiciones", circuncisión y varias leyes de alimentos y de fiestas (2:8,11,16,21; 3:11); (4) adoración de ángeles y espíritus inferiores (2:8,18); (5) ascetismo, las privaciones o el tratamiento cruel del cuerpo físico de uno, cuerpo que estaba lleno de maldad (2:20-23); (6) alegaciones de poseer una visión especial (tal vez revelaciones especiales) que hacía que esas filosofías (y no los apóstoles ni las

Escrituras) fueran la fuente definitiva de verdad (2:18,19).

Las exhortaciones en los capítulos 3 y 4 derivan de la nueva naturaleza del cristiano y su sumisión al dominio de Cristo en cada área de la vida (3:9,10,15-17). En 3:18-4:1 vemos reglas para la familia típica del primer siglo; hay indicaciones a esposas y esposos, padres e hijos, amos y esclavos. La sumisión al Señor (3:18, 20,22; 4:1), el amor cristiano (3:19) y la expectativa de juicio divino (3:24-4:1) deben determinar la manera en que las personas se tratan unas a otras, independientemente de su condición social. La carta termina con exhortaciones (4:2-6) y un intercambio de saludos (4:7-17).

COMADREJA Ver *Animales*.

COMBUSTIBLE Materiales usados para encender fuego y mantenerlo ardiendo: madera (Isa. 44:14-16); brasas (Jer. 36:22); arbustos (Sal. 120:4); espinos (Ecl. 7:6; Nah. 1:10); hierba (Mat. 6:30); cizaña (Mat. 13:40); madera de la vid (Ezeq. 15:4,6); ramas cortadas (Juan 15:6); excremento animal y hasta humano (Ezeq. 4:12); y las ropas ensangrentadas de guerreros caídos (Isa. 9:5). El aceite se usaba como combustible para las lámparas (Mat. 25:3). Los hebreos no conocían el carbón.

COMERCIO Intercambio financiero y mercantil que incluía productos, sitios donde hacer negocios, prácticas comerciales (pesos y medidas, ley comercial) y los medios de transporte. La economía del antiguo Cercano Oriente se centraba en la agricultura, pero había cierta manufactura de productos y minería. Los bienes, productos y recursos agrícolas y ganaderos debían transportarse a centros de mercado y a otros países. El trueque y la compra-venta de bienes y servicios

tenía un lugar de prominencia en la vida de aldeas y pueblos.

Los campos irrigados de Mesopotamia y Egipto y las laderas terraplenadas de Palestina producían variedad de productos agrícolas. Los excedentes se transportaban a mercados regionales y a ciudades importantes. El grano entero, la harina, el lino, las nueces, los dátiles, el aceite de oliva, el pescado y una cantidad de subproductos llegaban a todos los hogares y pagaban los impuestos establecidos por el gobierno. Reyes como Uzías (2 Crón. 26:10) tenían grandes extensiones de tierra y ganado que contribuían a la economía en general.

Los productos manufacturados que con más facilidad eran parte del comercio nacional o internacional incluían la alfarería fina, las armas, la cristalería, las joyas, los cosméticos y las telas teñidas. Los estilos singulares y la mano de obra especializada creaban mercados para estos productos y hacían que valieran la pena los costos y los peligros del transporte marítimo o terrestre desde los artesanos de las aldeas hasta los mercados.

Barcos de Tiro y de Tarsis transportaban hierro, hojalata y plomo, y los permutaban por esclavos, caballos, mulas, marfil y ébano en varios puertos de escala (Ezeq. 27:12-24). Edom comerciaba "perlas, púrpura, vestidos bordados, linos finos, corales y rubíes" (27:16), y Judá enviaba a Tiro miel, aceite, resina y trigo (27:17). Los fenicios también proporcionaban lana y telas teñidas de púrpura.

Existían apostaderos mercantiles en muchos centros de comercio como el de Ugarit (1600-1200 a.C.). La importancia económica y política de estas comunidades comerciales resulta evidente en la construcción que hizo Salomón de ciudades de aprovisionamiento en Hamat (2 Crón. 8:4) y en las negociaciones de Acab con Ben-adad de Siria para el establecimiento de lugares especiales de comercio en Damasco llamados "plazas" (1 Rey. 20:34).

Centros metropolitanos como Babilonia y Tebas tenían lugares abiertos o plazas mercantiles donde se desarrollaban actividades comerciales. Los estrechos confines de las aldeas y los pueblos de Palestina restringían la actividad comercial a tiendas o puestos construidos junto a casas o junto al espacio abierto aledaño a las puertas de la ciudad. La puerta de Samaria era un centro de mercado donde la gente compraba centeno y flor de harina (2 Rey. 7:18).

Grandes centros urbanos como Jerusalén tenían varias puertas y distritos comerciales, lo cual permitía la diversificación de la actividad comercial por toda la ciudad. Jeremías 18:2 habla de la puerta del alfarero (traducción del autor; en Neh. 2:13 aparece como puerta del Muladar) y de la calle de los Panaderos como el área principal de producción y abastecimiento de pan en Jerusalén (Jer. 37:21). Josefo hace una lista de varias actividades comerciales en la ciudad durante el período romano: tiendas de lana, herrerías y mercados de ropas.

Hasta el establecimiento de la monarquía, las transacciones comerciales en cada ciudad israelita estaban regidas por un estándar local de permuta. Sin embargo, hasta estos estándares aparentemente eran negociables y se abusaba de ellos. Es así que Abraham se vio forzado a pagar una suma exorbitante (400 siclos de plata) por la cueva de Macpela (Gén. 23:16), y Amós condenó a los comerciantes que achicaban la medida, subían el precio y con engaño falseaban la balanza (8:5).

Hasta tanto se comenzó a usar la moneda después del 600 a.C., los alimentos y otros bienes se obtenían a través del trueque en el mercado o se compraban con pesos de metales preciosos (Job 42:11). Cuando se generalizó el uso de monedas acuñadas durante la época helenística (después del 200 a.C.), hubo una revolución en el comercio. Ver *Monedas*. Las transacciones en el sistema monetario aceptado, que se sabía tenía un peso definido, aumentó la confianza del público y eliminó algunos abusos del mundo mercantil. Las monedas además facilitaron el pago de impuestos (Mar. 12:15-17) y de salarios (Mat. 20:2).

Desde tiempos antiguos hubo caravanas de comerciantes que transportaban mercaderías a través del Cercano Oriente. Palestina, que estaba situada en un puente terrestre entre Mesopotamia y África, naturalmente se convirtió en un centro de viajes comerciales. Grupos de comerciantes semitas, como por ejemplo ismaelitas y madianitas (Gén. 37:27-28), usaron tanto rutas montañosas como la ruta costera Vía Maris y el Camino del Rey en Transjordania para trasladarse entre Mesopotamia y Egipto. Finamente la entrada de camellos y el establecimiento de caravaneras, posadas y centros de descanso donde las caravanas podían pernoctar, hizo posible que los mercaderes tomaran una ruta más directa por los desiertos del norte de Siria y de Arabia. Durante el período romano, estas lucrativas rutas mercantiles estaban controladas por la ciudad de Tadmor, la capital del reino de Palmira, y por los nabateos.

Durante la monarquía, el horizonte comercial de Israel se expandió. Salomón importó vastas cantidades de productos lujosos y exóticos (marfil, monos y pavos reales, 1 Rey. 10:22b) desde todo el Cercano Oriente. También compró caballos y carros para sus guarniciones fortificadas como por ejemplo en Gezer, Hazor y Meguido (1 Rey. 10:26). La nación no contaba con puertos de aguas profundas en su línea costera, de modo que el golfo de Aqaba se convirtió en el principal puerto de entrada de mercadería proveniente de África (especias, piedras preciosas, oro de Ofir y sándalo). El comercio marítimo de Israel como también el de muchas otras naciones, se asoció con mercaderes fenicios o bien ellos se hacían cargo de todo (1 Rey. 10:22). Estos experimentados navegantes podían evitar las tormentas y otros peligros que habían causado el hundimiento de muchos barcos en el Mediterráneo (2 Crón. 20:37).

Incluso en el tiempo del NT los embarques se restringían a rutas y épocas específicas (Hech. 27:12). Los romanos construyeron rutas pavimentadas que facilitaron el movimiento de sus ejércitos como así también de gente y carretones cargados con mercaderías para la venta. Mojones a lo largo de estas rutas muestran con cuánta frecuencia se reparaban y qué emperadores tuvieron un interés especial en los distritos más remotos de su dominio. Ver *Agricultura; Bancario, Sistema; Economía; Plaza mercantil; Transporte y viajes; Pesos y medidas.*

COMIDA Sustancia para la nutrición del ser humano. Había dos comidas diarias (ver Luc. 14:12-13). El desayuno se tomaba de manera informal luego de levantarse, y por lo general consistía en un pedazo de pan plano y un trozo de queso, frutas secas o aceitunas. Los hombres y los niños salían a trabajar, y tomaban su desayuno en el camino. Madres e hijas y niños pequeños permanecían en la casa. No había almuerzo propiamente dicho, aunque cuando Rut y los segadores se detuvieron para comer grano tostado (potaje) y vinagre, seguramente estaban haciendo un alto acostumbrado (Rut 2:14).

Las mujeres y sus hijas preparaban la cena sobre el fuego; se hacía un guiso de verduras o lentejas en una gran olla, y se utilizaban hierbas y sal para realzar el sabor. Sólo en ocasiones especiales (días de sacrificio o días de fiesta) se le agregaba carne al guiso, y en muy contadas ocasiones la carne se asaba o se comían aves o pescado.

La olla se ponía en el piso sobre una manta o tapete (Gén. 18:8), y toda la familia se sentaba alrededor. Se ofrecía una bendición o acción de gracias, y como no había cubiertos, cada integrante de la familia usaba un pedazo de pan como cuchara para tomar del contenido de la olla. Sólo con el correr del tiempo una mesa y asientos reemplazaron la manta en el piso (1 Rey. 13:20), pero la olla para todos los comensales siguió estando en el centro. Al terminar la comida se servía fruta, y la bebida regular era el vino.

Las comidas formales siempre tenían lugar por invitación (que normalmente se acostumbraba a rechazar). El anfitrión entonces le insistía a la gente hasta que ésta aceptaba (Luc. 14:16-24). Cuando llegaban los invitados, los sirvientes más humildes les quitaban las sandalias y les lavaban los pies (Juan 13:3-11). Esto protegía del polvo a las alfombras de los pisos y a la vez hacía que fuera más cómodo sentarse sobre los talones. Los sirvientes también ungían la cabeza de los huéspedes con aceite de oliva y la perfumaban con especias (Luc. 7:36-50). Luego entonces se ofrecía agua para beber. En las casas grandes, el invitado de honor iba a la mesa principal en un salón con un piso elevado, y se sentaba a la derecha del anfitrión. El huésped que era segundo en importancia, se sentaba a la izquierda del anfitrión (ver Luc. 14:7-11; 20:46).

Uno en realidad no se "sentaba" a la mesa sino que se "reclinaba". Se acercaban a las mesas sofás para reclinarse, con la cabecera en dirección a la mesa, y se proporcionaban almohadones para que los invitados pudieran apoyarse sobre su brazo izquierdo y usaran el derecho para servirse de la comida que estaba en la mesa. Con este arreglo, los sirvientes podían continuar con el lavado de pies (Luc. 7:46). Para conversar, las personas prácticamente debían volverse sobre sus espaldas y casi reclinarse sobre el pecho de la persona a su izquierda (Juan 13:23-25).

La comida se iniciaba bebiendo vino diluido con miel. La cena principal constaba de tres platos, todo artísticamente acomodado en una bandeja. Los invitados comían con sus dedos, menos cuando se servía sopa, huevos o mariscos, casos en que se usaban cucharas. Al final se servía un postre: algún pastel y fruta. Durante la comida el anfitrión ofrecía entretenimiento con música, danza (danzas individuales y expresivas) y lecturas de poemas y otro tipo de literatura. Las personas de medios más humildes podían observar desde afuera (Luc. 7:37).

En todas las comidas debían observarse las leyes de alimentos (Lev. 11:1-22; Deut. 9:9; ver Ex. 23:19).

COMIDA OFRECIDA A LOS ÍDOLOS Algo dado como adoración a un dios (1 Cor. 10:28); causa de controversia en la iglesia primitiva que se centraba en lo que les estaba permitido comer a los cristianos. En líneas generales, los sacrificios paganos constaban de tres porciones: una porción pequeña que se usaba en el rito del sacrificio; una porción más grande que comían los sacerdotes u otros ayudantes del templo; la porción de mayor tamaño, que era retenida por quien la ofrecía, que luego la servía

como plato principal en una comida en el templo o cerca de él, o bien la vendía en el mercado.

Detrás de la pregunta de los corintios (1 Cor. 7:1; 8:1) que Pablo respondió en 1 Cor. 8, estaba la cuestión de participar o no en la comida cerca del templo pagano. Los comentarios de Pablo en 1 Cor. 10:19-11:1 hablan de cuando la carne se vendía en el mercado local y luego se servía en una comida familiar.

El concilio de Jerusalén mencionó "lo sacrificado a los ídolos" como algo de que los cristianos gentiles debían abstenerse (Hech. 15:29; comp. 21:25; Rom. 14:1-21; Apoc. 2:14,20).

COMPAÑÍA Unidad militar romana con capacidad para 1000 hombres; 10 compañías formaban una legión (ver Mat. 27:27; Mar. 15:16). Cornelio (Hech. 10:1) aparentemente comandaba una compañía de 1000 arqueros llamada *la Cohors II Miliaria Italica Civium Romanorum Voluntariorum*. En Jerusalén estaba apostada una compañía de infantería que protegió a Pablo de los judíos celosos (Hech. 21:31).

COMPAÑÍA AUGUSTA Unidad del ejército romano que llevaba el nombre del emperador, apostada en Siria desde aprox. el 6 d.C.; tuvo a su cargo a Pablo durante el viaje de éste a Roma (Hech. 27:1).

COMPASIÓN Sentir amor compasivo para con alguien, penetrar de manera tierna y sensible en el dolor que siente ese alguien. Esta palabra es traducción de al menos cinco términos hebreos y ocho griegos que en su significado varían desde lamentarse, arrepentirse de algo, condolerse por alguien o tener piedad, y llega hasta lo hermoso, el clamor emocional del dolor, el amor y la devoción de un padre, un sentimiento de empatía por el sufrimiento inmerecido, lamentación y duelo por los muertos y moderación en emociones y pasiones. Ver Ex. 2:6; 2 Sam. 21:7; Neh. 13:22; Job 8:5; Joel 2:18; Jon. 4:10-11; Zac. 12:10; comp. Gén. 19:16; 2 Crón. 36:15; Isa. 63:9; Mal. 3:17.

Dios es el Padre y la fuente de compasión y misericordia (2 Cor. 1:3; Ezeq. 20:17; Mar. 5:19; Ef. 2:4; 1 Ped. 1:3; Sant. 5:11). Dios podía prohibir que Israel se condoliera (Deut. 7:16) así también como Él se negaba a condolerse de los desobedientes (Ezeq. 5:11; Os. 13:14). El pueblo de Dios debe orar pidiendo que Él los perdone (Joel 2:17).

La compasión puede incluir una disposición para cambiar la situación. Es así que Dios "se arrepintió" de haber creado a la humanidad (Gén. 6:6). Sin embargo, actuó para preservar la vida humana (Gén. 8:21). Dios se puede arrepentir (Ex. 32:14; 2 Sam. 24:16; Jon. 3:10). En la libertad que tiene (Rom. 9:15), Dios puede anunciar cierto plan, ver la respuesta y la debilidad de la gente afectada por ese plan, y decidir que no lo llevará a cabo (Os. 11:8). La compasión y misericordia de Dios llegan a "todas sus obras" (Sal. 145:9).

La compasión puede ser un sentimiento de pena y devoción para con un niño indefenso, un profundo sentimiento emocional que procura una concreta expresión de amor (Gén. 43:14; Deut. 13:17), y en la mayoría de los casos Dios es el sujeto de la actitud compasiva. Comp. Os. 2:4,23; Zac. 1:16; 10:6.

La compasión es una cualidad que se espera de los creyentes (Fil. 2:1; Col. 3:12; 1 Ped. 3:8; comp. Heb. 4:15; 10:33-34), un resultado de estar en Cristo (Fil. 1:8; para la compasión de Cristo, ver Mar. 6:34; 9:22; comp. Mat. 9:36; 20:34). El amor de Dios sólo habita en aquellos que son compasivos hacia una persona en necesidad (1 Juan 3:17; comp. Mat. 18:27; Luc. 10:33; 15:20; Ef. 4:32; 1 Ped. 3:8; Sant. 5:11). En su compasión Él ha proporcionado salvación y perdón (Luc. 1:78).

COMUNIÓN Vínculo con un propósito y devoción común que une a los cristianos entre sí y los une a Cristo. *Koinonía* era la palabra favorita de Pablo para describir la relación de un creyente con el Señor resucitado y los beneficios de la salvación que obtenemos por medio de Él. Sobre la base de la fe los creyentes tienen comunión con el Hijo (1 Cor. 1:9), son copartícipes en la comunión del evangelio (1 Cor. 9:23; Fil. 1:5), y tienen comunión con el Espíritu Santo (2 Cor. 13:14), un importantísimo vínculo para que haya unidad en la vida de la iglesia (Fil. 2:1-4).

En la Cena del Señor, la copa es "la comunión de la sangre de Cristo" y el pan, "la comunión del cuerpo de Cristo" (1 Cor. 10:16). Dicha "comunión" no podría existir con Cristo y con otros dioses o seres sobrenaturales, de modo que los creyentes no toman parte en comidas religiosas paganas, en las que participarían de "comunión" con la maldad, fuerzas sobrenaturales o demonios (1 Cor. 10:19-21).

La comunión con Cristo da como resultado comunión entre creyentes (1 Juan 1:3,6-7; 1 Cor. 10:16-17; comp. 1 Cor. 11:17-21).

La comunión con el Señor da como resultado participación en sus sufrimientos (Fil. 2:5-8; 3:10; Col. 1:24; comp. Rom. 8:17; 2 Cor. 4:7-12; Fil. 3:10-11; Col. 1:24).

Pablo utilizó el término *koinonía* para indicar contribuciones financieras que recogió de creyentes gentiles para llevar a Jerusalén como ayuda para los santos que vivían en ese lugar (Rom. 15:26-27; 2 Cor. 8:4; 9:13).

Cada uno ofrecía lo que podía para beneficio de otros: los cristianos judíos, sus bendiciones espirituales; los cristianos gentiles, sus bendiciones materiales. Ese mutuo compartir de bendiciones es una expresión clara y profunda de la comunión cristiana. Ver *Cena del Señor; Espíritu Santo.*

CONCIENCIA Conocimiento moral humano que juzga una acción y determina si es buena o mala. En varios pasajes, la palabra hebrea para hablar de *corazón* se refiere a la conciencia, por ejemplo 1 Sam. 24:5; comp. 2 Sam. 24:10; Job 27:6; 1 Juan 3:20-21.

En el NT Dios juzga a las personas por el estándar divino revelado en Jesucristo. La "conciencia" es la reacción de dolor de una persona en cuanto a una acción pasada que no alcanza ese estándar. Es valioso tener una conciencia pura, pero Cristo es el estándar definitivo por el cual las personas serán juzgadas. Cuando la conciencia es sensible y juzga acciones pasadas, se dice que la conciencia es "buena" (Hech. 23:1; 1 Tim. 1:5,19; 1 Ped. 3:16,21; Heb. 13:18; comp. Hech. 24:16). Cuando una conciencia no está activa para juzgar acciones pasadas, se dice que la conciencia es "débil" (1 Cor. 8:7,10,12) y que puede estar herida (1 Cor. 8:12). Cuando la conciencia no es sensible, está "cauterizada" (1 Tim. 4:2). La conciencia pecaminosa está "corrompida" (Tito 1:15) o es "mala" (Heb. 10:22).

CONCILIO DE JERUSALÉN Reunión descrita en Hech. 15:6-22, realizada para determinar los términos bajo los cuales se recibiría en la iglesia a los gentiles convertidos al cristianismo. Algunos sostenían que todos los convertidos gentiles debían someterse a la circuncisión y debían observar toda la ley de Moisés. Pablo y Bernabé sostenían que no era razo-

nable imponer dichos requisitos a los gentiles. El concilio de Jerusalén decidió que los creyentes gentiles no necesitaban hacerse judíos prosélitos, pero que debían abstenerse de la idolatría, de la inmoralidad sexual y de comer sangre. Ver *Hechos; Pablo.*

CONCUBINA Esposa secundaria que por lo general era costumbre de jefes de tribus, reyes y otros hombres ricos (Gén. 22:24; 25:6; 1 Crón. 1:32; comp. Jue. 8:31; 2 Sam. 3:7; 5:13; 21:11). Salomón llevó esta práctica a extremos ya que tuvo 300 concubinas además de sus 700 esposas (1 Rey. 11:3). Deuteronomio 17:17 prohíbe a los reyes que tomen tantas esposas.

Una concubina, fuera comprada (Lev. 25:44-46) o ganada en una batalla (Núm. 31:18), tenía derecho a cierta protección legal (Ex. 21:7-12; Deut. 21:10-14). Ella permanecía como propiedad de su esposo. Una mujer estéril podía ofrecerle su sierva a su esposo, esperando que ésta concibiera (Gén. 16:1ss; 30:1ss.). Los matrimonios monógamos eran más comunes y además eran el ideal bíblico (Gén. 2:24; Mar. 10:6-9). Ver *Matrimonio; Esclavo, Siervo.*

CONDENAR Luego de haber pesado la evidencia, acción de declarar que alguien es culpable (Ex. 22:9; Deut. 25:1; Mat. 20:18; Mar. 14:64; Luc. 23:40); realizar juicios personales sobre otros (Mat. 12:41; Sant. 3:1; Tito 2:8). Los jueces corruptos "condenan la sangre inocente" (Sal. 94:20-21). Dios salva al pobre "de los que le juzgan" (Sal. 109:31). Dios condenó el pecado en la naturaleza humana al enviar a su propio Hijo (Rom. 8:3). Pablo creyó que una razón para aceptar el castigo del Señor era evitar la condenación final (1 Cor. 11:32; comp. Juan 3:17-19; 5:24).

CONDUCTO Canal de agua o acueducto en Jerusalén o sus inmediaciones que encauzaba agua a la ciudad (2 Rey. 18:17; 20:20; Isa. 7:3); probablemente en la parte exterior del muro noroeste de la ciudad, junto al camino a Samaria. Ver *Gihón; Siloé.*

CONFESIÓN Admisión, declaración o reconocimiento de pecado o de fe, especialmente en la adoración a Dios. La confesión del AT incluía ritos por el pecado: la ofrenda por el pecado (o por la culpa) (Lev. 5:5-6:7) y el macho cabrío que simbolizaba la eliminación del pecado (16:20-22). La confesión del pecado puede estar a cargo de una persona en nombre del pueblo como un todo (Neh. 1:6; Dan. 9:20), puede ser la respuesta colectiva de la congregación que adora a Dios (Esd. 10:1; Neh. 9:2-3) o puede ser el reconocimiento individual del pecado por parte del pecador penitente (Sal. 32:5; Prov. 28:13; ver también Sal. 40 y 51).

Al ser bautizados, los seguidores de Jesus confesaban sus pecados (Mat. 3:6; Mar. 1:6; comp. Hech. 19:18). En su fidelidad, Dios perdona los pecados de aquellos que los confiesan (1 Juan 1:9). Los creyentes deben confesarse los pecados unos a otros (5:16), probablemente dentro del contexto del culto congregacional. Aprox. en el 100 d.C., el culto de adoración incluía la confesión de pecados antes de la Cena del Señor, en la cual uno confesaba su fe. Ver *Confesiones y credos.*

CONFESIONES Y CREDOS Expresiones de la fe en forma clara y colectiva como respuesta a la revelación y la salvación de Dios. La confesión ocupa un lugar central en la adoración y la predicación, e implica lealtad y compromiso, mientras que el credo es parte del ministerio de enseñanza, hace referencia a la doctrina, y tiene una nota de autoridad.

En la Biblia vemos dos tipos de confesiones, la de tipo nominal, enraizada en la introducción a los Diez Mandamientos (Jehová es nuestro Dios, Ex. 20:2; ver también Deut. 5:6; Sal. 3:8; 7:2,4; 10:12; 100:3), y la confesión de tipo verbal (ver Deut. 6:21-25; 26:5-9; Sal. 105:8-45; 135; 136), que menciona las acciones de Dios.

Josué 24 es una confesión de los poderosos actos de Dios en favor de Israel (vv. 2-13), incluye el llamado de Josué para servir al Señor y dejar de lado los dioses extraños de sus antepasados (vv. 14-15), el pueblo confesando al Señor como su Dios (vv. 16-17), una lista de las acciones de Dios en favor de Israel, y una confesión renovada (vv. 17-18).

El nuevo elemento que aparece en la confesión del NT son los actos reveladores de Dios en Jesús, el Cristo. En las confesiones de la iglesia se pueden distinguir tres fases:

1. La vida y el ministerio de Jesús en la tierra, donde confesar a Jesús no significaba hacer una declaración sobre Él sino expresar fidelidad personal y compromiso con Él y con su causa (Mat. 10:32; Luc. 12:8).

2. Después de la resurrección y exaltación de Jesús, la fe en Cristo se comenzó a formular en una oración o una frase. La confesión nominal más común es: Jesús es el Señor (Rom. 10:9; 1 Cor. 12:3; Fil. 2:11), muy posiblemente una confesión de bautismo. Las confesiones verbales delinean la historia de Cristo de manera precisa y condensada (Fil. 2:5-11; Col. 1:15-20; 1 Tim. 3:16; 1 Ped. 3:18-22; Heb. 1:1-3; comp. 1 Cor. 15:3-5) y se pronuncian como testimonio.

3. En la defensa de la iglesia contra la interpretación falsa, las confesiones se convirtieron en algo mayormente de doctrina y credo: Jesucristo ha venido en carne (1 Juan 4:2; 2 Juan 7); Jesús es el Cristo (1 Juan 5:1) o el Hijo de Dios (1 Juan 5:5). Cuando se entienden en conjunto, forman la doctrina de Cristo (2 Juan 9).

CONFLICTOS INTERPERSONALES La Biblia ilustra, explica y ofrece soluciones para conflictos interpersonales.

Entre los ejemplos más notables de ese tipo de conflictos en la Biblia, se hallan registradas las hostilidades entre Caín y Abel (Gén. 4:1-16), Abram y Lot (Gén. 13:8-18), Jacob y Esaú (Gén. 25-27; 32-33), Jacob y Labán (Gén. 29-31), Saúl y David (1 Sam. 18-31), María y Marta (Luc. 10:38-42), los discípulos de Jesús (Mar. 9:33-37; Luc. 22:24-27), Pablo y Bernabé (Hech. 15:36-41) y los creyentes corintios (1 Cor. 1:10-12; 3:2-4; 11:18).

La causa fundamental de los conflictos interpersonales es el pecado (Gál. 5:19-20). Santiago explica que las peleas son resultado de pasiones y deseos no controlados (Sant. 4:1-3). El libro de Proverbios caracteriza a quienes fomentan conflictos diciendo que son personas que dan lugar al enojo (Prov. 15:18; 29:22), a la codicia (Prov. 28:25), al odio (Prov. 10:12), a los chismes (Prov. 16:28) y a las perversidades (Prov. 6:12-15). Tales conflictos inevitablemente dan como resultado destrucción personal (Prov. 6:15), discordia (Prov. 6:14) y contiendas (Prov. 10:12; 16:28). No debemos asombrarnos, entonces, de que el Señor aborrezca a quien "siembra discordia entre hermanos" (Prov. 6:16,19).

La Biblia otorga gran valor a la capacidad para vivir en paz con otros (Sal. 34:14; Mar. 9:50; Rom. 14:19; 1 Tes. 5:13; Heb. 12:14; 1 Ped. 3:11), en unidad (Sal. 133:1) y armonía (Rom. 15:5-6). Al mismo tiempo, declara de manera inequívoca que sólo Dios puede dar esa paz (Núm. 6:26; Juan 14:27; 16:33; 2 Cor. 13:11; 2 Tes. 3:16) y sólo se puede hacer realidad cuando los creyentes imitan el estilo de vida de Jesús (Fil. 2:3-8).

CONGREGACIÓN El pueblo de Dios reunido como un pueblo santo, unido por la devoción a Jehová y no por lazos políticos; puede aplicarse colectivamente a cualquier individuo o grupo, como por ejemplo "los malos", "los hipócritas". La congregación de Israel funcionaba en aspectos militares, legales y punitivos. Todo israelita que se había circuncidado era miembro de la congregación. En el NT la congregación es la iglesia, los "llamados fuera de". Ver *Iglesia.*

CONOCIMIENTO Entendimiento intelectual; experiencia personal; emoción; relación personal que se atribuye tanto a Dios como a los seres humanos (en este último caso incluye la relación sexual, Gén. 4:1). Dios conoce todas las cosas (Job 21:22; Sal. 139:1-18); su entendimiento excede toda medida (Sal. 147:5; comp. Gén. 30:22; Job 31:4; Sal. 44:21; 94:11; Zac. 13:1; Luc. 1:33). Que Dios conozca a una persona puede querer decir que Dios elige a una persona para sus propósitos divinos (Jer. 1:5; Amós 3:2; Gál. 4:9).

El conocimiento de Dios es el más grande conocimiento (Prov. 9:10) y es el principal deber de la humanidad (Os. 6:6). Los israelitas conocían a Dios por medio de lo que Él había hecho por su pueblo (Ex. 9:29; Lev. 23:43; Deut. 4:32-39; Sal. 9:10; 59:13; 78:16; Os. 2:19-20). Este conocimiento incluye la experiencia de la realidad de Dios en la vida de una persona (comp. Fil. 3:10) y vivir de una manera que muestre respeto por el poder y la majestad de Dios (comp. Jer. 22:15-16). Uno conoce a Dios de manera definitiva a través del conocimiento de Jesucristo (Juan 8:19; Col. 2:2-3). El conocimiento le da a la fe dirección, convicción y seguridad (2 Cor. 4:14). El conocimiento es un don espiritual (1 Cor. 12:8) que puede crecer, aumentar, ser pleno y abundar (Fil. 1:9; Col. 1:9-10; 2 Cor. 8:7). Consiste en tener un mejor entendimiento de la voluntad de Dios en el sentido ético (Col. 1:9-10; Fil. 1:9), de saber que Dios desea salvar a las personas (Ef. 1:8-9), y de tener una perspectiva más profunda de la voluntad de Dios que nos es dada en Cristo (Ef. 1:17; 3:18-19).

El conocimiento puede ser un factor de división en las iglesias cuando algunos cristianos alegan ser más espirituales por su conocimiento de cuestiones espirituales (Rom. 14:1-15:6; 1 Cor. 8:1-13). El conocimiento puesto en ejercicio por parte de los que son fuertes en la fe, puede hacer que los débiles en la fe vayan contra su conciencia cristiana y eso los lleve a la ruina espiritual. El amor es más importante que el conocimiento (1 Cor. 13), pero el conocimiento es un don, necesario para la enseñanza cristiana (1 Cor. 14:6) y para el crecimiento cristiano que lleve a una fe madura (1 Cor. 8:7; 2 Ped. 1:5-6; 3:18).

Jesús y el Padre tienen un conocimiento mutuo (Juan 10:14-15), y Jesús conoce a Dios en forma perfecta (Juan 3:11; 4:22; 7:28-29). Jesús le da a la humanidad perdida el conocimiento de Dios, que es necesario para salvación (Juan 7:28-29; 8:19), pero que la humanidad ha distorsionado en razón del pecado (Juan 1:10). Que Dios conoce a Jesús significa que le dio a Jesús su misión y el poder para llevarla a cabo (Juan 10:18). Que Jesús conozca al padre significa que Él oye la palabra de Dios y en forma obediente la transmite al mundo. El conocimiento total sólo fue posible después de la glorificación de Jesús, ya que los discípulos a veces no llegaban a entender a Jesús (Juan 4:32; 10:6; 12:16). El conocimiento halla expresión en el testimonio cristiano, que puede dar como resultado fe en Jesús (Juan 1:7; 4:39; 12:17-18) y amor (Juan 17:26).

CONSAGRACIÓN Algo separado para Dios o que le pertenece; santo o sagrado. Separado para vivir de acuerdo a las exigencias de Dios y a su servicio (Ex. 19:6; comp. Lev. 19:2; Mat. 23:19). Ver *Santo*.

CONSEJERO Alguien que analiza una situación y da consejo al que tiene la responsabilidad de tomar una decisión. Aparentemente los reyes israelitas utilizaban el servicio de consejeros de manera regular (ver 2 Sam. 16:23; 1 Rey. 12:6-14; 1 Crón. 26:14; 27:32,34; 2 Crón. 25:16; Isa. 1:26; 3:3; Miq. 4:9). A menudo a Dios se lo considera consejero (Sal. 16:7; 32:8; 33:11; 73:24), algo que también es el Mesías (Isa. 9:6; 11:2) y el Espíritu Santo (Juan 14:16,26; 15:26; 16:7). Ver *Abogado*.

CONSERVADURISMO Disposición para apreciar, conservar y fomentar enseñanzas y valores presentes que tienen su raíz en el pasado. En la Biblia, el conservadurismo se ve con gran claridad en la actitud de Pablo hacia la fe y las Escrituras. Pablo reconoció que él era heredero de un conjunto de escritos sagrados y de tradiciones que se deben aprender, creer y enseñar a otros (1 Cor. 11:2; 2 Tes. 2:15; 2 Tim. 1:13-14; 3:14-15; Tito 1:9).

Los fariseos, que pusieron tanto énfasis en la observancia de las tradiciones de los ancianos (Mar. 7:3-4;

comp. Deut. 6:6-7; Prov. 1:8; 4:1-4), criticaron a Jesús por su aparente falta de conservadurismo (Mar. 7:5). La respuesta de Jesús fue que había que distinguir entre las tradiciones humanas y las palabras de Dios (Mar. 7:6-13), ya que estas últimas, por implicancia, tenían el objetivo de vivificar los corazones de los hombres de una manera que no lo podía hacer la mera tradición.

CONSOLADOR Palabra especial referida al Espíritu Santo en Juan 14-16 (griego *parakletos*). Ver *Abogado; Espíritu Santo*.

CONTAMINACIÓN Cosas de una calidad inferior (Mal. 1:7,12) o que han sido hechas inmundas por el pecado (Esd. 6:21; Hech. 15:20; Apoc. 21:8). En lenguaje moderno, contaminación o polución se refiere a cosas que echan a perder el medio ambiente natural. Como resultado de la caída en el pecado, el medio ambiente, que fue creado limpio y puro, ahora está sujeto a todo tipo de polución, haciendo de la tierra (Deut. 29:22-28; comp. Jer. 4:23), los ríos y arroyos (Ex. 7:20-24; Prov. 25:26; Ezeq. 32:2; 34:18-19; Apoc. 8:9-10; 16:4) y el mar (Apoc. 8:8-9; 16:3) lugares inadecuados para la vida tal como Dios la quería. La tierra y sus recursos le pertenecen a Dios (Sal. 24:1), no obstante han sido confiados a las personas (Gén. 1:28-29; 9:1-4), quienes tienen la sagrada responsabilidad de cuidar de la tierra con la misma diligencia con que Dios cuida de ella (Deut. 11:12).

CONTENTAMIENTO Satisfacción interna que no demanda cambios en las circunstancias externas. Para los que confían en Dios, casa y comida debieran ser suficientes (1 Tim. 6:6-10; comp. Mat. 6:34; Heb. 13:15; contrastar con Luc 12:19). El creyente puede contentarse al margen de las circunstancias (Fil. 4:11-13). Los creyentes se contentan al conocer al Padre (Juan 14:8-9) y depender de la gracia divina (2 Cor. 12:9-10; comp. 2 Cor. 9:8-11).

CONVERSIÓN Volverse a Dios; la experiencia de tener un encuentro con la realidad o propósito de Dios y responder con fe individual y compromiso (Sal. 19:7; comp. 51:13; 85:4; Isa. 1:27; 6:10; Lam. 5:21). Jacob (Gén. 32), Moisés (Ex. 3) e Isaías (Isa. 6) tuvieron experiencias con Dios que cambiaron sus vidas. Por medio de una serie de circunstancias inusuales, Nabucodonosor de Babilonia se volvió al Rey del cielo (Dan. 4:37).

El NT sólo se refiere a la "conversión de los gentiles" (Hech. 15:3; comp. ref. a Isa. 6:10 en Mat. 13:15; Mar. 4:12; Juan 12:40). La manera en que los discípulos entran al reino es convirtiéndose y volviéndose como niños (Mat. 18:3; Hech. 3:19; comp. Luc. 22:32; Hech. 14:15; 15:19; 26:20; 26:18; comp. 1 Tes. 1:9; 2 Cor. 3:16). Santiago nos anima diciendo que "el que haga volver al pecador del error de su camino, salvará de muerte un alma" (Sant. 5:20).

Jesús tuvo un encuentro con muchos individuos quienes luego entonces tuvieron la experiencia de un cambio radical en sus vidas: Zaqueo (Luc. 19), la mujer en el pozo en Sicar (Juan 4), la mujer pecadora en la casa de Simón (Luc. 7) y Nicodemo (Juan 3). En Hechos hay conversiones notables como la del eunuco etíope (Hech. 8), Saulo de Tarso (Hech. 9) y Cornelio (Hech. 10; comp. Hech. 2:41; 9:35; 11:21).

En la conversión cristiana un individuo se vuelve del pecado y confía en Jesucristo para salvación. Esto da como resultado un cambio de la mente, de las emociones y de la voluntad (2 Cor. 5:17). La conversión se funda en la gracia soberana de Dios y su misericordia, reveladas en la cruz de Cristo (Rom. 5:8). La persona acepta a Jesús como Señor de la vida y reconoce ante Él ese hecho. Ver *Regeneración; Salvación; Fe; Arrepentimiento.*

CONVICCIÓN Sentido de culpa y vergüenza que conduce al arrepentimiento. Dios puede ser el sujeto, y las personas el objeto (Job 22:4), o la persona puede ser el sujeto que crea convicción en otra persona (Ezeq. 3:26). Los jóvenes pastores y líderes como Timoteo y Tito tenían la responsabilidad de "convencer" (reprender, refutar) a quienes estaban bajo su cuidado (1 Tim. 5:20; 2 Tim. 4:2; Tito 1:13; 2:15). La convicción de pecado tiene lugar cuando el Espíritu Santo despierta a la persona a un sentimiento de culpa y condenación por el pecado y la incredulidad (Juan 16:8-11). Juan el Bautista produjo convicción en Herodes Antipas a causa del matrimonio ilícito de éste con Herodías, la esposa de su hermano (Luc. 3:19). Nadie pudo acusar de pecado a Jesús (Juan 8:46). Ver *Pecado; Perdón; Arrepentimiento.*

CONVOCACIÓN, SANTA Ver *Fiestas.*

COPA Vaso para beber, de barro o de metal (oro, plata, bronce). Ver *Vasijas, recipientes y utensilios.* La copa podía representar bendiciones o prosperidad para una persona recta (Sal. 16:5; 23:5; 116:13) o bien describir la totalidad del juicio divino sobre los impíos (Sal. 11:6; 75:8; Isa. 51:17,22; Jer. 25:15; 49:12; 51:7; Ezeq. 23:31-34; Apoc. 14:10; 16:19; 17:4; 18:6). Jesús bebió voluntariamente de la copa de sufrimiento (Mat. 20:22; 26:39,42; Mar. 10:38; 14:36; Luc. 22:42; Juan 18:11). Esa copa fue su muerte y todo lo que ésta incluía.

En la Cena del Señor la copa es un recordatorio simbólico de la muerte expiatoria de Jesús (Mat. 26:27-28; Mar. 14:23-24; Luc. 22:20; 1 Cor. 11:25-26). Ver *Alfarería en tiempos de la Biblia.*

COPERO Ver *Ocupaciones y profesiones en la Biblia.*

CORAZÓN Centro de la vida física, mental y espiritual de los seres humanos; órgano del cuerpo al que se considera centro de la vida física (Gén. 18:5; Jue. 19:5; Hech. 14:17). El corazón llegó a ser el punto focal de todas las funciones vitales del cuerpo, incluyendo tanto la vida intelectual (Prov. 23:7; Mat. 13:15; Luc. 1:66; 2:19) como la espiritual.

El corazón está conectado muy íntimamente con los sentimientos y afectos de una persona: gozo (Sal. 4:7; Isa. 65:14); temor, descrito como "desmayó su corazón en él" (1 Sam. 25:37; comp. Sal. 143:4); desánimo o desesperación, algo que se describe como "congoja en el corazón" (Prov. 12:25; comp. Ecl. 2:20); aflicción (Prov. 25:20; Juan 16:6); amor y odio (Lev. 19:17; Mar. 12:30; comp. Deut. 6:5; 1 Tim. 1:5) y celos amargos (Sant. 3:14).

El corazón es el centro de la vida moral y espiritual. A la conciencia se la asocia con el corazón (Job 27:6; 1 Juan 3:19-21). La depravación nace en el corazón (Jer. 17:9; Mat. 15:19).

El corazón es el lugar donde Dios hace su obra en el ser humano. La obra de la ley está "escrita en sus corazones" (Rom. 2:15). El corazón es el terreno donde se siembra la Palabra de Dios (Mat. 13:19; Luc. 8:15); el corazón es el lugar donde se produce el avivamiento (1 Sam. 10:9; Ezeq. 11:19). Pablo dijo que la persona debe creer en su corazón (Rom.

10:10) para ser salva. Ver también Mar. 11:23; Heb. 3:12.

El corazón es el lugar donde mora Dios. Ver Rom. 5:5; 2 Cor. 1:22; Ef. 3:17.

CORBÁN Ofrenda designada específicamente para el Señor, por lo que estaba prohibido utilizarla para otra cosa (Mar. 7:11). Jesús condenó a las personas que errónea y deliberadamente evitaban proporcionar a sus padres el cuidado necesario, alegando que el dinero o los bienes para proporcionar tal cuidado en realidad era "corbán". Lo que originalmente había comenzado como una ofrenda, terminó funcionando como maldición ya que negaba beneficios a los propios padres. Ver *Sacrificio y ofrendas*.

CORDERO DE DIOS Título que Juan el Bautista le asignó a Jesús como Aquel que quita el pecado del mundo (Juan 1:29,36); en arameo podría entenderse como "siervo de Dios". El testimonio de Juan probablemente debe considerarse una combinación de ambos conceptos (ver Hech. 8:32-35; comp. Isa. 53:7, 10,12). La ley para la ofrenda por la culpa (Lev. 5:1-6:7) prescribía un cordero para hacer expiación ante el Señor. Pedro enfatizó esta idea de sacrificio (1 Ped. 1:18). La identificación que hizo Juan también podría incluir una referencia a Jesús como el macho cabrío enviado al desierto en el día de la expiación a fin de que lleve las iniquidades de los israelitas (Lev. 16), o una alusión al cordero de la Pascua (Ex. 12; comp. 1 Cor. 5:7). Por lo tanto, Juan 1:29 habla del sufrimiento sustitutorio y sacrificial y de la muerte de Jesús, el siervo de Dios, por medio de lo cual hay redención y perdón de pecados. Ver *Expiación; Cristo, Cristología; Pascua; Redimir, Redención, Redentor; Sacrificio y ofrenda; Siervo de Jehová*.

CORÉ (*"pelado"*) Cinco hombres del AT y un pueblo, entre los que se incluyen: (1) Hijo de Esaú (Gén. 36:5,14; 1 Crón. 1:35) que llegó a ser jefe de un clan de Edom (Gén. 36:18). (2) Sacerdote líder de una rebelión contra Moisés y Aarón en el desierto de Parán (Núm. 16), que contendió diciendo que toda la congregación estaba santificada y por lo tanto era apta para funciones sacerdotales. Dios lo castigó con la muerte. (3) Cabeza de uno de los grupos más prominentes de los cantores de templo (Ex. 6:21; 1 Crón. 6:22,37; 9:19,31; 26:1,19); comp. 1 Crón. 6:33-48; 2 Crón. 20:19; Sal. 42; 44-49; 84-85; 87-88.

1 CORINTIOS Carta práctica de Pablo a la iglesia de Corinto, escrita desde Éfeso (16:7b-8a). A comienzos del 50 d.C. Pablo dejó Atenas y se dirigió a Corinto, donde luego se unieron a él Silas y Timoteo (Hech. 18:5). El apóstol ministró en Corinto al menos 18 meses (Hech. 18:1-18). Comenzó a trabajar haciendo tiendas con Aquila y Priscila. Ver *Aquila y Priscila*. Después de visitar Jerusalén y Antioquía de Siria, Pablo regresó a Éfeso para ministrar durante más de dos años (Hech. 19:8-10). Durante el ministerio paulino en esa ciudad, ocurrieron una serie de acontecimientos inquietantes en Corinto: (1) Surgió un espíritu sectario (1 Cor. 1:12-13; 3:3-4). (2) Una serie de informes, incluyendo ataques a Pablo (1 Cor. 2:1-10) y problemas de inmoralidad (1 Cor. 5:1), llegaron a oídos de Pablo, algunos por boca de la familia de Cloé (1 Cor. 1:11). (3) Pablo escribió una carta (que se ha perdido, a menos que en 2 Cor. 6:16-7:1 haya quedado una porción) con advertencias sobre la comunión con personas sexualmente inmorales (1 Cor. 5:9). (4) Los corintios le escribieron a Pablo (1 Cor. 7:1) con preguntas sobre el matrimonio, la fornicación, y la falta de orden en los cultos públicos de adoración. (5) Llegó una delegación (Estéfanas, Fortunato y Acaico) con noticias de Corinto (1 Cor. 16:17). (6) Apolos (Hech. 18:24-28) dejó su trabajo en Corinto y regresó a Éfeso, a pesar de que Pablo le rogó que volviera a Corinto (1 Cor. 16:12). (7) Pablo envió a Timoteo a Corinto (1 Cor. 4:17) para que solucionara los problemas. (8) Pablo escribió 1 Corintios desde Éfeso (1 Cor. 16:8) esperando que recibieran la carta antes de la llegada de Timoteo (1 Cor. 16:10).

Pablo escribió 1 Corintios para ofrecer instrucción y admonición que llevara a la solución de los muchos problemas de la congregación. Algunos de estos problemas pueden haber surgido por un grupo de "superespirituales" que habían recibido la influencia de enseñanzas gnósticas incipientes. Todos los problemas en los caps. 1-14 se basaban en actitudes egocéntricas y nada sacrificadas ni cristocéntricas. El cap. 15 sobre la resurrección puede haber reflejado conceptos equivocados (aunque sinceros) por parte de los corintios. Es así que Pablo contrastó la vida egocéntrica con la vida cristocéntrica, demostrando que la característica del cristiano maduro es dar, no obtener.

2 CORINTIOS Carta personal y autobiográfica que Pablo escribió desde Macedonia a la iglesia en Corinto entre el 55 y el 57 d.C. Después de escribir 1 Corintios, Pablo continuó su exitoso ministerio en Éfeso (Hech. 19:10). En Corinto los problemas empeoraban, en especial los duros ataques de los corintios contra Pablo. Las divisiones dentro de la iglesia y los hostiles ataques hacia el apóstol negaban la esencia del evangelio de que "Dios estaba en Cristo reconciliando consigo al mundo... y nos encargó a nosotros la palabra de la reconciliación" (2 Cor. 5:19).

Timoteo regresó a Éfeso. Pablo realizó una dolorosa visita a Corinto que no se halla registrada en Hechos (2 Cor. 2:1-3; 12:14; 13:1-2). Pablo también escribió una carta de dura reprensión, pero lo lamentó después de mandarla (2 Cor. 7:8). Más tarde se regocijó porque la carta los llevó al arrepentimiento. Tito probablemente fue quien llevó esta carta (2 Cor. 8:7,16-17), que no se ha preservado, a menos que se trate de los capítulos 10-13 de 2 Corintios.

Después que Tito partió para Corinto, Pablo dejó Éfeso con gran peso en su corazón en razón de los corintios. El apóstol esperaba que Tito se encontrara con él en Troas con noticias de reconciliación. Tito no lo hizo. Aunque Pablo encontró una puerta abierta en Troas, sentía tanto peso en su corazón que no pudo ministrar (2 Cor. 2:12-13). Siguió viaje a Macedonia, donde finalmente se encontró con Tito (2 Cor. 7:6-7) y éste le informó que en Corinto las condiciones habían mejorado. Como respuesta, Pablo escribió 2 Corintios, donde les prometió una pronta visita.

Pablo escribió 2 Corintios para tratar problemas dentro de la iglesia y para defender su ministerio apostólico en general y su apostolado en particular. Segunda Corintios enseña lo siguiente: (1) Dios estaba en Cristo reconciliando consigo al mundo y nos ha dado un ministerio de reconciliación. (2) El verdadero ministerio en el nombre de Cristo incluye tanto sufrimiento como victoria. (3) Servir a Cristo significa ministrar en su nombre a la necesidad integral de las personas.(4) Los líderes en el ministerio necesitan sostén financiero de aquellos a quienes ministran y estos necesitan confiar en aquellos.

CORINTO Ciudad en Grecia; una de las cuatro iglesias prominentes del NT, juntamente con Jerusalén, Antioquía de Siria y Éfeso. El primer ministerio de larga duración de Pablo fue en Corinto, donde permaneció al menos 18 meses (Hech. 18:1-18). Primera y Segunda Corintios se escribieron para Corinto, y Romanos se escribió desde Corinto. Entre los líderes cristianos prominentes asociados con Corinto se incluyen Aquilas, Priscila, Silas, Timoteo, Apolos y Tito.

Corinto, en el extremo sudoeste del istmo que unía la región sur de la península griega con el territorio continental hacia el norte, estaba sobre una planicie elevada a los pies del Acrocorinto, un monte escarpado que llegaba a unos 530 m (1886 pies) sobre el nivel del mar. Era una ciudad marítima entre dos importantes puertos: Lejaión, sobre el golfo de Corinto aprox. 3,2 km (2 millas) al norte, y Cencrea sobre el golfo Sarónico, unos 9,5 km (6 millas) al este de Corinto.

Aunque en la época de Pablo la ciudad (restaurada) era romana, sus habitantes continuaron adorando a los dioses griegos; tenían santuarios a Apolos, Hermes (Mercurio), Heracles, Atenea y Poseidón. Corinto contaba con un famoso templo dedicado a Asclepio, el dios de la sanidad, y a su hija Higia (o Hygieia). El culto pagano más importante en Corinto era el templo de Afrodita en lo alto de Acrópolis. A pesar de que esa era una época de inmoralidad sexual generalizada, a Corinto se la conocía por su estilo de vida licencioso. Pablo comenzó su ministerio corintio en la sinagoga de la ciudad.

CORNALINA Ver *Minerales y metales*.

CORNELIO Centurión gentil en el ejército romano que vivía en Cesarea y adoraba al único Dios verdadero (Hech. 10:1). Trataba a los judíos con bondad y generosidad. Después que un ángel se le apareció, envió a buscar a Simón Pedro a Jope. Este fue a él con el mensaje del perdón de pecados por medio de la fe en el Cristo crucificado y resucitado. La conversión de Cornelio marcó el comienzo de la actividad misionera de la iglesia entre los gentiles, pero también hizo surgir la pregunta de la posibilidad de salvación de los que no eran judíos. Ver *Pedro; Hechos*.

CORO Ver *Pesos y medidas*.

CORONA Tocado especial que usaba la realeza y otras personas de gran mérito y honor; probablemente evolucionó a partir de la vincha o el turbante que usaba el jefe de una tribu; con el tiempo se convirtió en una diadema de metal, con o sin ornamentación. Ver Ex. 28:36-37; 29:6; Lev. 8:9; 2 Sam. 1:10; 12:30. "Corona" se usa en forma figurada para referirse a la cabeza cana de un anciano (Prov. 16:31), a la esposa virtuosa de un hombre (Prov. 12:4) y a las bendiciones de Dios sobre la humanidad (Sal. 8:5). Ocasionalmente la palabra hacía referencia a una guirnalda de hojas o flores (Cant. 3:11).

Por lo general, en el NT corona tiene importancia figurada (Mat. 27:29; 1 Cor. 9:25; 2 Tim. 4:8; comp. 2 Tim. 2:5; Sant. 1:12; Apoc. 4:4,10; 12:3; 14:14).

CORRUPCIÓN Naturaleza pasajera del mundo material; es decir, la propensión del mundo hacia el cambio y el deterioro (ver especialmente Rom. 8:21; 1 Cor. 15:42-57; 1 Ped. 1:4) contrasta con la naturaleza permanente y eterna de la esperanza de resurrección.

COS Isla y su ciudad principal, entre Mileto y Rodas, donde Hipócrates fundó la escuela de medicina y Pablo desembarcó brevemente al regresar de su tercer viaje misionero (Hech. 21:1); centro de educación, comercio, vino, tintura púrpura y ungüento; la moderna Kos.

COSMÉTICOS Materiales usados por hombres y mujeres para el cuidado personal y el embellecimiento. Los hombres más que nada usaban aceite, y lo frotaban en el cabello de su cabeza y en su barba. (Sal. 133:2; Ecl. 9:8). Las mujeres usaban pintura para los ojos, polvos, lápiz labial, ungüentos para el cuerpo y perfumes.

En la preparación de colores para maquillar el rostro se usaban boles de piedra caliza o paletas de unos 10 cm (4 pulgadas) de diámetro. Las sustancias se mezclaban con espátulas de hueso o pequeños morteros.

Se usaban pequeñas ampollas de vidrio y botijas de barro como recipientes para perfumes, y frascos de alabastro para ungüentos. Eran comunes las redomas de marfil, mecheros cosméticos y cajas de perfumes (ver Isa. 3:20). Las mujeres además empleaban peines de marfil, espejos de bronce, broches para el cabello, varillas de *kohl* para delinear los ojos, cucharas de ungüento y tenacillas. Luego de excavaciones en Laquis se encontró un objeto que parece ser un rizador para el cabello.

El ocre rojizo se usaba para colorear los labios. El blanco se obtenía del carbonato de plomo. El color verde para los párpados era un derivado de la turquesa o malaquita, y el negro a menudo se hacía con sulfato de plomo. Para delinear los ojos se usaba el *kohl* o el manganeso. Los colores también se lograban del marfil, el betún y maderas quemadas.

Había artesanos expertos que hacían cosméticos. Importaban muchas materias primas, especialmente de India y Arabia. Los aceites para las lociones para la piel se extraían de olivas, almendras, calabazas, árboles y otras plantas, y grasas de animales y peces. Las fragancias provenían de semillas, hojas, frutas, jazmines, menta, bálsamos y canela.

Las mujeres solían pintarse los ojos para realzarlos y que parecieran más grandes (Jer. 4:30). Las referencias bíblicas parecen asociar la práctica de pintarse los ojos a mujeres de reputación cuestionada (2 Rey. 9:30; Ezeq. 23:40).

Los polvos para colorear los ojos se guardaban en bolsitas, cañas, tubos de piedra a manera de cañas, cuernos o frascos pequeños. Los polvos se mezclaban con agua o resina y se aplicaban a los párpados con pequeñas varas de marfil, madera o metal. Las mujeres egipcias se pintaban el párpado superior de color negro, y el inferior de color verde. Las mujeres de la Mesopotamia preferían los amarillos y los rojos. Se trazaban sólidas líneas negras alrededor de los ojos para que parecieran más almendrados.

Las cremas y lociones protegían la piel del calor del sol y contrarrestaban los olores corporales. Como parte de la higiene se aplicaban ungüentos en la cabeza (Mat. 6:17) o en todo el cuerpo (Rut 3:3). Los ungüentos se consideraba parte del proceso de embellecimiento (Est. 2:12). Ungirle a alguien la cabeza con aceite era señal de alegría (Sal. 45:7). En la época del NT un buen anfitrión demostraba hospitalidad ungiendo a los huéspedes con ungüentos (Luc. 7:37-50). Estos a veces se usaban para ungir a los enfermos (Sant. 5:14). Los ungüentos perfumados eran parte de la preparación para la sepultura (Mar. 14:8; Luc. 23:56).

Los perfumes que se mencionan en la Biblia incluyen áloes (Núm. 24:6); bálsamo (Ezeq. 27:17, aunque RVR 1960 utiliza la palabra resina); canela (Prov. 7:17); incienso (Isa.

43:23; Mat. 2:11); mirra (Cant. 5:5; Mat. 2:11) y nardo (Juan 12:3). Los perfumes eran derivados de la savia o la resina del árbol (incienso, mirra), de la raíz (nardo) o de la corteza (canela). A menudo eran muy caros y se importaban de Arabia (incienso, mirra), India (áloes, nardo) y Ceilán (canela).

Los perfumes se podían producir en forma de polvo y se podían guardar en cajas o pomos de perfume (Isa. 3:20); o bien en forma de ungüento para luego guardarse en frascos de alabastro, como fue el caso del nardo con que María ungió a Jesús (Juan 12:3). También se podían obtener en su forma natural como sustancia mucílaga o bolillas de resina. Si eran de esta última forma, se colocaban en mecheros cosméticos y se quemaba la resina. En sitios cerrados, el resultante humo de incienso actuaba como fumigación tanto para el cuerpo como para la ropa, como el que aparentemente se describe en el proceso de belleza en Est. 2:12.

CREACIÓN El origen del universo; el universo como obra de Dios. El Dios de Israel fue el Creador. Su actividad en la creación fue ordenada y metódica en el cumplimiento de su propósito de crear buenos cielos y una tierra buena. Génesis 1-11 sirve como prólogo al propósito redentor de Dios cuando llamó a Abram (Gén. 12:1-3). De manera similar, en Isa. 40-55 la relación con Dios como Creador es parte de un contexto más amplio de la relación con Dios como Redentor del cautiverio babilónico. Ver Gén. 40:28; 43:7,15; 65:17-18; Job 10:8; 26:7-11; 26:12-13; 38-39.

Gén. 1-2 contiene dos relatos de la creación; el orden de la creación del hombre aparece al final del primer capítulo y al comienzo del segundo. La creación de Dios, "buena" como era (Gén. 1:4,10,12,21,25,31), pronto se convirtió en algo malo a causa de la rebelión humana contra Dios. Génesis 11 termina presentando a Taré, el padre de Abram, a través de quien Dios bendeciría al mundo. Es clara la conexión entre creación y redención.

La conexión de los salmistas con Dios como Creador estaba relacionada con el lugar que tenía el ser humano en la creación (Sal. 8:3,4), con la actividad redentora de Dios (Sal. 74:17; 95:5), y con la alabanza al Creador (Sal. 100:3; 104; 24:1,2). Un salmista contrastó la naturaleza corruptible de la creación con la naturaleza incorruptible del Creador (Sal. 102:25-27).

Las tres doxologías en Amós (4:13; 5:8-9; 9:5-6) magnifican a Dios el Creador y Sustentador de la creación (comp. Ef. 3:9; Hech. 14:15). La referencia de Malaquías a Dios como Creador enfatiza que un único Dios creó a todas las personas (Mal. 2:10).

Según Juan, Dios es digno de recibir "la gloria, la honra y el poder" en vista de su actividad creadora (Apoc. 4:11). Por la voluntad de Dios "todas las cosas" existieron y fueron creadas. Jesús, "el Verbo", hizo todas las cosas (Juan 1:3,14; comp. Col. 1:16-17; Heb. 1:2). Los cristianos representan la obra de Dios que fue creada "en Cristo Jesús para buenas obras" (Ef. 2:10).

Ambos relatos de la creación en el Génesis muestran a las personas en el centro del escenario. El autor del Sal. 8 pareció sorprendido por tanta atención que el Creador le prestó a seres humanos creados del polvo de la tierra (Sal. 8:4), y por cómo los puso por encima del resto de la creación, "poco menor que los ángeles" (Sal. 8:5-8).

El AT es congruente en el uso del verbo "crear" (bara'). Sólo Dios aparece como sujeto del verbo. En el Sal. 51:10, "crear" (bara') se refiere a una obra puramente física, un corazón limpio, tal vez una transición en el uso de la palabra. Para Isaías, Dios crearía "nuevos cielos y nueva tierra" como así también una "Jerusalén" y un "pueblo" (65:17-18). Pablo escribió a los Corintios en cuanto a estar "en Cristo" y ser una "nueva criatura" (2 Cor. 5:17). "Creados en Cristo Jesús" es la terminología de Pablo para la salvación espiritual (Ef. 2:10). Sólo Dios es el Autor de la redención espiritual.

La entrada del pecado humano ha tenido un efecto adverso en la creación (Os. 4:1-3). Pablo describió a toda la creación diciendo que "gime" y "está con dolores de parto" bajo la carga del pecado humano, y seguirá así hasta que sea liberada (Rom. 8:21-22). Pablo anticipó un día cuando Dios restauraría toda la creación a su perfecto estado original.

CREER Ver *Fe*.

CREMACIÓN La idea de cremación aparece en el AT cuando se habla de quemar los huesos (1 Rey. 13:2; 2 Rey. 23:16,20; Amós 2:1).

En la antigua Israel, la muerte en la hoguera se reservaba como castigo para los peores criminales (Gén. 38:24; Jos. 7:15,25; Lev. 20:14; 21:9). Tanto la hoguera como la cremación, es decir quemar el cuerpo después de muerto, tenían el estigma de ser aborrecibles a ojos israelitas. Y como quemar huesos humanos se consideraba la profanación más extrema de los muertos (1 Rey. 13:2; 2 Rey. 23:16,20), estaba sujeto a castigo divino (Amós 2:1).

Por razones sanitarias, los antiguos griegos cremaban cuerpos luego de una plaga o una batalla, o lo hacían para prevenir que los enemigos mutilaran a los muertos. Entre los israelitas existía una actitud similar, y eso tal vez explica por qué se quemaron los cuerpos de Saúl y sus hijos (1 Sam. 31:12;

comp. 2 Sam. 21:11-14). La cremación de Saúl también refleja el rechazo de Dios para con su reino ignominioso. Cuando Amós (6:9-10) describió la quema de cuerpos después de una batalla, evidentemente por razones sanitarias, él procuró describir los horrores que debían enfrentar las víctimas de la guerra.

Los cristianos primitivos vacilaban en practicar la cremación porque entendían que el cuerpo era el templo del Espíritu Santo (1 Cor. 6:19), pero reconocían que la cremación no tiene efectos en la integridad de nuestro estado eterno (Apoc. 20:13).

CRETA Isla larga, angosta y montañosa al sur de la Grecia continental, unos 270 km (170 millas) este-oeste, pero no más de 56 km (35 millas) de ancho; centro del imperio marítimo minoico cuyo nombre hace honor al legendario rey Minos, y asociado especialmente con los famosos palacios de Cnosos y Festos que florecieron desde el 2000 al 1500 a.C. Esta civilización artísticamente brillante cayó de manera repentina, tal vez debido a un terremoto seguido por actividades conquistadoras, aprox. en 1400 a.C., y dejó tras sí tablillas escritas con la escritura más antigua que se conoce de Europa, incluyendo el "A lineal" no descifrado y el proto-griego "B lineal" aparentemente más tardío. Los minoicos de Grecia eran conocidos en Egipto como "keftiu", que puede equivaler al "Caftor" de la Biblia, aunque el término bíblico puede incluir una referencia más amplia al litoral y las islas del mar Egeo. Los filisteos fueron a Palestina desde Caftor (Jer. 47:4; Amós 9:7), y tal vez hayan sido parte del extendido grupo migratorio "los pueblos del mar", y no de los cretenses propiamente dichos.

Los cretenses integraron la lista de los presentes en Jerusalén en el día de Pentecostés (Hech. 2:11), y el evangelio tal vez haya llegado a la isla a través de ellos.

La ruta de Pablo a Roma como prisionero en un barco romano llegó al sur de Creta (Hech. 27:8-14).

Pablo había dejado a Tito en Creta para que supervisara las iglesias del lugar en el aspecto pastoral (Tito 1:5). Hallamos descrito el carácter de este pueblo en una cita de uno de sus poetas: "Los cretenses, siempre mentirosos, malas bestias, glotones ociosos" (Tito 1:12), palabras atribuidas al adivino cretense Epiménides, a quien también se le atribuye haber aconsejado a los atenienses hacer altares a dioses no conocidos (comp. Hech. 17:23).

CRIATURA Un ser con vida; la frase hebrea "alma viviente" en Gén. 2:7 (en RVR 1960, ser viviente) en todas las otras referencias hace alusión a animales, de manera que es aplicable a la similar composición física (el mismo material) y no a la más elevada relación con Dios que es particular de los seres humanos. Dios hizo un pacto con todas las criaturas (seres) de la tierra, y prometió que nunca más destruiría el mundo con un diluvio (Gén. 9:10,12,15-16). Ver *Animales.*

CRÍMENES DE GUERRA Acciones ilegales de naciones, ejércitos e individuos en tiempo de batalla y pelea. Claramente, algunas prácticas de guerra —antiguas y modernas— exceden toda sensatez (ej. 2 Sam. 8:2; Sal. 137:9). Puede ser de ayuda rotular tales actos con terminología moderna como "crímenes de guerra" o "purificación étnica." Amós declaró que hacer la guerra para deportar poblaciones enteras como esclavos, o masacrar mujeres y niños israelitas merecían el juicio de Dios (Amós 1:6,9). Del mismo modo, Moisés reconoció que la emboscada de Amalec a los israelitas por la retaguardia,

cuando estaban cansados e indefensos, no podía quedar sin castigo (Deut. 25:17-19). Más problemática es la respuesta de Dios, de que Israel destruyera a Amalec de la misma forma, incluyendo a sus mujeres y niños indefensos (1 Sam. 15:1-3; comp. Sal. 137:9), o su orden de aniquilar a los cananeos (Deut. 7:2). De alguna manera, la elección de Israel como nación por parte de Dios (Gén. 12:1-3; Ex. 19:5-6) invalidó el derecho de otras naciones de dañar a Israel. La ley mosaica incluía reglamentos de guerra que tenían el propósito de que los enemigos de Israel pudieran rendirse (Deut. 20:1-20) y de que se pudieran salvaguardar los derechos de las mujeres cautivas (Deut. 21:10-14).

CRISÓLITO Ver *Minerales y metales.*

CRISOPRASO Ver *Minerales y metales.*

CRISTIANO Seguidor de Cristo; comprometido con Cristo. A los creyentes "se les llamó cristianos por primera vez en Antioquía" porque su conducta, actividad y hablar eran como Cristo (Hech. 11:26; comp. Hech. 26:28; 1 Ped. 4:16).

CRISTO, CRISTOLOGÍA (*"el ungido"*) Explicación teológica de la persona y la obra de Jesús, el Cristo. Ver *Mesías.*

Jesús nunca declaró abiertamente ser el Mesías, en el sentido de anunciar su aspiración de ser el rey guerrero de Israel. Sí declaró ser aquel en quien estaba presente el reino de Dios (Mar. 1:14,15; Luc. 11:20; ver Mat. 13; Mar. 4). Sus poderosas acciones al sanar a los enfermos y echar fuera a los demonios eran demostraciones del poder y la presencia de Dios obrando en su ministerio (Luc. 5:17). Su enseñanza sobre la oración se basaba en la conciencia que Él tenía de

Dios como su Padre en un sentido íntimo, ya que lo llamaba "Abba" (Mar. 14:36; Luc. 10:21-22; 11:2). Ver *Abba*. Toda su misión anunciaba la venida del reino divino, algo que estaba muy ligado a su viaje final a Jerusalén (Luc. 9:51; 13:32-35) y a su sacrificio en la cruz (Mar. 8:31-32; 9:31; 10:32-34).

En vista de que la redención divina de Israel sólo tendría lugar con el sufrimiento del Mesías, Jesús asumió una actitud reservada y crítica para con el título "Cristo". Cuando Pedro confesó "Tú eres el Cristo" (Mar. 8:29), la respuesta de Jesús fue cauta: no lo negó, pero se alejó de las connotaciones políticas y sociales que el judaísmo nacionalista había aceptado como normal en cuanto al Libertador esperado. Hasta los discípulos abrigaban esa esperanza (Mar. 10:35-45; Luc. 24:19-21; Hech. 1:6). Durante el juicio, Jesús siguió manteniendo una actitud de reserva (Mat. 26:63,64; Mar. 15:2; Luc. 22:67,68). Sin que le importara el destino de sufrimiento y rechazo que le esperaba, Jesús vio, como el siervo de Isaías (52:13-53:12), que luego que Él hiciera expiación por los pecados del mundo, Dios lo sacaría de la muerte a una nueva vida (Mar. 10:45; 14:24; comp. Isa. 53:5,10). Aun así, fue sentenciado a muerte por la acusación de que se autodeclaraba un mesías para Israel y con lo cual se volvía un rival del emperador (Mar. 15:26,32).

La primera declaración cristológica de la iglesia se basó en las dos fases de la existencia de Jesús: él era el Hijo de David en cuanto a su linaje humano, y a partir de la resurrección se lo conoce como el poderoso Hijo de Dios que está vivo en el Espíritu (Rom. 1:3,4).

Esta manera de ver la vida y la resurrección de Jesús hizo que la relación personal de Jesús con los creyentes fuera una realidad presente. La primera oración cristiana que tenemos registrada es "Maranata", "nuestro Señor, ven", dirigida al Señor resucitado y que lo presenta como digno de adoración a la par de Jehová, el Dios del pacto con Israel (1 Cor. 16:22; Rom. 10:9-13; comp. Hech. 7:55,56,59).

Los esfuerzos misioneros llevaron a la iglesia al mundo religioso griego de la sociedad greco-romana. El título más relevante en este ambiente religioso era "Señor", un título usado con respecto a dioses y diosas en las religiones de misterio que eran en parte orientales y en parte greco-romanas. Más importante aun, "Señor" era un apelativo de honor y divinidad que llegó a estar asociado con el culto al emperador y fue aplicado a César. Señor, que ya estaba en uso como el nombre de Jehová en el AT griego, ahora se aplicaba al Cristo resucitado. Establecía un punto de contacto entre los cristianos y los paganos que estaban familiarizados con las deidades de su mundo religioso (1 Cor. 8:5,6). Posteriormente "Señor" indicó la lealtad cristiana a Jesús cuando las autoridades romanas requirieron que se dé homenaje al emperador como ser divino (comp. Apoc. 17:14). Ver *Señor*.

El objetivo de Hebreos es demostrar el carácter concluyente de la revelación de Cristo como Hijo de Dios (1:1-4) y como gran "sumo sacerdote" (5:5; 7:1-9:28). Los escritos de Juan son de claridad meridiana cuando asignan a Jesús los nombres de *Logos* (Verbo o Palabra) y único Dios. (Ver Juan 1:1,14,18; 20:28, juntamente con las declaraciones de Jesús que se registran en las afirmaciones "Yo soy", y que nos recuerdan Ex. 3:14; Isa. 45:5; 46:9; comp. Juan 8:24; 10:30,33.)

Con toda claridad Juan proclamó que Jesús de Nazaret era el Mediador en la creación de Dios (Juan 1:3,18; 14:6,9; comp. Prov. 8) y asimismo la revelación preexistente de Dios. Él colocó la vida terrenal de Jesús contra el telón de fondo de su Ser eterno: Jesús era uno con el Padre y era la gloria visible del Dios invisible; esto hacía que prevaleciera sobre la ley de Moisés (Juan 1:17; comp. 5:46,47) y las alegaciones del emperador romano (Juan 20:28: "Señor mío y Dios mío").

Ni siquiera estas declaraciones explícitas ni otras enseñanzas en los escritos paulinos (Fil. 2:6; Col. 1:15; Tito 2:13; posiblemente Rom. 9:5) ni en Hebreos (1:1-4) tuvieron que transigir con la creencia en la unidad de Dios, una herencia que los cristianos adoptaron de sus antepasados judíos como elemento esencial del monoteísmo del AT (creer en un Dios en un mundo de muchos dioses). Estas declaraciones tampoco llevaron a la perspectiva de que Jesús era una deidad rival que estaba en competencia con su Padre (Juan 14:28; 1 Cor. 11:3; Fil. 2:9-11). Es totalmente apropiado que la adoración de la iglesia esté dirigida a Dios, que se ha revelado una vez y para siempre y de manera singular en el Hijo a quien ama (Col. 1:13) y quien refleja la expresión perfecta de la naturaleza divina (2 Cor. 4:4-6).

El NT nunca explica cómo se relacionan los dos aspectos de la persona de Jesús, el humano y el divino. Los debates cristológicos que condujeron al Concilio de Calcedonia en el 451 d.C. llegaron a la conclusión de que las dos naturalezas de Cristo están unidas en una sola Persona, y desde entonces esta creencia ha continuado como la posición centralista de la iglesia.

CRÓNICAS, LIBROS DE Primero y Segundo Crónicas son los primeros dos libros de una serie de cuatro que incluye Esdras y Nehemías y proporciona una historia o crónica (sacerdotal) de Israel desde la época de Adán (1 Crón. 1:1) hasta la reconstrucción de la casa de Dios, los muros de Jerusalén y la restauración del pueblo en la adoración a Dios de acuerdo a la ley de Moisés (Neh. 13:31).

Primero y Segundo Crónicas originalmente eran un solo libro. Los traductores de la Septuaginta los dividieron en dos después del 300 a.C. Crónicas hace su enfoque en la mayoría de los hechos importantes de esa época o virtualmente de todas las épocas —la construcción de la casa de Dios, el templo en Jerusalén sobre el cual Dios había puesto su nombre para siempre (2 Crón. 7:16). David procuró establecer orden en la vida de Israel en cuanto a la adoración a Dios (1 Crón. 11:4-9; 1 Crón. 16:1; 1 Crón. 22:1-2). Salomón, su hijo, construyó el templo (2 Crón. 2:1), y Zorobabel su hijo de generaciones posteriores, reconstruyó el templo (Esd. 3:8). Los reyes intercurrentes de Judá fueron juzgados de acuerdo a si habían sido fieles a Dios y a su casa (comp. 2 Crón. 28:1-4 con 29:1-11). La casa de Dios es más que un lugar de reunión; es también la familia y casa de la fe —el pueblo de Dios. La casa de Dios equivale a su reino. En consecuencia, el autor de Crónicas (o los autores) nos recuerda que los hechos más importantes son aquellos por medio de los cuales el reino de Dios es edificado en los corazones de la gente.

La Biblia hebrea ubica a Crónicas como último libro en el AT, luego incluso de Esdras y Nehemías. Crónicas sin duda ocupaba este lugar en la época de Cristo ya que Él citó a Zacarías como el último profeta mencionado que sufrió muerte violenta (2 Crón. 24:20-22; Mat. 23:35; Luc. 11:51). De modo que el AT concluye con el control providencial que Dios tiene en la historia para edificar (reedificar) su casa en Jerusalén. La exhortación final del AT hebreo es que el pueblo de Dios vaya a Jerusalén y construya la casa de Dios (2 Crón. 36:23). La promesa final de Dios es que habrá de bendecir con su presencia a quienes suban a Jerusalén para la edificación (2 Crón. 36:23).

No sabemos con certeza quién escribió Crónicas. La tradición dice que fue Esdras, sacerdote y escriba (Esd. 7:1-6). No se puede comprobar, pero no existen objeciones válidas.

Resulta obvio que el autor usó varias fuentes (1 Crón. 27:24; 28:19; 29:29; 2 Crón. 24:27; 29:30). Ver *Libros*. Gran parte del material provino de los libros bíblicos de Samuel y Reyes.

Crónicas muestra el control de Dios sobre la historia a fin de ejecutar su deseo de morar entre su pueblo en una perfecta relación de santidad (comp. Ex. 25:8). Dios está cumpliendo su deseo por medio del Señor Jesucristo —el Hijo de David.

Para la edificación de su casa Dios eligió a una persona y a un pueblo. La persona es el Mesías. Salomón construyó el templo en Jerusalén, pero el Hijo que está edificando y concluirá la edificación de la verdadera casa de Dios —el Hijo cuyo reino Dios establecerá para siempre— es el Señor Jesucristo (1 Crón. 17:12; Luc. 1:31-33; Hech. 15:14-16). El pueblo está conformado por aquellas personas de fe cuyo linaje se remonta a Adán y pasa por Set, Sem y Abraham (1 Crón. 1:1,17,28), a quien Dios hizo la promesa de la simiente (el Cristo) a través de quien bendeciría a todas las naciones (Gén. 12:1-4; 15:4-6; 17:7; 22:16-18; Gál. 3:16). El pueblo de Dios está conformado por todos los que ponen su confianza en Él, sean de Israel o de otras naciones.

Para acercarnos a Dios, que mora en santidad, debemos hacerlo de acuerdo a la ley que Él mismo dio a Moisés (1 Crón. 15:13). La gente se acerca a Dios llegándose al altar de sacrificio, que estaba ministrado por sacerdotes levitas. Al perdonar misericordiosamente a David, Dios reveló que el lugar del altar de sacrificio estaba en Jerusalén en la era de Ornán (1 Crón. 21:18-22:1).

Crónicas anima al pueblo de Dios a trabajar con Él y unos con otros a fin de edificar la casa de Dios (ver 2 Crón. 36:23). Por este medio se demostró que la bendición de Dios está sobre aquellos que construyeron y en lo demás honraron la casa de Dios, pero el juicio de Dios llegó sobre aquellos que descuidaron, obstruyeron la construcción o profanaron la casa de Dios. En 1 y 2 Crónicas vemos un desafío al pueblo de Dios de todas las generaciones a dedicarse a edificar la casa de Dios de todo corazón (2 Crón. 36:23).

CRONOLOGÍA DEL PERÍODO BÍBLICO El marco de tiempo en que ocurrieron los eventos bíblicos. La elaboración de una cronología incluye la distinción entre la cronología relativa y la absoluta. La cronología absoluta está ligada a fechas fijas —eventos que se sabe ocurrieron en una fecha específica (por ejemplo, Colón descubrió América el 12 de octubre de 1492). La cronología relativa ubica a los eventos en orden cronológico pero sin una fecha fija (por ejemplo, Jesús fue bautizado, luego fue tentado y después comenzó su ministerio público). La mayoría de los eventos bíblicos han sido fechados de manera relativa, no absoluta, y esto lleva a diferencias de opinión sobre fechas específicas antes o después de Cristo, pero a un acuerdo general sobre el orden relativo.

Muchos fechan el período de los patriarcas en la edad de bronce media, entre el 1800 y el 1600 a.C. Los estudiosos que interpretan 1 Rey. 6:1 de manera literal (y no como una aproximación basada en cantidad de generaciones), fechan el nacimiento de Abraham en el 2166 a.C. Descubrimientos recientes en Ebla han determinado que hubo un alto grado de civilización en Siria-Palestina como mínimo en esa época. Por lo general se da por sentado que los hebreos migraron a Egipto durante el período de los hicsos (1700 a 1500 a.C.), cuando los gobernantes de Egipto eran semitas, aunque otros eruditos creen que la migración tuvo lugar antes. Al éxodo se lo asocia con el reinado de Ramsés II poco después del 1290 a.C., aunque una interpretación literal de 1 Rey. 6:1 lo ubica en el 1446 a.C. Luego de los 40 años de peregrinación en el desierto, la conquista de Canaán comenzó aprox. en el 1250 a.C. (o el 1400 a.C.). El faraón Mernepta (1224-1214 a.C.) hizo una campaña contra Canaán aprox. en el 1220, y dejó registrado que, entre otras naciones, Israel fue destruida en forma total —lo cual demuestra que Israel ya era un grupo reconocido en Canaán en el 1220.

El período de los jueces se extendió desde poco después de la conquista hasta que Saúl fue hecho rey. Ciertos problemas textuales en 1 Sam. 13:1 nos llevan a Hechos 13:21 para ver que Saúl reinó 40 años. De modo que los reinados de 40 años de David y Salomón tendrían que haber durado hasta aprox. el 924 a.C. Salomón comenzó el templo en el cuarto año de su reinado (1 Rey. 6:1) y lo completó en el undécimo año (1 Rey. 6:38). La monarquía dividida de Israel y Judá comenzó con el ascenso al trono por parte de Roboam luego de la muerte de Salomón, y duró hasta la caída de Samaria en el 722 a.C. La destrucción de Jerusalén en el 586 a.C. terminó con la existencia de Judá como monarquía. Este período monárquico es también el período de los profetas preexílicos (Jonás, Amós, Oseas, Isaías, Miqueas, Jeremías, Habacuc, Sofonías, Nahum). En 1 y 2 Reyes se ofrecen muchos sincronismos entre los reyes de Judá y los de Israel, con este modelo: "___ hijo de ___ comenzó a reinar sobre Israel en Samaria, el año ____ de ___ rey de Judá" (ver 1 Rey. 22:51; 2 Rey. 3:1). Aun con estos sincronismos sigue la dificultad para establecer fechas y paralelos precisos porque los reyes de Judá e Israel computaron sus reinados en forma distinta durante parte de ese tiempo. Los reyes de Judá calculaban sus reinados a partir del primer año completo como rey. Parte de un año se designaba como el último año del reinado del monarca previo. Por otro lado en Israel, un año parcial se designaba como el último año del rey previo y el primer año del nuevo rey. Por lo tanto, en el cómputo de la duración del reinado de un rey de Israel había un año más que un reinado similar de un rey de Judá.

Los últimos días del reino de Judá comprenden a los reyes de Babilonia. Esto proporciona una fuente externa para fechar la historia de Judá. Estos sincronismos externos se pueden usar para fijar la caída de Jerusalén en el 586 a.C. aprox.

El exilio comenzó con la toma de Jerusalén, la destrucción del templo y la segunda deportación de los ciudadanos importantes en el 586 a.C. (Una deportación anterior en el 597 a.C. había llevado a Babilonia al rey Joaquín, a su familia y a muchos funcionarios de importancia.) Ezequiel fue un notable profeta entre los exilia-

Fechas importantes en la historia bíblica del Antiguo Testamento

Períodos históricos		Según la crítica	Según la tradición
Patriarcas (Abraham, Isaac, Jacob)		1700-1500	2000
Éxodo		1290	1450
Conquista		1250	1400
Jueces		1200-1025	1360-1025
Reyes			
Reyes del reino unido de Israel			
Saúl		1025-1005	1020-1004
David		1005-965	1004-965
Salomón		965-925	965-931
Reyes del reino dividido			
Judá	*Israel*		
Roboam		924-907	931-913
	Jeroboam	924-903	926-909
Abiam		907-906	913-910
Asa		905-874	910-869
	Nadab	903-902	909-908
	Baasa	902-886	908-886
	Ela	886-885	886-885
	Zimri (Tibni, 1 Rey. 16:21)	885-881	885-880
	Omri	885-873	885-874
Josafat		874-850	873-848
	Acab	873-851	874-853
	Ocozías	851-849	853-852
Joram		850-843	853-841
	Joram	849-843	852-841
Ocozías		843	841
Atalía		843-837	841-835
	Jehú	843-816	841-814
Joás		837-796	835-796
	Joacaz	816-800	814-798
Amasías		798-767	796-767
	Joás	800-785	798-782
Uzías (Azarías)		791-740	792-740
	Jeroboam II	785-745	793-753
Jotam		750-742	750-732
	Zacarías	745	753-752
	Salum	745	752
	Manahem	745-736	752-742

Fechas importantes en la historia bíblica del Antiguo Testamento

Períodos históricos		Según la crítica	Según la tradición
Judá	Israel		
Acaz		742-727	735-715
	Pekaía	736-735	742-740
	Peka	735-732	753-732
	Oseas	732-723	732-723
Ezequías		727-698	715-686
	Caída de Samaria	722	723/722
Manasés		697-642	696-642
Amón		642-640	642-640
Josías		639-606	640-609
Joacaz		609	609
Joacim		608-598	609-597
Joaquín		598-597	597
Sedequías		597-586	597-586
Caída de Jerusalén		586	586

Exilio babilónico y restauración bajo el gobierno persa

Joaquín y otros líderes (incluyendo a Ezequiel) exiliados a Babilonia	597
Jerusalén destruida; líderes restantes exiliados a Babilonia	586
Gedalías asignado a Judea	586
Gedalías asesinado	581 (?)
Jeremías llevado a Egipto con otros judíos	581 (?)
Judíos deportados a Babilonia	581
Ciro, rey de Persia	559-530
Toma de Babilonia	539
Edicto permitiendo que judíos regresen a Jerusalén con Zorobabel	538
Comienza restauración del templo; pronto se detiene	538
Cambises, rey de Persia	530-522
Darío, rey de Persia	522-486
Hageo y Zacarías dirigen reconstrucción del Templo	520-515
Templo completado y rededicado	515
Asuero (Jerjes), rey de Persia	486-465
Artajerjes I, rey de Persia	465-424
Esdras regresa a Jerusalén y enseña la ley	458
Nehemías regresa a Jerusalén y reedifica los muros	445

NOTA: Las fechas superpuestas de los reyes, por ejemplo entre Uzías y Jotam, son resultado de corregencias, es decir, un padre nombrando a su hijo como rey durante la vida del padre y permitiendo que el hijo desempeñe poder real. Las fechas según la crítica se han adaptado de un sistema propuesto por J. Maxwell Miller y John H. Hayes. Las fechas tradicionales se han adaptado de un sistema sugerido por E.R. Thiele.

dos durante esta época. El exilio finalizó en el 538 a.c. después de la toma de Babilonia por parte de los persas comandados por Ciro en el 539 a.C., y el edicto de Ciro permitió que los expatriados regresaran a sus tierras. La reconstrucción del templo se ha fechado entre el 520 y el 515 a.c. de acuerdo a fechas de Hag. 1:1; Zac. 1:1 y Esd. 4:24; 6:15.

Resulta mucho más difícil determinar fechas para Esdras y Nehemías. Esdras regresó del exilio en el séptimo año de Artajerjes (Esd. 7:1,6-7). Nehemías regresó a Judá en el vigésimo año de Artajerjes (Neh. 1:1). ¿Regresaron ambos durante el reinado de Artajerjes I (464-423 a.C.) o de Artajerjes II (404-358 a.C.), o cada uno lo hizo durante un reinado distinto?

Durante el período intertestamentario el gobierno persa finalizó con la conquista de Palestina por parte de Alejandro Magno (333-332 a.C.). Después de la muerte de Alejandro, Palestina primero cayó bajo el gobierno de los tolomeos desde Egipto (323-198 a.C.) y luego bajo el gobierno de los seléucidas desde Siria (198-164 a.C.). Durante el gobierno tolomeo se realizó la Septuaginta en Egipto. El gobierno seléucida trajo consigo un fuerte impulso para llevar la cultura helénica a Palestina, y culminó con la profanación del templo en Jerusalén y la persecución de los judíos por parte de Antíoco IV (Epifanes) en el 167 a.C. La rebelión judía que siguió, al mando de Judas Macabeo, dio como resultado la derrota de los seléucidas y la segunda mancomunidad judía (163-63 a.C.). El templo fue reconsagrado en el 164 a.C. A los sucesores de los Macabeos por lo general se los denomina los Hasmóneos. El gobierno Hasmóneo terminó en el 63 a.C. cuando Pompeyo ocupó Jerusalén y Judea nuevamente quedó bajo dominación extranjera. Ver *Intertestamentaria, Historia y literatura*.

Ni siquiera en el NT resulta posible fechar con precisión en cronología absoluta. El nacimiento tanto de Jesús (Mat. 2:1) como de Juan el Bautista (Luc. 1:5) se ubica durante el reinado de Herodes el Grande. A través de Josefo sabemos que Herodes murió en el trigésimo séptimo año después que un decreto del Senado romano (40 a.C.) lo nombrara rey, es decir en el 4 a.C. El censo (Luc. 2:2) cuando Cirenio era gobernador de Siria presenta cierta dificultad. Cirenio llevó a cabo un censo durante su mandato como gobernador en 6-7 d.C., pero no hay referencia histórica que corrobore un censo durante el reinado de Herodes, ni tampoco que Cirenio haya sido gobernador en ese momento, de modo que no podemos verificar la declaración de Lucas con la evidencia disponible hasta el momento. En Hech. 5:37 Lucas puede haberse referido al censo del 6-7 d.C. Como la muerte de Herodes se ubica en el 4 a.C., el nacimiento de Jesús probablemente debiera fecharse aprox. en el 6 o 7 a.C.

El comienzo del ministerio de Juan el Bautista se puede fijar en el año décimo quinto de Tiberio (Luc. 3:1-2), el 28 o 29 d.C., si es que el reinado de Tiberio se ubica luego de la muerte de Augusto. Sin embargo, si se incluyen los años de la corregencia de Tiberio con Augusto, su año décimo quinto sería el 26 o 27 d.C. Esta última fecha correspondería mejor con la declaración de que Jesús tenía alrededor de 30 años cuando comenzó su ministerio (Luc. 3:23). De modo que el ministerio de Jesús habría comenzado aprox. en el 27 o 28 d.C. Ninguno de los Evangelios ofrece suficientes detalles para determinar la duración precisa del ministerio de Jesús. Lo que se sugiere más frecuentemente son duraciones de uno, dos y tres años. El

Evangelio de Juan menciona tres fiestas de la Pascua (2:13; 6:4; 11:55). Si éstas son Pascuas separadas, parecerían indicar un ministerio que al menos se extendió poco más de dos años.

Todos los relatos de los Evangelios concuerdan en que Jesús murió el día viernes de la semana de la Pascua. Los Sinópticos indican que la última cena fue una comida de Pascua (Mat. 26:17-20; Mar. 14:12; Luc. 22:7-8), es decir la noche del 15 de Nisán. Por otra parte, Juan indica que se comió la Pascua después que Jesús fue crucificado (18:28; 19:14). De acuerdo al relato de Juan, Jesús fue crucificado el 14 de Nisán. El 14 y 15 de Nisán fueron día viernes cuatro veces en esta época: en el 27, 29, 30 y 33 d.C. La fecha más probable de la crucifixión es el 14 o 15 de Nisán del 30 d.C.

Para los apóstoles tenemos pocas fechas fijas. De acuerdo a Josefo la muerte de Herodes Agripa I (Hech. 12:23) ocurrió en el 44 d.C. De la misma manera, el edicto de Claudio expulsando a los judíos de Roma (Hech. 18:2) por lo general se ubica en el 49 d.C., y el período de Galión como procónsul (Hech. 18:12) se ubica aprox. en el 51-52 d.C.

Otros acontecimientos en Hechos se deben fechar en forma relativa, y continúan las dificultades. Específicamente existe gran dificultad para que la cronología de Hechos corresponda con la información en las epístolas paulinas. Sin embargo, en líneas generales podemos bosquejar el ministerio de Pablo con las siguientes fechas aproximadas:

Conversión, 33 d.C.

Primera visita a Jerusalén, 36 d.C.

Segunda visita a Jerusalén, durante la hambruna, 46 d.C.

Primer viaje misionero, 47-48 d.C.

Concilio de Jerusalén, 49 d.C.

Segundo y tercer viaje misionero, 50-56 d.C.

Visita final a Jerusalén, 57 d.C.

Llegada a Roma, 60 d.C.

Los acontecimientos del NT a los que se puede poner fecha, ocurren en su totalidad antes de la caída de Jerusalén y de la destrucción del templo en el 70 d.C.

CRUJIR DE DIENTES Cuando los dientes rechinan; expresión de ira reservada para los malvados y los enemigos (Job 16:9; Sal. 35:16; 37:12; Lam. 2:16); asociado con el lugar del castigo futuro (ver Mat. 8:12; 13:42,50). Allí el crujir de dientes tal vez sea una expresión de la futilidad de los malvados ante el juicio de Dios, o una demostración de que continuamente se niegan a arrepentirse y a reconocer la justicia del juicio divino. (Comp. Apoc. 16:9,11.) Ver *Infierno*.

CRUZ, CRUCIFIXIÓN Método que usaron los romanos para ejecutar a Jesucristo; la forma más dolorosa y degradante de pena capital en el mundo antiguo. La cruz se convirtió en el medio por el cual Jesucristo fue el sacrificio expiatorio por los pecados de toda la humanidad, y por lo tanto un símbolo del autosacrificio en el discipulado (Rom. 12:1) y de la muerte del yo al mundo (Mar. 8:24).

Originalmente, la cruz era una estaca puntiaguda de madera utilizada para edificar una pared o para erigir fortificaciones alrededor de un pueblo. Comenzando con los asirios y los persas, comenzó a usarse para exhibir en las empalizadas por sobre las puertas de una ciudad las cabezas de enemigos capturados o de criminales especialmente infames (1 Sam. 31:9-10). "Colgados" (Est. 2:23; 5:14) puede significar empalamiento (comp. Esd. 6:11). De acuerdo a la ley judía (Deut. 21:22-23) a los ofensores se los colgaba en un madero, lo cual quería decir que eran malditos y no tenían parte con el pueblo del pacto. Ese tipo de criminales debían ser sacados de la cruz antes de la noche para evitar que contaminaran la tierra.

En occidente la crucifixión llegó a ser una forma de pena capital, y los enemigos del estado eran empalados en estacas. Los griegos y los romanos primero reservaron este castigo para los esclavos, diciendo que era demasiado atroz para los hombres libres o los ciudadanos. Para la época de Jesús, se usaba para cualquier enemigo del estado, aunque a los ciudadanos sólo se los podía crucificar por edicto directo del César. Roma comenzó a usar la crucifixión a fin de restringir más la actividad delictiva; en los días de Jesús era una práctica común.

Durante el período intertestamentario, Alejandro Janeas crucificó a 800 fariseos (76 a.C.), pero por regla general los judíos condenaban este método y lo usaban rara vez. Hasta Herodes el Grande se negaba a crucificar a sus enemigos. La práctica fue abolida después de la "conversión" al cristianismo del emperador Constantino.

En tiempos de Jesús cuando se iba a crucificar a una persona, primero se la azotaba (con un látigo de tirillas de cuero con pedazos de metal o hueso unidos a su extremo) al menos hasta que empezaba a sangrar. Esto se hacía con el propósito de apresurar la muerte y hacer menor lo terrible del castigo. Después de los azotes, a la víctima se la forzaba a llevar la viga transversal de la cruz hasta el sitio de la ejecución. Esto se hacía para indicar que la vida ya había terminado o para quebrantar la voluntad de vivir. A menudo en el cuello del delincuente se colocaba una tablilla detallando los delitos, y luego se aseguraba a la cruz. En el lugar de la ejecución por lo general se ataba al prisionero (el método normal) o si se

deseaba una muerte más rápida se lo clavaba a la viga transversal de la cruz. El clavo atravesaba la muñeca y no la palma de la mano, ya que los huesos más pequeños de la mano no podían soportar el peso del cuerpo. Luego entonces la viga con el cuerpo se elevaba y se ataba al poste que ya se había clavado en forma vertical. En la mitad del poste se colocaban clavijas o una pequeña tablita para proporcionar un asiento para el cuerpo a fin de evitar que los clavos desgarraran las heridas o que las sogas dislocaran los brazos. Por último los pies eran atados o clavados al poste.

La muerte era producto de la falta de circulación sanguínea y falla coronaria. Especialmente en el caso de las víctimas atadas, el proceso podía demorar varios días de dolor espantoso a medida que las extremidades se iban gangrenando; de modo que a menudo los soldados quebraban las piernas de la víctima con un palo, lo cual causaba un *shock* general y una muerte rápida. Estas muertes por lo general se realizaban en lugares públicos, y el cuerpo se exhibía allí durante varios días. Las aves de carroña degradaban aun más los cadáveres.

Se usaban cuatro tipos de cruces: (1) La cruz latina, con el palo transversal a una altura de 2/3 del poste vertical; (2) la cruz de San Antonio, con el travesaño en el extremo superior del poste vertical, a modo de una T; (3) la cruz de San Andrés, en forma de X; (4) la cruz griega, con ambos postes iguales a modo de un signo más.

Muchas veces Jesús predijo su muerte en la cruz (Mar. 8:31; 9:31; 10:33-34 y pasajes paralelos; Juan 3:14; 8:28; 12:32-33). Él dijo que su crucifixión (1) sucedió por ser una necesidad divina ("era necesario" en Mar. 8:31); (2) hizo que la culpa fuera tanto de judíos ("será entregado") como de romanos ("le matarán")

(Mar. 9:31); (3) haría que Jesús fuera reivindicado por medio de su resurrección: (4) llevaba consigo gloria (algo que se advierte en la frase "ser levantado", que implica exaltación, en Juan 3:14; 8:28; 12:32-33).

Marcos y Mateo centraron su atención en el horror de dar muerte al Hijo de Dios. Marcos hizo énfasis en el significado mesiánico. Mateo señaló a Jesús como el Mesías de linaje real que se enfrentó a su destino estando en completo control de la situación. Para Mateo, la cruz inauguró la época de los últimos días, cuando se acabe con el poder de la muerte y se derrame la salvación sobre todo el pueblo.

Lucas hace dos énfasis especiales: Jesús como el arquetipo del Mártir recto que perdonó a sus enemigos, y la crucifixión como una asombrosa escena de reverencia y adoración. En Juan, la cruz se convierte en el trono divino, una proclamación universal de la realeza de Jesús.

Hay tres temas importantes que se entretejen a manera de credo en el NT (Rom. 4:25; 6:1-8; 8:32; 1 Cor. 15:3-5; Col. 2:11-12; 1 Tim. 3:16; Heb. 1:3-4; 1 Ped. 1:21; 3:18-22): la muerte de Jesús como nuestro sustituto (Isa. 53:5; comp. Mar. 10:45; 14:24); la muerte y la resurrección de Jesús como cumplimiento de la Escritura, y la reivindicación de Jesús y su exaltación por parte de Dios.

La "palabra de la cruz" (1 Cor. 1:18) es la esencia del evangelio. La predicación de la cruz es el alma de la misión de la iglesia. "Cristo crucificado" (1 Cor. 1:23; comp. 2:2; Gál. 3:1) fue el evento central en la historia, el momento que demostró el control de Dios y su parte activa en la historia humana. La cruz es el fundamento de nuestra salvación (Rom. 3:24-25; Ef. 2:16; Col. 1:20; 2:14; Hech. 2:33-36; 3:19-21; 5:31). Ver *Expiación*.

Jesús indicó que la cruz era un llamado a rendirse totalmente a Dios y seguir a Jesús, hasta la muerte si era necesario (Mar. 8:34; 10:38; Mat. 16:24; Luc. 9:23; 14:27). Los deseos egoístas son clavados en la cruz (Gál. 5:24) y los intereses del mundo están muertos (Gál. 6:14). Somos "sepultados" con él (Rom. 6:1-8, imagen del bautismo; comp. 2 Cor. 5:14-17; Ef. 4:22,24) y luego resucitados a "vida nueva" (Rom. 6:4). Ver *Cristo, Cristología; Justificación; Expiación, Propiciación; Redimir, Redención, Redentor*.

CUARESMA   Período de penitencia que precede a la Pascua. Poco después del 100 d.C., muchos cristianos ayunaban durante varios días a fin de prepararse para la celebración. Ver *Año eclesiástico*.

CUBRIRSE LA CABEZA   Una cuestionada práctica en la adoración de la iglesia en Corinto (1 Cor. 11:1-16). La costumbre judía era que todas las mujeres muestren modestia y virtud cubriendo su cabeza con un velo cuando estaban fuera de su casa. Era impensable mostrarse en un culto de adoración sin un velo.

Algunas de las mujeres cristianas corintias tal vez entendían que el énfasis de Pablo sobre la libertad cristiana significaba que ya no tenían que observar ninguna de las costumbres judías —incluyendo el uso de un velo. Los resultados de dicho cambio de estilo en la vestimenta había desbaratado los cultos de adoración y el testimonio cristiano en Corinto. Esto llevó a que Pablo declarara que una mujer debía cubrirse la cabeza durante el culto. Al mismo tiempo, él animó a los hombres a que siguieran la costumbre judía de adorar con la cabeza descubierta.

En 1 Cor. 11:1-16 Pablo citó varias razones para adoptar esta posición. Él se refirió a: (1) el orden en la creación (v. 3), (2) costumbres sociales de la época (vv. 4-6), (3) la presencia de ángeles (v. 10), (4) la naturaleza misma (vv. 13-15), y (5) la práctica común en las iglesias (v. 16). El principio aquí es que los cristianos deben ser sensibles a las culturas en que viven en vez de despreciar innecesariamente costumbres locales, a menos que haya alguna razón moral para hacerlo.

CUCHILLO   Pequeño instrumento hecho de pedernal, cobre, bronce o hierro y usado principalmente para propósitos domésticos. A Josué se le ordenó hacer cuchillos para la circuncisión de israelitas varones (Jos. 5:2-3, "afilados", RVR; "de pedernal", BLA). Esto probablemente reflejara una muy antigua práctica de circuncisión (comp. Gén. 17:11; ver *Circuncisión*). A los cuchillos en especial se los usaba para matar y despellejar animales, y para matar animales para el sacrificio (ver Lev. 7:2; 8:15,20,25; 9:8-15; 1 Sam. 9:24).

CUELLO   Poner el pie sobre el cuello del enemigo es una señal de victoria completa (Jos. 10:24). Un yugo sobre el cuello es un frecuente emblema de servidumbre (Gén. 27:40; Deut. 28:48; Isa. 10:27). Caer sobre el cuello de alguien con llanto o besos es una señal especial de ternura (Gén. 33:4; 45:14; comp. Luc. 15:20). Tener el cuello erguido o endurecer el cuello es una descripción habitual de desobediencia obstinada (Ex. 32:9; 33:3,5).

CUERNO, ASTA   Estructura curva ósea que crece en la cabeza de los animales, como por ejemplo ciervos o cabras (Gén. 22:13; Deut. 33:17; Dan. 8:5); recipientes o instrumentos hechos de cuernos o con forma de cuerno: trompetas (Jos. 6:5), cuencos (1 Sam. 16:1).

El significado básico de cuerno está asociado con cuernos de animales. Ver *Música*. En el templo y en el ta-

bernáculo se construían prolongaciones con forma de cuerno en las esquinas del altar del holocausto (Ex. 27:2). Los cuernos se untaban con la sangre del sacrificio, servían como poste o estaca para el sacrificio, y una persona se aferraba a ellos para evitar el castigo (1 Rey. 2:28).

A los poderes que se oponen a Dios se los describe como animales con cuernos (Dan. 7:7; Apoc. 5:6; 13:1; 17:3,7).

CUERO   Pieles de animales curtidas y preparadas para uso humano (2 Rey. 1:8; Mat. 3:4; Mar. 1:6). El calzado de cuero es símbolo del gran cuidado de Dios para con su amada esposa, Jerusalén (Ezeq. 16:10). Ver *Piel*.

CUERPO   Aspecto material y visible de una persona. Cuerpo y alma no forman dos sustancias separadas, sino que componen un individuo humano en una unión inseparable (Mat. 6:25).

Los seres humanos no tienen cuerpos; los seres humanos *son* cuerpos (comp. Gén. 2:24). Ver *Carne*.

De manera que la Biblia hace declaraciones básicas sobre la existencia humana en el aspecto físico. (1) El cuerpo es nuestra esfera de evaluación personal. El cuerpo es el lugar donde se realiza el culto debido (Rom. 12:1), es el templo del Espíritu Santo (1 Cor. 6:19-20) y por lo tanto debe ser disciplinado (1 Cor. 9:27). La vida espiritual interior no debe oponerse a la exterior, la vida física (Mat. 6:22; 1 Cor. 6:12-20; 2 Cor. 4:7,10). El objetivo no es liberar del cuerpo a un alma "divina" sino colocar al cuerpo al servicio de Dios (2 Cor. 5:10).

(2) El amor físico es un regalo del Creador (Gén. 2:23-24; Cant. 1-8). Los seres humanos expresan amor con todo su ser, no sólo con sus órganos sexuales. Y porque el cuerpo le pertenece al Creador, al Redentor y al

Espíritu Santo, al cristiano se le prohíbe el pecado sexual (1 Cor. 6:12-20).

(3) El ser humano terrenal está bajo el poder del pecado y de la muerte. Todos anhelamos la redención (Rom. 7:24; 8:23). Sólo Dios garantiza la redención, continúa cuidando el cuerpo y el alma de los seres humanos aun después de la muerte (Mat. 10:28), y da el regalo de la vida eterna (Rom. 6:23; ver Juan 1:14; Rom. 7:4). El cuerpo será redimido por medio de la resurrección de los muertos (Rom. 6:5; 8:11; 1 Cor. 15:35-49; 2 Cor. 5:1-10; Fil. 3:21).

(4) Jesucristo tuvo un cuerpo terrenal físico que fue crucificado frente a las puertas de Jerusalén (Mar. 15:20-47; Col. 1:22; Heb. 13:11-12). El cuerpo de Cristo también habla del cuerpo del Crucificado que ha sido entregado por nosotros, y en la celebración de la Cena del Señor la iglesia está unida con Cristo (Mar. 14:24; 1 Cor. 10:16; 11:24).

(5) La iglesia es el cuerpo de Cristo. Ver *Cuerpo de Cristo.*

CUERPO DE CRISTO Ilustración que usó Pablo para enseñar de qué manera la iglesia es como un cuerpo humano viviente al estar unida a Cristo, la cabeza del cuerpo que tiene autoridad sobre la iglesia para dirigirla (Rom. 12:4-8; Ef. 5:23-32; Col. 1:18). Cada creyente, así como cada parte del cuerpo humano, tiene que cumplir funciones individuales.

Todas las personas tienen igual importancia ante Dios, así como cada parte del cuerpo es importante para el cuerpo (1 Cor. 12:12-31). Cuando el cuerpo sufre, es una extensión de los sufrimientos de Cristo (Col. 1:24).

Dios llama a líderes a trabajar en su iglesia, para que equipen a los miembros a fin de edificar el cuerpo de Cristo (Ef. 4:11-16). Y como un creyente y Cristo son uno en cuerpo y espíritu (1 Cor. 6:15-17), la inmoralidad

sexual es algo incorrecto. Los miembros del cuerpo (Ef. 4:25; Col. 3:12-15) deben ser bondadosos, tiernos y perdonadores los unos con los otros. Ver *Cuerpo; Iglesia.*

CUERPOS CELESTIALES El sol, la luna y las estrellas que Pablo contrastó con los cuerpos terrenales al explicar la diferencia entre el cuerpo humano presente (físico) y el cuerpo de resurrección (cuerpo espiritual, 1 Cor. 15:35-50).

CUEVAS Refugios en los acantilados y las montañas de Palestina que proporcionaban albergue y lugares de sepultura (Gén. 23:11-16,19; Juan 11:38) para pueblos de la prehistoria y hasta la época romana. A partir de entonces se convirtieron en lugares de refugio para los judíos que escapaban de la persecución romana. Ver Jos. 10:16; 1 Sam. 22:1.

CULPA Sentimiento de vergüenza por haber hecho mal; tanto un hecho como también algo que se siente; implica responsabilidad por ofensa o por haber actuado mal; se contrasta con la justicia o la conducta justa (Job 27:1-6; comp. 22:5; 35:1-8); situación que existe porque alguien ha hecho algo prohibido o no ha hecho algo que debía. La fuente de lo prohibido o lo omitido puede ser religiosa, legal, social o personal. Puede ser una mala acción contra alguien, esté o no determinado por escrito.

Ser culpable puede significar ser malvado. El Salmo 1 da por sentado que los malos, los pecadores y los escarnecedores son culpables de pecado y que al final han de perecer. No tener culpa significa ser inocente de las acusaciones contra uno (comp. Luc. 23:14; Juan 19:4,6). La culpa es tanto colectiva (2 Crón. 24:18; Esd. 9:3-6) como individual (Sal. 32; Jer. 31:30).

Por lo general la Biblia no hace distinción entre la acción de pecar y la culpa que es producto de esa acción.

Pecar es hacerse culpable (Lev. 5:1-5; Jer. 2:3; Os. 5:15; 10:2). Toda la humanidad es culpable ante Dios (Rom. 1:18-20; Rom. 3:23). Es necesario hacer algo para quitar la culpa.

Para eliminar la culpa, los pecadores podían confesar sus pecados y realizar restitución por el mal que habían cometido (Núm. 5:6-10) y/o llevar sacrificios a los sacerdotes como ofrenda por la culpa (Lev. 5:6-7:38). Una persona justa puede sufrir por la culpa de otros, puede llevar el pecado de muchos y puede interceder por las transgresiones de otros (Isa. 53:12). Jesús sufrió por los pecados de muchos —Cristo murió por los injustos— y nosotros somos reconciliados con Dios (Rom. 5:6-11; comp. Ef. 1:7; Col. 1:19-20; Heb. 2:17; comp. 1 Juan 2:2; 4:10). La culpa del ser humano requiere el sacrificio del Hijo de Dios. Ver *Expiación y propiciación.*

Cuando es algo que la persona siente, "culpa" habla de los aspectos emocionales de la experiencia de esa persona. Uno se puede sentir culpable aun cuando no haya evidencia que hable de una razón para esa culpa. El sentimiento a menudo es una expresión legítima de la culpa (Sal. 38; 51). La culpa es una carga (Sal. 38:4) que genera ansiedad (Sal. 38:18).

La culpa no resuelta puede tener un efecto paralizante sobre la persona. Pedir perdón y ser perdonado es una de las maneras principales en que podemos ser absueltos de culpa. En su fidelidad Dios ha prometido perdonarnos de toda iniquidad (1 Juan 1:9). Ver *Expiación; Cristo; Perdón; Reconciliación; Pecado.*

CUMPLIMIENTO DEL TIEMPO

El momento que Dios planeó para su acción salvadora; momento en que Cristo fue enviado para redimir a los que habían nacido bajo la ley (Gál. 4:4); en especial la muerte de Cristo como evento de salvación (Juan 3:17; Rom. 8:3; 1 Juan 4:9-10). Cumplimiento del tiempo no hace alusión tanto a las condiciones mundiales (la manera en que prevalecía el griego como idioma común, los caminos romanos, la paz romana) que hicieron posible la rápida extensión del evangelio, sino que hace alusión al plan divino de gracia que tenía Dios desde la eternidad.

CUMPLIR Observar requisitos; hacerse realidad lo que se prometía, predecía o prefiguraba; llegada de tiempos ordenados por Dios. El sentido ético de *cumplir* sólo aparece en el AT en conexión con el cumplimiento de los requisitos de un voto (Lev. 22:21; Núm. 15:3), nunca en conexión con la ley. En el NT, Jesús fue bautizado por Juan, de esa manera se identificó con los pecadores a fin de cumplir "toda justicia" (Mat. 3:15), es decir, a fin de satisfacer los requisitos que Dios tenía para su vida. Jesús señaló que su misión no era "abrogar la ley o los profetas" sino cumplirla (Mat. 5:17). Una y otra vez el NT declara que el amor es el cumplimiento de la ley (Rom. 13:8-10; Gál. 5:14; Sant. 2:8).

El cumplimiento de profecías en la vida de Jesús es un tema de gran relevancia en el Evangelio de Mateo. La profecía de Isaías (7:4) halló su cumplimiento no sólo en el nacimiento virginal de Cristo sino además porque él era "Dios con nosotros" (Mat. 1:22-23; comp. 28:20). El ministerio de Jesús tanto en palabras (Mat. 4:14-17) como en acciones (8:16-17) cumplió la Escritura (Isa. 9:1-2; 53:4). El mandato de Jesús en cuanto a guardar un secreto (Mat. 12:16) y su costumbre de enseñar en parábolas (13:35) también cumplieron las Escrituras (Isa. 42:1-3; Sal. 78:2); su humilde entrada en Jerusalén (Mat. 21:4-5; Zac. 9:9) y su arresto como si fuera un ladrón (Mat. 26:56) también fueron cumplimientos de profecías bíblicas. Así como Israel, Jesús fue el Hijo de Dios llamado a salir de Egipto (Mat. 2:15; Os. 11:1). El sufrimiento de las madres de Israel (Jer. 31:15) halló eco en las madres de Belén (Mat. 2:17-18). Ambas instancias anunciaban y prefiguraban el destino del niño Jesús que escapó de esa muerte, pero sólo para morir tiempo después.

Lucas y Hechos muestran un interés especial en el sufrimiento de Cristo y posterior glorificación como cumplimiento de las expectativas de todo el AT (Luc. 24:25-26,44-47; Hech. 3:18; 13:27-41). Jesús interpretó su viaje a Jerusalén como un segundo "éxodo" (Luc. 9:31), un evento que daría como resultado la libertad del pueblo de Dios.

En Juan, el hecho de que el pueblo no reconociera la mano de Dios en las señales de Jesús ni aceptara el testimonio de Jesús, se explica diciendo que era el cumplimiento de la Escritura (Mar. 12:37-41; comp. Mar. 4:11-12). Juan también entendió que los detalles de la pasión de Jesús fueron cumplimiento de Escrituras (Juan 19:24,28; Sal. 22:18; 69:21). Jesús era "el cordero de Dios que quita el pecado del mundo" (1:29), muy posiblemente una referencia al cordero de la Pascua (Juan 19:14). Así como en el caso de Bet-el (Gén. 28:12), Jesús ofreció acceso entre el cielo y la tierra (1:51). En Caná, el don del vino por parte de Jesús corresponde a las bendiciones divinas futuras (Juan 2:1-11; Isa. 25:6; Joel 3:18; Amós 9:13; Zac. 9:17). El cuerpo de Jesús que iba a ser destruido y levantado, fue identificado con el templo (Juan 2:19,21). Al ser levantado en la cruz (Juan 3:14), había una correspondencia entre Cristo y la serpiente que Moisés levantó en el desierto (Núm. 21:9). De la misma manera, que Cristo diera su vida correspondía al maná del cielo que también fue vida para el pueblo (Juan 6:31-32; Ex. 16:15). Las referencias temporales que encontramos en Juan, sugieren que Jesús dio nuevo significado a las celebraciones de Israel (la Pascua, 2:13; 6:4; 11:55; la fiesta de los tabernáculos, 7:10; la fiesta de la dedicación, 10:22).

Cristo es el único en quien "todas las promesas de Dios son en él Sí" (2 Cor. 1:20). Tanto Adán (Rom. 5:12-21; 1 Cor. 15:22,45-49), la roca en el desierto (1 Cor. 10:4) como el cordero de la Pascua (1 Cor. 5:7) prefiguraron a Cristo. Frases temporales, como por ejemplo "el tiempo se ha cumplido", llevan nuestra atención a tiempos ordenados por Dios: el ministerio de Cristo (Mar. 1:15; Gál. 4:4; Ef. 1:10), la dominación de Israel por parte de los gentiles (Luc. 21:24) o la aparición del hombre de pecado (2 Tes. 2:6).

CUS (1) Benjamita acerca del cual cantó el salmista (Sal. 7:1). (2) Hijo de Cam y nieto de Noé (Gén. 10:8), a quien se consideraba antepasado inicial de los cusitas. (3) Nación situada al sur de Egipto, con fronteras que variaron; quizás incluyó a distintas tribus de piel oscura (Jer. 13:23) en distintos períodos de la historia; tradicionalmente la palabra se ha traducido "Etiopía", siguiendo a la Septuaginta, pero Cus no equivale a la Etiopía actual. La esposa de Moisés era de Cus (Núm. 12:1), probablemente una mujer distinta a la Séfora que aparece en Ex. 2:21.

En tiempos del NT, varias reinas del reino de Meroe llevaron el título Candace. Un etíope eunuco a quien Felipe explicó el evangelio era funcionario de "Candace reina de los etíopes" (Hech. 8:27). Candace no debe entenderse como nombre propio sino como título.

CUSAN-RISATAIM (*"el oscuro de doble iniquidad"*) Rey de Siria a quien Jehová le entregó Israel (Jue. 3:8).

CUTA Centro del culto a Nergal, dios de la muerte en Mesopotamia. Ver *Nergal*. (Ver 2 Rey. 17:24,30.)

❧D❧

DÁDIVA, REGALO Un favor o algo conferido a alguien como dote por una esposa (Gén. 34:12); tributo a un conquistador militar (2 Sam. 8:2); sobornos (Ex. 23:8; Prov. 17:8; Isa. 1:23); recompensas por servicio fiel y para asegurar lealtad futura (Dan. 2:48); ayuda para los pobres (Est. 9:22). Como la ley o las costumbres a veces requerían ciertas dádivas, en ocasiones éstas se describen utilizando modificadores para especificar aquellos dones o dádivas que se dan en forma voluntaria: ofrenda "voluntaria" (Ex. 35:29); dádiva o "don" por gracia (Rom. 5:15-17; 6:23); dádiva abundante cuya motivación no es la codicia (2 Cor. 9:5).

Dios es el dador de toda buena dádiva (1 Crón. 29:14; Sant. 1:17; ver Gén. 1:29; 2:18-24; 3:12; 17:16; 28:20; Ex. 31:6; Lev. 26:4; Núm. 21:16; Deut. 8:18; 11:15; Sal. 127:2; Dan. 1:17; Job 1:21), con lo cual se demuestra la providencia divina.

Las Escrituras también dan testimonio de las dádivas de Dios como provisión especial de su parte. En el AT dichos dones incluyen: la tierra prometida (Gén. 12:7), incluyendo la exitosa conquista (Deut. 2:36), la posesión de sus ciudades (Deut. 6:10) y los botines de guerra (Deut. 20:14); el sábado o día de reposo (Ex. 16:29); las promesas (1 Rey. 8:56); los pactos (2 Rey. 17:15); la ley (Ex. 24:12); y la paz (Lev. 26:6). En el NT la especial provisión de Dios es sumamente evidente en el regalo de Dios al dar a su Hijo (Juan 3:16) y en el don del Espíritu Santo (Luc. 11:13).

Dios hace posible la relación con Él y para eso le da a su pueblo sabiduría (1 Rey. 4:29), entendimiento (1 Rey. 3:9), un nuevo corazón (1 Sam. 10:9) y un buen Espíritu que les enseñe (Neh. 9:20). En el NT estos dones son el poder de ser hechos hijos de Dios (Juan 1:12), la justificación del pecado (Rom. 3:24; 5:15-17) y la vida eterna (Juan 10:28; Rom. 6:23).

Tanto el AT como el NT testifican del don de liderazgo que Dios da a su pueblo para que sean sacerdotes (Núm. 8:19; Zac. 3:7); reyes davídicos (2 Crón. 13:5); libertadores (2 Rey. 13:5); pastores con un corazón como el de Dios (Jer. 3:15); apóstoles, profetas, evangelistas y maestros (Ef. 4:11-12). Pablo dijo que Dios da el ministerio de la reconciliación (2 Cor. 5:18), autoridad para edificar a la iglesia (2 Cor. 10:8) y gracia para compartir el evangelio con los gentiles (Ef. 3:8). El NT también hace énfasis en el don que da Dios a cada creyente en cuanto a capacidades espirituales (Rom. 12:6; 1 Cor. 12:4; 1 Ped. 4:10).

Las dádivas de Dios debieran producir una adecuada respuesta por parte de quienes las reciben. Esta respuesta incluye el no jactarse (1 Cor. 4:7; Ef. 2:8) sino maravillarse en la inefable bondad de Dios (2 Cor. 9:15); el uso de estos dones para la extensión del reino de Cristo (1 Tim. 4:14; 2 Tim. 1:6-11), y una vida de buenas obras (Ef. 2:10).

DAGÓN (*"pez pequeño"* o *"querido"*) Dios de los filisteos; dios de la tormenta o los cereales; originalmente adorado en Siria y Mesopotamia antes del 2000 a.C. Ver *Filisteos*.

DALILA (*"con largo cabello que cuelga"*) Mujer del valle de Sorec a quien amó Sansón (Jue. 16:4); es probable que fuera filistea. Ella sedujo a Sansón para que éste le revelara el secreto de su gran fuerza, y luego lo traicionó entregándolo a los filisteos. Ver *Sansón; Juez*.

DALMACIA   Parte sur de Ilírico, al norte de Grecia y cruzando el mar Mediterráneo desde Italia. Ver 2 Tim. 4:10.

DAMASCO, DAMASCENO   Capital de importante ciudad-estado en Siria; tenía estrechos vínculos históricos con Israel; damasceno era uno de sus ciudadanos; importante centro mercantil y de transporte a 800 m (2300 pies) sobre el nivel del mar, al nordeste del monte Hermón y a unos 100 km (60 millas) al este de Sidón. Las dos carreteras internacionales más importantes pasaban por Damasco.

Excavaciones arqueológicas indican que hubo asentamientos desde antes del 3000 a.C. Tablillas de la zona de Ebla (Siria) mencionan Damasco aprox. en el 2300 a.C. Abraham persiguió a reyes invasores al norte de Damasco a fin de recobrar a Lot, a quien éstos habían tomado cautivo (Gén. 14:15). Eliezer, el siervo de Abraham, aparentemente era de Damasco (Gén. 15:2). Aprox. en el 1200 a.C. los arameos del desierto de esa región tomaron control de Damasco, que era independiente.

Soldados de Damasco intentaron ayudar a Hadad-ezer, rey de Soba —otra ciudad-estado siria—, contra David. Este venció y ocupó Damasco (2 Sam. 8:5-6). Como Soba era débil, esto animó a Rezón a organizar a un grupo de renegados similar al que había tenido David en su lucha contra Saúl (1 Sam. 22:2). Rezón se convirtió en líder de Siria y tuvo su centro de operaciones en Damasco (1 Rey. 11:23-25). Dios lo usó para acosar a Salomón.

Benadad solidificó el poder de Damasco hasta el punto que Asa, rey de Judá (910-889 a.C.), le pagó tributo para que atacara a Baasa, rey de Israel, y así aliviar la presión sobre Judá (1 Rey. 15:16-23).

En 1 Reyes 20 también vemos a Benadad de Damasco. Benadad ("hijo de Adad") aparentemente era un título real en Siria e indica que el rey de Damasco era un adorador del dios Adad. Ver *Baal; Benadad.*

Eliseo ayudó a liberar Samaria cuando ésta fue sitiada por Benadad (2 Rey. 6-7). Eliseo también profetizó un cambio de dinastía en Damasco, diciendo que Hazael sería rey (2 Rey. 8:7-15). En la batalla de Qarqar en el 853 a.C. Ocozías, rey de Judá (841), se unió a Joram, rey de Israel (852-841) en guerra contra Hazael. Joram terminó herido. Jehú tomó ventaja de las lesiones del rey y lo mató (1 Rey. 8:25-9:26).

Por medio de campañas en los años 853, 849, 848 y 845 a.C., Salmanasar III de Asiria debilitó Damasco en forma notable, la sitió en el 841, y volvió a recibir tributo en el 838. Luego Hazael de Damasco obtuvo influencia en Israel, Judá y Filistea (2 Rey. 10:32-33). Su hijo Benadad hizo que Damasco siguiera siendo un lugar fuerte (2 Rey. 13:3-25). Finalmente Joás, rey de Israel (798-782), recobró de Damasco algunas ciudades (2 Rey. 13:25). Jeroboam II, rey de Israel (793-753), obtuvo el control de Damasco (2 Rey. 14:28). Al mando de Adad-nirari III (810-783) Asiria invadió Siria desde el 805 al 802 a.C. y nuevamente en el 796. Aprox. en el 760 a.C. el profeta Amós condenó a Damasco y a sus reyes Hazael y Benadad (Amós 1:3-5).

El rey Rezín de Damasco se unió al rey Peka de Israel aprox. en el 734 a.C. para detener a los asirios que estaban al mando de Tiglat-pileser III (744-727). Ambos trataron de forzar al rey Acaz de Judá para que se uniera a ellos (2 Rey. 16:5). Isaías le advirtió a Acaz que no participara (Isa. 7), diciendo que Asiria iba a destruir Damasco (Isa. 8:4; comp. cap. 17). Acaz envió dinero a Tiglat-pileser, pidiéndole que rescate a Judá de Israel y de Damasco. Los asirios no se hicieron esperar y capturaron Damasco en el 732 a.C., enviando al exilio a sus líderes (2 Rey. 16:7-9). Damasco tuvo una última influencia sobre Judá; cuando Acaz fue a Damasco a pagar el tributo a Tiglat-pileser, le agradó el altar que vio allí e hizo hacer una copia para el templo de Jerusalén (2 Rey. 16:10-16). Damasco procuró obtener independencia de Asiria en el 727 y el 720 a.C., pero no tuvo éxito. Es así que Damasco se convirtió en un estado cautivo, primero de los asirios, y luego de los babilonios, los persas, los griegos, los tolomeos y los seléucidas. Finalmente, Roma obtuvo el control de Damasco con Pompeyo en el 64 a.C. Los judíos comenzaron a migrar hacia Damasco y establecieron sinagogas. Saulo de Tarso fue a Damasco para determinar si había creyentes cristianos asociados con las sinagogas y así perseguirlos (Hech. 9). El camino a Damasco se convirtió en el lugar de la conversión de Saulo; y Damasco en sí, el lugar en que el apóstol se inició en la iglesia. Para comenzar su ministerio, Pablo tuvo que escapar de Damasco en un canasto (2 Cor. 11:32-33). Ver *Adad; Siria.*

DAN (*"juez"*)

1. *Primer hijo de Jacob con Bilha, la sierva de Raquel (Gén. 30:6). Antepasado inicial de la tribu de Dan. Ver* Tribus de Israel; Patriarcas.

2. *Ciudad que marca la frontera norte de Israel, "desde Dan hasta Beerseba" (Jue. 20:1); primeramente llamada Lais (Jue. 18:7 o Lesem, Jos. 19:47); la moderna tell el-Qadi (o tell Dan).*

Lais fue fundada al final de la edad de bronce antigua II (aprox. 2700 a.C.) y floreció hasta aprox. el 2300 a.C. Luego permaneció desocupada hasta la edad de bronce media II

(aprox. 2000 a.C.), cuando se construyó una gran ciudad muy bien fortificada.

La Lais de la edad de hierro fue reconstruida por habitantes locales poco antes del 1200 a.C., pero la migrante tribu de Dan la destruyó aprox. en el 1100 a.C. En Dan se descubrió la primera inscripción con el nombre David, que data de aprox. el 850 a.C., y también la primera referencia semita a Israel.

Jeroboam (aprox. 925 a.C.) fortificó Dan y Bet-el como fortalezas/santuarios fronterizos (1 Rey. 12:29) e hizo templos que tenían becerros de oro representando a Jehová. Ver *Becerro de oro; Canaán, Historia y religión de.* Benadad de Siria tomó esta ciudad y luego Jeroboam II logró el control nuevamente antes del 750 a.C. (2 Rey. 14:25). La ciudad israelita de Dan cayó ante los asirios al mando de Tiglat-pileser III (el Pul del AT) aprox. en el 743 a.C. (2 Rey. 15:29). Él anexó la ciudad y la convirtió en un distrito asirio. Cuando Samaria cayó ante Sargón II en el 722 o 721 a.C. (2 Rey. 17:6) muchos danitas fueron deportados a Asiria, Babilonia y Media. A fin de poblar el territorio de Israel, se llevaron extranjeros de Babilonia, Siria y otras tierras. Después del 639 a.C. Josías de Judá restauró las fronteras clásicas de Israel "desde Dan a Beerseba". La ciudad parcialmente reedificada sobrevivió hasta el ataque del ejército babilónico de Nabucodonosor (aprox. 589 a.C.; comp. Jer. 4:14-18).

DANIEL (*"Dios es juez"* o *"juez de Dios"*).

1. Hijo de David y Abigail de Carmel (1 Crón. 3:1); también llamado Quileab (2 Sam. 3:3).

2. Sacerdote del linaje de Itamar (Esd. 8:2; Neh. 10:6) que regresó con Esdras.

3. Daniel (Ezeq. 14:14,20; 2:3), cuya forma hebrea se escribe diferente de todas las otras formas en el AT, fue una célebre figura de la antigüedad mencionado con Noé y Job, y famoso por su sabiduría y rectitud. Algunos intérpretes identifican a este Daniel con el Daniel del libro de Daniel. La mayoría de los intérpretes ubica a este Daniel en una fecha muy anterior. Algunos identifican al Daniel de Ezequiel con un Daniel de literatura ugarítica.

4. Héroe del libro de Daniel; joven de la nobleza capturado por Nabucodonosor en el 605 a.C. en la batalla de Carquemis, y elevado a un alto rango en los reinos babilónico y persa. Los babilonios procuraron eliminar todos los vestigios de la nacionalidad y la religión de Daniel; por ende cambiaron su nombre a Beltsasar (Dan. 1:7; 2:26; 4:8,9,18,19; 5:12; 10:1) y lo instruyeron en las artes, las letras y la sabiduría babilónica.

Daniel tuvo un papel activo durante los reinados de Nabucodonosor (604-562 a.C.) y Nabónido (555-539 a.C.). Se convirtió en un alto funcionario de gobierno con Ciro (539-529 a.C.), Cambises (529-522 a.C.) y Darío I (522-486 a.C.). En razón de su inconmovible fe en Dios, tenía una gran capacidad para la interpretación de sueños y el consejo político.

DANIEL, LIBRO DE Libro apocalíptico entre los escritos del AT; el más grande ejemplo de ética del AT y el clímax de la enseñanza del AT en cuanto al futuro del pueblo de Dios. Daniel combina características de profecía (Mat. 24:15), sabiduría y escritura apocalíptica, y conforma un tipo singular de literatura.

Para escribir su compleja obra, Daniel usó dos idiomas, el arameo (2:4b-7:28) y el hebreo (1:2-2:4a; 8:1-12:13), y tomó prestadas palabras del persa y del griego. El libro tiene dos secciones notablemente demarcadas (1-6; 7-12): la primera narra la historia de Daniel y sus amigos y termina con una conclusión histórica (6:28), y la segunda parte consta de visiones de Daniel.

El tema unificador de Daniel deja claro que Dios espera fidelidad de sus seguidores aun en medio de amenazas, guerras, proclamas legales o costumbres cambiantes. Dios promete a los fieles la recompensa de la resurrección.

Daniel 1:8-6:28 muestra cómo los héroes israelitas permanecieron firmes en su decisión de ser fieles a Dios y a su herencia. En seis situaciones distintas el héroe resistió amenazas o estuvo en peligro de perder su vida, y la única seguridad de la victoria fue su fe. En Daniel 7:1-12:13 estas verdades se aplicaron en una circunstancia extremadamente tensa. A través del libro el autor hizo su enfoque en el "cuarto reino", el reino de un déspota tirano. Los lectores se enfrentaban a una decisión: creer en un conquistador extranjero y despiadado, o permanecer fieles a la fe de los padres y al Dios de la historia de su pueblo.

DANZAR Movimiento rítmico al compás de la música como celebración y alabanza; parte esencial de la vida israelita tanto en la adoración como fuera de ella. Hay "tiempo de endechar, y tiempo de bailar" (Ecl. 3:4).

La danza bíblica se parecía a la danza folclórica moderna, y estaba a cargo tanto de hombres como de mujeres, aunque aparentemente no se realizaba en grupos mixtos. Había tanto danzas individuales como grupales.

Las danzas celebraban triunfos militares (Ex. 15:20-21; Jue. 11:34; 1 Sam. 18:6; 30:16). Durante fiestas de bodas era tradicional que hubiera danzas acompañadas con panderetas y otros instrumentos musicales (Sal. 45:14-15; Cant. 6:13). A veces la danza era para mero entretenimiento de los invitados (Mat. 14:6; Mar. 6:22). Los niños jugaban juegos de danzas con saltos (Job 21:11), a menudo con acompañamiento musical (Mat. 11:17; Luc. 7:32). El regreso de un hijo perdido fue causa de celebración y de danza (Luc. 15:25). Era común que una celebración religiosa fuera ocasión para danzar (2 Sam. 6:14,16; 1 Crón. 15:29; Sal. 149:3; 150:4).

DARÍO 1. Rey de Persia (522-486 a.C.); sucesor de Cambises II; pasó la primera parte de su reinado sofocando rebeliones en Media, Persia y Egipto. Después de solidificar su poder en el Medio Oriente, reconquistó a los escitas y a los griegos, que se habían rebelado a su predecesor hasta ser derrotados en la batalla de Maratón (490 a.C.). Persia comenzó una regresión gradual hasta que finalmente fue conquistada por Alejandro Magno en el 331 a.C.

Darío le dio al imperio un nuevo sentido de unidad. Los judíos recibieron ayuda financiera adicional para terminar el templo en Jerusalén (Esd. 6:8-9).

2. Darío II Noto, hijo de Artajerjes I, rey de Persia (424-405 a.C.), permitió que los judíos de Elefantina en Egipto observaran la Pascua; se lo consideraba un gobernante incompetente y antipático; tal vez sea Darío el persa (Neh. 12:22).

3. Darío III Codomano, rey de Persia (336-330 a.C.); vencido por Alejandro en Gránico, Iso y Arbelas; asesinado por conspiradores.

4. Darío de Media, sucesor de Belsasar como rey de Babilonia a los 62 años (Dan. 5:30-9:27); difícil de identificar en la historia babilónica; a menudo se lo identifica con Gaubaruwa de Gutium, que tomó Babilonia para

Ciro y se convirtió en vicerregente para Mesopotamia; también se considera que es otro nombre que se le dio a Ciro.

DATÁN (*"fuente"* o *"guerrear"*) Ver *Números, Libro de; Abiram.*

DAVID (*"favorito"* o *"amado"*) Ungido por Samuel para suceder a Saúl como rey (1 Sam. 15:23,35; 16:1-12); unificó a Israel y a Judá; recibió la promesa de que de su linaje nacería el Mesías; rey ideal del pueblo de Dios que gobernó desde aprox. el 1005 al 965 a.C. Su talento musical y su reputación como guerrero hicieron que tocara el arpa para Saúl cuando al rey lo atormentaba un "espíritu malo de parte de Dios" (16:18). Como Saúl amaba a David, lo hizo su paje de armas (16:21-22). Su fe en Dios le permitió a David vencer a Goliat, el gigante filisteo que estaba amenazando a Israel (1 Sam. 17).

Jonatán, un hijo de Saúl, se convirtió en el mejor amigo de David (1 Sam. 18:1; 20); los triunfos de David ganaron el favor del pueblo, y esto provocó celos en Saúl (18:8). Éste trató de matar a David, pero la presencia divina lo protegió repetidamente, mientras por otro lado David se negó a matar al ungido de Dios (18:10-12; 24:21-22; 27).

David se unió a Aquis, rey filisteo de Gat. Aquis le dio a David Siclag, y David estableció allí su centro de operaciones y comenzó a destruir a los enemigos de Israel en el sur (1 Sam. 27). Los otros líderes filisteos rechazaron el plan de Aquis de permitir que David se uniera a ellos para luchar contra Saúl (1 Sam. 29).

David vengó el asesinato de Saúl y cantó un lamento por los caídos (2 Sam. 1). Fue a vivir a Hebrón, donde los habitantes de Judá lo coronaron rey (2 Sam. 2), lo cual llevó a una guerra con Israel comandada por Is-boset, cuyos comandantes lo asesinaron (2 Sam. 4). Las tribus del norte entonces coronaron a David rey en Hebrón. Él tomó Jerusalén y la hizo su ciudad capital y también el centro religioso (2 Sam. 6). A través del profeta Natán, Dios indicó que no le permitiría a David construir el templo, pero le prometió una dinastía de alcances eternos (2 Sam. 7).

El pecado de David con Betsabé y Urías mostró su pecaminoso lado humano (2 Sam. 11). Natán confrontó a David con el pecado del rey, y David confesó su mal obrar. Luego declaró su fe en que un día iría a estar con su pequeño hijo que había muerto. Betsabé concibió otro hijo, Salomón (2 Sam. 12:1-25).

David fue testigo de intrigas, pecados sexuales y asesinato en su propia familia; esto dio como resultado su aislamiento de Absalón y finalmente su huida. Aun así, cuando su ejército mató a Absalón, David sintió un profundo dolor (2 Sam. 18:19-33). El censo que hizo del pueblo provocó la ira de Dios, pero también reveló la ubicación del templo (2 Sam. 24). Adonías procuró heredar el trono de su padre, pero Natán y Betsabé obraron para asegurar que el sucesor fuera Salomón (1 Rey. 1:1-2:12).

David fue el gran ejemplo para los reyes israelitas (1 Rey. 3:14; 9:14; 11:4,6,33,38; 14:8; 15:3,11; 2 Rey. 14:3; 16:2; 22:2), fue el "varón de Dios" (2 Crón. 8:14). Dios era "el Dios de David tu padre" (2 Rey. 20:5). El pacto de Dios con David fue el factor decisivo cuando Dios contendió con los desobedientes sucesores de David en el trono (2 Crón. 21:7). E incluso cuando Israel reconstruía el templo, el pueblo seguía "la ordenanza de David rey de Israel" (Esd. 3:10).

Los profetas de Dios hablaron de un futuro "David" que restauraría a Israel (Isa. 9:7; Jer. 33:20-22; comp.

Jer. 33:15,17,25-26; Ezeq. 34:23-24; 37:24-25; Os. 3:5; Amós 9:11; Zac. 12:6-10). El NT describe a Jesús como Hijo de Dios e Hijo de David, desde su nacimiento (Mat. 1:1) hasta su venida final (Apoc. 22:16). David tiene un sitio en la lista de los héroes de la fe (Heb. 11:32). Este fue "David hijo de Isaí, varón conforme a mi corazón, que hará todo lo que yo quiero" (Hech. 13:22). Inscripciones recientemente halladas en Dan ofrecen la primera evidencia extrabíblica de David.

DEBIR (*"atrás, detrás"*) Como nombre común, el término hebreo se refiere a la sala posterior del templo, el lugar santísimo (1 Rey. 6; Sal. 28:2).

1. Rey de Eglón que fue parte de la coalición que Jerusalén lideró contra Josué pero perdió (Jos. 10:3). Ver Eglón.

2. Importante ciudad levita en los montes de Judá (Jos. 21:15; comp. 10:38; 11:21; 12:13); anteriormente llamada Quiriat-sefer (Jos. 15:15; comp. Jue. 1:11). Josué 15:49 usa la denominación Quiriat-sana para referirse a Debir. Puede haber sido la ciudad más importante al sur de Hebrón.

3. Pueblo en la frontera norte de Judá (Jos. 15:7); tal vez sea Thoghret ed Dabr, el "paso de Debir", 16 km (10 millas) al este de Jerusalén.

4. Ciudad en Gad al este del Jordán, que en la Biblia hebrea aparece escrita de varias maneras: *Lidebor* (Jos. 13:26); *Lwo Debar* (2 Sam. 9:4-5); *Lo' Debar* (2 Sam. 17:27); *Lo' Dabar* (Amós 6:13); puede ser la moderna Umm el-Dabar, 19 km (12 millas) al norte de Pella. Otras ubicaciones que se han sugerido son tell el-Chamme o khirbet Chamid.

DÉBORA (*"abeja"*) (1) Nodriza de Rebeca que murió y fue sepultada cerca de Bet-el (Gén. 35:8; 24:59). (2) Profetisa y esposa de Lapidot que gobernó Israel como juez (Jue. 4:4).

Después de Moisés, sólo Samuel tuvo la misma combinación de cargos: profeta, juez y líder militar. Algunos eruditos creen que como profetisa Débora también compuso el poema de triunfo que ella y Barac cantaron en Jueces 5.

DECADENCIA MORAL La Biblia enseña que en los últimos días en el mundo habrá una decadencia moral sin precedentes. La enseñanza falsa permitirá que aumente la maldad, que a su vez dará como resultado apatía (Mat. 24:12) y una abierta actitud hostil (Mat. 24:9-11,24; 2 Tim. 3:1-5) hacia lo que sea de Cristo. La religión se convertirá en pretexto para ventaja personal y no será una expresión de verdadera devoción a Dios (comp. 2 Tim. 3:5). Como resultado, el estándar de conducta moral fundamentado en la Biblia se considerará irrelevante.

El NT hace una lista de las características de las personas que rechazan a Cristo (Gál. 5:19-21; Ef. 5:3-5; Col. 3:5-6; 1 Tim. 1:9-10; Apoc. 21:8). Dichas características incluyen todos los pensamientos y acciones que no condicen con el ejemplo de Cristo. En el presente muchos que hablan de la moral la limitan a cuestiones sexuales. Sin embargo, el NT deja en claro que la sexualidad es sólo uno de los muchos elementos que conforman el comportamiento humano, que ha de ser juzgado de acuerdo al código moral divino.

Aunque básicamente en el fin de los tiempos el tipo de actividades desenfadadas será el mismo tipo de actividades que la gente siempre ha realizado en oposición a Dios, la intensidad será mucho mayor, y mayor será el efecto y alcance a nivel mundial.

DECÁLOGO Ver *Diez Mandamientos*.

DECAPITAR Ver *Pena capital*.

DECÁPOLIS (*"diez ciudades"*) Grupo de ciudades griegas (Mat. 4:25; Mar. 5:20; 7:31) al sur y al este del mar de Galilea. Originalmente eran diez, y fueron establecidas después de las conquistas de Alejandro Magno aprox. en el 333 a.C., pero posteriormente incluyeron más ciudades. Estas eran centros para la extensión de la cultura greco-romana y no mostraban amor por los judíos. Ver *Palestina*.

DECRETO Orden real; era proclamado públicamente (Jon. 3:5-7) con heraldos o "pregoneros" (Dan. 3:4) que a menudo iban por todo el territorio del monarca (1 Sam. 11:7; Esd. 1:1); se escribían y guardaban en archivos para referencia futura (Esd. 6:1-2). Decretos importantes incluyen: el decreto de Ciro para reedificar el templo (Esd. 6:3-5); el decreto de Ester sobre la celebración de Purim (Est. 9:32); el decreto de César Augusto que preparó el escenario para el nacimiento de Jesús (Luc. 2:1).

Como Rey de la tierra, Dios emite decretos que regulan el mundo de la naturaleza (el mar, Prov. 8:29; la lluvia, Job 28:26) y la humanidad (Dan. 4:24). Dios también decreta el reinado del Rey mesiánico (Sal. 2:7). Ver Hech. 16:4; 1 Cor. 7:37; Rom. 1:32; Col. 2:14,20). Cuando los traductores utilizan el vocablo "decreto", en realidad están interpretando un término hebreo o griego más general.

DEDÁN, DEDANITA
(1) Antepasado inicial de la tribu árabe en la tabla de las naciones (Gén. 10:27). Ver *Cus*. (2) Nieto de Abraham; hermano de Seba (Gén. 25:3; comp. 10:27). (3) Tribu árabe con su centro en al-Alula, 110 km (70 millas) al sudeste de Tema y 640 km (400 millas) de Jerusalén; parada en la ruta de caravanas entre Tema y Medina; centro para el comercio de incienso

(Isa. 21:13; Jer. 49:8; Ezeq. 25:13; 27:15,20; comp. Ezeq. 38:13).

DEDICACIÓN, FIESTA DE LA
Expresión que aparece en Juan 10:22 para hacer referencia a Hanukah (o Januká). Ver *Fiestas; Januká.*

DEDICAR, DEDICACIÓN
Apartar o consagrar personas o cosas para Dios (o para los dioses), para personas, trabajo o fines sagrados. El acto por lo general va acompañado de un anuncio de lo que se hace o se intenta hacer y también de una oración en que se pide la aprobación y bendición divina. En el AT se dedicó a todo Israel (Ex. 19:5-6; Deut. 7:6; 14:2); a los sacerdotes (Ex. 29:1-37); se dedicó el altar del tabernáculo (Núm. 7:10-88), imágenes de deidades paganas (Dan. 3:2,3), oro y plata (2 Sam. 8:11), el templo (1 Rey. 8:63; Esd. 6:16-18), los muros de Jerusalén (Neh. 12:27), y residencias particulares (Deut. 20:5). En el NT toda la iglesia está apartada para Dios (Ef. 5:26). Cada creyente es un integrante del pueblo de sacerdotes dedicados, santificados y consagrados; cada creyente está apartado "para ofrecer sacrificios espirituales aceptables a Dios por medio de Jesucristo" (1 Ped. 2:5).

DEFECTOS CONGÉNITOS
En la Biblia se registran cuatro claros casos de defectos congénitos: un hombre "ciego de nacimiento" (Juan 9:1), un hombre "cojo de nacimiento" (Hech. 3:2), un hombre "imposibilitado de los pies, cojo de nacimiento" (Hech. 14:8) y los eunucos (esterilidad masculina) "que nacieron así" (Mat. 19:12).

En la Biblia se mencionan una variedad de enfermedades y defectos físicos sin que se indique el origen o la causa (por ej., Mat. 9:2; Mar. 7:32). Levítico 21:18-21 ofrece una lista de defectos físicos que descalificaban a un descendiente de Aarón para servir en el tabernáculo del Señor; estos defectos incluían ceguera, cojera, deformidades, enanismo, defectos en los ojos y testículos dañados. En muchos casos dichas deformidades tienen que haber sido congénitas. La Biblia es clara en cuanto a que si bien el desarrollo de un feto es algo que la gente no entiende (Ecl. 11:5), es algo que Dios conoce y dirige (Job 10:11; 31:15; Sal. 119:73; 139:13-16; Isa. 44:2; 46:3; 49:5; Jer. 1:5; Rom. 8:28). Por esta razón, cada persona debe ser aceptada como una persona completa, pues eso es a los ojos de Dios.

DELINCUENCIA JUVENIL
Los escritores de la Biblia tomaron muy en serio la delincuencia juvenil ya que la rebelión entre los hijos que rompe la estructura de autoridad de la familia, rompía la misma estructura de la sociedad. Una familia bien ordenada evitaba problemas fuera del hogar, que a su vez aseguraba una sociedad estable (comp. Ef. 6:2-3).

Dios espera que los padres controlen a sus hijos, y que los hijos obedezcan a sus padres (Ex. 20:12; Ef. 6:1-4; 1 Tim. 3:4), pero a la vez sabe que esto no siempre sucederá (Isa. 3:5; Ezeq. 22:7). Los hijos de Elí (1 Sam. 2:22-25; comp. 8:3), los muchachos que se burlaron de Eliseo (2 Rey. 2:23-25) y el hijo pródigo (Luc. 15:12-13) son ejemplos de delincuencia juvenil. Según la ley de Moisés herir (Ex. 21:15), maldecir (Ex. 21:17) y deshonrar (Deut. 27:16) a los padres eran actos de rebeldía familiar; un hijo que se negara a la corrección debía ser apedreado públicamente (Deut. 21:18-21).

A pesar de la responsabilidad impuesta a los padres en la crianza de los hijos (Deut. 6:7; Prov. 13:24; 19:18; 22:6; Ef. 6:1-4), la Biblia reconoce que en realidad los hijos son responsables por sus propias acciones (Ezeq.

18:10-13). Jesús usó el ejemplo del hijo pródigo para enseñar que todos son como delincuentes ante Dios y deben acudir a Él para recibir perdón (Luc. 15:11-32).

DELITOS Y CASTIGOS Sistema en el que se establecen y se hacen cumplir normas legales. La transgresión de la ley de Dios por parte de una persona o grupo involucraba a toda la comunidad en la culpa, especialmente en casos de homicidio, idolatría y ofensas sexuales (ver Deut. 19:10; 21:1-9; 2 Rey. 24:1-7). Cuando Israel no se deshizo del ofensor ni actuó contra la rebelión, Dios castigó al pueblo (Lev. 18:26-28; 26:3-45; Deut. 28).

La ley israelita difería de las leyes de otras culturas en varias maneras. Israel no consideraba que los delitos contra la propiedad fueran crímenes capitales. Para delitos menores, Israel observaba un sistema de castigo corporal y/o multas. Israel restringía la ley del talión (ojo por ojo) a la persona del ofensor. Otras culturas permitían que la familia fuera castigada por los crímenes del ofensor. A la hora de cumplir la ley Israel no observaba diferencias de clase al extremo que lo hacían sus vecinos. Tanto los nobles como el pueblo, tanto los sacerdotes como los laicos en teoría eran tratados por igual. Sin embargo, los esclavos y los extranjeros no estaban en el mismo nivel que los israelitas libres —aunque en Israel se los trataba mejor que en naciones vecinas. En la cultura israelita las mujeres no tenían igualdad con los hombres, especialmente en lo referente a leyes de matrimonio y divorcio y leyes sobre delitos sexuales. En contraste con las naciones vecinas, los israelitas no podían sustituir sacrificios en casos de violaciones intencionales de la ley; las ofrendas por el pecado y por la culpa sólo se permitían en casos de pecados no intencionales (Lev. 4-5).

La ley israelita consideraba que ciertos delitos eran lo suficientemente graves como para requerir la pena capital. Ver *Pena capital*.

A menudo el AT exige el castigo de ser "cortado" de Israel. Algunos interpretan esta frase diciendo que significa la excomunión o el exilio (de Israel o de la comunidad de la fe), pero pareciera referirse a la pena de muerte (Ex. 31:14; Deut. 12:29; 19:1; 2 Sam. 7:9; 1 Rey. 11:16; Jer. 7:28; 11:19; Ezeq. 14:13,17,19,21; 17:17; 25:7; 29:8; Amós 1:5,8; 2:3; Abd. 9-10; Nah. 3:15; Zac. 13:8; ver Rom. 9:3; 11:22; 1 Cor. 16:22; Gál. 1:6; 5:12). Entendemos que la última postura es la correcta. Ver *Excomunión*.

Los delitos de carácter menor (por lo general los que incluían daño corporal premeditado) se castigaban con algún tipo de castigo físico. La ley del talión (ojo por ojo) era el principio operativo en la mayoría de los casos de castigo corporal (Ex. 21:23-25; Lev. 24:19-22; Deut. 19:21), y restringía la venganza para con alguien que había infligido una lesión corporal. Si una persona hacía que su esclavo perdiera un ojo o un diente, al esclavo se lo liberaba (Ex. 21:26-27).

El castigo corporal también incluía azotar (Deut. 25:1-3), causar ceguera (Gén. 19:11; 2 Rey. 6:18; comp. Jue. 16:21; 2 Rey. 25:7), arrancar el cabello (Neh. 13:25; Isa. 50:6) y vender en esclavitud al ladrón que no pudiera pagar el castigo monetario (Ex. 22:1-3; comp. 25:39; 2 Rey. 4:1; Neh. 5:5). Un texto prescribe la mutilación (Deut. 25:11-12). Las multas siempre se pagaban a la parte que había sido herida (Ex. 21:18-19,22,28-32; 22:1-4,9,16-17; Lev. 6:1-7; 19:20; Deut. 22:19,29).

Jesús amplió la prohibición de matar, acción que llegó a incluir el odio (Mat. 5:21-26); también amplió la prohibición del adulterio, que llegó a incluir la codicia (Mat. 5:27-30). Él prohibió el divorcio excepto en caso de infidelidad del cónyuge (Mat. 5:31-32). Jesús deseaba que sus discípulos renunciaran al derecho de ser resarcidos (Mat. 5:38-42).

En tiempos del NT los judíos parecen haber tenido autonomía relativa en cuestiones de leyes y costumbres religiosas. Aun las comunidades judías fuera de Palestina estaban bajo la autoridad del sumo sacerdote (Hech. 9:1-2) y se les permitía cierta medida de autonomía en cuestiones religiosas (Hech. 18:12-17).

Es tema de debate si bajo el gobierno de Roma los judíos tenían autoridad para imponer la pena de muerte. Cuando se le hizo juicio a Jesús, la razón que tuvieron los judíos para llevarlo ante Pilato fue que ellos no tenían poder para ejecutar a criminales (Juan 18:31). Una antigua tradición rabínica en el Talmud babilónico (Abodah Zarah 8b) sostiene que durante unos 40 años los judíos perdieron la capacidad para ejecutar a criminales. Sin embargo, ciertos incidentes en el NT parecen indicar lo contrario: declaraciones durante el juicio de Pedro (Hech. 5:27-42), el caso en que Esteban fue apedreado (Hech. 7:57-60), los intentos de linchamiento (Hech. 9:23-24; 14:19; 23:12-15), la autoridad para matar a extranjeros que fueran sorprendidos en ciertas áreas del templo (Hech. 21:28-31, una práctica señalada por el antiguo historiador judío Josefo), y una declaración que hizo Pablo (Hech. 26:10). Otros antiguos documentos judíos que registran casos de personas apedreadas o quemadas indican que los judíos pueden haber tenido la autoridad para imponer pena de muerte.

Durante la época del NT los judíos podían imponer castigo corporal. Por lo general el castigo consistía en ser azotado (Mat. 10:17; Hech. 5:40; 22:19; 2 Cor. 11:24) y expulsado de la sinagoga (Luc. 6:22; Juan 9:22; 12:42; 16:2).

El procurador era el representante legal de Roma en las provincias, e intervenía en asuntos locales cuando existía amenaza para la paz y el orden local (Hech. 5:36-37). Los castigos romanos incluían la crucifixión (por lo general reservada sólo para esclavos y las clases más bajas), la decapitación (ver Mat. 14:10; Apoc. 20:4), la condena perpetua a trabajos forzados (Hech. 23:29; 26:31), los azotes (Hech. 16:22; 22:24) y el encarcelamiento (Hech. 16:23-24). Ver *Apelar a César*.

DEMETRIO (*"que pertenece a Deméter*, diosa griega de las cosechas") (1) Un platero de Éfeso que incitó a un alboroto contra Pablo porque temió que la predicación del apóstol fuera una amenaza para la venta de templecillos de Diana, la diosa patrona de Éfeso (Hech. 19:24-41). Demetrio puede haber sido un líder gremial a cargo de la producción de pequeñas réplicas de plata del templo de Diana con una figura de la diosa en el interior. (2) Aparentemente un convertido del culto a Deméter (3 Juan 12). Tal vez haya llevado 3 Juan a los lectores originales.

DEMONIO Ver *Diablo*.

DENARIO Ver *Monedas; Economía*.

DEPORTES El verbo hebreo "hacer deporte" se usaba para indicar burla (por ejemplo, Gén. 21:9), pero también deporte en el sentido de entretenimiento (Jue. 16:25,27) o juego (Ex. 32:6; Sal. 104:26; Zac. 8:5).

En la Biblia se alude a varios juegos de destreza. El combate de Jacob en Peniel parece haber sido una lucha entre dos peleadores talentosos (Gén. 32:24-32). La pelea en el estanque de Gabaón entre los soldados de Abner y los soldados de Joab puede haber comenzado como una demostración de fuerza a través de la lucha (2 Sam. 2:12-17). Job 16:12-13 habla de arquería, un deporte descrito en los bajorrelieves asirios. Isaías 22:18 sugiere un juego de pelota. En Sal. 19:5 se alude a carreras pedestres. Pablo menciona los combates grecoromanos de gladiadores, seguramente el más horrendo de todos los eventos de entretenimiento (1 Cor. 4:9 y 15:32).

El NT usa varios juegos deportivos como figuras de la vida cristiana. Pablo frecuentemente habla de su obra a favor del evangelio como "correr" (Gál. 2:2; 5:7; Fil. 2:16; 3:13-14; comp. Heb. 12:1), y asemeja la disciplina espiritual que se requiere para una vida exitosa con la que se requiere para ganar carreras pedestres y combates de boxeo (1 Cor. 9:24-27; comp. 2 Tim. 2:5; 4:7). Era natural para Pablo adoptar una metáfora como "correr," no sólo por causa de la popularidad de las carreras pedestres en el mundo greco-romano, sino también en razón de que desde los más antiguos días del AT la relación del creyente con Dios se describía como "caminar" o "correr" con Él (Gén. 3:8; 5:24; Sal. 119:32; Isa. 40:31).

DEPÓSITO, CIUDAD DE ALMACENAJE Edificios para proteger de insectos y de un clima extremo los cultivos cosechados; edificio rectangular con una doble hilera de columnas que dividía al edificio en tres naves angostas. Paredes grandes y gruesas sostenían el techo, y pequeños cuartos al costado desembocaban en el hall central. Los depósitos de la fortaleza de Herodes en Masada tenían paredes de casi 3,5 m (11 pies) de alto construidas de piedras que pesaban más de 185 kilos (400 libras). Los depósitos comunitarios también podían usarse como mercados públicos. En grandes ciudades, algunos sectores se designaban como áreas de almacenaje, con varios depósitos a lo largo de las calles. Durante el período de la monarquía dividida, se establecieron instalaciones reales de almacenaje en capitales regionales, para colectar pagos de impuestos hechos en harina, aceite, grano o vino. Estos se quedaban en tinajas especialmente marcadas que luego podían distribuirse en el ejército o en palacios reales. El complejo del templo incluía áreas especiales de depósito, tanto para los utensilios de adoración, como para servir como una suerte de banco donde se podían poner valores.

DERBE Ver *Asia Menor, Ciudades de.*

DERECHOS CIVILES La base bíblica para los derechos civiles se fundamenta en la imparcialidad de Dios (Deut. 10:17-18; Hech. 10:34; comp. Luc. 20:21), en el orden de la creación por el cual todas las personas son creadas a imagen de Dios (Gén. 1:27-28; 9:6), y en la obra redentora de Cristo (Gál. 3:28).

La ley de Moisés distinguía entre extranjeros residentes (no-israelitas residentes en la tierra de Israel) y extranjeros no residentes. Los extranjeros estaban sujetos a las mismas leyes que los israelitas (Ex. 12:49; Núm. 15:15-16; comp. Deut. 10:18-19), pero los derechos de los extranjeros no residentes eran más restringidos (Ex. 12:43; Deut. 15:3; 17:15; 23:20).

Tanto el AT como el NT reconocían que en el mundo antiguo la esclavitud era un hecho. Además, en comparación con culturas vecinas, las Escrituras sostienen un mayor derecho de protección para los esclavos (por ej. Ex. 12:44; Lev. 25:39-55).

El NT reconoce la igualdad fundamental de todos los que están en Cristo (Gál. 3:28) y defiende la subordinación voluntaria de derechos individuales para beneficio de otros (Luc. 22:26; 1 Cor. 8:9-13; Fil. 2:4-8).

DESAYUNO Ver *Comida*.

DESCENSO AL INFIERNO Frase tomada del Credo de los apóstoles para describir la obra del Cristo resucitado. Primera Pedro 3:19 dice que Cristo "fue y predicó a los espíritus encarcelados". Una interpretación considera que esto sucedió en los días de Noé (v. 20), y que entonces describe la obra del Cristo preexistente o la obra del espíritu de Cristo a través de Noé. También se puede interpretar como algo que siguió en forma inmediata a la resurrección de Cristo. La esencia de su predicación puede haber sido juicio; puede haber sido reafirmación de su victoria sobre "ángeles, autoridades y potestades" (v. 22); puede haber sido liberación del Seol o del Hades para los santos que lo precedieron. Los espíritus pueden haber sido los "hijos de Dios" de Gén. 6:2, la gente de la época de Noé, los pecadores del AT, personas del AT que fueron fieles a Dios, ángeles caídos, espíritus malvados, o poderes demoníacos con quien Jesús contendió en su ministerio terrenal. La prisión puede haber sido el Seol o el Hades, que de acuerdo al AT es un lugar de cautividad para pecadores, un lugar de castigo para los ángeles caídos, un lugar seguro para dichos ángeles donde creyeron poder escapar del poder de Cristo, o bien un lugar rumbo al cielo donde los fieles de antaño esperaron para oír el mensaje de la victoria expiatoria y final de Cristo. Cualquiera

sea la explicación detallada de cada frase, el propósito último es glorificar a Cristo por su obra completa de salvación a través de su muerte, resurrección y ascensión, algo que demuestra su control sobre todos los lugares y todas las potestades.

DESEADO DE TODAS LAS NACIONES Frase que usó Hageo (2:7) para referirse a un templo renovado. Para RVR 1960 es una profecía del Mesías que vendría. Otra posible traducción (BLA) es "tesoros" de todas las naciones, como paralelo al oro y la plata de 2:8. La interpretación mesiánica surgió por primera vez en la Vulgata latina, mientras que los tesoros estarían mostrando el poder de Jehová para restaurar la gloria de su casa a pesar de la pobreza del pueblo.

DESIERTO Áreas de la Tierra Santa, particularmente en la parte sur, con escasa lluvia y pocos habitantes; páramo seco y rocoso. Puede albergar una ocupación humana nómada y seminómada. El desierto podía también tener el sentido ominoso de una tierra inhabitable (Jer. 2:6), un lugar temible en el que perderse (Sal. 107:4-9). El desierto está al sur, al este y al sudoeste de la tierra habitada de Israel tanto en el Neguev, en Transjordania, como en el Sinaí. Un desierto en particular se extendía en las laderas orientales de las montañas de Judea hacia el mar Muerto. Este desierto, a veces llamado *Jeshimon*, se transformó en un refugio para David cuando huyó de Saúl, y fue el lugar de la tentación de Jesús.

Al desierto se lo conectó mucho con la peregrinación de los hebreos, después de su milagrosa huida de Egipto y justo antes de la conquista de Transjordania: "aquel grande y terrible desierto" (Deut. 1:19); "un desierto grande y espantoso" (Deut. 8:15). El libro de Números en la Biblia hebrea se llama, *bemidbar*, "en el desierto." En los Salmos, los adoradores israelitas confesaban estos pecados antiguos (78:40; 106:26), y los predicadores del NT los usaban como advertencia a "los cristianos del desierto" para que no cometieran los mismos errores (1 Cor. 10:1-13; Heb. 3:16-19). Las áreas específicas del desierto incluían Sin, Shur, Sinaí, Parán y Zin en el camino de la peregrinación por el desierto. Los lugares específicos relacionados con los años de David cuando huía de Saúl incluían el desierto de En-gadi, de Judá, de Maón, de Zif. La gente en tiempos bíblicos por lo general temía al desierto como un lugar habitado por aves de rapiña, víboras y escorpiones (y hasta demonios); era un lugar hacia el cual uno podía expulsar el chivo expiatorio (Lev. 16:10,22,26; Isa. 13:21-22; 34:13-14).

Los profetas esperaron otra peregrinación en el desierto (Os. 2:14-15; 9:10, comp. Deut. 32:10; Jer. 2:2-3; 31:2-3), un nuevo éxodo después del exilio en Babilonia a través del desierto del norte de Siria (Ezeq. 20:30-38; Isa. 40:3-5). Juan el Bautista apareció en el desierto de Judea como el precursor profético prometido (Mat. 3:1-3; Mar. 1:2-4; Luc. 3:2-6; Juan 1:23). Jesús alimentó a los 4000 en un lugar desolado al este del mar de Galilea (Mar. 8:1-9). Ver *Parán; Shur, Desierto de; Sin, Desierto de; Sinaí; Peregrinación en el desierto.*

DESILUSIÓN, DESÁNIMO La Biblia reconoce el estrés físico y emocional que puede acompañar a la desilusión, y declara que siempre encontramos esperanza en Dios.

Algunos ejemplos de desilusión que se registran en la Biblia incluyen a Samuel (1 Sam. 16:1), los hombres camino a Emaús (Luc. 24:17-21) y Pablo (1 Tes. 2:17-20). Muchos de los ruegos del salmista reflejan la profundidad de su desánimo en cuanto a la vida y, a veces, en cuanto a Dios mismo (por ej. Sal. 39:12-13; 42:5a, 9-11a). El desánimo y el desaliento quebrantan el espíritu (Prov. 15:13), secan los huesos (Prov. 17:22) y pueden conducir a la muerte (Prov. 18:14).

A pesar de las circunstancias en que se encontraba, el salmista aprendió a confiar en Dios quien, al final, conquistó el desánimo humano (Sal. 22:5; 40:1; 42:5b). Isaías vio un día cuando todos los endebles y temerosos serían fortalecidos (Isa. 35:3-4). Mientras tanto ocurriera eso, Jesús ordena a los desanimados que sigan esperando en Dios, orando y que no pierdan la esperanza (Luc. 18:1; comp. Mat. 5:4). Cada cristiano es llamado a reconocer que el sufrimiento produce paciencia y perseverancia, la perseverancia produce carácter probado, y el carácter probado produce esperanza en Dios, la cual no desilusiona (Rom. 5:3-5, BLA).

DESPOSORIO Compromiso matrimonial con tanta fuerza legal como el matrimonio en sí (Gén. 19:14; Ex. 22:16; Deut. 22:23-30; 2 Sam. 3:14; Os. 2:19-20; Mat. 1:18; Luc. 1:27; 2:5). María y José estaban desposados pero no vivieron juntos hasta que se celebró la boda. Pablo usó la figura del desposorio para explicar la relación ideal de la iglesia como una virgen casta presentada a Cristo (2 Cor. 11:2).

DESTINO Aquello que, necesariamente, debe suceder. El AT habla de la muerte como el destino común de la humanidad (Sal. 49:12; 81:15; Ecl. 2:14; 3:19; 9:2,3) y a veces de la muerte violenta como el destino de los impíos (Job 15:22; Isa. 65:12; Os. 9:13). Ver *Elección; Providencia.*

DEUDA, DEUDOR Ver *Préstamo.*

DEUTERONOMIO, LIBRO DE

Quinto libro del AT tomado de la traducción griega que significa "segunda ley". El libro consta de los discursos de Moisés a Israel en estilo de sermones, antes que el pueblo entrara en la Tierra Prometida.

Deuteronomio 1:1-5 presenta el libro, y señala el momento y el lugar de los discursos. Deuteronomio 1:6-4:40, el primer discurso de Moisés, vuelve a relatar el viaje de Israel desde Horeb a Moab, e insta a Israel a ser fiel a Jehová. Moisés establece ciudades de refugio en la ribera este del Jordán (Deut. 4:41-43). Deuteronomio 4:44-28:68, el segundo discurso de Moisés, le enseña a Israel lecciones tomadas de la ley. No son leyes para usarse en tribunales sino que son instrucciones para vivir en la tierra de Canaán. El tercer discurso de Moisés (Deut. 29:1-30:20) centra la atención en la renovación del pacto. Arrepentimiento y compromiso habrían de asegurar vida y bendiciones de Dios. La rebelión daría como resultado la muerte como nación. Los capítulos finales presentan el discurso de despedida de Moisés (31:1-29); el cántico de Moisés (31:30-32:52); la bendición de Moisés (cap. 33) y su muerte (cap. 34).

El "libro de la ley" que se encontró en el tiempo de Josías cuando éste hizo que se reparara el templo en el año dieciocho de su reinado (621 a.C.), se ha identificado como Deuteronomio a partir de los primeros padres de la iglesia, poco después del 300 d.C. Comp. Deut. 12 con 2 Rey. 23:4-20.

Deuteronomio es un llamado al arrepentimiento, un ruego a que el desobediente pueblo de Dios enderece sus caminos y renueve el pacto que Dios hizo con ellos en el Sinaí. Moisés pidió que hubiera obediencia a través del amor a Jehová, el Dios amante que había establecido el pacto con Israel.

Deuteronomio llama a la fe y la acción en respuesta a las acciones de Dios. Hace énfasis en la singularidad de Dios como el único Dios que no tiene rivales, e indica que la adoración de cualquier otro dios es vana, sin sentido y sin esperanza. Sostiene que el amor a Dios es la relación básica que Él quiere con su pueblo. Llama a una total separación de prácticas paganas y de estilos de vida sin Dios. Procura establecer una comunidad tranquila, libre de luchas internas y sin guerra externa. Llama al pueblo de Dios a satisfacer las necesidades de los menos privilegiados de la sociedad. Enseña que el compromiso conduce a la acción. Pronuncia maldiciones sobre los malvados que abandonan el pacto de Dios, y bendiciones sobre los que son fieles al pacto.

DÍA Período cronológico de duración variada: tiempo de luz solar en un día, desde el amanecer hasta el ocaso (Gén. 1:14; 3:8; 8:22; Amós 5:8); período de 24 horas (Gén. 1:5; Núm. 7:12,18; Hag. 1:15); expresión general para hablar de "tiempo" sin límites específicos (Gén. 2:4; Sal. 102:3; Isa. 7:17); período de un evento específico (Jer. 32:31; Ezeq. 1:28). Zacarías 14:7 incluso habla de un día cuando habrá luz continua y ya no exista la noche ni la oscuridad.

DÍA DE CAMINO Distancia tradicional pero inexacta que se viajaba en un día. El típico día de viaje de un judío era entre 35 y 50 km (20 y 30 millas), aunque los grupos por lo general viajaban sólo 15 km (10 millas) por día. Ver Gén. 30:36; 31:23; Ex. 3:18; 8:27; Luc. 2:44.

DÍA DE CRISTO Ver *Día de Jehová, Día del Señor; Juicio, Día del.*

DÍA DE JEHOVÁ; DÍA DEL SE-ÑOR Momento en que Dios revele su soberanía sobre los poderes humanos y la existencia humana. Lamentaciones 2:1 habla en tiempo pasado del día del furor del Señor. Joel pudo describir un desastre del presente diciendo que era el "día de Jehová".

Los profetas del Antiguo Testamento usaron un término que le resultaba familiar a su público, un término con el cual esa audiencia esperaba luz y salvación (Amós 5:18), pero los profetas lo describieron como un día de tinieblas y de juicio (Isa. 2:10-22; 13:6,9; Joel 1:15; 2:1-11,31; 3:14-15; Amós 5:20; Sof. 1:7-8,14-18; Mal. 4:5). Es así que el AT le advertía a los pecadores entre el pueblo de Dios sobre el peligro de confiar en la religión tradicional sin comprometerse con Dios y con el estilo de vida que Él quiere. El día de Jehová podía traer juicio a Israel como también prometer liberación de enemigos malvados (Isa. 13:6,9; Ezeq. 30:3; Abd. 15).

Los escritores del NT utilizaron la expresión del AT para hablar de la victoria final de Cristo y del juicio final de los pecadores. Es así que usaron varias expresiones distintas: "día de Jesucristo" (Fil. 1:6); "día de Cristo" (Fil. 1:10; 2:16); "día de nuestro Señor Jesucristo" (1 Cor. 1:8); "día del Señor Jesús" (1 Cor. 5:5); "día del Señor" (1 Tes. 5:2); "día del juicio" (1 Juan 4:17); "aquel día" (1 Tes. 5:4; 1 Tim. 1:12); "día de la ira" (Rom. 2:5). Los que creen en una perspectiva dispensacional de la Escritura, a menudo procuran interpretar cada uno de los términos de manera distinta, de modo que el "día de Cristo" es un día de bendición que equivale al arrebatamiento, mientras que el "día de Dios" es un término inclusivo que comprende todos los eventos del fin de los tiempos (2 Ped. 3:12). Ver *Dispensación.* Para esta forma de pensar, el día del

Señor incluye la gran tribulación, el posterior juicio a las naciones, y el tiempo de bendición mundial durante el gobierno del Mesías. Quienes no optan por un punto de vista dispensacional interpretan que las varias expresiones en el NT se refieren a un único gran acontecimiento: el fin de los tiempos cuando Cristo regresa para el juicio final y establece su reino eterno. En ambas interpretaciones, el día del Señor indica la promesa de que la eterna soberanía de Dios sobre toda la creación y todas las naciones, un día resultará clara para todos.

DÍA DE LA EXPIACIÓN Décimo día del séptimo mes del calendario judío (sept.-oct.) durante el cual el sumo sacerdote entraba al santuario del templo para hacer sacrificios reconciliatorios por los pecados de toda la nación (Lev. 16:16-28). El sumo sacerdote y los demás sacerdotes tenían prohibido, bajo castigo de muerte, entrar a este lugar santísimo en cualquier otro momento (Lev. 16:2). Ningún otro sacerdote podía realizar sus tareas en el templo durante el rito del día de la expiación (Lev. 16:17). La sangre del macho cabrío que se usaba como ofrenda por el pecado, se esparcía, así como también la sangre del becerro a fin de hacer expiación en el santuario (16:15). La sangre del macho cabrío mezclada con la del becerro se aplicaba a los cuernos del altar para hacer expiación en dicho altar (16:18). El sumo sacerdote confesaba los pecados de todo el pueblo sobre la cabeza del macho cabrío vivo, que entonces se llevaba al desierto para liberarlo allí (16:21-22). El cuerpo del becerro y del macho cabrío que se habían usado en los rituales de ese día, se quemaban fuera del campamento (16:27-28). El día de la expiación era un día solemne, y durante él se realizaba el único ayuno impuesto por la ley de Moisés. Se prohibía además todo tipo de trabajo (16:29; 23:27-28).

En Hebreos se elaboran imágenes del día de la expiación para hacer énfasis en la superioridad del sacerdocio de Cristo (8:6; 9:7,11-26; comp. 13:11-12). De acuerdo a una interpretación, Pablo aludió al ritual de este día al hablar de Cristo como una ofrenda por el pecado (2 Cor. 5:21). Ver *Expiación*.

DÍA DE PREPARACIÓN   Sexto día de la semana (6 de la tarde del jueves hasta el comienzo del Sábado o Shabat, a las 6 de la tarde del viernes) en el que los judíos preparaban las necesidades cotidianas para evitar trabajar en el Sábado (comp. Ex. 20:8-11; Mat. 12:1-14; Juan 9:14-16). Esto incluía la preparación de comida, completar un trabajo, y la purificación espiritual.

La fiesta de la Pascua era seguida inmediatamente por la santa convocación de la fiesta de los panes sin levadura (Lev. 23:1-7). Nadie trabajaba en estos días santos, de modo que se apartaba un día de preparación a fin de disponer todo para este feriado (Juan 19:14). Juan explícitamente identifica el día de preparación como el día de la ejecución de Jesús (Juan 19:14,31,42) y coloca la última cena antes de la Pascua (Juan 13:1). Sin embargo, los Evangelios Sinópticos fechan la última cena en el día de la Pascua (Mat. 26:17; Mar. 14:12; Luc. 22:7). Esta contradicción aparente en el fechado puede depender de si los escritores de los Evangelios se están refiriendo al día de preparación para el Sábado o al día de preparación para la Pascua.

DÍA DE REPOSO   Ver *Sábado, Sabat*.

DÍA DE REPOSO, CAMINO DE UN   En días de Jesús, distancia que un judío consideraba ritualmente legal ca-

minar en el séptimo día; distancia del monte de los Olivos a Jerusalén (Hech. 1:12). Mientras estuvo en el desierto, se le dijo a Israel que no dejara su hogar el Sábado (Ex. 16:29). Los rabinos, con el tiempo, interpretaron que estos mandamientos limitaban un viaje en Sábado a 2000 codos, es decir, unos 1000 a 1200 m (3000 a 3600 pies). Esa era la distancia máxima que un judío debía estar de su centro de adoración en Sábado. Cualquiera que quería "torcer" la regla, un poco antes del Sábado podía llevar su almuerzo a un lugar que estuviera a unos 800 m (media milla) de su hogar. Luego, al comer el almuerzo el Sábado, podía reclamar ese lugar con un hogar "legal", y andar otra distancia que fuera camino de un día de reposo. Ver *Sábado, Sabat, Día de reposo*.

DÍA DEL SEÑOR   Nombre que se le da al domingo, el primer día de la semana (Apoc. 1:10). Como los cristianos primitivos celebraban la Cena del Señor el primer día de la semana, empezó a conocerse como "día del Señor", el día de adoración eminentemente cristiano. Ver 1 Cor. 16:1-2; Hech. 20:7-12. La tarde o la noche del primer día podía hacer alusión a la tarde del sábado (según el método griego) o a la tarde de domingo (según el método romano). Sin embargo, como el incidente de Hechos tenía que ver con gentiles en tierra gentil, es probable que haya sido una alusión a la tarde y noche del domingo.

Como la primera experiencia colectiva de los discípulos con el Señor resucitado tuvo lugar la tarde o la noche del domingo de Pascua (Luc. 24:36-49; Juan 20:19-23), uno naturalmente podría esperar que los discípulos se reunieran en domingos siguientes a la misma hora a fin de recordar al Señor en la celebración de la Cena. Tal vez este patrón esté reflejado en el culto en Troas en Hechos 20.

Ver *Cena del Señor; Sábado, Sabat, Día de reposo; Adoración.*

DIABLO, SATANÁS, DEMONIO, DEMONÍACO Poder espiritual personal que lidera las fuerzas de la maldad y la oposición a Dios. *Satanás*, un sustantivo común hebreo que significa "el acusador" o "el adversario", puede hacer referencia a adversarios humanos (1 Sam. 29:4; 2 Sam. 19:22; 1 Rey. 11:14,23), a un ángel o mensajero de Dios (Núm. 22:22) o a un acusador humano durante un juicio (Sal. 109:6, BLA, a pesar de la traducción tradicional en RV, Satanás). El término hebreo *hasatan* con el artículo definido "el" aparece como una figura de maldad en Job 1:12 y Zac. 3:1-2, y aparentemente es el título de uno de los seres que participa del concilio celestial, y no tanto un nombre propio. Aquí "el satanás" o "el acusador" aparece como un agente y ministro de Dios que procura presentar acusaciones contra individuos ante Dios y la corte celestial. Le hace una apuesta a Dios usando a Job como premio. Sin embargo, actuó con el expreso permiso de Dios y se mantuvo dentro de los límites divinos (Job 1:6,12; 2:6). No tuvo éxito cuando acusó ante Dios al sacerdote Josué (Zac. 3:1-2). En 1 Crón. 21:1 Satanás aparece sin el artículo definido y por lo tanto es un nombre propio. Él incitó a David para que hiciera un censo de Israel. En el pasaje paralelo, Dios en su ira le dijo a David que haga un censo de Israel (2 Sam. 24:1).

En Gén. 3:1 la sutil serpiente persuadió a Eva para que consiguiera que Adán se uniera a ella en desobediencia a Dios. Ver Gén. 3:14. Apocalipsis 12:9 revela que la serpiente es Satanás (Apoc. 20:2).

Jueces 9:23 dice que Dios envió "un mal espíritu entre Abimelec y los hombres de Siquem". El "Espíritu de Jehová se apartó de Saúl, y le ator-

mentaba un espíritu malo de parte de Jehová" (1 Sam. 16:23). Este espíritu malo venía sobre Saúl y se apartaba de él (1 Sam. 16:23; comp. 18:10; 19:9). En 1 Reyes 22:21 se habla de un "espíritu de mentira" que fue del concilio celestial a falsos profetas. Dicha forma de expresión afirma que Dios es el único Dios y da testimonio del divino gobierno soberano sobre todas las actividades en la tierra. Además da a entender que hay un poder personal que se opone a Dios, aunque no describe el origen ni la naturaleza de este poder. Evidentemente en su estado original Satanás era perfecto. La causa de su caída parece haber sido el orgullo.

Los escritores del NT declaran que en Satanás está el origen de la maldad. Esto reconoce la realidad de la maldad fuera y hasta más allá de la voluntad humana, y aun así en última instancia, siempre subordinada a Dios. Satanás mora en el infierno, que en forma expresa fue preparado —aparentemente por Dios— para Satanás y sus ángeles (Mat. 25:41). Satanás tiene el mando sobre los demonios, lo cual indica una estructura de poder político (Mar. 3:22). Satanás tiene mensajeros que afligen a los siervos de Dios (2 Cor. 12:7). El diablo incluso osó pedirle al Hijo de Dios que lo adorara (Mat. 4:9). Jesús pudo llamar a Satanás "el príncipe de este mundo" pero sólo al hablar del juicio y la derrota de Satanás (Juan 12:31; 16:11) ya que éste no tiene poder sobre Jesús (Juan 14:30). Es así que el diablo gobierna en la tierra sólo cuando la gente se lo permite. Comp. Ef. 2:2; 1 Juan 5:19. Las personas pueden escapar de su poder pidiéndole a Dios en oración que los libre del mal (Mat. 6:13; comp. Juan 17:15). En ese caso, Satanás sólo es el "príncipe de los demonios" (Mat. 9:34). Como tal, él y sus compañeros demoníacos tienen poder para causar enfermedades humanas (Mat. 17:5-18; Luc. 13:16). Ver *Posesión demoníaca*. Él pudo tomar posesión de Judas, y llevarlo a traicionar a Jesús (Luc. 22:3). Los que no creen en Jesús ni le siguen, son hijos de Satanás, no de Dios (Juan 8:44; Hech. 13:10). Satanás ha sido un asesino desde el principio y es padre de mentiras (Juan 8:44). Comp. Hech. 5:3. Hasta una persona que siguió a Jesús muy de cerca y reconoció que era el Mesías, fue llamado "Satanás" por tratar de evitar que Jesús cumpliera su papel de Siervo sufriente (Mar. 8:33). Satanás constantemente trata de quitar la Palabra de Dios del corazón de quienes la oyen (Mat. 13:19). La iglesia puede recibir el mandamiento de entregar un miembro inmoral a Satanás a fin de que haya disciplina que dé como resultado la salvación final (1 Cor. 5:5; comp. 1 Tim. 1:20). Satanás constantemente procura tentar y engañar a los creyentes (1 Cor. 7:5; 2 Cor. 2:11; 1 Tim. 3:6-7; 5:15; 2 Tim. 2:26), y a menudo afirma ser lo que no es (2 Cor. 11:14). Hace todo lo posible para obstaculizar el ministerio cristiano (2 Cor. 12:7; 1 Tes. 2:18). Por otra parte, los creyentes reciben la advertencia de no dar a Satanás oportunidad de que los tiente (Ef. 4:27; ver 6:11). Las personas pueden volverse de Satanás para hallar perdón y salvación (Hech. 26:18). El constante uso de violencia y engaño por parte de Satanás hace necesario que los creyentes muestren su valentía y vigilancia extrema (Sant. 4:7; 1 Ped. 5:8-9). La Biblia evita hablar del origen absoluto de Satanás, pero habla de "ángeles que pecaron" (2 Ped. 2:4; comp. Jud. 6).

Jesús vino al mundo "para deshacer las obras del diablo" (1 Juan 3:8). La cruz fue una victoria decisiva sobre Satanás y su ejército (Col. 2:15; ver Luc. 10:18-19; Heb. 2:14; Apoc. 12:91-2). Esta victoria aseguró que innumerable cantidad de personas fueran libradas del dominio de las tinieblas y trasladadas al reino de Cristo (Col. 1:13).

Satanás y las fuerzas demoníacas no pueden dominarnos ni tener control sobre nosotros a menos que lo permitamos. Los creyentes no habrán de ser tentados más allá del poder que tienen para resistir (1 Cor. 10:13). El creyente cuenta con la armadura de Dios —el evangelio bíblico, la integridad, la paz por medio de Cristo, la fe en Cristo, la oración— como una protección espiritual (Ef. 6:11-18).

DIÁCONO, DIACONISA Funcionario de la iglesia; siervo o ministro que sirve a las mesas (Fil. 1:1; 1 Tim. 3:8,12; comp. Rom. 16:1). En el NT, el sustantivo griego se usa para hacer referencia a ministros del evangelio (Col. 1:23), ministros de Cristo (1 Tim. 4:6), siervos de Dios (2 Cor. 6:4), los que siguen a Jesús (Juan 12:26), y también tiene algunos otros usos. No hay referencia bíblica que describa explícitamente los deberes de los diáconos ni que se refiera al origen de este cargo. La mayoría de los intérpretes cree que los diáconos desde el comienzo fueron ayudantes de los líderes de la iglesia. Ese fue claramente el rol después del 100 d.C. Los diáconos de la iglesia primitiva asistían en las necesidades de los pobres, en el bautismo y la Cena del Señor, y realizaban otras tareas ministeriales prácticas.

En 1 Tim. 3:8-13 se bosquejan los requisitos para los diáconos, semejantes a los de los obispos. Los dones relacionados con enseñanza, un requisito para los obispos, no se mencionan en las condiciones para diáconos. La distribución de los elementos en la Cena del Señor y servir la comida *ágape* en la iglesia primitiva probablemente fueran importantes funciones de los diáconos.

Muchos intérpretes creen que Hechos 6 describe la selección de los primeros diáconos, aunque el término griego *diakonos* no se usa en el pasaje, y la palabra griega *diakonía* ("servicio" o "ministerio") sólo se utiliza en relación con el trabajo de los doce. Los siete diáconos fueron separados para su tarea en una ceremonia en que los apóstoles "les impusieron las manos" (Hech. 6:6). Esta ceremonia puede reflejar el origen de la posterior práctica de ordenación; pero aparte de lo que hallamos en este versículo, el NT no menciona la ordenación de diáconos.

La lista de requisitos en 1 Tim. 3:11 requiere que las "mujeres asimismo" tengan un carácter similar al de los hombres. Aunque esta observación tal vez se refiera a las esposas de los diáconos, probablemente deba interpretarse como una aclaración para las diaconisas. Romanos 16:1 declara que Febe era *diakonos* de la iglesia en Cencrea. En los escritos cristianos de los primeros siglos se mencionan diaconisas con frecuencia. Estas se preocupaban por los creyentes necesitados, visitaban a los enfermos y tenían la responsabilidad de ayudar en el bautismo de mujeres convertidas.

DIANA Ver *Artemisa.*

DIÁSPORA   Dispersión de judíos desde Palestina a otras partes de mundo, a través de varios siglos; los judíos que fueron esparcidos de esta manera; también se conoce con el nombre de la "dispersión". Hubo dos eventos importantes que contribuyeron en gran manera a la diáspora: en el 722 a.C. los asirios capturaron al reino del norte (Israel) e hicieron que gran cantidad de israelitas se establecieran en Asiria (2 Rey. 17:6); por otra parte

tuvo lugar el exilio babilónico del reino del sur (Judá) en el 586 a.C. (2 Rey. 25:8-12). Muchos de estos exiliados permanecieron en Babilonia de manera permanente. Más adelante, guerras con los griegos y los romanos en Palestina contribuyeron a que el pueblo judío se esparciera aún más.

Severas condiciones económicas en Palestina, producto de la guerra y de elevados impuestos extranjeros, fomentaron la diáspora aún más. Para la época del NT fuera de Palestina vivían tantos judíos como en Palestina. La diáspora ayudó a preparar el camino para que se esparciera el evangelio.

DIBLAT *("torta de higos")* Frontera norte de Israel (Ezeq. 6:14). A veces Ribla, de acuerdo a razones críticas del texto. Ver *Ribla.*

DIBÓN *("languidez"* o *"cerco de tubos").* (1) Ciudad capital de Moab capturada por Moisés (Núm. 21:21-1) y controlada por Gad (32:3,34; 33:45-46; Jos. 13:9,17). Ver Isa. 15:2; comp. Jer. 48:18-22. Dibón estaba ubicada en las montañas del norte frente al valle de la moderna Dhiban, 65 km (40 millas) al sur de Amman, Jordania, y 5 km (3 millas) al norte del río Arnón. Nabucodonosor destruyó la ciudad en el 582 a.C. Los nabateos construyeron un templo en ese lugar durante la infancia de Jesús. Aparentemente fue abandonada alrededor del 100 d.C. (2) En la época de Nehemías (aprox. 445 a.C.) había judíos viviendo en una Dibón en Judá. Esta tal vez sea Dimona.

DIETA Para la mayoría de las personas en el mundo de la antigüedad, morir de hambre era una amenaza constante y real. Por esta razón, cuando los escritores bíblicos querían describir a alguien que gozaba de bendiciones, a menudo decían que esa persona comía alimentos nutritivos, suculentos y dulces, o que comía en abundancia (por ej. 2 Sam. 6:19; Neh. 8:10; 9:25; Prov. 24:13; Cant. 5:1; Isa. 7:22; 25:6; Ezeq. 16:13; Joel 2:26). Había que evitar perder peso.

Entre los seres humanos Dios creó una gran variedad de formas y tamaños. Dios también creó una gran variedad de alimentos para la nutrición y el placer de la gente (Gén. 1:29; 9:3). Pero la enseñanza bíblica deja implícito que no todos los alimentos son igualmente beneficiosos para el consumo humano, y que para algunas personas el deseo de ciertas comidas puede conducir a cierta clase de esclavitud (1 Cor. 6:12).

El libro de Proverbios advierte que comer y beber en exceso es indicativo de una persona necia (Prov. 23:20-21; comp. Ecl. 5:18; 9:7; 1 Cor. 15:32), e insta a refrenar el cuerpo (Prov. 23:2; 25:16). El autor de Eclesiastés indica que es bienaventurado quien come "a su hora, para reponer su fuerzas y no para beber" (Ecl. 10:17). Daniel y sus amigos rechazaron las suculentas comidas de Babilonia y optaron por legumbres y agua (Dan. 1:5-16), y como resultado tuvieron más salud.

La enseñanza del NT sostiene que el cuerpo de una persona es templo de Espíritu Santo (1 Cor. 6:19) y que por lo tanto debe estar en sujeción (1 Cor. 9:27) y debemos cuidarlo de manera que honre a Dios (1 Cor. 6:20). De modo que comer en exceso es contrario a la disciplina cristiana (Fil. 3:19).

DIEZ MANDAMIENTOS Ver *Ley, Diez Mandamientos, Torá.*

DIEZMO Décima parte, especialmente ofrecida a Dios (Gén. 14:18-20; 28:22). Números 18:20-32 provee para el sostén de los levitas y los sacerdotes a través del diezmo. El diezmo del producto agrícola debía ser usado para una fiesta familiar en el santuario, celebrando la provisión de Dios (Deut. 14:22-27). El diezmo del tercer año era para el cuidado de los levitas, los huérfanos, las viudas y los extranjeros (Deut. 14:28-29). Los rabinos del período del NT interpretaron que las leyes se referían a tres diezmos separados: un diezmo levítico, un diezmo que se usaba celebrando en Jerusalén, y un diezmo de caridad. Malaquías 3:8 equipara la negación del diezmo con robo a Dios. Jesús advirtió que el diezmo estricto debe acompañar a la preocupación por demandas más importantes de la ley —una vida justa y misericordiosa (Mat. 23:23; Luc. 11:42). Ver *Mayordomía.*

DILUVIO Aguacero milagroso que usó Dios para disciplinar al mundo luego que entrara la maldad a través del pecado humano. Dios se indignó moralmente ante la perversidad de los seres humanos. Su voluntad llena de gracia divina fue salvar a los que estaban en el arca.

Dios decidió destruir a todos los seres vivientes (Gén. 6:13) con la excepción de Noé, que era justo, y su familia (6:9,18). Dios le dio instrucciones a Noé para que construyera un arca y pusiera allí a su familia, junto con siete parejas de cada especie de animal limpio y dos parejas de cada especie de animales, aves y reptiles inmundos, todo ello con provisiones para la duración del diluvio (6:18-21; 7:1-3). Una lluvia durante 40 días y 40 noches cubrió la tierra y destruyó todo ser viviente (7:21-23). Luego de un año y 10 días, Noé salió del arca, construyó un altar e hizo sacrificios a Dios (8:14-20). Dios bendijo a Noé e hizo un pacto prometiendo que nunca más destruiría la tierra con un diluvio (8:21; 9:11). El arco iris fue la señal visible de ese pacto (9:12-17).

El diluvio demuestra el odio de Dios por el pecado, su paciencia al tratar con el pecado, su gracia al perdonar a una familia, y su soberanía sobre la naturaleza y la humanidad.

DINA (*"justicia"* o *"formado artísticamente"*) Hija de Jacob y Lea (Gén. 30:21); violada sexualmente por un hombre llamado Siquem, que luego quiso casarse con ella (Gén. 34). Sus hermanos Simeón y Leví se vengaron matando a los residentes varones de la ciudad de Siquem. Ver *Jacob; Lea; Siquem.*

DINERO Ver *Monedas.*

DIONISIO Aristócrata ateniense convertido al cristianismo por medio de la predicación de Pablo (Hech. 17:34); miembro del Areópago. Ver *Areópago.*

DIOS Creador digno de la adoración humana en vista de su santa naturaleza y perfecto amor revelados al crear el universo, escoger y redimir a su pueblo, y proveer de salvación eterna a través de su Hijo Jesucristo.

Dios es único y singular en cuanto a su naturaleza. No hay persona, objeto ni idea que se pueda comparar con Dios. La realidad de Dios es siempre mucho más grande de lo que la mente humana puede entender o expresar. Todo lo que se diga sobre Dios debe basarse en la revelación que hizo de sí mismo.

La Biblia y la historia comienzan hablando de Dios (Gén. 1:1; Apoc. 22:13). Como es espíritu, Dios tiene la perfecta capacidad de estar presente por todo el mundo al mismo tiempo. Moisés tuvo la experiencia de esa presencia en una montaña en el desierto (Ex. 3); Isaías, en el templo de Jerusalén (Isa. 6), y Pablo, en una ruta internacional (Hech. 9). Con mucha frecuencia la Biblia dice que Dios está presente en las relaciones con los seres humanos. Él llamó a Israel para que fuera su pueblo (Ex. 19:3-6). Se apareció a Elías en un "silbo suave y apacible" (1 Rey. 19:12). Por sobre todo, Dios vino a este mundo encarnado en su Hijo Jesús.

La presencia personal de Dios en Jesucristo es la fuente central y normativa de conocimiento sobre Dios. A Cristo hoy se lo conoce por el testimonio de las Escrituras inspiradas y por el testimonio personal del Espíritu Santo. Y aun así la revelación de Dios en Jesucristo sigue siendo algo misterioso (Rom. 16:25-26; Ef. 3:1-10; Col. 1:24-27; 4:2-4). La fe cree que lo que permanece escondido como misterio es congruente con lo que ya ha sido revelado en Cristo.

Tal vez lo que más se acerca a una definición de Dios es decir que es el Ser santo que es Amor en forma de siervo. Ver Sal. 99:9; 1 Juan 4:8,16. La norma para una definición está en Jesús, que dijo: "yo estoy entre vosotros como el que sirve" (Luc. 22:27; 2 Cor. 4:5).

Dios es el único Dios. Dios es el Dios viviente. Esto lo diferencia y lo separa de otros dioses e ídolos, que son meras formas que los seres humanos han creado a imagen de cosas creadas por Dios mismo (Isa. 41:22-24; 44:9-20; 46:1-2,6-7; Jer. 10:10; comp. 1 Tes. 1:9). Los cristianos se unen a Pedro al confesar: "Tú eres el Cristo, el Hijo del Dios viviente" (Mat. 16:16).

El Dios viviente es también amo y Señor. Dios rige soberano sobre toda la tierra, y es Creador y Juez de todas las personas. Él es "Señor de señores" (Deut. 10:17). Jesús crucificado es Señor y Cristo (Hech. 2:36). Jesús recibe los mismos títulos que el Padre, lo cual nos lleva a la doctrina de la Trinidad.

1. Dios es santo. Esta es la cualidad singular de Dios que lo separa y distingue de todo lo demás. La santidad le pertenece sólo a Dios, y lo coloca por sobre nosotros en lo que respecta a majestad, poder, autoridad, justicia, pureza moral y amor. De personas y objetos se puede decir que son santos, pero sólo en virtud de tener una relación con Dios (Lev. 11:44; 19:2; Isa. 5:16; 6:3; 1 Ped. 1:15-16).

2. *Dios es eterno.* No tiene principio ni fin. Dios ha existido siempre y existirá siempre.

3. *Dios es espíritu.* Él no es algo material ni físico como nosotros. Como espíritu, no tiene las limitaciones de lo material. Como es espíritu, puede estar con su pueblo en todas partes simultáneamente. Como espíritu, Dios eligió humillarse y tomar la forma de carne humana (Fil. 2:6-11).

4. *Dios es amor.* (Ver 1 Juan 4:8,16.) El amor de Dios siempre es justo, y su justicia siempre está marcada por amor. El amor es la principal motivación de la revelación (Juan 3:16). El amor de Dios se expresa en forma de misericordia que perdona a los pecadores, que rescata o bendice a los que no merecen esto de Él.

5. *Dios es Padre.* El amor de Dios halla su expresión suprema como Padre. Dios es Padre en tres maneras que no se deben confundir: (a) Él es el Padre de Jesucristo en un sentido singular, por la encarnación (Mat. 11:25-27; Mar. 14:36; Rom. 8:15; Gál. 4:6; 2 Ped. 1:17); (b) Él es Padre de los creyentes, por adopción o redención (Mat. 5:43-48; Luc. 11:2,13; Gál. 3:26); (c) Él es Padre de todas las personas pues es el Creador (Sal. 68:5; Isa. 64:8; Mal. 2:10; Mat. 5:45; 1 Ped. 1:17).

6. *Dios es un ser personal.* No es una fuerza impersonal como la gravedad, que ejerce influencia de modo mecánico y automático. Él tiene características personales, como nosotros. Él se relaciona con las personas y tiene propósito y voluntad. Él es un Dios celoso e insiste en que los demás le ofrezcamos lealtad exclusiva (Ex. 34:14; Nah. 1:2; 1 Cor. 10:22).

La *gloria* de Dios habla del peso o influencia que tiene en el universo, y de la abrumadora brillantez cuando se aparece a las personas (Ex. 16:7-10; Isa. 6:3; Ef. 1:12-17; Heb. 1:3). Es su presencia en todo su poder soberano, su justicia y su amor. Vemos la gloria de Dios cuando nos conmovemos profundamente al sentir su presencia y su poder.

La *sabiduría* de Dios es su perfecta conciencia de lo que está sucediendo en toda su creación en cualquier momento determinado. Esto incluye su conocimiento de lo que acontecerá a su creación y de cómo obrará del comienzo al final de la historia humana (Job 11:4-12; 28:1-28; Sal. 139; Rom. 11). También incluye su capacidad de saber lo que es mejor para todas y cada una de sus criaturas.

El *poder* de Dios es su capacidad para lograr sus propósitos y llevar a cabo su voluntad en el mundo. Él siempre puede hacer lo que se necesita hacer (Job 36:22-33; Isa. 40:10-31; Dan. 3:1-30; Mat. 19:16-26; 1 Cor. 1:18-25).

La *justicia* de Dios se expresa de muchas maneras (Ex. 2:23-25; Jos. 23:1-16; Sal. 71:14-21; Isa. 51:5-8; Hech. 10:34-35; Rom. 3:5-26). Él es el estándar definitivo de lo bueno y lo malo. Él es fiel, constante e inmutable en su carácter. Él obra lo bueno. Él obra para extender rectitud y justicia por todo el mundo. Defiende a los desamparados, los desvalidos, los engañados y los oprimidos. Se opone a la maldad a través de expresiones de su ira, enojo, juicio, castigo y espíritu celoso. A quienes hacen mal los juzga en el presente y por la eternidad.

La *gracia* de Dios se hace evidente a medida que Dios obra en amor como Redentor para salvar a criaturas humanas pecadoras y rebeldes, y para renovar su creación caída. Él hace posible la salvación. Él redimió a Israel en el éxodo de Egipto (Ex. 1-15); a través de los profetas Él prometió un Mesías que salvaría a su pueblo, y en Jesucristo proveyó esa salvación (Juan 3:16). La redención en Cristo completa la obra de la creación, pues lleva a cabo los propósitos de Dios y hace posible la salvación completa.

7. *Dios obra en la historia.* El Dios soberano pone en ejercicio su señorío sobre el mundo al continuar obrando en el mundo y a través de su pueblo. Dios le permite a la gente la libertad de ser quienes son y de tomar decisiones propias, pero obra en esas decisiones para lograr sus propósitos eternos. A esto se lo llama la *providencia* de Dios. Él no ha predeterminado todos los eventos de la historia humana, sino que continúa obrando en dicha historia en modos que no necesariamente vemos ni entendemos. Un día Dios habrá de cumplir sus propósitos, hará que la historia concluya y dará paso a la eternidad.

8. *Dios es tri-uno.* Dios se ha revelado como Padre y Creador, como Hijo y Salvador, y como Espíritu Santo y Consolador. Esto ha llevado a la iglesia a formular la singular doctrina cristiana de la Trinidad. Hay pasajes del NT que afirman la obra y persona de cada ser de la Trinidad a fin de mostrar que cada una de esas personas es Dios; pero la Biblia declara y afirma que Dios es uno, no tres (Mat. 28:19; Juan 16:5-11; Rom. 1:1-4; 1 Cor. 12:4-6; 2 Cor. 13:14; Ef. 4:4-6). La doctrina de la Trinidad es un intento humano de explicar esta evidencia y revelación bíblica en armonía con el antiguo mensaje cristiano de que "Dios estaba en Cristo reconciliando consigo al mundo" (2 Cor. 5:19). Esta doctrina expresa la diversidad de Dios Padre, Dios Hijo y Dios Espíritu Santo en medio de la *unidad* del ser de Dios. Ver *Cristo; Espíritu Santo; Trinidad.*

DIOSES PAGANOS Objetos de falsa adoración en la Biblia que no tenían existencia ni poder independiente, ya que un solo Dios creó y rige el universo. Muchos dioses paganos comenzaron siendo como dioses de ciertos lugares, por ejemplo ciudades o regiones. Dichos dioses o bien una combinación de dioses se convirtieron en símbolos nacionalistas a medida que sus ciudades o regiones luchaban por alcanzar predominio político. Es así que frecuentemente los nombres de reyes del Cercano Oriente contenían el nombre de un dios de la nación. Como resultado de la conexión entre dioses y ciertos lugares se creía que el poder del dios se limitaba a cierta región. De modo que funcionarios del rey sirio aconsejaron que una batalla con Israel se librara en la llanura, indicando que "sus dioses son dioses de los montes" (1 Rey. 20:23). Teniendo como telón de fondo esta creencia tan común, a Israel le resultaba difícil de entender el concepto de que Dios era el Señor sobre todos los aspectos de la creación. Ver *Egipto; Canaán; Asiria; Babilonia.*

Se creía que los dioses estaban presentes en la imagen que se hacía de ellos, y que vivían en sus templos así como el rey vivía en su palacio. Las imágenes de madera recubiertas en oro tenían forma humana, estaban vestidas con una variedad de prendas rituales, y se les daba de comer. A veces las imágenes se llevaban en procesiones ceremoniales o para que "visiten" a otra imagen en otro santuario.

Los arameos de Damasco (Siria) adoraban al dios de las tormentas

Adad, un dios genérico semita a quien con frecuencia se hace alusión con el epíteto Rimón (2 Rey. 5:18; ver Zac. 12:11), que significa "trueno". El dios Dagón de los filisteos (Jue. 16:23) aparentemente era un dios semita del trigo, al que en textos ugaríticos se menciona como Dagán, el padre de Baal. Los filisteos adoraban a Dagón en templos en Asdod (1 Sam. 5:1-5) y Bet-seán (1 Crón. 10:10). El dios nacional de los amonitas era Moloc (1 Rey. 11:7). Ver *Moloc; Milcom.* El nombre Moloc puede haber sido usado como título ("el rey"; comp. Amós 1:15) para el dios amonita, de la misma manera que Baal era un título para el dios de la tormenta. La adoración a Moloc incluía sacrificio humano, especialmente de niños, a quienes se los pasaba por el fuego (Lev. 18:21; 20:2-5; 2 Rey. 23:10; Jer. 32:35). Jueces 11:24 menciona a Quemos como el dios amonita. De modo que Quemos, el dios nacional de los moabitas (Núm. 21:29; Jer. 48:46), tal vez sea el mismo dios que Moloc, aunque se los menciona separadamente como abominaciones que Salomón llevó a Jerusalén (1 Rey. 11:7). En la Piedra de Moab se menciona a Quemos de manera prominente. Mesa, rey de Moab, probablemente le ofreció su hijo a Quemos (2 Rey. 3:27). Ver *Quemos.* Al dios cananeo Horón evidentemente se lo adoraba en las dos ciudades de Bet-horón ("casa de Horón"). Resef (palabra hebrea que significa "llama" o "pestilencia", Hab. 3:5) era un dios de las plagas, equivalente al Nergal de Mesopotamia.

Los dioses paganos del mundo del NT eran las deidades del panteón greco-romano y ciertos dioses del oriente cuyos mitos dieron origen a las religiones de misterio. Las conquistas de Alejandro Magno de Macedonia dise-minaron la cultura griega por todo el Cercano Oriente.

En el NT se mencionan algunos dioses greco-romanos. Zeus encabezaba el panteón griego, y era el Júpiter latino, dios del cielo, originalmente dios del tiempo o las tormentas. A Zeus se lo iguala con el dios semita de las tormentas, Adad. Cuando Antíoco IV intentó forzar el helenismo sobre los judíos en el 167 a.C., transformó el templo judío en un templo a Zeus. Un inmenso altar a Zeus en Pérgamo es probablemente lo que la Biblia denomina el "trono de Satanás" (Apoc. 2:13). El mensajero de los dioses griegos era Hermes (el Mercurio latino). Cuando la gente de Listra dio por sentado que Bernabé y Pablo eran dioses (Hech. 14:8-18), a Pablo lo llamaron Mercurio porque era el vocero; y a Bernabé lo identificaron con Zeus o Júpiter. Los bueyes y guirnaldas que les presentaron eran ofrendas apropiadas para Zeus (Júpiter). Mercurio era también el dios de los comerciantes y los viajeros. Artemisa (Diana) era la diosa griega de la selva, del alumbramiento y, en consecuencia, de la fertilidad. La gran madre diosa de Asia Menor a quien se adoraba en Éfeso ha sido identificada con Artemisa, la Diana romana. Su templo en Éfeso fue una de las siete maravillas del mundo antiguo, y allí se hacían peregrinaciones. La obra de Pablo en Éfeso dio como resultado un tumulto incitado por los orfebres que vendían pequeños ídolos y "souvenirs" a los peregrinos religiosos (Hech. 19:23-41).

En el NT no se mencionan otros dioses greco-romanos, pero eran parte importante de la cultura helenística. Entre estos estaban Apolos, la encarnación de la belleza juvenil masculina y dios de la medicina, la ley y los pastores; Afrodita, diosa del amor sexual y la belleza, identificada con la diosa semita Ishtar/Astarte y con la Venus latina; Atenea (la Minerva latina) era la diosa virgen patrona de la ciudad de Atenas, conectada con las artes y los trabajos manuales, la fertilidad y la guerra; Hera (la Juno latina) era esposa de Zeus y diosa del matrimonio, las mujeres y la maternidad; Poseidón (el Neptuno latino) era dios del mar, de los terremotos y de los caballos; Ares (el Marte latino) era el dios de la guerra; Hefestos (el Vulcano latino) era dios del fuego y patrono de los herreros; Hades (el Plutón latino) era el dios griego de los infiernos y los muertos. Ver *Fertilidad, Culto a la; Misterio, Religiones de misterio.*

DIÓTREFES (*"alimentado por Zeus"*) Individuo criticado por su ambición egoísta que se evidenció cuando rechazó la autoridad del apóstol Juan (3 Juan 9). Ver *Juan, Epístolas de.*

DIRECCIONES (GEOGRÁFICAS) Modo en que las personas de los tiempos bíblicos se orientaban en "los cuatro confines de la tierra" (Isa 11:12) poniendo su rostro al este hacia el lugar donde nace el sol. Es así que el este está frente a uno (Gén. 29:1; Jue. 6:3,33) y el oeste, donde se pone el sol, detrás (Isa. 9:12). A la izquierda está el norte y a la derecha, el sur.

DISCERNIMIENTO DE ESPÍRITUS Un don del Espíritu (1 Cor. 12:10); aparentemente es una capacidad que da Dios para poder determinar si una palabra profética vino del Espíritu de Dios o de otra fuente que se opone a Dios.

DISCIPLINA Proceso por el cual Dios le enseñó obediencia a su pueblo (Deut. 11:2). Por medio del elogio y la corrección Dios guió a su pueblo, procurando que maduraran hasta el punto en que la obediencia fuera la regla en vez de la excepción a la regla. El

ambiente más antiguo para la disciplina es la familia (Deut. 6:20-25).

Repetidamente los profetas advirtieron a Israel sobre la disciplina punitiva de Dios, que halló su exponente máximo en el exilio del reino del norte en el 722 a.C. y del reino del sur en el 586 a.C. El propósito fue crear un remanente del nuevo pacto que fuera obediente.

La Gran Comisión pone en manos de la iglesia la responsabilidad de disciplinar a los discípulos. Los creyentes deben enseñarles "que guarden todas las cosas que os he mandado" (Mat. 28:20). "Guardar" es mucho más que mero conocimiento. Guardar es vivir en obediencia a los mandamientos de Jesús. Saber y hacer lo que quiere Jesús requiere un proceso, una disciplina. Por medio de la "disciplina de la iglesia" a través de la historia las congregaciones han procurado enseñar a sus miembros el camino del Señor.

Pablo exhortó a los efesios a criar a sus hijos "en disciplina y amonestación del Señor" (Ef. 6:4b), evitando la brutalidad física que practicaban sus vecinos paganos. La disciplina no debía provocar ira en los hijos (Ef. 6:4a). Dios disciplina a los fieles pues son sus hijos amados (Heb. 12:7-10).

DISCÍPULO AMADO En el Evangelio de Juan, término usado para designar al discípulo a quien Jesús amaba entrañablemente; se lo ha identificado con Lázaro, una fuente anónima o el autor del Evangelio, un discípulo idealizado, o la referencia que Juan hace de sí mismo sin usar su nombre. La tradición de la iglesia y la interpretación de evidencia bíblica parecen indicar que se trata de Juan.

DISCÍPULOS (*"aprendices"* o *"alumnos"*); **APÓSTOLES** (*"enviados por otro"*) Mensajero, enviado o embajador; testigo de por vida a quien Dios llama para testificar de los actos salvíficos de Dios, específicamente la muerte y resurrección de Jesús; seguidores de Jesucristo, en especial los doce que siguieron a Jesús durante su ministerio terrenal.

Apóstol es el título que les dio Jesús a sus amigos más íntimos, el círculo de los doce (Luc. 6:13). Él los apartó para que anuncien las buenas nuevas del reino (Mat. 10:1-23; Luc. 8:1; 9:1-6). Después de la primera Pascua, la iglesia primitiva amplió el significado del término hasta llegar a hacer referencia a un círculo más amplio de predicadores con autoridad y testigos de la resurrección (Hech. 14:4,14; Rom. 16:7; 1 Cor. 4:9; 15:5-9; 2 Cor. 11:13; Gál. 1:19; 2:7-9). El criterio empleado para reemplazar a Judas entre los doce (Hech. 1:12-22) incluyó ser testigo ocular no sólo del Jesús resucitado sino también del ministerio de Jesús desde su bautismo. Pablo y la iglesia primitiva aplicaron el término de manera un poco más amplia de modo que para ser *apóstol* no se requería haber sido testigo ocular del ministerio de Jesús. Jacobo, el hermano de Jesús (Mat. 13:55), por cierto no fue seguidor de su hermano durante el ministerio de Jesús (Mar. 3:21,31-35; Juan 7:3-5). Pero aun así él fue un "apóstol" y un líder de la iglesia en Jerusalén (Hech. 15:1-21; Gál. 1:18,19) luego de su encuentro con el Señor resucitado (1 Cor. 15:7). De igual manera, la visión y el llamado que tuvo Pablo por parte del Señor resucitado, le otorgó el título de "apóstol" (1 Cor. 9:1; 15:8-11; Gál. 1:11-2:10); aunque esta distinción aparentemente no fue admitida por todos (2 Cor. 3:1; 12:11-13). Podemos suponer que Bernabé (Hech. 14:4,14), Apolos (1 Cor. 4:6-13) y también Andrónico y Junias fueron asimismo testigos del Señor resucitado.

Por definición, el cargo de apóstol terminó al morir sus primeros representantes. El NT por cierto habla de una sucesión de testigos de la tradición apostólica (1 Tim. 6:20; 2 Tim. 1:14), de modo que el evangelio que predicaron —la teología apostólica— ha sido transmitido (el NT es el remanente inspirado y literario de esa teología).

Discípulo está relacionado con dos referencias del AT (1 Crón. 25:8; Isa. 8:16). En el mundo griego, "discípulo" por lo general hablaba de un adherente a un maestro en particular o a una escuela religiosa o filosófica. La tarea del discípulo era aprender, estudiar y transmitir los dichos y enseñanzas del maestro. En el judaísmo rabínico el término *discípulo* hacía referencia a alguien que estaba dedicado a las interpretaciones de la Escritura y a la tradición religiosa que le había transmitido el maestro o rabino. Con el tiempo, el discípulo transmitiría las tradiciones a otros.

En el NT "discípulo" por lo general se refiere a los discípulos de Jesús y también a los discípulos de los fariseos (Mat. 22:16; Mar. 2:18), Juan el Bautista (Mar. 2:18; Luc. 11:1; Juan 1:35) y Moisés (Juan 9:28). Los Evangelios a menudo hacen referencia a Jesús como maestro, "Rabí" (Mat. 26:25,49; Mar. 9:5; 10:51; 11:21; Juan 1:38,49; 3:2,26; 6:25; 20:16). Uno puede llegar a la conclusión de que Jesús usó técnicas de enseñanza rabínica tradicionales (pregunta y respuesta, debate, memorización) para dar enseñanza a sus discípulos. En muchos aspectos Jesús difería de los rabinos. Él llamaba a sus discípulos a que lo siguieran (Luc. 5:27), mientras que los discípulos de los rabinos podían elegir a sus maestros. Muchas veces Jesús requería que hubiera renuncia personal extrema (pérdida de familia, propiedad, etc.; Mat. 4:18-

22; 10:24-42; Luc. 5:27-28; 14:25-27; 18:28-30). Él pidió fidelidad de por vida (Luc. 9:57-62) como la manera esencial de hacer la voluntad de Dios (Mat. 12:49-50; Juan 7:16-18). Él enseñó más como portador de revelación divina que como un eslabón en la cadena de la tradición judía (Mat. 5:21-48; 7:28-29; Mar. 4:10-11).

Jesús reunió a un grupo especial de doce discípulos, claramente una representación simbólica de las doce tribus (Mat. 19:28). Él estaba restableciendo la identidad social judía sobre la base de ser discípulos de Jesús. Como referencia a los doce, "discípulo" llegó a ser un equivalente exacto de "apóstol" en los contextos donde esta última palabra también se restringía a los doce (Mat. 10:1-4; Mar. 3:16-19; Luc. 6:12-16; Hech. 1:13,26).

Mateo 10:2-4	Marcos 3:16-19	Lucas 6:13-16	Hechos 1:13-14
Simón Pedro	Simón Pedro	Simón Pedro	Pedro
Andrés	Jacobo, hijo de Zebedeo	Andrés	Jacobo
Jacobo, hijo de Zebedeo	Juan	Jacobo	Juan
Juan	Andrés	Juan	Andrés
Felipe	Felipe	Felipe	Felipe
Bartolomé	Bartolomé	Bartolomé	Tomás
Tomás	Mateo	Mateo	Bartolomé
Mateo el publicano	Tomás	Tomás	Mateo
Jacobo, hijo del Alfeo	Jacobo, hijo de Alfeo	Jacobo, hijo de Alfeo	Jacobo, hijo de Alfeo
(Lebeo) Tadeo	Tadeo	Simón el zelote	Simón el zelote
Simón el cananista	Simón el zelote	Judas, hermano de Jacobo (comp. Juan 14:22)	Judas, hermano de Jacobo
Judas Iscariote	Judas Iscariote	Judas Iscariote	(Judas Iscariote) Matías (v. 26)

Discípulo puede hacer alusión a otros aparte de los doce. El verbo "seguir" se convirtió en algo así como un término técnico usado por Jesús para llamar a sus discípulos, a quienes entonces se llamaba "seguidores" (Mar. 4:10). Estos "seguidores" incluían a un grupo más numeroso de personas entre las cuales Él eligió a los doce (Mar. 3:7-19; Luc. 6:13-17). Este grupo más grande de discípulos/seguidores incluía a hombres y mujeres (Luc. 8:1-3; 23:49) de todo tipo. Era indudable que Jesús era muy popular entre los parias sociales y los que eran despreciados por la religión, pero también lo seguían personas ricas y eruditos religiosos (Luc. 8:1-3; 19:1-10; Juan 3:1-3; 12:42; 19:38-39).

Los doce fueron enviados como representantes de Jesús, comisionados para predicar la venida del reino, echar fuera demonios y sanar enfermedades (Mat. 10:1,5-15; Mar. 6:7-13; Luc. 9:1-6). Dichas tareas no estaban limitadas a los doce (Luc. 10:1-24). Aparentemente al comienzo los discípulos de Jesús incluían a "una gran multitud" (Luc. 6:17). Dentro de esa "gran multitud" Él formó grupos más definidos. Entre estos grupos más pequeños había un grupo de "setenta" (Luc. 10:1,17), estaban los "doce" (Mat. 11:1; Mar. 6:7; Luc. 9:1) y quizás un grupo aún más íntimo y pequeño dentro de los doce: Pedro, Jacobo y Juan, cuyos llamamientos se indican de manera especial (Mat. 4:18-22; Juan 1:35-42). La tradición dice que Juan es el "otro discípulo", el discípulo "al cual Jesús amaba" del Evangelio de Juan (13:23; 1:26; 20:2; 21:20). Estos tres hombres fueron los únicos que acompañaron a Jesús en ciertas ocasiones importantes de sanidad y revelación (Mat. 17:1; Mar. 13:3; Luc. 8:51). El libro de Hechos frecuentemente usa la palabra "discípulo" para hablar en forma general de todos los que creen en el Señor resucitado (6:1-2,7; 9:1,10,19,26,38; 11:26,29). La comisión final que hace Cristo (Mat. 28:19-20) es hacer "discípulos", y de esta manera el término se aplica de modo amplio a todos los que ponen su fe en Jesús.

DISPENSACIÓN Administración, ministerio o mayordomía en que una persona tiene responsabilidad en la administración divina de la salvación (1 Cor. 9:17 BLA; Ef. 1:10; 3:2; Col. 1:25); en ciertas interpretaciones de la Escritura, período durante el cual las personas son probadas con respecto a su obediencia para con una revelación específica de la voluntad de Dios.

La palabra "dispensación" se hizo prominente en estudios bíblicos durante un movimiento escatológico en 1830 en Escocia, basado en las visiones de Margaret McDonald de la iglesia de los hermanos de Plymouth. Ella creía que el regreso de Cristo se daría en dos etapas: (1) los creyentes serían arrebatados para encontrarse con Cristo en el aire, y esto sucedería antes del tiempo del anticristo; (2) habría una revelación final de Cristo en el fin de los tiempos. Este regreso del Señor en dos etapas, desconocido antes de

1830, se convirtió en la plataforma de un movimiento llamado dispensacionalismo.

El pastor de Margaret McDonald, J.N. Darby (1800-1882), desarrolló más ampliamente este regreso de Cristo en dos etapas hasta convertirlo en una escatología o teología completa. Darby, el iniciador de "los hermanos de Plymouth" o "hermanos libres", creía que Dios había establecido siete períodos llamados "dispensaciones" a fin de hacer su obra entre los seres humanos. Según Darby, la séptima y última dispensación será el reino milenial de Cristo (Apoc. 20). En cada dispensación las personas son probadas en su obediencia a la voluntad de Dios y de acuerdo a una revelación específica de esa voluntad. C. I. Scofield popularizó el sistema dispensacional en su Biblia de estudio que produjo originalmente en 1909. Él describió las siete dispensaciones de esta manera:

1. Inocencia (Gén. 1:28); el huerto del Edén.

2. Conciencia (Gén. 3:23); despertar de la conciencia humana y expulsión del Edén.

3. Gobierno humano (Gén. 8:20); nuevo pacto realizado con Noé, algo que dio como resultado el gobierno humano.

4. Promesa (Gén. 12:1); nuevo pacto realizado con Abraham.

5. Ley (Ex. 19:8); aceptación de la ley judía.

6. Gracia (Juan 1:17); comienza con la muerte y la resurrección de Jesús.

7. Reino (Ef. 1:10); gobierno final de Cristo.

Basándose en esto, el movimiento de Darby tenía un programa escatológico de cinco pasos:

*1. Regreso de Cristo en dos etapas: arrebatamiento y *parousia*.

2. Siete años de tribulación sobre la tierra para aquellos que no fueron arrebatados; los últimos tres años y medio son la época del anticristo; 144.000 judíos aceptarán a Cristo y se convertirán en evangelistas.

3. Cristo regresará con la iglesia, concluirá la batalla de Armagedón, y reinará durante mil años.

4. Fe en un pacto incondicional con Israel; Dios ahora obra a través de Israel y de la iglesia. En el milenio, Israel será restaurada como nación.

5. Toda la profecía del AT se cumplirá de manera literal.

Los dispensacionalistas creen que en Apoc. 4 tiene lugar el arrebatamiento, y que el resto del libro (caps. 4-18) trata sobre los siete años de tribulación. Esto hace que el libro tenga poca importancia para los cristianos que no estarán en la tierra durante ese tiempo. Ver *Milenio; Apocalipsis, Libro de.*

DISPERSIÓN Ver *Diáspora.*

DIVERSIDAD La diversidad es una característica necesaria de la población humana y la animal (Gén. 10; Hech. 17:26-27). Dios en su incomparable grandeza creó una increíble cantidad de criaturas para que llenen la tierra (Gén. 1:11-12,20-22,24-35) y le respondan con alabanza (Sal. 148).

Aunque de entre las naciones Dios eligió a la familia de Abraham a fin de que fueran su especial tesoro, en el pueblo escogido siempre hubo un elemento de diversidad étnica (Ex. 12:38; comp. Luc. 4:25-27). A veces la respuesta de Israel resultó negativa para con la población variada del pueblo, como por ejemplo cuando Nehemías criticó a los judíos de Jerusalén por casarse con mujeres extranjeras (Neh. 13:23-30). El tema de la diversidad fue crítico durante la propagación inicial de la iglesia al mundo gentil (Hech. 10:1-48; 15:1-21), y la forma de resolver la cuestión fue la unidad en Cristo (Gál. 3:28). Juan vio que los que estaban en el cielo eran personas "de todas naciones y tribus y pueblos y lenguas" (Apoc. 7:9).

Dios da una variedad de dones espirituales a fin de equipar y capacitar a su pueblo para el servicio en un mundo de diversidad (1Cor. 12:4-31; Ef. 4:111-3).

DIVINIDAD DE CRISTO Ver *Cristo, Cristología; Encarnación; Jesús.*

DIVORCIO Terminación legal del matrimonio (Deut. 24:1-4). Es posible que antes de la ley de Moisés a la esposa se la pudiera sacar del hogar cuando lo deseara el marido. Desde ese momento fue preciso escribir una "carta de divorcio" y darla a la esposa como prueba de que el marido se estaba divorciando. Esto le daba a la mujer cierta dignidad y protección.

En tiempos del NT los rabinos tenían opiniones divididas en cuanto a la validez del motivo del divorcio. La frase "por haber hallado en ella alguna cosa indecente [reprochable, BLA]" (Deut. 24:1-4) dejaba lugar a más de una interpretación. Un grupo de rabinos insistía en que el divorcio sólo se podía otorgar si la esposa era inmoral. Otro grupo argüía que el marido podía divorciarse si por alguna razón ella le desagradaba. Entre los judíos sólo el marido tenía derecho a divorciarse. La esposa podía dejar al marido, pero no podía divorciarse de él. En el mundo romano la situación era distinta. Allí marido y mujer tenían iguales derechos en cuanto a divorcio.

Jesús se negó a tomar parte en la controversia rabínica sobre las posibles razones válidas para el divorcio (Mat. 19:3-9; Mar. 10:2-12). Jesús indicó que el permiso de Deut. 24:1 no había sido el designio original de Dios.

El divorcio se permitió sólo "por la dureza de vuestro corazón" (Mar. 10:5). Jesús entonces volvió al deseo original de Dios de Gén. 1:27; 2:24, monogamia permanente: un hombre y una mujer juntos de por vida.

Jesús mostró las consecuencias del divorcio en la vida de las personas (Mat. 5:31-32). Si un hombre se divorciaba de su esposa, hacía que ésta adulterara a menos que el fundamento del divorcio fuera la inmoralidad de la mujer. Esta declaración de Jesús se ha interpretado de varias maneras. Una idea es que Jesús aquí ofrecía una razón justificada para el divorcio. Si la esposa violaba sus votos matrimoniales, el marido tenía de derecho de divorciarse de ella. Otra sugerencia es que Jesús no estaba enunciando ninguna ley, sino que más bien estaba diciendo que el marido haría que su mujer adulterara a menos que ésta ya hubiera adulterado con sus propias acciones. En la Palestina de ese tiempo una mujer divorciada tenía muy pocas alternativas. Para sobrevivir ella podía volver a casarse o convertirse en prostituta. En ambos casos era culpable de adulterio. En contados casos la esposa divorciada podía volver a vivir con sus padres. Jesús indicó que la intención de Dios fue el matrimonio permanente.

El hombre cristiano no debe divorciarse de su esposa, y la mujer cristiana no debe separarse de su marido (1 Cor. 7:10-13). En casos de un cristiano con cónyuge inconverso, Pablo no tenía una enseñanza específica de Jesús, pero dio su propio consejo bajo la dirección del Espíritu de Dios (1 Cor. 7:40). El cristiano no debía tomar la iniciativa para divorciarse del inconverso. Si el inconverso estaba dispuesto a vivir en una relación matrimonial adecuada, el cristiano debía mantener esa relación.

La Escritura no da instrucciones específicas sobre lo que debe hacer la persona divorciada. Lo que más se acerca a una instrucción de este tipo es el consejo paulino de que la mujer que se separa de su marido debe permanecer sin casarse o bien debe reconciliarse con su marido (1 Cor. 7:11). Pablo dio este consejo en un contexto en que instaba a la soltería a todo aquel que no fuera casado.

DOCE, LOS Ver *Discípulos.*

DOCTRINA Cuerpo básico y coherente de enseñanza cristiana (2 Tim. 3:16) que se debe transmitir por medio de la instrucción y la proclamación. El meollo de la doctrina está en un examen sistemático de la relación que Dios tiene con nosotros en Cristo. Hay tres factores que guían al creyente en la formulación de doctrinas cristianas: la Escritura, la experiencia y el intelecto.

DODANIM Bisnieto de Noé e hijo de Javán en la tabla de las naciones (Gén. 10:4; ver 1 Crón. 1:7). Dodanim podía hacer referencia a cierta tierra de Danuna, aparentemente al norte de Tiro, de la que se tiene conocimiento por las cartas de Amarna. Este pueblo parece haber sido de la región griega y tal vez hayan hablado griego. Es posible que hayan sido los habitantes de Dodona, cerca de Epiro.

DOMINGO Ver *Día del Señor.*

DONES ESPIRITUALES Pericias y habilidades que Dios da a través de su Espíritu a todos los cristianos, y que equipan a los creyentes para servir a Dios en la comunidad cristiana.

En el AT el Espíritu del Señor fue dado a líderes selectos y no a todo el pueblo de Dios. El Espíritu traía con Él uno o más dones que equipaban al individuo para servir a Dios al servir a Israel: arte (Ex. 31:2-3); juicio (Jue. 3:9-10); pericias militares (Jue. 6:34); fuerza física (Jue. 14:6,19); habilidades políticas (1 Sam. 10:6) y dones proféticos (Miq. 3:8).

El concepto cristiano de los dones espirituales comienza con Jesús, el singular portador del Espíritu (Mar. 1:10). El Espíritu lo dirigió y lo llenó de poder para su ministerio (Luc. 4:14-18). Jesús prometió a sus discípulos que ellos también recibirían al Espíritu algún día, y que el Espíritu los guiaría (ver Mar. 13:11; Luc. 11:13). Estas promesas fueron cumplidas en el día de Pentecostés (Hech. 2:1-47). El Espíritu fue dado a todos los cristianos, no sólo a líderes selectos (2:3-4,17-18), y continuaría siendo dado a todos los que aceptaran el evangelio cristiano (v. 38; comp. Rom. 8:9). Cuando el Espíritu llega a la vida de una persona, trae consigo un don o dones que esa persona puede usar para servir a Dios (1 Ped. 4:10; 1 Cor. 12:4-7). A todos los cristianos se les dan dones. Pablo habla de los dones en términos de toda la iglesia, el cuerpo de Cristo, no en términos de individuos solamente. Esto no deja lugar para la arrogancia o la vergüenza en cuanto a nuestros dones.

Las listas bíblicas de dones no ofrecen una enumeración completa de los dones espirituales. La Biblia no hace distinción entre dones espirituales y habilidades naturales (ver Rom. 12:6-8). Su presuposición parece ser que cualquier pericia que un cristiano tenga, le ha sido dada por Dios y debe ser usada en el servicio de Dios. Lo que importa, entonces, es que los cristianos descubran cuáles son sus dones y luego los desarrollen.

El don que todos los cristianos deben tener es el "amor" (1 Cor. 12:31-13:1), el don espiritual por excelencia. Si tenemos todos los otros dones y carecemos de amor, no tenemos nada; si tenemos amor y nada más, tenemos todo. El amor cumple con toda la ley (Rom. 13:10; comp. Mat.

22:39-40), hace posible la comunión de la iglesia, y garantiza que los dones serán usados sin egoísmo. Ver *Espíritu Santo*.

DOR (*"morada"*) Ciudad cananea; la moderna khirbet el-Burj, 19 km (12 millas) al sur del monte Carmelo. Aparentemente los *tjeker*, uno de los pueblos del mar, destruyeron la ciudad poco después del 1300 a.C. Su rey se unió a la coalición del norte contra Josué (Jos. 11:2; 12:23), pero fue derrotado. *"Nafot Dor"* o altos de Dor, seguramente hace referencia al monte Carmelo ya que Dor está situada sobre el litoral marítimo. Dor se halla en el territorio que le fue asignado a Aser, pero la tribu de Manasés lo reclamó como suyo (Jos. 17:11). Los cananeos mantuvieron el control político (Jos. 17:12; Jue. 1:27). Dor sirvió como cuartel general de distrito durante el reinado de Salomón (1 Rey. 4:11).

DORCAS (*"gacela"*) Mujer cristiana de Jope famosa por sus obras de caridad (Hech. 9:36); también se la llamaba Tabita, un nombre arameo. Dios usó a Pedro para volverla a la vida.

DOTÁN Ciudad comercial en la región de Manasés al oeste del Jordán, 17,5 km (11 millas) al nordeste de Samaria, 8 km (5 millas) al sudoeste de Genín, 21 km (13 millas) al norte de Siquem; tenía el control de todo el tránsito entre las montañas y el valle de Jezreel; la moderna tell Dota; ver Gén. 37:17; 2 Rey. 6:13.

DOTE Obsequio matrimonial que aseguraba la seguridad financiera de la recién casada ante la posibilidad de que su esposo la abandonara o muriera. El futuro esposo o el padre de éste pagaban la dote al padre de la novia para que a su vez éste reservara dicha dote para ella. A menudo la novia recibía la dote directa o indirectamente por medio de su padre. La novia podía quejarse si su padre usaba la dote para otro propósito que no fuera el indicado (Gén. 31:15). Ver *Matrimonio; Familia.*

DOXOLOGÍA Breve fórmula para expresar alabanza o gloria a Dios; en sus palabras se le atribuye alabanza a Dios (por lo general en tercera persona) y se menciona su naturaleza infinita. Las doxologías actúan como conclusión de cánticos (Ex. 15:18), salmos (Sal. 146:10) y oraciones (Mat. 6:13), ocasiones en que posiblemente servían como respuestas grupales a una persona que cantaba o recitaba. Las doxologías concluyen cuatro de las cinco divisiones del salterio (Sal. 41:13; 72:19; 89:52; 106:48), mientras que el Salmo 150 actúa como una especie de doxología para toda la colección de salmos. Las doxologías también aparecen al final o cerca del final de varios libros del NT (Rom. 16:27; Fil. 4:20; 1 Tim. 6:16; 2 Tim. 4:18; Heb. 13:21; 1 Ped. 5:11; 2 Ped. 3:18; Jud. 25) y aparecen en Apocalipsis de manera prominente (1:6; 4:8; 5:13; 7:12).

DROGAS (NARCÓTICOS ILEGALES) Varios principios bíblicos se refieren a la calamidad que es consecuencia del uso de narcóticos ilegales.

El inequívoco consejo de la Biblia contra la borrachera (Prov. 20:1; 23:20-21,29-35; Isa. 28:1,7-8; Hab. 2:15-16; Gál. 5:16,21; Ef. 5:18) es una clara indicación de que los narcóticos ilegales, que afectan la mente y el cuerpo en mayor grado que el alcohol, deben ser evitados categóricamente. Así como el abuso del alcohol, la drogadicción también destruye la capacidad para vivir una vida moderada y prudente (Isa. 5:11-12).

La Biblia reconoce la apremiante realidad de la tentación de ceder ante la presión de otros, de abusarse a uno

mismo y desechar todo lo que nos rodea (Prov. 31:4-7; Isa. 56:12; 1 Cor. 10:13; 15:33). Pedro habla de la importancia de mantener una mente alerta ante las circunstancias difíciles (1 Ped. 1:13; 5:8; comp. 1 Tes. 5:6). Hasta en la cruz Jesús se negó a los efectos narcotizantes del vino (vinagre) mezclado con hiel (Mat. 27:34).

A los cristianos se les ordena honrar a Dios con sus cuerpos, que el apóstol Pablo apropiadamente llama templos del Espíritu Santo (1 Cor. 6:19-20). La Biblia enseña el valor del dominio propio (Prov. 25:28; Gál. 5:23), que es una de las maneras de resistir la tentación (1 Cor. 10:13). En realidad lo que rompe el ciclo de pecado y muerte es la obra de Cristo (Rom. 7:18-8:2).

DRUSILA Esposa de Félix, el gobernador romano de Judea; hija menor de Herodes Agripa I; judía que junto a su esposo escuchó los argumentos de Pablo (Hech. 24:24). Ver *Herodes.*

DUELO Costumbres y emociones ligadas con la experiencia de la muerte de un ser amado o con otra catástrofe o tragedia. Jacob guardó luto por José creyendo que había muerto (Gén. 37:34-35; comp. 23:2; 50:3). A menudo se hacían 30 días de duelo por la muerte de un líder: Aarón (Núm. 20:29), Moisés (Deut. 34:8) y Samuel (1 Sam. 25:1).

La indicación principal del dolor era el llanto (Juan 11:31,35; comp. Sal. 42:3a). El clamor también era una característica de los que hacían duelo (Ex. 12:30), a menudo con plañideras profesionales (Ecl. 12:5b; comp. Mat. 9:23; Jer. 9:17).

El duelo a menudo incluía deterioro y afeamiento, probablemente para convencer a los observadores de que la persona en verdad sentía dolor. A veces los que hacían duelo se rasgaban las vestiduras (Gén. 37:29), vestían cilicio (2 Sam. 3:31), vestían de negro o colores sombríos (2 Sam. 14:2) y se cubrían la cabeza (2 Sam. 15:30). Los amigos de Job acudieron a él para ayudarlo en su silencio (Job 2:13).

DUMA (*"silencio"* o *"acuerdo permanente"*) (1) Hijo de Ismael y antepasado inicial de la tribu árabe (Gén. 25:14) con centro en Duma. (2) Ciudad de Judá (Jos. 15:52); probablemente la moderna khirbet ed-Dome, unos 14,5 km (9 millas) al sudoeste de Hebrón.

DUREZA DE CORAZÓN Actitud obstinada que lleva a una persona a rechazar la voluntad de Dios; nace del corazón humano y también es resultado del obrar de Dios (Ex. 8:32; 9:12). Los seres humanos pueden resistirse a Dios, quien respeta el libre albedrío humano. Uno de las maneras más importantes de resistirse a Dios es que una persona endurezca su corazón, de modo de que sea como una piedra.

Para Faraón, el castigo fue la consecuencia de que él mismo endureciera su corazón y luego ratificara su obstinación. El pecado ser convirtió en el castigo. La advertencia que recibimos es: "No endurezcáis vuestro corazón" (Sal. 95:8). Jesús le preguntó a sus discípulos: "¿Aún tenéis endurecido vuestro corazón?" (Mar. 8:17). El endurecimiento era evidencia de escepticismo (Mar. 6:52). El pueblo de Dios puede tener un corazón endurecido y puede empezar a quejarse cuando el estándar ético de Dios parece demasiado alto (Mar. 10:5-6; comp. Deut. 24:1). Cuando una persona no oye la voz de Dios tal vez sea resultado de un corazón endurecido (Prov. 28:14; 29:1; ver Heb. 4:7).

EBAL Ver *Gerizim y Ebal.*

EBED-MELEC (*"siervo del rey"*) Eunuco etíope al servicio del rey Sedequías (Jer. 38:7); rescató a Jeremías de su encarcelamiento en la cisterna, y recibió una promesa en Jer. 39:15-18.

EBEN-EZER (*"piedra de ayuda"*) Sitio cerca de Afec donde los israelitas acamparon antes de batallar contra los filisteos (1 Sam. 4:1); probablemente Izbet Sartah. Aquí los filisteos capturaron el arca del pacto. Después de una decisiva victoria israelita en que se recuperó el arca, Samuel erigió un monumento llamado Eben-ezer.

EBLA Importante sitio (unas 57 hectáreas [140 acres]) de la antigüedad ubicado en Siria, aprox. 65 km (40 millas) al sur de Alepo; conocido en la actualidad como tell Mardikh; el descubrimiento de más de 1700 tablillas de barro a mediados de la década de 1970 reveló que existió una importante civilización siria alrededor del 2500 a.C. Las excavaciones han revelado 14 niveles de ocupación en Ebla que datan del 2600 a.C. al 600 d.C. Sólo cuatro niveles (entre el 2000 y el 1600 a.C.) cubren el sitio completo e indican el gran poder y la prosperidad de Ebla. El fechado y la interpretación de los materiales de Ebla continúan siendo una notable cuestión de debate entre los eruditos ya que los principales participantes de la excavación no concuerdan.

El interés mayor radica en las tablillas de barro, que aparentemente datan de aprox. el 2350 a.C. Son tablillas con escritura cuneiforme similar a la usada en Mesopotamia. El idioma sumerio se usó en proporción limitada, juntamente con un nuevo idioma que ha recibido el nombre de eblaíta. Existieron muchos intentos no convincentes para hallar conexiones entre Ebla y la Biblia, pero Ebla nunca aparece en la Escritura, y todavía no se han identificado personalidades bíblicas en dichas tablillas.

Ebla fue un importante centro religioso, y en los textos se mencionan más de 500 dioses. El dios principal era Dagón, una deidad de la vegetación que en la Biblia está asociada con los filisteos (1 Sam. 5:2). Otros dioses incluyen Baal, el dios cananeo de la fertilidad, y Kamish (el Quemos de la Biblia), dios de los moabitas (Jue. 11:24). Además, hay referencias al "dios de mi padre" (comp. Gén. 43:23).

ECBÁTANA Ver *Acmeta.*

ECLESIASTÉS, LIBRO DE Título castellano de un libro sapiencial; deriva de la traducción del original hebreo *Qoheleth* en la Septuaginta griega. La palabra *Qoheleth* (1:1; 7:27; 12:8) sugiere la idea de alguien que tiene una función de maestro o predicador en la asamblea. La tradición le atribuye este libro a Salomón, una tradición cuestionada por la erudición crítica y por muchos expertos conservadores. La conclusión de tales eruditos es que un escritor posterior usó un recurso literario, la "autobiografía didáctica", para presentar su enseñanza, probablemente entre el 300 y el 200 a.C. Los eruditos conservadores siguen sosteniendo que el autor fue Salomón, y creen que esta es la única manera de interpretar 1:1 y otras evidencias.

Después del título (1:1) y del poema introductorio sobre la vanidad de todas las cosas (1:2-11), el libro adopta la forma de una "autobiografía didáctica" que narra el proyecto de Qoheleth de "inquirir" y "buscar con sabiduría sobre todo lo que se hace debajo del cielo" (1:13). Qoheleth emprendió grandes proyectos de construcción, disfrutó de los mejores placeres de la vida, y en todo sentido logró la cúspide del éxito humano. Sin embargo, llegó a la conclusión de que todo esto, incluyendo el trabajo y los placeres, son meramente "vanidad". En líneas generales, Qoheleth siguió la forma de la autobiografía (2:9,24; 3:10,16; 4:7; 7:15; 9:13) como recurso para entretejer una gran cantidad de estilos sapienciales y reflexiones sobre la vida, elaborando así el tema de la vanidad. Finalizó con una alegoría sobre la muerte. La autobiografía tiene como marco la observación con que comenzó el libro: "Vanidad de vanidades... todo es vanidad" (1:2; 12:8). El libro culmina con un breve epílogo en tercera persona que coloca en perspectiva teológica a Qoheleth y su difícil libro (12:9-14).

La palabra hebrea traducida "vanidad" es *hevel*, cuyo significado literal es "aliento" o "brisa". El autor usó esta palabra para expresar transitoriedad, debilidad y la insignificancia de la vida humana. Todas las cosas llegan a su fin.

En vista de que la vida es vanidad, ¿en qué consiste lo bueno? "Teme a Dios, y guarda sus mandamientos; porque esto es el todo del hombre" (12:13). La capacidad humana no puede cambiar las acciones soberanas de Dios (7:13); Dios ha hecho esto "para que delante de él teman los hombres" (3:14). Dios establece los límites de la vida y el conocimiento humano (7:14). De manera que el mundo de Qoheleth es "vano", pero sólo en el sentido indicado más arriba. No es un mundo sin Dios (comp. 2:25; 3:16-18; 5:8; 7:15; 8:6,14; 11:9). La adoración a Dios y las promesas a Dios son cuestiones de suma importancia (5:1-2,4,6-7; 7:18; 8:12-13).

Los seres humanos no tienen control soberano sobre la vida, y están limitados por la vanidad en todas sus formas, especialmente la muerte. Por esta razón deben disfrutar de la vida y de sus placeres normales: trabajo y esparcimiento, comida y bebida, amor y familia, pues todo esto es un regalo de Dios (2:24-26; 3:12-13; 5:18-20; 9:7-10). Si hay resignación en Qoheleth, es la resignación del que ha dejado en manos de Dios los enigmas y dolorosos misterios de la vida, y ha aceptado con sobria gratitud las alegrías limitadas de la vida.

ECONOMÍA Manera de ganar, gastar y distribuir recursos naturales en Israel. El éxito dependía de las condiciones del ambiente. Los más importantes factores ecológicos eran las precipitaciones adecuadas o las fuentes de agua, la tierra cultivable y de pastoreo, y además la disponibilidad de recursos naturales. Una vez que se estableció la monarquía, comenzaron a jugar como factores las demandas del mercado nacional e internacional, la estabilidad del gobierno y la política internacional. A través de su historia la economía de Israel estaba, al menos en parte, gobernada por las leyes divinas sobre el tratamiento de conciudadanos israelitas en cuestiones de negocios y caridad.

La economía de la antigua Palestina era en especial agrícola y, a diferencia de la de Mesopotamia y Egipto, no estaba totalmente dominada por los intereses del palacio y el templo. Lo más común era la posesión privada de tierras y los proyectos privados, algo que en ciertos aspectos cambió luego del establecimiento de la monarquía, cuando se formaron grandes latifundios y propiedades (2 Sam. 9:10) para sostener a los reyes y a la nobleza. La burocracia real trataba de controlar tanta tierra y actividad económica como fuera posible (1 Rey. 4:1-19).

Después que Asiria y Babilonia conquistaron Israel, los esfuerzos económicos de la nación (producción agrícola, industria y comercio) estuvieron mayormente controlados por las exigencias tributarias de los imperios (2 Rey. 18:14-16) y del mantenimiento de las rutas internacionales de comercio. Esto continuó hasta la época del NT, cuando las rutas romanas agilizaron el comercio, pero a la vez mantenían al pueblo subyugado. La economía, si bien era relativamente estable, estaba gravada por altos impuestos (Mat. 22:17-21) a fin de sostener al ejército y al gobierno de ocupación.

La estepa y el desierto hacia el sur y el este en el Neguev y las correspondientes regiones de la Transjordania hacían que sólo fuera posible cultivo seco o por irrigación. Gran parte de la tierra se daba a los campesinos y sus ganados. En la Sefela (entre la llanura de la costa y las montañas) y en la región de Galilea en el norte de Palestina había tierras cultivables bien irrigadas. La región montañosa dominaba el centro del país, donde se debía practicar la agricultura en laderas escalonadas y donde era necesario la conservación de agua y la irrigación para las cosechas.

La sequía (Gén. 12:10), que destruía cosechas (1 Rey. 17:1; Jer. 14:1-6), tenía un efecto de acumulación sobre el resto de la economía. Algunos dejaban el país e iban al más predecible clima de Egipto (Gén. 46:1-7) o iban a regiones de Transjordania que no habían sido afectadas por el hambre (Rut 1:1). Las dificultades económicas causadas por extremos climáticos también dañaba el negocio de alfareros, curtidores, herreros y tejedores locales.

En la antigua Palestina la agricultura adoptó tres formas básicas: producción de granos (cebada y trigo), cultivo de vides y árboles frutales, y la explotación de plantas oleaginosas (olivos, palmeras y sésamo) que proporcionaban aceite para cocinar, para alumbrar y para el aseo personal. La mayoría de las energías de las aldeas se invertía en el arado de campos (1 Rey. 19:19) y en la preparación y mantenimiento de laderas escalonadas donde se plantaban vides (Isa. 5:1-6; Mar. 12:1) y granos. En las zonas montañosas, los canales de irrigación aseguraban que las pendientes cultivadas recibieran riego parejo por medio de la lluvia y el rocío.

Cuando un hombre poseía tierra, ésta se consideraba patrimonio familiar de generación en generación. Cada parcela de tierra era una concesión que Jehová le hacía a la familia, y como tal debía cuidarse para que continuara siendo productiva (Deut. 14:28-29). Cuando había abundancia, era resultado del trabajo duro (Prov. 24:30-34) y dicha abundancia se debía compartir con los pobres (Deut. 24:19-21). La concesión de tierra por parte de Jehová debía reintegrarse (Núm. 18:21-32) pagando los diezmos a los levitas y por medio de sacrificios.

Estaba estrictamente prohibido quitar las piedras que actuaban como linderos (Deut. 19:14; Prov. 22:28). Las leyes de la herencia estaban claramente definidas. Por lo general, el hijo mayor heredaba la porción más grande de las tierras de su padre (Deut. 21:17; Luc. 15:31). La tierra no podía venderse de manera permanente a quien no perteneciera a la familia o clan (Lev. 25:8-17; 1 Rey. 21:3; comp. Isa. 5:8; Miq. 2:2). Si un hombre moría sin heredero varón, sus hijas quedaban a cargo de la tierra (Núm. 27:7-8), pero debían casarse con hombres que pertenecieran a la misma tribu para asegurar que la tierra continuara siendo parte del legado tribal (Núm. 36:6-9). La propiedad de un hombre sin hijos pasaba al pariente varón más cercano (Núm. 27:9-11). El deber del redentor o *go'el* incluía comprar las tierras abandonadas de la familia (Jer. 32:6-9).

A pesar del trabajo extenuante de la cosecha con hoces (Joel 3:13), los granos y las frutas equivalían a supervivencia y eran motivo de celebración (Jue. 21:19). Luego de la cosecha, la era se convertía en el centro de la actividad económica de la aldea y sus alrededores (Joel 2:24). Tal vez el poblado tuviera un granero comunitario, pero la mayoría guardaba el grano en hoyos de almacenaje en las casas o en graneros privados (Mat. 3:12).

La economía de las aldeas también incluía el mantenimiento de pequeñas manadas de ovejas y cabras. Cuando llegaba la época seca veraniega, a los rebaños se los llevaba a nuevos lugares de pastoreo en la región montañosa (1 Sam. 25:7-8), pero para esto se necesitaban unos pocos pastores (1 Sam. 16:11). Sólo la esquila requería muchos integrantes de la comunidad (Gén. 31:19; 1 Sam. 25:4; 2 Sam. 13:23-24).

La poca industria de las aldeas israelitas incluía fabricación de ladrillos y preparación de madera para la construcción de casas, y tejido de materiales para la ropa. Algunas familias (que por general constaban de un grupo de familias emparentadas, Jue. 18:22) tenían la habilidad de hacer utensilios de barro, piedra y metal que se usaban para cocinar y para la labranza. Sin embargo, pocos tenían la habilidad de hacer sus propias armas, y en muchos casos debían protegerse con garrotes y aguijadas de bueyes (Jue. 3:31).

En casos excepcionales, los artesanos de la aldea establecían puestos para el comercio donde ofrecían algunos elementos más especializados, particularmente alfarería fina, armas de bronce y joyas de oro y plata. Todo lo que fuera adicional era prescindible o bien se obtenía a través del comercio con otras aldeas y otras naciones que pudieran contar con un artesano especial (1 Sam. 13:20). También es posible que durante una visita anual a la ciudad (Luc. 2:41) el aldeano comprara utensilios en los puestos de comerciantes procedentes de todo el Cercano Oriente.

A medida que las aldeas y los pueblos crecían, el comercio local se expandió hasta comprender más que la venta del superávit de mercaderías y elementos manufacturados. El aumento de la población también incrementó la necesidad y el deseo de artículos de metal considerados de lujo (oro, hojalata, cobre, hierro) y de bienes manufacturados. Gradualmente se desarrolló una red de caminos para facilitar esta actividad económica y para unir aldeas y pueblos a través del país. A fin de elaborar proyectos de obras públicas (1 Rey. 9:15-22) los reyes introdujeron construcción más sofisticada de caminos para tránsito vehicular más pesado, como asimismo grandes cantidades de obreros no remunerados (personas que trabajaban en vez de pagar impuestos). Ezión-geber, un puerto en el mar Rojo, fue adquirido a los edomitas y prestaba servicio a una flota de barcos que llevaba a la corte real oro de Ofir, raras maderas, y artículos de lujo (1 Rey. 9:26; 10:11-12). En el comercio del Mediterráneo a la flota de Hiram de Tiro se unió otra (1 Rey. 10:22).

Dentro de las ciudades y pueblos amurallados, la mayoría de la actividad comercial tenía lugar dentro del complejo de las puertas o en sus alrededores. Este sitio era el más corriente para que se establecieran puestos y negocios. Aquí se manejaban las cuestiones legales (Deut. 21:18-19), se atestiguaban contratos comerciales (Gén. 23:15-16) y se arreglaban disputas (Rut 4:1-6).

Los precios siempre se determinaban por la ley de la oferta y la demanda (2 Rey. 6:25; Apoc. 6:6), con un costo adicional para cubrir gastos de transporte y, donde fuera aplicable, de manufactura. Los precios de los artículos de lujo, como por ejemplo las especias y los perfumes de Arabia, así como el marfil y los animales exóticos, eran elevados.

La mano de obra a cargo de esclavos fue un resultado de la urbanización de Israel y las constantes campañas militares de los reyes. Grandes cantidades de prisioneros militares se unían a las levas de equipos de trabajo forzado (1 Rey. 5:13; 9:20-22) para construir caminos y reparar las murallas de las fortalezas que resguardaban el reino. Los mayordomos estaban a cargo de la administración de las propiedades del rey (1 Crón. 27:25-31), donde trabajaban gran cantidad de esclavos del gobierno y una leva de hombres libres (1 Sam. 8:12).

Los individuos particulares no tenían tantos esclavos como la monarquía o la élite social. Como las leyes sobre esclavos eran bastante estrictas (Ex 21:1-11,20,26; Lev. 25:39-46), la mayoría de los terratenientes contrataban jornaleros (Mat. 20:1-5). Otra alternativa para el problema de la mano de obra era arrendar la tierra a labradores, pero esto no fue común en Israel hasta la época del NT (Mat. 21:33-41; Mar. 12:9).

Para resolver una deuda, los israelitas podían vender a su familia (o a sí mismos) como esclavos (Ex. 21:7-11; Lev. 25:39; Mat. 18:25). La ley regulaba esto de modo que el tiempo normal de esclavitud no sobrepasara los seis años, momento en que el esclavo debía ser libertado y se le debía dar una porción del ganado y de la cosecha para que pudiera volver a comenzar (Deut. 15:12-14). La esclavitud perpetua sólo podía tener lugar si el israelita mismo decidía permanecer como esclavo. Podía tomar esta decisión porque no deseaba separarse de la esposa e hijos que hubiera adquirido durante su período de esclavitud (Ex. 21:1-16), o porque no creía que por sí solo podría tener una vida mejor (Deut. 15:16). Ver *Agricultura; Monedas; Comercio; Transporte y viajes; Esclavitud; Pesos y medidas.*

ECRÓN Ciudad más al norte de las cinco ciudades filisteas principales; la moderna tell Miqne, a unos 22,5 km (14 millas) del mar Mediterráneo y 16 km (10 millas) de Asdod; uno de los sitios más grandes de Palestina, con una superficie de unas 20 hectáreas (50 acres).

Ecrón le fue asignada tanto a Judá (Jos. 15:11,45-46) como a Dan (Jos. 19:43). Probablemente estuviera en el límite entre ambas tribus. Judá tomó Ecrón junto con otros lugares de la costa filistea (Jue. 1:18) pero se sabe que cuando el arca fue capturada, Ecrón estaba en manos filisteas (1 Sam. 5:10; comp. 1 Sam. 17:52; 2 Rey. 1:2-16).

ED (*"testigo"*) Altar que construyeron las tribus a quienes se le asignó territorio al este del Jordán, como testimonio de que Jehová es Dios de las tribus del este y del oeste. El altar era un símbolo y no debía utilizarse para holocausto (Jos. 22:34).

EDÉN *1.* Jardín o huerto de Dios; el lugar idílico de la creación y la región donde había un huerto (Gén. 2:8,10, 15; 3:23,24; 4:16). Joel 2:3 compara con el Edén la condición de Judá antes de su destrucción. En Isa. 51:3 y Ezeq. 36:35 Edén ilustra la gran prosperidad que Dios le otorgaría a

Judá (comp. Ezeq. 28:13; 31:9,16,18). Ver *Paraíso*.

2. Levita que limpió el templo durante el reinado de Ezequías (2 Crón. 29:12) y distribuyó fondos para sacerdotes en necesidad (31:15).

3. Ciudad o región en la provincia asiria de Telasar. Ver *Bet-edén*.

EDOM, EDOMITA (*"rojo"* o *"rojizo"*) Zona al sudeste y sudoeste del mar Muerto, en sentido contrario al Arabá; en su mayor parte, región semidesértica, no muy propicia para la agricultura; muchos de sus habitantes eran seminómadas. El centro de la población edomita, los alrededores de las actuales Tafileh y Buseireh, al este del Arabá, es una tierra bastante irrigada y cultivable, y durante la época del AT seguramente contaba con numerosas aldeas. Buseireh está situada sobre las ruinas de la antigua Bosra, la capital de Edom. La mayoría de los pasajes bíblicos relacionados con Edom hacen referencia a dicho centro al este del Arabá (Isa. 63:1; Jer. 49:22; Amós 1:11-12). Otros pasajes indican el territorio al oeste del Arabá, al sur de las montañas de Judea y que separa Judá del golfo de Aqaba (Núm. 34:3-4; Jos. 15:1-3). En tiempos del NT, el nombre oficial era Idumea, incluso hasta el extremo sur de la región montañosa de Judea (al sur de Hebrón aproximadamente).

La "tierra de Seir" en algunos pasajes parece ser un sinónimo de Edom (Gén. 32:3; 36:8; Jue. 5:4). "Temán" se usa en aposición (o complemento equivalente) a Edom en al menos un pasaje bíblico (Amós 1:12; comp. Job 2:11; Ezeq. 25:13), pero por lo general hace referencia a un distrito específico de Edom y posiblemente a un pueblo de ese nombre.

Los israelitas consideraban a los edomitas sus parientes cercanos, descendientes de Esaú, el hermano de Jacob (Gén. 19:30-36; comp. Amós

1:11-12). La enemistad entre Israel y Edom comenzó con Jacob y Esaú (cuando el primero le quitó la primogenitura al último), pero se exacerbó en la época del éxodo de Egipto, cuando los edomitas no permitieron que los israelitas pasaran por su tierra. Gran parte del conflicto fue producto de que Edom fuera una constante amenaza para la frontera de Judá, y de que bloqueara el acceso de Judá al golfo de Aqaba.

Tanto Saúl como David lucharon con los edomitas (1 Sam. 14:47-48; 2 Sam. 8:13-14). David se aseguró el control de la región edomita al oeste del Arabá, como también acceso al golfo de Aqaba. Más tarde Hadad, del linaje real edomita, regresó de Egipto y se convirtió en enérgico adversario de Salomón (1 Rey. 11:14-22). Durante toda la monarquía siguió el conflicto y los continuos cambios en el control sobre Edom (1 Rey. 22:47-50; 2 Rey. 8:20-22; 14:22; 16:6; 2 Crón. 25:11-12; 26:1-2; 28:17).

Finalmente los edomitas cayeron bajo la sombra de los más importantes imperios orientales: los asirios, los babilonios, los persas y los griegos. Algunos eruditos sostienen que los edomitas ayudaron a los babilonios en los ataques de éstos a Jerusalén en el 597 y el 586 a.C., y que luego tomaron ventaja de Judá en la situación desvalida en que se encontraba (ver Jer. 49:7-22; libro de Abdías).

Para la época del NT, los nabateos de origen árabe habían establecido un imperio comercial con un centro en lo que antes era territorio edomita al este del Arabá. La ciudad principal era Petra, y toda la región al sudeste del mar Muerto se conocía con el nombre de Nabatea. Sólo lo que antiguamente era territorio edomita al oeste del Arabá siguió teniendo el nombre de Idumea (Edom). Herodes el Grande era de ascendencia idumea. Ver *Transjordania; Esaú; Nabateos; Petra; Sela.*

EDREI (1) Ciudad real de Og, rey de Basán (Jos. 12:4) donde en una invasión Israel venció a Og (Núm. 21:33-35; Deut. 1:4; 3:10); la moderna Dera, a mitad de camino entre Damasco y Amman. El clan de Maquir en Manasés reclamó derechos sobre la ciudad (Jos. 13:31). (2) Ciudad fortificada en Neftalí (Jos. 19:37).

EDUCACIÓN EN TIEMPOS DE LA BIBLIA Procesos, métodos e instituciones para entrenar a los jóvenes que vivían en tierras y épocas bíblicas. El propósito primario de la educación entre los judíos era aprendizaje y obediencia de la ley de Dios, la Torá, en especial los primeros cinco libros de la Biblia. El propósito secundario de la educación era la enseñanza de aspectos prácticos de la vida cotidiana: una ocupación para el varón; para la niña, el cuidado de la casa, la aplicación de leyes alimenticias y cómo ser una buena esposa.

Al hogar se lo consideraba la primera agencia educativa, y la más eficaz; a los padres se los consideraba los primeros y más eficaces maestros (Deut. 6:7; comp. Gén. 18:19; Prov. 22:6). Los padres debían utilizar las actividades comunes de la vida como vías para la enseñanza sobre Dios. Las maneras primarias de impartir conocimiento religioso a los hijos eran ejemplo, imitación, conversación y relatos. Un niño podía observar cuando su padre ataba las filacterias a su brazo y su cabeza. La pregunta tan natural "¿qué estás haciendo?" podía usarse para enseñarle a la criatura que todos debían amar "a Jehová tu Dios de todo tu corazón, y de toda tu alma, y con todas tus fuerzas" (Deut. 6:5). Timoteo es un notable ejemplo de alguien que había sido educado en las Escrituras en el hogar (2 Tim. 1:5).

Cuando el hijo llegaba a los 12 años, los judíos creían que había recibido suficiente educación para ayudarlo a conocer la ley y guardarla. En ese momento se lo llamaba un "hijo de la ley". El padre ataba las filacterias al brazo y la frente de su hijo.

Las niñas recibían instrucción en una variedad de temas, como por ejemplo tejido, hilado y tratamiento de enfermedades. También podían aprender a cantar, danzar y a tocar un instrumento musical (por ejemplo la flauta o el arpa). Los judíos tenían la oportunidad de recibir educación religiosa por parte de los sacerdotes y los levitas (Lev. 10:10-11; comp. 2 Crón. 17:7-9).

Aparentemente la sinagoga tuvo su origen durante la cautividad babilónica, cuando los judíos se vieron privados del uso del templo. Comenzaron entonces a reunirse en grupos pequeños para oración y lectura de la Escritura. Cuando regresaron a Israel, la sinagoga se extendió con rapidez y se convirtió en una relevante institución para la educación primaria. Incluso antes de Jesús había escuelas para jovencitos en prácticamente todas las comunidades judías importantes.

El maestro por lo general era el ayudante de la sinagoga. Si había más de 25 estudiantes, se proporcionaba un asistente. En esta instrucción el tema era el AT. También se enseñaba lectura, escritura y aritmética. Las formas de enseñanza incluían memorización, ejercitación y repaso.

Los varones por lo general comenzaban formalmente la escuela en la "casa del libro" a los cinco años de edad. Un niño estudiaba en la sinagoga por lo menos medio día, seis días por semana durante cinco años. Los padres llevaban a sus hijos al amanecer, y los pasaban a recoger a mediodía. Cuando no estaba en la escuela, era común que el niño estuviera aprendiendo un oficio, como agricultura o carpintería. Si el varón quería más enseñanza que la proporcionada en la sinagoga, acudía a un escriba erudito. Saulo de Tarso recibió ese tipo de instrucción teológica avanzada "a los pies de Gamaliel" en Jerusalén (Hech. 22:3).

Leemos que Jesús enseñaba a grandes multitudes (Mar. 4:1-2). Él fue un maestro enviado por Dios que enseñó con autoridad y captó la atención de sus oyentes. Luego de su resurrección, Jesús comisionó a sus discípulos para que realizaran evangelismo y llevaran a cabo ministerio de enseñanza en todo el mundo (Mat. 28:19-20). La instrucción se convirtió en una importante tarea de la iglesia primitiva en Jerusalén (Hech. 2:42; 4:1-2; 5:21,28). A la enseñanza se la considera una función primaria del pastor (1 Tim. 3:2). Los maestros voluntarios también tienen relevancia en el trabajo de la iglesia (Sant. 3:1).

EFATA   Expresión aramea (Mar. 7:34) que usó Jesús al sanar a una persona sorda que tenía dificultad para hablar; traducción: sé limpio.

EFESIOS, LIBRO DE   Epístola paulina, la que mejor establece los conceptos básicos de la fe cristiana; una de las cuatro "epístolas de la prisión". El cristianismo entró a la península asiática desde fecha temprana (Hech. 13:1-14:28). Durante su primer viaje misionero (aprox. 45-48 d.C.) Pablo y Bernabé establecieron grupos cristianos en Cilicia, Panfilia y Frigia. La nueva religión inevitablemente fue en dirección oeste hacia la costa y hacia la floreciente ciudad de Éfeso, ciudad de religiones, dioses y diosas múltiples.

Al final del segundo viaje misionero (alr. 49-52 d.C.), Pablo se detuvo en Éfeso con Aquila y Priscila. Los efesios le rogaron a Pablo que se quedara allí, pero él desistió (Hech. 18:18-21) y navegó hacia Antioquía. Regresó a Éfeso, donde permaneció tres años (Hech. 20:31) durante el tercer viaje misionero, y allí triunfó en el desafío planteado por los líderes religiosos judíos y las religiones greco-romanas representadas en el culto a la diosa griega Artemisa (su nombre romano era Diana; Hech. 19:24).

Entre los intérpretes no hay unanimidad en cuanto al lugar y la fecha en que se escribió Efesios. En las cuatro epístolas de la prisión, Pablo manifiesta que está preso. Efesios y Colosenses no mencionan esperanza de ser puesto en libertad. Filipenses refleja poca expectativa de libertad. En Filemón, el apóstol parecía tener mucha confianza de que sería liberado; incluso instó a Filemón a que le preparara la habitación de huéspedes.

La evidencia parece apoyar la opinión de que Pablo escribió las cuatro epístolas de la prisión durante su encarcelamiento en Roma alr. del 61-62 d.C., en el siguiente orden: Efesios, 61, d.C.; Colosenses, 61 d.C.; Filemón, 61 d.C.; Filipenses, 62 d.C.

Pablo estaba convencido de que la religión que él proclamaba era el único camino de redención del pecado para poder ser hijos de Dios. Pablo se oponía al judaísmo. Consideraba que se había convertido en una religión de logros humanos, de tener que hacer las obras de la ley para estar en una buena relación con Dios. En su lugar él ofrecía el cristianismo como una religión de provisión divina: salvación por la fe en Dios, donde se proporcionaba algo que los seres humanos nunca podrían lograr. Esa distinción también hizo que el cristianismo estuviera en conflicto con la filosofía griega y con las religiones greco-romanas en que se adoraban los elementos de la naturaleza. La perspectiva cristiana es que la verdadera vida se produce por fe, no por procesos intelectuales, especulaciones y reglas de conducta en busca de la integración de la personalidad.

Pablo se presentó a sí mismo como un apóstol de Jesucristo por voluntad de Dios. Se dirigió "a los santos y fieles en Cristo Jesús que están en Éfeso" (Ef. 1:1).

La expresión "en Éfeso" no está en los manuscritos más antiguos de la epístola, pero sí está en muchos de los más confiables. Esa ausencia ha llevado a la especulación de que al escribir la epístola Pablo dejó un espacio en blanco, que quiso que la epístola fuera una circular para varias iglesias. En un manuscrito (aprox. 150 d.C.) aparece "en Laodicea" en ese preciso lugar. Ver Col. 2:1; 4:16, para la referencia de Pablo en cuanto a su amor por la iglesia en Laodicea y su declaración de que les había enviado una carta.

"Gracia y paz a vosotros, de Dios nuestro Padre y del Señor Jesucristo" (Ef. 1:2) está en todas las epístolas de Pablo. Gracia es la obra del Padre por medio de la cual viene la salvación del pecado. Paz es la condición en el corazón del creyente después que la gracia ha hecho su obra. En la sección teológica (1:13-3:21), Pablo centró su atención en el plan de redención y su propagación. Comenzó con un cántico de alabanza a Dios por lo que ha hecho al proporcionar salvación para la humanidad pecadora. A esto se lo presenta como obra de la Trinidad: Padre, Hijo y Espíritu Santo. El estribillo "para alabanza de la gloria de su gracia" se repite después de cada sección.

Pablo se vuelca a la acción de gracias para mostrar las bendiciones de la redención (1:15-2:10). Él quería que sus lectores conocieran mejor a Cristo. El poder de la resurrección de Cristo puede llegar a personas que estaban muertas en pecado pero que son salvadas por gracia para las buenas obras que Dios preparó para su pueblo.

Pablo comienza a usar un lenguaje imperativo (2:11-3:21). A través de la sangre de Cristo se logra la unidad de todas las razas. En la cruz Él trajo la paz y proporcionó acceso a Dios por medio del Espíritu Santo. Estamos unidos unos con otros y somos parte de la iglesia de Cristo, que ha sido construida sobre el fundamento de los apóstoles y es la morada del Espíritu. Estas buenas noticias son un misterio: Dios está llamando a la gente a compartir este misterio con otros a través de la gracia divina. Es un misterio que permite que todas las personas se acerquen a Dios con confianza y libertad.

Pablo oró (3:14-21) pidiendo que Cristo more en los creyentes, que habrán de estar cimentados en amor. Pide también que puedan comprender la grandeza maravillosa de ese amor.

En la sección ética (4:1-6:24), Pablo consideró la aplicación práctica de la redención para la iglesia, la vida personal y la vida doméstica. Él habló de unidad en el Espíritu: un cuerpo, un Espíritu, una esperanza, un Señor, una fe, un bautismo, un Dios y Padre. En esta unidad, Pablo celebró la diversidad de personas dentro de la iglesia, una diversidad que es resultado de los distintos dones que da Cristo.

Sin fe el individuo se dedica a lujuria egoísta y disipación terrena. Al hablar la verdad y edificar a otros, el creyente se va volviendo semejante a Dios en cuanto a santidad, pureza y justicia. El enojo y la malicia deben convertirse en amor, compasión y perdón. Esto cambia la función que uno tiene en el hogar. La sumisión mutua se convierte en el aspecto central, una sumisión motivada por la lealtad a Cristo y el amor al cónyuge.

Ese amor sigue el ejemplo del amor de Cristo hacia su iglesia. Los padres esperan que sus hijos los honren, al tiempo que educan a sus hijos en el camino divino del amor. De igual manera, amos y siervos se respetan y ayudan mutuamente.

Pablo llamó a sus lectores a vestirse con la armadura de Dios a fin de evitar las tentaciones de Satanás. Esto conducirá a una vida de oración por uno mismo y por otros siervos de Dios. Esto a su vez lleva a preocuparse por otros cristianos y a alentarlos. Como de costumbre, Pablo concluyó esta carta con una bendición, pidiendo paz, amor, fe y gracia para sus amados lectores.

ÉFESO Centro ministerial para Pablo y luego Juan, ubicado en Asia Menor. Ver *Asia Menor; Efesios, Libro de; Apocalipsis, Libro de; Timoteo.*

EFOD Vestidura sacerdotal simple, de lino (1 Sam. 14:3; 22:18; comp. 2:18; 2 Sam. 6:14); posiblemente falda, delantal o prenda corta; se lo asociaba con la búsqueda de la voluntad de Dios (1 Sam. 23:9-12; 30:7-8) y llegó a ser objeto de idolatría (Jue. 8:27; 17:5-6).

EFRAÍN (*"tierra de dos frutos"* o *"tierras de dos pastoreos"*) Hijo menor que tuvo José con la egipcia Asenat, hija del sacerdote de On (Gén. 41:52); adoptado por su abuelo Jacob, quien le dio precedencia sobre su hermano Manasés (Gén. 48:14); progenitor de la tribu de Efraín. Ver *Tribus de Israel; Patriarcas.*

EFRAÍN, MONTE DE Lugar montañoso que pertenecía a la tribu de Efraín; no se trataba de una sola montaña. Las ciudades ubicadas allí incluyen: Bet-el (Jue. 4:5); Ramá (Jue. 4:5); Samir (Jue. 10:1); Siquem (Jos. 20:7); Timnat-sera (Jos. 19:50; Jue. 2:9).

EFRATA, EFRATEO (*"fructífero"*) (1) Pueblo cerca del lugar en que Jacob sepultó a Raquel (Gén. 35:16-19); hogar de Isaí, el padre de David (1 Sam. 16:1; 17:12); cerca de Bet-el (v. 16; comp. 1 Sam. 10:2; Jer. 31:15); lugar de origen del futuro Mesías (Miq. 5:2; ver Rut 1:2; 4:11). (2) Esposa de Caleb (1 Crón. 2:50).

EFRÓN (*"polvoriento"*)(1) Heteo que le vendió a Abraham la cueva de Macpela (Gén. 23:8-20; comp. 25:9-10; Gén. 49:30-33; 50:13). (2) Monte que servía de frontera entre Judá y Benjamín (Jos. 15:9) ubicado al noroeste de Jerusalén cerca de Mozah en el-Qastel. (3) Ciudad que el rey Abías de Judá (913-910 a.C.) tomó del rey Jeroboam de Israel (926-909 a.C.), de acuerdo a la manera en que aparece en el texto hebreo de 2 Crón. 13:19; los escribas hebreos más antiguos sugirieron que la forma correcta era Efraín (RVR 1960); aparentemente equivale a Ofra en Benjamín (Jos. 18:23; 1 Sam. 13:17); ubicada en et-Taiyibeh, unos 6,5 km (4 millas) al norte de Bet-el y a 100 m (300 pies) más de altura que Jerusalén. Probablemente sea sinónimo de la ciudad de Efraín (2 Sam. 13:23; Juan 11:54). Algunos sitúan la ciudad de Efraín en el valle más bajo en ain Samieh, en el extremo del desierto.

EGIPCIO, EL Líder que dirigió a 4000 sicarios (asesinos) al desierto en un frustrado intento de tomar Jerusalén aprox. en el 54 d.C. Ver Hech. 21:38.

EGIPTO Tierra en la esquina nordeste de África, cuna de una de las primeras civilizaciones, y una importante influencia cultural y política sobre la antigua Israel. El antiguo Egipto se hallaba confinado al valle del río Nilo, una franja larga y angosta de tierra fértil (la "tierra negra") rodeada por un desierto inhabitable (la "tierra roja").

Egipto propiamente dicho, desde la primera catarata del Nilo hasta el Mediterráneo, es de unos 1200 km (750 millas) de largo, y está separado de Palestina por el desierto de Sinaí. Ver *Río Nilo*.

Egipto se hallaba relativamente aislado por una serie de seis cataratas del Nilo en el sur, y al este y al oeste estaba protegido por el desierto. Había dos "tierras" en Egipto que se diferenciaban notablemente. El Alto Egipto (en el sur) es el cultivable valle del Nilo desde la primera catarata hasta justo el sur de Menfis. El Bajo Egipto (en el norte) hace alusión al gran delta del Nilo que se formó por depósitos aluviales. El delta era la puerta de entrada a Egipto desde la Medialuna Fértil cruzando el Sinaí.

El antiguo historiador Maneto dividió a los numerosos faraones egipcios en 30 dinastías, un esquema que todavía se usa como marco para la historia egipcia. La unificación de los reinos de Alto y Bajo Egipto (aprox. 3100 a.C.), que originalmente estaban separados, dio inicio al período arcaico (dinastías I y II). El primer período de gloria para Egipto, de la dinastía III hasta la VI del antiguo reino (2700-2200 a.C.), produjo las famosas pirámides. Las inundaciones del bajo Nilo, las malas cosechas resultantes y las incursiones de asiáticos en la región del delta causó el caos político de las dinastías VII a X, época llamada el primer período intermedio (2200-2040 a.C.). Luego de una guerra civil, la dinastía XI volvió a unir a Egipto y dio inicio al reino intermedio (2040-1786 a.C.). Durante el gobierno de los capaces faraones de la dinastía XII, Egipto prosperó y comerció en forma notable. El breve viaje de Abraham a Egipto (Gén. 12:10-20) durante este período tal vez pueda explicarse a la luz de la pintura en una tumba en Beni

Hasan que muestra visitantes asiáticos en Egipto alrededor del 1900 a.C.

Durante la dinastía XIII, que fue débil, Egipto entró en otro período de división. Los asiáticos, en especial semitas como los hebreos, migraron a la región del delta de Egipto y comenzaron a establecer distritos independientes, que al final consolidaron el gobierno del Bajo Egipto. A estos faraones asiáticos se los recuerda con el nombre de hicsos, es decir "gobernantes de tierras extranjeras". Este período durante el cual Egipto estaba dividido entre las dinastías hicsas (XIV y XV) y egipcias nativas (XIII y XVII), se conoce con el nombre de segundo período intermedio o de los hicsos (1786-1550). La llegada de José al poder (Gén. 41:39-45), puede haber tenido lugar durante el gobierno de un faraón de los hicsos. Ver *Hicsos*.

Alrededor del 1550 a.C., Ahmose I expulsó a los hicsos, estableciendo la dinastía XVIII y dando comienzo al nuevo reino egipcio. Faraones siguientes de la dinastía XVIII crearon un imperio que llegó hasta el río Éufrates. Tutmosis III (1479-1425 a.C.) obtuvo una importante victoria en Meguido en Palestina. Amenhotep III (1391-1353 a.C.) reinó pacíficamente (gracias a un tratado con Mitanni) sobre un magnífico imperio, y dedicó sus energías a proyectos de construcción en Egipto mismo.

El hijo de Amenhotep III, Amenhotep IV (1353-1335 a.C.), se cambió el nombre a Akenatón y se embarcó en una reforma revolucionaria que promovía la adoración a la deidad solar Atón por sobre todos los otros dioses. Como Tebas estaba dominada por los sumos sacerdotes de Amen-Ra, Akenatón trasladó la capital a Aketatón, actualmente tell el-Amarna, más de 320 km (200 millas) hacia el norte. La era de Amarna, el nombre con que se conoce este período, trajo innovaciones en arte y literatura; sin embargo, Akenatón prestó poca atención a las relaciones exteriores, y el imperio sufrió las consecuencias. Las cartas de Amarna, correspondencia diplomática entre gobernantes locales en la esfera de influencia de Egipto y la corte de faraón, echan luz sobre la turbulenta situación en Canaán. Ver *Amarna, tell el.*

Las reformas de Akenatón fueron un fracaso. Su segundo sucesor cambió su nombre de Tutankhatón a Tutankamón, y abandonó la nueva capital en favor de Tebas. El general Horemheb se apoderó del trono y trabajó duramente para restaurar el orden y eliminar todo vestigio de la herejía de Amarna. Horemheb no tenía herederos y le dejó el trono a su visir, Ramesés I, el primer rey de la dinastía XIX.

Seti I (1302-1290 a.C.) restableció el control egipcio en Canaán e hizo campañas contra los heteos, que habían tomado territorio egipcio en el norte de Siria durante la era de Amarna. Ver *Heteos.* Construyó una nueva capital en el delta oriental, cerca de la tierra de Gosén que se menciona en la Biblia. Tebas seguiría siendo la capital tradicional y religiosa.

Ramesés II (1290-1224 a.C.) fue el faraón de más éxito de la dinastía XIX. En 1285 él libró una batalla con los heteos en Candes (sobre el Orontes) en el norte de Siria, pero no fue decisiva. En el 1270 a.C. un tratado de paz reconoció el *status quo.* Él se embarcó en el programa de edificación más masivo que haya tenido un gobernante egipcio. La nueva capital fue terminada y se llamó Pi-Ramesés ("dominio de Ramesés"; comp. Gén. 47:11), la Ramesés bíblica (Ex. 1:11).

Merneptah (1224-1214 a.C.) estableció una estela (monumento) en el 1220 a.C. conmemorando una victoria sobre una invasión libia y finalizan-do con un relato poético de una campaña en Canaán. Incluye la primera mención extrabíblica de Israel, y la única que se conoce en la literatura egipcia. Egipto tuvo un nuevo y breve período de gloria durante la época de Ramesés III (1195-1164 a.C.) de la dinastía XX. Él derrotó una invasión de los pueblos del mar, de los cuales eran parte los filisteos. El resto de los gobernantes de la dinastía XX, todos con el nombre Ramesés, fueron testigos de severas dificultades económicas y sociales en aumento. El nuevo reino y el imperio desaparecieron con el último de dichos gobernantes en el 1070 a.C.

El período tardío (1070-332 a.C.) vio a un Egipto dividido e invadido, pero con esporádicas épocas de grandeza. Mientras por un lado el sumo sacerdocio de Amen-Ra controlaba Tebas, la dinastía XXI gobernó desde la ciudad de Tanis, la Zoán bíblica (Núm. 13:22; Sal. 78:12; Ezeq. 30:14; Isa. 19:11; 30:4), en el delta oriental. Un faraón, probablemente de esta dinastía (tal vez Siamún), tomó Gezer en Palestina y se la dio a Salomón como dote por su hija (1 Rey. 3:1; 9:16). Sosenq (945-924 a.C.), el Sisac de la Biblia, fundó la dinastía XXII, unió a Egipto durante un breve tiempo, y realizó exitosas campañas contra las recientemente divididas naciones de Judá e Israel (1 Rey. 14:25; 2 Crón. 12). De allí en más Egipto estuvo dividido entre las dinastías XXII y XXV. Se sabe que "So, rey de Egipto" (2 Rey. 17:4), que alentó la traición de Oseas, pertenece a este confuso período, pero no se lo puede identificar con certeza. Egipto volvió a unirse en el 715 a.C., cuando la dinastía XXV (etíope) tomó el control de toda la región. Taharka, el Tirhaca bíblico, le brindó ayuda a Ezequías (2 Rey. 19:9; Isa. 37:9).

Asiria invadió Egipto en el 671 a.C., haciendo que los etíopes se desplazaran hacia el sur y finalmente saqueando Tebas (la No-amón de la Biblia; Nah. 3:8) en el 664 a.C. Bajo cierto auspicio asirio, la dinastía XXVI controló todo Egipto desde Sais en el delta occidental. Con la decadencia de Asiria, Necao II (610-595 a.C.) se opuso al avance de Babilonia y tuvo un breve control sobre Judá (2 Rey. 23:29-35). Después de una severa derrota en la batalla de Carquemis (605 a.C.), Judá dejó de ser vasallo de Necao II (2 Rey. 24:1), quien se vio forzado a defender su frontera contra Babilonia. El faraón Hofra (Arpies en griego; 589-570 a.C.) apoyó la rebelión de Judá contra Babilonia, pero no pudo proporcionar el apoyo prometido (Jer. 37:5-10; 44:30). A pesar de estos reveses, la dinastía XXVI fue un período de renacimiento egipcio que continuó hasta la conquista persa en el 525 a.C. El gobierno persa (dinastía XXVII) fue interrumpido por una época de independencia egipcia durante las dinastías XXVIII a XXX (404-343 a.C.). Con la reconquista persa en el 343 a.C., el Egipto de los faraones llegó a su fin.

Alejandro Magno tomó Egipto de manos persas en el 332 a.C. y fundó la gran ciudad de Alejandría en la costa mediterránea. Después de su muerte en el 323 a.C., Egipto fue la sede del imperio helenista de los tolomeos hasta la época de Cleopatra, cuando cayó en manos romanas (30 a.C.). Durante el período del NT y bajo el gobierno directo de los emperadores romanos, Egipto fue el granero de Roma.

La religión egipcia es sumamente compleja y no se ha llegado a entender en su totalidad. Muchos de los numerosos dioses que había eran personificaciones de las potentes fuerzas naturales en Egipto, como por ejemplo el sol, el Nilo, el aire, la tierra. Otros dioses, por ejemplo Maat ("verdad", "justicia"), personificaban conceptos abstractos. Y otros regían sobre estratos de la humanidad, por ejemplo Osiris, dios de los infiernos (o de los muertos). Algunos dioses tenían forma de animales, como por ejemplo el toro Apis, que representaba al dios Ptah de Menfis.

A muchas de las deidades principales se las asociaba con ciudades o regiones particulares, y su posición a menudo era uno de los factores de la situación política. Amen, que luego se llamó Amen-Ra, se convirtió en el dios principal del imperio en vista de la posición de Tebas. La confusión de creencias locales y circunstancias políticas llevó a la asimilación de diferentes dioses con ciertas figuras de autoridad. En Hermópolis, Menfis y Heliópolis se establecieron sistemas teológicos en base a dioses locales. En Menfis, a Ptah se lo veía como la deidad suprema que creó con su palabra a los otros dioses. Se alcanzaba autoridad con el sistema de Heliópolis, el hogar del dios sol Atum, a quien más tarde se identificó con Ra. Este sistema incluía un caos primitivo a partir del cual apareció Atum, de quien nacieron los otros dioses.

Entre la gente resultaba popular el mito de Osiris. Este ciclo se convirtió en el principio de la dignidad real divina. Cuando moría el faraón, se lo adoraba como Osiris. Cuando el heredero legítimo sepultaba al Osiris que había muerto, el nuevo faraón se convertía en el Horus viviente.

La constante provisión del Nilo le dio a los egipcios una perspectiva generalmente optimista de la vida, en contraste con los pueblos de Mesopotamia. Esto se refleja en la preocupación de los egipcios por la vida después de la muerte, que se consideraba la continuación ideal después de la vida en la tierra. En el antiguo reino, disfrutar la inmortalidad era sólo prerrogativa del rey, que era un dios. Sin embargo, la popularidad del culto a Osiris fue muy grande, y posteriormente se hacía referencia a cualquier persona muerta diciendo que era "Osiris tal o cual".

Para ayudar a los muertos en la vida después de la muerte, en la tumba se incluían textos mágicos. En el nuevo reino y épocas posteriores, los textos mágicos conocidos con el nombre de "El libro de los muertos" se escribían en papiro y se colocaban en el ataúd. Viñetas con imágenes muestran, entre otras cosas, a un fallecido en una especie de juicio donde a su corazón se lo sopesa con la verdad. Esto indica cierto concepto de pecado, pero para los egipcios la vida después de la muerte no era algo que ofrecía un dios de gracia; era simplemente una esperanza optimista basada en la observación del entorno.

La Biblia no menciona dioses egipcios, y la religión egipcia no tuvo gran influencia en los hebreos. Un himno a Atón de la época de Amarna tiene similitudes con el Sal. 104, pero es improbable que haya existido una adopción directa. Más notables aún son los paralelos en la literatura sapiencial, como por ejemplo Prov. 22 y la instrucción egipcia de Amenemopet.

EGLÓN (1) Rey moabita que oprimió a los israelitas durante 18 años (Jue. 3:12); finalmente el juez benjamita Aod lo mató dándole una puñalada al obeso monarca. (2) Ciudad cananea cuyo rey hizo alianza contra Gabaón junto con otros cuatro gobernantes cananeos (Jos. 10:3; 15:39).

EJERCICIOS FÍSICOS La Biblia habla brevemente del ejercicio físico. Primera Timoteo 4:8 reconoce el valor del entrenamiento físico del cuerpo, pero lo subordina al valor mayor que tiene la piedad.

Como el cuerpo humano fue creado por Dios, las personas deben cuidar sus cuerpos. Esto es especialmente cierto para los cristianos, cuyos cuerpos son templos del Espíritu Santo (1 Cor. 6:19), los cuales han de ser presentados ante Dios como sacrificios vivos (Rom. 12:1). Usando la imagen de un atleta que corre, el apóstol Pablo habla de la necesidad de golpear su cuerpo y someterlo a fin de que tome parte en la carrera de la vida (1 Cor. 9:24-26).

EJÉRCITO Personal militar de una nación que está organizado para la batalla. Israel reconocía que había ira divina cuando Dios no iba con los ejércitos israelitas (Sal. 44:9).

Los ejércitos se organizaban de diferentes maneras. Los patriarcas llamaban a siervos y a otros integrantes de la familia (Gén. 14). A veces las tribus se unían a fin de tomar territorios (Jos. 1-12; Jue. 1:3; 4:6). Saúl primero estableció un ejército profesional permanente en Israel (1 Sam. 13:2), y luego nombró a un comandante profesional (1 Sam. 17:55). David aparentemente contrató tropas extranjeras que le eran leales (2 Sam. 9:18; 15:18). Salomón añadió carros y caballería a los soldados de infantería (1 Rey. 10:26). El ejército estaba organizado en varias unidades, cada una de las cuales tenía oficiales, pero no se puede determinar cuál era la precisa cadena de mando (2 Crón. 25:5).

EJÉRCITO DE LOS CIELOS El ejército que Dios comanda, compuesto ya sea por cuerpos celestiales (el sol, la luna, las estrellas) o por ángeles.

Se creía que los cuerpos celestiales estaban organizados como los cuerpos militares terrenales. El sol, la luna y las estrellas eran un "ejército" (Gén.

2:1). Dios con su aliento creó este ejército (Sal. 33:6) y preservó su existencia (Isa. 40:26). Él le advirtió a Israel sobre el peligro de adorar a los cuerpos celestiales (Deut. 4:19) y prescribió la pena de muerte para el delito de adorar al sol, a la luna o a cualquier porción del "ejército del cielo" (Deut. 17:2-7). Desafortunadamente Israel y Judá cedieron a la tentación, especialmente durante el período de influencia asiria y babilónica (2 Rey. 17:16-23; 21:3,5).

Manasés, rey de Judá (697-642 a.C.), construyó altares en Jerusalén para todo el ejército de los cielos (2 Rey. 21:5), un esfuerzo que Josías revirtió (2 Rey. 23:7).

Israel hizo comparaciones entre su Dios y los dioses de Canaán y Babilonia. A Jehová se lo veía como a un rey que presidía sobre el concilio celestial, que estaba compuesto por seres angelicales a quienes a veces se llama "ejército de los cielos" o "hijos de Dios" (1 Rey. 22:19; comp. Job 1-2). Ver *Ángel; Hijos de Dios.*

EL Palabra genérica hebrea para hablar de Dios; sinónimo de Elohim; nombre del dios más importante entre los cananeos. Ver *Canaán, Historia y Religión de; Nombres de Dios.*

ELA (*"roble"*, *"árbol poderoso"* o *"encina"*) (1) Jefe de familia descendiente de Esaú (Gén. 36:41) y por lo tanto edomita. (2) Valle en dirección este-oeste al norte de Soco, donde Saúl y su ejército establecieron líneas de batalla contra los filisteos (1 Sam. 17:2; ver 21:9). (3) Rey de Israel (886-885 a.C.) que fue muerto mientras estaba borracho durante la rebelión que con éxito lideró Zimri, su general (1 Rey. 16:6-14). (4) Padre de Oseas; encabezó una rebelión y se convirtió en rey de Israel (732-723 a.C.; 2 Rey. 15:30). (5) Hijo de Caleb y padre de Cenaz de las familias de

Judá (1 Crón. 4:15). (6) Jefe de un clan de la tribu de Benjamín que se estableció en Jerusalén después del exilio (1 Crón. 9:8).

ELAM Seis hombres además de: (1) Hijo de Sem, uno de los hijos de Noé (Gén. 10:22; 1 Crón. 1:17); le puede haber dado su nombre a la región conocida como Elam. (2) Región en el extremo occidental de la antigua Persia, el actual Irán. Los montes Zagros están al este y al norte, mientras que el golfo Pérsico está al sur y el río Tigris al oeste. La antigua capital de la zona fue Anshan; más tarde fue Susa, fundada aprox. en el 4000 a.C. Aparentemente los elamitas inventaron las tablas de arcilla, que se convirtieron en elemento corriente de escritura. Sargón de Acadia la sometió alr. del 2300 a.C. Pronto los elamitas saquearon Ur y nombraron a un rey elamita en Esnunna. La presencia elamita continuó en Babilonia hasta la época de Hammurabi alr. del 1700 a.C. Después de Hammurabi, los casitas invadieron Elam y gobernaron hasta aprox. el 1200 a.C. Durante el siglo siguiente, el poder de Elam llegó a su clímax. Toda la región oriental de Irán les pertenecía. Una vez más los babilonios terminaron con el poder elamita. Asurbanipal de Asiria tomó Susa en el 641 a.C. Tal vez en ese momento haya trasladado a algunos elamitas a Samaria (Esd. 4:9). A medida que Asiria se debilitó, Elam y Anshan se convirtieron en parte del reino de los medos. Es así que participaron con los babilonios en la derrota del imperio asirio.

Abraham peleó con Quedorlaomer, rey de Elam, para asegurar el regreso de Lot y de otros (Gén. 14). Isaías prometió que Dios habría de rescatar a su pueblo de manos elamitas (Isa. 11:11; comp. 21:2; 22:6; Jer. 25:25; 49:34-39; Ezeq. 32:24). En Pentecostés hubo participación de hombres de Elam (Hech. 2:9). Ver *Persia; Ciro; Asiria.*

ELAT (*"carnero"*, *"árboles poderosos"* o *"encina"*) o **ELOT** Ciudad portuaria en el extremo norte del mar Rojo, que marca el final del Camino del rey y el Camino del mar Rojo (Deut. 2:8; 2 Rey. 14:22; comp. 1 Rey. 9:26; 2 Crón. 8:17-18). Los arqueólogos por lo general han identificado Elat como otro nombre para Ezión-geber, y la han ubicado en tell el-Kheleifeh. Trabajos arqueológicos más recientes han tratado de mostrar que Ezión-geber era la ciudad portuaria en la isla de Jezirat Faraun. Elat, entonces, sería una base continental. Ver *Ezión-geber.*

ELDAD (*"Dios amó"*) Junto con Medad, uno de los 70 ancianos de Israel que escogió Dios para ayudar a Moisés, pero ninguno de los dos se encontró con los otros en el tabernáculo. Aun así, el Espíritu descendió sobre Eldad y Medad, y profetizaron. Josué intentó detenerlos, pero Moisés oró pidiendo que todo el pueblo pudiera tener el Espíritu (Núm. 11:16-29).

ELEALE (*"Dios subió"* o *"tierra alta"*) Pueblo moabita que Rubén pidió de Moisés y que reforzó (Núm. 32:3,37); moderno el-Al, 1,5 km (una milla) al norte de Hesbón en una planicie fértil. Ver Isa. 15:4; 16:9; comp. Jer. 48:34.

ELEAZAR (*"Dios ayuda"*) Ocho personas, incluyendo al tercer hijo de Aarón (Ex. 6:23) y sumo sacerdote de Israel (Núm. 20:28); antepasado del escriba Esdras (Esd. 7:5); presente cuando Moisés encomendó a Josué (Núm. 27:22); figura principal con Josué en la distribución de tierras a las tribus de Israel (Jos. 14:1). Eleazar fue sepultado en un collado que pertenecía a su hijo Finees (Jos. 24:33). Ver *Aarón; Sumo sacerdote.*

ELECCIÓN Plan divino para salvar a su pueblo y al mundo. La elección incluye todo el espectro de actividad divina desde la creación —la decisión de Dios para crear el mundo de la nada— hasta el fin de los tiempos, y la tierra nueva y el cielo nuevo. La Biblia usa palabras como "escoger", "predestinar", "predeterminar", "determinar" y "llamar" para indicar que Dios ha entrado en una relación especial con ciertas personas y grupos, a través de quienes ha decidido cumplir su propósito en la historia de la salvación.

La doctrina de la elección tiene sus raíces en la convicción de que, de entre todos los pueblos de la tierra, Dios ha elegido a Israel para revelarse de manera especial y singular. Hay cinco ideas centrales en el AT que presentan la elección divina de Israel.

1. La elección es resultado de la iniciativa soberana de Dios.

2. Israel describió su singular relación con Dios como un *pacto*, no un contrato entre partes iguales sino un vínculo establecido por el favor y el amor inmerecido de Dios (Deut. 7:6-7).

3. Dios eligió a ciertos individuos para cumplir funciones específicas, aunque de modos diferentes y para varios propósitos: Abraham (Neh. 9:7), Moisés (Sal. 106:23), Aarón (Núm. 16:1-17:13), David (Sal. 78:70), Salomón (1 Crón. 28:10) y Zorobabel (Hag. 2:23). Jeremías creyó que Dios lo había elegido y lo había apartado como profeta aún antes de su nacimiento (Jer. 1:4-5).

4. La elección de Israel nunca debió ser pretexto para el orgullo, sino una oportunidad para el servicio (Isa. 42:6; comp. Jer. 7:1-14; Amós 3:2; Jonás).

5. Escritos posteriores del AT, y especialmente literatura intertestamentaria, tenían la tendencia de identificar a los "escogidos" con el "remanente" fiel y verdadero del pueblo de Dios. Al nacimiento del Mesías se lo considera la marca del amanecer del tiempo de salvación para el remanente (Ezeq. 34:12-13,23-31; Miq. 5:1-2).

Los cristianos primitivos se veían a sí mismos como los herederos de la elección de Israel (1 Ped. 2:9). Ciertos individuos son escogidos por Dios: los 12 apóstoles (Luc. 6:13), Pedro (Hech. 15:7), Pablo (Hech. 9:15) y Jesús mismo (Luc. 9:35; 23:35). Los Evangelios sinópticos siempre ubican el término "escogidos" en un contexto escatológico (Mar. 13:20). Muchas de las parábolas de Jesús (Mat. 20:1-16; 22:1-14) ilustran la soberanía de Dios en la salvación. Jesús es el Mediador inequívoco de la elección (Juan 15:16; comp. 17:5,12). Aunque con la traición de Judas se cuestiona su posición como uno de los elegidos, ni siquiera esta acción de su parte pudo obstaculizar el cumplimiento del plan divino de salvación.

Romanos 8:28-39 presenta la elección divina como el fundamento y la seguridad de la esperanza de un cristiano. Romanos 9-11 habla del rechazo de Israel hacia Cristo y de que, en el propósito de Dios, esto fue motivo para que los creyentes gentiles entraran en el pacto. Efesios 1:1-12 señala que Cristo es el centro de la elección: Dios nos ha escogido en Cristo antes de la fundación de mundo. Nuestra elección ha sido en Cristo y sólo en Cristo. Como el Hijo eterno, junto al Padre y al Espíritu Santo, Él es el Dios que escoge; como el Mediador encarnado que está entre Dios y la humanidad, Él es el escogido. Nunca debemos hablar de predestinación independientemente de esta verdad central.

Pablo amonestó a los tesalonicenses a dar gracias por haber sido escogidos (2 Tes. 2:13), mientras que Pedro nos exhortó a hacer firme nuestra "vocación y elección" (2 Ped. 1:10).

La predestinación no niega la necesidad de arrepentimiento humano y de fe; más bien, establece la posibilidad de ambas cosas. Dios ha escogido la predicación como medio para despertar fe en los escogidos (1 Cor. 1:21). Debemos proclamar el evangelio a todos sin excepción, sabiendo que sólo el Espíritu Santo puede convencer, regenerar y justificar.

Algunos pasajes bíblicos (Rom. 9:11-22; 2 Cor. 2:15-16) presentan a Dios como un alfarero que ha creado vasijas de misericordia y vasijas de destrucción. Pero la Biblia también enseña que Dios desea que no se pierda nadie sino que todos sean salvos (Juan 3:16; 2 Ped. 3:9). No podemos llegar a entender cómo todo lo que dice la Biblia sobre la elección se ajusta a un prolijo sistema lógico. Nuestra tarea es hablar del mensaje de salvación con todos y estar agradecidos porque hemos sido liberados de las tinieblas a la luz.

Dios nos escogió "para salvación mediante la santificación por el Espíritu Santo" (2 Tes. 2:13). Debemos ocuparnos de nuestra salvación con temor y temblor, aunque sabemos que Dios está obrando en nosotros el querer y el hacer por su buena voluntad (Fil. 2:12-13). La respuesta adecuada a la elección no es orgullo sino gratitud por la maravillosa gracia de Dios que salva eternamente.

ELEGIDA, SEÑORA Destinataria de la segunda epístola de Juan (v. 1); a veces se la considera una persona real, pero probablemente sea una referencia a la congregación de una iglesia local cuyos miembros serían los "hijos" que se mencionan en el mismo versículo. "Tu hermana, la elegida" del v. 13 probablemente sea otra congregación cuyos miembros estaban enviando saludos.

ELHANÁN (*"Dios de gracia"*) Betlemita que mató a Lahmi, el hermano de Goliat (1 Crón. 20:5); en 2 Sam. 21:19 no aparecen las palabras "hermano de", pero comp. 1 Sam. 17:49.

ELÍ (*"alto"*) Sacerdote en Silo que se convirtió en guardián del niño Samuel (1 Sam. 1:3; 3); padre de Ofni y Finees. La muerte de Elí se precipitó por las noticias de la muerte de sus hijos y la captura del arca de Dios por parte de los filisteos (1 Sam. 4:18).

ELÍ, ELÍ, ¿LAMA SABACTANI? (*"Dios mío, Dios mío, ¿por qué me has desamparado?"*) Clamor de Jesús en la cruz; tradicionalmente se lo llama "la cuarta palabra de la cruz" (Mat. 27:46; Mar. 15:34); cita del Sal. 22:1. La forma que hallamos en Marcos, *Eloi*, es más aramea que la forma *Elí* de Mateo, que es más hebraica. Si Jesús habló en hebreo, esto explicaría más fácilmente la confusión de la multitud entre "Dios mío" y "Elías".

Jesús se sintió abandonado al llevar la carga del pecado humano y sufrir la agonía de la crucifixión. Su muerte como rescate por muchos, bien pudo haber ocultado durante un tiempo su sentimiento de cercanía con el Padre, de modo que hasta al morir fue tentado como somos nosotros. Pero en vez de abandonar al Padre en ese momento, clamó a Él en oración.

ELÍAS (*"mi Dios es Jah"*) Profeta cuya tarea comenzó alr. del 875 a.C., de Tisbe de Galaad en el reino del norte. Ver 1 Rey. 17:1-2 Rey. 2:18. En su primer milagro (1 Rey. 17:1), declaró que no habría lluvia ni rocío a menos que él lo ordenara. Inmediatamente se refugió junto al arroyo de Querit, donde recibió alimento por parte de cuervos. En Sarepta resucitó al hijo de una viuda (1 Rey. 17:17-24). En el monte Carmelo y en lo que fue el más grande milagro público de Elías, Dios demostró ser el verdadero Dios contra 450 profetas de Baal y 400 profetas de Asera (1 Rey. 18:19-40) haciendo que cayera fuego del cielo. Luego Elías profetizó que la sequía pronto habría de terminar (1 Rey. 18:41) después de tres años sin lluvia. A Acab se le ordenó huir antes de la tormenta. Elías fue más veloz que el carro del rey y la tormenta, y llegó a Jezreel.

Elías también luchó con el baalismo, representado por Jezabel, la hija de Et-baal, rey de Sidón y Tiro (1 Rey. 16:31) y esposa del rey Acab. Su trato con Nabot mostró la superioridad moral de la fe de Elías (1 Rey. 21).

Para huir de Jezabel, Elías se dirigió al monte Horeb. Con una suave voz el Señor le ordenó ungir a Hazael como rey de Siria, a Jehú como rey de Israel, y a Eliseo como su propio sucesor (1 Rey. 19:1-17).

Al tiempo que Dios se preparaba para llevarse a Elías, Eliseo pidió una doble porción del espíritu de su antecesor, y la recibió (2 Rey. 2:1-12). Luego un carro y caballos de fuego separaron a ambos hombres y Elías fue llevado en un torbellino.

Malaquías prometió que Dios enviaría al profeta Elías "antes que venga el día de Jehová" (Mal. 4:5). De Juan el Bautista se dijo que iría delante del Mesías "con el espíritu y el poder de Elías" (Luc. 1:17; comp. 1:21,25; Mat. 16:14; Mar. 6:15). Elías apareció con Moisés en el monte de la transfiguración para hablar de la "partida" de Jesús (Mat. 17:4; Mar. 9:5; Luc. 9:33). Pablo ilustró el concepto de fidelidad con los 7000 adoradores fieles en la época de Elías (Rom. 11:2-5). A los dos testigos en Apoc. 11:6 no se los identifica por nombre, pero su poder para "cerrar el cielo para que no llueva" hace que muchos lleguen a la conclusión de que se trata de Moisés y Elías.

ELIASIB (*"Dios restituye"* o *"guía de regreso"*) Siete hombres del AT, incluyendo el sumo sacerdote en tiempos de Nehemías. Su nieto se casó con la hija de Sanbalat, quien se oponía firmemente a los esfuerzos de Nehemías (Neh. 13:28); esto posiblemente indica cierta tensión entre Nehemías y los líderes del sacerdocio. Tal vez sea el Eliasib cuyo hijo tenía una cámara en el templo (Esd. 10:6).

ELIFAZ (*"mi Dios es oro"*) (1) Hijo de Esaú; antepasado de jefes de varias familias edomitas (Gén. 36:4,15-16). (2) Uno de los amigos de Job, originario de Temán en Edom (Job 2:11).

ELIMINADO, REPROBADO Traducción del término griego *adokimos* para hacer alusión a prueba en combate, condiciones para un cargo, o prueba de metales para asegurarse de que sean genuinos. Como un llamado a que otros hicieran lo mismo Pablo usó su propio ejemplo de disciplina personal para asegurarse que su predicación demostrara ser real en la vida (1 Cor. 9:27; comp. 2 Cor. 13:5-7; 2 Tim. 3:8; Tito 1:16; Heb. 6:8). Él no quería ser eliminado como un metal impuro ni descalificado como soldado o candidato indigno.

ELISA Toda la isla de Chipre, o parte de ella, que exportaba cobre y púrpura (Ezeq. 27:7). Otros la identifican con Haghio Kyrko en Creta. Los griegos establecieron una colonia en Chipre alr. del 1500 a.C. Esto explicaría la relación de Elisa como hijo de Javán (o los griegos) en la tabla de las naciones (Gén. 10:4). Comp. 1 Crón. 1:7.

ELISABET (*"mi Dios es buena fortuna"* o *"mi Dios ha hecho un juramento"*) Madre de Juan el Bautista; descendía de Aarón; esposa estéril del sacerdote Zacarías: ambos son notables ejemplos de piedad y devoción al Señor (Luc. 1:5-6). Ver *Juan* punto 2; *Anunciación.*

ELISEO (*"mi Dios es salvación"*) Profeta israelita que comenzó su ministerio después de Elías y con una doble medida del espíritu de Elías; aprox. 850 a 800 a.C. (1 Rey. 19:15-21; 2 Rey. 2-9; 13:14-21). Eliseo convirtió aguas malas en aguas puras (2 Rey. 2:19-22). Su reputación pronto adoptó un cariz tan sagrado que quien acosara al profeta recibía un severo castigo (2 Rey. 2:23-24). Usó su poder para proveer a una viuda con abundancia de valioso aceite a fin de que sus hijos no tuvieran que convertirse en esclavos (2 Rey. 4:1-7). Hizo que un potaje venenoso fuera comible (2 Rey. 4:38-41), alimentó a una centena de hombres multiplicando los limitados recursos que había (2 Rey. 4:42-44), y de manera milagrosa proporcionó agua para sedientos ejércitos (2 Rey. 3:13-22). Una vez hizo que un hacha de hierro flotara (2 Rey. 6:5-7). A través de él Dios le dio un hijo a una mujer sunamita estéril. Luego, el poder de Dios a través de Eliseo resucitó a ese niño de los muertos (2 Rey. 4:8-37). Él sanó a Naamán el leproso (2 Rey. 5:1-27). En la guerra entre Siria e Israel, los soldados sirios fueron cegados, y luego pudieron ver. Finalmente la intervención divina frustró por completo el sitio de Samaria por parte de los sirios (2 Rey. 6:8-7:20). Cuando el cadáver de un hombre fue arrojado a la tumba de Eliseo y tocó los huesos de éste, el hombre "revivió, y se levantó sobre sus pies" (2 Rey. 13:21). Eliseo jugó un papel muy importante para que Hazael fuera rey de Siria (2 Rey. 8:7-15) y en la unción de Jehú como rey de Israel (2 Rey. 9:1-13).

ELIÚ (*"él es Dios"*) Cinco hombres del AT, incluyendo al hijo de Baraquel buzita, que se dirigió a Job (caps. 32-37) después que sus primeros tres amigos hubieron terminado. Ver *Job*.

ELOI Transliteración griega del aramaico *elohi*, "mi Dios". Ver *Elí, Elí, ¿lama sabactani?*

ELTEQUE (*"lugar de encuentro"* o *"súplica por lluvia"*) Ciudad en Dan (Jos. 19:44) asignada a los levitas (Jos. 21:23); ubicación incierta.

ELUL Sexto mes del año hebreo; nombre tomado del acadio; incluía partes de agosto y septiembre. Ver Neh. 6:15; *Calendarios*.

EMANUEL (*"Dios con nosotros"*) Nombre que en la profecía de Isaías al rey Acaz (Isa. 7:14) llevaría un hijo que estaba por nacer; se cumplió en el nacimiento de Jesús (Mat. 1:22-23). Cuando el rey Acaz se negó a mostrar fe y le pidió a Dios una señal (Isa. 7:10-12), Isaías le dio la señal del nacimiento de Emanuel, y para ello usó la forma tradicional de anunciar un nacimiento (Isa. 7:14; comp. Gén. 16:11; Jue. 13:3,5). El idioma hebreo aparentemente indica que tanto el profeta como el rey esperaban un cumplimiento inmediato. Estudios recientes han señalado a la esposa de Acaz como la mujer de quien se esperaba naciera el niño, demostrando que Dios seguía estando con la dinastía davídica aun en medio de severas amenazas por parte de Asiria. Tal señal daría esperanza a un rey que confiaba en Dios, pero sería una amenaza constante para un rey que siguiera su propio camino y estrategia. El significado doble de la señal de Emanuel vuelve a aparecer en Isa. 8:8. El ejército asirio iba a inundar la tierra hasta que Judá estuviera totalmente inmersa en angustia y sólo pudiera clamar: "oh Emanuel"; un clamor que confiesa que Dios está con nosotros en ira destructora, pero al mismo tiempo una oración en la que se pide y espera la intervención divina. Isaías prosiguió con un llamado a las naciones a sucumbir en la batalla en vista de Emanuel: Dios con nosotros (8:10).

La Biblia anuncia el gran cumplimiento en Jesucristo (Mat. 1:22-23). Jesús no fue simplemente una señal de Dios con nosotros: Jesús era Dios hecho carne, Dios encarnado, literalmente Dios con nosotros. Ver *Encarnación*.

EMAÚS (*"baños calientes"*) Aldea a unos 11 km (7 millas) de Jerusalén; destino de dos discípulos de Jesús en el día de la resurrección (Luc. 24:13). Ver *Resurrección*.

EMBAJADOR Representante de una corte real ante otra. Ver 2 Crón. 32:31; 35:21; Prov. 13:17; Isa. 30:4; 33:7; 57:9; Ezeq. 17:15; Jer. 49:14; Abd. 1; posiblemente Jos. 9:4. Pablo se consideraba a sí mismo, aun en la cárcel, un embajador del Rey divino (Ef. 6:20; comp. 2 Cor. 5:20).

EMBOSCADA Táctica militar en que se esconden tropas para un ataque sorpresivo mientras se lleva a cabo una batalla normal con otras tropas (Jos. 8; Jue. 9:25,43-45; 20:29-43; 1 Sam. 15:5; 2 Crón. 13:13; comp. Os. 6:9). Los salmistas pedían la ayuda de Dios contra personas malvadas que trataban de sorprenderlos con una emboscada (Sal. 10:8; 59:3; 64:4; comp. Prov. 1:11,18; Lam. 4:19). Jeremías acusó a su pueblo de una emboscada espiritual unos contra otros (Jer. 9:8; ver 51:12). Un sobrino de Pablo lo salvó de los planes judíos de tenderle una emboscada (Hech. 23:12-33; 25:3).

EMITAS (*"que atemorizan"*) Antiguos gigantes (Deut. 2:10-11; comp.

Gén. 14:5); nombre identificado con un lugar en el norte de Moab, Savequiriataim. Ver *Refaítas*.

EMPADRONAR Ver *Censo*.

EMPERADOR, CULTO AL Durante los reinados de Nerón, Domiciano y otros emperadores romanos, la persecución a los cristianos resultó severa en vista de burdas equivocaciones sobre la práctica de la fe cristiana. Cuando alguien era sospechoso de ser cristiano, simplemente debía espolvorear unos pocos granos de incienso para el sacrificio en la llama eterna que ardía frente a la estatua del emperador. Muchos cristianos transigían. Muchos no lo hacían y eran quemados vivos, matados por leones en el circo romano o bien crucificados. La adoración de la bestia en Apoc. 13 habla de una bestia a quien se le da autoridad para gobernar. Se hace una imagen de la bestia y se ordena a todos que la adoren (13:4,12,14-15).

ENANO Persona de tamaño anormalmente pequeño, en especial alguien con proporciones corporales anormales. La palabra hebrea (Lev. 21:20) se usa en Gén. 41:3,23 para describir a las vacas flacas y a las espigas marchitas. Las antiguas versiones griega y latina entendían que el término hablaba de cierto tipo de trastorno ocular.

ENCANTAMIENTO Los encantadores de serpientes conocían "palabras mágicas" o "actos mágicos" para evitar que las serpientes venenosas dañaran a la gente (Sal. 58:4-5; Ecl. 10:11; Jer. 8:17).

ENCARNACIÓN Dios haciéndose ser humano; la unión de la divinidad y la humanidad en Jesús de Nazaret. Encarnación habla de la afirmación de que Dios se hizo hombre sin que por ello dejara de ser el Dios que se reveló a sí mismo a la humanidad para que ésta fuera salva (Juan 1:14). Jesús de Nazaret es el Verbo encarnado, el Hijo de Dios encarnado. Como Dios-Hombre, Él es el mediador entre Dios y los hombres; como el Hombre-Dios, Él representa a los seres humanos ante Dios. Al unirse a Él por la fe, hombres y mujeres —como hijos adoptados por Dios— participan en la relación filial de Jesús con Dios el Padre.

Jesús se refirió a sí mismo diciendo que era un hombre (Juan 8:40; comp. Hech. 2:22). Las dos genealogías de Jesús sirven como testimonio de su ascendencia humana (Mat. 1:1-17; Luc. 3:23-37). Jesús se atribuyó a sí mismo cuerpo y alma, elementos normales de los seres humanos (Mat. 26:26,28,38). Él creció y se desarrolló de acuerdo a los aspectos normales del desarrollo humano (Luc. 2:40). Durante su ministerio terrenal Jesús mostró necesidades fisiológicas normales: cansancio (Juan 4:6), sueño (Mat. 8:24), comida (Mat. 4:2; 21:18) y agua (Juan 19:28). Además junto a las características físicas humanas en Él también había características emocionales: gozo (Juan 15:11) y tristeza (Mat. 26:37), compasión (Mat. 9:36) y amor (Juan 11:5), y justa indignación (Mar. 3:5). En Getsemaní Él oró pidiendo fuerzas emocionales y físicas para enfrentar las horas críticas que seguirían. Transpiró como lo hace alguien que está bajo gran esfuerzo físico (Luc. 22:43-44). Luego murió una muerte muy real (Mar. 15:37; Juan 19:30). Cuando le atravesaron el costado con una lanza, de su cuerpo salió sangre y agua (Juan 19:34). Jesús se consideró a sí mismo un ser humano, y quienes fueron testigos de su nacimiento, crecimiento, ministerio y muerte también lo vieron como alguien plenamente humano.

Su humanidad era perfecta, una humanidad única y singular. Jesús fue concebido de manera sobrenatural y nació de una virgen (Luc. 1:26-35). Jesús no tuvo pecado (Juan 8:46; comp. 2 Cor. 5:21; 4:15). Era Dios mismo (Juan 6:51; 10:7,11; 11:25; 14:6; 15:1; especialmente 8:58). En Él habitaba la plenitud de Dios (Col. 1:19; comp. Juan 20:28; Tito 2:13). Jesús era consciente de su condición divina (Juan 10:30; 12:44-45; 14:9). Al pronunciar los "Yo soy", se hizo igual al Dios que se apareció a Moisés en la zarza ardiente (Ex. 3:14). Él era preexistente (Juan 1:1-2; ver también Juan 1:15; 8:58; 17:5; Fil. 2:5-11). Jesús logró hacer cosas y declaró tener una autoridad que sólo son posibles en la Deidad. Él perdonó pecados (Mat. 9:6) y envió a otros a llevar a cabo su mandato, declarando tener toda autoridad "en el cielo y en la tierra" (Mat. 28:18-20). Jesús es el único camino a la vida eterna, algo que sólo se le puede atribuir a la Deidad (Juan 3:36; 14:6; comp. Hech. 4:12; Rom. 10:9). Él es digno del honor y la adoración que sólo se debe ofrecer a Dios (Juan 5:23; Heb. 1:6; Fil. 2:10-11; Apoc. 5:12). Él es el agente de la creación (Juan 1:3) y el Mediador de la providencia (Col. 1:17; Heb. 1:3). Él resucitó muertos (Juan 11:43-44), sanó a los enfermos (Juan 9:6), y subyugó a demonios (Mar. 5:13). Él llevará a cabo la resurrección final de la humanidad, ya sea para juicio o para vida eterna (Mat. 25:31-32; Juan 5:27-29).

Los títulos que se le otorgan a Jesús proporcionan evidencia concluyente para certificar que, como lo declara el NT, Él es Dios. Jesús es "Señor" (Fil. 2:11), "Señor de señores" (1 Tim. 6:15), "Señor de gloria" (1 Cor. 2:8), "el Mediador" (Heb. 12:24) y también es "Dios sobre todas las cosas, bendito por los siglos" (Rom. 9:5). Además, en forma repetida el NT conecta el nombre "Dios"

con Jesús (Juan 1:18; 20:28; Hech. 20:28; Rom. 9:5; 2 Tes. 1:12; Tito 2:13; Heb. 1:8; 2 Ped. 1:1; 1 Juan 5:20).

Después de siglos de debate, el Concilio de Calcedonia (451 d.C.) declaró que Jesús era una persona con dos naturalezas, una humana y una divina. Ver *Cristo*.

ENCINA DE LOS ADIVINOS Lugar visible desde la puerta de Siquem (Jue. 9:34-37). El árbol formaba parte de un santuario. Tal vez sea el árbol asociado con Abraham (Gén. 12:6), Jacob (Gén. 35:4) y Josué (24:26). Comp. Deut. 11:30; Jue. 9:6. Bien puede haber tenido un papel preponderante en la adoración cananea en Siquem antes que Israel tomara control del antiguo lugar de culto.

EN-EGLAIM (*"manantial de los dos becerros"*) Manantial cerca del mar Muerto donde Ezequiel predijo un milagro: las aguas saladas se convertirían en aguas dulces y el lugar sería un paraíso de la pesca (Ezeq. 47:10); aparentemente Ain Feshcha en la ribera occidental del mar Muerto.

ENEMIGO Adversario; alguien que odia y procura dañar a otro; un contrincante o una fuerza hostil, sea una nación o un ejército. A los enemigos de Israel por lo general se los consideraba enemigos de Dios puesto que Israel era el pueblo de Dios (Ex. 23:22; comp. Amós 1).

Jesús nos enseñó a amar a nuestros enemigos y a buscar el bien de ellos (Mat. 5:43-47; comp. Prov. 24:17; 25:21). Una persona que desobedece los mandamientos divinos es enemiga de Dios (Rom. 5:10). Job sintió que Dios se había convertido en su enemigo (Job 13:24). Dios ha proporcionado perdón en la vida, muerte y resurrección de Jesucristo.

A Satanás se lo llama el "adversario" (1 Tim. 5:14-15). El enemigo peor (y final) es la muerte misma (1 Cor. 15:24), a quien todos tememos porque es algo definitivo y su naturaleza nos resulta desconocida. Jesús abolió la muerte de una vez y para siempre (2 Tim. 1:10). Ver *Muerte.*

ENFERMEDADES Defectos físicos o mentales que limitan el funcionamiento humano y disminuyen la calidad de vida. Quienes vivían en la época de la Biblia tenían medios limitados para diagnosticar enfermedades y para tratarlas. Las principales herramientas de diagnóstico eran la observación y el examen físico superficial. Las enfermedades a menudo se atribuían al pecado o a maldición por parte de un enemigo. Las enfermedades aparecían en forma repentina y tenían resultados devastadores. La expectativa de vida era corta.

La literatura del antiguo Cercano Oriente contiene numerosas referencias a médicos y a la práctica de la medicina. Lulu, un médico sumerio, vivió en Mesopotamia aprox. en el 2700 a.C. Unas pocas décadas después, un egipcio famoso llamado Imhotep se hizo de una reputación como médico y sacerdote. El Código de Hammurabi, de alrededor del 1750 a.C. contiene varias leyes que regulan la práctica de la medicina y la cirugía.

El AT sólo tiene contadas referencias a médicos. Es muy probable que estas personas hayan recibido entrenamiento en Egipto. Se convocó a médicos para embalsamar el cuerpo de Jacob (Gén. 50:2). El rey Asa buscó tratamiento médico para la enfermedad de sus pies (2 Crón. 16:12). Hay también alusiones a médicos pero no desde el punto de vista de la medicina (Jer. 8:22; Job 13:4).

Los antiguos sacerdotes hebreos eran importantes proveedores de servicios médicos. Ellos era responsables de realizar el diagnóstico de enfermedades que pudieran resultar peligrosas para la comunidad (Lev. 13). Sin embargo, los sacerdotes en Israel según parece tenían un rol mínimo en el tratamiento de personas enfermas.

Regiones distantes del Imperio Romano, por ejemplo Palestina, aparentemente contaban con muy pocos médicos preparados, aunque hay poca información sobre la atención médica a nivel profesional fuera de las grandes ciudades. Lo más probable era que las personas nacieran y vivieran sin tratarse nunca con un médico profesional.

Jesús indicó que el propósito de los médicos es tratar a los enfermos (Mat. 9:12; Mar. 2:17; Luc. 5:31; comp. Luc. 4:23). Marcos y Lucas relatan la historia de una mujer a quien los médicos no habían podido sanar (Mar. 5:25-34; Luc. 8:43-48). Lucas era médico (Col. 4:14). Tal vez haya asistido a la escuela de medicina en Tarso, la ciudad nativa de Pablo. Había sitios famosos por ser lugares de sanidad, como por ejemplo el estanque de Betesda (Juan 5:1-15) y el estanque de Siloé (Juan 9:7).

Gran parte de la medicina que se practicaba en la antigua Palestina y en otras regiones remotas del Imperio Romano probablemente no fuera medicina profesional. Las mujeres, que aprendían con la experiencia, actuaban como parteras. Algunos se hacían expertos en ensalmar huesos quebrados. En la mayoría de los casos, era tarea de la familia aplicar sus propios remedios tradicionales, quizás consultando con alguien a quien se conociera por su éxito en el tratamiento de varios males. A pesar de las obvias limitaciones médicas, muchos de los pacientes se recuperaban; y muchos de los remedios que se usaban tenían éxito.

Con excepción de los relatos sobre milagros de sanidad, la Biblia contiene escasa información sobre el tratamiento de enfermedades. La antigua literatura babilónica, egipcia, griega y romana echa un poco de luz al respecto. Una tableta de arcilla sumeria de aprox. 2200 a.C. contiene 15 recetas médicas. La mayoría de los remedios derivaban de tres fuentes: (1) distintas plantas; (2) sustancias obtenida de animales, como por ejemplo sangre, orina, leche, pelo y caparazones de moluscos y hueso molidos (3) productos minerales incluyendo sal y betún natural. Estos remedios a menudo iban acompañados de ritos mágicos, encantamientos y oraciones. No existía una línea definida entre religión, superstición y ciencia.

Los pueblos de la antigüedad trataban de poner en cuarentena a los enfermos, y trataban de evitar que éstos tuvieran estrecho contacto con individuos sanos (Lev. 13). La palabra hebrea traducida "lepra" en Lev. 13 es una término general para indicar varias erupciones cutáneas. Aunque la verdadera lepra era conocida en la antigüedad, muchas de las personas que comparecían ante los sacerdotes indudablemente sufrían de otras (y más comunes) infecciones de la piel, causadas por alguna bacteria o un hongo. En base a la observación repetida, los sacerdotes tenían el deber de determinar cuáles eran las erupciones peligrosas. Además tenían la autoridad para aislar de la comunidad a las personas con posibles enfermedades peligrosas.

El rey Ezequías (Isa. 38) sufrió de una "llaga" muy seria (v. 21; ver la misma palabra hebrea en Job 2:7 y para erupciones en hombres y animales, Ex. 9:8-11; comp. Lev. 13:18-20; Deut. 28:27), casi con certeza un tipo de infección cutánea bacteriana aguda. Estas peligrosas infecciones podían resultar mortales. La enfermedad de Ezequías fue tratada con una cataplasma de higos (Isa. 38:21), que probablemente se aplicó a modo de compresa caliente. Josefo, el historiador judío del primer siglo, declaró que Herodes el Grande pasó sus últimos días en su palacio de invierno en Jericó, procurando aliviar su intenso sufrimiento con baños calientes (los médicos lo bañaban en aceite tibio).

El tratamiento médico a menudo usaba distintas clases de bálsamo y ungüentos (Isa. 1:6; Luc. 1:34). El aceite de oliva era de uso generalizado, ya sea solo o como ingrediente de ungüentos. El aceite llegó a ser símbolo de medicina, y se lo usaba juntamente con la oración (Mar. 6:13; Sant. 5:14).

Las hierbas y las plantas eran los productos más populares de la medicina antigua; se aplicaban al cuerpo como cataplasma o se tomaban oralmente. El incienso puro y la mirra —gomorresinas obtenidas de árboles— se usaban mucho para tratar una variedad de enfermedades, aunque se utilizaban con más frecuencia para perfumes e incienso. Algunos remedios de plantas pueden haber sido nocivos, y hasta venenosos (2 Rey. 4:39-41). Unos pocos tal vez hayan sido beneficiosos.

Al vino por lo general se lo consideraba con valor medicinal. Se utilizaba para aliviar desórdenes estomacales e intestinales (1 Tim. 5:23) y para tratar una cantidad de problemas físicos. A la cerveza se la usaba ampliamente en la preparación de varios remedios, especialmente por parte de los babilonios.

En Lev. 21:17-21 "defecto" significa deformidad o mácula. Una persona con defecto no podía ejercer el sacerdocio. Una mano o un pie fracturados descalificaban a la persona para el sacerdocio (Lev. 21:19). Las deformaciones congénitas incluían partes corporales adicionales, como por ejemplo seis dedos en los pies

(2 Sam. 21:20). Los enanos no podían realizar tareas sacerdotales (Lev. 21:20). Los jorobados eran tales por lesiones en la columna (Lev. 21:20). Esta deformidad era común en muchachas que por lo general llevaban pesadas cargas en sus hombros o caderas. "Lisiado" (2 Sam. 4:4) indicaba a alguien con limitaciones para caminar, sea que esta incapacidad fuera resultado de un defecto congénito, amputación o deterioro físico. Durante los tiempos bíblicos era común la ceguera (Deut. 28:28) causada por infecciones en los ojos. El calor, el polvillo, la luz solar y los hábitos no higiénicos ayudaban en la propagación de enfermedades oculares, que a menudo terminaban en ceguera.

La sordera o la mudez daban como resultado incapacidad para hablar u oír (Mar. 7:32). Ciertos tipos de sordera eran temporarios (Luc. 1:20). "Enfermedad" es un término con el significado general de debilidad o incapacidad corporal (Juan 5:5; 1 Tim. 5:23).

La parálisis (Luc. 5:18) a menudo era producto de lesiones en la columna vertebral. Una mano seca (Mat. 12:10) a menudo era consecuencia de que se encogieran los huesos, los músculos, o ambos. Esto daba como resultado pérdida de fuerza motriz o endurecimiento de las articulaciones.

A la enfermedad mental y a la epilepsia por lo general se las asociaban con poderes demoníacos. Al enfermo por lo general se lo aislaba, y en algunos casos hasta se abusaba de él. El rey Saúl llego a estar desequilibrado mentalmente, y la música le resultaba de ayuda (1 Sam. 16:23). El rey Nabucodonosor sufrió una enfermedad mental (Dan. 4), y recobró la cordura cuando reconoció quién era el Dios verdadero.

La esterilidad era una pesada carga en tiempos de la Biblia. Cuando durante una temporada Lea fue estéril, envió a su hijo Rubén al campo para que consiguiera mandrágoras. Raquel, su estéril hermana, también pidió algunas mandrágoras (Gén. 30:9-24), pues en esa época la raíz se usaba mucho para ayudar en la concepción y como narcótico.

La mayoría de los bebés nacían sin asistencia médica. Era comunes las parteras, especialmente en los casos de partos difíciles (Gén. 35:16-21; 1 Sam. 4:19-22). A menudo los bebés nacían mientras sus madres estaban "sobre el lecho del parto" (Ex. 1:16, BLA). Muchas madres y muchos bebés morían durante el parto, o en los primeros días o semanas después del parto a causa de infección, hemorragia, nutrición deficiente y falta de cuidados médicos adecuados. Afortunadamente, la costumbre de amamantar al bebé ayudaba a prevenir algunas enfermedades.

El rey Joram murió de una dolorosa enfermedad intestinal (2 Crón. 21:18-20). El rey Uzías murió de lepra (2 Crón. 26:19-23). El rey Herodes Agripa I murió de cierto mal parasitario (Hech. 12:21-23). Ocozías murió luego de caerse de la parte superior de su casa en Samaria (2 Rey. 1:2-17). Cuando en el mundo antiguo sobrevenían enfermedades o accidentes, la ayuda médica era muy limitada.

La Biblia menciona varias enfermedades con fiebre (Mat. 8:14-15; Juan 4:46-52; Hech. 28:8). En Hechos 28:8 el hombre del relato también tenía disentería. En la mayoría de los casos la fiebre era resultado de enfermedades infecciosas, incluyendo la malaria. Como no había tratamiento efectivo para estas infecciones, el resultado casi siempre era la muerte. Los niños pequeños eran sumamente vulnerables a las enfermedades, y la tasa de mortalidad podía ser elevada (2 Sam. 12:15-18; 1 Rey. 17:17-24;

2 Rey. 4:18-37; Luc. 7:11-15; 8:40-56; Juan 4:46-52).

La circuncisión es el único procedimiento quirúrgico mencionado en la Biblia, y se llevaba a cabo por cuestiones religiosas, no médicas. Además no era el médico quien lo realizaba. A las llagas se las abría con un tajo; los huesos fracturados eran ensalmados; se amputaban brazos y piernas. Se perforaban agujeros en el cráneo para aliviar la presión, y se eliminaban cálculos de la vejiga urinaria. También se realizaban extracciones de dientes. Además, aprox. en el 500 a.C. ya se preparaban dientes postizos usando dientes humanos o de animales.

La sanidad fue uno de los ministerios más importantes de Jesús. Miles acudían a Él, a menudo después de haber tratado todos los remedios disponibles. Jesús tenía poder tanto para perdonar pecados como para sanar (Mat. 9:1-8; comp. Mar. 2:1-12; Luc. 5:17-26).

EN-GADI (*"lugar de la cabra pequeña"*) Importante oasis semitropical a lo largo de la ribera occidental del mar Muerto, a unos 55 km (35 millas) al sudeste de Jerusalén; en el distrito del desierto de Judá (Jos. 15:62); lugar de excelentes dátiles, plantas aromáticas para perfumes y plantas medicinales (Cant. 1:14); principal fuente de bálsamo.

En la época de Abraham, En-gadi, que también recibía el nombre de Hazezon-tamar (2 Crón. 20:2), estaba habitado por amorreos (Gén. 14:7; comp. 1 Sam. 23:29; 24; 2 Crón. 20:1-2; Ezeq. 47:10).

EN-GANIM (*"manantial de jardines"*) (1) Pueblo en la Sefela de Judá (Jos. 15:34); moderno Beit Jemal, unos 3 km (2 millas) al sur de Bet-semes o en 'umm Giina, 1,5 km (una milla) al sudoeste de Bet-semes. (2) Pueblo levita en Isacar (Jos. 19:21;

21:29); moderno Jenín al oeste de Bet-seán y unos 105 km (65 millas) al norte de Jerusalén. Aparentemente Anem (1 Cron. 6:73) es una forma alternativa de escribirlo. Tal vez "la casa del huerto" (2 Rey. 9:27) haga alusión al mismo lugar.

EN-HACORE (*"manantial de la perdiz "* o *"manantial del que llama"*) Lugar en Lehi donde Dios le dio a Sansón agua luego que éste matara a mil filisteos (Jue. 15:18-19).

EN-HADA Ciudad en Isacar (Jos. 19:21); aparentemente el-Hadetheh, unos 10 km (6 millas) al este del monte Tabor.

EN-HAZOR (*"manantial de la aldea cercada"*) Ciudad fortificada en Neftalí (Jos. 19:37); tal vez sea khirbet Hazireh, al oeste de Cades. Otros la ubican al sudoeste de Cades, en la frontera que une Neftalí y Aser.

ENOC (*"dedicado"*) Hijo de Jared que tuvo una comunión tan íntima con Dios que Él lo llevó al cielo sin que muriera (Gén. 5:18; Heb. 11:5; Jud. 14); padre de Matusalén. Al nombre de Enoc se lo asocia con una gran colección de antigua literatura extrabíblica. Ver *Génesis; Resurrección; Apocalíptica, Literatura; Apócrifos, Libros; Pseudoepigráficos, Libros.* (2) Hijo de Caín a quien éste construyó una ciudad y en honor de quien le puso el nombre (Gén. 4:17-18).

ENOJO Ver *Ira.*

ENÓN (*"doble arroyo"*) Sitio donde bautizaba Juan el Bautista mientras Jesús bautizaba en Judea (Juan 3:23). Probablemente en el amplio valle llamado Wadi-Farah, al oeste del Jordán y al nordeste de Nablus.

ENRAMADA Refugio temporario (Jos. 4:5). Después de una invasión, a Israel se la compara con una enramada desierta en una viña (Isa. 1:8;

comp. Job 27:18). Las enramadas de la fiesta de los tabernáculos se hacían de ramas entretejidas (Lev. 23:40-43; comp. Neh. 8:15, tabernáculos).

EN-RIMÓN (*"manantial de la granada"*) Pueblo en Judá (Neh. 11:29) donde vivía gente en la época de Nehemías (aprox. 445 d.C.); khirbet er-Ramamin, unos 3 km (2 millas) al sur de Lahav. Aín y Rimón (Remón) son ciudades separadas en Jos. 15:32; comp. 19:7.

EN-SEMES (*"manantial del sol"*) Pueblo en el límite entre Judá (Jos. 15:7) y Benjamín (Jos. 18:17); ain el-Hod, "el manantial de los apóstoles", unos 3 km (2 millas) al este de Jerusalén en el extremo oriental de Betania.

ENSEÑANZA Ver *Educación en tiempos de la Biblia; Instrucción*.

ENTRAÑAS Traducción para hablar de los intestinos y otros órganos internos (Hech. 1:18). También hace referencia a los órganos sexuales (2 Sam. 16:11; Sal. 71:6) y, figurativamente, a las emociones fuertes (Job 30:27), por ejemplo la compasión y la misericordia (Col. 3:12). Tanto el griego como el hebreo describen las entrañas como el centro de las emociones humanas.

ENVIDIA Dolor o resentimiento por la ventaja que tiene otro, unido al deseo de poseer esa misma ventaja de bienes materiales (Gén. 26:14) o condición social (30:1). Ver Sal. 37:1; 73:3; Prov. 3:31; 24:1,19; Mar. 7:22; Gál. 5:26; 1 Ped. 2:1. La envidia es una característica de los seres humanos en rebelión contra Dios (Rom. 1:29; comp. Gál. 5:21; 1 Tim. 6:4; Tito 3:3; Sant. 4:5-6). La envidia fue el motivo del arresto de Jesús (Mat. 27:18; Mar. 15:10) y de la oposición al evangelio en Hechos (Hech. 5:17; 13:45; 17:5).

A veces la envidia es motivo para hacer el bien (Ecl. 4:4; Fil. 1:15). Ver *Celos*.

EPAFRAS (*"bello"*) Predicador cristiano de Colosas por medio de quien Pablo se enteró de la situación de la iglesia en Colosas (Col. 1:7); compañero de Pablo en la cárcel.

EPAFRODITO (*"favorecido por Afrodita o Venus"*) Amigo y colaborador de Pablo (Fil. 2:25); le entregó al apóstol el regalo enviado por la iglesia en Filipos; se enfermó gravemente cuando estaba con Pablo en la cárcel. Pablo lo envió de regreso a Filipos, instando a la iglesia a recibirlo "con todo gozo" (Fil. 2:29).

EPICUREÍSMO Una escuela de filosofía que surgió en Atenas aprox. en el 300 a.C.; se cree que el fundador fue Epicuro (n. 341 a.C. en la isla griega de Samos). Pablo se encontró con epicúreos al predicar en Atenas sobre Jesucristo y la resurrección (Hech. 17:18). La filosofía epicúrea se centraba en la búsqueda de la felicidad. El placer radica en una vida feliz. Para Epicuro, la felicidad sólo podía lograrse por medio de la tranquilidad y una vida contemplativa. La meta del epicureísmo era obtener un estado mental libre de problemas, evitar los dolores del cuerpo, y en especial la angustia mental. Epicuro creía en dioses, pero sostenía que a éstos no les preocupaba en absoluto la vida o los problemas de los mortales.

EPIFANÍA Aparición o manifestación; festival del cristianismo occidental que se observa el 6 de enero, y que celebra la manifestación de Cristo a los gentiles, la visita de los magos para ver al niño Jesús (Mat. 2:1-12). Los doce días entre Navidad y la Epifanía a veces se denominan "los doce días de Navidad". Gran parte del cristianismo oriental en la Epifanía celebra el bautismo de Jesús, un reconocimiento de su manifestación a la humanidad como el Hijo de Dios (Mar. 1:9-11). Ver *Año eclesiástico.*

EPILEPSIA Trastorno caracterizado por descargas eléctricas errátiles del sistema nervioso central, que dan como resultado convulsiones. En la antigüedad se creía que la epilepsia era provocada por la luna. Muchos intérpretes creen que los síntomas del muchacho en Marcos 9:17-29 eran manifestaciones epilépticas.

EPÍSTOLA Correspondencia escrita. La mayoría de los escritos del NT son epístolas de Pablo, Santiago, Pedro, Juan y Judas. La epístola a los Hebreos es anónima. Ver *Carta.*

EPÍSTOLAS CATÓLICAS Cartas del NT que no le son atribuidas a Pablo y que se escribieron a un público más general no identificable: Santiago; 1 y 2 Pedro; 1, 2 y 3 Juan; Judas.

ERASTO (*"amado"*)(1) Discípulo que Pablo envió con Timoteo desde Éfeso a Macedonia a fin de fortalecer iglesias durante el tercer viaje misionero (Hech. 19:22). (2) Tesorero de la ciudad de Corinto que se unió a Pablo en el saludo a la iglesia en Roma (Rom. 16:23). (3) Discípulo que permaneció en Corinto y no estaba con Pablo cuando éste le escribió a Timoteo (2 Tim. 4:20). Tal vez haya sido la misma persona que *1* o *2* más arriba.

EREC Transliteración hebrea de un nombre geográfico acadio: Uruk, una de las ciudades sumerias más antiguas fundada antes del 3100 a.C.; la moderna Warka, unos 190 km (120 millas) al sudeste de Babilonia y 65 km (40 millas) al noroeste de Ur. La tabla de las naciones en Génesis informa que Nimrod incluía a Erec en su reino (Gén. 10:10). El rey de Asiria Asurbanipal (668-629 a.C.) exilió en Samaria a hombres de Erec aprox. en el 640 a.C. (Esd. 4:9). Gilgamesh, el héroe de los relatos acadios del diluvio, aparece como rey de Erec.

ESAR-HADÓN (*"Asur* [el dios] *ha dado un hermano"*) Rey de Asiria (681-669 a.C.). Ver *2 Rey.* 19:36-37; Esd. 4:2; Isa. 19:4; 37:37-38. Ver *Asiria.*

ESAÚ Hijo de Isaac y Rebeca; hermano mellizo de Jacob y mayor que éste (Gén. 25:22-26,30; 27:1,11,21-23,32,42; 1 Crón. 1:34); padre de la nación edomita (Gén. 26; Deut. 2:4-29; Mal. 1:2-3). Esaú, un extrovertido, era favorito de su padre pues como cazador le proveía de sus comidas favoritas. En un momento en que se hallaba sumamente hambriento, le vendió la primogenitura a Jacob a cambio de comida (Gén. 25:30-34; ver 27:29; Deut. 21:15-17), y perdió la bendición que le correspondía como primogénito cuando Rebeca y Jacob lo engañaron (Gén. 27:1-30). Años después los dos hermanos se reconciliaron (Gén. 33:4-16).

ESCATOLOGÍA Enseñanza sobre las últimas cosas que habrán de suceder en la historia del mundo. Los eventos futuros principales incluyen el regreso de Jesús, el milenio, el juicio final, la resurrección final, y el cielo y el infierno. El cristianismo de la iglesia primitiva estaba enraizado en la paradójica convicción de que las últimas cosas "ya" habían ocurrido, aunque no se habían completado plenamente. Por ejemplo, a la resurrección de Jesús se la consideraba el comienzo de la resurrección final de los muertos (1 Cor. 15:20).

Durante los últimos cien años aproximadamente, las distintas perspectivas escatológicas por lo general se han clasificado de acuerdo a sus perspectivas sobre el milenio: el reinado de Cristo y sus santos durante mil años (Apoc. 20:4-6).

1. Premilenialismo. Jesús regresará antes ("pre-") de establecer un reino milenial sobre esta tierra. Este retorno será necesario porque habrá fuerzas hostiles a Dios gobernando el mundo, y Cristo debe vencerlos antes de comenzar su reino. Hacia el final del milenio la maldad surgirá nuevamente y será derrotada antes que el gobierno cósmico de Dios sea perfeccionado. A los que sostienen que Jesús habrá de regresar antes de establecer un milenio terrenal se los llama "premilenialistas históricos". El "premilenialismo dispensacional" contrasta la manera divina de obrar en al menos dos "dispensaciones" históricas: la nación de Israel y la iglesia. Ver *Dispensación.*

2. Posmilenialismo. Los posmilenialistas sostienen que Cristo regresará después ("pos-") de que se establezca un reino terrenal. El milenio tendrá lugar en forma simultánea con una época de la historia humana común y corriente. El posmilenialismo se hizo popular durante los avivamientos evangélicos entre 1700 y 1900, que hacían énfasis en la transformación social. Hoy día algunos evangélicos interesados en el aspecto social lo están haciendo revivir. Ellos sostienen que la historia y la sociedad en general ha estado bajo el gobierno de Cristo, y cada vez lo estará más, y sostienen también que el avance del reino está sumamente relacionado con el de ciertas fuerzas sociales y religiosas.

3. Amilenialismo. Los amilenialistas interpretan de manera espiritual todas las referencias a un reinado final de paz sobre la tierra, y creen que no existe ni existirá ningún período histórico llamado milenio. El amilenialismo tiene la tendencia de ser individualista, y concentra su atención en el destino celestial de cada persona y no tanto en el futuro de esta tierra. En el siglo XIX el amilenialismo se empezó a aplicar cada vez más a una escatología más específica. Estos amilenialistas creían que Cristo ya estaba reinando en el cielo con los cristianos que habían muerto, y que no lo hacía a través de determinados movimientos eclesiásticos o sociales. Estos amilenialistas esperaban que Jesús regresara, conquistara a sus enemigos y rigiera sobre una tierra transformada. Sin embargo, su gobierno pleno se establecería en forma inmediata y no estaría precedido por un interin llamado milenio. De modo que esta forma de amilenialismo es mucho menos individualista que la general; considera la historia anterior al regreso de Jesús de la misma manera que lo hace el premilenialismo más general o "histórico".

Los cristianos sostienen que la Biblia describe cinco eventos finales principales: el regreso de Cristo, la derrota de la maldad, la resurrección, el juicio y la renovación del cosmos. Los posmilenialistas y los amilenialistas creen que estas cosas sucederán más o menos al mismo tiempo y que estarán precedidas por una época de angustia llamada la gran tribulación (Mar. 13:19), durante la cual el anticristo habrá de gobernar. También esperan que antes del fin haya una conversión de judíos a gran escala.

Los premilenialistas históricos también esperan que la conversión israelita y la gran tribulación ocurran antes del regreso de Cristo. Sin embargo, dividen en dos fases cada uno de los cuatro eventos finales restantes. (1) En el regreso de Cristo: el anticristo será derrotado y Satanás será atado (aunque no totalmente destruido); luego "los justos" habrán de resucitar de sus tumbas; serán juzgados y recompensados por sus buenas obras, y se establecerá el reino milenial. (2) Después del milenio: Satanás será destruido y asimismo toda la maldad;

luego entonces resucitarán "los injustos", que serán juzgados por sus obras malas; y descenderán cielos nuevos y tierra nueva (comp. Apoc. 21).

Los premilenialistas dispensacionales distinguen dos fases en el regreso de Jesús: el arrebatamiento de la iglesia seguido por la tribulación y la conversión de Israel, y el regreso de Jesús para vencer al anticristo, atar a Satanás y establecer un reino milenial judeocéntrico. La resurrección tiene lugar en tres etapas: en el arrebatamiento, todos los que murieron en Cristo serán resucitados; en la segunda venida de Cristo, los que fueron martirizados durante la tribulación habrán de resucitar; por último, después del milenio serán resucitados los "injustos".

La escatología incluye otros temas importantes:

1. Universalismo. La mayoría de los cristianos han creído que algunas personas al final serán salvas mientras que otras se perderán. Hay quienes creen en el "universalismo": todos serán salvos. Los universalistas citan pasajes que hacen énfasis en el deseo de Dios de que todos se salven (1 Tim. 2:4; 2 Ped. 3:9), y arguyen que el alcance de la salvación se va haciendo más amplio a medida que la historia bíblica avanza (Rom. 5:15). Consideran que ciertos textos enseñan el universalismo en forma directa (1 Cor. 15:22; Rom. 5:18; comp. Ef. 1:10; Col. 1:20; 1 Tim. 4:10; 1 Juan 2:2).

Los que se oponen al universalismo señalan los terribles juicios del AT (Ex. 14:23-28; Jos. 7:24-26; Jer. 51:39-40); las palabras negativas de juicio en las parábolas de Jesús (Mat. 13) y en otras cosas que dijo (Mat. 5:29-30; 11:21-24; 23:33). A menudo Pablo habló de la condenación futura (Rom. 2:5-9; 2 Cor. 5:10; 1 Tes. 1:10), y lo mismo hallamos en otros

escritos del NT (2 Ped. 3:7; Jud. 14,15; Apoc. 20:11-15).

Para los universalistas el juicio negativo es incompatible con el abrumador amor de Dios y la dignidad del ser humano. Los que se oponen al universalismo sienten que socava gravemente el sentido de urgencia al llamado al arrepentimiento y que socava la firmeza de la justicia de Dios, y declaran que ignora muchos textos bíblicos.

2. La naturaleza del infierno. El juicio negativo da como resultado el confinamiento al infierno. La mayoría de los cristianos suponen que esto habrá de incluir tormento consciente y eterno (Isa. 66:24; Mar. 9:48; Apoc. 14:9-11). Otros sostienen que pasajes como esos deben entenderse en forma figurada. Para ellos, tal castigo es incompatible con la misericordia de Dios y no tiene proporción con todos los pecados que podría cometer un ser finito. Además, para algunos la existencia del infierno no es congruente con el perfecto gobierno de Dios sobre todo el cosmos. Por consiguiente, algunos sugieren que el infierno es simplemente la aniquilación de "los injustos", algo que incluye la pérdida inmediata del estado consciente. Otros proponen que puede haber una aniquilación o un deterioro gradual de los malvados. La mayoría de los cristianos evangélicos espera que como tormento haya un infierno literal. Ver *Infierno.*

3. La esperanza de resurrección. La resurrección ha sido motivo de menos debate que el infierno y el juicio. Algunos han cuestionado si la resurrección es compatible con otro concepto muy extendido desde los primeros siglos de la era cristiana: la inmortalidad del alma.

Cuando una persona cree en la inmortalidad del alma, esto tiende a hacer que su escatología sea espiritualista e individualista y que ignore la resurrección del cuerpo y el juicio final; si la persona cree en la resurrección, hará énfasis en las dimensiones físicas, históricas y colectivas de la escatología.

4. El estado intermedio. La resurrección futura obliga a preguntar dónde están los muertos hasta la resurrección. Algunos enseñan que el alma duerme hasta la resurrección. Otros hablan de una distinción entre eternidad y tiempo histórico. Otros creen que es mejor afirmar simplemente que, de una u otra manera, los muertos están "en Cristo".

Los contemporáneos de Jesús creyeron estar viviendo al final de una "era antigua" dominada por fuerzas que se oponen a Dios. La iglesia primitiva descubrió que estaba viviendo en una nueva era, la era de la resurrección. En vez de que todos los justos resucitaran, sólo Jesús había sido resucitado como las "primicias" de la siega final (1 Cor. 15:20,23). Los que se arrepentían de sus pecados podían recibir nueva vida en comunión con Él. Al vencer a la muerte, Jesús había conquistado las fuerzas más poderosas que se oponen a Dios (1 Cor. 15:26,54-57). Como este poder había sido vencido, ningún otro poder en el cielo o en la tierra podría separar de Dios a quienes participaban en la resurrección de Jesús (Rom. 8:37-39; Ef. 1:18-23; 1 Ped. 3:21-22). La comunidad cristiana primitiva descubrió que la "nueva era" de la vida y la paz "ya" había comenzado entre ellos a través del derramamiento del Espíritu de Dios. Comenzaron a entender que el Espíritu, así como Jesús, era la "primicia" de una nueva creación (Rom. 8:23), mientras que los que se volvían a Cristo se convertían en las primicias de una nueva humanidad (Rom. 16:5; Sant. 1:18; Apoc. 14:4). Aunque los poderes que habían dominado la antigua era habían sido vencidos, aún no estaban totalmente destruidos. Pero la convicción de la iglesia primitiva de que había comenzado la nueva era, los había imbuido de la certidumbre de victoria.

Un entendimiento más claro de los planes divinos podría ayudar a los cristianos a relacionarse de manera más eficaz con la sociedad en general. Los posmilenialistas, con su énfasis en que el reino de Dios ya está presente, por lo general han estado activos en la sociedad, pero a veces han sido demasiado optimistas en cuanto a las posibilidades de un cambio social positivo. Por otra parte, los premilenialistas con su concepto de que el reino de Dios es algo parcial o totalmente futuro, a menudo han reconocido el alcance masivo de la maldad en el mundo, pero a veces han sido demasiado pesimistas en cuanto al valor que tiene la acción social. Tal vez el reconocimiento de que la "nueva era" es tanto presente como futura, y que no podemos ignorar ningún aspecto de esta paradoja, podría ayudar a la iglesia a aprovechar al máximo los puntos fuertes de las distintas perspectivas mileniales sin que resulte vencida por los puntos débiles de ninguna posición.

ESCEVA Judío, "jefe de los sacerdotes" en Éfeso, que tenía siete hijos y trató sin éxito de exorcizar demonios en el nombre de Jesús tal como había hecho Pablo (Hech. 19:14). El título puede ser el resultado de un copista o el título que Esceva tomó para sí para impresionar a los líderes de otras religiones en Éfeso.

ESCITAS Pueblo nómada, indo-europeo, que hablaba un dialecto iraní y que emigró de Asia central al sur de Rusia entre el 800 y 600 a.C.; expertos jinetes que se destacaron por ataques y saqueos bárbaros; en la Biblia se conocen como Askenaz (Gén.

10:3; Jer. 51:27). Sus fuerzas, en procura de los cimerios, se movieron al sur a través o alrededor de los montes del Cáucaso hasta las fronteras de Asiria, una alianza escito-asiria alr. del 680-670 a.c.

Herodoto dice que un ataque escita forzó a los medos a retirarse de un asalto contra Nínive (aparentemente 626-620 a.C.). Más tarde, los escitas avanzaron hacia el sur a lo largo de la costa de Palestina hasta la frontera egipcia (611 a.C.), donde el faraón egipcio los expulsó. Los medos eventualmente los hicieron retroceder hacia el norte, hasta el sur de Rusia. El poder escita fue dominante en el noroeste del mar Negro hasta alr. del 350 a.C.

Col. 3:11 usa "escitas" para hablar de los bárbaros y los esclavos más repugnantes, diciendo que ellos también son aceptados en Cristo, ya que en la iglesia se hallan abolidas todas las barreras sociales y culturales.

ESCLAVO, SIERVO Persona totalmente responsable ante otra persona y dependiente de ella. La esclavitud era predominante y ampliamente aceptada en el mundo antiguo. Las economías de Egipto, Grecia, y Roma se basaban en la mano de obra del esclavo. En el primer siglo cristiano, una de cada tres personas en Italia y una de cada cinco en cualquier otro lugar era esclava. Grandes cuadrillas de esclavos trabajaban en los campos y las minas y en los proyectos de construcción. Los esclavos servían como sirvientes domésticos y civiles, esclavos del templo, artesanos y gladiadores. Algunos eran muy inteligentes y tenían puestos de responsabilidad. Legalmente, un esclavo no tenía derechos. Los esclavos domésticos eran considerados parte de la familia, y algunos eran muy queridos por sus amos. La ley de Israel protegía a los esclavos de varias maneras. Las leyes de esclavitud aparecen en Ex. 12:44-48; 21:1-11,20-21,26-27; Lev. 25:39-55, y Deut. 15:12-18; 16:11, 14; 23:15-16. La mayoría de estas leyes tiene que ver con el tratamiento humano y con la manumisión. Ver *Jubileo*. Los predicadores cristianos demandaban que los amos fueran amables, pero sólo los esenios se opusieron a la esclavitud. Ver *Esenios; Judíos (grupos)*.

Una persona podía llegar a ser esclava como resultado de ser capturada en guerra, por no cumplir con una deuda, por incapacidad para mantenerse a sí misma, "voluntariamente" vendiéndose a sí misma, siendo vendida en la niñez por padres indigentes, habiendo nacido de padres esclavos, siendo convicta de un crimen, o por rapto o piratería. La esclavitud no conocía razas ni nacionalidades.

La manumisión o liberación de esclavos era posible y común en tiempos de los romanos. En sus testamentos, los amos frecuentemente liberaban a sus esclavos, y a veces lo hacían mientras vivían. Los esclavos industriosos podían ganar y ahorrar dinero y comprar su propia libertad. Ver Hech. 6:9.

Pablo y Pedro insistieron en que los esclavos cristianos debían ser obedientes a sus amos (Ef. 6:5-8; Col. 3:22-25; 1 Tim. 6:1-2; 1 Ped. 2:18-21) y no procurar la libertad simplemente por haberse convertido (1 Cor. 7:20-22). A los amos se los instaba a ser amables (Ef. 6:9; Col. 4:1). El tráfico de esclavos estaba condenado (1 Tim. 1:10). Pablo afirma que en Cristo el *status* humano no tiene importancia (Gál. 3:28). Ni Jesús ni los apóstoles condenaron la esclavitud. Jesús y los apóstoles establecieron principios de dignidad e igualdad humanas, que eventualmente llevaron a la abolición de la esclavitud. Ver *Siervo de Jehová*. Se habla de una vida de pecado como una vida de esclavitud (Juan 8:34; Rom. 6:6,16-20; Heb. 2:15). El legalismo es una clase de esclavitud (Gál. 4:24-25; 5:1). Sin embargo, paradójicamente, hay también una esclavitud bendita de la justicia (Rom. 6:16-22). Ver *Libertad.*

ESCOL (*"valle de uvas"* o *"racimo"*) (1) Valle en Canaán explorado por 12 israelitas que fueron enviados como espías (Núm. 13:23). (2) Hermano de Mamre y Aner (Gén. 14:13); aliados amorreos de Abram.

ESCORPIÓN (1) Animal invertebrado pequeño (*buthus*) conocido por el veneno y un aguijón en su estrecha cola segmentada. Dios protegió a Israel de los escorpiones (Deut. 8:15) y pudo proteger a su profeta de ellos (Ezeq. 2:6). (2) Cruel instrumento de castigo con tiras y púas (1 Rey. 12:11,14).

ESCRIBA Persona preparada en las pericias de la escritura y que solía registrar eventos y decisiones (Jer. 36:26; 1 Crón. 24:6; Est. 3:12). Durante el exilio en Babilonia, escribas educados aparentemente se transformaron en expertos en la palabra escrita de Dios, copiándola, preservándola y enseñándola (Esd. 7:6). Para la época del NT existía un grupo profesional de tales escribas, y la mayoría eran fariseos (Mar. 2:16). Interpretaban la ley, la enseñaban a discípulos y eran expertos en casos en los que las personas eran acusadas de transgredir la ley de Moisés. Tomaron la delantera en los planes para matar a Jesús (Luc. 19:47) y oyeron su dura represión (Mat. 23). Ver *Gobierno; Sanedrín; Judíos (grupos) en el Nuevo Testamento.*

ESCRITURA Habilidad humana para registrar y comunicar información, grabando signos sobre piedra o dibujándolos sobre pieles o papiros.

La escritura comenzó en el antiguo Cercano Oriente alr. del 3500 a.C., en Mesopotamia. Los documentos más antiguos eran de negocios y se usaban con propósitos contables. Las tablillas primitivas por lo general se inscribían con una figura o figuras que identificaban la mercadería, las cifras y los nombres de las personas. Los sumerios fueron los primeros en escribir con la misma figura palabras que sonaban igual. Poco tiempo después, comenzaron a usar figuras estilizadas compuestas por cuñas impresas con un punzón en la tablilla de arcilla. Así desarrollaron los cientos de signos con forma de cuña de la escritura cuneiforme. Esta fue adoptada por los acadios, los elamitas, y los hurritas de habla semítica. El acadio se transformó en el lenguaje internacional del comercio y la diplomacia durante varios siglos.

Para alrededor del 3000 a.C., los egipcios habían desarrollado un sistema jeroglífico de escritura, la llamada escritura pictórica sagrada. Al igual que en el sumerio, los signos jeroglíficos podían leerse como signos para palabras o ideas, como signos fonéticos, y como términos determinativos. A fin de satisfacer las necesidades de la vida diaria los egipcios desarrollaron un escritura cursiva llamada hierática. La hierática se escribía con pincel y tinta sobre superficies lisas de piedra o papiro. Alr. del 700 a.C. la hierática se simplificó y surgió otra escritura cursiva, la demótica.

Los hititas de Anatolia hablaban el idioma indo-europeo pero adoptaron el sistema acadio de escritura cuneiforme. Luego, alr. del 1500 a.C. comenzó a aparecer un sistema jeroglífico conocido como jeroglíficos hititas, que no había recibido influencia de los jeroglíficos egipcios más antiguos.

Los primeros intentos conocidos de producir un alfabeto se hicieron en Siria-Palestina (Ugarit, 1500-1200 a.c.) y se basaron en la escritura cuneiforme. Las inscripciones sinaíticas de alr. del 1000 a.c. representan el nivel más primitivo en el desarrollo de la escritura cananea lineal, que es una reminiscencia de los jeroglíficos egipcios pero sólo cuenta con unos 30 signos.

La escritura hebrea puede rastrearse comenzando con el calendario de Gezer (950 a.C.). Después del exilio, la escritura "cuadrada" de origen arameo comenzó a reemplazar la escritura cursiva, como muestra el papiro de Elefantina.

A Moisés se le indicó que escribiera eventos históricos (Ex. 17:14), leyes y estatutos (Ex. 34:1-9) y las palabras del Señor (Ex. 24:4). Josué escribió la ley de Moisés (Jos. 8:32) y estatutos y ordenanzas en el libro de la ley de Dios (Jos. 24:26; comp. Jue. 8:14; 1 Sam. 10:25; 2 Sam. 11:14; 2 Crón. 2:11). Muchas referencias a las "crónicas de los reyes de Israel" y de Judá tal vez indiquen diarios o anales de la corte (1 Rey. 14:19). Los profetas escribieron o dictaron sus oráculos (Isa. 8:1,16; 30:8; Jer. 30:1-2; 36:27-28). Nehemías como funcionario nombrado por el gobierno persa, escribió el pacto para guardar la ley de Dios (Neh. 9:38), sobre el cual varios hombres pusieron sus sellos como testigos (Neh. 10:1-27). No tenemos evidencia firme de que el pueblo en general pudiera leer o escribir, o aun de que tuviera mucha necesidad de hacerlo. Jesús podía tanto leer (Luc. 4:16-21) como escribir (Juan 8:6).

En todos los períodos del antiguo Cercano Oriente, la piedra se usó como superficie para escribir, especialmente para inscripciones en monumentos y en recordatorios. En Egipto, las paredes de los templos se cubrían con inscripciones cinceladas en la piedra. En Mesopotamia y Anatolia se labraban inscripciones en las laderas de las montañas (comp. la Piedra de Beistún) o en piedras de varios tamaños para monumentos de exhibición pública (comp. el código de Hammurabi y los mojones de frontera) o para inscripciones pequeñas a ser incluidas en los cimientos. En el AT la ley fue escrita sobre piedra (Ex. 24:12; comp. Deut. 27:1-10).

La arcilla era el principal medio para escritos cuneiformes. Las impresiones se hacían en la arcilla blanda usando un punzón. Frecuentemente, los documentos legales y las cartas se colocaban en un sobre de arcilla sobre el cual se escribía un resumen del texto y sobre el cual se hacían rodar sellos con forma de cilindro para identificar a los testigos. El AT no hace ninguna alusión clara a tablillas de arcilla que usaran los israelitas.

Las tablillas de madera, que se cubrían de arcilla o cera, se usaban como superficies para escribir en Egipto y Mesopotamia. La Biblia menciona escritura sobre varas de madera (Núm. 17:2-3) y sobre palos de madera (Ezeq. 37:16). Isaías 30:8 y Hab. 2:2 pueden referirse a escritura sobre tablillas de madera. Zacarías escribió sobre una tablilla de madera con superficie de cera (Luc 1:63). Las inscripciones en un documento poco comprensible de Biblos, fueron hechas en láminas de bronce. Dos rollos de cobre de Qumrán, muy conocidos, contienen una lista de los tesoros de la comunidad. Los tiestos servían como superficie barata y muy útil para cartas, registros económicos, y textos para la escuela. Se escribían con pluma (o pincel) y tinta.

El papiro, fabricado a partir de junco, fue usado en los comienzos de Egipto y continuó en uso a lo largo de los primeros siglos de nuestra era. Las hojas de papiro podían estar unidas con pegamento para formar largos rollos. Cuando el arameo comenzó a aceptarse como idioma internacional, el papiro llegó a ser usado ampliamente en Mesopotamia y en Siria-Palestina. La primera edición del libro de Jeremías muy probablemente haya sido escrita en papiro (Jer. 36). Los documentos de la comunidad judía en Elefantina fueron escritos en papiro. Entre los restos literarios de Qumrán había varios libros en papiro. Grandes colecciones de papiros de Egipto escritos en griego koiné ayudaron a dilucidar escritos del NT.

Para la mayoría de los rollos bíblicos en Qumrán se usó cuero cuidadosamente preparado. Los rollos de la Torá aún se escriben en cuero. Se cosían secciones de cuero para formar rollos de longitud apropiada para el libro u obra. Frecuentemente en el cuero se marcaban líneas horizontales para que sirvieran de guías para el escriba. El códice, o libro, sólo se hacía de pergamino.

Los implementos para escribir incluían "pluma," probablemente una referencia a una caña cuyas fibras se separaban en el extremo para formar un pincel (Sal. 45:1), o a un cincel de hierro diseñado para hacer inscripciones en la piedra (Jer. 17:1; Job 19:24). También existía el buril, una herramienta para grabar (Ex. 32:4), y el estilo o punzón (Isa. 8:1, BLA).

La tinta se hacía con carbón y resina, y podía lavarse de una superficie para escribir, por ejemplo del papiro. Los estuches de escriba (Ezeq. 9:2-3,11, NVI), conocidos en la literatura y el arte egipcio y mesopotámico, proveían recipientes para plumas, pinceles, estilos o punzones y tinta. El cortaplumas de escriba (Jer. 36:23) probablemente se usaba para cortar y recortar papiro, cuero o pergamino.

Ver *Acadio; Aramea, Lengua; Hebreo; Alfarería en tiempos de la Biblia.*

ESCRITURAS Nombre histórico judeo-cristiano para la literatura específica que la iglesia recibe como instrucción divina, la Biblia. Ver *Inspiración de las Escrituras.* El propósito de las Escrituras es colocar a hombres y mujeres en una posición correcta delante de Dios, y habilitar a los creyentes para buscar la gloria de Dios en todas las actividades y esfuerzos de la vida. Como libro de historia redentora, las Escrituras enfocan la atención en la encarnación y la obra redentora de Jesucristo. Ver *Biblia, Teología de la.*

ESCUPIR Escupir a alguien es la más fuerte señal de desprecio (Deut. 25:7-9). Los soldados se burlaron de Jesús antes de su crucifixión y lo escupieron (Mat. 27:30; comp. 26:67). La saliva se usaba para sanar (Mar. 8:23; Juan 9:6). Mezclar saliva con tierra (Juan 9:6) puede haber sido para romper deliberadamente las leyes del Sábado de los líderes religiosos judíos.

ESDRAELÓN Traducción griega de Jezreel, que indica una región de tierras bajas que separa las montañas de Galilea de las de Samaria; área asignada a Zabulón e Isacar (Jos. 19:10-23) y que se extiende desde el mar Mediterráneo hasta el río Jordán en Betseán. Incluye el valle de Meguido en el este y el valle de Jezreel en el oeste. Algunos eruditos afirman que valle de Jezreel es el nombre para toda la región, mientras que Esdraelón es la región occidental, que comprende el valle de Aco y el valle de Meguido. Estratégicamente Esdraelón era un lugar privilegiado y por lo tanto a menudo era sitio de batallas (Jue. 1:27; 5:19; 1 Sam. 29:1,11; 31:1-7; 2 Rey. 9-

10; 2 Crón. 35:20-24). Ver *Armagedón.*

ESDRAS (*"Jehová ayuda"*) (1) Jefe de familia en Judá (1 Crón. 4:17). (2) Sacerdote que regresó con Zorobabel (Neh. 12:1,13). (3) Príncipe en la dedicación de los muros de Jerusalén (Neh. 12:32-33). (4) Personaje principal en el libro de Esdras; sacerdote y escriba de la descendencia de Aarón a través de Finees y Sadoc (Esd. 7:1-5; 1 Crón. 6:4-14).

ESDRAS, LIBRO DE En los escritos del AT griego y hebreo aparece unido a Nehemías como un único libro. Relata los eventos en la Jerusalén restaurada después del exilio. Cada libro contiene material que también se encuentra en el otro (por ejemplo, la lista de Esd. 2 también aparece en Neh. 7). Cada libro completa al otro; la historia de Esdras continúa en Nehemías (caps. 8-10). Todo un siglo (538-432 a.C.) nos resultaría desconocido desde el punto de vista histórico si no fuera por Esdras y Nehemías. Ellos ofrecen el capítulo siguiente a la historia que se registra en Crónicas.

Esdras vivió durante el reinado de Artajerjes (7:1,7), rey de Persia, ¿pero cuál de ellos? ¿Artajerjes I (Longímano), 465-425 a.C. o Artajerjes II (Mnemón), 404-359 a.C.? El orden bíblico y otras evidencias apoyan el año 458 a.C. como fecha del viaje de Esdras a Jerusalén. Esdras fue a Jerusalén "para inquirir la ley de Jehová y para cumplirla, y para enseñar en Israel sus estatutos y decretos" (7:10). Era necesaria la enseñanza de Esdras para proporcionarle solidez y fuerza a la comunidad judía que estaba luchando contra presiones para abandonar su identidad étnica y teológica.

El libro de Esdras se basa en una variedad de fuentes. Hay una fuerte tradición judía que le asigna a Esdras la paternidad literaria de todo el libro, y también la de Crónicas y Nehemías. Detalles vívidos y el uso del pronombre en primera persona permite que los eruditos hablen de "las memorias de Esdras" (7:27-9:15).

En el libro hay dos relatos principales, el de Zorobabel y el grupo de los que regresaron para reconstruir el templo (caps. 1-6), y el de Esdras (caps. 7-10, que se completa con Neh. 8-10). Resulta extraño, pero el libro menciona a Sesbasar (cap. 1) y no a Zorobabel como líder del primer contingente que regresó. Ver *Sesbasar; Zorobabel.*

La mayoría del libro está escrito en hebreo, pero hay dos secciones importantes en arameo (Esd. 4:7-6:18; 7:12-26). El arameo por lo general se usa para la correspondencia oficial entre Palestina y Persia.

Las largas listas (2; 8:1-14; 10:18-43) y el arameo muestran que el autor había tomado la determinación de usar documentos oficiales en tanto fuera posible. Un objetivo importante era establecer la legitimidad de los judíos, y los documentos oficiales eran una ayuda para ello. Esdras comienza con la historia de Sesbasar y Zorobabel y los primeros judíos que en el 538 regresaron a Jerusalén desde la cautividad. El principal objetivo que tenían era reconstruir el templo. Los cimientos se colocaron en el 536 a.C. Luego hubo una larga demora. En el 520 a.C. Hageo y Zacarías (Esd. 5:1) alentaron al pueblo a terminar el proyecto, que se concluyó en el 515 a.C. (6:14-16).

Pasaron casi 60 años para que Esdras fuera a Jerusalén (458 a.C.). Él dejó Persia con una carta del rey Artajerjes en la cual éste le otorgaba poder y autoridad poco comunes (7:12-26). Durante una dilación de tres días fueron enlistados más de 200 "ministros para la casa de nuestro Dios" (8:17).

Cuatro meses después llegó el grupo, probablemente menos de 2000.

Esdras pronto recibió la noticia del pecado más notorio de los judíos: el matrimonio con no-judíos, aquellos que no eran parte del pacto con Jehová (9:2). Esdras se angustió hasta el extremo (9:3-4). Oró a Dios (9:6-15). El pueblo reunido llegó a una decisión que seguramente les quebrantó el corazón: "Hagamos pacto con nuestro Dios, que despediremos a todas las mujeres y los niños nacidos de ellas" (10:3). El libro concluye con la ejecución de esta decisión (cap. 10).

La historia de Esdras llega a su clímax en Nehemías (Neh. 8-10). Allí él leyó "el libro de la ley de Moisés" (Neh. 8:1). El resultado fue un gran avivamiento. La contribución más importante de Esdras fue su enseñanza, y el establecimiento y la implementación de "el libro de la ley de Jehová" (Neh. 9:3) entre los judíos. Esdras creía en la soberanía de Dios, que podía usar a un Ciro, a un Artajerjes y a un Darío para llevar a cabo sus propósitos. Él creía en la fidelidad de Dios, que hizo regresar a todos los exiliados posibles. Creía que las Escrituras eran sagradas y tenían aplicación práctica; las leyó a su pueblo e insistió en que se debían obedecer las enseñanzas. Esdras era un hombre de oración (Esd. 9:5-15; Neh. 9:6-37) a la vez que un predicador (Neh. 8:4). Leyó las Escrituras públicamente y ayudó a la congregación en la interpretación (8:8).

Probablemente Esdras salvó a los judíos de la desintegración. Sus esfuerzos ayudaron a garantizar la continuación étnica y teológica de los descendientes de Abraham.

ESENIOS Ver *Rollos del mar Muerto; Judíos (grupos) en el Nuevo Testamento.*

ESMIRNA Ver *Asia Menor, Ciudades de.*

ESPACIO SIDERAL La Biblia enseña que el espacio sideral fue creado por Dios (Gén. 1:1,14-19; Job 9:7-10; 26:7; Sal. 8:3; 136:7-9; Amós 5:8). Dios hizo el sol, la luna y las estrellas para proveer de luz a la tierra e indicar el paso del tiempo a través de las estaciones, días y años (Gén. 1:14-15).

Mucho antes de que existieran registros históricos, la gente comenzó a adorar los cuerpos celestes. Las deidades del sol, la luna y las estrellas tenían lugares prominentes en los panteones del antiguo Cercano Oriente. Los babilónicos desarrollaron un sistema sofisticado de causalidad basado, en parte, en el movimiento de las estrellas. Estas ideas se propagaron en el antiguo Israel (ej. 2 Rey. 23:5; Jer. 8:1-2) donde los escritores de la Biblia las condenaron diciendo que eran idólatras (Deut. 4:19; 17:3; Job 31:26-28; Isa. 47:13; Jer. 10:2).

Los poetas bíblicos estaban anonadados por la vastedad y misterio del espacio sideral. Frecuentemente se refirieron al sol, la luna, y las estrellas como testigos del poder de Dios y la permanencia de su obra. Por ejemplo, Job reconocía que "cuelga la tierra sobre la nada" (Job 26:7) y que los movimientos de las constelaciones sólo eran conocidos por Dios (Job 38:31-33). El salmista equiparaba la permanencia de la monarquía davídica al sol y la luna (Sal. 72:5; 89:37). Solo al final de los tiempos, cuando el proceso de la creación se revierta en el día de Jehová, el sol, la luna y las estrellas se oscurecerán (Isa. 13:10; Joel 2:31; Mat. 24:29; Apoc. 6:12-13; 8:12).

La Biblia no da indicación de que haya vida en otros planetas, y sostiene con fuerza la singularidad de la vida en la tierra.

ESPALDILLA La parte superior de la pata o el muslo; se consideraba una de las mejores partes de un sacrificio y se reservaba para los sacerdotes (Lev. 7:32-34).

ESPAÑA País todavía conocido por ese nombre en el rincón sudoeste de Europa; abierto a los romanos justo antes del 200 a.C. Pablo quiso ir a España (Rom. 15:24,28). Ver *Tarsis*.

ESPECIAS Sustancias aromáticas y picantes usadas en la preparación de comidas, aceites sagrados para unciones, incienso, perfumes y ungüentos utilizados para la higiene personal y para el entierro de los muertos. Caras y muy apreciadas en la antigüedad, las especias eran traídas a Palestina desde la India, Arabia, Persia, Mesopotamia y Egipto (ver 1 Rey. 10:15; 2 Crón. 9:9). Ver *Ungüento*.

Comino, eneldo, canela y menta se utilizaban en la preparación de comidas. Incienso, estacte, gálbano y uña aromática se usaban en la preparación del incienso utilizado en la adoración de Israel (Ex. 30:34-35). Bálsamo, mirra, canela, casia y cálamo se usaban en la preparación de la unción santa (Ex. 30:23-25). Casia, áloes y nardo eran algunas de las especias usadas en cosméticos (Cant. 4:14; Mar. 14:3; Juan 12:3). Mirra y áloes se usaban en ungüentos para sepultura (Luc. 23:56; Juan 19:39).

ESPEJO Superficie pulida que produce imágenes por reflejo; en la Biblia los espejos eran de metal pulido ("bronce, Ex. 38:8; "[metal] fundido", Job 37:18). Los espejos de vidrio sólo aparecieron en la última parte del período romano. Se esperaba que los lectores de Pablo apreciaran la ilustración de la imagen borrosa que ofrecía un espejo de metal (1 Cor. 13:12). Ver *Vidrio*.

ESPERANZA Expectativa confiada, en especial referida al cumplimiento de las promesas de Dios; sentido de anticipación de un resultado favorable bajo la guía de Dios; confianza de que lo que Dios ha hecho para nosotros en el pasado garantiza nuestra participación de lo que Dios hará en el futuro. Esto contrasta con la definición que el mundo tiene de esperanza, "sentir que lo que uno quiere va a suceder".

Dios es el fundamento último y el objeto de la esperanza. Aun cuando Israel fue infiel, seguía habiendo esperanza como consecuencia de la fidelidad y misericordia de Dios (Mal. 3:6-7; comp. 2 Crón. 7:14; Sal. 86:5). Dios es la "esperanza de Israel, Guardador suyo en el tiempo de la aflicción" (Jer. 14:8; comp. 14:22; 17:13).

Es inútil poner la esperanza suprema en las riquezas (Sal. 49:6-12; 52:7; Prov. 11:28), en la casa (Isa. 32:17-18), en príncipes (Sal. 146:3), imperios y ejércitos (Isa. 31:1-3; 2 Rey. 18:19-24) o siquiera en el templo de Jerusalén (Jer. 7:1-7). Dios y solo Dios es una roca imposible de mover (Deut. 32:4,15,18; Sal. 18:2; 62:2; Isa. 26:4) y un refugio o fortaleza que proporciona máxima seguridad (Sal. 14:6; 61:3; 73:28; 91:9).

La promesa divina de que Dios establecería el trono de David para siempre (2 Sam. 7:14) llevó a Israel a esperar un Mesías, un gobernante ungido del linaje de David para restaurar la gloria de Israel y regir a las naciones en paz y justicia.

La esperanza del NT está en el "Dios que resucita a los muertos" y "en quien esperamos" (2 Cor. 1:9-10; comp. 1 Tim. 4:10; 1 Ped. 1:21; Rom. 15:13). La esperanza también está centrada en Cristo —"nuestra esperanza" (1 Tim. 1:1). A la esperanza de gloria se la identifica con "Cristo en vosotros" (Col. 1:27; comp. Luc. 2:11; Juan 6:35; Hech. 13:23; Tito 1:4; 3:6; 1 Ped. 2:4-7; Apoc. 1:17; 22:5). Cristo es el objeto y fundamento de la esperanza, y hay dos razones para ello: (1) El Mesías ha traído salvación por medio de su vida, muerte y resurrección (Luc. 24:46). Las promesas de Dios se cumplen en Él (2 Cor. 1:20). (2) Existe unidad entre el Padre y el Hijo; unidad en cuanto a naturaleza (Juan 1:1; Col. 1:19) tanto como unidad en la obra de redención. Como "Dios estaba en Cristo reconciliando consigo al mundo" (2 Cor. 5:19), la esperanza en el Hijo es esperanza en el Padre.

El punto focal de la esperanza en el NT es la segunda venida de Cristo. La "esperanza bienaventurada" de la iglesia es nada menos que "la manifestación gloriosa de nuestro gran Dios y Salvador Jesucristo" (Tito 2:13). Ver *Escatología*.

Los cristianos viven con esperanza en razón de lo que Dios ha hecho en Cristo a través de la resurrección (1 Ped. 1:3) y en vista del Espíritu Santo que vive en el creyente (Rom. 8:16). Los cristianos viven el presente con confianza y enfrentan el futuro con valentía. Ellos victoriosamente pasan por las pruebas porque saben que "la tribulación produce paciencia; y la paciencia, prueba; y la prueba, esperanza" (Rom. 5:3-4). La esperanza cristiana es un regalo de Dios. Esa esperanza la "tenemos como segura y firme ancla del alma" (Heb. 6:19).

ESPINO Traducción de varias palabras hebreas que hacen referencia a plantas con espinos. Usado metafóricamente en cuanto a los enemigos de Israel (Ezeq. 28:24) y la tierra sin valor (Isa. 5:6; 7:23-25; 55:13, "ortiga"; comp. Miq. 7:4).

ESPÍRITU Traducción de la palabra hebrea *ruach* y el término griego *pneuma* que significan "viento," "aliento," o "espíritu" dependiendo del contexto. Jesús le dijo a Nicodemo (Juan 3) que el Espíritu es como el viento en el sentido que uno no lo puede ver pero sí puede notar sus efectos. Esto es cierto tanto del Espíritu de Dios como del espíritu de un ser humano. Ver *Espíritu Santo*.

Cuando se usa en relación a seres humanos, *espíritu* está asociado con un amplio espectro de funciones incluyendo pensamiento y comprensión, emociones, actitudes e intenciones. Eliú le dijo a Job que lo que daba entendimiento era el espíritu en una persona, el aliento de Dios (Job 32:8). Cuando Jesús sanó al paralítico, percibió en su "espíritu" que los líderes religiosos presentes estaban cuestionando que él perdonara los pecados del hombre (Mar. 2:8). "Espíritu" se usa extensamente en relación con las emociones humanas, incluyendo dolor (Prov. 15:4,13), congoja (Ex. 6:9; Juan 13:21), enojo (Prov. 14:29; 16:32), aflicción (Ecl. 1:14), cobardía (2 Tim. 1:7), y gozo (Luc. 1:47).

Hay una variedad de actitudes e intenciones que están asociadas con el espíritu. Caleb tenía un espíritu diferente que la mayoría de sus contemporáneos, en que él seguía al Señor con todo su corazón (Núm. 14:24). El salmista llamó "bienaventurados" a aquellos que no tenían engaño en sus espíritus (Sal. 32:2). El espíritu de una persona puede estar o ser: "contrito" (Sal. 34:18), "recto" (Sal. 51:10), "noble" (Sal. 51:12), "quebrantado" (Sal. 51:17), "duro" (Deut. 2:30), "mentiroso" (1 Rey. 22) y "altivo" (Prov. 16:18).

Espíritu se usa en relación con seres no físicos, tanto buenos como malos. Satanás es llamado príncipe de la potestad del aire, el espíritu que está en operación en aquellos que son desobedientes (Ef. 2:2). Los saduceos y los fariseos debatían sobre la existencia de ángeles y espíritus. Cuando el Cristo resucitado apareció a los discípulos, ellos se sorprendieron y atemorizaron, pensando que estaban viendo a un espíritu. Jesús los invitó a que lo toquen. Luego les recordó que un espíritu no tiene carne ni huesos (Luc. 24:37-39).

ESPÍRITU SANTO Misteriosa tercera Persona de la Trinidad, a través de quien Dios actúa, revela su voluntad, da poder a los individuos, y muestra su presencia; el término aparece en el AT sólo en Sal. 51:11; Isa. 63:10-11. Al Espíritu de Dios se lo describe como un fuerte viento, y el hebreo usa la misma palabra, *ruaj*, para hablar de viento, aliento y espíritu. Dios desplegó este viento para dividir el mar, permitiéndoles así a los israelitas pasar sin peligro y eludir a Faraón y a su ejército (Ex. 14:21). Dios usó este agente como una fuerza destructora que secó el agua (Os. 13:15) y como poder de Dios que juntó nubes para traer la lluvia refrescante (1 Rey. 18:45). El Espíritu tuvo control sobre las caóticas aguas al comienzo de la creación (Gén. 1:2; 8:1; comp. Sal. 33:6; Job 26:13). Este poder misterioso (Sal. 104:3) puede transportar en sus alas a Dios hasta los límites más lejanos de la tierra. Nadie sabe dónde ha estado ni a dónde va.

Dios inspiró a los profetas en forma indirecta por el Espíritu (Gén. 41:38; Jue. 3:10; 14:6; 2 Sam. 23:2; Zac. 4:6). Ver 1 Sam. 10:16; 19:23-24.

Además el Espíritu es el origen último de todos los dones mentales y espirituales (Ex. 31:1-6; Isa. 11:2; Job 4:15; 32:8). El Espíritu será derramado sobre el pueblo de Dios (Isa. 44:3; comp. Joel 2:28). La llegada del Espí-

ritu Santo a una persona, algo profetizado en Ezequiel y Jeremías, depende del arrepentimiento (Ezeq. 18:31) y está ligado a la creación de un nuevo corazón (Jer. 31:31-34). Este anuncio profético señaló un tiempo futuro cuando el Espíritu de Dios revitalizaría a su pueblo escogido, daría poder al Mesías, y sería derramado abundantemente sobre toda la humanidad.

Después de 400 años de silencio, la voz profética (inspirada por el Espíritu) volvió por medio de Juan el Bautista (Luc. 1:15). El Espíritu descendió sobre María, y esto dio como resultado el nacimiento virginal de Jesús (1:35). En su bautismo, Jesús fue ungido por el Espíritu de Dios (3:22), que llevó a Jesús al desierto para que soportara tentación (4:1-13). Pablo ofrece las más profundas reflexiones teológicas sobre el Espíritu (ver Rom. 8; 1 Cor. 2; 12-14; 2 Cor. 3; Gál. 5).

En el Evangelio de Juan el Espíritu está en Cristo en forma permanente (1:32-33); es señal del nuevo nacimiento (3:1-16); vendría luego de la partida de Jesús (16:7-11); y morará en el creyente después de la resurrección (20:22). La comunidad cristiana está ungida por el Espíritu (1 Juan 2:20); y el Espíritu le asegura al creyente que Jesús mora en él (1 Juan 3:24). Ver *Dios*.

ESPÍRITU SANTO, PECADO CONTRA EL Atribuir al diablo la obra del Espíritu Santo (Mat. 12:32; Mar. 3:29; Luc. 12:10). Ver *Pecado imperdonable*.

ESPÍRITUS ENCARCELADOS Espíritus que escucharon la predicación de Jesús (1 Ped. 3:19-20). Este evento único está asociado estrechamente con la resurrección de Jesucristo de entre los muertos (vv. 18,21), y se relaciona con la declaración de Cristo en Lucas 17:26, que compara los días de Noé y los días del Hijo del Hombre (comp. Mat. 24:37). El foco inmediato de la declaración en 1 Pedro es la situación que requirió del diluvio (ver Gén. 6:1-8). Los "espíritus" desobedientes, por consiguiente, no son las personas que murieron en el diluvio, sino los espíritus malos o demonios cuya influencia trajo el juicio divino sobre el mundo. Probablemente Pedro concebía a estos espíritus malos como la simiente de la extraña unión mencionada en Gén. 6:1-4, entre los "hijos de Dios" (esto es, seres angélicos o sobrenaturales de algún tipo) y las "hijas de los hombres". También es probable que Pedro los identificara con los "espíritus inmundos", sobre los cuales Jesús había triunfado una y otra vez durante su ministerio terrenal. Por lo tanto, la proclamación de Jesús a estos "espíritus" debe ser entendida no como una "buena noticia" redentora, sino como juicio y derrota en las manos de Dios (ver la pregunta ansiosa de ellos en Mat. 8:29).

El resultado de esta proclamación fue la sujeción de los espíritus desobedientes (1 Ped. 3:22; comp. Apoc. 18:2). Lo que dice Pedro no es que los espíritus desobedientes estaban "encarcelados," sino que Él fue a ellos en sus "guaridas" o "refugios" para notificarles que el poder que ellos habían tenido sobre la humanidad finalmente estaba quebrado y ahora ellos debían rendirse al dominio universal divino.

ESPOSA, NOVIA, DESPOSADA

La mujer en una boda (Gén. 24:4; 29:15-19; Ezeq. 16:8-14; Cant. 1-8); imagen usada ampliamente para describir al pueblo de Dios (Isa. 61:10; 62:5; Jer. 3; 33:10-11; Ezeq. 16; Os. 3). El NT usa la figura de la esposa en cuanto a la iglesia y su relación con Cristo (Juan 3:29; 2 Cor. 11:2; Apoc. 19:7-8; 21:2,9; comp. 22:17).

ESTADO INTERMEDIO   Condición de la persona que ha fallecido y se halla entre la muerte y la resurrección o el juicio final. Algunos estudiosos de la Biblia entienden que "dormir en Jesús" (1 Tes. 4:14) sugiere que el alma no está consciente durante este tiempo. Jesús despierta a la persona en el momento de la resurrección. Esto parece contradecir la convicción de Pablo de que después de la muerte él esperaba una consciente comunión con Cristo (Fil. 1:23).

De acuerdo a 1 Ped. 4:6 otros han interpretado que hay una segunda oportunidad para recibir el mensaje del evangelio durante este período intermedio, pero que los "muertos" en 1 Ped. 4:6 podrían ser creyentes que respondieron al evangelio mientras vivían.

Los creyentes parecen disfrutar de un estado de descanso. Este descanso no se refiere a inactividad sino al gozo de lo que se ha logrado (Heb. 4:10; Apoc. 14:13). Los creyentes están vivos y conscientes en la presencia de Dios (Mat. 22:32; Juan 11:26; comp. Fil. 1:23; 2 Cor. 5:8). Jesús le aseguró al ladrón arrepentido que estaría con Él en el paraíso (Luc. 23:43). Ver *Paraíso.* Aunque el creyente disfruta de vida, reposo y de la presencia de Dios, continúa la sensación de que hay algo incompleto. Pablo centró su esperanza en la resurrección (Fil. 3:10-11).

En el estado intermedio al inconverso se lo describe como vivo y consciente, pero separado de Dios (Luc. 16:19-31). Dios mantiene a los malvados en un estado de castigo hasta el juicio final (2 Ped. 2:9).

"Hades" es una referencia general al lugar donde están los muertos entre el momento de su muerte física y su resurrección. A veces el término es una alusión general a la tumba, y hasta puede incluir la presencia de los justos (Hech. 2:27,31; 1 Cor. 15:55). En otras ocasiones, Hades se refiere al lugar donde están los impíos que han muerto (Luc. 16:23; Apoc. 20:14). Ver *Hades; Infierno; Resurrección.*

ESTANQUE   Almacenaje de agua, natural o artificial; comúnmente visto como un lugar para recoger agua de lluvia del techo para ser usada para irrigación o para beber; los estanques principales mencionados en las Escrituras: el estanque de Ezequías (2 Rey. 20:20), los estanques de arriba y de abajo en Gihón (Isa. 7:3; 22:9), el estanque viejo (Isa. 22:11), el estanque del Rey en Jerusalén (Neh. 2:14), el estanque de Betesda (Juan 5:2,4,7), y el estanque de Siloé (Juan 9:7,11). Salomón también hizo estanques para regar su vivero (Ecl. 2:6). La mayoría de los estanques cerca de las ciudades eran cavados en la roca, y recibían agua de lluvia que era llevada hasta ellos por canales cortados en la roca. Los estanques eran lugares naturales de reunión (Juan 9:7). Por otra parte, ilustran el poder de Dios para transformar lo estéril en algo fructífero (Isa. 41:18), ilustran el juicio (Isa. 42:15), y la belleza de los ojos de una mujer (Cant. 7:4). Ver *Cisterna.*

ESTAOL, ESTAOLITA   (*"pidiendo* [un oráculo]*"*) Pueblo en las tierras bajas o Sefela de Judá (Jos. 15:33); también asignado a Dan (Jos. 19:41); tal vez sea el moderno Irtuf, 1,5 km (1 milla) al sur de Ishwa. Ver Jue. 13:25; 16:31; 18:2-11. Sus habitantes eran parientes de la familia de Caleb y de los residentes de Quiriat-jearim (1 Crón. 2:53).

ESTATURA   Altura de una persona, a veces usada figurativamente (Ezeq. 17:6; 19:11; Luc. 2:52); utilizada para mostrar la debilidad de la humanidad y la necesidad de descansar en Dios (Mat. 6:27; Luc. 12:25) y como

una medida de la madurez del cristiano (Ef. 4:13).

ESTE Ver *Direcciones (geográficas).*

ESTEBAN (*"corona"*) Primer mártir cristiano; primero de los que fueron elegidos para traer paz a la iglesia en conflicto (Hech. 6:1-7); tan poderoso en las Escrituras que sus oponentes judíos en el debate no pudieron refutarlo (Hech. 6:10) cuando argumentó que Jesús era el Mesías; fue líder de un grupo que veía al cristianismo como mucho más que una secta judía.

ESTÉFANAS (*"corona"*) Creyente bautizado por Pablo (1 Cor. 1:16); vivía en Acaya; puede ser la misma persona que llevó una carta de la iglesia de Corinto a Pablo en Éfeso (1 Cor. 16:17).

ESTEMOA (*"ser escuchado"*) (1) Ciudad levita en Judá (Jue. 15:50; 21:14); la moderna es-Samu, unos 13,5 km (8,5 millas) al sudsudoeste de Hebrón y 22 km (14 millas) al nordeste de Beerseba. Ver 1 Sam. 30:28. (2) Miembro de la familia de Caleb en Judá (1 Crón. 4:17), probablemente antepasado de quienes se establecieron en Estemoa; el parentesco entre los Estemoas de 1 Crón. 4:17,19 no resulta claro.

ESTER (persa, *"Ishtar"*) Heroína de un libro de la Biblia; el nombre judío era Hadasa; muchacha judía huérfana a quien crió su tío Mardoqueo en Persia. Se convirtió en reina cuando la reina Vasti se negó a presentarse en un banquete ofrecido por su esposo, el rey Asuero. Ver *Ester, Libro de.*

ESTER, LIBRO DE Relato en el AT que presenta la historia de Ester y el trasfondo histórico para la fiesta judía de Purim; uno de los cinco "Megilloth" usado para lecturas en los días de fiesta. Cuando la joven judía

estudioso contemporáneo de la ética o un individuo moral pueden basar su decisión en el contenido ético del texto bíblico: (1) las declaraciones éticas de la Biblia deben aplicarse a una clase universal de personas, épocas y condiciones; (2) la enseñanza de toda la Escritura es congruente y presenta un frente común para las mismas preguntas y para todas las culturas pasadas y presentes; (3) al hacer una declaración sobre sí misma o una exigencia, la Biblia trata de dirigir nuestro accionar o comportamiento.

Latente tras cada mandamiento bíblico específico podemos encontrar un principio universal. A partir del principio general, una persona en un ambiente distinto puede utilizar la Biblia para obtener dirección en una decisión específica.

La ética bíblica es marcadamente teísta. El punto focal es Dios. Conocer a Dios era saber cómo poner en práctica la rectitud y la justicia (Jer. 22:15-16; Prov. 3:5-7). Más importante aún, la ética bíblica está íntimamente relacionada con la respuesta interior a la moralidad y no tanto con las meras acciones exteriores. "Jehová mira el corazón" (1 Sam. 16:7; ver Isa. 1:11-18; Jer. 7:21-23; Os. 6:6; Miq. 6:6-8).

La motivación ética de la Escritura tenía una orientación futura. Creer en una futura resurrección del cuerpo (Job 19:26-27; Sal. 49:13-15; Isa. 26:19; Dan. 12:2-3) era razón suficiente para hacer una pausa antes de creer que cada acción estaba limitada a la situación particular y no tenía consecuencias para el futuro: "... debéis vosotros andar en santa y piadosa manera de vivir, esperando y apresurándoos para la venida del día de Dios" (2 Ped. 3:11-12).

La ética bíblica es universal. Incluye el mismo estándar de justicia para cada nación y cada persona sobre la tierra (Gén. 18:25; comp. 13:13; Isa.

13-23; Jer. 45-51; Ezeq. 25-32; Dan. 2; 7; Amós 1-2; Abd.; Jon. y Nah.) y por lo tanto hace la advertencia de juicio divino inevitable si las personas no se arrepienten.

La ética de la Biblia se puede dividir en ley moral y ley positiva. La ley moral expresaba el carácter de Dios (Ex. 20:1-17; Deut. 5:6-21; Lev. 18-20). La ley positiva compelía a hombres y mujeres por un período de tiempo limitado. De modo que las palabras divinas en el huerto del Edén "del árbol de la ciencia del bien y del mal no comerás" (Gén. 2:17) o las palabras de nuestro Señor "desatadlo [al pollino]" (Luc. 19:30) sólo se dirigieron a la pareja en el huerto del Edén o a los discípulos. Un estudio de la ética bíblica nos ayuda a distinguir entre la ley moral, que siempre es válida, y el mandamiento temporario de la ley positiva.

La ley moral es permanente, universal e igualmente obligatoria para todas las personas de todos los tiempos. El mejor ejemplo de esta ley son los Diez Mandamientos. El simple hecho de omitir o de abstenerse de hacer algo prohibido no constituye una acción moral. La ética bíblica llama a una participación positiva en la vida. Nuestro deber no es simplemente rehusarnos a asesinar sino que debemos hacer todo lo que esté a nuestro alcance para ayudar a nuestro prójimo.

La ética bíblica se basa en la revelación total de la Biblia. El Decálogo y las leyes adicionales en el libro del pacto (Ex. 20:22-23:33), la ley de santidad (Lev. 18-20) y la ley de Deuteronomio (Deut. 12-25) se unen al Sermón del Monte en Mat. 5-7 y al Sermón en la llanura de Luc. 6:17-49 como los textos fundamentales de enseñanza bíblica sobre la esfera ética y moral.

Jesús dio el más grandioso resumen de instrucción ética (Mat. 22:37-

39): amar a Dios y amar al prójimo (notar la regla de oro, Mat. 7:12). La mejor manifestación de este amor es la disposición de perdonar a otros (Mat. 6:12-15; 18:21-35; Luc. 12:13-34). El amor es un cumplimiento de la ley (Rom. 13:9) porque nos constriñe a obedecer aquello que enseña la ley. El amor presta obediencia dispuesta y alegre, en vez de acatamiento forzado y coercitivo.

El NT presenta a Jesús como el nuevo ejemplo de obediencia inexorable a la voluntad y a la ley de Dios. El NT está lleno de exhortaciones a vivir por las palabras de Jesús y a caminar en el camino marcado por Jesús de Nazaret, el Mesías (1 Cor. 11:1; 1 Tes. 1:6; 1 Ped. 2:21-25).

La ética que la Escritura demanda y aprueba tiene como estándar y origen la santidad de Dios; como su motivación impulsora, el amor a Dios; como principio guía, la ley de Dios tal como la hallamos en el Decálogo y en el Sermón del Monte, y como meta suprema, la gloria de Dios.

ETÍOPE EUNUCO Funcionario en la corte de la reina de Etiopía de quien no se da el nombre (Hech. 8:27). Ver *Cus; Eunuco*. Su conversión ilustra cómo la fe cristiana trasciende las fronteras nacionales y tal vez incluye a alguien cuya mutilación física lo excluía de plena participación en el judaísmo.

ETIOPÍA Región de Nubia al sur de Egipto, desde la primera catarata del Nilo hasta Sudán; la moderna Etiopía está más al sudeste. El nombre hebreo (y el egipcio) de la región era Cus. Algunas traducciones han seguido a la Septuaginta al llamar a la tierra Etiopía y a sus habitantes, etíopes. Ver *Cus*.

ÉUFRATES Y TIGRIS Dos de los ríos más grandes de Asia occidental. Nacen en las montañas armenias y se unen a unos 145 km (90 millas) del golfo Pérsico para formar lo que ahora se llama el Shatt-el-Arab, que desemboca en el golfo. En la antigüedad el Tigris tenía su propia desembocadura en el golfo. El Éufrates y el Tigris estaban entre los cuatro ríos del Edén (Gén. 2:14).

Al Éufrates se lo conocía como "el río grande" o "el gran río" (Gén. 15:18; Jos. 1:4) o simplemente "el río" (Núm. 22:5). Formaba el límite norte de la tierra prometida por Jehová a Israel (Gén. 15:18; Deut. 1:7; ver Apoc. 9:14; 16:12).

El Éufrates es el río más largo, más grande y más importante de Asia occidental. Muchas ciudades de importancia estaban ubicadas sobre el Éufrates: Babilonia, Mari, Carquemis.

El Tigris es el sitio de la visión más importante del profeta Daniel (Dan. 10:4). Ciudades relevantes a orillas del Tigris incluían Nínive y Asur. Ver *Babilonia; Nínive*.

EUNICE (*"victoriosa"*) Madre de Timoteo (2 Tim. 1:5) a quien Pablo elogió por su fe; mujer judía cuyo marido era gentil. Ver *Timoteo*.

EUNUCO Varón privado de los testículos o de los genitales externos. Por extensión la palabra hebrea se podía usar para hablar de un funcionario específico de la corte (Gén. 37:36; 39:1 hacen referencia a un hombre casado). De modo que cualquier uso específico puede aludir a una definición o a ambas. Los eunucos estaban excluidos del sacerdocio (Lev. 21:20) y de ser miembros de la congregación de Israel (Deut. 23:1). A los eunucos se los consideraba hombres de suma confianza en el antiguo Cercano Oriente, y por lo tanto a menudo se los empleaba en el servicio de la corte real. El término griego que se traduce *eunuco* literalmente significa alguien que está a cargo de una cama, una referencia a la práctica de utilizar eunucos para cuidar de los harenes (comp. Est. 2:3,6,15). La visión de Isaías de una era mesiánica prometía al eunuco fiel un monumento recordatorio duradero y un nombre en el templo, que sería mejor que hijos e hijas (Isa. 56:4-5). Los eunucos "por causa del reino de los cielos" (Mat. 19:12) probablemente sea una metáfora para indicar a alguien que optaba por la soltería a fin de ser más útil en la obra del reino. Comp. 1 Cor. 7:32-34.

EUTICO (*"buena fortuna"*) Joven que quedó dormido escuchando a Pablo cuando predicaba en Troas (Hech. 20:9-10), cayó desde la ventana de un tercer piso y murió. Pablo lo devolvió a la vida.

EVA (*"vida"*) Ver *Adán y Eva.*

EVANGELIO (*"buenas nuevas"*) Mensaje e historia de la acción salvadora de Dios a través de la vida, el ministerio, la muerte y la resurrección de su único Hijo, Jesús; originalmente se utilizaba para describir informes de victorias en batallas (2 Sam. 4:10, RVR 1960 buenas nuevas); significaba también proclamar el triunfo divino sobre los enemigos de Dios; hablaba de liberación y salvación que vendrían de la mano de Dios cuando el largamente esperado Mesías apareciera para liberar a Israel (Isa. 52:7). En el NT "evangelio" es el mensaje sobre el reino de Dios que proclama Jesús (Mar. 1:14) y la historia que se relató sobre Jesús después de su muerte y resurrección (Gál. 1:11-12). Hay un solo evangelio (Heb. 1:1-2) y su Autor es Dios (1 Tes. 2:13; comp. Rom. 10:14-15; 1 Juan 1:5).

EVANGELIOS Primeros cuatro libros del NT que interpretan la vida, enseñanzas, muerte y resurrección de Jesús el Mesías. En el NT "evangelio" siempre habla de comunicación oral, y nunca de un documento o un escrito. Después del 100 d.C., los padres de la iglesia hablaron de "evangelios" en plural, y así hacían referencia a documentos escritos. Durante muchos años la historia y las enseñanzas de Jesús se comunicaron principalmente en forma oral. Unos 30 años después de la ascensión de Jesús, tres crisis interrelacionadas comenzaron a hacer impacto en la iglesia y condujeron a que se escribieran los "Evangelios": la persecución, la muerte de los testigos presenciales de vida de Jesús, y la demora en el regreso de Cristo.

Desde aproximadamente el 60 d.C. hasta el 90 d.C., cuatro personas respondieron a la inspiración de Dios escribiendo el mensaje de Jesús y sobre Jesús. Quisieron preservar el mensaje del evangelio de manera precisa para los creyentes de futuras generaciones, y quisieron utilizar una forma escrita del evangelio como herramienta adicional en el evangelismo (Juan 20:30-31).

Cada Evangelio fue escrito desde una perspectiva ligeramente distinta; cada uno tuvo como meta un público distinto; cada uno fue pensado para resaltar los elementos del evangelio que el autor creyó más importantes. Los cuatro Evangelios testifican tanto de la inspiración divina como también de las personalidades distintas y humanas de sus autores. Dios guió a la iglesia primitiva para que escogiera cuatro Evangelios que Él había inspirado. Ver *Mateo; Marcos; Lucas; Juan.* Otros "evangelios" eran interpretaciones judías de Jesús que no resultaban apropiadas, o bien obras literarias con marcada influencia de herejes gnósticos. Ver *Apócrifos, Nuevo Testamento.*

EVANGELISMO Llamado para que la gente responda al mensaje de gracia y entregue su vida a Dios por medio de Jesucristo. Mientras por un lado la influencia de Israel era primariamente nacional y de carácter magnético, la Biblia da ejemplos de testigos individuales y externos (Dan. 3-6; 2 Rey. 5:15-18; Jon. 3:1-10). Aunque Israel en líneas generales no llevó a cabo su misión, la gran cantidad de personas temerosas de Dios al comienzo de la era cristiana demuestra que su atracción magnética y esfuerzos proselitistas no fueron totalmente infructuosos.

Evangelismo es la comunicación del evangelio del reino (guiada por el Espíritu) de manera que los oyentes tengan una oportunidad válida de aceptar a Jesucristo como Señor y Salvador y de convertirse en miembros responsables de la iglesia. Lucas 8:2-56 muestra cómo Jesús anunció las buenas nuevas. Él no sólo predicó, sino que además demostró su poder sobre las fuerzas de la naturaleza al salvar a sus temerosos discípulos. Él echó fuera a un demonio, sanó a una pobre mujer que había sufrido de hemorragias durante 12 años, y resucitó a la hija de Jairo. Jesús anunció las buenas nuevas con palabras y con hechos. Pablo describió cómo este mensaje se usó para "la obediencia de los gentiles, con la palabra y con las obras, con potencia de señales y prodigios, en el poder del Espíritu de Dios; de manera que... todo lo he llenado del evangelio de Cristo" (Rom. 15:18-19).

El mandato bíblico sigue siendo hacerse "a todos... de todo, para que de todos modos salve a algunos" (1 Cor. 9:22).

EVIL-MERODAC (*"adorador de Marduk"*) Rey babilónico (562-560 a.C.) que trató bondadosamente a Joaquín, rey de Judá (2 Rey. 25:27); el nombre babilónico es Amel-Marduk. Ver *Babilonia*.

EVODIA (*"viaje próspero"* o *"fragancia agradable"*) Líder femenina en la iglesia en Filipos, cuyo desacuerdo con Síntique preocupó a Pablo (Fil. 4:2-3); las dos mujeres tal vez fueran diaconisas o anfitrionas de iglesias caseras en sus hogares respectivos. Pablo elogió a las mujeres por luchar a su lado para la extensión del evangelio, de manera parecida a lo que habían hecho Clemente y otros líderes eclesiásticos.

EXCOMUNIÓN Práctica de excluir a alguien de la iglesia, temporal o permanentemente, como castigo por el pecado o la apostasía. La excomunión era una maldición de Dios como castigo por el pecado (Deut. 27:26; 28:15; Sal. 119:21; Mal. 2:2-9; 4:6). La comunidad judía asumía autoridad para maldecir en nombre de Dios (Núm. 23:8; Isa. 66:5). Los términos del AT para hablar de excomunión significan estar excluido o ser cortado (Ex. 12:15,19; Lev. 17:4,9); morir, ser anatema (Ex. 22:19; Lev. 27:28-29; Jos. 6:17), ser asolado y maldito, poner en ruinas y escarnio (2 Rey. 22:19; Jer. 25:18). La comunidad del pacto se protegía a sí misma de maldición y tentación alejando de la comunidad a los que quebrantaban el pacto, e incluso llegaba a ejecutarlos.

Los cristianos frecuentemente eran expulsados de la sinagoga, el lugar de adoración de sus antepasados, como castigo por blasfemia o por dejar la tradición de Moisés (Luc. 6:22; Juan 9:22; 12:42; 16:2). Las iglesias del NT aparentemente usaban la excomunión como un medio de disciplina redentora. Los apóstoles practicaban la excomunión basándose en la autoridad para atar y desatar que les dio Jesús (Juan 20:23; Mat. 18:18). Ver *Atar y desatar*. Ellos excomunicaban a los miembros de la iglesia por herejía (Gál. 1:8); por pecado grosero y deliberado (1 Cor. 5; 2 Juan 7); y tal vez por alejarse de las creencias y prácticas de la iglesia (Heb. 6:4-8). El propósito era purificar a la iglesia y animar a los ofensores a que se arrepintieran (1 Cor. 5:5-6; 2 Cor. 2:6-10; 2 Tes. 3:15). El castigo variaba desde ostracismo limitado a exclusión permanente, y si la iglesia continuaba con las prácticas de la sinagoga, hasta podía abarcar cierta forma de castigo físico (Luc. 4:28-30; Juan 8:2-11; Hech. 5:1-5; 7:58). La terminología del NT para hablar de excomunión incluye: ser entregado a Satanás (1 Cor. 5:5; 1 Tim. 1:20); ser anatema (maldito) (Rom. 9:3; 1 Cor. 16:22; Gál. 1:8). Ver *Apostasía*.

EXHORTACIÓN Argumento (Hech. 2:40) o consejo instando a los oyentes a la acción. La habilidad para exhortar o alentar a la acción es un don espiritual (Rom. 12:8) que a veces está asociado con profetas/predicadores (Hech. 15:32; 1 Cor. 14:3). A veces la exhortación mutua es responsabilidad de todos los cristianos (Rom. 1:12; 1 Tes. 5;11,14; Heb. 3:13; 10:24-25).

EXILIO Eventos en que las tribus israelitas del norte fueron llevadas cautivas por los asirios, y las tribus del sur (Judá) fueron llevadas en cautiverio por los babilonios.

Los asirios y los babilonios comenzaron con la costumbre de deportar a los cautivos a tierras extranjeras. A la deportación por lo general se la consideraba la medida más dura y se llevaba a cabo cuando todos los otros medios no habían dado resultado. En vez de imponer deportación, Asiria demandaba tributo de las naciones a las que amenazaba con cautividad. Ya en el 842 a.C. Jehú, rey de Israel, estaba pagando tributo a Salmanasar, rey de Asiria. Recién durante el reino de Tiglat-pileser (745-727 a.C.) los asirios comenzaron a deportar perso-

nas de las varias tribus de Israel (2 Rey. 15:29; 1 Crón. 5:26; 17:1-48).

Los asirios exiliaron a los israelitas en Halah, Gozán y Media (2 Rey. 17:6; 18:11; Abd. 20). Por otra parte, llevaron a Samaria personas de Babilonia, Cuta, Ava, Hamat y Sefarvaim (2 Rey. 17:24; Esd. 4:10). Sargón II dejó registrado que se deportaron 27.290 israelitas. Ver *Israel, Historia de*.

Hubo tres deportaciones de judíos a Babilonia: 598 a.C. (2 Rey. 24:12-16); 587 a.C. (2 Rey. 25:8-21; Jer. 39:8-10; 40:7; 52:12-34); 582 a.C. (Jer. 52:30). Después de la segunda deportación los babilonios nombraron a Gedalías gobernador de Judá, pero fue asesinado (2 Rey. 24:25). La tercera deportación fue un castigo por el asesinato de Gedalías.

La vida en el exilio significó vida en cinco regiones geográficas diferentes: Israel, Judá, Asiria, Babilonia y Egipto. Contamos con poca información sobre eventos en estos lugares entre el 587 y el 538 a.C.

1. Israel. Asiria tomó a las personas cultas y a los líderes del reino del norte y los reemplazó con pobladores de otros países que ya habían conquistado (2 Rey. 17:24). Los asirios tuvieron que enviar algunos sacerdotes de regreso a la zona para que enseñaran a la gente las tradiciones religiosas del Dios de esa tierra (2 Rey. 17:27-28). Dichos sacerdotes probablemente ministraron a una población que incluía a judíos agricultores pobres dominados por líderes extranjeros. Cuando Babilonia se hizo cargo de la región, estableció una capital provincial en Samaria. Los líderes del lugar se unieron con otros líderes provinciales para detener a Zorobabel y a su pueblo a fin de que no reconstruyeran el templo (Esd. 4:1-24). Gradualmente emergió una población mixta (Esd.

10). Aun así un remanente fiel intentó conservar el culto a Jehová cerca de Siquem. Con el tiempo, esto dio como resultado la comunidad samaritana. Ver *Samaria; Samaritanos.*

2. Asiria. Los exiliados del reino del norte quedaron dispersos por los territorios asirios (2 Rey. 17:6). Aparentemente, sus pequeñas comunidades quedaron aisladas de otros judíos, y no conservaron gran identidad nacional. No sabemos qué ocurrió con esta gente, por lo cual se la llama: "las tribus perdidas de Israel".

3. Judá. Los babilonios dejaron personas en Judá, particularmente agricultores (Jer. 52:16). Algunos ciudadanos que habían huido del país antes de la invasión babilónica, regresaron a la tierra después de la destrucción de Jerusalén (Jer. 40:12). Los babilonios establecieron un gobierno que puede o no haber dependido del gobierno provincial en Samaria. Los judíos leales a la tradición davídica asesinaron a Gedalías, el gobernador (2 Rey. 25:25). Luego entonces muchos huyeron a Egipto (2 Rey. 25:26; Jer. 43). La gente que quedó en la tierra siguió adorando en las ruinas del templo y continuó en búsqueda de una palabra divina de esperanza (Lamentaciones). Muchos probablemente no se hayan alegrado al ver que los judíos regresaban de Babilonia y exigían tierra y liderazgo.

4. Babilonia. El centro de la vida judía se trasladó a Babilonia con líderes como Ezequiel. Babilonia llegó a reconocer a la familia real de Judá (2 Rey. 25:27). Los judíos exiliados basaban su calendario en el exilio del rey Joaquín en el 597 a.C. (Ezeq. 1:2; 33:21; 40:1). El nieto de Joaquín, Zorobabel, condujo de regreso a los primeros cautivos desde Babilonia en el 538 a.C. (Esd. 2:2; Hag. 1:1). La mayoría de los exiliados en Babilonia seguramente siguieron la costumbre del

Cercano Oriente y se convirtieron en labradores de tierra que pertenecía al gobierno. Los documentos babilónicos muestran que con el tiempo algunos judíos se hicieron comerciantes exitosos en Babilonia. Aparentemente líderes religiosos como Ezequiel pudieron presidir encuentros religiosos (Ezeq. 8:1; comp. Esd. 8:15-23). Continuó la correspondencia entre los que estaban en Judá y los que estaban en el exilio (Jer. 29), y los ancianos judíos se convirtieron en líderes de los exiliados (Jer. 29:1; Ezeq. 8:1; 14:1; 20:1). En 1 Crónicas 1-9, Esdras y Nehemías vemos que para los exiliados, las genealogías y los registros de familia llegaron a ser aspectos sumamente relevantes de la identidad. El pueblo era autosuficiente en el aspecto económico, y algunos hasta tenían esclavos (Esd. 2:65) y poseían recursos como para proveer fondos para el regreso a Jerusalén (Esd. 1:6; 2:69). Aun así, muchos anhelaban estar en Jerusalén y no cantaban cánticos al Señor en Babilonia (Sal. 137). Estos se unían a profetas como Ezequiel en su deseo de reconstruir el templo y lograr la restauración del pueblo judío. Se burlaban de los dioses babilónicos diciendo que eran madera que había quedado del fuego (Isa. 44:9-17; 45:9-10; 46:1-2,6-7; Jer. 1:16; Ezeq. 20:29-32). Así se estableció una comunidad judía babilónica que tuvo gran influencia aun mucho tiempo después que Ciro de Persia permitiera que los judíos regresaran a Judá. Estos judíos establecieron su propio culto, ordenaron las Escrituras, y comenzaron a interpretarlas en las paráfrasis arameas y las explicaciones que con el tiempo se convirtieron en el Talmud babilónico, pero a la vez siguieron sosteniendo económicamente a los judíos en Jerusalén.

5. Egipto. Hubo judíos que huyeron de Jerusalén y se dirigieron a

Egipto (2 Rey. 25:26) a pesar de las instrucciones de Dios para que no lo hicieran (Jer. 42:13-44:30). Aparentemente muchos se unieron al ejército egipcio apostado en fortalezas de la frontera norte como protección contra la invasión babilónica. Tales judíos tal vez se hayan unido a compatriotas que habían ido a Egipto con anterioridad. Los arqueólogos han descubierto inscripciones en Elefantina en el sur de Egipto que indican que allí hubo un gran contingente de fuerzas militares judías. Según parece, construyeron un templo y adoraron a Jehová y a otros dioses. Estas comunidades militares finalmente desaparecieron, pero en Egipto continuó la influencia judía. Con el tiempo, en Alejandría se estableció una gran comunidad judía que produjo la Septuaginta, la más antigua traducción al griego de la Biblia hebrea.

El edicto de Ciro en el 538 a.C. (2 Crón. 36:22-23; Esd. 1:1-4) permitió que los judíos en Babilonia regresaran a su tierra. Aunque las condiciones eran deprimentes, muchos regresaron. La predicación de Hageo y Zacarías (520-519 a.C.) instó a los cautivos que regresaban a reconstruir el templo en Jerusalén. Este se completó en el 515 a.C., la fecha que tradicionalmente marca el fin del exilio babilónico.

ÉXODO La huida de Israel de la esclavitud en Egipto y el viaje hacia la Tierra Prometida bajo la dirección de Moisés; el evento más importante de Israel desde el punto de vista histórico y teológico. Una y otra vez a Jehová se lo proclama "el que te sacó de la tierra de Egipto, de la casa de esclavitud". Israel recordaba el éxodo como el poderoso acto redentor de Dios. El éxodo en el AT era para Israel lo que la muerte y la resurrección de Cristo era para los cristianos en el NT. Así como en la fiesta de la Pascua Israel conmemoraba su liberación de la esclavitud egipcia, al observar la Cena del Señor los cristianos celebran su redención del pecado (Luc. 22:1-20; 1 Cor. 11:23-26). Israel conmemoraba el éxodo en los credos de la nación (Deut. 26:5-9; 1 Sam. 12:6-8) y en la adoración (Sal. 78; 105; 106; 114; 135; 136). Los profetas enseñaban que la elección y el pacto estaban íntimamente relacionados con el éxodo (Isa. 11:16; Jer. 2:6; 7:22-25; Ezeq. 20:6,10; Os. 2:15; 11:1; Amós 2:10; 3:1; Miq. 6:4; Hag. 2:5).

Éxodo 1-15 describe el evento en sí. Las fuentes egipcias hablan de un pueblo nómada llamado Habiru que, escapando del hambre entró en Egipto desde el este. Hay evidencia en Egipto que indica que en proyectos de construcción los egipcios utilizaban mano de obra de esclavos (Ex. 1:11). En un tiempo, en Egipto la tierra estaba en manos de muchos terratenientes; pero luego del reinado de los reyes hicsos, el faraón fue dueño de la mayoría de la tierra y el pueblo fue siervo del rey (Gén. 47:20).

La Biblia hace énfasis en que el éxodo fue obra de Dios. Dios causó las plagas en Egipto (Ex. 7:1-5) y realizó el milagro en el mar (Ex. 15:21). Dios libró a Israel de la esclavitud en razón del pacto con los patriarcas y porque deseaba redimir a su pueblo (Ex. 6:2-8).

La Biblia no da una fecha incontrovertible para el éxodo. En 1 Reyes 6:1 se registra el inicio de la edificación del templo por parte de Salomón 480 años después del éxodo. El cuarto año de Salomón sería aprox. el 957 a.C. Una interpretación literal ubica el éxodo en el 1437 a.C. Éxodo 1:11 dice que los israelitas en Egipto construyeron para Faraón Pitón y Ramesés, que eran ciudades de almacenaje. El nombre Ramesés no se usó en Egipto antes del 1300 a.C. Si a una de las ciudades de almacenaje se le dio el nombre de un rey, el éxodo no pudo haber tenido lugar antes del 1300 a.C., sino que ocurrió durante la dinastía XVIII (1570-1310 a.C.) o la XIX (1310-1200 a.C.). Desde que surgió la egiptología moderna, la mayoría de los eruditos han creído probable que el éxodo haya sucedido durante el reinado de Ramsés II, aprox. en el 1270 a.C., aunque muchos estudiosos de la Biblia tratan de fecharlo alrededor del 1447 a.C. Ver *Peregrinación en el desierto; Desierto.*

ÉXODO, LIBRO DE Segundo libro del AT y del Pentateuco; libro central del AT que habla del acto salvífico básico de Dios hacia Israel: el éxodo de Egipto, el establecimiento del pacto divino con la nación destinada a ser su reino de sacerdotes, y la construcción del tabernáculo. Para detalles sobre fecha y paternidad literaria, ver *Pentateuco.*

Éxodo es la continuación de Génesis, y se basa en el final de ese libro, donde aparece José llevando a la familia de su padre a Egipto para evitar los duros sufrimientos de la hambruna. Éxodo comienza con los hijos de Jacob en Egipto durante el reinado de otro faraón. A los israelitas se los ve como temidos extranjeros y no como a libertadores del hambre. Es así que Israel se convierte en esclava de Egipto (cap. 1). Dios salvó del peligro al niño Moisés, y éste creció en la corte de Faraón como hijo de la hija de Faraón. En un intento por proteger a un connacional, Moisés mató a un egipcio, y tuvo que escapar al desierto de Madián, donde ayudó a siete jóvenes pastoras en peligro, y se casó con una de ellas. Allí Dios lo llamó desde la zarza ardiente del monte Horeb/Sinaí, y lo envió de regreso para que rescate a Israel de Egipto (caps. 2-4). El faraón obstinado se negó a dejar ir a los israe-

litas, que se quejaban de Moisés. Dios aprovechó esta oportunidad para revelarse a sí mismo a Israel, a Faraón y a los egipcios a través de las plagas de Egipto. Estas culminaron con la muerte de todos los primogénitos de Egipto. La décima plaga se convirtió en el trasfondo de la celebración religiosa central de Israel, la Pascua y los panes sin levadura, en las cuales Israel hacía una reconstrucción del éxodo de Egipto y se regocijaba por el acto supremo de salvación divina en favor del pueblo de Dios (caps. 5-13). El milagro del mar Rojo (o tal vez, más literalmente, el mar de Cañas) se convirtió en el más grandioso momento de la historia de Israel, el momento en que Dios creó para sí una nación al librarlos del más grande poder militar que había en la tierra (cap. 14).

Después de celebrar la liberación con cánticos y danzas (15:1-21), Israel siguió la guía de Dios camino al desierto. Aun después que Dios les proveyera comida y bebida y después que Él venciera a los amalecitas, los israelitas clamaron pidiendo volver a la buena época de Egipto (15:22-17:15). Jetro, el suegro de Moisés, le llevó a su yerno la esposa y los hijos de éste, y alabó a Dios por todo lo que había hecho. Jetro le aconsejó a Moisés cómo organizar un sistema judicial más eficaz (cap. 18). Luego Israel llegó a Sinaí, donde Dios los llamó a ser el pueblo de su pacto, una nación santa que llevaría a cabo la misión de Abraham de bendecir a las naciones de la tierra. Dios dio los Diez Mandamientos y otras leyes relevantes para el pacto (caps. 19-23), y luego confirmó el pacto en una misteriosa ceremonia (cap. 24). Moisés subió a la cima del monte a fin de recibir el resto de las instrucciones de Dios, especialmente indicaciones para la construcción del tabernáculo, el lugar sagrado de adoración (caps. 24-31). Los israelitas impacientes consiguieron que Aarón construyera un ídolo visible: el becerro de oro. El pueblo comenzó a adorar ese ídolo. Esto provocó la ira de Dios, lo cual a su vez hizo que Moisés descendiera hasta donde estaba el pueblo. Él oró por el pueblo a pesar del pecado de ellos, pero cuando vio las acciones pecaminosas de los israelitas, arrojó al suelo las tablas de la ley y las rompió. Una vez más subió al monte y oró por Israel. Dios los castigó pero no los destruyó, y mostró su presencia continua en el tabernáculo de reunión y al permitir que su gloria divina pasara por donde estaba Moisés (caps. 32-33). Dios entonces le dio a Moisés la ley en dos nuevas tablas de piedra y así renovó su pacto con el pueblo, proporcionándoles otras leyes fundamentales. La intensa comunicación con Dios hizo que el rostro de Moisés resplandeciera (cap. 34). Moisés luego guió a Israel en la celebración del día de reposo (el sábado) y la construcción del tabernáculo (caps. 35-39). Moisés erigió el tabernáculo y estableció el culto en ese lugar. Dios bendijo esa acción con su santa y gloriosa presencia (cap. 40). Esto se convirtió en la señal de los futuros viajes de Israel, cuando el pueblo seguía la nube y la columna de fuego de parte de Dios.

En el éxodo Israel aprendió a conocer la naturaleza básica de Dios y su salvación. También aprendió a conocer la naturaleza del pecado, las características del líder de Dios, los elementos en la adoración, el significado de la salvación y la identidad del pueblo de Dios.

Dios reveló su salvación, su poder, su cuidado, su gloria y su naturaleza santa. Y por sobre todo, Dios reveló su voluntad para que estuviera presente entre su pueblo y los guiara en sus actividades diarias. Él les mostró la manera en que esperaba que ellos vieran: una vida de santidad, siendo sacerdotes entre las naciones y con la guía de los Diez Mandamientos. Dicha vida reflejaba la naturaleza de Dios mismo (Ex 34:6-7).

El pueblo adoró porque había tenido la experiencia de la salvación divina. Para ellos salvación significaba liberación física en acción militar contra un poderoso enemigo terrenal. Salvación incluía seguir las instrucciones de Dios y esperar la milagrosa ayuda divina. La salvación estableció una relación de pacto entre Dios y el pueblo, una relación basada en la iniciativa divina.

EXORCISMO Práctica de expulsar a los demonios a través de cierto acto ritual. El AT hace alusión a seres demoníacos pero nunca a exorcismos (Lev. 17:7; Deut. 32:17; Isa. 13:21; 34:14; 2 Crón. 11:15; Sal. 106:37). En el NT los demonios eran poderes terrenales o espíritus aliados a Satanás. El poder de Jesús para exorcizar se halla demostrado en los Evangelios sinópticos en su poder divino sobre Satanás (Mat. 15:21-28; Mar. 1:23-38; 5:1-20; 7:24-30; 9:14-29). Jesús tuvo que silenciar espíritus inmundos porque proclamaban que Él era el Hijo de Dios (Mar. 3:11). Sus opositores a menudo acusaban a Jesús de estar endemoniado (Mar. 3:22; Juan 7:20; 8:48-49,52; 10:20).

Jesús dio a sus discípulos autoridad sobre espíritus inmundos (Mar. 3:14-15; 6:7) y ellos por lo general podían realizar exorcismos (Mar. 6:13), aunque no siempre lo lograban (Mar. 9:18). Marcos 9:38-41 hace referencia a alguien que realizaba exorcismos en el nombre de Jesús aunque no era su seguidor. El Señor le dijo a los discípulos que no le prohibieran actuar a dicho hombre. Hechos 19:13-16 habla de exorcistas judíos ambulantes en Éfeso que intentaron sin éxito echar fuera demonios en el nombre de Jesús.

Papiros contemporáneos sobre magia describen técnicas de exorcismo. En contraste, los exorcismos de Jesús sólo mencionan la técnica de la oración (Mar. 1:25; 9:25-29). Ver *Milagros; Adivinación y magia; Sanidad; Posesión demoníaca.*

EXPIACIÓN, PROPICIACIÓN Términos que usan los teólogos cristianos al tratar de definir y explicar el significado de la muerte de Cristo en la cruz y cómo se relaciona esto con Dios y con los creyentes. "Expiación" hace énfasis en la eliminación de la culpa a través del pago de un castigo, mientras "propiciación" hace énfasis en la pacificación o la prevención de la ira y la justicia de Dios. Ambas palabras muestran que por medio de la muerte de Cristo en la cruz por nuestros pecados, somos reconciliados con un Dios santo y amante (Rom. 5:9-11; 2 Cor. 5:18-21; Col. 1:19-23).

En el AT la gracia aparece de manera clara. Dios tomó la iniciativa al especificar qué sacrificios serían necesarios.

El NT muestra cómo Jesús cumplió el sistema de sacrificios del AT y lo reemplazó con su propia obra en la cruz. El sistema del AT no pudo purificar las conciencias de los que ofrecían el sacrificio (Heb. 8:7,13; 10:1-4). En su lugar, Dios proveyó un sacrificio perfecto, su propio Hijo. Este sacrificio es eterno, no provisorio; es suficiente para cubrir o expiar todo el pecado humano, no simplemente pecados específicos (Heb. 7:26-28; 9:25-26). Él hizo posible la reconciliación para todas las personas en todos los tiempos. Dicha reconciliación incluye un cambio tanto en la actitud de Dios hacia nosotros como también en nuestra actitud hacia Dios. Dios escogió perdonarnos antes que el sacrificio tuviera lugar en la historia, pero su perdón no pudo llegar hasta nosotros hasta que el sacrificio se hizo realidad.

Dios es santo y amante. Su santidad no puede permitir el pecado. Por el amor divino, el pecador puede ser aceptado si se toman en cuenta las exigencias de la santidad de Dios. El sacrificio expiatorio de Cristo satisface las exigencias de su ley santa y demuestra la inmensidad de su amor. Dios no esperaba ser apaciguado (tal como en la concepción griega pagana), sino que Él proveyó el remedio para la situación: el sacrificio que expía el pecado humano y hace posible la reconciliación. Todos los requisitos para los sacrificios del AT han sido reemplazados por el sacrificio de la cruz (Col. 2:14; Heb. 10:14-18). Los únicos sacrificios que ahora se requieren del cristiano son sacrificios de alabanza y acción de gracias, los cuales se manifiestan a través de la adoración en espíritu y en verdad y a través de la obediencia del discipulado (Rom. 12:1; Heb. 13:15-16; 1 Ped. 2:5).

La doctrina de la expiación incluye ambas dimensiones: propiciación —evitar la ira de Dios— y expiación —eliminación de la culpa del ser humano. Se necesitaba un sacrificio para satisfacer las demandas de la ley divina, pero Dios mismo, en su incomparable amor, lo proveyó. Ver *Sangre; Cristo, Cristología; Salvación.*

ÉXTASIS Estado mental de una persona que experimenta una reacción emocional intensa ante un estímulo que se percibe se ha originado fuera de la persona, y que produce sensaciones visuales o auditivas; experiencia en la que una persona recibe una revelación por medios sobrenaturales (Hech. 10:10; 11:5; 22:17). La condición al estar en un trance, especialmente trance místico o profético; estado extracorporal (2 Cor. 12:2-3) o la condición de estar fuera de control; se asociaba con grupos o escuelas de profetas (1 Sam. 10:5,9; 19:20; 2 Rey. 9:1); a menudo se acompañaba con música (1 Sam. 10:5; 2 Rey. 3:15-16) y danza rítmica, aunque la actividad profética era resultado de la acción del Espíritu de Dios (1 Sam. 10:6,10; 19:20,23) o de la mano del Señor (2 Rey. 3:15). El éxtasis profético podía estar acompañado por comportamiento irracional (1 Sam. 19:24; quizás 21:15), por lo cual a los profetas a veces se los consideraba dementes (2 Rey. 9:11; Jer. 29:26; Os. 9:7).

La experiencia de Pablo cuando fue llevado al tercer cielo o paraíso (2 Cor. 12:2-4) es un ejemplo de éxtasis. Pablo prefirió jactarse de sus debilidades que de tales experiencias espirituales (12:5; 1 Cor. 12:31). Algunos creen que el don de lenguas incluye un estado de éxtasis. Las distinciones entre "éxtasis", "sueño" y "visión" no siempre son claras. Ver *Profecía, Profetas.*

EXTRANJERO, FORASTERO

Persona que vivía en lugar extranjero y no tenía familiares allí. Las personas que huían de hambrunas se convertían en extranjeros en el lugar en que se establecían (Gén. 26:3; 2 Sam. 4:3). El extranjero estaba en un punto medio entre la persona que nacía en la comunidad y el forastero que no tenía conexión alguna con la comunidad. El extranjero podía hacerse soldado (2 Sam. 1:13), adorar a Dios y guardar el día de reposo (Ex. 23:12; Deut. 31:12), ser dueño de una casa (Gén. 19:9). Ver Gén. 20:1; 26:3; 32:5; 1Crón. 22:2; Jer. 7:6; 14:8; 22:3; Ezeq. 22:7,29. Israel comenzó su historia en Egipto siendo todos extranjeros (Ex. 23:9; Deut. 14:21; 24:17-20; 26:12; 27:19; Lev. 17:8,15; 18:26; Núm. 9:14). Dios ama a los extranjeros (Deut. 10:19).

Todas las personas son extranjeras o forasteras aquí en la tierra (Sal. 39:12; 119:19).

EZEQUÍAS (*"Jehová es mi fortaleza"*) Hijo y sucesor de Acaz como rey de Judá (716/15-687/85 a.C.). Como no estuvo dispuesto a procurar favores de reyes asirios, Ezequías volvió a abrir el templo en Jerusalén, quitó los ídolos, santificó los vasos del templo profanados durante el reinado de Acaz, e inició los sacrificios. Ezequías animó a los israelitas del norte que estaban gobernados por Asiria a unirse a Judá para la Pascua en Jerusalén. Los lugares en que se adoraban ídolos fueron destruidos. Ezequías hasta destruyó la serpiente de bronce que Moisés había erigido en el desierto (Núm. 21:4-9) para que la gente no la considerara un objeto de adoración. Organizó a los sacerdotes y a los levitas para que presidieran cultos religiosos. El diezmo volvió a ser instaurado y se realizaron planes para la observación de fiestas religiosas prescritas en la ley.

En el 711 a.C. Sargón II de Asiria tomó Asdod. Ezequías había esperado el momento en que tuviera que confrontar a los ejércitos de Asiria, de modo que fortificó Jerusalén y organizó un ejército. El rey construyó un túnel cavando roca, desde el manantial de Gihón hasta el estanque de Siloé, y extendió el muro de la ciudad para cercar esta importante fuente de agua.

Isaías le advirtió a Ezequías que no se viera involucrado con Asiria (Isa. 20:1-6). En el 705 a.C. llegó el tiempo crucial en que Senaquerib se convirtió en rey de Asiria. Ezequías le pagó un alto tributo de plata y oro. En el 701 a.C. Ezequías enfermó gravemente (Isa. 38:1-21). Isaías le advirtió al rey que se preparara para la muerte inminente, pero Ezequías oró a Dios pidiendo que interviniera. Dios le respondió prometiéndole que le daría otros 15 años de vida y liberaría a Jerusalén de Asiria (Isa. 38:4-6).

Senaquerib sitió Laquis y envió mensajeros al muro de Jerusalén instando a la gente a que se rindiera. Ezequías, vestido de cilicio y cenizas, fue al templo a orar. Llamó a Isaías, quien le anunció que Senaquerib oiría "un rumor" y regresaría a su tierra, donde habría de morir por espada (2 Rey. 19:7).

La fe y su recuperación física le valieron reconocimiento por parte de las naciones vecinas (2 Crón. 32:33). El líder babilonio Merodac-baladán felicitó a Ezequías por haberse recuperado y lo honró con una gran recepción, pero Isaías advirtió que las generaciones siguientes estarían sujetas al cautiverio babilónico (Isa. 39:1-8). Senaquerib destruyó Babilonia en el 689 a.C., y luego marchó hacia Egipto. Esperando rechazar toda interferencia por parte de Judá, Senaquerib le envió cartas a Ezequías ordenándole rendirse (Isa. 37:9-38). Ezequías llevó las cartas al templo y oró a Dios pidiendo ayuda. Isaías prometió que Senaquerib no iba a prevalecer, y que de manera maravillosa su ejército sería derrotado (2 Rey. 19:35-37). En el 681 a.C. Senaquerib fue muerto por dos de sus hijos.

EZEQUIEL (*"Dios fortalecerá"*) Profeta y sacerdote durante el exilio babilónico; hijo de Buzi (1:3); en el 597 a.C. el rey Nabucodonosor lo llevó cautivo a Babilonia juntamente con el rey Joaquín y otras 10.000 personas (2 Rey. 24:14-16). Vivió en su propia casa en Tel-Abib cerca del río Quebar.

El llamado de Ezequiel ocurrió en el 593 a.C., en el "año treinta" (1:1), que probablemente haya sido la edad de Ezequiel (aunque también se ha interpretado como 30 años desde el descubrimiento del libro de la ley en el 622, 30 años a partir del encarcelamiento de Joaquín, o un sistema babilónico de cronología).

Ezequiel era casado. Su esposa murió inesperadamente durante el sitio de Jerusalén (24:18). Él continuó predicando hasta por lo menos el 571 a.C. (29:17). Su ministerio se puede dividir en dos fases: (1) advertencias del juicio inminente sobre Judá y Jerusalén (593-587); (2) mensajes de ánimo y esperanza para el futuro (587-571). No sabemos cuándo ni cómo murió Ezequiel.

En vista del comportamiento fuera de lo común de Ezequiel (por ejemplo, acostarse sobre uno de sus lados durante 390 días, y sobre el otro durante 40 días, 4:4-6; afeitarse la cabeza, 5:1-4; y sus muchas visiones), se ha dicho que tenía una personalidad neurótica, paranoica, psicópata o esquizofrénica. Sólo en una ocasión Ezequiel se mostró renuente a obedecer un mandamiento, ya que lo hubiera hecho ceremonialmente inmundo (4:14). Su objeción reflejó la preparación que había tenido para el sacerdocio.

Ezequiel vivió en un tiempo de crisis y conflicto internacional. Babilonia se convirtió en el poder mundial dominante. Judá mantuvo su independencia ofreciéndole su lealtad a Babilonia, pero una y otra vez halló ocasiones para rebelarse. Ver *Israel, Historia de*. El último de los reyes de Judá, Sedequías (597-587 a.C.), no prestó oídos a las advertencias de Ezequiel ni de Jeremías, sino que se rebeló, y Nabucodonosor entonces lideró el ejército que sitió Jerusalén durante 18 meses hasta que la ciudad cayó.

La manera en que Jesús se presenta a sí mismo como el buen Pastor (Juan 10) intentaba ser un contraste con el pastor malvado de Ezequiel 34. La manera en que Él se presenta como la vid (Juan 15) tal vez haya hecho que la gente recordara la vid de Ezequiel 15. Los seres vivientes en Ezeq. 1 vuelven a aparecer en Apoc. 4:6-9. El trono de Dios (Ezeq. 1:26-28) se describe de manera parecida en Apoc. 4:2-3. "Gog en tierra de Magog" (Ezeq. 38:2) se convierte en Gog y Magog en Apoc. 20:8. La visión del templo (Ezeq. 40-48) tiene varios paralelos en Apoc. 21-22. Por lo general se considera que el frecuente nombre de "Hijo del Hombre" que usa Jesús con respecto a sí mismo, puede tener origen en Dan. 7:13, pero Él lo puede haber tomado de las 93 veces que Dios se dirigió a Ezequiel llamándolo "hijo de hombre".

Al libro de Ezequiel se lo ha descrito como una obra de arte en prosa. Todo el libro está escrito en primera persona, con la excepción de 1:2-3. Muy pocos libros contienen una mezcla tan rica de acciones simbólicas, visiones, lenguaje figurado y alegorías para comunicar los mensajes de Dios. Ezequiel realizó al menos 11 acciones simbólicas (3:26-27; 4:1-3,4-8,9-17; 5:1-4; 12:1-16,17-20; 21:6,18-23; 24:15-24; 37:15-23). El contenido de 17 de los 48 capítulos son visiones (1-3; 8-11; 37:1-14; 4-48). Una de las características de Ezequiel es la gran imaginación en el uso de lenguaje figurado (el atalaya, 3:17-21; 33:1-9; un horno para fundir y refinar, 22:17-22; Tiro como un barco mercantil, 27:1-36; Faraón como un dragón, 29:2-5). Ezequiel proclamó varios mensajes por medio de alegorías (15:1-8; 16:1-63; 17:1-24; 23:1-49; 24:3-14).

La primera vez que Dios se le apareció a Ezequiel fue en una nube de tormenta y sentado en un trono rodeado por querubines (1:1-28; 10:15). Dios comisionó a Ezequiel para que fuera a los "hijos de duro rostro y de empedernido corazón" (2:4) y le dio un rollo para que comiera (3:1-

3). Esto era símbolo de completa identificación con la Palabra de Dios. Dios se dirigió a él llamándolo "atalaya" (3:17), un recordatorio de su responsabilidad para con el pueblo de Dios. Dios le impuso a Ezequiel que guardara silencio durante los siguientes siete años y medio, y que no hablara a menos que tuviera un mensaje de parte de Dios (3:26-27; 33:21-22).

El ministerio de Ezequiel comenzó con la realización de una serie de acciones simbólicas, todas con el objeto de comunicar las advertencias divinas en cuanto al inminente sitio de Jerusalén y la dispersión del pueblo (4:1-5:17). Los caps. 8-11 contienen una visión que llevó a Ezequiel a Jerusalén, donde vio las abominables prácticas de adoración en el templo (8:1-18). Ezequiel pronunció ayes sobre los falsos profetas y profetisas que estaban descarriando al pueblo (13:1-23). Sin embargo, también hizo énfasis en la responsabilidad personal de cada individuo ante Dios (18:1-32). A fin de comunicar que la actitud compasiva de Dios para con su pueblo había terminado, el Señor le dijo a Ezequiel que no llorara cuando su esposa muriera durante el sitio de Jerusalén (24:16-17,22-24).

Ezequiel no limitó sus mensajes al pueblo del pacto. Los caps. 25-32 contienen una serie de oráculos contra las naciones vecinas. Estos mensajes solemnemente advertían al pueblo del pacto que si Dios iba a castigar a las naciones que no lo reconocían como Dios, Israel no debía esperar que ella misma podía escapar del castigo.

Después de la caída de Jerusalén, Ezequiel cambió el énfasis de sus mensajes. La nación devastada necesitaba aliento y esperanza para el futuro. La visión del valle de los huesos secos proclamó con dramatismo la futura resurrección de la nación (37:1-14).

Las profecías sobre Gog de la tierra de Magog proporcionó la seguridad de que Dios protegería a su pueblo de los enemigos (38:1-39:29).

La visión final de la comunidad restaurada proclamaba esperanza futura para el pueblo de Dios (40:1-48:35). Algunos interpretan estos capítulos como una descripción literal del templo que se reconstruiría después del exilio. Otros lo ven como una figura alegórica de la iglesia. Hay quienes consideran que literalmente se reconstruirá un templo como parte del cumplimiento de la interpretación premilenial dispensacional de la semana setenta de Daniel (Dan. 9:2-27). Otros creen que es un ejemplo de lenguaje apocalíptico para describir el futuro reino de Dios en términos comprensibles: la destrucción de los impíos y el establecimiento de un pueblo santificado en cuyo medio habitaría Dios.

Los temas prominentes del libro incluyen la presencia de Dios (1:26-28; 48:35), la autoridad soberana de Dios sobre todas las naciones, la responsabilidad individual (18:1-32), la justicia (18:5-9), la sumisión a Dios como la llave de la bendición (9:4; 16:60-63; 18:30-32; 36:22-38) y la esperanza para el futuro del pueblo de Dios (37-48).

EZIÓN-GEBER Ciudad portuaria de Edom, ubicada sobre la costa norte del golfo de Aqaba (Núm. 33:35-36; Deut. 2:8). Salomón utilizó esta ciudad en la construcción de naves. Durante esa época, barcos tripulados por marineros fenicios navegaban desde este puerto a Ofir en busca de oro y otras riquezas (1 Rey. 9:26-28; 10:11,22; 2 Crón. 8:17). Ver *Comercio; Elat.*

FALSO PROFETA Persona que esparce mensajes y enseñanzas falsos alegando que son palabras de Dios.

El hebreo no cuenta con una palabra para transmitir la idea de *falso profeta*. Todos son simplemente "profetas". Sin embargo, algunos no obedecen a Dios y por lo tanto son falsos. Jeremías 14:14 los describe de la siguiente manera: "Falsamente profetizaron los profetas en mi nombre; no los envié, ni les mandé, ni les hablé; visión mentirosa, adivinación, vanidad y engaño de su corazón os profetizan" (comp. Jer. 23:21-33; Zac. 10:2). Los falsos profetas fueron echados de la presencia de Dios y humillados (Jer. 7:14-16; 23:39).

Falso profeta también era quien profetizaba en nombre de otro dios (1 Rey. 18:20-39). Israel no siempre pudo distinguir entre profetas verdaderos y falsos (1 Rey. 22; Jer. 28). El profeta sólo podía decir que había que esperar y ver qué profecía probaba ser cierta (Deut. 18:22; 1 Rey. 22:28; Jer. 29:9). Comp. 1 Rey. 13.

Jesús les advirtió a sus seguidores que se cuidaran de los falsos profetas que surgirían durante épocas de tribulación y en el fin de los tiempos (Mat. 24:11,24; Mar. 13:22; ver Mat. 7:15-23). Él dijo que era factible que los falsos profetas fueran populares (Luc. 6:26).

Los apóstoles instruían a los creyentes a ser diligentes en la fe y a entender las doctrinas cristianas a fin de poder discernir quiénes eran falsos profetas (2 Ped. 1:10; 1:19-2:1; 1 Juan 4:1). La manera de distinguir a los falsos profetas es hacer las siguientes preguntas: (1) ¿Se cumplen sus predicciones (Jer. 28:9)? (2) ¿Tiene el profeta una comisión divina (Jer. 29:9)? (3) Las profecías del profeta, ¿son congruentes con las Escrituras (2 Ped. 1:20-22; Apoc. 22:18-19)? (4) ¿Se beneficia espiritualmente la gente con el ministerio del profeta (Jer. 23:13,14,32; 1 Ped. 4:11)?

Pablo hizo que un falso profeta quedara ciego (Hech. 13:6-12), pero por lo general los castigos eran de naturaleza más permanente. Jesús dijo que los falsos profetas serían cortados y quemados como si fueran un árbol que no da fruto (Mat. 7:19; comp. 2 Ped. 2:4; Apoc. 19:20; 20:10). Ver *Profecía, Profetas.*

FALSOS APÓSTOLES Nombre dado a opositores de Pablo (2 Cor. 11:13), a quienes también se denomina obreros fraudulentos (11:13) y ministros de Satanás (11:15). Dichos "apóstoles" predicaban a un 'Jesús rival' (probablemente la exitosa historia de un milagrero altivo y señorial); tenían un espíritu distinto (motivación egoísta que se evidenciaba en un estilo de vida diferente a Pablo); y creían en un evangelio distinto (que hacía caso omiso a la cruz y su corolario de sufrimiento para los que siguen a Cristo). Los falsos apóstoles parecen haber sido cristianos judíos (11:22), elocuentes (11:6), que tal vez alegaban haber recibido "visiones y revelaciones del Señor" (12:1) diciendo que eran marcas que autenticaban el apostolado. Los "falsos apóstoles" se caracterizaban por ser jactanciosos (2 Cor. 10:13-16) y tenían un estilo opresivo de liderazgo (11:20). En contraste con Pablo, dependían de cristianos corintios para su sostén financiero (11:7-11,20; 12:14). Pablo replicó que la marca del verdadero apostolado era el sufrimiento por Cristo (11:23). El poder de Dios se revela en la debilidad, no en poder dominante (11:30; 12:5,9). Si a los "grandes apóstoles" (11:5; 12:11) se los identifica con los líderes de la iglesia en Jerusalén, se deben distinguir de los falsos apóstoles en Corinto. Estos últimos pudieron haber declarado tener la autoridad de los primeros.

Los falsos apóstoles de Apoc. 2:2 aparecen como hombres malvados y mentirosos. Tal vez se los deba identificar con los nicolaítas que tenían un papel activo en Éfeso (2:6) y Pérgamo (2:15), y con los seguidores de la falsa profetisa en Tiatira (2:20).

FALSOS CRISTOS Impostores que alegaban ser el Mesías (Cristo en griego). Jesús asoció la aparición de presuntos mesías con la caída de Jerusalén (Mat. 24:23-26; Mar. 13:21-22). Él advirtió a sus seguidores que fueran escépticos de quienes dirigían la atención a señales y agüeros para autenticar alegaciones mesiánicas. Josefo mencionó a varias figuras históricas a quienes se podría considerar falsos cristos: (1) Teudas, que apareció cuando Caspio Fado era procurador (44-46 d.C.); él convocó a la gente a las zonas desérticas del río Jordán, prometiéndoles que dividiría el Jordán como lo hizo Josué y que iniciaría una nueva conquista de la tierra; (2) varios "impostores" durante el gobierno de Félix (52-59 d.C.) hicieron que la gente fuera al desierto y prometieron señales y maravillas; (3) un "impostor" durante el tiempo de Festo (60-62 d.C.) que prometió a quienes lo siguieran al desierto liberación y libertad de las desdichas del gobierno romano; (4) Manahem ben Judá (alias "el galileo"), durante la época de Gesio Floro (64-66 d.C.), que llegó a Jerusalén "como un rey" y sitió la ciudad. Estos impostores mesiánicos y los falsos profetas una y otra vez instaban al pueblo judío a levantarse en armas e ir a Roma o permanecer en Jerusalén y luchar. En contraste, Jesús instó a sus discípulos a tratar de salvarse a sí mismos huyendo de la ciudad. Algunos intérpretes

esperan que se levanten falsos cristos antes de la segunda venida de Cristo.

FAMILIA Unidad básica en la sociedad que proporciona a la persona las relaciones más importantes. Jesús y los escritores del NT usaron imágenes de la familia para describir la naturaleza de la fe y la iglesia.

La familia del AT presenta un grupo más grande que lo que sugiere la palabra castellana, incluyendo el más amplio clan patriarcal que comprendía personas emparentadas por consanguinidad, por matrimonio, por esclavitud y hasta incluye animales (tal como se observa en el cuarto mandamiento, Ex. 20:10). En ocasiones hasta los extranjeros y los habitantes temporales podían ser incluidos en la familia extendida.

Una segunda palabra hebrea sugería el lugar de residencia y podía incluir a un clan de descendientes (Gén. 18:19), o bien propiedades y personas de un lugar en particular de quien o quienes uno dependiera (Job 8:15). La familia de Jacob llegó a constar de 66 personas, sin incluir a las esposas de los hijos (Gén. 46:26). En este tipo de familia el personaje central era el pariente de más edad, a quien se lo consideraba "padre", amo y autoridad final. La familia era la casa paterna. Todos los que le pertenecieran y los que le prometieran fidelidad eran considerados parte de esa familia y tenían creencias y valores similares.

Como persona central de la familia, se esperaba que el varón de más edad se casara; a menudo tenía más de una esposa (Gén. 38:8-10; Deut. 25:5-10), aunque el relato de la creación (Gén. 1-2) presenta la relación monógama de un hombre y una mujer, algo que continúa en gran parte de la Biblia. Algunos hombres, patriarcas y reyes también tenían concubinas, a quienes se reconocía con un *status* inferior a la esposa. Ver *Concubina*.

La autoridad del varón de más edad (padre, abuelo o bisabuelo) era amplia. Sus responsabilidades incluían procreación, instrucción, disciplina y crianza. El padre hasta podía aniquilar a los integrantes de la familia si estos lo tentaban a ser desleal para con Dios (Deut. 13:6-10; comp. Gén. 22). El padre también debía mostrar amor. La misericordia divina del NT se basaba en la actitud compasiva del padre (Sal. 103) y la madre (Prov. 31) del AT.

En el matrimonio, el hombre tenía poder sobre la mujer o las mujeres (Gén. 3:16), a quien a menudo se las consideraba propiedad del varón. El divorcio sólo era una opción para el hombre. Él se podía divorciar prácticamente por cualquier motivo (Deut. 24:1). Simplemente tenía que escribir una nota y despedir a su mujer. Ambos podían volver a casarse.

El relato de la creación describe a la mujer como un ser creado igual al hombre. Después de la caída, a las mujeres se las relegó al rol de tener hijos. Aun así, la madre tenía importante autoridad en la vida familiar. Su función primaria era proporcionar amor y cuidado para con la familia (Isa. 66:13), pero también actuaba fuera de su casa y se la elogiaba por ello.

A los hijos se los consideraba prueba del amor de Dios (Sal. 127:3-5). Estaban bajo la absoluta autoridad y control del padre. A los hijos varones se los instruía en las tradiciones de la comunidad y en el significado de la sabiduría (Prov. 3:12; 13:24; 19:18). A las hijas mujeres a menudo se les otorgaba importancia secundaria. Los padres eran responsables de realizar arreglos matrimoniales para los hijos varones (Gén. 24:4) y de redactar contratos para las hijas.

La lealtad y el respeto familiar en el AT tenían mucho peso. Los matrimonios hebreos eran matrimonios por pacto (Mal. 2:14). El amor constante (Os. 2:19-20) era el fundamento del pacto, el cual creaba cierto sentido de lealtad, justicia y alta estima. Los propósitos de la familia del AT incluían la reproducción, la instrucción —especialmente en la religión y la ley de Dios— brindar cuidado, mantener tradiciones y transmitir sabiduría.

La familia del NT probablemente constaba de un marido y una esposa, hijos, parientes, esclavos, siervos y otros que vivieran allí por razones varias. Los códigos de familia del NT bosquejaban deberes para sus integrantes, incluyendo marido/mujer, padre/hijo, y amo/esclavo (Ef. 5:21-6:4; Col. 3:18-4:1). En el NT la importancia del linaje cambió de linaje por un antepasado a linaje directamente de Dios (Mat. 23:9). Todos los que creían en Jesús se convertían en parte de la familia de Dios, que era una entidad más amplia. El compromiso de fe de una persona y su familia de la fe eran aspectos centrales en el propósito de Dios. Jesús dio a entender que las relaciones dentro de la familia natural no deben resentir las relaciones dentro de la familia de Dios (Mat. 12:50). Seguir a Jesús a menudo significaba dejar a la familia (Mar. 1:16-20; Luc. 9:59-60).

La principal dinámica de familia que enseñó Jesús y que vemos en el NT fue el amor (*ágape*), un amor incondicional que se conoce inicialmente en el amor de Dios (Juan 3:16; 1 Cor. 13). El matrimonio se fundamentaba en un vínculo de amor tanto del hombre como de la mujer. Esto aparecía en contraste con los matrimonios por arreglo comunes en el AT. A las mujeres no se las debía considerar propiedad de los hombres sino que éstos las debían amar y cuidar con solicitud (Ef. 5:25). El matrimonio era una relación permanente entre un solo hombre y una sola mujer (Mar. 10:6-8; Ef. 5:31). El vínculo de amor hacía que los votos matrimoniales fueran sagrados, y por ello no debían romperse (Mar. 10:11-12; Luc. 16:18).

El carácter de la relación matrimonial cristiana, que estaba encauzada por un amor como el de Cristo, llamaba a que tanto el hombre como la mujer se dieran mutuamente de manera voluntaria y hasta el sacrificio (Ef. 5:21). La unión matrimonial del NT estaba basada en un compartir mutuo, equivalente y en amor (1 Cor. 7:4). La autoridad del varón se convirtió en autoridad como la de Jesucristo, autoridad de siervo y en sacrificio (Ef. 5:25-33). El rol y el *status* de una mujer se veían en su compromiso de fe con Jesucristo y en que hiciera la voluntad del Padre. Para ser importantes en la familia de Dios, las mujeres no necesitaban estar casadas ni tener hijos (Gál. 3:28).

Jesús les dio a los hijos un lugar de muy alto honor (Mar. 10:13-16). Al tener un hijo, los padres tenían la oportunidad de convertirse en cocreadores con Dios para ayudar a que los hijos terrenales se convirtieran en hijos de Dios (Rom. 9:8). El enfoque de la relación padre/hijo era una relación de amor, honra y respeto, como también de disciplina e instrucción (Ef. 6:1-4).

La iglesia primitiva utilizó el compromiso dentro de la familia para describir la relación de Cristo y la iglesia (Ef. 5). Todos los creyentes eran miembros de la familia de Dios (Ef. 2:19), que era la familia de la fe (Gál. 6:10). El llamado a todos los creyentes era obedecer a Cristo y hacer la voluntad de Dios. El principio guía de la familia era un amor como el de Cristo, y el propósito de la familia era dar testimonio del amor de Dios y conducir a otros a la salvación y a una relación con Dios a través de Jesucristo, con lo cual se creaba la familia de Dios. Ver *Madre; Matrimonio; Sexo, Enseñanza bíblica sobre el; Mujer; Divorcio; Padres.*

FARAÓN (*"casa grande"*) Título de los antiguos reyes de Egipto. Cada faraón antiguo asumía cinco "grandes nombres" en el día de la ascensión al trono. Como no se estimaba adecuado usar dichos nombres de manera directa, se desarrolló un circunloquio elegante, y el monarca comenzó a ser llamado faraón. Los egipcios llamaban "faraón" al palacio y a los recintos reales en la dinastía IV (alr. del 2500 a.C.) y al rey desde alr. del 1500 a.C. hasta la dominación persa, alr. del 550 a.C.

El faraón de Egipto era un monarca absoluto, comandante supremo de los ejércitos, juez principal de la corte real, y sumo sacerdote de toda religión. La justicia se definía como "lo que el faraón ama"; los errores eran "lo que el faraón odia." Diariamente él dirigía "el rito de la casa de la mañana" en el que rompía el sello a la estatua del dios sol, despertándolo con una oración. Esta acción hacía que el sol se levantara y comenzara cada día. Ver Gén. 12:10-20; 39-50; Ex. 1; 2:23-15:19; 1 Rey. 3-11; 14:25; 2 Rey. 18:21; Isa. 36; 2 Rey. 23:29; 1 Crón. 4:18; Jer. 44:30 y Ezeq. 29:1-16.

FARISEOS Ver *Judíos (grupos) en el Nuevo Testamento.*

FE Compromiso de confianza de una persona hacia otra, particularmente de una persona hacia Dios; concepto central del cristianismo. Sólo cuando una persona tiene fe puede llamarse a sí misma "cristiana".

Fe es la aceptación del señorío de Cristo (la absoluta autoridad que le fue dada por Dios). Es la eliminación tanto del pecado en alguien como también de la adoración a otros dioses (1 Tes. 1:9). La fe es una relación personal con Dios que determina las prioridades en la vida de una persona. Esta es una relación de amor y se fundamenta en la confianza y la dependencia. La recibimos al confiar en la obra salvadora de Jesús.

Al hablar de fe se incluye la acción de creer, y puede denotar aquello que se cree. En este sentido fe es la convicción de que Dios actuó en la historia de Israel y de que "Dios estaba en Cristo reconciliado consigo al mundo" (2 Cor. 5:19).

En el AT al concepto se lo conoce con otras palabras: "temor de Dios" (Gén. 20:11; Sal. 111:10; Ecl. 12:13; Mal. 4:2), confianza (2 Crón. 20:20; Sal. 4:5; Isa. 26:4) y obediencia (Ex. 19:5; 1 Sam. 15:22; Jer. 7:23). Fe es un concepto del NT e incluye y enriquece estos conceptos del AT. Con mucha razón Pablo consideró que Hab. 2:4 era el centro de la religión del AT. Fe es aceptar las responsabilidades del pacto de Dios, confiar en su palabra de que sólo Él es Dios, y encomendar nuestra vida a sus promesas para el presente y el futuro.

Los términos griegos *pistis* ("fe") y *pisteuo* ("yo tengo fe, yo creo") tienen el significado primario de confianza en Dios. Marcos 1:15 presenta y resume el evangelio con la exhortación de Jesús "arrepentíos y creed en el evangelio" (comp. Mar. 11:22). Después de sanar a una persona. Jesús a menudo decía: "Tu fe te ha salvado" (Mat. 9:22; Mar. 5:34; Luc. 7:50; 8:48; comp. Juan 6:29 y 14:1).

La fe está relacionada con la salvación (Ef. 2:8-9), la santificación (Hech. 26:18), la purificación (Hech. 15:9), la justificación o la justicia imputada (Rom. 4:5; 5:1; Gál. 3:24), la adopción como hijos de Dios (Gál. 3:26).

Cada una de estas cosas se produce por la fe. Fe es una actitud y una relación con Dios y con Jesucristo como mediador. Es rendirse al regalo divino de justicia en Cristo en vez de tratar de lograr justicia por uno mismo.

La fe es un fruto del Espíritu Santo (Gál. 5:22), algo que Dios hace nacer en una persona. "Fe" es también un don del Espíritu Santo que les es dado a algunos y no a otros (1 Cor. 12:8-9). Aparentemente dichos dones especiales de fe aluden a la capacidad de hacer grandes cosas para Dios, lo que Jesús llamó mover montañas (Mat. 17:20; 1 Cor. 13:2).

A veces el NT usa "fe" para hacer referencia al cristianismo en sí o para hablar de lo que creen los cristianos (Hech. 6:7; Ef. 4:5; Col. 1:23; 1 Tim. 1:19; Jud. 3). Para tener una correcta relación con Dios, es necesario "creer" que Dios existe y se ha revelado en Cristo, y es necesario aceptar que Dios nos recibe (Heb. 11:6).

Fe es también cristianismo en acción: "Porque por fe andamos, no por vista" (2 Cor. 5:7). La fe cambia el estándar y las prioridades de la vida. Además, es un escudo contra el pecado y la maldad en nuestra vida (Ef. 6:16; 1 Tes. 5:8).

La convicción personal de la fe anima al cristiano a seguir esperando el cumplimiento de las promesas de Dios. La fe entonces es una especie de anticipo de las cosas (Heb. 11:1).

Fe es aquello que creemos: es el cristianismo en sí, pero ante todo es la relación que tenemos con Dios por medio de lo que Jesús logró con su muerte y resurrección.

FEBE (*"brillante"*) "Diaconisa" de la iglesia en Cencrea a quien Pablo recomendó a la iglesia de Roma (Rom. 16:1-2). Ver *Diácono, Diaconisa*.

FELIPE (*"afecto a los caballos"*) (1) Respetado miembro de la iglesia

en Jerusalén; uno de los siete primeros diáconos (Hech. 6:5). Después del
martirio de Esteban, Felipe llevó el
evangelio a Samaria (Hech. 8:5-13).
Subsiguientemente, fue guiado hacia
el sur al camino de Jerusalén a Gaza,
donde le habló de Cristo al eunuco
etíope y lo bautizó (Hech. 8:26-38).
Después fue transportado por el Espíritu a Azoto (Asdod) y desde allí tuvo
un ministerio itinerante hasta que estableció su residencia en Cesarea
(Hech. 8:39-40). Cerca de 20 años
más tarde, Pablo se alojó en su casa
en su último viaje a Jerusalén (Hech.
21:8). Tenía cuatro hijas solteras que
eran profetisas (Hech. 21:9). Ver *Hechos; Diácono; Evangelismo.*

(2) Uno de los doce apóstoles
(Mat. 10:3). Originario de Betsaida;
llevó a su hermano Natanael a Jesús
(Juan 1:43-51). Jesús probó a Felipe
en cuanto a cómo alimentar a la multitud (Juan 6:5-7). Él y Andrés le llevaron a Jesús gentiles interesados (Juan
12:21-22). Felipe le pidió a Jesús que
les mostrara al Padre (Juan 14:8-9), y
de esa manera abrió el camino para la
enseñanza de Jesús de que verlo a Él
es ver al Padre. Ver *Discípulos, Apóstoles.*

(3) Tetrarca de Iturea y Traconite
(Luc. 3:1). Ver *Herodes.*

FÉLIX Procurador de Judea cuando
Pablo visitó Jerusalén y fue arrestado
(Hech. 23:24). Antonio Félix se convirtió en procurador en el 52 d.C., y
fue el sucesor de Cumanus. Permaneció en su cargo hasta el 60 d.C., cuando el emperador Nerón lo depuso
(Hech. 24:27). Hechos lo describe diciendo que esperó un soborno de Pablo (Hech. 24:26). Los historiadores
Tácito y Josefo, sus contemporáneos,
pintan la imagen de Félix como un político cruel e incompetente que terminó siendo reemplazado. Ver *Pablo;
Imperio Romano.*

FENICE (quizás *"palmera de dátiles"*) Puerto en la costa sudeste de
Creta al que Pablo y la tripulación del
barco esperaban alcanzar para pasar
el invierno (Hech. 27:12).

FENICIA (*"púrpura"* o *"carmesí"*)
Franja de tierra entre el mar Mediterráneo y las montañas del Líbano, entre
Tiro al sur y Arvad al norte; El sur de
la Fenicia del NT llegaba hasta Dor.
Gran tierra boscosa que permitió a la
gente construir barcos y llegar a ser así
una nación navegante por excelencia.
Los bosques también proveían de madera para exportar, siendo los cedros
fenicios el material predominante en el
templo de Salomón (1 Rey. 5:8-10).

La religión fenicia era semejante a
la de los cananeos, con la presencia
de los ritos de fertilidad de Baal. Ver
Canaán. Más tarde, Adonis, la contraparte griega de Baal ("mi señor"),
fue adorado de la misma manera que
Tamuz. Ver *Fertilidad, Culto a la.* La
princesa fenicia Jezabel importó a Israel la devoción a Baal. Ver *Jezabel;
Elías.* Los fenicios introdujeron el alfabeto en el mundo occidental, pero
muy poco de su literatura logró sobrevivir.

En Fenicia había ciudades-estado,
más que un gobierno central. Las ciudades líderes eran Tiro, Sidón, Biblos
(Gebal) y Biruta (Beirut). Una raza
neolítica temprana desapareció alr.
del 3000 a.C., y fue reemplazada por
colonizadores semíticos del este. Los
ejércitos invasores del norte (hititas),
del este (amorreos y asirios) y del sur
(egipcios) dominaron la historia hasta
el 1000 a.C., cuando el rey Hiram de
Tiro estableció un gobierno local
(981-947 a.C.). Ver *Hiram.* Los fenicios pudieron tomar ventaja de su ubicación sobre el mar con puertos
naturales y de sus bosques, para entonces establecer un comercio de gran
alcance (comp. Ezeq. 27). Su colonia

más notable fue Cartago sobre la costa norte de África.

El crecimiento del poder asirio (alr. del 750 a.C.) llevó a la declinación de Fenicia. El imperio persa le dio a Fenicia una independencia virtual y usó su flota en contra de Egipto y de Grecia. Alejandro Magno puso fin al poder político fenicio, pero las grandes ciudades retuvieron su poder económico.

El ministerio de Jesús llegó a Tiro y Sidón (Mat. 15:21). La persecución que comenzó con la muerte de Esteban llevó a la iglesia a esparcirse en Fenicia (Hech. 11:19; comp. 15:3; 21:2-3). Ver *Sidón y Tiro*.

FÉRETRO Litera o cama portátil sobre la que se colocaba el cadáver antes de la sepultura (2 Sam. 3:31; Luc. 7:14); parecida a las tablas de maderas que se usan en la actualidad en funerales musulmanes para llevar los cadáveres. El féretro de Asa (2 Crón. 16:14, "ataúd") era una especie de lecho funerario que probablemente se colocaba en la tumba.

FEREZEOS (*"rústico"*) Pueblo que se opuso a la ocupación israelita de Canaán (Jos. 9:1-2; comp. Gén. 13:7); probablemente habitaban en campo abierto.

FERTILIDAD, CULTOS A LA

Religiones caracterizadas por ritos que son representaciones de relatos mitológicos que explican el cambio de las estaciones y la productividad de la tierra. Dichos mitos a menudo incluyen a una gran diosa madre como símbolo de la fertilidad, y a una deidad masculina, por lo general el consorte de la diosa pero a veces también un hijo, quien como la vegetación muere y vuelve a la vida. En Mesopotamia, la divina pareja estaba formada por Ishtar y Tamuz (a quien se endecha en Ezeq. 8:14); en Egipto, la diosa Isis y su hijo Osiris; en Asia Menor, Cibeles

y Attis. En Siria, los mitos ugaríticos (que datan de antes del 1200 a.C.) describían a Baal-Hadad, el dios de las tormentas, como el dios que moría y resucitaba (comp. Zac. 12:11). Ver *Canaán, Historia y religión de.*

Los cultos a la fertilidad atribuyen la fertilidad de la tierra y ganados a las relaciones sexuales de la pareja divina. Las relaciones sexuales sagradas entre sacerdotes y sacerdotisas o por parte de prostitutas del templo eran un acto de adoración o de magia de imitación que tenía el propósito de emular a los dioses y participar de sus poderes de procreación para preservar la fertilidad de la tierra (1 Rey. 14:23; 15:12; Os. 4:14). Sacrificios en que se ofrecían cosechas, ganado y hasta niños (2 Rey. 17:31; 23:10) eran una forma de darle al dios lo que era más valioso en la vida a fin de restaurar u ordenar el cosmos y asegurar la fertilidad. La lucha de Elías con los profetas de Baal y Asera en el monte Carmelo es el conflicto más conocido entre la adoración a Jehová y el culto a la fertilidad (1 Rey. 18:17-40).

Israel concebía la fructificación de la tierra de manera marcadamente diferente que sus vecinos, ya que reconocía al único Dios como único responsable por la lluvia (1 Rey. 18), el trigo, el vino, el aceite, la lana y el lino (Os. 2:8-9). El calendario sagrado de los israelitas celebraba las mismas estaciones anuales que sus vecinos (siega de la cebada = fiesta de los panes sin levadura; siega del trigo = Pentecostés; siegas de frutas = tabernáculos). Jehová no tenía una consorte; de modo que la fertilidad no estaba ligada al regreso de Jehová a la vida y a actividad sexual. En su lugar, la capacidad que tenían plantas y animales para reproducirse según su especie, tenía sus raíces en la creación (Gén. 1:11-12,22,28). La progresión ordenada de las estaciones no procedía de una batalla original en los comienzos sino que estaba enraizada en la promesa de Dios a Noé (Gén. 8:22). La fertilidad de la tierra estaba asegurada no por representación ritual del matrimonio sagrado sino por la obediencia a los mandamientos del pacto (Deut. 28:1,3-4,11-12).

En el NT, Diana (o Artemisa) de los efesios (Hech. 19:35) era una diosa de la fertilidad con múltiples pechos. A Afrodita también se la asociaba con la fertilidad. Su templo en Corinto era el hábitat de las prostitutas del culto, que a su vez eran responsables por la reputación de inmoralidad que tenía la ciudad (comp. 1 Cor. 6:15-20). Ver *Diana; Dioses paganos; Prostitución; Tamuz; Ugarit.*

FESTO Sucesor de Félix como procurador de Judea (Hech. 24:27); designado en su cargo por Nerón en el 60 d.C.; murió en el 62 d.C. Pablo apeló a Porcio Festo pidiendo un juicio. Ver *Pablo; Herodes; Roma y el Imperio Romano.*

FIEL Constante, dedicado, confiable y digno de confianza. Moisés fue fiel en toda la casa de Dios (Núm. 12:7; comp. 1 Cor. 7:25; Ef. 1:11; Apoc. 2:10). Dios es fiel y guarda su pacto, y el pueblo fiel guarda los mandamientos divinos (Deut. 7:9).

La fidelidad de Dios consuela y anima a los cristianos: "Si confesamos nuestros pecados, él es fiel y justo para perdonar nuestros pecados, y limpiarnos de toda maldad" (1 Juan 1:9). "Fiel es Dios, que no os dejará ser tentados más de lo que podéis resistir" (1 Cor. 10:13). "Fiel es el que os llama, el cual también lo hará" (1 Tes. 5:24). Ver *Fe.*

FIESTAS Celebraciones religiosas regulares recordando las grandes obras divinas de salvación en la historia del pueblo de Dios. La semana, que llegaba a su clímax el séptimo día,

proporcionaba la base cíclica para gran parte del culto en Israel: se observaba el séptimo día, el séptimo mes (momento en que tenían lugar cuatro de las fiestas nacionales), el séptimo año y el año cincuenta (el año de jubileo), que seguía a siete ciclos de siete años cada uno. La fiesta de los panes sin levadura y la fiesta de los tabernáculos duraban siete días cada una. Ambas comenzaban el décimo quinto día del mes —al final de los ciclos semanales y durante la luna llena. Pentecostés también se celebraba el día quince del mes, y comenzaba 50 días después de la presentación de las primicias, el día siguiente a siete veces siete semanas.

El séptimo día de cada semana, el sábado o día de reposo, estaba en la lista de las fiestas (Lev. 23:1-3). Funcionaba como recordatorio del descanso del Señor cuando concluyó la semana de la creación (Gén. 2:3), y también recordatorio de la liberación de la esclavitud de Egipto (Deut. 5:12-25). La observancia del día sábado incluía descanso estricto del trabajo desde la puesta del sol hasta la puesta del sol siguiente (Ex. 20:8-11; Neh. 13:15-22). Cada persona debía permanecer en su casa y evitar los viajes (Ex. 16:29; Lev. 23:3). A pesar de restricciones extremas como por ejemplo encender el fuego (Ex. 35:3) o todo tipo de trabajo (Ex. 31:14; 35:2), el sábado era un día de gozo (Isa. 58:13-14). Ver *Sábado, Sabat, Día de reposo.*

La fiesta de la luna nueva era una celebración mensual que se caracterizaba por las ofrendas especiales, que eran grandes en cantidad y calidad (Núm. 28:11-5), y por el sonar de trompetas (Núm. 10:10; Sal. 81:3). El comercio cesaba (Amós 8:5). La luna nueva y el día de reposo a menudo se mencionan en conjunto (Isa. 1:13; 66:23; Ezeq. 45:17; 46:1,3). Esta fiesta le dio ocasión al rey Saúl para organizar un gran banquete, y fue en esta fiesta que la familia de David ofrecía un sacrificio especial anual (1 Sam. 20:5,6,24,29). Los arreglos que había hecho David para los levitas incluían ministerio durante la luna nueva (1 Crón. 23:31), y el ministerio de los profetas a veces estaba asociado con esta ocasión (2 Rey. 4:23; Isa. 1:13; Ezeq. 46:1; Hag. 1:1). La luna nueva del séptimo mes aparentemente era objeto de una atención especial (Lev. 23:24; Núm. 29:1-6; Esd. 3:6; Neh. 8:2). Las fiestas de la luna nueva eran sólo un velado anticipo de cosas mejores que habrían de venir (Col. 2:16-17; comp. Isa. 66:23).

Tres fiestas anuales exigían que todos los varones se presentaran en el santuario (Ex. 34:23; Deut. 16:16). Durante estas "fiestas a Jehová" (Ex. 12:14; Lev. 23:39,41) se hacían ofrendas voluntarias (Deut. 16:16, 17).

La primera fiesta anual —el día catorce del primer mes (Lev. 23:5)— era la Pascua, que conmemoraba la última plaga en Egipto (Ex. 12:11,21, 27,43,48). A los incircuncisos y a los jornaleros no se les permitía comer del sacrificio (Ex 12:45-49). A la Pascua también se la llamaba fiesta de los panes sin levadura (Ex. 23:15; Deut. 16:16) porque durante los siete días que seguían a la Pascua, sólo se podía comer pan sin levadura (Ex. 12:15-20; 13:6-8; Deut. 16:3-8). Este pan aparentemente estaba asociado con la cosecha de la cebada (Lev. 23:4-14). Ver Jos. 5:10-12; 2 Crón. 30:1,3, 13,15 (Ezequías); y 2 Rey. 23:21-23 (la singular Pascua de Josías).

Durante la época del NT, en Jerusalén se reunían grandes multitudes para celebrar la Pascua. Jesús fue crucificado durante los días de esta fiesta. Él y sus discípulos comieron juntos la comida de la Pascua en la víspera de su muerte, con lo cual se inició la celebración de la Cena del Señor (Luc. 22:7,19-20). El NT identifica a Cristo con el sacrifico de la Pascua (1 Cor. 5:7).

La segunda fiesta anual era Pentecostés, también llamada fiesta de las semanas (Ex. 34:22; Deut. 16:10,16; 2 Crón. 8:13), fiesta de la siega (Ex. 23:16) y día de las primicias (Núm. 28:26; comp. Ex. 23:16; 34:22; Lev. 23:17), y se celebraba siete semanas, o 50 días, después de la Pascua (Lev. 23:15,16; Deut. 16:9). Al celebrar la siega del trigo, Israel alababa a Jehová como fuente de lluvia y fertilidad (Jer. 5:24). En ese momento el pueblo comenzaba a llevar sus ofrendas de primicias. Se celebraba como el día de reposo, con descanso de las actividades regulares y llamado a una santa convocación (Lev. 23:10-22; Núm. 28:26-31). Se ofrecían dos corderos. La fiesta concluía con comidas comunitarias a las que se invitaba a pobres, extranjeros y levitas. Tiempo después la tradición empezó a asociar a la fiesta de las semanas con la entrega de la ley en Sinaí. En el NT el Espíritu Santo descendió sobre los discípulos durante Pentecostés (Hech. 2:1-4).

El día de la expiación, la tercera fiesta anual, tenía lugar el décimo día del séptimo mes (Tisrí-sept./oct.) y el quinto día antes de la fiesta de los tabernáculos (Lev. 16:1-34; Núm. 29:7-11). Esta fiesta tan crucial constaba de cuatro elementos principales (Lev. 23:27-32): una "santa convocación", humillación (más tarde se explicó como ayuno y arrepentimiento), ofrendas (Lev. 16; Núm. 29:7-11) y la prohibición de trabajar. Ver *Día de la expiación*.

De acuerdo a Heb. 9-10, este ritual es símbolo de la obra expiatoria de Cristo, nuestro gran sumo sacerdote, que no necesitó ofrecer ningún sacrificio para sí mismo sino que derramó su propia sangre por nuestros pecados una vez y para siempre. Jesús entró en el cielo mismo para presentarse por nosotros ante el Padre (Heb. 9:11-12).

La cuarta fiesta anual era la fiesta de los tabernáculos (2 Crón. 8:13; Esd. 3:4; Zac. 14:16), también llamada la fiesta de la cosecha (Ex. 23:16; 34:22), fiesta a Jehová (Lev. 23:39; Jue. 21:19), y a veces simplemente "la fiesta" (1 Rey. 8:2; 2 Crón. 5:3; 7:8; Neh. 8:14; Isa. 30:29; Ezeq. 45:23,25). Su observancia combinaba la recolección de los frutos de la labor (Ex. 23:16), el fruto de la tierra (Lev. 23:39), la cosecha de la era y del lagar (Deut. 16:13) y el morar en tabernáculos, que debían ser recordatorios gozosos para Israel (Lev. 23:41; Deut. 16:14). En la Escritura "tabernáculo" no es imagen de privación y miseria sino de protección, preservación y refugio del calor o la tormenta (Sal. 27:5; 31:20; Isa. 4:6). Los que se regocijaban eran la familia, los siervos, las viudas, los huérfanos, los levitas y los extranjeros (Deut. 16:13-15).

Esta fiesta de siete días comenzaba el día quince de Tisrí (el séptimo mes, cinco días después del día de la expiación, Lev. 23:36; Deut. 16:13; Ezeq. 45:25). Durante el primer día, se construían tabernáculos con ramas de árboles (Neh. 8:13-18). Cada israelita debía vivir en tabernáculos durante la fiesta para así conmemorar la época en que sus padres vivieron en tabernáculos después del éxodo (Lev. 23:40; Neh. 8:15). La dedicación del templo de Salomón tuvo lugar durante esta fiesta (1 Rey. 8:2). Posteriormente se agregaron ritos que incluían la libación de agua del estanque de Siloé (el probable trasfondo para los comentarios de Jesús sobre el "agua de vida", Juan 7:37-39) y el encendido de inmensas menoras (candelabros) en el atrio de las mujeres (el probable trasfondo para la declaración de Jesús "Yo soy la luz del mundo", Juan 8:12).

El origen del año nuevo judío (actualmente, Rosh ha-Shaná) se remite a la fiesta de las trompetas, cuando se hacían sonar trompetas el primer día del séptimo mes (Tisrí) (Lev. 23:24-27; Núm. 29:1).

Purim, que conmemoraba la liberación judía del genocidio gracias a los esfuerzos de Ester (Est. 9:16-32), deriva su nombre de la suerte (*pur*) que planeaba echar Amán para decidir cuándo ejecutaría el decreto real para la exterminación de los judíos (Est. 9:24). Se celebraba el día catorce de Adar (marzo) para los que vivían en aldeas y en pueblos no amurallados, y el día quince para los que habitaban en ciudades fortificadas (Est. 9:18,19).

La otra fiesta postexílica era Januká, que empezaba el día veinticinco de Quisleu (dic.) y duraba ocho días. Josefo la llamó fiesta de las luces porque se encendía una vela durante ocho días consecutivos. La fiesta conmemora los triunfos de Judas Macabeo en el 167 a.C. y la reinstauración de la adoración en el templo después de una interrupción de tres años. Juan 10:22 la llama fiesta de la dedicación.

Cada siete años Israel celebraba el año sabático para sus campos. Esto incluía descanso para la tierra de todo tipo de cultivo (Ex. 23:10-11; Lev. 25:2-7; Deut. 15:1-11; 31:10-13). Otros nombres con que se conocía esta fiesta: "año de reposo" (Lev. 25:5), "año... de remisión" (Deut. 15:9) y "año séptimo" (Deut. 15:9). El año sabático, así como el año de jubileo, comenzaba el primer día del mes de Tisrí (1 Macabeos 6:49,53). A todas las personas se les perdonaban las deudas, aunque no así a los extranjeros (Deut. 15:1-4). Nadie debía oprimir a los pobres. Durante la fiesta de los tabernáculos, al pueblo se le debía leer la ley (Deut. 31:10-13).

El año de jubileo era el año de libertad (Lev. 25; Ezeq. 46:17). Después de siete sábados de años (49 años), debía sonar la trompeta por toda la tierra, para así anunciar el año de jubileo (Lev. 25:8-9). El año de jubileo incluía: (1) descanso para la tierra —no se sembraba ni segaba ni vendimiaba (Lev. 25:11); (2) reversión de la propiedad de la tierra (Lev. 25:10-34; 27:16-24). Todas las propiedades en los campos y todas las casas en las aldeas o pueblos no amurallados que el propietario hubiera tenido que vender y que no hubieran sido redimidas, debían volver sin pago alguno al propietario original o a sus herederos legales. (Las excepciones se mencionan en Lev. 25:29,30; 27:17-21); (3) la redención de esclavos. Cada israelita que por pobreza hubiera tenido que venderse a sí mismo a otro israelita o a un extranjero residente en la tierra y que no había podido redimirse a sí mismo o no había sido redimido por un pariente, debía obtener la libertad junto con sus hijos (Lev. 25:39-41). El año de jubileo se convirtió en una época de celebración de la libertad y la gracia. Ver Núm. 36:4; Ezeq. 46:17. Dichas leyes echan luz sobre la conducta de Nabot y Acab (1 Rey. 21:3-29) y las amonestaciones proféticas (Isa. 5:8; Miq. 2:2).

FILADELFIA (*"amor de hermano"*) Ver *Asia Menor; Apocalipsis, Libro de.*

FILEMÓN (*"afectuoso"*) Convertido en cristiano con Pablo (v. 19; comp. v. 1) durante el extenso ministerio del apóstol en Éfeso (Hech. 19:10); destinatario de la carta a Filemón; amo de Onésimo. Pablo y Filemón llegaron a ser fieles amigos.

FILEMÓN, EPÍSTOLA Décimo octavo libro del NT; la única epístola de Pablo de naturaleza privada y personal que se incluye en el NT; escrita a Filemón en el 61 d.C.; trata sobre un esclavo prófugo, Onésimo, que le había robado a Filemón y había escapado a Roma. Onésimo encontró al apóstol Pablo, que estaba prisionero. Éste envió la epístola y a Onésimo, ahora cristiano, de vuelta a Colosas. Pablo pidió tiernamente, como amigo cristiano, que Filemón perdonara y recibiera a Onésimo no como esclavo sino como un hermano (vv. 16-17).

Filemón tenía el derecho judicial de castigar severamente e incluso matar a Onésimo. La breve epístola de Pablo, de unas 355 palabras griegas, desafió a Filemón a aplicar el amor cristiano en su trato con Onésimo. Ver *Onésimo; Pablo; Esclavo, Siervo.*

FILIPENSES Décimo primer libro del NT escrito por Pablo a la iglesia en Filipos. El apóstol escribió para agradecer a la iglesia por una ofrenda que recientemente le habían enviado estando en prisión, y para informarles de sus circunstancias y de los planes de viaje de Timoteo y Epafrodito. El tema subyacente de la carta es un llamado a la unidad gozosa en la iglesia.

Pablo estaba preso. El libro de Hechos registra los encarcelamientos paulinos en Cesarea y en Roma. Ciertas evidencias indican que Pablo también estuvo en prisión en Éfeso (Hech. 19; 2 Cor. 11:23; 1 Cor. 15:30-32). Tradicionalmente se sostiene que Filipenses fue escrita en Roma alr. de 61/62 d.C. Que se haya escrito alr. del 55 d.C. explicaría la intención de Pablo de visitar Filipos una vez liberado (Fil. 2:24; Pablo deseaba ir desde Roma a España, Rom. 15:23-24). Filipenses 2:25-30 deja implícito que hubo varios viajes, entre donde estaba Pablo y Filipos a través de los cuales se compartieron noticias, un hecho difícil de encajar en el encarcelamiento de dos años en Roma. Son pocos los que sostienen que Filipenses se escribió en Cesarea alr. del 58 d.C.

Filipenses está bastante estructurada como una típica carta. La introducción identifica al/los remitente(s): Pablo y Timoteo, y a los destinatarios: los santos, los sobreveedores, y los diáconos. Los saludos seculares usuales y los deseos de buena salud adoptan la forma de una bendición (v. 2), una acción de gracias por la participación fiel de la iglesia de los filipenses en la obra del evangelio (1:3-8), y una oración para que ellos reciban la bendición de un amor cristiano siempre creciente (1:9-11). Ver *Carta*.

El cuerpo de la carta comienza con la explicación de Pablo de su situación presente (1:12-26). Su preocupación principal (la proclamación del evangelio) se estaba logrando a pesar de las circunstancias difíciles. Sus captores estaban siendo evangelizados (vv. 12-13). Sus compatriotas habían ganado confianza a través del valiente ejemplo del apóstol (v. 14). Incluso los hermanos que obraban por motivos equivocados, estaban compartiendo activamente las buenas noticias. La severidad del encarcelamiento de Pablo se ve reflejada en 1:19-26. Su muerte parece ser una posibilidad real. La muerte lo uniría con Cristo. La vida le daría el gozo de continuar un ministerio productivo. En ambas posibilidades él encontraba razones para un gozo genuino.

Filipenses 1:27-4:9 es un llamado multifacético a la unidad en la iglesia. La gran causa de la proclamación del evangelio los llama a estar unidos en espíritu, en trabajo y en confianza (1:27-30). La experiencia cristiana de los filipenses (2:1) y el propósito que tenían (2:2) debía descartar una actitud egocéntrica (2:3-4). Aquellos que siguen a Cristo deben seguirlo con servicio desinteresado para con otros (2:5-11).

Filipenses 2:6-11, un himno prepaulino, procura enseñar al creyente acerca de la naturaleza y la obra de Cristo: preexistencia, encarnación, pasión, resurrección y exaltación. El pasaje destaca la humildad y el servicio abnegado que Jesús demostró, y llama a los cristianos a seguirlo. Pablo se había sacrificado para engendrar verdadera fe en los filipenses. Su deseo, para ellos y para él mismo, era que él pudiera regocijarse en que su sacrificio no había sido en vano (2:12-18).

Filipenses 2:25-30 explica por qué Epafrodito regresaba a Filipos. La iglesia lo había enviado para llevar una ofrenda a Pablo (ver Fil. 4:10-20) y ministrarle en su encarcelamiento.

En el cap. 3, la palabra de estímulo animándolos a regocijarse (3:1) inesperadamente se transforma en una advertencia dura (3:2). Hay ataques al legalismo judío (3:2-11), el perfeccionismo cristiano o gnóstico (3:12-16) y el libertinaje pagano (3:17-21). Pablo confronta las enseñanzas heréticas con las verdades cristianas: Jesucristo es la única senda a la justicia (3:2-11); la estatura de Cristo es la meta de la madurez cristiana (3:12-16); y la naturaleza de Cristo y de su reino es el patrón por el cual debe vivir el cristiano (3:17-21).

El cap. 4 vuelve a una instrucción y una afirmación más positiva. Dos mujeres, Evodia y Síntique (4:2-3), son exhortadas a poner fin a su conflicto porque los desacuerdos personales pueden ser tan dañinos a la unidad de la iglesia como la falsa doctrina. Exhortaciones generales a regocijarse y a permanecer fieles (4:4-9) llevan a la expresión paulina de gratitud por el fiel apoyo de los filipenses a él y a su ministerio (4:10-20). La carta concluye de manera típicamente paulina: con un intercambio de saludos y una oración pidiendo gracia.

FILIPOS Ciudad en la provincia romana de Macedonia. Pablo hizo obra misionera en ese lugar (Hech. 16:12) y más tarde escribió una carta a la iglesia allí (Fil. 1:1). Originalmente, el sitio estaba ubicado en una zona con minas de oro. Después del 400 a.C., Felipe II de Macedonia se apoderó de las minas, fortificó la ciudad y le puso su nombre. Filipos, junto con el resto de Macedonia, quedó bajo control romano después del 200 a.C. En el 42 a.C., en Filipos las fuerzas de Octavio (más tarde Augusto César, el primer emperador) y Antonio derrotaron al ejército de Bruto y Casio. En honor a la victoria, Antonio asentó a algunos soldados romanos allí e hizo de Filipos una colonia romana.

Pablo visitó por primera vez Filipos en su segundo viaje misionero, en respuesta a la visión macedónica (Hech. 16:9-12). Durante una reunión de oración sobre la orilla del río, un día Sábado, Pablo habló, y Lidia y otras personas abrieron sus corazones al Señor (Hech. 16:13-15). Aparentemente, en Filipos no había sinagoga.

Pablo sanó a una muchacha esclava poseída, cuyos amos lo acusaron de perturbar la ciudad enseñando costumbres ilegítimas para los romanos (Hech. 16:20-21). Los magistrados de la ciudad ordenaron que Pablo y Silas fuesen azotados y entregados al carcelero (Hech. 16:20,22-23). La liberación milagrosa de Pablo llevó a la conversión del carcelero (Hech. 16:35-36). Ver *Pablo; Ley romana; Filipenses.*

FILISTEA Llanura costera del sudoeste de Palestina bajo el control de los filisteos (Ex. 15:14; Sal. 60:8; 87:4; 108:9; Isa. 14:29-31). Ver *Filisteos.*

FILISTEOS Uno de los grupos rivales que Israel confrontó al ir estableciéndose en la tierra de Canaán; grupo de personas que ocupó y dio su nombre a la parte sudoeste de Palestina. Su tierra madre era Caftor (Amós 9:7; Jer. 47:4). Antiguos registros egipcios los consideran parte de un movimiento más grande conocido como los pueblos del mar, que invadieron Egipto alr. del 1188 a.C. por tierra y por mar, combatiendo a las fuerzas de Ramsés III quien, según las crónicas egipcias, los derrotó. Los pueblos del mar, un grupo masivo que se originó en el mar Egeo, incluía a los teker, los skekelesh, los denyen, los sherden y los weshwesh, así como a los filisteos de la Biblia. Dirigiéndose hacia el este, los pueblos del mar fueron guerreando con otros pueblos, incluyendo a los hititas (heteos) en Anatolia y pueblos en el norte de Siria como los de Ugarit.

Los filisteos se mencionan por primera vez en los relatos de los patriarcas (Gén. 21:32,34), una referencia que algunos sugieren es anacrónica y otros que se refiere a las migraciones de una colonia del Egeo en el período patriarcal. En el período de los jueces, cuando los filisteos eran el enemigo principal de Israel y su mayor amenaza política (Jue. 13-16), forzaron a Dan a moverse hacia el norte (Jue. 18:11,29). En la batalla de Eben-ezer (1 Sam. 4:1-18) los israelitas sufrieron una derrota total y el arca del pacto fue capturada. En ocasiones los israelitas derrotaron a los filisteos (1 Sam. 7:5-11; 14:16-23), pero su avance en contra de los israelitas continuó. Saúl perdió la vida luchando contra los filisteos en el monte Gilboa (1 Sam. 31:1-13). David finalmente bloqueó el avance filisteo en Baal-perazim (2 Sam. 5:17-25).

Políticamente, los filisteos tenían un sistema de ciudad-estado altamente organizado, que incluía cinco ciudades en el sudoeste de Palestina: Asdod, Gaza, Ascalón, Gat y Ecrón

(1 Sam. 6:17). Cada una de las ciudades-estado estaba gobernada por un "príncipe" (1 Sam. 6:18), una figura parecida a un rey. Gat era quizás la ciudad más importante de esta pentápolis filistea, y como tal, servía como eje del sistema de ciudades-estado.

Los filisteos eran expertos en metalurgia (1 Sam. 13:19-23), algo que puso a Israel en decidida desventaja. Ver *Minerales y metales*. Los filisteos tenían una organización militar altamente entrenada (1 Sam. 13:5; 31:3), y la armadura de sus soldados incluía cascos de bronce, cotas de malla, grebas de bronce, lanzas y escudos (1 Sam. 17:5-7). La historia de Goliat indica que a veces los filisteos usaban combate individual (1 Sam. 17). Muy probablemente, el guerrero filisteo realizaba un ritual de maldición justo antes de la confrontación (1 Sam. 17:43). David, quien reconocía la pericia militar de los filisteos, seleccionó a cereteos (cretenses) y a los peleteos (filisteos) para la guardia de su palacio o su ejército mercenario (1 Sam. 20:23). Ver *Armas*.

La Biblia menciona tres dioses filisteos: Dagón, Astoret y Baal-zebub. Dagón parece haber sido el dios principal de los filisteos. Había templos de Dagón en Gaza (Jue. 16:21-30) y Asdod (1 Sam. 5:1-7). Astoret, la diosa cananea de la fertilidad, muy posiblemente haya sido adoptada por los filisteos. Aparentemente, los filisteos tenían templos de Astoret en Bet-sán (1 Sam. 31:10) y, de acuerdo a Herodoto, en Ascalón. Baal-zebub, el dios filisteo cuyo nombre significa "señor de las moscas," era el dios de Ecrón (2 Rey. 1:1-16). Es muy probable que los filisteos adoraran a Baal-zebub como dios que evitaba la pestilencia o las plagas.

FILÓN Antiguo intérprete judío de las Escrituras (alr. del 20 a.C. al 50 d.C.), conocido por el uso de la alegoría; también se lo conoce como Filón de Alejandría; pertenecía a una familia adinerada de Alejandría, Egipto; bien educado en escuelas griegas; usaba el AT griego, la Septuaginta, como su Biblia.

FINANZAS Hay dos máximas que sirven de fundamento para los principios bíblicos de responsabilidad financiera: la tierra y sus recursos le pertenecen a Dios (Lev. 25:23; Job 41:11; Sal. 24:1; 89:11; Hag. 2:8), y les han sido confiados a la gente para que ésta los use sabiamente (Gén. 1:29-30; 9:1-4).

El mensaje general de la Biblia en cuanto a las finanzas es un mensaje de frugalidad combinada con generosidad hacia otros. La Biblia le otorga un gran valor al ahorro de dinero para sostenerse a uno mismo y a otros en épocas de necesidad (Gén. 41:1-57; Prov. 6:6-8; 21:20; Ecl. 11:2; Luc. 12:16-21; 1 Cor. 16:2). En vista de que Dios bendice a aquellos que dan a otros (Deut. 15:10; Sal. 112:5; Prov. 11:25; 22:9; Mal. 3:10; 2 Cor. 9:6-12), a la disposición de dar con generosidad (Mat. 25:31-46; 2 Cor. 8:3) y sin esperar recompensa (Deut. 15:11; 23:19; Sal. 15:5; Mat. 5:42; Luc. 6:34; Rom. 11:35) se la considera una señal de responsabilidad financiera. A los que ahorran sólo para proveerse a sí mismos, y a los que no pueden ahorrar por los gastos extravagantes a que están acostumbrados, se los considera necios (Job 20:20-22; Prov. 21:20).

Otras indicaciones de responsabilidad financiera incluyen el cuidadoso planeamiento de finanzas (Prov. 27:23-27), el trabajo duro (Prov. 28:19; Ef. 4:28; 2 Tes. 3:10; comp. Prov. 24:33-34), inversiones diversificadas (Ecl. 11:2), el pago de deudas en la fecha de su vencimiento (Prov. 3:27-28), el sostén de la propia familia

(1 Tim. 5:8), y dejar una herencia a los hijos (Núm. 27:7-11; Prov. 13:22; comp. Rut 4:6; Ecl. 5:13-14).

Las parábolas que relató Jesús en cuanto a mayordomía hablan de la responsabilidad financiera como precursora de responsabilidades mayores en el reino de Dios (Mat. 25:14-30; Luc. 16:1-13; 19:11-27).

Ejemplos de buen planeamiento financiero en la Biblia incluyen la preparación de José para el hambre en Egipto (Gén. 41:34-36), los siervos que invirtieron sabiamente el dinero de su amo (Luc. 19:13-19) y los creyentes corintios que separaron dinero a fin de ayudar a otros (1 Cor. 16:1-2; comp. 2 Cor. 9:1-5). Proverbios 27:23-27 aconseja a un pastor que tenga buen conocimiento de la condición de su rebaño a fin de que éste le proporcione un medio de vida en el futuro. En Eclesiastés 11:2 se aconseja la diversificación de inversiones.

Vemos pobre planeamiento financiero en el hombre que construyó graneros más grandes sin tener en cuenta su inminente muerte (Luc. 12:16-21), en el hombre que comenzó a construir una torre sin tener dinero para completarla (Luc. 14:28-30) y en el siervo que se negó a invertir el dinero de su amo (Luc. 19:20-21).

La Biblia reconoce que tener planes firmes ayuda a que la empresa sea exitosa (Prov. 6:6-8; 21:5; 27:23-27; 30:25; Isa. 32:8; 2 Cor. 9:5). Un elemento clave en el planeamiento es el sabio consejo de otros (Prov. 13:18; 20:18), especialmente Dios, quien permite que los planes tengan éxito o fracasen (Sal. 32:8; Prov. 3:6; 16:1-4,9; Isa. 29:15).

FINEES (*"de piel oscura"* o *"boca de bronce"*) (1) Nieto de Aarón y sumo sacerdote que en varias ocasiones ayudó a Moisés y a Josué. Ver *Sumo sacerdote.* (2) Uno de los hijos despreciables de Elí. Tomó parte en prostitución religiosa (1 Sam. 2:22) y guió al pueblo a seguirlo. Él y Ofni murieron en una batalla con los filisteos mientras trataban de evitar que el arca fuera capturada (4:11). Cuando su esposa embarazada oyó de su muerte, inmediatamente dio a luz, y llamó al niño Icabod ("la gloria se ha ido").

FLECOS Borlas de hilos trenzados que se colocaban en las cuatro esquinas de la prenda exterior. Utilizados por judíos piadosos como recordatorio de las obligaciones del pacto (Núm. 15:38-39; Deut. 22:12; comp. Zac. 8:23). La mujer que sufría de hemorragia crónica tocó los flecos del manto de Jesús (Mat. 9:20; Luc. 8:44). Aunque Jesús observó el requisito del AT, criticó a quienes usaban flecos excesivamente largos a fin de llamar la atención a su religiosidad (Mat. 23:5).

FLORES En Palestina durante la primavera las flores crecían copiosamente en los terrenos abiertos, sembrados o arboledas alrededor de las casas. Se podían hallar varias clases de flores silvestres en los valles y montañas. Las palabras "flor" y "flores" hacen referencia a: (1) capullos de colores, (2) plantas altas, (3) flores abiertas y (4) la floración.

1. Alheña (Cant. 1:14; 4:13; 7:13). Pequeña planta o arbusto que daba hermosas flores color crema, que colgaban a manera de racimos de uva y eran muy aromáticas; se utilizaban para tintura color naranja; a veces se la llama Henna.

2. Arrayán (Neh. 8:15; Isa. 41:19; 55:13; Zac. 1:8-11). *Myrtis communis;* crecía en las montañas de Palestina; fragantes hojas verdes todo el año y aromáticas flores blancas usadas como perfume.

3. Azafrán. De la especie del croco (*Curcuma longa* o *Crocus sativas*). Los pétalos se usaban para perfumar salones de banquetes. La mencionada en Cant. 4:14 puede ser una planta exótica importada de la India.

4. *Cálamo o caña aromática* (Ex. 30:23; Cant. 4:14; Isa. 43:24; Jer. 6:20; Ezeq. 27:19). Caña olorosa o de jengibre aparentemente importada de la India para uso en la adoración (Jer. 6:20). Cuando las hojas se trituraban, desprendían un aroma a jengibre que era muy apreciado. En 1 Rey. 14:15 tal vez se haga referencia a la inmensa caña *Arundo donax.* Comp. Job 40:21; Isa. 19:6; 35:7.

5. *Flores de almendro* (Gén. 43:11; Ex. 25:33-34; 37:19-20; Núm. 17:8; Ecl. 12:5). Este árbol, de la familia de las rosas, tenía hermosos capullos rosados que los israelitas usaron como modelo para que los talladores adornaran las copas del candelero de oro.

6. *Granadas, Flores de* (Ex. 28:33; Núm. 13:23; 1 Sam. 14:2; 1 Rey. 7:18). *Punica granatum;* hojas verde oscuro con grandes capullos rojizo-anaranjado. Los decoradores tallaban granadas en edificios públicos. El fruto era símbolo de fertilidad y se usaba para curtir cuero y para medicina.

7. *Juncos* (Ex. 2:3; Job 8:11; Isa. 18:2; 35:7). Esta planta a manera de caña crecía en las riberas del río Nilo y proporcionó el más antiguo material que se conoce para hacer papel y para cubrir el armazón de barcos (Isa. 18:2).

8. *Lirio.* Amplia variedad de flores; la más común era la *Lilius candidum.* El lirio de Cant. 5:13 era una rara variedad con un capullo que parecía una llama incandescente. El "lirio del valle" (Cant. 2:1-2,16) es un lirio blanco. El lirio en Os. 14:5 es otra variedad. La hermosa flor de loto o flor de lis era una flor favorita en Egipto y se usó para decorar el templo de Salomón

(1 Rey. 7:19,22,26; 2 Crón. 4:5). Los "lirios del campo" (Mat. 6:28; Luc. 12:27) eran probablemente numerosas variedades de flores de colores, como por ejemplo la anémona.

9. *Mandrágora* (Gén. 30:14-16; Cant. 7:13). Planta de la familia de la hierba mora. Tenía rosetas con grandes hojas y flores color de malva durante el invierno, y una fruta fragante redonda y amarilla durante la primavera; crecía en campos y zonas desérticas; se consideraba afrodisíaco y probablemente se la pueda identificar como *Atropa mandragora,* a menudo usada en la antigüedad para propósitos medicinales.

10. *Menta* (Mat. 23:23; Luc. 11:42). Planta aromática con hojas peludas y densas flores blanca o rosadas, probablemente *Jucande olens;* usada para aromatizar comidas. Los judíos las desparramaban en los pisos de las casas y las sinagogas por la dulce fragancia que tenían.

11. *Mirto.* Ver *Arrayán.*

12. *Puerro* (Núm. 11:5). Planta liliácea; planta de bulbos bianual con hojas anchas cuyas bases se comían; los bulbos se usaban como condimento. Israel estimaba los puerros (*Allium porrum*) de Egipto.

13. *Rosa* (Cant. 2:1; Isa. 35:1). Un gran número de variedades pertenecientes a la familia del azafrán croco; no es la moderna rosa sino el asfódelo o gamón. Tenía un largo tubo o conducto floral matizado con manchas o rayas color púrpura.

La manera asombrosa en que los capullos de flores se abren y luego se marchitan ilustraba la naturaleza temporal de la vida humana (Job 14:2; Sal. 103:15; Isa. 40:6; 1 Ped. 1:24). Las flores de la primavera (Cant. 2:12) hablan de renovación. La "flor caduca" de Isa. 28:1 representó la ruina del desobediente pueblo de Dios. La manera en que Dios cuida los "lirios del campo" (Mat. 6:28) muestra el cuidado de Dios hacia sus hijos, que no necesitan angustiarse sin razón. Los ricos pasan tan rápidamente como pasa el tiempo en que las flores florecen (Sant. 1:10-11).

FLUJO Traducción del término para describir la excreción corporal que convertía en inmunda a una persona en el aspecto ceremonial (Lev. 15:2-25; Núm. 5:2).

FORNICACIÓN Varios actos de inmoralidad sexual, en especial ser ramera o prostituta; ser infiel a un compromiso matrimonial (Jue. 19:2).

Por lo general las mujeres son el sujeto de un verbo hebreo (*zanah*) que significa fornicación, pero en Núm. 25:1 "el pueblo [los hombres] empezó a fornicar con las hijas de Moab". Dicha acción estaba sujeta a la pena de muerte (Gén. 38:24; comp. Lev. 21:9; Deut. 22:21).

El NT indica que la fornicación tiene al menos cuatro dimensiones: relaciones sexuales por mutuo consentimiento entre una persona no casada con alguien del sexo opuesto (1 Cor. 7:2; 1 Tes. 4:3); sinónimo de adulterio (Mat. 5:32; 19:9; ver *Adulterio; Divorcio*); prostitución (Apoc. 2:14,20); varias formas de falta de castidad (Juan 8:41; Hech. 15:20; 1 Cor. 5:1).

Jesús fue contra la corriente de la tradición judía y perdonó a las prostitutas, franqueándoles la entrada para que entren al reino de Dios por la fe (Mat. 21:31-32; comp. Heb. 11:31; Sant. 2:25). Sin embargo, siguió considerando la fornicación como algo malo (Mar. 7:21). Pablo amplió el uso del término griego que indicaba fornicación, e hizo que abarcara todo tipo de relación sexual pecaminosa. El creyente debe tomar la decisión de ser parte del cuerpo de Cristo o parte del cuerpo de una prostituta (1 Cor. 6:12-20). El creyente debe huir de la inmoralidad sexual y unirse a Cristo, honrándolo con el cuerpo físico. De modo que la fornicación es resultado de la pecaminosa naturaleza humana (Gál. 5:19) y es impropia en el pueblo de Dios, que es santo (Ef. 5:3; 1 Tes. 4:3). El libro de Apocalipsis condena al castigo eterno a los culpables de fornicación (Apoc. 2:21-22).

FORO Lugar abierto del mercado de un pueblo o del pueblo mismo. El Foro de Apio (Hech. 28:15) o plaza o mercado de Apio estaba ubicado a 69 km (43 millas) al sudeste de Roma sobre la Vía Apia.

FORO DE APIO Ver *Foro*.

FORTALEZA, FORTIFICACIÓN Estructuras amuralladas que se construían para defensa contra ejércitos enemigos. Las fortificaciones más antiguas en Israel están en Jericó, donde una torre neolítica de piedra y parte de un muro datan de antes del 7000 a.C. Después del 3000 a.C. las ciudades casi siempre estaban rodeadas por muros. En la época de Salomón, se comenzaron a usar piedras labradas (bloques de piedra caliza cuidadosamente recortadas) para construir sistemas de fortificación. Estos incluían muros casamata (es decir, dos paredes de piedra, paralelas, con particiones divisorias que las conectaban) e inmensas puertas con seis cámaras o habitaciones, que permitían rápido acceso y salida para los carros. Posteriormente, en la época de Acab y Jeroboam II, se usaron puertas similares pero de menor tamaño, con sólo cuatro cámaras que estaban unidas a sólidos muros intercalados. Las ciudadelas a menudo se construían sobre la acrópolis de la ciudad, que a su vez estaba cercada. Ver *Arquitectura en tiempos de la Biblia; Ciudades y vida urbana*.

FORTUNATO Cristiano corintio que junto con Estéfanas y Acaico ministró a Pablo en Éfeso (1 Cor. 16:17), y que tal vez le llevó a Pablo la carta de la familia de Cloé, y entregó 1 Corintios —tal como se indica en el texto sobrescrito del Textus Receptus.

FRENTE Parte del rostro por encima de los ojos. Sobre la frente de Aarón se colocaba el emblema de santidad (Ex. 28:38). Una marca sobre la frente de los que estaban en Jerusalén y se lamentaban por la maldad de Jerusalén, los salvaba de juicio terrible (Ezeq. 9:4; contrastar con Apoc. 13:16-17).

Una frente en alto indica oposición, espíritu de desafío y rebelión (Jer. 3:3). Dureza de la frente indica determinación para perseverar (Isa. 48:4; Ezeq. 3:8-9). Una frente de ramera indica que no hay vergüenza (Jer. 3:3). También indica valentía, como cuando Dios hizo que la frente de Ezequiel fuera más dura que pedernal contra las frentes del pueblo (Ezeq. 3:9). Las frentes de los justos estaban marcadas (Apoc. 7:3; 9:4; 14:1; 22:4). La mujer vestida de escarlata en Apocalipsis, tenía su nombre escrito sobre la frente (Apoc. 17:5). Ver *Rostro, Faz*.

FRIGIA (*"reseca"*) Área inmediatamente al oeste del Helesponto; más tarde, el pueblo emigró a Asia Menor. Durante la época romana, Frigia fue una subregión de Galacia, y con frecuencia el pueblo era subyugado. La zona permaneció relativamente indefinida, pero incluía a Antioquía de Pisidia, Laodicea, y a veces a Iconio. En el día de Pentecostés había algunos frigios en Jerusalén (Hech. 2:10; comp. 16:6; 18:23). Ver *Asia Menor*.

FRONTALES Objetos que contenían pasajes de la Escritura y se colocaban en la frente, entre los ojos. Los judíos obedecían los mandamientos al respecto y literalmente escribían Ex. 13:1-10,11-16; Deut. 6:4-9; 11:13-21 en pequeños rollos, y colocaban éstos en bolsitas o cajitas de cuero para colocarlos entonces sobre la frente y en el brazo izquierdo. Para la época del NT, a los frontales se los llamaba filacterias (Mat. 23:5). Los hombres judíos se ponían filacterias durante la oración, excepto en día sábado y días de fiesta. Jesús condenó a individuos que deseaban llamar la atención y usaban filacterias de tamaño más grande que el acostumbrado (Mat. 23:5).

FRUSTRACIÓN El verbo hebreo que se traduce por "frustrar" (del hebreo *parar*) significa hacer ineficaz o nulo, y se usa principalmente para describir la respuesta de Dios a los planes de la gente. La Biblia declara que Dios frustra los planes de aquellos que confían en sus propios medios o que operan de acuerdo a sus propios programas de acción (Job 5:12; Sal. 33:10), y relata varios ejemplos de personas que se vieron frustradas al tratar de oponerse a Dios. Ejemplos son el faraón (Ex. 8-12), Ahitofel (2 Sam. 17:14,23), Acab (1 Rey. 18:17; 21:1-4), los hombres de Sanbalat y Tobías (Neh. 4:7,15) y Pilato (Juan 19:1-16).

Aquellos que procuran seguir a Dios, a menudo pasan por frustración en el sentido más general de insatisfacción por expectativas que no se cumplen. El salmista clamó en su frustración ante la aparente inacción de Dios en su beneficio (Sal. 22:1-2; 38:1-22; 39:1-13), y Pablo expresó frustración ante la falta de fe evidente en los creyentes de Galacia (Gál. 3:1-5). En parte como respuesta a esas frustraciones, Pablo aprendió a contentarse en cualquier situación (Fil. 4:11-13), y declaró que al final todas las cosas obrarán para el bien de aquellos que aman a Dios y son llamados conforme al propósito divino (Rom. 8:28). Las promesas divinas de consuelo también son para quienes están frustrados (Isa. 40:1; 2 Cor. 1:3-7), y la madurez espiritual que les permite a los creyentes vencer la frustración es resultado de la confianza en Dios en medio de tribulaciones y pruebas (Sal. 22:5; Prov. 3:5-6; Fil. 1:6; Sant. 1:2-4).

FRUTA, FRUTO Pulpa comestible que rodea la/s semilla/s de muchas plantas: uvas, higos, aceitunas, granadas y manzanas (a las que tal vez haya que identificar con damascos o membrillos). La continuada capacidad fructífera de los árboles de Israel dependía de la fidelidad al pacto (Deut. 28:4,11,18). Los primeros frutos que maduraran se ofrecían a Dios (Ex. 23:16; Neh. 10:35).

El fruto del vientre es una expresión común para hablar de los descendientes (Gén. 30:2; Deut. 7:13; Sal. 127:3; Isa. 13:18). Fruto con frecuencia indica un pensamiento afín a nuestra palabra *resultados*. El fruto del Espíritu es el resultado de la obra del Espíritu en la vida de los creyentes (Gál. 5:22-23). Algo similar sucede con el uso de fruto al aludir a manifestaciones o expresiones: frutos de justicia (Fil. 1:11; Sant. 3:18), arrepentimiento (Mat. 3:8) y luz (Ef. 5:9). Jesús advirtió que podríamos identificar a los falsos profetas por el fruto que producían (Mat. 7:15-20) —las cualidades que se manifestaban en sus vidas. Jesús también advirtió sobre la necesidad de producir fruto que sea compatible con la ciudadanía en el reino de Dios (Mat. 21:43). Fruto a veces se usa con el sentido de recompensa (Isa. 3:10; Juan 4:36; Fil. 4:17), y otras para referirse a quienes se habían convertido al cristianismo (Rom. 1:13; 1 Cor. 16:15, primicias).

FUEGO Producto de la combustión que da como resultado calor, luz y llamas; el conocimiento del uso del fuego data de la prehistoria. Desde épocas primitivas el fuego ha sido objeto de adoración, a menudo con la inclusión de sacrificios de niños —como fue el caso de los vecinos de Israel (Lev. 18:21; Deut. 12:31; 2 Crón. 28:3).

Dios a menudo usó el fuego como instrumento para mostrar su poder (Gén. 15:17; Ex. 3:2; 13:21-22; 19:18; 24:17; comp. Hech. 2:3; Apoc. 1:14; 2:18). Frecuentemente el fuego es símbolo de la santidad divina y de la ira de Dios hacia el pecado (Isa. 10:17; Heb. 12:29). Dios usa el fuego de las experiencias para probarnos (Job 23:10). Todas las obras terrenales serán probadas por fuego (1 Cor. 3:12-15). El destino final de los enemigos de Dios es el lago de fuego (Apoc. 19:20; 20:10; comp. 2 Ped. 3:7-12).

El fuego debía arder continuamente sobre el altar como una señal visible de la continua adoración a Dios. El fuego que se utilizaba para propósitos sagrados pero se obtenía de otra manera que no fuera del altar, era "fuego extraño" (Lev. 10:1,2).

El fuego también simbolizaba la victoria de Dios sobre todos sus enemigos (Abd. 18); la Palabra de Dios (Jer. 5:14); el Espíritu Santo (Isa. 4:4; Hech. 2:3); el celo de los santos (Sal. 39:3; 119:139); los ángeles (Heb. 1:7); lujuria (Prov. 6:27,28); maldad (Isa. 9:18); la lengua (Sant. 3:6) y juicio (Jer. 48:45). Ver *Bautismo de fuego; Moloc.*

FUELLE Instrumento que sopla aire sobre el fuego para que arda con más intensidad (Jer. 6:29; comp. Job 20:26; 41:21; Isa. 54:16; Ezeq. 22:20-21).

FUENTE Manantial de agua que fluye de un agujero en la tierra. Los manantiales eran tenidos en alta estima y a menudo determinaban la ubicación de poblados. Eso explica la frecuencia de la raíz hebrea *En*, que significa manantial, en nombres geográficos: Endor (Jos. 17:11); Engadi (15:62); Enganim (Jos. 15:34); En-eglaim (Ezeq. 47:10); En-hada (Jos. 19:21); En-hacore (Jue. 15:19); En-hazor (Jos. 19:37); En-rimón (Neh. 11:29); Ensemes (Jos. 15:7). Enaim (Enam, Jos. 15:34) significa "dos manantiales". A Canaán se la consideraba una "buena tierra" en vista de su abundante agua (Deut. 8:7).

Según el AT la tierra seca descansa en el fundamento sobre las fuentes del abismo (Gén. 7:11). Cuando estas aguas quedaron liberadas, se produjo un regreso al caos anterior a la creación (Gén. 1:1,9). La provisión de agua es una expresión del cuidado providencial de Dios (Sal. 104:10; Isa. 41:17-18). La bendición del fin de los tiempos incluye imágenes de fuentes de agua que fluyen desde el templo (Ezeq. 47:1-12; Joel 3:18), desde Jerusalén (Zac. 14:8) o desde el trono de Dios (Apoc. 22:1-2), agua asombrosa que puede dar vida.

FUNDAMENTO Ver *Cimiento*.

FUT Hijo de Cam (Gén. 10:6; 1 Crón. 1:8) en la "tabla de las naciones", y en consecuencia antepasado de los habitantes de Fut.

G

GABAA (*"una colina"*) Muy relacionada con los nombres Geba y Gabaón.

1. Ciudad en la región montañosa de Judá (Jos. 15:57); tal vez el lugar natal de Micaías, madre del rey Abías (2 Crón. 13:2).

2. Ciudad muy conectada con Finees, sumo sacerdote y nieto de Aarón; su padre Eleazar fue sepultado allí (Jos. 24:33, RVR 1960, "collado de Finees"); algunos la identifican con la ciudad levita de Geba (Jos. 21:17) en Benjamín.

3. El arca fue asentada sobre un collado (hebreo, Gabaa) entre el momento que los filisteos la devolvieron y el esfuerzo inicial de David para trasladarla a Jerusalén (2 Sam. 6:4, RVR 1960, collado). Lo más probable es que la palabra hebrea no sea aquí un nombre propio (la escritura hebrea no hace distinción entre letras minúsculas y mayúsculas). Comp. 1 Sam. 7:1-2.

4. La Gabaa más importante fue una ciudad en Benjamín (Jos. 18:28). Ver Jue. 19:1-21:25; tell el-Ful sobre una considerable elevación 5,5 km (3,5 millas) al norte de Jerusalén. Saúl tenía conexiones familiares con la ciudad (que además estaba conectada con Gabaón, que se hallaba cerca y tenía una pronunciación parecida; ver *Gabaón*, 1 Crón. 8:29-33) y la convirtió en capital luego de ser coronado rey (1 Sam. 15:34; 23:19). Si "collado de Dios" (1 Sam. 10:5) equivale a la Gabaa de Saúl, los filisteos controlaban la ciudad antes que pasara a manos de Saúl. Ver Isa. 10:29; Os. 5:8; 9:9; 10:9.

GABAÓN (*"lugar en la colina"*) Centro industrial cananeo; región vitivinícola que se convirtió en una ciudad de los levitas en Benjamín (Jos. 18:25; 21:17); el-Jib, 13 km (8 millas) al noroeste de Jerusalén; colonizada alr. del 3000 a.C. Su elevación de unos 850 m (2400 pies) hacía que fuera un lugar de fácil defensa, de modo que sirvió como fortaleza a la cabeza del valle de Ajalón, que proporcionaba el acceso principal de la llanura costera a la zona montañosa.

El pueblo de Gabaón urdió una estrategia engañosa para protegerse de los israelitas (Jos. 9). Cuando Josué descubrió la verdad, obligó a los gabaonitas a ser acarreadores de agua y leñadores para Israel.

La familia de Saúl parece haber tenido conexiones con Gabaón (1 Crón. 8:29-33; 9:35-39). Ver *Gabaa*. Luego de la muerte de Saúl tuvo lugar un encuentro crucial en Gabaón entre Abner y Joab, generales de Saúl y David respectivamente (2 Sam. 2:12-17). Ver 2 Sam. 20:8-13; 21:1-9. Durante uno de los sacrificios que hizo Salomón en Gabaón, el Señor se apareció y le otorgó al nuevo rey su petición de sabiduría (1 Rey. 3:3-14; comp. 9:2). Aparentemente Gabaón era el lugar de culto más importante para Israel antes que Salomón construyera el templo. Ver Jer. 28; 41; Neh. 3:7; comp. 7:25.

GABATA (*"elevación"*) Plataforma en frente del pretorio o palacio del gobernador en Jerusalén, donde se sentó Pilato para juzgar a Jesús (Juan 19:13).

GABRIEL (*"hombre fuerte de Dios"*) Mensajero celestial que lleva a las personas un mensaje de Dios (Dan. 8:15-27; 9:20-27; Luc. 1:8-20,26-38). Ver *Ángel*.

GAD (*"buena fortuna"*) (1) Ver *Tribus de Israel*. (2) Un dios de los sirios conocido a partir de inscripciones de Fenicia y Palmira, y usado como parte de nombres bíblicos como por ejemplo Baal-gad (Jos. 11:17) y Migdal-gad (Jos. 15:37); aparentemente es lo que también significa en Isa. 65:11, donde el profeta condenó al pueblo por preparar "mesa para la Fortuna" (en hebreo, Gad). (3) Profeta que le aconsejó a David cuando éste huía de Saúl (1 Sam. 22:5) y que presentó las opciones del castigo divino luego que David hizo un censo de Israel (2 Sam. 24:11-14; comp. 2 Sam. 24:18-19; 1 Crón. 29:29; 2 Crón. 29:25).

GADARA, GADARENO Ciudad de Decápolis (Mar. 5:1) y sus residentes. Lugar en que vivía el hombre de quien Jesús echó fuera demonios (Mat. 8:28-34; Mar. 5:1-17; Luc. 8:26-37). Los manuscritos griegos usan alternadamente gadarenos, gerasenos y gergesenos; y parecen optar por gadarenos en Mateo, y gerasenos en Marcos y Lucas (en RVR 1960 aparece siempre "gadarenos"). Gadarenos se tenía que haber referido a un área más amplia, no sólo a la ciudad de Gadara. Gergesenos indica la moderna ciudad de Kersa, a orillas del lago. Geraseno proviene de la ciudad de Gerasa, unos 50 km (30 millas) al sudeste del lago. A Gadara se la ha identificado con la moderna Um Keis, aprox. 8 km (5 millas) al sudeste del mar de Galilea.

GALAAD (*"tosco"* o *"escabroso"*) *1.* Sección norteña de la región montañosa de Transjordania al nordeste del mar Muerto, con cimas de más de 1200 metros (3500 pies); famosa por sus rebaños y ganados; dividida por el río Jaboc; el reino amonita ocupó su borde oriental; nombre aplicado a distintas áreas en distintos contextos, según las situaciones políticas. Comp. Jue. 10:17; Os. 6:8; Amós 1:3. Galaad se extiende unos 80 km (50 millas) desde el sur de Hesbón pero sin llegar al río Yarmuk en el norte. Se extiende unos 32 km (20 millas) este-oeste. El Camino del Rey, una importante ruta comercial internacio-nal, pasaba por Galaad. Al lugar también se lo conoce por su bálsamo, una preparación aromática medicinal. Ver Gén. 31:22-23; 32:30; Jue. 11:1; 2 Sam. 17:24. Las ciudades de importancia en el AT eran Hesbón en el sur, Rabá de Amón en la franja oriental del desierto, Jabes de Galaad, y Ramot de Galaad. Rabá es la Filadelfia del NT; Pella y Jeras (Gerasa) son otras ciudades neotestamentarias de importancia.

2. Bisnieto de José y líder original de un clan en la tribu de Manasés (Núm. 26:28-32; 36:1). El clan era tan poderoso que aparece en la lista con las tribus de Israel en el cántico de Débora (Jue. 5:17). Lucharon para ser reconocidos entre otras tribus (Jue. 12:4-7).

3. (con grafía distinta en hebreo, *"columna para testimonio"*) Lugar donde Jacob y su suegro Labán realizaron un acuerdo formal (un pacto) determinando la línea fronteriza entre cada uno y acordando no dañarse el uno al otro (Gén. 31:43-52). También se lo llama Sahadutah y Mizpa. Ver *Mizpa.*

GALACIA (*pueblo de Galia*) Provincia romana en el centro de Asia Menor con fronteras que fueron variando. Ver *Asia Menor.* Los celtas ocuparon la parte norte de Asia Menor, que limitaba al norte con Ponto y Bitinia, al este con Tavio y al oeste con Pesino. Los gálatas vivían en áreas abiertas, y habían dejado que sus predecesores, los frigios, ocuparan la ciudad. En el 25 a.C. Roma convirtió a Galacia en una provincia del Imperio, y extendió sus fronteras, agregándole Licaonia, Isauria y Pisidia, mientras Ancira servía como centro de gobierno.

Pablo visitó Galacia (Hech. 16:6; 18:23), aunque no resulta claro cuál fue su ruta precisa. ¿Visitó las ciudades dominadas por los frigios o a los verdaderos gálatas que habitaban en la zona rural? Su carta, ¿estaba dirigida al territorio original en el norte o a la provincia romana con sus adiciones en el sur? Ver *Gálatas, Carta a los*. Comp. 1 Cor. 16:1; 2 Tim. 4:10, donde en algunos de los manuscritos aparece Galia, y 1 Ped. 1:1.

GÁLATAS, CARTA A LOS Carta de Pablo a la iglesia en Galacia, en la que defendió su interpretación del evangelio de Cristo, realizando una ardiente defensa de la justificación por la fe y la libertad en el Espíritu. Pablo fundó las iglesias de Galacia (Gál.1:8-9; 4:19). Los lectores eran gentiles convertidos del paganismo (4:8; 5:2; 6:12), y tal vez hubiera algunos cristianos judíos y prosélitos.

¿Vivían en la Galacia del norte? ¿O acaso en las ciudades meridionales que los romanos le agregaron a la provincia? Pablo fundó iglesias en Antioquía de Pisidia, Iconio, Listra y Derbe, ciudades en la parte sur de la provincia romana (Hech. 13:14-14:24). El apóstol visitó Listra y Derbe nuevamente (Hech. 16:1-6). Dos veces más atravesó "Frigia y la provincia de Galacia" (16:6; 18:23), que podía hacer referencia a la porción meridional de la provincia romana o podía indicar que Pablo fue hacia el norte y fundó iglesias en el territorio de Galacia. La opción del sur probablemente sea la correcta ya que Hechos guarda silencio en cuanto a iglesias en el norte, y Pablo a menudo usaba nombres de provincias al escribir sus cartas. Ver *Galacia*.

Para determinar la fecha en que Pablo escribió la epístola hay que conciliar Gál. 1:11-2:14 con Hechos. Pablo mencionó dos visitas a Jerusalén (Gál. 1:18; 2:1), pero en Hechos se registran cinco (Hech. 9:26; 11:27 y 12:25; 15:4; 18:21; 21:17). Es probable que Gál. 1:18 y Hech. 9:26 registren la primera visita de Pablo a

Jerusalén luego de su conversión. En Gálatas Pablo no mencionó la visita de Hech. 11:27 y 12:25 porque le importaba relatar sólo su contacto con los apóstoles. Esta segunda visita la realizó a los ancianos, no a los doce. Tanto Hech. 15:1-29 como Gál. 2:1-20 probablemente sean relatos del concilio de Jerusalén, en el 49 o 50 d.C. Después del concilio, Pablo realizó su segunda visita a Galacia (Hech. 16:1-6), con lo cual se explican las dos visitas que indicó en la epístola (Gál. 4:13). Luego se dirigió a Corinto (51-52 d.C.). Y quizás haya escrito la epístola desde allí. Ver *Concilio apostólico*.

Después de la última visita de Pablo (Hech. 16:1-6), entre los gálatas aparecieron maestros herejes que distorsionaban el evangelio (Gál. 1:7) y perturbaban a las iglesias (5:10,12). Estos judaizantes afirmaban predicar fielmente el evangelio. Enseñaban que para la salvación era necesario circuncidarse (5:2; 6:12-16), obedecer la ley de Moisés, incluso en la observancia de días, meses, épocas y años (4:10). Actuaban por motivos falsos y egoístas, por ambición personal (4:17; 6:13) y para ofender la cruz de Cristo (6:12). Estos maestros intentaron desacreditar a Pablo. Este vio la gran posibilidad de que los gálatas abandonaran el evangelio en gran escala.

Pablo saludó a las iglesias, pero omitió la acostumbrada alabanza o acción de gracias (1:1-5). En su lugar, expresó congoja por la fe tan voluble que tenían (1:6-9). Pronunció una maldición sobre los que predicaban algo diferente del evangelio que él les había predicado.

En la porción más extensa de la epístola (1:10-6:10) se da lo siguiente: (1) Pablo defendió contra los ataques de los judaizantes su propia idoneidad como apóstol (1:10-2:21). Pablo concluyó esta sección con el gran tema de la epístola: La justificación (una persona pecadora que entra en una correcta relación con Dios) no es producto de vivir atado a la ley sino de la fe en Cristo. Estar en Cristo significaba estar libre de los requisitos legales de la ley.

(2) Pablo apoyó en tres principios su tesis de que sólo era necesaria la fe: el don del Espíritu, la promesa y la fe de Abraham, y la maldición de la ley (3:1-5:12). El don del Espíritu había llegado a ellos por medio de la fe, no por la ley. Abraham había recibido la promesa y la justicia por la fe 430 años antes que Dios diera la ley. Los integrantes del pueblo de la fe eran verdaderos hijos de Abraham y herederos de la promesa. La ley sólo podía condenar a los pecadores. Cristo quitó la maldición de la ley. Ésta fue dada provisoriamente hasta que llegó Cristo. Volver a la ley era regresar a la esclavitud. Con la llegada de Cristo, la fe y la ley como maneras de acercarse a Dios se habían convertido en mutuamente excluyentes.

(3) Pablo tomó precauciones contra el abuso de esta libertad de la ley (5:13-6:10). La libertad cristiana requería que el creyente caminara por el Espíritu, que es algo contrario a los deseos y obras de la carne. La libertad cristiana debe estar templada por el amor cristiano. Pablo concluyó la epístola (6:11-18) instando nuevamente a los gálatas a no ceder a la circuncisión y todo lo que representaba.

GÁLBANO Ver *Plantas en la Biblia.*

GALILEA (*"círculo"* o *"región"*) Parte septentrional de Palestina, más arriba de los territorios montañosos de Efraín y Judá (Jos. 20:7); franja de unos 70 km (45 millas) entre el río Litanis en el Líbano y el valle de Jezreel en Israel de norte a sur, y del mar Me-

diterráneo al río Jordán de oeste a este. Los asirios tomaron la parte norte al mando de Tiglat-pileser en el 733 a.C. (2 Rey. 15:29) y la dividieron en tres distritos: la costa occidental o "el camino del mar" con capital en Dor, Galilea con capital en Meguido, y más allá del Jordán o Galaad (Isa. 9:1).

En tiempos de Jesús, Herodes Antipas gobernaba Galilea y Perea. Jesús dedicó a Galilea la mayor parte de su ministerio terrenal (Mat. 26:69). Después de la caída de Jerusalén en el 70 d.C., Galilea se convirtió en el más relevante centro de judaísmo, y la Mishná y el Talmud se compilaron y escribieron allí.

GALILEA, MAR DE Lago de agua dulce ubicado en los montes del norte de Palestina; se encuentra a unos 250 m (700 pies) bajo el nivel del Mediterráneo, que se halla unos 50 km (30 millas) al oeste. Los montes de Galilea, que están cerca, alcanzan una altura de aprox. 500 m (1500 pies) sobre el nivel del mar. Hacia el este están los montes de Galaad, con picos de más de 1100 m (3300 pies); hacia el norte están las cimas nevadas de las montañas del Líbano. Alimentado principalmente por el río Jordán, que nace a los pies de las montañas del Líbano, el mar de Galilea tiene 21 km (13 millas) de largo, norte a sur, y 13 km (8 millas) en su punto más ancho este-oeste. Está sujeto a repentinas y violentas tormentas, que por lo general son breves. En el AT a este mar se lo llama mar de Cineret. Ver *Cineret.* En tiempos del NT también se lo llamaba "lago de Genesaret" (Luc. 5:1). Juan lo llamó mar de Tiberias (6:1).

En el primer siglo el mar de Galilea tenía gran importancia comercial. La mayoría de las rutas de Galilea pasaban por él, y los que viajaban hacia y desde el este cruzaban por allí. La industria pesquera floreció ya que en la región no existía ningún otro importante lago de agua dulce. Capernaum era un centro de la industria pesquera. Otras ciudades importantes cerca del lago eran Betsaida y Tiberias, una ciudad gentil que construyó Herodes Antipas cuando Jesús era muchacho.

GALILEO Persona que vivía en Galilea; se distinguía en su hablar de los judíos de Jerusalén y de Judá (Mat. 26:69; Mar. 14:70; comp. Hech. 2:7). Los galileos tenían la reputación de ser rebeldes y no tener en cuenta la ley judía (Hech. 5:37), por lo tanto se los podía considerar pecadores (Luc. 13:2). Aparentemente Pilato había matado a algunos galileos mientras éstos ofrecían sacrificios de la Pascua en Jerusalén (Luc. 13:1). Jesús recibió una cálida bienvenida por parte de los galileos, según parece por la expectativa de éstos en cuanto a milagros, no porque ellos apreciaran quién era Jesús ni porque tuvieran fe en Él (Juan 4:43-54).

GALIÓN Lucio Junio Galión, procónsul de Acaya apostado en Corinto, donde se ha descubierto el asiento desde donde juzgaba; presidió el juicio de Pablo por defender una religión ilícita (Hech. 18:12-17). Galión se negó a verse envuelto en cuestiones religiosas judías, y hasta decidió ignorar la golpiza que la multitud le propinó a Sóstenes, el principal de la sinagoga.

El nombre de Galión aparece en una inscripción en Delfos que indica que Galión ocupó su cargo en Corinto entre el 51 y el 53 d.C. Aparentemente fue procónsul desde el 1 de mayo del 51 hasta el 1 de mayo del 52, aunque es posible que las fechas correspondan a un año después. La fecha ofrece evidencia extrabíblica del tiempo en que Pablo estuvo en Corinto y fundó esa iglesia.

GALLO, CANTO DEL Tercera vigilia de la noche en el sistema romano (Mar. 13:35), por lo tanto iba desde la medianoche hasta las tres de la mañana.

GAMALIEL ("*Dios recompensa con cosas buenas*") (1) Líder de la tribu de Manasés que le ayudó a Moisés en el censo (Núm. 1:10). Comp. 7:54-59. (2) Fariseo a quien se tenía en alta estima; nieto del gran Rabí Hillel e integrante del Sanedrín (Hech. 5:34); maestro de Pablo (Hech. 22:3). Él aplastó el plan del Sanedrín de matar a los apóstoles al recordarles a todos sus miembros que tal vez se estuvieran oponiendo a Dios. Murió alr. del 52 d.C. (3) Importante rabino judío aprox. en el 100 d.C.; nieto de *2.* ; se le acreditan muchas de las adaptaciones que requirió el judaísmo luego de la destrucción del templo en el 70 d.C.

GANADO Ver *Animales.*

GANGRENA Toda forma de corrupción o degradación (2 Tim. 2:17). Segunda Timoteo 2:17 habla de la gangrena, la necrosis o muerte de los tejidos debido a pérdida de irrigación sanguínea, condición que puede pasar de tejido infectado a tejido no infectado.

GARFIO Tenedor grande usado para tomar grandes porciones de carne, especialmente en el altar del sacrificio. Los garfios del tabernáculo eran de bronce (Ex. 27:3; 38:3); los que estaban en el templo eran de bronce (2 Crón. 4:16) o de oro (1 Crón. 28:17).

GAT ("*lagar*") Nombre de varios pueblos en Palestina que estaban conectados con la industria vitivinícola; a menudo el nombre se usaba con otro nombre adicional, por ejemplo Gat-hefer, Gat-rimón y Moreset-gat; la principal de cinco ciudades-estado Palestinas (Gat, Ecrón, Asdod, Ascalón y Gaza, 1 Sam. 6:17); los habitantes eran los geteos (1 Sam. 17:4; 2 Sam.

6:10-11); en la Sefela —grupo de colinas entre la llanura costera y las montañas centrales— probablemente tell es-Safi, 19 km (12 millas) al este de Asdod.

Gat era una ciudad cananea ocupada por los gigantes anaceos (Jos. 11:21-22). Josué y los israelitas aparentemente no tomaron Gaza, Gat ni Asdod (Jos. 11:22). Gat fue uno de los lugares a donde los filisteos llevaron el arca (1 Sam. 5:8-9) y era la ciudad de Goliat (1 Sam. 17:4) y Obed-edom (1 Crón. 13:13). David encontró refugio con Aquis, rey de Gat, y tal vez se convirtió en vasallo de los filisteos (1 Sam. 27:1-7). Finalmente David venció a los filisteos y convirtió a Gat en un pueblo israelita (1 Crón. 18:1; ver 2 Crón. 11:5-12; 26:62; 2 Rey. 12:17). Ver *Filisteos*.

GAT-HEFER (*"lagar en el hoyo de agua"*) Ciudad en la frontera este de Zabulón (Jos. 19:13); la ciudad de Jonás (2 Rey. 14:25); la moderna el-Meshed o la cercana khirbet ez-Zurra, 5 km (3 millas) al nordeste de Nazaret.

GAYO (*"estoy contento, gozoso"*) (1) Cristiano macedonio; compañero de viajes de Pablo (Hech. 19:29). (2) Cristiano de Derbe que acompañó a Pablo a Asia (Hech. 20:4). (3) Persona que hospedó a Pablo en Corinto (Rom. 16:23); fue bautizado por Pablo (1 Cor. 1:14). (4) Cristiano a quien amaba Juan; destinatario de 3 Juan (3 Juan 1).

GAZA (*"fuerte"*) Pueblo más austral del complejo de ciudades-estado filisteas (las otras eran Ascalón, Asdod, Ecrón y Gat, 1 Sam. 6:17); sobre la llanura costera a unos 5 km (3 millas) del mar Mediterráneo; tell Harube en la moderna Gaza; sobre la ruta costera principal que conectaba Egipto con el antiguo Cercano Oriente; originalmente ocupada por los aveos (Deut. 2:23).

Tutmosis III convirtió Gaza en un centro egipcio de importancia. Las cartas de Amarna identifican a Gaza como cuartel de distrito para las posesiones egipcias al sur de Palestina. Gaza era el centro principal en la frontera sur del reino de Salomón (1 Rey. 4:24).

Tiglat-pileser III cobró tributo a Gaza aprox. en el 734 a.C. Ver 2 Rey. 18:8. En el 701 a.C. Senaquerib robusteció su control sobre Gaza como estado vasallo. El faraón Necao la conquistó alr. del 609 a.C., y la convirtió en posesión egipcia por unos años. Posteriormente al 605 a.C. Nabucodonosor conquistó Gaza y la hizo parte del imperio babilónico.

GEBA (*"colina"*) Variante hebrea de Gabaa, con la cual a veces se la confunde; ciudad levita en Benjamín (Jos. 18:24; 21:17); la moderna Jeba cruzando el wadi Suweinit desde Micmas, unos 9 km (5,5 millas) al norte de Jerusalén. Ver 1 Sam. 13:16-14:18; 1 Rey. 15:22; 2 Rey. 23:8; 1 Crón. 8:6; Esd. 2:26; Neh. 11:31; 12:29; Isa. 10:29; Zac. 14:10.

GEBAL (*"montaña"*), **GEBALITA** *1.* Puerto marítimo que los griegos llamaban Biblos; parte de tierra que quedaba por conquistar (Jos. 13:5); la moderna Dschebel, unos 40 km (25 millas) al norte de Beirut; ayudó a Tiro (Ezeq. 27:9). Ver 1 Rey. 5:18. El hermoso sarcófago del rey Ahiram encontrado en ese lugar contenía la evidencia más antigua conocida del alfabeto fenicio. Aprox. en el 900 a.C. Tiro reemplazó a Gebal como la más poderosa ciudad de Fenicia.

2. Miembro de una coalición contra Israel (Sal. 83:7); región septentrional de Arabia, cerca de Petra, en la tierra montañosa al sur del mar Muerto.

GEDALÍAS (*"Jehová ha hecho grandes cosas"*) (1) Hombre a quien

Nabucodonosor de Babilonia nombró gobernador de Judá en el 587 a.C. (2 Rey. 25:22). Ahicam, su padre, era aliado de Jeremías (Jer. 26:24; 39:14). Fanáticos nacionalistas celosos liderados por Ismael lo asesinaron (Jer. 40:1-41:18). (2) Funcionario del rey Ezequías (597-586 a.C.); formaba parte del grupo que obtuvo permiso del rey para encerrar a Jeremías en una cisterna (Jer. 38). (3) Cantor y profeta del templo que tocaba el arpa (1 Crón. 25:3) y encabezaba una de las 24 divisiones de los sirvientes del templo (1 Crón. 25:9). (4) Un sacerdote con esposa extranjera (Esd. 10:18) recibe una forma abreviada del nombre hebreo, y lo mismo sucede con el abuelo del profeta Sofonías (Sof. 1:1).

GEDEÓN (*"uno que corta en pedazos"*) Quinto juez de Israel; también llamado Jerobaal; de la tribu de Manasés (Jue. 6:11-8:35). Dios llamó a Gedeón para que libere a Israel de los madianitas y los amalecitas, nómadas del desierto que una y otra vez realizaban ataques sorpresivos en el país. En dos oportunidades extendió el famoso vellón, aparentemente tratando de evitar la voluntad de Dios pues impuso condiciones imposibles de cumplir. Dios cumplió con esas condiciones ambas veces y estableció la estrategia que garantizaría la victoria para Israel.

Airadamente castigó a Sucot y a Penuel porque no lo ayudaron en la guerra contra los reyes madianitas (Jue. 8:1-17). Rechazó la propuesta del pueblo para coronarlo rey (Jue. 8:22-23), pero ordenó que le entreguen los aretes de oro que habían sido tomados de los ismaelitas como botín de guerra. Con dichos aretes fabricó un símbolo de adoración, un efod, y así hizo descarriar al pueblo (Jue. 8:24-27). Su familia no siguió en los caminos de Dios (Jue. 8:33).

GEDERA (*"redil"* o *"muro de piedra"*) **GEDERATITA** Aldea en la Sefela de Judá (Jos. 15:36); la moderna tell el-Judeireh al norte de Maresa y 16 km (10 millas) al sudeste de Lod. A su gente se la conocía por su habilidad en la alfarería (1 Crón. 4:23). Lugar de origen de uno de los soldados de David (1 Crón. 12:4).

GEDEROT (*"muros"*) Ciudad en Judá en la Sefela (Jos. 15:41); puede ser una forma alternativa de Gedera o Qatra cerca de Laquis. Ver 2 Crón. 28:18.

GEHENNA (*"valle de quejidos"* o *"valle de lamentación"*) En literatura intertestamentaria y del NT, palabra para referirse al infierno. Ver *Hinom, Valle de*. Valle al sur de Jerusalén llamado "el valle del hijo de Hinom" (Jos. 15:8; 18:16; 2 Crón. 33:6; Jer. 32:35) que se convirtió en lugar de sacrificio de niños a dioses extranjeros. En algunos escritos, aunque no en la Biblia, al Gehenna se lo consideraba un lugar de juicio temporario para los que estaban esperando el juicio final.

El NT griego usa Gehenna para hablar de juicio final (Mat. 5:22,29; 18:9; Mar. 9:43,45,47,48). Sólo Dios puede enviar a las personas al Gehenna, y por lo tanto Él es el único a quien los seres humanos deben temer (Mat. 10:28; Luc. 12:5). Jesús condenó a los fariseos por hacer convertidos y luego tornarlos en hijos del infierno (Gehenna) (Mat. 23:15,33). Santiago advirtió a los creyentes que ellos no eran capaces de controlar sus lenguas que el Gehenna había encendido (Sant. 3:6). Ver *Infierno*.

GELILOT (*"círculos"* o *"regiones"*) Ver *Gilgal*.

GENEALOGÍAS Registros de linaje familiar que rastrean la descendencia de una persona, familia o grupo a partir de un antepasado. Ver Gén. 4;

Núm. 1:19-49; 1 Crón. 1-9; Esd. 8. Las genealogías pueden servir para propósitos familiares, políticos o religiosos. En los propósitos de legitimación, las genealogías describen no sólo relaciones de familia sin también de entornos geográficos, sociales, económicos, religiosos y políticos.

Las genealogías pueden: (1) demostrar las relaciones y las diferencias entre Israel y otras naciones (Gén. 10); (2) demostrar la unidad y cohesión de Israel (Ex. 1:1-5) o de todas las naciones (Gén. 10); (3) construir un puente histórico conectando a Israel con períodos históricos para los cuales hay poca narración disponible (1 Crón. 1-9); (4) revelar un patrón de ciclos en la historia mundial (Mat. 1:1-17); (5) describir funciones militares (Núm. 1:5-16); (6) mostrar el derecho de una persona o un grupo con respecto a un cargo o función (1 Crón. 6:24-26); (7) preservar la pureza de la nación (ver Esd. 10); (8) asegurar un sentimiento de continuidad y unidad nacional en un período de desesperación nacional (1 Crón. 5); (9) mostrar el movimiento de la historia encaminándose hacia el objetivo de Dios (Gén. 4-5; 11:10-32; 1 Crón. 1-9).

Mateo comenzó su Evangelio con una genealogía que rastrea el linaje de Jesús desde Abraham a través de David. Lucas también incluyó una genealogía que se extiende hasta Adán y Dios (3:23-38). Mateo parece hacer su enfoque en el mesiazgo y Lucas en la salvación que se le ofrece a toda la humanidad.

Hebreos 7:3,6 le asigna valor a que Melquisedec fuera un sacerdote sin genealogía —un hecho que lo separaba del sacerdocio judío. En los escritos anteriores a su muerte, Pablo condenó el uso distorsionado de genealogías (1 Tim. 1:4; Tito 3:9).

GENERACIÓN Período de tiempo y eventos relevantes que comprenden la vida de una persona, o para hablar de un lapso más indeterminado. El hebreo *toledoh* ("tener hijos") da estructura al libro de Génesis (2:4; 5:1; 6:9; 10:1,32; 11:10,27; 25:12-13,19; 36:1,9; 37:2). Es así que la creación, Adán, Noé, los hijos de Noé, Sem, Taré, Ismael, los hijos de Ismael, Isaac, Esaú y Jacob, cada uno representa una generación y una unidad estructural en la narrativa de Génesis. De esta manera Israel modificó el patrón largamente usado por sus vecinos del Cercano Oriente, el patrón que describe la creación como una serie de nacimientos. Los vecinos de Israel hablaban del nacimiento de los dioses, y esos nacimientos al mismo tiempo representaban una parte del universo ya que el sol, la luna y las estrellas eran consideradas dioses. Israel simplemente habló del origen de la creación por las palabras y las acciones de Dios. Esto comenzó un proceso por el cual las generaciones humanas durarían lo que duró la primera generación —la creación. Cada generación humana va desde la muerte del padre hasta la muerte del hijo. La historia humana en su forma más sencilla de historia de familias (la serie continuada de nacimientos y muertes), es la manera en que Dios relata la historia de cómo obró con los seres humanos para bendecirlos y llevar a cabo sus propósitos divinos para ellos.

El hebreo *dor* hace alusión al ciclo de la vida de un individuo, ya sea desde el nacimiento a la muerte o desde el nacimiento hasta el nacimiento del primer hijo. En Gén. 15:13-16 aparentemente 400 años son cuatro generaciones, por lo cual cada generación es de 100 años. Números 32:11-13 tal vez compute una generación como 60 años, incluyendo a personas de 20 años o más, y dándoles 40 años más de vida. Uno puede interpretar esto como que una generación son los 40 años de vida adulta de una persona, desde los 20 a los 60. Dios le prometió a Jehú que sus hijos gobernarían hasta la cuarta generación, lo que aparentemente significa cuatro hijos (2 Rey. 10:30; 15:12). Jehú comenzó a reinar alr. del 841 a.C.; su primer hijo, Joacaz, alr. del 814 a.C., y Zacarías de la cuarta generación murió alr. del 752 a.C. Las cinco generaciones reinaron menos de 90 años, mientras que las generaciones de los cuatro hijos reinaron unos 60 años. Esto reduce una generación a un lapso bastante corto. Después de las tragedias que tuvo, Job vivió 140 años y vio cuatro generaciones (Job 42:16). Esto haría que una generación tenga unos 35 años. Básicamente, la generación no es un número específico de años sino un período de tiempo más o menos específico. (Ver Job 8:8; Isa. 51:9.)

Las generaciones vienen y van (Ecl. 1:4). Esto debiera hacer que la generación presente aproveche la sabiduría resultante (Deut. 32:7). Una generación también representa a aquellos que se pueden reunir para la adoración, y entonces dicha comunidad reunida conforma una generación (Sal. 14:5; 24:6; 73:15). Las generaciones de personas cambian, pero Dios ha dado su nombre, Jehová, para que sea recordado a través de todas las generaciones (Ex. 3:15). Él es refugio para todas las generaciones (Sal. 90:1). El peligro está en que se levante una nación que no conozca a Jehová (Jue. 2:10; comp. Sal. 12). De modo que una generación debe contar lo que Dios ha hecho y debe ponerlo por escrito para la próxima generación (Sal. 22:30-31; 102:18; comp. Sal. 79:13). En razón de su propia naturaleza y su carácter, Dios es fiel hasta mil generaciones (Deut 7:9). Él ofrece salvación a través de las

generaciones: es decir, eternamente (Isa. 51:8). Jesús a menudo usó la palabra "generación" para describir la naturaleza malvada de las personas a quienes se dirigía (Mat. 11:16; 12:39; Luc. 17:25). El mensaje del NT se puede resumir como sigue: "A él sea la gloria en la iglesia en Cristo Jesús por todas las edades [generaciones], por los siglos de los siglos" (Ef. 3:21).

GENESARET Ver *Galilea, Mar de.*

GÉNESIS Primer libro de la Biblia que proporciona un marco universal para la revelación de Dios y expone enseñanzas bíblicas básicas. Génesis presenta dos partes: (1) la creación universal, la rebelión, el castigo y la restauración; (2) la elección de Dios de una familia en particular a través de quien promete bendecir a las naciones.

Génesis 1-11 presenta el marco universal para la historia de Israel. Tomando temas y motivos prominentes en la literatura de sus vecinos, el autor inspirado mostró cómo un solo y único Dios participó en la creación de todo el mundo y dirige el destino de todas las naciones de ese mundo. El enfoque pasa de la creación del universo a la creación de la primera familia (1:1-2:25). El pecado llegó al mundo cuando hubo confianza en una serpiente artera en vez de confianza en Dios, y apareció el juicio divino sobre el pecado. Es así que la vida humana transcurre en el sufrimiento, el dolor y la frustración del mundo que conocemos (cap. 3). En ese mundo Dios sigue condenando el pecado, bendiciendo la fidelidad, y mostrando gracia a los pecadores (4:1-15). Desde la perspectiva humana, aparecen grandes logros culturales, pero también un abrumador orgullo por parte de los seres humanos (4:16-24). Estos se multiplican en número como Dios lo había ordenado; también procuran una vida mejor que la vida de dolor y trabajo (4:25-5:32). Llega ayuda, pero sólo después de más castigo. Por medio del diluvio, Dios eliminó a toda la humanidad con excepción de la familia de Noé, y luego hizo un pacto con esa familia donde prometió que nunca más repetiría tal castigo (6:1-9:17). Sin embargo, el pecado humano siguió a nivel individual y a nivel de la sociedad, y dio como resultado el necesario castigo divino a las naciones en la torre de Babel (9:18-11:9).

Dios así estableció un plan para redimir y bendecir a la humanidad, que persiste en pecado. Dios llamó a un hombre de fe, Abraham, y lo condujo a un nuevo comienzo en una nueva tierra. Dios le prometió tierra, nación, fama y la misión de bendecir a las naciones. Esto se cumplió en la bendición a las naciones que ayudaron a Abraham, y el castigo a las que no lo ayudaron; además alcanzó su clímax en el pacto de Dios con Abraham, en el cual Abraham demostró su fidelidad con la señal de la circuncisión, y Dios renovó sus promesas divinas.

Nuevas generaciones encabezadas por Isaac y Jacob se encuentran con un Dios que continúa guiándolos, llamándolos a ser su pueblo y renovándoles las promesas. La trampa y el engaño humanos personificados en Jacob no modificaron la determinación divina de llevar a cabo su plan de redención. Así se establece la herencia del pueblo de Dios en los tres patriarcas: Abraham, Isaac y Jacob. Las promesas y la revelación de Dios se convirtieron en el fundamento de la experiencia religiosa y la esperanza de Israel. Ver *Creación; Diluvio; Pecado; Humanidad; Antropología; Tierra; Imagen de Dios; Abraham; Isaac; Jacob; José; Adán y Eva; Noé; Nombres de Dios.*

GENTILES Integrantes de las naciones, que por nacimiento no son parte de la familia elegida de Dios, y que por lo tanto se pueden considerar "paganos". Como pueblo del pacto, Israel sabía que era diferente de las otras naciones (Ex 19:16; Lev. 19:2; Deut. 7:3,6,16; Esd. 6:21; 2 Rey. 16:3). La aflicción infligida por otras naciones aumentó la tensión con Israel, lo cual hizo que se pronunciaran maldiciones sobre las naciones (Sal. 9; 59; 137). El castigo último de Israel por su desobediencia fue la dispersión entre las naciones. Éstas estaban bajo el control de Dios e inconscientemente estaban siendo usadas por Él (Isa. 10:5-7; comp. 45:22-24), pero serían castigadas (Isa. 10:12-16; comp. Joel 3:12-16).

Nunca se cerró la puerta al extranjero que deseaba servir a Jehová (1 Rey. 8:41-43). Él esperaba el día en que las naciones se reunirían para adorar al Dios de Jacob (Sal. 86:9; 102:15-17; Isa. 2:2-4; Sof. 3:9-10). La misión de Israel era llevar justicia (Isa. 42:1) y luz a las naciones (Isa. 49:6).

El ministerio de Jesús fue afín a las expectativas del AT para con los gentiles. Aunque Él dirigió su obra a los judíos (Mat. 15:24) e inicialmente sus discípulos sólo fueron judíos (Mat. 10:5), Jesús fue una luz para los gentiles (Mat. 4:16-17; Luc. 2:32). Él amenazó con que el reino les sería arrebatado a los judíos y dado a una nación que tuviera frutos (Mat. 21:43). Aunque Jesús fue crucificado por gentiles (Mat. 20:19), la culpa recae tanto en gentiles como en judíos (Hech. 4:27).

Luego de la resurrección de Jesús, la comisión incluyó a "todas las naciones" (Mat. 28:19; comp. 25:31,32; Hech. 2:39). En la casa de Cornelio, el Espíritu fue derramado sobre los gentiles (Hech. 10:45; 11:1,18;

15:7). El concilio apostólico en Jerusalén liberó a los gentiles de obediencia a la ley (Hech. 15:19; comp. 21:19,21,25).

La promesa a Abraham (Gén. 12:3; 18:18) halló cumplimiento (Gál. 3:8) en la predicación apostólica. Aunque en tiempos pasados los gentiles habían estado sin Dios (Ef. 2:12-22), Dios en Cristo atravesó todas las barreras (ver 1 Ped. 2:9) y separaciones. Pablo, enviado a predicar entre los gentiles (Hech. 9:15; 22:21; 26:17; Gál. 1:16; 2:9), corrió peligros (2 Cor. 11:26). Cuando fue rechazado en las sinagogas, se volvió a los gentiles (Hech. 13:46; 18:6; 28:28) e interpretó su obra a la luz de las profecías del AT (Hech. 13:47,48; Rom. 15:9-12). Como apóstol a los gentiles (Gál. 2:8,9), y declarando que en Cristo se eliminaban las distinciones raciales (Gál. 3:28), Pablo proclamó igual oportunidad de salvación para judíos y gentiles (Rom. 1:16; 9:24; Col. 3:11; comp. Hech. 26:20,23; Rom. 11:16-25). Los judíos tuvieron un gran resentimiento contra Pablo por la oportunidad que éste ofreció a los gentiles (Rom. 2:15-16).

Según Apocalipsis la multitud redimida es de todas las naciones (Apoc. 5:9; 7:9), y el Vencedor tiene poder sobre todas las naciones (Apoc. 2:26). Todas las naciones vienen a adorar (Apoc. 15:4) a aquel que nació para reinar con vara de hierro (Apoc. 12:5; comp. 21:23-24,26; 22:2).

GERAR (*"arrastrar"*) Ciudad entre Gaza y Beerseba (Gén. 20; 26) en la frontera del territorio cananeo (Gén. 10; 19); posiblemente tell Abu Hureirah en el lado occidental del wadi Esh-Sheriah. Ver 2 Crón. 14:13-14.

GERASA, GERASENOS (1) Ver *Gadara*. (2) Pueblo ubicado 42 km (26 millas) al norte de la actual Amman en Jordania. Ver *Arabia*.

GERGESEO Grupo tribal que originalmente habitó en Canaán, con raíces que llegan a Canaán, hijo de Cam y nieto de Noé (Gén. 10:16). Aparentemente los textos ugaríticos también lo mencionan.

GERIZIM Y EBAL (*"los cortados"* y *"desnudo"* o *"calvo"*) Dos montes que forman los flancos de un importante paso este-oeste —el valle de Siquem— que controla todas las rutas a través de la región montañosa central de Israel. La antigua Siquem se encuentra en la entrada oriental, y la moderna Nablus se yergue en el estrecho valle entre los dos montes.

Gerizim (Jebel et-Tor) se alza unos 950 metros (unos 2850 pies) sobre el Mediterráneo, y unos 230 metros (700 pies) sobre el valle. Ebal (Jebel Eslamiyeh) está situado en dirección opuesta a Gerizim, y está a unos 1000 metros (2950 pies) sobre el nivel del mar. Josué obedeció a Moisés y ubicó a la mitad de las tribus sobre el monte Gerizim para pronunciar la bendición (Deut. 27:12), y a la otra mitad sobre el monte Ebal para pronunciar las maldiciones (Deut. 11:29; Jos. 8:30-35). Josué construyó un altar en Ebal (Jos. 8:30). Ver Jue. 9:7; 2 Rey. 17:33.

El historiador Josefo comentó que Alejandro Magno les dio permiso a los samaritanos para construir un templo sobre el monte Gerizim. Josefo también informó que Juan Hircano destruyó el templo en el 128 a.C. La pequeña comunidad samaritana en la actualidad continúa adorando en el monte Gerizim tal como lo hacía en la época de Jesús, cuando Él tuvo el encuentro con la mujer samaritana que estaba sacando agua del pozo de Jacob (Juan 4:20). Ver *Samaritanos*.

GERSÓN (*"viajero allí"*, *"el expulsado"* o *"protegido del dios Son"*) (1) Primer hijo de Moisés y Séfora (Ex. 2:22). Aparentemente Gersón fue el hijo circuncidado en el extraño rito de Ex. 4:24-26. (2) Hijo mayor de Leví (Gén. 46:11); progenitor de los gersonitas que eran responsables de transportar el tabernáculo en el desierto. Comp. Ex. 6:16-17; Núm. 3:17-25; 4:22-41; 7:7; 10:17; 26:57; Jos. 21:6,27; 1 Crón. 6:16-20,43,62,71; 15:7. En 1 Crónicas 23:14 vemos que los hijos de Moisés habían sido incorporados al linaje de los levitas. Comp. 1 Crón. 26:24. (3) Hombre que acompañó a Esdras en el regreso de Babilonia a Jerusalén (Esd. 8:2).

GERSONITA Descendiente de Gersón.

GESEM (*"lluvia"*) Gobernante árabe de Cedar que se unió a Sanbalat y Tobías oponiéndose a los esfuerzos de Nehemías para reconstruir el muro de Jerusalén (Neh. 2:19; 6:1-19). Nominalmente era vasallo de Persia, pero parece haber ejercido gran poder sobre tribus en el desierto sirio, el sur de Palestina, el delta de Egipto y Arabia septentrional.

GESTOS Movimientos de parte del cuerpo o de todo el cuerpo a fin de comunicar pensamientos y sentimientos. Los gestos a menudo pueden incluir objetos externos como por ejemplo rasgar los vestidos (Joel 2:13) o arrojar la corona ante Dios (Apoc. 4:10).

Gestos con todo el cuerpo (1) Orar de pie indica respeto a Dios (1 Sam. 1:26; 1 Rey. 8:22; Marcos 11:25). (2) Sentarse ante el Señor indica reverencia, humildad y sumisión (2 Sam. 7:18), mientras que por otro lado que Jesús se siente a la derecha de Dios indica carácter concluyente y consumación, así como también poder y autoridad (Heb. 10:12).

(3) Arrodillarse e inclinar la cabeza es expresión de honra, devoción y sumisión en la adoración (1 Rey. 19:18; Isa. 45:23; Apoc. 4:10; 5:8) y reverencia en la oración (1 Rey. 8:54; 1 Rey. 18:42; Dan. 6:10; Luc. 22:41). (4) Llorar puede ser señal tanto de tristeza (Job 16:16; Jer. 9:10; Luc. 22:62; Juan 11:35) como de felicidad (Gén. 46:29). (5) Danzar expresa gozo (Ex. 15:20; Jue. 11:34) y celebración en la alabanza (2 Sam. 6:16; Sal. 149:3). (6) Rasgarse la ropa y colocar ceniza sobre la cabeza es señal de profundo dolor (2 Sam. 1:11; 13:19), horror espantoso (Núm. 14:6; Jos. 7:6) y alarma repentina (Mat. 26:65; Hech. 14:14).

Gestos con la cabeza (1) Menear la cabeza indica burla y censura (Sal. 22:7; Lam. 2:15; Mat. 27:39; Mar. 15:29). (2) Levantar la cabeza puede indicar exaltación (Sal. 27:6), desprecio (Sal. 83:2). (3) Inclinar la cabeza muestra reverencia en la adoración y la oración (Gén. 24:26; Neh. 8:6).

Gestos con el rostro (1) Guiñar el ojo puede indicar malicia y engaño (Prov. 6:13), que a la vez pueden llevar a la tristeza (Prov. 10:10). Ojos desvergonzados son ojos sensuales que merecen condenación (Isa. 3:16). La mirada de Jesús a Pedro cuando éste lo negó es un ejemplo de ojos que muestran tanto dolor como también condenación (Luc. 22:61). Que una persona levante los párpados expresa altivez y orgullo (Prov. 30:13). Los ojos pueden mostrar enojo (Mar. 3:5). Cuando los ojos se elevan en oración, significa no sólo reconocimiento respetuoso de quién es Dios sino también devoción a Él (Mar. 6:41; Luc. 9:16). No levantar los ojos hacia Dios cuando uno está orando indica sentirse indigno (Luc. 18:13). Que Jesús levantara sus ojos hacia sus discípulos muestra su interés personal por ellos (Luc. 6:20). (2) Sonreír y reír pueden indicar felicidad y gozo y mostrar buena voluntad (Job 29:24), menosprecio (Luc. 8:53) o hasta represión (Sal. 2:4). Estirar el labio comunica la idea de desprecio (Sal. 22:7). Besar es una acción que expresa la calidez de un saludo amistoso (Rom. 16:16; 1 Cor. 16:20), el afecto de uno por otro (Cant. 8:1), la tristeza de alguien que aprecia profundamente a otro (Rut 1:14; Hech. 20:37), el engaño de quien oculta sus verdaderas intenciones (Prov. 27:6; Mat. 26:48), y la seducción de un hombre necio por parte de una mujer ligera (Prov. 7:5-23). Escupir es una manera enfática de mostrar desprecio para avergonzar a otro (Deut. 25:9; Isa. 50:6; Mat. 26:67; 27:30). (3) Inclinar el oído es prestar atención a otro (Sal. 45:10; Jer. 7:26). (4) Colocar una rama en la nariz, un gesto pagano, es una ofensa a Dios y probablemente tenga connotaciones obscenas (Ezeq. 8:17). (5) Un cuello o cerviz endurecido indica terquedad (Neh. 9:16; Prov. 29:1; Jer. 7:26), mientras que el cuello erguido revela altivez (Isa. 3:16).

Gestos con la mano (1) Elevar las manos en oración es un gesto que indica que lo que pedimos, lo pedimos a Dios (Sal. 141:2; 1 Tim. 2:8). Elevar las manos también puede ser símbolo de bendición (Lev. 9:22; Neh. 8:6; Luc. 24:50), o puede ser una acción para dar énfasis a un juramento (Deut. 32:40; Ezeq. 20:5,15,23,28). (2) Cubrirse la boca con la mano significa silencio (Job 29:9). (3) Levantar la mano o sacudir el puño habla de desafío (2 Sam. 18:28; Isa. 10:32; Sof. 2:15). (4) Poner las manos sobre la cabeza de alguien puede expresar violencia (Gén. 37:22) o favor y bendición, como cuando se hace con un hijo (Gén. 48:14) o para sanar (Luc. 4:40; Hech. 28:8). Colocar las manos sobre la cabeza muestra favor y bendición, por ejemplo en el reconocimien-

to de un cargo (Hech. 6:6) o en la venida del Espíritu Santo (Hech. 8:17). Darle la mano a otro es señal de compañerismo (2 Rey. 10:15). (5) Batir las manos o palmotear puede significar desprecio (Job 27:23; Lam. 2:15; Nah. 3:19) o gozo y celebración (2 Rey. 11:12; Sal. 47:1; 98:8; Isa. 55:12). (6) Mover la mano con ademanes puede indicar que se está llamando a otro con señas (Luc. 5:7; Juan 13:24), que se está pidiendo silencio para poder hablar (Hech. 12:17; 13:16; 19:33), o pidiendo a Dios que sane (2 Rey. 5:11). (7) Dejar caer las manos muestra debilidad y desesperación (Isa. 35:3; Heb. 12:12). (8) Una mano sobre la cabeza indica dolor (2 Sam. 13:19; Est. 6:12; Jer. 2:37). (9) Lavarse las manos en público declara inocencia de quien se lava (Deut. 21:6-7; Mat. 27:24). (10) Señalar con el dedo puede indicar desagrado (Prov. 6:13) o acusación (Isa. 58:9). (11) La mano o el brazo extendidos es señal de poder y autoridad (Ex. 6:6). (12) Abrazar es una muestra de un saludo cálido (Gén. 33:4).

Gestos con los pies (1) Colocar un pie sobre el enemigo muestra victoria y dominio por parte del que está en pie, y derrota y sumisión para el caído y vencido (Jos. 10:24; Sal. 110:1; 1 Crón. 15:25). (2) Sacudir el polvo de los pies es señal de desprecio y separación (Mat. 10:14; Hech. 13:51). (3) Lavar los pies de otro es humillarse como siervo (Juan 13:5-12). (4) Levantar el calcañar (talón) contra otro muestra oposición (Sal. 41:9; Juan 13:18). (5) Cubrirse los pies es hacer las necesidades más o menos privadamente (Jue. 3:24; 1 Sam. 24:3). (6) Descubrirse los pies o caminar descalzo indica dolor o arrepentimiento (2 Sam. 15:30; Isa. 20:2). (7) Descubrirse los pies como en el caso de Rut con Booz (Rut 3:4) era una costumbre que indicaba no sólo la disposición de una persona a casarse sino también la protección del esposo para con la esposa.

Gestos relacionados con el sacrificio en el Antiguo Testamento (1) Comer con los lomos ceñidos, calzado en los pies y con bastón en la mano (Ex. 12:11) habla de urgencia y presteza (Ex. 12:14). (2) Poner una mano en la cabeza del animal para el holocausto y matarlo, le permitía al pecador identificarse con el animal que iba a ser muerto y sacrificado.

Gestos relacionados con el sacrificio en el Nuevo Testamento (1) El bautismo es un gesto de todo el cuerpo que expresa identificación de la persona con la obra expiatoria de Cristo. (2) La Cena del Señor (Mat. 26:26-30; 1 Cor. 11:23-29) enfatiza la identificación de la persona con la muerte de Cristo como sacrificio, y muestra disposición para negarse a uno mismo, tomar la cruz (Mat. 16:24) y seguir a Cristo.

Gestos proféticos simbólicos (1) Los profetas dramatizaron su mensaje con gestos simbólicos. El ataque simulado de Ezequiel contra una maqueta de barro de Jerusalén simbolizaba el inminente juicio divino sobre la ciudad (Ezeq. 4:1-3). (2) Cuando Jeremías compró un campo (Jer. 32:1-44) fue símbolo de la restauración futura de Dios como pariente-redentor del reino del sur. (3) Caminar desnudo y descalzo era símbolo de la humillación que experimentarían Egipto y Etiopía cuando Asiria los conquistara (Isa. 20:3). (4) Tener un yugo de madera alrededor del cuello era símbolo de la dominación babilónica sobre Judá y sus vecinos (Jer. 27:1-7). Acostarse sobre un lado durante muchos días (Ezeq. 4:4-8) indicaba cargar con los pecados del pueblo, un año por cada día de la iniquidad y de su inminente sitio. Comer raciones escasas

(Ezeq. 4:9-17), cortarse el cabello y sus varias consecuencias (Ezeq. 5:1-17), y colocar el rostro hacia las montañas de Israel (Ezeq. 6:1-7), todo simbolizaba el juicio que Dios pronto habría de ejecutar sobre su pueblo. (Ver Ezeq. 12:1-28 para ejemplos adicionales.)

GESUR (*"puente"*) Pequeña ciudad-estado aramea entre Basán y Hermón; actuaba como amortiguador entre Israel y Aram. Ver 2 Sam. 3:3; 13:37-38. Muchos eruditos creen que Jos. 13:2 y 1 Sam. 27:8 hacen alusión a un grupo de ciudades filisteas meridionales de las que no se tiene otra información.

GETSEMANÍ (*"prensa de olivas"*) Lugar al que Jesús fue a orar después de la última cena; huerto fuera de la ciudad, del otro lado del torrente de Cedrón y en el monte de los Olivos (Mat. 26:36-56; Mar. 14:32-52; Luc. 22:39-53; Juan 18:1-14). Judas condujo a los enemigos de Jesús hasta el Getsemaní, donde Jesús fue arrestado para ser llevado a juicio.

GEZER (*"área aislada"*) Una de las más grandes e importantes ciudades en Palestina; ciudad de los levitas en Efraín (Jos. 16:3; 21:21); 30 km (19 millas) al noroeste de Jerusalén en tell Gezer en el extremo de los collados de Judá cerca de la Sefela, 11 km (7 millas) al sudeste de Ramleh; guarnición militar para el cruce de caminos de la Vía Maris y la ruta que llevaba a través del valle de Ajalón a Jerusalén, Jericó y cruzando el Jordán. Los arqueólogos han encontrado aquí importantes inscripciones tales como el calendario de Gezer, tal vez el ejemplo más antiguo que se conoce (antes del 900 a.C.) de escritura hebrea. Un lugar alto o santuario con 10 columnas o estelas de piedra da testimonio de prácticas cúlticas cananeas aprox. en el 1600 a.C. Algunas tienen más de 3 metros (9 pies) de altura. La estela de Merneptah de alr. del 1200 a.C. declara que el faraón conquistó Gezer. Tiglat-pileser III de Asiria describió la captura de Gezer alr. del 734 a.C. en su palacio de Nimrod. Ver Jos. 10:33; 16:10; Jue. 1:29; 2 Sam. 5:25; 1 Rey. 9:15-17; 1 Crón. 20:4. En la época intertestamentaria Gezer llegó a conocerse con el nombre de Gazara.

GIBEA Nombre mencionado en la lista de descendientes de Caleb (1 Crón. 2:49), una lista que incluía nombres de lugares y no tanto de personas, y que tal vez indicaba las familias que habitaron originalmente en las ciudades.

GIBETÓN (*"arqueado"*, *"colina"* o *"montículo"*) Ciudad levita en Dan (Jos. 19:44; 21:23); se la ha identificado con tell el-Melat al norte de Ecrón y con Agir, 4 km (2,5 millas) al oeste de tell el-Melat. Durante la monarquía los filisteos tuvieron control de Gibetón. Ver 1 Rey. 15:25-28; 1 Rey. 16:15-17.

GIEZI (*"valle de visión"* u *"ojos saltones"*) Siervo de Eliseo (2 Rey. 4:12), un personaje controvertido. Trató de alejar del profeta a una mujer angustiada (2 Rey. 4:27). A pesar de la comisión del profeta, no pudo devolver a la vida a un niño (2 Rey. 4:31). Posteriormente trató de asegurarse para sí la recompensa que Eliseo había rechazado del sirio Naamán, y le mintió a Eliseo (2 Rey. 5:20-25). Fue castigado con la enfermedad de la que había sido curado Naamán. Giezi ayudó a una viuda a recuperar sus tierras (2 Rey. 8:1-6). Ver *Eliseo*.

GIGANTES Personas de estatura fuera de lo común a quienes se les atribuía gran fuerza y poder. Hijos de las "hijas de los hombres" y los "hijos de Dios" (Gén. 6:1-4). Según algunos intérpretes, los "hijos de Dios" eran seres angélicos que se casaron con mujeres humanas (ver Jud. 6). Otros creen que se trata de descendientes de Set que se casaron con mujeres impías. Descendientes posteriores de estos gigantes recibieron el nombre de "hijos de Anac" (Núm. 13:33; Deut. 2:11) o anaceos (Deut. 9:2). Registros egipcios atestiguan la presencia de gigantes incluso antes del 2000 a.C. Razas de gigantes similares también habían habitado Moab (Deut. 2:9-10) y Amón (Deut. 2:19-20).

Og, rey de Basán, fue el último sobreviviente de los gigantes (Deut. 3:11,13; comp. Jos. 15:8; 17:15; 18:16). Goliat (1 Sam. 17) fue un paladín filisteo. Entre los enemigos filisteos que David y sus seguidores mataron (2 Sam. 21:16-22; 1 Crón. 20:4-8) había una familia de gigantes de Gat.

GIHÓN (*"fuente que mana a borbotones"*) Principal suministro de agua para Jerusalén desde el manantial en el valle de Cedrón, y uno de los cuatro ríos en que se dividía el río del Edén (Gén. 2:13). Al río no se lo puede identificar con ningún río de la actualidad.

GILBOA Campamento (1 Sam. 28:4) donde murieron Saúl y tres de sus hijos al luchar con los filisteos (1 Sam. 31:8; comp. 2 Sam. 1:17-27); actualmente, Jebel Fuqus, en el lado este de la llanura de Esdraelón.

GILGAL (*"círculo"*) Ciudad que contaba con un círculo de piedras o un altar circular; es posible que hayan existido varias ciudades con este nombre.

1. Primer campamento de Josué (Jos. 4:19) y el primer lugar de culto para Israel, donde el pueblo fue circuncidado y observó la Pascua (Jos. 5). Esta Gilgal aparentemente se convirtió en la primera base militar de operaciones de Israel (Jos. 9:6; 10:6; 14:6), aunque algunos estudiosos identifican este lugar con una Gilgal más al norte cerca de Siquem. Josué estableció Gilgal como frontera entre Judá y Benjamín (Jos. 15:7; comp. 18:17), aunque muchos estudiosos de la Biblia creen que el pueblo fronterizo tenía que estar al sur del campamento original. Ver Jue. 3:19,26; 1 Sam. 7:16; 11:14-15; 13:14-15; 2 Sam. 19:15,40. En Gilgal Saúl fue coronado y también fue rechazado como rey. Gilgal permitió adoración asociada con otros dioses, y se convirtió en objeto de juicio profético (Os. 4:15; Amós 4:4; 5:5).

2. Tell Jiljulieh, unos 5 km (3 millas) al sudeste de Silo, o bien la Gilgal original de Josué. Elías y Eliseo tuvieron una estrecha relación con Gilgal (2 Rey. 2:1; 4:38).

3. Gilgal de las naciones, ciudad real cerca de Dor (Jos. 12:23). En la Septuaginta esto aparece: "reyes de las naciones en Galilea", en lo que muchos eruditos consideran la forma original del pasaje.

GLORIA Importancia suprema y majestad resplandeciente propias de la presencia de Dios; el significado básico de la palabra hebrea *kabod* es algo que tiene gran peso. (Ver 1 Sam. 4:18; Prov. 27:3.) De modo que puede hacer alusión a una carga pesada (Ex. 18:18; Sal. 38:4; comp. usos más coloquiales en Gén. 12:10; 47:4; Ex. 4:10; 7:14). Por otra parte, puede describir buena fortuna extrema o grandes cantidades, un uso donde se ven varias traducciones distintas (Gén. 13:2; Ex. 12:38; Núm. 20:20; 1 Rey. 10:2).

De manera que la forma verbal llega a significar "dar peso a, honrar" (Ex. 20:12; 1 Sam. 15:30; Sal. 15:4;

Prov. 4:8; Isa. 3:5). Dicho honor es un reconocimiento de la posición de la persona honrada en la comunidad. Una nación puede contar con dicho honor o gloria (Isa. 16:14; 17:3). Gloria no es algo que alguien confiere sobre otro sino una cualidad de importancia que tiene una persona, grupo o nación, y que otro reconoce.

"Dar gloria" es alabar, reconocer la importancia de otro, el peso que tiene otro en la comunidad. En los salmos, el pueblo le da a Dios dicha gloria; es decir, el pueblo reconoce la naturaleza esencial de la divinidad y le da a Dios peso e importancia en relación con el pueblo que adora. (Ver Sal. 22:23; 86:12; Isa. 24:15.) La alabanza humana hacia Dios puede ser una alabanza falsa que no reconoce verdaderamente la importancia de Dios (Isa. 29:13; comp. 1 Sam. 2:30). A veces Dios crea gloria para sí mismo (Ex. 14:4,17; Ezeq. 28:22). Al tiempo que uno confiesa la culpa y acepta el castigo merecido, uno es llamado a reconocer la justicia y la rectitud de Dios, y es llamado a darle gloria (Jos. 7:19; 1 Sam. 6:5). Es así que Dios revela su gloria en su trato justo con los seres humanos. También la revela en las tormentas y los fenómenos de la naturaleza (Sal. 29; comp. Isa. 6). De manera que gloria es esa faceta de Dios que los seres humanos reconocen y a la que responden con confesión, adoración y alabanza. (Ver Isa. 58:8; 60:1.) En el AT la más grande revelación de gloria divina tuvo lugar en el Sinaí (Deut. 5:24). Dichas experiencias producen admiración y temor (Deut. 5:25). Sin embargo, dicha revelación no revela la totalidad de Dios (Ex. 33:17-23).

El NT usa el griego *doxa* para expresar la idea de gloria, y limita el significado a la gloria de Dios. El NT mantiene el significado del AT en cuanto a poder divino y majestad

(Hech. 7:2; Ef 1:17; 2 Ped. 1:17), y extiende estas cualidades a Cristo pues Él tiene gloria divina (Luc. 9:32; Juan 1:14; 1 Cor. 2:8; 2 Tes. 2:14). Gloria divina quiere decir que los seres humanos no buscan gloria para sí mismos (Mat. 6:2; Juan 5:44; 1 Tes. 2:6) sino que esperan recibir honra de parte de Cristo (Rom. 2:7; 5:2; 1 Tes. 2:19; Fil. 2:16).

GLOSOLALIA   Término técnico para el hablar en lenguas (griego *glossa*, "lengua").

GLOTÓN, COMILÓN   Alguien que en forma habitual come de manera voraz; se lo asocia con una persona obstinada, rebelde, desobediente, borracha y pródiga (Deut. 21:20; Prov. 28:7). A Jesús lo acusaron de ser "comilón, y bebedor de vino" (Mat. 11:19; Luc. 7:34), en este sentido más amplio de ser alguien dado a una vida ligera y de excesos. La Biblia indica que la glotonería hace que uno se acostumbre a dormir demasiado, lo cual lleva a que la persona no trabaje y se empobrezca (Prov. 23:21).

GNIDO   Ciudad en el sudoeste de Turquía cerca de la moderna Tekir, conocida por la estatua de Afrodita Euploia. El barco de Pablo pasó por aquí camino a Roma (Hech. 27:7).

GNOSTICISMO   Designación moderna (del griego *gnosis*, "conocimiento") para referirse a ciertas perspectivas religiosas y filosóficas que existían previamente al establecimiento del cristianismo, y también alusión a una creencia específica caracterizada por estas ideas, que emergieron después del 100 d.C. En todas las comunidades principales de la iglesia, el gnosticismo se estableció como una manera de entender el cristianismo. La iglesia se vio dividida por acalorados debates sobre los temas que planteaba el gnosticismo. Para el final del siglo II, muchos de los gnósticos pertenecían a iglesias separadas o a un conjunto de creencias que la iglesia consideraba heréticas.

Entender el gnosticismo ayuda a interpretar ciertas características del NT. Ireneo informó que una de las razones por las que Juan escribió su Evangelio fue para refutar las ideas de Cerinto, uno de los primeros gnósticos. Contrariamente a la declaración gnóstica de que el verdadero Dios no iba a venir a nuestro mundo, en su Evangelio Juan hizo énfasis en que Jesús era el Hijo de Dios encarnado. Había grandes variaciones entre las muchas sectas gnósticas, pero la mayoría tenía en común ciertas particularidades: la separación entre el dios de la creación y el dios de la redención; la división de cristianos en categorías en que un grupo era superior a otro; el énfasis en enseñanzas secretas que sólo podían comprender las personas divinas, y la exaltación del conocimiento por sobre la fe.

Algunos gnósticos quisieron separarse del mundo y llegaron al ascetismo. Otros sistemas gnósticos fueron por el camino opuesto y llegaron al antinomianismo (la creencia de que la ley moral no es válida para personas o grupos). Ellos afirmaban que los cristianos espirituales no eran responsables por lo que hacían y que en realidad no podían pecar; además, sostenían que los tales podían actuar de la manera que les placiera sin tenerle temor a la disciplina.

Los gnósticos enfatizaron mucho las enseñanzas o tradiciones secretas dadas por Jesús, ya sea por medio de una revelación especial o a través de sus apóstoles. El conocimiento secreto era superior a la revelación que hallamos en el NT y era un suplemento esencial porque sólo este conocimiento secreto podía despertar o vivificar la chispa o semilla divina en los escogidos. La salvación se efectuaba por medio del conocimiento, no de la fe. Este conocimiento preciso era un autodescubrimiento que cada gnóstico debía tener como experiencia personal.

Tratando de hablar y escribir de modo que la gente los entendiera, los predicadores y escritores de la iglesia primitiva usaron términos corrientes en el mundo del primer siglo en el vago contexto de anhelos religiosos gnósticos, y les dieron nuevo significado en el contexto de la encarnación, muerte y resurrección de Jesús.

GOBIERNO Autoridad soberana sobre un conjunto de personas; costumbres, derecho consuetudinario, leyes e instituciones de un pueblo. El surgimiento de los primeros imperios al comienzo de la edad de bronce primitiva se relaciona en parte con el surgimiento de gobiernos centralizados. Se hizo necesario el gobierno centralizado para la construcción y mantenimiento de canales de irrigación en Mesopotamia, el establecimiento de un ejército permanente y el control sobre las instituciones económicas para el comercio internacional.

En la época de los patriarcas, los hebreos no contaban con gobierno centralizado. La unidad principal era la parentela y, en mayor escala, la tribu. El varón de más edad era el jefe principal a nivel familiar y gubernamental. El nivel siguiente de organización social era el clan, compuesto por varias familias que estuvieran emparentadas. Un individuo podía ser designado jefe o cabeza de cada clan. El siguiente nivel social de acuerdo al tamaño era la tribu, que constaba de varios clanes. Una tribu podía tener como líder a un jefe o un príncipe. A un grupo de tribus se lo podía llamar pueblo. La tribu era un grupo bastante pequeño y aislado. Un clan podía estar formado por dos o tres aldeas que

se unían, y una tribu podían ser dos o tres clanes.

Suponemos que la sociedad patriarcal era nómada o seminómada y probablemente democrática. Las decisiones de la tribu se tomaban luego de debates por parte de todos los hombres adultos. Los ancianos contaban con gran autoridad. Los ancianos para un clan eran probablemente los cabezas de las familias que componían el clan. Para una tribu los ancianos eran todos los cabezas de familia, o bien ancianos seleccionados de cada clan. Los ancianos tenían la responsabilidad de decidir muchas cuestiones diarias, tanto religiosas como judiciales, y de representar a la comunidad en asuntos religiosos y militares. Podían consumar un pacto (2 Sam. 5:3) o un tratado en representación del pueblo. Los ancianos regularmente administraban justicia en la puerta de la ciudad (Deut. 21:19). Ver *Anciano; Tribus de Israel.*

Israel era una teocracia; tenía a Dios como Rey y Gobernante (Jue. 8:22-23; 1 Sam. 8:7-9; Sal. 93-99; Rom. 13:1-4). El gobierno humano siempre es limitado, y debe estar dentro del marco de la voluntad de Dios. El mejor gobernante será el que de mejor manera lleva a cabo los designios de Dios para un gobierno justo.

Con el éxodo, Israel se convirtió en una confederación de tribus con un líder: Moisés, luego Josué, después los jueces, pero sin que hubiera gobierno centralizado. El juez decidía los distintos casos (Deut. 1:16; 16:18-20; 17:8-9) pero era ante todo un carismático líder militar (Jue. 3:7-11,12-30; etc.) Con Elí y Samuel, el juez llegó a ser un funcionario del sacerdocio. Algunos jueces como Elí y Samuel intentaron que sus hijos asumieran el cargo, pero éste no era hereditario (comp. los problemas de Abimelec, Jue. 8:22-9:56). El juez era simplemente un jefe o líder tribal para varias tribus combinadas, y muy pocas veces tenía un papel importante ayudando a que el pueblo mantuviera sus tradiciones religiosas (Jue. 2:10; 17:6; 21:25).

Con la monarquía, el rey surgió como un único gobernante para todo el pueblo, una especie de jefe elevado a nivel nacional, pero con una corte real para implementar su mandato. Un nuevo conjunto de funcionarios incluía oficiales militares y un ejército profesional junto a la antigua milicia de las tribus y junto a administradores de distritos más el antiguo sistema de ancianos. Se desarrolló un sistema de impuestos con los funcionarios correspondientes. Las óstraca de Samaria registran el recibo de impuestos que varias propiedades y heredades pagaron al gobierno. Las asas de jarra "lamelek" (con una inscripción que dice "para el rey") son indicativas de impuestos o de productos agrícolas de las granjas reales. Los proyectos de construcción exigían mano de obra a gran escala, de modo que se organizó la labor comunal obligatoria. La actuación a nivel internacional exigió funcionarios que organizaran guerra con naciones extranjeras y que supervisaran conflictos locales, que negociaran tratados y alianzas para realizar acuerdos comerciales y que hicieran arreglos matrimoniales en la familia real.

Los funcionarios específicos incluían una especie de secretario de estado o primer ministro; el secretario, que era una combinación de heraldo, secretario de prensa y jefe de protocolo; el escriba principal; consejeros; sacerdotes y profetas (1 Rey. 4). Además, el rey contaba con muchos ayudantes.

Con el colapso de la monarquía, desaparecieron el gobierno propio y la independencia. Los ancianos continuaron funcionando como líderes locales, pero los funcionarios reales fueron reemplazados por nuevos funcionarios imperiales y militares de la potencia conquistadora: primero Asiria, luego Babilonia, Persia, y los estados helénicos y romanos. Los ingresos impositivos fueron a parar al estado extranjero, y juntamente con la ley hebrea hubo que obedecer un nuevo sistema legal. Tal como se ve en el juicio de Jesús, el proceso incluía audiencias ante la corte religiosa (en ese momento la más alta corte judía) y las autoridades romanas. El gobernante principal era un gobernador local (como en el caso de Nehemías) nombrado por el poder extranjero o bien un extranjero (como Pilato) en el cargo de procurador romano. Los reyes locales sólo podían gobernar como lo creyera conveniente el poder extranjero, y debían hacerlo bajo la mirada vigilante de militares foráneos.

Después del exilio, el gobierno judío cayó más y más en manos de los sacerdotes. Hasta los ancianos llegaron a tener un papel preponderantemente religioso como oficiales de justicia.

En el NT hallamos que Judea estaba gobernada por un rey herodiano nombrado por el gobierno de Roma. Más tarde el rey fue reemplazado por gobierno romano directo. El sumo sacerdote y todo el sacerdocio tenían una autoridad considerable, aunque nominalmente seguía siendo autoridad "religiosa". Los ancianos formaban parte de un concilio formal, el Sanedrín, al que también pertenecían ciertos sacerdotes. El gobierno civil básicamente ahora estaba en manos del jefe extranjero, pero el poder religioso estaba en manos de los sacerdotes y del Sanedrín.

GOFER, MADERA DE El material que utilizó Noé para construir el arca (Gén. 6:14); no se sabe con certeza qué tipo de madera era. Ver *Arca*.

GOG Y MAGOG (1) Gog de la tierra de Magog es el líder de las fuerzas de la maldad en un conflicto apocalíptico contra Jehová (Ezeq. 38-39). En Apoc 20:8 Gog y Magog aparecen juntos en una construcción paralela y son fuerzas que pelean para Satanás después que éste está atado mil años. La profecía de Ezequiel aparentemente se basa en los sermones de Jeremías contra un enemigo del norte (Jer. 4-6). La referencia histórica de Ezequiel tal vez haya sido Giges, rey de Lidia, quien en el 676 a.C. le pidió ayuda a Asurbanipal, rey de Asiria, para luego unirse a una rebelión contra Asiria comandada por Egipto alr. del 665 a.C. Su nombre se convirtió en símbolo del poderoso y temido rey de norte. Magog aparentemente es una construcción hebrea que significa "lugar de Gog". (2) Descendiente de la tribu de Rubén (1 Crón. 5:4-6).

GOLÁN (*"círculo"* o *"recinto cercado"*) Ciudad de refugio y ciudad de los levitas en Basán, de la tribu de Manasés al este del río Jordán (Deut. 4:43; Jos. 21:27); la moderna Sahem el-Jolan en la ribera oriental del río el-Allan. Ver *Ciudades de refugio; Levitas, Ciudades de los.*

GÓLGOTA (*"calavera"*) Nombre hebreo del lugar donde Jesús fue crucificado (Mar. 15:22). Ver *Cruz, Crucifixión; Calvario.*

GOLIAT Inmenso paladín filisteo que durante 40 días azuzó al ejército israelita comandado por Saúl en el valle de Ela (1 Sam. 17:4); fue matado por el joven David. Ver *Elhanán.*

GOMER (*"completo, suficiente"* o *"brasa encendida"*) (1) Esposa de Oseas (Os. 1:3) ; "una mujer fornicaria" (Os. 1:2). Puede haberse tratado de una prostituta común, una prostituta del templo en el culto a Baal, un símbolo de la adoración de Israel a muchos dioses, o una mujer común que le fue infiel a Oseas luego de casarse con él. La infidelidad a su esposo se convirtió en una especie de parábola viviente de la infidelidad de Israel para con Jehová. Ver *Oseas.* (2) Hijo de Jafet y nieto de Noé en la tabla de las naciones (Gén. 10:2); aparentemente se lo considera representante de los cimerios, un pueblo indoeuropeo del sur de Rusia que se asentó en Capadocia en Asia Menor; padre de Askenaz o de los escitas de Jer. 51:27 que desalojaron a los cimerios de Rusia.

GOMORRA Ver *Sodoma y Gomorra.*

GOSÉN, TIERRA DE *1*. Aparentemente región montañosa entre Hebrón y el Neguev (Jos. 10:41; 11:16); según algunos era un país.

2. Región cerca de la ciudad de Gosén en el distrito de Debir (Jos. 15:51); la ciudad estaba ubicada o bien en tell el Dhahiriyeh, 19 km (12 millas) al sudoeste de Hebrón, o bien más hacia el este.

3. Región en el sector nordeste del delta del Nilo ocupada por los hebreos desde la época de José hasta el éxodo (Ex. 8:22; 9:26; comp. 12:37; Núm. 33:3); "lo mejor de la tierra" (Gén. 47:6,11); lo mismo que "tierra de Ramesés", que probablemente era o estaba cerca del campo de Zoán; wadi Tumilat, desde el brazo oriental del Nilo hasta los lagos Amargos; 56 km (35 millas) de largo; 2330 km^2 (900 millas^2). Ver *Ramesés; Zoán.*

GOZÁN Ciudad-estado siria a donde los asirios exiliaron a muchos israelitas en el 732 (1 Crón. 5:26) y el 722 a.C. (2 Rey. 17:6; 18:11; ver 2 Rey. 19:12); probablemente tell Halaf en el noroeste de Mesopotamia, sobre la ribera sur del río Khabur.

GOZO Estado de felicidad como resultado de conocer y servir a Dios; fruto de una correcta relación con Dios, no de búsqueda indulgente de placeres (Prov. 14:13; Ecl. 2:1-11; Luc. 8:14; 1 Tim. 5:6; Tito 3:3). Dios sabe qué es el gozo y quiere que su pueblo también lo sepa por experiencia (Sal. 104:31; Isa. 65:18; Luc. 15).

En la historia humana, el gozo de Dios se hizo claro en Jesucristo (Luc. 1:14,44; Mat. 2:10). Su nacimiento causó "nuevas de gran gozo, que será para todo el pueblo" (Luc. 2:10). Jesús habló de su propio gozo y del pleno gozo que Él había venido a traer a otros (Juan 15:11; 17:13). Él ofreció una ilustración del reino de los cielos al hablar del gozo de un hombre que halló un tesoro (Mat. 13:44; comp. Luc. 19:6).

A medida que se acercaba la muerte de Jesús, Él dijo a sus seguidores que pronto ellos serían como una mujer con dolores de parto, cuya tristeza se volvería gozo (Juan 16:20-22). Cuando la oscura tristeza de la cruz dejó paso al gozo de la resurrección, ellos lo entendieron (Luc. 24:41; comp. 24:52; Heb. 12:2).

Después que Felipe predicó en Samaria, el pueblo creyó y hubo "gran gozo en aquella ciudad" (Hech. 8:8; comp. Hech. 13:52; 15:3; 16:34). Los creyentes pueden regocijarse porque caminan con el Señor (Fil. 4:4). El gozo es un fruto de la vida en el Espíritu (Gál. 5:22). El pecado en la vida de un creyente le quita el gozo a la persona (Sal. 51:8,12). Un cristiano puede continuar regocijándose incluso cuando llegan los problemas (Mat. 5:12; Rom. 5:3-5; Sant. 1:2; 1 Ped. 1:6-8).

El gozo en el Señor le permite a la gente disfrutar de todo lo que Dios ha dado. El pueblo se regocija en familia (Prov. 5:18), en los alimentos (1 Tim. 4:4-5), en celebraciones (Deut. 16:13-15), en la comunión (Fil. 4:1). Los creyentes comparten con otros creyentes los gozos y las tristezas de la vida: "Gozaos con los que se gozan; llorad con los que lloran" (Rom. 12:15).

GRACIA Aceptación y amor inmerecidos que se reciben de otra persona, en especial la actitud característica de Dios al proporcionar salvación para los pecadores. En el griego secular, "gracia" hacía referencia a algo agradable o atrayente en una persona, algo que causaba placer a otros, y llegó a significar un favor o acción bondadosa en favor de otro, o un don o regalo que complacía a otro. Desde la perspectiva de quien la recibía, "gracia" hacía alusión a la gratitud que se sentía por un regalo o un favor otorgado.

El AT habla de misericordia pero hace alusión a la gracia al referirse a la actitud bondadosa de una persona hacia otra en una acción de ayuda, como por ejemplo al auxiliar al pobre (Prov. 14:31), y pide la ayuda divina llena de gracia en tiempo de necesidad (Sal. 4:1; 6:2; 25:16; 31:9; 86:3; 86:16; 123:3). En otros casos se dice que Dios hace que una persona sea atractiva o favorable a los ojos de otra (Gén. 39:21; Ex. 3:21; 11:3; 12:36). Las personas buscan u obtienen el favor (o la gracia) de otra (Gén. 32:5; 33:8; 39:14; Rut 2:2,10; Est. 2:17). Con menos frecuencia se hace alusión a una persona que recibe el favor especial de Dios (Gén. 6:8; Ex. 33:12-19; Jue. 6:17). El AT no hace énfasis en la falta de méritos por parte del que recibe, algo que sí sucede con la "gracia" en el NT. Lo que más se acerca a esta idea son los pocos pasajes en que se habla de favor divino lleno de gracia cuando Dios libera a Israel del cautiverio (Jer. 31:2; Zac. 4:7; 12:10).

Otras palabras hebreas se refieren al único Dios que es misericordioso, amante y lleno de gracia (Ex. 34:6; Neh. 9:17; Sal. 86:15; 103:8; 145:8; Joel 2:13; Jon. 4:2). En el AT encontramos el concepto de que Israel no merecía la misericordia y el amor de Dios (Deut. 7:7-10; 9:4-6; 2 Sam. 7:14-16). Jonás habla de la misericordiosa preocupación de Dios para salvar a los malvados ninivitas, y Oseas habla con poder de la inmerecida misericordia y gracia divinas usando la imagen del amor del propio profeta hacia la infiel Gomer. La gracia de Dios se destaca con esplendor en el éxodo, donde Dios liberó a un pueblo que no lo merecía incluso antes que ellos fueran parte del pacto divino.

El NT a veces utilizó la palabra "gracia" con significados más seculares: crédito o beneficio (Luc. 6:32-34; 1 Ped. 2:19-20); hablar "lleno de gracia" o atractivo (Luc. 4:22; Col. 4:6; Ef. 4:29); una visita como una "gracia" que los complacería (2 Cor. 1:15); un regalo en alusión a la colecta para los creyentes de Jerusalén (1 Cor. 16:3; 2 Cor. 8:1,4,6,7,19); favor de una persona hacia otra (Luc. 2:52; Hech. 2:47; 7:10; 24:27; 25:3,9); el favor de Dios para con individuos (Luc. 1:28,30; 2:40; Hech. 7:46); gratitud (Luc. 17:9; Heb. 12:28), como en el caso de dar gracias por una comida (1 Cor. 10:30) o en cánticos de alabanza (Col. 3:16). Con frecuencia Pablo empleó la expresión "gracias a Dios" (Rom. 6:17; 7:25; 1 Cor. 15:57; 2 Cor. 2:14; 8:16; 9:15; 1 Tim. 1:12; 2 Tim. 1:3). Uno se pregunta si para Pablo esta expresión idiomática griega tan común no tenía un matiz más profundo, ya que su experiencia de la gracia de Dios lo llevó a una sentida acción de gracias.

El profundo sentimiento de pecado que tenía Pablo lo convenció de que ninguna persona podía ganarse la aceptación de Dios (Rom. 3:23), sino que ésta llegaba a través de Jesucristo. La ley es la manera de ganarse la salvación por esfuerzo propio. La gracia de Dios es la única manera de salvación, y nadie la puede ganar (Rom. 3:24; 4:4; 11:6; Ef. 2:8; ver Juan 1:17; 1 Ped. 1:10,13; 5:10). Es por la fe en lo que ha hecho Cristo en la cruz que uno se apropia de la gracia (Rom. 4:16; 1 Cor. 1:4; Ef. 1:6-7; comp. 2 Cor. 8:9; 2 Tim. 1:9; 2:1; Heb. 2:9), y esto nos libera de la esclavitud del pecado (Rom. 3:24-31). La gracia de Dios es para los pecadores, no para aquellos que merecen que Dios los acepte (Rom. 5:20-21).

La gracia produce salvación (Hech. 11:23; 13:43; 15:11; 18:27; 20:24,32; Ef. 2:5,8) y vida eterna (Rom. 5:21; Tito 3:7). Ser partícipe en el evangelio es ser partícipe de la gracia (Fil. 1:7; Col. 1:6). En Cristo Jesús la gracia de Dios es para todos (Tito 2:11; comp. Juan 1:14,16; 2 Cor. 4:15). La podemos rechazar o aceptar (2 Cor. 6:1; Gál. 1:6; 5:4; Heb. 10:29; 12:14-15; comp. Jud. 4). La gracia nunca otorga libertad para el pecado (Rom. 6:1,14-15). Todos los que han tenido la experiencia de la gracia divina, tienen dones para el ministerio y el servicio (Hech. 4:33; 6:8; 14:26; 15:40; Rom. 12:6; Ef. 4:7; 1 Ped. 4:10). Ver *Misericordia; Amor; Justificación.*

GRANERO Lugar donde se guardaban las semillas (Hag. 2:19) o el grano (Mat. 13:30; ver Deut. 28:8; Prov. 3:10; Joel 1:17; Luc. 12:18).

GRECIA Potencia internacional y cuna de gran parte de la cultura occidental; península entre la península Italiana y el Asia Menor, con los mares Adriático y Jónico en el oeste y el mar Egeo en el este; extremo sur de la cordillera central europea; la región más austral, el Peloponeso, virtualmente era una isla conectada a la región continental sólo por una estrecha franja de tierra llamado istmo de Corinto; la línea costera extraordinariamente larga ofrece muchos puertos naturales. Como en una época anterior las montañas se habían forestado ampliamente, se desarrollaron industrias de construcción naviera y comercio marítimo.

El terreno escabroso retraía el sentido de unidad entre sus habitantes ya que la comunicación no era fácil. La tierra para agricultura era fértil pero limitada, de modo que lo que producía no era suficiente. Los productos agrícolas principales eran granos pequeños, uvas y aceitunas, mientras que las montañas proporcionaban tierra para pastoreo de ovejas y cabras.

Después del 800 a.C. en Grecia empezaron a establecerse las ciudades-estado. El limitado suministro de alimentos forzó a los griegos a dejar su tierra y establecer colonias en las islas del Mediterráneo, Asia Menor, Sicilia, Italia y la zona del mar Negro. Las colonias proveyeron el fundamento para el comercio, que a su vez alentó el crecimiento de las ciudades ya que la economía no estaba ligada a la agricultura.

El clímax de las ciudades-estado fue 500-404 a.C. Atenas y Esparta eran las dominantes. Atenas rechazó una amenaza de los persas, y a eso siguió "el siglo de oro de Atenas". Con el gran Pericles, la arquitectura, el arte y el drama griegos florecieron. Sin embargo, las ciudades-estado del Peloponeso temían el poder de Atenas, y se unieron bajo el liderazgo de Esparta para luchar contra Atenas. Con la derrota de ésta en el 404 a.C. comenzó un período de decadencia para las ciudades-estado.

Aprox. en el 350 a.C. Felipe II llegó al trono de Macedonia, un territorio en lo que es mayormente Grecia septentrional, y gradualmente puso a toda la península griega bajo su mando, pero fue asesinado en el 336 a.C. Le sucedió su hijo Alejandro, de 22 años, cuyo maestro había sido el gran filósofo Aristóteles. Notar Dan. 8:21; 10:20; 11:2; Zac. 9:13. Ver *Alejandro Magno*.

Cuando dos siglos después los romanos se apoderaron de gran parte del imperio de Alejandro, impusieron su sistema legal y militar, pero a su vez fueron conquistados por la cultura griega.

Parte de la obra más fructífera de Pablo tuvo lugar en ciudades griegas: Filipos (Hech. 16); Tesalónica y Berea (Hech. 17:1-14); Atenas (Hech. 17:16-33).

GRIEGO (IDIOMA) Idioma indoeuropeo con muchas inflexiones, usado por escritores del NT y por filósofos y escritores clásicos.

El estilo literario de los autores del NT está entre el semiculto y el altamente estilizado. En consecuencia, la persona promedio en Alejandría (Egipto), en Jerusalén o en Roma pudo haber entendido con facilidad los escritos en el griego del NT.

GUARDIA Individuo o tropas asignados para proteger a una persona o una cosa; oficiales de reyes extranjeros (Gén. 37:36; 39:1; 2 Rey. 25:8-20; Jer. 39:9-13); "guarda" (Neh. 4:9; 7:3); hombres que corrían acompañando el carro del rey (1 Rey. 1:5; 14:27-28); defensores y protectores del rey (2 Crón. 23:10); "alguaciles" que guardaban la casa del sumo sacerdote (Mat. 26:58; Mar. 14:54; eran soldados romanos, Mat. 27:66; 28:11). Dios es quien guarda a su pueblo (Zac. 9:8).

❦H❦

HABACUC (*"abrazo"*) Profeta de poco antes del 600 a.C.; contemporáneo de Jeremías. Aparte de su labor como profeta, no se tienen datos certeros sobre Habacuc. Según la tradición, es un sacerdote de la tribu de Leví. El libro apócrifo "Bel y el dragón" (vv. 33-39) relata que Habacuc fue llevado a Babilonia por un ángel a fin de que diera de comer a Daniel mientras éste estaba en el foso de los leones.

HABACUC, LIBRO DE Octavo libro de los profetas menores. Habacuc le habló al Señor en nombre del pueblo (1:2-2:5) en vez de hablarle al pueblo en nombre del Señor. Hizo dos preguntas: ¿Por qué hay violencia donde tendría que reinar la justicia? (1:2-5); Señor, ¿cómo puede ser que para castigarnos uses a alguien más pecador que nosotros? (1:12-17). La primera expresaba el sentido de desaliento que tenía el profeta en cuanto a las condiciones que había causado el rey Joacim en su propia tierra. El Señor le dijo a Habacuc que estaba obrando al enviar a los caldeos como instrumentos de juicio (1:5-11). Cuando no llegó en seguida una respuesta a la segunda pregunta, Habacuc tomó un lugar como atalaya y esperó. Dios le dijo: "He aquí que aquel cuya alma no es recta, se enorgullece; mas el justo por la fe vivirá" (2:4). El término "fe" tiene más el sentido de fidelidad o de convicción que lleva a la acción.

Los ayes (2:6-20) son la única parte del libro que se ajusta al modelo tradicional de los libros proféticos. Denuncian varias clases de tiranía: el saqueo (2:6-8); hacerse rico y famoso por medios injustos (2:9-11); edificar ciudades con sangre (2:12-14); degradar al prójimo (2:15-17); adorar a ídolos (2:18-19). Esta sección termina con una resonante afirmación de la soberanía de Dios.

La sección final (3:1-19) es un salmo parecido a uno del salterio, y exalta el triunfo del Señor sobre sus enemigos y los enemigos de su pueblo.

Este libro era uno de los favoritos para la comunidad de Qumrán. Ellos interpretaban los primeros dos capítulos como profecía del triunfo sobre los romanos. En la teología paulina la declaración de que "el justo por la fe vivirá" (2:4) era un elemento central (Rom. 1:17; 3:11). A través de los escritos de Pablo este pasaje se hizo una realidad viviente para Martín Lutero, y dio comienzo a la Reforma protestante.

HABAS Planta comestible leguminosa (*Faba vulgaris*); haba caballar o cochinera (2 Sam. 17:28; Ezeq. 4:9) que se siembra en el otoño boreal y se cosecha a mediados de abril, justo antes de la cebada y el trigo. Se cocinaban verdes cuando todavía estaban en la vaina, o bien luego que se secaban.

HABOR Importante tributario del río Éufrates. Cuando los asirios capturaron el reino del norte en el 722 a.C. (2 Rey. 17:6), establecieron a muchos exiliados de Israel en ese lugar cerca de Gozán. Ver *Gozán*.

HACHA Ver *Herramientas*.

HADAD (*"poderoso"*) (1) Rey edomita (Gén. 36:35); nombre de varios integrantes de la familia real de Edom. (2) Dios de las tormentas, deidad principal en el panteón ugarítico. Ver *Canaán*; *Ugarit*.

HADAD-EZER (*"Hadad [dios] ayuda"*) Nombre real sirio; rey de Soba a quien David venció para establecer control sobre Siria (2 Sam. 8:3-13; comp. 2 Sam. 10:6-19). Rezón (1 Rey. 11:23) se rebeló contra Hadad-ezer (posiblemente hijo del de

1 Sam. 9; o el mismo rey) y estableció un reino en Damasco. Ver *Siria*.

HADADRIMÓN Dos dioses sirios combinados en una sola palabra (Zac. 12:11); el llanto en el día de Jehová sólo se podría comparar al "llanto de Hadadrimón", aparentemente una referencia a ceremonias de culto pagano, quizás para un dios que moría y resucitaba.

HADASA (*"mirto"* o *"desposada"*) Nombre o título de Ester (Est. 2:7).

HADES Lugar de los muertos. Ver *Infierno*.

HADRAC Ciudad-estado siria (Zac. 9:1); aparentemente el gran montículo tell Afis, 45 km (28 millas) al sudoeste de Alepo; capital de Luhuti, aliada de Hamat desde el 854 al 773 a.C.

HAGEO (*"festivo"*) Profeta que condujo a los judíos a reedificar el templo en el 520 a.C.

HAGEO, LIBRO DE Décimo libro de los profetas menores; conjunto de los discursos de Hageo y los resultados de su labor entre el mes sexto y el noveno del 520 a.C.

Los exiliados que regresaron se dieron cuenta de que reconstruir sus hogares y el templo al mismo tiempo era una gran presión financiera. Perdieron la esperanza de poder llegar a restaurar el templo a su gloria del pasado. La obra en el templo cesó. Hageo, juntamente con Zacarías, ayudó a Zorobabel a conseguir el apoyo que necesitaba para reconstruir el templo. Hageo tal vez haya considerado que la restauración del orden por parte de Darío y el nombramiento de Zorobabel eran una señal del fin del gobierno gentil y la preparación para el reino mesiánico.

El libro de Hageo unió la adoración con el trabajo, una característica distintiva de la enseñanza de Jesús en el NT. Además reavivó la esperanza para el futuro en una comunidad que estaba abatida.

El libro consta de cinco breves discursos y una descripción de los resultados de los esfuerzos de Hageo para persuadir a su pueblo a continuar la obra en el templo. Los destinatarios del mensaje de Hageo incluían a Zorobabel y Josué, el sumo sacerdote. Hageo indicó cuál debería ser la respuesta de ellos ante las excusas del pueblo por no reiniciar el trabajo en el templo (1:2). Si era correcto que construyeran sus propias casas, también era correcto que reedificaran el templo (1:3-4). El pueblo reinició la obra.

En el segundo discurso, Hageo les aseguró sobre la presencia de Dios y su aprobación (1:13). El Señor movió los espíritus de los líderes y del pueblo al tiempo que unos y otros trabajaban juntos (1:14-15). En el tercer discurso (2:1-2) Hageo le pidió a los ancianos de la comunidad que recordaran la gloria del viejo templo, e instaran a la nueva generación a tener un renovado entusiasmo. Dios llevaría tesoros de otras naciones para que el esplendor del nuevo templo fuera incluso mayor que el del primero (2:6-9).

El cuarto discurso (2:10-19) declaró que la negligencia para observar reglas reflejaba falta de seriedad. Se estaban robando a sí mismos de la plenitud de la bendición divina.

El discurso final (2:20-23), dirigido sólo a Zorobabel, anunció la caída de los reinos del mundo y el papel que tendría Zorobabel en la victoria del reino de Dios sobre la tierra.

HAI (*"ruina"* o tal vez *"pila"* o *"montón"*) Ciudad a 3,2 km (2 millas) de Bet-el; allí Abram construyó un altar (Gén. 12:8; ver 13:3); el liderazgo de Josué se vio amenazado en ese lugar (Jos. 7:1-9); Acán y su familia sufrieron la ruina (Jos. 7:16-26); Josué convirtió a Hai en ruinas (Jos. 8:1-29). Ver Isa. 10:28; Jer. 49:3; Esd. 2:28.

HALAC (*"estéril"* o *"desnudo"*) Montaña que marca el extremo sur de las conquistas de Josué (Jos. 11:17; 12:7); jebel Halac, unos 65 km (40 millas) al sudoeste del mar Muerto en Edom.

HALAH Ciudad-estado o región en Mesopotamia septentrional donde los asirios exiliaron a algunos líderes del reino del norte luego de tomar Samaria en el 722 a.C. (2 Rey. 17:6); tal vez haya sido Hallahhu, al nordeste de Nínive.

HAL-EL Cántico de alabanza, del hebreo para decir "Alabad". Cantar cánticos de alabanza era un deber especial de los levitas (2 Crón. 7:6; Esd. 3:11). Durante la celebración de la Pascua en los hogares se recitaba el Hal-el "egipcio" (Sal. 113-118; comp. Sal. 114:1; Mat. 26:30). El gran Hal-el se recitaba en el templo cuando se mataban los corderos para la Pascua, y durante Pentecostés, la fiesta de los tabernáculos y la fiesta de la dedicación. Algunos limitan el "gran Hal-el" al Sal. 136; algunos incluyen el Sal. 135; otros incluyen los cánticos graduales (Sal. 120-134).

HAMAT (*"fortaleza"* o *"citadela"*) Ciudad-estado en el valle del río Orontes, unos 190 km (120 millas) al norte de Damasco; ocupado ya en la época neolítica.

HAMBRE Y SEQUÍA Extrema escasez de comida y excesiva sequedad de la tierra por falta de lluvias. En la Biblia la sequía aparece como la causa más común de hambrunas (Gén. 12:10; 26:1; 41:27; Rut 1:1; 2 Sam. 21:1; 1 Rey. 18:2; 2 Rey. 4:38; Neh. 5:3; Hag. 1:11). Los profetas predecían la llegada de sequía y hambrunas (2 Rey. 8:1; Isa. 3:1; Jer. 14:12; Hech. 11:28). Otras fuerzas de la naturaleza también causaban hambre: langostas, viento, granizo (Joel 1:4; Amós 4:9; Hag. 2:17). Los opresores enemigos destruían o confiscaban comida (Deut. 28:33,51; Isa. 1:7). Cuando se sitiaba una ciudad, el resultado era hambre (2 Rey. 6:24-25; 25:2-3). Las hambrunas a menudo duraban varios años (Gén. 12:10; 41:27; Jer. 14:1-6). Durante las épocas de hambre, la gente llegaba al extremo de comer viñas silvestres (parras monteses), cabezas de animales, estiércol y hasta carne humana (2 Rey. 4:39; 6:25,28; Lam. 4:4-10).

Dios creó el mundo como un buen lugar que en condiciones normales proporcionaría abundante agua y comida para la humanidad (Gén. 1). Los pecados de Adán, Eva y Caín dieron como resultado falta de productividad de la tierra (Gén. 3:17-18; 4:12). Cuando el pueblo obedecía a Dios, la tierra era productiva (Deut. 11:11-14); cuando el pueblo desobedecía, el juicio sobre la tierra adoptaba forma de sequía y hambre (Lev. 26:23-26; Deut. 11:16-17; 1 Rey. 8:35). Algunas hambrunas y sequías son castigos de Dios (2 Sam. 21:1; 1 Rey. 17:1; 2 Rey. 8:1; Jer. 14:12; Ezeq. 5:12; Amós 4:6), pero no todos los desastres de ese tipo están asociados a un castigo divino (Gén. 12:10; 26:1; Rut 1:1; Hech. 11:28). El NT indica que el hambre será parte del juicio de Dios sobre la tierra en los últimos tiempos (Mat. 24:7; Apoc. 6:8).

Cuando Dios envió sequía y hambrunas sobre su pueblo, procuró llevarlos al arrepentimiento (1 Rey. 8;35-36; Os. 2:8-23; Amós 4:6-8). Dios promete que protegerá a sus seguidores fieles en tiempos de hambre (Job 5:20,22; Sal. 33:18-19; 37:18-19; Prov. 10:3). Ver *Agua*.

HAMEA, TORRE DE Torre ubicada en el muro norte de Jerusalén y que Nehemías restauró (Neh. 3:1;

12:39). Puede haber sido parte de la fortaleza del templo (Neh. 2:8).

HAMOR (*"burro"* o *"asno"*) Padre de Siquem (Gén. 33:19; Jue. 9:28), de cuyos hijos Jacob compró tierra para un altar. José fue sepultado en ese lugar (Jos. 24:32). Simeón y Leví mataron a Hamor y Siquem como venganza por el ultraje cometido contra Dina (Gén. 34:25-26).

HANANÍAS (*"Jah está lleno de gracia"*) Nombre de 13 hombres, incluyendo: (1) Profeta de Gabaón que se opuso a Jeremías al prometer liberación inmediata de Babilonia. Jeremías pudo disputar esta profecía, pero simplemente diciéndole al pueblo que esperara y viera el cumplimiento en la historia (Jer. 28:8-9). Jeremías ni siquiera se opuso a Hananías cuando éste trató de avergonzarlo quebrando el yugo simbólico que tenía el primero (vv. 10-11). Recién tiempo después Jeremías recibió palabra de Dios para oponerse a Hananías (vv. 12-17). (2) Hijo de Zorobabel en el linaje real de David (1 Crón. 3:19). (3) Jefe de la fortaleza del templo durante el tiempo de Nehemías (Neh. 7:2). Éste lo estableció como uno de dos administradores de Jerusalén pues era confiable y temía a Dios más que otros hombres.

HANES Ciudad egipcia a la que Israel envió embajadores en busca de ayuda militar y económica (Isa. 30:4), una acción que Isaías condenó diciendo que denotaba falta de confianza en Jehová; a menudo se la ubica en Heracleópolis Magna en el sur de Egipto, al norte del delta del Nilo en la moderna Ahnas; es más probable que sea Heracleópolis Parva, la moderna Hanes, prácticamente al este de Tanis.

HARA Ciudad o región en el norte de Mesopotamia donde durante el reinado de Tiglat-pileser los asirios establecieron a algunos exiliados del este

del Jordán en el 734 a.C. (1 Crón. 5:26); no aparece en pasajes paralelos (2 Rey. 17:6; 18:11).

HARÁN (*"montañista"* o *"ruta de caravana"*) Tres hombres (Gén. 11:26-29,31; 1 Crón. 2:46; 23:9) y una importante ciudad en el norte de Mesopotamia sobre el río Balik. La ciudad se convirtió en el hogar de Abraham (Gén. 11:31-32; 12:4-5) y continuó siendo el hogar de sus parientes, por ejemplo Labán (Gén. 27:43). Jacob fue a Harán y se casó (Gén. 28:10; 29:4). En el siglo VIII a.C. Asiria la conquistó (2 Rey. 19:12; Isa. 37:12). Era socia comercial de Tiro (Ezeq. 27:23) y un importante centro de culto a Sin, el dios luna.

HARINA Grano triturado finamente y cernido, usado para hacer pan (Ex. 29:2; 1 Sam. 28:24). Para hacer pan lo más típico era el grano molido juntamente con el salvado (Lev. 2:16; 1 Rey. 17:12). Por lo general las ofrendas de cereal eran de flor de harina (Lev. 2:1-2,4-5,7), molida sólo de la parte interior del grano de trigo, la mejor parte del grano (Deut. 32:14). La flor de harina fina era un artículo de lujo (2 Rey. 7:1; Ezeq. 16:13; Apoc. 18:13), con el que por ejemplo se hacía pan para un huésped estimado (Gén. 18:6; 1 Sam. 28:24).

HAROD, HARODITA Lugar a donde Dios guió a Gedeón para probar a sus tropas y reducirlas en número antes de luchar contra los madianitas (Jue. 7:1); la moderna ain Jalud, cerca de Gilboa, a mitad de camino entre Affulah y Bet-seán; unos 3 km (2 millas) al estesudeste de Jezreel. Ver 2 Sam. 23:25; comp. 1 Crón. 11:27. La "fuente" de 1 Sam. 29:1 probablemente fuera Harod. En el Sal. 83:10 algunos ven una alusión a Jue. 7:1, y cambian el texto hebreo en forma mínima para que diga "Harod" en vez de "Endor".

HAROSET (*"tierra de bosques"*) o **HAROSET-GOIM** (*"Haroset de las naciones"*) Lugar en que vivía Sísara, capitán del ejército de Jabín de Hazor (Jue. 4:2,13-16); tal vez sea el Muhrashti de las cartas de Amarna; quizás sea tell el-Ama en la base del monte Carmelo, unos 14,5 km (9 millas) al sur de Haifa cerca de la aldea árabe de Haritiyeh, o puede ser un sustantivo común que significa bosques de Galilea. Esta perspectiva hace que el rey de Goim en Jos. 12:23 equivalga al gobernante de los bosques de Galilea.

HASIDEOS (*"santos"* o *"fieles"*) Comunidad religiosa militante, activa durante la rebelión macabea (que comenzó en el 168 a.C.). Los fariseos y los esenios probablemente derivaban de distintas corrientes del movimiento hasideo. Ver *Intertestamentaria, Historia y literatura; Judíos (grupos) en el Nuevo Testamento*.

HAVILA (*"franja arenosa"*) Región muy arenosa que cubre lo que llamamos Arabia, sin designar necesariamente un área geográfica o política en particular. El río que fluía del Edén rodeaba "toda la tierra de Havila" (Gén. 2:11), una tierra famosa por tener oro y piedras preciosas. En la tabla de las naciones Havila aparece como hijo de Cus, y muestra los vínculos políticos de Havila (Gén. 10:7; comp. v. 29; 25:18; 1 Sam. 15:7).

HAVOT-JAIR Aldeas en Galaad al este del Jordán que Jair, hijo de Manasés, había tomado (Núm. 32:41; comp. Deut. 3:14; Jos. 13:30; Jue. 10:3-4; 1 Rey. 4:13; 1 Crón. 2:18-23).

HAZAEL (*"El [un dios] está viendo"*) Rey de Damasco, poderoso y despiadado, en la última mitad del siglo VIII a.C. Ver 1 Rey. 19:15-17; 2 Rey. 8:7-15. Elías y Eliseo profetizaron el futuro reinado de Hazael y la forma cruel en que trataría a Israel. Hazael fue oficial de Benadad, rey de Siria, asesinó a su amo y se convirtió en rey de Siria en el 841 a.C. Hazael participó en combates tanto contra Ocozías, rey de Judá, como contra Joram, rey de Israel (2 Rey. 8:28-29; 9:14-15). Con el tiempo extendió su dominio tanto al reino de Israel (2 Rey. 10:32-33; 13:1-9,22) como al reino de Judá (2 Rey. 12:17-18; 2 Crón. 24:23-24). Medio siglo después, Amós usó su nombre como símbolo de la opresión siria que recibiría juicio de Dios (Amós 1:4). Ver *Damasco; Siria*.

HAZAR-MAVET (*"campamento de muerte"*) Hijo de Joctán del linaje de Heber y Sem (Gén. 10:26); región de Hadramaut al este de Yemen.

HAZEROT (*"aldeas"* o *"campamentos"*) Parada en el desierto durante el viaje de Israel desde Egipto (Núm. 11:35). Ver Núm. 12; Deut. 1:1. Algunos la ubican en ain Khadra, al sur de Ezión-geber.

HAZOR (*"poblado cerrado"*) (1) Ciudad en la alta Galilea en tell el-Qedah, 16 km (10 millas) al norte del mar de Galilea y 8 km (5 millas) al sudoeste del lago Huleh; un tell elevado o montículo de 12 hectáreas (30 acres) que se eleva 40 metros (unas 40 yardas) por encima de la planicie que lo rodea, y un lugar vallado más bajo de 92 hectáreas (175 acres) muy bien fortificado; la ciudad más grande en la antigua Canaán. Según estimaciones, llegó a tener 40.000 habitantes.

El tell superior estuvo ocupado entre el 2750 y el 200 a.C. Los cananeos ocuparon Hazor hasta que Josué la destruyó. Los israelitas la tuvieron bajo su control hasta el 732 a.C., cuando los asirios tomaron la ciudad. Hazor entonces sirvió como fortaleza para las varias potencias de ocupación hasta la época de los macabeos. El vallado inferior estuvo ocupado desde el 1750 a.C. hasta que Josué lo destruyó. Nunca fue reconstruido.

Hazor daba a la Vía Maris, y por lo tanto se convirtió en un importante centro comercial. Hazor también tenía vista al valle de Huleh, un punto de defensa crucial contra ejércitos que realizaban invasiones desde el norte. Ver Jos. 11:1-15; 12:19; 19:36; Jue. 4; 1 Rey. 9:15; 2 Rey. 15:29.

(2) Pueblo en Judá (Jos. 15:23), que probablemente deba entenderse Hazor-Ithnan como lo hace la Septuaginta; tal vez sea el-Jebariyeh. (3) Pueblo en el sur de Judá (Hazorhadata, Jos. 15:25); tal vez sea el-Hudeira, cerca del extremo sur del mar Muerto. (4) Pueblo identificado con Hezrón (Jos. 15:25). (5) Pueblo donde vivía parte de la tribu de Benjamín (Neh. 11:33); tal vez sea khirbet Hazzur, 6,5 km (4 millas) al nornoroeste de Jerusalén. (6) Nombre de algunos reinos a los que amenazó Nabucodonosor de Babilonia (Jer. 49:28-33). Aparentemente, pequeños asentamientos nómadas de tribus árabes.

HEBREO (IDIOMA) Idioma en que se escribieron los libros canónicos del AT, con excepción de secciones en arameo en Esd. 4:8-6:18; 7:12-26; Dan. 2:4b-7:28; Jer. 10:11, y algunas otras palabras y frases en arameo y otros idiomas; conocido como "la lengua [literalmente, labio] de Canaán" (Isa. 19:18), "judaico" (Neh. 13:24) o "lengua de Judá" (Isa. 36:11). Las referencias del NT al dialecto hebreo parecen ser alusiones al arameo. El hebreo bíblico o clásico pertenece a la rama noroeste de las lenguas semitas, una rama que incluye el ugarítico, el fenicio, el moabita, el edomita y el amonita.

El hebreo tiene un alfabeto de 22 consonantes que se escriben de derecha a izquierda.

La creciente cantidad de inscripciones hebreas que datan de la época preexílica proporciona un importante suplemento para el estudio del hebreo clásico. Estas inscripciones fueron cinceladas en piedra, escritas en óstraca (pedazos rotos de alfarería), fueron cortadas en sellos o se hicieron inscripciones en asas de tinajas y en pesas. Algunas de las evidencias más importantes con inscripciones incluyen el calendario de Gezer (después del 100 a.C.), los óstraca de Hazor (después de 900), los óstraca de Samaria (poco después del 800), la inscripción de Siloé (poco antes del 700), el óstracon Yavnehyam (poco antes del 600), asas de tinajas de Gabaón (poco antes del 600), el óstracon de Laquis (poco después del 600) y los óstraca de Arad (alr. del 600 a.C.). A estos se pueden agregar la Piedra Moabita (Estela de Mesa, después del 900) y la Estela Amonita (después del 900), que contienen inscripciones en idiomas muy similares al hebreo clásico.

HEBREO (PERSONA, PUEBLO)

Descendiente de Heber; los primeros israelitas, en distinción de los extranjeros. La designación aparentemente comienza con Abraham (Gén. 14:13), lo cual indica que él pertenecía a un grupo étnico distinto de los amorreos. Distinguió a José de los egipcios y de los esclavos de otra identidad étnica (Gén. 39:14,17; 41:12; 43:32). La tierra de Abraham se convirtió en la tierra de los hebreos (Gén. 40:15) y el Dios de Abraham fue el Dios de los hebreos (Ex. 5:3). Había leyes especiales que protegían a los esclavos hebreos (Ex. 21:2; Deut. 15:12; comp. Lev. 25:40-41; Jer. 34:8-22). Después de la muerte de Saúl (1 Sam. 29), el término *hebreo* no vuelve a aparecer en los libros históricos, lo que posiblemente indica una distinción entre hebreo como término étnico e Israel y/o Judá como término religioso y político para el pueblo del pacto, la nación de Dios.

HEBREOS, EPISTOLA A LOS

Décimo noveno libro del NT, que llama a los cristianos a ser fieles a Jesús, al perfecto cumplimiento de las instituciones del AT y a la esperanza. El autor se describe a sí mismo como parte de la segunda generación de cristianos, que dependía de los testigos presenciales de los apóstoles (Heb. 2:3). Pablo, que se consideró a sí mismo un testigo presencial de la resurrección de Jesús (1 Cor. 15:8-11), no se veía a sí mismo de esta manera sino a la par de los apóstoles. Como autores se han sugerido Lucas, Clemente de Roma, Priscila, Bernabé, Apolos o un helenista como Esteban. Orígenes, uno de los primeros padres de la iglesia, probablemente haya estado más en lo correcto al decir que sólo Dios sabía quién escribió Hebreos. En la iglesia occidental, Hebreos no se aceptó como parte del canon del NT hasta después del 367 d.C., cuando la iglesia de occidente finalmente aceptó la teoría de la iglesia de oriente, en cuanto a que Pablo había sido el autor.

Hebreos no comienza como lo hacen las cartas de Pablo (comp., por ejemplo, con Rom. 1:1-7; 1 Cor. 1:1-3; 2 Cor. 1:1-2). Concluye, sí, como una carta común (Heb. 13:20-25; ver *Carta: Formato y propósito*). Muchos han hecho especulaciones diciendo que Hebreos originalmente fue un sermón que se predicó a una iglesia en Roma (notar la referencia a "oír" y "explicar" en Heb. 5:11) y luego se envió a una iglesia fuera de Roma (Heb. 13:24) que tal vez estaba pasando por circunstancias similares. En este caso, Heb. 1-12 representaría

el sermón original, y Heb. 13 sería la breve nota (Heb. 13:22) que se envió para la segunda congregación.

Hay evidencia que indica que la época en que se escribió fue anterior a la destrucción del templo. Hebreos 10:32-34 describe la persecución que soportaron los destinatarios originales. La persecución parece haber incluido sólo la pérdida de propiedades. Estas circunstancias se ajustan al edicto de Claudio en el 49 d.C. que proscribió a los cristianos de la ciudad de Roma. El autor luego hizo la advertencia de que habría mayores pruebas, y probablemente hacía alusión a las persecuciones durante el reinado de Nerón en el 64 d.C. Hebreos se escribió probablemente durante el 64 d.C. o poco después. Otros consideran que Heb. 10:32-34 fueron una referencia a las persecuciones por parte de Nerón y creen que el libro se escribió durante una persecución que aparentemente tuvo lugar durante el reinado de Domiciano (81-96 d.C.). Esto parece menos probable ya que Hebreos no parece reflejar la severidad de las persecuciones de Nerón.

A fin de evitar la persecución, los destinatarios de Hebreos se sintieron tentados a negar que eran cristianos. Algunos eruditos creen que los destinatarios de la carta se habían convertido del judaísmo al cristianismo, y que fueron tentados a regresar a su fe judía y a la relativa seguridad que tenían al ser simplemente judíos. El escritor de Hebreos no escatimó esfuerzos para demostrar que Jesús y la fe cristiana eran superiores a la fe judía.

Jesús es la revelación suprema de Dios (1:1-4): superior a los ángeles (1:5-2:18) y a Moisés (3:1-4:13), superior al sumo sacerdote terrenal pues tiene un ministerio superior que establece un pacto superior que puede llevar a la madurez a los que tienen fe (4:14-10:31). Como el autor y el consumador de la fe, Jesús es el gran Modelo de fe (12:1-2).

La superioridad de Jesús llamaba a los lectores a no descuidar una salvación tan grande (2:3). Los lectores debían entrar en el reposo de Dios mientras aún era posible (4:1-13); debían continuar en el camino a la madurez (6:1-8). Debían acercarse con confianza al trono de Dios (10:19-25). Los hijos de Dios sufren porque, precisamente, son sus hijos (12:7-8). El sufrimiento funciona como una disciplina que lleva a los hijos de Dios a la madurez o la perfección. Jesús fue perfeccionado (2:10; 5:8) y puede estar como gran sumo sacerdote en la presencia de Dios en el santuario celestial (2:17-18; 5:9-10). Los lectores también podían ser aptos para estar en la presencia de Dios, y esto se llevaba a cabo por medio de la disciplina del sufrimiento. Dios disciplina a sus hijos para el bien de ellos, para que puedan ser partícipes de su santidad (12:10). Sin santidad, nadie verá al Señor, es decir, nadie podrá estar ante su presencia (12:14). El sufrimiento puede parecer duro en el momento en que uno sufre, pero "después da fruto apacible de justicia" a los que han pasado por él (12:11). Por lo tanto, el escritor exhortó a los destinatarios a acudir a Jesús "fuera del campamento, llevando su vituperio" (13:13).

Y porque Jesús había sufrido como ellos estaban por sufrir, y porque fue tentado como ellos estaban siendo tentados, Jesús podía ayudarlos (2:18; 4:15); podía tener compasión y comprender la debilidad de ellos cuando se enfrentaban a la posibilidad del sufrimiento (4:15). Así como Jesús aprendió lo que significaba ser obediente a Dios a través del sufrimiento (5:8), los lectores eran exhortados a mostrar el mismo tipo de obediencia en el sufrimiento de ellos (10:36-39).

Apartarse de Dios en el sufrimiento es un pecado que Dios detesta (3:12-19; 10:26-31). Jesús fue tentado (2:18; 5:7) pero no pecó (4:15). Y porque Jesús permaneció fiel y no pecó durante su propio sufrimiento, Él se convirtió en el "autor de eterna salvación para todos los que le obedecen" (5:9).

El escritor animó a los destinatarios a permanecer fieles en medio del sufrimiento, y dio ejemplos de otros que habían podido seguir siendo fieles (11:1-39). El escritor les recordó la fidelidad que ellos mismos habían demostrado al sufrir previamente (10:32-39) y les recordó el ejemplo de líderes del pasado (13:7). Los que permanecen obedientes a Dios en medio del sufrimiento pueden hacerlo por medio de la fe, porque la fe es "la certeza de lo que se espera, la convicción de lo que no se ve" (11:1).

Hay entrada ante el trono de la gracia sobre la base de la obediencia y la ofrenda de sí mismo que hizo Cristo. Jesús es el que santifica a los que lo siguen (2:11; 10:19-20; 13:12).

HEBRÓN (*"asociación"* o *"liga"*), **HEBRONITA** Dos hombres y una gran ciudad en las montañas de Judá, unos 30 km (19 millas) al sur de Jerusalén y 25 km (15 millas) al oeste del mar Muerto; a más de 1000 metros (3000 pies) sobre el nivel del mar; ocupada en forma casi continua desde aprox. el 3300 a.C. Después de separarse de Lot, Abraham se trasladó a Hebrón (Mamre), y se asoció con los amorreos (Gén. 13:18; 14:13; 23:19). Cuando murió Sara, al lugar se lo llamó Quiriat-arba, y la población era mayormente hetea (Gén. 23:2; Jos. 14:15; 15:54; Jue. 1:10). De ellos Abraham compró un campo con un lugar de sepultura en una cueva cercana. Allí fueron enterrados Abraham y Sara, Isaac y Rebeca, y Jacob y Lea (Gén. 23:19; 25:9; 35:29; 49:31; 50:13).

Hebrón fue "edificada" siete años antes que Zoán, la ciudad egipcia de Tanis (Núm. 13:22). La evidencia arqueológica sugiere que eso fue una referencia no a sus comienzos sino al establecimiento de Tanis como capital de los hicsos alr. del 1725 a.C. Después que los israelitas conquistaron Canaán, Hebrón le fue dada a Caleb (Jos. 14:9-13) y se convirtió en ciudad de refugio (Jos. 20:7; ver Jue. 16:3). Después de la muerte de Saúl, David se estableció en la ciudad (2 Sam. 2:3) y la hizo su capital durante los siete años que reinó sólo en Judá (1 Rey. 2:11). Su hijo Absalón lanzó desde Hebrón una fallida revuelta contra David (2 Sam. 15:10). Entre el 992 y el 915 a.C. Roboam fortificó la ciudad como parte del sistema de defensa de Judá (2 Crón. 11:5-10). Cuando los babilonios destruyeron Jerusalén en el 587 a.C., los edomitas tomaron Hebrón. No fue reconquistada hasta que Judas Macabeo saqueó la ciudad en el 164 a.C.

HECHOS Quinto libro del NT que registra el crecimiento de la iglesia primitiva; escrito por Lucas. Junto con el Evangelio de Lucas, contiene el 25% del material del NT, una obra más extensa que las epístolas de Pablo combinadas.

Hechos es la continuación de la historia de la obra de Jesús a través de su nuevo cuerpo, la iglesia, una vez que Él ya no estuvo limitado por tiempo y espacio.

En Hechos, Lucas hace énfasis en:
1. El Espíritu Santo. En Pentecostés el Espíritu Santo llenó a los creyentes, que se convirtieron en vehículos a través de los cuales las buenas nuevas de Jesús se proclamarían "hasta lo último de la tierra" (1:8).
2. Despreciados y pecadores. El etíope eunuco (8:26-40), Cornelio (cap. 10) y el carcelero de Filipos (16:22-34) fueron rechazados por el

judaísmo pero aceptados y redimidos por Cristo.
3. Mujeres. Eran eliminadas del centro de la adoración judía, no se les permitía pasar del atrio dedicado a ellas en el templo, y eran forzadas a permanecer de pie detrás de una división en las sinagogas mientras los hombres leían las Escrituras. Lucas fijó la atención en la conversión y subsiguientes roles de Lidia (16:11-15,40) y Priscila (18:18-28). Él mencionó la conversión de varias mujeres de quienes no se da el nombre en los viajes misioneros de Pablo (ver 17:4 como ejemplo).
4. La piedad de Jesús y sus seguidores. Los primeros capítulos describen a los apóstoles orando en el templo. El ministerio de Pablo se caracterizó por el mismo tipo de espiritualidad.

HELBÓN (*"bosque"*) Ciudad conocida por comerciar su vino (Ezeq. 27:18); Halbún, unos 17,5 km (11 millas) al norte de Damasco.

HELCAT-HAZURIM (*"campo de piedras de pedernal"* o *"campo de batalla"*) Sitio de maniobras (2 Sam. 2:14) entre jóvenes guerreros de Saúl y de David que llevó a la derrota del ejército de Is-boset (2 Sam. 2:12-17).

HELENISMO Ver *Intertestamentaria, Historia y literatura.*

HELENISTA (*"griego"*) Costumbres o características de la cultura griega y de los que promueven la cultura griega, sean o no griegos de raza. En la iglesia primitiva surgieron diferencias entre los cristianos más ligados a las prácticas y a la cultura hebrea y judía, y aquellos que se identificaban a sí mismos como más ligados al idioma y a la cultura griegos (Hech. 6:1; 9:29).

HEMÁN (*"fiel"*) (1) Descendiente de Esaú (Gén. 36:22); (2) un sabio con cuya sabiduría se comparó la de

Salomón (1 Rey. 4:31); (3) coatita, cantor del templo durante los reinados de David y Salomón (1 Crón. 6:33); (4) vidente que usaba instrumentos musicales (1 Crón. 25:5); puede ser 2 de más arriba; (5) autor del Sal. 88.

HEN (*"gracia, favor"*) Nombre propio o un título, "favorecido", de Josías (Zac. 6:14; comp. 6:10) si el texto hebreo actual es el original. En la versión siríaca aparece el nombre Josías en lugar de Hen en 6:14; la Septuaginta entendió que el nombre era un título.

HENA Ciudad que Senaquerib de Asiria tomó antes de amenazar a Ezequías y Jerusalén en el 701 a.C. (2 Rey. 18:34); puede ser Ana o Anat en el punto medio del curso del río Éufrates.

HEREDAD Ver *Herencia.*

HEREJÍA Opinión o doctrina que no está de acuerdo con la enseñanza aceptada de una iglesia; lo contrario a ortodoxia. En el NT, el concepto de herejía estaba más vinculado con comunión dentro de la iglesia que con enseñanzas doctrinales. En el NT la palabra nunca tiene el sentido técnico de "herejía" tal como la entendemos hoy al hablar de herejes.

1. La mayor frecuencia en el uso del término se da al referirse a fariseos y saduceos (Hech. 5:17; 15:5; 26:5).

2. Una connotación ligeramente despectiva por parte de los judíos al referirse a los cristianos como separatistas o sectaristas (Hech. 24:14; 28:22).

3. Grupos que amenazaban las relaciones armoniosas de la iglesia: 1 Corintios 11:18-19, la manera vergonzosa en que los corintios estaban observando la Cena del Señor; Gál. 5:20, obras de la carne que incluyen pleitos, sediciones, envidia, y además personas que decidían poner sus propios deseos por sobre la comunión de

la iglesia; Tito 3:10, una persona que causa divisiones.

4. Falsos profetas que han negado la enseñanza verdadera sobre Cristo (2 Ped. 2:1 y tal vez Tito 3:10), y una alusión a la vida decadente de ellos. Ver *Cristo, Cristología; Gnosticismo.*

HERENCIA Transmisión legal de la propiedad luego que una persona muere. En la antigua Israel, las posesiones pasaban a los hijos vivos de un padre, pero el hijo mayor recibía el doble que los demás (Deut. 21:17). Rubén perdió la preeminencia en vista del incesto con Bilha (Gén. 35:22; 49:4; 1 Crón. 5:1), y Esaú le entregó su primogenitura a Jacob (Gén. 25:29-34). Los hijos de las concubinas no heredaban nada a menos que fueran adoptados (Gén. 30:3-13; 49). Las mujeres no heredaban nada de sus padres a menos que no hubiera hijos varones (Núm. 27:1-11).

Dios le otorgó a Israel la tierra como herencia (Jos. 1:15; Núm. 36:2-4). Los levitas no tenían porción de tierra; la herencia de ellos era el Señor (Núm. 18:20-24; Deut. 10:9; 18:2; Jos. 13:33). Jeremías usó el concepto de "heredad" para hacer alusión a la restauración de Israel a "la tierra del norte" después del tiempo de castigo (Jer. 3:18-19).

Israel (Jer. 10:16) y asimismo Jerusalén y el templo son "heredad" del Señor (Sal. 79:1). En un sentido más amplio, se puede decir que Dios habrá de heredar todas las naciones (Sal. 82:8). Podemos decir que todo lo que Dios nos da es una "heredad": las condiciones agradables en la vida del salmista (Sal. 16:5); los testimonios de Dios (Sal. 119:111); el castigo divino a los impíos (Job 27:13); la honra de los sabios (Prov. 3:35).

En el NT "herencia" puede referirse a posesiones (Luc. 12:13), pero por lo general hace alusión a las recompensas del discipulado: la vida eterna (Mat. 5:5; 19:29; Mar. 10:29-30; Tito 3:7), el reino (Mat. 25:34; Sant. 2:5; negativamente, 1 Cor. 6:9-10; 15:50), la salvación (Hech. 20:32; Ef. 1:14,18; Apoc. 21:7). Cristo es el Heredero por excelencia (Mat. 21:38; Heb. 1:2). Por medio de Cristo, los cristianos pueden ser herederos de Dios y "coherederos" con Cristo (Rom. 8:17; comp. Ef. 3:6). Sólo el libro de Hebreos hace uso explícito de la idea de la herencia en que se necesita la muerte del testador, Cristo. Un "testamento" requiere que haya una muerte, de modo que la muerte de Cristo hace que entre en efecto el nuevo "pacto"/"testamento" (Heb. 9:16-17). Ver *Pacto*.

HERMANOS Parentesco sanguíneo entre hijos de un mismo padre o una misma madre (Ex. 4:14; Jue. 9:5). Génesis describe rivalidad entre hermanos: Caín y Abel (Gén. 4); Jacob y Esaú (Gén. 25-28); José y sus hermanos (Gén. 37-50). En cada instancia, Dios mostró favor hacia el hermano menor. (Ver también David entre los hijos de Isaí, 2 Sam. 1:26). *Hermano* también designa otro tipo de parentesco, aliados políticos, conciudadanos (Gén. 13:8; 1 Rey. 9:13; Luc. 3:1; Mar. 1:16,19; comp. Luc. 12:13; 15; 16:28).

Jesús declaró que sus hermanos son "los que oyen la palabra de Dios, y la hacen" (Luc. 8:21). Pablo se dirigió a la iglesia diciendo que los miembros eran sus hermanos (1 Cor. 1:10; Fil. 4:1-9; 1 Tes. 1:4).

HERMANOS DE JESÚS Cuatro hijos nacidos a María y José después del nacimiento de Jesús: Jacobo (Santiago), José, Judas y Simón (Mar. 6:3; ver Mat. 13:55). Después de la resurrección, estaban orando con los discípulos (Hech. 1:14). El Cristo resucitado se le apareció a Jacobo,

quien se convirtió en líder de la iglesia en Jerusalén (Hech. 12:17; 1 Cor. 15:7).

HERMAS Cristiano a quien Pablo envió saludos (Rom. 16:14). Algunos han tratado de identificarlo con el autor del escrito "El pastor de Hermas", pero es poco probable. Ver *Padres apostólicos*.

HERMÉTICA, LITERATURA Colección diversa de escritos cuya composición (en griego) data de entre el 100 y el 300 d.C. en Egipto, y está asociada con el nombre Hermes Trimegisto (Hermes tres veces grande). Algunos textos son mayormente astrológicos, mágicos o alquímicos. Otros son principalmente religiosos y filosóficos. Algunos textos son monistas (consideran que todas las religiones son una unidad) y panteístas (consideran que Dios está presente en todo lo que existe). Otros textos son dualistas (consideran que Dios y la creación están separados uno de la otra).

Algunos eruditos han visto influencia de la doctrina hermética en el Evangelio de Juan (la creación por parte del *logos* [el Verbo] y el nuevo nacimiento). Es más probable que tanto Juan como los herméticos posteriores a él hayan desarrollado en forma independiente ideas judías y griegas más antiguas. Ver *Gnosticismo; Juan*.

HERMÓGENES (*"nacido de Hermes"*) Seguidor de Pablo que lo abandonó, aparentemente cuando el apóstol estaba preso en Éfeso (2 Tim. 1:15).

HERODES Familia que gobernó Palestina inmediatamente antes y, hasta cierto punto, inmediatamente después del nacimiento de Cristo.

El más importante miembro de esta familia fue el Herodes hijo de

Antípater. Alejandra Salomé, la reina macabea que gobernó Palestina entre el 78 y el 69 a.C., lo nombró gobernador de Idumea. Con anuencia romana, Antípater dejó a su hijo Fasael como prefecto de Jerusalén, y a su segundo hijo, Herodes, como gobernador de Galilea. Ver *Historia Intertestamentaria*.

Herodes fue una paradoja —uno de los gobernantes más crueles de toda la historia, que por otro parte pareció ser ardientemente leal a sus creencias. En vista de su administración tan eficaz, virtualmente convirtió a Palestina en lo que ésta llegó a ser en el primer siglo de la era cristiana. Ha pasado a la historia como Herodes el Grande, pero ese epíteto sólo le cabe cuando comparamos su personalidad y sus logros con otros en su misma familia.

Otros Herodes que se mencionan en el NT:

1. Agripa I, hijo de Aristóbulo y nieto de Herodes. Desde el 41 al 44 d.C. gobernó con el título de rey. Agripa I fue quien mató con espada a Jacobo el hijo de Zebedeo, y quien encarceló a Pedro (Hech. 12:1-23).

2. Agripa II, hijo de Agripa I, fue quien oyó la defensa de Pablo (Hech. 25:13-27; comp. Hech. 26:32). Con su muerte la dinastía herodiana llegó a su fin.

3. Drusila (Hech. 24:24), la tercera y última hija de Agripa I, a los 14 años estuvo casada un breve tiempo con Azizos, rey de Emesa, probablemente en el año 52. En el 53 o 54 se casó con Félix, el procurador romano.

4. Berenice era hermana de Drusila y de Agripa II, y también se convirtió en esposa de Agripa. En Hechos 25 vemos que Pablo compareció ante Agripa II y Berenice.

5. Herodes Felipe, hijo de Herodes el Grande y Cleopatra de Jerusalén (Luc. 3:1); construyó Cesarea de

Filipo y fue gobernador de los distritos del nordeste, Iturea, Gaulonitis, Traconite y Decápolis. Se casó con Salomé, hija de Herodías.

6. Otro *Herodes Felipe,* que se menciona en Mar. 6:17 como primer esposo de Herodías. En algunos lugares simplemente se lo menciona llamándolo Herodes o Herodes II. La mayoría de los eruditos no cree que haya sido la misma persona que fue gobernador de los distritos del nordeste.

7. Herodías (Mat. 14:3) fue hija de Aristóbulo (hijo de Herodes y Mariamne I) y Berenice. Primero estuvo casada con el medio hermano de su padre, a quien en Mar. 6:17 se identifica como Felipe. De Felipe ella tuvo una hija llamada Salomé. Antipas, hermano de Felipe, se divorció de su propia esposa y convenció a Herodías para que dejara a Felipe. Ella pidió la cabeza de Juan el Bautista (Mat. 14:3-12; Mar. 6:17-29; comp. Luc. 3:19-20) cuando éste denunció su manifiesta inmoralidad matrimonial.

8. Salomé, hija de Herodías, estuvo casada con Felipe (Mat. 14:6-12; Mar. 6:22-29). Después de la muerte de este en el 34 d.C. ella se casó con su pariente Aristóbulo, príncipe de Calcis, y tuvo tres hijos.

HERODIANO Ver *Herodes; Judíos (grupos) en el Nuevo Testamento.*

HERODÍAS Ver *Herodes; Juan, 2.*

HERRAMIENTAS Implementos o instrumento usados con las manos con propósitos agrícolas, de construcción, comerciales, o artesanales; primitivamente hechas de piedra, especialmente de pedernal. Se lograba una eficaz superficie cortante cortando delgadas láminas a lo largo del borde de la piedra moldeada. Las primeras herramientas de metal eran de cobre, que resultaba demasiado blando para la mayoría de los usos. Se hicieron herramientas más duras de bronce, una aleación de cobre y estaño que podía derretirse y verterse dentro de moldes antes que un herrero le diera la forma final. Las herramientas más duras eran de hierro (Deut. 27:5; 1 Rey. 6:5-7), que requería temperaturas más altas para derretirse. El hierro recién comenzó a usarse en Canaán alr. del 1200 a.C. Los mangos y otras partes de ciertas herramientas se hacían de madera, cuero, hueso o marfil. Ver *Minerales y metales.*

Los cuchillos de pedernal de períodos anteriores continuaron en uso aun después que el metal llegó a estar muy difundido. La orden de usar cuchillos de pedernal para la circuncisión (Jos. 5:2 NVI) puede reflejar un tabú contra el uso de tecnología nueva para ritos antiguos. Los filos de bronce y los cuchillos de hierro se fundían en un molde de piedra. El cuchillo promedio en Palestina tenía entre 15 y 25 cm (6 y 10 pulgadas), pero se ha encontrado un molde que producía hojas de 40,5 cm (16 pulgadas). Estos habrían sido usados para cortes en general y para carnicería (Gén. 22:6; Jue. 19:29). Una versión más pequeña usada por Joacim para cortar el rollo de Jeremías (Jer. 36:23, "cortaplumas de escriba") está representada por la palabra hebrea que en otros lugares se usa para hablar de "navaja" (Núm. 6:5; Ezeq. 5:1). Esta última (Jue. 13:5; 16:17; 1 Sam. 1:1) era evidentemente muy filosa, al ser usada como símbolo del juicio de Dios (Isa. 7:20) y del poder para cortar que tiene la lengua (Sal. 52:2).

Los mangos, travesaños y otras partes estructurales del arado eran de madera, mientras que la punta o reja del arado tenía que ser de un material más duro para penetrar el suelo. Las rejas de arado más antiguas eran de bronce, lentamente reemplazado por el hierro. Los arados eran tirados por animales acicateados con una aguijada, una vara de madera con una punta de metal (Jue. 3:31; 1 Sam. 13:21; Ecles. 12:11). En terreno montañoso o rocoso difícil de arar, el suelo era roto usando una azada (Isa. 7:25). Una herramienta similar, los azadones (1 Sam. 13:21; "azuelas" BLA, BJ), se usaban también para tareas de excavación. Probablemente está traducido de manera incorrecta por "reja de arado" en un pasaje profético famoso acerca de las herramientas de guerra y de paz (Isa. 2:4). Los filisteos, que probablemente tenían el monopolio de la tecnología del hierro, forzaron a los israelitas a acudir a ellos para afilar sus herramientas agrícolas (1 Sam. 13:19-22). Ver *Pesos y medidas.*

La cosecha de las espigas de grano se hacía con una hoz (Deut. 16:9; 23:25; Jer. 50:16), una herramienta pequeña con un mango y una hoja curva. La hoz se usa como símbolo del juicio de Dios (Joel 3:13) y de la reunión de los santos (Mar. 4:29; Apoc. 14:14-19). La "podadera", una herramienta que se parecía a la hoz pero con una hoja más ancha y corta, era una especie de cuchillo usado para podar y cosechar las vides (Isa. 18:5).

El hacha más grande (Isa. 10:15) se usaba para talar árboles (Deut. 19:5; 20:19) y labrar piedras (1 Rey. 6:7). Para tareas más livianas se usaba un hacha más pequeña (Jue. 9:48; 1 Sam. 13:20-21; Sal. 74:5; Jer. 46:22). El tallado se hacía con una herramienta diferente, un buril (Jer. 10:3), quizás una azuela con su filo perpendicular al mango. También se conocían los martillos, pequeñas hachas de mano o hachuelas (Sal. 74:6). Los "cepillos" usados para dar forma (Isa. 44:13) probablemente eran cinceles. Éstos eran usados para el trabajo rústico y de detalle tanto en madera como en piedra. Los agujeros se hacían con leznas (Ex. 21:6; Deut. 15:17) o taladros.

La madera y la piedra también se cortaban usando sierras (2 Sam. 12:31; 1 Rey. 7:9; 1 Crón. 20:3; Isa. 10:15). En pinturas de tumbas egipcias aparecen variedades con uno o dos mangos.

El trabajo en detalle se marcaba utilizando "almagre" (ocre rojo) y "compás" (Isa. 44:13). En Egipto y Palestina se usaron plomadas bien temprano para determinar la verticalidad y los niveles en la construcción (comp. 2 Rey. 21:13; Isa. 28:17; Amós 7:7-8).

Los martillos (Isa. 44:12; Jer. 10:4) eran originalmente percutores de piedra, pero en la edad de bronce generalmente se hacían agujeros para la inserción de un mango. Pinturas egipcias muestran el uso de mazos de madera anchos parecidos a los que todavía se usan hoy en obras de escultura.

Los alfareros primitivos usaban herramientas de madera para ayudarse a dar forma a sus vasos, que se hacían a mano. Un avance considerable llegó con la invención del torno a rueda (Jer. 18:3). Ver *Alfarería.* Los tejedores hacían sus artesanías en telares. Ver *Hilar y tejer.*

El trabajo en metales requería de un fuelle para llevar el fuego a las altas temperaturas requeridas para fundir el metal. Estos se usaban en pequeños hornos equipados con boquillas de arcilla para soportar el calor extremo. Se usaban moldes para dar forma de herramientas, armas y otros artículos al metal derretido. Los herreros también utilizaban una variedad de tenazas, agarraderas y martillos (Isa. 44:12).

HESBÓN (*"rendición de cuentas"*) Ciudad en Moab gobernada por Sehón y capturada por Moisés (Núm. 21:21-30); tell Hesbán, al este del mar Muerto y al norte del río Arnón. Por lo general se la consideraba parte de Moab (Isa. 15-16; Jer. 48; ver Jue. 11:12-28); durante ciertas épocas estuvo parcialmente ocupada por Israel, que la reclamaba como suya (Núm. 21:21-31; 32:3,37), y asignada a Gad como ciudad levita (Jos. 13:27-28; 21:38-39).

Herodes el Grande fortificó el sitio, y se convirtió en una ciudad floreciente (llamada Esbos) hacia el final de la época romana. Ver *Gad; Moab; Sehón.*

HET Hijo de Canaán; bisnieto de Noé; antepasado inicial de los heteos, que fueron parte de los habitantes originales de Palestina (Gén. 10:15; comp. cap. 23). Ver *Heteos.*

HETEOS Y HEVEOS Minorías no semitas que eran parte de la población de Canaán; frecuentemente se entrometían en asuntos israelitas. En la tabla de las naciones los heteos y los heveos fueron identificados como "hijos" de Canaán (Gén. 10:15,17), y aparentemente se infiltraron en Palestina desde sus centros culturales y políticos en el norte.

Los heveos son de origen desconocido y no existen referencias extrabíblicas. En vista de que eran incircuncisos (Gén. 34:2,14), esto parecería sugerir un origen indoeuropeo, no semita. Por lo tanto, la identificación que resulta más aceptable es que eran los horeos (hurritas) de la Biblia, cuya historia y carácter se conocen a través de fuentes extrabíblicas y se ajustan al papel que se les atribuye en el texto bíblico.

Los heteos (hititas) aparecen entre los grupos étnicos que vivían en distritos urbanos o individualmente en Canaán; se relacionaron con los israelitas desde la época de los patriarcas hasta el fin de la monarquía (Gén. 15:20; Deut. 7:1; Jue. 3:5). En el tiempo de los patriarcas, la referencia al rey Tidal (en heteo, Tudhaliya II) en Gén. 14:1 es una posible vinculación con el imperio Hatti de los primeros tiempos. En Canaán los heteos reclamaron la zona montañosa sur, especialmente el área de Hebrón, donde Abraham compró de Efrón heteo la cueva de Macpela, que fue la tumba de su familia (Gén. 23). Que Esaú se hubiera casado con dos mujeres heteas fue motivo de dolor y desagrado por parte de sus padres (Gén. 26:34,35; 27:46).

"Toda la tierra de los heteos" (Jos. 1:4; comp. Ex. 3:8,17; 13:5; 23:23; 33:2; Núm. 13:29; Jos. 11:3) en la frontera norte de la Tierra Prometida, puede indicar reconocimiento del tratado del límite heteo/egipcio que estableció Ramesés II y los heteos durante el reinado de Hattusilis III alr. del 1270 a.C. Devastación y presiones desde el oeste por parte de los frigios y los pueblos del mar, dieron como resultado que hubiera otra migración de población hetea a Canaán alr. del 1200 a.C. Ezequiel recordó que Jerusalén tenía orígenes amorreos y heteos (Ezeq. 16:3,45; comp. 2 Sam. 24:16-25). Ver *Arauna*. Urías y posiblemente otros heteos eran mercenarios en el ejército de David (2 Sam. 11:3,6; 23:39). Es probable que la mujer hetea entre las esposas extranjeras de Salomón fuera consecuencia de una alianza militar con un nuevo reino heteo en el norte de Siria (1 Rey. 10:29-11:2; 2 Crón. 1:17). Los heteos juntamente con otros elementos extranjeros pueden haber sido enlistados a labor forzada durante el reino de Salomón (1 Rey. 9:20-21).

Luego del fin del imperio heteo, una gran cantidad de principados heteos se establecieron en el norte de Siria, Cilicia, y las regiones de los Taurus y Antitaurus. Durante 400 años mantuvieron su identidad como minoría en un ambiente predominantemente semita. Para fines del 700 a.C. los heteos quedaron absorbidos en el imperio asirio.

HICSOS (*"gobernantes de tierras extranjeras"*) Reyes de las dinastías XV y XVI de Egipto; más tarde Josefo interpretó mal la palabra, creyendo que eran "reyes pastores". Con la decadencia del reino medio de Egipto (aprox. 2000-1786 a.C.), una gran cantidad de asiáticos, la mayoría semitas como los patriarcas hebreos, emigró desde Canaán al delta del Nilo en el norte de Egipto. Es probable que inicialmente hayan realizado la migración por dificultades económicas, tales como hambruna, como fue el caso de Abraham (Gén. 12:10). Durante la dinastía XIII, que fue débil, algunos pueblos de Asia establecieron distritos locales independientes en el este de la región del Nilo. Con el tiempo uno de estos gobernantes locales consiguió consolidar el gobierno de Egipto septentrional siendo faraón, y dio comienzo a la dinastía XV. La dinastía XVI, tal vez contemporánea de la XV, constó de reyes asiáticos sin demasiada importancia. Como estas dinastías de faraones no eran egipcias desde el punto de vista étnico, la población nativa los recordó con el nombre de "hicsos".

Mientras los faraones hicsos reinaron en el norte de Egipto desde Avaris en el delta oriental, la dinastía XVII —que era egipcia nativa— reinó en el sur de Egipto desde Tebas. Este período se conoce con el nombre de segundo intermedio o período de los hicsos (1786-1540 a.C.). Alrededor del 1540 a.C. Ahmose I saqueó Avaris, expulsó a los hicsos, reunificó Egipto y estableció la dinastía XVIII.

La época en que José llegó al poder (Gén. 41:39-45) como segundo en importancia luego del faraón, es probable que haya sido durante un rey hicso. Ahmose I muy probablemente sea el "rey que no conocía a José" (Ex. 1:8).

HIDEKEL Tercer río que fluía desde el huerto del Edén (Gén. 2:14); en traducciones modernas, el Tigris. Ver *Tigris*.

HIDROPESÍA Edema, una enfermedad con retención de líquidos e hinchazón en las cavidades del cuerpo y las extremidades; síntoma de enfermedad del corazón, del hígado, los riñones o el cerebro. Ver Luc. 14:2.

HIEL *1.* Hierba amarga y venenosa (quizás *Citrullus colocynthis*) que con frecuencia se vinculaba al ajenjo (Deut. 29:18; Jer. 9:15; 23:15; Lam. 3:19) para transmitir la idea de amargor y tragedia; a menudo se la asociaba con la infidelidad hacia Dios, ya sea como imagen de los infieles (Deut. 29:18) o como castigo de dichos infieles. Cuando Jesús estaba en la cruz le ofrecieron vino agrio narcotizado con hiel, quizás opio, pero él lo rechazó (Mat. 27:34; comp. Sal. 69:21). Se dice que Simón el mago estaba lleno de hiel de amargura (Hech. 8:23) porque quería prostituir el don de Espíritu Santo.

2. Un órgano, ya sea el hígado o la vesícula, a través del cual podía pasar una espada cuando alguien atravesaba a una persona (Job 20:25); un fluido alcalino, pegajoso y verde-amarillento que secretaba el hígado y podía caer a tierra cuando alguien moría destripado (Job 16:14); en sentido figurado, hablaba de amargura.

HIERÁPOLIS (*"ciudad santa"*) Sitio de la iglesia primitiva donde trabajaba Epafras (Col. 4:13); Pambuck Kulasi, a 19 km (12 millas) al noroeste de Colosas y 9,5 km (6 millas) al norte de Laodicea, sobre el río Licos, un poco más arriba de su confluencia con el Meander. Era famosa por su industria textil y de teñido de telas.

HIERBAS Ver *Plantas en la Biblia.*

HIERBAS AMARGAS Hierbas que se comían con la comida de la Pascua (Ex. 12:8; Núm. 9:11), y que simbolizaban las amargas experiencias de la esclavitud en Egipto. Algunos han sugerido que las hierbas amargas eran una ensalada que incluía lechuga, endibia, achicoria y dientes de león.

HIERRO Metal que constituía el material básico para armas y herramientas en la época bíblica. La edad de hierro comenzó en Israel aprox. en el 1200 a.C., aunque el metal se hizo parte de la vida cotidiana en forma lenta. La abundancia de hierro era una señal de la riqueza de la Tierra Prometida (Deut. 8:9), y los artículos de hierro eran indicativos de riqueza (Deut. 3:11; Jos. 6:19). Excavaciones de sitios israelitas que datan del siglo XI y XII han descubierto anillos, brazaletes y puñales decorativos hechos de hierro.

En las técnicas de herrería primitivas, el hierro no era mucho más duro que otros metales conocidos, y a diferencia del bronce y del cobre, se lo debía trabajar mientras estaba caliente. Sin embargo, a medida que se conocieron mejores técnicas de metalistería, el hierro gradualmente se convirtió en el metal preferido para herramientas tales como arados, hachas y picos y también para armas como saetas y dagas. Los carros de hierro eran señal de gran poder en la guerra (Jos. 17:18; Jue. 1:19; 4:3).

El primer libro de Samuel deja asentado que los filisteos evitaron que hubiera herreros en Israel (1 Sam. 13:19-21). Dicha prohibición puede aludir a quienes trabajaban en bronce y no en hierro, o los filisteos pueden haber tenido una ventaja económica y tal vez tecnológica, por lo que pudieron controlar la industria del hierro durante un período de la historia.

Después del 1000 a.C. el hierro comenzó a usarse en forma amplia. David usó reservas de hierro y bronce en la preparación para la edificación del templo (1 Crón. 22:3).

El hierro con frecuencia se usa en la Biblia simbólicamente como amenaza de juicio (Sal. 2:9; Apoc. 2:27) o como una señal de fuerza (Isa. 48:4; Dan. 2:40). El horno era símbolo de opresión (1 Rey. 8:51), y el efecto cauterizante del hierro caliente describía a los que no tenían conciencia (1 Tim. 4:2). Ver *Armas y armaduras; Minerales y metales; Minas y minería; Filisteos.*

HÍGADO El lóbulo del hígado (Lev. 3:4,10,15, BLA) o grosura (RVR 1960) se ofrecía a Dios como parte del holocausto. Los antiguos examinaban el hígado para discernir el futuro (ver rey de Babilonia, Ezeq. 21:21). Es probable que el hígado se considerara el asiento de las emociones (Lam. 2:11).

HIGO, HIGUERA Ver *Plantas en la Biblia.*

HIJO Ver *Familia.*

HIJO DE DIOS Título que expresa la deidad de Jesús de Nazaret como el único Hijo de Dios; título para ciertos hombres y ángeles (Gén. 6:1-4; Sal. 29:1; 82:6; 89:6); para el pueblo de Israel en forma colectiva (Ex. 4:22; Jer. 31:20; Os. 11:1); y para el rey (Sal. 2:7). Las promesas en el pacto davídico (2 Sam. 7:14) son la fuente de esta relación filial tan especial.

El centro de la identidad de Jesús en el cuarto Evangelio es su condición divina de Hijo (Juan 10:36). Jesús concebía su condición divina de Hijo como algo único: "Yo y el Padre uno somos" (Juan 10:30); el "Padre está en mí, y yo en el Padre" (Juan 10:38). Frecuentemente se refirió a Dios como "mi Padre" (Juan 5:17; 6:32; 8:54; 10:18; 15:15; Mat. 7:21; 10:32-33; 20:23; 26:29,53; Mar. 8:38; Luc. 2:49; 10:21-22).

En el bautismo y en la transfiguración de Jesús, Dios el Padre identificó a Jesús como su Hijo, en pasajes que reflejan Sal 2:7. Fue identificado como Hijo de Dios por un ángel antes de su nacimiento (Luc. 1:32,35); por Satanás en su tentación (Mat. 4:3,6); por Juan el Bautista (Juan 1:34); por el centurión en la crucifixión (Mat. 27:54). Varios de sus seguidores le atribuyeron este título en diversos contextos (Mat. 14:33; 16:16; Juan 1:49; 11:27).

Hijo de Dios se asocia estrechamente con su posición real como Mesías. Gabriel le dijo a María que su Hijo no sólo sería llamado Hijo de Dios, sino que también reinaría sobre el trono mesiánico, el de David (Luc. 1:32-33; comp. Juan 1:49; 11:27; 20:30; Rom. 1:3-4; 1 Cor. 15:28; Col. 1:13; Hech. 9:20-22). Ante todo "Hijo de Dios" afirma la deidad de Jesús evidenciada por su persona y su obra.

HIJO DE HINOM Valle al sur de Jerusalén que sirve como límite norte de Judá (Jos. 15:8; Neh. 11:30) y límite sur de Benjamín (Jos. 18:16). Allí tenían lugar sacrificios paganos en que se ofrecían niños; algunos reyes de Judá se adhirieron a esa práctica (Acaz, 2 Crón. 28:3; Manasés, 2 Crón. 33:6). Jeremías anunció el juicio de Dios sobre el valle en razón de dichas prácticas (Jer. 19:1-15; comp. 1 Rey. 23:10; 2 Rey. 16:3; 17:17). El valle iba a ser llamado "valle de la matanza" (Jer. 19:6; comp. 32:35). Ver *Baal; Gehenna; Infierno; Jerusalén; Moloc.*

HIJO DEL HOMBRE Designación del NT para Jesús como Dios encarnado y agente del juicio divino. Con excepción de Ezequiel y Daniel, *Hijo del hombre* en el AT es sinónimo de "hombre," "humanidad" (Isa. 56:2; Jer. 50:40; Sal. 8:4; 80:17; 146:3; Job 25:6).

1. Ezequiel. En Ezequiel, Dios usa el término 90 veces para dirigirse al profeta, y enfatiza su *humanidad.*

2. Daniel. En una de sus visiones nocturnas, el profeta vio "como un hijo de hombre" (Dan. 7:13), que venía en las nubes del cielo a presentarse delante del trono de Dios. Le fue dado dominio sobre todos los pueblos y un reino eterno. Los eruditos aquí interpretan que hijo de hombre es un ángel, el Mesías, o todo Israel. Una interpretación judía posterior de Dan. 7:13 es unánime en considerar que la referencia es mesiánica.

Las referencias de Jesús al "Hijo del Hombre" son de tres tipos distintos.

1. Dichos apocalípticos. El Hijo del Hombre descenderá a la tierra para llevar a los escogidos y para juzgar. La descripción del Hijo del Hombre en estos pasajes recuerda con énfasis Dan. 7:13 (citado en Mat. 24:30; 26:64; Mar. 13:26; 14:62; Luc. 21:27; 22:69; comp. Mat. 10:23; 13:41; 16:27-28; 19:28; 24:27,38-39; 24:44; 25:31; Luc. 12:8; 17:22-27; 18:8; 21:36; Juan 5:27). Discípulos fieles iban a unirse al Hijo del Hombre en este juicio que quizás refleja el doble rol del Hijo del Hombre y los santos del Altísimo en Dan. 7:13,27. Estas expresiones se refieren a Jesús y su segunda venida.

2. Dichos sobre la pasión. Tres veces Jesús predijo que el Hijo del Hombre sería rechazado y muerto por los sacerdotes y escribas, pero resucitaría al tercer día (Mar. 8:31; 9:31; 10:33-34; Luc. 24:7; comp. Mat.

17:9,12-13; 26:24,45; Mar. 9:12-13; Luc. 22:48).

Juan remarcó este doble énfasis sobre la humillación de la cruz y la gloria de la resurrección. La cruz en realidad es su exaltación, que lleva a su ascensión al Padre (Juan 3:14; 8:28; 12:34). La muerte de Jesús se transformó en su hora de mayor gloria (Juan 12:23-24; 13:31).

La expectativa mesiánica judía nunca relacionó al Hijo del Hombre con sufrimiento y muerte, ni siquiera con la clara descripción del Siervo Sufriente (Isa. 53). Esa conexión (Mar. 10:45; Mat. 20:28) del Hijo del Hombre, el Juez mesiánico de los tiempos finales, con el Siervo Sufriente de Dios, es única en la enseñanza y el ministerio de Jesús.

3. Dichos relacionados con el ministerio de Jesús. Muchos dichos podrían entenderse en el sentido de la expresión hebrea "un hombre, este hombre, yo." Aun en estos dichos, "Hijo del Hombre" debiera verse como un título que señala el rol especial de Jesús como uno que tiene autoridad para perdonar nuestros pecados (Mat. 9:6; Mar. 2:10; Luc. 5:24) y para interpretar el significado del Sábado (Mat. 12:8; Mar. 2:28; Luc. 6:5). Ver Mat. 13:37; Luc. 6:22; 19:10.

Algunas de estas expresiones reflejan énfasis en la encarnación (Mat. 8:20; 11:19; Luc. 7:34; 9:58). Uno debe aceptar su humanidad para encontrar vida verdadera (Juan 6:53). El Hijo del Hombre es también el Hijo de Dios, el que vino de arriba, la escalera que une a la humanidad con Dios (Juan 1:51).

4. El resto del Nuevo Testamento. Esteban contempló al Hijo del Hombre que había ascendido, y estaba al lado del trono de Dios (Hech. 7:56). En Apoc. 1:13; 14:14-16 el Hijo del Hombre aparece como Juez.

En Heb. 2:6 la referencia al Hijo del Hombre (Sal. 8:4) se aplica específicamente a Jesús como el único y singular Hijo del Hombre y representante de la humanidad. En el contexto de Heb. 2, se unen todos los énfasis del evangelio sobre el Hijo del Hombre —un fuerte énfasis sobre su encarnación, sobre su carne y su sangre tan reales, una descripción vívida de su sufrimiento representativo, y la nota de que por ese sufrimiento, Él recibe gloria y honor y conduce a muchos a la gloria.

HIJO PRÓDIGO Término popular para la parábola de Jesús (Luc. 15:11-32) relatada en defensa de la práctica de Jesús de tener compañerismo con pecadores (15:1). El enfoque de la parábola no es el hijo joven, rebelde y luego arrepentido, sino el padre que espera y corre para dar la bienvenida al hogar a su hijo, y llama a todos, incluso al hermano mayor, para compartir el gozo del regreso al hogar.

HIJOS DE DIOS   Seres divinos asociados con Dios en los cielos en lo que se puede llamar el concilio divino (Sal. 82:1, "reunión de los dioses") o la "congregación de los santos" (Sal. 89:7). En Job, la traducción griega más antigua traduce *hijos de Dios* por "ángeles de Dios" (Job 1:6; 2:1) y "mis ángeles" (Job 38:7). Sin embargo, la frase "hijos del Dios viviente" en Os. 1:10 se refiere a Israel.

La frase *hijos de Dios* emplea una expresión idiomática hebrea en la que "hijo(s)" se refiere a participantes en una clase o en un estado de existencia, y la segunda palabra describe la clase o estado de existencia. En castellano generalmente un adjetivo traduce mejor el segundo término, de modo que "seres divinos" más que "hijos de Dios" sería una mejor traducción del hebreo. Esto concuerda con la traducción de la NVI de "seres celestiales" por "hijos de Dios" en Sal. 29:1; 89:6.

En el NT, "hijos de Dios" se refiere siempre a seres humanos que hacen la voluntad de Dios (Mat. 5:9; Rom. 8:14,19). Expresiones similares con el mismo significado se encuentran en Mat. 5:45; Juan 1:12; Rom. 9:26 (Os. 1:10), y 2 Cor. 6:18. La designación usual para los seres celestiales en el NT es "ángeles". Ver *Ángel; Dios; Hijo de Dios.*

Todos son potencialmente hijos de Dios (Juan 3:15-16). Jesús fue, es y siempre será el preeminente Hijo de Dios.

HIJOS DE LOS PROFETAS Miembros de una banda o grupo de profetas. "Hijos de" se refiere a membresía en un grupo o clase y no implica una relación de familia. A Eliseo se lo describe como líder de una comunidad profética. Él cuidaba de las necesidades de la viuda de un profeta (2 Rey. 4:1-7), estuvo de acuerdo con construir una vivienda común (2 Rey. 6:1-7), y presidió una comida común (2 Rey. 4:38-44). Los hijos de los profetas funcionaban ya sea como testigos (2 Rey. 2:3,5,7,15) o como agentes del ministerio de Eliseo (2 Rey. 9:1-3). Ver 1 Rey. 20:35-42. La "compañía de profetas" (1 Sam. 10:5,10; 19:20) eran grupos de profetas cuyo espíritu carismático hizo que Saúl profetizara (1 Sam. 10:10; 19:20).

La famosa declaración de Amós "No soy profeta, ni soy hijo de profeta" (7:14) es probablemente una declaración de independencia de las asociaciones proféticas de su día. Ver *Profeta.*

HILAR Y TEJER Elementos principales para la confección de ropas. Los hilos con que se tejían telas se producían de fibras crudas mediante el hilado (Mat. 6:28; Luc. 12:27). El lino

(Lev. 13:47-48; Prov. 31:13; Jer. 13:1; Ezeq. 40:3; 44:17; Os. 2:5) y la lana (Lev. 13:47) eran las fibras principales usadas en el mundo bíblico.

En el hilado, las fibras en rama se estiraban hasta formar una hebra suelta, que se retorcía para formar un hilo continuo. A veces era doblado u ovillado, y se retorcían dos o tres hebras juntas (Ex. 26:1; 36:8,35). El producto terminado entonces se podía usar para tejer (Ex. 35:25-26).

El tejido es el entrelazamiento de hilos para formar una tela. El tejido se realizaba sobre telares, artefactos diseñados para crear un espacio entre los hilos alternados de la urdimbre vertical a través de la cual se pasaban los hilos de la trama horizontal. Después que se colocaba cada hilo de la trama horizontal, se apretaba contra el anterior con una vara plana, y de este modo se iba ajustando la tela.

En un telar horizontal sobre el piso, los hilos de la urdimbre eran estirados entre varas clavadas al piso. Aparentemente es a este tipo al que se hace referencia en la historia de Sansón (Jue. 16:13-14). En algunos telares verticales, la urdimbre se estiraba entre dos varas fijadas en un marco rectangular. El trabajo se hacía desde la parte de abajo del telar, y la tela tejida se podía enrollar en la vara de abajo (Isa. 38:12). Esto permitía al tejedor permanecer sentado y producir productos más largos. Otro tipo de telar vertical tenía los hilos de la urdimbre ligados a una vara superior y mantenidos en tensión en grupos mediante una serie de pesas de arcilla o piedra. El tejido se hacía desde arriba hacia abajo, y la trama era apretada hacia arriba.

Para hacer franjas o bandas de color se usaban hilos teñidos en partes de los hilos de la urdimbre o de la trama. Los telares con pesas en la urdimbre dejaban que se fueran abriendo porciones de los hilos, de modo que se pudieran hacer patrones intrincados en la trama al cubrir pequeñas áreas con diferentes colores. Sin embargo, estaba prohibido vestir ropas hechas de lino y lana tejidos juntos (Deut. 22.11). Los tejedores aparentemente eran profesionales que se especializaban en tipos de trabajos particulares: tejedores ordinarios, diseñadores y bordadores (Ex. 35:35).

HILCÍAS (*"porción de Jehová"*) Ocho hombres del AT, incluyendo a: (1) El padre de Jeremías (Jer. 1:1); (2) el sumo sacerdote que colaboró en el movimiento de reformas de Josías (2 Rey. 22:4).

HIMENEO Dios griego del matrimonio; nombre de un compañero de tareas de Pablo cuya fe se debilitó y cuyo estilo de vida cambió, por lo cual Pablo lo entregó a Satanás (1 Tim. 1:20). Eso probablemente significa que Pablo llevó a la iglesia a expulsar a Himeneo de la membresía a fin de purificar la congregación, quitar posibles tentaciones de la iglesia, y también a fin de conducir a Himeneo a la fe restaurada, al arrepentimiento y a una renovada participación como miembro de la iglesia. Junto con Fileto, Himeneo enseñó que la resurrección ya había ocurrido (2 Tim. 2:17-18; comp. 1 Cor. 5). Ver *Gnosticismo*.

HIMNO, CÁNTICO Término genérico que en la Biblia se le da a la alabanza vocal, especialmente como respuesta a eventos importantes, como por ejemplo el cruce de los hebreos por el mar Rojo (Ex.15:1-21); el triunfo de Débora y Barac sobre las fuerzas de Jabín, rey de Hazor (Jue. 5:1-31); el regreso victorioso de David luego de luchar con los filisteos (1 Sam. 18:6-7). Moisés le dio a los israelitas parte de sus últimas advertencias en forma de cántico (Deut. 32:1-

43). El libro de Salmos es un himnario con himnos compuestos por diferentes autores, a través de un largo período, y utilizado por el pueblo de Israel en la adoración. El canto de himnos en el templo de Jerusalén estaba presidido por coros especiales, que a veces usaban acompañamiento instrumental (2 Crón. 29:25-28). El pueblo se unía al coro para cantar himnos en unísono, y de modo antifonal.

Cantar canciones espirituales era parte de la iglesia cristiana primitiva: Luc. 1:46-55, el cántico de María: "El magníficat"; Luc. 1:68-79, el cántico profético de Zacarías: "El benedictus"; y Luc 2:29-32, la bendición al niño Jesús por parte de Simeón y su propia despedida: "El nunc dimittis". En la adoración colectiva se usaban gran cantidad de doxologías (Luc. 2:14; 1 Tim. 1:17; 6:15-16; Apoc. 4:8, por ejemplo). Otros pasajes del NT ofrecen evidencia de ser citas o fragmentos de himnos (Rom. 8:31-39; 1 Cor. 13; Ef. 1:3-14; Ef. 5:14; Fil. 2:5-11; 1 Tim. 3:16; 2 Tim. 2:11-13; Tito 3:4-7). Jesús y sus discípulos cantaron un himno al final de la última cena (Mat. 26:30; Mar. 14:26). Las canciones cristianas se usaban en el culto de adoración, para instruir en la fe y para expresar gozo. Pablo y Silas cantaron himnos en la cárcel (Hech. 16:25). Hebreos 2:12 (una cita del pasaje mesiánico del Sal. 22:22) hace énfasis en que Jesús habrá de declarar su nombre a la iglesia, que Él cantaría alabanzas, es decir himnos.

HINOM Ver *Hijo de Hinom*.

HINOM, VALLE DE Valle al sur de la antigua Jerusalén (Jos. 15:8; 2 Rey. 23:10). Los adoradores de las deidades paganas Baal y Moloc llevaban a cabo sacrificio de niños en el valle de Hinom (2 Rey. 23:10; comp. 2 Rey. 16:3; 2 Rey. 17:17; 2 Crón.

28:3). *Ver Baal; Gehena; Infierno; Jerusalén; Moloc.*

HIPOCRESÍA Pretensión de ser lo que uno no es, especialmente la pretensión de ser mejor de lo que uno es; en el griego clásico, era un término neutral —un intérprete de sueños, un orador, un actor o quien recitaba poesía— que adquirió connotación de pretensión, duplicidad o falta de sinceridad.

En el NT se habla de hipocresía en el sentido más limitado de estar desempeñando un papel. Jesús criticó a los hipócritas por ser piadosos en público (Mat. 6:2,5,16); y porque cuando daban limosnas, oraban y ayunaban, estaban más interesados en la alabanza de los demás que en la recompensa de Dios.

La hipocresía fue parte del pecado de Ananías y Safira (Hech. 5:1-11). Pablo acusó a Pedro de hipocresía por negarse a comer con cristianos gentiles en Antioquía (Gál. 2:12-13). Pablo le advirtió a Timoteo sobre los falsos maestros hipócritas (1 Tim. 4:2). Pedro incluyó la hipocresía como una de las actitudes que el cristiano debe evitar (1 Ped. 2:1). La sinceridad (sin hipocresía) debe ser una característica del cristiano: el amor (Rom. 12:9; 2 Cor. 6:6; 1 Ped. 1:22), la fe (1 Tim. 1:5; 2 Tim. 1:5) y la sabiduría (Sant. 3:17) deben ser sinceros.

HIRAM (*"hermano del eminente"*) (1) Rey de Tiro asociado con David y Salomón en la construcción del templo; hijo de Abibaal; a los 19 años de edad sucedió a su padre como rey de Tiro. Cuando David se convirtió en rey de Israel, Hiram le envió obsequios como felicitación, incluyendo hombres y materiales para construir un palacio (2 Sam. 5:11). La amistad entre ambos aumentó, y una de las evidencias fue el comercio que se desarrolló entre las dos naciones. Esa relación continuó durante el reinado de Salomón, y los dos hombres realizaron un acuerdo mutuamente beneficioso que dio como resultado la edificación del templo en Jerusalén (1 Rey. 5:1-12). Jerusalén estaba tierra adentro y tenía las ventajas de rutas comerciales por tierra. Tiro, un importante puerto marítimo, ofrecía las ventajas del comercio marítimo. Ver *David; Fenicia; Salomón; Tiro*. (2) Artesano que realizó trabajo en metal para el templo de Salomón (1 Rey. 7:13-45). Vivía en Tiro, la ciudad de su padre, pero su madre era una viuda judía de Neftalí.

HISOPO Ver *Plantas en la Biblia*.

HITITAS Ver *Heteos*.

HOBAB (*"amado"* o *"astuto"*) Suegro de Moisés (Núm. 10:29; Jue. 4:11); también llamado Jetro (Ex. 3:1; 18:2) y Reuel (Ex. 2:18). Ver *Moisés; Jetro; Reuel*.

HOFRA (*"el corazón de Ra persevera"*) Faraón egipcio (589-569 a.C.) que trató de alejar al ejército babilónico que sitiaba Jerusalén (Jer. 37:5). Jeremías se burló de Faraón e hizo un juego de palabras con su nombre, llamándolo un jactancioso que hace ruido con su voz (ver Jer. 46:17, RV 1995; BLA). Jeremías advirtió que el faraón sería entregado a sus enemigos; al mismo tiempo, el profeta le advirtió a los judíos que vivían en Egipto que la historia salvífica se revertiría y que ellos serían destruidos (Jer. 44:26-30). Finalmente Hofra perdió su poder en una revuelta liderada por el general Amasis en el 569 a.C.

HOLOCAUSTOS Ver *Sacrificio y ofrendas*.

HOMBRE DE A PIE Soldados de infantería para distinguirlos de la caballería (2 Sam. 8:4), soldados en general (1 Sam. 4:10; 15:4) u hombres en edad militar (Ex. 12:37); también un corredor pedestre que servía en la guardia de honor que corría delante del carro del rey (1 Sam. 8:11; 2 Sam. 15:1).

HOMBRE DE PECADO Gran opositor de Cristo (2 Tes. 2:3). Las traducciones modernas (BLA, margen) siguen otros manuscritos y dicen "hombre sin ley". Ver *Anticristo*.

HOMBRE INTERIOR Componente de la personalidad humana sensible a los requisitos de la ley. La personalidad humana está compuesta por tres elementos (Rom. 7:22-23): (1) el ser más interior donde mora la ley: la razón (*nous*, v. 23); el ser interior se aproxima al concepto rabínico *yeser hatob* (inclinación a lo bueno); (2) la carne o los miembros de la carne que son sensibles y responden positivamente a los deseos y apetencias; carne se aproxima al concepto rabínico *yeser harah* (inclinación al mal); y (3) la conciencia, que se percata tanto de la razón como de los deseos. En el pensamiento rabínico, la ley servía para inclinar la balanza en favor de la inclinación buena. Pablo rechazó esta perspectiva optimista de la ley. Sólo el Espíritu que habita en el ser interior puede liberar al individuo del poder del pecado (Rom. 8:2; Ef. 3:16).

HOMOSEXUALIDAD Preferencia sexual y relaciones sexuales entre personas del mismo sexo, algo que en toda la revelación bíblica se considera un estilo de vida inmoral. La Biblia no hace distinción entre lo que hoy algunos llaman "orientación homosexual" y el comportamiento homosexual. Los deseos o sentimientos homosexuales nunca se mencionan como tales en la Escritura, pero el comportamiento homosexual se condena inequívocamente como una de las formas en que los seres humanos se desvían de la voluntad de Dios (ver

Lev. 18:22), y hasta era pasible del castigo de muerte (20:13). Por lo tanto, es lógico que cualquier inclinación, sentimiento o deseo homosexual se debe considerar como una tentación potencialmente peligrosa, tan peligrosa como esas tentaciones de naturaleza heterosexual como por ejemplo el deseo de cometer fornicación o adulterio.

Génesis 19:1-11 relata la historia de un intento de violación homosexual grupal en la casa de Lot por parte de los hombres malvados de Sodoma. Lot consideró que este comportamiento era malvado (v. 7) y que la violación de sus hijas era el mal menor (v. 8). Esta maldad de Sodoma también se menciona en Jer. 23:14; Ezeq. 16:49-50; 2 Ped. 2:6-10; Jud. 7, y se la condena con severidad. Es aquí de donde proviene el término *sodomía*. En Jue. 19:22-30 hallamos una historia similar.

La homosexualidad entre hombres estaba prohibida en la ley de Moisés (Lev. 18:22; 20:13).

La iglesia primitiva también consideró que la homosexualidad era algo contrario a la "sana doctrina" (1 Tim. 1:10), una señal de la ira de Dios sobre la pecaminosidad obcecada (Rom. 1:26-27). A tal conducta se la considera una pasión degradante, no natural, una acción indecente y un error, hasta el punto que merecía la muerte (Rom. 1:32). Aparentemente algunos cristianos corintios habían sido homosexuales (1 Cor. 6:9-11). A través de la fe en Cristo habían sido "lavados", "santificados" y "justificados" (v. 11). Pablo dejó implícito que la conducta homosexual es algo perdonable a través del evangelio, y que todas las tentaciones homosexuales se deben resistir con tanta seriedad como las tentaciones a la fornicación o al adulterio.

La Biblia vincula la homosexualidad con la naturaleza pecaminosa de los seres humanos —una conducta psicosocial adquirida que expresa rebelión contra Dios y necesita redención. Los homosexuales son responsables de su comportamiento. Este es un problema psicológico muy complejo que tiene muchas posibles raíces o causas, y que necesita tanto compasión cristiana por parte del pueblo de Dios, como también el poder redentor de Dios por medio del evangelio. El ministerio de la iglesia a los homosexuales debe incluir conversión, consejos, educación y grupos de apoyo.

HOR (tal vez *"montaña"*) (1) Lugar donde murió Aarón, el sumo sacerdote, en cumplimiento de la profecía de que sería castigado por rebelarse en las aguas de Meriba (Núm. 20:22-29; 21:4; 33:38-41; comp. Deut. 10:6); posiblemente Jebel Madeira al nordeste de Cades sobre la frontera de Edom. (2) Montaña que marca el límite norte de la Tierra Prometida (Núm. 34:7-8), posiblemente una variante de monte Hermón.

HORA Tiempo señalado para un encuentro o para una fiesta religiosa; tiempo breve (Mat. 14:15; Apoc. 18:17; comp. Juan 5:35); tiempo de un evento esperado e importante (Mat. 8:13; Mar. 13:11); la doceava parte del día o de la noche; en el Evangelio de Juan, el relevante período de la misión salvadora de Jesús sobre la tierra, desde su entrada triunfal hasta su muerte y resurrección (12:23).

El hebreo bíblico no tiene una palabra para expresar la idea de hora, sino sólo una expresión para hablar de un tiempo señalado para un encuentro. En la época del NT un día se dividía en dos períodos (o vigilias) de doce horas de luz y doce de oscuridad, comenzado al amanecer. Esto hace que "las siete" (Juan 4:52) sea alrededor de la una de la tarde.

El Evangelio de Juan presenta el sufrimiento y la muerte de Jesús como la "hora" de la "gloria" de Cristo, el tiempo de su exaltación. La muerte de Jesús es el medio a través del cual se proporciona vida eterna a los seres humanos (Juan 3:14-15; 6:51-53). A partir de esa hora ya no se hacen distinciones humanas (4:21-24; 11:51-53; 12:20-23). La gloria de la muerte de Jesús radica tanto en lo que le permitió dar al mundo (6:51-53; 7:37-39), como también en que es el medio por el cual Él regresó al Padre (13:1). Ver *Gloria; Juan, Evangelio de; Tiempo, Significado de.*

HOREB Nombre alternativo del monte Sinaí (Ex. 3:1-12; 17:6-7; Deut. 1:19; 5:2; 1 Rey. 19:8). Ver *Monte Sinaí.*

HOREOS Habitantes preedomitas del monte Seir en la parte sur de Transjordania (ver Gén. 34:2; 36:2, 20; Jos. 9:7). La palabra hebrea corresponde al hurritas extrabíblico, un pueblo no semita que migró a la Medialuna Fértil alr. del 2000 a.C. Los hurritas crearon el imperio de Mitani en Mesopotamia alr. del 1500 a.C., y más tarde llegaron a ser un elemento importante en la población cananea de Palestina. En lugares donde hay evidencia extrabíblica de los hurritas, aparece el término hebreo "heveos" (Gén. 34:2; Jos. 9:7; 11:3,19) como designación para ciertos elementos de la población cananea. Muchos eruditos sostienen que tanto horeos como heveos equivalen al hurritas extrabíblico.

El texto hebreo sólo menciona horeos en el monte Seir, donde no hay evidencia de la existencia de hurritas. De manera que algunos creen que los horeos de la Biblia no eran hurritas, sino sólo los habitantes de Edom (monte Seir) que originalmente vivieron en cuevas (el hebreo *hor* significa "cueva"). De acuerdo a esta teoría, a los heveos se los debe identificar con los hurritas extrabíblicos. Ver *Heteos y heveos.*

HORES (*"bosque"*) Lugar donde David se escondió de Saúl y donde Jonatán, el hijo de Saúl, fue a ayudarlo e hizo un pacto de ayuda mutua (1 Sam. 23:15-18); tal vez khirbet Khoreisa, unos 3 km (2 millas) al sur de Zif y 10 km (6 millas) al sur de Hebrón.

HORMA (*"roca partida"* o *"maldito para destrucción"*) Ciudad de la tribu de Simeón (Jos. 15:30; 19:4; 1 Crón. 4:30) que marca los límites de la ruta cananea que tomaron los israelitas después de un intento fallido de invadir Canaán (Núm. 14:45; Deut. 1:44; comp. Núm. 21:1-3; Jue. 1:17); posiblemente tell Masos, unos 11 km (7 millas) al este de Beerseba. El sitio controló la ruta este-oeste en el valle de Beerseba y la ruta norte-sur a Hebrón. Ver *Sefat.*

HORMIGA Ver *Insectos.*

HORONAIM (*"cuevas gemelas"*) Importante ciudad en Moab a la que Isaías (15:5) y Jeremías (48:3,5,34) hicieron advertencias de futura destrucción; aparentemente en la región sudoeste de Moab.

HOSANNA (*"salva ahora"* o *"salva, te rogamos"*) Clamor con el que la multitud recibió a Jesús en su entrada triunfal en Jerusalén (Mar. 11:9); tomada de Sal. 118:25-26, un ruego de salvación.

HOSPITALIDAD Hospedar o recibir como huésped a un extraño (extranjero) en la casa de uno, y proporcionarle alimento, techo y protección; no es meramente una costumbre oriental ni una muestra de buenos modales sino un deber sagrado que se esperaba de todos. Como las posadas públicas no eran comunes, un viajero debía depender de la bondad de otros, y tenía derecho a esperar tal cosa. Esta era una práctica que se extendía a todos los viajeros, hasta a los esclavos que escapaban de sus amos (Deut. 23:15-16) o al archienemigo.

Los israelitas debían amar a los extranjeros como a sí mismos (Lev. 19:33-34; Deut. 10:18-19) y debían preocuparse por su bienestar (Deut. 24:17-22) porque Israel misma una vez había sido extranjera en Egipto. Algunas acciones de hospitalidad tuvieron recompensa (Jos. 6:22-25; Heb. 11:31; Sant. 2:25). La falta de hospitalidad era condenada y castigada (Gén. 19:1-11; Jue. 19:10-25). La única excepción fue Jael, que recibió elogios por matar a Sísara (Jue. 4:18-24).

La hospitalidad fue el trasfondo de muchos detalles en la vida de Jesús y de la iglesia primitiva (Mat. 8:20; Luc. 7:36; 9:2-5; 10:4-11). Debía ser una característica de los obispos y las viudas (1 Tim. 3:2; 5:10; Tito 1:8) y era un deber de todos los cristianos (Rom. 12:13; 1 Ped. 4:9). Era una expresión natural del amor fraternal (Heb. 13:1-2; 1 Ped. 4:8-9) y una herramienta necesaria en el evangelismo. Hasta sin saberlo uno podía estar hospedando ángeles o al Señor mismo (Heb. 13:2; Mat. 25:31-46).

HUÉRFANO Persona que ha perdido al padre; parias sociales sin nadie que proveyera a sus necesidades materiales ni representara sus intereses ante los tribunales (Job 31:21); a menudo se los menciona junto a las viudas como a los integrantes más desvalidos de la sociedad (Ex. 22:22; Deut. 10:18; Sal. 146:9). Los huérfanos a menudo se veían obligados a pedir limosna (Sal. 109:9-10). Sufrían la pérdida de sus hogares (Sal. 109:10), los derechos a la tierra (Prov. 23:10) y perdían animales (Job 24:3). A los huérfanos se los sometía a actos de violencia (Job 22:9), se los trataba como a propiedad sin importancia (6:27), y hasta se los asesinaba (Sal. 94:6).

Sin embargo, Dios se preocupa de manera especial por huérfanos y viudas (Deut. 10:18; Sal. 10:14-18; 146:9; Os. 14:3), algo que se hace evidente en el título divino de "padre de huérfanos" (Sal. 68:5). La ley del AT hacía provisión para las necesidades materiales de huérfanos y viudas, a quienes se debía alimentar con el diezmo del tercer año (Deut. 14:28-29; 26:12-13), con las gavillas dejadas en los sembrados (24:19) y con el fruto que Dios ordenaba dejar en los árboles y las vides (24:20-21). Los huérfanos y las viudas debían ser incluidos en las celebraciones religiosas de la comunidad (Deut. 16:11,14). El pueblo de Dios recibió repetidas advertencias de no aprovecharse de huérfanos y viudas (Ex. 22:22; Deut. 24:17; 27:19; Sal. 82:3; Isa. 1:17). En el NT, Santiago manifestó que el culto agradable a Dios era satisfacer las necesidades de huérfanos y viudas (1:27).

HUERTO Terreno cerrado o rodeado por muros o setos donde se cultivaban flores, verduras, hierbas, frutas y árboles de frutas secas (Gén. 2:8; 1 Rey. 21:2; Est. 1:5; Isa. 51:3; Juan 18:1-2). Algunos eran grandes (Est. 1:5), y los más prominentes eran los huertos reales (2 Rey. 25:4; Neh. 3:15; Jer. 39:4). Se contrataban hortelanos para cuidar de los huertos más importantes, a fin de que los sembraran y regaran (Deut. 11:10; Juan 20:15). Un huerto proporcionaba alimento a su dueño (Jer. 29:5,28; Amós 9:14), y desde allí era agradable mirar las plantas (Gén. 2:9). Como era un sitio guardado y protegido (Cant. 4:12), las personas podían retirarse allí para oración (Mat. 26:36-46), o para un tiempo de soledad y quietud (Est. 7:7). Proporcionaba un lugar fresco para el calor del día (Gén. 3:8). Los amigos podían encontrarse en huertos (Juan 18:1-2) y allí se podían celebrar banquetes (Est. 1:5), de modo que a menudo se lo asociaba con gozo y alegría (Isa. 51:3). Por otra parte, en los huertos a veces se ofrecían sacrificios paganos (Isa. 65:3; 66:17); y en ocasiones se los utilizaba como lugar de sepultura (2 Rey. 21:18,26; Juan 19:41-42).

El huerto del Edén (Gén. 2:8; 3:23-24) fue un lugar que plantó Dios (2:8) y le encomendó a Adán que lo cultivara y lo guardara (2:15). Luego de caer en pecado, Adán y Eva fueron expulsados del huerto; pero Edén, "el huerto de Dios" (Ezeq. 28:13), siguió siendo símbolo de bendición y abundancia (Ezeq. 36:35; Joel 2:3). El "huerto del rey" en Jerusalén estaba ubicado cerca de una de las puertas de la ciudad que proporcionaba salida o huida inadvertida (2 Rey. 25:4; Neh. 3:15; Jer. 39:4; 52:7). El "huerto" (Juan 18:1) llamado de Getsemaní (Mat. 26:36; Mar. 14:32) era un lugar donde Jesús a menudo se encontraba con sus discípulos (Juan 18:2). El Señor fue traicionado y arrestado en ese lugar.

HUESOS Restos del esqueleto de los seres humanos (Gén. 50:25; Ex. 13:19; 1 Sam. 31:13). Metafóricamente, "carcoma de los huesos" se refería al hombre cuya esposa causaba vergüenza y confusión (Prov. 12:4; 14:30); "pudrición" en los huesos podía hacer referencia a abatimiento y a estar anticipando una maldad que se aproximaba (Hab. 3:16). Los huesos que se estremecían o temblaban hablaban de miedo (Job 4:14) o tristeza (Jer. 23:9). Huesos quemados hacían

referencia a dolor y depresión (Sal. 102:3; Lam. 1:13; comp. Jer. 20:9). Huesos secos era indicativo de mala salud (Prov. 17:22). "Hueso de mis huesos" puede significar que existe idéntica naturaleza o que alguien es el pariente más cercano (Gén. 2:23; 2 Sam. 5:1).

HULDA ("*lunar*") Profetisa (2 Rey. 22:14) a quien consultó Josías después que encontró una copia del libro de la ley durante las preparaciones para restaurar el templo. Ella profetizó juicio para la nación pero una muerte pacífica para el rey Josías. Ver *Josías.*

HUMILDAD Cualidad de la persona cuando muestra dependencia de Dios y respeto por otras personas. El AT conecta la humildad con la humillante experiencia de Israel en la esclavitud de Egipto —un pueblo pobre, afligido y sufriente (Deut. 26:6). La humildad estaba estrechamente asociada con personas pobres y afligidas (2 Sam. 22:28).

Lo que Dios desea por sobre todas las cosas no son los sacrificios externos sino un espíritu humilde (Sal. 51:17; Mi. 6:8). Éste se manifiesta de varias maneras: (1) reconocimiento de nuestra pecaminosidad ante un Dios santo (Isa. 6:5); (2) obediencia a Dios (Deut. 8:2) y (3) sumisión a Dios (2 Rey. 22:19; 2 Crón. 34:37). El AT prometió bendiciones para aquellos que fueran humildes (Prov. 11:2; 15:33; Isa. 61:1).

Los que se humillen ante Dios serán exaltados (1 Rey. 21:29; 2 Rey. 22:19; 2 Crón. 32:26; 33:12-19; Luc. 1:52; Sant. 4:10; 1 Ped. 5:6). Quienes no se humillan ante Dios serán afligidos (2 Crón. 33:23; 36:12). La senda hacia el avivamiento es el camino de la humildad (2 Crón. 7:14).

La vida de Jesucristo proporciona el mejor ejemplo de humildad (Mat.

11:29; 1 Cor. 4:21; Fil. 2:1-11). A menudo Jesús predicó y enseñó sobre la necesidad de ser humilde (Mat. 18:1; 23:12; Mar. 9:35; Luc. 14:11; 18:14). La persona humilde no mira despectivamente a otros (Mat. 18:4; Luc. 14:11). Mientras por un lado Dios resiste a los orgullosos, por el otro da gracia a los humildes (Sant. 4:6). Los humildes no se preocupan demasiado por su propio prestigio (Mat. 18:4; 23:12; Rom. 12:16). Las buenas relaciones con otros, en especial con los que han errado espiritualmente, dependen de que haya mansedumbre o humildad (1 Cor. 4:21; Gál. 6:1; 2 Tim. 2:25).

HUR (tal vez *"el blanco"*, *"horeo"*, o tal vez un derivado del nombre del dios egipcio "Horus") (1) Líder israelita que acompañó a Moisés y Aarón a la cima del monte en la batalla con los amalecitas. Hur ayudó a Aarón a sostener en alto los brazos de Moisés para que Israel prevaleciera (Ex. 17:10-12). Hur y Aarón también representaban a Moisés y resolvieron todos los problemas en el pueblo cuando Moisés ascendió a la montaña para recibir instrucciones de parte de Dios (Ex. 24:14; comp. 31:2; 1 Crón. 2:19). (2) Rey de Madián a quien Israel mató al acercarse a la Tierra Prometida (Núm. 31:8; ver Jos. 13:21). (3) Uno de los gobernadores que nombró Salomón con jurisdicción sobre el monte de Efraín (1 Rey. 4:8). Su nombre asimismo se puede traducir Ben-Hur. También podría ser el padre de dicho oficial. (4) Administrador sobre la mitad del distrito de Jerusalén bajo Jere-

mías, o padre del administrador (Neh. 3:9).

HURTO, ROBO Tomar la propiedad de otra persona sin su consentimiento; prohibido por los Diez Mandamientos (Ex. 20:15; Deut. 5:19); es irrelevante que el ladrón adquiera la propiedad por fuerza, falsedad u opresión (ver Gén. 31:31; Lev. 19:13; Deut. 24:14-15; Mal. 3:5; Juan 10:1); no se prescribe un castigo específico; énfasis en la restitución de la propiedad robada al dueño legítimo (Ex. 22:1,4,7,9; Lev. 6:1-7; Núm. 5:5-8). Si un ladrón no la devolvía o reponía, podía ser vendido como esclavo hasta que se hiciera la restitución (Ex. 22:3).

Durante el período del NT, el robo estaba bajo la jurisdicción de la ley romana. Los ladrones capturados ocasionalmente eran crucificados (Mat. 27:38; Mar. 15:27). Los grupos políticos más militantes, tales como los sicarios, recurrían al asesinato y al robo. Los ladrones del primer siglo operaban frecuentemente en bandas, atacando a viajeros (Luc. 10:30; comp. Mat. 6:19-20; Apoc. 3:3).

HUSAI (*"rápido"*, *"de Husa"* o *"don de hermandad"*) "Amigo de David" (2 Sam. 15:37), probablemente una referencia a un cargo oficial de gobierno, como sucedía en Egipto; un asesor personal, algo parecido a un secretario de estado (ver 2 Sam. 15:32,34; 16:16-19; 17). El funcionario de Salomón que estaba a cargo de recolectar provisiones reales en Aser era hijo de Husai, tal vez la misma persona que el "amigo de David" (1 Rey. 4:16).

ICABOD (*"¿dónde está la gloria?"*) Hijo de Finees, que a su vez era hijo de Elí (1 Sam. 4:21). Ver *Elí.*

ICONIO Ver *Asia Menor, Ciudades de.*

IDDO Seis hombres, cuatro de cuyos nombres en hebreo se escriben de manera distinta. Dichos hombres incluyen a (1) persona con autoridad en la comunidad del exilio a quien Esdras envió mensajeros a fin de conseguir levitas (Esd. 8:17); (2) líder (durante el reinado de David) de la mitad oriental de la tribu de Manasés (1 Crón. 27:21); (3) profeta a cuyos registros alude el escritor de Crónicas para quien desee obtener más información sobre Salomón y Jeroboam (2 Crón. 9:29), Roboam (2 Crón. 12:15) y Abías (2 Crón. 13:22); (4) abuelo del profeta Zacarías (Zac. 1:1,7; comp. Esd. 5:1; 6:14, donde se usa "hijo" para hablar de descendiente). Ver Neh. 12:4,16.

IDIOMAS DE LA BIBLIA Hebreo; arameo; griego. El AT se escribió originalmente en hebreo, con excepción de gran parte de Esdras 4-7 y Daniel 2:4b-7:28, que aparece en arameo. El NT se escribió en griego, aunque Jesús y los cristianos primitivos pueden haber hablado en arameo.

El hebreo es un idioma semita afín al fenicio y a dialectos de la antigua Canaán. El elemento crucial del idioma hebreo es el verbo, que por lo general es la primera palabra de una oración.

El arameo es parecido al hebreo, y ambos tienen un vocabulario considerablemente similar. El arameo comenzó como el idioma de Siria, y gradualmente fue adoptado como idioma para la comunicación internacional. Después de aprox. el 600 a.C., reemplazó al hebreo como lengua oral de Palestina. El hebreo continuó siendo el idioma religioso de los judíos, pero para escribirlo se usó el alfabeto arameo.

El griego pertenece al grupo de idiomas indo-europeos. Se extendió su uso por el mundo del Mediterráneo con las conquistas de Alejandro Magno después de aprox. el 335 a.C. El NT se escribió en un dialecto llamado *koiné* ("común"), el dialecto de la persona promedio. El griego del NT está imbuido de formas de pensamiento semitas, y hay muchas palabras arameas escritas con letras griegas (por ej. *talita cumi*, Mar. 5:41; *efata*, Mar. 7:34; *Elí, Elí, lama sabactani*, Mar. 15:34; *maranata*, 1 Cor. 16:22). También aparecen palabras latinas: *kenturion, denarion*. La exactitud de expresión y la popularidad del griego lo convirtió en el idioma ideal para el inicio de la comunicación del evangelio.

IDOLATRÍA Acciones y actitudes que indican adoración, reverencia u honra a un objeto, persona o entidad que no sea el único Dios verdadero, y asimismo acciones impuras, indecorosas o inapropiadas en la adoración del verdadero Dios.

El problema más frecuente del AT en cuanto a idolatría eran las deidades de la naturaleza o la fertilidad —los Baales y Astarot, Anat, Astarte—, las representaciones masculina y femenina de la reproducción y el crecimiento. Muchas formas de esta idolatría incluían actos sexuales. La adoración por razones políticas era otro tipo de idolatría (Sof. 1:5).

Los dioses nacionales, las deidades de la fertilidad, las religiones de misterio y el culto al emperador fueron serios desafíos para la iglesia primitiva. A menudo el cristiano se enfrentaba con órdenes imperiales para participar en este tipo de idolatría. Rehusarse podía conllevar graves castigos, incluso la muerte.

En el Decálogo se da solución a formas de idolatría (Ex. 20): lealtad exclusiva a Jehová y adoración sólo a Él (v. 3); adoración sin imágenes (v. 4); honrar en todo el nombre de Dios (v. 7).

Los hebreos eran culpables de prácticas religiosas sincretistas y mezcladas artificialmente. Los templos que construyó Jeroboam en Bet-el y Dan con becerros de oro mezclaban un símbolo de Baal con el culto al Dios que libertó a los hebreos de la esclavitud egipcia (1 Rey. 12:28); eso era idolatría.

La idolatría incluye la confianza en el poder militar (Isa. 31:1), la confianza en "la obra de vuestras manos" (Jer. 25:7), servir a Dios a fin de recibir bendiciones físicas y materiales (como los amigos de Job) y ofrecer a Dios sacrificios inaceptables en vez de ofrecerle lo mejor (Mal. 1:6-8). También hay idolatría cuando uno ora, ayuna o da limosnas "delante los hombres, para ser vistos de ellos" (Mat. 6:1-18).

Miqueas 6:8 resume en qué consiste la verdadera adoración: "solamente hacer justicia, y amar misericordia, y humillarte ante tu Dios". Jesús lo confirmó: "los verdaderos adoradores adorarán al Padre en espíritu y en verdad; porque también el Padre tales adoradores busca que le adoren. Dios es Espíritu; y los que le adoran, en espíritu y en verdad es necesario que adoren" (Juan 4:23-24). Ver *Canaán, Historia y religión de; Adoración*.

ÍDOLO Imagen física o material, o bien figura para representar una realidad o un ser a quien se considera dios y por lo tanto es objeto de culto: imagen, ya sea tallada o fundida; estatua o estatuilla; abominación. La religión bíblica es única en su tipo al exigir adoración sin imágenes (Ex. 20:4,5).

La primera rebelión de los hebreos se centró en el becerro de oro (Ex. 32). La serpiente de bronce ilustra la propensión que tenían los hebreos en cuanto a la adoración de ídolos. Moisés erigió esa serpiente en el desierto para calmar y mitigar una plaga de serpientes ardientes (Núm. 21), pero Israel la retuvo y la hizo objeto de culto (2 Rey. 18:4). Josué llamó al pueblo a dejar de lado los dioses a quienes sus padres habían servido en Mesopotamia y en Egipto (Jos. 24:14). El rey Jeroboam trató de representar a Jehová con los becerros de oro que estableció en los templos de Bet-el y Dan (1 Rey. 12:28-33).

Isaías 44:9-20 denunció idolatría de manera devastadora. El ídolo fabricado por un obrero era impotente aun para sustentar al obrero hasta que completara su obra. El ídolo comenzó como un pedazo de árbol del cual la persona hizo un dios. Por lo tanto la persona sólo adoraba a un pedazo de madera.

El problema más notorio en el NT se relaciona con la cuestión de comer carne que había sido ofrecida a un ídolo (1 Cor. 8-10). Aparentemente Pablo amplió el concepto cristiano de la idolatría cuando identificó la codicia como una forma de idolatría (Col. 3:5). Ver *Comida ofrecida a los ídolos; Dioses paganos*.

IDUMEA Nación destinada al juicio (Isa. 34:5, RVR "Edom"); término usado en la Septuaginta y en los escritos de Josefo para referirse a Edom, la región al sudeste del mar Muerto. Los gobernantes de la familia de Herodes eran originalmente de Idumea. Al comienzo del ministerio de Jesús, hubo multitudes de Idumea que lo seguían (Mar. 3:8). Ver *Edom*.

IGLESIA Grupo de personas que profesan fe en Jesucristo, se reúnen para adorarlo y procuran animar a otros a convertirse en seguidores de Cristo; traducción castellana del griego *ekklesia*, "llamados fuera de", por lo general utilizado para indicar una asamblea de ciudadanos en una ciudad griega (ver Hech. 19:32,39). Los cristianos primitivos entendían que Dios, en Jesucristo los había "llamado fuera de" para un propósito especial y con un *status* de privilegio en Jesucristo (Ef. 2:19).

A fin de ligar el AT con el NT, los primeros cristianos judíos usaron una autodesignación común del AT para hablar del pueblo de Dios. Ellos entendían que eran el pueblo del Dios que se había revelado en el AT (Heb. 1:1-2), entendían que eran los verdaderos hijos de Israel (Rom. 2:28-29) y que tenían a Abraham como padre (Rom. 4:1-25). También entendían que eran el pueblo del nuevo pacto profetizado en el AT (Heb. 8:1-13). Este amplio trasfondo de significado en el mundo griego y en el del AT, extiende la "iglesia" del NT a una congregación local de cristianos "llamados fuera de", como por ejemplo "la iglesia de Dios que está en Corinto" (1 Cor. 1:2), y también incluye a la totalidad del pueblo de Dios, como por ejemplo en la afirmación de que Cristo es la "cabeza sobre todas las cosas a la iglesia, la cual es su cuerpo" (Ef. 1:22-23: comp. 4:15-16; 1 Cor. 6:12-20; 12:12-27). Ver *Cuerpo de Cristo*.

La iglesia es la esposa de Cristo (Ef. 5:22-31), la nueva criatura o creación de Dios (2 Cor. 5:17), nuevas personas (Ef. 2:14-15), guerreros contra Satanás (Ef. 6:10-20), hijos de luz (Ef. 5:7-9). La iglesia es una comunidad de fe a cuyos miembros se describe como santos (1 Cor. 1:2), fieles (Col. 1:2), testigos (Juan 15:26-27) o casa de Dios (1 Ped. 4:17).

La iglesia está consagrada a Jesucristo como su Señor. Él estableció a la iglesia bajo su autoridad divina (Mat.

16:13-20). El fundamento para la existencia de la iglesia radica en la muerte redentora de Cristo y en la demostración del poder divino en su resurrección.

A las personas se las admitía a la congregación local cuando ponían su fe en Cristo como Salvador (Hech. 3:37-42), lo confesaban abiertamente (Rom. 10:9-13) y eran bautizadas (Hech. 10:44-48; ver Mat. 28:18-20). Los miembros de la iglesia eran exhortados a perdonarse (Col. 3:12-14) y a amarse unos a otros (Ef. 5:1-2; 1 Juan 3:16) porque Dios había hecho esto en Cristo para todos ellos. Debían demostrar el poder de la redención de Cristo en sus vidas (Rom. 12:1-13:7; Gál. 5:19-26; Ef. 4:17-24; Col. 3:12-4:1).

La adoración de la iglesia primitiva demostró el señorío de Cristo y la obligación de los cristianos de amarse y alimentarse mutuamente unos a otros (1 Cor. 11:17-22; 14:1-5). La adoración cristiana procuraba edificar y fortalecer a los cristianos presentes (1 Cor. 14:26) y lanzar un desafío a los paganos para que acepten a Cristo (1 Cor. 14:20-25). Los excesos se refrenaban con sugerencias específicas (1 Cor. 14:26-33a; 1 Tim. 2:1-10) y con la regla de que lo que se hacía debía ser apropiado para aquellos que estaban comprometidos con un Dios de paz (1 Cor. 14:33a).

La iglesia vivía con un sentido de urgencia por saber que Cristo regresaría (1 Tes. 1:9-10) para juzgar a los incrédulos (1 Tes. 5:1-10); esto hacía que el testimonio fuera prioritario. A la Cena del Señor se la consideraba la proclamación de "la muerte del Señor… hasta que él venga" (1 Cor. 11:26). El regreso de Cristo daría como resultado gozo glorioso y la transformación de los cristianos —una esperanza que los sostenía en tiempos difíciles (2 Tes. 1:5-12).

La iglesia se organizaba dando por sentado que cada miembro tenía un don para el servicio, un don que debía usarse para beneficio de todos (Rom. 12:1-8; 1 Cor. 12:12-31; 1 Ped. 4:10). La organización de las iglesias primitivas no era igual en cada lugar necesariamente, ya que dependía del tamaño, de la presencia de un apóstol y de los tipos de ministerios. El principio guía era que la iglesia era el cuerpo de Cristo con una misión, y la iglesia sentía la libertad de responder a la dirección del Espíritu Santo desarrollando una estructura que contribuyera a llevar a cabo responsabilidades (Rom. 12:1-8; 1 Cor. 12:4-11; Ef. 4:11-16).

IGNORANCIA Falta de conocimiento o entendimiento. La ley del AT hacía distinción entre pecados por ignorancia o no intencionales (Lev. 4:2,13-14; Núm. 15:24-29), y pecados premeditados ("pecar con soberbia", o "con mano levantada" Núm. 15:30-31, ver nota en BLA). Los pecados que se cometían en ignorancia acarreaban culpa (Lev. 4:13,22,27); sin embargo, el sistema de sacrificios proporcionaba expiación para ese tipo de pecados (Lev. 4; 5:5-6). En contraste, el pecado con soberbia es una afrenta a Jehová que hacía a la persona pasible de ser expulsada del pueblo de Dios. La ley no proporcionaba un rito de limpieza para dicho pecado (Núm. 15:30-31).

El NT afirma que Dios perdona la ignorancia pasada. Ejemplo de ello fue la ignorancia de los judíos que participaron en el complot para crucificar a Jesús (Hech. 3:17; 13:27), de Pablo al perseguir a los cristianos (1 Tim. 1:13), y de los gentiles que no reconocían al verdadero Dios (Hech. 17:30). Dios sigue exigiendo arrepentimiento (Hech. 3:19; 17:30). La obediencia es una característica de los convertidos, así como los deseos ignorantes son una característica de los que no tienen a Cristo (1 Ped. 1:14). Hay ignorancia deliberada cuando la persona obstinadamente se niega a reconocer que la naturaleza testifica de la existencia de un Dios poderoso (Rom. 1:18-21; Ef. 4:18; 2 Ped. 3:5).

IGUALDAD DE LOS SEXOS Adán y Eva fueron creados a la imagen de Dios para ser iguales en cuanto a su persona pero distintos en cuanto a su sexo (Gén. 1:26-27; 5:1-2). El término "ayuda idónea" (Gén.2:18), que define la relación entre Adán y Eva, se usa para mostrar la compatibilidad mutua y no inferioridad por parte de la mujer.

Adán y Eva fueron copartícipes en la caída, e igualmente responsables ante Dios (Gén. 3:6, 16-19; Rom. 3:23; 5:12-21). La caída introdujo distorsiones en la relación hombremujer, y esto dio como resultado que cada sexo tratara de usurpar el papel del otro (Gén. 3:16b).

El objetivo de la redención de Cristo es revertir los efectos del pecado. Aunque las diferencias entre los sexos permanecen, tanto hombre como mujer son uno en Cristo (Gál. 3:26-28) y participan en la vida de la iglesia de manera singular por medio de la obra del Espíritu Santo (Hech. 2:17-18; 1 Cor. 12:7). El apóstol Pablo apeló al orden de la creación —primero el hombre, luego la mujer— para hablar de la sumisión de la mujer al hombre en ciertas funciones de la iglesia: enseñanza y predicación (1 Tim. 2:11-12; comp. 1 Cor. 11:8-9). A los esposos se los ha hecho cabeza de sus mujeres de manera análoga a Cristo como cabeza de la iglesia (Ef. 5:23). La motivación en la relación de esposos debe ser el amor *ágape* (Ef. 5:25).

Las mujeres tuvieron importantes cargos de autoridad tanto en el AT (Ex. 15:20; Jue. 4:4-14; 2 Crón. 34:22-28; Prov. 31:29) como en el

NT (Hech. 1:14; Rom. 16:1-3; 1 Cor. 1:11; 16:19; Fil. 4:2). Tanto hombres como mujeres al criar a sus hijos ponen en ejercicio el liderazgo (Ex. 20:12; Prov. 1:8; Ef. 6:1-4).

IJÓN (*"ruina"*) Lugar en el territorio de Neftalí; cerca de Marj Uyun, entre los ríos Litani y Hesbani en tell Dibbin (1 Rey. 15:20-22). Tiglat-pileser conquistó la ciudad y llevó cautivos a muchos israelitas alr. del 734 a.C. (2 Rey. 15:29).

ILÍRICO Distrito en el Imperio Romano entre el río Danubio y el mar Adriático, incluyendo Albania y lo que era Yugoslavia. Los romanos lo dividieron en Dalmacia y Panonia. Ilírico fue el límite nordeste de la obra misionera de Pablo (Rom. 15:19).

IMAGEN DE DIOS Naturaleza única y singular de los seres humanos en la relación con su Creador (Gén. 1:26-27). Los seres humanos no son un hecho fortuito de la evolución, sino una creación especial por parte de Dios a fin de que cumplan en el mundo un rol predeterminado divinamente. Los seres humanos tienen cualidades características que reflejan la naturaleza de Dios mismo y los coloca por encima de todos los demás seres creados.

Cuando se intenta hacer una distinción entre el significado de "imagen" y "semejanza", no se está reconociendo el paralelismo hebreo y la descripción narrativa de un solo acto de creación de seres humanos. El hebreo *selem* ("imagen") hace referencia a una imagen esculpida (1 Sam. 6:5; 2 Rey. 11:18), por ejemplo una estatua con un marcado parecido físico a la persona o cosa que representa. Semejanza (hebreo *demuth*) habla de un facsímil. Comp. 2 Rey. 16:10, "diseño" y "descripción" (RVR 1960), "semejanza" (lit. semejanza) y "réplica" (BLA, nota marginal). Ninguna de las palabras implica que las personas son divinas. Les fueron impartidas algunas de las características de Dios. Hay semejanza, pero no igualdad.

Dios hizo a cada hombre y a cada mujer a semejanza de su propia persona. Persona habla del individuo en todos sus aspectos —cuerpo y espíritu— como criatura moral, racional, responsable, con amor y con conciencia de sí mismo y conciencia de Dios. Los seres humanos creados a imagen de Dios comparten con Él su naturaleza racional y la capacidad de pensar, analizar y reflexionar incluso en cuestiones abstractas. En vista de que Dios es un ser espiritual (Juan 4:24), las personas también tienen espíritus y así pueden comunicarse con Dios.

Los seres humanos tienen un propósito, una necesidad instintiva de ser algo y hacer algo. Son criaturas con una esfera moral y pueden realizar juicios morales (Gén. 2:16-27). Las personas tienen una conciencia que actúa como censor, pero la pueden resistir. Toman decisiones; pueden obedecer sus más elevados instintos o seguir sus anhelos más malsanos. El ser humano es la única criatura que le puede decir no a Dios. Los seres humanos tienen la libertad de regir su propia vida y de decidirse a tener comunión con Dios. Dios creó al "hombre" a su propia imagen porque deseaba tener relación con otra persona soberana. Como imagen de Dios, los seres humanos representan a Dios en la tierra, cuidan de la creación de Dios y presentan la revelación de Dios a otros seres humanos. Ver *Humanidad*.

IMPIEDAD Actitud y estilo de vida que excluye a Dios del pensamiento e ignora o deliberadamente viola las leyes divinas. Los impíos se niegan a reconocer a Dios a pesar de la evidencia de la creación (Rom. 1:22), son parte de una idolatría intencional (1:25) y practican un estilo de vida no restringido por límites divinos (1:26-31). Los impíos no temen el juicio de Dios y tratan de que otros se unan a su propia maldad (1:32). Ver 1 Tim. 4:7; comp. 6:20; 2 Tim. 2:16.

IMPOSICIÓN DE MANOS Acto ritual en el que se colocan las manos sobre una persona o animal a fin de establecer cierta comunión espiritual; en forma especial se asocia con sacrificios (Lev. 1:4; 3:2-13; 4:4-33; 8:14,18,22; 16:21). Imponer las manos sobre el animal para el sacrificio era el medio de transferir la iniquidad de la persona al animal (Lev. 16:22). Los ancianos (Lev. 4:15), el sumo sacerdote (Lev. 16:21) o bien el rey o los príncipes (2 Crón. 29:20-24) actuaban como representantes del pueblo. Ver Núm. 8:10. El pecado de blasfemia se consideraba algo tan severo que todos los que escuchaban cuando alguien maldecía el nombre del Señor, imponían las manos sobre la cabeza de la persona antes de apedrearla hasta matarla (Lev. 24:14-16).

La imposición de manos tenía otros significados: bendición (Gén. 48:13-20; Mar. 10:16; Mat. 19:13-15; comp. con las acciones de Dios, Sal. 139:5); arbitraje legal (Job 9:33); encomendación (Núm. 27:18-23; Deut. 34:9; comp. Hech. 6; 13:3); acción profética simbólica (2 Rey. 13:16), y una acción de arresto, captura o violencia (Gén. 27:22; Ex. 22:11; 2 Crón. 23:15; Est. 2:21; Mat. 26:50; Mar. 14:46; Luc. 21:12; Juan 7:44; Hech. 4:3; 12:1). La sanidad milagrosa acompañó a la imposición de manos (Mar. 5:23; 6:5; 8:23-25; 16:18; Luc. 4:40; 13:11-13; Hech. 9:12-17; 28:8).

Pedro y Juan impusieron sus manos sobre los creyentes bautizados en Samaria a fin de que pudieran recibir el Espíritu Santo (Hech. 8:14-19; comp. 19:6). Timoteo recibió un don espiritual por medio de profecía con imposición de manos por parte de la asamblea de ancianos (1 Tim. 4:14; comp. 2 Tim. 1:6). Pablo advirtió contra la imposición de manos de manera apresurada (1 Tim. 5:22). Hebreos clasificó la imposición de manos entre las enseñanzas elementales que las personas maduras deben dejar tras sí (Heb. 6:2).

IMPUESTOS Pagos regulares a gobernantes y/o al gobierno. En el antiguo Israel sólo se pagaban impuestos para sostener el tabernáculo y sostener a los sacerdotes. Se tenía que pagar tributo a los invasores tales como los filisteos. Durante el reinado de David, se mantuvo un ejército mediante el pago de tributo por parte de las tribus conquistadas. Los impuestos aumentaron durante el gobierno de Salomón. Comerciantes y mercaderes pagaban impuestos; los pueblos sometidos pagaban tributos; los agricultores pagaban impuestos en especie con aceite y vino; y muchos israelitas hacían trabajos forzados en el templo. Los requisitos impositivos para satisfacer tanto las necesidades civiles como del templo se incrementaron considerablemente durante la monarquía, y a menudo se los consideraba excesivos (1 Sam. 8:10-18; 1 Rey. 5:13-17; 12:1-11; Neh. 5:4; Amós 5:11; comp. Miq. 3:1-3). La forma más aplastante de imposición era el tributo reclamado por gobernantes extranjeros (1 Rey. 14:25-28; 2 Rey. 15:19-20; 23:35). Pronto Israel se transformó en un estado vasallo, y pagó un impuesto obligatorio a Asiria, y con el tiempo a Roma.

Herodes el Grande impuso un impuesto sobre el producto del campo y un impuesto sobre artículos comprados y vendidos. Otras obligaciones a potencias extranjeras incluían: un impuesto sobre la tierra, un impuesto por persona, una especie de impuesto progresivo a las ganancias (acerca del cual los fariseos probaron a Jesús, Mat. 22:17), y un impuesto sobre la propiedad personal. En Jerusalén se cobraba un impuesto sobre la vivienda. Estos impuestos se pagaban directamente a los funcionarios romanos.

Los derechos de aduana, de exportación e importación que se pagaban en los puertos marítimos y en las puertas de las ciudades, eran concesionados a contratistas privados que pagaban una suma en adelanto por el derecho a colectar los impuestos en un área determinada. Era el caso de Zaqueo (Luc. 19) y Mateo (Mat. 9). Aparentemente, Roma ponía pocas restricciones en cuanto a la ganancia que podía obtener el cobrador. Un censo con fines impositivos bajo el emperador romano llevó a José y María a Belén, donde Jesús nació (Luc. 2:1-7). El pueblo judío también tenía que pagar los impuestos del templo: *didracma* o medio siclo (Mat. 17:24). Los levitas recolectaban un diezmo, el 10% de todo lo que producía la tierra.

Muchos judíos celosos consideraban que pagar los impuestos a Roma era traición a Dios. A pesar de la dureza de los impuestos, el NT reconoce que ser un buen ciudadano incluye pagar los impuestos a quien corresponda (Mat. 17:24-27; 22:17-21; Rom. 13:1,5-7). Al mismo tiempo, los cobradores de impuestos son amonestados a recolectar los impuestos de manera justa (Luc. 3:12-14; comp. Luc. 19:8).

IMPUTAR, IMPUTACIÓN Arreglar las cuentas de alguien o atribuir algo a otra persona. Dios atribuyó justicia a Abraham, que tuvo fe (Gén. 15:16). Él le acreditó a Abraham con aquello que Abraham no tenía en sí mismo (Rom. 4:3-5). Esto no significa que Dios aceptó la fe de Abraham en vez de la justicia como un logro que

merecía justificación. Más bien, significa que Dios aceptó a Abraham porque éste confió en Dios en vez de confiar en algo que él mismo pudiera hacer.

Sólo Dios puede perdonar pecados. A quienes son perdonados no se los considera impíos ya que el Señor no les imputa la iniquidad. En su lugar, a estas personas se las considera hijos de Dios (Rom. 4:7-8,11,23-24; comp. Sal. 32:1-3). Dios otorga justicia a quienes tienen fe en Cristo (Rom. 1:17; 3:21-26; 10:3; 2 Cor. 5:21; Fil. 3:9). Esta justicia que les es imputada o acreditada a los creyentes es, técnicamente hablando, una justicia que no les pertenece. No es la propia justicia del creyente sino la justicia de Dios imputada al creyente. Es así que Lutero dijo que los creyentes son justos y pecadores simultáneamente.

En cierto modo la Biblia deja implícito que el pecado de Adán le fue imputado a la humanidad (Rom. 5:12-21; 1 Cor. 15:21-22), y que los pecados de la humanidad le fueron imputados a Jesucristo (2 Cor. 5:21) —aunque la precisa naturaleza de esta imputación divina sigue siendo un misterio. En Adán Dios juzgó como culpable a toda la raza humana. Sin embargo, la humanidad no ha sido simplemente declarada culpable: cada ser humano ha hecho que su culpa sea realidad. Es imposible que los pecadores sean justos a los ojos de Dios si no fuera por el don de justicia que se les otorga por la gracia de Dios en Cristo a través de la fe.

INCENSARIO Recipiente que usaban los sacerdotes para llevar brasas a fin de ofrecer incienso ante el Señor (Lev. 10:1; Núm. 16:17-18; 2 Crón. 26:16-21; Ezeq. 8:11-13). La adoración celestial también incluía incensarios e incienso (Apoc. 8:3-5). Ver *Tabernáculo; Templo.*

INCESTO   Relación sexual entre personas de parentesco demasiado cercano como para casarse. Se practicaba entre egipcios y cananeos, a quienes Dios juzgó (Lev. 18:3,24-25). Levítico 18:6-19 prohibía uniones entre un hombre y su madre, su madrastra, su hermana, su media hermana, su nuera, su nieta, su tía (parentesco por consanguinidad o por matrimonio) o su cuñada; también prohibía que un hombre se casara con una mujer y la hija o nieta de ésta, y también prohibía casarse con hermanas que se convirtieran en esposas rivales. El castigo para varias formas de incesto incluía no poder tener hijos (Lev. 20:20-21), ser excluido del pueblo del pacto (Lev. 18:29; 20:17-18; comp. 1 Cor. 5:2,5) y la muerte (Lev. 20:11,12,14). En la época patriarcal, se permitía el matrimonio con una media hermana (Gén. 20:12) y el matrimonio con hermanas rivales (Gén. 29:21-30), aunque dichos matrimonios demostraron ser problemáticos tanto para Abraham como para Jacob. Los relatos bíblicos en cuanto a incesto incluyen Gén. 19:31-35; 35:22 y 2 Sam. 13.

INCIENSO   Mezcla de especias aromáticas que se preparaban para quemar en ritos ceremoniales asociados con sacrificios (Ex. 25:6); humo que se producía al quemar la mezcla. Zacarías estaba quemando incienso en el templo cuando recibió la visita del ángel Gabriel (Luc. 1:8-20). Ver *Sacrificio y ofrendas*. Regalo que los magos le hicieron a Jesús (Mat. 2:11).

INCIENSO PURO   Ingrediente para hacer perfume para el lugar santísimo (Ex. 30:34); sustancia resinosa derivada de ciertos árboles de la familia de la balsamera.

INCIRCUNCISO   Ver *Circuncisión*.

INDIA   Límite oriental del imperio persa del rey Asuero (Jerjes) (Est. 1:1; 8:9); posiblemente puerto de escala de la flota de Salomón (1 Rey. 10:22); satrapía o provincia persa. Las referencias bíblicas hacen alusión al Punjab, región de Paquistán y del noroeste de la India por donde desaguan el río Indo y sus tributarios. El comercio entre la India y las tierras bíblicas se inició antes del 2000 a.C.

INERRANCIA   La inerrancia hace alusión a la verdad de la Escritura. La fe en la Biblia como Palabra de Dios infalible, confiable y con autoridad siempre ha sido una sólida y fundamental doctrina de la iglesia, y tiene como fundamento la naturaleza de Dios y el carácter de la Biblia en sí.

El testimonio que da la Biblia sobre sí misma atestigua que es la verdad que viene de Dios y del Espíritu Santo (por ejemplo, Ex. 20:1; Isa. 1:2; Hech. 1:16; Heb. 1:1-2; 3:7; 2 Ped. 1:21). La palabra "inspirada" (gr. *theopneustos*), que se usa para describir el origen y la naturaleza de la Escritura en 2 Tim. 3:16, significa literalmente "inspirada por Dios" o "dada por el aliento de Dios". Aunque Dios utilizó a muchas personas para escribir las palabras de la Escritura (por ejemplo, Ecl. 1:1; Jer. 36:2-4), la Biblia es clara en su afirmación de que las palabras escritas se originaron por iniciativa divina: "nunca la profecía fue traída por voluntad humana, sino que los santos hombres de Dios hablaron siendo inspirados por el Espíritu Santo" (2 Ped. 1:21).

En vista de que Dios es verdad (Núm. 23:19; Jer. 10:10; Juan 15:26; 17:3; Tito 1:2), su revelación en las Escrituras es verdadera y totalmente confiable (Sal. 19:7; Prov. 30:5-6; Juan 10:35; 1 Tim. 1:15; 2 Tim. 3:16). Por esta razón, sólo la Palabra de Dios permanece para siempre (Isa. 40:6-8).

INFIERNO Lugar donde moran los muertos, especialmente como lugar de castigo eterno para los incrédulos. A menudo RVR 1960 usa la palabra hebrea Seol. Ver *Seol*.

Hay tres palabras griegas que por lo general se traducen por infierno: *hades, gehenna* y *tartaroo*. *Hades* era el dios griego de los muertos y también el lugar de los muertos propiamente dicho. La Septuaginta usó "hades" para traducir el hebreo *Seol*. Mientras en el AT la distinción entre el destino de los justos y de los malvados no siempre resultaba claro, en el NT "hades" hace referencia a un lugar de tormento en contraposición al cielo, el lugar del seno de Abraham (Luc. 16:23; Hech. 2:27,31). En Mat. 16:18 "hades" no es simplemente un lugar de los muertos sino que representa el poder del mundo de los muertos.

Gehenna es la forma griega de dos términos hebreos, *ge hinnom*, que significan "valle de Hinom", una barranca sobre el lado sur de Jerusalén donde se solían adorar deidades paganas (2 Rey. 23:10; Jer. 7:32; 2 Crón. 28:3; 33:6). Se convirtió en basural y en sitio de abominación donde el fuego ardía continuamente (2 Rey. 23:10; comp. Mat. 18:9; Mar. 9:43, 45,47; Sant. 3:6).

Tartaroo ("arrojar al infierno", 2 Ped. 2:4) en el griego clásico hacía alusión a una región subterránea, lúgubre y oscura, que los antiguos griegos consideraban el lugar donde moraban los muertos malvados, un lugar de castigo. Pedro se estaba refiriendo al lugar de castigo para los ángeles rebeldes.

La terminología sobre el infierno procura describir el castigo más horrendo que puede describir el lenguaje humano a fin de advertir a los impíos antes que sea demasiado tarde (Mat. 8:12; 22:13; 25:30). La experiencia terrenal nos haría pensar que la índole del castigo habrá de ajustarse a la índole del pecado. Por cierto que nadie quiere sufrir el castigo del infierno, y a través de la gracia de Dios el camino está abierto para que todos puedan evitar el infierno y conocer por experiencia personal las bendiciones de la vida eterna por medio de Cristo. Ver *Gehenna; Hades; Cielo; Salvación; Seol*.

INMORALIDAD Todo acto sexual ilícito fuera del matrimonio; figurativamente, idolatría o infidelidad a Dios. El término *zanah* en el AT generalmente se refiere a una relación heterosexual ilícita, principalmente en lo que respecta a mujeres (Jue. 19:2; Jer. 3:1; Os. 4:13). La palabra "ramera" o "prostituta" deriva de la misma raíz (Gén. 34:31; Jos. 2:1-3; Prov. 23:27; Os. 4:13-14). En sentido figurado, *zanah* hace alusión a la infidelidad de Israel para con Dios (2 Crón. 21:11; Isa. 1:21; Jer. 3:1-5; Ezeq. 16:26-28). Además, la pecaminosidad de Tiro (Isa. 23:17) y de Nínive (Nah. 3:4) también se describe de esta manera.

En el NT *porneia* y/o palabras asociadas se refieren a una relación incestuosa (1 Cor. 5:1), a relaciones sexuales con una prostituta (1 Cor. 6:12-20; comp. Apoc. 2:14,20), a varias formas de conducta no casta tanto heterosexual como homosexual (Rom. 1:29; 1 Cor. 5:9-11; 6:9-11; 7:2; 2 Cor. 12:21; Ef. 5:3; 1 Tes. 4:3), y a adulterio (Mat. 5:32; 19:9). La palabra *ramera* deriva de la misma raíz (Apoc. 19:2). La inmoralidad es un pecado contra Dios (1 Cor. 3:16-17; 6:15-20; 1 Tes. 4:3-8). El concilio apostólico de Jerusalén exigió que los gentiles eviten *porneia* (Hech. 15:20,29). *Porneia* y las palabras asociadas también tienen un significado figurado de infidelidad para con Dios (Mat. 12:39; Juan 8:41; Apoc.

2:21; 9:21; 14:8; 19:2). Ver *Adulterio; Sexo, Enseñanza bíblica sobre el.*

INMORTALIDAD Cualidad o condición en la que uno está eximido de la muerte. Sólo Dios es inmortal (1 Tim. 6:16; ver 1 Tim. 1:17; 2 Tim. 1:10), pues sólo Dios vive en el verdadero sentido de la palabra. Ver *Vida.* A los seres humanos se los puede considerar inmortales sólo en que la inmortalidad es el regalo de Dios (Rom. 2:7; 1 Cor. 15:53-55; ver Isa. 25:8; Os. 13:14). En su vida terrenal, los seres humanos son mortales; están sujetos a la muerte. Ellos reciben vida eterna como un regalo de la redención. Quienes escaparon de la muerte —Enoc (Gén. 5:24) y Elías (2 Rey. 2:10-11)— sólo escaparon por el poder de Dios y no por un poder inherente que tuvieran a fin de vivir para siempre. Ver *Vida eterna.*

INSECTOS Artrópodos de respiración traqueal, que están en tierra o en agua y conforman la clase de los hexópodos. Tienen tres partes corporales: la cabeza, el tórax y el abdomen, como así también tres pares de patas, un par de antenas, y generalmente uno o dos pares de alas. Su comida principal son las plantas.

Los insectos son móviles y migratorios. La migración por lo general ocurre en determinadas temporadas. Los insectos ponen gran cantidad de huevos. Además causan estragos en productos agrícolas, seres humanos y otros animales, elementos de madera, lana y ropa. Los insectos también transmiten enfermedades, como por ejemplo malaria y fiebre tifoidea. Algunos insectos nos reportan beneficios al producir miel, cera, seda, pigmentos y tanino en la polinización de plantas. También constituyen una importante fuente alimenticia para otros animales e incluso personas.

Otros insectos se alimentan de carroña, y ayudan a terminar con carne en estado de descomposición. La Biblia menciona por lo menos seis órdenes de insectos.

Himenópteros: Abejas, avispas y hormigas. Tienen cuatro alas. Las hembras por lo general tienen un aguijón así como un oviscapto, un órgano para poner huevos que se encuentra en el abdomen. Muchas de estas especies son gregarias.

1. Abejas. Han sido domesticadas durante siglos. Una colmena puede tener 50.000 abejas o más. Las abejas comen polen y producen cierto tipo de cera para construir sus panales y nidos.

Se las conoce por su antagonismo. Un ejército ha sido comparado a un enjambre de abejas (Deut. 1:44, BLA). Sansón comió miel del cuerpo muerto de un león, y luego probó a los filisteos con un enigma sobre el incidente (Jue. 14:5-18). Ver Sal. 118:12; Isa. 7:18.

2. Avispas. Ver Ex. 23:28; Deut. 7:20; Jos. 24:12, BLA. Construyen sus nidos raspando madera seca y haciendo una pulpa que se usa para fabricar papel. A cierta clase de avispas se las conoce por sus picaduras venenosas.

3. Hormigas. Viven en comunidades, a veces de hasta medio millón de insectos. Las obreras son hembras, y no tienen alas ni la capacidad de reproducirse. La reina y los machos tienen alas. Se sabe que las hormigas domestican o esclavizan a otros insectos, como por ejemplo los áfidos y otras hormigas. Proverbios 6:6-8 elogia a la hormiga como ejemplo supremo de laboriosidad (comp. 30:25).

Lepidópteros: Mariposas y polillas. Las polillas por lo general vuelan de noche, mientras que las mariposas lo hacen de día. Los lepidópteros adultos se alimentan principalmente de néctar. Tienen una probóscide o lengua que puede llegar a ser dos veces la longitud del resto del cuerpo. Algunas polillas tienen partes bucales con las que pueden atravesar frutas y hasta otros animales.

Las polillas y sus larvas eran conocidas por su capacidad destructora (Job 4:19; 13:28; 27:18; Sal. 39:11; Isa. 50:9; 51:8; Os. 5:12; Mat. 6:19,20; Luc. 12:33; Sant. 5:2). Para aquellos que tenían pocas posesiones y carecían de un lugar seguro donde guardarlas, una plaga de polillas podía ser devastadora.

Dípteros: Moscas y mosquitos. Poseen un par de alas. En su adultez estos insectos se alimentan de jugos de plantas y animales. A muchas especies se las considera dañinas tanto para animales como para plantas. Algunas succionan sangre, y en el proceso transmiten diversas enfermedades. Muchas especies son beneficiosas.

1. Moscas. Son insectos domésticos, pero se las asocia en especial con establos de ganado. Los huevos maduran en 24 horas, y producen larvas que se conocen con el nombre de gusanos, que tienen actividad por dos o tres semanas y se alimentan de sustancias en descomposición. Durante una etapa de reposo, se produce la transformación a insectos adultos. Para transformarse en insecto adulto un huevo necesita entre 12 y 14 días. Los adultos pueden vivir dos o tres meses durante el verano, y más tiempo en el invierno. Cuando se las combina con condiciones higiénicas pobres y escaso conocimiento médico, las moscas pueden ser una grave amenaza para la salud. Ver Ecl. 10:1; Isa. 7:18; comp. Ex. 8:21-31; Sal. 78:45; 105:31. En 2 Rey. 1 se menciona a Baal-zebub, dios de Ecrón, nombre que quizás signifique "señor de las moscas". Esto tal vez indique

que la gente tenía temor de las moscas, hasta el punto que adoraban a un dios de las moscas, esperando así evitar plagas de dichos insectos. En Jer. 46:20 vemos una mosca que picaba al ganado, tal vez el tábano.

2. Mosquitos. Ciertos mosquitos dejan picaduras que punzan y arden. Algunos no pican, pero se agrupan en densas nubes en las que llega a haber un millón. La larva de algunas especies vive en el agua y sirve de alimento a la vida acuática. Los mosquitos eran criaturas frágiles (Isa. 51:6, BLA). Jesús hizo énfasis en el tamaño pequeño de los mosquitos para enseñar una lección a escribas y fariseos (Mat. 23:24). La plaga egipcia de Ex. 8:16-18 tal vez deba entenderse como plaga de jejenes o mosquitos y no de piojos. Lo mismo se aplica a Sal. 105:31.

Afanípteros: Pulgas. Parásitos pequeños, sin alas, que prefieren como huéspedes aves y mamíferos. Tienen un cuerpo alto y delgado. La hembra adulta pone huevos en el huésped o en su nido o lecho. Los adultos succionan sangre, mientras que las larvas se alimentan de animales en putrefacción y sustancias vegetales.

A las pulgas se las reconocía tanto por su picadura como por su tamaño. Como son pequeñas e insignificantes hasta llevó a que se formularan proverbios graciosos (1 Sam. 24:14; 26:20). Algunos eruditos interpretan que la plaga que cayó sobre los asirios fue causada por pulgas, algo similar a la peste bubónica (Isa. 37:36-37).

Anopluros: Piojos. Se conocen al menos dos variedades: el piojo que mastica y el que chupa. Los piojos de la Biblia son seguramente piojos que chupan. Son insectos pequeños y sin alas, con la particularidad de tener patas cortas y antenas, y un cuerpo lateralmente plano, además de partes bucales especializadas. Tienen pinzas o garfios y son parásitos de los mamíferos. Tanto los adultos como las larvas se alimentan de sangre. Se adhieren a la ropa, al cabello y a la ropa de cama. Los piojos son portadores de graves enfermedades, como por ejemplo el tifus y la fiebre de trincheras. La plaga egipcia de Ex. 8:16-18 es polvo que se convirtió en piojos. En Sal. 105:31 se recuerda al lector sobre las plagas de Egipto. Es probable que estas dos menciones de piojos deban ser interpretadas como mosquitos o algún otro insecto que pica.

Ortópteros: Langostas. Los miembros voladores de este orden (saltamontes, langostas, chicharras, grillos y mantis) tienen dos pares de alas. Las langostas eran tan prolíficas que la Biblia contiene aproximadamente una docena de términos para describirlas, tal vez una indicación de diferentes especies o aun distintas etapas de desarrollo. La langosta migratoria o langosta del desierto es la langosta de la plaga egipcia (Ex. 10:4-5). Este tipo de langosta invadía regiones agrícolas, y lo hacían en tal cantidad que se decía que cubrían "la faz de la tierra, de modo que no pueda verse la tierra" e iban a comer "todo árbol que os fructifica en el campo" (Ex 10:5; comp. Deut. 28:38; 1 Rey. 8:37; 2 Crón. 6:28; Sal. 78:46; 105:34; Joel 1:4; 2:25). Muchas referencias indican que aparecían en grandes mangas (Jue. 6:5; 7:12; Jer. 46:23; Nah. 3:15). Aunque la langosta era un enemigo formidable, no tenía demasiada fuerza (Job 39:20; Sal. 109:23; Nah. 3:17). En Prov. 30:27 a la langosta se la elogia por su capacidad de trabajar de manera ordenada aunque lo hagan sin líder. Los israelitas podían comer langostas (Lev. 11:22).

El revoltón, etapa de oruga de una especie de langosta (Joel 1:4; 2:25; Amós 4:9), era conocido por su naturaleza destructora. Un tipo específico de langosta era comestible (2 Crón. 7:13; Lev. 11:22), era "una carga" (Ecl. 12:5) y era pequeño (Núm. 13:33; Isa. 40:22). La segunda etapa luego de la maduración del huevo de langosta, era conocida por su apetito voraz (1 Rey. 8:37; 2 Crón. 6:28; Sal. 78:46; Isa. 33:4; Joel 1:4; 2:25).

Una de las variedades comestibles era el argol (Lev. 11:22). El langostín (Lev. 11:22) también se podía comer. Un tipo llamado chicharra, grillo, cortón o incluso cigarra (Deut. 28:42), es una de las maldiciones por la desobediencia. En Isa. 18:1 vemos la gran cantidad de langostas de una plaga, donde sobre la tierra se ve "sombra de alas", que eran un grupo de embajadores etíopes que llegan a Jerusalén para alistar el apoyo de Judá en una alianza antiasiria.

Repetidamente se menciona un tipo de larva de langosta que constituían plagas para los sembrados (Sal. 105:34; Jer. 51:14,27; Joel 1:4; 2:25; Nah. 3:15-16).

La langosta fue el alimento de Juan el Bautista (Mat. 3:4; Mar. 1:6) y un instrumento de juicio (Apoc. 9:3,7).

Insectos varios. Los términos hebreos son muy vagos como para permitir la identificación de los distintos tipos de gusanos. Había gusanos (Ex. 16:20; Isa. 14:11) o larvas de polillas (Deut. 28:39; Jon. 4:7); producían una tintura color carmesí (Ex. 25:4; Lev. 14:4). Ver Job 25:6; Sal. 22:6; Isa. 41:14; 66:24 (comp. Mar. 9:44,46,48). Un gusano parecido aparece en Ex. 16:24; Job 7:5; 17:14; 21:26; 24:20; Isa. 14:11, y en sentido más general en Job 25:6. El cadáver de Herodes fue consumido por gusanos (Hech. 12:23).

Hay ciertos insectos que aparecen en la Biblia sólo en conexión con la tintura color carmesí extraída de ellos o de sus huevos. Se fabricaba un colorante con un miembro del orden *Rhynchota* al que se conocía por sus escamas rojas. Estos insectos, del género *Kermes*, tienen el tamaño de una arveja y son de varios colores. Por lo general se los halla en robles. Cuando la hembra muere, se le extraen los huevos para conseguir la tintura. Ver 2 Crón. 2:7,14; 3:14. Algunos eruditos identifican el maná de Ex. 16 y Núm. 11 como la secreción de este tipo de insectos que Dios proporcionó en forma milagrosa.

La soberanía de Dios se refleja en la manera en que usó avispas para lograr su divino propósito de expulsar de Canaán a los enemigos de Israel. Si el pueblo elegido desobedecía, también podía castigarlos con langostas. La ausencia de métodos avanzados para controlar insectos nos recuerda la total dependencia de Dios por parte de Israel. Jehová habría de inspirar a sus siervos a utilizar la imagen de hormigas y langostas como ejemplo que debían seguir. Los escritores de literatura sapiencial hasta usarían repugnantes larvas de moscas para recordarle a la humanidad sobre su naturaleza mortal.

INSPIRACIÓN DE LAS ESCRITURAS Acciones de Dios que llevaron a que se escribieran, se preservaran y se compilaran en la Biblia sus palabras divinas a su pueblo; la influencia del Espíritu Santo sobre los individuos con el propósito de producir un registro confiable y autorizado de personas, enseñanzas y eventos.

Por lo general la fórmula usada era "Palabra del Señor que vino a..." (Jer. 1:2; comp. 1:9; Isa. 51:15-16; Ezeq. 2:7) y hacía énfasis en la experiencia de inspiración. Ver 2 Tim. 3:16. A menudo la inspiración es una revelación de algo que va más allá del conocimiento humano nor-

mal, cognoscitivo y empírico: "Porque nunca la profecía fue traída por voluntad humana, sino que los santos hombres de Dios hablaron siendo inspirados por el Espíritu Santo" (2 Ped. 1:21).

La inspiración es un encuentro divino-humano en el cual Dios revela verdad. La Biblia es un registro de la autorrevelación de Dios como Verdad y como la fuente de toda verdad que los seres humanos no podrían comprender por medio de procesos de pensamiento comunes. Personas que Dios escogió declararon las actitudes, relaciones y propósitos de Dios para su pueblo y para su mundo. El enfoque central de la Escritura en la persona divina-humana de Jesucristo es el punto culminante de ese encuentro divino-humano.

Aunque la Biblia es una colección de libros escritos por al menos 40 autores durante un período de 1400 años o más, tiene unidad de tema, de estructura y de espíritu. Contiene un sistema congruente de declaraciones doctrinales y morales. La forma sin paralelos en que trata ciertos temas, como por ejemplo lo santo, lo verdadero, lo bueno y el futuro, es misteriosa, práctica y autoritativa. Este testimonio de su inspiración queda demostrado por incontables testimonios de personas que han sido transformadas al leer este Libro.

Lucas afirmó que su inspiración estaba vinculada con la experiencia que tuvo investigando datos sobre Cristo (Luc. 1:3). Pablo identificó su propia inspiración como un profundo sentimiento o parecer interno (1 Cor. 7:25). En otras ocasiones, la inspiración llegó a través de sueños (Mat. 1:20) o visiones (Gén. 15:1; Núm. 12:6; 1 Sam. 3:1; Isa. 1:1; Ezeq. 1:1; Dan. 2:19; Abd. 1; Nah. 1:1; Hab. 2:2). La inspiración también llegó a través de situaciones históricas (1 Cor. 7:1).

La Biblia no contiene una teoría de inspiración. Sencillamente afirma que es la Palabra inspirada de Dios. La Biblia, debe ser aceptada por la fe, como también Jesús debe ser aceptado por la fe. Sin embargo, los seres humanos formulan teorías tratando de entender la inspiración divina.

La teoría de la intuición natural considera que la inspiración es un desarrollo elevado de esa percepción natural que tienen todas las personas, en mayor o menor grado, para saber lo que es verdad, y que todos los genios poseen en mayor medida. Esta perspectiva hace todas las obras igualmente inspiradas a pesar de que puedan ser contradictorias. Hace a la Biblia un libro humano o natural y no un libro sobrenatural.

La teoría del dictado mecánico declara que Dios literalmente dictó las palabras de la Biblia a sus autores. Esta perspectiva no es congruente con la manera en que Dios se relaciona con las personas, y deja implícito que toda la Biblia debe tener el mismo estilo literario.

La teoría general cristiana de la inspiración declara que todos los creyentes tienen la experiencia de la iluminación del Espíritu Santo. Esto pasa por alto el problema de los puntos de vista opuestos entre los creyentes y reduce a los autores bíblicos al nivel de toda interpretación y proclamación cristiana.

La teoría de la inspiración parcial dice que la inspiración se limita a ciertas partes de la Biblia. Lo que los escritores hubieran sabido de modo natural y las cuestiones circunstanciales no necesariamente son cuestiones inspiradas. Esto contradice las declaraciones de la Escritura de que toda Escritura es inspirada.

La teoría de niveles de inspiración declara que Dios utilizó distintos niveles de control en distintos momentos en el proceso de inspiración. Asignar dichos niveles de inspiración es algo arbitrario, y está basado en juicios humanos, no en acciones divinas.

La teoría de la infalibilidad manifiesta que la Biblia como un todo carece de errores porque en forma completa es Palabra de Dios. Por lo general los que sostienen esta perspectiva se cuidan de distinguir entre los manuscritos originales y la forma actual de la Biblia. Cada diferencia que pueda hallarse en pasajes paralelos se armoniza con cierta explicación.

La teoría de la inspiración verbal declara que el Espíritu Santo inspiró a los escritores de la Biblia para elegir las palabras exactas de manera de transmitir el mensaje de Dios. Muchos pasajes de la Escritura apoyan la idea de inspiración verbal. Algunos han desacreditado esta teoría porque no tienen en cuenta las diferencias en las personalidades de los escritores de la Biblia.

La teoría de la inspiración dinámica sugiere que el Espíritu Santo tuvo control sobre el proceso de inspiración, pero que Él permitió a los individuos expresar sus personalidades al comunicar el mensaje de Dios. Los que critican esta perspectiva lo hacen basándose en que este punto de vista no garantiza inerrancia.

Formular una teoría en realidad es algo secundario. El hecho importante es que la Biblia tiene autoridad como Palabra de Dios y que debemos obedecer esa Palabra. Ver *Biblia, Teología de la; Revelación de Dios.*

INSTRUCCIÓN Enseñanza o exhortación sobre aspectos de la vida y pensamientos cristianos a personas que ya han realizado un compromiso de fe. Instrucción (*didaché*) a menudo se distingue de predicación (*kerygma*). Jesús "enseñaba como quien tiene autoridad" (Mat. 7:29). El Sermón del Monte (Mat. 5-7) es enseñanza fundamental para la vida cristiana (Mat. 7:24-27). Jesús amonestó a sus discípulos a hacer discípulos y a bautizarlos, "enseñándoles que guarden todas las cosas que os he mandado" (Mat. 28:20). Uno de los cargos de la iglesia era el de pastor/maestro "a fin de perfeccionar a los santos para la obra del ministerio, para la edificación del cuerpo de Cristo" (Ef. 4:12). El ministerio de enseñanza de la iglesia tiene numerosas dimensiones:

La iglesia enseña sobre Jesús: su muerte, sepultura y resurrección. Ver *Evangelio; Jesús, Vida y ministerio de*.

La iglesia enseña espiritualidad cristiana, el proceso de crecer en la fe a través de la oración, el estudio de la Biblia, la meditación y la reflexión espiritual (1 Cor. 3:1-3; Heb. 5:13; 2 Ped. 3:18).

La iglesia enseña ética cristiana. Quienes siguen a Cristo deben ser conformados a su imagen. La instrucción en la ética pone en práctica el nuevo mandamiento de Cristo de amarnos unos a otros (Juan 13:34-35). Ver *Ética*.

La iglesia instruye en la doctrina cristiana, guiando a los cristianos fieles a la madurez, de modo que sus miembros no sean "llevados por doquiera de todo viento de doctrina, por estratagema de hombres" (Ef. 4:14). Ver *Doctrina; Biblia, Teología de la*.

La iglesia instruye para la evangelización. El ministerio de enseñanza de la iglesia es otra manera en que el pueblo de Dios declara su fe a fin de que otros conozcan a Cristo y crezcan en Él. Ver *Evangelismo*.

INTERCESIÓN Acción de intervenir o mediar entre dos partes que tie-

nen diferencias; especialmente el acto de orar a Dios por otra persona.

Se espera que todos los creyentes intercedan (1 Tim. 2:1-3). La intercesión por los enfermos es importante en gran manera (Sant. 5:14). Constantemente Pablo mencionaba sus oraciones por los lectores, y Jesús nos dejó el supremo ejemplo de intercesión (Luc. 22:32; 23:34; Juan 17).

El Espíritu Santo realiza intercesión, y también lo hacen Cristo y los cristianos. El Espíritu Santo obra para sostener al creyente oprimido, e intercede para llevar ante Dios incluso oraciones que no han llegado a expresarse (Rom. 8:26-27). El Cristo resucitado seguirá intercediendo por los creyentes, y es el mediador entre Dios y los seres humanos (Rom. 8:34). Cristo está en el cielo para interceder por aquellos que se llegan a Él (Heb. 7:25). Ver *Oración*.

INTÉRPRETE DE LA LEY Intérprete que tenía autoridad en cuanto a la ley de Moisés. Al rechazar el bautismo de Juan, los intérpretes de la ley y los escribas rechazaban el propósito de Dios para ellos (Luc. 7:30); agobiaban a la gente con legalismo y no ofrecían alivio alguno (11:45-46); no sólo rechazaban la oferta de salvación por parte de Dios sino que además eran obstáculo para que otros aceptaran esa salvación (11:52); se negaron a responder la pregunta de Jesús en cuanto a si era correcto efectuar sanidad un día de reposo (14:3). En Tito 3:13 "intérprete de la ley" se usa en el sentido general de jurista.

INTERTESTAMENTARIA, HISTORIA Y LITERATURA Eventos y escritos que se originaron entre la época del último profeta mencionado en el AT (Malaquías, aprox. 450 a.C.) y el nacimiento de Cristo (aprox. 4 a.C.).

En el 586 a.C., los babilonios tomaron Jerusalén, destruyeron el templo y llevaron cautivos a gran parte del pueblo. Después que Ciro venció al imperio babilónico (539), los judíos que quisieron pudieron regresar. El templo fue reconstruido (515). Bajo el liderazgo de Nehemías y Esdras (458-432), pudo establecerse la comunidad religiosa judía. Aquí concluye la historia del AT y comienza el período intertestamentario.

El período griego, 323-167 a.C. Felipe de Macedonia trató de consolidar Grecia a fin de resistir el ataque del imperio persa. Cuando fue asesinado en el 336 a.C., su joven hijo Alejandro asumió la tarea. En dos años obtuvo el control del territorio que va de Asia Menor a Egipto, incluyendo Palestina y los judíos. En el 331 a.C. Alejandro obtuvo el control total del imperio persa. Trató bien a los judíos. Cuando fundó la nueva ciudad de Alejandría en Egipto, trasladó a muchos judíos de Palestina para que habitaran parte de esa ciudad.

La conquista alejandrina tuvo tres resultados principales: (1) la helenización, es decir la introducción de ideas y cultura griegas en el territorio conquistado, lo cual daba como resultado un estilo de vida en común. Él no trató de cambiar las prácticas religiosas de los judíos; (2) el establecimiento de ciudades y colonias griegas a través del territorio conquistado; (3) el griego como idioma universal.

Cuando murió Alejandro en el 323 a.C., el resultado fue caos. Cinco de sus generales más prominentes se hicieron cargo de distintas partes de su imperio: Tolomeo en Egipto; Seleuco en Babilonia; Antígono en Asia Menor y el norte de Siria. Los otros dos rigieron Europa y no tuvieron influencia directa en los eventos en Palestina.

Tolomeo y Antígono lucharon por Palestina. En la batalla de Ipsus (301 a.C.) los otros cuatro generales mataron a Antígono. Seleuco recibió el territorio de éste, incluyendo Palestina. Tolomeo no tomó parte en la batalla, pero asumió el control de Palestina, que siguió siendo motivo de contención entre los tolomeos y los seléucidas.

Los judíos tuvieron una buena relación con los tolomeos, y gozaron de considerable gobierno propio. Sus prácticas religiosas no encontraron obstáculos. Las costumbres griegas gradualmente se hicieron más y más comunes entre el pueblo. La traducción del AT al griego (la Septuaginta) comenzó durante el gobierno del tolomeo Filadelfo, 285-246 a.C. Los cristianos primitivos usaron esta versión, y los autores del NT a menudo la citaron.

Antíoco III (el Grande, 223-187 a.C.) trató de tomar Palestina de mano de los tolomeos en el 217 a.C., pero no pudo hacerlo. En la batalla de Panium en el 198 a.C., venció a Tolomeo IV. Él y sus sucesores gobernaron Palestina hasta el 167 a.C. La situación de los judíos cambió después que los romanos vencieron a Antíoco en la batalla de Magnesia (190 a.C.). Antíoco había apoyado a Aníbal del norte de África, el odiado enemigo de Roma, y debió entregar todo su territorio con excepción de la provincia de Galacia. Tuvo que pagar una gran suma de dinero a los romanos durante muchos años, y tuvo que rendir su armada y sus elefantes. La carga impositiva sobre los judíos aumentó, y también lo hizo la presión para adoptar prácticas griegas.

A Antíoco lo sucedió su hijo Seleuco IV (187-175 a.C.). Cuando éste fue asesinado, el gobierno pasó a manos de su hermano menor. Antíoco IV, 175-163 a.C., recibió el nombre Epífanes ("manifiesto" o "espléndido"), aunque algunos lo llamaron

Epimenes ("loco"). Durante los primeros años de su reinado, la situación de los judíos empeoró. Esto se debió, en parte, a que estaban divididos. Algunos de sus líderes, especialmente los sacerdotes, estaban a favor del helenismo. El cargo de sumo sacerdote había sido hereditario y era de por vida. Jasón, el hermano del sumo sacerdote, ofreció a Antíoco una gran suma de dinero para ser designado sumo sacerdote, y una cantidad de dinero adicional para obtener permiso a fin de construir un gimnasio cerca del templo. Esto muestra la presión hacia el helenismo. A los pocos años Menelao, un sacerdote que no pertenecía al linaje del sumo sacerdocio, le ofreció al rey más dinero para ser nombrado sumo sacerdote en lugar de Jasón, y hurtó utensilios del templo para pagar lo que había prometido.

Antíoco intentó anexar Egipto a su territorio. Fue proclamado rey de Egipto, pero cuando regresó al año siguiente a fin de tomar control sobre la tierra, los romanos lo confrontaron y lo intimaron para que abandonara la región. Cuando llegó a Jerusalén, se encontró con que Jasón había echado a Menalao de la ciudad. Consideró que esto era una rebelión. Permitió que sus tropas mataran a muchos judíos y tomó la determinación de poner fin a la religión judía. Sacrificó un cerdo en el altar del templo. A los padres se les prohibió circuncidar a sus hijos, no se podía guardar el día de reposo, y todas las copias de la ley debían quemarse. Si a alguien se lo hallaba con una copia de la ley, esto constituía un delito capital.

Independencia judía, 167-63 a.C. Al comienzo la resistencia fue pasiva, pero cuando los seléucidas enviaron oficiales por toda la tierra para obligar a los ciudadanos principales a ofrecer sacrifico a Zeus, se desencadenó un conflicto abierto, primero en la aldea de Modein, a mitad de camino entre Jerusalén y Jope. Un anciano sacerdote de nombre Matatías fue elegido para que ofreciera sacrificio. Él se negó, pero un joven judío se ofreció a hacerlo. Esto irritó a Matatías, y mató tanto al judío como al oficial. Luego huyó a las montañas con sus cinco hijos y otros que apoyaron su acción.

El liderazgo pasó a Judas, tercer hijo de Matatías. Recibió el sobrenombre "Macabeo", el martillador. Libró exitosas batallas contra fuerzas mucho más numerosas. Un grupo llamado "hasidim", intensamente comprometido con la libertad religiosa, constituyó la mayor parte del ejército de Judas.

Antíoco IV se preocupaba más por los asuntos en la región oriental de su imperio que por las cuestiones que estaban teniendo lugar en Palestina. Al principio no dedicó muchas tropas a la revuelta. En tres años Judas pudo obtener el control de Jerusalén. El templo fue purificado y rededicado exactamente tres años después de haber sido profanado por el rey (164 a.C.). (Las fechas durante este período son inciertas, y podrían ser un año antes que lo indicado.) Esto todavía se conmemora con la fiesta judía de Januká. Los hasidim habían logrado lo que buscaban y dejaron el ejército, pero Judas quería libertad política. Él rescató a los judíos maltratados de Galilea y Galaad, e hizo una alianza de amistad y apoyo mutuo con Roma. En el 160 a.C., con una fuerza de 800 hombres, peleó en Elasa con un ejército seléucida muy superior y fue muerto.

Jonatán, otro hijo de Matatías, asumió el liderazgo. Militarmente era débil. Fue expulsado de las ciudades, y gradualmente se estableció en las afueras. Los que trataban de apoderarse del trono seléucida luchaban constantemente; sus rivales le ofrecieron presentes a Jonatán a fin de obtener su apoyo. En el 152 a.C. decidió apoyar a Alejandro Balas, que declaraba ser hijo de Antíoco IV. A su vez, entonces, Jonatán fue designado sumo sacerdote. Por primera vez, el gobierno religioso y civil estaba centrado en una sola persona. Jonatán fue tomado prisionero y muerto en el 143 a.C.

Simón, el último hijo sobreviviente de Matatías, gobernó hasta que fue asesinado por su yerno en el 134 a.C. Para el 141 a.C. él había conseguido libertad de los impuestos para los judíos. Al fin habían logrado la libertad política. Simón fue aclamado por el pueblo como líder y sumo sacerdote permanente. El sumo sacerdocio se hizo hereditario con Simón y sus descendientes. Así nació la dinastía asmónea, que recibió ese nombre en honor de un antepasado de Matatías.

Cuando Simón fue asesinado, su hijo Juan Hircano se convirtió en sumo sacerdote y gobernante civil (134-104 a.C.). Durante un breve tiempo los seléucidas tuvieron cierto poder sobre los judíos, pero Hircano consiguió la libertad y comenzó a expandir el territorio de los judíos. Destruyó el templo de los samaritanos en el monte Gerizim, y conquistó la tierra de los idumeos, el antiguo reino de Edom. Los residentes fueron obligados a emigrar o a convertirse al judaísmo. De este pueblo provenía Herodes el Grande.

Aristóbulo I (104-103 a.C.), hijo mayor de Hircano, fue su sucesor. Él puso en prisión a su propia madre y a tres hermanos. A un hermano se le permitió quedar en libertad, pero tiempo después fue asesinado. Aristóbulo dejó que su madre muriera de hambre en la cárcel. Él extendió su reino hasta que incluyó parte de Iturea, al norte de Galilea. Fue el primero en adoptar el título de rey.

La esposa de Aristóbulo fue Salomé Alejandra. Cuando él murió, ella liberó a los hermanos de su esposo y se casó con el mayor, Alejandro Janeo. Este se convirtió en sumo sacerdote y rey (103-76 a.C.), y se ganó muchos enemigos al casarse con la viuda de su hermano. El AT declaraba que el sumo sacerdote debía casarse con una virgen (Lev. 21:14). Alejandro agrandó su reino hasta aproximadamente el tamaño del reino de David. Utilizó soldados extranjeros porque no confiaba en los judíos. Como sumo sacerdote, no siempre siguió los ritos indicados. En una ocasión, ante las acciones impropias de este gobernante el pueblo reaccionó arrojándole ciertas frutas, y él permitió a sus soldados que mataran a 6000. En otra ocasión, crucificó a 800 enemigos. Cuando estos habían sido colgados en las cruces, hizo llevar ante ellos a esposas e hijos y los mató ante los crucificados.

Salomé Alejandra sucedió a su esposo como gobernante (76-67 a.C.). Su hijo mayor, Hircano II, se convirtió en sumo sacerdote. Cuando Salomé murió, empezó una guerra civil que duró hasta el 63 a.C. Aristóbulo II venció con facilidad a Hircano, quien no tuvo problemas en retirarse. Antípater, un idumeo, persuadió a Hircano a que buscara ayuda del rey de Nabatea para recuperar su cargo. Aristóbulo debió regresar a Jerusalén. Luego apareció Roma en la escena. Tanto Aristóbulo como Hircano apelaron a Scaurus, el general romano que tenía a su cargo la administración de Palestina. Este apoyó a Aristóbulo. Cuando tiempo después llegó el militar romano Pompeyo, ambos apelaron su causa. Aristóbulo peleó con los romanos, fue vencido y llevado prisionero a Roma. Luego entonces los romanos asumieron el control de Palestina.

El período romano, 63 a.C. – 70 d.C. Bajo el control de los romanos, los judíos pagaban altos impuestos, pero no debieron cambiar sus prácticas religiosas. El poder romano estaba en ejercicio por medio de Antípater, que fue nombrado gobernador de Palestina. Hircano fue nombrado sumo sacerdote. Aristóbulo y sus hijos continuaron liderando revueltas contra Roma.

Antípater era la fuerza estabilizadora. Su hijo Fasael fue nombrado gobernador de Judea; Herodes, su segundo hijo, fue hecho gobernador de Galilea. Herodes procuró instaurar el orden en la región que tenía a su cargo. Arrestó a Ezequías, un ladrón o rebelde judío, y lo ejecutó. El Sanedrín en Jerusalén convocó a Herodes para que diera explicaciones de su acción. Él asistió vestido en púrpura real y acompañado de un guardaespaldas. El Sanedrín no pudo hacer nada.

Antípater fue asesinado en el 43 a.C. En el 42 a.C. Antonio se convirtió en el comandante romano en el oriente. En el 40 los partos invadieron Palestina e hicieron rey a Antígono, el último hijo de Aristóbulo que sobrevivía. A Hircano lo mutilaron cortándole o mordiéndole las orejas de modo que no pudiera ser nuevamente sumo sacerdote. Fasael fue capturado y se suicidó en prisión. Herodes apenas pudo escapar con su familia. Fue a Roma para conseguir que su futuro cuñado Aristóbulo fuese rey, con la esperanza de regir por su intermedio de la misma manera que su padre había gobernado por medio de Antípater. A instancias de Antonio y de Octavio (Augusto), el senado romano hizo rey a Herodes (40 a.C.). A este le llevó tres años expulsar a los partos del país y establecer su gobierno. Fue rey hasta su muerte en el 4 a.C.

El gobierno de Herodes fue una época tumultuosa para el pueblo judío. Él era un idumeo cuyos antepasados habían sido forzados a convertirse al judaísmo; el pueblo lo veía como el representante de un poder foráneo, y nunca lo aceptó. A ojos judíos, ni siquiera su matrimonio con Mariamne, la nieta de Aristóbulo II, hizo que su gobierno fuera legítimo. El logro edilicio más espectacular, la reconstrucción del templo de Jerusalén, tampoco le valió la lealtad de los judíos.

Herodes se sentía abrumado por celos y temores. Hizo ejecutar a Aristóbulo, su cuñado. Luego hizo lo mismo con su madre, con Mariamne y sus dos hijos. Sólo cinco días antes de su propia muerte, Herodes hizo matar a Antípater, su hijo mayor. Sus relaciones con Roma a veces fueron problemáticas debido a las condiciones inestables en el imperio. Herodes le brindó su apoyo inequívoco a Marco Antonio, aunque no toleraba a Cleopatra, de quien se había enamorado Marco Antonio. Cuando Octavio venció a Antonio en el 31 a.C., Herodes acudió a Octavio y le prometió apoyo total. Octavio aceptó la oferta. Herodes demostró ser un eficaz administrador en nombre de Roma. Mantuvo la paz en un pueblo difícil de gobernar. Era un hombre cruel e inmisericorde, pero al mismo tiempo generoso, ya que usó sus propios fondos para dar alimento al pueblo durante una hambruna. Nunca se recuperó de la ejecución de Mariamne, la esposa a quien había amado por sobre todas las otras. Su dolor lo llevó a tener problemas mentales y emocionales. Jesús nació durante el reinado de Herodes (Mat. 2:1-18; Luc. 1:5). Éste ordenó la ejecución de los bebés varones en Belén (Mat. 2:16-18).

Herodes le dejó el reino a tres de sus hijos. Antipas debía ser el tetrarca ("gobernante de un cuarto") de Galilea y Perea (4 a.C.-39 d.C.); Felipe, tetrarca de las regiones gentiles al nordeste del mar de Galilea (4 a.C.-34 d.C.); Arquelao, rey de Judea y Samaria. Roma aceptó los deseos de Herodes pero Arquelao no recibió el título de rey sino etnarca ("gobernante del pueblo"). Demostró ser un mal gobernante y fue depuesto en el 6 d.C. Sus territorios fueron colocados bajo gobierno directo de procuradores romanos bajo el control del gobernador de Siria.

Los judíos produjeron muchas obras literarias durante la época intertestamentaria. Los apócrifos son escritos que, en su mayoría, se incluyeron en la Septuaginta. Fueron traducidos al latín y se hicieron parte de la Vulgata latina, la Biblia latina autorizada. El primer libro de Macabeos es nuestra principal fuente de información sobre la historia del período de Antíoco Epifanes hasta Juan Hircano. Ver *Apócrifos.*

Los libros pseudoepigráficos son una colección de escritos más grande que los apócrifos, pero no hay acuerdo definitivo sobre cuáles obras se deben incluir. Hay 52 escritos en dos volúmenes: *The Old Testament Pseudepigrapha* [Los escritos pseudoepigráficos del Antiguo Testamento], editados por James H. Charlesworth. Estos libros se atribuyen a conocidas personas de la antigüedad, como por ejemplo Adán, Abraham, Enoc, Esdras y Baruc. En su mayoría fueron escritos en los últimos siglos antes del nacimiento de Jesús, aunque algunos son del primer siglo de la era cristiana. Ver *Pseudoepigráficos, Libros.*

El último grupo de escritos son los rollos de Qumrán, conocidos con el nombre de "rollos del mar Muerto". Estas obras incluyen manuscritos del AT, escritos de la secta de Qumrán, y escritos copiados de otras fuentes y usados por dicha secta. Estos documentos nos muestran parte de la vida y creencias de un grupo de judíos en los últimos dos siglos antes de Jesús. Ver *Rollos del mar Muerto.*

IRA, IRA DE DIOS   La respuesta de las emociones ante la percepción del mal y la injusticia. La ira de Dios aparece como una respuesta divina ante el pecado y la injusticia humanos (Núm. 11:10; Deut. 9:7; Luc. 13:3-5; 15:6; 16:19-31; Mat. 3:7; Juan 3:36; Rom. 2:5); especialmente la idolatría (Sal. 78:56-66). La ira de Dios se dirige una y otra vez hacia los que no siguen su voluntad (Deut. 1:26-46; Jos. 7:1; Sal. 2:1-6). Cuando Dios era movido a ira se esperaba calamidad histórica y desastre (1 Sam. 28:18-19). Los instrumentos de la ira de Dios pueden ser ángeles (Apoc. 15:1,7), naciones, reyes, y gobernantes, así como también catástrofes naturales. El AT frecuentemente habla de un "día de ira" en el futuro (Sof. 1:14-15; comp. Isa. 13:9). Ver *Día de Jehová, Día del Señor.* El arrepentimiento aleja la ira de Dios del pecador (Sal. 85:1-3).

La gracia de Dios, su favor inmerecido, retiene todo el efecto de la ira al mismo tiempo que ésta está sobre el pecador. El cristiano no tiene temor de este día, ya que Jesús "nos libra de la ira venidera" (1 Tes. 1:10).

La ira humana es siempre sospechosa y se nos indica que no debemos tomar revancha (Rom. 12:19), ni permitir que "se ponga el sol sobre vuestro enojo" (Ef. 4:26). Los padres no deben provocar a ira a sus hijos (Ef. 6:4). Debemos despojarnos de "todas estas cosas: ira, enojo, malicia" (Col. 3:8). Los salmos de lamento del AT como Sal. 53; 137 muestran cómo los seres humanos pueden expresar libremente su enojo a Dios. Podemos vivir sin que nos domine la ira, pero debemos tomar conciencia de que se necesita la obra de gracia del Espíritu

ISAAC

Santo para santificar y limpiar el corazón de las actitudes y sentimientos de ira y enojo (Rom. 8:6; comp. 6:19). Se puede dominar el espíritu carnal de la ira porque el Espíritu Santo proporciona paz interior (Fil. 4:4-8).

ISAAC (*"risa"*) Único hijo de Abraham y Sara, y patriarca de la nación de Israel; el hijo de la promesa divina que nació cuando Abraham tenía 100 años y Sara, 90 (Gén. 17:17; 21:5). Su nombre refleja la risa como resultado de la falta de fe de sus padres en esa promesa (Gén. 17:17-19; 18:11-15), y al mismo tiempo el gozo de ellos ante el cumplimiento (Gén. 21:1-7). Sara quiso que Agar e Ismael fueran expulsados. Dios guió a Abraham para que lo hiciera, diciendo que a sus descendientes se los reconocería como tales a través de Isaac (Gén. 21:8-13; comp. Rom. 9:7). La prueba de fe por la que tuvo que pasar Abraham fue la orden divina de sacrificar a Isaac (Gén. 22:1-19).

Isaac se casó con Rebeca (Gén. 24), quien le dio hijos gemelos: Esaú y Jacob (Gén. 25:21-28). En Gerar, Isaac la hizo pasar como su hermana (como Abraham había hecho con Sara). Prosperó materialmente y luego se trasladó a Beerseba (Gén. 26). Isaac fue engañado a fin de darle su bendición a Jacob, y concederle prioridad sobre Esaú (Gén. 27). Isaac murió en Mamre cerca de Hebrón a la edad de 180 años, y sus hijos lo sepultaron (Gén. 35:27-29). A Isaac se lo honró como uno de los patriarcas de Israel (Ex. 3:6; 1 Rey. 18:36; Jer. 33:26). Amós usó el nombre "Isaac" como expresión poética para hablar de la nación de Israel (Amós 7:9,16).

En el NT Isaac aparece en las genealogías de Jesús (Mat. 1:2; Luc. 3:34), como uno de los tres grandes patriarcas (Mat. 8:11; Luc. 13:28; Hech. 3:13), y como un ejemplo de fe (Heb. 11:20). El sacrificio de Isaac por parte de Abraham (Heb. 11:17-18; Sant. 2:21), donde Abraham fue obediente hasta el punto de estar listo a darle muerte, es un tipo que señala a Cristo y es un ejemplo para los cristianos. Pablo les recordó a los creyentes: "Nosotros, como Isaac, somos hijos de la promesa" (Gál. 4:28).

ISACAR (*"hombre para contratar"* o *"asalariado"*) Noveno hijo de Jacob, y el quinto de Lea (Gén. 30:18); progenitor de la tribu de Isacar. Tola, uno de los jueces de Israel, era de la tribu de Isacar (Jue. 10:1-2). También era de Isacar el rey Baasa de Israel (1 Rey. 15:27). Jezreel, una residencia real en Israel, estaba en Isacar. Ver *Tribus de Israel; Cronología del período bíblico.*

ISAÍ (*"hombre"* o *"varonil"*) Padre de David (1 Sam. 16:1); era de la tribu de Judá y vivía en Belén (Rut 4:17). Ver *David.*

ISAÍAS (*"Jehová salva"*) Profeta en Judá desde su visión y llamado (aprox. 740 a.C.) hasta los últimos años de Ezequías (716-687) o los primeros años de Manasés (687-642). Durante el ministerio de Isaías, Tiglat-pileser III (745-727) fundó el poderoso imperio asirio; Samaria cayó ante Asiria en el 722 a.C.; Egipto, que volvió a tener poder durante la dinastía XXV (alr. 716-663), dio origen a una intriga internacional entre los estados palestinos a fin de derrotar a Asiria. Ver *Israel, Historia de; Asiria, Historia y religión de; Egipto.*

Isaías, que era hijo de Amoz, nació en Judá (muy probablemente en Jerusalén) aprox. en el 760 a.C. Disfrutó una posición relevante en la sociedad de su tiempo y tuvo una estrecha relación con los monarcas reinantes. Su excelente estilo literario le ha conferido eminencia en la literatura hebrea, y muy pocos lo han sobrepasado en ese aspecto. Su conocimiento de la herencia religiosa de Israel y sus singulares contribuciones teológicas son dignos de admiración. Él era consciente de lo que se estaba revelando en la corte, en el mundo comercial, en la alta sociedad y su superficialidad, y en las frustraciones políticas de la nación.

Isaías fue llamado a ser un profeta de Jehová en una asombrosa visión en el templo aprox. en el 740 a.C., el año en que murió el anciano rey Uzías de Judá (Isa. 6). Isaías tuvo un encuentro con el Santo de Israel. Dios le advirtió a Isaías que su ministerio tendría resultados magros y desalentadores, pero también le aseguró que siempre habría perdón para el penitente (Isa. 6:5-7; 1:19-20), y que todas las promesas de Dios se cumplirían (Isa. 6:13d).

El profeta era casado y padre de dos hijos cuyos nombres simbolizaban la predicación de Isaías: Maher-salal-hasbaz ("el despojo se apresura; la presa se precipita"), una convicción de que Asiria invadiría Siria e Israel aprox. en el 734 a.C.; y Sear-jasub ("un remanente volverá"), un nombre que hacía pública la fe que tenía el profeta en la sobrevivencia y conversión de un remanente fiel en Israel (Isa. 1:9; 7:3; 8:1,4; 10:20-23).

Isaías declaró con firmeza que los monarcas de Judá debían permanecer tan neutrales como fuera posible, que debían abstenerse de acciones rebeldes y debían pagar tributo. Cuando los israelitas y los sirios conjuntamente atacaron a Judá porque esta se negó a unirse a la coalición antiasiria (Isa. 7:1-9; 8:1-15), él deploró la peligrosa política de comprar protección a los asirios. En el 711 a.C., cuando la ciudad de Asdod se rebeló contra Asiria, Isaías vistió ropas de cautivo durante tres años, y llamó a Ezequías a no dar el paso fatal de unirse a la rebelión. Sin duda que Isaías fue crucial para in-

fluir en Ezequías a rechazar el complot sedicioso (Isa. 20:1-6). Esa misma política decidida le aseguró a Isaías que Jerusalén no caería en manos de Senaquerib en el 701 a.C. a pesar del negro pronóstico por parte de los enviados asirios (Isa. 36-37). Isaías claramente reprochó a Ezequías por agasajar al sedicioso principillo babilónico, cuyo propósito en realidad era asegurarse ayuda militar para una rebelión y vencer a Senaquerib en el sur de Babilonia (Isa. 39).

ISAÍAS, LIBRO DE Primer libro en la colección profética del AT, que representa una colección de sermones proféticos y narraciones que bosquejan los planes y propósitos de Dios para Israel desde el 740 a.C. hasta el regreso del exilio después del 538 a.C. y llega al futuro mesiánico prometido. Hay tres secciones que se refieren a tres períodos de la historia de Israel: 1-39, aprox. 740 al 687 a.C.; 40-55, aprox. 586 a 540 a.C.; 56-66, después del 538 a.C.

En la época de Isaías, Asiria era el gran poder militar que amenazaba a los estados palestinos. En gran parte del libro de Isaías, el poder reinante era Babilonia, que no se convirtió en potencia hasta después del 625 a.C., más de 50 años después de la muerte de Isaías. Algunos estudiosos de la Biblia creen que los escritos que reflejan el período babilónico pueden ser obra de discípulos de Isaías, que proyectaron el pensamiento de Isaías a una situación nueva del mundo babilónico. Otros afirman que de manera sobrenatural el Espíritu proyectó a Isaías hacia el futuro, y así le permitió saber hasta el nombre de Ciro, rey de Persia (44:28; 45:1).

Isaías 1-39. Isaías vituperó a la descarriada nación de Judá (Isa. 1:2-9; 2:6-22; 3:1-4:1), hasta usando la forma de una canción de amor (5:1-7). Él pronunció seis "ayes" sobre la nación inmoral. Su ira también se dirigió a Israel (Isa. 9:8-21; 28:1-29). La verdadera religión estaba ausente; necesitaban desistir de hacer mal, aprender a hacer el bien, buscar la justicia, corregir la opresión, defender a los huérfanos, abogar por la viuda (Isa. 1:17).

Isaías seguía manteniendo que había esperanza de perdón para los penitentes (Isa. 1:18-31) y dirigía la atención a los días futuros cuando Dios establecería paz (Isa. 2:1-4; 4:2-6). Él prometió al Mesías, el hijo de David que asumiría el papel principal en el cumplimiento de las promesas del pacto con Abraham y David (Isa. 9:2-7; 11:1-9).

A Isaías se lo recuerda por su concepción majestuosa del santo Dios (6:3). Jehová es Señor de todo, Rey del universo, el Señor de la historia que muestra su carácter en justicia (Isa. 5:16). El profeta exigió que se practicaran la justicia social y religiosa en humildad y fe. Él afirmó inequívocamente que los planes de Dios se cumplirían y que el rey asirio era simplemente el instrumento de Dios y era responsable ante Él. Isaías hizo énfasis en el día de Jehová, un día en que la presencia de Dios se revelaría prontamente en la historia humana. Isaías tenía la certeza de que un remanente fiel siempre llevaría a cabo la misión divina (Isa. 1:9; 7:3, "Sear-jasub").

Cuando el pueblo de Judá no hizo caso a las serias advertencias, Isaías ordenó que el "testimonio" y la "ley" fueran atados y sellados —sin duda en un rollo— y que fueran entregados a sus discípulos hasta que la historia demostrara que las palabras del profeta eran ciertas (Isa. 8:16).

Las profecías de Israel dedicaron gran atención a declaraciones políticas sobre naciones extranjeras: Babilonia (Isa. 13-14), Moab (Isa. 15-16), Damasco (Isa. 17:1-14), Etiopía (Isa. 18), Egipto (Isa. 19-20) y Tiro (Isa. 23). Los discursos de Isaías o de sus discípulos serían transmitidos a las capitales extranjeras como importantes aseveraciones sobre relaciones exteriores. También le informarían al pueblo de Dios en cuanto a los planes divinos para el mundo, y le darían el aliento prometiendo victoria final.

Hay cuatro capítulos llamados "el pequeño apocalipsis" (Isa. 24-27) que se consideran una mezcla de predicciones proféticas y "apocalipticismo" (revelación del futuro). Ver *Apocalíptica, Literatura*. A dos fuerzas opuestas se las presentaba como dos ciudades. Cuando la ciudad de caos triunfa, la ciudad de Dios se lamenta; cuando es vencida, la ciudad de Dios prorrumpe en un cántico. De modo que Isaías 24-27 contiene cuatro himnos. Al final el reino de Dios es victorioso y hay bendiciones como por ejemplo la eliminación del odio nacional, el triunfo sobre el dolor y la muerte, y la resurrección: en pocas palabras, la resolución de la historia como reino de Dios.

Cinco profecías en Isa. 28-35 comienzan con un "ay". La aristocracia borracha de Israel no fue capaz de discernir que su nación era una flor pasajera; en su abandono y negligencia, creían estar apoyados por los sacerdotes y los profetas. Ellos imitaban sarcásticamente la forma de hablar directa de Isaías diciendo que era cháchara infantil, a lo cual Isaías respondió que si ellos no entendían el sencillo hebreo, ¡Jehová les hablaría en asirio! Sin embargo, los que confiaban en Dios estaban sobre un firme fundamento, un cimiento de justicia. Sólo eso podría permanecer (Isa. 28:16-22).

En Isa. 29-35 el pueblo de Judá fue reprobado por rechazar la auténtica voz de profecía, por el ateísmo que demostraban, la religiosidad sin sentido, el rebelde complot con los egipcios, y el aumento de su poder militar. Hay consolación en pasajes como Isa. 28:5-6; 29:5-8,17-24; 30:18-33; 31:4-9; 32:1-5,8,15-20; 33:2-6,17-24. La conclusión de este segmento incluye la yuxtaposición de una profecía negativa contra Edom, aquí símbolo de la maldad, con un contraste paradisíaco del que es parte Israel (Isa. 34-35). En forma similar a lo que ocurre en Isa. 24-27, pronosticó el cumplimiento final de los propósitos divinos en la historia.

Con excepción de Isa. 38:9-21, un cántico de acción de gracias por parte de Ezequías luego de una seria enfermedad, los capítulos 36 a 39 en realidad duplican el relato que aparece en 2 Rey. 18:13-20:19 (comp. 2 Rey. 24:18-25:30 con Jer. 52). Esta narración le proporciona al lector de Isaías un trasfondo histórico para entender el libro.

Isaías 40-55. El libro de la consolación (Isa. 40-55) se sitúa en los últimos años del exilio babilónico cuando Ciro (Isa. 44:28; 45:1) estaba comenzando sus conquistas que terminarían por derrotar el poder babilónico. Ver *Israel, Historia de*. El profeta dijo que Ciro era el pastor de Jehová que edificaría Jerusalén y liberaría a los exiliados (Isa. 44:26-45:1). La voz profética aseguró a los exiliados que Dios prepararía una gran senda para el viaje de regreso a través del desierto (Isa. 40). Él restauraría Sion y su templo. De estos mensajes de consolación y diálogo surgen cuatro cánticos del Siervo (Isa. 42:1-4; 49:1-6; 50:4-9 y 52:13-53:12). Dichos cánticos reiteran el papel que tiene Israel como el siervo elegido por Dios, la nación que evangelizaría a todas las naciones. La obra del Espíritu proporcionaría la posibilidad de llevar a cabo la misión. El Siervo sufriría por todo el pueblo de Dios, y ese sufri-

miento quitaría los pecados. El siervo que el profeta tenía en mente era el verdadero Israel (Isa. 49:3), pero el Siervo Sufriente halla cumplimiento final en la vida, muerte y resurrección del Señor Jesucristo, el Salvador del mundo. La iglesia cristiana que lleva su cruz (Gál. 6:14-16) continúa la misión del Siervo.

El anuncio profético reveló la acción de Dios en la historia —el exilio había terminado. Los persas estaban por tomar el poder babilónico; serían dignos de confianza para los exiliados, y les mostrarían amistad. Dios reproduciría lo sucedido en el éxodo, dejando ir de la tiranía babilónica a los exiliados. Jehová había incitado a Ciro, y por medio de él se llevarían a cabo los propósitos divinos. Al tener la seguridad del perdón divino y ser consolados en su dolor, los exiliados eran exhortados a identificarse con su antiguo papel de ser bendición para los habitantes de la tierra a través de la propagación de la religión en la cual el mundo sería bendecido (Gén. 12:3). Los cánticos del siervo eran el modelo para la devoción y el compromiso de Israel para amar, sufrir y enseñar el conocimiento de Dios para salvación de la humanidad.

Isaías 56-66. Las profecías finales nuevamente cambian de lugar. El énfasis ya no estaba en Babilonia sino en Palestina, con el templo restaurado y con sacrificios y adoración.

Los capítulos 56-66 incluyen una profecía para guardar el sábado (Isa. 56:1-8), la censura de los líderes civiles y religiosos (56:9-57:12), un análisis del significado del ayuno (cap. 58), el dilema de las promesas divinas no cumplidas (cap. 59), ánimo con esperanza (caps. 60-64), el doloroso pecado de Judá y la bienaventuranza del remanente justo (cap. 65), y breves fragmentos sobre una serie de temas (cap. 66).

Esta porción de la Escritura inspirada coloca al lector en medio de una comunidad disonante donde los justos luchan contra sus poderosos oponentes. Además censura la depravación moral de los gobernantes, de aquellos que sucumben a prácticas paganas, de los que practican rituales externos sin identificarse con el significado. Extranjeros y eunucos (56:3-7) ya no estarían excluidos de la adoración en el templo. Esto agregaba gracia y esperanza a la ley de Deut. 23:1. Otros versículos elogian la humildad (Isa. 66:1-2), anuncian el nuevo cielo y la nueva tierra (Isa. 66:22) e informan que habría unción del Espíritu (Isa. 61:1-4).

IS-BOSET (*"hombre de vergüenza"*) Hijo de Saúl y durante dos años su sucesor como rey de Israel (2 Sam. 2:8; 4:1-7). Originalmente su nombre fue Es-baal (1 Crón. 8:33), que significa "hombre de Baal". La repugnancia del culto a Baal hizo que se remplazara "baal", el nombre de la deidad cananea, por vergüenza. Ver *Saúl*.

ISCARIOTE (*"hombre de Queirot"* o *"asesino"* o *"bandido"*) Apellido del apóstol Judas que traicionó al Señor (Mar. 3:19), y de su padre Simón (Juan 6:71). Judas y su padre tal vez hayan sido miembros de los zelotes, un grupo patriótico. El apellido probablemente signifique "hombre de Queirot", una alusión al pueblo de Queirot. Ver *Judas*.

ISMAEL (*"Dios oye"*) Hijo de Abraham y Agar, su concubina egipcia (Gén. 16:11); progenitor del pueblo ismaelita. Ismael estaba a punto de morir cuando el ángel de Dios hizo que Agar se dirigiera a un pozo de agua. Génesis 21:20 explica que Dios estaba con Ismael y que éste se convirtió en tirador de arco. Ver *Abraham; Patriarcas, Los*.

ISMAELITA Nombre tribal dado a los descendientes de Ismael, tribus nómadas del norte de Arabia (Gén. 25:12-16; comp. 37:25). Ver *Ismael; Abraham*.

ISRAEL (*"Dios lucha"*, *"Dios gobierna"*, *"Dios sana"*, o *"él lucha contra Dios"*) (1) Nombre que Dios le dio a Jacob después de que éste luchó con el mensajero divino (Gén. 32:28). A sus 12 hijos se los conoció como los "hijos de Israel", y la nación resultante fue la nación de Israel. (2) Nombre del reino del norte después que Jeroboam hizo que las tribus del norte se separaran de las del sur (1 Rey. 12).

ISRAEL ESPIRITUAL La iglesia; la reunión de todos los creyentes bajo el señorío de Cristo como continuación de la obra divina con la Israel del AT; en contraste con asambleas religiosas o políticas o con una iglesia local.

ISRAEL, HISTORIA DE
Bosquejo cronológico
El período preexílico
  El período de los patriarcas 2000-1720*
  El período egipcio   1720-1290
  El éxodo y la peregrinación por el desierto   1290-1250
  La conquista y colonización 1250-1020
  La monarquía unida   1020-922
  La monarquía dividida   922-587
  El reino de Israel   922-721
  El reino de Judá   922-587
El exilio babilónico   597/587-539/538
El período postexílico
  El período persa   539-331
  El período helenístico   331-168
  El período macabeo   168-63
  El período romano   63 a.C.-400 d.C.

* Todas las fechas son antes de Cristo, a menos que se indique otra cosa. Para fechas alternativas a las

usadas en este artículo, ver *Cronología del período bíblico*.

El período preexílico

1. El período patriarcal y el egipcio (Gén. 12-50). Las raíces de Israel provienen del valle de Mesopotamia, desde donde partió Abraham. Alr. del 2000 a.c., respondiendo a un mandamiento divino, él y su tribu comenzaron un viaje que los llevó a Harán. Allí murió Taré, el padre de Abraham, y allí decidió establecerse su hermano Nacor. Abraham y su esposa, Sara, siguieron viaje rumbo a Canaán, donde finalmente se establecieron. A ellos les nació Isaac, el hijo de la promesa, quien se casó con Rebeca, nieta de Nacor. Isaac y Rebeca tuvieron dos hijos, Jacob y Esaú. Jacob regresó a la región de Harán, donde vivía Labán, hermano de Rebeca. Jacob se casó con Lea y con Raquel, ambas hijas de Labán. Jacob y sus esposas tuvieron 12 hijos quienes, luego de emigrar a Egipto, iniciaron las 12 tribus y fueron cumplimiento de las promesas que originalmente se habían hecho a Abraham. Aprox. en el 1290 Moisés lideró a los descendientes de estas tribus en el éxodo de Egipto.

2. El éxodo y la peregrinación por el desierto (Ex. 1-24; 32-34; Núm. 10-14). Israel es producto de la experiencia sinaítica que comenzó cuando Dios llamó al "renegado" Moisés para que regresara a Egipto y liberara al pueblo de Dios. Viajando desde Gosén en Egipto (con la dirección divina y bajo el liderazgo de Moisés) en el milagro del mar hasta la península del Sinaí, los hebreos ratificaron un pacto con Jehová Dios (Ex. 24), y así nació Israel como nación sin tierra. Permanecieron en el Sinaí durante 11 meses; partieron de allí como el pueblo del pacto, y continuamente estarían luchando con Dios. La generación que había dejado Egipto murió: ese fue el juicio de Jehová porque se habían negado a creer que el Dios de su liberación podía guiarlos a Canaán.

3. La conquista y colonización (Jos. 1-24; Jue. 1-16). Finalmente entraron a Canaán vía la región de Transjordania. Bajo el liderazgo de Josué, cruzaron el río Jordán y a través de Jericó entraron en la "Tierra Prometida". El libro de Josué registra el establecimiento de los israelitas en Canaán, primero en la región central, luego en el sur, y finalmente en el norte. Josué distribuyó la tierra entre las tribus (Jos. 13-21) y renovó el pacto (Jos. 24).

Durante aproximadamente 200 años los israelitas estuvieron unidos como tribus autónomas alrededor del arca del pacto. Era una relación un tanto disgregada cuyo punto central eran los compromisos de culto y adoración que tenían en común. Jueces designados por Dios fueron líderes militares, hombres como Gedeón y Sansón, y una mujer, Débora. De manera gradual todo sentido de unidad desapareció hasta que "cada uno hacía lo que bien le parecía" (Jue. 21:25).

4. La monarquía unida (1 Sam. 1-3; 8-15; 2 Sam. 1-6; 9-20; 1 Rey. 1-4; 6-8; 11). Bajo los jueces, Israel no pudo afirmar poder económico, político ni militar. Esta situación, más otros factores tales como el surgimiento de la amenaza filistea, hizo que el pueblo clamara pidiendo un rey. Es así que alr. del 1020 a.C. políticamente los israelitas se convirtieron en monarquía.

Saúl (1020-1000) fue el primer rey de Israel, aunque a menudo actuaba más como juez. Él comprendió que Dios lo había designado para gobernar porque había recibido el Espíritu de Dios. Luchó valientemente contra los filisteos, y murió en una de las batallas.

David (1000-965) logró la unidad del pueblo, por más tenue que haya sido esa relación (2 Sam. 5:4-5). Él estableció Jerusalén como capital, contuvo a los filisteos, expandió los límites de Israel y el comercio, y estableció un linaje real que gobernó de modo ininterrumpido, con una excepción (Atalía, 842-837), hasta la caída de Judá en manos de Babilonia en el 587.

Salomón (965-922), el hijo y sucesor de David, heredó todo lo que David había logrado, pero no pudo expandir ni mantener el reino de David. De modo temporario intensificó el comercio, pero en especial se lo recuerda por construir el templo en Jerusalén. El legado de Salomón fue una división en el reino, una división tal que a partir de ese momento hablamos de Israel en el norte y Judá en el sur.

5. *La monarquía dividida (1-2 Reyes; Amós; Oseas; Isa. 1-39; Miqueas; Jeremías).* El norte en todo su contexto estaba más ligado a la política internacional que el sur, en parte porque la principal ruta de comercio este-oeste atravesaba Israel por el valle de Jezreel. Israel era tanto el país más grande como también el área más populosa. Su participación en el amplio mundo de las naciones significó que desde el punto de vista político Israel estaba destinada a caer más rápidamente que Judá. Israel cayó vencida ante Asiria en el 721, mientras Judá inicialmente fue conquistada por Babilonia en el 597.

Israel emergió como poder separado durante el reinado de Jeroboam I (922-901 a.C.). Diecinueve reyes gobernaron la nación durante los dos siglos de existencia, y golpes de estado causaron ocho crisis de sucesión. Sin embargo, a Jeroboam se lo recuerda principalmente por establecer los lugares de culto en Dan y Bet-el con imágenes de becerros (1 Rey. 12) que

estaban en competencia con el templo de Salomón en Jerusalén.

La dinastía de Omri se estableció en Israel comenzando con Omri (876-869) y concluyendo con Joram (849-842). Durante el reinado de Acab (869-850) y Jezabel, la reina originaria de Sidón, el baalismo abierto contó con mucho apoyo. Elías (1 Rey. 18-19) demostró que el culto a Jehová no podía coexistir con el baalismo. Jehú (842-815) emprendió la lucha contra el baalismo. Él derrocó al rey Joram (y así terminó con la dinastía de Omri) e instituyó una violenta limpieza antibaalista en Israel. Joram, Jezabel, muchos de los adoradores de Baal y el rey Ocozías de Judá murieron.

Esta lucha contra el baalismo fue un factor crucial en el surgimiento del movimiento profético de Israel y Judá después del 750 a.C. Isaías (742-701) y Miqueas (724-701) hablaron en el sur, mientras por otro lado Amós (aprox. 750) y Oseas (aprox. 745) hablaron en el norte. Amós hizo énfasis en la justicia social (Amós 5:24), particularmente preocupado para que Israel reconociera su responsabilidad en el pacto con Dios (Amós 3:1-2). Estaba convencido de que el juicio para Israel era inevitable. (Ver especialmente las cinco visiones que se registran en Amós 7-9.)

Oseas en Israel fue quien propuso la teología *hesed* ("fidelidad del pacto"). Usando la analogía de su propia relación con su esposa Gomer (Os. 1-3), él exhortó a Israel a ser fiel a Jehová. Le aseguró a Israel del amor de Dios, y le advirtió sobre el juicio inminente por haber abusado de la relación con Dios que le otorgaba el pacto.

Los peligros que previeron los profetas se materializaron para Israel después del 725 a.C. El rey Oseas (732-721) de Israel organizó una revuelta antisiria adelantándose a la llegada de Egipto en defensa de Israel. En su lugar, las tropas asirias lideradas por Salmanasar V llegaron a Israel y rápidamente tomaron la zona alrededor de Samaria. El sitio de Samaria duró tres años. Salmanasar V murió durante el sitio. Sargón II ascendió al trono asirio y Samaria cayó en el 721. De acuerdo a las políticas de Asiria, un gran número de entre el pueblo de Samaria fue deportado a un área desconocida, mientras pueblos de otra zona conquistada eran llevados a Samaria (2 Rey. 17). Este sistema tenía como meta evitar revueltas políticas. En el caso de Israel, terminó por precipitar el surgimiento de un pueblo híbrido a quien los judíos "puros" despreciaban. Con el tiempo, a este pueblo se lo conoció como los "samaritanos". La caída de Samaria en el 721 marcó el final de Israel como parte de la monarquía dividida.

Salomón le dejó el trono de Judá a su hijo Roboam (922-915). La revuelta de Jehú en Israel en el 842 causó la muerte de Ocozías (842) de Judá. La reina madre, Atalía (842-837), usurpó el trono de Judá. Su reinado de cinco años fue la única interrupción no-davídica en la sucesión real de Judá. Durante este período sistemáticamente se intentó establecer el baalismo en Judá. En parte porque el templo de Jerusalén era el centro del culto a Jehová, el reino del sur no adoptó el baalismo de la manera en que lo hizo el norte. Cuando los sacerdotes de Jehová colocaron al joven Joás (837-800) en el trono, rápidamente se revirtió el avance logrado por el baalismo a fin de desplazar el culto a Jehová.

Cuando murió el rey Uzías (742), Isaías de Jerusalén recibió la comisión para ser profeta de Jehová (Isa. 6). El profeta dio al pueblo la palabra de Dios en tres situaciones políticas críticas: la crisis sirio-israelita (Isa. 7) bajo el rey Acaz (735-715) en el 735 a.C.;

la revuelta que lideró Egipto contra Asiria (Isa. 20) en el 711 a.C. bajo Ezequías (715-687); y el sitio de Jerusalén por parte de Senaquerib de Asiria (Isa. 36-37; ver también 2 Rey. 18-19) en el 701 a.C. Isaías llamó a los reyes a no depender de alianzas ni procesos militares y políticos sino a tener fe en Jehová, y a permitir que Él peleara contra los opresores. Él le indicó a la gente que esperara en un Dios santo, no en un poderoso rey terrenal.

Miqueas de Moreset (724-701) era un contemporáneo más joven que Isaías. Miqueas 6:1-8 describe la escena en un tribunal donde el pueblo de Jehová es llevado a juicio por su constante rechazo del pacto y su transgresión contra este. El v. 8 tal vez sea la mejor definición de lo que era la religión profética: "hacer justicia, y amar misericordia, y humillarte ante tu Dios".

En el largo reinado de Manasés (687-642), Judá dejó de lado la dedicación exclusiva a Jehová. Los profetas de Jehová fueron perseguidos, el pueblo fue animado al baalismo, se incorporaron actividades asociadas con los rituales astrológicos asirios, y volvió a revivir la práctica de los sacrificios humanos.

El rey Josías (640-609) revirtió la decadencia que había iniciado Manasés. Para el 621, si no antes, se instituyó la "reforma deuteronómica". Esta reforma procuró tomar ventaja de las debilitadas condiciones tanto del poder de Mesopotamia como de Egipto para entonces unir nuevamente el reino del norte y el del sur. Esta aspiración política se unió a un fervor religioso para combatir el baalismo. El impulso principal de esta reforma terminó con la muerte de Josías en el 609 mientras luchaba en Meguido con el faraón Necao de Egipto (2 Rey. 23:29).

La nación ya no contaba con un liderazgo como para mantener una reforma eficaz. Joacim (609-598) emprendió una revuelta contra el dominio de Babilonia, murió antes que llegara Nabucodonosor de Babilonia, y el siguiente rey fue su hijo Joaquín (598-597). Este fue llevado al exilio en el 597 cuando Nabucodonosor conquistó Jerusalén. En su lugar Nabucodonosor puso como rey a Sedequías (597-587). Su rebelión contra Babilonia en el 588 llevó a la caída definitiva de Jerusalén, incluyendo la destrucción del templo de Jerusalén por parte de Nabucodonosor en el 587. De esta manera el reino de Judá llegó a su fin, y se inició el exilio babilónico (597/587-539/538).

El exilio babilónico (Ezeq.; Isa. 40-55).

El exilio babilónico se inició en el 597 con la deportación inicial de jerosolimitanos a Babilonia; hubo deportaciones adicionales en el 587 y el 582 (Jer. 52:15,30). La vida en el exilio no resultaba totalmente inaceptable porque el pueblo disfrutaba de cierto grado de libertad social y económica. Sin embargo, estaban aislados de Jerusalén y del templo, y en esta tierra extraña casi no tenían deseos de cantar cánticos a Jehová (Sal. 137).

El exilio babilónico fue el parámetro y punto de referencia en el desarrollo religioso del pueblo. La Torá proporcionó el fundamento para que surgiera lo que auténticamente es el judaísmo y los judíos, "el pueblo del libro". Se formularon otros productos literarios, incluyendo la mayoría de los documentos escritos asociados con los poetas preexílicos, el trabajo editorial definitivo sobre la historia deuteronómica (Josué, Jueces, Samuel y Reyes), y las contribuciones proféticas de Ezequiel. Isaías 40-55 habla de la última parte del período exílico, y Ciro aparece en el horizonte.

Ezequiel aumentó la conciencia de que Jehová tenía movilidad absoluta, es decir, no estaba confinado geográficamente a Jerusalén (Ezeq. 1-3). Su mensaje, que a menudo parece en clave, alentó la esperanza en el futuro (Ezeq. 33-39). Él presentó el modelo de la fe para una Jerusalén restaurada (Ezeq. 40-48).

Las profecías de Isa. 40-55 prepararon al pueblo para un segundo éxodo (Isa. 40), inculcándole la función que tenía como pueblo siervo de Jehová (Isa. 42:1-4; 49:1-6; 50:4-9; 52:13-53:12). Estos capítulos se burlan de los ídolos paganos y claramente enseñan el monoteísmo (Isa. 44:6; 45:5), un concepto que inevitablemente estaba unido al universalismo de Jehová (Isa. 42:6; 45:22).

La sinagoga surgió durante el exilio y llegó a ser la institución que definía al judaísmo: un centro social, educativo y religioso para la comunidad, pero sin adoración con sacrificios. Una vez que en el año 70 d.C. Roma destruyó en Jerusalén el templo que se había reconstruido, las sinagogas preservaron el judaísmo dondequiera que se establecían los judíos.

El período postexílico

1. El período persa (Esd. 1; 5-6; 9-10; Neh. 1-6; 8-9; 13; Hageo; Zacarías; Abdías; Malaquías; Jonás). La época postexílica de Judá comenzó a fines del 539 con la entrada de las tropas de Ciro de Persia en Babilonia. A principios del 538 Ciro emitió un decreto (Esd. 1:2-4; 6:3-5) permitiendo a los exiliados volver a su tierra. Muchos regresaron bajo el liderazgo de Zorobabel, un descendiente del rey Joaquín. Desafortunadamente Zorobabel desapareció en forma misteriosa, tal vez porque los persas reconocieron los peligros inherentes asociados con la idea que tenían algunos judíos de que Zorobabel era el Mesías prometido (Hag. 2:20-23).

Inmediatamente comenzó la tarea de reconstruir el templo. Por varias razones, lo que lograron fue muy poco. Bajo la influencia de Hageo y Zacarías, el templo se reedificó entre el 520 y el 515; se reinstituyó el culto de adoración a Jehová.

La ciudad permaneció sin defensas hasta que Nehemías (nombrado dos veces —en el 445 y en el 432— como el gobernador de Persia en Judea) reedificó y reparó los muros alrededor de la ciudad. Aproximadamente en la misma época, Esdras llegó a Jerusalén y recalcó al pueblo la necesidad de que la Torá fuera el centro de la vida de la comunidad. Así nació el fenómeno moderno del judaísmo. En el intervalo entre que se completó el templo (515) y la primera visita de Nehemías (445), hablaron varios profetas. El breve mensaje de Abdías fue un himno de odio contra los edomitas, que se habían apropiado de las tierras y de las casas de Judá cuando el pueblo fue llevado al exilio. Joel hizo énfasis en el día de Jehová como un día de preservación para Judá juntamente con destrucción para Edom y Egipto. Malaquías se refirió a la necesidad de la reforma en la adoración, condenó las actividades de los sacerdotes, denunció que los judíos se habían casado con mujeres no judías, y criticó la piedad popular de su época.

La literatura sapiencial, incluyendo Job, Eclesiastés y Proverbios más algunos de los salmos (1; 32; 34; 37; 49; 91; 112; 119; 128), comenzó con Salomón y alcanzó su culminación durante este período. Esta literatura tomó muchos elementos de los vecinos de Israel (ver Prov. 22:17–23:1) y en especial se dirigió a la juventud (notar la alegoría sobre la ancianidad en Ecl. 12:1-8); básicamente procuró realzar la capacidad que tiene uno para vivir una vida sana y productiva, reconociendo que el temor de Dios era el fundamento de dicha vida. Ver *Job; Eclesiastés; Proverbios; Sabiduría y sabios.*

A medida que el judaísmo se desarrollaba, inevitablemente surgió el debate sobre si los no judíos tenían acceso a Jehová. En el aspecto literario, los libros de Rut y Jonás animan a los judíos a aceptar a toda la humanidad, mientras que el libro de Ester, que apoya la fiesta de Purim y su marcado nacionalismo, alentaba un patriotismo que afirmaba que Jehová era Dios de los judíos y los protegía de sus enemigos extranjeros.

2. El período helenístico. Felipe de Macedonia fue asesinado en el 336. Esto llevó al trono a su joven hijo Alejando, que había estudiado con Aristóteles. Después de dos años en que consolidó su poder, Alejandro cruzó el Helesponto y comenzó su intento para lograr un imperio helenístico unificado. Alejandro no había llegado a los 33 años cuando murió inesperadamente en el 323. Para el momento de su muerte, en las grandes regiones que conquistó había quedado un indeleble sello helenista. Ver *Intertestamentaria, Historia y literatura.*

Aprox. en el 300 a.C., en parte como resultado de este proceso de helenización, se formuló la historia de acuerdo al cronista: Crónicas, Esdras y Nehemías. La obra del cronista hizo énfasis en los logros de Judá y sus reyes davídicos, y alentó a la pureza dentro de las prácticas de culto judías haciendo frente a la helenización de Alejandro. Ver *Crónicas, Libros de; Esdras; Nehemías.*

3. El período macabeo. Por lo general se entiende que la época abarcó el período entre el 200 a.C. y el 200 d.C. Durante esta época, los judíos fueron perseguidos religiosa y políticamente. A fin de hablar sobre estas circunstancias, comenzó a desarrollarse un tipo de literatura altamente simbólica que le prometía a la comunidad fiel la esperanza de la intervención inminente de Jehová.

Cuando Alejandro murió en el 323, su inmenso reino entró en caos. Al control de Canaán lo contendían dos de los gobernantes que lo sucedieron, Seleuco y Tolomeo. Como resultado de batallas libradas entre el 200 y el 198, el gobernante seléucida Antíoco III (223-187) obtuvo el control de Canaán. Antíoco IV (175-163) procuró la destrucción sistemática del judaísmo y precipitó una rebelión al frente del sacerdote Matatías y sus cuatro hijos. Uno de estos hijos, Judas Macabeo, fue el arquitecto militar de la revuelta, y la persona cuyo nombre lleva dicha revuelta, la rebelión macabea. *Ver Intertestamentaria, Historia y literatura.* En el día 25 de Quisleu en el 165 a.C., Judas Macabeo tomó el templo de Jerusalén, lo purificó y reinstituyó el culto a Jehová (este es el fundamento para la fiesta de Januká). El libro de Daniel, que claramente es un libro apocalíptico, centró su atención en esta época. *Ver Daniel.* Para el 142 los judíos estaban exentos de todos los impuestos seléucidas, y en el 129 todos los soldados seléucidas abandonaron el país. Los judíos eran totalmente libres en su propia nación.

El salterio terminó de completarse en esta era, aunque muchos de los 150 poemas son preexílicos (por ejemplo el Sal. 29). Algunos, como el Sal. 137, son exílicos; otros, como el Sal. 119, son postexílicos. *Ver Salmos.* El salterio, que era el himnario del segundo templo, tiene singular importancia en su descripción del pueblo como una comunidad que adora a través de sus distintas épocas históricas, y también tiene importancia para entender la multitud de problemas y situaciones por los que atravesó esa comunidad.

4. El período romano. La verdadera libertad se había logrado por medio de la rebelión macabea, pero desafortunadamente el gobierno de los asmóneos tenía constante disensión interna. El casamiento de judíos con mujeres no judías de los países vecinos precipitó el conflicto. Este disturbio llegó a un clímax en el 63 d.C., cuando la constante agitación, que ahora incluía al gobernador de Idumea y al rey nabateo, hizo que el general romano Pompeyo fuera a Judea. Cayó Jerusalén, y el país, que desde ese momento fue la provincia romana de Palestina, continuó bajo control romano hasta el siglo IV.

ITAI (*"con Dios"*) (1) Soldado geteo (de Gat) que demostró lealtad a David acompañándolo en la huida de éste desde Jerusalén luego del estallido de la rebelión de Absalón (2 Sam. 15:19-22); filisteo que había compartido su suerte con David; compartió la comandancia del ejército de David con Joab y Abisai (2 Sam. 18:2). *Ver David.* (2) Uno de los treinta valientes de David (2 Sam. 23:29).

ITALIA Península con forma de bota ubicada entre Grecia y España que se extiende desde los Alpes en el norte hasta el mar Mediterráneo en el sur. A lo largo de las guerras púnicas con Cartago (264-146 a.C.), la ciudad de Roma amplió su control sobre todo el país y llegó a conquistar todo el Mediterráneo. Comp. Hech. 18:2; 27:1,6; Heb. 13:24. *Ver Roma y el Imperio Romano.*

ITAMAR (quizás *"isla de palmeras"* o *"donde está Tamar"* o forma abreviada de *"padre de Tamar [palmeras]"*) Cuarto hijo de Aarón (Ex. 6:23). Después de la muerte de Nadab y Abiú, Itamar y su hermano Eleazar llegaron a tener prominencia. Durante los años en el desierto, Itamar aparentemente estaba a cargo de todos los levitas (Ex. 38:21). Moisés se enojó cuando Itamar y su hermano no comieron parte de una ofrenda tal como estaba ordenado (Lev. 10:16). La casa de Elí evidentemente descendía de Itamar. Ver *Aarón; Sacerdotes; Levitas.*

ITIEL (*"conmigo está Dios"*) (1) Benjamita después del regreso del exilio (Neh. 11:7); (2) destinatario de Prov. 30 según el texto hebreo estándar.

ITUREA (*"emparentado con Jetur"*) Región de la que era gobernador Herodes Felipe cuando Juan el Bautista comenzó su ministerio público (Luc. 3:1); al nordeste de Galilea entre el Líbano y las montañas Antilíbano. Los habitantes de Iturea eran de descendencia ismaelita (Gén. 25:15). Pompeyo conquistó el territorio para Roma aprox. en el 50 a.C. Finalmente Iturea quedó absorbida en otros distritos políticos, y para el 100 d.C. ya no contaba con identidad propia. Ver *Herodes.*

JAAZANÍAS (*"Yavéh oye"*) Cuatro hombres en el AT, entre quienes se incluyen: (1) Integrante del partido liderado por Ismael que se opuso a Gedalías después que los babilonios lo hicieron gobernador de Judá en el 587 a.C. Jaazanías también puede haber estado en el grupo de Ismael que asesinó a Gedalías (2 Rey. 25:23-25). En Jer. 40:8 su nombre se escribe con una ligera diferencia. Ver *Jezanías*. (2) Uno de los ancianos de Israel a quien se halló adorando ídolos en el templo (Ezeq. 8:11). Su padre Safán puede haber sido consejero de Josías (2 Rey. 22).

JABES (*"seco"*) Forma abreviada de "Jabes de Galaad" (1 Sam. 11; 1 Sam. 31; 2 Rey. 15:10,13). Ver *Jabes de Galaad*.

JABES DE GALAAD (*"seco, escarpado"* o *"lugar seco de Galaad"*) Ciudad cuyos residentes, con excepción de 400 vírgenes, fueron muertos por un ejército de israelitas (Jue. 21:8-12); las mujeres se convirtieron en esposas de los benjamitas; probablemente al este del río Jordán, unos 32 km (20 millas) al sur del mar de Galilea.

El rescate que hizo Saúl del pueblo de Jabes de Galaad de manos de Nahas amonita, marcó el eficaz comienzo de la monarquía israelita (1 Sam. 11:1-11; ver 1 Sam. 31:11-13; 2 Sam. 2:4-7; 21:12).

JABÍN (*"él entiende"*) (1) Rey de Hazor (Jos. 11:1); líder de la coalición norte de reyes que atacaron a Josué en las aguas de Merom y murieron (comp. Jos. 12:19-24). (2) Rey de Hazor; controló a los israelitas cuando se alejaron de Dios luego de la muerte de Aod (Jue. 4:1-2; comp. Sal. 83:9).

JABNEEL (*"Dios edifica"*) (1) Pueblo que marca la frontera noroeste de Judá en tierra de los filisteos (Jos. 15:11); actualmente, Yibna. Uzías tomó el pueblo, llamado con la forma hebrea abreviada Jabnia, de manos de los filisteos (2 Crón. 26:6). Tiempo después la ciudad fue llamada Jamnia y para los judíos se convirtió en centro de la actividad de los escribas. Ver *Biblia, Formación y canon de*. (2) Pueblo en Neftalí (Jos. 19:33); tell en-Naam o khirbet Yemma, al oestesudoeste del mar de Galilea y al nordeste del monte Tabor.

JABOC (*"que fluye"*) Un río de 80 km (50 millas) de largo cerca del cual Jacob luchó con Dios durante la noche (Gén. 32:22); el moderno Nahr ez-Zerqa; es tributario del Jordán, y se une al río más grande desde el este a unos 24 km (15 millas) al norte del mar Muerto; límite oeste de Amón; límite entre los reinos de Sehón y Og, y una división en el territorio de Galaad. Ver *Jacob*.

JABÓN Limpiador fabricado al mezclar aceite de oliva y sustancias alcalinas obtenidas al quemar ciertas plantas que producen sales. Se usaba para lavarse el cuerpo (Jer. 2:22) y para lavar ropa (Mal. 3:2). La gente en el Cercano Oriente usa el aceite para limpiarse el cuerpo y golpea la ropa sobre las rocas, mientras está mojada, para limpiarla. Ver *Lavador*.

JACOB (*"él toma el talón"* o *"él engaña, suplanta"*)

1. Antepasado inicial de la nación de Israel; padre de los 12 padres de las 12 tribus de Israel (Gén. 25:1-Ex. 1:5); hijo de Isaac y Rebeca; hermano mellizo menor de Esaú; esposo de Lea y Raquel (Gén. 25:21-26; 29:21-30).

La historia de Jacob ocupa la mitad del libro de Génesis. Jacob negoció para obtener la primogenitura de Esaú. Ver *Primogenitura*. El favoritismo paterno fomentó continua hostilidad entre Esaú, el cazador bienamado de su padre, y Jacob, el hijo tranquilo, estable y equilibrado a quien favorecía la madre. Las tensiones parecían amenazar el cumplimento de la promesa divina. Jacob y su madre engañaron a Isaac y obtuvieron la ansiada bendición. Aparentemente ésta otorgaba la condición de cabeza de familia, independientemente de la condición del heredero. Rebeca tuvo que hacer arreglos para que Jacob huyera a la tierra materna en Padanaram y escapara de la ira de Esaú (27:46-28:1).

A los 40 años de edad, una solitaria noche en Bet-el —que fue interrumpida por una visión de Dios— le hizo entender las cosas. La vida debía incluir lucha con Dios y responsabilidad como heredero de las promesas de Dios a Abraham (28:10-22). Jacob hizo un juramento entregándose a Dios. En Harán, Labán lo engañó para que se casara con Lea, la hija mayor, antes de poder hacerlo con su amada Raquel, la menor (29:1-30). Jacob le pagó con la misma moneda (engaño) y se hizo rico a expensas de su suegro, quien a su vez continuó con sus trampas y modificó diez veces el salario de Jacob (31:7,41). Finalmente Jacob tuvo 12 hijos de cuatro mujeres (29:31-30:24), y se marchó mientras Labán y sus hijos estaban trasquilando ovejas. Labán se quejó de no haber tenido oportunidad de despedir a sus hijas con la fiesta acostumbrada. Pero más importante aun, quería recobrar los ídolos que le habían sido robados (31:30,32). Ver *Terafines*. Labán estipuló las condiciones de un pacto de amistad: (a) no maltratar nunca a sus hijas, (b) no casarse nunca con ninguna otra mujer y (c) establecer el sitio del pacto como un límite que ninguno cruzaría con malas intenciones.

Un grupo de ángeles salieron al encuentro de Jacob en Mahanaim (32:1-2). El avance aparentemente hostil por parte de Esaú, hizo que Jacob le enviara un gran presente a su hermano. Cuando todos hubieron cruzado el río Jaboc, Jacob tuvo un encuentro con Uno que luchó con él hasta el amanecer (cap. 32) y le dislocó la cadera. Este Oponente cambió el nombre del patriarca a Israel, aquel por quien lucha Dios (32:30).

El temor de Jacob para encontrarse con Esaú demostró ser infundado. Jacob se dirigió al oeste a la tierra prometida. Esaú se dirigió a Seir y se convirtió en el padre de los edomitas. Los hermanos no volvieron a verse hasta la muerte de su padre (35:27-29).

Jacob regresó a Bet-el y nuevamente recibió promesas patriarcales. La nodriza de su madre murió (35:8; 24:59), y luego murió su amada esposa Raquel al dar a luz a Benjamín en Efrata (35:19; 48:7). Rubén perdió el privilegio de ser el hijo mayor por su inmoralidad sexual (35:22). La muerte de Isaac hizo que Jacob y Esaú se encontraran nuevamente en la tumba de la familia en Hebrón.

Una severa hambruna azotó a Canaán, y finalmente forzó a Jacob y a sus hijos a trasladarse a Egipto. En Beerseba Jacob recibió renovada seguridad del favor de Dios (46:1-4). Jacob moró en la tierra de Gosén hasta su muerte. Él pudo dar la bendición no sólo a José, su hijo favorito, sino también a los dos hijos más grandes de José, Efraín y Manasés. Finalmente fue sepultado en Hebrón en la cueva que había comprado Abraham (50:12-14).

Dios no eligió a Jacob en razón de lo que era sino en razón de lo que podría ser. Ver Juan 4:12; Hech. 7:8-16; Rom. 9:10-13; Heb. 11:9,20-22. Su vida es una larga historia de disciplina, castigo y purificación por medio de aflicción. En medio de los conflictos humanos por familia y fortuna, Dios estaba obrando, protegiendo y prosperando a Jacob.

2. Padre de José y abuelo terrenal de Jesús (Mat. 1:16).

JACOB, POZO DE Lugar en Samaria donde Jesús se detuvo a descansar (Juan 4:6).

JACOBO Forma de Jacob; nombre de cinco hombres mencionados en el NT:

1. *Jacobo, hijo de Zebedeo y hermano de Juan* (Mat. 4:21; 10:2; Mar. 1:19; 3:17; Luc. 5:10); uno de los 12 discípulos (Hech. 1:13); él, Pedro y Juan formaban el círculo más íntimo de amigos de Jesús (Mat. 17:1; 26:36-37; Mar. 5:37; 9:2; 14:32-34; Luc. 8:51; 9:28). Tal vez en razón del ardiente fanatismo de Jacobo y Juan, ellos quisieron pedir fuego del cielo para la aldea samaritana que se negó a recibir a Jesús y los discípulos (Luc. 9:52-54). Jesús llamó a estos hermanos "Boanerges" o "hijos del trueno" (Mar. 3:17). El celo de Jacobo se reveló de manera más egoísta cuando él y Juan (en realidad lo hizo la madre en nombre de ellos, Mat. 20:20-21) procuraron obtener lugares especiales cuando Cristo viniera en su gloria (Mar. 10:35-40). Sin embargo, sólo recibieron la promesa de participar en los sufrimientos de Cristo. Jacobo fue el primero (aprox. 44 d.C.) de los doce que murió como mártir (Hech. 12:2).

2. *Jacobo, hijo de Alfeo*; uno de los 12 discípulos (Mat. 10:3; Mar. 3:18; Luc. 6:15; Hech. 1:13).

3. *Jacobo el menor*, cuya madre, María, estuvo entre las mujeres junto a la cruz de Jesús y que fueron a su tumba (Mat. 27:56; Mar. 15:40; 16:1; Luc. 24:10); tal vez sea la misma persona que el hijo de Alfeo. En Juan 19:25, se dice que esta María era es-

posa de Cleofas, quien tal vez se pueda identificar con Alfeo. Ver *Cleofas; María*.

4. *Padre de Judas (no el Iscariote)* (Luc. 6:16; Hech. 1:13).

5. *Jacobo, hermano de Jesús* (Gál. 1:19). Durante el ministerio del Señor, los hermanos de Jesús (Mat. 13:55; Mar. 6:3; 1 Cor. 9:5) no creían en Él (Juan 7:3-5; comp. Mat. 12:46-50; Mar. 3:31-35; Luc. 8:19-21). El Señor resucitado le apareció a Jacobo (1 Cor. 15:7). Después de la resurrección y la ascensión, los hermanos estaban con los doce y con otros creyentes de Jerusalén (Hech. 1:14). Después de su conversión, sólo Jacobo permaneció entre los apóstoles (Gál. 1:19) y lideró la iglesia en Jerusalén, de la que originalmente Pedro había sido líder. Evidentemente, esto lo consiguió Jacobo con su constancia mientras Pedro y los otros apóstoles hacían viajes misioneros. Jacobo presidió como vocero de la iglesia en Jerusalén durante el concilio apostólico (Hech. 15). Ver *Concilio apostólico*.

JAEL (*"cabra montés"*) Esposa de Heber ceneo (Jue. 4:17), quien asesinó a Sísara, una acción celebrada en el cántico de Débora (Jue. 5:24-27). Ver *Débora*.

JAFET (*"que él tenga espacio"*) Uno de los tres hijos de Noé (Gén. 5:32). Progenitor de los pueblos indoeuropeos que vivían al norte y al oeste de Israel, en los lugares más alejados (Gén. 10:2). En Gén. 9:27 Dios pronuncia su bendición sobre Jafet y sus descendientes. Esta es una indicación temprana de que los no-israelitas compartían las bendiciones del pueblo de Dios. Ver *Noé; Tabla de las naciones*.

JAH Forma abreviada de Yavéh, nombre hebreo para el Dios del pacto. Ver *Dios; Jehová; Señor; YHWH.*

JAHAZA (tal vez *"terreno"*) Nombre moabita de un lugar; asignado a Rubén (Jos. 13:18) como ciudad levita (Jos. 21:36; comp. 1 Crón. 6:78). Allí Israel venció al rey Sehón (Núm. 21:23-24; Deut. 2:32-33; Jue. 11:20-21; ver Isa. 15:4; 48:21,34; comp. v. 21).

JAIR (*"Jah resplandece"*) Cuatro hombres del AT, entre quienes se incluyen: (1) hijo de Manasés que tomó posesión de varias aldeas en Galaad (Núm. 32:41); (2) galaadita que fue juez de Israel durante 22 años (Jue. 10:3-5). Ver *Jueces, Libro de.*

JAIRO (*"Jah iluminará"*) Funcionario de la sinagoga que acudió a Jesús pidiendo que éste sanara a su hija de 12 años (Mar. 5:22). Antes que Jesús llegara a la casa de Jairo, la muchachita murió. Jesús la volvió a la vida, y así demostró su poder sobre la muerte.

JANES Y JAMBRES Dos opositores de Moisés y Aarón (2 Tim. 3:8). Aunque los nombres no aparecen en el AT, la tradición rabínica identificó a Janes y Jambres como dos de los magos egipcios que procuraron duplicar (en favor de Faraón) los milagros que realizó Moisés (Ex. 7:11).

JANOAH (*"él reposa"*) (1) Pueblo en Efraín (Jos. 16:6-7); probablemente khirbet Janun, unos 11 km (7 millas) al sur de Nablus. (2) Ciudad en el norte de Israel a la cual Tiglat-pileser, rey de Asiria (744-727 a.C.) tomó de manos de Peka, rey de Israel (752-732 a.C.) aprox. en el 733 a.C.

JANUKÁ Fiesta de ocho días que conmemoraba la limpieza y rededicación del templo luego de las victorias de Judas Macabeo en el 167/165 a.C. Ver *Fiestas.*

JAQUÍN Y BOAZ (*"él establece"* y *"ágil"*) Dos pilares de bronce (1 Rey. 7:21) a ambos lados de la entrada al templo de Salomón; pueden haber tenido unos 9 m (27 pies) de alto y 2 m (6 pies) de diámetro con un capitel de 3,5 m (10 pies) en la parte superior. Tal vez cada palabra fuera el comienzo de una inscripción grabada en los pilares respectivos. Su función parece haber sido esencialmente ornamental, aunque algunos han sugerido que pueden haber sido gigantescos atriles para incienso. Ver *Templo de Jerusalén.*

JARMUT (*"altura"* o *"hinchazón en el suelo"*) (1) Ciudad en la llanura o Sefela de Judá (Jos. 15:33,35); tell Jarmut, 5 km (3 millas) al sudoeste de Bet-semes, y 24 km (15 millas) al sudoeste de Jerusalén; su rey se unió a la coalición sureña contra Josué y Gabaón (Jos. 10). Josué puso al rey en la cueva de Maceda antes de avergonzarlo y matarlo (comp. 12:11). En la época de Nehemías, vivían allí colonizadores judíos (Neh. 11:29). (2) Ciudad levita en Isacar (Jos. 21:29; comp. 19:21; 1 Crón. 6:58, en los dos últimos casos con ortografía distinta: Remet y Ramot respectivamente; se diferencia de *1* más arriba). Esta ciudad puede estar ubicada en la moderna Kaukab el-Hawa.

JASER, LIBRO DE Antigua colección de poemas que fue citada por escritores de la Biblia. Ver *Libro/s.*

JASOBEAM (*"el tío [o pueblo] regresará"*) Guerrero de la tribu de Benjamín (a la que pertenecía Saúl) que apoyó a David en Siclag cuando éste huía de Saúl (1 Crón. 12:6); en la lista aparece como el caudillo entre los valientes de David (1 Crón. 11:11).

JASÓN Nombre propio que a menudo usaban los judíos para sustituir el hebreo Josué o José, y que también usaban los gentiles. (1) En Hech. 17:5, el anfitrión de Pablo en Tesalónica, a quien las autoridades de la ciudad acusaron cuando la multitud enfurecida no pudo encontrar a Pablo (Hech. 17:6-7); el Jasón de Rom. 16:21 puede haber sido la misma persona. (2) Sumo sacerdote judío durante los últimos años del control seléucida sobre Palestina. Ver *Intertestamentaria, Historia y literatura.*

JASPE Calcedonia verde; tercera piedra en el tocado del rey de Tiro (Ezeq. 28:13); piedra en el pectoral del sumo sacerdote (Ex. 28:20; 39:13); rostro del que está sentado en el trono (Apoc. 4:3) y la gloria de la nueva Jerusalén (Apoc. 21:11,18-19). Ver *Minerales y metales.*

JATIR (*"el resto"*) Pueblo levita (Jos. 20:14) en las montañas de Judá (Jos. 15:48); el moderno khirbet Attir, unos 21 km (13 millas) al sudsudeste de Hebrón y 22,5 km (14 millas) al nordeste de Beerseba. David le dio a Jatir parte de su botín de guerra luego de la victoria sobre los amalecitas (1 Sam. 30:27).

JAVÁN (*"Grecia"*) Hijo de Jafet (Gén. 10:2), antepasado inicial de los pueblos griegos (Gén. 10:4). Ver *Grecia; Tabla de las naciones.*

JAZER (*"que Él ayude"*) Ciudad-estado amorrea que conquistó Israel al marchar por la tierra al este del Jordán rumbo a la Tierra Prometida (Núm. 21:32). La tribu de Gad reconstruyó Jazer y se asentó allí (Núm. 32:35; comp. Jos. 13:25). Josué la asignó a los levitas (Jos. 21:39). Ver 1 Crón. 26:32; Isa. 16:8-9; Jer. 48:32; comp. 1 Mac. 5:8.

JEBUSEOS Clan que originalmente controlaba Jerusalén antes que David conquistara la ciudad (ver Gén. 10 y su conexión con los cananeos). Jerusalén fue atacada y quemada por los hombres de Judá (Jue. 1:8), pero los jebuseos no fueron expulsados. David capturó la ciudad y la hizo su capital. David compró una era de un jebuseo llamado Arauna (2 Sam. 24:16-24), y aquí más tarde se construyó el templo de Salomón. Los jebuseos que quedaron, durante el reinado de Salomón se convirtieron en siervos (1 Rey. 9:20-21). Los nombres jebuseos no parecen ser semitas sino hurritas. Ver *Jerusalén.*

JECABSEEL (*"que Dios junte"*) Pueblo en el sudeste de Judá cerca de Edom (Jos. 15:21). Ver 2 Sam. 23:20; 1 Crón. 11:22; Neh. 11:25.

JEDUTÚN (*"alabanza"*) Músico y profeta levita al servicio del rey David (1 Crón. 16:37-42; 25:1,3; 2 Crón. 35:15); antepasado inicial de músicos del templo. Comp. 1 Crón. 15:17. Etán y Jedutún pueden ser nombres distintos para una misma persona. Hay tres salmos (39; 62; 77) que en sus encabezamientos incluyen este nombre. No se sabe con seguridad la naturaleza exacta de la relación entre Jedutún y estos salmos. Ver *Sacerdotes; Levitas; Música; Salmos, Libro de.*

JEFTÉ (*"él abrirá"*) Uno de los jueces de Israel (Jue. 11:1-12:7); libertador de su pueblo (1 Sam. 12:11); héroe de la fe (Heb. 11:32); galaadita expulsado de los suyos por ser "hijo de una mujer ramera" (Jue. 11:1); como caudillo, dirigía ataques sorpresivos en la tierra de Tob con una banda de forajidos. Cuando los amonitas atacaron a Israel, el pueblo le pidió a Jefté que regresara y fuera su líder. Su victoria se cristalizó después que hizo un voto de que ofrecería como holocausto al primer ser viviente que viera al regresar de la batalla. La primera en aparecer fue su hija, y aún así Jefté cumplió su voto.

JEHOVÁ Transliteración castellana de la forma presente del nombre divino (Yavéh) en el texto hebreo. El texto hebreo representa los esfuerzos de los escribas para evitar que la gente pronunciara el nombre de Dios, y las consonantes de Yavéh se combinaron con las vocales de la palabra hebrea *adonai* ("Señor") para así formar la grafía Jehová. De esta manera no se corría el riesgo de blasfemar pronunciando de manera impropia el nombre divino. Ver *Dios; Señor; YHWH; Nombres de Dios.*

JEHOVÁ-JIREH (*"Yavéh proveerá"*) Ver *Jehová; YHWH; Nombres de Dios.*

JEHÚ (*"Jah es Él"*) Nombre de cuatro hombres del AT, entre quienes se incluyen: (1) Hijo de Josafat y rey de Israel (841-814 a.C.); comandante del ejército cuando Eliseo envió a un hijo de los profetas a Ramot de Galaad a fin de ungirlo como rey (2 Rey. 9:1-10). Jehú fue responsable por la muerte de Joram, rey de Israel; de Ocozías, rey de Judá; de Jezabel, una ex reina que todavía tenía poder en Israel, y de unos 70 sobrevivientes de la familia del fallecido rey Acab en Israel. Se valió de trucos para reunir y destruir a los adoradores de Baal, de modo que Baal fue eliminado de Israel (2 Rey. 10:28). Ver *Israel; Cronología del período bíblico; Elías.* (2) Profeta que proclamó el juicio divino sobre el rey Baasa de Israel (1 Rey. 16:1-12). Hizo advertencias al rey Josafat de Judá (2 Crón. 19:2) y registró las acciones de Josafat en un documento que el cronista le menciona a sus lectores (2 Crón. 20:34).

JEHUDÍ (*"de Judá"* o *"judío"*) Mensajero de líderes judíos que pidió a Baruc que les leyera la predicación de Jeremías; luego fue mensajero del rey para obtener el rollo de manera que el rey pudiera leerlo. Jehudí leyó el rollo al rey Joacim, luego lo cortó en pedazos y lo arrojó al fuego aprox. en el 604 a.C. Aun así Dios preservó su palabra profética (Jer. 36:11-32).

JERAMEELITA (*"Dios muestra compasión"*) Integrante del clan de Jerameel; vivían al sur de Beerseba en el Neguev (1 Sam. 27:10; 30:29).

JEREMÍAS (*"que Yavéh levante"* o *"arroje"*) Diez hombres del AT y otros hombres nombrados en inscripciones de Laquis y Arad aprox. en el 700 a.C. y en sellos judíos. Entre todos estos se encuentran: (1) Suegro del rey Josías de Judá (640-609 a.C.); abuelo de los reyes Joacaz (609 a.C.) (2 Rey. 23:31) y Sedequías (597-586 a.C.) (2 Rey. 24:18; Jer. 52:1).

(2) Profeta en Jerusalén desde el 627 a.C. hasta después del 586 a.C.; hijo de Hilcías, sacerdote de Anatot (Jer. 1:1); después que Jerusalén fue destruida en el 586 a.C., se trasladó a Mizpa, la capital de Gedalías, el flamante gobernador judío de la provincia babilónica de Judá (40:5). Cuando Gedalías fue asesinado (41:1), funcionarios judíos deportaron a Jeremías a Egipto aun contra su voluntad (42:1-43:7), pero él continuó profetizando contra los egipcios (43:8-13) y contra sus compatriotas (44:1-30).

El llamado de Jeremías llegó en el año trece del rey Josías, aprox. 627/626 a.C. (1:2; 25:3; comp. 36:2), pero en todo el libro no aparece ni una sola palabra sobre Josías y sus notables reformas (2 Rey. 22:1-23:30). Algunos eruditos sugieren que su llamado y su nacimiento tuvieron lugar al mismo tiempo (ver 1:5), y que la actividad profética comenzó muchos años después. Jeremías vivió en constante tensión con las autoridades: religiosas (sacerdotes, 20:1-6; profetas, 28:1; o ambos grupos, 26:1), políticas (caps. 21-22; 36-38) o todas combinadas (1:18-19; 2:26; 8:1), incluyendo a los líderes judíos después de la invasión babilónica (42:1-43:13). Su predicación hizo énfasis en el gran respeto que se debía a los profetas, cuyas palabras de advertencia podrían haber salvado al pueblo si éste hubiera prestado oídos (7:25; 26:4; 29:17-19; 35:13). Él confió en la promesa de un maravilloso rey futuro (23:5; 33:14-17). Jeremías recomendó la rendición nacional al imperio babilónico, y llamó "siervo del Señor" a Nabucodonosor, el peor enemigo de Judá (25:9; 27:6). Hasta incitó a sus compatriotas a desertar y pasarse al bando enemigo (21:9). Jeremías fue acusado de traición y sentenciado por ello (37:11; 38:1-6), y aun así las profecías más severas contra Babilonia se le atribuyen a él (50-51). Sus enemigos pusieron en tela de juicio su sinceridad profética y la inspiración de su mensaje (43:1-3; 28:1; 29:24), pero reyes y nobles buscaron su consejo (21:1; 37:3; 38:14; 42:1).

Constantemente Jeremías proclamó el juicio divino sobre Judá y Jerusalén; no obstante, él también fue un profeta de esperanza, e hizo profecías de salvación, condicionales (3:22-4:2) o incondicionales (30-31; 32:36; 33:6; 34:4). Dios le dijo que no intercediera por el pueblo (7:16; 11:14; 14:11; comp. 15:1); pero él intercedió de todos modos (14:7-9,19-22). Dios le ordenó vivir sin casarse ni tener familia (16:2). Tuvo que mantenerse alejado de la compañía de alborotadores (15:17) y de las casas de banquete (16:8). Se quejó a Dios y discutió con Él (12:1-17) en cuanto a la desdicha de su tarea (20:7-18). Al mismo tiempo, cantó himnos de alabanza a su Dios (20:13).

JEREMÍAS, LIBRO DE Luego de Salmos, es el libro más largo de la Biblia; la primera versión le fue dictada a Baruc (36:1-26); primero se leyó públicamente, y luego a funcionarios de gobierno y al rey Joacim, que quemó el libro de a pedazos. Jeremías dictó una segunda versión, ampliada (36:32), y luego le hizo agregados (30:2; 51:60; comp. 25:13). El libro se puede subdividir en las siguientes secciones principales: (1) narración y visiones en cuanto al llamado (1:1-19), (2) profecías y visiones (2:1-25:14), (3) relatos sobre Jeremías (26:1-45:5), (4) profecías contra naciones extranjeras (25:15-38; 46:1-51:64), (5) epílogo histórico (52:1-34), (6) profecías sobre la restauración de Israel (30:1-31:40).

La estructura no está basada en cronología ni en una forma determinada. A lo largo de los capítulos 11-20 hay confesiones de Jeremías (11:18-23; 12:1-6; 15:10-21; 17:14-18; 18:19-23; 20:7-13,14-18). Hay profecías de esperanza (caps. 30-31) que interrumpen los relatos sobre Jeremías (caps. 26-45). Las porciones contra reyes (21:11-22:30) y contra profetas (23:9-40) parecen ser escritos independientes. La Septuaginta griega es más compleja, 12,5% más breve que el texto hebreo; además ubica las profecías contra naciones extranjeras en orden diferente e inmediatamente después de 25:13 en vez de en 46:1. Fragmentos de manuscritos hebreos de Qumrán muestran que en la época de Jesús existían dos textos griegos, uno más extenso que el otro. Esto sugiere un largo y complicado proceso de compilación guiado por Dios.

En el aspecto teológico, el libro de Jeremías anima a buscar la voluntad de Dios en momentos cuando existe descrédito de todas las instituciones y los representantes religiosos que normalmente están a cargo de administrar la voluntad divina. Ni la monarquía davídica (Jer. 21:1-22:30) ni los profetas y sacerdotes (23:9-40), ni las instituciones cúlticas del templo

(7:1-34; 26:1-9) podían ayudar al pueblo a evitar las calamidades inminentes; ni tampoco podían detectar la casi escondida apostasía que mezclaba pequeños objetivos de egoísmo individual (2:29-37; 7:21-26; 28:1-17) con la comisión de Dios (4:3). La justicia y la rectitud de Dios no pueden ser usurpadas por el pueblo. Él puede ser una piedra de tropiezo aun hasta para su profeta (12:1-6; 20:7-12). Dios no se deleita en ejecutar juicio y destrucción, sino que sufre el dolor de la separación entre sí mismo y su pueblo (2:1-37). Dios seguía siendo el Padre de ellos, y su ira no permanecería para siempre (3:4,12-13). La conversión es posible (3:14,22; 4:1-2), pero esto no es consolación para la generación apóstata. Judá y Jerusalén sufrirían una cruel catástrofe. Aun así, cuando se ha perdido toda esperanza, la fidelidad de Dios prevalece y crea nueva esperanza (caps. 30-33).

JERICÓ (*"luna"*) Aparentemente la ciudad más antigua del mundo; se remonta por lo menos al 9250 a.C.; primera ciudad que conquistó Israel con Josué; llamada "ciudad de las palmeras" (Deut. 34:3; Jue. 1:16; 3:3; 2 Crón. 28:15); tell es-Sultan, cerca de uno de los manantiales más potentes de Palestina. La Jericó del NT, fundada por Herodes el Grande como su capital de invierno, estaba aprox. 2,5 km (1,5 millas) al sur en el magnífico wadi Qelt.

En la época del NT Jericó era una ciudad rica, famosa por su bálsamo y sus valiosos árboles sicómoros. Es probable que Zaqueo haya hospedado a Jesús (Luc. 19:1-10) en una de las mejores casas de Jericó. En marcado contraste también existían los mendigos (Mat. 20:29-34; Mar. 10:46-52; Luc. 18:35-43).

Desde alr. del 1400 hasta tal vez poco después del 1300 a.C., Jericó era un pequeño poblado. En tiempos de Josué el pueblo era pequeño y puede haber usado como defensa algunos de sus muros más antiguos. Los eruditos más críticos subrayan que hay conflicto entre los datos arqueológicos y la narración bíblica de la conquista. Eruditos más conservadores han tratado de volver a fechar la evidencia arqueológica o de negar que tell es-Sultan es la Jericó de la Biblia.

JERJES Rey persa (486-464 a.C.), conocido en el libro de Ester como Asuero; hijo de Darío el Grande y nieto de Ciro el Grande; hizo campañas militares en contra de los griegos, vengando la derrota de Maratón en el 490. Su armada fue irreparablemente vencida en la bahía de Salamina en el 480, y pronto perdió interés en derrotar a los griegos. Ver *Ester; Persia.*

JEROBOAM (posiblemente *"el que contiende para la justicia del pueblo"* o *"que el pueblo se multiplique"*)

1. Primer rey del reino del norte, Israel, aprox. 926-909 a.C.; dirigió a los obreros que había reclutado Salomón para los enormes proyectos edilicios (1 Rey. 11:28), momento en que el profeta Ahías, silonita, rompió su capa en doce pedazos y le dio diez a Jeroboam (1 Rey. 11:29-39) como promesa divina de que sería rey sobre diez tribus. A la muerte de Salomón, Jeroboam lideró a las diez tribus en rebelión contra la casa de David. Estas lo coronaron rey.

Jeroboam se convirtió en el ejemplo de reyes malvados en Israel porque construyó templos en Dan y Betel con becerros de oro como símbolo de la presencia de Dios. Todos los reyes que siguieron en el norte fueron condenados por los escritores bíblicos por andar "en el camino de Jeroboam", alentando la adoración en Dan y Bet-el (ver 1 Rey. 15:26,34; 16:19,31). Jeroboam (1 Rey. 12:25-

33) hizo que la adoración israelita fuera distinta que la de Jerusalén, aunque alegaba adorar al mismo Dios y con las mismas tradiciones cúlticas. Las advertencias proféticas no lograron que Jeroboam cambiara de actitud (1 Rey. 13:1-14:20).

2. Poderoso rey de Israel en la dinastía de Jehú, aprox. 793-753 a.C. (2 Rey. 14:23-29); restauró la prosperidad y el territorio a una nación débil, pero continuó con las prácticas religiosas de Jeroboam I y por lo tanto fue pasible de condenación por parte de los escritores bíblicos. Jonás, Amós y Oseas profetizaron durante su reinado. Jeroboam II restauró los límites de imperio de David, llegando incluso a Siria.

JERUSALÉN (*"fundada por [el dios] Salem"*) También se la conoce con el nombre de Bet-Salén o "Casa de Salén"; principal ciudad de Palestina, unos 830 m (2500 pies) sobre el nivel del mar y 29 km (18 millas) al oeste del extremo norte del mar Muerto; las Cartas de Amarna hacen alusión a Bet-Salén alr. del 1400 a.C.; la primera vez que se la menciona en la Biblia se la llama Salem (Gén. 14:18), y Hebreos 7:2 interpreta que significa "paz" en razón de su similitud con *shalom* o *salom*; ubicada en el límite entre las tribus del norte y las del sur; también llamada Sión, Jebús, monte Moriah y ciudad de David. Ver *Ciudad de David*.

Jerusalén está construida sobre una altiplanicie y está rodeada de montañas conectadas con tres valles: el de Cedrón en el este, el Hinom en el oeste y el sur, y el Tiropeón que llega a la parte baja de la ciudad, dividiéndola en dos partes desiguales. Su principal fuente de agua era el manantial de Gihón al pie del monte Sión. La porción más baja de la parte oriental era la fortaleza original construida por sus habitantes prehistóricos.

En el 3500 a.C. Jerusalén parece haber estado habitada. En las tablillas de Ebla (aprox. 2500 a.C.) puede haber una mención de Jerusalén, y con certeza aparece en fuentes egipcias (los textos execratorios alr. del 1900 a.C. y las cartas de Amarna). Los arqueólogos han descubierto muros, un santuario, un palacio real y un cementerio que datan de aprox. el 1750 a.C. Alrededor de esta época Abraham, que regresaba de una victoria, tuvo un encuentro con Melquisedec, el rey de Salem, quien recibió obsequios de su parte y lo bendijo (Gén. 14). Tiempo después Abraham recibió la orden de ofrecer a Isaac en una de las montañas de la tierra de Moriah (Gén. 22:2). En 2 Crónicas 3:1 se señala que Moriah es el lugar donde Salomón edificó el templo en la era de Arauna. David la había comprado para hacer un altar a Dios (2 Sam. 24:18). En ese lugar está hoy la mezquita musulmana de la roca (o mezquita de Omar).

Josué derrotó a Adonisedec, rey de Jerusalén (Jos. 10), pero en ese momento no tomó la ciudad (comp. Jue. 1:8,21). Aparentemente los jebuseos la sintieron suya y la llamaron Jebús (Jue. 19:10; 1 Crón. 11:4). Ver *Jebús*. David lideró a sus hombres para retomarla (2 Sam.5:1-10). El nombre original de la fortaleza, Sión, se convirtió en sinónimo de la ciudad de David. El traslado del arca (2 Sam. 6) hizo de Jerusalén el centro religioso de la nación. Dios hizo un pacto eterno con la casa de David (2 Sam. 7:16). Salomón construyó el templo como morada de Dios (1 Rey. 8:13), y el arca sagrada, que era símbolo de la presencia divina, fue colocada en el lugar santísimo.

Las tribus iban al templo tres veces al año para sus fiestas religiosas. Un grupo de salmos se llegó a conocer como "Salmos de Sión" (Sal. 46; 48;

76; 84; 87; 122; 132). Se exaltó la belleza física de la ciudad (Sal. 48) y se describieron sus gloriosos edificios y sus muros (Sal. 87). Ser parte de las procesiones de las fiestas a Jerusalén (Sal. 68:24-27) era motivo de gran gozo (Sal. 149:3). Jerusalén, el lugar en que moraba tanto el rey terrenal (Sal. 132) como el rey divino (Sal. 5:2; 24:7), fue donde Israel llegó a apreciar y a celebrar que Dios era rey (Sal. 47; 93; 96-99).

Cuando el reino se dividió a la muerte de Salomón, Jerusalén siguió siendo la capital del reino del sur. Egipto la atacó (1 Rey. 14:25-26) y también lo hizo Siria (2 Rey. 12:17) y las tribus del norte (2 Rey. 15:29; Isa. 7:1). Ezequías (715-686 a.C.) cavó en la roca un túnel de unos 625 m (1750 pies) para proporcionar agua del manantial de Gihón en tiempos en que la ciudad estuviera sitiada (2 Rey. 20:20). En el año 701 a.C. el general asirio Senaquerib destruyó la mayoría de las ciudades de Judá y en el relato que él mismo hace, dice que encerró a Ezequías "como un pájaro enjaulado dentro de su capital real". Los asirios hubieran destruido Jerusalén si no hubiese sido salvada milagrosamente (2 Rey. 19:35). Esta liberación, que está asociada con el pacto de Dios con la casa de David, llevó a creer que Jerusalén nunca sería destruida (ver Jer. 7:1-15). Tanto Miqueas (3:12) como Jeremías (7:14) profetizaron la destrucción de Jerusalén por su infidelidad al pacto divino. Los profetas también hablaron de la exaltación de Jerusalén en los últimos días (Isa. 2:2-4; comp. 24:23; 60:19).

Los babilonios conquistaron Jerusalén en el 598 a.C., y llevaron 10.000 personas en cautiverio. Una rebelión posterior llevó a la destrucción de la ciudad en el 586 a.C. Los exiliados mantuvieron viva la memoria de Sión (Sal. 137:1-6) y pusieron sus esperanzas en el futuro de la ciudad.

Cuando Ciro de Persia aplastó a los babilonios (539 a.C.), animó a los judíos a regresar a Jerusalén y a reconstruir el templo (Esd. 1:1-4). Finalmente Hageo y Zacarías en el 516 a.C. (Esd. 6:15) motivaron al pueblo a completar la obra. Nehemías llegó en el 445 para reconstruir los muros.

La restauración de Jerusalén predicha por los profetas preexílicos había tenido lugar (Jer. 29:10; 33:7-11), pero sólo en parte. Aún no se había cumplido la gloriosa visión de la exaltación de Sión (Miq. 4:1-8) y la transformación de Jerusalén (Ezeq. 40-48) aún no se había cumplido. Los profetas describieron nuevas imágenes del futuro de Jerusalén (Zac. 14).

Herodes el Grande remodeló Jerusalén con un teatro, un anfiteatro, un hipódromo, un nuevo palacio, torres fortificadas y un acueducto para llevar agua desde la zona de Belén. Él duplicó en tamaño el área de templo, construyendo un magnífico edificio de enormes piedras blancas, ricamente ornamentadas. Aquí llegaban judíos de todo el mundo para las fiestas religiosas, y aquí también llegó Jesús de Nazaret con su mensaje a los líderes de la nación judía. Ver *Templo*. El general romano Tito destruyó la ciudad en el 70 d.C. después que judíos con celo religioso se rebelaron contra Roma. Una segunda rebelión en el 135 d.C. (la rebelión de Bar-Kochba) dio como resultado que a los judíos se los excluyera de la ciudad.

Los eventos centrales de la fe cristiana —la crucifixión y la resurrección de Jesús— tuvieron lugar en Jerusalén. La profecía de la destrucción de Jerusalén (Mat. 24; Mar. 13; Luc. 21) está entrelazada con profecías sobre el Hijo del Hombre que vendría al final de los tiempos, cuando la abandonada y desolada Jerusalén habría de dar la bienvenida al Mesías que regresaba (Mat. 23:39).

Jerusalén fue el centro de la actividad misionera de la iglesia, que debía extenderse hasta lo último de la tierra (Hech. 1:8). Pablo mantuvo contacto con la iglesia de Jerusalén y le llevó una importante ofrenda casi al final de su ministerio. El "hombre de pecado" aparecería en Jerusalén antes del día del Señor (2 Tes. 2:3-4). Desde Sión vendría el libertador que permitiría que toda Israel fuera salva después que se completara el número de los gentiles (Rom. 11:25-27; comp. Gál. 4:24-31; Heb. 11:10; 12:22).

En Apocalipsis, la Jerusalén terrenal aparece una última vez después del reinado de Cristo durante mil años, cuando las naciones engañadas lideradas temporariamente por Satanás, se juntarían contra la amada ciudad pero serían vencidas con fuego del cielo (Apoc. 20:7-9). La nueva Jerusalén descenderá del cielo a la nueva tierra. Se cumple así la meta de todo el espectro de revelación bíblica, y Dios reina con su pueblo por los siglos de los siglos (Apoc. 21:1-22:5). Ver *Apocalipsis, Libro de*.

JERUSALÉN, CONCILIO DE Ver *Concilio apostólico*.

JESÚA (*"Yavéh es salvación"*) Varios hombres y una aldea cuyos nombres en hebreo se escriben igual que Josué. Entre los hombres se halla el sumo sacerdote llevado al exilio por Nabucodonosor de Babilonia en el 586 a.C.; regresó a Jerusalén con Zorobabel aprox. en el 537 a.C. (Esd. 2:2); líder en la reedificación del altar y la restauración del sistema de sacrificios en Jerusalén (Esd. 3:2-6); siguió a la predicación profética de Zacarías y Hageo y reconstruyó el templo (Esd. 5:2-6:15; Hag. 1:1,12-14; 2:4), y concluyó en el 515 a.C. Aun así algunos de sus hijos se casaron con mujeres extranjeras y tuvieron que divorciarse, siguiendo la enseñanza de Esdras (10:18-19). Zacarías tuvo una visión en que Dios anunciaba la purificación del sumo sacerdote y lo preparaba para que condujera ritos de expiación, una señal del día en que llegaría el Mesías y proveería expiación completa y eterna para el pueblo de Dios (Zac. 3). Jesúa aparentemente fue uno de los dos ungidos en la visión de Zacarías (4:14; comp. 6:12-13).

JESURÚN (*"recto"*) Nombre poético de Israel (Deut. 32:15; 33:5,26; Isa. 44:2; comp. Ecl. 37:25); puede ser un juego de palabras con Jacob, quien recibió el nombre Israel y fue conocido por su engaño.

JESÚS, VIDA Y MINISTERIO Vida y ministerio del personaje principal de la Biblia: Jesús de Nazaret (Mar. 1:9; Juan 19:19), Hijo de Dios y Salvador del mundo.

Tal como se esperaba del Mesías (Miq. 5:2), nació en Belén, la "ciudad de David", como descendiente del linaje real de David (Mat. 1:1-17; 2:1-6). Justo antes del nacimiento de Jesús, un censo romano llevó a José y María a la ciudad ancestral de Belén (Luc. 2:1-7). Lucas ofrece pantallazos de Jesús a los ocho días de vida (2:21-39), como un muchachito de 12 años (2:40-52) y como hombre a los 30 años de edad al comenzar su ministerio (3:21-23). Jesús se identificó con toda la raza humana que descendía de Adán, pero Él era más; era el Hijo de Dios (Luc. 3:38). De modo que el Evangelio de Juan llega en la historia de Jesús a su existencia durante la creación del mundo e incluso antes (Juan 1:1-5). Sin embargo, cuando Él enseñó en Nazaret, era "el carpintero, el hijo de María, hermano de Jacobo, de José, de Judas y de Simón" (Mar. 6:3; comp. Luc. 4:22; Juan 6:42). Mateo y Lucas explicaron la naturaleza especial que le confería el nacimiento virginal (Luc. 1:34-35; Mat. 1:18-23).

Al bautizarse en el río Jordán, se identificó con quienes eran llamados al arrepentimiento. El Espíritu de Dios descendió sobre Él como una paloma, y la voz del cielo anunció: "Tú eres mi hijo amado; en ti tengo complacencia" (Mar. 1:10-11). Pero aun así su identidad como Hijo de Dios permaneció oculta a quienes lo rodeaban, pero no a Satanás; en las tentaciones el diablo trató de que Jesús hiciera lo que sólo podía hacer el Hijo de Dios (Luc. 4:3,9).

Jesús no intentó defenderse ni hacer uso de su condición de Hijo de Dios, pero apeló a una autoridad a la que cualquier devoto judío podría haber apelado —las Escrituras—, y por medio de ellas, al Dios de Israel. Jesús hizo que la atención se concentrara no en sí mismo sino en el "Señor tu Dios" (Luc. 4:8; comp. Mar. 10:18; 12:29-30). Así les pudo enseñar a sus discípulos que ellos también debían vivir "de toda palabra que sale de la boca de Dios" (Mat. 4:4); no debían tentar a Dios (Luc. 4:12) sino que con humildad debían adorarlo y servirlo (Luc. 4:8).

En su ministerio Jesús mantuvo el carácter divino central de su mensaje: "El tiempo se ha cumplido, y el reino de Dios se ha acercado; arrepentíos, y creed en el evangelio" (Mar. 1:15; comp. Mat. 4:17; Mar. 1:14). Él no había venido para glorificarse o proclamarse a sí mismo sino para hacer conocer al Padre, que lo había enviado (Juan 4:34; 5:19,30; 6:38; 7:16-18,28; 8:28,42,50; 14:10,28). A través de su ministerio, el tema de la identidad de Jesús continuó surgiendo, en primer lugar por parte de los poderes de la maldad (Mar. 1:24; 5:7). Aparentemente Jesús no deseaba que la cuestión de su identidad apa-

reciera en forma prematura, e hizo callar a los demonios (Mar. 1:25,34; 3:12). Cuando sanó a los enfermos, con frecuencia les dijo a los sanados que no lo dijeran a nadie (Mar. 1:43-44; 7:36a). Sin embargo, cuanto más pedía silencio, más rápidamente se esparcían las noticias de su poder sanador (Mar. 1:45; 7:36b).

Las multitudes parecen haber llegado a la conclusión de que Él era el Mesías que debía llegar y libertar a los judíos de la opresión romana. Los Evangelios lo presentan como un Mesías singularmente renuente (Juan 6:15). No acostumbraba a llamarse a sí mismo "Mesías" ni "Hijo de Dios". Más bien solía utilizar el pronombre enfático *Yo* cuando no era necesario desde el punto de vista gramatical, y a veces tenía el hábito de hacer alusión a sí mismo en forma indirecta y misteriosa con el título "Hijo del Hombre". Aun así, Jesús habló y actuó con la autoridad de Dios mismo. Dio vista a los ciegos y oído a los sordos; hizo que los cojos caminaran. Al tocar a los que ceremonialmente estaban inmundos, los purificó. Hasta resucitó muertos y perdonó a pecadores. Al enseñar a la multitud, declaró sin tapujos: "Oísteis que fue dicho... Pero yo os digo" (Mat. 5:21-22,27-28,31-32,33-34, 38-39,43-44).

Tuvo una actitud tan radical para con las tradiciones enraizadas en el pueblo, que desde el comienzo se vio en la necesidad de declarar: "No penséis que he venido para destruir la ley o los profetas; no he venido para abrogar, sino para cumplir" (Mat. 5:17). La multitud que lo oía "se admiraba de su doctrina; porque les enseñaba como quien tiene autoridad, y no como los escribas" (Mat. 7:28-29). Se levantaba antes del amanecer a fin de hallar el tiempo y el lugar para orar a su Padre (Mar. 1:35; comp. 2:4;

4:1 en cuanto a la reacción de la multitud).

¿Quiénes eran "las ovejas perdidas" para con las que Jesús era llamado a ser Pastor? La respuesta aparente es aquellos que no se esperaba tuvieran beneficios con la venida del Mesías. Al demostrar que no les importaba la ley, se habían convertido en enemigos de Dios; pero Dios amaba a sus enemigos. Jesús estaba persuadido de que tanto Él como sus discípulos también debían amarlos (Mat. 5:38-48; comp. Mar. 2:17). Él declaró que Dios se gozaba en la salvación de todos esos pecadores (cobradores de impuestos, prostitutas, pastores, soldados y otras personas a quienes los piadosos de Israel despreciaban), y este gozo era mayor que el gozo por "noventa y nueve justos que no necesitan de arrepentimiento"; (Luc. 15:7; comp. vv. 3-32). Los líderes religiosos sentían que una celebración tan exuberante de misericordia divina significaba bajar el antiguo estándar ético y transigir en cuanto a la santidad de Dios.

Jesús explícitamente negó haber sido enviado a gentiles o a samaritanos (Mat. 15:24; ver 10:5-6). Sin embargo, después de la resurrección de Jesús el principio "no a justos sino a pecadores" hizo que fuera natural la extensión global del evangelio del reino de Dios (comp. Luc. 4:25-27). Aun durante su vida en la tierra, Jesús respondió a las iniciativas de los gentiles que buscaban su ayuda (Mat. 8:5-13; 15:21-28; Luc. 7:1-10; Mar. 7:24-30), y a veces lo hacía de manera que Israel se avergonzara (Mat. 8:10). Dos veces viajó por Samaria (Luc. 9:51-56; Juan 4:4); una vez permaneció en una aldea samaritana durante dos días, y llamó a la fe a una mujer samaritana y a otro grupo de personas (Juan 4:5-42); en una oportunidad hizo que el héroe de una pará-

bola fuera samaritano (Luc. 10:29-37; comp. Mat. 8:11-12). Además predijo que doce galileos sin demasiada educación un día se sentarían "sobre doce tronos, para juzgar a las doce tribus de Israel" (Mat. 19:28; comp. Luc. 22:28-29). Con severidad Jesús advirtió a los líderes religiosos que corrían el peligro de blasfemar contra el Espíritu por atribuir al poder del diablo el poder del Espíritu que actuaba en Él (Mat. 12:31). Cuando su propia familia mostró preocupación por su seguridad o cordura (Mar. 3:21), Jesús afirmó que sus discípulos eran su nueva familia, un vínculo que se fundamentaba en la obediencia a la voluntad de Dios (Mar. 3:31-35).

La llamada controversia de Beelzebú estableció un sombrío precedente en la relación de Jesús con las autoridades de Jerusalén, e hizo que su arresto, juicio y ejecución fueran prácticamente inevitables (Mar. 3:20-35). A partir de ese momento Jesús comenzó a hablar en parábolas para que la verdad resultara clara a sus seguidores, mientras por otro lado la ocultaba de los que eran ciegos a la belleza de esa verdad y ciegos a su llamado (Mar. 4:10-12; comp. Mar. 3:23). También comenzó a advertirles, a veces en analogía o parábolas (Mar. 10:38; Luc. 12:49-50; Juan 3:14; 12:24,32) y a veces en idioma explícito (Mar. 8:31; 9:31; 10:33-34), diciendo que sería arrestado y juzgado por los líderes religiosos de Jerusalén, que moriría en la cruz y resucitaría de los muertos a los tres días. Desde el comienzo había descrito su misión, al menos parcialmente, como la misión del siervo del Señor según Isa. 40-66 (por ejemplo, la cita de Isa. 61:1-2 en Luc. 4:18-19; ver Mar. 10:45; 12:24). También se vio a sí mismo como el pastor herido de Zac. 13:7 (Mar. 14:27) y en el rol del justo cuyo sufrimiento describen los salmos (Mar. 15:34; Luc. 23:46; Juan 19:28).

Antes de su arresto, Jesús vívidamente habló con sus discípulos sobre su inminente muerte al compartir con ellos el pan y la copa de la Pascua, y les explicó que el pan era su cuerpo que era partido por ellos, y que la copa de vino era su sangre que se derramaba para salvación de ellos. Sólo su muerte habría de garantizar la llegada del reino que había proclamado (Mat. 26:26-29; Mar. 14:22-25; Luc. 22:14-20; comp. 1 Cor. 11:23-26).

Aparentemente fue a Jerusalén por última vez sabiendo que moriría allí. Aunque las multitudes lo recibieron como rey, pues lo consideraban el Mesías largamente esperado (ver Mat. 21:9-11; Mar. 11:9-10; Juan 12:13), no hay evidencia de que ésta haya sido la razón de su arresto. Más bien, las autoridades actuaron en su contra en forma decisiva puesto que Jesús había echado del templo de Jerusalén a los cambistas (Mat. 21:12-16; Mar. 11:15-17; comp. Juan 2:13-22) y había realizado ciertas declaraciones sobre el templo.

Durante su última semana en Jerusalén, Jesús había profetizado la destrucción del templo (Mat. 24:1-2; 26:61; Mar. 13:1-2; 14:58; Luc. 21:5-6). Su intención de establecer una nueva comunidad como "templo" o morada de Dios (ver Mat. 16:18; Juan 2:19; 1 Cor. 3:16-17) fue percibida como verdadera amenaza a la antigua comunidad del judaísmo y al templo, que era la encarnación del judaísmo. Por esto fue arrestado y acusado de engañar al pueblo.

Durante una audiencia ante el Sanedrín, Jesús habló de sí mismo como el "Hijo del Hombre sentado a la diestra del poder de Dios, y viniendo en las nubes del cielo" (Mar. 14:62; comp. Mat. 26:64; Luc. 22:69). Aunque el sumo sacerdote dijo que esto era blasfemia y el Sanedrín estuvo de acuerdo en que tal comportamiento era digno de muerte, los trascendidos de la audiencia no parecen haber arrojado resultados concluyentes. Si Jesús hubiera sido juzgado por el Sanedrín y acusado de manera formal, hubiera sido apedreado hasta morir como Esteban en Hechos 7, o como el intento de apedrear a la mujer sorprendida en adulterio en un relato que aparece en algunos manuscritos de Juan 8:1-11. Sea cual haya sido el motivo, el sumo sacerdote y sus secuaces aparentemente no pudieron hallar acusaciones valederas. Si Jesús era apedreado sin una sentencia formal, era asesinato: un pecado prohibido en los Diez Mandamientos.

Por lo tanto el Sanedrín decidió enviar a Jesús a Poncio Pilato, el gobernador romano, con acusaciones que los romanos tomarían en serio: "A éste hemos hallado que pervierte a la nación, y que prohibe dar tributo a César, diciendo que él mismo es el Cristo, un rey" (Luc. 23:2). La ejecución de Jesús es imputable a un pequeño grupo de sacerdotes que manipularon a los romanos para que hicieran lo que ellos mismos no podían lograr dentro del marco de sus propias leyes judías. Aunque tres veces Pilato declaró que Jesús era inocente (Luc. 23:4,14,22; comp. Juan 18:38; 19:4,6), fue manipulado con una amenaza sutil a fin de que sentencie a muerte a Jesús (Juan 19:12). De modo que Jesús fue crucificado entre dos ladrones, y cumplió su propia profecía de que "como Moisés levantó la serpiente en el desierto, así es necesario que el Hijo de Hombre sea levantado" (Juan 3:14). Cuando Jesús fue arrestado, la mayoría de sus discípulos escapó; sólo un grupo de mujeres y un discípulo (llamado el discípulo a quien Jesús amaba) estuvieron presentes a los pies de la cruz (Juan 19:25-27;

comp. Mat. 27:55-56; Mar. 15:40; Luc. 23:49).

La historia no terminó con la muerte de Jesús. Su cuerpo fue colocado en un sepulcro nuevo (Luc. 23:50-56; Juan 19:38-42). Dos días después, algunas de las mujeres descubrieron que la piedra que cerraba la tumba había sido movida y que el cuerpo de Jesús ya no estaba allí. De acuerdo al relato de Marcos, un joven que estaba en el lugar (Mar. 16:5) les dijo a las mujeres que informaran a los discípulos que debían ir a encontrarse con Jesús en Galilea, tal como Él les había prometido (Mar. 16:7; ver 14:28). Cuando ellas relataron lo ocurrido, de acuerdo a Mateo los discípulos fueron a un monte en Galilea, donde el Jesús resucitado apareció ante ellos. Les mandó que hicieran más discípulos, y que enseñaran y bautizaran entre los gentiles (Mat. 28:16-20). De acuerdo a Lucas, el Jesús resucitado apareció ante los discípulos reunidos en Jerusalén el mismo día de la resurrección, y anteriormente a dos discípulos que iban camino al vecino pueblo de Emaús (Luc. 24:13-48; comp. Juan 20:10-21:23). Juan relata que junto al lago de Galilea Jesús repitió el llamado inicial de los discípulos, y efectuó una provisión milagrosa de pescado. Las apariciones del Jesús resucitado continuaron durante 40 días en que Él siguió enseñándoles sobre el reino de Dios (Hech. 1:3). La experiencia de los discípulos al haber visto vivo a Jesús los transformó de ser un grupo disperso y cobarde de visionarios desilusionados, a convertirse en el núcleo de un movimiento coherente que en pocas décadas pudo desafiar y cambiar para siempre al Imperio Romano.

La historia de Jesús no ha concluido; Él sigue cumpliendo su misión dondequiera que se confiesa su nombre y se obedece su enseñanza, y los cristianos tienen fe en que lo hará hasta que regrese al mundo.

JETRO (*"exceso"* o *"superioridad"*) Sacerdote de Madián y suegro de Moisés (Ex. 3:1); declaró que Jehová era más grande que todos los dioses (Ex. 18:11); le aconsejó a Moisés cómo organizar al pueblo (Ex. 18); también llamado Reuel (Ex. 2:18) y Hobab (Núm. 10:29). Ver *Moisés*.

JEZABEL (*"¿Dónde está el príncipe?"* o quizás *"Baal es el príncipe"* en fenicio) Esposa del rey Acab de Israel (874-853 a.C.), que llevó a Israel el culto a Baal desde Sidón, donde su padre Et-baal era rey (1 Rey. 16:31); trató de destruir a todos los profetas de Dios en Israel (1 Rey. 18:4) y por otra parte colocó a profetas de Baal y Asera (1 Rey. 18:19) en la casa real. En el monte Carmelo, Elías demostró que estos profetas eran falsos (1 Rey. 18), lo cual dio como resultado que Jezabel amenazara con dar muerte a Elías (1 Rey. 19:2). Para salvar su vida éste huyó a Beerseba.

Cuando Acab quiso la viña de Nabot, Jezabel se confabuló con los líderes de la ciudad que falsamente acusaron y condenaron a Nabot, y lo apedrearon hasta matarlo. Elías entonces profetizó la muerte de Jezabel, ya que ella había incitado a Acab a la maldad (1 Rey. 21). Ella continuó su influencia malvada durante el reinado de su hijo Joram (2 Rey. 9:22). Eliseo ungió a Jehú para reemplazar a Joram. Jehú asesinó a Joram y luego fue a Jezreel en busca de Jezabel. Ella trató de arreglarse y adornarse para seducirlo, pero los siervos de ella obedecieron a Jehú y la tiraron por la ventana, y fue atropellada por caballos (2 Rey. 9:30-37). El nombre de Jezabel estaba tan asociado con la maldad, que a la falsa profetiza en la iglesia de Tiatira se la llamó "Jezabel" (Apoc. 2:20).

JEZANÍAS (*"Yavéh prestó oído"*) Capitán del ejército leal a Gedalías, el gobernador de Judá que nombró Babilonia inmediatamente después de destruir Jerusalén (Jer. 40:8); en 43:2 se lo llama Azarías.

JEZREEL (*"Dios siembra"*) (1) Todo el valle de Jezreel que separa a Galilea de Samaria, incluyendo el valle de Esdraelón; militarmente fue importante como campo de batalla para Débora (Jue. 4-5), Gedeón (Jue. 6-7), Saúl (2 Sam. 4), Jehú (2 Rey. 9-10) y Josías (2 Rey. 22); importante ruta para viajar de norte a sur y de este a oeste. (2) Ciudad septentrional que protegía la franja a Bet-seán; sitio de la residencia real de Omri y Acab, donde tuvo lugar el incidente de la viña de Nabot (1 Rey. 21). (3) Ciudad meridional cerca de Zif (1 Sam. 25:43-44; comp. Jos. 15:56). (4) Nombre simbólico del hijo de Oseas; indica la naturaleza malvada de la dinastía de Jehú que comenzó con gran derramamiento de sangre en Jezreel; también simbolizaba que Dios sembrará semillas de prosperidad después de la destrucción (Os. 1:4,5; 1:10-2:1).

JOAB (*"Yavéh es padre"*) Comandante militar durante la mayor parte del reinado de David; hijo mayor de Sarvia, hermana de David (2 Sam. 2:13; 1 Crón. 2:16); leal a David y despiadado para lograr sus objetivos. Después de la muerte de Saúl, David negoció con Abner, el capitán del ejército de Saúl. Joab, a cuyo hermano Abner había matado en la batalla, engañó a Abner y lo asesinó. Públicamente David lamentó este asesinato (2 Sam. 2-3).

Las hazañas de Joab en la toma de Jerusalén hicieron que David lo nombrara capitán del ejército (1 Crón. 11:4-8). Joab victoriosamente dirigió los ejércitos de David contra los amonitas (2 Sam. 10-11). Fue un instrumento clave en la reconciliación entre David y Absalón (2 Sam. 14). Cuando éste inició una rebelión, Joab permaneció leal a David. Joab luego mató a Absalón contra expresas órdenes de David (2 Sam. 18:14). También convenció a David para que termine su obsesivo duelo por Absalón (2 Sam. 19:4-8). Joab asesinó a Amasa, a quien David había nombrado general (2 Sam. 20:10). Se opuso al plan de David de llevar a cabo un censo, pero lo llevó a cabo cuando recibió la orden de realizarlo (2 Sam. 24:1-9).

Cuando David estaba por morir, Joab apoyó a Adonías en su plan de llegar al trono (1 Rey. 1). David nombró rey a Salomón y le dijo que vengue a Abner y a Amasa matando a Joab (1 Rey. 2).

JOACAZ (*"Yavéh ha sido"*) (1) En 2 Crón. 21:17, hijo y sucesor de Joram como rey de Judá (841- a.C.); es más común llamarlo Ocozías. (2) En 2 Rey. 10:35, hijo y sucesor de Jehú como rey de Israel (814-798 a.C.). Ver 2 Rey. 13. (3) En 2 Rey. 23:30, hijo y sucesor de Josías como rey de Judá (609 a.C.); también se lo conoce como Salum. Ver *Israel; Cronología del período bíblico.*

JOACIM (*"Yavéh ha hecho levantar"*) Hijo de Josías que sucedió a Joacaz como rey de Judá (609-597 a.C.); el faraón Necao de Egipto lo llamó Joacim pero su nombre original fue Eliaquim (2 Rey. 23:34). Al comienzo del reinado, Judá estaba sujeta a Egipto. Probablemente en el 605 a.C. Babilonia derrotó a Egipto. Joacim, que aparentemente se había confirmado siendo vasallo de Egipto, transfirió su lealtad a Babilonia, pero se rebeló a los tres años. Ver *Israel; Cronología del período bíblico.*

JOANÁN (*"Yavéh es lleno de gracia"*) Ocho hombres del AT, entre quienes se incluyen: (1) Sacerdote en cuya cámara del templo se fue a refrescar Esdras y a hacer lamento por el pecado del pueblo en cuanto a casarse con mujeres extranjeras (Esd. 10:6). (2) Hijo de Tobías que se opuso a la labor de Nehemías en Jerusalén (Neh. 6:18); su casamiento con una mujer de una prominente familia en Jerusalén le dio a Tobías un sistema de información sobre lo que sucedía en la ciudad. Ver *Tobías*.

JOAQUÍN (*"Yavéh establece"*) Hijo y sucesor de Joacim como rey de Judá (2 Rey. 24:6); tenía 18 años de edad cuando ascendió al trono a fines del 598 a.C.; reinó tres meses en Jerusalén antes de ser llevado en cautiverio por Nabucodonosor de Babilonia; nombre que asumió Jeconías o Conías; finalmente fue liberado de prisión por Evil-merodac de Babilonia, y se le otorgó cierta honra en la tierra de su cautiverio (2 Rey. 25:27-30). Ver *Israel*; *Cronología del período bíblico*.

JOÁS (*"Yavéh da"*) Ocho hombres en el AT entre los que se incluyen: (1) El pequeño hijo del rey Ocozías de Judá (2 Rey. 11:2) que sobrevivió al derramamiento de sangre llevado a cabo por Atalía, la reina madre; luego del asesinato de Ocozías ascendió al trono a los siete años de edad; asesinado en una conspiración de palacio. Ver *Israel*; *Cronología del período bíblico*; *Atalía*; *Joiada*. (2) El hijo y sucesor de Joacaz (800-785 a.C.) como rey de Israel (2 Rey. 13:10); visitó al profeta Eliseo que estaba por morir (2 Rey. 13:14-19) y éste le prometió tres victorias sobre Siria; tuvo éxito militar contra Siria y Judá; derrotó a Amasías de Judá en Bet-semes; entró en Jerusalén y saqueó el templo. Ver *Israel*; *Cronología del período bíblico*.

JOB (*"el perseguido"*) Héroe de la fe que dialogó con Dios y con tres amigos en cuanto al sufrimiento y las pérdidas que había soportado sin merecer; aparentemente vivió en la época anterior a los patriarcas, ya que no menciona la ley ni el éxodo; se lo describe como un nómada rico (Job 1:3; 42:12) que ofrecía sacrificios (Job 1:5; 42:8). Sin duda Job era un hombre muy respetado. Es notable que además de la referencia de Ezequiel que lo menciona como uno de los grandes antepasados de Israel (Ezeq. 14:14), Santiago lo usa como inmejorable ejemplo de una fe paciente y persistente (Sant. 5:11).

JOB, LIBRO DE Libro sapiencial anónimo que trata sobre la soberanía de Dios, el sufrimiento humano y las pérdidas. El texto nunca dice que Job sea el autor; sólo lo muestra como tema de libro. Aunque la mayoría concuerda en creer que Job vivió en una época patriarcal, muchos creen que el libro fue escrito mucho tiempo después, posiblemente en el período postexílico.

Por lo general al libro de Job se lo describe como un drama con prólogo (caps. 1-2) y epílogo (42:7-17), que incluye tres ciclos de discursos poéticos entre Job y sus tres amigos (caps. 3-27), un hermoso poema sapiencial por parte de Job (cap. 28), los comentarios finales de Job (caps. 29-31), los misteriosos discursos de Eliú (caps. 32-37) y los discursos de Dios desde el torbellino (38:1-42:6).

El libro de Job lidia con cuestiones que en algún momento todos hemos de enfrentar. Dos temas importantes son la causa y el efecto del sufrimiento y la justicia, y el cuidado de Dios. Job comienza aceptando que el sufrimiento es parte de la vida humana y que debemos soportarlo confiando en Dios en todo momento. Él luego pasa a la frustración humana y los problemas para los que no hallamos respuestas. Aún así él rehúsa aceptar la perspectiva de su esposa que quiere bajar los brazos en cuanto a Dios y la vida en general. Más bien, él constantemente confronta a Dios pidiendo ayuda y respuestas. Él muestra que tener fe puede ser luchar en la oscuridad buscando respuestas —luchar con Dios, no con otros.

Sus amigos indican que el sufrimiento no durará para siempre, que el castigo no es tan terrible como podría haber sido, que el pecado tiene perdón, que el sufrimiento se puede soportar, y que debemos obedecer la Palabra de Dios. La queja de Job es que no puede hallar a Dios para presentar su situación ante Él, demostrar su inocencia y sanar su cuerpo.

Que Dios le hable a Job demuestra que Dios se interesa por él y que Dios sigue teniendo control del mundo, aun en un mundo de sufrimiento inexplicable. Sus acciones en la creación y las misteriosas criaturas que ha creado sólo demuestran que los seres humanos deben vivir bajo el control de Dios. La gente debe contentarse con un Dios que les habla. No pueden demandar que Dios les dé todas las respuestas deseadas. Podemos confiar en Dios tanto en las circunstancias malas como en las buenas.

JOCABED (*"gloria de Yavéh"*) Madre de María, Aarón y Moisés (Ex. 6:20); integrante de la tribu de Leví; su nombre incluye el nombre divino, Yavéh, evidencia de que tal nombre se conocía antes que naciera Moisés. Ver *Moisés*.

JOCMEAM (*"Él establece al pueblo"* o *"el pariente establece o libera"*) (1) Ciudad limítrofe del quinto distrito del reino de Salomón (1 Rey. 4:12); probablemente tell Qaimun, unos 29 km (18 millas) al sur de Haifa, en la esquina noroeste del valle de Jezreel; ciudad fortificada que protegía el paso a la llanura de Sarón; sobre

la frontera de Zabulón (Jos. 19:11), asignada a los levitas (Jos. 21:34). Josué derrotó al rey de Jocmeam, cuyo reino estaba cerca del monte Carmelo (Jos. 12:22, donde aparece Jocneam). (2) Ciudad levítica de Efraín (1 Crón. 6:68), que se omite en la lista de Jos. 21:22 o que allí equivale a Kibsaim; puede ser tell es-Simadi o Qusen, al oeste de Siquem.

JOCSÁN (*"trampa"*) Hijo de Abraham y Cetura, y antepasado de las tribus árabes en el desierto al este del Jordán (Gén. 25:2-3).

JOCTÁN (*"alerta"* o *"él es pequeño"*) Hijo de Heber del linaje de Sem en la tabla de las naciones (Gén. 10:25-26); antepasado original de varias tribus en el desierto arábigo, particularmente en Jemín. Ver *Mesa*.

JOEL (*"Jah es Dios"*) Nombre de al menos 13 hombres en el AT, entre los que se incluyen: (1) hijo de Samuel que se convirtió en juez malvado, y que llevó a los líderes de Israel a pedir a Samuel un rey (1 Sam. 8; comp. 1 Crón. 6:33); (2) profeta cuyo ministerio de predicación produjo el libro de Joel; hijo de Petuel, que probablemente vivió en Jerusalén; al libro se lo ha fechado entre el 800 y el 400 a.C.

JOEL, LIBRO DE Segundo libro en el "Libro de los doce" o entre los profetas menores; consta de sólo 70 versículos con una descripción de una terrible plaga de langostas que concluye con un ruego para la confesión de pecados (1:1-2:17); incluye una respuesta de Dios en primera persona que proclama esperanza para el pueblo arrepentido junto con juicio para los enemigos del pueblo de Dios (2:18-3:21). Una plaga de langostas sin precedentes simbolizaba el futuro día de Jehová. A las langostas siguieron sequía y hambre. Toda la creación de Dios sufrió en razón de la pecaminosidad del pueblo. A los sacerdotes se los instaba a hacer llamados al ayuno y la oración (2:15-17). Sólo la gracia de Dios podía prevenir la aniquilación. Luego, sobre la base del arrepentimiento del pueblo, Dios contestó que Él mostraría compasión y quitaría la plaga (2:18-27).

Como resultado de volverse a Dios, el pueblo recibió la promesa de la presencia del Espíritu de Dios entre ellos. Las langostas sirvieron para hablar de un futuro día de Jehová. Se pronunciaron juicios sobre Fenicia y Filistea (3:4), y finalmente sobre todas las naciones; estas fueron juzgadas por Dios en el valle de Josafat (3:2,12). Judá se enfrentó con una prosperidad sin paralelos, pero Egipto y Edom debían esperar un terrible castigo (3:18-19). El Señor triunfó sobre sus enemigos a fin de que todos conocieran "que yo soy Jehová vuestro Dios" (3:17; comp. 2:27).

Resulta difícil fechar el libro. Las teorías van desde antes del 800 a.C. hasta después del 400. Su ubicación inmediatamente después de Oseas indica una fecha temprana. Su silencio sobre imperios mundiales y sobre el reino del norte, y los tonos apocalípticos presentes indican una fecha tardía. No contamos con evidencia concluyente.

Joel enseña que: (1) El Dios Creador y Redentor de todo el universo tiene completo control sobre la naturaleza y puede usar las calamidades para llevar a su pueblo al arrepentimiento. (2) Toda la creación de Dios es interdependiente. Las personas, los animales y la vegetación sufren cuando la gente peca. (3) El día de Jehová puede castigar tanto al pueblo de Dios como a sus enemigos. (4) El Dios de juicio también es un Dios de misericordia que está listo para redimir y restaurar cuando su pueblo acude a Él arrepentido. (5) El Espíritu de Dios

descenderá sobre todas las personas (ver Hech. 2:17-21).

JOGBEHA (*"elevación, pequeña colina"*) Ciudad al este del Jordán donde Gedeón venció a los reyes de Madián (Jue. 8:11; comp. Núm. 32:35); khirbet el-Jubeihat, 32 km (20 millas) al sudeste del Jordán y 11 km (7 millas) al noroeste de Amman.

JOHANÁN (*"Jah es misericordioso"*) Varios hombres del AT, entre los que se encuentran: (1) líder militar judío de Judá inmediatamente después del exilio en el 586 a.C. (2 Rey. 25:23; comp. Jer.40-43); (2) sumo sacerdote aprox. en el 411 a.C. (Neh. 12:22-23).

JOIADA (*"Yavéh conoce"* o *"Yavéh se ocupa"*) Tres hombres del AT, entre los que se encuentran el sacerdote que lideró el golpe de estado en el cual fue muerta la reina Atalía, que había usurpado el trono de Judá. El niño Joás, de 7 años de edad, era el heredero legítimo de la monarquía, de modo que ascendió al trono (2 Rey. 11:4). Evidentemente Joiada actuó como regente durante varios años e influyó en el joven rey para que restaurara el templo. La muerte de Joiada marcó una rápida decadencia en las virtudes del rey y en su fidelidad al Señor (2 Crón. 22-24). *Ver Joás; Atalía; Sacerdotes; Levitas.*

JONADAB (*"Yavéh incita"* o *"Yavéh se ofrece a mí mismo gratuitamente"*) Hijo de Recab que apoyó a Jehú cuando este purificó con sangre la casa de Acaz (2 Rey. 10:15); un representante de austeros ultraconservadores llamados recabitas. Al encontrarse con Jeremías, los recabitas citaron la enseñanza de su antepasado Jonadab (ver Jer. 35). Ver *Recabitas; Jehú.*

JONÁS (*"paloma"*) Profeta (2 Rey. 14:23-29) activo en Israel durante el reinado de Jeroboam II (aprox. 785-745 a.C.). Su predicción de expansión nacional en cuanto al reino del norte, evidentemente hecha en los primeros tiempos del reinado, expresaba el anhelo de Dios de salvar a su pueblo pese a la maldad de éste.

JONÁS, LIBRO DE El libro de Jonás es único y singular entre los profetas pues en su mayoría es una narración. Relata cómo Jonás finalmente entendió que Dios es mucho más grande de lo que él había creído, en especial en cuanto a poder soberano y a compasión divina.

A Jonás le disgustó cuando Dios le ordenó dirigirse a Nínive para predicar el arrepentimiento. Los asirios adoraban al despiadado dios Asur y a una cantidad de otros dioses y diosas. La brutalidad y la crueldad de los asirios eran legendarias. Jonás entonces decidió que era preferible terminar con su ministerio profético que predicarle a ese tipo de personas. Como Nínive estaba unos 800 kilómetros (500 millas) hacia el este, él se dirigió a Tarsis, en lo que probablemente ahora sea España, el más lejano sitio geográfico hacia el oeste de que tenía conocimiento: a unos 3200 kilómetros (2000 millas).

Desde el siglo XIX, muchos han considerado que Jonás es una parábola o un relato didáctico de ficción, como si tuviéramos que descartar la historia real si contiene maestría literaria o relatos de eventos milagrosos. Sin embargo, si esta narración con constantes señales de ser un relato bíblico fuera considerada no histórica de acuerdo a cualquiera de esos motivos, pasaría lo mismo con la mayoría de la Biblia.

A Jonás se lo ha llamado "una obra maestra en retórica" y un "modelo de maestría literaria, marcado por simetría y equilibrio". No se menciona al autor, sino solo que el libro es el relato de un incidente en la vida de un profeta de Jehová. Por otra parte, no hay indicaciones de que Jonás no fue o no pueda haber sido el autor del libro. Jonás es la historia de cómo Dios enseña una lección a un profeta pecador y de mentalidad intolerante, que representa a todo el pueblo de Dios que cree tener el monopolio de la gracia de Dios. Cuando Jonás se niega a ir a Nínive y Dios en su misericordia lo rescata y lo libera, Jonás agradece; pero cuando predica en Nínive y el pueblo se arrepiente, el profeta se enoja. El libro concluye con una pregunta divina sin respuesta sobre la compasión, lo cual sugiere al lector que Jonás se arrepintió, y que el lector debe hacer lo mismo. El propósito general del libro de Jonás es producir compasión en el pueblo de Dios. El mensaje del libro es que ya sea que al pueblo de Dios le guste o le desagrade, Dios desea que todas las naciones lo adoren.

JONATÁN (*"Yavéh dio"*) Quince hombres en el AT, entre los que se incluyen: (1) Un levita que fue sacerdote de Micaía en Efraín, y más tarde con la tribu de Dan (Jue. 17-18). (2) El hijo mayor del rey Saúl; padre de Mefiboset (Merib-baal).

Jonatán era valiente, fiel, y tenía un profundo sentido de la amistad. Lideró a 1000 soldados en la derrota de los filisteos en Geba (Gabaa) (1 Sam. 13:2-3). Luego tomó sólo a su paje de armas a los despeñaderos rocosos de Micmas, e hizo cundir pánico entre los filisteos cuando mató a 20 de ellos (1 Sam. 14:1-16). Saúl descubrió que Jonatán no estaba, pidió el arca de Dios, fue a la batalla y venció a los filisteos; sin embargo, Jonatán había comido miel, no sabiendo que Saúl había prohibido que el pueblo comiera ese día. Saúl hubiera dado muerte a Jonatán, pero el pueblo habló elogiando a Jonatán y lo rescató de la muerte (1 Sam. 14:27-46).

Jonatán se hizo íntimo amigo de David, y le dio su manto, su armadura, su espada, su arco y su cinto (18:1-5). Tuvo éxito en su ruego a Saúl para que éste le volviera a dar privilegios a David (19:1-7), pero más tarde dejó airadamente la mesa de Saúl para informarle a David que el rey nunca lo volvería a recibir (20:1-42). Jonatán hizo un pacto con David, reconociendo que éste sería el próximo rey (23:16-18). Murió con su padre en una batalla (1 Sam. 31:1-13; comp. 2 Sam. 21:12-14). Ver *Saúl; David; Mefiboset.*

JOPE (*"hermosa"*) Único puerto natural en el Mediterráneo entre la antigua Tolemaida y Egipto; 56 km (35 millas) al noroeste de Jerusalén. Arrecifes que forman un malecón aprox. a 100 metros (300 pies) de la costa hacen que la entrada desde el sur resulte imposible. La entrada desde el norte era poco profunda y traicionera, pero las embarcaciones pequeñas podían navegar sin dificultades. Dan recibió Jope, pero nunca estuvo sólidamente en manos hebreas. Los filisteos tomaron la ciudad, pero luego David la tomó de ellos. Salomón la convirtió en el puerto más importante para Jerusalén. Hacia Jope iban balsas con troncos de cedro a fin de ser transportados a Jerusalén para el espléndido templo de Salomón (2 Crón. 2:16).

Para la época de Jonás, Jope estaba en manos de Fenicia (Jon. 1:3). Jope también era el hogar de Dorcas, una mujer cristiana conocida por sus acciones de gracia y generosidad (Hech. 9:36-41). Fue en Jope que Pedro recibió la visión para aceptar a los gentiles (Hech. 10:9-16).

JORAM (*"Yavéh es exaltado"*) Rey de Israel (2 Rey. 3; 849-843 a.C.) y un rey contemporáneo de Judá (2 Rey. 8; 850-843 a.C.). Por consejos de Elías, el rey israelita lideró una coalición con Judá y Edom para derrotar a Moab. Joram de Judá se casó con la hija de Acab de Israel, y llevó a Judá la adoración de Baal. Edom y Libna se independizaron de Judá durante su reinado.

JORNALERO Obrero a quien se le pagaba un jornal; trabajador; asalariado. El trabajo de los jornaleros por lo general era difícil (Job 7:1-2). La ley de Moisés exigía que se les pagara al final del día a fin de que pudieran proveer para las necesidades de sus familias (Deut. 24:14-15). Por lo general eran explotados (Mal. 3:5; Sant. 5:4). Juan 10:12-13 hace un contraste entre la cobardía de un pastor asalariado y la preocupación altruista del dueño de las ovejas para con ellas.

JOSAFAT (*"Yavéh juzgó"* o *"Yavéh estableció lo recto"*) Nombre de cuatro hombres del AT, incluyendo al hijo y sucesor de Asa como rey de Judá (1 Rey. 15:24; ver cap. 22; 2 Crón. 17-20) durante 25 años (873-848 a.C.); hábil gobernante y fiel adorador de Jehová (1 Rey. 22:43); realizó una desastrosa alianza con Acab, rey de Israel, y dio por terminado años de conflicto con el casamiento entre Joram, hijo de Josafat y Atalía, hija de Acab. La influencia de Atalía en Judá resultó horrenda. Ver *Atalía; Israel; Cronología del período bíblico; Micaías.*

JOSAFAT, VALLE DE (*"valle donde Yavéh juzgó"*) Lugar al cual el Señor convoca para juicio a las naciones (Joel 3:2). La referencia en Joel probablemente tuvo el propósito de ser simbólica. A través de Joel, Dios prometió que todas las naciones al final serían llamadas al lugar de juicio divino. Ver *Joel*.

JOSÉ (*"añadir"*) Nombre de unos 12 hombres en la Biblia, entre quienes se incluyen:

1. Patriarca e hijo favorito de Israel (Jacob) cuya madre fue Raquel (Gén. 30:24); recibió de su padre una "túnica de diversos colores" (Gén. 37:3); soñó que regiría por sobre su familia, y así inspiró la envidia de sus hermanos, que lo vendieron a una caravana de ismaelitas (Gén. 37). Cuando rechazó la tentación de la esposa de su amo, terminó en prisión, donde interpretaciones de sueños hicieron que obtuviera la atención de Faraón, y que finalmente terminara siendo el segundo en autoridad en Egipto. Él proporcionó alimento para su familia aun cuando escondió de ellos su verdadera identidad. Auspiciado por José, Jacob se trasladó a Egipto (Gén. 46:1-47:12). José murió en Egipto, fue embalsamado, y tiempo después fue sepultado en Siquem (Gén. 50:26; Ex. 13:19; Jos. 24:32). Sus dos hijos, Manasés y Efraín (Gén. 41:50-52), fueron contados como hijos de Jacob (48:5-6), y sus tribus dominaron el norte de la nación de Israel. En el AT "José" se usa como referencia a las tribus de Efraín y Manasés (Núm. 1:32; 36:1,5; 1 Rey. 11:28) o como designación para todo el reino del norte (Sal. 78:67; Ezeq. 37:16,19; Amós 5:6,15; 6:6; Abd. 18; Zac. 10:6).

2. Esposo de María, la madre de Jesús; padre legal o de crianza de Jesús (Mat. 1:16,20; Luc. 2:4; 3:23; 4:22; Juan 1:45; 6:42); descendiente de David; carpintero (Mat. 13:55); hombre justo y piadoso (Mat. 1:18-25). Probablemente murió antes que Jesús comenzara su ministerio público.

3. José de Arimatea, integrante rico del Sanedrín y hombre justo (Mat. 27:57; Mar. 15:43; Luc. 23:50). Después de la crucifixión, José, que era un discípulo secreto de Jesús, pidió a Pilato el cuerpo de Jesús y lo puso en un sepulcro nuevo que tenía (Mat. 27:57-60; Mar. 15:43-46; Luc. 23:50-53; Juan 19:38-42).

JOSEFO, FLAVIO Antiguo historiador de la vida judía y nuestra fuente más importante para la historia de los judíos durante el período romano. Cuatro de sus obras que se han conservado son: *Guerra de los judíos* (escrito aprox. en el 73 d.C.), *Antigüedades judías* (aprox. 93 d.C.), *Autobiografía* (un apéndice de *Antigüedades*) y *Contra Apión*, escritas poco después que *Antigüedades*. La fecha de la muerte de Josefo fue probablemente después del 100 d.C. Josefo fue a Roma en el 73 y vivió en una casa que le proporcionó Vespasiano, quien también le otorgó una pensión anual. *Antigüedades,* la autobiografía y *Contra Apión* las escribió en Roma. Fue comandante de las fuerzas judías en la región de Galilea y refutó la acusación de Justo de Tiberias de haber organizado la revuelta en Galilea.

JOSÍAS (*"Yavéh sana"*) Rey de Judá, aprox. 640-609 a.C.; se convirtió en rey a los ocho años de edad de acuerdo con los deseos del "pueblo de la tierra", que dio muerte a los asesinos del padre de Josías (2 Rey. 21:19-22:1; 2 Crón. 33:21-34:1). En el año octavo de su reinado, comenzó a buscar al Dios de David (2 Crón. 34:3). Durante el año doce de su reinado, inició una purificación religiosa en Jerusalén, Judá y los alrededores (34:3-7), y destruyó los lugares altos, Asera, y los altares a Baal. *Ver Canaán, Historia y religión de.*

En el año décimo octavo durante las reparaciones del templo, el sumo sacerdote Hilcías encontró "el libro de la ley". Este libro movió a Josías a instigar las más amplias reformas religiosas en la historia de Israel. La mayoría de los eruditos cree que este libro de la ley incluía al menos la parte central del presente libro de Deuteronomio.

Las tropas del faraón Necao pasaron por el territorio al norte de Judá a fin de unirse a las fuerzas de Asiria. El ejército de Josías bloqueó a las tropas egipcias en Meguido. En la batalla que siguió, Josías recibió una herida mortal (2 Rey. 23:29). A Josías se lo recordó como el más grande rey de Judá (2 Rey. 23:25).

JOSUÉ (*"Yavéh libró"*) (1) Líder de los israelitas en la conquista de Canaán. Nació en Egipto durante la época de esclavitud, y fue el general de Moisés que lideró las tropas mientras Aarón y Hur levantaban los brazos de Moisés (Ex. 17:8-13). Como siervo de Moisés (Ex. 24:13), estaba en el monte cuando Moisés recibió la ley (Ex. 32:17); y fue uno de los espías que Moisés envió a investigar Canaán (Núm. 13:8). Él y Caleb regresaron con un informe positivo pero minoritario (Núm. 14:28-30,38). El Señor lo eligió para ser el sucesor de Moisés mucho antes que éste muriera (Núm. 27:15-23; Deut. 31:14-15,23; 34:9). Josué distribuyó la tierra entre las tribus (Jos. 13-21) y presidió la renovación del pacto en Siquem (Jos. 8:30-35; 24:1-28). (2) Sumo sacerdote de la comunidad que regresó del exilio babilónico en el 538 a.C. Ver *Jesúa 1*.

JOSUÉ, LIBRO DE Sexto libro del AT; primer libro de los "profetas anteriores" o "libros históricos". En el libro no se menciona al autor. Algunos estudiosos de la Biblia creen que Josué escribió el libro, con excepción del informe sobre su muerte (24:29-33). Josué por lo menos escribió las leyes

en las que se basó la renovación del pacto (Jos. 24:26).

Algunos eruditos sugieren una fecha de escritura unos 100 años después de la muerte de Josué, o al menos para la época del comienzo de la monarquía. Otros eruditos creen que el libro de Josué recién alcanzó su forma actual cuando se compilaron los "profetas anteriores" durante el exilio. Los eventos del libro aparentemente tuvieron lugar aprox. 1250-1200 a.C., aunque algunos fechan el éxodo y la conquista con anterioridad al 1450 a.C.

El libro de Josué relata la historia de la conquista de Canaán a la luz de temas teológicos de Deuteronomio; es así a que los libros históricos de Josué, Jueces, Samuel y Reyes a menudo se los llama historia deuterónomica. El libro tiene sólo dos partes principales y un apéndice: (1) la conquista de la tierra, 1-12; (2) la colonización de la tierra, 13-22; (3) discursos de despedida de Josué, 23-24.

Numerosos pasajes (13:13; 15:63; 16:10; 17:12-13,16-18) concuerdan con el libro de Jueces en que los clanes individuales tuvieron que erradicar los muchos focos de resistencia cananea que aún había dispersos por toda la tierra. La diferencia radica entre ocupación (libro de Josué) y subyugación (libro de Jueces). Josué hace énfasis en los actos poderosos de Jehová. La gloria sólo se le atribuye a Dios (3:10; 4:23-24; 6:16).

El pacto del Señor con su pueblo era para todo quien tuviera fe. Rahab, la prostituta cananea, fue aceptada junto con su familia como parte de la comunidad del pacto (2:9-13; 6:22-23,25). Bien puede ser que personas emparentadas con los hebreos en la zona de Siquem voluntariamente hayan sido parte de la comunión de la fe (8:30-35). El pueblo de Gabaón y su liga de cuatro ciudades fueron aceptados, y hasta estuvieron asociados con el servicio en el templo (9:3-27).

Los hebreos no dividían la vida en esfera secular y esfera sagrada. Los soldados eran santos. Las ceremonias religiosas los preparaban para la batalla (5:2-11). Todo botín de guerra pertenecía a Dios (6:18-19). Nada debía tomarse para uso personal. Cierta ciudad, por ejemplo Jericó (cap. 6), era execrada públicamente, dedicada a la destrucción en el nombre de Señor. Todo en esa ciudad debía ser destruido o colocado al servicio del Señor en el tabernáculo. La guerra santa se convirtió en el método divino en ese momento para erradicar el contagio espiritual de la religión pagana. La guerra santa no era un ejemplo eterno (comp. Deut. 20:16). El juicio sobre el pecado es un elemento que explica las guerras santas de Josué. La iniquidad de los amorreos (cananeos) era total, había llegado al colmo (Gén. 15:16). La dificultad radica en que si otras naciones podían ser juzgadas por sus pecados, el pueblo hebreo también, y de hecho fue castigado más adelante.

JOTA Ver *Tilde*.

JOTAM (*"Yavéh ha demostrado ser perfecto"*) (1) El menor de los 70 hijos de Gedeón (Jue. 9:5); pudo sobrevivir a la matanza de los hijos de Gedeón por parte de Abimelec, que era medio hermano; relató una fábula al pueblo de Siquem burlándose de la idea de que Abimelec se comportaba como rey. (2) Hijo y sucesor del rey Uzías (2 Rey. 15:32) de Judá (750-732 a.C.); su reinado se caracterizó por proyectos edilicios, prosperidad material y victorias militares.

JOTBA (*"es bueno"*) Hogar de Mesulemet, reina madre del rey Amón de Judá aprox. 642-640 a.C. (2 Rey. 21:19); khirbet Gefat aprox. 14,5 km (9 millas) al norte de Nazaret, o el mismo lugar que Jotbata (Núm. 33:34) en et-Taba, 32 km (20 millas) al norte de Aqaba.

JOYAS Piedras valiosas por su belleza o rareza; a menudo se las cortaba y pulía para realzar su apariencia. Israel no tenía depósitos naturales de piedras preciosas. Como parte del botín de guerra se tomaban joyas (Núm. 31:50), y se le daban al rey como obsequio (1 Rey. 10:2,10; 2 Crón. 9:1,9; comp. 2 Sam. 12:30; Ezeq. 28:13); o se compraban a los mercaderes (1 Rey. 10:11; comp. Apoc. 18:11-12). Antes de la invención del dinero las joyas funcionaban como elementos de trueque en el antiguo Cercano Oriente. La acumulación de joyas y de otras formas de riqueza era vanidad (Ecl. 2:4-11).

Las joyas eran una contribución adecuada para una ofrenda especial (Ex. 35:22). El sumo sacerdote se vestía con finas vestiduras decoradas con joyas (Ex. 28; 39).

Como los pueblos de la antigüedad no tenían manera de tallar diamantes, a estos no se los consideraba piedras preciosas. El "diamante" de Ex. 28:18; 39:11 probablemente no era lo que nosotros llamamos diamante.

Desde tiempos inmemoriales hombres y mujeres se han adornado con varias clases de joyas. El siervo de Abraham le dio a Rebeca un pendiente para su nariz y un brazalete (Gén. 24:47), y asimismo otras joyas de oro y plata. Al prepararse para el éxodo, los israelitas despojaron a los egipcios solicitándoles alhajas de oro y plata (Ex. 3:22; 11:2-3). En el antiguo Egipto se extraían al menos 15 piedras preciosas. Los metalistas egipcios tenían suma habilidad en el arte de hacer alhajas de oro.

Durante la monarquía, un hombre o mujer promedio podía tener varias alhajas —a veces de bronce o, si podían costear el precio, de oro. El oro abundaba bastante, y un artesano local podía hacer con él collares, brazaletes o anillos. La realeza podía usar alhajas más caras con piedras preciosas.

En el AT se mencionan varias clases de alhajas: brazaletes para mujeres (Gén. 24:47) y para hombres (2 Sam. 1:10, "argolla"), pulseras para los tobillos (Isa. 3:16,18), collares y pendientes (Cant. 1:10). Cierta clase de collar de oro probablemente fuera símbolo de autoridad (Gén. 41:42; Dan. 5:7,29). Las "lunetas" de Isa. 3:18, como también las de Jue. 8:21,26, probablemente fueran pendientes en forma de luna que se usaban en cadenas. La luneta puede haber sido una insignia real.

Los zarcillos o aretes pueden haber tenido cierta importancia religiosa (Gén. 35:4). En Gén. 24:22,30,47 e Isa. 3:21 se mencionan pendientes o joyeles para la nariz. El mismo término hebreo, *nezem*, se utiliza para ambas cosas, de modo que las referencias a veces son ambiguas (Núm. 31:50; Prov. 25:12).

Los amuletos de la buena suerte no se mencionan demasiado en la Biblia, pero se han hallado en toda Palestina en distintos períodos. Algunos servían para representar dioses o diosas. Los zarcillos que Jacob enterró debajo de una encina cerca de Siquem pueden haber sido amuletos (Gén. 35:4). Éstos quebrantaban el mandamiento de no hacer imágenes (Ex 20:4).

La alhaja más importante que se menciona en el AT es el anillo de sello (Gén. 41:42; Est. 3:10; 8:2), que se usaba para realizar una impresión sobre arcilla o cera, y así sellar y autenticar documentos. Por lo general el anillo era una piedra semipreciosa finamente grabada. Se podía hacer un agujero y entonces colgarse de un cordel alrededor del cuello (Gén. 38:18),

o se podía usar como engaste para un anillo o collar más elaborado.

También se usaban joyas para decorar animales, al menos animales de los ricos (Jue. 8:21,26). Isaías 3:18-23 condena el mal uso de riqueza y poder a expensas de los pobres (comp. Sant. 2:1-7; 1 Tim. 2:9-10). En Ezequiel 16:8-13 al Señor se lo describe como el esposo que adorna a Jerusalén, la esposa, con ropa fina y joyas, incluyendo un pendiente en la nariz, zarcillos y una corona (comp. Apoc. 21:2). En tiempos del NT las perlas tenían gran valor, y por lo tanto eran una metáfora adecuada para hablar del reino de Dios (Mat. 13:45-46).

La idea de reconstruir Jerusalén usando joyas como materiales de construcción (Apoc. 21), refleja Isa. 54:11-12. A diferencia de la antigua Jerusalén, la nueva Jerusalén —a la que se asocia con la consumación del reino de Dios— no será infiel. Ver *Minerales y metales*.

JUAN (*"Yavéh ha tenido gracia"*)
1. Apóstol; hijo de Zebedeo; hermano de Jacobo; la madre podría ser Salomé, y Juan entonces sería primo hermano de Jesús (comp. Mat. 27:56 con Mar. 15:40; Juan 19:25); uno de los primeros discípulos a quien llamó Jesús (Mat. 4:21-22; Mar. 1:19-20); pescador en el mar de Galilea; probablemente vivía en Capernaum; compañero de Simón Pedro (Luc. 5:10); baluarte en la iglesia primitiva (Gál. 2:9). Su padre era lo suficientemente próspero como para haber contratado jornaleros (Mar. 1:20).

Juan es uno de los 3 discípulos del círculo más íntimo de Jesús que estuvo con Él en ocasiones especiales: en la resurrección de la hija de Jairo (Mar. 5:37), en la transfiguración (Mar. 9:2) y en el huerto de Getsemaní (Mar. 14:32-33). Andrés se unió a estos tres cuando le preguntaron a Jesús sobre las señales de la futura destrucción de Jerusalén (Mar. 13:3).

Los hijos de Zebedeo tenían el sobrenombre Boanerges, "hijos del trueno" (Mar. 3:17; comp. Luc. 9:54). Ver Mar. 9:38; Luc. 9:49. Los dos hermanos pidieron sentarse en sitios de honor en el glorioso reino de Jesús (Mar. 10:35-41; comp. Mat. 20:20-24; Luc. 22:8). Ver Hech. 1:13; 3:1-11; 4:13,20; 8:14. Aparentemente Juan es el "discípulo amado" del Evangelio de Juan (13:23-26; 19:25-27; 20:2-10; 21:7; 21:20-23; 21:24-25; comp. 1:35; 18:15-16; 21:1).

Cinco libros del NT le han sido atribuidos al apóstol Juan: el Evangelio, las tres epístolas y Apocalipsis. Ver *Juan, Evangelio de; Juan, Epístolas de; Apocalipsis, Libro de.*

2. Juan el Bautista, profeta de una familia de sacerdotes; predicó un mensaje de arrepentimiento y anunció la llegada del Mesías, bautizó a Jesús y fue decapitado por Herodes Antipas. Antes de su nacimiento había sido destinado a no beber vino ni bebidas alcohólicas ya que sería lleno del Espíritu Santo y como profeta tendría el espíritu y el poder de Elías. Su función sería preparar al pueblo del Señor para la venida del Mesías. Ver Luc. 1:5-80.

Juan comenzó su ministerio en las inmediaciones del río Jordán, en el año quince de Tiberio César (Luc. 3:1-3), probablemente en el 26 o 27 d.C. La predicación de Juan hacía énfasis en el juicio venidero, la necesidad de arrepentimiento que daba como resultado drásticas acciones, y la llegada del Mesías (Luc. 3:4-14).

Jesús fue bautizado por Juan para que se cumpla "toda justicia" (Mat. 3:15; comp. Luc. 3:20-21). Los discípulos de Juan practicaban el ayuno (Mar. 2:18) y él les enseñó a orar (Luc. 11:1). Juan fue enérgico en sus ataques a Herodes. Algunos criticaban a Juan por su estilo de vida ascética (Mat. 11:16-19), pero Jesús lo elogió diciendo que era el más grande entre los profetas (Mat. 11:11). Era popular entre la gente (Mat. 21:31-32; Mar. 11:27-32; Luc. 7:29-30; Juan 10:41). Mientras estaba en la cárcel, envió a dos discípulos a preguntar si Jesús era el que había de venir (Mat. 11:2-3; Luc. 7:18-23). Herodes lo decapitó (Mar. 6:14-29). Jesús incluso identificó a Juan con la función escatológica de Elías (Mat. 17:12-13; Mar. 9:12-13).

Años después, hubo por Éfeso un grupo de seguidores de Juan, entre ellos el elocuente Apolos (Hech. 18:24-19:7). Ver *Bautismo.*

3. Pariente de Anás, el sumo sacerdote (Hech. 4:6).

4. Juan Marcos. Ver *Marcos.*

JUAN, EPÍSTOLAS DE Tres libros del NT atribuidos al apóstol Juan. Universalmente se reconoce el carácter juanino de las tres cartas. Algunos estudiosos consideran que el apóstol Juan fue el autor de las tres. Otros mencionan diferencias estilísticas y teológicas entre el Evangelio y las epístolas, y sostienen que fueron escritas por un anciano que era parte de la comunidad juanina, pero que no era el evangelista.

La mayoría de los eruditos concuerdan en que las tres epístolas fueron escritas por el mismo autor, y en que se escribieron después que el Evangelio. Lo más probable parece una fecha de aprox. el 100 d.C., pero también se han propuesto fechas anteriores y posteriores. Las epístolas muestran preocupación por una falsa creencia sobre Cristo que se estaba diseminando en las iglesias. Podemos suponer que los opositores sostenían la divinidad de Cristo pero negaban o bien disminuían la importancia de su humanidad. Esta falsa doctrina ya había llevado a una escisión (1 Juan 2:19; 4:1). A estos "opositores" se los acusa de no seguir el mandamiento de amar a otros cristianos. Aparentemente también alegaban estar libres de pecado (1 Juan 1:8,10). Ambos grupos sostenían que los creyentes han "pasado de muerte a vida" (1 Juan 3:14), pero el autor reconocía el peligro potencial de esta enseñanza, y sostenía que la venida futura del Señor (1 Juan 3:2) requiere que los creyentes se purifiquen a sí mismos y sean justos (1 Juan 3:3-7).

1 Juan. La declaración "Dios es" aparece tres veces: "Dios es luz" (1:5), "él es justo" (2:29) y "Dios es amor" (4:8). Primera Juan exige que estas cualidades dominen la vida de los creyentes. Como una forma de refutar la enseñanza falsa que amenazaba a la iglesia, el autor cita doctrinas de los opositores en 1 Juan 1:6,8,10; 2:4,6,9, y da respuesta a cada punto. A los que seguían en la fe, los llamó a poner en práctica el mandamiento del amor (2:3-11). Él advirtió a los creyentes que no podían practicar el amor unos por otros y el amor por el mundo al mismo tiempo (2:15-17). "El mundo" aquí significa todo lo que se opone a Cristo.

Una de las pruebas de la fidelidad es la justicia (2:29). Los opositores pueden haber alegado que el juicio divino era parte del pasado y que los cristianos ya habían pasado de muerte a vida. El autor reafirmó una escatología más tradicional (ver 3:2). Sin embargo, la esperanza para el futuro lleva en sí el imperativo de una vida justa y pura. Los cristianos no pueden hacer del pecado un modo de vida (comp. 3:6,9 con 1:8-10).

Otra prueba o demostración de fidelidad es vivir de acuerdo al mandamiento de amarnos unos a otros; esto significa compartir con aquellos que están en necesidad (3:11-24, especialmente v. 17). Los falsos profetas, que habían salido de la comunidad, negaban la encarnación (4:1-6). Sin embargo, la encarnación es crucial para la doctrina cristiana porque en Cristo hallamos la revelación del amor de Dios (4:7-21). El amor de Dios requiere que nos amemos unos a otros.

Aquellos que tienen fe en Cristo y aman a Dios, guardan sus mandamientos, y a ellos Dios les da vida eterna (5:1-12). El agua, la sangre y el Espíritu dan testimonio de Cristo, de su encarnación y de su muerte. Los cristianos deben orar unos por otros, pero hay pecado que es "de muerte" (5:16). El anciano probablemente estaba hablando de negar a Cristo, aquel a través de quien hay perdón de pecados. Además Cristo guarda a los que son "nacidos de Dios". Él es la única fuente de vida eterna.

2 Juan está dirigida a una comunidad hermana y fue escrita para advertirle a la iglesia sobre los peligros de la enseñanza falsa que ya estaba amenazando a la iglesia del autor. El escritor elogió a la iglesia hermana por seguir la verdad y apeló a ella para que continuara mostrando amor. Aparentemente él deseaba asegurarse de que la iglesia hermana continuara en comunión con su propia iglesia. Sin embargo, su preocupación fue hacer una advertencia a "la señora elegida" (v. 1) sobre aquellos que "no confiesan que Jesucristo ha venido en carne" (v. 7). Tales engañadores y anticristo no debían ser recibidos por la iglesia. Es probable que estas personas hayan sido miembros del mismo grupo que se menciona en 1 Juan 2:19 y 4:1-2.

3 Juan es una carta personal a Gayo, que había proporcionado hospitalidad a otros cristianos y a mensajeros de la comunidad de Juan. Sin embargo, Diótrefes se negaba a recibir a los enviados por el anciano Juan.

El anciano declaró que a Diótrefes "le gusta tener el primer lugar entre ellos" (v. 9). Algunos intérpretes sugieren que Diótrefes era un líder u obispo de la iglesia. Otros creen que había rechazado la autoridad de los ancianos de la iglesia, y de manera ambiciosa había afirmado la suya propia. Tal vez, en un esfuerzo para evitar que los de afuera esparcieran falsas enseñanzas y disensión en la iglesia, él se había rehusado a recibir a todo profeta o maestro itinerante.

Gayo puede haber sido o no miembro de la iglesia de Diótrefes. El anciano elogió a Gayo y encomió a Demetrio (quien tal vez haya llevado la epístola) como un testigo verdadero. La carta concluye con saludos de otros cristianos, a quienes llama "los amigos" (v. 15; ver Juan 3:29; 11:11; 15:13-15).

JUAN, EVANGELIO DE Cuarto Evangelio que por tradición le ha sido atribuido al apóstol Juan en Éfeso, hacia el fin de su vida. El Evangelio sólo dice que su autor fue el discípulo amado (21:20-24). Ver *Discípulo amado*. Parte del enigma de Juan es cuán diferente es de los otros tres Evangelios canónicos: no habla del nacimiento de Jesús en Belén; menciona muy sucintamente el reino de Dios; no incluye parábolas; no tiene listas de los doce discípulos; no tiene nada que se parezca al Sermón del Monte; no relata sanidades de leprosos; no hay pan ni vino en la última cena, y nunca menciona demonios. Juan registra los discursos largos de Jesús, en vez de los dichos breves y expresivos de los Sinópticos. En éstos, Jesús pasa todo su ministerio en Galilea y en sus alrededores, y realiza un viaje a Jerusalén sólo una semana antes de morir. Sin embargo, de acuerdo a Juan Jesús realizó cuatro viajes a Jerusalén (Juan 2:13; 5:1; 7:10; 12:12) y pasó una considerable parte de su tiempo en Judea.

El Evangelio de Juan ofrece un relato singular de las "señales" de Jesús, sus palabras y su ministerio. Una teoría ampliamente aceptada sostiene que el Evangelio utiliza un relato de las señales que Jesús realizó. Las primeras dos están numeradas (Juan 2:1-11; 4:46-54). Cualesquiera hayan sido las fuentes del Evangelio, el propósito es claro: "que creáis que Jesús es el Cristo, el Hijo de Dios, y para que creyendo, tengáis vida en su nombre" (20:31).

El Evangelio de Juan presenta episodios con individuos en la disyuntiva del llamado a la fe que hace Jesús, y el rechazo de las autoridades judías para con Jesús (Nicodemo, Juan 3; el hombre en el estanque de Betesda, Juan 5; las multitudes en Galilea, Juan 6; el hombre ciego de nacimiento, Juan 9). Por lo tanto, el propósito del Evangelio era doble: (1) llamar a los creyentes a reafirmar su fe y a madurar en ella, y (2) hacer un llamado a "creyentes secretos" (12:42; 19:38) para que confiesen a Jesús como el Cristo y se unan a la comunidad cristiana.

Con el tiempo empezó a desarrollarse una peligrosa creencia que o bien negaba o bien disminuía la importancia de la encarnación. Los falsos maestros decían que Jesús por cierto era el Cristo, pero negaban que hubiera venido "en carne" (ver 1 Juan 4:2-3; 2 Juan 7). Ver *Juan, Epístolas de*.

Las raíces de la tradición juanina se remontan al ministerio de Jesús, y el Evangelio ofrece el testimonio de un testigo presencial (19:34-35; 21:24-25). El libro llegó a su forma actual aprox. en el 90-100 d.C. Su ubicación en el NT, luego de los otros tres Evangelios, puede reflejar que haya sido el último de los cuatro.

El Evangelio de Juan presenta un retrato de Jesús como el Logos (el Verbo) divino, el Cristo, el Hijo de Dios. Su mensaje es plenamente cristológico. Jesús tiene la doble función de quien revela y redime. Él vino para revelar al Padre y para quitar "el pecado del mundo" (1:18,29). Como el Logos, Jesús continuó la obra creadora y redentora de Dios, transformando el agua en vino, creando ojos para el ciego, y soplando el Espíritu Santo en sus discípulos. Como quien revela, Jesús reveló que Él y el Padre son uno (10:30), de modo que quienes lo vieron a Jesús (es decir, quienes lo recibieron por la fe), vieron al Padre (14:9). Todo lo que Jesús hace y dice indica algo profundo que lleva al conocimiento de Dios. Por medio de la revelación que Jesús hace del Padre, que llega a su cumplimiento en su muerte en la cruz, Jesús libera al mundo de pecado. En el Evangelio de Juan al pecado se lo entiende antes que nada como incredulidad (16:9).

Juan contiene un profundo análisis de la experiencia de fe. Sin Dios, la condición humana en Juan se caracteriza como "el mundo", que está bajo el poder del pecado. Algunos nunca creen porque aman la oscuridad y la gloria de los hombres antes que la gloria de Dios. Todos los que creen son llamados, atraídos hacia el Padre y escogidos por el Padre (6:37,44; 10:3,27; 17:6). Algunos creyeron simplemente por las señales de Jesús. El Evangelio acepta que esta sea una respuesta de fe, pero llama a los creyentes a una fe que esté basada en las palabras de Jesús y en el conocimiento de Dios tal como está revelado en Jesús.

Los que creen en el nombre de Jesús son nacidos de lo alto (3:3). Son los "hijos de Dios" (1:12), cuya vida está sustentada por el agua de vida y el pan de vida. Viven en comunidad como ovejas de Jesús (Juan 10), como pámpanos o ramas de la Vid verdadera (Juan 15). Los discípulos de Jesús deben vivir así como Él vivió. Los dos grandes mandamientos que presenta Juan son tener fe y amarse unos a otros (14:1; 13:34; 1 Juan 3:23). Los que creen, tienen vida eterna aquí y ahora (Juan 17:3). Ya han pasado de muerte a vida (5:24). El juicio tiene lugar de acuerdo a nuestra respuesta para con Jesús (3:19). Juan hizo énfasis en el cumplimiento presente de las esperanzas futuras. Sin embargo, los creyentes también serán resucitados "en el día postrero" (6:39,40,44,54).

JUANA (*"regalo de Yavéh"*) Mujer a quien Jesús había sanado y quien le ministraba con sus propios bienes (Luc. 8:3; comp. 24:10) esposa de Chuza, funcionario de Herodes.

JUBAL (*"un carnero"*) Hijo de Lamec a quien se asocia con la invención de instrumentos musicales (Gén. 4:19-21).

JUBILEO, AÑO DE Ver *Año de jubileo*.

JUDÁ (*"alabad a Yavéh"*) Cuatro hombres postexílicos y (1) cuarto hijo de Jacob; progenitor de la tribu de Judá (Gén. 29:35); su madre fue Lea; su nuera Tamar lo sedujo porque él no cumplió con las promesas del matrimonio en levirato (Gén. 38). (2) Territorio estratégicamente importante al oeste del mar Muerto ocupado por la tribu de Judá. Ver *Tribus de Israel*. (3) Reino del sur después que la nación se dividió. Ver *Israel, Historia de*. (4) Provincia establecida por el gobierno persa para gobernar al reino judío que habían conquistado (Neh. 5:14; Hag. 1:1), junto con las provincias de Samaria, Galilea e Idumea. Todas dependían del gobernador o sátrapa de la satrapía persa de Abarnahará, que incluye la tierra al oeste del río Éufrates, con centro en Damasco (Esd. 5:3,6; 6:6,13). La satrapía dependía de un funcionario que estaba a cargo de Babilonia y Abarnahará y tenía su cuartel general en Babilonia. Cuando los exiliados de Judá regresaron de Babilonia, Zorobabel era gobernador de Judá; Tatnai, era sátrapa de Abarnahará o "del otro lado del río"; y Ustani, sátrapa de Babilonia y Abarnahará. (5) Oscura referencia geográfica en la frontera tribal de Neftalí (Jos. 19:34).

JUDAÍSMO Religión y forma de vida del pueblo de Judá, los judíos. Pablo contrastó su llamado al cristianismo con su vida anterior en el judaísmo (Gál. 1:13-14). Los extranjeros se podían convertir al judaísmo. Ver *Prosélitos; Judíos (grupos) en el Nuevo Testamento*.

JUDAS (*"alabad a Yavéh"*) Seis hombres del NT entre quienes se encuentran: (1) Un hermano del Señor (Mat. 13:55; Mar. 6:3). (2) Líder de una insurgencia contra los romanos aprox. en el 6 d.C. (Hech. 5:37). (3) El discípulo que siempre aparece nombrado luego de Jacobo el hijo de Alfeo; se lo llama hermano de Jacobo (Luc. 6:16; Hech. 1:13); aparentemente también se lo conocía como Lebeo Tadeo (Mat. 10:3; Mar. 3:18). Ver Juan 14:22. (4) Judas Iscariote, el que traicionó a Jesús; tesorero de los discípulos; conocido por ser un miserable y un ladrón (Juan 12:5-6); presente en la última cena, donde Jesús predijo su traición (Luc. 22:21; Mat. 26:20-21). El precio de la traición fue de 30 piezas de plata, que Judas devolvió a los líderes judíos, y luego fue y se ahorcó. En vista de que era dinero de sangre, no podía ser devuelto al tesoro y se utilizó para comprar un campo del alfarero en nombre de Judas

(Mat. 27:3-10; comp. Hech. 1:18-19). Ver *Iscariote*.

JUDAS, LIBRO DE Carta de exhortación a los "llamados" (v. 1) y "amados" (vv. 3,17,20) para que contiendan "ardientemente por la fe que ha sido una vez dada a los santos" (v. 3); ataque directo a quienes se oponían al evangelio. Judas terminó su epístola instando a los lectores a tener actitudes y estilos de vida diferentes de los opositores. Luego en una bendición los encomendó al cuidado del Señor (vv. 24-25).

Tradicionalmente este libro le ha sido atribuido a Judas, medio hermano de Jesús (Mar. 6:3) y se lo ha fechado luego del 60 d.C. pero antes del 100 d.C. El contenido de la fe se deja prefijado (v. 3); la congregación estaba formada por la segunda generación de cristianos (v. 17). Los destinatarios muy probablemente fueran cristianos judíos en Siria.

El fuerte ataque denuncia la desmoralizante facción que se había infiltrado en la congregación (vv. 4,12). Eran arrogantes en su teología; se jactaban de visiones y denigraban a los seres angélicos (vv. 8-10). Centraban la atención en ellos mismos (vv. 4,8,15); creaban divisiones (vv. 16-19) y dejaban tras sí desencanto (v. 12).

Usando una singular interpretación de ejemplos del AT (algunos encontrados en fuentes no canónicas), Judas respondió con dos series de tres exhortaciones. La primera serie de ejemplos apelaba a los israelitas murmuradores, a los ángeles caídos y a los de Sodoma y Gomorra. La segunda serie apelaba a Caín, a Balaam (que en la tradición rabínica es el padre de los libertinos) y a Coré (que desafió la autoridad de Moisés).

Judas les dijo a los creyentes que oraran en el Espíritu, que permanecieran en el amor de Dios, y que esperaran la venida del Señor Jesucristo. Luego concluyó exhortándolos a mostrar misericordia, a arrebatar a quienes estaban al borde del desastre, y a evitar a los que habían caído en enseñanza falsa. Judas nos recuerda que sólo Dios puede salvaguardar a los creyentes en un ambiente peligroso. Mientras los falsos maestros pueden llegar a rechazar la autoridad de Cristo, Jesús es nuestro Salvador y Señor ahora y para siempre.

JUDEA (*"judío"*) Designación aramea (Esd. 5:8) de una provincia que varió en tamaño con las cambiantes circunstancias políticas, pero que siempre incluyó la ciudad de Jerusalén y sus alrededores. Durante el período persa, Judea ocupaba una región pequeña. Con los Macabeos, el territorio se expandió en tamaño y disfrutó de un período de independencia política. Herodes el Grande, a quien Roma había designado para que gobernara sobre aproximadamente el mismo territorio, tenía el título de rey de Judea. En la época romana, Judea, Samaria y Galilea eran las tres divisiones geográficas principales de Palestina. Ver *Roma y el Imperio Romano.*

JUDICIAL, SISTEMA Procesos para lograr justicia y hacer cumplir las leyes. La cabeza de una familia tenía autoridad para decidir en casos dentro de su propia familia sin tener que llevar el asunto ante un juez profesional (Gén. 31:38). En ciertos casos los códigos legales limitan la autoridad del jefe de familia (Núm. 5:11-31; Deut. 21:18-21; 22:13-21). Los casos que involucraban a más de una familia eran llevados a los ancianos de la ciudad. Estos oficiaban como testigos de una transacción (Deut. 25:5-10; Rut 4:1-12), determinaban la culpa o la inocencia (Deut. 19; 22:13-21; Jos. 20:1-6), o ejecutaban el castigo que merecía la parte culpable (Deut. 22:13-21; 25:1-3).

Las disputas que surgían entre tribus eran más difíciles de resolver, especialmente cuando no había un rey que ejecutara la ley (Jue. 21:25). Ver Jue. 19-21. La función de los llamados "jueces menores" (Jue. 10:1-5; 12:8-15) puede haber sido meramente judicial o política. Débora y más tarde Samuel fueron profetas que también actuaron como jueces en un área geográfica limitada (Jue. 4:4-5; 1 Sam. 7:15-17). Moisés nombró jueces ayudantes para decidir en casos de menor envergadura a fin de poder conservar su energía para casos difíciles (Ex. 18:13-26). Las cortes locales enviaban casos complejos a jueces supremos —tanto sacerdotes como funcionarios seculares (Deut. 17:2-13; 19:16-19; comp. 2 Crón. 19:4-11). Esto no era una corte de apelación que reconsiderara los casos. Los jueces eran nombrados por el rey, y eran responsables directamente ante Dios (2 Crón. 19:6).

El rey poseía autoridad judicial limitada (Deut. 17:18-20); no tenía autoridad para promulgar nuevas leyes ni para hacer resoluciones legales arbitrarias contrarias a la interpretación más corriente de la justicia. David fue llevado a condenarse a sí mismo por sus delitos contra Urías y por la forma equivocada en que había tratado a Absalón (2 Sam. 12:1-6; 14:1-24). A diferencia de Saúl, David y Salomón pudieron poner en ejercicio autoridad para ejecutar (o perdonar) a personas que resultaran una amenaza para sus reinados (2 Sam. 1:1-16; 4:1-12; 19:16-23; 21:1-14; 1 Rey. 2:19-46). Dios castigó a Jezabel y al rey Acab por haber ejecutado a Nabot con acusaciones fraudulentas (1 Rey. 21-22).

El rey era el ideal principal de un juez justo y honesto, y tenía parte tanto en las audiencias de los casos como también en el nombramiento de otros jueces (ver 2 Sam. 15:1-6; 1 Rey. 3). La relación que existía entre el tribunal del rey y el resto del sistema judicial no resulta clara. Ver 2 Sam. 14; 1 Rey. 3:16-28; 2 Rey. 8:1-6.

Los sacerdotes también poseían autoridad judicial (Deut. 17:9; 19:17; 2 Crón. 19:8,11) para dictar fallos en casos relacionados con la adoración de Dios y la pureza de la comunidad. Tanto el sistema cultual como el judicial tenían que ver con la eliminación del delito de homicidio (Deut. 21:1-9).

Acusador y acusado presentaban sus propios casos. El acusado debía presentar pruebas. Cuando era necesario se presentaba evidencia física (Deut. 22:13-21), pero uno demostraba sus alegaciones ante todo con el testimonio y un argumento persuasivo. Para condenar a alguien se requería al menos el testimonio de dos personas (Deut. 19:15). El sistema dependía de la honestidad de los testigos y la sinceridad de los jueces (Ex. 18:21; 20:16; 23:1-3,6-9; Lev. 19:15-19; Deut. 16:19-20; 19:16-21; 2 Crón. 19:6-7; comp. Isa. 1:21-26; Amós 5:10,12,15; Miq. 7:3). Los casos presentados por un testigo malicioso que diera falso testimonio, debían ser transferidos a un tribunal central (Deut. 19:16-21). En algunas circunstancias el acusado se podía someter a una prueba severa o a un juramento para probar su inocencia (Ex. 22:6-10; Núm. 5:11-31; Deut. 21:1-8). Echar suertes para descubrir a la parte culpable era un procedimiento extraordinario (Jos. 7; 1 Sam. 14:24-46). Los jueces eran responsables de administrar el castigo, en el que a menudo participaba toda la comunidad (Deut. 21:21). Los sistemas judiciales sólo podían funcionar bien cuando la comunidad estaba de acuerdo con las decisiones y cooperaba para hacerlas cumplir.

JUDÍOS EN EL NUEVO TESTAMENTO Originalmente, descendientes de la tribu de Judá, y posteriormente los que habitaron los territorios que ellos reclamaron como suyos (2 Rey. 16:6; 25:25; Jer. 32:12). Con la deportación y la siguiente asimilación de las "diez tribus perdidas" del reino del norte después del 722 a.C., los únicos israelitas que sobrevivieron hasta el período exílico fueron unos pocos de la tribu de Benjamín y de la tribu de Judá, y de allí el nombre "judío" (Neh. 1:2; Dan. 3:8,12).

A los judíos se los puede describir en términos muy positivos (Juan 4). Jesús dijo: "La salvación viene de los judíos" (Juan 4:22). Muchos creyeron en Jesús (8:31; 11:45; 12:11). Otras referencias son neutrales (Juan 3:1).

Para hablar de quienes se oponían a Jesús, el Evangelio de Juan usa "judíos" en vez de escribas, saduceos y fariseos, y a menudo se refiere a las autoridades judías (7:13; 9:22; 19:38; 20:19). Los judíos impugnaron el nacimiento de Jesús y las sanidades que hacía (8:48); hasta alegaron que estaba endemoniado (8:52). Cuestionaron las declaraciones de Jesús sobre el templo (2:20) y se escandalizaron porque afirmó ser el pan del cielo (6:41). Consideraron que cuando Jesús afirmaba ser igual al Padre, estaba blasfemando, y tomaron piedras para matarlo (5:18; 7:1; 10:31,33; 11:8).

Pablo era un judío de Tarso (Hech. 21:39; 22:3). Después de su notable conversión en el camino a Damasco, sus compatriotas procuraron matarlo (9:23). El rey Herodes Agripa I arrestó a Pedro y mató al apóstol Jacobo (12:1-3).

De acuerdo con su convicción de que el evangelio debía predicarse primero a los judíos (Rom. 1:16), en sus viajes misioneros Pablo empezaba su predicación en las sinagogas judías:

Salamina en Chipre (Hech. 13:5), Iconio (14:1), Tesalónica (17:1), Atenas (17:15-17) y Corinto (18:1). Hubo convertidos entre los judíos, incluyendo al principal de la sinagoga de Corinto (18:8), y sin duda Pablo tuvo éxito entre los prosélitos (13:43; 17:4), pero la mayoría de los judíos reaccionaba con violencia ante el mensaje de Pablo (13:50; 14:2; 17:5; 18:12). Por lo tanto, Pablo concentraba sus esfuerzos cada vez más en los gentiles, los no-judíos.

Pablo discutió con los "judaizantes", arguyendo que los convertidos gentiles no tenían que circuncidarse —hacerse judíos— antes de convertirse en cristianos (Hech. 15:1-5). Sus argumentos fueron aceptados por Jacobo y el concilio apostólico en Jerusalén que tuvo lugar alrededor del 49 d.C. Pablo llegó a la conclusión radical de que un verdadero judío no es uno que físicamente era descendiente de Abraham (comp. Juan 8:31-41), que se adhería a la Torá o ley de Moisés (Rom. 2:17,28) y era circuncidado. Un verdadero judío cree que Jesucristo es el Mesías, el Cristo (Gál. 3:26-29), depende de la gracia de Dios y no de "obras" de la ley (Ef. 2:8-9), y ha sido circuncidado en su corazón por el Espíritu Santo (Gál. 2:2-9; 5:6). Pablo no enseñaba que Dios había abandonado a los judíos; él creía que Dios seguía teniendo un plan para ellos (Rom. 9-11). Apocalipsis 2:9 y 3:9 hace alusión a los que alegaban ser judíos pero se los denunciaba como "sinagoga de Satanás" por oponerse a los cristianos.

JUDÍOS (GRUPOS) EN EL NUEVO TESTAMENTO

El judaísmo en días del NT contaba con diversos grupos: fariseos, saduceos y herodianos. A un hombre se le llama "zelote". Por otras fuentes sabemos que también existían los esenios.

Los fariseos constituían el grupo más importante. Aparecen en los Evangelios como opositores de Jesús. Antes de convertirse en cristiano Pablo fue fariseo (Fil. 3:5). Eran el grupo más numeroso, aunque Josefo indica que sólo llegaban a 6000. Controlaban las sinagogas y tenían gran control sobre el pueblo en general. La referencia más temprana a los fariseos data del tiempo de Jonatán Macabeo (160-143 a.C.), donde Josefo hace alusión a fariseos, saduceos y esenios. La buena relación que tenían con los gobernantes terminó en la época de Juan Hircano (134-104 a.C.), pero volvieron a ostentar poder cuando Salomé Alejandra se convirtió en reina (76 a.C.).

Fariseo significa "los separados". Puede significar que ellos mismos se separaban de las masas, o que se separaban para el estudio y la interpretación de la ley. Aparentemente eran descendientes espirituales de los asideos (*hasidim*), que lealmente lucharon por libertad religiosa en tiempos de Judas Macabeo. Ellos parecen ser responsables de transformar el judaísmo de ser una religión de sacrificios a una religión de ley. Eran los liberales de su día, dispuestos a adoptar nuevas ideas y a adaptar la ley a nuevas situaciones.

Los fariseos eran profundamente monoteístas. Aceptaban que todo el AT tenía autoridad. Afirmaban la realidad de ángeles y demonios. Creían firmemente en la vida más allá de la tumba y en la resurrección del cuerpo. Eran misioneros, y procuraban que los gentiles se convirtieran (Mat. 23:15). Consideraban que Dios se preocupaba por la vida de una persona, pero sin negar que un individuo era responsable por la manera en que vivía. Tenían poco interés en la política. Los fariseos se opusieron a Jesús porque Él se negó a aceptar las enseñanzas de la ley oral.

Los *saduceos* eran los aristócratas de su tiempo, el partido de los ricos y de las familias de los sumos sacerdotes. Estaban a cargo del templo y de lo que allí ocurría. Afirmaban ser descendientes de Sadoc, sumo sacerdote en la época de Salomón. Se opusieron a los fariseos; quisieron conservar las creencias y prácticas del pasado. Se oponían a la ley oral, y aceptaban sólo el pentateuco como autoridad definitiva. Eran materialistas, no creían en la vida después de la muerte ni en recompensas ni castigos después de esta vida. Negaban la existencia de ángeles y demonios. No creían que Dios se preocupara por lo que hacía la gente; más bien, según ellos las personas tenían total libertad de acción. Gravitaban hacia la política y apoyaban a los poderes de gobierno, fueran seléucidas o romanos. No querían nada que amenazara su posición y su riqueza, de modo que con todas sus fuerzas se opusieron a Jesús.

Los *zelotes* sólo se mencionan brevemente en el NT. A Simón, uno de los discípulos, se lo llama Zelote (Luc. 6:15). Juan 18:40 utiliza para describir a Barrabás una palabra griega que Josefo usa para "Zelote". Josefo declara que los zelotes se iniciaron con Judas el Galileo, que procuró dirigir una revuelta en virtud de un censo para más impuestos (6 d.C.). Él no usó el nombre "Zelote" hasta hacer alusión a los eventos en el 66 d.C., el inicio de la revuelta judía contra Roma. Los zelotes eran el ala extrema de los fariseos. En contraste con éstos, creían que sólo Dios tenía derecho de gobernar a los judíos. Estaban dispuestos a pelear y a morir por lo que creían. Para ellos el patriotismo y la religión eran inseparables.

Los *herodianos* se unieron con los fariseos en un complot para matar a Jesús (Mat. 22:16; Mar. 3:6; 12:13). Tal vez fueron judíos que apoyaron a Herodes Antipas o que procuraron que la autoridad sobre Palestina le fuera conferida a un descendiente de Herodes el Grande. Aparentemente vivían en Galilea, donde gobernaba Antipas, y se unieron a las autoridades religiosas de Jerusalén en su oposición a Jesús. Trataron de atraparlo haciendo que negara la responsabilidad de pagar impuestos romanos (Mat. 22:15-22; Mar. 12:13-17). El complot de ellos inició la senda hacia la crucifixión de Jesús (Mar. 3:6).

Los *esenios* no se mencionan en el NT. Sabemos sobre ellos a través de Josefo, Filón y los rollos del mar Muerto. Aparentemente la comunidad de dichos rollos (comunidad de Qumrán) estaba íntimamente asociada con los esenios. Éstos pueden haber comenzado al mismo tiempo que los fariseos y los saduceos. Eran un grupo asceta, y muchos vivían en la región desértica del Qumrán, cerca del mar Muerto. Hicieron votos de celibato y perpetuaron la comunidad adoptando a niños varones. Algunos se casaron. Cuando una persona se unía a los esenios, entregaba todas sus posesiones a la comunidad. Había un período de prueba de tres años antes de que se otorgara membresía plena. Los esenios se dedicaban al estudio de la ley. Fueron más allá de los fariseos en la manera rígida en que la entendían. No hay evidencia de que Jesús ni Juan el Bautista hayan tenido relación con Qumrán. Jesús se hubiera opuesto terminantemente a la forma en que ellos comprendían la ley. La gran mayoría del pueblo no eran miembros de ninguno de estos grupos o partidos, aunque recibían gran influencia de los fariseos.

JUDIT (*"judía"*) (1) Una de las esposas heteas de Esaú (Gén. 26:33-34). (2) Heroína del libro de Judit en la literatura apócrifa. Ver *Apócrifos.*

JUECES, LIBRO DE   Segundo libro de los profetas anteriores (libros históricos) del AT; relata importantes episodios ocurridos entre la muerte de Josué y la llegada de Samuel.

Jueces muestra la característica cíclica de la obediencia de Israel para con Dios (2:16-19). Israel abandonaba a Jehová y seguía a otros dioses, y Jehová los entregaba en manos de un opresor. Israel entonces rogaba pidiendo un libertador; era obediente a Jehová hasta que ese libertador moría, y así el ciclo se iniciaba nuevamente. A los libertadores se los llamaba *sofetim*, "jueces". Un *sofet*, es decir un juez, era líder militar, administrador civil y quien decidía en casos legales, muy probablemente actuando como corte de apelaciones.

El libro de Jueces nos habla de las conquistas de Judá y de la tierra que aún faltaba conquistar (1:1-36), de los ciclos de apostasía de Israel (2:1-3:6), de los jueces individuales (Aod, Débora, Gedeón, Jefté y Sansón, 3:7-16:31) e incluye incidentes ilustrativos (17:1-21:25). Hay jueces de menor importancia que simplemente reciben poca atención: Otoniel, Samgar, Tola, Jair, Ibsán, Elón y Abdón. Abimelec, el hijo de Gedeón, en vista de los grandes logros de su padre trató de establecer el principio de dinastía en Israel, pero no lo consiguió.

Aparentemente ni uno solo de los jueces gobernó a todas las tribus de Israel al mismo tiempo. Varias narrativas indican claramente la ausencia de por lo menos una tribu en las tropas de determinado juez (5:15-17; 8:1; 12:1). Algunos jueces pueden haber sido contemporáneos. Los últimos cinco capítulos (17-21) registran dos incidentes separados que no están relacionados con ningún juez. El primer incidente es el establecimiento de un sacerdocio ilegítimo por parte de un efrainita llamado Micaía, seguido por el robo del sacerdote de Micaía y de sus "dioses" por parte de la tribu de Dan que se dirigía desde su territorio (al oeste de Judá) a la parte norte del valle de Hula en el extremo norte de Israel. El segundo episodio tiene que ver con la violación y el asesinato (en Gabaa en Benjamín) de la concubina de un levita de quien no se da el nombre. Las once tribus acudieron al llamado del levita para que hubiera justicia; Benjamín defendió el pueblo de Gabaa, y siguió una guerra civil. La tribu de Benjamín fue aniquilada, con excepción de 600 guerreros. Las once tribus idearon un dudoso *modus operandi* en torno a su juramento de no permitir que ninguna de sus hijas se casara con un hombre de la tribu de Benjamín. El libro termina con la evaluación que hace el autor sobre el período, que se ha ilustrado de manera clara en estos dos incidentes: "En estos días no había rey en Israel; cada uno hacía lo que bien le parecía" (21:25).

JUEGOS   Actividad para esparcimiento y diversión (2 Sam. 2:14-16; Isa. 11:8; Zac. 8:5); la Biblia no especifica las características de esos juegos. La información de mayor valor la obtenemos a través de la arqueología. Hace más de 4000 años en el Medio Oriente eran comunes los juegos de mesa con dados. Las piezas del juego se movían de casillero a casillero, de acuerdo a ciertas reglas que siguen siendo desconocidas. Por toda la Medialuna Fértil se jugaba otro juego que comúnmente se llamaba "perros y chacales".

En Samaria, Gezer, Meguido y otros sitios en Palestina se han descubierto piezas de juego de variados diseños, además de tableros de marfil y piedra. Excavaciones en Debir (tell beit Mirsim) en el sur de Palestina revelaron un tablero de piedra caliza con diez piezas de juego barnizadas y un dado de marfil. Tanto en Meguido como en Egipto y Mesopotamia se han hallado tableros para un juego llamado "58 agujeros".

Los cuatro juegos griegos panhelénicos eran las competencias deportivas públicas más importantes del Cercano Oriente. Algunos creen que Pablo fue espectador en los juegos Ístmicos (cerca de Corinto). Entre los eventos que se incluían estaban el pentatlón (salto en largo, lanzamiento de jabalina y discos, carreras pedestres y lucha cuerpo a cuerpo) y las carreras de carros. Todas las carreras se corrían en una pista larga o *stadion* con postes en cada extremo. En vez de dar vueltas a una pista ovalada los corredores pedestres o de carro llegaban al poste y daban vuelta, y así corrían en una y otra dirección. Es evidente que al apóstol las actividades atléticas le resultaban familiares (Gál. 2:2; Fil. 3:13-14; 2 Tim. 2:5; 1 Cor. 9:25-27).

A los atletas se los frotaba con aceite y participaban en las competencias sin ropas. Existía un marcado espíritu competitivo y contadas reglas para los juegos. Los premios para los ganadores de los juegos panhelénicos eran simples coronas de ramas de olivo, perejil macedonio, laurel y pino. En Roma se pudieron ver básicamente estos mismos eventos hasta que se introdujeron los animales salvajes en los estadios. A veces en los juegos romanos peleaban hasta 10.000 gladiadores. Herodes el Grande construyó muchos anfiteatros en Palestina, incluyendo uno cerca de Jerusalén donde hombres condenados a morir debieron pelear con animales salvajes. Los judíos ortodoxos sentían repulsión por los atletas desnudos y por los juegos en honor de César. A los trofeos de madera ornamentada se los consideraba imágenes, y por lo tanto estaban prohibidos. Esto y la crueldad en algunas competencias explica por qué los judíos devotos odiaban los juegos.

JUEZ (1) Funcionario con autoridad para administrar justicia realizando juicios; (2) uno que usurpa la prerrogativa de un juez; (3) un libertador militar en la época entre Josué y David (para este aspecto, ver *Jueces, Libro de*). Moisés actuó como juez de Israel, tanto juzgando entre el pueblo como también enseñando a Israel los estatutos de Dios (Ex. 18:16). A instancias de Jetro, Moisés actuó como representante del pueblo ante Dios y como el instructor del pueblo en asuntos de la ley (18:19-20), y nombró jueces subordinados para decidir en los casos de menor importancia (18:21-23; Núm. 11:16-17; Deut. 1:12-17; 16:18-20). Los ancianos de una comunidad frecuentemente actuaban como jueces en las puertas de una ciudad (Deut. 22:15; 25:7; Rut 4:1-9; Job 29:7-8). Los casos difíciles pasaban a manos de los sacerdotes o del juez supremo (Deut. 17:8-13; comp. Núm. 5:12-31 para un caso en que no había testigos). Durante la monarquía el rey era juez supremo (2 Sam.15:2-3), nombraba a jueces locales (1 Crón. 23:4; 2 Crón. 19:5), y designaba procesos de apelación (2 Crón. 19:8-11). Luego del exilio, Artajerjes le dio al sacerdote Esdras la autoridad de nombrar jueces en Judea (Esd. 7:25).

Absalón se aprovechó del descontento con el sistema legal e instigó una revuelta (2 Sam. 15:4). A los jueces se los acusó de ser parciales (Prov. 24:23); de recibir soborno (Isa. 61:8; Miq. 7:3; comp. Ex. 23:2-9); de no defender el interés de los pobres y afligidos (Isa. 10:2; Jer. 5:28). Sofonías describió a los jueces de Jerusalén diciendo que eran lobos al acecho (3:3).

Dios es el gran juez de toda la tierra (Gén. 18:25; Isa. 33:22; Sant. 4:12).

Como representante de Dios, Cristo también actúa como Juez (Juan 8:16; Sant. 5:9; 1 Ped. 4:5).

El cristiano tiene el rol de realizar juicios sobre otros, pero hay una tensión entre las advertencias para no juzgar y las exhortaciones sobre cómo juzgar de la manera correcta. A los cristianos les está prohibido juzgar a otros cuando dicho juicio acarrea intolerancia del pecado de otros junto con ceguera para con el propio pecado (Mat. 7:1-5; Luc. 6:37; Juan 8:7; Rom. 2:1-4), o cuando el juicio humano interfiere en la prerrogativa que tiene Dios como juez (Rom. 14:4; 1 Cor. 4:5; Sant. 4:11-12). Las instrucciones para el adecuado ejercicio del juicio incluyen: el llamado a juzgar a supuestos profetas de acuerdo a sus frutos (Mat. 7:5-17); la recomendación de que los cristianos juzguen por sí mismos lo que está bien, y de esa manera eviten las cortes de justicia paganas (Luc. 12:57-59; 1 Cor. 6:1-6); e instrucciones en cuanto a los casos dentro de la iglesia (Mat. 18:15-20). Primera Corintios 5:3-5 ilustra la función de un tribunal dentro de la iglesia.

JUICIO DE JESÚS Procesos legales judíos y romanos que llevaron a la crucifixión de Jesús. Se combinaron dos sistemas de justicia para producir una sentencia de muerte para Jesús. Los líderes religiosos judíos acusaron a Jesús de blasfemia, una ofensa capital para la ley judía (ver Lev. 24:16). Los líderes judíos en el juicio de Jesús manipularon procedimientos para forzar a Jesús a admitir que Él era el Hijo de Dios (ver Luc. 22:66-71). Para ellos, esto constituía una blasfemia.

Los romanos no les dieron a los judíos el derecho de la pena capital por blasfemia. Los judíos tuvieron que convencer al juez romano de que su demanda de una pena capital estaba justificada. Los líderes judíos realiza-ron el juicio judío durante la noche con la esperanza de que los que apoyaban a Jesús estarían durmiendo y no podrían protestar por su arresto. La porción judía del juicio tuvo tres fases separadas: (1) una presentación delante de Anás; (2) una investigación informal por parte de Caifás en su residencia; y (3) una condena por parte del Sanedrín. Anás, suegro del sumo sacerdote Caifás y el miembro más influyente del Sanedrín, había sido sumo sacerdote (7-15 d.C.). El sumo sacerdote mencionado en Juan 18:19 puede haber sido Anás. Si es así, él condujo un breve interrogatorio a Jesús y se lo envió a su yerno Caifás (Juan 18:24).

Para la reunión con Caifás (Luc. 22:54), los miembros del Sanedrín trabajaron frenéticamente a fin de ubicar y preparar testigos en contra de Jesús (Mat. 26:59-60). Los testigos cuidadosamente preparados no podían concordar en su testimonio (ver Mar. 14:56; comp. Deut. 19:15). Caifás puso a Jesús bajo juramento (Mat. 26:63-64), y demandó saber si Él era Hijo de Dios. Jesús afirmó que lo era (Mar. 14:62). El Sanedrín lo condenó, pero no pronunció una sentencia (Mar. 14:64). Algunos comenzaron a abofetear y escupir a Jesús (Mar. 14:65).

Poco después del alba, el Sanedrín se reunió para condenar a Jesús formalmente (Luc. 22:66). La ley judía estipulaba que un veredicto de culpable en un crimen capital tenía que ser demorado hasta el día siguiente. No hubo testigos que se adelantaran para acusar a Cristo. Jesús nuevamente declaró que Él era Hijo de Dios (Luc. 22:66-71). El Sanedrín una vez más aprobó la sentencia de muerte y llevó a Jesús a Pilato para que éste lo sentenciara (Luc. 23:1).

Los procedimientos de los líderes judíos durante el juicio de Jesús fueron

ilegales; los crímenes capitales no podían ser juzgados de noche; los jueces
debían ser imparciales; no pudieron
condenarlo.

El juicio romano de Jesús también
tuvo tres fases: (1) primera aparición
ante Pilato; (2) aparición delante de
Herodes Antipas; (3) segunda aparición ante Pilato. Los judíos le pidieron
a Pilato que sin hacer investigaciones
aceptara su veredicto en contra de Jesús (Juan 18:29-31). Pilato se rehusó,
pero les permitió llevar a cabo el castigo máximo bajo la ley de ellos, probablemente golpearlo con varas o
encarcelarlo. Ellos insistieron en que
querían la muerte.

Los judíos fabricaron tres cargos
adicionales contra Jesús (Luc.23:2).
Pilato se interesó solamente en la acusación de traición, porque Jesús había
declarado ser rey. Pilato decidió que
Jesús no era un rival político para César, y que en consecuencia no merecía la muerte (Juan 18:33-38). Los
judíos respondieron con acusaciones
vehementes en contra de las acciones
de Jesús en Judea y Galilea (Luc.
23:5). Al oír que Jesús era de Galilea,
Pilato lo envió a Herodes Antipas de
Galilea (Luc. 23:6-12). Herodes quiso
que Jesús lo entretuviese con un milagro. Jesús ni siquiera habló una palabra a Herodes. El rey y sus soldados se
burlaron y ridiculizaron a Jesús, y finalmente lo enviaron de vuelta a Pilato.

El gobernador romano anunció
que él todavía lo encontraba inocente
a Jesús de cargos de traición. Tres veces Pilato trató de liberar a Jesús ofreciendo: (1) castigar o golpear a Jesús
y luego soltarlo (Luc. 23:16);
(2) liberar a Jesús o a Barrabás, pero
la multitud gritó por la liberación de
Barrabás (Luc. 23:17-19); (3) azotar a
Jesús. Pilato entonces presentó como
rey a la multitud a un Jesús sangrante,
con una corona de espinas y un man-

to púrpura a modo de burla. Él esperaba que este espectáculo los llevaría a
soltar a Jesús por piedad. Nuevamente ellos gritaron pidiendo su crucifixión (Juan 19:4-6). Los judíos
amenazaron con informar la conducta
de Pilato a César (Juan 19:12). Después de lavarse las manos simbólicamente en relación con toda esta
cuestión (Mat. 27:24), Pilato entregó
a Jesús para que fuera crucificado
(Juan 19:16). Ver *Anás; Caifás; Pilato; Ley romana; Sanedrín.*

JUICIO, DÍA DEL Tiempo del castigo de Dios y de depurar de la maldad
al mundo, especialmente en cuanto al
momento al final de la historia en que
habrá castigo eterno; temible día de
terror (Heb. 10:27) conectado con la
ira de Dios (Heb. 12:29) y vencido
sólo por medio de una madura fe en
Cristo (1 Juan 4:17-18; comp. Rom.
8:33-34; 2 Tim. 4:8); íntimamente
conectado con la segunda venida de
Cristo (2 Tes. 1:7-10). La idea del día
del juicio se remonta a los conceptos
del juicio divino y del día de Jehová según lo hallamos en el AT. Ver *Día de
Jehová, Día del Señor.* La ira de Dios
se derrama en juicio sobre la nación
de Israel (1 Crón. 27:24; 2 Crón.
24:18; 29:8; Amós 3:2; 5:18; Os.
13:9-11), sobre sus malvados gobernantes (1 Sam. 15; 2 Rey. 23:26-27;
1 Crón. 13:10; 2 Crón. 19:2). Otros
individuos se convierten en objetos de
la ira de Dios: Moisés (Ex. 4:14,24;
Deut. 1:37), Aarón (Deut. 9:20), María (Núm. 12:9), Nadab y Abiú (Lev.
10:1-2), las naciones vecinas y sus gobernantes (Sal. 2:5,11; 110:5; Isa.
13:3,5,9,13; Jer. 50:13,15; 51:45;
Ezeq. 25:14; 30:15).

La ira divina es ardiente (Ex.
32:12; Esd. 10:14), se enciende
como fuego (Sal. 106:40; Ex. 22:24;
32:10). Se decía que un día de ira era
un momento específico en que Dios
actuaría en juicio temporal (Job

21:30; Prov. 11:4; Ezeq. 7:12; Sof. 1:15,18).

Este concepto se hizo más prominente en los escritos judíos durante el período intertestamentario (Enoc 47:3; 90:2-27; 4 Esdras 7:33; 12; Baruc 24; Testamento de Benjamín 10:6-8; Judit 16:17). El día de juicio sigue a la resurrección de los muertos y determina el destino eterno de los justos (ya sea el paraíso en el cielo o en una nueva tierra) y de los impíos (Gehenna o algún otro lugar de castigo eterno) según su obediencia o desobediencia a la ley de Dios. Se incluye tanto a judíos como a gentiles.

El NT presenta el juicio divino como una realidad presente y futura. La primera venida de Jesús representa un juicio divino (Juan 3:19; 9:39; 12:31). La humanidad pecadora actualmente está bajo condenación divina (Juan 3:36), y en parte está sintiendo la ira de Dios *ahora mismo* (Rom. 1:18-32). El pueblo de Dios es castigado por haberse descarriado (Heb. 12:4-11; Prov. 3:11-12), pero el veredicto divino final de juicio debe llevarse a cabo en un tiempo futuro (1 Juan 4:17; Juan 5:24-29) por parte del mismo Hijo del Hombre (Juan 12:48; 5:22). La actividad humana en esta vida básicamente determina cuál será el veredicto en este juicio futuro.

En la escena del juicio del gran trono blanco (Apoc. 20:11-15), el fundamento del juicio es en primer lugar el libro de la vida (vv. 12a,15) y luego el libro en que figuran las obras (vv. 12b-14). La relación que uno tiene con Cristo es el factor determinante del destino eterno (Juan 3:36), pero la fidelidad a Cristo se hace crucial en una genuina relación con Cristo (Sant. 2:14-26; Mat. 7:21-23; 1 Juan 2:3-6). La parábola de las ovejas y los cabritos tiene un énfasis muy similar (Mat. 25:31-56). Las piadosas acciones de devoción en favor de los nece-

sitados es el criterio que distingue a las ovejas de los cabritos, y lo que establece el destino eterno (v. 46). Pablo (Rom. 2:1-16) también subraya lo crucial que resulta un obediente compromiso con Cristo. El concepto de retribución para lo bueno y lo malo también se aplica a los creyentes (1 Cor. 3:12-15; 2 Cor. 5:10), pero no se detallan los aspectos específicos de las recompensas y los castigos. Nadie escapará del día del juicio (Hech. 17:30-31). Es por eso que aparece el llamado apostólico al arrepentimiento y a la fe. Ver *Día de Jehová, Día del Señor; Día de Cristo; Segunda venida; Infierno; Cielo.*

JULIO CÉSAR Ver *Roma y el Imperio Romano.*

JUNCO Caña de papiro que se utilizó para hacer el arca para el pequeño Moisés (Ex. 2:3). Ver *Plantas en la Biblia.*

JURAMENTOS Apelaciones formales a Dios o a algún objeto sagrado como respaldo para cumplir una promesa. Ante la falta de medios de obligación legal, las transacciones dependían del poder que tuviera la palabra de una persona. El juramento mantenía la obligación de hablar honestamente. La violación de un juramento era seria y no podía ser ignorada (Ezeq. 17:13,16,18-19). Las partes hacían juramentos para subrayar que quien violara un pacto sufriría el mismo destino que el animal sacrificado. Ver *Pacto.* Frecuentemente, actos simbólicos acompañaban al juramento. Los que juraban levantaban la mano derecha o elevaban ambas manos al cielo (Gén. 14:22; Dan. 12:7; comp. Apoc. 10:5-6). Aun a Dios se lo describe diciendo que jura por su mano derecha (Isa. 62:8).

Usar el nombre del Señor en un juramento apelaba directamente a su parte como testigo, y lo establecía como el supremo Juez y encargado de hacer cumplir la obligación. Violar el nombre del Señor era violar al Señor mismo; de ahí que se condenen los juramentos que usaban el nombre de Dios indiscriminadamente (Ex. 20:7; Lev. 19:12). El juramento reforzaba las promesas de Dios a su pueblo (Ex. 33:1; Deut. 6:18; 7:8; Sal. 132:11). El juramento establecía límites a lo que se podía decir, y marcaba lineamientos para la conducta humana (Núm. 30; Deut. 23:21). Israel ratificaba sus tratados a través de juramentos (Jos. 9:15,18,20).

Jesús estableció una pauta diferente para el hablar, una que no se basaba en juramentos sino en simple integridad. Un sí y un no claros serían suficientes para la comunicación (Mat. 5:33-37; 23:16-21; comp. Sant. 5:12). En su juicio ante Caifás, Él permaneció en silencio hasta que le impusieron un juramento muy comprometedor (Mat. 26:63-65). Jesús no condenó los juramentos, sino el abuso del nombre de Dios al hacer juramentos. Pedro utilizó un juramento en su segunda negación de Cristo. Su negación final se pronunció en forma de maldición (Mat. 26:69-75). Pablo frecuentemente clamó a Dios con un juramento que testificara de su propia sinceridad (Rom. 1:9; 2 Cor. 1:23; Gál. 1:20). La superioridad del sacerdocio de Cristo sobre el sacerdocio levítico estaba segura porque la primera fue prometida con un juramento, mientras que el sacerdocio levítico no (Heb. 7:20-22).

JUSTICIA El orden que Dios quiere restablecer en la creación, cuando todos recibirán los beneficios de la vida con Él; idea ética central del AT. La justicia tiene dos aspectos principales: el estándar por el cual se asignan los castigos por quebrantar las obligaciones de la sociedad, y el estándar por el cual se asignan las ventajas de la vida social, incluyendo bienes materiales, derechos de participación, oportunidades y libertades.

La justicia en la Biblia incluye la ira de Dios sobre la maldad (Juan 3:19; Rom. 1:18). La Biblia desea que los beneficios se distribuyan de acuerdo a las necesidades. La justicia entonces está íntimamente emparentada con el amor y la gracia (Deut. 10:18; comp. Os.10:12; Isa. 30:18).

Hay varios grupos necesitados que son destinatarios de justicia: viudas, huérfanos, extranjeros, jornaleros, pobres, prisioneros, esclavos y enfermos (Job 29:12-17; Sal. 146:7-9; Mal. 3:5). Las fuerzas que privan a la gente de aquello que resulta básico para la vida de la comunidad, son en realidad fuerzas de opresión (Miq. 2:2; Ecl. 4:1; ver Mar. 12:40; comp. Jer. 5:28; Job 29:12-17). Hacer justicia es corregir ese abuso y satisfacer esas necesidades (Isa. 1:17).

Al hablar de justicia, los beneficios que se deben distribuir como derechos básicos, incluyen tierra (Ezeq. 45:6-9; comp. Miq. 2:2; 4:4); los medios para que la tierra produzca, por ejemplo animales de tiro y piedras de molino (Deut. 22:1-4; 24:6); comida (Deut. 10:18; Sal. 146:7); ropa (Deut. 24:13) y refugio (Sal. 68:6; Job 8:6). En Job 22:5-9,23; 24:1-12 se censura la injusticia de privar al pueblo de todas estas necesidades materiales y económicas. La protección igualitaria de cada persona en procedimientos civiles y judiciales se hace evidente en la exigencia de un sistema justo (Deut. 16:18-20; comp. 28:48).

La justicia da por sentado el deseo de Dios de que la gente sea parte de una comunidad. La justicia bíblica restaura al pueblo a la comunidad (Lev. 25:35-36). El año de jubileo (Lev. 25) ayudaba a quienes habían perdido tierra de la familia por venta o ejecución hipotecaria (v. 28) a fin de que volvieran a obtener poder económico. De igual manera, se prohibía el interés sobre los préstamos (v. 36) diciendo que era un proceso que abatía al pueblo, y ponía en peligro su posición en la comunidad. Ver *Año de jubileo*. Ayudar a los necesitados quiere decir ponerlos en pie nuevamente, darles un hogar, ayudarlos a prosperar, restauración, dar por terminada la opresión (Sal. 68:5-10; 10:15-16; comp. 107; 113:7-9). En la acción de restauración, los que eran víctimas de la injusticia reciben beneficios, mientras sus explotadores reciben castigo (1 Sam. 2:7-10; comp. Luc. 1:51-53; 6:20-26).

Como Creador soberano del universo, Dios es justo (Sal. 99:1-4; Gén. 18:25; Deut. 32:4; Jer. 9:24), particularmente como Defensor de todos los oprimidos de la tierra (Sal. 76:9; 103:6; Jer. 49:11). De modo que la justicia es universal (Sal. 9:7-9) y se aplica a todos los pactos o dispensaciones. Jesús afirmó que la exigencia del AT en cuanto a justicia era algo crucial (Mat. 23:23). La justicia de Dios es la fuente de toda justicia humana (Prov. 29:26; 2 Crón. 19:6,9). Justicia es gracia recibida y gracia compartida (2 Cor. 9:8-10).

Entre los seres humanos, el agente de justicia más prominente es el gobernante. El rey recibe la justicia de Dios y es un canal para ella (Sal. 72:1; comp. Rom.13:1-2,4). Del gobernante, y hasta del gobernante pagano, se exige la misma preocupación por los grupos necesitados de la sociedad (Sal. 72:4; Ezeq. 34:4; Jer. 22:15-16; ver también Dan. 4:27; Prov. 31:8-9).

La justicia también es una exigencia central de todos los que profesan el nombre de Dios. Se requiere justicia en el sistema de sacrificios (Amós 5:21-24; Miq. 6:6-8; Isa. 1:11-17;

Mat. 5:23-24), en el ayuno (Isa. 58:1-10), el diezmo (Mat. 23:23), la obediencia a los otros mandamientos (Mat. 19:16-21) o la presencia del templo de Dios (Jer. 7:1-7). "La justicia de Dios" es Dios en su gracia trayendo por medio de la fe a aquellos que no eran parte del pueblo de Dios para que fueran parte de la comunidad de Dios (particularmente en Romanos, pero comp. también Ef. 2:12-13).

La justicia humana en el NT es fe absoluta en Dios y compromiso con Dios (Mat. 3:15; Rom. 4:5; 1 Ped. 2:24). Aquel que en fe se entrega a hacer la voluntad de Dios es justo, hace justicia, y Dios lo reconoce como justo (Sant. 2:23). El punto focal de la fe en Dios es la actividad salvadora de Dios en Jesucristo (Rom. 3:21-26). La dimensión de la justicia del ser humano al ser humano (Fil. 1:3-11), parece menos prominente en el pensamiento del NT tal vez debido a la importancia del concepto de amor que vemos en el NT.

La justicia de Dios (Mat. 6:33; Hech. 17:31; Rom. 1:17; Ef. 4:24; Sant. 1:20) es la clave para entender la salvación de la humanidad. Los intérpretes que consideran que "la justicia de Dios" significa "Dios da justicia", ven la salvación como una posibilidad humana creada por Dios. La justicia es aquello que Dios requiere de la humanidad y que Dios da como un don a la persona de fe. En esta línea de pensamiento, la fe es la condición para recibir el don de la justicia de Dios. Dios actúa en Cristo, y, a su vez, los seres humanos reaccionan teniendo fe. Entonces Dios les da justicia o bien, sobre la base de la fe de ellos, los ve como si fueran justos.

Los intérpretes que entienden que "la justicia de Dios" significa que "Dios es justo", sostienen que la salvación es puramente una obra de Dios, la actividad salvadora de Dios en conformidad con el lado divino del pacto de la creación. Dios actúa en Cristo, y parte de esa acción es crear fe en los seres humanos, que de otro modo no tendrían fe. Así "la justicia de Dios" es el poder de Dios que opera para salvar a la humanidad (y a toda la creación), a través de la creación de fe en personas pecadoras. Ver *Ética; Gracia; Ley; Misericordia; Salvación.*

JUSTIFICACIÓN Proceso por el cual, sin merecerlo, un individuo es llevado a tener una correcta relación con una persona, ya sea que esa relación se establezca entre personas o con Dios; el tema cardinal de la Escritura es la justificación, la manera en que un individuo entra en una relación con Dios y vive de acuerdo con ella. La justificación es el remedio para el pecado que separa a Dios de los pecadores.

Dios llamó a Abraham y le prometió que le haría una gran nación (Gén. 12:1-3). Ya avanzado en años, Abraham recibió la promesa de un hijo, Isaac, a través de quien habría innumerables descendientes. La respuesta de Abraham a esta promesa es el aspecto central de toda la idea de justificación: "Y [Abraham] creyó a Jehová, y le fue contado por justicia" (Gén. 15:6). Actuar justamente es actuar de acuerdo con el pacto. Dios aceptó la respuesta de fe de Abraham.

La justificación es algo que hace Dios (ver Job 11:2; 13:18; 25:4; Sal. 51:4; 143:2; Isa. 43:9,26; 45:25). Los profetas hebreos en términos muy fuertes censuraron la proclividad que tenía Israel para prostituirse con dioses extranjeros, haciendo que Dios actuara con justicia. Él debía hacer su juicio, de otra manera sería un mal juez. Las acciones de Dios fueron re-

sultado directo de una fractura importante en el vínculo del pacto. El concepto hebreo de justicia incluía un importante elemento redentor: "¿Cómo podré abandonarte, oh Efraín? ¿Te entregaré yo, Israel?" (Os. 11:8). La justificación exige que haya obediencia de parte del pueblo de Dios, pero siempre también exige que haya juicio y restauración por parte de Dios.

En el NT, Dios trató con el pecado de la humanidad por medio de la forma más elevada y más íntima de revelación, su Hijo Jesucristo. Los cristianos entran en una correcta relación con Dios por medio de la muerte y resurrección de Jesucristo (Rom. 3:21-26; 4:18-25; 1 Cor. 1:30; 6:11; 1 Tim. 3:16; 1 Ped. 3:18). El pecado creó un inmenso abismo entre Dios y la gente, y se requería un puente para que toda la humanidad pudiera alcanzar una correcta y justa relación con Dios. Este puente divino es la "reconciliación". La reconciliación funciona para llevar "justificación" a los seres humanos. La muerte de Jesús en la cruz hizo posible que Dios y el ser humano se reconciliaran (Rom. 5:10) y que entonces el ser humano fuera justificado.

La justificación no incluye todo el proceso de salvación; marca el instante de la transformación que nos coloca en una correcta relación con Dios. Los cristianos son justificados de la misma manera en que lo fue Abraham: por la fe (Rom. 4:16; 5:1; Gál. 2:16; Tito 3:7). En el momento presente Dios pronuncia el veredicto que habrá de pronunciar en el día del juicio final. La fe en Jesucristo pone al ser humano en una correcta relación con Dios, y trae vida eterna ahora y para siempre.

❧KL❦

KEILA (tal vez *"fortaleza"*) (1) Descendiente de Caleb (1 Crón. 4:19). (2) Ciudad fortificada en las tierras bajas (Sefela) de Judá; khirbet Qila, unos 13 km (8 millas) al noroeste de Hebrón y 23,5 km (18 millas) al sudoeste de Jerusalén. Ver 1 Sam. 23:1-13; Neh. 3:17-18.

KENAT (*"posesión"*) Ciudad en el este de Galaad que tomó Noba y le dio su nombre (Núm. 32:42; comp. 1 Crón. 2:23); la ciudad más al este de Decápolis; moderna Qanawat en el-Hauran. Ver *Decápolis*.

KENOSIS Acción de Cristo en que se despoja a sí mismo de la forma de Dios, toma forma de siervo y muere en la cruz (Fil. 2:6-11).

KIBROT-HATAAVA (*"tumbas de anhelos, codicia, glotonería"*) Primer lugar en el que pararon los israelitas después que dejaron Sinaí (Núm. 33:16). Los israelitas anhelaban carne, y el Señor se las dio (Núm. 11:31). En razón de que ellos comieron exageradamente, comenzó una epidemia y murieron muchos (Núm. 11:34; Deut. 9:22; Sal. 78:30-31).

KIR (*"muro"*) (1) Ciudad moabita mencionada en conexión con Ar (Isa. 15:1); tal vez sea Kir-hareset, antigua capital de Moab juntamente con Ar; ubicada en Kerak, unos 27 km (17 millas) al sur del Arnón, y 17,5 km (11 millas) al este del mar Muerto. (2) Ciudad en Mesopotamia al este del bajo Tigris, sobre la ruta principal de Elam (Persia) a Babilonia; capital de la provincia babilónica de Gutium (605-539 a.C.), cuyo gobernador se unió a Ciro el Persa para vencer al imperio babilónico en el 539 a.C. Ver 2 Rey. 16:9; Isa. 22:6; Amós 1:5; 9:7.

KIR-HARESET (*"ciudad de alfarería"*) Se la conoce con nombres variados en distintos textos y versiones del AT: "Kir-hareset" (2 Rey. 3:25; Isa. 16:7), "Kir-hares" (Jer. 48:31,36); tal vez sea Kir de Moab (Isa. 15:1); khirbet Karnak, unos 80 km (50 millas) al sudeste de Jerusalén, y 17,5 km (11 millas) al este del mar Muerto. Ver *Kir 1*.

KOHELET Transliteración del título hebreo (Ecl. 1:1) de Eclesiastés. También se escribe Qohelet, y significa predicador, maestro, orador o filósofo.

LABÁN (*"blanco"* o *"dios luna"*) Hermano de Rebeca y padre de Lea y Raquel (Gén. 29:16; ver caps. 24; 29-31) de Nacor, cerca de Harán; responsable directo por el casamiento de Rebeca a Isaac; se lo conoce por haber engañado a Jacob. Ver *Jacob*.

LABIOS Pliegues carnosos y musculares que rodean la boca; frecuentemente son símbolo de la persona toda. Hay labios lisonjeros y mentirosos (Sal. 12:2; 31:18); labios gozosos (Sal. 63:5); labios justos (Prov. 16:13); labios temerosos (Hab. 3:16). Los labios no circuncidados probablemente hagan alusión a labios que tartamudean o carecen de fluidez en el hablar (Ex. 4:10). El dolor y el duelo en parte se expresa cubriendo el labio superior con la mano (Lev. 13:45).

LABRADOR Ver *Ocupaciones y profesiones en la Biblia; Agricultura*.

LADRILLO Material para la construcción, de barro, moldeado en bloques rectangulares mientras está húmedo y puesto a secar y endurecer al sol o al fuego; utilizado para construir paredes o calzadas. Ver Gén. 11:3; Ex. 1:14; 5:7-23; 2 Sam. 12:31. Isaías 65:3 condenó a Israel por prácticas paganas de ofrecer incienso sobre altares de ladrillo.

LADRILLOS, HORNO DE Horno o recinto que se calentaba para procesar ladrillos cociéndolos o secándolos.

LAGAR Máquina usada para hacer el vino a partir de las uvas; la elaboración del vino siempre ha sido una industria importante en Siria-Palestina. En tiempos del AT los lagares para hacer vino usualmente se cortaban o tallaban en la roca (Isa. 5:2) y se conectaban a través de canales con cubas a nivel más bajo cortadas en la roca, donde se recogía el jugo y se fermentaba. El jugo se extraía de las uvas pisándolas con los pies (Job 24:11; Amós 9:13). Después que el jugo había fermentado, se lo recogía en tinajas u odres (Mat. 9:17 y paralelos). Las bodegas talladas en la roca tenían una capacidad de almacenamiento de unos 100.000 litros (25.000 galones aprox.) de vino. (Ver 1 Crón. 27:27; Zac. 14:10.) Para el período del NT, se usaban tanto prensas con tablas como prensas con pavimento de mosaicos. Ver *Agricultura; Vid; Vino*.

LAMEC (*"poderoso"*) Hijo de Matusalén y padre de Noé (Gén. 4:18; 5:25,29); a sus hijos se los reconoce como iniciadores de la vida nómada, la música y el trabajo en metal. A Lamec se lo culpa por iniciar la poligamia (o bigamia) y por el aumento del orgullo pecaminoso en la tierra. El cántico de Lamec (Gén. 4:23-24) es un antiguo poema en favor de la venganza ilimitada.

LÁMED Duodécima letra del alfabeto hebreo utilizada como subtítulo del Sal. 119:89-96. Cada versículo en esta sección comienza con la letra *lámed*.

LAMENTACIONES, LIBRO DE Vigésimo quinto libro de la Biblia que preserva cinco elegías que se usaron como lamentación por la caída de Jerusalén en el 587 a.C. Los primeros cuatro capítulos son un acróstico, donde, con pequeñas variantes, los sucesivos versos comienzan con sucesivas letras del alfabeto hebreo.

Una antigua tradición en la Septuaginta (aprox. 250 a.C.) declara que Jeremías fue el autor. En favor de la autoría del profeta se hallan lo antigua que es esta tradición, la similitud en el tono de Lamentaciones y partes del libro de Jeremías (Jer. 8-9; 14-15), y una perspectiva similar en Lamentaciones y Jeremías en cuanto a la causa de la caída de Jerusalén (por ej., Lam. 1:2-18; 2:14; 4:13-17; Jer. 2:18; 14:7; 16:10-12; 23:11-40; 37:5-10).

Los factores que están en contra de la autoría por parte de Jeremías son diferencias en la fraseología de ambos libros y diferentes puntos de vista en varias cuestiones. Lamentaciones 1:21-22 y 3:59-66 parece ser congruente con la convicción de Jeremías de que los babilonios estaban actuando como instrumentos de Dios para juicio (Jer. 20:4-5). Lamentaciones 4:17 sugiere que el autor esperaba ayuda de los egipcios, una perspectiva a la que Jeremías se oponía inequívocamente (Jer. 37:5-10). La forma en que se presenta a Sedequías, el último rey de Judá, en Lam. 4:20 también es bastante distinta de la perspectiva que encontramos sobre él en Jer. 24:8-10. Con seguridad podemos afirmar que el autor fue testigo ocular de la caída de Jerusalén.

Lamentaciones 1 hace duelo por el padecimiento que fue resultado de la destrucción de Jerusalén, y explica que la desolación era el juicio de Dios por el pecado de la nación. Lamentaciones 2 lamenta la ruina que fue consecuencia de la ira divina, y llama al pueblo a orar. Lamentaciones 3 alarga el duelo por la destrucción de Jerusalén y llama a arrepentimiento ya que el inmutable amor de Dios nos da la esperanza de que en el futuro Él extenderá su misericordia. Lamentaciones 4 de manera vívida describe los horrores del sitio y la caída de Jerusalén, y coloca parte de la culpa por el juicio en los profetas y sacerdotes inmorales de la ciudad. Lamentaciones 5 resume la situación calamitosa y concluye con una oración pidiendo restauración.

Lamentaciones fue para los judíos una expresión de su dolor, una explicación de la destrucción y un llamado al arrepentimiento y a la esperanza. El libro advierte a los lectores modernos que una nación inmoral corre el peligro del terrible juicio divino, y que la única esperanza de sobrevivir es la sumisión a Dios.

LAMENTO Ver *Duelo; Salmos, Libro de.*

LÁMPARAS, CANDELERO Las excavaciones arqueológicas han proporcionado numerosos ejemplos de estos artefactos que datan desde antes de Abraham hasta después de Cristo. Las lámparas del período del AT se hacían exclusivamente de arcilla, y eran cuencos abiertos con un pico o boquilla estrechos para sostener la mecha. Los pábilos por lo general se hacían de lino torcido (Isa. 42:3). El combustible para las lámparas era aceite de oliva (Ex. 25:6), aunque en épocas posteriores se usó aceite de nueces, de pescado y de otros tipos. Desde la edad de bronce a la época helenista las lámparas se hacían en la rueda del alfarero, después de lo cual se hicieron moldes para los tipos de lámpara más cerrados de los períodos griego y romano (aprox. 500 a.C. en adelante). Para iluminación exterior se utilizaban teas, linternas y antorchas (Jue. 7:16; Juan 18:3).

En el tabernáculo había una lámpara de oro con tres brazos que se extendían de cada lado de la vara central (Ex. 25:31-40). Cada brazo puede haber tenido una lámpara de siete boquillas (Zac. 4:2), tal como sucede con algunas lámparas halladas en Palestina. Este candelabro de siete brazos (menora), que sostenía siete lámparas, siguió teniendo prominencia durante las épocas del primer y segundo templo, y tiempo después se convirtió en símbolo de la nación de Israel. Las naciones vecinas también usaban lámparas y candeleros con múltiples varas de sostén y múltiples patas.

Las lámparas (luces) representaban la vida de abundancia, la presencia divina, o la dirección y la guía de la vida en contraposición con la muerte en tinieblas (comp. Sal. 119:105; 1 Juan 1:5 con Job 18:5; Prov. 13:9). A Jesús se lo describe como la luz del mundo (Juan 1:4-5,7-9; 3:19; 8:12; 9:5; 11:9-10; 12:35-36,46). A los discípulos de Jesús también se los describe como luz del mundo (Mat. 5:14-16).

LANA Pelo grueso que forma la cubierta de las ovejas y de algunos otros animales. Se hilaba y se usaba para hacer ropas, frazadas, y otros artículos. Gedeón usó un trozo de lana para determinar la voluntad de Dios para su vida (Jue. 6:35-40). La lana también se utilizaba como símbolo de blancura y pureza (Isa. 1:18). Ver *Ropa; Ovejas.*

LAODICEA, LAODICENSES Ciudad en el sudoeste de Asia Menor en una antigua ruta que iba de Éfeso a Esmirna, 16 km (10 millas) al oeste de Colosas y 10 km (6 millas) al sur de Hierápolis. Ver *Asia Menor, Ciudades de.*

LAODICENSES, EPÍSTOLA A LOS Breve carta que nombra a Pablo como autor; sin duda compuesta para suplir lo que se sugiere en Col. 4:16. No se conoce la fecha de su composición. Alrededor de la mitad de los manuscritos latinos de las epístolas paulinas producidos entre el 500 y el 1600 contienen la Epístola a los Laodicenses.

LAPIDOT (*"relámpagos"*) Esposo de Débora (Jue. 4:4).

LAQUIS (*"obstinado"*) Ciudad en la Sefela ("tierras bajas") al sudoeste de Jerusalén; pertenecía a Judá (Jos. 15:39); tell ed-Duweir, un sitio al que más recientemente se llamó tell Laquis; mencionada en antiguos documentos egipcios, asirios y babilónicos. Las cartas de Amarna (aprox. 1400 a.c.) muestran que era una importante ciudad cananea. El ejército hebreo al mando de Josué derrotó al rey de Laquis (Jos. 10:5,23,32-33). Ver 2 Crón. 11:9; 25:27; 2 Rey. 14:19. Senaquerib de Asiria sitió y conquistó Laquis en el 701 a.C. (2 Rey. 18; 2 Crón. 32; Isa. 36). Ver Jer. 34:7; Neh. 11:30. Documentos asirios amplían el relato bíblico de la conquista de Senaquerib.

Las "cartas de Laquis" —una serie de mensajes en hebreo antiguo inscriptos con tinta en fragmentos de alfarería fechados aprox. en el 590 a.C.— proporcionan importante información lingüística e histórica sobre este período.

LASA Un punto en la frontera original de Canaán (Gén. 10:19).

LASEA Ciudad en la costa sur de Creta (Hech. 27:8).

LATÍN Idioma de la antigua Italia y el Imperio Romano; se usó en la inscripción sobre la cruz de Cristo (Juan 19:20) y en la Vulgata. Ver *Biblia, Textos y versiones*.

LAVADO DE PIES Acción necesaria para comodidad y limpieza de todo el que viajaba por los polvorientos caminos de Palestina y llevaba sandalias como calzado. Era costumbre que el dueño de casa les proporcione a sus huéspedes agua para lavarse los pies. (Ver Jue. 19:21; Luc. 7:44). El lavado de pies se consideraba una tarea tan humilde que no se podía exigir de un esclavo hebreo. En este contexto, vemos gran humildad en la declaración de Juan el Bautista de que él no era digno de desatar el calzado (de lavar los pies) de Aquel que venía después que él (Mar. 1:7). La iniciativa de la mujer "pecadora" que lavó los pies de Jesús (Luc. 7:37-50) fue más que simple hospitalidad: fue un acto de gran amor y era evidencia del perdón de sus pecados (7:47).

Al lavar los pies de sus discípulos (Juan 13:4-15), Jesús proporcionó un ejemplo ético de servicio en amor y humildad (comp. Luc. 22:27), también fue un mandamiento simbólico de hacer unos por otros lo que Cristo había hecho por ellos, es decir, entregar su vida por ellos (Juan 15:13). Jesús entonces nos llama a entregarle nuestra vida en acciones pródigas de servicio desinteresado.

Lavar los pies de otros cristianos era uno de los servicios requeridos para ser una "viuda" en la iglesia primitiva (1 Tim. 5:10).

LAVADOR Alguien que vuelve más densa y encoge la lana recién esquilada o una tela recién hilada; también el que lava o blanquea ropa. La limpieza se hacía pisando o batiendo la ropa con palos. La ropa se limpiaba en una solución alcalina obtenida al quemar la madera hasta hacerla cenizas. En el proceso a veces se usaba orina pútrida. En vista del terrible olor, los lavadores hacían su trabajo fuera de las puertas de la ciudad. Las referencias bíblicas hacen alusión a la limpieza del pecado (Sal. 51:7; Jer. 2:22; 4:14; Mal. 3:2).

LAVAR Ver *Abluciones, Bañarse*.

LÁZARO (1) Uno de los personajes principales en la parábola que relató

Jesús para advertirles a los ricos egoístas que finalmente habría justicia (Luc. 16:19-31). (2) Amigo de Jesús y hermano de María y Marta (Juan 11:1-3). Jesús lo resucitó de los muertos después que Lázaro estuvo en la tumba cuatro días; hizo el milagro para mostrar la gloria de Dios.

LEA (*"vaca salvaje"* o *"gacela"*) Hija mayor de Labán (Gén. 29:16) y primera esposa de Jacob como resultado del engaño por parte de Labán para preservar la costumbre de que la hija mayor se case primero.

LEBRILLO, TAZÓN Recipientes anchos y ahuecados tipo boles de boca ancha, para uso doméstico o más formal (ver Juan 13:5); por lo general eran de barro, pero también podían ser de bronce (Ex. 27:3), plata (Núm. 7:13) y oro (2 Crón. 4:8). Uno de gran tamaño se usaba en los sacrificios ceremoniales en el gran altar del templo (Zac. 9:15).

LECHE Líquido nutritivo y sus derivados; elemento principal en la dieta alimenticia hebrea; incluye leche común, leche cuajada, queso, manteca, y es símbolo de bendición y abundancia. La mayor parte de la leche era de ovejas y cabras (Prov. 27:27; Deut. 32:14); la leche de vaca también se conocía (Isa. 7:21-22). Asimismo, los antiguos conocían la manteca y el queso (1 Sam. 17:18) y también la lecha agria y cuajada, que después del pan continúa siendo el alimento principal de las clases más pobres en Arabia y en Siria. Los viajeros llevaban leche agria, que mezclaban con carne, la secaban, y luego la disolvían en agua para hacer una bebida refrescante como la que Abraham puso delante de los mensajeros (Gén. 18:8). Después de cuajarse un poco, la bebida tenía un efecto embriagante, lo cual hace que algunos sostengan que la va-

riedad fermentada es la bebida que Jael le dio a Sísara.

El AT habla de la leche mayormente en conjunción con la miel, a fin de simbolizar abundancia y bendición (Ex. 3:17; 13:5; 33:3; Lev. 20:24; Núm. 13:27; Deut. 6:3; Jos. 5:6). A la leche también se la menciona para simbolizar blancura (Lam. 4:7) y felicidad matrimonial (Cant. 5:1).

La leche habla sobre aquello que resulta básico para la vida cristiana, pero no es lo único que se necesita (1 Cor. 3:2; 9:7; Heb. 5:12,13; 1 Ped. 2:2). Durante días los antiguos beduinos podían alimentarse sólo con leche, pero en algún momento debían comer carne; lo mismo sucede con el cristiano. Los rabinos interpretaron que la repetida ordenanza (Ex. 23:19; 34:26; Deut. 14:21) de no hervir un cabrito en la leche de su madre significaba que la leche y la carne no debían cocinarse ni comerse juntas.

LEGIÓN Designación militar romana para unidades de los mejores soldados en el ejército. Grupo de demonios (Mar. 5:9,15; Luc. 8:30); ejército de ángeles (Mat. 26:53). En diferentes momentos de la historia de Roma, la legión iba de 4500 a 6000 soldados. Estaba compuesta por hombres con distintas habilidades: lanceros, comandos, especialistas en escaramuzas, caballería y reservas. Originalmente para formar parte de una legión la persona debía ser dueña de propiedades y tener ciudadanía romana, pero estos requisitos se pasaban por alto dependiendo de la necesidad de tropas.

LEJÍA Sustancia utilizada para la limpieza desde la antigüedad.

LEMUEL (*"consagrado a Dios"*) Rey que recibió de su madre palabras sabias en cuanto al vino, las mujeres y los derechos legales de los débiles y los pobres (Prov. 31:1-9). Ver *Proverbios, Libro de.*

LENGUA Órgano del habla (Jue. 7:5; Isa. 41:17); lengua hablada (Jer. 5:15); habla de un pueblo o nación (Isa. 66:18); el habla era vista como una expresión de la verdadera naturaleza de la persona (Sal. 64:2-3; 45:1; Prov. 10:20; 17:20); objetos en el mundo material que parecen una lengua en cuanto a su forma (Isa. 11:15). Los escritos sapienciales del AT enfatizaban los resultados prácticos del uso de la lengua para la vida de la persona (Prov. 12:18; 18:21; 21:6; 21:23; 25:23; 26:28; 28:23). La lengua podía controlar la dirección de la vida de una persona (Sant. 3:3-8). Dado que la lengua revela lo que hay en el corazón de uno, su uso tenía consecuencias éticas ya sea para bien o para mal (Sal. 34:13; 37:30; 109:2; 120:2; 140:2-3; Isa. 59:3; comp. Sant. 3:9-10). La lengua podía usarse para alabar a Dios (Sal. 35:28; 51:14; 71:24; Rom. 14:11; Fil. 2:11) o podía causar separación de Dios (Job 15:4-5; Sal. 39:1; 78:35-37). Ver *Dones espirituales.*

LEPRA Término genérico aplicado a una variedad de afecciones de la piel, que van desde psoriasis hasta lepra propiamente dicha. Hasta las casas y la ropa podían tener "lepra" y, por lo tanto, ser inmundas (Lev. 14:33-57). Jesús hizo que un leproso fuera el "héroe" de una de sus parábolas (Luc. 16:19-31). Ver *Enfermedades.*

LESNA Ver *Herramientas.*

LEVADURA Pequeña porción de masa fermentada usada para fermentar otra masa; a menudo era símbolo de influencia corruptora; se utilizaba para hacer el pan diario. Dicho pan era aceptable como ofrenda mecida para los sacerdotes y como panes que acompañaban las ofrendas de paz (Lev. 2:11-13; 23:17). El pan hecho con levadura o con miel nunca debía usarse en ofrendas que se quemaban en el altar (Lev. 2:11-12). El pan sin levadura también se preparaba en tiempos de apremio, y era necesario para la fiesta de los panes sin levadura que se celebraba junto con la fiesta de la pascua (Lev. 23:4-8). Este pan sin levadura o pan de aflicción le recordaba a Israel sobre su apresurada partida de Egipto y le hacía una advertencia contra influencias corruptoras (Ex. 12:14-20).

Jesús advirtió a sus discípulos contra la levadura de los fariseos, la enseñanza y la hipocresía de estos (Mat. 16:5-12; Luc. 12:1). Pablo instó a los corintios a eliminar la maldad de en medio de ellos y convertirse en masa fresca, panes sin levadura, panes de sinceridad y verdad (1 Cor. 5:6-13). Jesús también utilizó levadura para ilustrar el marcado y potente crecimiento del reino de Dios (Mat. 13:33).

LEVÍ (*"una unión"*) (1) Tercer hijo de Jacob y Lea (Gén. 29:34); antepasado inicial de los sacerdotes de Israel; se lo caracteriza como cruel e inmisericorde, ya que se vengó de la violación de su hermana Dina aniquilando a todos los varones de una ciudad (Gén. 34:25-31; comp. 49:5-7; Ex. 32:28). Ver *Levitas.* (2) Dos antepasados de Jesús (Luc. 3:24,29). (3) Cobrador de impuestos en Capernaum que siguió a Jesús (Mar. 2:14; también se lo llama Mateo, Mat. 9:9).

LEVIATÁN (*"enroscado"*) Antigua criatura marina creada por Dios, sujeta a Dios (Sal. 104:24-30) y sometida por Dios (Job 3:8; 41:1-9; Sal. 74:14; Isa. 27:1); en lucha primordial con los dioses; símbolo del caos.

La literatura apocalíptica describe al leviatán quitándose sus cadenas al final de esta era, pero sólo para terminar siendo vencido en un conflicto final con lo divino. Ver *Apocalíptica, Literatura*. La Escritura utilizó un nombre que resultaba conocido para los cananeos, los heteos y otros pueblos, y así hizo desaparecer el temor conectado con el leviatán, mostrando que con facilidad Dios lo controlaba, y que por lo tanto no resultaba una amenaza para el pueblo de Dios. Ver *Rahab*.

LEVITAS La menor de tres órdenes en el sacerdocio de Israel. Originalmente, los sacerdotes y los que trabajaban en el templo provenían de los primogénitos de cada familia de Israel (Ex. 13:11-15). Más tarde, Dios escogió a la tribu de Leví para llevar a cabo esta responsabilidad entre su pueblo (Núm. 3:11-13) pues fue la única tribu que permaneció con Moisés y en contra del pueblo que decidió adorar al becerro de oro (Ex. 32:25-29; Deut. 10:6-9). Los levitas no recibieron una herencia tribal en la Tierra Prometida (Dios era la herencia de ellos), pero fueron ubicados en 48 ciudades levíticas por toda la tierra (Núm. 18:20; 35:1-8; Jos. 13:14,33). El diezmo del resto de la nación debía usarse para satisfacer las necesidades de los levitas (Núm. 18:24-32; comp. Deut. 12:12,18; 16:11,14).

LEVÍTICO (*"el libro levítico"*) Tercer libro del AT con instrucciones para los sacerdotes y para la adoración. Éxodo 28-29 vuelve a mencionar las instrucciones del Señor a fin de ordenar como sacerdotes a Aarón y a sus hijos. Esta ordenación tiene lugar en Lev. 8-9. Una de las tareas principales de los sacerdotes era ofrecer sacrificio en el tabernáculo. Levítico menciona cinco tipos de sacrificios (1:3-6:7). Ver *Sacrificio y ofrenda*.

Levítico 6-7 proporciona más instrucciones en cuanto al sacrificio, y Lev. 8-10 describe el comienzo de los sacrificios en el tabernáculo. Levítico 11-15 instruye sobre lo que es limpio y lo que es inmundo ceremonialmente. Estos capítulos describen varias causas posibles de impureza, incluyendo una dieta inapropiada, el parto y varias enfermedades de la piel. Levítico 11 presenta leyes alimenticias, y Lev. 12 describe la impureza como resultado de haber dado a luz un hijo. Levítico 13 ofrece instrucciones a fin de determinar la impureza producida por la lepra, y Lev. 14 describe la manera de limpiar la lepra. Levítico 15 menciona una lista de secreciones corporales que hacen que uno sea inmundo ceremonialmente. Levítico 16 describe el ritual del día de la expiación, una manera de quitar el impacto del pecado y la impureza. Ver *Día de la expiación*.

Levítico 17-27 es el Código de Santidad, llamado de esta manera por el uso frecuente de la expresión "Santos seréis, porque santo soy yo Jehová vuestro Dios". Ver *Santo*. Estos capítulos luego instruyen sobre cómo la antigua Israel debía vivir diferenciándose de otros pueblos, y debía ser el pueblo de un Dios santo.

El NT usa Levítico para hablar del sacrificio expiatorio de Cristo.

LEY, DIEZ MANDAMIENTOS, TORÁ Revelación de la voluntad de Dios en el AT y posterior elaboración de la ley que en el NT se conoce como "tradición de los ancianos" (Mat. 15:2; Mar. 7:5; Gál. 1:14). *Ley* se puede usar para referirse a un mandamiento, una palabra, un decreto, una sentencia, una costumbre o una prohibición. Los primeros cinco libros de la Biblia (el Pentateuco) se conocen como los cinco libros de la ley (hebreo torá, enseñanza) ya que se basan en los mandamientos que Dios reveló a Moisés.

El pacto entre Dios y su pueblo en el monte Sinaí proporcionó el fundamento para todas las leyes de Israel. Ellos debían obedecer las leyes divinas en vista de lo que Dios había hecho por ellos al salvarlos de Egipto (Ex. 20:2). Las leyes cubren todas las áreas de la vida en comunidad. La torá es un regalo de Dios a su pueblo. Obedecer la torá daría como resultado la bendición divina (Ex. 19:5,6) y redundancia en beneficio de la salud y la vida integral de la comunidad del pacto. Los Diez Mandamientos son un resumen de la ley (Ex. 20:2-17; Deut. 5:6-21). Para la época del NT, torá no significaba sólo las Escrituras del AT (la ley escrita) sino también la ley oral (la ley no escrita) de Israel.

En el AT podemos encontrar dos clases de leyes. Leyes amplias y categóricas que establecían principios generales para la vida dentro de la comunidad del pacto. Estas no especifican cómo se harán cumplir ni tampoco qué castigos habrán de aplicarse.

Las leyes para casos específicos por lo general comienzan con "cuando" o "si" condicional, y a menudo se aplican a situaciones muy específicas. Por lo general indican el castigo por quebrantar la ley (Ex. 21:2-4; 22:1-2,4-5,25).

Los Diez Mandamientos son prohibiciones (exceptuando los mandamientos 4 y 5 en Ex. 20:8-11,12). Definen en forma negativa el aspecto central del pacto entre Dios e Israel. Los primeros cuatro mandamientos tienen que ver con la relación entre una persona y Dios. Los seis mandamientos que siguen se refieren a las relaciones entre seres humanos. Estar en una correcta relación con Dios hace que uno quiera estar en correcta relación con el prójimo.

En varias ocasiones Jesús puso sus propias enseñanzas por encima de las de los ancianos (Mat. 5:21-6:48). Los fariseos acusaron a Jesús y sus discí-pulos de no seguir la ley con respecto a las cosas "inmundas" (Mat. 15:1-20) y de comer con cobradores de impuestos y pecadores (Mat. 9:11). El mayor conflicto de Jesús surgió porque Él rechazó la interpretación que tenían los fariseos del día de reposo y dijo que el Hijo del Hombre es Señor del día de reposo (Mat. 12:8) y que el día de reposo fue hecho para el hombre y no el hombre para el día de reposo (Mar. 2:27).

Jesús inauguró una nueva era. Declaró que no había venido para anular la ley sino para cumplirla (Mat. 5:17-20). La ley ya no sería el principio determinante para entrar al reino de Dios (Luc. 16:16). Jesús cambió la forma de entender la ley, y la llevó de un significado externo y legalista a un significado espiritual (Mat. 5:21-22,27-28). Jesús resumió toda la ley y la enseñanza de los profetas con dos grandes principios de amor a Dios y amor al prójimo (Mat. 22:36-40; comp. Rom. 13:8; Gál. 5:13). Tal amor se puede ver en la vida, muerte y resurrección de nuestro Señor. Sólo con la ayuda del Espíritu de Dios podemos satisfacer el requisito de amor que cumple la ley (Gál. 5:16; Rom. 8).

Durante toda su vida Pablo tuvo una lucha con la ley. Al hablar de "ley", Pablo hacía alusión a la ley de Dios tal como estaba en el AT. Él también habló de cierto tipo de ley natural que existía en los seres humanos (Rom. 7:23,25). La "ley del pecado" hablaba de conducta determinada por el pecado. Pablo también usaba la ley en este sentido cuando se refirió a "la ley de la fe" —es decir, la conducta determinada por la fe en Dios (Rom. 3:27-28). Pablo reconoció que la ley había sido dada con un propósito bueno (Rom. 7:12,14; 1 Tim. 1:8). Las demandas de la ley indicaban el pecado de los seres humanos (Rom. 7:7). En razón de la pecaminosidad de la humanidad, la ley se convirtió en una maldición en vez de una bendición (Gál. 3:10-13).

Pablo no creía que la ley pudiera salvar (Gál. 3:11; Rom. 3:20). Por medio de su muerte y resurrección, Cristo nos libertó de las exigencias de la ley (Rom. 8:3,4). Por lo tanto, para el cristiano Cristo se ha convertido en el fin de la ley (Rom. 10:4), y lo que nos salva es la fe, no la ley (Ef. 2:8,9). La ley sigue siendo revelación de Dios, y nos ayuda a entender la naturaleza de nuestra vida en Cristo (Rom. 8:3; 13:8-10; Gál. 3:24).

LEY CEREMONIAL Leyes que versaban sobre las fiestas y actividades religiosas de los israelitas. Ver *Fiestas; Ley, Diez Mandamientos, Torá; Sacrificios y ofrendas; Adoración.*

LEY ROMANA Sistema de gobierno y justicia desarrollado a lo largo de un período de 1000 años, desde la publicación de las XII Tablas, 451-450 a.C. hasta la codificación del emperador Justiniano, 529-534 d.C.

Pablo era ciudadano romano de nacimiento (Hech. 22:27). Su ciudadanía le resultó ventajosa durante sus viajes misioneros. La ciudadanía romana podía obtenerse por uno de varios medios: heredándola por nacimiento de los padres que eran ciudadanos; servicio al imperio, ya sea civil o militar; o compra (Hech. 22:28). Las pretensiones falsas de ciudadanía eran punibles con la muerte.

La ciudadanía otorgaba ciertos derechos: votar a los magistrados, ser elegido como magistrado, contraer matrimonio legal, tener propiedad en la comunidad romana, y apelar al pueblo y en tiempos posteriores al emperador, en contra de sentencias decretadas por magistrados u otros oficiales de rango. La ciudadanía de Pablo se hizo evidente en varios detalles de su actividad misionera. Al des-

cubrir que Pablo era un ciudadano romano, los lictores o magistrados en Filipos se dieron cuenta de que lo habían castigado sin juicio previo —una violación de la ley romana (Hech. 16:39; comp. 22:24-29). Además, estaba su derecho de apelar a César para un juicio en Roma (Hech. 25:10-12).

Los "códigos domésticos" del NT (Ef. 5:21-6:9; Col. 3:18-4:1; y 1 Ped. 2:18-3:7) deben interpretarse contra el trasfondo de la situación de la familia y el poder de la cabeza de la familia en la sociedad romana. La sociedad romana, tanto legal como culturalmente, consideraba a la familia como la unidad fundamental de la sociedad. Tradicionalmente, el *pater familias* (cabeza de la casa) era la única persona plenamente legal en la familia. La "familia" incluía a la esposa, a todos los hijos e hijas no casados, a los hijos casados y sus familias, a aquellas personas adoptadas en la familia, y a los esclavos. Todas estas personas vivían bajo la *patria potestas* o "poder absoluto" de la cabeza patriarcal de la casa. El padre decidía si permitía o no morir a un niño recién nacido. En los tiempos romanos antiguos los padres podían vender a sus hijos como si fuesen cualquier otra propiedad. Las personas que vivían bajo la *patria potestas* de otra no eran realmente dueños de nada. Cuando se casaban, las hijas pasaban al poder de la *patria potestas* de otra familia. A la muerte del *pater familias*, se creaban tantas familias nuevas como hijos habían vivido bajo su poder (o nietos en el caso de que los padres hubiesen muerto). Con tal trasfondo, el mandamiento de Pablo de estar sometidos unos a otros (Ef. 5:21) fue algo revolucionario para una sociedad en la que todos estaban sometidos al *pater familias*.

El representante y ejecutor de la ley romana era Poncio Pilato, el procurador o gobernador romano de Judea (26-36 d.C.). Pilato ostentaba el *imperium*, el poder administrativo supremo de vida o muerte sobre los súbditos en una provincia. El *imperium* se extendía particularmente sobre los *peregrini*, o ciudadanos no romanos tales como Jesús, que vivían en un estado ocupado. Los súbditos provinciales contaban con poco que los protegieran de los abusos del poder de vida y muerte ejercido por procónsules y gobernantes menores como Pilato. A los ojos de sus superiores, la primera prioridad de Pilato era el orden público, no la ejecución de justicia. Si un campesino galileo inocente era el foco de un disturbio civil, el interés más alto para los oficiales romanos (temerosos de las revueltas en las provincias ocupadas) era la represión del disturbio y no la justicia para el *peregrinus* involucrado.

El *ordo iudiciorum publicoum*, quizás mejor traducido como "la lista de cortes nacionales", contenía una lista de delitos y castigos con las penas máximas y mínimas que podían aplicarse en contra de ciudadanos romanos. En el caso de un no ciudadano como Jesús, Pilato habría tenido libertad para proceder basado en su *imperium* y su propio juicio personal. Él funcionó como fiscal, juez y jurado. Hubiera tenido la libertad de ser tan duro y arbitrario como quisiera. Sin embargo, un buen procurador del primer siglo hubiera tendido más y más a juzgar a un *peregrinus* por el *ordo*, no por su sentido común.

Los procedimientos de un juicio romano eran públicos y se llevaban a cabo delante de un tribuno (comp. Mat. 27:19). Las partes interesadas presentaban acusaciones formales, que tenían que ser específicas (comp. Mat. 27:12). Jesús fue acusado ante Pilato por un delito político. Los romanos jamás ejecutarían a alguien simplemente por cuestiones religiosas. Los juicios criminales romanos incluían el *cognitio*, o interrogatorio del acusado. Después del 50 d.C., oficiales instruidos daban a las personas acusadas tres oportunidades para responder a las acusaciones en su contra (comp. Juan 18:33,35,37, donde Pilato hizo justamente eso), siguiendo las reglas judiciales más avanzadas de ese tiempo. No responder a las acusaciones daba como resultado condena automática. Como Jesús permaneció en silencio y no se defendió, según el sistema romano Pilato no tuvo otra opción que condenarlo. El gobernador presentaba su veredicto en la forma de una sentencia con un castigo particular.

El juicio de Jesús en muchos aspectos se conforma a los detalles del procedimiento criminal romano. No era algo fuera de lo común transferir la jurisdicción al lugar de origen del acusado (comp. el envío que hace Pilato de Jesús a Herodes en Luc. 23:6-7). El juicio de Jesús tuvo lugar a la mañana temprano (Juan 18:28), precisamente en el momento en que los funcionarios romanos estaban más ocupados. Las mujeres romanas normalmente compartían las responsabilidades de los esposos actuando como diplomáticas de carrera. Frecuentemente eran el mejor consejero del esposo (Mat. 27:19).

El sistema romano de justicia penal distinguía entre castigos públicos y privados. El castigo privado consistía en una suma de dinero que se pagaba a la persona afectada para que ésta no se vengara. Los castigos públicos iban desde golpizas livianas hasta la aplicación de la pena de muerte: decapitación, horca o crucifixión, hoguera, y ahogamiento en una bolsa. El castigo de encarcelación por un delito era desconocido en tiempos romanos.

Los juicios de Pablo se llevaron a cabo conforme al procedimiento jurídico romano. Los judíos hicieron las acusaciones originales contra Pablo, pero más tarde desaparecieron del caso (Hech. 24:18-19). Delante de Félix (Hech. 24:19), Pablo objetó que sus acusadores debían estar presentes. La ley romana se inclinaba inequívocamente en contra de personas que hacían acusaciones y luego las abandonaban. Hechos termina (28:30) con Pablo bajo "arresto domiciliario" en Roma por dos años esperando juicio. Esto puede explicarse por una lista judicial congestionada, por el hecho de que sus acusadores no comparecían para presentar acusaciones, o por disturbios que caracterizaron el reinado de Nerón. Dos veces Hechos vincula a Pablo con procónsules romanos (Sergio Paulo en Chipre en 13:6-12 y Annio Galión en Corinto en 18:12-17). Ver *Juicio de Jesús; Ciudadano, Ciudadanía; Matrimonio; Familia; Pilato, Poncio.*

LÍBANO (*"blanco"* o tal vez *"montaña blanca"*) Pequeño país en el extremo oriental del mar Mediterráneo y el extremo occidental de Asia; frontera norte de Palestina (Deut. 1:24; Jos. 1:4); controlado por los cananeos y los fenicios; proverbialmente una tierra floreciente, caracterizada por sus magníficos bosques (Isa. 60:13), especialmente los "cedros del Líbano" (Jue. 9:15; Isa. 2:13); centro mundial de transporte y comercio. Cuenta con playas arenosas a lo largo de la costa del Mediterráneo. En el interior se elevan escarpadas montañas. El país en sí está dominado por dos cadenas de montañas paralelas a la costa: Líbano y Antilíbano, de unos 2100 m (6230 pies), con picos que llegan a más de 3650 m (11.000 pies).

En el palacio de David y en el templo y el palacio de Salomón se usó gran abundancia de cedros y otras maderas del Líbano (1 Rey. 5:10-18; 7:2; comp. Esd. 7:3). Ver *Fenicia.*

LIBERACIÓN Rescate del peligro. Libertad de la opresión física, política y espiritual. En la Escritura se habla de la liberación que da Dios (Sal. 18:50; 32:7; 44:4) a menudo a través de un agente humano, en batallas (Jue. 15:18; 2 Rey. 5:1; 13:17; 1 Crón. 11:14; 2 Crón. 12:7), durante épocas de hambre (Gén. 45:7), en la cárcel (Luc. 4:18; Heb. 11:35) y en el peligro (Hech. 7:25; Fil. 1:19). Mardoqueo le advirtió a Ester que si ella no tomaba parte en el rol de liberación que le correspondía, Dios iba a proveer otra manera (Est. 4:14).

Uno de los propósitos principales de Dios para con su pueblo es liberarlo de la opresión física y las penurias, y liberarlo de la esclavitud espiritual. Jehová es el Dios que liberó a los israelitas de la esclavitud en Egipto. Dios es quien libera de la esclavitud al pecado, y lo hace a través de Jesucristo. Estos propósitos divinos llegan a todos los que están oprimidos, no sólo a los que invocan el nombre del Señor (Luc. 4:18-19). Ver *Libertad.*

LIBERTAD Capacidad que tiene una persona o grupo para ser y hacer lo que desea en vez de ser controlada por otro. Las personas pueden optar por acciones y actitudes, pueden escoger su repuesta hacia otros y hacia Dios, pero no son independientes de otros ni de Dios. No tenemos el poder para hacer lo que queremos, ya sea cumplir la ley, amar a otros o salvarnos a nosotros mismos. El tipo de libertad que tenemos es el tipo de libertad que tienen los esclavos.

De acuerdo a la ley, ninguna persona debe tener supremacía total sobre otra. La ley prescribía que una persona sólo podía ser usada como esclava durante seis años. Si recibía maltratos durante ese tiempo, se la debía liberar. Además, cada 50 años se debía poner en libertad a todos los esclavos, independientemente de cuántos años hubieran servido en esclavitud (Ex. 21:2-11,26-27; Lev. 25:10; Deut. 15:12-18). A todos los oprimidos se los considera esclavos, y Dios no desea que haya opresión.

La mayoría de los esclavos del primer siglo eran esclavos de nacimiento, y servían a los amos de sus padres. Eran pocos los que permanecían como esclavos de por vida, ya que recibían libertad cuando sus amos morían o después de 10 o 20 años que hubieran servido a su amo como adultos. Podían comprar su libertad si eran capaces de ahorrar o tomar prestado el dinero que sus amos cobraban para liberarlos. Antes que concluyera la era del NT, un alto porcentaje de la población libre del Imperio Romano había sido esclava en su momento o tenía padres esclavos.

El NT declara que todas las personas están en esclavitud: la esclavitud del pecado (Juan 8:34; Rom. 3:9-12; 2 Ped. 2:19). Al decidirse a seguir a Cristo, todos tenemos la oportunidad de ser libres de dicha esclavitud (Rom. 6:12-14; 10:9-12). El poder del pecado y el poder de la gracia son más fuertes que nosotros (Rom. 7:15-25; ver 6:16). Cuando permitimos que el pecado sea nuestro amo, el pecado usa la ley para engañarnos y hacernos creer que tenemos tanto control sobre nosotros mismos, que podemos obtener la salvación obedeciendo la ley y haciendo buenas obras. En realidad, no tenemos el poder ni la libertad para vivir de manera justa (Rom. 7:18). Nuestros intentos para cumplir la ley en nuestras fuerzas simplemente aumentan nuestro orgullo y hace más fuerte el control que tiene el pecado sobre nosotros. Al continuar viviendo en pecado, las decisiones que tomamos diariamente se vuelven más y

más obedientes a los propósitos pecaminosos y conducen a la muerte.

Si permitimos que obre la gracia, que nos es dada a través de Jesucristo, el Espíritu tiene el poder de conducirnos a la vida y a la verdad (Rom. 6:19; Ef. 1:11-14). A medida que continuamos viviendo en Cristo, Él usa su poder divino para moldearnos más y más a su imagen (2 Cor. 3:18; Fil. 1:6). La libertad no consiste en hacer todo lo que deseamos. Somos libres de quien era nuestro amo, el pecado, pero al mismo tiempo somos siervos. Como siervos de Cristo tenemos libertad para desobedecer a nuestro Amo, y la responsabilidad de que nuestras acciones cumplan los propósitos de Cristo (Rom. 6:1,2,15,18,22; 1 Ped. 2:16). Ver *Elección; Esclavo, Siervo.*

LIBERTAD DIVINA La libertad absoluta y autónoma que tiene Dios. Dios actúa de acuerdo a lo que Él mismo elige y lleva a cabo sus planes y propósitos. Dios ha limitado esta libertad y actúa de acuerdo a su propia naturaleza y dentro de los límites de la creación (Job 34:13; Sal. 115:3; 135:5-6; Isa. 42:21; 45:7; Jer. 18:6; Lam. 3:37-38; Mat. 20:15; Rom. 11:33-36; Ef. 1:11; Heb. 1:12). La libertad que tiene Dios no implica que Él fue el autor de cosas imperfectas o de aquello que ha sido pensado para dañar a la persona o dañar los propósitos de la creación de Dios (Sant. 1:17).

La naturaleza de Dios es la fuente de su libertad. Él no es uno entre muchos dioses sino que es rey supremo sobre todo (1 Crón. 29:11; Neh. 9:6; Sal. 24:1; Isa. 44:6). Intrínsecamente Él existe por sí mismo y es independiente (Ex. 3:14; Deut. 32:40; Jer. 1:10; Juan 5:26). Como es absolutamente supremo, tiene la libertad para actuar como desea. El poder de Dios le da a Él libertad absoluta (1 Crón. 29:12). Esto le permite realizar todo aquello que sea congruente con su naturaleza divina (Luc. 1:37). Dios también es Espíritu (Juan 4:24), de modo que Dios está libre de las limitaciones de tiempo y espacio de este universo (Sal. 139:7-12). Él tiene la libertad de estar en cualquier lugar con cualquier persona y en cualquier momento.

Como Dios tiene libertad, siempre dispone y actúa en forma voluntaria, sin una influencia externa obligatoria. Lo que compele a Dios es su propia naturaleza, y algunas características de la naturaleza divina son: su gracia (2 Cor. 8:9), su justicia (Sof. 3:5), su amor (Juan 3:16) y su misericordia (Miq. 7:18; Tito 3:5). La libertad de Dios les da a los seres humanos la confianza de saber que Él cuida de sus criaturas y obra para bien de ellas (Rom. 8:28).

LIBERTADES CIUDADANAS La libertad ciudadana está fundamentada en la enseñanza bíblica de que todas las personas tienen valor y estima ante Dios (Gén. 1:26-28; Sal. 8:5-8; Rom. 5:6-8) y en que los gobiernos han sido establecidos para mantener el orden en la sociedad (Rom. 13:4). El mismo Espíritu de Dios que da libertad del pecado y de la esclavitud a la ley de Moisés (2 Cor. 3:17; Gál. 5:1), también proporciona el poder y la sabiduría para que los cristianos vivan bajo la autoridad civil (Rom. 13:1-5; 1 Tim. 2:1-2; 1 Ped. 2:13-17).

A los cristianos se los exhorta a vivir vidas tranquilas (1 Tes. 4:11; 2 Tes. 3:12; 1 Tim. 2:2) y a ser buenos ciudadanos (Rom. 13:6-7; 1 Ped. 2:17). Tanto Jesús como Pablo hicieron un llamado a la subordinación voluntaria de la libertad personal por amor a otros (Luc. 22:26; 1 Cor. 8:9-13; 9:12,15; Ef. 5:21; Fil. 2:4). Al hacerlo, los cristianos pueden vivir libre y responsablemente en una sociedad pluralista (Gál. 5:13-15; 1 Ped. 2:16).

LIBERTADOR Uno que rescata del peligro (Jue. 3:9,15). Muy a menudo Dios es el Libertador de su pueblo (2 Sam. 22:2; Sal. 18:2; 40:17; 144:2; Rom. 7:24-25; Col. 1:13; comp. Gál. 1:4; 1 Tes. 1:10). Hechos 7:35 habla de Moisés como libertador. Romanos 11:26-27 se refiere al Rey mesiánico diciendo que es el Libertador que quitaría los pecados de Israel.

Job 5:19-26 hace una lista de siete maneras en que Dios libera. La Escritura también habla de liberación del pecado (Sal. 39:8; 79:9); del mal camino (Prov. 2:12); del poder del mal (Mat. 6:13; Gál. 1:4; Col. 1:13); del cuerpo de muerte (Rom. 7:24); de la ley (Rom. 7:6); de la ira venidera de Dios (1 Tes. 1:10). Cristo nos libera pues se entregó a sí mismo por los pecados.

LIBERTOS, SINAGOGA DE LOS Sinagoga en Jerusalén donde se hablaba griego; colaboró para instigar la disputa con Esteban (Hech. 6:9); la sintaxis griega sugiere que había dos grupos en la disputa. El primer grupo, de la sinagoga de los libertos, constaba de personas de Cirene y Alejandría. Este grupo a su vez puede haber tenido tres partidos: los libertos (esclavos que habían sido libertados), personas de Cirene, y personas de Alejandría. En algunas versiones antiguas aparece "libaneses" en vez de "libertos", con lo cual habría tres grupos de judíos del norte de África. El segundo grupo en la disputa estaba formado por judíos de Asia y Cilicia que hablaban griego. Estos también pueden haber pertenecido a la sinagoga de los libertos. Algunos han identificado a los libertos como descendientes de los prisioneros de guerra de Pompeyo (63 a.C.).

LIBIA, LIBIO Extenso territorio entre Egipto y Túnez que limita al norte con el mar Mediterráneo; sus habitantes se referían al lugar llamándolo Fut (Gén. 10:6; 1 Crón. 1:8; Ezeq. 27:10; 30:5; 38:5; Nah. 3:9) o Libia (Ezeq. 30:5). Se cree que el faraón Sisac I fue libio.

LIBNA (*"blanco"* o *"estoraque [árbol]"*) (1) Parada en el desierto al este del Jordán (Núm. 33:20). (2) Pueblo en la Sefela de Judá que Josué conquistó (Jos. 10:29-30), asignado a Judá (Jos. 15:42), y separado como ciudad para los levitas (Jos. 21:13); tal vez tell Bornat al oeste de Laquis. Fue figura de la rebelión en la frontera occidental contra el rey Joram de Judá (853-841 a.C.), así como Edom representó la rebelión en el este (2 Rey. 8:22). Estaba ubicado en la ruta de invasión a Jerusalén que siguió Senaquerib aprox. en el 701 a.C. (2 Rey. 19:8). Ver 2 Rey. 23:31; 24:18.

LIBRO DE LA VIDA Registro celestial (Luc. 10:20; Heb. 12:23) escrito por Dios antes de la fundación del mundo (Apoc. 13:8; 17:8) que contiene los nombres de aquellos que, por la gracia divina y la fidelidad que mostraron, están destinados a participar del reino celestial. Aquellos cuyos nombres están en el libro han nacido a la familia de Dios por medio de Jesucristo (Heb. 12:23; Apoc. 13:8); permanecen fieles en la adoración a Dios (Apoc. 13:8; 17:8); no son tocados por la abominación y la mentira (Apoc. 21:27); son fieles en la tribulación (Apoc. 3:5) y consiervos en la obra de Jesucristo (Fil. 4:3). El libro de la vida se usará en el juicio final juntamente con los libros de juicio a fin de separar a los justos de los malvados para sus respectivos destinos eternos (Apoc. 20:12,15; 21:27).

El AT habla de un registro que tiene Dios de aquellos que son parte de su pueblo (Ex. 32:32; Isa. 4:3; Dan. 12:1; Mal. 3:16). Así como en Apocalipsis (3:5), Dios puede borrar los nombres de los que están en el libro (Ex. 32:32; Sal. 69:28). En el AT esto tal vez signifique simplemente que las personas que no están en el libro mueren, y dejan la lista de los que están vivos. El destino de aquellos cuyos nombres están escritos en el libro de la vida, es la Jerusalén restaurada (Isa. 4:3) y la liberación por medio de juicio futuro (Dan. 12:1). Ver *Apocalíptica, Literatura; Libros; Escatología.*

LIBRO(S) Rollo; documento escrito en pergamino o papiro y luego enrollado; carta (1 Rey. 21:8) o trabajo literario más extenso (Dan. 9:2). Ver *Escritura; Carta; Biblioteca.* En la Biblia se mencionan varios libros:

Libro del pacto Libro que leyó Moisés cuando se estableció el pacto entre Dios e Israel en Sinaí (Ex. 24:7; ver 2 Rey. 23:2,21; 2 Crón. 34:30); incluía por lo menos material de Ex. 20:23-23:33.

Libro de la ley Documentos que el sacerdote Hilcías encontró en el templo durante el reinado de Josías (2 Rey. 22:8). Josías basó sus reformas en este libro (2 Rey. 23).

Libro de las batallas de Jehová Libro que se menciona en Núm. 21:14-15 (Núm. 21:17-18,27-30 también puede provenir de este libro) y describe el territorio que Dios conquistó para Israel; probablemente una colección de poemas que le acreditan a Dios la conquista durante la época de Moisés y Josué.

Libro de Josué Josué escribió un libro que detallaba los territorios de Canaán asignados a las tribus israelitas (Jos. 18:9) y también escribió un libro similar al "Libro del pacto" mencionado más arriba (Jos. 24:25-26).

Libro de Jaser Libro que se cita en las poéticas palabras de Josué al sol y a la luna (Jos. 10:12-13) y en el lamento de David por Saúl y Jonatán

(2 Sam. 1:17-27); probablemente constaba de poemas sobre eventos importantes en la historia de Israel que fueron compilados durante la época de David o Salomón.

Libro de los hechos de Salomón (1 Rey. 11:41) Probablemente un documento biográfico que incluía relatos como el juicio de Salomón ante las dos prostitutas (1 Rey. 3:16-28), sus arreglos administrativos (1 Rey. 4:1-19) y la visita de la reina de Sabá (1 Rey. 10:1-13).

Libros de las crónicas de los reyes de Israel Tal vez sea un diario compilado por escribas con material de varias fuentes, pero no debe confundirse con 1 y 2 Crónicas en la Biblia; contenía información más completa sobre los reinados de los reyes de Israel (1 Rey. 14:19; 15:31; 16:5,14,20,27; 22:39; 2 Rey. 1:18; 10:34; 13:8,12; 14:15,28; 15:11, 15,21,26,31).

Libro de las crónicas de los reyes de Judá Fuente similar al "Libro de las crónicas de los reyes de Israel", pero que no debe confundirse con 1 y 2 Crónicas en la Biblia; contenía información más completa sobre los reinados de los reyes de Judá (1 Rey. 14:29; 15:7,23; 22:45; 2 Rey. 8:23; 12:19; 14:18; 15:6,36; 16:19; 20:20; 21:17,25; 23:28; 24:5).

Libros mencionados en 1 y 2 Crónicas: El "libro de los reyes de Israel" (1 Crón. 9:1; 2 Crón. 20:34), el "libro de los reyes de Israel y de Judá" (2 Crón. 27:7; 35:27; 36:8), el "libro de los reyes de Judá y de Israel" (2 Crón. 16:11; 25:26; 28:26; 32:32), las "actas de los reyes de Israel" (2 Crón. 33:18) y la "historia del libro de los reyes" (2 Crón. 24:27). Todos estos títulos pueden hacer referencia a una sola obra, algo así como el "*Midrash* de los reyes" con los libros de las crónicas de los reyes de Israel y de Judá que aparecen más

arriba, o material muy similar a esos libros.

En 1 y 2 Crónicas también se mencionan libros de varios profetas: "Las crónicas de Samuel vidente" (1 Crón. 29:29), "Las crónicas del profeta Natán" (1 Crón. 29:29; 2 Crón. 9:29), "Las crónicas de Gad vidente" (1 Crón. 29:29), "La profecía de Ahías silonita" (2 Crón. 9:29), "La profecía del vidente Iddo contra Jeroboam hijo de Nabat" (2 Crón. 9:29), "Los libros del profeta Semaías y del vidente Iddo" (2 Crón. 12:15), "La historia de Iddo profeta" (2 Crón. 13:22), "Las palabras de Jehú hijo de Hanani" (2 Crón. 20:34), "Los hechos de Uzías" (2 Crón. 26:22; escritos por Isaías), "La profecía del profeta Isaías" (2 Crón. 32:32), y "La palabra de los videntes" (2 Crón. 33:19). Todos estos libros, con excepción del último, pueden haber sido parte del "*Midrash* de los reyes".

En 1 y 2 Crónicas también se mencionan varias otras obras: genealogías de la tribu de Gad (1 Crón. 5:17), las crónicas del rey David (1 Crón. 27:24), una obra sin título que contenía el plan del templo (1 Crón. 28:19), trabajos sobre la organización de los levitas, escritos por David y Salomón (2 Crón. 35:4), y lamentaciones por la muerte de Josías, escritas por Jeremías y otros (2 Crón. 35:25).

Libro de la genealogía o **Libro de las crónicas** Obra que contenía genealogías y posiblemente otro material histórico (Neh. 7:5; 12:23); no se trataba de 1 y 2 Crónicas.

Libros escritos por los profetas Se dice que Isaías (Isa. 30:8; comp. 8:16) y Jeremías (Jer. 25:13; 30:2; 36; 45:1; 51:60,63) escribieron libros, tal vez las primeras fases de las colecciones de sus profecías tal como las tenemos hoy.

Libro de las crónicas o **Libro de las memorias y crónicas** Archivos reales de Persia que contenían, entre otras cosas, la manera en que Mardoqueo salvó la vida del rey Asuero (Est. 2:20-23; 6:1; 10:2; comp. Esd. 4:15).

Libro de memoria (Mal. 3:16) Probablemente equivalga al Libro de la vida. Ver *Libro de la vida.*

Libro de la verdad (Dan. 10:21) Probablemente equivalga al Libro de la vida. Ver *Libro de la vida.*

LICAONIA Provincia romana en el interior de Asia Menor que incluía Listra, Iconio y Derbe. Ver Hech. 14:1-23.

LICIA Proyección sobre la costa sur de Asia Menor entre Caria y Panfilia. Ver Hech. 27:5.

LIDA Capital de distrito de Samaria (ver Hech. 9:32).

LIDIA (*"del rey Lidos"*) (1) País de Asia Menor cuya capital era Sardis. Los heteos dejaron allí monumentos. El gobernante más famoso de Lidia fue Creso (560-546 a.C.), un nombre sinónimo de la riqueza. Su reino fue tomado por Ciro de Persia. Los lidios, a quien por lo general se los identifica como los de Lud, fueron "hombres de guerra" o mercenarios que lucharon para defender a Tiro (Ezeq. 27:10) e hicieron una alianza con Egipto (Ezeq. 30:5). (2) Primera convertida europea por la predicación de Pablo en Filipos (Hech. 16:14). Como "vendedora de púrpura", probablemente haya sido bastante rica (Hech. 16:12-15,50).

LIMOSNA Regalo para los pobres. El ideal de Israel era una época cuando nadie fuera pobre (Deut. 15:4). Cada tres años el diezmo de lo producido ese año debía ser llevado a las ciudades para los levitas, los extranjeros, los huérfanos y las viudas (Deut. 14:28-29).

Aunque Jesús criticó las acciones de caridad que se hacían para que las notaran los hombres (Mat. 6:2-3), Él esperaba que sus discípulos realizaran dichas acciones (6:4) y hasta les ordenaba llevarlas a cabo (Luc. 11:41; 12:33). Limosna podía referirse a un regalo que se donaba para el necesitado (Hech. 3:2-3,10) o a las acciones de caridad en general (Hech. 9:36; 10:2,4,31; 24:17). Tales acciones en realidad se realizan para el Señor (Mat. 25:34-45; ver Hech. 2:44-46; 4:32-35; Rom. 15:25-28; 1 Cor. 16:1-4; 2 Cor. 8-9; Sant. 1:27; 1 Juan 3:17-18). Ver *Extranjero; Misericordia; Hospitalidad; Mayordomía.*

LIMPIO, LIMPIEZA Pureza personal en el aspecto físico y ritual; en lo físico, la persona que habitualmente mantiene un patrón de limpieza e higiene; en lo mental, una forma de pensar que evita pensamientos impuros (Mar. 7:15); en lo moral, alguien que obedece a Dios, una condición imposible de lograr con esfuerzo personal en vista del pecado. La limpieza era fundamental para el establecimiento y preservación de la santidad en la comunidad israelita (Lev. 11:43-44). A diferencia de otras naciones, los hebreos tenían instrucciones específicas en cuanto a la limpieza y a cómo recuperarla cuando se había perdido por descuido o desobediencia.

Dios estableció un grupo de leyes para los israelitas en cuanto a animales puros e inmundos (Lev. 11:1-47; Deut. 14:1-21) a fin de proporcionar pautas para el régimen alimenticio y otras circunstancias.

El contacto con una persona muerta (Lev. 5:2; 21:1), con un reptil (Lev. 22:4-5), con el cadáver de un animal (Lev. 11:28; Deut. 14:8) o con una mujer que hubiera tenido un hijo (Lev. 12:4-5) producía impureza y requería purificación ritual. La lepra era sumamente peligrosa como fuente de impureza, y eran necesarios rituales de limpieza especiales (Lev. 14:13) cuando al leproso se lo declaraba sano. Las personas inmundas transmitían su condición de tales a todo lo que tocaran, de manera que otras personas que tocaran dichas cosas también se volvían inmundas. Hasta el santuario de Dios debía limpiarse en forma periódica (Lev. 4:6; 16:15-20). Ver *Flujo*.

Estar limpio equivalía a demostrar en la vida diaria las cualidades divinas de absoluta pureza, misericordia, justicia y gracia. La limpieza era parte de las estipulaciones morales de la ley, de modo que el asesinato era tanto una contaminación de la tierra como una violación de los mandamientos expresos del Decálogo. Si alguien mataba a un inocente se requería una respuesta justa por parte de toda la comunidad israelita, basado ello en un principio de retribución de sangre (Núm. 35:33; Deut. 19:10). Las graves ofensas morales que violaban la ley de Dios y contaminaban a la nación incluían el adulterio (Lev. 18:20) —un delito capital (Lev. 20:10)— y los actos sexuales pervertidos, que incluían la bestialidad, donde el castigo que se prescribía era la muerte (Lev. 20:13).

La santidad ceremonial incluía hacer la distinción entre lo limpio y lo inmundo. La santidad moral requería que los israelitas se comportaran como una nación separada de la contaminación de la sociedad contemporánea. También era necesario que vivieran vidas rectas y justas en obediencia a las leyes de Dios (Lev. 21:25-26). Para el transgresor penitente, había un complejo sistema de ritos purificatorios que limpiaban tanto de impureza física como moral (Lev. 6:28; 8:6; 14:8-9; Núm. 8:7; 19:9,17-18). La ley establecía el principio de que lo que hacía expiación por la vida humana era la sangre (Lev. 17:11), y por lo tanto un sacrificio con sangre era la forma más elevada de purificación (Lev. 14:6,19-20) o de consagración a Dios (Lev. 8:23-24). Pero incluso este tipo de sacrificio era ineficaz para los pecados que se habían cometido deliberadamente contra la espiritualidad del pacto (Núm. 15:30).

El NT asoció la limpieza sólo con las costumbres rituales del judaísmo contemporáneo. El niño Jesús fue presentado en el templo para el rito de purificación tradicional (Lev. 12:2-8; Luc. 2:22). El tema de la limpieza fue motivo de contención entre los fariseos y los discípulos de Juan el Bautista (Juan 3:25), pero Cristo obedeció la ley al enviar a los leprosos sanados a presentarse ante el sacerdote para la purificación (Lev. 14:2-32; Mat. 8:4). En otras ocasiones Él afirmó su superioridad con respecto a las ordenanzas, que subsecuentemente Él habría de enriquecer y cumplir (Mat. 12:8; Mar. 2:28; Luc. 6:5).

Cristo hizo énfasis en la motivación de una persona y no tanto en la observancia externa o mecánica de leyes y reglamentos (Mat. 5:27-28; Juan 15:2).

La muerte expiatoria de Cristo como nuestro sumo sacerdote trascendió todos los ritos de purificación de la ley (Heb. 7:27). La sangre de Jesús nos limpia de todo pecado (1 Juan 1:7). Para el cristiano las estipulaciones del AT para la adoración han quedado anuladas. Todo tipo de carne es limpia (Mar. 7:19; Hech. 10:9-16), y los únicos sacrificios que pide Dios son los que provienen de un corazón humilde y contrito (Sal. 51:17). Ver *Expiación*.

LINDERO Pilar o montón de piedras que sirven para marcar un límite (Gén. 31:51-52). Muchos códigos legales de la antigüedad (babilónico, egipcio, griego, romano) prohibían que se quitaran los linderos (Deut. 19:14; comp. 27:17; Job 24:2; Prov. 22:28; 23:10). Oseas 5:10 condena a los despiadados gobernantes de Judá diciendo que quitaban los linderos, es decir, que no respetaban la justicia ni la ley tradicional. Quitar el lindero hablaba de cambiar las asignaciones de tierra tradicionales (comp. Jos. 13-19) y defraudar a un pobre quitándole parte de la poca tierra que poseía.

LINO Planta (*Linum usitatissimumro*) cultivada por los egipcios antes del éxodo (Ex. 9:31) y por los cananeos antes de la conquista (Jos. 2:6). Trabajar en lino era una tarea hogareña regular (Prov. 31:13). Era la tela más común en el antiguo Cercano Oriente; consistía en un hilado de fibra de lino, blanqueado antes de ser tejido como vestimenta, (Ex. 28:6), ropa de cama, cortinas (Ex. 26:1) y sudarios y mortajas. El lino fino se teje tan primorosamente que resulta difícil distinguirlo de la seda.

LISANIAS Tetrarca romano de Abilinia aprox. en 25-30 d.C. al comienzo del ministerio de Juan el Bautista (Luc. 3:1). Ver *Abilinia.*

LISIAS Segundo nombre o nombre natal del tribuno o capitán del ejército romano que ayudó a Pablo a escapar de los judíos y a presentarse ante Félix, el gobernador (Hech. 23:26). Ver *Claudio.* Su nombre aparece en algunos manuscritos griegos en Hech. 24:7 pero no en los manuscritos que siguen muchas traducciones modernas por considerarlos más antiguos. Comp. 24:22.

LISTRA Importante centro licaónico en la región centro-sur de Asia Menor (Hech. 16:1). La sanidad de un hombre cojo en Listra por parte de Pablo

(Hech. 14:8-10) hizo que los habitantes del lugar lo reverenciaran como a un dios.

LLAVES Quien tenía las llaves tenía el poder de admitir o negar la entrada a la casa de Dios (1 Crón. 9:22-27; Isa. 22:22). En el judaísmo tardío, la imagen de las llaves se extendía a seres angelicales y a Dios, quienes tenían las llaves del cielo y del infierno. En el NT las llaves sólo se usan figuradamente como símbolo de autoridad, en especial de la autoridad de Cristo sobre el destino final de las personas (Apoc. 1:18; 3:7). Ver *Llaves del reino.*

LLAVES DEL REINO Lo que Jesús le confió a Pedro en Mat. 16:19. Las "llaves del reino" se relacionan con la autoridad que le fue dada a Pedro como representante de los apóstoles, para "atar" y "desatar" (comp. Ef. 2:20). La autoridad que le fue dada a Pedro y a los apóstoles no se puede separar del discernimiento celestial y la confesión de que Jesús es el Cristo, el Hijo de Dios. La revelación que recibió Pedro (y que confesó), dio lugar a la bendición de nuestro Señor. Pablo (así como Jesús, Mat. 16:23) ciertamente se sintió en libertad de criticar a Pedro cuando la teología y el comportamiento de éste exigió corrección (Gál. 2:6-14). Además, la autoridad para "atar" y "desatar", es decir el resultado de recibir "las llaves del reino", es mayordomía, una autoridad delegada por Cristo (comp. Mat. 16:19 con Juan 20:21-23 y Apoc. 1:18; 3:7-8).

La Escritura nunca sugiere que el "poder de las llaves" fuera un privilegio personal ni una función eclesiástica pasible de ser transmitida por Pedro ni ningún otro. Más bien se refiere a la mayordomía del evangelio (1 Cor. 3:10-4:1) confiada a los testigos oculares que, como apóstoles de Cristo, podían dar testimonio autoritativo de que la salvación sólo se encuentra en Cristo, una esperanza que se podía ofrecer y prometer con confianza ("en la tierra") como un regalo presente ("en el cielo") a quienes confesaban a Cristo. Ver *Apóstoles, Discípulos; Atar y desatar.*

LLORAR Ver *Duelo.*

LLUVIA Palestina dependía de lluvias anuales para asegurar una cosecha abundante y una provisión amplia de comida para el año entrante. La presencia o ausencia de lluvia se transformó en un símbolo de la bendición continua de Dios o su desagrado con la tierra y sus habitantes. Ver *Palestina; Fertilidad, Culto a la.*

LODEBAR Nombre de lugar que en hebreo se escribe de distintas maneras como para significar "ninguna palabra" o "a él una palabra" o "hablar". Pueblo en que vivió Mefi-boset después de la muerte de su padre, Jonatán (2 Sam. 9:4,5). Ver Jos. 13:24-28; 2 Sam. 17:27; Amós 6:13.

LOIDA (quizás *"más deseable"* o *"mejor"*) Madre de Eunice y abuela de Timoteo (2 Tim. 1:5); modelo de fe cristiana que contribuyó al crecimiento en la fe de su nieto.

LOT (*"encubierto"*) Hijo de Harán y sobrino de Abraham (Gén. 11:27-28) que viajó a la tierra de Harán con su abuelo (Gén. 11:31) y fue a Canaán con Abraham (Gén. 12:5), y finalmente se estableció entre Bet-el y Hai (Gén. 13:3). Abraham sugirió que se separaran (Gén. 13:2-7) y le permitió a Lot que escogiera la tierra que prefiriera. Lot eligió el irrigado valle del Jordán donde estaba ubicada la ciudad de Sodoma (13:8-12). Abraham tuvo que rescatar a su sobrino (Gén. 14:13-16).

Después que Dios le dijo a Abraham que destruiría Sodoma y Gomorra (Gén. 18:20), Abraham intercedió

(18:32). Dos ángeles visitaron a Lot para inspeccionar Sodoma (Gén. 19); Lot los recibió de modo hospitalario. Los hombres del lugar quisieron tener relaciones sexuales con los dos extraños. Lot protegió a sus huéspedes y les ofreció sus hijas a los hombres de Sodoma. Los ángeles revelaron que Dios deseaba destruir Sodoma, e instaron a Lot a llevar a su familia a las montañas para salvarse. En su huida de Sodoma, la mujer de Lot (de quien no se da el nombre) miró la destrucción y se convirtió en un pilar de sal (Gén. 19:1-29).

Las hijas de Lot, temerosas de no tener descendencia, decidieron engañar a su padre para que tenga relaciones sexuales con ellas, y lo emborracharon. Ambas concibieron un hijo de él, y así nacieron los moabitas y los amonitas (Gén. 19:30-38). Ver Luc. 17:28-32; 2 Ped. 2:7.

LUCAS Médico gentil (Col. 4:11,14); autor del tercer Evangelio y el libro de los Hechos; muy amigo de Pablo y compañero de viajes (Col. 4:14; comp. Hech. 16:10-17; 20:5-15; 21:1-18; 27:1-28:16). Muchos estudiosos creen que Lucas escribió su Evangelio mientras estaba en Roma con Pablo durante la primera prisión romana del apóstol. Aparentemente Lucas también permaneció cerca de Pablo o con él durante el segundo encarcelamiento romano (2 Tim. 4:11).

Lucas hizo de Filipos su hogar, y se convirtió en líder de la joven iglesia mientras Pablo siguió viaje a Corinto (Hech. 16:40).

LUCAS, EVANGELIO DE El tercer libro del NT, y el más largo; la primera de una obra de dos partes dedicada al "excelentísimo Teófilo" (Luc. 1:3; Hech. 1:1); procura mostrar "todas las cosas que Jesús comenzó a hacer y a enseñar, hasta el día en que fue recibido arriba" (Hech. 1:1-2; ver *Hechos*).

El libro de Hechos termina abruptamente con Pablo en su segundo año de arresto domiciliario en Roma. Los eruditos por lo general concuerdan en que Pablo llegó a Roma aprox. en el 60 d.C. Esto hace que el libro de Hechos se haya escrito aprox. en el 61 o 62 d.C. como fecha más temprana, mientras que el Evangelio se escribió poco antes de esa fecha. Lucas 19:41-44 y 21:20-24 registran la profecía de Jesús en cuanto a la destrucción de Jerusalén. Este evento cataclísmico en el judaísmo antiguo ocurrió en el 70 d.C. y a manos de los romanos. No parece probable que Lucas haya omitido registrar este evento de tanta significancia. Asignar al Evangelio una fecha posterior al 70 d.C. ignoraría esta consideración. Sin embargo, muchos estudiosos siguen inclinándose por una fecha de aprox. el 80 d.C.

Muchos eruditos creen que Pablo fue liberado de la prisión romana donde se encontraba cuando concluye Hechos. El apóstol más tarde volvió a ser encarcelado, y fue martirizado durante la persecución de Nerón que comenzó en el 64 d.C. A pesar de ser un prisionero, Pablo disfrutaba de considerable libertad personal y de oportunidades para predicar el evangelio (Hech. 28:30,31). El optimismo que se advierte al final del libro de los Hechos sugiere que la persecución neroniana es un evento futuro. Lucas parece haber escrito entre el 61 y el 63 d.C., probablemente desde Roma. Lucas estaba allí cuando Pablo escribió Colosenses (4:14) y Filemón (24) durante su primera encarcelación romana.

El propósito de Lucas (Luc. 1:1-4) era confirmarle a Teófilo la certeza de las cosas que le habían sido enseñadas. Lucas se dirigió a lectores gentiles y

cristianos que necesitaban fortalecerse en la fe. Lucas procuró presentar una obra histórica "por orden" (1:3). La mayoría de sus historias siguen una secuencia cronológica. A menudo da indicaciones de tiempo (1:5,26,36, 56,59; 2:42; 3:23; 9:28; 12:1,7). Más que ningún otro evangelista, Lucas conectó su relato con el entorno judío y romano (ver 2:1; 3:1-2).

Algunos consideran Lucas-Hechos como una apología de la fe cristiana pensada para mostrar a las autoridades romanas que el cristianismo no representaba ninguna amenaza política. Pilato tres veces declaró que Jesús era inocente (Luc. 23:4,14,22). Hechos no presenta hostiles a los funcionarios romanos (Hech. 13:4-12; 16:35-40; 18:12-17; 19:31). Agripa le mencionó a Festo que Pablo podría haber sido liberado ni no hubiera apelado a César (Hech. 26:32). A Pablo se lo presenta orgulloso de su ciudadanía romana (Hech. 22:28). Cuando concluye Hechos, al apóstol se lo ve predicando y enseñando abiertamente en Roma sin que se lo obstaculizaran.

La mayoría de los estudiosos cree que Lucas (y también Mateo) se apoyó en el Evangelio de Marcos, que ya había sido compuesto, y asimismo en una fuente llamada Q. Ver *Armonía de los Evangelios*. Además, los estudiosos han identificado 500 versículos que son exclusivos de Lucas, incluyendo los 132 versículos de Lucas 1 y 2. El nuevo material fue resultado de su propia investigación y genio literario.

Lucas hizo énfasis en la redención universal que todos podían tener en Cristo. Los samaritanos entran al reino (9:51-56; 10:30-37; 17:11-19) y lo mismo sucede con gentiles paganos (2:32; 3:6,38; 4:25-27; 7:9; 10:1, 47). Publicanos, pecadores y parias sociales (3:12; 5:27-32; 7:37-50; 19:2-10; 23:43) son bienvenidos juntamente con los judíos (1:33; 2:10) y con personas respetables (7:36; 11:37; 14:1). Tanto los pobres (1:53; 2:7; 6:20; 7:22) como los ricos (19:2; 23:50) pueden tener redención.

De manera especial Lucas hace notar la gran consideración de Cristo hacia las mujeres. María y Elisabet son personajes centrales en los capítulos 1 y 2. Ana la profetisa y Juana la discípula sólo se mencionan en Lucas (2:36-38; 8:3; 24:10). Lucas incluyó la historia del trato bondadoso de Cristo para con la viuda de Naín (7:11-18) y la mujer pecadora que lo ungió (7:36-50). Él también relató la parábola de Jesús sobre la viuda que perseveró (1:1-18).

LUCERO Traducción latina de la palabra hebrea para "estrella de la mañana" (Isa. 14:12), usada como título para el rey de Babilonia que se había exaltado a sí mismo como un Dios. El profeta ridiculizó al rey llamándolo "hijo de la aurora" (BLA), un juego de palabras con un término hebreo que podía hacer referencia a un dios pagano, pero que normalmente indicaba la luz que aparecía brevemente antes del alba. Una tradición posterior asoció la palabra con la maldad, aunque la Biblia no la usa de esa manera.

LUCIO (1) Profeta y/o maestro cristiano de Cirene que ayudó para que la iglesia en Antioquía separara a Pablo y Bernabé para el servicio misionero (Hech. 13:1). Es así que uno de los primeros evangelistas cristianos fue un africano. (2) Pariente de Pablo que envió saludos a la iglesia en Roma (Rom. 16:21). Aparentemente fue uno de los muchos judíos que adoptaron nombres griegos.

LUD, LUDIM (1) Hijo de Egipto en la tabla de las naciones (Gén. 10:13); aparentemente un pueblo que vivía cerca de Egipto o bajo influencia política de Egipto. (2) Hijo de Sem y nieto de Noé en la tabla de las naciones

(Gén. 10:22), y por lo tanto semita. Aparentemente grupos de dos áreas geográficas distintas pero quizás con antepasados comunes de Lidia; pueden ser tropas mercenarias en el ejército egipcio; conocidos por su habilidad con el arco (Isa. 66:19; Jer. 46:9; Ezeq. 27:10; 30:5).

LUGAR ALTO Sitio elevado, por lo general en la cima de un monte o colina; que mayormente eran lugares cananeos de culto pagano. El lugar alto generalmente tenía un altar (2 Rey. 21:3; 2 Crón. 14:3), un poste de madera tallada con la imagen de la diosa de la fertilidad (Asera), un pilar de piedra como símbolo de la deidad masculina (2 Rey. 3:2), otros ídolos (2 Rey. 17:29; 2 Crón. 33:19) y algún edificio (1 Rey. 12:31; 13:32; 16:32-33). La gente sacrificaba animales (y de acuerdo a Jer. 7:31, en algunos lugares altos hasta niños), quemaba incienso a sus dioses, oraba, comía comidas especiales para el sacrificio, y practicaba la prostitución "sagrada" (2 Rey. 17:8-12; 21:3-7; Os. 4:11-14). Aunque la mayoría de los lugares altos formaban parte del culto a Baal, allí también se adoraba al dios amonita Moloc y al dios moabita Quemos (1 Rey. 11:5-8; 2 Rey. 23:10).

Dios le ordenó a Israel que destruyera los lugares altos (Ex. 23:24; 34:13; Núm. 33:52; Deut. 7:5; 12:3), pues de otra manera los israelitas se sentirían tentados a adorar a los dioses falsos cananeos y a aceptar la conducta inmoral. David y Salomón adoraron al Dios de Israel en el lugar alto de Gabaón, donde estaban ubicados el tabernáculo y el altar del holocausto (1 Crón. 16:1-4,37-40; 21:29; 2 Crón. 1:3-4,13).

Después que se construyó el templo, el pueblo debía adorar a Dios en este lugar que Él había elegido (Deut. 12:1-14), pero Salomón construyó lugares altos para los dioses de sus esposas extranjeras, y hasta él mismo adoró allí (1 Rey. 11:1-8). En los libros de Reyes y Crónicas, se evaluó a cada nuevo rey de Judá e Israel de acuerdo a lo que hizo con los lugares altos donde se ofrecía culto a estos dioses paganos. Cuando Jeroboam creó el nuevo reino de Israel después de la muerte de Salomón, colocó dos becerros de oro en los lugares altos de Dan y Bet-el (1 Rey. 12:28-32; comp. 13:1-3). Los reyes de Israel que siguieron no eliminaron los lugares altos donde se adoraba a estos dioses falsos.

Los profetas israelitas condenaron los lugares altos de Moab (Isa. 15:2; 16:12), Judá (Jer. 7:30-31; 17:1-3; 19:3-5; 32:35) e Israel (Ezeq. 6:3,6; 20:29-31; Os. 10:8; Amós 7:9) porque eran lugares de pecado donde se ofrecía culto a dioses falsos. Ver *Asera; Dioses paganos; Oro, Becerro de; Prostitución*.

LUGAR ESPACIOSO   Metáfora para referirse a la liberación del peligro, la ansiedad, la necesidad o la angustia (2 Sam. 22:20; Job 36:16; Sal. 18:19; 31:8; 118:5; Os. 4:16).

LUHIT (*"mesetas"*)   Poblado en Moab en el camino entre Areópolis y Zoar; tal vez khirbet Medinet er-rash (Isa. 15:5; comp. Jer. 48:5).

LUNA Lumbrera nocturna que creó Dios y que regula el calendario (Gén. 1:14-19). Dos de las grandes fiestas de Israel se celebraban al comienzo de la luna llena: la Pascua en la primavera (boreal) y la fiesta de los tabernáculos en el otoño. Todos los meses ellos celebraban la "luna nueva" con más festividades que para un día de reposo común y corriente (Núm. 28:11-15). Pero el AT condena el culto a la luna (Deut. 4:19; Job 31:26-28; Isa. 47:13-15), algo que realizaban las naciones vecinas de Israel. La luna sólo era un objeto creado por Jehová y no

tenía poder alguno sobre las personas. Joel declaró que en los últimos tiempos la luna se oscurecería (Joel 2:10; 3:15) o se convertiría en sangre (Joel 2:31). La luna no dará su luz en el "día del Señor", y tanto la luz del sol como la de la luna serán reemplazadas por la luz eterna del Señor (Isa. 13:10; 60:19-20).

LUZ (*"almendro"*) (1) Nombre original de Bet-el (Gén. 28:19). Ver *Bet-el*. Josué 16:2 parece distinguir los dos lugares: Bet-el tal vez fuera el lugar de adoración, y Luz la ciudad. En ese caso, Bet-el sería Burj Beitin y Luz, Beitin. (2) Ciudad en tierra de los heteos que fundó un hombre después de mostrar a la tribu de José cómo conquistar Bet-el (Jue. 1:26). Ver *Heteos*.

LUZ, LUZ DEL MUNDO   Aquello que penetra en la oscuridad y la disipa. Dios creó la luz (Gén. 1:3). Dios mismo es luz (Sal. 27:1; 104:2; comp. Juan 8:12). Dios es la fuente última de todo el conocimiento y el entendimiento (Sal. 119:105). La gente ama la oscuridad más que la luz porque sus obras son malas (Juan 3:19). La característica de la luz es revelar y proveer de entendimiento y pureza, mientras que el propósito de la oscuridad o las tinieblas es oscurecer, engañar y anidar impureza.

Jesús, el Dios-hombre, es la fuente de toda luz (Juan 8:12). Sus discípulos se convierten en reflectores en un mundo de oscuridad, y a través de sus vidas transmiten la verdadera luz del eterno Hijo de Dios (Mat. 5:14). Ver *Lámparas, Candelero*.

LXX Número 70 en caracteres romanos; símbolo de la Septuaginta, la traducción griega más antigua del AT. De acuerdo a una tradición, la Septuaginta fue obra de 70 eruditos. Ver *Septuaginta; Biblia, Textos y versiones*.

❦M❦

MAACA (posiblemente *"monótono"* o *"estúpido"*) Ocho personas del AT y una nación, incluyendo a los siguientes: (1) Hijo de Nacor, el hermano de Abraham (Gén. 22:24); tal vez le dio su nombre al reino arameo al oeste de Basán y al sudoeste del monte Hermón, cuyos residentes, los maacateos, Israel no pudo sacar de la región (Jos. 13:13; comp. 2 Sam. 10:6-8); quizás personificado como esposa (aliado) de Maquir (1 Crón. 7:16). (2) Esposa de David y madre de Absalón (2 Sam. 3:3; 1 Crón. 3:2). (3) Madre del rey Abiam (1 Rey. 15:2) y antepasada del rey Asa (1 Rey. 15:10,13).

MACABEOS, GUERRA MACABEA Familia de Matatías, fiel sacerdote que aprox. en el 168 a.C. lideró una rebelión contra las influencias helenizantes del rey seléucida Antíoco Epifanes. Ver *Apócrifos.*

MACABEOS, LIBRO DE Ver *Apócrifos.*

MACAERUS Palacio-fortaleza unos 24 km (15 millas) al sudeste de la boca del Jordán, sobre un sitio a unos 1200 m (3600 pies) al nivel del mar. Herodes el Grande reconstruyó la fortaleza. Josefo menciona que Macaerus fue el lugar donde Juan el Bautista fue encarcelado y ejecutado.

MACEDA (*"lugar de pastores"*) Ciudad cananea; sitio de la derrota de cinco reyes cananeos por parte de Josué (Jos. 10:10-28); asignada al distrito de la Sefela (tierras bajas) de Judá (Jos. 15:41).

MACEDONIA, MACEDONIOS Actualmente la provincia más septentrional de Grecia; en la antigüedad, llanura fértil al norte y al oeste del golfo Termaico, desde el río Haliacmón en el sudoeste hasta Axios en el este ("Baja Macedonia") y las regiones montañosas al oeste y al norte ("Alta Macedonia", hoy divididas entre el centro-norte de Grecia, el sudeste de Albania y Macedonia); conexión comercial entre la península Balcana al norte y la Grecia continental y el mar Mediterráneo al sur. Macedonia era el lugar de confluencia para los viajes y el comercio para el norte y el sur, y el este y el oeste.

El mensaje cristiano llegó a Macedonia por la predicación de Pablo, que obedeció a la visión divina sobre ese lugar (Hech. 16:9-10). Pablo y sus compañeros llegaron a Neápolis (hoy Kavalla), el puerto más importante en el este de Macedonia, y fueron tierra adentro hasta Filipos, donde los recibió Lidia, una mujer de Tiatira, temerosa de Dios (Hech. 16:14-15). Fundaron así la primera comunidad cristiana en Europa, probablemente en el año 50 d.C. Obligados a dejar Filipos después de una estadía aparentemente breve (Hech. 16:16-40), Pablo fue a Tesalónica, la capital, vía Anfípolis sobre la Vía Ignacia (Hech. 17:1). La iglesia que él fundó en Tesalónica (comp. Hech. 17:2-12) fue la receptora del escrito cristiano más antiguo, 1 Tesalonicenses, que Pablo escribió desde Corinto después de haber predicado en Berea y en Atenas (Hech. 17:13-15).

MACHO CABRÍO Animal que llevaba los pecados del pueblo al desierto en el día de la expiación (Lev. 16:8,10,26); se dice que era llevado "a Azazel," lo que generalmente se interpreta como "macho cabrío de remoción" o chivo expiatorio; el término puede referirse a un lugar rocoso en el desierto o a un demonio del desierto. Al imponer manos sobre la cabeza del macho cabrío, el sacerdote le transfería los pecados del pueblo y luego llevaba al chivo al desierto, simbolizando así la remoción de los pecados. Heb. 10:3-17 contrasta la santificación a través del sacrificio de Cristo con la sangre de toros y machos cabríos que jamás pueden quitar los pecados. Ver *Día de la expiación; Santificación.*

MACPELA (*"la cueva doble"*) Lugar cerca de Hebrón donde están sepultados Sara (Gén. 23:19), Abraham (25:9), Isaac, Rebeca, Jacob, Lea y probablemente otros integrantes de la familia. Después de la muerte de Sara, Abraham compró de Efrón heteo el campo de Macpela y la cueva cerca de Hebrón para lugar de sepultura (Gén. 23:1-20; ver 49:29; 50:13).

MADIÁN, MADIANITAS (*"contienda"*) Hijo de Abraham con su concubina Cetura (Gén. 25:2); enviado al este con sus hermanos, lo cual dio como resultado que los madianitas se asociaran con los "hijos del oriente" (Jue. 6:3). Los madianitas llevaron a José a Egipto (Gén. 37:28,36); puede que sean los ismaelitas, o que estén íntimamente asociados con ellos. La parte principal de sus tierras parece estar al este del Jordán y al sur de Edom. Cuando Moisés huyó del faraón, se dirigió al este hasta Madián (Ex. 2:15), se encontró con Jetro (que también recibe el nombre de Reuel), el sacerdote de Madián, y se casó con la hija de éste. Durante la peregrinación en el desierto, Hobab (el suegro de Moisés) actuó como guía para los israelitas (Núm. 10:29-32; comp. Jue. 4:11). Los madianitas se asociaron con los moabitas para seducir a Israel a la inmoralidad y al culto pagano en Baalpeor (Núm. 25:1-18). Dios le ordenó a Moisés hacer guerra para vengarse de ellos (Núm. 31:3; comp. Jos. 13:21). Los madianitas junto con los amalecitas comenzaron a atacar a Israel usando camellos para avanzar rápidamente cubriendo grandes distancias. Gedeón

los expulsó y mató a sus líderes (Jue. 6-8). Ver 1 Rey.11:18.

MADMANA (*"pila de excremento"*) Ciudad en el Neguev asignada a Judá (Jos. 15:31), posiblemente idéntica a Bet-marcabot (Jos. 19:5). La referencia a Saaf como padre de Madmana (1 Crón. 2:49) es pasible de varias interpretaciones: (1) Saaf fundó o volvió a fundar la ciudad; (2) los descendientes de Saaf se establecieron en la ciudad; (3) Saaf tuvo un hijo llamado Madmana.

MADMENA Traducción de dos palabras hebreas de distinta grafía. (1) (*"pozo de excremento"*) Ciudad de Moab (Jer. 48:2). Tal vez se esté haciendo alusión a Dimón (Dibón), la ciudad capital. La endecha de Jeremías quizás se refiera a la supresión de la revuelta moabita en el 650 a.C. por parte de Asurbanipal. (2) (*"monte de excremento"*) Lugar sobre la ruta de la invasión a Jerusalén desde el norte (Isa. 10:31); posiblemente Shufat.

MADÓN (*"sitio de justicia"*) Pueblo en Galilea cuyo rey se unió en una alianza sin éxito contra Israel (Jos. 11:1; 12:19); cima de Qarn Hattim, al noroeste de Tiberias.

MADRE Puede indicar seres humanos o bien animales (Ex. 34:26; Lev. 22:27), e incluso puede ser una metáfora para la deidad. En la Biblia la esposa tenía dos papeles igualmente importantes: amar, apoyar, y proporcionar compañerismo y satisfacción sexual a su esposo, y además tener hijos y criarlos. Este último papel era tan importante que la esterilidad era un estigma (Gén. 16:1-2; 18:9-15; 30:1; 1 Sam. 1:1-20; Luc. 1:5-25, especialmente el v. 25).

La Biblia habla de todos los aspectos de la maternidad: la concepción (Gén. 4:1; Luc. 1:24); el embarazo (2 Sam. 11:5; Lucas 1:24); el dolor del parto (Gén. 3:16; Juan 16:21); y el dar de mamar (1 Sam. 1:23; Mat. 24:19). A la que recientemente había tenido un bebé se la consideraba ritualmente impura, y se prescribía una ofrenda para la purificación (Lev. 12; comp. Luc. 2:22-24). Las madres compartían con los padres la responsabilidad de instruir y disciplinar a los hijos (Prov. 1:8; 31:1). Las madres tienen el mismo derecho que los padres en cuanto a obediencia y respeto por parte de los hijos (Ex. 20:12; Lev. 19:3). El castigo para los que maldecían o golpeaban a los padres era la muerte (Ex. 21:15, 17; Deut. 21:18-21). Jesús puso en vigor el quinto mandamiento y lo protegió contra la evasión que formulaban los escribas (Mat. 15:3-6).

A menudo la Biblia elogia las cualidades de una madre: compasión por sus hijos (Isa. 49:15), consuelo para sus hijos (Isa. 66:13), lamento por sus hijos (Jer. 31:15, citado en Mat. 2:18). El hecho de que Dios haya usado a una madre humana para que su Hijo viniera al mundo, le ha conferido un muy alto honor a la maternidad. Jesús dejó su ejemplo para todos en cuanto a la provisión que hizo para su madre (Juan 19:25-27). La devoción a Dios debe tener precedencia sobre la devoción por la madre (Mat. 12:46-50). La devoción de un hombre para con su esposa debe ser mayor que para con su madre (Gén. 2:24).

A Israel se la compara a una madre infiel (Os. 2:2-5; Isa. 50:1). Apocalipsis 17:5 dice que Babilonia (Roma) es "madre de las rameras" (aquellos que son infieles para con Dios). Una ciudad es "madre" de su gente (2 Sam. 20:19). Débora fue la "madre" (o libertadora) de Israel. La Jerusalén celestial es la "madre" de los cristianos (Gál. 4:26). Jesús habló de su compasión por Jerusalén diciendo que era como la compasión de una gallina por

sus polluelos (Mat. 23:37). Pablo comparó su ministerio a una madre que está con dolores de parto (Gál. 4:19) y a quien da de mamar a sus hijos (1 Tes. 2:7).

MAGDALA (*"torre"*), **MAGDALENO** Ciudad en la costa occidental del mar de Galilea sobre la ruta principal que sale de Tiberias; centro de una exitosa industria pesquera. Ver *María*.

MAGOG Ver *Gog y Magog*.

MAGOR-MISABIB (*"terror por todas partes"*) Nombre que Jeremías le dio al sacerdote Pasur después que éste azotó al profeta y lo puso en el cepo (Jer. 20:3; comp. 6:25; 20:10).

MAGOS Hombres sabios del oriente que llegaron desde Persia, Babilonia o el desierto arábigo: sacerdotes y astrólogos expertos en la interpretación de sueños y otras artes mágicas. (1) Hombres cuya interpretación de las estrellas los llevó a Palestina para hallar y honrar a Jesús, el rey que había nacido (Mat. 2). El término tiene un trasfondo persa. (2) Simón practicaba magia, término allí con una mala connotación (Hech. 8:9). (3) A Barjesús o Elimas se lo designa como mago y falso profeta (Hech. 13:6,8).

MAHANAIM (*"dos campamentos"*) Ciudad levítica en las montañas de Galaad sobre la frontera tribal de Gad y la parte este de Manasés (Jos. 13:26,30; 21:38); tell edh-Dhabab el Gharbi. Ver 2 Sam. 2:8-9; 17:24-27. Durante el reinado de Salomón la ciudad funcionó como capital de distrito (1 Rey. 4:14).

MAHER-SALAL-HASBAZ (*"pronto para el botín, veloz para la presa"*) Nombre simbólico que Isaías le dio a su hijo (Isa. 8:1) como advertencia de la inminente destrucción de Siria e Israel cuando éstas amenazaban a Judá y al rey Acaz. La señal indicaba que Acaz debía tener fe, o Judá se convertiría en parte del botín.

MAHOL (*"lugar de danza"*) Padre de tres renombrados sabios (1 Rey. 4:31); una interpretación alternativa considera que la frase es un título para los que danzaban como parte del ritual del templo (comp. Sal. 149:3; 150:4). La sabiduría de los que danzaban en el templo puede ser semejante a la sabiduría profética asociada con los músicos (1 Sam. 10:5; 2 Rey. 3:15; especialmente 1 Crón. 25:3).

MALAQUÍAS (*"mi mensajero"* o *"mi ángel"*) Nombre de persona o sustantivo común; profeta que ministró después del exilio (después del 538 a.C.). El templo había sido reconstruido (1:10; 3:1,10). Su predicación se halla en el libro de Malaquías. Las reformas de Nehemías probablemente trataron de corregir algunos de los abusos sociales y religiosos que menciona Malaquías (Mal. 3:5; Neh. 5:1-13): el diezmo (Mal. 3:7-10; Neh. 10:37-39), y el divorcio y el casamiento con mujeres extranjeras (Mal. 2:10-16; Neh. 10:30; 13:23-28). Nehemías regresó a Jerusalén desde Persia en el 445 a.C. (Neh. 1:1; 2:1); en consecuencia Malaquías debe fecharse después del 450 a.C.

MALAQUÍAS, LIBRO DE Nombre del último libro del Libro de los Doce en la Biblia hebrea y del Antiguo Testamento castellano; serie de seis disputas y dos apéndices. Los debates o disputas siguen una forma regular: (1) el profeta declaró una premisa; (2) los oyentes pusieron en tela de juicio la declaración; (3) Dios y el profeta presentaron la evidencia de apoyo. Malaquías trató de volver a encender las llamas de la fe en los corazones del pueblo desanimado. Procuró asegurar a su pueblo que Dios continuaba amándolos; pero Él exigía de ellos honor, respeto y fidelidad. Malaquías se-

ñaló abusos religiosos y sociales y les advirtió que a menos que se arrepintieran, llegaría juicio para purificar al pueblo de pecado.

MALCAM (*"rey de ellos"*) (1) Benjamita (1 Crón. 8:9). (2) El dios más importante para los amonitas (Sof. 1:5, Milcom); a veces se considera una grafía equivocada y deliberada por parte de los copistas para referirse a Milcom (comp. Jer. 49:1,3). En Amós 1:15 la palabra *malcam* se traduce "su dios", aunque la elección que se ha hecho de las palabras sugiere que el dios de los amonitas iría con ellos al exilio. Ver *Amón; Milcom; Moloc.*

MALCO (*"rey"*) Nombre de persona común entre los de Idumea y Palmira, especialmente para reyes o jefes de tribus. Siervo del sumo sacerdote; Pedro le cortó la oreja (Luc. 22:5; 1 Juan 18:10).

MALDAD Todo lo que se opone a Dios y a sus propósitos o aquello que, definido desde una perspectiva humana, es dañino y no resulta productivo. Las fuerzas destructoras en la naturaleza, que van desde terremotos e inundaciones a cáncer, son consecuencia de la maldad natural. La maldad moral tiene su origen en la elección y la acción de los seres humanos, e incluye guerra, delitos, crueldad y esclavitud.

La maldad moral explica gran parte de la maldad en la naturaleza. La creación original era algo muy bueno (Gén. 1:31). Para que una persona sea totalmente humana, debe tener el poder de elección. Dios se limitó a sí mismo dándoles libertad a los seres humanos y a los ángeles. Los seres humanos usaron la libertad de tal manera que hicieron entrar la maldad en el mundo. El primer pecado de la humanidad produjo un cambio radical en el universo: muerte (Gén. 2:17; 3:2-3,19), dolor al dar a luz los hijos

(3:16), dominio del varón sobre la esposa (v. 16), trabajo duro (v. 17), y tierra con espinos (v. 18). Toda la creación se vio afectada por el pecado humano y está sujeta a corrupción (Rom. 8:22). Los nuevos cielos y la nueva tierra no tendrán más sufrimiento (Apoc. 21:4). Esto significa que la maldad y el sufrimiento no son inevitables eternamente sino que están ligados a las acciones de seres humanos pecadores.

Detrás de la rebelión humana está Satanás (Gén. 3; ver Apoc. 12:9). La apelación de Satanás incitó en Adán y Eva un deseo que condujo al pecado. Esto significa que Dios no creó la maldad y el pecado. Él sencillamente proporcionó las opciones necesarias para que los seres humanos tuvieran libertad. Las personas pecaron, y antes de las personas, los ángeles caídos, pero no Dios.

A fin de acercarlos a sus propósitos divinos, Dios disciplina a su pueblo de manera colectiva e individual, aun por medio de la maldad en la naturaleza y el dolor (Prov. 3:11-12; Jer. 18:1-10; Heb. 2:10; 5:8-9; 12:5-11). Esto no significa que todos los males físicos sean castigo por pecados físicos.

Aun cuando la maldad sea resultado de la rebelión y el fracaso humanos, Dios sigue teniendo un papel activo al redimir a la gente de la maldad que ella misma ha impuesto sobre sí. Dios se ocupa de la maldad a través del juicio y la ira. Este juicio lo podemos ver en el AT (Deut. 28:20,21; Isa. 3:11). La ira de Dios no es venganza divina sino que es oposición dinámica y persistente hacia el pecado (Rom. 1:18). En la historia y en las vidas individuales opera un principio de juicio sobre la maldad.

Dios trata con la maldad por medio de la encarnación, la cruz y la resurrección. Dios mismo en Jesucristo se convirtió en víctima de la maldad para que pudiera haber victoria sobre el mal. Los cristianos pueden sufrir por otros y así ayudar en el propósito redentor de Dios (Col. 1:24; Fil. 3:10; 2 Cor. 12:7).

Desde nuestra limitada perspectiva humana, el problema de la maldad no se soluciona a nivel intelectual (1 Cor. 1:18-21). En un nivel práctico y empírico podemos decir que "en todas estas cosas somos más que vencedores por medio de aquel que nos amó" (Rom. 8:37).

MALDICIÓN Ver *Bendición y maldición*.

MALICIA Intención viciosa; deseo de herir a alguien; característica de la vida antes de la conversión como elemento de oposición a Dios (Rom. 1:29; Ef. 4:31-32; Col. 3:8; Tito 3:3; 1 Ped. 2:1).

MALTRATO CONYUGAL Maltrato físico, emocional y sexual de un cónyuge. El abuso conyugal es una cuestión particularmente seria a los ojos de Dios, porque fractura la relación de matrimonio establecida como fundamento de la sociedad (Gén. 2:24). Relatos bíblicos tales como el de Abraham haciendo pasar a su esposa como su hermana en Egipto (Gén. 12:10-20; comp. Gén. 20:2-14; 26:6-11) ilustran las consecuencias del abuso conyugal.

La Biblia describe rasgos que aparecen de manera característica en personas que abusan de sus cónyuges. Hombres celosos actúan fuera de control (Prov. 6:34). A veces, los discursos bondadosos y gentiles "más blandos que mantequilla," enmascaran violencia (Sal. 55:20-21). Los efectos de pecados cometidos por una persona se hacen sentir en generaciones posteriores (Ex. 34:7), un patrón bien conocido de familias que han sufrido abuso.

Si bien el esposo es la cabeza de su esposa, sus acciones hacia ella deben ser como las de Cristo para con la iglesia (1 Cor. 11:3; Ef. 5:23-24). Todo esposo debe amar a su esposa así como se ama a sí mismo (Ef. 5:25-33), mostrándole gran consideración (1 Ped. 3:7), honor (1 Tes. 4:4) y gentileza (Col. 3:19). Un esposo debe proveer para su familia, porque no hacerlo lo haría peor que un incrédulo (1 Tim. 5:8).

Dios escogió la relación matrimonial como un cuadro de su relación tanto con Israel como con la iglesia. Cualquier acción que empaña la relación matrimonial, por ejemplo el abuso conyugal, debilita la relación del creyente con Dios.

MAMÓN Forma griega de una palabra siríaca o aramea para hablar de "dinero", "riquezas", "propiedades", "bienes terrenales" o "ganancia": personificación de las riquezas como un espíritu o deidad malvada; solo Jesús usa el nombre (Mat. 6:24; Luc. 16:9,11,13). Nadie puede ser al mismo tiempo un esclavo de Dios y de las riquezas de este mundo. Concentrarse exclusivamente en obtener dinero es incompatible con la sincera devoción a Dios y a su servicio (Col. 3:5). En la parábola del mayordomo infiel (Luc. 16:1-13), Jesús elogió la previsión del mayordomo, no su método. Su objetivo era señalar de qué manera, corrompida o no, uno puede usar la riqueza con una perspectiva para el futuro.

MAMRE (*"tierra de pastoreo"*) Principal área en que habitaron Abraham y su familia; aparentemente es el nombre del amorreo que ayudó a Abraham a derrotar al malvado rey Quedorlaomer (Gén. 14:1-24); famosa por sus encinas. Al este de Mamre Abraham compró una cueva (Macpe-la) como lugar de sepultura para su familia.

MANÁ Sustancia parecida a semillas, considerada como comida del cielo, que alimentó a los israelitas en el desierto y fue figura de Cristo, el verdadero pan del cielo. Cada mañana, con el rocío aparecían pequeños granos o escamas redondas, que se molían y se cocían en tortas o se hervían (Ex. 16:13-36). Algunos identifican el maná con secreciones en arbustos de tamarisco que dejan los insectos que se alimentan de la savia. La Biblia hace énfasis en que Dios hizo aparecer el maná en el momento y el lugar adecuados para satisfacer las necesidades de su pueblo. Jesús les aseguró a los judíos que el verdadero pan del cielo era Él, no la comida del desierto, y que ese pan otorgaba vida eterna a quienes lo comían (Juan 6:30-58).

MANAÉN Forma griega de Manahem ("consolador"); profeta y maestro en la iglesia primitiva en Antioquía (Hech. 13:1); *syntrofos* ("uno que come con") de Herodes el tetrarca (Herodes Antipas, reinó 4 a.C.-37 d.C.). Los que comían a la mesa del rey eran estimados miembros de la corte (2 Sam. 9:10-13; 19:28; 1 Rey. 2:7; 2 Rey. 25:29; Neh. 5:17). En Hech. 13:1 la traducción posible es "miembro de la corte" o "compañero de la infancia".

MANAHEM (*"consolador"*) Rey de Israel 752-742 a.C.; se convirtió en rey al asesinar a Salum, quien a su vez había matado al rey Zacarías sólo un mes antes (2 Rey. 15:10-14). Luego de la muerte de Jeroboam II en el 753 a.C., tanto Salum como Manahem lideraron un partido extremista con aspiraciones al trono. Después de convertirse en rey, Manahem atacó y destruyó una de las ciudades de Israel que se resistía a su gobierno (2 Rey. 15:16).

MANASÉS (*"Dios ha hecho que me olvide"*) (1) Uno de por lo menos dos hijos que José tuvo con Asenat (Gén. 41:50-51); Jacob lo adoptó para poder darle su bendición; antepasado de una tribu de Israel; no recibió la bendición del primogénito (Gén. 48:13-20); media tribu de Manasés se asentó en la ribera este del Jordán, y la otra mitad en el oeste. *Ver Tribus de Israel*. (2) Rey de Judá (696-642 a.C.); hijo de Ezequías (2 Rey. 20:21). Fue el rey de Judá con el reinado más largo, pero le imprimió extrema infidelidad a Jehová. El libro de 2 Reyes lo culpa por la destrucción final de Judá y por el exilio (2 Rey. 21:10-16).

MANO La última parte del brazo, que le permite a una persona hacer y usar herramientas y realizar acciones; el término se usa para referirse a partes de la mano: dedo (Gén. 41:42); muñecas (Ezeq. 23:42).

Al hablar de la mano divina, "en tu mano" hace alusión al poder supremo y a la autoridad de Dios (1 Crón. 29:12; comp. Isa. 59:1; Ex. 13:3-16; Sal. 8:6; 37:24; 95:5; 139:10). El castigo y la aflicción vienen de la mano de Dios (Ex. 9:3; Deut. 2:15; Jue. 2:15; 1 Sam. 7:13; 12:15; Rut 1:13; comp. Amós 1:8).

"Dar la mano" significaba que una persona había hecho un voto o se había sometido a otra (2 Rey. 10:15; Esd. 10:19). "Alzar la mano" o "extender la mano" describía dos ideas: atacar al enemigo en la batalla (Jos. 8:19,26) y un intenso deseo de comunión con Dios (Sal. 143:6). "Mano poderosa" indicaba rebelión contra Dios (Deut. 32:27) y además poder militar (Ex. 14:8; Miq. 5:9).

"Mano" también llegó a significar "costado", tal vez por la ubicación de las manos y los brazos en el cuerpo. *Ver Trabajo, Teología del; Adoración; Imposición de manos.*

MANOA (*"descanso"*) Padre de Sansón (Jue. 13).

MANSEDUMBRE Característica de la persona que es suave, dulce y humilde; lo opuesto al orgullo. Dios es el ejemplo de mansedumbre y benignidad (2 Sam. 22:36; Sal. 18:35), y también Moisés (Núm. 12:1-13) y Jesús (Zac. 9:9; Mat. 11:29; 12:14-21; 21:5).

Dios se preocupa especialmente por los mansos, y afirma que son benditos (Sal. 37:11; Mat. 5:5; comp. Sal. 10:17; 22:26; 25:9; 147:6; 149:4). El Mesías tendrá un ministerio especial para con los mansos (Isa. 11:4; 61:1; Luc. 4:18).

A los cristianos se los anima a ser mansos (Ef. 4:1-2; Col. 3:12). La mansedumbre es un fruto del Espíritu (Gál. 5:23) y debe ser la característica de la actitud del cristiano para con los pecadores (Gál. 6:1). Pablo fue manso con los corintios (1 Cor. 4:21). Los pastores deben ser mansos y enseñar mansedumbre (1 Tim. 6:11; 2 Tim. 2:25; Tito 3:2). Los cristianos deben recibir la Palabra de Dios con mansedumbre (Sant. 1:21). La sabiduría va de la mano de la mansedumbre (Sant. 3:13). Las esposas cristianas pueden testificar a sus esposos incrédulos a través de un espíritu de mansedumbre (1 Ped. 3:1-4). Todos los cristianos deben estar preparados para presentar una defensa de su fe con una actitud de mansedumbre (1 Ped. 3:15). *Ver Humildad; Paciencia; Orgullo; Pobres, Huérfanos, Viudas; Dones espirituales.*

MANTO Abrigo, capa, velo o túnica suelta que los profetas (1 Sam. 15:27; 1 Rey. 19:13), las mujeres (Isa. 3:22) y Job (Job 1:20) usaban como vestimenta exterior. Que el manto haya sido traspasado de Elías a Eliseo significaba que también le fueron dados a Eliseo la responsabilidad profética y el poder divino que la acompañaba. Ver *Vestido; Velo.*

MANZANO Ver *Plantas.*

MAÑANA Período anterior al amanecer (Mar. 1:35; comp. Gén. 44:3); alba (Gén. 29:25; Jue. 16:2); período posterior a la salida del sol; frecuentemente aparece con "tarde" (Gén. 1:5,8) para hablar de un día completo. La llegada de la mañana es una figura de gozo (Sal. 30:5) o de la vindicación que está por llegar (Sal. 49:14).

MAÓN (*"morada"*) (1) Descendiente de Caleb que fundó Bet-sur (1 Crón. 2:45). (2) Aldea en las montañas de Judá (Jos. 15:55); tell Ma'in, unos 13 km (8 millas) al sur de Hebrón (comp. 1 Sam. 25:2). Ver 1 Sam. 23:24-25; 25:2.

MAONITAS Opresores de Israel (Jue. 10:12); tal vez los meunitas a quienes atacaron Ezequías (1 Crón. 4:41 BLA) y Uzías (2 Crón. 26:7 BLA, margen); aquellos eran una banda de saqueadores árabes del sur del mar Muerto en las proximidades de Ma'an.

MAQUIR, MAQUIRITAS Dos hombres, incluyendo al hijo mayor de Manasés y nieto de José (Jos. 17:1); cabeza de familia de los maquiritas (Núm. 26:29; Jos. 13:29-31), que tenían reputación de ser guerreros expertos (Jos. 17:1).

MAR ADRIÁTICO Mar que separa Italia y Grecia en el cual el barco de Pablo fue a la deriva durante catorce días al navegar hacia Roma para apelar su caso ante César (Hech. 27:27); más extenso que el moderno mar Adriático. Aparente Pablo fue a la deriva casi 800 km (500 millas) desde Clauda hasta Malta (28:1).

MAR MEDITERRÁNEO En la Biblia se lo llama simplemente "el mar" (Jos. 16:8; Hech. 10:6); "mar occidental" (Deut. 11:24); y "mar de los filisteos" (Ex. 23:31); un océano interno que se extiende unos 3500 km (2200 millas) desde Gibraltar hasta la costa del Líbano, y que en su ancho va de 160 a 950 km (100 a 600 millas). La mayoría de las naciones importantes de la antigüedad estaban ubicadas en las costas del Mediterráneo o bien realizaban operaciones a lo largo de su costa: Israel, Siria, Grecia, Roma, Egipto, Filistea y Fenicia. El mar Mediterráneo servía como frontera occidental para Canaán (Núm. 34:6) y el territorio de Judá (Jos. 15:12). Pablo realizó tres viajes misioneros cruzando el Mediterráneo. Mientras se encontraba arrestado por Roma, Pablo hizo su último viaje cruzando el Mediterráneo y naufragó (Hech. 27). Ver *Fenicia; Tiro; Transporte y viajes; Barcos, marineros y navegación.*

MAR MUERTO Lago interno al final del valle del Jordán, en la frontera sudeste de Canaán, que carece de desembocadura para el agua que recibe; de aprox. 80 km (50 millas) de largo y 16 km (10 millas) en su punto más ancho; en la Biblia se lo menciona como mar Salado, mar del Arabá y mar Oriental. Se le dio el nombre de mar Muerto después del 100 d.C. La superficie del mar está a unos 460 metros (1292 pies) bajo el nivel del mar Mediterráneo. Su profundidad máxima es 465 m (1300 pies). Su profundidad mínima está entre 3,5 y 5,5 m (10 a 15 pies). La concentración de sal en el mar Muerto es aprox. cinco veces las concentración que tiene el océano. Esto lo hace uno de los mares más salados del mundo. No cuenta con vida marina.

MAR ROJO Masa de agua que Dios secó en el éxodo; traducción de dos palabras heb., *yam* y *suf*, la segunda de las cuales frecuentemente significa "juncos" (Ex. 2:3,5; Isa. 19:6) o "fin," "parte de atrás" (Joel 2:20; Ecl. 3:11). *Yam suf* puede traducirse como "Mar de los Juncos" o "Mar al final del mundo." Mar Rojo se basa en la Septuaginta griega (aprox. 200 a.C.), término adoptado luego por la Vulgata latina de Jerónimo (400 d.C.).

El término "mar de los Juncos" se remonta a eruditos judíos después del 1000 d.C. y a Martín Lutero. Muchos intentos recientes han tratado de probar que "mar de los Juncos" no es una traducción legítima de *yam suf*. El AT utiliza *yam suf* para referirse a más de un lugar: el golfo de Suez (Ex. 10:19); el golfo de Aqaba (1 Rey. 9:26; comp. Jer. 49:21); el "camino del mar Rojo" es parte del nombre de una carretera que salía de Egipto (Ex. 13:18; Núm. 14:45; 21:4; Deut. 1:40; 2:1; Jue. 11:16). "Mar Rojo" era el nombre de un campamento a lo largo del camino de Egipto (Núm. 33:10-11). *Yam suf* marcaba la frontera sur ideal de Israel (Ex. 23:31), pero la referencia más importante a "mar Rojo" en el AT es la alusión al lugar donde Dios liberó a Israel del ejército de faraón (Ex. 15:4,22; Núm. 21:14; Deut. 11:4; Jos. 2:10; 4:23; 24:6; Neh. 9:9; Sal. 106:7,9-11,22; 136:13-15). Nadie conoce la ubicación exacta donde Israel cruzó el "mar Rojo." Se han sugerido cuatro teorías básicas: (1) el borde norte del golfo de Suez; (2) el centro del istmo cerca del lago Timsá; (3) el borde norte del istmo y el borde sur del lago Menzalé; y (4) la tierra arenosa que separa al lago Sirbonis del mar Mediterráneo. El peso de la evidencia bíblica puede favorecer (2). Ver *Éxodo*.

MAR SALADO Ver *Mar Muerto*.

MARAN-ATA Dos palabras arameas; *Marana ta*, "nuestro Señor, ven" o bien *Maran ata*, "nuestro Se-ñor ha venido" (1 Cor. 16:22). Luego de orar pidiendo que aquellos que no aman a Cristo (comp. 1 Cor. 13) sean "anatema" (ver *Anatema*), Pablo usó una fórmula que probablemente se usaba en la celebración de la Cena del Señor para rogar que Cristo viniera, y mostraba la urgencia que había en mostrar amor a Cristo. La fórmula demuestra que desde los primeros tiempos la iglesia llamaba *Señor* a Jesús, un título que sólo le correspondía a Dios.

MARCOS, EVANGELIO DE Segundo libro del NT y el relato más breve del ministerio de Jesús. De acuerdo a la tradición de la iglesia primitiva, Marcos registró y compiló las "memorias" de Pedro, produciendo así un Evangelio basado en un testigo apostólico. El autor del Evangelio probablemente sea Juan Marcos. Ver *Marcos, Juan*.

Marcos escribió su Evangelio para cristianos gentiles. La tradición cristiana primitiva ubicó a Marcos en Roma, preservando las palabras de Pedro para los cristianos romanos poco antes de la muerte de los apóstoles (ver 1 Ped. 5:13); esto ubicaría la fecha del Evangelio de Marcos aprox. entre el 64 y el 68 d.C. Un ambiente tan hostil como ése motivó a Marcos a formular su relato de la vida de Jesús de manera de consolar a los cristianos que estaban sufriendo por su fe. El tema de la persecución domina el Evangelio de Marcos (ver Mar. 10:30; comp. Mat. 19:29; Luc. 18:29). Se hace énfasis en el sufrimiento mesiánico de Jesús a fin de inspirar a los cristianos a tener la misma actitud de siervo (10:42-45). Los cristianos romanos se sentirían alentados al saber que Jesús había anticipado que "todos serán salados con fuego" (9:49; ver 13:9-13). Morir por el evangelio equivaldría a morir por Jesús (8:35; ver Mat. 16:25; Luc. 9:24).

A Marcos se lo ha llamado el Evangelio de la acción. A causa de su frecuente uso de "luego" (en griego, "inmediatamente"). Jesús está en constante movimiento. Marcos aparentemente tenía más interés en la obra de Jesús que en sus palabras. Jesús enseñó a medida que iba de región en región, usando las circunstancias de su viaje como valiosas lecciones para sus discípulos (8:14-21).

El lenguaje de Marcos es simple, directo y común. Su descripción de eventos está repleta de imágenes vívidas que evocan una variedad de emociones (ver 5:1-20; comp. Mat. 8:28-34).

Marcos fue cuidadoso para relatar no sólo las palabras de Jesús, sino también sus gestos, actitudes y emociones (3:5; 6:34; 7:34; 8:12; 11:16).

Después que el Bautista cumplió su papel de heraldo del Mesías, Jesús comenzó su ministerio público en Galilea predicando el "evangelio de Dios" y juntando algunos discípulos (1:14-20). Marcos presentó la vida de Jesús siguiendo un simple esquema geográfico: de Galilea (caps. 1-9) a Judea (10:31), todo como preludio a la inminente pasión de Jesús (10:32-15:47). El relato concluye tan abruptamente como empezó; Marcos terminó el relato de su Evangelio con el anuncio angelical de la resurrección de Jesús Nazareno (los manuscritos griegos más antiguos del NT terminan el Evangelio de Marcos en 16:8).

Los relatos de la purificación del templo y la maldición de la higuera están entretejidos para ayudar al lector a interpretar la actividad parabólica de Jesús. Por el camino a Jerusalén, Jesús indicó a sus discípulos que tenía hambre, y se acercó a una higuera para tomar sus frutos. El árbol estaba lleno de hojas, y eso hacía suponer que tenía vida, pero no tenía frutos.

Marcos registra que Jesús le habló al árbol y dijo: "Nunca jamás coma nadie fruto de ti" (11:14). Los discípulos, que lo oyeron, seguramente se sintieron perplejos por las acciones de Jesús, ya que Marcos explica que "no era tiempo de higos" (11:13). Jesús entonces condujo a sus discípulos a Jerusalén, donde limpió el templo, porque no halló fruto espiritual. Se suponía que Israel, la higuera, iba a proporcionar una "casa de oración para todas las naciones" (11:17). En su lugar, los líderes religiosos convirtieron la devoción de los adoradores en ventajas financieras (11:15,17). Jesús le habló a la higuera maldiciendo a los líderes religiosos judíos. En palabra y en hechos Jesús profetizó que Dios ya no iba a usar a Israel como vehículo para la salvación de la humanidad. Es así que Pedro y los discípulos descubrieron que la higuera se había secado (11:21). Al purificar el templo, Jesús indicó que por su propia muerte (11:18) había muerto el judaísmo, y se había iniciado una religión para todas las naciones.

Marcos desarrolló el argumento unificador del evangelio revelando la identidad de Jesús, que había estado escondida. El secreto mesiánico es parte del misterio del reino de Dios, que sólo pueden entender los que ya son parte del reino (4:11,33-34). Jesús trató por todos los medios de ocultar su verdadera identidad. Jesús silenció la profesión de los demonios porque éstos lo conocían (1:34). A los que habían sido testigos de milagros, les ordenó que no dijeran a nadie lo que habían visto, aunque el silencio era una posibilidad remota (7:36). Aun cuando los discípulos revelaron que ellos conocían el secreto ("Tú eres el Cristo"), Jesús les ordenó que guardaran el secreto (8:29-30), en parte porque no entendían todas las implicaciones de que Jesús fuera el Mesías

(8:31-38). Marcos usó el secreto mesiánico para organizar su historia en torno a la revelación progresiva de Cristo y la peregrinación de fe de sus discípulos. Al entender las palabras de Jesús y reconocerlo como el Cristo, hasta los gentiles demostraron que pertenecían a la comunidad de la fe.

Marcos usó de la ironía al colocar la historia de los discípulos que cuestionaban la identidad de Jesús después de que este calmara la tempestad ("¿Quién es este...?" [4:41]) con el relato de los demonios, que enseguida gritaron: "Jesús, Hijo del Dios Altísimo" (5:7).

El título favorito que Jesús usó para consigo fue "Hijo del Hombre". Marcos describió a Jesús como un hombre que poseía todas las emociones humanas. Movido por la compasión, el enojo, la frustración, la misericordia y la tristeza (1:41; 3:5; 8:17; 14:6,33), Jesús ministró entre los suyos. Marcos ofreció la plena humanidad de Jesús sin ninguna reserva (ver 3:21; 4:38; 6:3-6; 13:32); desde el comienzo de su ministerio terrenal (2:20), Jesús vivió a la portentosa sombra de la cruz hasta que la agonía del Getsemaní prácticamente lo abrumó (14:34). Marcos escribió un Evangelio que fue diseñado para que hubiera fe en la deidad de Jesús: la voz divina lo anunció desde el cielo, los demonios lo gritaron en agonía, Pedro lo confesó con valentía, y hasta un soldado romano reconoció: "Verdaderamente este hombre era Hijo de Dios" (15:39).

MARCOS, JUAN Misionero y líder de la iglesia primitiva; autor del segundo Evangelio; hijo de María, en cuya casa los creyentes de Jerusalén se habían juntado a orar cuando Pedro fue encarcelado por Herodes Agripa I (Hech. 12:12); a veces se lo llama Juan, su nombre hebreo, y a veces Marcos, su nombre romano. Juan Marcos era pariente de Bernabé (Col. 4:10). Después que Bernabé y Saulo completaron una misión de ayuda a Jerusalén, tomaron a Marcos con ellos al regresar a Antioquía (Hech. 12:25). Cuando Bernabé y Saulo salieron como misioneros, llevaron a Marcos para que los ayudara (Hech. 13:5). Fueron de Antioquía a Chipre, y luego siguieron a Panfilia, donde Marcos los dejó y regresó a Jerusalén (Hech. 13:13). Cuando Pablo y Bernabé planearon otro viaje, Bernabé quiso llevar a Marcos. Cuando Pablo se rehusó, Bernabé y Marcos salieron juntos, mientras Pablo y Silas salieron por su parte (Hech. 15:36-40).

Cuando Pablo le escribió a Filemón, Marcos fue uno de los colaboradores que envió saludos (Filem. 24). Pablo escribió a los colosenses que recibieran a Marcos si éste iba a ellos (Col. 4:10). Pablo le pidió a Timoteo que Marcos lo acompañara porque el apóstol lo consideraba una ayuda útil (2 Tim. 4:11). Pedro habló de Marcos llamándolo su "hijo" (1 Ped. 5:13).

MARDOQUEO (*"hombre pequeño"*) (1) Tío de Ester y el "cerebro" detrás del ascenso al poder de la muchacha, y la victoria que siguió sobre el malvado Amán. Ver *Ester.* (2) Hombre que regresó a Jerusalén con Zorobabel (Esd. 2:2; Neh. 7:7).

MARDUK Dios principal de Babilonia, a quien a veces se llama Merodac o Bel, el equivalente babilónico de Baal: "señor"; a él se le atribuye la creación, una proeza que cada año se vuelve a representar y se celebraba con una fiesta en que a Marduk se lo proclamaba rey. Al monarca que ocupara el trono en ese momento se lo veía como hijo del dios. Gradualmente a Marduk se le fueron atribuyendo más poderes, hasta que se lo reconoció como señor de los cielos. Los profetas se burlaron de Marduk y sus seguidores diciendo que eran productos de artífices humanos que llevarían a Babilonia a la derrota y el exilio (Isa. 46:1; Jer. 50:2,38; 51:47). Ver *Babilonia; Bel.*

MARESA (*"lugar en la cima"*) (1) Hijo de Caleb y fundador de Hebrón (1 Crón. 2:42). (2) Integrante de la tribu de Judá (1 Crón. 4:21). (3) Ciudad cananea incorporada al distrito de la Sefela en Judá (Jos. 15:44); tell Sandahannah, 1,5 km (1 milla) al sudeste de Beit Jibrin; fortificada por Roboam (2 Crón. 11:8); cerca del lugar de batalla entre las fuerzas del rey Asa y Zera, comandante etíope (¿egipcio?) (2 Crón. 14:9-14); hogar del profeta Eliezer (2 Crón. 20:37). Miqueas profetizó la destrucción de la ciudad (Miq. 1:15).

MARFIL Traducción de la palabra hebrea para hablar de diente; usado para decoraciones en tronos, camas, casas y la cubierta de barcos (1 Rey. 10:18; 22:39; 2 Crón. 9:17; Sal. 45:8; Ezeq. 27:6,15; Amós 3:15; 6:4). Los arqueólogos en Palestina han desenterrado numerosos artículos de marfil: cajas, tableros de juegos, estatuillas, cucharas y peines. Aparentemente los barcos de Salomón regresaban con marfil como parte de su carga (1 Rey. 10:22). Para el 800 a.C. en la región norte de Siria se habían cazado elefantes hasta llegar a extinguirlos. Amós mencionó el marfil como símbolo de lujo y riqueza (Amós 3:15; 6:4).

MARÍA (*"rebelde, amarga"*) Nombre propio griego (en hebreo, Miriam).

1. María, hermana de Moisés y Aarón; cumplió un papel importante en el rescate del niño Moisés (Ex. 2:4-8). Después de cruzar el mar Rojo, se convirtió en profetisa y dirigió a las mujeres en un cántico de victoria (Ex. 15:20-21; comp. Miq. 6:4). Ver *Poe-*

sía. En Hazerot María y Aarón se rebelaron contra Moisés cuando éste se casó con una mujer cusita (Núm. 12:1-15). Dios le recordó que Moisés había sido nombrado líder divinamente, y la castigó con lepra (Núm. 12:15; comp. Deut. 24:9). Ver *Intercesión; Lepra.* María murió en Cades (Núm. 20:1).

2. María, integrante del clan de Caleb (1 Crón. 4:17).

3. María la madre de Jesús; pariente de Elisabet, la madre de Juan el Bautista y esposa del sacerdote Zacarías. Elisabet también era parte de una familia de sacerdotes. María era una persona de gran fe preparada para ser un agente de Dios en el nacimiento del Mesías. En la tradición posterior de la iglesia, dos importantes creencias teológicas hacen énfasis en la importancia de María: la "maternidad divina" y la "concepción virginal". Según ellas Lucas 1:34 detalla la respuesta de María al anuncio del ángel de que ella tendría un hijo: "no conozco varón". Algunos han interpretado esta afirmación diciendo que ella estaba haciendo una declaración teológica válida eternamente que equivale a decir "virginidad perpetua". Mateo 1:24-25 (incluyendo "[José] no la conoció hasta que dio a luz a su hijo primogénito") parecería contradecir la doctrina de la virginidad perpetua. En el cristianismo contemporáneo, las iglesias Católica Romana y Ortodoxa Griega sostienen estas doctrinas; no así la mayoría de las iglesias protestantes. María es un personaje reverenciado en la tradición cristiana, y se cree que representa bondad, inocencia y una profunda consagración a los caminos de Dios.

Los autores de los Evangelios trataron de hacer énfasis en el origen divino de Jesús a expensas de una falta de énfasis en la importancia de la madre de Jesús. En Juan 2:1-11 la presencia de María en el primer milagro público de Jesús cuando transformó el agua en vino en las bodas de Caná, recalca que el destino de Jesús presenta un reto a todas las normas, incluso las que corresponden a la familia inmediata. El recurrente tema teológico juanino de la "hora" de Jesús como un evento guiado divinamente, se hace evidente por la presencia de María en el episodio (comp. Mar. 3:31-35; Luc. 11:27-28). La presencia de María a los pies de la cruz (Juan 19:25-27) pone de relieve el amor maternal por parte de su hijo. Hechos 1:14 indica que María estaba en la escena del aposento alto en Jerusalén junto con otros héroes del cristianismo primitivo.

4. María Magdalena. Mar. 16:9 y Lucas 8:2 indican que esta María, de Magdala, fue una mujer de quien Jesús echó fuera siete demonios, y que por lo tanto estaba seriamente enferma antes de su encuentro con Jesús. María terminó formando parte del círculo más íntimo de aquellos que apoyaban a Jesús: fue testigo de la crucifixión (Mar. 15:40; Mat. 27:56; Juan 19:25), de la sepultura (Mar. 15:47; Mat. 27:61), de la tumba vacía (Mar. 16:18; Mat. 28:1-10; Luc. 24:10) y de la resurrección (Mar. 16:9; Juan 20:1-18).

5. María (de Betania), la hermana de Marta y Lázaro, con quienes fue parte de un círculo íntimo de compañeros de Jesús. María de Betania tuvo una función importante en el episodio de la resurrección de Lázaro (Juan 11). En Juan 12, María ungió los pies de Jesús con un aceite de mucho valor, y eso sirvió como una relevante confesión que anticipaba la muerte de Jesús.

6. María, la madre de Jacobo el menor, José y Salomé; parece haber sido parte del grupo que siguió a Jesús desde Galilea y que viajó con Él duran-

te su ministerio público itinerante (comp. Mar. 15:40-41). Ella fue testigo de la crucifixión de Jesús y de la tumba vacía (Mar. 15:47; 16:1-8; Mat. 27:55-56; 28:1-8; Luc. 23:56; 24:1-10).

7. María, la madre de Juan Marcos; propietaria de la casa en Jerusalén donde se reunían los primeros seguidores de Jesús (Hech. 12:12). Ver *Marcos, Juan.*

8. María, la esposa de Cleofas. Ella fue testigo de la crucifixión de Jesús (Juan 19:25) y tal vez sea la misma persona que María la madre de Jacobo, José y Salomé en los relatos de los Evangelios sinópticos.

9. María, de Roma. Persona a quien Pablo envió saludos en Rom. 16:6.

MARTA (*"dama [de la casa]"* o *"señora"*) Hermana de María y Lázaro de Betania, y una de las discípulas a quien Jesús más amaba; se la describe como una persona con cierta iniciativa. Junto con María, mandó a buscar a Jesús cuando Lázaro enfermó (Juan 11:3). Lucas 10:38-42 contrasta el discipulado activista de Marta con el discipulado contemplativo de María (comp. Juan 11:20). El tierno reproche por parte de Jesús sirve como perpetuo recordatorio de que no debemos poner toda la atención en cuestiones menores. Jesús llevó a Marta de una confesión inadecuada a una confesión excelsa (Juan 11:21-27). Sin embargo, al enfrentar la realidad de la muerte, Marta luego tuvo dudas (Juan 11:39).

MÁRTIR Transliteración del griego "testigo"; en especial alguien que da su vida por una causa; en usos posteriores se aplicó a los que morían a causa de su fe en Cristo en vez de retractarse de su fe. "Testigo" se empezó a usar para aquellos que testificaban de Cristo pero no eran matados.

MASA Ver *Pan*.

MASAH (*"probar, poner a prueba"*) Parada donde el pueblo probó a Dios durante la peregrinación en el desierto cerca del pie del monte Horeb (Sinaí) (Ex. 17:7); recordatorio de la desobediencia o dureza de corazón de Israel (Deut. 6:16; 9:22; Sal. 95:8). Ver Deut. 33:8.

MASQUIL Palabra usada en los subtítulos o encabezamientos de 13 salmos (Sal. 32; 42; 44; 45; 52-55; 74; 78; 88; 89; 142); dos de estos salmos incluyen una clara referencia a la instrucción (Sal. 32:8-9; 78:1). Otros sugieren que "masquil" tal vez sea una notación musical o una indicación de que estos salmos se cantaban durante las fiestas religiosas (por ej., Sal. 78). Aunque la mayoría de estos salmos son lamentos (Sal. 42; 44; 52; 54-55; 74; 88; 142), otros tipos de salmos también se clasifican como "masquil" (Sal. 32, una acción de gracias por la sanidad; Sal. 45, un salmo celebrando una boda real; Sal. 78, un recitado de historia sagrada).

MASSA (*"carga"*) (1) Séptimo hijo de Ismael (Gén. 25:14; 1 Crón. 1:30). (2) Tribu árabe que tal vez descendía de *1*; está en la lista de los pueblos que pagaron tributo al rey Tiglat-pileser III (745-727 a.C.) de Asiria.

MATEO (*"el regalo de Jehová"*) Cobrador de impuestos a quien Jesús llamó para que fuera apóstol (Mat. 9:9; 10:3); autor del primer Evangelio; empleado de Herodes Antipas; cobraba peaje o derechos de transporte a comerciantes o labriegos locales que llevaban mercadería para comerciar, y a las caravanas que pasaban por Galilea; también se lo llama Leví (Mar. 2:14; Luc. 5:27), y por lo tanto es hijo de Alfeo. Ver *Apóstoles; Discípulos*.

La oficina de Mateo estaba ubicada en la ruta principal que iba de Damasco, bajando por el valle del Jordán, a Capernaum, y luego iba al oeste a Acre para unirse a la ruta costera a Egipto o al sur hacia Jerusalén. Ver *Cobrador de impuestos*. Como a Mateo le habían sido otorgados privilegios para cobrar impuestos pagando la tasa anual por adelantado, recibía críticas que lo acusaban de cobrar más de lo autorizado, y de esa manera enriquecerse. Sus compatriotas judíos lo odiaban. Ver *Mateo, Evangelio de*.

MATEO, EVANGELIO DE Primer libro del NT; su propósito fue demostrar que Jesús tenía el poder de ordenar a sus discípulos que esparcieran el evangelio por todo el mundo (Mat. 28:16-20). La resurrección de Jesús les demostró que Él había recibido autoridad de Dios. Jesús les anticipó que ellos harían nuevos discípulos y los bautizarían. Los discípulos transmitirían a otros todo lo que Jesús les había enseñado.

Mateo 1:1-4:25 se inicia con la genealogía real y culmina con la proclamación de Dios, que afirmó: "Este es mi Hijo amado" (3:17). Las genealogías confirman que el linaje de Jesús era autoritativo y de familia real; la mención de Tamar, Rahab, Rut y la esposa de Urías heteo, le recuerdan al lector que Jesús estaba relacionado con todas las naciones. Los magos de oriente (gentiles) llegaron buscando al rey de los judíos (2:2). El ángel afirmó a José la naturaleza divina de Jesús. El niño recibió un nombre mesiánico (1:18-23). José llevó a la santa familia a territorio gentil (Egipto) para escapar de las amenazas de Herodes. Como Hijo de Dios, Jesús tuvo la autoridad y el poder para confrontar a Satanás y vencerlo. Jesús entonces fue a Galilea de los gentiles (4:15) para comenzar su ministerio público. De manera clara Dios establece que

Jesús es el Mesías y tiene autoridad sobre todas las naciones.

Mateo presentó a Jesús como un Maestro con autoridad. En el Sermón del Monte (Mat. 5:1-7:29). Jesús presentó su doctrina básica en esta enseñanza. Él hizo énfasis en la importancia de sus mandamientos (5:19); enfatizó la autoridad de sus enseñanzas al declarar "pero yo os digo" (5:22,28,32,39,44); y las multitudes lo reconocieron como un Maestro con autoridad (7:28-29). Cuando los discípulos salieron a enseñar, sabían qué enseñar.

Jesús ilustró sus enseñanzas con demostraciones de su poder. Mateo 8:1-10:42 comienza con 10 milagros que demuestran la autoridad de Jesús sobre enfermedades, catástrofes naturales, demonios y la muerte. Sus discípulos se maravillaron por el poder que tenía sobre la naturaleza (8:27), y las multitudes quedaron asombradas ante su autoridad para perdonar pecados (9:8). Jesús dio autoridad a sus discípulos para que fueran, enseñaran y sanaran como lo había hecho Él (10:1), y de esa forma los preparó para la comisión final que les dio en 28:18-20.

Mateo 11:1-13:52 presenta la reacción de varias personas ante la autoridad de Jesús. Cuando los líderes rechazaron esa autoridad (cap. 12), al citar al profeta Isaías (12:18-21) Mateo deja entrever que Jesús se volvería a los gentiles. Jesús continuó enseñando en parábolas a aquellos que estaban dispuestos a escuchar (13:10-13).

Mateo 13:53-18:35 comienza con el relato de Jesús enseñando en la sinagoga de Nazaret. Ante la enseñanza de Jesús, la gente reaccionó de la misma manera que lo hizo al final del Sermón del Monte: asombro (13:54; comp. 7:28). Y aun así la gente de su pueblo rechazó su enseñanza autorita-

tiva (13:57). Los discípulos sí lo aceptaron (14:33), y lo mismo hizo la mujer gentil (15:22).

Mateo 19:1-25:46 hace la transición de Galilea a Jerusalén. De manera inequívoca Jesús mostró su autoridad como rey en la entrada triunfal en Jerusalén (21:1-9) y al purificar el templo (21:10-17). Por medio de parábolas y con otras enseñanzas, Él contestó a los principales sacerdotes y a los ancianos que cuestionaban su autoridad (21:23; 21:28-22:46). Jesús advirtió al pueblo sobre el ejemplo de los fariseos y saduceos (23:1-38). Luego entonces su enseñanza sólo estuvo dirigida a sus discípulos (24:1-25:46).

Mateo 26:1-28:20 no incluye situaciones en que Jesús enseñó, pero habla de la conspiración que dio como resultado la ejecución de Jesús. Durante la escena del juicio, le hicieron la pregunta de si Él era el Mesías. Jesús respondió reafirmando su propia autoridad: "Tú lo has dicho" (26:64). Pilato, que era gentil, reconoció la autoridad de rey que tenía Jesús y colocó sobre la cruz una tablilla con la leyenda: "ESTE ES JESÚS, EL REY DE LOS JUDÍOS" (27:37). El centurión gentil proclamó: "Verdaderamente éste era Hijo de Dios" (27:54). Así como lo hizo en la historia del nacimiento, en el final el autor también hizo énfasis en la autoridad divina y real de Jesús, y resaltó la inclusión de los gentiles.

Mateo presentó a Jesús como Hijo de Dios 23 veces. Mientras por un lado el relato del nacimiento virginal afirma su relación de Hijo de Dios, la cita de Oseas 11:1 (Mat. 2:15) la confirma. Dos veces Dios proclamó que Jesús era su Hijo: En el bautismo de Jesús (3:17) y en la transfiguración (17:5). Pedro lo confesó (16:16). Jesús atestiguó que era Hijo de Dios en el Padre Nuestro (6:9), en su acción de gracias a Dios (11:25-26), y en el huerto del Getsemaní (26:39). El autor deseaba que el lector fuera consciente de que Jesús, el Hijo de Dios, es quien fue crucificado en la cruz; de modo que desde la cruz Jesús le dijo a Dios "Dios mío" (27:46), y un centurión romano confesó que quien acababa de morir era "Verdaderamente... Hijo de Dios" (27:54).

El perdón de pecados se obtiene por medio de la muerte del divino Hijo de Dios (1:21). Jesús les aseguró a sus discípulos que su propósito era "dar su vida en rescate por muchos" (20:28). La Cena del Señor es un recordatorio constante: "Esto es mi sangre del nuevo pacto, que por muchos es derramada para remisión de los pecados" (26:28).

Algunos escritores contemporáneos creen que Mateo ya se había escrito para el 60 d.C.; otros aseguran que no fue hasta el 95 d.C. El lugar en que se escribió fue probablemente un sitio sobre la costa de Fenicia o Siria, por ejemplo Antioquía. Mateo, el cobrador de impuestos e hijo de Alfeo, fue identificado como autor de este Evangelio desde el siglo II. Ver *Mateo*.

MATÍAS (*"don de Jah"*) Discípulo que siguió a Jesús desde la época del ministerio de Juan hasta la ascensión de Jesús; elegido por suertes y oración para ser sucesor de Judas como apóstol y testigo oficial de la resurrección (Hech. 1:20-26). Ver *Discípulos; Apóstoles; Hechos*.

MATRIMONIO Relación monógama en la cual un hombre y una mujer hacen un compromiso mutuo incondicional y permanente, que en la vida ocupa el segundo lugar luego del compromiso con Dios (Mar. 10:5-9; Mat. 19:4-9; comp. Gén. 2:24). Esta definición del matrimonio convierte en pecaminosas todas las relaciones sexuales fuera del matrimonio (1 Cor. 6:12-20), y hace énfasis en la importancia del amor abnegado en el matrimonio (Ef. 5:28). Génesis 2:24 enfatiza la unidad de la relación matrimonial y la prioridad de esa relación por sobre todas las otras, incluyendo la relación de la pareja hacia con los padres. El matrimonio también existe para que haya compañerismo (Gén. 2:18-23), e incluye sumisión mutua (Ef. 5:21-33). Como cabeza del hogar, el papel del esposo sigue el ejemplo del papel de Cristo como Cabeza de la iglesia, quien "amó a la iglesia y se entregó a sí mismo por ella" (Ef. 5:25).

La sexualidad humana (Gén. 1:27) y la unión sexual en el matrimonio (Gén. 2:24) eran parte de la creación de Dios, que era buena. Aunque algunos personajes bíblicos practicaron la poligamia, el ideal de Dios para la humanidad siempre fue la monogamia (Mat. 19:4-5; comp. 1 Cor. 7:2). El adulterio es una violación del compromiso matrimonial (Ex. 20:14; 1 Tes. 4:2-3; Heb. 13:4). Y cualquier relación sexual que no expresa la unidad del matrimonio también es una violación de ese compromiso (1 Cor. 6:12-20). La condenación bíblica del adulterio cubre aspectos como matrimonio comunal, intercambio de cónyuges y el pseudo matrimonio abierto. La soltería —sea involuntaria o voluntaria— tiene su propia exigencia: abstinencia de la unión sexual (Mat. 19:10-12). Pablo reconoció que para muchos lo mejor es el matrimonio; pero basándose en su propia experiencia, recomendó la soltería para aquellos que quisieran dedicarse por entero a la labor cristiana y pudieran renunciar a las relaciones sexuales (1 Cor. 7:7-9, 32-35). Ver *Sexo, Enseñanza bíblica sobre el; Divorcio; Homosexualidad*.

Los cristianos deben casarse con cristianos, pero los cristianos deben esforzarse por tener un hogar piadoso aun cuando el cónyuge no sea cristiano (1 Cor. 7:39; 2 Cor. 6:14). El compromiso de una persona para con Dios toma precedencia en las desafortunadas situaciones en que ambos compromisos se hallan en conflicto (Mat. 10:37; Luc. 9:59-62). Un cristiano que está casado con un no cristiano debe procurar continuar en esa relación, criar los hijos como creyentes, y ganar al cónyuge incrédulo (1 Cor. 7:12-16; 1 Ped. 3:1-12; comp. Hech. 16:1; 2 Tim. 1:5; 3:14-15).

En vista de que los seres humanos no viven de acuerdo a los altos ideales y estándares de Dios, hay matrimonios que fracasan. El divorcio constituye un verdadero dilema para los cristianos. Ver *Divorcio*.

Las viudas tienen libertad para volver a casarse, pero "con tal que sea en el Señor" (1 Cor. 7:39; ver Rom. 7:2-3). Pablo aconsejó a los solteros y a las viudas que en lo posible permanecieran sin casarse, pero para otros aconsejó el matrimonio (1 Cor. 7:8-9; 1 Tim. 5:10-14). Los estudiosos de la Biblia llegan a diferentes conclusiones sobre los divorciados que se vuelven a casar. Los que se oponen al matrimonio de divorciados citan Mar. 10:11-12; Luc. 16:18; Rom. 7:3; y 1 Cor. 7:10-11. Ellos interpretan que Jesús enseñó que casarse otra vez es vivir en adulterio. Otro grupo enfatiza la cláusula de excepción que presentó Jesús en Mat. 5:31-32; 19:9, que implica que cuando una persona casada comete fornicación, el cónyuge tiene libertad de divorciarse y casarse con otro. Otros creen que los principios de perdón y renovación inherentes al evangelio hacen que el nuevo matrimonio sea una opción válida para personas divorciadas.

Jesús no era legalista. El énfasis en Mar. 10:11; Mat. 19:9; Luc. 16:18 está en el esposo que se divorcia de su esposa y se vuelve a casar. Esto parece indicar que Jesús estaba hablando sobre un hombre que se divorcia de su esposa a fin de casarse con otra. De acuerdo a este punto de vista, Pablo reafirmó el ideal de Jesús y citó a Jesús como la autoridad en que se apoyaba (1 Cor. 7:10-11); sin embargo, reconoció que hay ciertas excepciones para este ideal (1 Cor. 7:12-16). Esta corriente de interpretación sostiene que las palabras de Pablo implican la posibilidad de divorcio y nuevo matrimonio.

Existe diferencia de interpretación en cuanto a la autoridad y la sumisión en el matrimonio. Algunos creen que el esposo como cabeza de la familia tiene sobre su esposa una autoridad delegada por Dios. La respuesta de la esposa es sumisión. Otros creen que el modelo está en el moderno matrimonio democrático donde ambos cónyuges están en igualdad en todo. Entre una y otra posición hay muchos cristianos que defienden el ideal de una sumisión mutua en amor (Ef. 5:21), pero también creen que el esposo tiene responsabilidades especiales de liderazgo. Los pasajes bíblicos clave en este debate son 1 Cor. 14:34-35; Ef. 5:21-32; Col. 3:18-19; 1 Tim. 2:11-14; 1 Ped. 3:1-7. Los que adoptan una perspectiva más moderada, hacen énfasis en lo siguiente: las acciones de Jesús confirieron a las mujeres un *status* más alto que el que les confería la sociedad del tiempo de Jesús (Luc. 8:1-3; 10:38-42; Juan 4:7-30); las declaraciones más idealistas de Pablo (Gál. 3:28) y la práctica en sí (Hech. 16:14-15; 17:4; 18:2-3,18,26; Rom. 16:3-6) indican que sus enseñanzas más duras pueden haber sido condicionadas por situaciones específicas en algunas iglesias del primer siglo. La exhortación a la sumisión mutua en Ef. 5:21 es aplicable a todas las relaciones dentro de la iglesia

(Ef. 5:25-6:10) y a un matrimonio cristiano (Ef. 5:21-33). La forma en que Pablo y Pedro usan el concepto de sumisión alude a sumisión voluntaria en una relación basada en el amor, no hace alusión a una sujeción forzada a la autoridad en una organización militar. El papel de esposo como cabeza sigue el ejemplo de la forma abnegada en que Cristo se entregó (Ef. 5:23,25,28-30; Fil. 2:1-11; Col. 3:19; 1 Ped. 3:7).

Existen también diferencias de interpretación en cuanto a la función de esposos y esposas en el matrimonio. La Biblia presenta cierta tensión entre dos verdades: la primacía de personas como tales, sean varones o mujeres (Gál. 3:28), y la sexualidad humana (la masculinidad y la femineidad) como un aspecto importante de la personalidad humana (Gén. 1:27). Marta llevó a cabo la tarea tradicional de preparar una comida para los huéspedes, pero María llevó a cabo el papel no-tradicional de alguien que escuchaba y aprendía (Luc. 10:38-42). Esaú era cazador, pero a Jacob le agradaba cocinar (Gén. 25:27-29). En la Biblia los líderes en el hogar y en la sociedad por lo general eran hombres; pero había excepciones: Débora actuó como juez (Jue. 4-5); Lidia era comerciante (Hech. 16:14). Al enseñarle a Apolos (Hech. 18:26) y al proporcionar un lugar en que se pudiera reunir la iglesia (Rom. 16:3-5; 1 Cor. 16:19), Priscila y Aquila parecen haber funcionado como equipo. Incluso la esposa ideal de Prov. 31 ponía en práctica considerable creatividad e iniciativa en proyectos de largo alcance (Prov. 31:16-20).

MATUSALÉN (*"hombre de la jabalina"*) Hijo de Enoc; abuelo de Noé (Gén. 5:21,26-29); el ser humano de la Biblia que murió más anciano, a los 969 años (Gén. 5:27).

MAYORDOMÍA Utilizar y manejar todos los recursos que Dios provee para la gloria de Dios y el mejoramiento de su creación. Dios creó a los seres humanos para tener "dominio" sobre toda la tierra (Gén. 1:26), para ser administradores buenos y llenos de gracia en cuanto a la creación de Dios. Los miembros de la iglesia primitiva consideraban que nada de lo que tenían era propio (Hech. 4:32). Todo venía del corazón amoroso de Dios. Esa es la razón por la que el pecado de egoísmo de Ananías y Safira fue tan serio (Hech. 5). La fuente de acción de gracias no está en las cosas sino en nuestra relación con Dios en Cristo (Fil. 3:13-14). La mayordomía se centra en nuestro compromiso con Jesucristo. Cuando Él llega a ser nuestro Señor, se trasforma en Señor de nuestro tiempo, talentos, finanzas y de todo. Nos damos cuenta de que no somos nuestros, sino que hemos sido comprados por precio.

MEDAD (*"amado"*) Ver *Eldad*.

MEDEBA (*"agua de quietud"*) Ciudad de Rubén (Jos. 13:9,16) en Transjordania, en la principal ruta norte-sur (el Camino real) a unos 40 km (25 millas) al sur de Amman; la moderna Madeba. Sehón, rey de los amorreos, tomó Medeba de manos de Moab, pero la región pasó a estar en control de Israel (Núm. 21:24,26,30). La Piedra de Moab dice que Omri, rey de Israel (885-874 a.C.), tomó Medeba. Mesa, rey de Moab, volvió a tomar la ciudad durante el reinado del hijo de Omri. La alianza entre Israel, Judá y Edom permitió que la ciudad fuera tomada nuevamente, pero la alianza pronto volvió sobre sus pasos (2 Rey. 3:25,27). Jeroboam II nuevamente se aseguró el control de la ciudad (2 Rey. 14:25). Isaías 15:2 refleja el retorno de la ciudad al control moabita.

MEDIA, MEDOS Región al sur y sudoeste del mar Caspio en los montes Zagros; al norte de Elam y al oeste de Asiria; la capital tradicional era Ecbatana; la región estaba habitada por los medos, un pueblo ario nómada del norte y el oeste del mar Caspio.

Antes del 1500 a.C. la zona formaba parte del reino Mitani. Más tarde los elamitas controlaron la región y sometieron a sus habitantes nómadas. Los medos gradualmente entraron en la zona entre el 1400 y el 1000 a.C. Los asirios los controlaron (o procuraron hacerlo) durante más de 200 años, aunque los medos gozaron de algunas épocas de libertad antes de ser conquistados por los escitas en el 653 a.C.

El más grande rey medo fue Ciájares (625-585 a.C.), que derrotó a los escitas y atacó Nínive. Antes que cayera Nínive en el 612 a.C., Ciájares conquistó Asur, el antiguo centro del imperio asirio. Con la ayuda de los escitas, los babilonios y otros pueblos, la ciudad de Nínive fue tomada. El fin del imperio asirio estaba cerca.

Babilonia y Media dividieron el imperio asirio: Media tomo la tierra al este y al norte del río Tigris. Nabucodonosor II y la nieta de Ciájares se casaron a fin de sellar el pacto. Después de una guerra de cinco años con Lidia, Ciájares resolvió la paz en el 584, paz que nuevamente fue sellada con un matrimonio. Su hijo Astiages se casó con la hija del rey de Lidia. Cuando murió Ciájares, Astiages se convirtió en rey de los medos.

Con la llegada de Ciro II, fundador del imperio persa, llegó el fin del reino de Media. Ciro era rey de Anshan y vasallo de Astiages. En realidad, la madre de Ciro era hija de Astiages. Aprox. en el 550 a.C. y alentado por Babilonia, Ciro se rebeló contra los medos. Su rebelión condujo a la derrota de Astiages. El reino de los me-

dos fue reemplazado por el reino de los persas. Ver *Persia; Ciro.*

Las referencias bíblicas frecuentemente combinan "los medos y los persas" (Dan. 5:28; comp. Est. 1:19; 10:2). A los reyes del imperio persa se los llama "los reyes de Media y de Persia" (Dan. 8:20). El medo más famoso en las Escrituras es Darío de Media (Dan. 5:31; 9:1). Ver *Darío.* A Media generalmente se la menciona como instrumento usado por Dios, especialmente contra Babilonia (Isa. 13:17; 21:2; Jer. 51:11,28); pero los medos también debieron beber la copa del juicio divino (Jer. 25:25). Judíos y prosélitos de esa zona estuvieron presentes en Pentecostés (Hech. 2:9). Ver *Babilonia; Elam; Asiria.*

MEDIADOR Persona que media entre dos partes, que establece un acuerdo o una relación entre las partes y puede actuar como garante de esa relación. Job rogó que hubiera un árbitro (Job 9:33) que estuviera entre él y Dios. En las relaciones humanas, un paladín podía estar entre los ejércitos y representar a su pueblo (1 Sam. 17:4-10), mientras que un intérprete o vocero ayudaba a negociar los acuerdos. Un líder como Abraham pudo negociar con Dios para que éste perdonara a una ciudad (Gén. 18:22-32), y un padre como Job pudo interceder por su familia ofreciendo sacrificios (Job 1:5).

El rey encarnaba al pueblo y, a veces, representaba a Dios ante el pueblo (Sal. 93:1). Los sacerdotes eran consagrados para ofrecer sacrificios, especialmente el sumo sacerdote en el día de la expiación (Lev. 16:29-34). Israel debía ser un reino de sacerdotes para convertirse en un canal de bendición de Dios a todos los pueblos (Ex. 19:6). Los profetas debían recordar a la nación los votos de obediencia que habían hecho, y debían entregar las palabras divinas de juicio y esperanza.

Los cánticos del Siervo de Isaías hablan de uno cuyo sacrificio de sí mismo otorgaría perdón a muchos (Isa. 53).

Moisés fue mediador entre el pueblo y Dios, recibió los Diez Mandamientos sobre los que se basó el pacto, y rogó pidiendo la misericordia de Dios cuando el pueblo quebrantó los mandamientos y el pacto (Ex. 20:18-21; Deut. 9:25-26). La sabiduría, la palabra y el Espíritu de Dios casi se habían personificado y juntamente con ángeles (mensajeros) fueron los agentes mediadores (Prov. 8:22-31; Sal. 104:4).

En el NT el mediador incluía varias ideas. En primer lugar, hablaba de un árbitro o pacificador que se colocaba entre dos contendientes, alguien que negociaba y establecía determinada relación; o podía ser una persona neutral que garantizaba que se iba a llegar a un acuerdo (se usa en cuanto a Moisés en sentido negativo, Gál. 3:19-28). Cristo es el único Mediador necesario (1 Tim. 2:5). La plena comunión con Dios es resultado de fe en el mediador que se dio a sí mismo como un rescate por muchos, y quien de esa manera efectuó la mediación de un nuevo pacto eterno a través de su muerte en sacrificio (Heb. 7:22-25; 8:6; 9:15; 12:24).

Cristo es el gran Intercesor, que oró por sus discípulos durante su vida en la tierra, y continúa intercediendo por ellos en el cielo (Juan 17; Rom. 8:34). Él es el Sumo Sacerdote supremo, que de una vez y para siempre entra en el santuario para ofrecerse a sí mismo como un sacrificio que produce redención eterna (Heb. 9:11-12).

MEDIALUNA FÉRTIL Arco de tierra, aluvial, con forma de medialuna, en cierto modo aislado por barreras geográficas en todos sus lados; se extendía desde el extremo del golfo Pérsico hasta el extremo sudeste del mar Mediterráneo; lugar donde surgió la civilización. El nordeste limita con los montes Zagros, y el norte con las cadenas Tauro y Amanus. Sobre el oeste se encuentra el mar Mediterráneo, y el vasto desierto Siro-Arábigo determina el cóncavo límite sureño. Ver *Mesopotamia; Palestina.*

MEDICINA Ver *Enfermedades.*

MÉDICO Ver *Enfermedades.*

MEDIO AMBIENTE, PROTECCIÓN DEL La tierra y sus recursos le pertenecen a Dios (Lev. 25:23; Job 41:11; Sal. 24:1; 89:11), pero han sido encomendados a los seres humanos (Gén. 1:28-30; 2:15; 9:1-4; comp. Deut. 8:7-10). Por esta razón tenemos la responsabilidad sagrada de cuidar la tierra (comp. Luc. 12:41-48) con la misma diligencia que lo hace Dios (Deut. 11:12; Sal. 65:5-13; 104:10-22). La actividad inicial de Adán en el huerto del Edén consistió en labrar la tierra (Gén. 2:15) y ponerles nombre a los animales (Gén. 2:19-20), lo cual era señal de su mayordomía activa en la creación.

La ley de Moisés incluía estatutos que parecen haber tenido el objetivo específico de proteger el ambiente. Entre estos estatutos estaban los mandatos a que la tierra estuviera en barbecho cada siete años (Ex. 23:10-11; Lev. 25:3-7) y que no se recogiera fruto de árboles que tuvieran menos de cuatro años de vida (Lev. 19:23-25).

Sin embargo, la conexión entre el pacto divino y la tierra iba mucho más allá de estatutos individuales. Los israelitas entendieron que su obediencia a las estipulaciones del pacto divino como un todo tenía consecuencias directas sobre la tierra. La obediencia a los mandamientos de Dios daba como resultado tierra bendecida; es decir, tierra productiva y fértil (Deut. 28:1-6); la desobediencia afectaba de manera adversa la fertilidad de la tierra (Gén. 3:17-19; Deut. 11:13-17; 28:1-4,15-18), lo cual creaba un desequilibrio ecológico (Deut. 29:22-28; Jer. 4:23-28; Os. 4:2-3).

MEDITACIÓN Evocar una suposición, pensar en ella, y hacer la correlación con la vida de uno; para el pueblo de Dios, un acto reverente de adoración que conduce a renovación espiritual. Un individuo malvado medita en la violencia (Prov. 24:2); una persona justa medita en Dios o en las grandes verdades espirituales de Dios (Sal. 63:6; 77:12; 119:15,23,27,48, 78,97,148; 143:5). El justo espera agradar a Dios a través de la meditación (Sal. 19:14). Recordar constantemente lo que Dios ha hecho en el pasado da como resultado confianza en Dios (Sal. 104:34; 119:15,23,48, 78,97,99,148; 63:6-8; 143:5).

MEFI-BOSET (*"destructor de la vergüenza"* o *"el que rompe la imagen"*) (1) Hijo de Jonatán; recibió una posición especial y privilegios en la corte de David (2 Sam. 9). Temiendo que los filisteos quisieran la vida del niño que quedó huérfano a los cinco años de edad, una nodriza huyó con él pero en el apuro se le cayó al suelo y la criatura quedó lisiada de ambos pies (2 Sam. 4:4). El nombre Mefi-boset puede ser un cambio intencional por parte de los copistas para evitar el nombre del dios pagano "baal". En ese caso el nombre original hubiera sido Merib-baal (1 Crón. 8:34). Ver 2 Sam. 16; 19. (2) Hijo de Saúl que con otros seis integrantes de la familia de Saúl, David entregó a los gabaonitas para que éstos los ahorquen (2 Sam. 21:1-9).

MEGUIDO (quizás *"lugar de tropas"*) Una de las ciudades más estratégicas de Canaán; tell el-Mutesellim; en Manasés (Jos. 17:11; 1 Crón. 17:29); paso principal protegido a través de las sierras del Carmelo, un obstáculo a lo largo de la ruta costera internacional que conectaba Egipto con Mesopotamia e incluso lugares más lejanos. La ciudad tuvo gran actividad mientras estuvo bajo control egipcio desde la época de los patriarcas hasta el tiempo de los jueces (2000-1100 a.C.), pero esta época de oro llegó a su fin aprox. en el 1125 a.C. cuando fue destruida.

Débora y Barac pelearon contra los cananeos y sus líderes el rey Jabín y Sísara cerca de las "aguas de Meguido", posiblemente el wadi Qina que fluye por los montes que rodean Meguido (Jue. 5:19). Para la época de Salomón, la ciudad estaba en manos israelitas ya que él fortificó la ciudad (1 Rey. 9:15; comp. 4:12).

Aprox. en el 920 a.C. el faraón Sisac irrumpió tanto en Israel como en Judá, y obtuvo el control de la ruta internacional, incluyendo Meguido. Más tarde la ciudad fue el lugar donde murió Ocozías en manos de Jehú cuando huía del sitio del asesinato de Joram (843 a.C., 2 Rey. 9:27). Más de un siglo después, el conquistador Tiglat-pileser III eligió Meguido como asiento del distrito administrativo de Magidu en el imperio asirio (733 a.C.).

Josías trató de adelantarse al faraón Necao y avanzó por la llanura costera camino a Carquemis (609 a.C.), pero los hombres de Necao le infligieron una herida mortal (2 Rey. 23:29-30; 2 Crón. 35:22-24). Zacarías profetizó que el duelo y la lamentación por los falsos dioses Hadad y Rimón (Hadad-rimón) que tuvo lugar en la llanura más abajo de Meguido, se podría comparar a Israel haciendo lamentación por su Señor que había sido herido (Zac. 12:11).

El monte de Meguido (*har-Megiddon*, y por lo tanto "Armagedón") será el sitio donde los reyes del mundo se junten para la batalla final en el día del Señor. El lugar donde Israel fue frustrada inicialmente durante la conquista de Canaán, es el lugar donde Israel alcanzará el triunfo con Cristo en el día final (Apoc. 16:16).

MELQUISEDEC (*"Sedec es mi rey"* o *"Mi rey es justo"*) Sacerdote y rey de Salem, ciudad a la que se identifica con Jerusalén. Cuando Abraham regresó del valle de Sidim después de vencer a Quedorlaomer, Melquisedec lo recibió con pan y vino. Él bendijo a Abraham en el nombre del Dios altísimo. A su vez, Abraham le dio diezmo a Melquisedec. El Sal. 110:4 habla de alguien que para siempre sería un sacerdote "según el orden de Melquisedec". Citando Sal. 110:4 el libro de Hebreos 5-7 habla del sacerdocio eterno de Cristo, y dice que es según "el orden de Melquisedec", contrariamente al sacerdote levítico.

MENE, MENE, TEKEL, UPARSIN Inscripción que vio el rey Belsasar de Babilonia cuando era escrita por los dedos de una mano en la pared de su palacio durante un gran banquete (Dan. 5:1-29). Después que a los sabios del reino les fue imposible descifrar la escritura, Daniel fue llevado ante el rey para dar su interpretación.

Los eruditos han sugerido varias traducciones, la mejor de las cuales probablemente sea "mina, siclo y mitades". Daniel interpretó la inscripción con un juego de palabras usando palabras hebreas con sonidos similares a cada palabra de la inscripción, que entonces significaría "numerado, pesado y dividido". Nabucodonosor y su reino habían sido pesados en balanza y hallados faltos. El reino sería dividido y dado a sus enemigos, los medos y los persas. La caída ocurrió esa misma noche (Dan. 5:30).

MENORAH Candelabro usado en la adoración judía, específicamente el candelero con brazos que se usaba en el tabernáculo (Ex. 25:31-35; 37:17-20; comp. Zac. 4:2,11). Ver *Lámparas, Candelero.*

MENTE Asiento de la actividad intelectual y del aspecto ético. La mente puede ser malvada. Se la describe como "reprobada" (Rom. 1:28), "carnal" (Col. 2:18), "vana" (Ef. 4:17), "corrompida" (Tito 1:15). Las mentes de Israel estaban cegadas para que no entendieran el AT (2 Cor. 3:14; ver 2 Cor. 4:4; 11:3). Debemos amar a Dios con "toda" nuestra mente (Mat. 22:37; Mar. 12:30; Luc. 10:27) porque la mente puede ser reavivada y puede recibir poder del Espíritu Santo (Rom. 12:2), y porque las leyes divinas del nuevo pacto están en nuestra mente (Heb. 8:10; 10:16). Ver *Corazón; Alma; Antropología; Humanidad.*

MERAB (*"convertirse en muchos"*) Hija mayor del rey Saúl (1 Sam. 14:49); le fue prometida a David dos veces (1 Sam. 17:25; 18:17-19). Saúl no cumplió su promesa. Ver 2 Sam. 21:8.

MERARI (*"amargura"* o *"hiel"*) **MERARITAS** Tercer hijo de Leví (Gén. 46:11; Ex. 6:16; Núm. 3:17; 1 Crón. 6:1,16; 23:6); antepasado de un linaje de sacerdotes; junto con los gersonitas eran responsables de armar, desarmar y transportar el tabernáculo (Núm. 10:17; comp. 3:36-37; 4:29-33; 7:8). Ver Jos. 21:7,34-40; 1 Crón. 6:63,77-81; 15:6,17,19; 1 Crón. 26:10,19; 2 Crón. 29:12; 34:12; Esd. 8:19.

MERCURIO Deidad latina (en griego, *Hermes*); un grupo de supersticiosos en Listra creyó que el apóstol Pablo era este dios (Hech. 14:12); mensajero de los dioses asociado con la elocuencia.

MERIBA Ver *Masah.*

MERODAC Forma hebrea de Marduk, principal dios de Babilonia, también llamado Bel, que corresponde a la palabra semita Baal o "Señor" (Jer. 50:2); elemento constitutivo de nombres de los reyes babilonios Merodac-baladán (2 Rey. 20:12; Isa. 39:1) y Evil-merodac (2 Rey. 25:27; Jer. 52:31). Con una vocalización distinta, Merodac se transforma en el nombre Mardoqueo (Est. 2:5). Ver *Dioses paganos*.

MERODAC-BALADÁN (*"el dios Marduk dio un heredero"*) Gobernante de la tribu Bit-Yakin en el sur de Babilonia; rey de Babilonia (721-711 a.C.; 704 a.C.); poco más que un títere de Asiria que dependía de Sargón. Ver *Babilonia, Historia y religión de*.

MEROM (*"lugar alto"*) Lugar en Galilea donde en un ataque sorpresivo Josué venció a la coalición de tribus cananeas comandadas por el rey Jabín de Hazor (Jos. 11:1-7); moderna Merión. Tutmosis III y Ramesés II de Egipto declararon haber tomado la región.

MEROZ Pueblo condenado en el cántico de Débora por no haberse unido a las fuerzas del Señor en batalla contra las fuerzas opresoras de Sísara (Jue. 5:23).

MESA (*"seguridad"*) Tres hombres del AT y una ciudad, entre los que se incluyen: (1) Gobernante de Moab que lideró una rebelión contra Israel (2 Rey. 3:4-27); "propietario de ganados" (2 Rey. 3:4) es tal vez un título honorífico. Mesa tomó pueblos israelitas limítrofes y fortificó pueblos en su propia frontera. Una alianza de Israel, Judá y Edom atacó a Mesa desde la retaguardia. Mesa retrocedió a Kir-hareset, desde donde sin éxito intentó escapar a sus aliados arameos. Mesa ofreció a su hijo mayor como sacrificio al dios Quemos sobre los muros de la ciudad. Los israelitas levantaron el sitio y regresaron a sus hogares. La Piedra de Moab describe a Mesa como constructor de ciudades y rutas. Sin embargo, la evidencia arqueológica sugiere que la civilización moabita entró en decadencia luego de la rebelión. Ver *Moab*. (2) Ciudad en territorio de Joctán (Gén. 10:30); muy probablemente Massa (Gén. 25:14), entre el extremo superior del golfo de Aqaba y el golfo Pérsico.

MESAC Amigo de Daniel llevado al exilio babilónico en el 597 a.C. (Dan. 1:6-7); su nombre hebreo era Misael (*"el que es lo que Dios es"*) y fue cambiado a Mesac (quizás, *"el que es lo que Aku es"*) a fin de que fuera una burla al Dios de Israel. Se negó a comer la comida de la mesa del rey, y con sus compañeros demostró que era preferible una simple dieta de legumbres y agua para que uno fuera sabio y fuerte. Después de rehusarse a inclinarse ante la imagen de oro del rey, él, Sadrac y Abed-nego fueron arrojados a un horno, pero Dios los liberó (Dan. 3). Con posterioridad ocuparon cargos en la corte del rey.

MESAS 1. *Mesas de comida*. Originalmente eran pieles extendidas sobre el suelo. Como parte de mobiliario, las mesas se remontan hasta cerca del 1300 a.C. (Jue. 1:7). La mayoría de las referencias tienen que ver con una mesa real (Jue. 1:7; 2 Sam. 9:7; 1 Rey. 2:7; 4:27; 10:5; 18:19; pero ver 1 Rey. 13:20). Generalmente se apoyaban sobre patas cortas, permitiéndole a uno comer sentado o reclinado sobre una alfombra (Isa. 21:5). Sin embargo, Jue. 1:7 refleja una mesa lo suficientemente alta como para que los reyes buscaran cosas por debajo (comp. Mar. 7:28). En tiempos del NT, las visitas comían reclinadas sobre canapés. Ver *Comida; Muebles, Mobiliario.*

2. Mesas rituales. Una mesa para el pan de la proposición formaba parte del mobiliario tanto del tabernáculo (Ex. 25:23-30; 26:35; Lev. 24:5-7) como del templo (1 Rey. 7:48). En el culto de sacrificios usaban otras mesas (1 Crón. 28:14-16; 2 Crón. 4:7-8; Ezeq. 40:38-43). Malaquías 1:7,12 describe al altar mismo como una mesa. Isaías 65:11 y 1 Cor. 10:21 se refieren a la adoración idolátrica. La "mesa del Señor" (1 Cor. 10:21) se refiere a la observancia de la Cena del Señor.

3. Mesas de dinero; probablemente pequeñas bandejas sobre soportes (Mat. 21:12; Mar. 11:15; Juan 2:15).

MESEC (*"siembra"* o *"posesión"*) (1) Pueblo de Asia Menor (Gén. 10:2; 1 Crón. 1:5), conocido por comerciar con utensilios de bronce (Ezeq. 27:13); a menudo se lo asocia con Tubal (Ezeq. 32:26; 38:2-3; 39:1). Ver Sal. 120:5. (2) Una tribu aramea desconocida, a no ser por 1 Crón. 1:17. Tal vez sea Mas (Gén. 10:23).

MESÍAS Transliteración de la palabra hebrea que significa "ungido"; en griego, *Cristo.* Ver *Cristo, Cristología.* Cristo se convirtió en el nombre de Jesús, a quien los cristianos reconocen como el Redentor que Dios dio a Israel, y el Señor de la iglesia.

"Ungido" se refiere a instituir a una persona en una función de modo que Jehová, el Dios de Israel, acredite a esa persona. Hasta un rey pagano como Ciro fue ungido del Señor (Isa. 45:1) a fin de ejecutar una tarea asignada divinamente. Profetas como Eliseo fueron apartados con una función especial (1 Rey. 19:16). Israel probablemente vio una gran relación entre las personas ungidas y el Espíritu de Dios (2 Rey. 2:9). A los reyes israelitas se los reconocía como ungidos de Je-

hová (comp. Jue. 9:8), comenzando con Saúl (1 Sam. 9-10) y especialmente en el caso de David (1 Sam. 16:6,13; ver 2 Sam. 2:4; 5:3) y Salomón (1 Rey. 1:39). A los integrantes de la familia de David también se los llama ungidos (2 Sam. 22:51; comp. 2 Rey. 11:12; 23:30; Sal. 2:2; 20:6; 28:8; 84:9). De manera que el rey en Israel se convirtió en la persona sagrada a quien se le debía lealtad y respeto (1 Sam. 24:6,10; 26:9,11,16,23; 2 Sam. 1:14,16). La profecía de Natán (2 Sam. 7:12-16) se centra en la esperanza que tenía Israel en la dinastía de David para generaciones posteriores. Isaías 9 y 11 indican que habrá un nuevo rey.

El rey, especialmente en los Salmos, se convirtió en alguien ideal, un hijo divino (Sal. 2:2,7; comp. 2 Sam. 7:14) y disfrutó del favor protector de Dios (Sal. 18:50; 20:6; 28:8). Su dinastía permanecería (Sal. 132:17), y al pueblo se lo animaba para que orara a Dios por él (Sal. 72:11-15; 84:9). La caída de Jerusalén en el 586 a.C. llevó a una gran confusión, especialmente cuando el ungido de Jehová fue llevado prisionero al exilio (Lam. 4:20) y su autoridad de rey fue rechazada por las naciones (Sal. 89:38,51). La restauración, entonces, fue el anhelo piadoso de los judíos tanto en el exilio babilónico (Jer. 33:14-18) como en siglos posteriores.

Después del exilio, el sumo sacerdote asumió una función central en la comunidad. El rito de la unción era la señal externa de la autoridad que ostentaba para actuar como representante de Dios. Esta autoridad se remontaba a Aarón y sus hijos (Ex 29:7-9; 30:22-33; comp. Sal. 133:2). El sumo sacerdote era el sacerdote-profeta ungido (Lev. 4:3,5,16), y en una ocasión, hasta el "mesías" (Zac. 4:14; comp. 6:13; Dan. 9:25).

En las épocas exílica y postexílica, la esperanza de un Mesías se hizo más marcada, comenzando con las visiones (de Jeremías y Ezequiel) de un Mesías que habría de combinar las características de dignidad real y dignidad sacerdotal (Jer. 33:14-18; Ezeq. 46:1-8; ver también Zac. 4:1-14; 6:13). En los rollos del mar Muerto, vemos a un pueblo que evidentemente pudo combinar una esperanza dual de dos Mesías: uno sacerdotal y el otro con dignidad real.

En Juan 4:29 (comp. 7:40-43) aparece una pregunta: "¿No será éste el Cristo [Mesías]?" Jesús preguntó a sus discípulos: "¿quién decís que soy?", a lo que Pedro respondió: "Tú eres el Cristo [Mesías]" (Mar. 8:29). Jesús asumió una actitud de reserva y cautela singular con este título ya que conllevaba alusiones de poder político. Jesús consideraba que su destino era sufrir como Hijo del Hombre y Siervo de Dios (Mar. 8:31-38; 9:31; 10:33-34). De manera que Él no permitió que los demonios lo anunciaran como Mesías (Luc. 4:41) y restó importancia a los privilegios y evidente majestad que se asociaban con el título. En su juicio ante los judíos (Mat. 26:63-66) reinterpretó el título "Mesías" conectándolo con la figura del Hijo del Hombre según la encontramos en Dan. 7:13-14. Esta confesión aseguró que lo condenaran. Él fue a la cruz como Mesías crucificado porque los líderes judíos no llegaron a entender lo que significaba ser Mesías. Pilato lo condenó porque alegaba ser el Mesías y declaraba (de acuerdo a las acusaciones falsas contra él) ser rival del César (Mar. 15:9; Luc. 23:2; Juan 19:14-15). Sólo después de la resurrección los discípulos comprendieron cómo Jesús era verdaderamente el rey Mesías (ver Luc. 24:45-46). El título nacional Mesías luego asumió connotaciones más amplias: una función real que llegaba a todas las naciones (Luc. 24:46-47).

A partir de la resurrección, los primeros predicadores anunciaron que Jesús era el Mesías de Dios (Hech. 2:36; Rom. 1:3-4) y el "Hijo de David", del linaje real (Mat. 1:1; Luc. 1:32,69; 2:4,11; Hech. 2:29-36; 13:22-23; 1 Cor. 5:7-8; Heb. 1:9; 2:2-4; 9:14-15; 1 Ped. 1:11,20; 2:21; 3:18; 4:1,13; 5:1).

MESOPOTAMIA (griego, "entre los ríos") Región entre los ríos Tigris y Éufrates; de manera más general, todo el valle del Tigris y el Éufrates. Hubo épocas en que la cultura de Mesopotamia dominaba una región más grande, llegando en el este hasta Elam y Media, en el norte a Asia Menor, y luego de la medialuna fértil hasta Canaán y Egipto.

Mesopotamia fue la tierra natal de los patriarcas (Gén. 11:31-12:4; 24:10; 28:6). Un rey de Mesopotamia subyugó a Israel (Jue. 3:8). Mesopotamia proporcionó carros y caballería para la guerra de los amonitas con David (1 Crón. 19:6; subtítulo del Sal. 60). Tanto Israel, el reino del norte (2 Rey. 15:29; 1 Crón. 5:26), como Judá, el reino del sur (2 Rey. 24:14-16; 2 Crón. 36:20; Esd. 2:1), terminaron en el exilio en Mesopotamia.

METEG-AMA Frase en 2 Sam. 8:1 que se interpreta como nombre de lugar. El pasaje paralelo en 1 Crón. 18:1 dice "Gat y sus villas". Otras sugerencias para traducirlo incluyen: "el mando de la ciudad principal" y "la rienda de la ciudad madre" (BLA, con nota al margen).

MICAÍA Varios hombres del AT entre quienes se encuentra un efrainita en cuya casa había un santuario que fue la razón de la adoración idólatra en Dan (Jue. 17-18).

MICAÍAS Hijo de Imla y profeta de Jehová que predijo la muerte de Acab y la dispersión del ejército de Israel en Ramot de Galaad (1 Rey. 22:7-28). Luego de haber sido testigo de un concilio celestial con Jehová, Micaías supo que los 400 profetas de Acab estaban poseídos por un espíritu de mentira. Cuando se lo acusó y encarceló acusado de falsa profecía, Micaías replicó: "Si llegas a volver en paz, Jehová no ha hablado por mí" (22:28).

MICAL (*"¿quién es como El [Dios]?"*) Hija menor del rey Saúl (1 Sam. 14:49) que le fue dada a David en matrimonio y tuvo un precio de 100 filisteos muertos (1 Sam. 18:20-29). El rey continuó ideando trampas para David. En una de las ocasiones, Mical ayudó a huir a su esposo (1 Sam. 19:11-17). Como venganza, Saúl la entregó como esposa a Paltiel (1 Sam. 25:44). Luego de la muerte de Saúl en Gilboa, David hizo un trato con Abner, el general del ejército de Saúl. Uno de los puntos del pacto era que Mical le sería devuelta a David, independientemente de los deseos de Paltiel (2 Sam. 3:14-16). Mical se enfureció cuando David danzó ante el arca del pacto cuando ésta era llevada a Jerusalén, y criticó al rey en forma directa. Como castigo, Mical nunca pudo tener hijos (2 Sam. 6:16-23; comp. 2 Sam. 21:8).

MICMAS (*"lugar escondido"*) Ciudad en el territorio de Benjamín, unos 11 km (7 millas) al nordeste de Jerusalén, 7 km (4,5 millas) al nordeste de Gabaa, que se eleva a 660 m (1980 pies) al nivel del mar, y daba a un paso que va desde el río Jordán a Efraín; se halla a 7 km (4,5 millas) al sudeste de Bet-el, que a su vez se encuentra a unos 965 m (2890 pies) sobre el nivel del mar; la moderna Mukhmas. Micmas fue una zona de estacionamiento de tropas, primero para Saúl (1 Sam. 13:2) y luego para el ejército filisteo (13:5-6) a medida que se preparaban para pelear (ver 14:20). Micmas está sobre la ruta de invasión que por lo general se usaba desde el norte (Isa. 10:28). Ver Neh. 11:31; comp. 7:31; 1 Macabeos 9:73.

MIDRÁS Término judío que significa "exponer"; título de un cuerpo de literatura judía que reúne la exégesis, exposición e interpretaciones homiléticas de la Escritura realizadas por eruditos judíos en los siglos justo antes y después de Jesús; método para descubrir el profundo significado de los detalles más minúsculos que aparecen en el texto sagrado. Midrás denota una exposición didáctica (enseñanza) u homilética (predicación) o un relato religioso edificante como por ejemplo el de Tobías. Midrás también incluye una interpretación religiosa de la historia, como por ejemplo el comentario del profeta Iddo sobre las acciones y dichos del rey Abías (2 Crón. 13:22) y el comentario sobre el libro de los reyes, donde se presentan los gravámenes impuestos al rey Joás y la reconstrucción que hizo del templo (2 Crón. 24:27). Características del Midrás: (1) comenzó con un texto o textos bíblicos (a menudo se combinan dos pasajes que tienen marcadas diferencias); (2) se pensó como medio de edificación e instrucción; (3) se basó en preciso y detallado escrutinio del texto en sí, procurando establecer las razones subyacentes para cada palabra, frase o grupo de palabras; (4) procura aplicar el pasaje a la época presente.

El Midrás está dividido en *halaka* (ley oral), investigación que hace el Midrás de las secciones legales del AT con el fin de establecer reglas de conducta, y *haggada*, la investigación de secciones no legales con el propósito de edificar o instruir. Esdras usó

Midrás en la lectura pública de la ley (Neh. 8; comp. Esd. 7:10). El Midrás llegó a ser la obra central que llevó a la producción de los tárgumes (paráfrasis aramea de la Escritura) y de la expresión troncal del judaísmo (Misná, Talmud). Ver *Tárgum; Misná; Talmud*.

Muchos estudiosos de la Biblia creen que en el NT aparecen numerosos ejemplos del Midrás: Mat. 2:1-12 sobre Núm. 24:17; Mat. 27:3-10 sobre Zac. 11:12-13; Jer. 32:6-15. También hay elementos del Midrás en las epístolas paulinas (Gál. 3:4; Rom. 4:9-11; 2 Cor. 3) y en otros lugares del NT.

MIEL Néctar que producen las abejas y proporciona sustancia alimenticia dulce para las personas. Durante la época bíblica había miel en tres formas: (1) miel de abejas silvestres (Deut. 32:13); (2) miel de abejas domésticas (uno de los productos "de la tierra", 2 Crón. 31:5); (3) un almíbar hecho de dátiles y jugo de uva (2 Rey. 18:32). La miel servía como alimento (Gén. 43:11) y como elemento de comercio (Ezeq. 27:17).

MIGDOL (*"torre, atalaya, fortaleza"*) Transliteración del hebreo; pueblo o fortaleza limítrofe en la esquina nordeste de Egipto. (1) Sitio sobre o cerca de la ruta del éxodo cercano a Pi-hahirot y Baal-zefón (Ex. 14:2; comp. Jer. 44:1; 46:13-14); extremo norte de la tierra que se menciona con Sevene, el extremo sur (Ezeq. 29:10; 30:6). Migdol puede ser el sustantivo común "torre" o puede referirse a más de un sitio en Egipto. Un manuscrito en papiro menciona Migdol del faraón Seti I cerca de Tjeku, cuya ubicación aún está en debate, y lo que parece asegurar que hay al menos dos lugares llamados Migdol: el Migdol de Jeremías y Ezequiel cerca de Pelusio, y el Migdol en la ruta del éxodo cerca

de Sucot. Ambos tal vez hayan sido parte de una serie de fortalezas fronterizas para proteger a Egipto de una invasión desde el Sinaí.

MIGUEL (*"¿quién es como Dios?"*) Arcángel que actuó como guardián de la nación de Israel (Dan. 10:13,21; 12:1). Junto con Gabriel, Miguel luchó por Israel contra el príncipe (ángel patrono) de Persia. En Apoc. 12:7 Miguel lidera el ejército de Dios contra el ejército del dragón en una guerra en los cielos. Judas 9 alude a una disputa entre el diablo y Miguel en cuanto al cuerpo de Moisés. Ver *Ángel*.

MILAGROS, SEÑALES, MARAVILLAS Eventos que inequívocamente incluyen una acción inmediata y poderosa por parte de Dios, a fin de revelar el carácter o los propósitos divinos: se los llama señal, maravilla, obra, obra poderosa, portento, poder.

"Señal" en el NT es un término para describir milagros que evidencian autoridad divina (Luc. 23:8; Juan 2:11,18,23; 3:2; 4:54; 6:2,14,26; 7:31; 9:16; 10:41; 11:47; 12:18, 37; 20:30; Apoc. 12:1,3; 13:13,14; 15:1; 16:14; 19:20; Hech. 4:16).

En griego, "maravillas" o "prodigios" denota algo fuera de lo común que asombra al que lo ve (Hech. 2:19,22,43; 6:8). Mientras que una señal apela al entendimiento, una maravilla apela a la imaginación. A las "maravillas" o "prodigios" por lo general se las presenta como actividad divina (Hech. 2:19; 4:30; 5:12; 6:8; 7:36; 14:3; 15:12), aunque a veces aluden a la obra de Satanás a través de instrumentos humanos (Mat. 24:24; Mar. 13:22; 2 Tes. 2:9; Apoc. 13:11-13).

Para hablar de una actividad de origen o carácter sobrenatural, los escritores del NT también usaron el término "obra" (Juan 5:20,36; 7:3; 10:38; 14:11,12; 15:24).

La Biblia no realiza una clara distinción entre lo natural y lo sobrenatural. En los eventos "naturales" la Biblia considera que Dios obra en forma providencial; en los eventos milagrosos, Dios obra de maneras asombrosas para llamar la atención a sí mismo o a sus propósitos divinos.

MILCOM Nombre del dios de los amonitas (1 Rey. 11:5,33; 2 Rey. 23:13; ver también Sof. 1:5). Primera Reyes 11:7 vincula a Milcom con Moloc. La palabra también podría ser una grafía creada por los escribas hebreos para difamar y no tener que pronunciar el nombre del dios nacional de Amón, a quien se puede haber identificado con Quemos, el dios de Moab.

MILETO Ver *Asia Menor, Ciudades de; Éfeso.*

MILO (*"terraplén"*) Terrado de piedra que se utilizaba en construcciones antiguas. (1) La casa de Milo (Jue. 9:6,20); probablemente un suburbio de Siquem; lo más probable es que haya sido un santuario cananeo edificado sobre una plataforma o terraplén artificial. (2) Prolongación de Jerusalén más allá de la ciudad jebusea que tomó David; se extendía hacia el norte e incluía el monte de Moriah, el sitio del futuro templo. El asesinato de Joás por parte de sus propios hombres cerca de la casa de Milo (2 Rey. 12:20) puede aludir a terraplenes en esta porción de la ciudad.

MINAS Y MINERÍA Los esfuerzos mineros primitivos procuraban proporcionarle a la gente las piedras necesarias para hacer armas y herramientas.

Cobre. Aprox. en el 6500 a.C. cerca de Catal Huyuk en Asia Menor comenzó la práctica de extraer minerales a fin de moldear metales. El cobre primero era sacado de depósitos sobre el suelo. Luego entonces se cavaban túneles en los lugares donde los depósitos de la superficie indicaban que más abajo había más existencia del metalífero. En el Arabá y el Sinaí se fundaron poblados de minería. Palestina era relativamente pobre en minas de cobre. Planchas y lingotes de cobre se enviaban por mar y por tierra desde miles de kilómetros de distancia para satisfacer la creciente demanda de herramientas, armas y joyas de cobre. Antes del 3000 a.C. se descubrió que el cobre se podía mezclar con arsénico para formar una aleación más fuerte.

Bronce. Aprox. en el 3200 a.C. y usando estaño como aleación, los metalistas produjeron bronce, un metal mucho más fuerte. El bronce se convirtió en el metal más usado de la época. Las herramientas de bronce fueron reemplazando a las de piedra. Los depósitos de estaño en Mesopotamia le dieron a esos países una ventaja en la producción de bronce.

Aprox. en el 2500 a.C. los fenicios establecieron colonias en España y Portugal a fin de minar las vastas existencias locales de cobre y estaño. En las minas de estaño romanas en Bretaña trabajaban esclavos y existían túneles que llegaban a los 120 m (350 pies). En Palestina, las minas de cobre de Timna pasaron a ser controladas por los egipcios durante el período de bronce tardío.

Hierro. El mucho más elevado punto de fundición del hierro (200 grados más [400 Farenheit] que el del cobre) hizo necesario el desarrollo de nuevos métodos de fundición, con aventadores más eficientes. Como los depósitos de hierro se hallan cerca de la superficie, resultaban mucho más fáciles de minar que los de cobre. Los hititas estuvieron entre los primeros pueblos en usar el hierro a gran escala. Comerciaban con Egipto herramientas y armas de hierro. Fue solo después de la caída del reino heteo (hitita) aprox. en el 1200 a.C. que el hierro se empezó a usar de manera más generalizada. Las minas de hierro ubicadas en Galaad cerca de 'Ajlun en Magharat Warda, probablemente fueron unos de los primeros veneros de hierro en Palestina, y es posible que hayan proporcionado material para la cama de hierro del rey Og de Basán.

La Biblia indica que los filisteos tenían el monopolio del hierro en Palestina (1 Sam. 13:19-22). En Betsemes, una fortaleza filistea en el valle del Jordán, se descubrió una gran región industrial con lugares para el trabajo con bronce y hierro. En su mayoría, las herramientas en Palestina continuaron haciéndose de bronce. Herramientas comunes como las hoces se cincelaban en pedernal incluso después del 1000 a.C. Después del 900 a.C. se hicieron más comunes los carros, puntas de lanzas, cuchillos y espadas de hierro, y también herramientas más comunes como hoces y arados de hierro.

Otros minerales. Otros minerales resultaban más difíciles de obtener y trabajar. El lapislázuli, una piedra azul intenso, se excavaba en razón de su belleza y se usaba en joyería. La loza fina egipcia fue un intento de producir lapislázuli sintético. Las minas de plomo comenzaron a explotarse ya en el 3000 a.C., pero su consistencia blanda no lo hacía apropiado para herramientas ni joyería. Más tarde, el plomo comenzó a incorporarse al bronce, y en la época romana se usaba en la fabricación de vidrio. La explotación de las minas de plata comenzó en el nordeste de Asia Menor, y se obtenía de una aleación de plomo y plata. También se hacía explotación minera de electro, plata mezclada con pequeñas cantidades de oro. En vetas del granito de cuarzo se puede hallar oro en bruto. En razón de la ubicación más remota y aislada del oro, su explotación minera recién comenzó aprox. en el 2500 a.C.

MINERALES Y METALES Elementos o compuestos inorgánicos que se encuentran en forma nativa en la naturaleza.

Piedras preciosas. Son valiosas por su rareza, su dureza y su belleza (esta última en cuanto a color, lustre y brillantez). En la Biblia hay tres listas principales de piedras preciosas: las 12 piedras del pectoral de Aarón (Ex. 28:17-20; 39:10-13), los tesoros del rey de Tiro (Ezeq. 28:13), y las piedras de los cimientos del muro de la Nueva Jerusalén (Apoc. 21:18-21). También hallamos otras listas en Job 28:15-19; Isa. 54:11-12 y Ezeq. 27:16. Desafortunadamente, la identificación precisa de algunos de estos términos no resulta clara.

1. Ágata. Una variedad de calcedonia, multicolor y con franjas. Ver Ex. 28:19; Apoc. 21:19.

2. Amatista. Una forma de cuarzo de color azul violáceo. Ver Ex. 28:19; 39:12; Apoc. 21:20.

3. Berilo. Silicato de aluminio y berilio. Ver Ex. 28:20; 39:13; Apoc. 21:20.

4. Carbunclo. Ver Ex. 28:17; 39:10; Isa. 54:12 (NIV, "joyas brillantes").

5. Coral. Carbonato de calcio formado por la acción de animales marinos. Ver Job 28:18; Ezeq. 27:16; Lam. 4:7.

6. Cornerina o cornalina. Variedad de calcedonia de color rojo amarronado. Ver Ezeq. 28:13; Apoc. 21:20; comp. 4:3.

7. Crisólito. Varios minerales de color amarillento. Ver Ezeq. 1:16; 10:9; Apoc. 21:20.

8. Crisopraso. Calcedonia de color verde manzana (Apoc. 21:20).

9. Cristal. El cristal de roca es cuarzo cristalizado. El mar de Apoc. 4:6 y el río de la vida (Apoc. 22:1) se comparan con el cristal.

10. Diamante. Ex. 28:18; 39:11; Jer. 17:1; Ezeq. 3:9; Zac. 7:12. A la piedra se la describe como "más fuerte que el pedernal" (Ezeq. 3:9). Podría tratarse de esmeril (Ezeq. 3:9, BLA) o una piedra imaginaria de dureza impenetrable.

11. Esmeralda. Variedad verde brillante del berilo, que los israelitas obtenían con facilidad (Ex. 28:18; 39:11; Ezeq. 28:13). Al arco iris que rodea el trono se lo compara a una esmeralda (Apoc. 4:3; comp. 21:19).

12. Jacinto. Un tipo de silicato de circonio de color rojo a marrón transparente (Ex. 28:19; 39:12; Apoc. 21:20).

13. Jaspe. Variedad opaca de calcedonia de color rojo, amarillo, marrón o verde. Ver Ex. 28:20; 39:13; Ezeq. 28:13; Apoc. 21:11,18-19.

14. Ónice. Variedad listada de calcedonia (Ex. 25:7; 28:9; 35:27; 39:6,13; 1 Crón. 29:2). El sardónice incluye franjas de cornalina.

15. Perla. Formación que en algunos moluscos aparece alrededor de un cuerpo extraño (ver Job 28:18; Apoc. 21:21); símil del reino de Dios (Mat. 13:46); metáfora para hablar de verdad (Mat. 7:6); y símbolo del impudor (1 Tim. 2:9; Apoc. 17:4; 18:16).

16. Rubí. Variedad roja del corindón, u óxido de aluminio. Es la palabra por la que opta la NVI en Ex. 28:17; 39:10 y Ezeq. 28:13, casos en que RVR 1960 tradujo piedra sárdica, sardio y cornerina respectivamente.

17. Topacio. Piedra fina, dura, compuesta por sílice, alúmina y flúor; el topacio del AT puede ser una referencia al peridoto, un olivino de magnesio (Ex. 28:17; 39:10; Job 28:19; Ezeq. 28:13; Apoc. 21:20).

18. Turquesa. Fosfato de cobre y aluminio de base azul cielo a verde azulado; los egipcios tenían minas en Sinaí; muy valiosa en la antigüedad. Es la traducción que hace la BLA en Ex. 28:18; 39:11; Ezeq. 28:13. Este término no aparece en RVR 1960.

19. Zafiro. Variedad azul del corindón (Ex. 24:10; 28:18; 39:11; Job 28:6,16; Isa. 54:11; Lam. 4:7; Ezeq. 1:26; 10:1; 28:13; Apoc. 21:19). Existe la posibilidad de que sea una referencia al lapislázuli y no al verdadero zafiro.

Minerales comunes.

1. Alabastro. Yeso de grano muy fino; el alabastro egipcio era carbonato de calcio cristalizado con apariencia similar al yeso; utilizado para hacer recipientes de ungüentos (Mat. 26:7; Mar. 14:3; Luc. 7:37).

2. Azufre. Los depósitos de azufre ardiente creaban calor extremado, una corriente de sustancia derretida y vapores nocivos, y proporcionaban una imagen gráfica de la destrucción y el sufrimiento del juicio divino (Deut. 29:23; Job 18:15; Sal. 11:6; Isa. 30:33; Ezeq. 38:22; Luc. 17:29).

3. Sal. Cloruro de sodio; un mineral abundante que se usaba como condimento para comida (Job 6:6) y ofrendas (Lev. 2:13; Ezeq. 43:24), y como preservador, símbolo de pactos (Núm. 18:19; 2 Crón. 13:5). Los discípulos deben ser tanto condimento como elemento preservador (Mat. 5:13). La sal también era símbolo de desolación y aridez, tal vez por la aridez propia del mar Muerto. Las "minas de sal" (Sof. 2:9) probablemente estaban ubicadas al sur del mar Muerto. El cloruro de sodio podía eliminarse de la sal que por lo general era impura en esa región, y quedaba una sustancia sin sabor (Luc. 14:34-35).

Metales. Las listas bíblicas de metales (Núm. 31:22; Ezeq. 22:18,20) mencionan oro, plata, bronce, hierro, estaño y plomo.

1. Bronce. Palabra que por lo general se utiliza para traducir un término hebreo que puede indicar tanto cobre como bronce; aleación de cobre y estaño, que resulta más fuerte que ambos; el metal más común usado para utensilios. La Biblia menciona "cota de malla" (1 Sam. 17:5-6), "cadenas de bronce" (2 Rey. 25:7), "címbalos" (1 Crón. 15:19), "puertas" (Sal. 107:16; Isa. 45:2), e "imágenes de bronce" (Apoc. 9:20).

2. Cobre. Por lo general se usaba en aleación con estaño para hacer bronce (Deut. 8:9; Job 28:2; Mat. 10:9). Ver *Ezión-geber.*

3. Estaño. A veces se confunde con el plomo; eran raros los artículos de estaño puro; se usaba principalmente para hacer bronce, una aleación de estaño y cobre (Núm. 31:22; Ezeq. 22:18,20). Ver *Minas y minería.*

4. Hierro. Es un metal más difícil de fundir que el cobre; su uso comenzó a extenderse aprox. en la época de la conquista de Canaán, y gradualmente reemplazó al bronce para las armas de metal y las herramientas de agricultura. Los "carros herrados" de los cananeos (Jos. 17:16,18; Jue. 1:19; 4:3) representan una ventaja tecnológica sobre Israel, mientras que los filisteos pueden haber disfrutado de un monopolio en el trabajo con hierro (1 Sam. 17:7; 13:19-21). El uso del hierro se había extendido más para la época de David (2 Sam. 12:31; 1 Crón. 20:3; 22:14), aunque siguió siendo valioso (2 Rey. 6:5-6). Se utilizaba cuando la dureza era crucial, y se convirtió en símbolo de algo duro y fuerte (Deut. 28:48; Sal. 2:9; Isa. 48:4; Jer. 17:1; Apoc. 2:27).

5. Oro. Estimado y utilizado en razón de su escasez, belleza y maleabilidad; se puede fundir sin que por eso se dañe; se puede utilizar para moldear objetos, incrustaciones o enchapados. Una buena cantidad de los objetos que tenían los israelitas para la adoración era de oro puro o enchapado (Ex. 37). El oro se menciona en la Biblia más frecuentemente que cualquier otro metal, y se utiliza para joyería (Ex. 12:35; 1 Tim. 2:9), ídolos, cetros, utensilios para culto y adoración, y asimismo dinero (Mat. 10:9; Hech. 3:6). Se dice que la Nueva Jerusalén es de oro (Apoc. 21:18,21).

6. Plata. Aunque no se halla muy seguido en estado nativo, se extrae fácilmente de minas; originalmente tenía más valor que el oro, y se usaba para medir la riqueza de una persona (Gén. 13:2; 24:35; Sof. 1:18; Hag. 2:8). Para la época de Salomón, ya era común en Israel (1 Rey. 10:27) y era una unidad monetaria estándar; había siclos, talentos y minas de plata (Gén. 23:15-16; 37:28; Ex. 21:32; Neh. 7:72; Isa. 7:23). Ver *Pesos y medidas.* La plata se utilizaba para hacer objetos para el culto de adoración de Israel (Ex. 26:19; 36:24; Esd. 8:26,28), para hacer ídolos (Ex. 20:23; Jue. 17:4; Sal. 115:4; Isa. 40:19) y joyas (Gén. 24:53; Cant. 1:11).

7. Plomo. Metal gris de elevada densidad (Ex. 15:10) usado para hacer pesas, cubiertas pesadas (Zac. 5:7-8) y plomadas (comp. Amós 7:7-8); bastante dúctil y útil para incrustaciones como por ejemplo letras en una roca (Job 19:24); se usaba en el proceso de refinación de la plata (Jer. 6:27-30).

MIQUEAS Profeta; autor del sexto libro de los profetas menores; Miq. 1:1 dice que provenía de Moreset (ver *Moreset, Moreset-gat*), actuó durante el reinado de Jotam (750-732 a.C.),

Acaz (735-715 a.C.) y Ezequías (715-686 a.C.); dirigió su mensaje a Samaria y a Jerusalén. Aunque Miqueas ministró en Judá, algunos de sus mensajes estuvieron dirigidos a Israel. Miqueas fue contemporáneo de Isaías, Oseas y posiblemente de Amós.

MIQUEAS, LIBRO DE Libro profético que lleva el nombre de un profeta del siglo VIII y contiene algunos de sus mensajes. Ver *Israel, Historia de*.

Miqueas constantemente denunció la opresión de los pobres por parte de los ricos, que tramaban maneras de engañar a los pobres y robarles su tierra (2:1-5). Los israelitas habían sido desalojados de sus hogares y les habían robado sus posesiones (2:6-11). El mundo comercial estaba lleno de engaño e injusticia (6:9-16). Los gobernantes del país, responsables de defender la justicia, hacían justamente lo contrario (3:1-4).

Miqueas también denunció las prácticas religiosas de la nación. Otros profetas convencieron al pueblo de que Dios moraba en la nación y los protegería. Miqueas sostuvo que el mensaje de los otros profetas no era de Dios, y que en su lugar, Dios les anunciaba la inminente devastación de Judá (3:5-12).

El pueblo combinaba la adoración de dioses paganos con el culto al Dios de Judá (5:10-15). El pueblo creía que el único requisito de la religión era llevar sacrificios y ofrendas al templo. Miqueas arguyó que Dios no tiene interés en el acto físico del sacrificio sino que su principal interés radica en que haya obediencia en la vida cotidiana (6:6-8).

Después del juicio, Dios restauraría a un remanente del pueblo, un remanente consagrado a Él (4:1-13; 7:14-20). Dios levantaría a un gobernante que le permitiría al pueblo vivir en paz (5:1-5). En la esperanza que tenía Miqueas en cuanto a un nuevo gobernante, Mateo vio una descripción de Cristo (Mat. 2:6).

MIRA Una de las seis ciudades más grandes de Lisia en el sudeste de Asia Menor; sobre el río Andracus, a unos 4 km (2,5 millas) del mar; la moderna Dembre; parada de Pablo en su viaje a Roma (Hech. 27:5-6).

MIRRA Ver *Plantas de la Biblia*.

MISERICORDIA, MISERICORDIOSO Característica de alguien que se preocupa por las necesidades de otros, preocupación que va desde ayuda para encontrar esposa hasta el perdón de pecados por parte de Dios. La misericordia está muy ligada a la compasión y la piedad en la familia (Gén. 43:30; 1 Rey. 3:26), lo cual proporciona una imagen de lo que es la misericordia de Dios (Jer. 31:20; Sal. 103:13; Isa. 54:6-8; 63:15-16; Os. 2:19; Amós 1:11). La misericordia de Dios llega a compararse al cuidado de una madre por los hijos que está amamantando (Isa. 49:15). La misericordia de Dios está ligada a su pacto con Israel (Ex. 33:19; 2 Rey. 13:23; Isa. 54:10; 63:7) y se halla expresada en sus acciones para con Israel (Neh. 9:19; Sal. 64:16-21; 79:8-11; Isa. 30:18; 49:10; Jer. 42:11-12). Cuando Israel se alejó de Dios, Él no tuvo lástima por ellos (Isa. 9:17; 27:11; Jer. 13:14; 16:5; Os. 1:6-8; 2:4), pero Dios es un Dios perdonador y tiene misericordia para con el pueblo penitente (Sal. 25:4-7; 40:11-12; 51:1-4; Prov. 28:13-14; Isa. 54:7; 55:7; Lam. 3:31-33; Dan. 9:9; Miq. 7:19; Hab. 3:2). Él es misericordioso, restaura a la nación (Sal. 102:13; Isa. 14:1; 49:13; Jer. 12:15; 30:18; 33:26; Ezeq. 39:25; Zac. 1:16; 10:6) y renueva su amistad para con ella (Os. 2:19-23). La misericordia de Dios es la fuente misma de la vida de su pueblo (Sal. 103:4; 119:77,156).

Israel no debía mostrar misericordia para con los criminales (Deut. 13:8; 19:13,21), pero Dios esperaba que su pueblo fuese misericordioso hacia las naciones vecinas (1 Rey. 8:31-32; Prov. 3:29; 21:13). De manera muy especial Dios esperaba misericordia de Israel para los pobres y los necesitados (Zac. 7:9-10).

Dios espera que su pueblo muestre misericordia porque Él les muestra misericordia a ellos: a individuos como Abraham (Gén. 24:12-14), Jacob (Gén. 32:10), David (2 Sam. 7:15) y Job (10:12). Por sobre todo, Él fue misericordioso para con Israel, su pueblo elegido (Ex. 15:13; Sal. 107:8,15,21,31; Isa. 63:7; Jer. 31:2-6).

Job pidió "compasión" (19:21). El salmista describió a alguien que es generoso para con los pobres (Sal. 37:21; 112:5; comp. Prov. 14:21-23; 19:17; 28:8). Este tipo de misericordia alude a la naturaleza generosa de Dios, que está lleno de gracia. Los tres términos hebreos para hablar de misericordia aparecen en una conocida liturgia del AT: "Dios es misericordioso y piadoso; tardo para la ira, y grande en misericordia y verdad" (Ex. 34:6; Núm. 14:18; Neh. 9:17; Sal. 86:15; 103:8; 145:8; Joel 2:13; Jon. 4:2).

En el NT, misericordia expresaba profundas emociones, particularmente de compasión y afecto. Jesús mostró dicha compasión: para con las multitudes (Mat. 9:36; 14:14; 15:32), para con los ciegos (Mat. 20:34), para con un leproso (Mar. 1:41), para con un muchacho endemoniado (Mar. 9:20-27), para con una viuda (Luc. 7:13). Sus parábolas usan el término para describir la misericordia de un amo para con su siervo que tenía una deuda con él (Mat. 18:27), la compa-

sión de un padre por su hijo pródigo (Luc. 15:20) y la compasión que tuvo un samaritano para con un judío herido (Luc. 10:33). Con esta palabra Pablo instó a los corintios a renovar su afecto hacia él (2 Cor. 6:12; comp. 7:15), exhortó a los filipenses al amor y preocupación mutuos (Fil. 2:1-2), y aprovechó la sensibilidad de Filemón (Filem. 7,12,20). Usando ese término Juan les recordó a sus lectores que quien le cierra el corazón a un hermano en necesidad, realmente no tiene el amor de Dios (1 Juan 3:17).

Dios es "Padre de misericordias" (2 Cor. 1:3), algo que debe llevarnos a servicio sacrificial (Rom. 12:1; comp. Luc. 6:36). En sus soberanos propósitos Dios puede retirar sus misericordias (Rom. 9:15-16,18,23). Jesús recibió ruegos y clamores pidiendo misericordia (Mat. 9:27; 15:22; 17:15; Luc. 17:13). Sus sanidades dan testimonio de la misericordia divina (Mar. 5:19). El nacimiento de Jesús y el de Juan son testimonios de que Dios es tanto misericordioso como también fiel a sus promesas (Luc. 1:58,72,78; comp. 1 Cor. 7:25; 2 Cor. 4:1; 1 Tim. 1:13,16; Fil. 2:27).

La misericordia de Dios se hace evidente en su disposición para perdonar al pecador penitente (Luc. 8:13) y en la obra expiatoria de Cristo (Heb. 2:17; comp. Ef. 2:4-5; comp. 1 Ped. 1:3; Jud. 21), e incluye a los gentiles (Rom. 11:30-32). Esa misericordia apuntala la esperanza de la vida futura. La misericordia divina siempre está al alcance de los que se acercan al trono de Dios (Heb. 4:16). Por esta razón la misericordia a menudo está presente en los saludos y bendiciones del NT (1 Tim. 1:2; 2 Tim. 1:2; Gál. 6:16; 2 Juan 3; Jud. 2). Ver *Saludo; Bendición*.

Dios no desea los adornos externos de la religiosidad sino las acciones de misericordia hacia otros (Mat. 5:7; 9:13; 12:7; 23:23; Luc. 10:36-37; Rom. 12:8). Alguien que no muestre misericordia hacia otros no puede esperar la misericordia de Dios (Mat. 18:33-34; Sant. 2:13; 3:17). Jesucristo es por excelencia la manifestación de la misericordia divina, la seguridad de que hay misericordia para los creyentes, y el fundamento de la misericordia de esos creyentes en la relación que tengan con otros.

MISNÁ Enseñanza sobre la ley oral (*halakah*) transmitida por un maestro (rabí) en particular; colección de enseñanzas rabínicas de *halakah* compiladas por Judá ha-Nasi (literalmente, "el príncipe" o patriarca), líder de la academia rabínica en Javneh (o Jamnia) aprox. en el 220 d.C. La Misná tiene seis divisiones principales.

MISTERIO, RELIGIONES DE MISTERIO Varias sectas o sociedades caracterizadas en parte por elaborados rituales de iniciación y ritos secretos. Se da fe de ellas en Grecia con anterioridad al 600 a.C.; florecieron durante la época helénica y la romana (después del 333 a.C.) antes de desvanecerse para el 500 d.C. El conocimiento de las religiones misteriosas es fragmentado debido al estricto secreto que se imponía a los iniciados. Los expertos a menudo están en desacuerdo sobre la interpretación de la información disponible.

Las religiones de misterio más importantes estaban asociadas con las siguientes deidades: de Grecia, Demetrio (los famosos misterios eleusinos) y Dionisio; de Frigia, Cibeles (la madre magna) y Attis; de Siria, Adonis; de Egipto, Isis y Osiris (Sarapis); y Mitra, originalmente una deidad persa.

La característica central de cada religión de misterio eran los ritos sagrados, llamados misterios, en los cuales se hacía una representación del mito cúltico del dios o la diosa a quien se adoraba. Sólo podían participar los que se habían iniciado formalmente en el culto. Los ritos probablemente incluían una representación dramática basada en el mito en sí, y la presentación visual dramática de ciertos objetos sagrados. Hay referencias a comida y bebida, probablemente una forma de manifestar comunión. Al participar en estos ritos, el adorador se identificaba con la deidad y tenía parte en el destino de la deidad. Estos poderosos símbolos les daban a los iniciados los medios para vencer el sufrimiento y las dificultades de la vida, y prometían participación en la vida en el más allá.

Muchas deidades de las religiones de misterio originalmente estaban asociadas con la fertilidad. Dichos mitos a menudo hacían alusión al ciclo natural en sus altibajos (por ejemplo Demetrio) o a la muerte y resurrección de un dios (Attis, Adonis, Osiris). Parece que había implícito cierto concepto de inmortalidad.

La fiesta de Cibeles en la primavera (15 al 27 de marzo) incluía procesiones, sacrificios, música, y danzas frenéticas que conducían a la castración. Resultan conocidas la juerga pública, pantomimas, producciones teatrales y excesos de bebida asociados con los adoradores de Dionisio/Baco (las bacanales).

Los ritos de iniciación en las religiones de misterio incluían limpieza ritual en el mar, bautismos y sacrificios. El tauróbolo en el culto de Cibeles tenía un toro a quien se mataba sobre una parrilla colocada sobre un hoyo donde se paraba un sacerdote; la persona que estaba abajo ansiosamente se cubría con sangre. Esto probablemente era una purificación ritual que otorgaba un nuevo nacimiento durante un período de tiempo, quizás unos 20 años. Las religiones de misterio eliminaron a la religión de los fundamentos tradicionales de estado y familia, y la convirtieron en cuestión de un gusto personal. Los miembros que se reunían regularmente con un líder ya designado en casas o estructuras especiales, debían alcanzar cierto estándar moral; también hay indicaciones de requisitos ascéticos.

El misterio del NT se ha descrito como un "secreto abierto"; las cuestiones que en el pasado habían sido secretas en los eternos propósitos de Dios, ahora han sido (o están siendo) reveladas (Ef. 3:3-5; 1 Cor. 2:7-8). En contraste con las religiones de misterio, el misterio del NT aparece en la actividad histórica de la persona de Cristo (Col. 2:2; Ef. 1:9); Cristo viviendo en nosotros es la esperanza de gloria (Col. 1:26-27). El misterio se recibe de manera espiritual (Ef. 3:4-5) y se manifiesta en la proclamación del evangelio (Ef. 6:19). Parte del misterio incluye la revelación de que los gentiles tienen parte en las bendiciones del evangelio (Ef. 2:11-13).

MITILENE (*"pureza"*) Ciudad principal de la isla egea de Lesbos al sudeste de Asia Menor, donde se detuvo Pablo en su tercer viaje misionero al regresar a Siria desde Acaya (Hech. 20:14).

MIZPA (*"atalaya"* o *"mirador"*) Lugares utilizados para proporcionar seguridad; por lo menos dos sitios distintos en Transjordania, uno en Galaad y el otro en Moab, y al menos dos sitios y una región al oeste del Jordán. (1) En Galaad Labán y Jacob hicieron un pacto (Gén. 31:25-55), levantaron un monumento memorial, y le pusieron por nombre Mizpa (v. 49). Mizpa también era el nombre del pueblo del que provenía Jefté, el galaadita (Jue. 11). Ver *Ramot de Galaad*. (2) En Moab, sitio donde David llevó a sus

padres (1 Sam. 22:3-5) cuando Saúl procuraba matarlo.

(3) "Tierra de Mizpa" (Jos. 11:3) y "llano de Mizpa" (v. 8) indican una región en el norte de Palestina. (4) Ciudad en Judá (Jos. 15:38) probablemente cerca de Laquis. (5) Pueblo en el territorio de Benjamín (Jos. 18:26); posiblemente Nebi Samwil, 8 km (5 millas) al norte de Jerusalén, o tell en Nasbeh, 13 km (8 millas) al norte de Jerusalén. Mizpa era el lugar donde se reunió Israel contra la tribu de Benjamín (Jue. 20). Ver 1 Sam. 7. Inmediatamente después de la caída de Jerusalén (586 a.C.), Mizpa se convirtió en el centro administrativo de esta provincia babilónica (Jer. 40).

MOAB (1) Hijo de Lot y de la hija de éste (Gén. 19:37). (2) Nación que ocupaba una estrecha franja de tierra cultivable en una altiplanicie ondulada (de aprox. 1100 m [3300 pies] de altura promedio); limita en el oeste con un acantilado abrupto que desciende al mar Muerto (casi 450 m [1300 pies] bajo el nivel del mar); limita en el este con el desierto; dividida en dos por el profundo cañón del Wadi Mujib (el río Arnón de los tiempos bíblicos); al sur limita con el Wadi el-Hesa, probablemente el arroyo de Egipto. La productividad agrícola de Moab se halla ilustrada en Rut 1:1-5 y en el tributo del rey Mesa (2 Rey. 3:4). Las principales ciudades en el norte de Moab eran Hesbón, Medeba y Dibón. Amón (Jue. 11:13), Israel (Jos. 13:15-28) y Moab (Isa. 15; Jer. 48; la Piedra de Moab) declaraban poseer territorios que llegaban hasta el Arnón en el sur. Ver Núm. 21:25-30; Jer. 48:45-47.

La zona de Moab al sur del Arnón se hallaba más aislada del mundo exterior. Sus principales ciudades eran Kir-hareset (la moderna Kerak) y Ar Moab (posiblemente Rabá, unos 14,5 km [9 millas] al nordeste de Kerak). Israel tenía estrechos vínculos con Moab, y Rut, antepasada de David, era moabita. Ver Jue. 3:12-30; 1 Sam. 14:47; 22:3-4; 2 Sam. 8:2; 1 Rey. 11:1-8. El rey Joram de Israel, ayudado por el rey Josafat de Judá, penetró en territorio de Moab y sitió Kir-hareset. El sitio concluyó cuando el rey Mesa de Moab sacrificó a su hijo mayor sobre el muro de la ciudad (2 Rey. 3), probablemente en ofrenda a Quemos, el dios de Moab. Ver *Quemos*.

La información más detallada con que contamos sobre las relaciones entre Moab e Israel provienen de aprox. el 850 a.C., la época de la dinastía de Omri en Israel y el rey Mesa de Moab (1 Rey. 16:15-2 Rey. 10:18). La Piedra de Moab es un suplemento de la información bíblica. Omri conquistó la parte norte de Moab y obtuvo cierto control sobre Moab en sí. Acab continuó con la política de Omri. Mesa se convirtió en rey de Moab a la mitad del reinado de Acab, y durante los años turbulentos que siguieron a la muerte de Acab (2 Rey. 1:1) se libró del yugo israelita. Ocozías sucedió a Acab, pero no pudo responder al desafío de Mesa por un accidente que lo llevó a la muerte prematura (2 Rey. 1). Joram, sucesor de Ocozías, intentó obtener nuevamente el control israelita sobre Mesa, pero no tuvo éxito en la empresa (2 Rey. 3).

Para el 700 a.C. Moab cayó bajo la sombra de Asiria, y lo mismo sucedió con Israel, Judá, Amón, y otros pequeños reinos siro-palestinos. Es así que las crónicas de Tiglat-pileser III, Sargón II, Senaquerib y Esar-hadón mencionan reyes moabitas y amonitas. Además, las profecías en Amós 2:1-3; Isa. 15 y Jer. 48 pertenecen a estos últimos años de decadencia del reino moabita.

MOAB, PIEDRA DE Monumento que contiene una inscripción del rey Mesa de Moab; indica los logros más importantes de su reinado; llamado también "Inscripción de Mesa". Éste se jacta de haber recobrado la independencia moabita de manos de Israel y de haber restaurado el control moabita en la parte norte de Moab.

MOABITA Residente de Moab.

MODA La práctica de usar ropa para mostrar la condición social de una persona era tan generalizado en el mundo bíblico como lo es en nuestro tiempo. Sin embargo, en la antigüedad los estilos de ropa no variaban tan rápidamente, y por lo tanto el esfuerzo para mantenerse a la moda era menos frenético.

El significado exacto de muchos términos técnicos que en la Biblia describen ropas y accesorios, sigue siendo un misterio; otros términos son más claros. El atuendo básico en la época bíblica incluía una prenda interior larga a manera de camisa (la túnica, por ej. Juan 19:23), una prenda exterior que podía estar decorada de acuerdo al *status* de la persona (el manto, por ej. 1 Sam. 18:4), varios tipos de fajas y cintos (por ej. Mat. 3:4; Apoc. 1:13), tocados (por ej. 2 Sam. 15:30; Zac. 3:5), calzado (por ej. Ezeq. 24:17) y joyas (por ej. Ex. 32:2; Jue. 8:24-26).

Los reyes y los sacerdotes (Ex. 28:1-43; 39:1-31; Mat. 11:8) y otras personas merecedoras de un reconocimiento especial (Gén. 37:3; Luc. 15:22) vestían ropas finas. Ese tipo de ropa era muy apreciado (comp. Jos. 7:21) y se consideraba un regalo de gran valor (Gén. 45:22; 2 Rey. 5:5; Est. 6:8), aunque podía llevar a la ostentación (Isa. 3:18-26). A los creyentes se los insta a vestirse con sencillez a fin de que pueda prevalecer la verdadera belleza, es decir la interior (1 Tim. 2:9; 1 Ped. 3:3-5).

Los escritores de la Biblia usaron el adorno externo de la ropa para indicar la naturaleza espiritual interna del pueblo de Dios. Israel solía estar elegantemente adornada (Ezeq. 16:10-14), pero pecó y terminó vestida con andrajos sucios (Isa. 64:6; Zac. 3:3-4; comp. Apoc. 3:4). Quienes son hechos justos son vestidos con fina ropa blanca (Zac. 3:4-5; Apoc. 3:4-5; 7:9,13).

MOISÉS (*"sacado del agua"*) Líder de los israelitas en el éxodo de la esclavitud y la opresión egipcias, en la peregrinación por el desierto y en el encuentro con Dios en el monte Sinaí/Horeb donde por medio de un tratado se hizo realidad la singular relación de pacto entre Israel y Dios.

La vida de Moisés comenzó durante la sentencia de muerte que había declarado Faraón (Ex. 1:22). Un osado plan de la madre y la hermana de Moisés lo salvó a él y lo colocó en la corte del faraón, cuya hija contrató como nodriza a la propia madre del niño. Cuando Moisés fue adulto comenzó a preocuparse por la opresión de su pueblo, y mató a un egipcio. Moisés entonces huyó de Egipto y de su pueblo, y fue a la tierra de Madián.

Moisés salvó a mujeres pastoras de la opresión de pastores varones. Jetro, padre de las muchachas y sacerdote de Madián, invitó a Moisés a vivir y trabajar bajo la protección de la hospitalidad madianita. Una de las hijas del sacerdote se casó con Moisés. Éste cuidó las ovejas de Jetro, engendró un hijo, y vivió lejos de su propio pueblo. A Moisés le llamó la atención una zarza ardiente. Allí tuvo un encuentro con el Dios de sus padres, quien le comunicó a Moisés cuál era su nombre distintivo, que sería la clave de la autoridad de Moisés: "Yo soy el que soy". Dios envió a Moisés de regreso al faraón para que lograra la liberación del pueblo oprimido.

Moisés tuvo un fracaso tras otro. Le presentaba sus exigencias a Faraón, anunciaba una señal que apuntalaba la demanda, lograba ciertas concesiones del faraón en base a las negociaciones, pero no podía obtener la liberación del pueblo. Finalmente Dios mató al primogénito de cada familia egipcia, pero no así al primogénito de los israelitas. Los egipcios echaron de Egipto a los israelitas (Ex. 12:30-36). Éstos partieron dejando a la nación sin sus hijos primogénitos y sin la riqueza que habían tenido.

Los egipcios persiguieron a Israel hasta el mar Rojo. Dios, que había prometido la presencia divina para su pueblo, venció a los enemigos en dicho mar. Él también les dio comida y bebida en un medio tan hostil como el desierto. Ni las serpientes ardientes ni los amalecitas pudieron desbaratar el viaje de los israelitas por el desierto al mando de Moisés.

Números 12:1-16 presenta a Moisés como un líder manso e íntegro que cumplía las obligaciones de su cargo a pesar de la oposición por parte de su propia familia. La ley le mostró a Israel cuál debía ser la respuesta ante la acción salvadora de Dios en el éxodo. En vista del pecado de Moisés (Núm. 20), Dios le negó el privilegio de entrar en la Tierra Prometida. En el relato de la muerte de Moisés (Deut. 34) el aspecto esencial es la presencia de Dios con él. Moisés dejó al pueblo y subió a otra montaña. En la cima de esa montaña, lejos del pueblo a quien había servido durante tanto tiempo, Moisés murió. Dios estuvo con su siervo cuando éste murió. Y sólo Dios sabe dónde está sepultado Moisés.

MOLINO Dos piedras circulares de basalto de aprox. 45 cm (18 pulgadas) de diámetro y de 10 a 15 cm (4 a 6 pulgadas) de espesor usadas para moler grano; por lo general lo manejaban dos mujeres que se ubicaban una frente a otra. Una mujer iba echando el grano en el centro, y la otra lo encauzaba en pequeños montones. Para hacer harina fina, se volvía a moler y se cernía. Estaba prohibido tomar en prenda piedras de molino ya que eran tan cruciales para la vida (Deut. 24:6). El maná en el desierto era lo suficientemente duro como para que el pueblo lo moliera en molinos antes de cocinarlo (Núm. 11:7-8). Ver Mat. 24:41; Apoc. 18:21.

MOLOC (*"rey"*) Un dios pagano o la práctica relacionada con un culto extraño. Moloc denota o bien un tipo determinado de ofrenda (un sacrificio votivo realizado para confirmar o para cumplir un voto) o bien es el nombre de una deidad pagana a quien se ofrecían sacrificios humanos. Algunas inscripciones fenicio-cartaginenses (púnicas) (400-150 a.C.) dan a entender que la palabra *mlk* es un término general para hablar de sacrificio u ofrenda. Dicho significado es posible en Lev. 18:21; 20:3-5; 2 Rey. 23:10; Jer. 32:35.

El nombre divino a menudo se halla asociado con Amón (comp. 1 Rey. 11:7, "ídolo abominable de los hijos de Amón"). Lev. 20:5 condena a quienes fueron "prostituyéndose con Moloc" (ver también Lev. 18:21; 20:3-5; 2 Rey. 23:10; Jer. 32:35). Evidencia arqueológica reciente indica que en la antigua Amón se llevó a cabo sacrificio de niños. Muchos expertos sostienen que todos los textos bíblicos que aluden a Moloc se pueden entender interpretando la palabra como un nombre divino. El nombre podría ser un error deliberado en la vocalización de la palabra hebrea para rey, usando vocales de la palabra para vergüenza (*boshet*), a fin de expresar desprecio por el dios pagano.

En épocas de apostasía algunos israelitas, aparentemente desespera-dos, entregaban a sus hijos para que pasaran "por fuego a Moloc" (Lev. 18:21; 20:2-5; 2 Rey. 23:10; comp. 2 Rey. 17:31; Jer. 7:31; 19:5; 32:35). Esto parece indicar que se realizaban sacrificios de niños en el valle de Hinom en un sitio conocido como Tofet. Ver *Hinom, Valle de.* Otros creen que "pasar... por fuego a Moloc" alude a niños cuyos padres los entregaban para que crecieran y se dedicaran a la prostitución en los templos. Ver Lev. 18 (especialmente vv. 19-23). Otro punto de vista considera que había una ceremonia de dedicación por fuego, pero inocua para los niños, ceremonia que más tarde se transformó en una ceremonia de holocausto.

En la antigua Israel se condenaba la práctica de ofrecer niños como sacrificio humano, pero en el AT resulta claro que algunos en Israel llevaban a cabo esta práctica (2 Rey. 21:6; 23:10; 2 Crón. 28:3; Sal. 106:38; Jer. 7:31; 19:4-5; Ezeq. 16:21; 23:37,39). Ver *Dioses paganos; Astoret; Sacrificio y ofrendas.*

MONEDAS Acuñación de discos de metal emitidos por un gobierno para el comercio y la valorización. El siclo de plata, una unidad de peso que equivalía a poco más de 11 gramos (4/10 de onza), se convirtió en la medida estándar (Gén. 23:16). El talento, una medida mayor, tenía aproximadamente 34 kg (75 libras) (ver 2 Sam. 12:30; 2 Rey. 23:33). En la época del NT, en vez de ser simplemente una medida de peso el "talento" probablemente representaba una gran suma de dinero, tal vez unos 1000 dólares (Mat. 18:24; 25:27).

A fin de establecer estándares que se pudieran controlar, aprox. en el 650 a.C. se acuñaron las primeras monedas tanto en Grecia como en Lidia, Asia Menor. Las excavaciones en Siquem han descubierto una moneda de plata griega que data de después del 600 a.C. La primera vez que la Biblia menciona una moneda es en Esd. 2:69, y hace referencia a una moneda de oro persa. Aprox. en el 326 a.c., después que Alejandro aplastó el imperio persa, las monedas griegas empezaron a circular ampliamente en Palestina. Aprox. en el 110 a.c. el sumo sacerdote acuñó en bronce las primeras monedas realmente judías. De acuerdo a las indicaciones del segundo mandamiento, las monedas judías no ostentaban la imagen de ningún gobernante, sino que usaban símbolos como una guirnalda, un cuerno de la abundancia y el candelero de siete brazos del templo.

La moneda que más se menciona en el NT es el *denario*, una moneda de plata que por lo general se acuñaba en Roma. En uno de sus lados llevaba la imagen del emperador (Mat. 22:21), y en el reverso podía haber algún símbolo propagandístico. El denario era la paga diaria para los soldados romanos y el jornal de un día de trabajo en Palestina (Mat. 20:22). En Mat. 26:15 los "treinta" siclos de plata que recibió Judas por traicionar a Jesús puede haber sido equivalente a la compensación por matar a un esclavo en forma accidental (Ex. 21:32), ya que el siclo se había convertido en una moneda específica que pesaba unos 13,5 g (poco menos de media onza).

La *dracma* era una moneda de plata griega (Luc. 15:8-9) que se consideraba equivalente al denario romano. En el 300 a.C. una oveja costaba una dracma, pero aparentemente en la época del NT la dracma tenía mucho menos valor.

La *didracma* griega equivalía a dos dracmas o a medio siclo judío, la suma que debía pagar todo varón judío de más de 19 años como impuesto del templo (Mat. 17:24).

La moneda que ofrendó la viuda pobre (Mar. 12:42) era la moneda griega de cobre más pequeña (*lepta*), dos de las cuales equivalían a un *cuadrante*, la moneda de cobre romana de menos valor.

MONO Ver *Animales*.

MONTE, MONTAÑA Rasgo topográfico elevado, formado por fractura geológica y erosión. La geografía de Palestina incluía altas montañas y profundas hendiduras. Ver *Palestina*. La montaña es una imagen que habla de estabilidad (Sal. 30:7), obstáculos (Zac. 4:7) y del poder de Dios (Sal. 121:1-2). Dios habrá de quitar todos los obstáculos cuando se complete la redención divina, y "todo y monte y collado" sea hecho llano (Isa. 40:4).

MONTE CARMELO Imponente montaña (aprox. 600 m [1750 pies]) donde Elías se enfrentó con los profetas de Baal (1 Rey. 18:19); cerca de la costa del Mediterráneo entre la planicie de Aco y Sarón.

MONTE DE LOS OLIVOS Elevación montañosa de 4 km (2,5 millas) de largo que domina sobre el lado este de Jerusalén, o más precisamente, el pico del medio, de los tres que forman dicha cresta. Cargado de olivos, en dirección norte-sur el monte sobresale (como una espuela) de la cadena de montañas que se interna hacia el centro de la región. Tanto el monte de los Olivos en el centro, como el monte Scopus, el pico en su lado norte, se elevan más de 70 m (200 pies) por sobre el monte del templo, al otro lado del torrente de Cedrón. Proveía de una base de observación y punto de señal para ejércitos que defendían Jerusalén (2 Sam. 15:30; Ezeq. 11:23; Zac. 14:3-5; Mat. 26:30; Mar. 11:1-2; Luc. 4:5; 22:39-46; Hech. 1:9-12).

MONTE DE LOS OLIVOS, DISCURSO DEL El sermón más importante de Jesús, predicado en el monte de los Olivos; contiene instrucciones concernientes al fin de los tiempos y a la destrucción de Jerusalén. El discurso (Mat. 24-25; Mar. 13) es en parte un apocalipsis porque usa un lenguaje visionario y simbólico que lo hace un pasaje difícil de entender. En Luc. 12-21 vemos partes que aparecen aquí y allá.

El comienzo es una advertencia en contra del error de creer en señales engañosas, que de ninguna manera señalan el fin del mundo. Estas señales ocurrieron en días de Jesús y precedieron a la destrucción de Jerusalén, el evento que más le preocupaba a Jesús en ese momento, y para el cual buscó de preparar a sus discípulos. Muchos dirían que es una referencia a un período de mucho sufrimiento que debe tener lugar justo antes de la parusía (el regreso de Cristo o segunda venida; ver vv. 7-14). La afirmación de Jesús de que el evangelio debe ser predicado en todo el mundo, parece reforzar este punto de vista. También podría aludir al final de algún otro evento tal como la destrucción de Jerusalén.

Jesús habló en lenguaje velado acerca de su venida. Muchos planes de Dios son un misterio, pero Jesús reveló lo suficiente. La venida del Hijo del Hombre será enteramente pública y completamente inesperada. Vendrá en las nubes con gran poder (Hech. 1:9-11). El sermón se interrumpe con la sentencia "De cierto os digo, que no pasará esta generación hasta que todo esto acontezca" (Mat. 24:34). Jesús se refería a la destrucción de Jerusalén que tuvo lugar en aquella generación como un anticipo de la venida final. Las parábolas con las que concluye el discurso enseñan la necesidad de permanecer vigilantes. Una descripción del juicio final cierra el discurso. Su mensaje básico es un llamado a estar preparados cuando Jesús en verdad regrese.

MONTE HERMÓN (*"monte dedicado"*) Montaña más alta en Siria de unos 3000 metros (9100 pies); sitio del santuario de Baal y frontera norte de Israel; los sidonios (fenicios) lo llamaban Sirión (Deut. 3:9; Sal. 29:6) y los amorreos, Senir (Deut. 3:9). Ambos apelativos quieren decir "coraza" o "peto", evidentemente porque la redondeada cima cubierta de nieve de la montaña fulguraba a la luz del sol. El agua del deshielo fluye a los ríos de Haurán y proporciona la principal fuente del río Jordán. Aparentemente Senir es el nombre de un pico adyacente a Hermón (1 Crón. 5:23; Cant. 4:8), también llamado Sion (Deut. 4:48), probablemente debido a su altura. En la Biblia se elogia el rocío de Hermón (Sal. 133:3), sus leones (Cant. 4:8) y sus hayas (Ezeq. 27:5).

El monte es importante por cuatro razones: (1) es la frontera norte del reino amorreo (Deut. 3:8; 4:48); (2) es el extremo norte de las victoriosas campañas de Josué (Jos. 11:17; 12:1; 13:5); (3) siempre se lo consideró un monte sagrado; (4) allí puede haber tenido lugar la transfiguración de Jesús.

MONTE SINAÍ (*"reluciente"*) Montaña donde Dios se reveló, en el centro-sur de una península de 240 km (150 millas) de largo en el extremo noroeste de Arabia, que limita al este con el extremo norte del mar Rojo, al sur con el golfo de Aqaba, y al norte con la franja de Gaza; las montañas van de los 1700 a los 3000 m (5000 a 9000 pies), con depósitos de petróleo y manganeso; recibe el nombre "el monte" (Ex. 19:2); el "monte de Dios" (Ex. 3:1); el "monte de Jehová" (Núm. 10:33); es el moderno Jebel

Musa (2500 m [7500 pies]), uno de los tres picos graníticos cerca del extremo sur de la península.

"Horeb" se usa a menudo para hablar del Sinaí, y pareciera que los nombres son sinónimos (Ex. 3:1). Horeb pareciera ser el término más general para la región, mientras que Sinaí es el pico específico donde Dios se manifestó a Moisés. Muchos exploradores creen que Ras es-Safsafeh (unos 2200 m [6540 pies]) es el Sinaí de la Biblia pues tiene un llano, er Rahah, en su base noroeste que es de unos 3 km (2 millas) de largo y poco mas de 1000 m (2/3 de milla) de ancho. Este llano era lo suficientemente grande como para que cupiera el campamento de los israelitas. Otras ubicaciones sugeridas incluyen el extremo superior del golfo de Aqaba cerca de la región volcánica o el territorio de los amalecitas al norte. Ver *Palestina*.

MORE (*"instrucción"* o *"arqueros"*) (1) Primer campamento de Abraham en Canaán y sitio donde tuvo lugar el primer pacto (Gén. 12:6-7). Jacob enterró allí los ídolos que su familia había llevado consigo desde Harán (Gén. 35:4). Ver Deut. 11:26-30; Jos. 24:26. (2) Collado en el territorio de Isacar donde Gedeón redujo el tamaño de su tropa al probar la manera en que bebían agua (Jue. 7:1); actual Nebi Dachi frente al monte Gilboa.

MORESET, MORESET-GAT (*"herencia de Gat"*) Hogar de Miqueas (Miq. 1:1,4); cerca de Gat en tierra filistea; tell ej-Judeideh, unos 35 km (22 millas) al sudoeste de Jerusalén y 14,5 km (9 millas) al este de Gat.

MORIAH Crestón rocoso en Jerusalén justo al norte de la antigua ciudad de David, donde Abraham colocó a Isaac sobre el altar (Gén. 22:2,13); sitio del templo (1 Crón. 28:3-6); tal vez khirbet Bet-Lejj.

MORTERO (1) Pequeño vaso donde se machacan sustancias; con frecuencia era de basalto o piedra caliza; se usaba para moler grano a fin de hacer harina, hierbas para productos medicinales, olivas para aceite (Ex. 27:20). (2) Distrito de Jerusalén (Sof. 1:11, BLA).

MUERTE Fin de la vida; pérdida de todas las funciones vitales. La muerte incluye a la totalidad de la persona; no se trata simplemente de que la parte espiritual se separe de la parte física. Israel aceptaba la muerte con cierto donaire. Los israelitas hallaban consuelo en una larga vida, muchos hijos, recordación del nombre de la familia, y sepultura en la tumba familiar (Gén. 15:15; comp. 25:8; 1 Crón. 29:28). La muerte en la plenitud de la vida, sin haber tenido hijos o sin una sepultura adecuada se consideraba una maldición. La muerte y el Seol siempre representaban una amenaza potencial o real.

Génesis 2-3 claramente indica que el pecado es la razón por la cual los seres humanos deben pasar por la experiencia de la muerte (2:17; 3:3; comp. Núm. 18:22; Prov. 6:12-19; Jer. 31:29-30; Ezeq. 18:1-32).

La muerte es siniestra y amenazadora (Mat. 4:16; 8:23-27; Mar. 4:35-41; Luc. 1:79; 8:22-25). Ante la pregunta de Juan el Bautista, Jesús vindicó su propio ministerio al revelar su poder divino contra el reino de la muerte (Luc. 7:22-23). Paradójicamente, Jesús halló vida por medio de la muerte.

La muerte ha sido vencida (1 Cor. 15:26; 2 Tim. 1:8-10). En la vida futura los muertos no están en inferioridad de condiciones (1 Tes. 4:13-18). Cristo es las primicias de la resurrección y nos da las primicias de su Espíritu Santo mientras esperamos la redención final (Rom. 8:23; 1 Cor. 15:20,23). Los muertos recibirán un nuevo cuerpo de resurrección (1 Cor. 15:35-58). De manera que la respuesta adecuada de un cristiano en cuanto a la muerte y a todas sus señales es plena esperanza (Rom. 8:31-38; 1 Cor. 15:58; 1 Tes. 4:18).

Sin embargo, la muerte es un enemigo que está íntimamente conectado con el pecado (Rom. 3:23; 5:12-21; comp. 6:13; 7:7-25; 8:6-8; Ef 2:1,5; Col. 2:13). La existencia sin Cristo es muerte, de modo que la conversión a Cristo es nuevo nacimiento (Rom. 6:5-11; Gál. 2:20). Los cristianos deben considerarse muertos al pecado pero vivos para Dios en Cristo (Rom. 6:11). La manera en que las personas responden a Jesús es un asunto de vida y muerte (Juan 5:24; comp. 11:25-26). La doctrina de la resurrección afirma que hasta el reino de los muertos le pertenece a Dios y que la muerte sólo queda vencida cuando Él lo ordena. Al entregar nuestra vida a Cristo, morimos y somos resucitados. Ver *Sepultura.*

MUERTE DE CRISTO Ver *Cruz, Crucifixión; Cristo; Jesús.*

MUERTE SEGUNDA Separación final de Dios; muerte espiritual que sigue a la muerte física (Apoc. 20:14; comp. 21:8). La segunda muerte no tiene poder sobre los que permanecen fieles en la persecución (2:11), los que sufren el martirio (2:6) ni sobre aquellos cuyos nombres están escritos en el libro de la vida (20:15). La alternativa de la muerte segunda es vida eterna con Dios.

MUJER La mujer en tiempos bíblicos vivía en una sociedad patriarcal que normalmente restringía el rol femenino a la esfera del hogar y la familia, aunque unas pocas mujeres emergieron como líderes: Miriam, Débora, Hulda, Ester. El padre y luego el esposo u otro familiar masculino proporcionaban protección y dirección a la mujer.

Jesús elevó la condición de la mujer. Él reconoció el lugar que ellas tenían en el reino (ver Gál. 3:28).

En Gén. 1:26-30 hombre y mujer fueron creados simultáneamente (1:27). En dicho relato sucinto de la creación, tanto el hombre como la mujer reflejan la imagen de Dios, y la mujer no ocupa un lugar inferior. En la narración más detallada de Gén. 2:7-25, Dios crea al hombre antes que a la mujer. En este segundo relato a ella se la ve como un ser creado para el hombre y para que fuera ayuda de él. Este segundo relato a menudo se cita diciendo que sostiene la perspectiva de que la mujer debe permanecer sujeta el hombre ya que en la creación ocupa una posición subordinada. Sin embargo, la narrativa describe que ella es su ayuda idónea (v. 20), por quien él deja a su familia.

Los Diez Mandamientos incluyen a la esposa de un hombre en la lista de sus posesiones (Ex. 20:17). Si se sospechaba que una mujer a punto de casarse no era virgen, se la obligaba a someterse a una prueba. Si no se comprobaba su virginidad, podía ser apedreada hasta morir en la puerta de la casa de su padre (Deut. 22:13-21). No había tal exigencia para un hombre. Al adulterio se lo consideraba un crimen en contra de los derechos de un esposo (Deut. 22:22). Un esposo celoso que tuviera reservas sobre la fidelidad de su esposa, podía llevarla al sacerdote y obligarla a someterse a una prueba intrincada para determinar su inocencia o culpabilidad (Núm. 5:11-31). Tal posibilidad no existía para una mujer que sospechara que su esposo era infiel. El marido podía obtener el divorcio de su esposa "por haber hallado en ella alguna cosa indecente" (Deut. 24:1). La desigualdad entre bebés varones y niñas existía desde el comienzo mismo de la vida. Una mujer que había tenido una niña era considerada impura por el doble de tiempo que una madre que había dado a luz a un varón. Durante su tiempo de "purificación" después del nacimiento de un bebé, una madre "ninguna cosa santa tocará, ni vendrá al santuario hasta que se cumplan los días de su purificación" (Lev. 12:2-5).

Proverbios advierte acerca de las mujeres tentadoras, "extrañas" (Prov. 2:16), "necias," "alborotadoras" (9:13), y "pendencieras" (21:9). A las mujeres también se las consideraba miedosas (Isa. 19:16). Por otro lado, la sabiduría que era de tanto valor para el pueblo hebreo estaba personificada como "ella" (Prov. 1:20; 7:4). Proverbios 31 describe a la mujer trabajadora, loable, "virtuosa." Los Diez Mandamientos citan el deber de un hijo de honrar tanto a su padre como a su madre (Ex. 20:12). El nacimiento de los hijos, especialmente varones, era una señal del favor que Dios había conferido a una buena mujer (Gén. 29:31-30:24). Isaías usó el amor de una madre por su hijo como un modelo del amor de Dios por su pueblo (Isa. 49:15; 66:13).

Jesús aumentó y transformó las posibilidades de las mujeres. A riesgo de ser censurado por una sociedad machista, Jesús conversó con mujeres, respondió cuando ellas lo tocaron, las sanó, recibió su respaldo emocional y financiero, y las usó como personajes principales en sus historias (Luc. 13:18-20). Jesús elogió a María por desear aprender como una discípula (Luc. 10:38-42) y le habló de teología a la mujer en el pozo de Samaria (Juan 4:1-42). Jesús aceptó el ungimiento de su cabeza por parte de una mujer como indicativo de que ella entendía su verdadera misión (Mar. 14:3-9). Jesús le ofreció nuevas posibilidades de vida a la mujer encon-

trada en adulterio, no permitiendo que fuera sometida al criterio moral de sus acusadores que permitía mayor libertad al hombre (Juan 7:53-8:11).

Jesús permitió que mujeres tomaran parte en su ministerio terrenal. Un grupo de mujeres viajaba con Jesús mientras iba de pueblo en pueblo (Luc. 8:1-3) y proveía de respaldo financiero para él y sus 12 apóstoles. La mujer samaritana dio testimonio de Jesús (Juan 4:39), y muchos samaritanos creyeron por su testimonio. Las mujeres fueron las primeras en llegar al sepulcro después de la resurrección de Jesús, y las primeras en difundir su victoria sobre la muerte (Luc. 23:55-24:11).

Jesús volvió a definir lo que era adulterio, diciendo que incluía una mirada lasciva (Mat. 5:28). Dijo que el divorcio es un testimonio de la dureza del corazón humano, y no la voluntad de Dios (Mat. 19:1-9). Hizo resaltar la propensión masculina al divorcio y fortaleció el matrimonio como una unión permanente (ver Mat. 5:31-32; 19:1-12; Mar. 10:1-12; Luc. 16:18).

El apóstol pidió mutua sujeción en amor entre esposos y esposas (Ef. 5:21-33). En otros pasajes, Pablo dejó implícita cierta jerarquía voluntaria y abnegada de sumisión, que iba de Dios, a Cristo, al varón, a la mujer y al niño (1 Cor. 11:2-16; 14:33-40; 1 Tim. 2:8-15).

Pablo aceptó a mujeres como colaboradoras en las iglesias y las elogió por sus dones y su fidelidad (Rom. 16:1,3-5). Febe, Priscila, Lidia y otras fueron consideradas compañeras en el evangelio. Evidentemente Pablo confiaba en que las mujeres ejercitarían sus dones (1 Cor. 12) como parte del cuerpo de Cristo. Ver *Diácono; Febe.*

Es así que la Biblia insta a las mujeres a usar su responsabilidad tanto como su libertad para encontrar un lugar en el cuerpo de Cristo. El espíritu de libertad y de amor en Cristo es tanto de la mujer como del hombre. Ver *Divorcio; Familia; Matrimonio; Sexo, Enseñanza bíblica sobre el.*

MULADAR Ver *Estiércol.*

MUNDO El orden creado en la totalidad de su espacio y tiempo; "los cielos y la tierra" (Gén. 1:1), "los cielos y la tierra, el mar y todas las cosas que en ellos hay" (Ex. 20:11; comp. Fil. 2:10), o "los cielos, y los cielos de los cielos, con todo su ejército, la tierra y todo lo que está en ella, los mares y todo lo que hay en ellos" (Neh. 9:6). El mundo consistía en una expansión de tierra ("la tierra") rodeada de agua y ubicada debajo de la bóveda de los cielos.

Dios creó todo lo que hay por encima de la tierra, sobre la tierra y debajo de ella (Gén. 1:1-2:3; Job 38). El concepto griego del mundo como un sistema ordenado está ausente en el pensamiento hebreo. De manera que "mundo" en la Biblia tiene varios matices:

1. Todo el orden creado (Hech. 17:24) da testimonio de la soberanía de Dios (Hech. 4:24).

2. La tierra y sus habitantes (Juan 1:9; 12:19; 13:1; 16:28). El significado de "al mundo" en Juan 3:16 probablemente debería ser entendido con este sentido.

3. El escenario de la actividad humana. Esto tiene que ver especialmente con la riqueza y los bienes materiales. "Las preocupaciones del mundo" pueden ahogar la palabra (Mar. 4:19, BLA). Las personas casadas pueden llegar a preocuparse demasiado por las cosas del mundo (1 Cor. 7:33-34). "No améis al mundo ni las cosas que están en el mundo" (1 Juan 2:15; comp. 2:16-17).

4. Todo lo que es hostil, rebelde, y opuesto a Dios (Rom. 8:19-25;

comp. 2 Ped. 1:4). El mundo está bajo el poder del "príncipe de este mundo" (Juan 12:31; 14:30; 16:11; 2 Cor. 4:4; Ef. 2:2; 1 Juan 5:19). La venida de Jesús trajo juicio al mundo (Juan 9:39; 12:31).

Pablo contrastó la sabiduría de este mundo con la sabiduría de Dios (1 Cor. 1:20-21,26-28; 3:19). "Los gobernantes de este mundo" no pueden entender la sabiduría de Dios escondida en Cristo (1 Cor. 2:7-8, NVI). A través de la cruz, Cristo triunfó sobre todos los poderes de este mundo (Col. 2:15). Verdaderamente, Dios estaba en Cristo "reconciliando consigo al mundo" (2 Cor. 5:19; Col. 1:20; comp. 1:29; 3:17; 10:36; 12:47).

El mundo no es inherentemente malo ya que fue creado por el Verbo de Dios (Juan 1:3-4). Jesús es "la luz del mundo" (8:12) y "el Salvador del mundo" (4:42).

El mundo odiará a los discípulos así como odió a Jesús (15:18) porque no son de este mundo (15:19). Los discípulos deben estar en el mundo pero no "ser del mundo" (17:14-16; comp. 13:35). La victoria sobre la hostilidad del mundo se asegura por medio de la cruz de Jesús (16:33) y a través de la fe (1 Juan 5:4-5). El "mundo" es pasajero (1 Juan 2:17). Ver *Creación; Tierra; Cielo.*

MURCIÉLAGOS Ver *Animales.*

MURO ANCHO Sección del muro de Jerusalén en la esquina noroeste, cerca de la puerta de Efraín; restaurado por Nehemías (Neh. 3:8; 12:38).

MUROS Estructuras verticales exteriores de las casas y las fortificaciones alrededor de las ciudades. En tiempos antiguos, los muros de las ciudades se construían de ladrillos hechos de arcilla mezclada con juncos y secados al sol. Los arqueólogos estiman que los muros de Nínive eran lo suficientemente anchos como para que pasaran tres carros a la par, y los muros de Babilonia eran lo suficiente anchos como para que pasaran seis carros a la par por encima. Ver *Arquitectura en tiempos de la Biblia; Fortaleza, Fortificación*.

En lenguaje bíblico, un muro es símbolo de salvación (Isa. 26:1; 60:18), de la protección de Dios (Zac. 2:5), de aquellos que ofrecen protección (1 Sam. 25:16; Isa 2:15), y de la riqueza de los ricos en su propia imaginación (Prov. 18:11). Un muro de bronce es símbolo de los profetas y de su testimonio en contra de los malvados (Jer. 15:20). La "pared intermedia de separación" (Ef. 2:14) representaba la adoración en el templo y la práctica judía de separarse de los gentiles.

MÚSICA, INSTRUMENTOS MUSICALES, DANZA Expresión de todo el espectro de las emociones humanas, sea en forma vocal o instrumental.

Jubal fue el padre "de todos los que tocan arpa y flauta" (Gén. 4:21). Cuando se despedía a alguien, se podía hacer "con alegría y con cantares, con tamborín y arpa" (Gén. 31:27); cuando alguien regresaba al hogar se le daba la bienvenida "con panderos y danzas" (Jue. 11:34; comp. Luc. 15:25). Las tareas cotidianas a menudo se acompañaban con música: los cantos de quienes cavaban pozos (Núm. 21:17-18), de los que trabajaban en el lagar (Isa. 16:10; Jer. 48:33) y posiblemente del guarda y atalaya (Isa. 21:12).

El canto y la danza alrededor del becerro de oro (Ex. 32:17-19) fue símbolo de un pacto quebrantado. Isaías les reprochó a los ricos perezosos que tienen "arpas, vihuelas, tamboriles, flautas y vino" en los banquetes, pero a la vez no notaban las obras de Jehová (Isa. 5:12). Tanto la burla (Job 30:9) como el aplauso a

los héroes (1 Sam. 18:6-7) se expresaba con canciones.

El cántico de María celebró la derrota de Faraón en el mar Rojo (Ex. 15:21). El "cántico de Débora" (Jue. 5) celebró la victoria sobre Jabín, el rey de Canaán. Los cánticos de victoria (Jue. 15:16) o los que vitoreaban a quien había tenido éxito en una batalla (1 Sam. 18:7) demuestran que la música era un medio para expresar alegría incontenible. Las emociones más profundas se expresaban a través de la poesía musical, tal como se ve en el lamento de David por la muerte de Saúl y Jonatán (2 Sam. 1:19-27). Mujeres como María, Débora y la hija de Jefté ocuparon un lugar especial en cuanto a representación musical (Ex. 15:1-20; Jue. 5; 11:34).

El establecimiento de la monarquía aprox. en el 1025 a.C. hizo que en la corte y en los ritos religiosos hubiera músicos profesionales (1 Rey. 1:34, 39-40; 10:12; Ecl. 2:8). Una inscripción asiria que elogia la victoria del rey asirio Senaquerib sobre el rey Ezequías de Judá, incluye una lista de músicos varones y mujeres como parte del tributo que fue llevado a Nínive.

Los Salmos muestran la gama emocional de la música, que va desde lamentos a alabanza, y que proporciona palabras para algunas de las canciones usadas en la adoración en el templo. El Salmo 98 llama a alabar utilizando música, instrumentos de cuerda, cuernos y trompeta (2 Crón. 29:20-30).

Los encabezamientos de los Salmos contienen información musical (ver Sal. 4-5); dan información litúrgica (ver Sal. 92; 100); y designan el "tipo" de salmo en cuestión (ver Sal. 120, un "cántico gradual"; Sal. 145, un "salmo de alabanza). Encabezamientos tales como "No destruyas" en Sal. 57; 58; 59 y "Lirios" en Sal. 45; 69; 80 sugieren que se cantaban los salmos con melodías populares de ese tiempo.

Había asociaciones o comunidades de músicos, que se conocen por referencias a sus fundadores en los subtítulos de algunos salmos (por ejemplo, "los hijos de Coré"), que evidentemente estaban dedicadas a la disciplina de la música litúrgica. El Sal. 137 habla de los "cánticos de Sión" (v. 3). El restablecimiento del templo fue testigo de músicos levíticos (comp. Esd. 2:40-41) que volvían a asumir responsabilidades en la música litúrgica.

El instrumento musical que más se menciona es el "shofar" (cuerno de carnero). El "shofar"(que a menudo se traduce "trompeta") sólo podía emitir dos o tres notas, y se usaba como instrumento de anuncios en tiempos de guerra y de paz (Jue. 3:27; 6:34; Neh. 4:18-20). Su función principal era hacer ruido, y anunciaba las lunas nuevas y los días de reposo, anunciaba peligros inminentes, indicaba la muerte de una persona importante, y se utilizaba en celebraciones a nivel nacional (1 Rey. 1:34; 2 Rey. 9:13).

La trompeta era un instrumento derecho de metal, ordenado en la punta, y se piensa que tenía un tono alto y estridente. Las trompetas se tocaban de a dos y eran el instrumento de los sacerdotes (comp. Núm. 10:2-10 para una descripción de los usos; ver también 2 Crón. 5:12-13, donde se mencionan unos 20 trompetistas). El sonido de la trompeta era la introducción a la ceremonia y los sacrificios en el templo; la trompeta en sí era uno de los elementos sagrados del templo (2 Rey. 12:13; Núm. 31:6). Para que hubiera señales con sonidos ceremoniales o militares, se utilizaban cuernos perforados de carnero o de buey. Los sacerdotes hacían sonar las trompetas para llamar a la adoración. Más tarde las trompetas se hicieron de plata.

Como el instrumento de David y de los levitas, el arpa se usaba tanto en contextos seculares como religiosos (comp. Isa. 23:16; 2 Sam. 6:5). El arpa (a veces para traducir esta palabra se utiliza el término "lira") se usaba a menudo para acompañar el canto. La cantidad de cuerdas del arpa podía variar; su forma más común era rectangular o trapezoidal. A menudo el arpa estaba asociada con la aristocracia, y por lo tanto se hacía de maderas y metales preciosos (ver 1 Rey. 10:12; 2 Crón. 9:11). El laúd era un instrumento de cuerda con un "cuerpo" grande y en forma de pera, y con un "cuello". RVR 1960 utilizó "salterio" para traducir dos términos hebreos que parecieran indicar un laúd (Sal. 92:3; 150:3).

El *khalil*, que en RVR se menciona como "flauta", y que en realidad se describe mejor hablando de un clarinete primitivo, constaba de dos tubos separados hechos de caña, metal o marfil, cada uno de los cuales tenía una boquilla con caña simple o doble. Se utilizaba para expresión de gozo (1 Rey. 1:39-40) o dolor y lamento (Jer. 48:36; Mat. 9:23). El *khalil* era ante todo un instrumento secular que se podía tocar en funerales o en fiestas.

Otros instrumentos musicales mencionados en textos bíblicos incluyen el tamborín (Gén. 31:27), las campanillas (posiblemente cascabeles de metal sin badajos; ver Ex. 28:33-34; 39:25-26, donde se encuentran cosidas al manto del sacerdote), y una especie de matraca que se podía traducir con la palabra "címbalo" (2 Sam. 6:5). "Metal que resuena" (1 Cor. 13:1) tal vez se entienda en la literatura rabínica como un instrumento característico para bodas y celebraciones alegres.

Como movimiento rítmico que a menudo acompañaba a la música, la danza tenía un lugar prominente en la vida y el culto de Israel (2 Sam. 6:14,16; Job 21:11; Sal. 30:11). En el recibimiento que hacían las mujeres a los soldados victoriosos, la danza podía estar acompañada de canciones y música instrumental (1 Sam. 18:6).

Exodo 15:20 celebra la liberación de Israel en el mar Rojo, y dicha celebración incluye danza, canciones y acompañamiento musical. Jueces 21:16-24 le otorga a la danza un lugar en la celebración de la fiesta anual en Silo, y también se describe cómo David danzó ante el Señor cuando el arca fue llevada a Jerusalén (2 Sam. 6:14). El Sal. 150:4 llama al pueblo de Dios a alabarlo con danza. En la historia del becerro de oro (Ex. 32:19) y en la adoración de Baal en el Carmelo (1 Rey. 18:26) la danza aparece mencionada como acto de idolatría.

En el NT el regreso del hijo pródigo se celebró con música y danza (Luc. 15:25). La práctica de danzas como entretenimiento en cortes reales durante las épocas helénicas y romanas, se halla atestiguado por la danza de Salomé, hija de Herodías (Mat. 14:6).

MUSLO, LOMOS Costado del torso inferior y parte superior de la pierna (Jue. 3:16; Sal. 45:3; Cant. 3:8; 7:1); asiento de funciones vitales, especialmente procreación (Gén. 46:26; Ex. 1:5; Jue. 8:30). La infidelidad marital era castigada con "muslo caído", esto es, con un fallido sistema reproductor (Núm. 5:16-21). En el período patriarcal, se hacían juramentos colocando una mano "debajo del muslo", una referencia velada a los órganos reproductores. Cuando el "extraño" en Peniel no prevalecía contra Jacob, lo tocó en el encaje de su muslo, dejándolo cojo (Gén. 32:25-32). Golpear el muslo era indicación de dolor, vergüenza o remordimiento (Jer. 31:19; Ezeq. 21:12).

❧N❧

NAAMÁN (*"agrado"*) General sirio a quien Eliseo curó de lepra (2 Rey. 5). Después de su sanidad, profesó fe en el Dios de Israel. Ver *Lepra*.

NAASÓN (*"serpiente"*) Líder de Judá en el desierto (Núm. 1:7; 2:3; 7:12,17; 10:14), cuñado de Aarón (Ex. 6:23), y antepasado de David (Rut 4:20-22) y de Jesús (Mat. 1:4; Luc. 3:32).

NABAL (*"necio"* o *"rudo, mal educado"*) Ver *Abigail*.

NABATEOS Pueblo árabe de origen desconocido que influyó notablemente en Palestina durante el tiempo intertestamentario, y en el del NT. Parecen haberse infiltrado en las antiguas Edom y Moab desde su tierra de origen al sudeste de Petra —la cual luego llegó a ser su capital— hasta Madeba al norte. En el 85 a.C. Damasco solicitó de los nabateos un gobernante. Los árabes respondieron. Aunque invadidos por Pompeyo en el 63 a.C., continuaron teniendo influencia sobre Transjordania a través de una serie de gobernadores. Pablo apenas pudo escapar de ser arrestado por los nabateos en Damasco (2 Cor. 11:32). El apóstol pasó tiempo en Arabia después de su conversión, probablemente predicando el evangelio (Gál. 1:17).

NABOT (quizás *"brote"*) Dueño de una viña en el valle de Jezreel adyacente al palacio de campo del rey Acab, quien quería la propiedad para una huerta. Nabot se rehusó a vender sobre la base de que la propiedad era una herencia familiar (1 Rey. 21:3-4; ver Lev. 25:15-23). Jezabel, quien no tenía respeto por las leyes de Israel, tramó el asesinato judicial de Nabot acusándolo de haber blasfemado contra Dios y el rey (1 Rey. 21:8-14). El asesinato de Nabot provocó el juicio de Dios sobre Acab y su familia (1 Rey. 21:17-24).

NABUCODONOSOR (*"Nabu protege"*) Rey de Babilonia 602-562 a.c.; hijo de Nabopolasar, de quien fue general; brillante estratega. Su victoria sobre las fuerzas egipcias en Carquemis (605) marcó la consumación de la conquista babilónica de Palestina. Ver *Babilonia, Historia y religión de*.

NACIMIENTO Acción o proceso de sacar a crías o hijos del vientre. A menudo se utilizaban parteras para el proceso del nacimiento (Gén. 35:17; 38:28; Ex. 1:15). El cordón umbilical de la criatura se cortaba inmediatamente después del nacimiento; al bebé se lo limpiaba, se lo frotaba con sal y se lo envolvía con ropa (Ezeq. 16:4). A menudo el niño recibía el nombre en el nacimiento (Gén. 21:3; 29:32,35; 30:6-8). A la mujer se la consideraba impura ceremonialmente durante un período de entre 40 y 80 días luego del nacimiento (Lev. 12:1-8; ver Luc. 2:22).

El proceso de nacimiento se utiliza en forma figurativa para hablar de la relación de Dios con su pueblo (Deut. 32:18; comp. Job 38:29; Isa. 66:7-9). De acuerdo a Jesús, es tan necesario nacer del Espíritu como nacer de una mujer (Juan 3:1-7).

NACOR (*"ronquido, resoplido"*) (1) Hijo de Serug, padre de Taré, y abuelo de Abraham (Gén. 11:22-26). (2) Hijo de Taré y hermano de Abraham (Gén. 11:26,29; 22:20-22). (3) Ciudad en Mesopotamia donde el siervo de Abraham buscó y encontró una esposa para Isaac (Gén. 24:10); probablemente al sudeste de Harán; mencionada en los textos de Mari.

NADAB (*"dispuesto"* o *"liberal"*)
Cuatro hombres en el AT ente los que
se incluyen: (1) El hijo mayor de
Aarón (Ex. 6:23; Núm. 3:2; 1 Crón.
6:3), quien participó en la ratificación
del pacto (Ex. 24:1,9), actuó como sacerdote (Ex. 28:1), y fue consumido
por el fuego junto con su hermano
Abiú por ofrecer fuego impío al Señor
(Lev. 10:1-7; Núm. 26:61). Nadab
murió sin hijos (Núm. 3:4; 1 Crón.
24:2). (2) Hijo de Jeroboam (1 Rey.
14:20) y rey idólatra de Israel (901-
900 a.C.). Baasa lo asesinó durante
un sitio de la ciudad filistea de Gibetón
(1 Rey. 15:25-28). La exterminación
de la familia de Jeroboam (15:29) fue
considerada como el cumplimiento de
la profecía de Ahías (14:10-11).

NAG HAMMADI Aldea egipcia moderna unos 480 km (300 millas) al sur
de El Cairo y alr. de 100 km (60 millas) al norte de Luxor, o la antigua Tebas, cerca de la cual se encontraron
13 códices antiguos conteniendo 51
escritos menores sobre el gnosticismo. Estos representan los primeros
documentos gnósticos importantes
escritos y usados por los gnósticos.
Los documentos están escritos en
copto, una antigua lengua de Egipto,
pero probablemente son traducciones
de originales griegos. Los documentos presentes parecen ser de alr. del
350 d.C., pero algunos probablemente hayan sido escritos antes del 200
d.C. Ver *Gnosticismo.*

Los documentos de Nag Hammadi
incluyen "evangelios" tales como El
Evangelio de Felipe, El Evangelio de la
verdad, El Evangelio de Tomás, los
cuales aparentan ser una colección de
dichos de Jesús. Ver *Apócrifos, Nuevo Testamento.* Otros documentos
versan sobre el trabajo y circunstancias de los apóstoles. El apocalipsis de
Pablo es el relato del viaje celestial de
Pablo. La revelación de Pedro describe revelaciones especiales dadas a Pe-

dro por Jesús, antes del
encarcelamiento de Pedro. La revelación de Santiago relata la muerte de
Santiago.

Otros documentos contienen una
amplia variedad de especulaciones mi-
tológicas que cubren la creación, la redención, y el destino final. En esta
categoría están: Sobre el origen del
mundo, El libro secreto del gran espíritu invisible, La revelación de Adán,
El pensamiento de nuestro gran poder, La paráfrasis de Sem, El segundo
logos del gran set, y la protennoia tri-
mórfica. Los hechos de Pedro y de los
doce apóstoles, una obra apócrifa sobre los doce apóstoles, no parece ser
gnóstica.

Estos documentos prueban la existencia de sistemas gnósticos independientes del marco cristiano, realzan el
estudio del NT, reflejan la diversidad
del gnosticismo, señalan la diversidad
del cristianismo primitivo y la resultante lucha por la ortodoxia, y refuerzan
una apreciación por la seriedad de la
amenaza gnóstica al cristianismo primitivo.

NAHAS (*"serpiente"* o quizás *"mag-
nificencia"*) (1) Gobernante amonita
cuyo asalto a Jabes de Galaad estableció el escenario para la consolidación
del poder de Saúl como rey (1 Sam.
11:1-11). El oponente de Saúl fue
probablemente el Nahas que se hizo
amigo de David (2 Sam. 10:1-2). Su
hijo Hanún provocó la ira de David
(2 Sam. 10:3-5). Otro hijo, Sobi, fue
aliado de David (2 Sam. 17:27).
(2) Padre de Abigail (2 Sam. 17:25).

NAHUM (*"consolar, alentar"*) Profeta hebreo de Elcos (Nah. 1:1) entre
el 663 y el 612 a.C. Estas fechas pueden determinarse según Nahum 3:8,
que alude a la destrucción de la capital
egipcia, No-Amon o Tebas, en el 663
a.C.; el capítulo 2 anticipa la destrucción de Nínive (612 a.C.). Ver *Israel,*

Historia de. La opresión asiria creó una cuestión problemática para Israel. ¿Cómo podía Dios permitir que ocurriera tal inhumanidad sin que hubiera respuesta? Nahum respondió: Asiria podía haber sido dura para con Judá, pero Dios eventualmente destruiría a los asirios.

NAHUM, LIBRO DE Séptimo libro del Libro de los Doce o Profetas Menores, contiene mensajes de Nahum entre el 663 y el 612 a.C. El libro comienza con una afirmación de Dios como un Dios vengativo. Por más de un siglo, los asirios parecen haber tenido un reino descontrolado, pero ahora Dios estaba respondiendo en ira furiosa. Su juicio se asemejaba a una tormenta próxima, y no daba a Judá ninguna razón para dudar de la justicia de Dios.

El segundo capítulo describe gráficamente la caída futura de Nínive, la capital de Asiria. Nínive era una ciudad enorme con una muralla defensiva de alr. de 13 km (8 millas) en circunferencia y una altura de 7,5 m a 20 m (25 a 60 pies). Estaba rodeada por un foso. Aún así, Nahum afirmó poéticamente la caída de la ciudad.

El libro de Nahum termina con más amenazas contra Nínive. Irónicamente, como Asiria había destruido Tebas en el 663 a.C., el mismo destino caería sobre Nínive (3:8-11). Ninguna preparación alejaría el juicio devastador de Dios. El libro de Nahum es duro y habla sobre lo desagradable que es la guerra, pero ofrece esperanza al pueblo de Judá.

NAÍN (*"placentera"*) Aldea que dominaba la llanura de Esdraelón en el sudoeste de Galilea donde Jesús resucitó al hijo de una viuda (Luc. 7:11-15).

NARCISO (*"narciso"*) Nombre común tanto entre esclavos como libertos; cabeza de familia, que tal vez incluía a algunos cristianos esclavos y/o libertos (Rom 16:11). El Narciso más famoso fue un liberto que aconsejó al emperador Claudio (41-54 d.C.). Se suicidó poco después que Nerón subió al trono. Pablo pudo haberse referido a este Narciso.

NARDO Fragancia cara, derivada de las raíces de la hierba *Nardostachys jatamansi* (Cant. 1:12; 4:13-14; Mar. 14:3; Juan 12:3).

NATÁN (*"dádiva"*) Cinco hombres del AT, incluyendo a un profeta en la corte real de David y en los primeros años de Salomón. David consultó a Natán acerca de la construcción del templo. Natán respondió favorablemente. Aquella noche el Señor habló a Natán con instrucciones para David de que su sucesor construiría el templo pero que David tendría una casa, un gran nombre, y un reino para siempre. David respondió con gratitud al Señor (2 Sam. 7; 1 Crón. 17).

Dios envió a Natán a reprender a David por sus pecados con Betsabé y su esposo Urías (2 Sam. 11). Natán relató la historia de un hombre rico que tomó el único cordero de un hombre pobre y lo preparó como comida para sus invitados. David dijo que el hombre rico debía morir. Natán respondió: "Tú eres aquel hombre." David se arrepintió, pero el primer hijo que le nació a Betsabé murió (2 Sam. 11-12). Natán apoyó a Salomón como sucesor de David (1 Rey. 1:5-53). Natán escribió crónicas sobre David (1 Crón. 29:29) y una historia de Salomón (2 Crón. 9:29).

NATANAEL (*"dador de Dios"*) Israelita a quien Jesús halagó por ser una persona sin engaño (Juan 1:47) y quien, a su vez, confesó al Señor como Hijo de Dios y Rey de Israel (v. 49); era de Caná de Galilea (Juan 21:2). Algunos lo han equiparado con Bartolomé. Felipe le anunció a

Natanael que Jesús era el Mesías prometido (Juan 1:45). Natanael replicó: "¿De Nazaret puede salir algo de bueno?" Ver *Discípulos*; *Apóstoles*.

NATURAL De acuerdo a la naturaleza. (1) Uso natural (Rom. 1:26-27) se refiere a relaciones heterosexuales, y por lo tanto naturales. (2) Afecto natural se refiere específicamente al afecto hacia la familia. Aquellos que no tienen afecto natural no son amorosos para con sus familias o son generalmente inhumanos o antisociales (Rom. 1:31; 2 Tim. 3:3). (3) Las ramas naturales son las originales en contraposición a las injertadas (Rom. 11:21,24). (4) La persona natural o no espiritual (1 Cor. 2:14) no está dispuesta a recibir dones del Espíritu de Dios ni a discernir cuestiones espirituales (contrastar 2:15; comp. Sant. 3:15; Jud. 19). (5) Rostro natural (Sant. 1:23) literalmente es el rostro de uno al nacer. Ver el rostro natural de uno mismo es verse como uno realmente es.

NAVAJAS, AFEITAR Los egipcios afeitaban el pelo de sus barbas y cabeza excepto en tiempos de luto. Los faraones aparentemente usaban barbas falsas.

Los hebreos, al igual que la mayoría de los asiáticos occidentales, incluyendo a los asirios, consideraban que la barba era un ornamento y cuestión de orgullo. Era la dignidad de la hombría, y sólo se la recortaba (2 Sam. 19:24; Ezeq. 44:20). Las personas se afeitaban con un instrumento cortante afilado hecho de pedernal, obsidiana o hierro (Isa. 7:20; Ezeq. 5:1). La navaja podía ser un simple cuchillo o un instrumento elaborado, a veces decorado. Afeitarse era una señal de luto (Job 1:20; Jer. 7:29), de sometimiento a un superior (Núm. 8:7; Gén. 41:14), y era llevado a cabo por parte de los leprosos (Lev. 14:9).

NAVES Y EMBARCACIONES La historia de Israel raramente menciona naves y embarcaciones. Salomón construyó una flota de naves en Ezión-geber (1 Rey. 9:26). Josafat intentó un proyecto similar con resultados desastrosos (1 Rey. 22:48). Pablo navegó de Cesarea a Roma (Hech. 27,28). La estación ideal para la navegación en el Mediterráneo era del 27 de mayo al 14 de septiembre, con límites máximos que iban desde el 10 de marzo al 10 de noviembre. La navegación durante el otoño tardío y el invierno se reducía a lo mínimo indispensable, tal como acarreo de envíos vitales, transporte de provisiones esenciales, y movimientos militares urgentes. La severidad de las tormentas de invierno y la escasa visibilidad debido a la neblina y las nubes, hacían la navegación muy difícil antes de la brújula. En el mar de Galilea operaban pequeñas embarcaciones, pero no tenemos descripción de ellas.

NAVIDAD Antes del 300 d.C. las iglesias en Egipto, Asia Menor y Antioquía observaban la Epifanía, la manifestación de Dios al mundo celebrando el bautismo de Cristo, su nacimiento y la visita de los magos. Poco después del año 300, los cristianos en Roma comenzaron a celebrar el nacimiento de Cristo. Para el 400 d.C. la mayoría del mundo cristiano observaba esta nueva fiesta.

No existen evidencias sobre la fecha exacta del nacimiento de Cristo. La fecha del 25 de diciembre se eligió tanto por razones prácticas como teológicas. A través del Imperio Romano se celebraban varias fiestas en conjunción con el solsticio de invierno. En Roma, la "fiesta del sol inconquistable" celebraba el comienzo del regreso del sol. Cuando el cristianismo se convirtió en la religión del Imperio, la iglesia tuvo dos opciones: suprimir las fiestas o transformarlas. La fiesta del sol se convirtió en la fiesta del Hijo, la Luz del mundo. Ver *Año eclesiástico.*

NAZAREO (*"consagración," "devoción,"* y *"separación"*) Miembro de un grupo de personas especialmente dedicado a Dios. Hay dos formas tradicionales de nazareato: un voto por parte del individuo por un período específico limitado (Hech. 18:18; 21:22-26); una devoción de toda la vida después de una revelación dada al padre o a la madre, que anunciaba el nacimiento inminente de un niño (Jue. 13; 1 Sam. 1; Luc. 1:15-17). Las señales externas del voto nazareo —dejarse crecer el cabello, abstenerse de vino y otros productos alcohólicos, evitar el contacto con los muertos— ilustran la devoción a Dios. Transgredir estas señales daba como resultado contaminación y la necesidad de purificación, de manera que se pudiera completar el voto (Núm. 6:1-21). Amós 2:12 muestra una preocupación moral a fin de proteger la posición de los nazareos.

NAZARET, NAZARENO (*"rama"*) Pueblo en la baja Galilea, aprox. a mitad de camino entre el mar de Galilea y el Mediterráneo; lugar donde Jesús creció (Mat. 26:71; Luc. 18:37; 24:19; Juan 1:45; Hech. 2:22; 3:6; 10:38); no fue prominente hasta que el lugar se asoció con Jesús. Estaba en la zona montañosa del valle de Esdraelón; las montañas formaban una cuenca natural, y el pueblo estaba ubicado en las laderas de la cuenca, mirando al este y al sudeste. Caná estaba alr. de 8 km (5 millas) al nordeste. Cerca de Nazaret pasaba una carretera romana desde Capernaum hacia el oeste para el lado de la costa. Era una aldea pequeña en tiempos de Jesús, y tenía un solo manantial para proveer de agua fresca a sus habitantes. Ver Luc. 1:26-28; Mat. 2:19-23; Luc. 2:39-40; 4:16). Nazaret no tenía bue-

na reputación, como se refleja en la pregunta de Natanael, que era un galileo (Juan 1:46; comp. Hech. 24:5). Jesús fue rechazado por la gente de su pueblo, y fue expulsado de la sinagoga de Nazaret (Luc. 4:16-30; ver también Mat. 13:54-58; Mar. 6:1-6). Ver *Galilea.*

NEBO (*"altura"*) (1) Dios babilonio del habla, la escritura y el agua. La adoración a Nebo fue popular durante la era neobabilónica (612-539 a.C.). Isaías se burló de las procesiones que presentaban al ídolo de Nebo (Isa. 46:1).

(2) Ciudad moabita al sudoeste de Hesbón. Las tribus de Rubén y Gad reclamaron la región alrededor de Nebo para sus rebaños (Núm. 32:2-3). El rey Mesa volvió a tomarla alr. del 850 a.C. (3) Pueblo que los exiliados que regresaron de Babilonia volvieron a habitar (Esd. 2:29); identificado con Nob. (4) Montaña a unos 19 km (12 millas) al este de la boca del río Jordán, desde donde Moisés vio la Tierra Prometida (Deut. 32:49); a más de 1300 m (4000 pies) sobre el mar Muerto, con una vista excelente hacia el sudoeste, oeste, y hacia el norte hasta el monte Hermón. Ver Núm. 22-24; 2 Sam. 8:2.

NECAO Segundo faraón (609-594 a.C.) de la dinastía XXVI de Egipto; sus fuerzas mataron a Josías en batalla (2 Rey. 23:29-35; 2 Crón. 35:20-24); instauró a Joacim como rey de Judá (2 Rey. 23:34-35). La dinastía XXVI se estableció con el padrinazgo asirio. El ambicioso Necao se apoderó de Gaza como base de operaciones (Jer. 47:1) para poner a Siria bajo su control y ayudar al remanente asirio en su lucha con la fuerza emergente de Babilonia. Josías murió en la batalla con Necao en Meguido, mientras Necao iba camino a Carquemis. Nabucodonosor derrotó a Necao en

605 a.C. (Jer. 46:2). Más tarde, Nabucodonosor extendería su control hasta el Nilo (2 Rey. 24:7). Ver *Asiria*; *Egipto*; *Josías.*

NEFILIM (*"los caídos"* o *"los que caen [violentamente] sobre otros"*) (1) Héroes antiguos que, según algunos intérpretes, son el producto de la unión sexual de seres celestiales ("hijos de Dios"; comp. Job 1:6; 2:1; 38:7; Sal. 29:1; 82:6) y mujeres humanas (Gén. 6:4). El relato ilustra el quebrantamiento del orden establecido por Dios, que separa los cielos de la tierra (Gén. 1:6-10) y que especifica la reproducción "fruto según su género" (1:11-12,21,24-25). Dios intervino para restablecer los límites inherentes a la creación (6:3; comp. 3:22-23). Números 13:33 describe a los "nefilim" como gigantes descendientes de Anac, frente a quienes los israelitas parecían ser del tamaño de langostas. Ver *Anac*; *Hijos de Dios*; *Refaítas.*

NEFTALÍ (*"luchador"*) Ver *Tribus de Israel, Las.*

NEGUEV (*"seco"*) Región árida en el sur de Palestina; llegó a significar "sur"; tierra de los amalecitas durante los días de Abraham (Gén. 14:7; 21:14). Los israelitas anduvieron errantes en el Neguev después de un intento fútil de entrar en Canaán (Núm. 14:44-45). David lo incorporó a su reino, y Salomón estableció fortalezas en la región. Daniel utilizó el término para referirse a Egipto (Dan. 11:15,29). Después que Judá cayó en el 586 a.C., Edom incorporó la región a su reino. En tiempos del NT, se conocía como Nabatea. Ver *Direcciones (geográficas)*; *Nabateos*; *Palestina.*

NEHEMÍAS (*"Jah conforta o alienta"*) (1) Líder judío; copero del rey de Persia (1:11); nombrado gobernador

persa sobre Judá; lideró a los judíos en la reconstrucción de los muros de Jerusalén. Ver *Israel, Historia de.* (2) Hombre que retornó con Sesbasar (Esd. 2:2; Neh. 7:7). (3) Ayudante en la reconstrucción de los muros de Jerusalén (Neh. 3:16).

NEHEMÍAS, LIBRO DE Libro entre los "Escritos" del AT que detalla la obra de Nehemías para reconstruir Jerusalén y sus muros. Nehemías y Esdras eran un solo libro en el AT hebreo y griego, y probablemente no se dividieron hasta después del período intertestamentario (para más detalles ver Esdras). La tradición judía afirma que fue escrito por Esdras o Nehemías. En razón de la estrecha relación entre Crónicas y Esdras-Nehemías, una sola persona puede haber escrito o compilado los tres libros.

El autor/compilador entretejió los relatos de Esdras y Nehemías, presentando a Esdras en Neh. 8. El libro tiene cuatro secciones principales: la reconstrucción de los muros de Jerusalén (caps. 1-7), el gran avivamiento (caps. 8-10), información de población y censo (caps. 11-12), y las reformas de Nehemías (cap. 13). Nehemías realizó dos visitas a Jerusalén, enviado por el rey Artajerjes (2:1-6; 13:6-7). La primera, en el 445 a.C., fue para reparar los muros. La segunda fue un viaje para resolver problemas en el 432 a.C. (13:6). Nehemías era contemporáneo de Esdras y Malaquías.

Las memorias de Nehemías incluyen relatos en primera persona (1:1-7:5; 12:27-47; 13:4-31). Otro material utiliza la tercera persona (caps. 8-10). Informado de la destrucción de los muros de Jerusalén, se deprimió tanto que lloró días enteros (1:4). Confesó los pecados de Israel (1:5-11). Su dolor se hizo evidente a Artajerjes, quien le permitió ir a Jerusalén. Nehemías primero inspeccionó los muros de noche (2:15). Luego convenció al pueblo de la necesidad de un programa de construcción. Así comenzó la obra (cap. 3). Sanbalat y sus amigos trataron de detenerla, pero no tuvieron éxito (cap. 4). La construcción de los muros hizo que faltara mano de obra; los campos estaban hipotecados, y se cobraban altas tasas de interés. Nehemías corrigió el problema e incluso dio ayuda financiera a quienes tenían necesidad (cap. 5). Nuevamente Sanbalat y otros que no eran judíos intentaron convencer a Nehemías para que abandonara el trabajo. No lo lograron. Nehemías demostró ser una persona de voluntad férrea y valentía inusual. "Fue terminado, pues, el muro . . . en cincuenta y dos días" (Neh. 6:15).

El clímax teológico del libro de Nehemías y de la vida de Esdras es el gran avivamiento (Neh. 8-10). Esdras leyó del libro de la ley de Moisés (8:1), y otros "ponían el sentido, de modo que entendiesen la lectura" (8:8). Esto probablemente incluyó la traducción de las Escrituras hebreas al arameo, la lengua hablada comúnmente.

Hubo una gran celebración, y se celebró la fiesta de los tabernáculos. Los presentes "confesaron sus pecados y adoraron a Jehová su Dios" (9:3), se divorciaron de sus esposas extranjeras (9:2), hicieron una larga oración de confesión (9:6-37), hicieron un pacto con Dios (9:38), y se hizo un registro de los firmantes y de los términos del pacto (cap. 10).

Nehemías no quedó satisfecho con la pequeña población de Jerusalén, de modo que echó suertes para llevar a Jerusalén a uno de cada diez habitantes de los pueblos (11:1). La dedicación del muro se describe más tarde en 12:27-43. El último capítulo de Nehemías cita las reformas realizadas en el 432 a.C. Expulsó a un gentil a quien se le permitía vivir en el templo;

restauró la práctica de diezmar para sostener a los levitas; corrigió las transgresiones del Sábado por parte de aquellos que compraban y vendían en el día de reposo; y trató frontalmente con aquellos que se habían casado con extranjeras, quienes no eran parte del pacto con Dios.

La teología de Nehemías era sumamente práctica; afectaba todas las áreas de la vida. Notar sus oraciones prácticas (1:4-11; 2:4; 4:4-5,9; 5:19; 6:9,14; 13:14,22,29,31). Valientemente pidió: "Acuérdate de mí para bien, Dios mío, y de todo lo que hice por este pueblo" (5:19; comp. 13:14,31). Su fe produjo resultados prácticos (2:8; comp. 2:18). Él creía que "el Dios de los cielos, él nos prosperará" (2:20), y que "nuestro Dios peleará por nosotros" (4:20). Respetaba el Sábado, el templo y sus instituciones, los levitas y el diezmo. Nehemías fue el padre del judaísmo, y les dio a los judíos una ciudad fortificada, un pueblo purificado, una nación dedicada y unificada, una estabilidad económica renovada, y un nuevo compromiso con la ley de Dios.

NEREO (1) Dios griego del mar que engendró a las Nereidas (ninfas del mar). (2) Cristiano romano, posiblemente hijo de Filólogo y Julia (Rom. 16:15).

NERGAL (*"Señor de la gran ciudad"*) Dios mesopotámico del mundo de los muertos, cuyo culto estaba centrado en Cuta. En el 721 a.C., los asirios recolonizaron Samaria con pueblos mesopotámicos, que trajeron con ellos a sus dioses, incluyendo a Nergal (2 Rey. 17:30). El nombre es un elemento en el nombre del funcionario babilónico Nergal-sarezer (Jer. 39:3,13). Ver *Asiria*.

NERGAL-SAREZER (*"Nergal, protege al rey"*) Oficial de la corte de Nabucodonosor, que ayudó a destruir

Jerusalén en el 586 a.C. (Jer. 39:3,13); yerno de Nabucodonosor; condujo un campaña militar a través de los montes Tauros, para luchar contra los medos. Tuvo éxito al principio, pero luego fue totalmente derrotado y al poco tiempo murió, quizás a manos de quienes pusieron a Nabónido en el trono. Ver *Babilonia, Historia y religión de.*

NERÓN (*"bravo"*) Emperador romano (54-68 d.C.); llegó a ser emperador a la edad de 13 años; sucedió a su padrastro Claudio, quien probablemente fue asesinado a instancias de Agripina, la madre de Nerón. Su reinado inicial fue dominado por su madre y sus dos mentores, Burro y Séneca. Tiempo después probablemente se involucró en la muerte de su medio hermano Británico, e hizo asesinar a su madre.

Nerón podía ser extremadamente cruel. Su vida estuvo marcada por libertinaje y excesos. No obstante, fue también poeta, actor, músico y atleta. Hubo un gran incendio en Roma (64 a.C.). Nerón tocaba su lira mientras la ciudad se incendiaba.

No pudo disipar el rumor de que él había hecho encender el fuego. Nerón seleccionó a los cristianos como chivos expiatorios, sosteniendo que ellos habían provocado el incendio. Empezó entonces una persecución sistemática. En razón de su estilo de vida y de la persecución, muchos cristianos lo vieron como el anticristo. Nerón perdió la lealtad de grandes sectores del ejército. Finalmente, varios ejércitos de frontera se rebelaron. El apoyo de Nerón en Roma se fue desvaneciendo. Dándose cuenta de que el fin era inevitable y cercano, se suicidó. Ver *Roma.*

NICODEMO (*"inocente de sangre"*) Fariseo (Juan 3:1), miembro del Sanedrín, el concilio judío, y "maestro de Israel," esto es, una autoridad en la interpretación de las Escrituras hebreas (Juan 3:1,10). La visita nocturna de Nicodemo sugiere cierta timidez y su recorrido desde la oscuridad de su propio pecado e ignorancia, hacia la luz de Jesús (Juan 3:2). Nicodemo reconoció a Jesús como un maestro enviado por Dios, cuyas señales daban testimonio de la presencia divina (Juan 3:2). Jesús respondió que Nicodemo jamás podría ver el reino de Dios sin "nacer de nuevo" (v. 3) o "nacer del agua y del Espíritu" (v. 5). Nicodemo no pudo menos que maravillarse ante la imposibilidad de tal cosa (vv. 4,9). Tiempo después Nicodemo defendió a Cristo delante de sus pares judíos (Juan 7:48-51). Ellos lo reprendieron. Para la sepultura de Jesús, Nicodemo contribuyó con suficiente áloes y especias como para preparar a un rey para el entierro (Juan 19:39-41).

NICOLAÍTAS Grupo hereje en la iglesia primitiva, que enseñaba inmoralidad e idolatría; condenados (Apoc. 2:6,15) por sus prácticas en Éfeso y Pérgamo. Tiatira aparentemente había resistido la profecía falsa que ellos predicaban (Apoc. 2:20-25).

NICOLÁS (*"conquistador de pueblos"*) Helenista "lleno de fe y del Espíritu Santo" escogido como administrador de la comida para las viudas de habla griega de la iglesia de Jerusalén (Hech. 6:5); un prosélito, esto es, un gentil convertido al judaísmo, originario de Antioquía. Ver *Diácono.*

NICÓPOLIS (*"ciudad de victoria"*) Sitio en el que Pablo muy probablemente pasó un invierno (Tito 3:12); ubicado en Epiro, en el noroeste de Grecia, sobre el lado norte de Ambracia.

NIDO Símil o metáfora de la morada humana (Núm. 24:21; Job 29:18; Hab. 2:9; Prov. 27:8). El término traducido "nido" (Mat. 8:20; Luc. 9:58) sugiere una "tienda" de hojas más que un nido.

NIEVE Precipitación helada que raramente se veía en Palestina. Aún así, el monte Hermón tiene una corona de nieve que puede verse desde la mayor parte de Palestina. En la Biblia la nieve se usa figurativamente: blancura (Isa. 1:18), limpieza (Job 9:30), frescura (Prov. 25:13). Ver *Clima.*

NÍGER (*"negro"*) Sobrenombre latino; apodo de Simón, maestro-profeta de la iglesia primitiva de Antioquía. El sobrenombre latino de Simón sugiere que era originario de la provincia romana de África, al oeste de Cirenaica. Su inclusión en Hech 13:1 demuestra el liderazgo multirracial y multinacional de la iglesia de Antioquía. El interés de ellos por las misiones probablemente estaba arraigado en su propia diversidad étnica.

NIMRIM (*"leopardos"* o *"cuencas de aguas claras"*) Arroyo del que dependía la productividad agrícola de Moab (Isa. 15:6; Jer. 48:34); ya sea el wadi en-Numerah, que fluye hacia el este en el mar Muerto a unos 13 km (8 millas) al norte de su extremo inferior, o el wadi Nimrim, que fluye al este hacia el Jordán a unos 13 km (8 millas) al norte de su desembocadura.

NIMROD (*"nos rebelaremos"*) Hijo de Cus o Etiopía (Gén. 10:8-10; 1 Crón. 1:10); cazador y constructor del reino de Babel, a quien algunos estudiosos de la Biblia han asociado con Tukulti-Ninurta, un rey asirio (alr. de 1246-1206 a.C.). Otros piensan que el antiguo Nimrod puede haber sido Amenofis III de Egipto (alr. de 1411-1375 a.C.) o el heroico Gilgames. Sea como fuere, leyendas muy populares hablan de Nimrod como gobernante tanto en el folklore asirio como en el egipcio. El profeta Miqueas llamó a Asiria "la tierra de Nimrod" (5:6).

NÍNIVE La más grande de las capitales del antiguo imperio asirio, que floreció desde alr. del 800 al 612 a.C.; sobre la margen izquierda del río Tigris en el nordeste de Mesopotamia (hoy Irak); ciudad establecida por Nimrod (Gén. 10:9-12); ciudad enemiga a la que Dios envió al rebelde profeta Jonás en el siglo VIII a.C. Nahum profetizó la caída de la "ciudad sangrienta" por ataque de los medos y caldeos en el 612 a.C.

Senaquerib (704-681 a.C.) construyó el enorme palacio del sudoeste. Sus relieves muestran a los cautivos filisteos, tirios, arameos y a otros trabajando bajo la supervisión del rey mismo. Un relieve muestra la toma de Laquis por parte de Asiria en el 701 a.C. La ciudad de Senaquerib estaba rodeada por 13 km (8 millas) de muros con quince puertas. Tenía jardines y parques irrigados por un acueducto de unos 50 km (30 millas) de largo.

Asurbanipal (669-628 a.C.) construyó el palacio del norte con sus magníficos relieves de las cacerías reales de leones. Asurbanipal llegó a acumular una biblioteca de 20.000 tablillas, que contenían épicas literarias importantes, colecciones de magia y predicciones, archivos y cartas reales. Ver *Asiria.*

NIÑA DE LOS OJOS Expresión castellana para hacer referencia a la pupila del ojo y, por lo tanto, a algo muy preciado. Hay tres palabras hebreas distintas que se traducen por la niña de los ojos: (1) en Deut. 32:10 y Prov. 7:2 dice literalmente "hombre pequeño"; evidentemente el reflejo de una persona en el ojo de otra; (2) en Sal. 17:8 y Lam. 2:18 dice literalmente "la hija del ojo", posiblemente con el mismo significado que *1*; (3) Zac. 2:8 literalmente dice "puerta". Lamentaciones 2:18 habla de la pupila del ojo como la fuente de las lágrimas; las otras referencias son metafóricas para indicar algo que tiene gran precio.

NISÁN Término foráneo usado después del exilio para el primer mes del calendario hebreo (Neh. 2:1; Est. 3:7) en marzo y abril; anteriormente llamado Abib. Ver *Calendarios*.

NISROC Dios adorado por el rey asirio Senaquerib (2 Rey. 19:37; Isa. 37:38); puede ser una corrupción (¿deliberada?) del nombre Marduk, Nusku (el dios del fuego) o de Asur.

NO DESTRUYAS Expresión en el encabezamiento de los Salmos 57, 58, 59 y 75. Puede indicar melodía con que el pueblo cantaba el salmo.

NOA Una de las cinco hijas de Zelofehad (Núm. 26:33).

NOB Ciudad en Benjamín, probablemente situada entre Anatot y Jerusalén (Neh. 11:31-32; Isa. 10:32). Con posterioridad a la destrucción del santuario de Silo alr. del 1000 a.C. (Jer. 7:14), el sacerdocio se reubicó en Nob. En razón de que el sacerdote Abimelec dio ayuda al fugitivo David (1 Sam. 21:1-9), Saúl exterminó a 85 de los sacerdotes de Nob (1 Sam. 22:9-23). Sólo Abiatar escapó. Ver *Abimelec*.

NOD (*"errante"*) Sitio fuera de la presencia de Jehová y "al oriente de Edén" (Gén. 4:16) donde Dios exilió a Caín después del asesinato de Abel (Gén. 4:12,14).

NODAB (*"nobleza"*) Tribu conquistada por Rubén, Gad y la media tribu de Manasés (1 Crón. 5:18-19). El nombre es preservado por Nudebe en Haurán. La asociación de Nodab con Jetur y Nafis sugiere su identificación con Cedema (Gén. 25:15; 1 Crón. 1:31).

NOÉ (*"descanso"*) Hombre que caminó con Dios y se mantuvo libre de culpa entre el pueblo de su época; escogido por Dios para ser sobreviviente del diluvio con sus hijos Sem, Cam y Jafet y sus familias (Gén. 6-9). Después del diluvio, Dios estableció con él el pacto del arco iris o de Noé, de que nunca más iba a destruir con un diluvio a los seres vivientes que Él había creado. Una vez en tierra seca, Noé plantó una viña, bebió de su vino, se emborrachó, y se desnudó en su tienda. Cam informó a Sem y a Jafet sobre la desnudez de su padre. Los dos últimos mostraron respeto por su padre y lo cubrieron. Como resultado, recibieron ricas bendiciones para sus descendientes de parte de Noé. Cam recibió una maldición para sus descendientes: Canaán. Heb. 11:7 elogia las acciones de fe de Noé al construir el arca. Las referencias a Noé en 1 Ped. 3:20 y 2 Ped. 2:5 hablan de Noé y de sus familias que fueron salvados del diluvio. Ver *Diluvio*.

NOEMÍ (*"mi agrado"*) Esposa de Elimelec y suegra de Ofra y de Rut (Rut 1:2,4). Noemí sufrió el dolor de la muerte de su esposo y sus dos hijos estando en Moab. Su intento de que Rut y Booz se casaran tuvo éxito, y llegó a ser antepasada de David, el más grande rey de Israel (Rut 4:21-22). Ver *Rut*.

NOMBRES En la tradición bíblica la tarea de poner el nombre a un niño generalmente recaía sobre la madre (Gén. 29:31-30:24; 1 Sam. 1:20) pero podía ser cumplida por el padre (Gén. 16:15; Ex. 2:22) y en casos excepcionales por otras personas (Ex. 2:10; Rut 4:17). El último hijo de Jacob y Raquel recibió un nombre tanto por parte de su madre como de su padre. Jacob cambió el nombre que le dio Raquel (Gén. 35:18). La tarea de dar el nombre podía ser asignada a Dios cuando se originaba en un anuncio divino del nacimiento (Gén. 17:19; Luc. 1:13). En el AT se ponía el nombre al nacer, y en los relatos del NT se hacía al octavo día junto con la circuncisión (Luc. 1:59; 2:21).

Conocer el nombre de una persona era conocer el carácter y la esencia de esa persona. Los nombres podían expresar esperanzas para el futuro del niño. El cambio de nombre podía ocurrir por iniciativa divina o humana, y revelaba una transformación en carácter o destino (Gén. 17:5,15; 32:28; Mat. 16:17-18). Conocer el nombre implicaba una relación entre las partes, en la cual estaba en vigencia el poder para hacer bien o mal. El hecho de que Dios conociera a Moisés por nombre, dio lugar a que le concediera el pedido de la presencia divina (Ex. 33:12,17). El acto de poner nombres implicaba el poder del que ponía nombres sobre el que recibía el nombre. Evidencia de esto es el poner nombre a animales (Gén. 2:19-20) o el nuevo nombre que faraón dio a José (Gén. 41:45; comp. Dan. 1:6-7; 2 Rey. 24:17).

Los nombres propios transmitían un significado fácilmente comprensible: circunstancias del nacimiento (Gén. 35:18; 25:26; ver Ex. 2:22; 1 Sam. 4:21-22; Isa. 7:3; 8:3); características personales (Gén. 25:25; 2 Rey. 25:23); nombres de animales como Jonás (paloma), Raquel (oveja); nombres de plantas como Tamar (palmera), Susana (lirio); epítetos como Nabal (necio), Sara (princesa); nombres teofóricos que empleaban los nombres divinos El y Jah como Matanías, "dádiva de Yavéh" y Ezequiel, "que Dios te fortalezca." Otros nombre incluían títulos y parentesco: Abimelec, "mi padre es rey."

Poner a un niño el nombre de un pariente, especialmente del abuelo (Simón Bar-Jonás, "hijo de Jonás") era ya común en tiempos cristianos. Identidades geográficas incluían a Goliat de Gat y Jesús de Nazaret. Ver *Familia*.

NOMBRES DE DIOS Designaciones de sí mismo que Dios da a su pueblo como una revelación personal dando a conocer la relación que tiene con su pueblo. Conocemos su nombre sólo porque Él elige darlo a conocer. Ver *Nombres*.

El carácter de Dios se revela en su nombre, que habla de su poder, autoridad y santidad. Los Diez Mandamientos prohibían profanar el nombre de Dios (Ex. 20:7; Deut. 5:11). Cuando pronunciaban el nombre de Dios los profetas hablaban con autoridad. Los juramentos realizados en el nombre de Dios eran considerados obligatorios, y las batallas peleadas en el nombre de Dios eran victoriosas. Otras naciones temían a Israel porque batallaba en el nombre del Señor. El nombre de Dios se manifiesta de la manera más clara en Jesucristo, "el Verbo" (Juan 1:1; comp. 17:6).

Antes del encuentro de Moisés con Dios en el desierto madianita, a Dios generalmente se lo conocía como el Dios de los padres. Se usaban varios nombres para Dios, mayormente asociados con la palabra semítica primitiva El. Este es un término genérico para Dios o la deidad, que alude a un poder imponente que instila en la humanidad un temor o reverencia misteriosos. El era el Dios principal en el panteón cananeo. Ver *Canaán, Historia y religión de*.

El en la Biblia a veces se refiere a la deidad, en contraposición a la particular revelación histórica asociada con el nombre "Yavéh" (ver más abajo). Más frecuentemente este nombre se usa como sinónimo de Yavéh, el Dios de Israel, y que traducido es Dios.

El se usa en combinación con otros términos para revelar el carácter de Dios.

El-Shaddai ("Dios de las montañas" o "el Dios Todopoderoso") está estrechamente asociado con el período patriarcal (Ex. 6:3) y se encuentra más frecuentemente en los libros de Génesis y Job. Dios usó este nombre para hacer su pacto con Abraham (Gén. 17:1-2).

El-Elyon ("el Dios más alto" o "el exaltado") es el nombre por el cual Melquisedec bendijo a Abraham (Gén. 14:19-20), hablando de El-Elyon como el "creador de los cielos y de la tierra" (comp. Núm. 24:16; 2 Sam. 22:14; Sal. 18:13). El-Elyon parece haber tenido vínculos estrechos con Jerusalén. Los cananeos en Ugarit adoraban a El-Elyon.

El-Olam ("Dios de la eternidad" o "Dios eterno") muestra la soberanía de Dios que se extiende a través del tiempo y va más allá de nuestra capacidad para ver o entender (Gén. 21:33; Isa. 26:4; Sal. 90:2).

El-Berit ("Dios del pacto," Jue. 9:46) transforma el Baal Berit cananeo (8:33) para mostrar que sólo Dios hace pactos y los guarda.

El-Roi ("El Dios que me ve" o "Dios de visión"). Dios ve las necesidades de su pueblo y responde (Gén. 16:13).

Elohim, una forma plural para hablar de la deidad; es la combinación más completa con la palabra El. El plural no sugiere politeísmo al referirse al Dios de Israel, sino que es un plural de majestad y una revelación de la naturaleza infinita de Dios (comp. Gén. 1:26). Este nombre sugiere un misterio con respecto al Dios-Creador que la humanidad no puede desentrañar totalmente. Dios es Señor absoluto e infinito sobre la creación y la

historia. El cristiano ve en este término un indicador de la realidad trinitaria de la creación.

El se combina frecuentemente con otros sustantivos y adjetivos. Algunos ejemplos son: Isra-el ("alguien gobernado por Dios"), Bet-el ("casa de Dios"), Peniel ("rostro de Dios"). Jesús empleó una forma de El cuando exclamó desde la cruz (Mar. 15:34) "Eloi, Eloi," "Dios mío, Dios mío," citando el Sal. 22.

El nombre de Dios en el pacto fue "Yahweh" castellanizado Yavéh. La fe de Israel era una nueva respuesta a Dios basada en la revelación divina. Este nombre era tan único y poderoso que Dios hizo un pacto con su pueblo basado en su auto-revelación (ver Ex. 3; 6; 19-24). Ver YHWH.

Los títulos de Yavéh aparecen en traducciones castellanas como Jehová. Ver YHWH.

Yavéh-Jireh ("el Señor proveerá") es el nombre dado al lugar donde Dios proveyó de un carnero para que Abraham sacrificara en lugar de Isaac (Gén. 22:14). Este nombre testifica de la liberación de Dios.

Yavéh-Mekaddesh ("el Señor santifica"). La santidad es la revelación central del carácter de Dios (Ex. 31:13). Dios pide un pueblo apartado.

Yavéh-Nissi ("el Señor es mi estandarte"). Moisés atribuyó este nombre a Dios después de una victoria contra los amalecitas (Ex. 17:15). El nombre de Dios era considerado un estandarte bajo el cual Israel podía batallar por la victoria.

Yavéh-Rohi ("el Señor es mi pastor"). Dios es el que provee de cuidado amoroso para con su pueblo (Sal. 23:1).

Yavéh-Sabaot ("el Señor de los ejércitos" o "el Señor todopoderoso") representa el poder de Dios sobre las naciones y estaba estrechamente ligado a Silo, al arca del pacto y a la profecía (1 Sam. 1:3; Jer. 11:20; comp. 1 Sam. 17:45). El título designa a Dios como Rey y gobernante de Israel, de sus ejércitos, de su templo, y de todo el universo.

Yavéh-Shalom ("el Señor es paz") era el nombre del altar que Gedeón construyó en Ofra, significando que Dios trae a su pueblo bienestar y no muerte (Jue. 6:24).

Yavéh-Shammah ("el Señor está allí") es el nombre de Dios asociado con la restauración de Jerusalén, el lugar de la morada de Dios (Ezeq. 48:35, Jehová-sama).

Yavéh-Tsidkenu ("el Señor es nuestra justicia") era el nombre que Jeremías le dio a Dios, el Rey justo, que establecería un nuevo reino de justicia y gobernaría sobre Israel después del regreso del cautiverio (Jer. 23:5-6; 33:16).

Baal era el dios principal del panteón cananeo. En algunas religiones antiguas, Baal y El pueden usarse indistintamente. En Israel existía una tendencia a identificar a Baal con Yavéh. Pero la adoración de Baal era incompatible con el monoteísmo hebreo. Profetas como Elías y Oseas llamaron al pueblo a alejarse de estas tendencias y a volver al pacto.

Adon (o Adonai). Este es un título de autoridad y honor cuya traducción es "Señor," y se aplica tanto a un superior, por ejemplo un rey o un amo, como a Dios. Le asigna a Dios el más alto honor y adoración y llegó a ser un sustituto de Yavéh cuando Israel se rehusó a pronunciar el nombre santo.

Una característica prominente de las Escrituras es el uso de lenguaje metafórico. Muchos nombres de Dios son simbólicos, ilustrativos o figurados.

Anciano de días describe a un anciano que vivió muchos años (Dan. 7:9,13,22); confesión de que Dios vive para siempre y su reino es eterno. Él da significado a la historia y la está llevando a su consumación (Sal. 90:2).

Roca. Dios es fuerte y permanece (Deut. 32:18; Sal. 19:14; Isa. 26:4).

Refugio. Dios es un refugio contra el enemigo (Sal. 9:9; Jer. 17:17).

Fortaleza. Dios es una defensa contra el enemigo (Sal. 18:2; Nah. 1:7).

Escudo. Dios es protección (Gén. 15:1; Sal. 84:11).

Sol. Dios es la fuente de luz y vida (Sal. 84:11).

Refinador. Dios es purificador (Mal. 3:3).

Muchas descripciones de Dios provenían de la vida política.

Rey. El pueblo del pacto de Yavéh debía obedecerlo como soberano. Este título es la clave para comprender el reino de Dios.

Juez. Yavéh es el Juez que actúa como árbitro en disputas, que corrige, e interviene en favor de Israel en campañas militares.

Pastor. Este es un término que describe el cuidado de Dios para con el pueblo del pacto. También tenía connotaciones políticas. Yavéh es el Rey Pastor (Ezeq. 34). La imagen de Dios como pastor aparece en las parábolas (Luc. 15 :4-7) y en la descripción de Cristo como el Buen Pastor que hace Juan (Juan 10:1-18).

Padre. Este término describe la estrecha relación de Dios con sus adoradores (Sal. 103:13; Jer. 31:9; comp. Ex. 4:22; Os. 11:1). Padre es el título distintivo de Dios en el NT. Jesús enseñó a sus discípulos a usar el arameo "Abba" para dirigirse al Padre celestial. Ver Abba.

Padre adquiere un significado más rico cuando se une a otras designaciones.

Padre nuestro. Jesús enseñó a sus discípulos a dirigirse a Dios de esta manera cuando oraban (Mat. 6:9).

Padre de misericordias (2 Cor. 1:3).

Padre de las luces (Sant. 1:17).

Padre de gloria (Ef. 1:17).

Cuando el título Padre se yuxtapone a la palabra Hijo, se ve la importancia del nombre de Dios en relación a Jesucristo. La afirmación de Cristo de haber venido en el nombre de su Padre, revela que Él era el representante único de Dios (Juan 5:43). Él comparte la autoridad del Padre y las obras realizadas en el nombre de su Padre dan testimonio de esta relación especial (Juan 10:25). Cristo ha provisto una revelación completa de Dios porque ha declarado su nombre claramente (Juan 12:28; 17:6).

NUBE Acumulación de humedad suspendida en el cielo sobre la tierra y usada por los escritores de la Biblia para simbolizar el poder milagroso de Dios, su soberanía y su juicio. Ver Gén. 9:14; Ex. 19:9; 24:15; 40:34; Job 3:5; 7:9; 26:8-9; Isa. 44:22; Lam. 2:1; 3:4; Ezeq. 30:3,18; 32:7; Joel 2:2; Sof. 1:15; comp. 1 Rey. 8:10; Isa. 4:5; Mat. 17:5. Entre mayo y septiembre en Palestina no hay lluvia ni nubes, pero Dios hizo que hubiera ambas cosas para su pueblo (1 Sam. 12:17-18; 1 Rey. 18:44). Las nubes de lluvia proporcionaban esperanza para la siega y por lo tanto eran símbolo de gracia y vida (Prov. 16:15). Cuando Jehová aparece como guerrero, las nubes son los carros de batalla en que Él viaja (Sal. 68:33; 104:3; Isa. 19:1; comp. 1 Sam. 22:10; Isa. 19:1; Nah. 1:3; Apoc. 1:7) y desde los cuales hace que los relámpagos sean como flechas (Sal. 18:14; 77:17; Zac. 9:14). Una señal de los últimos días es el Hijo del Hombre que viene en una nube (Luc.

21:27), así como también fue al cielo en una nube (Hech. 1:9).

NUBE, COLUMNA DE Medio por el cual con su presencia Dios guió a Israel por el desierto, y al mismo tiempo se ocultó para que el pueblo no viera su rostro (Ex. 13:21-22). Dios descendía en la nube para hablarle a Israel durante tiempos de crisis (Núm. 11:25; 12:5). Dios hablaba cara a cara con Moisés cuando la nube descendía al tabernáculo (Ex. 33:11; Núm. 14:14). Pablo usó el tema de la protección de la nube para advertirles a los cristianos que vivir ante la presencia de Dios requiere santidad de vida (1 Cor. 10:1-14).

NUEVO NACIMIENTO Término que usan los cristianos evangélicos basándose en Juan 3:3,6-7; 1 Ped. 1:23 para describir la experiencia espiritual de comenzar una vida en Cristo. El nuevo nacimiento, al igual que el nacimiento físico anterior, es el inicio de una nueva experiencia en la vida. El nuevo nacimiento es un acto de Dios, que viene por el oír la palabra de Dios (Juan 1:13; Ef. 2.8; Sant. 1:18,21; 1 Ped. 1:23). Los individuos se arrepienten (dejan una vida de pecado, Luc. 13:3) y entregan su vida a Cristo (Juan 1:12; 3:16). El nuevo nacimiento lo hace a uno un hijo de Dios para siempre. Ver *Regeneración; Salvación.*

NUEVO TESTAMENTO Segunda división importante de la Biblia cristiana, con 27 obras separadas (llamadas "libros") atribuidas a por lo menos ocho escritores diferentes. Hay cuatro relatos de la vida de Jesús. Los primeros tres Evangelios (llamados "sinópticos"), son muy similares en contenido y orden. El cuarto Evangelio tiene una perspectiva completamente diferente.

A una historia de eventos relacionados con la iglesia primitiva (Hechos) le siguen 20 cartas a iglesias e individuos y un apocalipsis. Las cartas tratan principalmente sobre la interpretación de la acción salvadora de Dios en Jesucristo. También se incluyen cuestiones de disciplina, de ética cristiana y de política eclesiástica. El apocalipsis es un mensaje de esperanza codificado para la iglesia del primer siglo, y ha sido interpretado por cada generación subsiguiente de cristianos de acuerdo a sus propias situaciones.

NUMÉRICO, SISTEMA Y SIMBOLISMO Maneras de usar los números en el comercio, la vida diaria, y la religión o la superstición. Ya en el 3000 a.C. los egipcios utilizaban matemáticas relativamente avanzadas, como es evidente por la construcción de las pirámides. El sistema egipcio era decimal. Los sumerios conocían dos sistemas, uno basado en el 10, y otro basado en el 6 o el 12.

Los hebreos no desarrollaron símbolos para representar números hasta el período postexílico (después del 539 a.C.). En todas las inscripciones preexílicas, los números pequeños son representados por marcas individuales (por ejemplo, //// para cuatro). Los números más grandes eran representados con símbolos egipcios, o bien se escribía el nombre del número. Las letras del alfabeto hebreo comenzaron a usarse para representar números en monedas acuñadas en el período macabeo (después del 167 a.C.).

Después del 333 a.C., aparecieron símbolos griegos para los números, y más tarde surgieron los números romanos. Los hebreos conocían bien las cuatro operaciones matemáticas básicas de suma (Núm. 1:20-46), resta (Gén. 18:28-33), multiplicación (Núm. 7:84-86) y división (Núm. 31:27). Los hebreos también usaron fracciones tales como un medio (Gén. 24:22), un tercio (Núm. 15:6), y un cuarto (Ex. 29:40).

Muchos números llegaron a tener un significado simbólico. El siete simbolizaba plenitud y perfección. La obra plena y perfecta de Dios en la creación se completó en siete días. La semana de siete días reflejaba la primera actividad creadora de Dios. El siete era también importante en materia cúltica: el sábado era el séptimo día; las fiestas principales como la Pascua y los tabernáculos duraban siete días al igual que las fiestas de bodas (Jue. 14:12,17). En el sueño de faraón, los siete años buenos seguidos por siete años de hambruna (Gén. 41:1-36) representaban un ciclo completo de abundancia y hambre. Las siete iglesias (Apoc. 2-3) quizás simbolizaban a todas las iglesias. Jesús enseñó que debemos perdonar no meramente siete veces, sino 70 veces siete (un perdón ilimitado, más allá de toda contabilidad, Mat. 18:21-22). Los múltiplos de siete frecuentemente tienen un significado simbólico. El año del jubileo venía después del cumplimiento de cada 49 años (Lev. 25:8-55). Se mencionan 70 ancianos (Ex. 24:1,9). Jesús envió a los 70 (Luc. 10:1-17). Se especifican 70 años como la duración del exilio (Jer. 25:12; 29:10; Dan. 9:2). El reino mesiánico habrá de ser inaugurado después que haya pasado un período de 70 semanas de años (Dan. 9:24).

Las tribus de Israel y los discípulos de Jesús sumaron 12, otro símbolo de plenitud. Doce parece haber sido especialmente importante en el libro de Apocalipsis. La nueva Jerusalén tiene 12 puertas; sus muros tienen 12 fundamentos (Apoc. 21:12-14). El árbol de la vida produce 12 tipos de fruto (Apoc. 22:2). Los múltiplos de 12 también son importantes. Había 24 divisiones de sacerdotes (1 Crón. 24:4) y 24 ancianos alrededor del trono celestial (Apoc. 4:4). Setenta y dos ancianos, cuando uno incluye a Eldad y Medad, recibieron una porción del Espíritu de Dios que estaba en Moisés, y así profetizaron (Núm. 11:24-26). Los 144.000 siervos de Dios (Apoc. 7:4) estaban constituidos por 12.000 de cada una de las 12 tribus de Israel.

El tres, frecuentemente indicaba plenitud. El cosmos creado tenía tres elementos: cielo, tierra y submundo. Tres Personas constituyen la divinidad: Padre, Hijo y Espíritu Santo. Al menos tres veces al día debía elevarse la oración (Dan. 6:10; comp. Sal. 55:17). El santuario tenía tres partes principales; vestíbulo, nave y santuario interior (1 Rey. 6). Los animales de tres años eran maduros y eran, por lo tanto, apreciados para sacrificios especiales (1 Sam. 1:24; Gén. 15:9). Jesús dijo que Él estaría en la tumba por tres días y tres noches (Mat. 12:40), el mismo tiempo que Jonás estuvo en el gran pez (Jon. 1:17).

El cuatro era un número sagrado: las cuatro esquinas de la tierra (Isa. 11:12), los cuatro vientos (Jer. 49:36), los cuatro ríos que fluían del Edén para regar al mundo (Gén. 2:10-14), y los cuatro seres vivientes que rodean a Dios (Ezeq. 1; Apoc. 4:6-7). Dios envió a los cuatro jinetes del Apocalipsis (Apoc. 6:1-8) a llevar devastación a la tierra.

Cuarenta frecuentemente representa un número grande o un largo período de tiempo. La lluvia anegó la tierra por 40 días (Gén. 7:12). Jesús resistió las tentaciones de Satanás por 40 días (Mar. 1:13). Cuarenta años representaban aprox. una generación. De este modo, todos los adultos que se habían rebelado contra Dios en Sinaí murieron durante los 40 años del período de peregrinación por el desierto. A la edad de 40 años, una persona había alcanzado la madurez (Ex. 2:11; Hech. 7:23).

NÚMEROS, LIBRO DE   Cuarto libro del AT; enseña la identidad del pueblo de Dios, la provisión que hizo Dios de autoridad sobre su pueblo, y el plan divino para su realización como nación. La mayoría de los comentaristas usan un bosquejo geográfico para resumir el libro: 1:1-10:10, lo que ocurrió en Sinaí; 10:11-20:13, lo que ocurrió en el desierto; y 20:14-36:13, lo que ocurrió desde Cades a Moab.

Considerar el contenido del libro a la luz de estos tres temas planteados parece ser lo más productivo.

Cada aspecto de la vida durante la peregrinación en el desierto estuvo permeado por la centralidad de Dios. Bajo las instrucciones de Dios, Israel reclutó un ejército; la presencia de Dios irradió tanto un sentido de asombro como de bienestar en el centro del campamento; la promesa de Dios de una herencia en tierras les dio una meta por la cual luchar y asimismo una identidad; Dios fue la autoridad final y habló indirectamente a través de sus representantes humanos y directamente a través de su poder milagroso. Los relatos de rebelión (11:1-12:16; 14; 16; 17; 20; 21:4-9; y 25:1-18), así como el relato de Balaam el vidente (22-24), sirven para mostrar de qué manera el poder y la provisión de Dios no pueden ser frustrados. Israel debía permanecer cerca de Dios para encontrar éxito.

NUN (1) Padre de Josué (Ex. 33:11; Núm. 11:28; 13:8,16); (2) décimo cuarta letra del alfabeto hebreo, que sirve como encabezado para el Sal. 119:105-112. Cada versículo de esta sección comienza con nun.

NUNC DIMITIS   ("*ahora te dejamos partir*") Primeras palabras en latín del salmo de alabanza de Simeón (Luc. 2:29-32); título del salmo. Ver *Bendición*.

OBED-EDOM (*"sirviendo a Edom"*) Cuatro hombres del AT incluyendo a un filisteo de Gad que aparentemente era leal a David y a Israel. En la casa de Obed-edom, David dejó el arca del pacto después de la muerte de Uza a mano de Dios (2 Sam. 6:6-11). Obed-edom fue extraordinariamente bendecido por Dios durante los tres meses que el arca estuvo en su casa.

OBEDIENCIA Oír la Palabra de Dios y obrar en consecuencia. La repuesta obediente a la Palabra de Dios es una respuesta de confianza y fe. Oír la Palabra de Dios es obedecerla (Ex. 19:5; Jer. 7:23). La desobediencia es no prestar oídos ni actuar según la Palabra de Dios (Sal. 81:11). La historia de Israel es la historia de una nación que no oyó ni escuchó a Dios (Jer. 7:13; Os. 9:17).

La obediencia es esencial en la adoración (1 Sam. 15:22; Juan 4:23-24). La obediencia de fe conlleva salvación (Rom. 1:5; 10:16-17; comp. Sant. 2:21-26) y asegura las bendiciones de Dios (Juan 14:23; 1 Juan 2:17; Apoc. 22:14). Se obtiene percepción espiritual a través de la obediencia (Juan 7:17). La verdadera obediencia significa imitar a Dios en santidad, humildad, y amor (1 Ped. 1:15; Juan 13:34; Fil. 2:5-8). Los verdaderos discípulos no son tanto los que obedecen a otras personas (Hech. 5:29) sino los que hacen la voluntad de Dios (Mat. 7:21). La obediencia surge de la gratitud por la gracia recibida (Rom. 12:12) y expresa libertad espiritual (Gál. 5:13; 1 Ped. 2:16). El amor hacia Dios nos motiva a obedecerlo (Juan 14:21,23-24; 15:10).

Debe haber obediencia de la esposa al esposo (Ef. 5:22), de los hijos a sus padres (Ef. 6:1), de los esclavos a sus amos (Col 3:22). Se debe mostrar obediencia gozosa a los líderes de la iglesia (1 Tes. 5:12-13). Se espera obediencia de todos los cristianos para con las personas en autoridad (1 Ped. 2:13-14). La obediencia de Cristo se contrasta con la desobediencia de Adán (Rom. 5:12-21). El deseo de obedecer la voluntad de Dios fue el motivador de las acciones de Jesús (Luc. 4:43; Juan 5:30; Juan 3:34). Viviendo una vida de obediencia, Jesús demostró ser el Salvador (Heb. 5:7-10). La obra de Cristo en la cruz se ve como un sacrificio de obediencia (Rom. 5:19; Heb. 10:7-10).

OBESIDAD Dado que la mayoría de las personas en el mundo antiguo vivía constantemente al borde de la inanición, la obesidad no era ni una opción, ni algo que se debía evitar. Sólo los ricos podían darse el lujo de ser gordos, y por esta razón, la gordura llegó a ser un indicador de *status* y riqueza.

Eglón, rey de Moab, era "muy grueso" (Jue. 3:17,22) y Elí, sumo sacerdote en Silo, era "pesado" (1 Sam. 4:18; comp. 1 Sam. 2:29). Ambos hombres habían logrado una posición social por la cual podían ser "aceptablemente gordos." Aun así, en ambos casos su gordura se presenta como un símbolo narrativo de extravagancia y holgazanería. Del mismo modo, el libro de Proverbios advierte que comer y beber en exceso es la marca de un necio (Prov. 23:20-21; comp. Fil. 3:19), y exhorta al dominio propio (Prov. 23:1-3; 25:16).

OBISPO (*"inspector"*, *"atalaya"* o *"supervisor"*) Posición ministerial en la iglesia (Hech. 20:28; Fil. 1:1; 1 Tim. 3:2; Tito 1:7; 1 Ped. 2:25; comp. Hech. 1:20; 1 Tim. 3:1). La palabra griega se utilizaba para los funcionarios de finanzas de los gremios griegos y para los funcionarios que enviaba Atenas a sus estados súbditos. Los funcionarios de finanzas administraban las ganancias en los templos griegos.

Jesús es el "Pastor y obispo de vuestras almas" (1 Ped. 2:25). Primera Timoteo 3:1-7 y Tito 1:6-9 mencionan los requisitos de un "obispo".

Pablo les dijo a los "ancianos" efesios (Hech. 20:28) que el Espíritu Santo los había hecho "obispos" para "apacentar" o pastorear la iglesia del Señor. De esto se desprende que "anciano", "obispo" y "pastor" eran términos para describir tres funciones distintas del mismo líder cristiano, no tres cargos ministeriales distintos. Efesios (Hech. 20:28) y Filipos (Fil. 1:1) tenían más de un obispo.

OBRAS Hechos que llevan a resultados planeados, tanto por parte de Dios como por parte de las personas. Las obras de Dios son sus actos de crear, salvar, y sustentar (Jue. 2:7; Sal. 8:6; 103:22; 104:24; Isa. 64:8; Ef. 2:10; Fil. 1:6). Jesucristo vino a hacer la obra de Dios (Juan 4:34; 5:17; 9:4). Las obras milagrosas de Cristo testifican de su naturaleza y misión divinas (Juan 5:36; 6:28-29; 10:37-38). Cristo llama y prepara a sus seguidores para continuar sus obras (Juan 14:12; 1 Cor. 15:58; 16:10). Los que hacen las obras del diablo muestran que son del diablo (Juan 8:34-44; 2 Cor. 11:14-15). Los pecadores son llamados a expulsar las obras de las tinieblas (Rom. 13:12; Gál. 5:19; Ef. 5:11; Col. 1:21). Dado que los pecadores no pueden salvarse a sí mismos, deben confiar en la gracia de Dios: no en sus propias obras (Rom. 3:26-5:2; 9:32; Gál. 2:16; 3:2,5,10; Ef. 2:8-9; Tito 3:4-7).

No obstante, una evidencia de fe salvadora es la existencia de buenas obras en la vida de los creyentes (Mat. 5:16; Hech. 9:36; Ef. 2:10; Col. 1:10; 2 Tes. 2:17; 1 Tim. 2:10; 5:10,25; Tito 2:7,14; Heb. 10:24; Sant. 2:14-26; 1 Ped. 2:12). El Señor elogia a las iglesias por sus buenas obras y las reprende por las obras que no son dignas de su pueblo (Apoc. 2:2,5,9,13,19,23,26; 3:1,2,8,15). Dios no juzga de acuerdo a apariencias exteriores sino de acuerdo a las obras (Mat. 7:21-23; 1 Cor. 3:10-15; 1 Ped. 1:17; Apoc. 20:12-13; 22:12). Ver *Fe; Salvación.*

OCOZÍAS (*"Yavéh ha comprendido"*) (1) Hijo y sucesor de Acab como rey de Israel (850-840 a.C.; 1 Rey. 22:40); su muerte (2 Rey. 1:2-17) cumplió la profecía de Elías. (2) Hijo y sucesor de Joram como rey de Judá (aprox. 842 a.C.; 2 R. 8:25); murió luego de haber sido herido al huir de Jehú mientras visitaba al rey Joram de Israel (2 Rey. 9:27).

OCUPACIONES Y PROFESIONES EN LA BIBLIA Maneras en que las personas se ganaban la vida y servían a su país. El desarrollo de ocupaciones seculares fue de la mano con el establecimiento de la gente en pueblos y aldeas, y la evolución de su gobierno que pasó de ser un grupo tribal poco unido, a una nación involucrada en política internacional. En los tiempos bíblicos más antiguos, los hebreos seguían a sus rebaños de una tierra de pastoreo a otra y de una aguada a otra, aunque a veces vivían por largos períodos cerca de ciudades importantes (Gén. 13:18; 20:1; 26:6; 33:19). Sus ocupaciones se centraban en la empresa de la familia.

Cuando el pueblo se estableció en Canaán, los emprendimientos agrícolas se tornaron extremadamente importantes. La monarquía desarrolló muchas ocupaciones nuevas, mayormente para mantener la casa real. A medida que las aldeas se hicieron más grandes y el comercio entre ciudades se expandió, también se expandieron varios oficios y artesanías. Ver *Comercio*.

Las ocupaciones y profesiones más antiguas. Una de las principales obligaciones en relación al hogar se centraba en la preparación de la comida:

1. Panadero (Gén. 40:5). Miembro de la corte del faraón egipcio. Hornear el pan era una tarea frecuente en el hogar hebreo, mucho antes de que se convirtiera en un oficio especializado.

2. Copero en el palacio de faraón (Gén. 40:21; comp. Neh. 1:11); el responsable de proveer al rey con bebidas. Presumiblemente, probaba cada copa de vino antes de ser presentada al faraón, como una precaución contra el envenenamiento.

3. Cocinero. Persona encargada de la mayor parte de la preparación de la comida (1 Sam. 9:23-24). En el hogar, quienes cocinaban eran las mujeres. A medida que cocinar se transformó en una ocupación fuera del hogar, los hombres entraron en el oficio.

4. Molinero (Mat. 24:41). Quehacer diario de moler el grano; originalmente en la familia; más tarde se hizo un quehacer mercantil. Ver *Molino*.

5. Pescador (Isaías 19:8; Mat. 4:18). Recolectores de peces para uso personal y comercial. Lo hacían con línea y anzuelo, lanzas y redes. Jesús desafió a Simón y a Andrés a transformarse en "pescadores de hombres" (Mar. 1:17). Ver *Peces, Pesca*.

6. Cazador (Jer. 16:16). Persona que buscaba y mataba animales salvajes para comer. El éxito dependía de la habilidad en el uso del arco y la flecha, la lanza, las trampas, los lazos y el conocimiento de la presa. Nimrod (Gén. 10:9) es el primer cazador de la Biblia. Ver *Caza, Cazador*.

7. Pastores (Luc. 2:8). Cuidadores de rebaños que pertenecían a sus propias familias o a terceros. A las personas que tienen ascendiente sobre otras frecuentemente se las describe hablando de los deberes de un pastor. Deben cuidar y alimentar a las personas por las cuales son responsables. El Salmo 23 identifica al Señor como un Pastor, y describe vívidamente los deberes de quien cuidaba ovejas. Abel es el primero a quien se describe como un "pastor de ovejas" (Gén. 4:2).

8. Criador de ganado (Gén. 4:20). Estrechamente relacionado con el pastor, pero cuidaba ganado más que ovejas.

9. Labrador (Sal. 129:3). Uno que labra o ara la tierra para hacerla producir. Caín fue el primer labrador (Gén. 4:2). Dios lo instruye y trabaja estrechamente con él para producir cultivos. Ver *Agricultura*. El trabajo de labrar la tierra incluía a *espigador* (Rut 2:3), y al *segador* (Rut 2:3; Isa. 17:5). El segador y el espigador aparentemente realizaban la misma tarea. Un labrador probablemente actuaba como su propio segador. Los espigadores eran los pobres, los que no tenían tierra, y obtenían comida espigando lo que los labradores dejaban en el campo. Cuando comenzaron a formarse pueblos y aldeas, se hizo necesaria la constitución de gobiernos.

10. Jueces (Jue. 2:16). Líderes y libertadores militares de Israel antes de la monarquía. Estos jueces y los posteriores también arreglaban disputas (Comp. Luc. 18:2). Ver *Juez*.

11. El rey (1 Sam. 8:5). Cabeza del gobierno. Entre los vecinos de Israel, a muchos reyes se los consideraba dioses; pero en Israel (notar, no obstante, la designación poética en Sal. 45:6), el rey era el ejemplo espiritual y el líder. Su obediencia o desobediencia al Dios de Israel determinaba la fortuna de la nación, pero él nunca era un dios. Ver *Rey, Reinado.*

12. Gobernador (Gén. 42:6). Principal administrador bajo el rey, como José en Egipto (Gén. 41:43). Daniel fue una de las tres autoridades a quien los líderes provinciales se reportaban (Dan. 6:2).

13. Procónsul (Hech. 13:7). Oficial que supervisaba las responsabilidades administrativas de una provincia, y reportaba al gobierno romano. Cuando el ejército romano era innecesario había procónsules.

14. Gobernador (Mat. 27:2) o *procurador.* Administrador provincial romano donde se necesitaba una presencia militar: Poncio Pilato, Félix, y Festo. Ver *Roma.* El ejército estaba formado por hombres de varios rangos y responsabilidades. Muchos de los términos que designaban a esos puestos de liderazgo eran ambiguos y pueden referirse al mismo rango.

15. Escudero (Jue. 9:54). Sirvientes que protegían al guerrero al ir a la batalla. Ver *Armas y armadura.*

16. Jefe (Isa. 55:4) Aparentemente cualquier líder entre el pueblo. El capitán, el lugarteniente, y el príncipe, los cuales podían incluirse bajo la nomenclatura de "jefe," eran ante todo, solamente rangos militares.

17. Soldados. Miembros del ejército (1 Crón. 7:4). Se esperaba que todo adulto varón (de más de 20 años) de las tribus de Israel sirviera en el ejército. El gobierno también incluía personal de servicio y personal judicial.

18. Carcelero (Hech. 16:23). Persona a cargo de todos los prisioneros —políticos o religiosos. Bajo el gobierno romano, el carcelero era estrictamente responsable por la custodia de los presos. Si uno se escapaba, o de alguna otra manera no podía cumplir su sentencia, el carcelero corría el pe-

ligro de tener que cumplir la sentencia del prisionero.

19. Publicano (Mat. 9:10) o *recolector de impuestos.* Persona que cobraba tantos impuestos como era posible. El publicano puede haber estado autorizado para guardar para sí cualquier suma de los dineros recolectados, aparte de lo que estipulaba el gobierno.

20. Escriba (Mat. 5:20). Custodio e intérprete de textos religiosos o, en el gobierno, de documentos y registros oficiales. Desde la época de Esdras (Esd. 7:6) se conocen escribas que se ocupaban de la copia e interpretación de la ley de Moisés.

En los gobiernos de la antigüedad había escribas en la corte del rey que guardaban información sobre el reinado del rey. Cada rey organizaba su gobierno con consejeros y responsables por diferentes áreas. La Biblia describe la organización de David (2 Sam. 8:16-18; 20:23-26) y Salomón (1 Rey. 4:1-19). Es difícil determinar la responsabilidad exacta de cada funcionario.

El mercado ofrecía numerosas oportunidades de empleo fuera del hogar.

21. Carpintero (2 Sam. 5:11). Artesano y constructor en madera; el oficio de Jesús. Usualmente trabajadores extranjeros, tales como los trabajadores de Hiram, rey de Tiro, que trabajaron en el templo de Salomón. Asociados con estos artesanos de la madera están los cortadores (Isa. 14:8) y los leñadores (Jos. 9:21), ambos cortadores de madera.

22. Trabajadores en metal —*calderero* (2 Tim. 4:14), y *orfebre* (Neh. 3:8; Hech. 19:24). Artesanos que creaban joyas, herramientas, y otros objetos. En términos más generales, los trabajadores del metal eran identificados como *fundidores* (Jue. 17:4) y *herreros* (1 Sam. 13:19). Ver *Minas y minería.*

23. Mercader (Gén. 23:16) o *vendedor* (Isa. 24:2). Persona que vende productos a consumidores. Su oficio alcanzó proporciones internacionales. Ver *Comercio.*

24. Alfarero (Jer. 18:2; Rom. 9:21). Artesano de la arcilla que produce recipientes para uso comercial y doméstico.

25. Albañil. Persona que corta piedra para la construcción (2 Rey. 12:12).

26. Curtidor (Hech. 9:43). Persona que prepara cueros para usarlos en vestimenta y como recipientes.

27. Fabricante de tiendas (Hech. 18:3). Artesano que hacía viviendas portátiles. Pablo, Aquila, y Priscila se ganaban la vida haciendo tiendas (Hech. 18:3).

Se ofrecían muchos servicios en tiempos bíblicos.

28. Perfumero (Neh. 3:8). Persona que combinaba drogas y ungüentos con propósitos medicinales. Las prácticas judías religiosas también hablan de un perfumador (Ex. 30:35).

29. Banquero o prestamista (Prov. 22:7). Persona que manejaba dinero y que hacía posible conseguir dinero a crédito. Ver *Bancario, Sistema.*

30. Lavador (Mal. 3:2). Trabajaba con ropas sucias y con material del telar listo para tejer. Su servicio implicaba la limpieza de cualquier tela.

31. Mesonero (Luc. 10:35). Proveía de comodidades mínimas para los viajantes, y en algunos casos, poco más que la provisión de espacio para erigir una tienda o un lugar para acostarse a dormir.

32. Maestro o instructor (Sant. 3:1; Rom. 2:20). Entre las personas más respetadas de las Escrituras; usualmente se refería a un maestro religioso, pero se aplicaba a cualquiera que ofrecía instrucción. Ver *Educación en tiempos de la Biblia.*

33. Cantores y músicos (Sal. 68:25), arpistas, flautistas y trompeteros (Apoc. 18:22). A lo largo de la Biblia son prominentes varias ocupaciones relacionadas con talentos musicales. Creaban un ambiente musical para la celebración, la adoración, y el entretenimiento; empleados por la corte y por el templo.

Ocupaciones en la iglesia y en el Templo.

Mientras que "ocupación" no es un término técnicamente exacto al referirnos a la iglesia primitiva, había "oficios" ocupados por cristianos, normalmente en base al voluntariado.

34. Sacerdote (Ex. 31:10). Intermediario entre Dios y los adoradores. En muchos casos, los sacerdotes sacrificaban las ofrendas por el pueblo y la nación, tomando para ellos una porción de la ofrenda. Los sacerdotes también servían como consejeros del rey (2 Sam. 20:25).

35. Profeta (Gén. 20:7). Miembros del personal del templo; "mensajeros" de su Dios, responsables de mediar la "palabra de Dios." Otros trabajaban independientemente del templo y aun hablaban en contra de las prácticas del templo. Ver *Profecía, Profetas; Sacerdotes; Sumo sacerdote; Levita; Templo.*

OFIR (*"polvoriento"*) Lugar en el antiguo Cercano Oriente famoso por su comercio, especialmente de oro. Naves de Salomón con la ayuda de marineros fenicios traían mercaderías preciosas desde Ofir (1 Rey. 9:28; 10:11; comp. 1 Rey. 22:48; Isa. 13:12; Job 22:24; 28:16; Sal. 45:10).

Eruditos bíblicos han sugerido tres regiones como sitio de Ofir: India, Arabia, y África. Ver *Comercio; Economía.*

OFNI Y FINEES (*"renacuajo"* y *"el de piel oscura"*) Hijos de Elí y sacerdotes en Silo (1 Sam. 1:30); hombres de mala fama que se burlaron de los asuntos sagrados; muertos en una batalla contra los filisteos (1 Sam. 4:4). La noticia de sus muertes precipitaron la muerte de su padre, Elí (1 Sam. 4:18). Ver *Elí; Samuel.*

OFRENDA DE PAZ Ver *Sacrificio y ofrendas.*

OFRENDA ELEVADA Porción de la ofrenda o sacrificio que se aparta y reserva para Jehová y los sacerdotes (Ex. 29:27-28). Ver *Sacrificio y ofrendas.*

OFRENDAS Ver *Sacrificio y ofrendas.*

OG Rey amorreo de Basán derrotado por los israelitas antes de cruzar el Jordán (Núm. 21:33-35; Deut. 1:4; 3:1-13); último miembro de los refaítas o gigantes (Deut. 3:11).

OJO El AT a menudo habla del ojo para referirse a la persona toda; esto refleja el concepto hebreo de partes del cuerpo como entidades semiindependientes. El ojo, por lo tanto, puede aprobar acciones (Job 29:11); puede estar lleno de adulterio (2 Ped. 2:14), de ciertos deseos (Sal. 54:7) o de codicia (Núm. 15:39; 1 Juan 2:16); los ojos pueden estar insatisfechos (Prov. 27:20; Ecl. 4:8); pueden continuar con la mira en provocaciones pasadas (Job 17:2). Job incluso habla de hacer un pacto con sus ojos, como si fueran una parte independiente (31:1). Los ojos pueden ser generosos para con los pobres (Prov. 22:9), pueden deshonrar y burlarse (Prov. 30:17), pueden perdonar (Isa. 13:18) o esperar el momento de poder pecar (Job 24:15). Los ojos pueden hacer que alguien peque (Mat. 5:29). El llamado de Jesús a quitar el ojo ofensor es un

llamado hiperbólico a no permitir que nada nos haga pecar.

La "niña de los ojos" es una descripción de la pupila. Proverbios 7:2 nos insta a hacer de la ley de Dios la niña de los ojos, es decir, algo valioso que debemos guardar con todo cuidado.

El ojo o los ojos de Dios es una figura frecuente del cuidado providencial de Dios (Sal. 32:8; 33:18-19; 2 Crón. 16:9; Prov. 15:3; Jer. 16:17). Las imágenes apocalípticas en que se mencionan gran cantidad de ojos (Ezeq. 1:18; 10:12; Apoc. 4:6), también nos aseguran que Dios siempre está atento a los ruegos de su pueblo.

OJO DE UNA AGUJA Ver *Aguja.*

OLIMPAS Quizás una forma abreviada de Olimpiodorus ("dádiva de Olimpo"); cristiano a quien Pablo saluda (Rom. 16:15); aparentemente un miembro de una iglesia que se reunía en una casa e incluía a otros mencionados en 16:15.

OMEGA Ver *Alfa y omega.*

OMNIPOTENCIA Condición de ser todopoderoso que la teología atribuye a Dios. Ver *Dios.*

OMNIPRESENCIA Condición de estar presente en todo lugar al mismo tiempo.Ver *Dios.*

OMNISCIENCIA Condición de saber todas las cosas, que la teología atribuye a Dios. Ver *Dios.*

OMRI (*"peregrino"* o *"vida"*) (1) Rey de Israel (885-874 a.C.) y fundador de una dinastía que gobernó hasta el 842. Zimri, comandante de los carros en el ejército de Israel, asesinó al rey Ela y tomó control del palacio de Tirsa (1 Rey. 16:8-15). La mitad del pueblo se rebeló e instaló a Omri ("general del ejército," v. 16) como rey. Cuando Zimri se dio cuenta de que su situación no tenía esperanza, quemó el palacio con él mismo adentro. Omri llegó a ser rey sólo después de oponerse con éxito a una rebelión por parte de Tibni (vv. 21-22). El más grande logro de Omri fue comprar la colina de Samaria y construir allí la capital de Israel. Fuentes asirias continuaron llamando a Israel, "la tierra de Omri." Ver Miq. 6:16. (2) Oficial de la tribu de Isacar bajo David (1 Crón. 27:18). (3) Nieto de Benjamín (1 Crón. 7:8). (4) Abuelo de un integrante la tribu de Judá, que regresó a Jerusalén del exilio alr. del 537 a.C.

ON (1) Nombre egipcio que significa "ciudad del pilar," llamada en griego Heliópolis o "ciudad del sol," y en hebreo Bet-semes, "ciudad del sol" (Jer. 43:13), y Avén. Era el centro de culto del dios-sol, Ra (Atón). Ubicada en Matariye, alr. de 8 km (5 millas) al nordeste de la moderna El Cairo, la ciudad permaneció como centro de culto por mucho tiempo. La esposa egipcia de José provenía de On (Gén. 41:45); su padre servía como sacerdote en el templo allí (Jer. 43:13; Ezeq. 30:17). (2) Nombre de persona que significa "poderoso, rico." Integrante de la tribu de Rubén; líder que desafió la autoridad de Moisés (Núm. 16:1).

ONÁN (*"poder"*) Hijo de Judá y de su esposa cananea, Súa (Gén. 38:2-8). Repetidamente Onán eludió las responsabilidades matrimoniales del levirato, y así, Dios lo mató (38:8-10). Ver *Levita; Matrimonio.*

ONESÍFORO (*"el que lleva provecho"*) Cristiano efesio elogiado por su esfuerzo en buscar el lugar de arresto de Pablo, por su despreocupación por la vergüenza asociada con hacerse amigo de un preso, y por su servicio en Éfeso (2 Tim. 1:16-18; comp. 4:19).

ONÉSIMO (quizás *"redituable"*) Esclavo en razón de quien Pablo escribió su carta a Filemón. Pablo abogó para que Filemón liberara a su siervo Onésimo, ya que éste había sido de tanta ayuda para el apóstol. Onésimo le había robado a su amo y había escapado. Se encontró con Pablo y aceptó a Cristo. Al enviarlo de regreso a Filemón, Pablo instó al amo a tratar al esclavo como a un hermano en Cristo (v. 16). Más tarde, Onésimo acompañó a Tíquico al llevar la carta de Pablo a la iglesia de Colosas (Col. 4:7-9). Ver *Filemón.*

ONO (*"dolor"*) Pueblo benjamita alr. de 11 km (7 millas) al sudeste de Jope; Kafr Annah en el wadi Musrara. Este ancho wadi es llamado valle de los artífices (Neh. 11:35) y campo de Ono (Neh. 6:2). La ciudad fue reconstruida por Semed, un descendiente de Benjamín (1 Crón. 8:12). Ono era el lugar en que vivían algunos de los que retornaron del exilio (Esd. 2:33; Neh. 7:37; 11:36).

ORACIÓN Diálogo entre Dios y las personas, especialmente las que son parte del pacto divino. Este diálogo incluye clamores pidiendo ayuda (Ex. 3:7; Jue. 3:9,15; 6:6; 10:10), conversación acerca de la voluntad de Dios (Ex. 3:1-4:17), intercesión (Ex. 32:11-13; Núm. 11:11-15; 1 Tim. 2:1; Ef. 1:16; 5:4), el pecado en la comunidad (Jos. 7:6-9), la confesión de pecado (2 Sam. 12:13; Sal. 51), pedidos de sabiduría (1 Rey. 3:5-9), dedicación del templo (1 Rey. 8), necesidad de milagros (1 Rey. 17:19-22; 18:20-40), reserva y frustración (Jer. 1; 20:7-18). La oración genuina demanda de una responsabilidad moral y social que la acompañe (Os. 7:14; Amós 4:4-5). El llamado de Isaías refleja la limpieza y compromiso profundos que deben ser parte de la oración (Isa. 6), y enseñan la necesidad de sinceridad en la oración. Los salmos enseñan que en la oración puede haber variedad y sinceridad: proclaman alabanza, piden perdón, buscan cosas tales como comunión (63), protección (57), vindicación (107) y sanidad (6). El Salmo 86 provee de un excelente modelo de oración. La oración diaria llegó a ser muy importante para los exiliados que tenían negado el acceso al templo (Dan. 6:10).

Jesús oró en momentos cruciales, incluyendo el llamado de sus discípulos (Mar. 3:13), la misión de los discípulos (6:30-32), y la transfiguración (9:2). Jesús mostró una vida de oración regular e intensa (Mat. 6:5; 14:23; Mar. 1:35) bajo la guía del Espíritu Santo (Luc. 3:22; 4:1,14,18; 10:21; Hech. 10:38; comp. Hech. 1:14). Jesús a veces oró en voz alta para beneficio de aquellos que estaban presentes (Juan 11:41-42). Jesús intercedió por los primeros discípulos y por los futuros creyentes (Juan 17). Ambas oraciones ponen de manifiesto la unidad de Jesús con el Padre y el deseo de darle a Él la gloria (Juan 11:4; 17:1). Ver *Padre Nuestro*.

Jesús corrigió algunos abusos y errores de concepto en cuanto a la oración.

(1) La oración no debe ofrecerse para impresionar a otros (Mat. 6:5-6). (2) La oración no incluye intentos interminables para manipular a Dios.

La enseñanza de Jesús en cuanto a la persistencia en la oración está ligada al reino de Dios que se estaba manifestando (Luc. 11:5-28; 18:1-8). Los hijos del reino verían la respuesta a sus pedidos (Mat. 6:8; 7:7-11; 21:22; Juan 14:13; 15:7,16; 16:23; comp. 1 Juan 3:22; 5:14; Sant. 1:5), particularmente los creyentes reunidos en el nombre de Jesús (Mat. 18:19). La oración en el nombre de Jesús es la oración que busca la volun-

tad divina y se somete a su autoridad (Juan 14:13; 1 Juan 5:14).

La iglesia primitiva oró por la selección de líderes (Hech. 1:24; 6:6; 13:3), durante la persecución (Hech. 4:24-30; 12:5,12), y en preparación para sanidades (Hech. 9:40; 28:8).

El Espíritu que mora en el creyente le permite tener la confianza de un niño para llamar a Dios "Abba" (Rom. 8:14-15), papá. Sin el Espíritu, los cristianos orarían sin discernimiento. Él eleva nuestras peticiones con un ruego profundo más allá de las palabras (Rom. 8:26-27; Gál. 4:6).

No toda petición es concedida. La demanda de Job de respuestas por parte de Dios quedó eclipsada por el privilegio asombroso de un encuentro con Él (Job 38-41). Jesús oró tres veces pidiendo que su copa de sufrimiento pudiera pasar, pero no obstante, se sometió a la voluntad de Dios (Mat. 26:38-39,42,45). Pablo pidió tres veces liberación de su "aguijón en la carne."

La fe es una condición para que las peticiones sean respondidas (Mar. 11:24). Los creyentes no reciben lo que piden porque oran por motivos egoístas (Sant. 4:2-3). Las oraciones son también impedidas por el carácter corrompido (Sant. 4:8) o malas relaciones con los demás (Mat. 5:23-24). La oración puede cambiar las cosas y obrar diferencias (Sant. 4:2). La oración llevará a una más profunda comunión con Dios y a una comprensión mayor de su voluntad.

ORÁCULOS, PROFECÍAS Comunicaciones de parte de Dios; se refiere tanto a respuestas divinas a una pregunta hecha a Dios como a pronunciamientos hechos por Dios sin que le pregunten. Ver *Inspiración; Sacerdotes; Espíritu.*

ORDENACIÓN El nombramiento, consagración o comisión de personas para un servicio especial al Señor y al pueblo del Señor. La palabra "ordenar" es la traducción de más de 20 palabras griegas y hebreas relacionadas con una variedad de ideas tales como la obra y providencia de Dios; el nombramiento para un oficio o tarea; y el establecimiento de leyes, principios, lugares u observancias. Estas ideas contienen conceptos básicos de propósito, elección, nombramiento, e institución divinos, que apuntalan la práctica de la ordenación.

Cuatro ejemplos principales proveen precedentes para la ordenación en el AT: la consagración de Aarón y sus hijos como sacerdotes de Dios (Ex. 28-29; Lev. 8-9), la dedicación de los levitas como siervos de Dios (Núm. 8:5-13), el nombramiento de 70 ancianos para asistir a Moisés (Núm. 11:16-17,24-25), y la comisión que recibe Josué para ser sucesor de Moisés (Núm. 27:18-23). La variedad en estos ejemplos ayuda a explicar las varias maneras en que actualmente se entiende la ordenación.

La práctica de la ordenación en el NT generalmente está asociada con la imposición de manos; pero se deben tener en cuenta otros nombramientos, consagraciones y comisiones aun cuando carezcan de una investidura formal.

La elección de los doce por parte de Jesús, "para que estuviesen con él, y para enviarlos a predicar" (Mar. 3:14), no incluyó una ordenación formal. Lo mismo vale para los 70 (Luc. 10:1). El Espíritu Santo fue dado directamente sin que hubiera imposición de manos (Juan 20:22). Varios otros pasajes del NT describen nombramientos sin hacer referencia a la ordenación (Hech. 1:21-26; 14:23; Tito 1:5).

Varios pasajes describen ordenaciones con imposición de manos (Hech. 6:1-6; 13:1-3; 1 Tim. 4:14;

2 Tim. 1:6). Las alusiones a la imposición de manos en 1 Tim. 5:22 y Heb. 6:2 probablemente hablen de otras prácticas, no la ordenación. Ver *Imposición de manos.*

La falta de un modelo bíblico constante hace surgir preguntas acerca de la ordenación en el día de hoy. Las respuestas a dichas preguntas variarán de acuerdo al modelo bíblico considerado, y continúan siendo debatidas en varias denominaciones.

ORDENANZAS El bautismo y la Cena del Señor fueron instituidos por Cristo y debieran ser observados como "ordenanzas" o "sacramentos" por sus seguidores. Algunos intérpretes piensan que *sacramento* conlleva el concepto de que la gracia de Dios se dispensa casi automáticamente a través de la participación en la Cena del Señor. Otros creen que *ordenanza* hace énfasis en obedecer aquello que Cristo explícitamente mandó. Hay peligros extremos en los términos que van de la superstición al legalismo.

Los "sacramentos" variaron en cantidad durante 1000 años en la historia antigua de la iglesia. Pedro Lombardo (alr. del 1150 d.C.) defendía siete, y Tomás de Aquino (alr. del 1250 d.C.) argumentaba que todos habían sido instituidos por Cristo. Después del 1500 d.C., Martín Lutero y otros reformadores protestantes rechazaron cinco, insistiendo en que sólo el bautismo y la Cena del Señor tenían base bíblica. La mayoría de los protestantes concuerdan con esta evaluación.

Bautismo. Juan el Bautista predicaba y practicaba un bautismo de arrepentimiento (Mat. 3:11-12; Mar. 1:2-8; Luc. 3:2-17), en espera del reino que venía (Mat. 3:2). Multitudes confesaban sus pecados y eran bautizadas (Mar. 1:5). Aparentemente, no todos los que acudían a Juan recibían el bautismo, porque él desafiaba a algunos a tener "frutos dignos de arrepentimiento" (Mat. 3:8). Juan consideraba su papel como una transición para preparar el camino (Mat. 3:11). El que venía bautizaría con el Espíritu Santo y con fuego.

Jesús fue bautizado por Juan (Mat. 3:13-17; Mar. 1:9-11; Luc. 3:21-22; Juan 1:32-34). Juan dudó en bautizar a Jesús pero finalmente consintió en cumplir toda justicia (3:15). La identificación de Jesús como Mesías llegó cuando los cielos se abrieron, el Espíritu descendió sobre Él como paloma, y una voz lo proclamó su Hijo amado. Este evento dio inicio a su ministerio público y estableció el escenario para el bautismo cristiano.

Jesús afirmó el ministerio de Juan al someterse al bautismo, y adoptó el rito para su propio ministerio, dándole un nuevo significado para la nueva era. Jesús tenía y bautizaba a más seguidores que Juan el Bautista (Juan 4:1-2); además se refirió a su muerte inminente llamándola bautismo (Luc. 12:50), ligando el significado del bautismo con la cruz. El Señor resucitado comisionó a sus discípulos a bautizar (Mat. 28:19-20).

En Pentecostés, después del sermón de Pedro, 3000 personas fueron bautizadas (Hech. 2:41). Habían sido exhortadas por el apóstol: "Arrepentíos, y bautícese cada uno de vosotros en el nombre de Jesucristo para perdón de pecados; y recibiréis el don del Espíritu Santo" (2:38). En otras ocasiones, el bautismo era "en el nombre de Jesús" (8:16; 19:5). A veces el don del Espíritu Santo seguía al bautismo; otras veces, el Espíritu precedía al bautismo (10:44-48). Aparentemente estas eran experiencias separadas.

Muchos pasajes del NT enfatizan que el perdón está basado en el arrepentimiento y la fe en lo que Jesús ha hecho, y no en un rito —el bautismo— u otra cosa (Juan 3:16; Hech. 16:31). La salvación es provista por Cristo y no a través del bautismo. Las referencias a Jesús bendiciendo niños no incluyen indicaciones de bautismo (Mar. 10:13-16), y el bautismo de "casas" o familias descripto en Hechos 16:31-33, no debiera ser utilizado para defender una práctica cristiana posterior.

Pablo (Saulo) se encontró con el Cristo viviente en un viaje a Damasco que llevaba a cabo para perseguir a los cristianos. Esto llevó a un encuentro en Damasco con Ananías, donde Pablo recuperó la vista y donde también fue bautizado (Hech. 9:17-18). Desde ese momento, el bautismo llegó a ser una parte de su mensaje y práctica misioneros, tanto entre judíos como gentiles. El mensaje básico de Pablo declara que una correcta relación con Dios está basada exclusivamente en la fe en Jesucristo (Rom. 1:17; 5:2). El bautismo cristiano ilustra claramente a alguien muerto al pecado que ya no vive en él (Rom. 6:3-4).

Pablo asumió la práctica cristiana universal del bautismo y entendió que simboliza la muerte, sepultura, y resurrección del creyente con Cristo. El modo de inmersión preserva más claramente este simbolismo, junto con el énfasis adicional de muerte al pecado y resurrección a una nueva vida en Cristo. El énfasis está en lo que Cristo ha hecho más que en lo que el creyente hace. A través de la fe en Él, se recibe la gracia y el bautismo se hace significativo.

Pablo en 1 Corintios relaciona unidad en Cristo con bautismo. "Porque por un solo Espíritu fuimos todos bautizados en un cuerpo" (12:13). Gálatas 3:26-29 también enfatiza la identificación con Cristo y la unidad en Él, usando la figura de revestirse. Para aquellos que pertenecen a Cristo, las distinciones terrenales desaparecen y todos son uno en Cristo, herederos de acuerdo a la promesa.

Los creyentes han sido sepultados con Cristo en el bautismo y levantados con Él a través de la fe en el poder de Dios, quien lo levantó de los muertos. Consecuentemente, ellos deben poner sus corazones en las cosas de arriba y hacer morir la naturaleza terrenal (Col. 3:1,5; comp. 2:9-12).

El bautismo describe el mensaje del evangelio de la muerte y resurrección de Cristo, afirma la muerte del creyente al pecado y su resurrección a una nueva vida, y significa la unión del creyente con Cristo y con otros creyentes. El rito mismo no lleva a cabo esto pues dichas cosas se basan en lo que Cristo ha hecho y continúa haciendo. El bautismo sirve como símbolo y declaración públicos efectivos para aquellos que confían en Cristo como Salvador y Señor.

Cena del Señor. El escrito más antiguo sobre la institución de la Cena del Señor está en 1 Cor. 11:23-26. La iglesia de Corinto estaba dividida, y muchos de sus miembros eran egoístas e indulgentes. En su comida de comunión, por lo tanto, no comían "la Cena del Señor" (v. 20); algunos eran muy indulgentes, mientras otros quedaban hambrientos y humillados. Pablo les recordó la tradición que él había recibido y les había pasado en relación a la Cena del Señor con sus discípulos la noche en que fue entregado.

Los términos *eucaristía* o *acción de gracias* y *comunión* frecuentemente se aplican a la cena. Cada uno resalta un aspecto significativo de esta ordenanza. "Cena del Señor" parece una expresión más satisfactoria para la designación en general, pues les recuerda a los cristianos que están compartiendo el pan y la copa en la mesa de Cristo, no en la propia.

Los relatos de los Evangelios en cuanto a la última cena (Mat. 26:26-29; Mar. 14:22-26; Luc. 22:17-20), junto con Pablo registran la bendición (acción de gracias), el partimiento del pan, un nuevo pacto en conexión con la copa como la sangre de Cristo (ver Jer. 31:31-34), y un énfasis futuro. Marcos indica que Jesús dijo que no bebería más del fruto de la vid hasta que lo bebiera nuevamente en el reino de Dios. Pablo relata que "todas las veces que comiereis este pan, y bebiereis esta copa, la muerte del Señor anunciáis hasta que él venga" (1 Cor. 11:26).

Pablo enfatiza el aspecto conmemorativo de la cena: "Haced esto en memoria de mí" (1 Cor. 11:24). Los cristianos deben recordar que el cuerpo de Cristo fue partido, y su sangre fue derramada por ellos. Como en el bautismo, compartir la Cena del Señor es una proclamación del evangelio en esperanza, "hasta que él venga." Así como la Pascua era un símbolo del viejo pacto, la Cena del Señor es un símbolo del nuevo.

La cena compartida para recordar el pasado y como esperanza para el futuro, se cumple en la comunión del presente. Es una "comunión de la sangre de Cristo" y "del cuerpo de Cristo" (1 Cor. 10:16). Pablo no está hablando de una repetición del sacrificio de Cristo, sino de una genuina participación de la comunión (*koinonia*) con el Dios viviente. La comunión en Cristo es básica para que haya comunión en su cuerpo (v. 17).

Todos los cristianos son indignos de participar de la Cena del Señor, pero la gracia divina ha provisto para ellos a pesar de su indignidad. Lo trágico es que algunos participan de manera indigna, sin discernir el cuerpo del Señor. Pablo exhortó a los cristianos a examinarse y a respetar el cuerpo de Cristo al compartir la Cena del Señor.

Conclusión. Cristo instituyó ambas ordenanzas. Ambas describen pública y visiblemente los elementos esenciales del evangelio, y ambas simbolizan realidades que incluyen el accionar divino y la experiencia humana. El bautismo es una experiencia de una vez para siempre, pero la Cena del Señor se repite muchas veces. El bautismo sigue inmediatamente a la profesión de fe en Cristo de una persona, y en el NT era la declaración de fe. La Cena del Señor declara la dependencia continua que tiene una persona del Cristo proclamado en el evangelio, quien murió, fue sepultado, y resucitó para nuestra salvación.

Al observar las ordenanzas, los creyentes están presentando el evangelio de Cristo de una manera única, y se están comprometiendo completamente con las demandas que hace.

OREB Y ZEEB (*"cuervo"* y *"lobo"*) Dos príncipes madianitas capturados y ejecutados por los efrainitas después de la derrota de sus fuerzas por parte de Gedeón (Jue. 7:24-8:3). Los nobles madianitas dieron sus nombres a los lugares donde murieron, la peña de Oreb cerca de Bet-bara en el Jordán, y el lagar de Zeeb. La liberación israelita de Madián llegó a ser símbolo de la liberación del pueblo de Dios (Sal. 83:11; Isa. 9:4; 10:26).

OREJA, OÍDO La oreja derecha de los sacerdotes se consagraba con sangre (Ex. 29:20; Lev. 8:24). A la oreja derecha de los leprosos se la rociaba con sangre y aceite como parte de la purificación (Lev. 14:14,17). Si un esclavo decidía servir a un amo de por vida, se le perforaba la oreja con una lesna contra la puerta de la casa del amo (Ex. 21:6; Deut. 15:17).

Oídos torpes, cerrados o incircuncisos hablaban de falta de atención y desobediencia (Isa. 6:10; Jer. 6:10; Hech. 7:51). Dios a veces usa la adversidad para abrir oídos sordos (Job 36:15). Despertar los oídos era hacer que alguien fuera dócil a la enseñanza (Isa. 50:4). Abrir el oído era revelar algo (Isa. 50:5). El oído podía poner en práctica juicio (Job 12:11) y entendimiento (13:1).

ORGULLO Confianza y atención indebidas en las habilidades, logros, estado, posesiones propias, o aquello que se opone a la humildad. El orgullo es rebelión contra Dios porque atribuye al yo el honor y la gloria debida solamente a Dios. Las personas orgullosas no piensan que sea necesario pedir perdón, porque no admiten su condición pecaminosa. Esta actitud hacia Dios encuentra expresión en la actitud personal hacia otros, y hace que frecuentemente la gente tenga en poca estima la capacidad y el valor de los demás y, en consecuencia, eso hace que los trate con desprecio o crueldad. Algunos han considerado al orgullo como la raíz y esencia del pecado. Otros lo consideran como un pecado en su forma final. En ambos casos, es un pecado grave.

La "vanagloria" (1 Juan 2:16; Sant. 4:16) y la "soberbia" o "altivez" elevan al yo por encima de los demás (Mar. 7:23; Luc. 1:51; Rom. 1:30; 2 Tim. 3:2; Sant. 4:6; 1 Ped. 5:5).

Jesús denunció el orgullo racial (Luc. 3:8). La parábola del fariseo y el publicano estaba dirigida a aquellos que eran culpables de orgullo espiritual, aquellos que "confiaban en sí mismos como justos, y menospreciaban a los otros" (Luc. 18:9). Santiago 1:10 advierte a los ricos contra la tentación de enorgullecerse en razón de su riqueza.

ORO Ver *Minerales y metales*.

ORO BATIDO Delgadas láminas de oro que se hacían al martillarlo; se utilizaba para cubrir objetos de menos valor, como por ejemplo los escudos de oro (1 Rey. 10:16-17), los candeleros del tabernáculo (Ex. 25:31,36; 37:7,22; Núm. 8:4) e ídolos (Isa. 40:19). Ver *Minerales y metales.*

ORO, BECERRO DE Imagen de un toro joven, probablemente hecha de madera y recubierta con oro, que los hebreos adoraron en el desierto (Ex. 32:1-8) y en el reino del norte en Israel (1 Rey. 12:25-33). Ver *Aarón; Bet-el; Toro, Buey; Dan; Éxodo; Jeroboam; Moisés; Jehová.*

ORO, REGLA DE Mandamiento de Jesús (Mat. 7:12; Luc. 6:31): Hacer a otros lo que desearíamos que ellos nos hicieran a nosotros.

OSEAS (*"salvación"*)(1) Profeta (Os. 1:1-2; Rom. 9:25) del reino del norte que profetizó a ese reino (aprox. 750-725 a.C.) con el mismo nombre hebreo que el nombre original de Josué (Núm. 13:16; Deut. 32:44); contemporáneo de Amós, profeta del sur que fue al norte, y de Isaías, profeta de Jerusalén. El nombre de Oseas simbolizó la urgente necesidad de liberación nacional. Su mensaje habló a la nación sobre el Libertador (Os. 13:4). Las profecías de Oseas (4-14) son palabra de Dios a Israel, y también lo son los capítulos que hablan de los problemas familiares del profeta (1-3).

Oseas fue testigo del caos político en Israel luego de la muerte de Jeroboam II. Él censuró los esfuerzos de hacer alianza con Asiria y Egipto como medios para lograr seguridad nacional. Oseas tuvo la tarea nada envidiable de presidir la etapa de la muerte de su amada nación, pero si había profundo arrepentimiento, había también esperanza de avivamiento nacional (Os. 14).

(2) Último rey de Israel (2 Rey. 17:1), contemporáneo del profeta del mismo nombre. (3) Uno de los oficiales de David (1 Crón. 27:20). (4) Jefe o cabeza del pueblo (Neh. 10:23).

OSEAS, LIBRO DE Primer libro de los profetas menores; tiene dos divisiones: (1) El matrimonio de Oseas, 1-3; y (2) el mensaje de Oseas, 4-14. En cada uno de los primeros tres capítulos se advierte un patrón de juicio seguido por esperanza. En las profecías de Oseas (4-14) se ve un patrón similar, pero la mayoría de las profecías son de juicio. El tema dominante es el amor (la fidelidad del pacto), el tenaz amor de Dios hacia su pueblo descarriado, y el amor nada confiable de Israel hacia Dios.

Lo que predomina en los caps. 1-3 es el matrimonio y la vida familiar de Oseas, y vuelve a aparecer aquí y allá en el resto del libro. Las referencias a la familia de Oseas sirven como simbolismo profético de Dios e Israel, la familia de Dios. Dios le ordenó a Oseas que tome una esposa "fornicaria" y que tenga "hijos de fornicación; porque la tierra fornica apartándose de Jehová" (Os. 1:2). El interés principal no radica en Oseas y su familia sino en Dios y su familia.

En el centro mismo de la teología de Oseas está la relación entre Dios e Israel. El único Dios de Israel era Jehová. Israel era el pueblo escogido. Oseas presentó a Jehová como un esposo fiel y a Israel como una esposa infiel. Oseas hizo énfasis en el conocimiento de Dios y el amor leal. El amor de Dios por Israel no permitiría que Él lo abandonara a pesar de la falta de conocimiento del pueblo y de su infidelidad. La esperanza para el futuro de Israel radicaba en su arrepentimiento y en el perdón y el amor de Dios, que hacían que Él quisiera restaurar esa relación.

OSO Ver *Animales.*

OSTIA Ciudad romana en la desembocadura del Tíber alr. de 24 km (15 millas) de Roma que, luego que Claudio (41-54 d.C.) construyera un puerto artificial, sirvió como el principal puerto para Roma. Antes de esta construcción, el cieno impedía que las naves de alta mar usaran el puerto. Tales embarcaciones estaban forzadas a usar el puerto de Puteoli, unos 222 km (138 millas) al sur de Roma (Hech. 28:13).

OTONIEL (*"Dios es poderoso"*) (1) Primero de los jueces o libertadores de Israel; recibió a Acsa, hija de Caleb, como su esposa en recompensa por su captura de Quiriat-sefer, Debir (Jos. 15:15-19; Jue. 1:11-15). Rescató a Israel del rey mesopotámico Cusan-risataim (Jue. 3:7-11). Otoniel fue el único juez que provenía de las tribus del sur. Ver *Jueces, Libro de.* (2) Nombre de un clan asociado con un residente de Netofa (1 Crón. 27:15).

OVEJAS Ver *Animales; Agricultura; Ganado; Economía.*

⇜PQ⇝

PABLO Nombre oficial romano de un sobresaliente apóstol misionero; autor de epístolas del NT. El nombre judío de Pablo era Saulo. El lugar de nacimiento de Pablo fue Tarso, sobre la costa sur de Turquía (Hech. 22:3). Pablo tenía una buena preparación en las Escrituras y tradición judías (Hech. 26:4-8; Fil. 3:5-6). También aprendió el oficio de hacer tiendas (Hech. 18:3).

En los primeros años de su adolescencia, Pablo fue a Jerusalén a estudiar con el famoso rabino Gamaliel, el mejor maestro judío de ese tiempo (Hech. 22:3). Ver *Gamaliel*. Pablo se hizo fariseo (Fil. 3:5) y era muy celoso de las tradiciones de su pueblo (Gál. 1:14).

El sermón de Esteban aparentemente estimuló la persecución por parte de Pablo contra la iglesia (Hech. 8:1-3; 9:1-2; 26:9-11; Fil. 3:6; Gál. 1:13). Tres relatos nos cuentan de la experiencia de Pablo en el camino a Damasco (35 d.C.): Hech. 9:3-19; 22:6-21; 26:13-23. Pablo estaba en viaje a Damasco para arrestar a judíos que habían aceptado a Jesús como Mesías. Una luz deslumbrante lo arrojó al piso. La voz preguntó: "¿Por qué me persigues?" e indicó que quien hablaba era Jesús (comp. 1 Cor. 15:8-10; 9:1), el mismo a quien Esteban había visto a la diestra de Dios cuando Pablo fue testigo de la lapidación de Esteban. Pablo quedó ciego y fue conducido a la ciudad. Ananías se encontró con Pablo y le dijo que había sido escogido por Dios como mensajero a los gentiles (Hech. 9:15,17; 22:21; Gál. 1:1; Ef. 3:2-12). Después que Pablo recibió la vista, fue bautizado. El evangelio que Pablo predicaba había venido por revelación (Gál. 1:12). Su conversión fue como morir y recibir una vida nueva (Gál. 2:20) o ser creado de nuevo (2 Cor. 5:17-20). Ver *Conversión*.

El primer viaje misionero (46-48 d.C.) comenzó en Antioquía (Hech. 13-14). La iglesia en ese lugar escogió a Pablo y a Bernabé para ser sus representantes. Juan Marcos los acompañó como ayudante. Su itinerario los llevó desde Antioquía a Seleucia, a Chipre, y a Perge en la costa sur de Turquía. Fueron a la provincia de Galacia, donde concentraron sus esfuerzos en las ciudades sureñas de Antioquía, Iconio, Listra y Derbe. Su procedimiento típico era llegar a un pueblo, buscar una sinagoga, y hablar del evangelio en el día Sábado. Generalmente, el mensaje de Pablo causaba una división en la sinagoga, y Pablo y Bernabé buscaban una audiencia gentil. En cada ciudad, muchos se volvían al nuevo camino (Hech. 13:44,52; 14:1-4,20-28), y se establecía una organización mínima en cada localidad (Hech. 14:23). Pablo más tarde dirigió una epístola a este distrito: Gálatas. Ver *Asia Menor*.

El segundo viaje de Pablo (49-52 d.C.) se inició en Antioquía con Silas como asociado (Hech. 15:36-18:18). Viajaron a través de lo que ahora es la moderna Turquía hasta la parte egea de Troas. Una visión dirigió a Pablo hacia Filipos en la provincia de Macedonia. Allí Pablo estableció una iglesia, como lo atestigua su posterior carta a los filipenses. De allí viajó a Tesalónica y Berea. Su predicación en Atenas tuvo resultados magros. Su obra en Corinto (la provincia de Acaya) fue bien recibida e incluso aprobada indirectamente por el gobernador romano, Galión. Desde Corinto, Pablo regresó a Cesarea, visitó Jerusalén y luego Antioquía (Hech. 18:22).

La tercera aventura misionera de Pablo (52-57 d.C.) se centró en Éfeso, desde donde el evangelio probablemente se esparció a las ciudades vecinas, tales como las siete iglesias de Apocalipsis (Hech. 18:23-20:6; Apoc. 2-3). Desde Éfeso Pablo mantuvo correspondencia con la iglesia de Corinto. Mientras que estaba en Corinto al final de su viaje, escribió la epístola a los Romanos. Ver *Romanos, Libro de; 1 Corintios; 2 Corintios.*

Cuando Pablo regresó a Jerusalén para su última visita (21:17-26:32), fue arrestado y tomado prisionero, y luego transferido a Cesarea (57-59 d.C.). Al principio, las acusaciones contra él eran que había introducido a un gentil en las áreas restringidas del templo. Más tarde, fue acusado de ser malicioso. Las verdaderas razones para su arresto resultan claras: la multitud se enfureció porque Pablo mencionó su llamamiento a los gentiles (Hech. 22:21-22), y él le dijo al Sanedrín que fue arrestado por creer en la resurrección. Ver *Resurrección; Sanedrín.*

Eventualmente, Pablo fue transferido a Roma (60-61 d.C.) como prisionero del emperador. La tradición extrabíblica relata que la ejecución de Pablo en Roma es razonable. La tradición de que él viajó a España es problemática.

Los escritos de Pablo son la fuente principal para la teología cristiana. (1) Pablo enseñó que los seres humanos están separados de Dios, rechazaron a Dios y se establecieron a sí mismos como autoridad final. Ver Rom. 1:18-3:8; *Pecado; Antropología.*

(2) La respuesta de Pablo a la separación entre la humanidad y Dios, es el Hijo a quien Dios envió (Gál. 4:4; Col. 1:15-20). Cristo es el modelo para toda la humanidad, la imagen de Dios (Col. 1:15). El diseño y propósito del universo se centra en Cristo. Él es el único que nos puede reconciliar con Dios (1:20; 2 Cor. 5:19). Ver *Conversión; Reconciliación.*

(3) La muerte, sepultura y resurrección de Cristo es el punto focal de todo lo que Pablo predicó y escribió (1 Cor. 2:2; 15:14). El apóstol consideró que la muerte de Cristo era un sacrificio pascual (1 Cor. 5:7), un sacrificio representativo (2 Cor. 5:14), o un rescate (1 Tim. 2:5-6). La resurrección de Jesús garantiza la esperanza de la resurrección completa y el nuevo mundo por venir (1 Cor. 15:20-24). Ver *Jesús, Vida y ministerio de; Cristo, Cristología; Esperanza.*

(4) Pablo usó a Abraham como el ejemplo de personas de fe (Rom. 4:3,21). La fe es simplemente aceptar como cierta la promesa de salvación que Dios ha hecho a través de Cristo. Esta respuesta de fe tiene un poder transformador y es como crear una nueva persona (Gál. 2:20; 2 Cor. 5:17-19) con una nueva fuerza de motivación y energía, el Espíritu Santo (Rom. 8:9-11). La persona de fe está verdaderamente "en Cristo". Ver *Fe.*

(5) El creyente llega a la reconciliación en una comunidad de fe. Esta comunidad de fe está íntimamente asociada con Cristo, quien ostenta una posición de dignidad y autoridad por sobre la iglesia: es su Cabeza (Ef. 1:22-23). Cristo ama a la iglesia y se dio a sí mismo por ella; la iglesia está sujeta a Cristo en todo (Ef. 5:21-33). La iglesia nutre al creyente de modo que pueda madurar para ser como Cristo (Ef. 4:13). La iglesia también testifica del poder de Dios para reconciliar a la humanidad consigo mismo mediante su ejemplo de comunión cristiana, y el testimonio tiene lugar dentro de sus paredes y a través de la evangelización (Ef. 3:10). Ver *Iglesia.*

(6) La persona reconciliada tiene un nuevo estilo de vida sin vicios (Gál. 5:19-21; Col. 3:5-11; Ef. 4:17-19;

1 Cor. 5; 6:9-10; 2 Cor. 12:20-21) y con cualidades dignas (Gál. 5:22-23; Col. 3:12-14; Fil. 4:8). Pablo ofreció consejo a los hogares cristianos (Col. 3:18-4:1; Ef. 5:21-6:9) y en asuntos matrimoniales (1 Cor. 7). La pauta máxima de la conducta cristiana es Cristo mismo (Fil. 2:1-11). De modo que Cristo se da a sí mismo como agente divino de reconciliación, para llevar a los seres humanos a una correcta relación con Dios, viviendo una vida motivada por el Espíritu. Ver *Ética*.

PACIENCIA Resistencia activa a la oposición, no una resignación pasiva; firmeza y perseverancia. Dios es paciente (Rom. 15:5), lento para la ira en relación con el pecado de los hebreos (Ex. 34:6; Núm. 14:18; Neh. 9:17; Sal. 86:15; Isa. 48:9; Os. 11:8-9; comp. Mar. 2:1-11). La parábola de Jesús sobre los labradores describe la paciencia de Dios para con su pueblo (Mar. 12:1-11). La paciencia divina con los pecadores les concede tiempo para que se arrepientan (Rom. 2:4; 2 Ped. 3:9-10).

El pueblo de Dios debe ser paciente (Rom. 5:3-5; 2 Cor. 6:6; comp. Sal. 37). La paciencia es un fruto del Espíritu (Gál. 5:22). El amor cristiano es paciente (1 Cor. 13:4,7). Hebreos enfatiza la paciencia como la alternativa a echarse atrás durante la adversidad (Heb. 6:9-15; 10:32-39; comp. 12:1-3). La perseverancia es parte de la madurez (Sant. 1:2-4; 5:11; Apoc. 2:2,19; 3:10; 13:10; 14:12).

PACIFICADORES Aquellos que trabajan activamente para que haya paz y reconciliación donde hay odio y enemistad. Dios bendice a los pacificadores y declara que son sus hijos (Mat. 5:9). Aquellos que trabajan para la paz comparten el ministerio de Cristo de causar paz y reconciliación

(2 Cor. 5:18-19; Ef. 2:14-15; Col. 1:20).

PACTO Tratado, alianza o acuerdo entre dos partes de igual o desigual autoridad; pactos de Dios con individuos y con la nación de Israel que hallan cumplimiento final en el Nuevo Pacto en Cristo Jesús.

Los pactos bíblicos se fundamentaban en patrones normales que se usaban en economía y política. Hay dos tipos de tratados que podemos estudiar: los del imperio heteo (hitita) aprox. 1400-1200 a.C. y los del imperio asirio, aprox. 850-650 a.C. Ninguno de ellos se ajusta a un patrón rígido e inamovible, pero los tratados heteos entre un rey y reyes vasallos o entre dos reyes de igual autoridad tenían la siguiente estructura:

1. Títulos reales especificando e identificando al rey heteo que hacía el tratado.

2. Prólogo histórico repasando las relaciones pasadas entre las dos partes del tratado, y haciendo énfasis en las acciones de gracia del rey heteo.

3. Estipulaciones o acuerdos del tratado, que a menudo especificaba primero el acuerdo u obligación principal que acordaban ambas partes, y luego un detalle de demandas o acuerdos específicos en una lista más larga.

4. Una cláusula describiendo la manera en que se debía guardar el tratado y la forma en que se debía leer de modo regular a los ciudadanos que estuvieran afectados por él.

5. Lista de los testigos del tratado, incluyendo los dioses y los fenómenos naturales como por ejemplo las montañas, el cielo, el mar y la tierra.

6. Lista de maldiciones y bendiciones si se violaba el tratado o se cumplía.

Los tratados asirios a menudo no incluyen el prólogo histórico ni las bendiciones. Deuteronomio, Josué 24 y otros textos del AT muestran que

Israel estaba familiarizada con estas formas para los tratados y que las usaba en su literatura. También pueden mostrar que Israel usaba estas fórmulas en la adoración, y renovaba regularmente el pacto con Dios. Ningún texto del AT sigue exactamente las formas de tratados, y ningún texto declara explícitamente que las ceremonias de renovación del pacto eran centrales en la adoración de Israel.

Una persona hacía un pacto con otra persona o con un grupo de personas (Gén. 21:22-34; 26:28). Cuando se hacía un pacto, se ofrecían sacrificios. Jonatán y David hicieron un pacto de amistad ("pacto de Jehová", 1 Sam. 20:8) en el que Jonatán reconoció el derecho de David al trono (1 Sam. 18:3; 23:18). El Señor fue testigo y garantía de ese pacto. Abner llevó a las tribus del norte de Israel a establecer un pacto con David, haciéndolo rey sobre el norte y también sobre Judá en el sur (2 Sam. 3; comp. 5:3; 1 Crón. 11:3). Salomón e Hiram hicieron un pacto de paz que aparentemente incluyó ciertos acuerdos comerciales (1 Rey. 5:12).

El rey Sedequías hizo un pacto ante Jehová (Jer. 34:18) con el pueblo de Jerusalén, liberando de esclavitud a los hebreos (v. 8). Hubo una ceremonia que acompañó al ritual del pacto: ambas partes cortaron un becerro en dos y desfilaron en medio de ellas (v. 18). La violación del pacto se condenaba públicamente en la adoración (Sal. 55:20).

Esdras hizo una reforma en la comunidad judía restaurada llevándola a hacer un pacto en la presencia de Dios en que los israelitas se comprometían a divorciarse de sus esposas extranjeras y a separarse de los hijos que habían recibido influencia tan marcada de las madres extranjeras (Esd. 10:3).

Oseas denunció el pacto o tratado servil que el reino del norte había hecho con Asiria (Os. 12:1; comp. 7:8-14; 8:9; 10:4; 2 Rey. 17:3-4). Dichos tratados procuraron obtener protección militar de países extranjeros en vez de depositar la confianza en Jehová, el Dios del pacto. (Ver Ex. 23:32; 34:12,15; Deut. 7:2.) Ver 2 Crón. 23:1; Job 41:4; Sal. 83:4-8; Isa. 33:8.

A pesar de las advertencias de Dios para que no lo hiciera, Israel tuvo una larga historia de pactos y acuerdos con extranjeros (Jos. 9; comp. Jue. 2:2; 1 Sam. 11; comp. 1 Rey. 15:19; 20:31-35; 2 Crón. 16:3; Isa. 28:15).

En el pacto político típico, una de las partes paga por los privilegios que desea de la otra parte. Dicho pago lo puede poner en vigor un rey victorioso o tal vez lo ofrezca un rey débil que necesita ayuda contra los enemigos. Los miembros de dicha alianza se llamaban "baales del pacto" o señores, dueños del pacto (Gén. 14:13), un término técnico para referirse a los aliados u hombres del pacto (Abd. 7). Los tratados tipo pacto conllevaban expectativas de un trato humano y moral hacia otros miembros del pacto, ya que el pacto era literalmente un pacto de hermanos (Amós 1:9; comp. 1 Rey. 20:32-33). Violar las condiciones del pacto equivalía a traición y castigo extremo (Ezeq. 17:12-18; comp. Amós 1:9). El matrimonio incluía obligaciones a nivel pacto, y Dios era el testigo (Mal. 2:14; comp. Ezeq. 16:8; Os. 2:19-20).

Un importante tema en la Biblia es la gracia de Dios hacia su pueblo en los pactos que Él inició. Noé recibió el primer pacto de Dios (Gén. 9:9-17), un juramento divino, una promesa de que no repetiría el diluvio. Este pacto no requirió ninguna respuesta humana. El arco iris permanece eternamente como señal de la promesa de Dios.

Dios estableció la relación de pacto antes del diluvio (Gén. 6:18). Ni las catástrofes "naturales" ni el pecado humano (comp. 6:5; 8:21) pueden evitar que para Dios la vida siga siendo prioridad. Dios hizo su segundo pacto con Abraham (Gén. 15:18; 17:2), nuevamente con promesas divinas y sin demandar obediencia humana. Dios prometió darles la tierra de Canaán a los descendientes de Abraham. Como símbolo de esta promesa hubo una antigua ceremonia (comp. Jer. 34) en la que se cortaron animales y los participantes del pacto pasaron en medio de ellos. Por lo general, ambas partes de un pacto humano juraban que respetarían las condiciones del pacto o tendrían el mismo destino que los animales cortados. Para Abraham, el rito se convirtió en un sacrificio a Dios y en una señal de su devoción, aun cuando las aves que atacaban amenazaban con echarlo a perder (Gén. 15:11). Abraham no caminó en medio de los animales divididos. Los símbolos de la presencia de Dios sí. El Señor juró que cumpliría su promesa. Génesis 17 muestra el inicio de la circuncisión como señal del pacto. La promesa del pacto de Dios se extendió hasta incluir relaciones internacionales, muchos descendientes, y que Dios eternamente sería el Dios de los descendientes de Abraham.

La redención de la esclavitud de Egipto halló su clímax en el pacto de Dios con Israel, donde se declaraba la salvación divina (Ex. 19:4). El juramento no vino de Dios sino del pueblo. El mandamiento era "si diereis oído a mi voz y guardareis mi pacto". La promesa era que entonces ellos serían "mi especial tesoro sobre todos los pueblos... un reino de sacerdotes, y gente santa" (Ex. 19:5-6). La ley del pacto fue revelada al pueblo de Dios como las responsabilidades del pueblo

en ese pacto con Dios. Israel aceptó esta responsabilidad en una ceremonia solemne (Ex. 24:3-8). El pacto con Jehová significaba que Israel no podía hacer pactos con otros dioses (Ex. 23:32). Dentro de los acuerdos del pacto, Dios incluyó el pacto del sábado o del día de reposo, una promesa perpetua de Israel de observar el séptimo día como día de descanso, un reflejo de lo que hizo Dios en la creación (Ex. 31:16).

Casi desde el comienzo Israel se negó a tomar en serio el compromiso del pacto (Ex. 32). Dios renovó el pacto con su pueblo, haciendo una promesa explícita de que conquistarían milagrosamente la tierra de Canaán que le había sido prometida a Abraham (Ex. 34; notar v. 10). Una vez más, el pacto con Israel incluía la promesa del pueblo de no realizar otros pactos (34:12,15; Deut. 7:2) y contenía mandamientos de Dios, sus expectativas para con el pueblo del pacto (Ex. 34:27-28; Deut. 4:13). Ver *Diez Mandamientos*.

La adoración de Israel con sacrificios comprendía recordatorios del pacto. Cuando se agregaba sal a las ofrendas, era la "sal del pacto" (Lev. 2:13; comp. Núm. 18:19; 2 Crón. 13:5). El pan del altar también simbolizaba el pacto eterno de Israel (Lev. 24:8).

Aparentemente, Israel celebraba su pacto con ceremonias que le ayudaban a identificarse como el pueblo del pacto (Deut. 5:2-3; comp. 29:1,12,14-15; Jos. 8:30-35; 24:1-28). Las ceremonias de Israel tenían algunos de los mismos componentes que tenían los pactos o tratados del Cercano Oriente, particularmente bendiciones por la obediencia a las estipulaciones, y maldiciones por la desobediencia (Ex. 23:25-30; Lev. 26:1-46; Deut. 27:11-26; 28:1-68). Después de que entra en efecto la maldición o el castigo de un pacto, Dios espera que el pueblo confiese el pecado y regrese a Él (Lev. 26:40; Deut. 4:30-31; 30:1-3). Por otra parte, Dios no ha de invalidar su pacto "porque yo Jehová soy su Dios" (Lev. 26:44-45; comp. Deut. 7:9,12; Jue. 2:1; Zac. 11:10).

El pacto de Dios con Abraham y con Israel llegó a su gran apogeo en el pacto divino con David (2 Sam. 23:5; comp. 7:12-16; 2 Crón. 13:5; Sal. 89:3-34; 132:12). La constante desobediencia llevó al exilio de Judá y a la queja "rompiste el pacto de tu siervo" (Sal. 89:39). El Dios de Israel era el Dios "que guardas el pacto y la misericordia a tus siervos, los que andan delante de ti con todo su corazón" (1 Rey. 8:23; 2 Crón. 6:14; Neh. 1:5; 9:32; Sal. 105:8,10; comp. Isa. 54:10).

El hijo de David, el rey Salomón, marcó el camino de la violación del pacto ya que adoró a otros dioses y estableció un modelo que Israel siguió a través de toda su historia (1 Rey. 11:11). Aun al castigarlos, Dios continuó siendo fiel, preservando a dos tribus para la familia de David (1 Rey. 11:12-13) y protegiendo al pueblo de los enemigos (2 Rey. 13:23; 2 Crón. 21:7). En forma ocasional, personas fieles asumían la autoridad y llevaban al pueblo a renovar su pacto con Dios (2 Rey. 17:35; 23:3; 2 Crón. 15:12; 29:10; 34:31-32). Al final, la violación del pacto llevó a que Dios enviara al reino del norte a exilio eterno (2 Rey. 17:15-18; 18:11-12). La última palabra de Dios no fue castigo. Él oyó el clamor de su pueblo y "se acordaba de su pacto con ellos" (Sal. 106:45; 25:10,14; 44:17; 50:5,16; 74:20; 78:10,37; 103:18; 111:5,9; Jer. 11:2-3). Dios también hizo un pacto con los sacerdotes, y reconoció las acciones obedientes y hasta heroicas de ellos, por lo cual les prometió sacerdocio perpetuo (Núm. 25:12-13; Ex. 40:15; comp. Deut. 33:8-11). Pero hasta los sacerdotes fueron infieles y provocaron la ira de Dios (Neh. 13:29; Mal. 2:1-9).

Dios tenía un "pacto sempiterno" con la tierra (Isa. 24:5; comp. 42:6; 49:8; 59:21; 61:8). Evidentes reglas morales universales conforman las expectativas de Dios para todas las personas, pero los seres humanos desobedecieron estas reglas básicas y consecuentemente dieron lugar a las maldiciones divinas del pacto (comp. Amós 1:1-2:8; Rom. 1).

Por amor a las naciones, Dios extendió su pacto con David. Todo Israel cumpliría el rol de David y haría que todas las naciones acudieran a Jerusalén para ver la gloria de Dios (Isa. 55:1-5). Dios extendió su pacto a los que no pertenecían a su pueblo elegido —eunucos que de otra manera tenían prohibido tomar parte del culto de adoración (Isa. 56:3-5; comp. Deut. 23:1) y asimismo extranjeros (Isa. 56:6; comp. Deut. 23:2-9).

Oseas condenó a Israel por transgredir el pacto (Os. 6:7; 8:1; 12:1). Sin embargo, este profeta señaló hacia el futuro, a un día de esperanza cuando Dios renovaría el pacto con Israel (2:18).

Jeremías declaró que Israel había violado el pacto así como en los días de Moisés (11:6-10). Jeremías describió la promesa divina de un Nuevo Pacto. Las estipulaciones no estarían en tablas de piedra como en antaño sino que estarían grabadas en los corazones de la gente para que ésta tuviera la voluntad y el poder de obedecer (31:31-34; comp. 32:40-44; 50:5; Ezeq. 16:8,59-63; 20:37). El perdón sería la característica de la relación entre Dios y el pueblo del nuevo pacto. La predicación de Jeremías sobre el nuevo pacto llegó hasta el pacto con David (33:19-26).

Zacarías prometió que los exiliados regresarían a Jerusalén porque Dios sería fiel al pacto de sangre que había hecho con Moisés (Zac. 9:11; comp. Ex. 24). En el AT las referencias al pacto concluyen en Mal. 3:1 (comp. 2:10) con el anuncio divino de la llegada del mensajero del pacto que venía en representación de Dios. Esto demostraba que el pacto no es algo del pasado.

La comunidad de Qumrán que produjo los rollos del mar Muerto le otorgó crucial importancia a la teología del pacto. Ellos se veían como el pueblo del nuevo pacto, tenían reglas estrictas para los que deseaban integrarse a la comunidad, y esperaban que los miembros obedecieran la ley de AT como ellos la interpretaban.

El NT transformó el "pacto" en "testamento". Éste era un documento con fuerza legal que realizaba una persona para asegurar que a su muerte sus bienes se repartieran de manera apropiada (ver Gál. 3:15; Heb. 9:17). El evangelio del NT cumplió el pacto del AT (Luc. 1:72; Hech. 3:25; comp. 7:8; Gál. 3:15-17). Jesús usó la última cena para interpretar su ministerio, y especialmente su muerte, como el cumplimiento de la profecía del nuevo pacto de Jeremías. En la última cena, los discípulos bebieron la sangre del nuevo pacto, que recordaba la muerte de Cristo como sacrificio por los pecados (Mat. 26:28; Mar. 14:24; Luc. 22:20; 1 Cor. 11:25).

Pablo fue un ministro del nuevo pacto (2 Cor. 3:6). Él afirmó que con la venida de Cristo y el consiguiente rechazo de Israel, Dios siguió teniendo un pacto para salvar a su pueblo (Rom. 11:27; comp. 2 Cor. 3:14).

En el NT, sólo Hebreos hace del pacto un tema teológico central con énfasis en Jesús, el perfecto sumo sacerdote que proporciona un pacto nuevo, mejor y superior (Heb. 7:22;

8:6; comp. 8:8,10; 9; 10:16; 12:24; 13:20; 15). Si Israel sufrió por violar el pacto de Sinaí (Heb. 8:9-10), ¿cuánto más debía sufrir el pueblo si había tenido "por inmunda la sangre del pacto en la cual fue santificado" (Heb. 10:29)?

Las dos grandes partes de la Escritura se apoyan en el acto de gracia divina al redimir a su pueblo y hacer un pacto con ellos, mostrándoles las condiciones para vivir en el reino de Dios, condiciones que también reflejan la gracia divina porque son precisamente lo que necesitan los ciudadanos del reino.

PACTO DE SAL Ver *Pacto.*

PADAN-ARAM (quizás *"camino de Siria," "campo de Siria"* o *"arado de Siria"*) Tierra que incluye Harán desde donde Abraham viajó a Canaán y a la cual él envió a buscar una esposa para Isaac. (Gén. 24:1-9; comp. 28:2-5; Os. 12:13); puede ser tell Feddan cerca de Carrhae.

PADRE Ver *Familia; Dios.*

PADRE NUESTRO Palabras que usó Jesús para enseñarles a orar a sus discípulos. En la literatura cristiana primitiva existen tres formas del Padre Nuestro: Mat. 6:9-13; Luc. 11:2-4 y *Didaché* 8:2, que no es canónico. Ver *Padres apostólicos.*

La oración modelo para los cristianos no es alabanza, acción de gracias, meditación ni contemplación sino *petición.* Es pedirle algo a Dios. Esta oración de petición tiene dos propósitos. En primer lugar, la persona que ora de esta manera le implora a Dios que actúe a fin de que se cumpla su propósito divino en el mundo. En segundo lugar, la persona que ora de esta manera le pide a Dios que satisfaga las necesidades físicas y espirituales de los discípulos. Es importante notar que las peticiones siguen cierto orden:

primero, la vindicación de Dios; luego entonces, la satisfacción de los discípulos.

Dicha oración de petición presenta cierta perspectiva de Dios. Un Dios a quien uno ora de esta manera es un Dios que tiene control y que puede responder. También se da a entender que es un Dios bueno que desea responder. El Padre a quien los discípulos debían orar es un Ser que tiene el control de todo y es bueno. Ver *Escatología; Reino de Dios; Mishná; Midrash; Rabí; Talmud; Targum*.

PALABRA Expresión o dicho que puede referirse a una sola obra, a la ley entera, al mensaje del evangelio, o aun a Cristo. El principal vocablo hebreo traducido *palabra* también puede significar una cosa, un evento o una acción. Ocasionalmente, surge la dificultad de distinguir entre estos significados.

Los profetas sostenían que Dios los había comisionado (Isa. 6:8) para entregar la "palabra de Dios" (Jer. 1:9). La palabra de Dios puede visualizarse como una gran salvación (Isa. 2:2-5) o un gran juicio (Jer. 26:4-6). En la ley del pacto, Dios habló las palabras de la ley de Moisés (Ex. 20:1; 24:3-8). El corazón de la ley se llama las "diez palabras" (BJ, Ex. 34:28; Deut. 4:13). La ley entera representa la voluntad de Dios y por lo tanto puede llamarse la "palabra" (Deut. 4.2). Esta palabra también exige respuesta: la obediencia fiel traerá la bendición de Dios mientras que la desobediencia llevará a maldición (Deut. 30:15-20).

Dios creó el mundo por su palabra (Gén. 1; Isa. 48:13; Sal. 33:9). Esta palabra revela la majestad de Dios (Sal. 19:1) y así extiende la esfera de su revelación a todos los pueblos, más allá de su obra con Israel. Se habla de la palabra como si fuera una persona que dirige los hechos de la naturaleza (Sal. 147:15-18; 148:8), salva (107:20), y da vida (Ezeq. 37:1-4).

El mensaje de Jesús sobre la venida del reino puede llamarse "palabra" (Mar. 2:2; 4:33; Luc. 5:1) del mismo modo que sus dichos individuales (Mat. 26:75; Luc. 22:61; Juan 7:36). La palabra de Jesús demandaba decisión por parte de los oyentes (Juan 8:51; 12:47).

El mensaje sobre Jesús, el evangelio, también puede llamarse "la palabra" (1 Tes. 2:13; comp. 1 Cor. 2:2; 15:3-5; Gál. 3:1). Por su sacrificio y resurrección, el mensaje del evangelio es una "palabra de reconciliación" (2 Cor. 5:19) y una "palabra de vida" (Fil. 2:16). La palabra es testificada y proclamada por los seguidores de Jesús (Luc. 1:2; Hech. 4:2; 6:7). La palabra revelada a través de su hijo (Heb. 1:1-4) trae iluminación y juicio (Juan 12:46,48).

Jesús mismo es el Verbo —la palabra viviente. El Verbo preexistente que estaba con Dios "en el principio" ahora se ha hecho carne (Juan 1:1-18). Ahora el Verbo vive entre nosotros revelando la gloria de Dios (Juan 1:14).

Sólo la palabra de Dios tiene potencia irresistible (Isa. 55:11) y poder creativo absoluto (Gén. 1:3-31; Luc. 1:32-35; comp. Isa. 9:8; 31:2; 45:23). La palabra de una persona frecuentemente no tiene poder (1 Cor. 2:4; 4:19-20) y a menudo fracasa (Mat. 21:28-32).

Las palabras son capaces de gran bien y de gran mal (Mat. 12:36; Sant. 3:5-6,8). La palabras pueden herir profundamente (Prov. 12:18; 18:14), y revivir (Prov. 12:18, 25; 16:24). Las palabras del malvado son como una llama de fuego (Prov. 16:27-28); las palabras de los buenos producen buenos frutos (Prov. 12:14; 10:11).

PALABRERO Término despectivo (lit. *"el que recoge semillas"*) que los epicúreos y los estoicos usaron contra Pablo en Atenas (Hech. 17:18); escritores y pensadores que hacían plagio pero no tenían la capacidad de entender ni usar adecuadamente lo que habían tomado.

Otra palabra griega, *bebelos* (1 Tim. 4:7; 6:20; 2 Tim. 2:16; Heb. 12:16), hace alusión a la charlatanería o palabrerío sobre cosas mundanas, una actividad que los cristianos deben evitar.

PALACIO Residencia de un monarca o de un noble. Una sección (ciudadela, torre, fortaleza, parapeto) fuertemente fortificada de la residencia del rey (1 Rey. 16:18; 2 Rey. 15:25; Sal. 122:7; Cant. 8:9; Amós 1.4); "alcázares" (Isa. 34:13). En Amós 4:3, las traducciones modernas (BLA) reemplazan "palacio" con el nombre propio Harmón. Algunas versiones también usan "palacio" para traducir la palabra latina *praetorium* (Fil. 1:13), que la RVR traduce "pretorio."

Los palacios servían como medio para exhibir la riqueza de un reino (Est. 1:6-7). El palacio de David, construido por obreros enviados por el rey Hiram de Tiro, tenía artesonados en madera de cedro (2 Sam. 5:11). El complejo del palacio de Salomón requirió 13 años para su terminación (1 Rey. 7:1). Los constructores usaron piedra y cedro tallados y costosos por todo el palacio (7:9,11). El palacio del rey Acab de Samaria estaba decorado con paneles de marfil, algunos de los cuales han sido descubiertos por arqueólogos (1 Rey. 22:39).

Los profetas, particularmente Amós, condenaron a los ricos por construir palacios a expensas de los pobres. Los anuncios de condenación de Amós se refieren a residencias de verano e invierno, muebles y palacios de marfil, y grandes casas de piedra tallada (Amós 3:15; 5:11; 6:4,11; Jer. 22:13-15).

PALADÍN Alguien poderoso o un guerrero (1 Sam. 17:51). En 1 Sam. 17:4,23 en el hebreo dice, literalmente, "el hombre del espacio entre", es decir, el hombre (como Goliat) que peleaba con un solo adversario en el espacio entre dos ejércitos.

PALESTINA Designación geográfica para una región bíblica, particularmente la tierra al oeste del río Jordán, que Dios asignó a Israel como herencia (Jos. 13-19). A efectos de este artículo, Palestina se extiende al norte unos 16 a 24 km (10 a 15 millas) más allá de Dan y la Cesarea de Filipos del NT, en los cañones y montañas justo al sur del monte Hermón; al este, hasta la estepa arábiga; al sur, unos 16 a 24 km (10 a 15 millas) pasando Beerseba; al oeste, hasta el mar Mediterráneo. Palestina al oeste del Jordán cubre aprox. 15.500 km² (6000 millas cuadradas). Al este del Jordán alr. de 10.400 km² (4000 millas cuadradas) estaban incluidos en Israel.

Palestina se divide naturalmente en cuatro franjas estrechas de tierra que corren de norte a sur.

1. Llanura de la costa. Esta llanura muy fértil comienza a unos 16 a 19 km (10 a 12 millas) al sur de Gaza, justo al norte de la frontera egipcia, y se extiende hacia el norte hasta el área de Sidón-Tiro. Generalmente se la divide en tres secciones: (1) la llanura de Filistea, aprox. desde el sur de Gaza a Jope (Tel Aviv); (2) la llanura de Sarón, desde Jope hacia el norte hasta el promontorio de la cadena del Carmelo; y (3) la llanura de Aco, que es independiente y se junta con la llanura de Esdraelón, la histórica tierra interior y puerta de salida, y sigue a las regiones hacia el norte y el este.

Constituyendo el extremo sudoeste de la Media Luna Fértil, durante siglos la llanura de la costa ha sido la carretera del comercio y la conquista. La llanura costera carecía de un puerto natural importante. Jope tenía arrecifes medio semicirculares que formaban una rompiente a una distancia de 100 a 130 m (300 a 400 pies) de la costa y, por consiguiente, era usada como puerto. Sin embargo, la entrada desde el sur era imposible y la entrada del norte era poco profunda y traicionera. Herodes el Grande convirtió Cesarea Marítima en un puerto artificial de considerable eficiencia. Ver *Cesarea*.

2. *Región montañosa central*. La cadena de montañas que comienza justo al norte de Beerseba y se extiende a lo largo de toda Judea y Samaria hasta la Alta Galilea, es una continuación de las montañas del Líbano en el norte. La única interrupción importante en la cordillera montañosa es la llanura de Esdraelón, también llamada valle de Jezreel. Hay tres divisiones evidentes: Judea, Samaria, Galilea.

(a) Judea. Elevándose del árido Neguev (Neguev significa "seco" o "tierra seca"), las colinas de Judea alcanzan su punto más alto, 1125 m (3370 pies), cerca de Hebrón. Ver *Neguev*. Jerusalén está ubicada en las colinas de Judea a una elevación de cerca de 870 m (2600 pies). Las laderas orientales forman el árido y accidentado "desierto de Judea," y luego caen abruptamente al fondo del valle del Jordán. El desierto carece de árboles y de agua.

Las estribaciones occidentales de Judea se conocen como la "Sefela," que significa "valle" o "tierra baja," un cinturón de suaves colinas ondulantes de entre 170 y 330 m (500 y 1000 pies) de altura. Cinco valles dividen la región, desde el wadi el-Hesa en el sur hasta el valle de Ajalón en el norte de Judea. La Sefela formaba una zona intermedia militar entre Judea y sus ene-

migos —filisteos, egipcios, sirios. Antiguamente llena de bosques de sicómoros, la región sirvió para impedir un ataque desde el oeste.

(b) Samaria. Las colinas de Samaria descienden suavemente desde las montañas de Judea, promediando apenas un poco más de 330 m (1000 pies) de altura. Varios montes notables, por ejemplo el Gerizim de unos 960 m (2890 pies), el Ebal de 1030 m (3083 pies), y el Gilboa de 550 m (1640 pies), dominaban el área. En tiempos del AT la mayor parte de la gente vivía en estos valles amplios y fértiles. El hecho de que Samaria fuera tan abierta, hacía que el desplazamiento fuera mucho más fácil que en Judea, invitando así a los ejércitos del norte.

Desde Siquem, la cadena principal de montañas envía un brazo hacia el noroeste, que alcanza la costa en el monte Carmelo. El Carmelo alcanza una altura de apenas unos 600 m (1790 pies), pero parece más alto porque se levanta directamente desde la línea de la costa. Recibe lluvias abundantes, un promedio de 70 a 80 cm (28 a 32 pulgadas) por año, y en consecuencia está más bien densamente cubierto de vegetación. La cadena del Carmelo divide la llanura de Sarón de la estrecha llanura costera de Fenicia, y forma el lado sur de la llanura de Esdraelón, con la fortaleza antigua de Meguido erguida como una de sus ciudades claves.

(c) Galilea. Al norte de la llanura de Esdraelón y al sur del río Leontes está la región llamada Galilea (Isa. 9:1, "Galilea de los gentiles"). Esta área, conocida desde tiempos antiguos por su población mixta y su variedad racial, les fue asignada a Aser, Neftalí y Zabulón. La región está dividida en Alta Galilea y Baja Galilea. La mayor parte de la Baja Galilea está aprox. a unos 170 m (500 pies) sobre

el nivel del mar, pero montes como el Tabor alcanzan una altura de casi 650 m (1930 pies). Abundan cereales, pasto, aceitunas y uvas. Varias rutas internacionales principales cruzaban el área.

El terreno de la Alta Galilea es mucho más accidentado que el de la Baja Galilea, con mesetas profundamente quebradas y bastante erosionadas, marcadas por altos picos y muchos wadis. El pico más alto es el monte Merón, de unos 1320 m (3963 pies), el punto más alto de Palestina. En el este, Galilea desciende abruptamente hacia el Jordán, mientras que más al sur, cerca del mar de Galilea, las laderas se hacen mucho más graduales y moderadas.

3. El valle del Jordán. Como resultado de una falla tectónica, las colinas de Palestina caen en una profunda hendidura sobre la superficie terrestre. La falla es parte de un sistema que se extiende hacia el norte hasta formar el valle entre las cadenas del Líbano y Anti-Líbano, extendiéndose también al sur para formar el mar Muerto, el árido valle del Arabá, el golfo de Aqaba, y, eventualmente, la cadena de lagos sobre el continente africano.

El río Jordán tiene su naciente en varios torrentes, principalmente sobre las laderas oeste y sur del monte Hermón. Varios arroyos pequeños se juntan cerca de Dan, y luego fluyen al lago Hule, que tiene poca profundidad y es pantanoso. Desde sus nacientes hasta Hule, el Jordán desciende unos 330 m (1000 pies) en una distancia de 19 km (12 millas), entrando al lago Hule a 75 m (230 pies) sobre el nivel del mar. En los 18 km (11 millas) desde Hule hasta el mar de Galilea, el Jordán desciende unos 310 m (926 pies). Desde Galilea hasta el mar Muerto hay una caída adicional de 200 m (600 pies).

El mar de Galilea (lago de Genesaret, mar de Tiberias o lago Cineret) está formado por un ensanchamiento de la falla del valle superior. Es de 21 km (13 millas) de largo y 11 km (7 millas) de ancho. A medida que el Jordán corre hacia el sur al salir del mar de Galilea, entra en una garganta llamada Gor o "depresión." El sinuoso Jordán y sus desbordes periódicos han creado el Zor o "jungla," una espesura de plantas y árboles semitropicales. Si bien la distancia desde el extremo inferior del mar de Galilea hasta el extremo superior del mar Muerto es de sólo 105 km (65 millas), el tortuoso Jordán serpentea 320 km (200 millas) para cubrir esa distancia.

A unos 11 km (7 millas) al sur de Jericó, el Jordán llega al mar Muerto, una de las masas de agua más singulares de todo el mundo. La superficie del agua está a unos 430 m (1296 pies) por debajo del nivel del mar, el punto más bajo sobre la superficie de la tierra. El mar Muerto tiene 76 km (47 millas) de largo, por 13 km (8 millas) de ancho, y no tiene salida. Un promedio de 6,5 millones de toneladas de agua entran al mar diariamente. Siglos de evaporación han hecho que el 25% del peso del agua sean sales minerales. Los peces no pueden vivir en las aguas del mar Muerto.

A unos 50 km (30 millas) hacia el sur por la margen oriental, el Lisán, una península o "lengua," penetra en el mar. Al norte de ésta el mar es profundo, alcanzando una profundidad máxima de 440 m (1319 pies) —880 m (2650 pies) por debajo del nivel del mar. Al sur de la península, el mar es muy playo, con una profundidad máxima de aprox. 4 m (13 pies).

4. Meseta transjordana. Los ríos Yarmuk, Jaboc, Arnón, y Zered dividen Tansjordania en varias secciones.

(a) Al otro lado de Galilea y al norte del río Yarmuk está Basán (Haurán),

un área de rico suelo volcánico con lluvias que sobrepasan los 40 cm (16 pulgadas) anuales. La meseta tiene un promedio de 500 m (1500 pies) por sobre el nivel del mar. Al este de Basán sólo hay un desierto que comienza a descender hacia el Éufrates.

(b) Al sur del Yarmuk y llegando al río Jaboc estaba Galaad. Durante el gobierno persa, las fronteras eran más bien rígidas. Tanto antes como después del dominio persa, hacia el sur Galaad llegaba hasta Rabá (Filadelfia, la moderna Ammán). Antiguamente muy boscosa, con muchas vertientes y con colinas suavemente redondeadas, Galaad es una de las regiones más pintorescas de Palestina.

(c) Al sur de Galaad está Moab. Originalmente su frontera norte era el río Arnón, pero los moabitas se extendieron hacia el norte dando su nombre a las llanuras al este del punto donde el Jordán entra en el mar Muerto. El límite sur de Moab era el río Zered, wadi al Hasa.

(d) Todavía más al sur está Edom, con las montañas más altas de la región. El área es árida y estéril. A unos 80 km (50 millas) al sur del mar Muerto se encuentra la antigua fortaleza de Petra.

Palestina está en el cinturón semitropical entre los 30º 15′ y los 33º 15′ de latitud norte. Normalmente las temperaturas son altas en el verano y benignas en el invierno, pero estas generalidades se modifican tanto por la elevación como por la distancia de la costa. A lo largo de la llanura costera, la fluctuación de la temperatura diaria es más bien limitada en razón de las brisas del Mediterráneo. En las montañas y en el valle del Jordán, la fluctuación diaria es mucho más grande. La influencia del Mediterráneo da a la llanura costera una temperatura anual promedio de 14ºC (57ºF) en Jope. Jerusalén, a sólo 56 km (35 millas)

pero a 830 m (2500 pies) sobre el nivel del mar, tiene un promedio anual de 17,5ºC (63ºF). Jericó, 27 km (17 millas) más hacia el este, está a 1130 m (3400 pies) más abajo (300 m ó 900 pies por debajo del nivel del mar), y en consecuencia tiene un clima tropical y escasa humedad. Aquí las noches del desierto, extremadamente frías, compensan a los días cálidos. De igual modo, buena parte de la región alrededor del mar de Galilea cuenta con condiciones templadas, mientras que la región del mar Muerto es conocida por sus sucesiones de días de verano de más de 38ºC (100ºF).

Palestina es una tierra de dos estaciones, una estación seca y una estación lluviosa, con períodos intermedios de transición. La estación seca va desde mediados de mayo a mediados de octubre. Desde junio hasta agosto no hay precipitaciones, excepto en el extremo norte. Por lo general soplan vientos moderados y regulares desde el oeste o sudoeste. Las brisas llegan a Jerusalén hacia el mediodía, a Jericó en las primeras horas de la tarde, y a la meseta transjordana a media tarde. El aire es bastante húmedo, pero las condiciones atmosféricas son tales que no se dan precipitaciones. La humedad produce un rocío extremo en cinco de cada seis noches en el mes de julio.

Hacia fines de octubre, comienza a caer la "lluvia temprana". Noviembre está signado por fuertes tormentas. Los meses de diciembre a febrero están marcados por lluvias copiosas. Días lluviosos se alternan con días secos y sol radiante. El frío no es severo, con heladas ocasionales en las elevaciones más altas desde diciembre a febrero. En Jerusalén puede llegar a caer nieve un par de veces durante los meses de invierno.

Toda Palestina de vez en cuando experimenta calor sofocante. El viento siroco (el "viento solano" de Gén. 41:6; Ezeq. 19:12) que sopla desde el sudeste durante los meses de transición (mayo-junio, setiembre-octubre) trae consigo nubes cargadas de polvo por toda la región. Este viento seca la vegetación y tiene un efecto devastador en personas y animales. A veces la temperatura puede elevarse mucho y rápidamente, y la humedad caer a menos del 10%.

PALO, PORRA Ver *Armas y armadura*.

PALOMA Ver *Aves*.

PAN Comida básica de la mayoría de las personas (con excepción de los nómadas y los ricos) en los tiempos de la Biblia. El trigo (Gén. 30:14) o la cebada (Juan 6:9,13) se molían grueso. El pan de cebada no era tan apetitoso, pero era más barato y por lo tanto era común entre los pobres. Ver *Cocinar y calentar*; *Molino*. Por lo general el pan era un disco (Jue. 7:13) de alrededor de 4 cm (1,5 pulgadas) de ancho por 30 cm (12 pulgadas) de diámetro. El pan no se cortaba sino que se partía.

El pan se usaba como ofrenda a Dios (Lev. 2:4-10) y era símbolo de la presencia de Dios (Ex. 25:23-30; Lev. 24:5-9). En el NT simboliza al mismo Jesucristo (Juan 6:35), su cuerpo (1 Cor. 11:23-24), su reino (Luc. 14:15) y la unidad de su iglesia (1 Cor. 10:17).

PAN DE LA PROPOSICIÓN Doce panes, probablemente de cebada o trigo y sin levadura, que siempre estaban sobre una mesa ante el lugar santísimo como un sacrificio continuo; se reemplazaban cada día de reposo (Ex. 25:30). Los sacerdotes comían el pan más viejo (Lev. 24:5-9). Ver 1 Sam. 21:4-6; Mar. 2:23-28. Ver *Templo*; *Tabernáculo*.

PAN SIN LEVADURA Pan horneado sin usar levadura; generalmente se servía a las visitas (Gén. 19:3; Jue. 6:19; 1 Sam. 28:24). Comer pan sin levadura adquirió un significado especial a través de la fiesta de los panes sin levadura celebrada en relación con la Pascua (Ex. 12:8,15,20; 13:3,6-7). Ver *Éxodo; Fiestas; Pascua*.

PARÁBOLAS Relatos, especialmente de Jesús, que proporcionan cierta perspectiva de la vida, en particular la vida en el reino de Dios. Las parábolas utilizan metáforas o comparaciones, y las amplían en un relato corto para probar un punto. Una parábola tiene un solo punto principal establecido por una comparación básica o yuxtaposición interna. Por ejemplo, la parábola de la semilla de mostaza (Mar. 4:30-32; Mat. 13:31-32; Luc. 13:18-19) compara una semilla microscópicamente pequeña al comienzo, con un arbusto que al final se hace enorme. Esto contrasta con una alegoría, que hace muchas comparaciones a través de una especie de mensaje codificado. Ver *Alegoría*. Algunas parábolas contienen aspectos alegóricos subordinados, como la parábola de los labradores malvados (Mar. 12:1-12; Mat. 21:36-46; Luc. 20:9-19).

El AT emplea la categoría más amplia de *mashal*, que alude a todas las expresiones que contienen una comparación: proverbio (1 Sam. 10:12), refrán (Miq. 2:4), acertijo (Sal. 78:2), alegoría (Ezeq. 24:3-4) o parábola. Las historias de Jesús están vinculadas con la herencia de las parábolas proféticas del AT (Isa. 28:23-29; 5:1-7; 1 Rey. 20:39-43; Ecl. 9:13-16; 2 Sam.12:1-4).

Muchas parábolas surgieron de las situaciones conflictivas en las que Jesús respondió a sus críticos religiosos. Estas respuestas en forma de parábolas, por lo general para fariseos y pecadores, simultáneamente exponían el fariseísmo de sus críticos y ensalzaban el reino de Dios (Mat. 11:16-19; Luc. 7:31-35; 15:11-32). Por medio de parábolas Jesús interpretó su ministerio y el lugar que tenía éste en la historia de la salvación. A veces las parábolas tienen una "penetración cristológica", es decir que Jesús mismo aparece indirectamente en el relato (Mar. 3:23-27). Las parábolas proclaman el evangelio. El oyente es invitado a tomar una decisión en cuanto al reino y al Rey.

Jesús pronunció *(1) dichos parabólicos* referidos a la sal de la tierra (Mat. 5:13) o a arrojar perlas a los cerdos (Mat. 7:6). Estas parábolas incipientes generalmente consistían en una línea, con una apelación pintoresca para la imaginación. El Evangelio de Juan no tiene parábolas pero sí 13 dichos parabólicos.

(2) Parábolas simples son comparaciones extendidas que representan un cuadro que se elabora y convierte en una historia. Ejemplos son las parábolas del tesoro y la perla (Mat. 13:44-46), el constructor de la torre y el rey guerrero (Luc. 14:28-32), y la oveja perdida y la moneda perdida (Luc. 15:3-10).

(3) Parábolas narrativas son historias compuestas por una o más escenas extraídas de la vida diaria, pero con un enfoque en una circunstancia inusual y decisiva. Ejemplos son la parábola del mayordomo injusto (16:1-8), el buen samaritano (10:30-37) y el rico insensato (12:16-21).

Para que sus oyentes tomaran parte, muchas parábolas de Jesús en realidad eran una gran pregunta. La parábola del siervo y su paga se desarrolla con dos preguntas (Luc. 17:7-10). La parábola del mayordomo injusto (Luc. 16:1-8) incluye cuatro preguntas. Estos interrogantes dentro de las parábolas frecuentemente definen

un dilema (Luc. 12:20; Mar. 12:9) o invitan a un gesto de asentimiento en un área de la vida que se conecta con otra.

Las parábolas de negación expresan la intención de un personaje de no hacer lo que se le pide. El hermano mayor se rehusó a entrar en la fiesta en honor del hijo pródigo (Luc. 15:28), y los invitados a las bodas rechazaron la invitación para asistir a la fiesta de una boda (Mat. 22:3). La gran tesis de Jesús se centra en el reino de Dios (Mar. 1:15). Cada parábola explora y expande el tema: la naturaleza del reino (Mar. 4:26-29), la gracia del reino (Luc. 18:9-17), la crisis del reino (Luc. 12:54-56), y las condiciones del reino tales como dedicación (Luc. 14:28-30), perdón (Mat. 18:23-35) y compasión (Luc. 10:25-37). Ver *Reino de Dios*; *Jesús*.

PARACLETO (*"uno llamado al lado"*) Ver *Abogado*; *Consolador*; *Consejero*; *Espíritu Santo*.

PARAÍSO (*"lugar cercado"* o *"parque arbolado"*) Término persa antiguo usado a veces en el AT para hablar de huertos (Cant. 4:13, BLA). Las tres veces que aparece en el NT (Luc. 23:43; 2 Cor. 12:4; Apoc. 2:7) se refiere a la morada de los justos que han muerto (el cielo). Ver *Esperanza*; *Cielo*.

PARÁN (1) Área desértica al sur de Judá, al oeste de Edom y al norte de Sinaí, donde Israel acampó después de dejar Sinaí. Desde Cades, un lugar en Parán, Israel envió espías para explorar la Tierra Prometida (Núm. 10:11-12; 13:3,26). Ver Gén. 14:5-7; 21:21; 1 Rey. 11:17-18. (2) Paralelo poético del monte Sinaí (Deut. 33:2; comp. Hab. 3:3) como lugar de revelación.

PARIENTE CERCANO Por lo general hace referencia a un pariente consanguíneo de acuerdo a la división tribal de Israel. El parentesco más importante era entre el padre y su hijo mayor. El pariente cercano tenía ciertas obligaciones. En el caso de muerte prematura de un esposo sin que hubiera dejado un hijo, entraba en acción la ley del matrimonio por levirato: es decir, el hermano del esposo tenía la obligación de engendrar un descendiente varón para su hermano fallecido de manera de perpetuar el nombre y la herencia del fallecido. El hermano que vivía era el *goel* del hermano muerto, su redentor (Gén. 38:8; Deut. 25:5-10; Rut 3:9-12).

Al pariente cercano también se lo consideraba el vengador. Un mal cometido contra un integrante de la familia, era un delito cometido contra toda la tribu o todo el clan. De manera que el clan tenía una obligación: castigar al que había cometido el delito. En el caso de que se hubiera cometido un asesinato, el pariente cercano debía ser el vengador. Ver *Vengador*.

El pariente cercano también era responsable de redimir la propiedad que, en razón de su pobreza, hubiera tenido que vender su familiar más cercano (Lev. 25:25; Rut 4:4). También era responsabilidad del pariente cercano rescatar a un pariente que hubiera tenido que venderse a sí mismo (Lev. 25:47-48).

El libro de Rut es el ejemplo más notable de un pariente cercano que utilizó su poder y la ley judía a fin de redimir. Booz demostró una de las obligaciones del pariente cercano: casarse con la viuda de un pariente fallecido. Ver *Ciudades de refugio; Redimir*.

PARTERA Mujer que ayuda en el nacimiento de una criatura (Ex. 1:15-21) cortando el cordón umbilical, lavando al bebé y poniéndole sales, y envolviéndolo con fajas o pañales (Ezeq. 16:4). La desobediencia civil de las parteras hebreas Sifra y Fúa obstaculizó el plan de Faraón de exterminar durante un tiempo a todos los hebreos varones (Ex. 1:15-21). La fidelidad de ellas dio como resultado que Dios bendijera a sus familias (Ex. 1:21). Ver Rut 4:14-17; 1 Sam. 4:20.

PARTOS Pueblo tribal que emigró desde Asia central al sudeste del mar Caspio hacia lo que ahora es Irán. Hablaban un dialecto ario parecido al persa; adoraban al dios persa Ahuramazda. Los partos adoptaron la cultura griega después que cayeron frente a Alejandro Magno. Alr. del 250 a.C. se rebelaron contra el gobierno seléucida y alcanzaron la cumbre del poder con el rey Mitrídates (gobernó 171-138 a.C.). En el 53 a.C. los romanos los invadieron, pero fueron derrotados en varias ocasiones, y no volvieron a controlar a los partos hasta el 114 d.C. En el día de Pentecostés algunos partos oyeron el evangelio en su propia lengua (Hech. 2:9-11).

PARVAIM Lugar de origen del oro para la decoración del templo de Salomón (2 Crón. 3:6); tal vez el-Farweim (Farwah) en el Yemen, o si no un término general para referirse al este .

PASCUA Ver *Fiestas*.

PASCUA DE RESURRECCIÓN La celebración de la resurrección de Jesús; la fiesta cristiana más antigua, con excepción de la celebración semanal del día domingo. Como la pasión y la resurrección de Cristo tuvieron lugar en el tiempo de la Pascua judía, los primeros cristianos judíos probablemente transformaron la observación de la Pascua en una celebración de los eventos centrales de su nueva fe, para enfocar así la atención en el cordero de la Pascua. Para el 100 d.C. es probable que las celebraciones se hubieran establecido en la mayoría de las iglesias; constaban de una vigilia comenzando la tarde del sábado hasta el domingo a la mañana, e incluía el recuerdo de la crucifixión de Cristo como así también la resurrección. Evidencia de poco después del 200 d.C. muestra que el clímax de la vigilia era el bautismo de nuevos cristianos y la celebración de la Cena del Señor. Para aprox. el 300 d.C., la mayoría de las iglesias dividía la observancia original, y dedicaba el viernes santo a la crucifixión y el domingo de Pascua a la resurrección. Ver *Año eclesiástico.*

PASTOR *1.* El trasfondo del término es la imagen bíblica del pueblo de Dios como rebaño (Jer. 23:1-4; Ezeq. 34:1-16; Luc. 12:21; Juan 10:16). El ministerio pastoral está estrechamente asociado con la enseñanza (Ef. 4:11) como dádiva de Dios a la iglesia. Dicho ministerio entrena a los miembros de la iglesia para ser maduros en la fe y estar equipados para el ministerio, y unifica a la iglesia en la fe cristiana y el conocimiento (Ef. 4:12-13). Jesús es nuestro Pastor (Juan 10:7-18; Heb. 13:20). Al dar su vida por sus ovejas (Juan 10:11,15), Cristo estableció el modelo para el ministerio pastoral y comisionó a Pedro para apacentar sus ovejas (Juan 21). Pablo asemejó a la iglesia y sus líderes a un rebaño con pastores (Hech. 20:28). El ministerio pastoral es una expresión de amor por Cristo (Juan 21:15-17).

2. Cuidador de ovejas. El primer cuidador de ovejas en la Biblia fue Abel, hijo de Adán (Gén. 4:2). El pastoreo era la principal ocupación de los israelitas en los antiguos días de los patriarcas: Abraham (Gén. 12:16); Raquel (Gén. 29:9); Jacob (Gén. 30:31-40); Moisés (Ex. 3:1). A medida que aumentó el cultivo, el pastoreo perdió preferencia y fue asignado a los hijos más jóvenes, a mercenarios y a esclavos (comp. a David en 1 Sam.

16:11-13). Había agricultores (por ej. en Egipto) que llegaban a odiar a los pastores (Gén. 46:34). Los pastores guiaban a las ovejas al pasto y al agua (Sal. 23) y las protegían de animales salvajes (1 Sam. 17:34-35). Los pastores cuidaban sus rebaños de noche, ya sea a la intemperie (Luc. 2:8) o en corrales (Sof. 2:6), donde contaban las ovejas a medida que entraban (Jer. 33:13). Incluso cargaban a los corderos débiles en sus brazos (Isa. 40:11). La palabra pastor llegó a designar no sólo a personas que pastoreaban ovejas sino también a reyes (2 Sam. 5:2) y a Dios mismo (Sal. 23; Isa. 40:11). Profetas posteriores se refirieron a los líderes de Israel llamándolos pastores (Jer. 23; Ezeq. 34). Los pastores estuvieron entre los primeros en visitar a Jesús en su nacimiento (Luc. 2:8-20). Ver *Ovejas.*

PASTORALES, EPÍSTOLAS Designación para la primera y segunda epístolas a Timoteo y la epístola a Tito; estas cartas subrayan la necesidad de que haya una autoridad pastoral apropiada frente a la herejía. Ver *1 Timoteo; 2 Timoteo; Tito, Epístola a.*

PASUR (*"hijo de [el dios] Horus"*) (1) Oficial principal en el templo de Jerusalén en los últimos años previos a la victoria de Nabucodonosor sobre la ciudad; hizo golpear y encarcelar a Jeremías (Jer. 20:1-2). Él u otro Pasur fue el padre de Gedalías (Jer. 38:1). (2) Hombre en la corte de Sedequías (Jer. 21:1) que le pidió a Jeremías una palabra del Señor mientras el ejército babilónico se acercaba. (3) Antepasado de una familia sacerdotal (1 Crón. 9:12), que regresó del exilio (Esd. 2:38; 10:22; comp. Neh. 10:3; 11:12).

PATMOS Pequeña isla de 16 km por 10 km (10 millas por 6 millas) en el mar Egeo, a unos 60 km (37 millas) al sudoeste de Mileto. Juan fue enviado allí como prisionero por predicar el evangelio (Apoc. 1:9). Ver *Apocalipsis, Libro de.*

PATRIARCAS   Padres fundadores de Israel: Abraham, Isaac, Jacob y los 12 hijos de Jacob (Israel). El crecimiento de la nación hebrea fue prometido específicamente a Abraham en el pacto patriarcal (Gén. 15; 17). Ver *Pacto; Abraham; Isaac; Jacob; José.*

PATRIARCAS, TESTAMENTO DE LOS DOCE   Ver *Pseudoepigráficos, Libros.*

PATROS   Transliteración hebrea de un término egipcio para Alto Egipto (del sur), territorio entre la moderna El Cairo y Asuán (Isa. 11:11; Jer. 44:1,15; Ezeq. 29:14; 30:14).

PAZ ESPIRITUAL   Sentido de bienestar y realización que viene de Dios y depende de su presencia; heb. *shalom*: "totalidad" o "bienestar" (Gén. 28:20-22; Jue. 6:23; 18:6; 1 Rey. 2:33). Tal paz es dádiva de Dios, porque sólo Dios puede dar paz plena (Lev. 26:6; 1 Crón. 12:18; 22.9; 1 Rey. 2:33; Isa. 26:12; 52:7; Ezeq. 34:25; 37:26; Zac. 6:13; Mal. 2:5-6; Job 22:21; 25:2; Sal. 4:8; 29:11; 37:37; 85:8; 122:6-8; 147:14; Prov. 3:17). La paz espiritual puede equipararse a la salvación (Isa. 52:7; Nah. 1:15). Su ausencia puede igualarse con el juicio (Jer. 12:12; 14:19; 16:5; 25:37; Lam. 3:17; Ezeq. 7:15). Está disponible para todos los que confían en Dios (Isa. 26:3) y aman su ley (Sal. 119:165 —notar que en los vv. 166-168 se entiende claramente que este amor significa obediencia). Esta paz se identifica con una vida justa, sin la cual nadie puede encontrar verdadera paz (Isa. 32:17; 48:22; 57:1-2; comp. Sal 72.7; 85:10; Isa. 9:7; 48:18; 60:17). Dios es "el Dios de paz" (Rom. 15:33; Fil. 4:9; 1 Tes. 5:23; Heb.

13:20). El evangelio es "el evangelio de la paz" (Ef. 6:15; Hech. 10:36), porque anuncia la reconciliación de los creyentes con Dios y de unos con otros (Ef. 2:12-18). Dios ha hecho de esta paz una realidad en Jesucristo, quien es nuestra paz (Juan 14:27; Fil. 4:7; Col 3:15; Rom. 15:13). La paz está asociada con la receptividad de la salvación divina (Mat. 10:13), con la libertad de la aflicción y el temor (Juan 14:27; 16:33), con la seguridad (1 Tes. 5:9-10), con la misericordia (Gál. 6:16; 1 Tim. 1:2), con el gozo (Rom. 14:17; 15:13), con la gracia (Fil. 1:2; Apoc. 1:4), con el amor (2 Cor. 13:11; Jud. 2), con la vida (Rom. 8:6), y con la justicia (Rom. 14:17; Heb. 12:11; Sant. 3:18). Tal paz es fruto del Espíritu (Gál. 5:22), y forma parte de la "armadura de Dios" (Ef. 6:11,13), permitiendo al cristiano soportar los ataques de las fuerzas del mal.

PECADO   Acciones por las cuales los seres humanos se rebelan contra Dios, no cumplen el propósito divino para sus vidas, sucumben ante el poder del maligno y no ante el de Dios, y se separan de Dios. El pecado es una actitud de rebelión contra Dios. La rebelión fue la raíz del problema para Adán y Eva (Gén. 3), y ha sido la raíz de las situaciones difíciles de la humanidad desde entonces.

El pecado humano es universal —todos pecamos (Rom. 3:9-23). Dios no es en manera alguna responsable por el pecado. Satanás introdujo el pecado cuando engañó a Eva, pero la Biblia tampoco enseña que el pecado tuvo su origen en él. El origen del pecado se encuentra en la naturaleza humana rebelde.

Algunos pasajes como Sal. 51:5; Ef. 2:3 podrían interpretarse como que la naturaleza pecaminosa de una persona se hereda. Otros pasajes parecen afirmar que el pecado se debe a la elección humana (ver Ezeq. 18:4,19-20; Rom. 1:18-20; 5:12). Cualquier idea de que la humanidad hereda una naturaleza pecadora debe asociarse al corolario de que toda persona es verdaderamente responsable de su elección del pecado. Cuando Adán se rebeló contra Dios, incorporó a todos sus descendientes en su acto (ver Heb. 7:9-10 para una analogía similar). Así y todo, cada individuo debe asumir completa responsabilidad por sus actos pecaminosos. Toda persona que ha vivido desde entonces, ha elegido seguir el ejemplo de Adán y Eva.

Dios estableció la ley como una norma de justicia; cualquier violación de esta norma se define como pecado (ver Deut. 6:24-25). Dios hizo un pacto con la nación de Israel (Ex. 19; 24; Jos. 24). Cualquier quebrantamiento de este pacto se consideraba pecado (Deut. 29:19-21).

El Dios justo y santo establece un criterio para su pueblo, una justicia como la suya (Lev. 11:45). Cualquier desviación de la justicia propia de Dios se considera pecado.

La Biblia tiene un vocabulario rico para pecado: (1) "errar al blanco," como una persona que tira con arco y flecha y no da en el blanco. Una persona peca cuando no da en el blanco que Dios ha establecido para la vida de esa persona; (2) "espíritu torcido o perverso," cuando las personas pervierten sus espíritus y se tuercen en lugar de estar derechos; (3) "violencia" con la connotación de maldad que irrumpe. Pecado es lo opuesto a justicia o rectitud moral. El pecado es la falta de comunión con Dios. Cualquier cosa que perturbe o distorsione esta comunión es pecado. El NT define el pecado contra el telón de fondo de la perfección de Jesús como modelo de justicia.

Jesús atribuye el pecado directamente a motivos internos, estableciendo que el verdadero pecado es el pensamiento pecaminoso que lleva al acto explícito. El hecho exterior es, en realidad, el fruto del pecado. La ira es lo mismo que el asesinato (Mat. 5:21-22). La mirada impura es equivalente al adulterio (Mat. 5:27-28). La contaminación real de una persona tiene su raíz en el ser interior (corazón), el cual es pecaminoso (Mat. 15:18-20).

Para el NT pecado es incredulidad, rechazo de la suprema revelación tal como se encuentra en la persona de Jesucristo; el pecado produce ceguera moral y espiritual. El resultado de tal rechazo es juicio. El único criterio para el juicio es si uno ha aceptado o no, rechazado o no, la revelación de Dios como se encuentra en Jesucristo (Juan 3:18-19; 16:8-16).

La ley de Moisés fue preparatoria. Su función fue señalar a Cristo. La ley revelaba el pecado en su verdadero carácter, pero esto sólo provocó en la humanidad un deseo de experimentar el fruto prohibido del pecado. La ley no ofrece ningún medio de salvación; más bien deja a la humanidad con un profundo sentido de pecado y culpa (Rom 7).

La Biblia considera al pecado, en cualquiera de sus formas, como el problema más serio de la humanidad. En última instancia, todo pecado es pecado contra Dios. Siendo perfecto en justicia, Dios no puede tolerar aquello que viola su carácter justo. Por lo tanto, el pecado crea una barrera entre Dios y las personas. Dado que la humanidad no pudo librarse a sí misma de las marañas del pecado, Dios tuvo que intervenir para que haya liberación. Ver *Salvación*.

El pecado controla a la persona de tal manera, que uno llega a ser esclavo del pecado (Rom. 6). A la depravación personal se le agrega la continuidad en el pecado, y al final esto hace imposible el rechazo del pecado. Tal depravación permea a la sociedad como un todo. El pecado opaca la distinción entre lo correcto y lo incorrecto. Cada persona debe asumir responsabilidad por el pecado y enfrentar la culpa asociada con él (Rom. 1-3).

Un subproducto terrible del pecado es la muerte. El pecado continuo traerá aparejada la muerte espiritual a la persona que no esté bajo el señorío de Cristo por medio del arrepentimiento y la fe (Rom. 6:23; Apoc. 20:14). Para aquellos que han confiado en Cristo Jesús para salvación, la muerte ya no encierra este pavor. Cristo ha negado el poder de Satanás de hacer que la muerte sea horrible, y ha liberado a la persona de la esclavitud de este miedo espantoso (Heb. 2:14-15). Ver *Muerte.*

El pecado trae separación de Dios, alejamiento y falta de comunión con Dios. Si una persona muere sin haber corregido este problema confiando en Cristo, entonces la separación se hace permanente (Rom. 6:23). Ver *Infierno.* El pecado también produce alejamiento de otras personas. Todos los problemas interpersonales tienen al pecado como su raíz causal (Sant. 4:1-3). La única esperanza para lograr la paz, ya sea a nivel personal o nacional, es a través del Príncipe de paz.

PECADO IMPERDONABLE Estar en contra del Espíritu Santo y atribuir a Satanás lo que obviamente es la obra de Dios (Mat. 12:31-32).

El pecado imperdonable es un pecado persistente y deliberado que una persona mantiene frente al Espíritu Santo. Ocurre cuando una persona ve una obra que incuestionablemente es obra de Dios y no humana, ¡pero dice que es obra de Satanás! Uno comete el pecado imperdonable cuando declara que el Espíritu está tratando de hacer algo malo en la vida de una persona al orientarla a Cristo. Ver *Blasfemia; Diablo; Espíritu Santo; Pecado.*

PECES, PESCA Animales que viven en el agua y respiran por las agallas; la profesión y/o práctica de pescar para proveer a las necesidades de una familia o de la sociedad. Los peces eran abundantes en las aguas internas de Palestina, así como también en el Mediterráneo.

Los peces eran una comida favorita y una importante fuente de proteínas (Núm. 11:5; Neh. 13:16). El principal método de cocción era asarlo (Juan 21:9). Según la ley, todos los peces con aletas y escamas eran animales limpios. Los animales acuáticos que no tuvieran aletas y escamas eran inmundos (Lev. 11:9-12). Los métodos para la pesca incluían caña con anzuelo (Job 41:1), arpones (Job 41:7), el uso de redes barrederas (Juan 21:8) y redes de mano (Mat. 4:18). Los peces se preservaban en sal y se llevaban a Jerusalén, donde se vendían en la puerta del Pescado.

Para la comercialización del pescado, los israelitas dependían mayormente del comercio exterior (Neh. 13:16). Cantares 7:4 e Isa. 19:10 hablan de estanques y viveros para peces, probablemente una indicación de cría comercial.

Durante la época del NT, la pesca comercial tenía lugar en el mar de Galilea y estaba a cargo de pescadores organizados en gremios (Luc. 5:7,11; comp. Juan 18:10). Estos pescadores tenían sus propios barcos, contrataban jornaleros y a veces formaban empresas (Mar. 1:20; Luc. 5:7).

La debilidad humana y el desamparo se comparan a peces apresados en una red (Ecl. 9:12; Hab. 1:14); también son símbolo del juicio de Dios (Sal. 66:11; Ezeq. 32:3). Jesús llamó a sus discípulos a ser pescadores de hombres (Mat. 4:18-19) y comparó el reino de los cielos a una red con gran variedad de peces (Mat. 13:47).

PECOD (*"castigo"* o *"juicio"*) Voz hebrea que hace un juego de palabras con Puqadu, tribu aramea que habitaba el área al este de la boca del Tigris (Jer. 50:21; Ezeq. 23:23). Sargón II (722-705 a.C.) incorporó a Pecod al imperio asirio.

PECTORAL Pieza cuadrada a manera de bolsa pequeña con un elaborado bordado, de oro, azul, púrpura, carmesí y lino, de unos 23 cm (9 pulgadas) de lado, que llevaba el sacerdote sobre su pecho cuando ministraba en el tabernáculo o en el templo; tenía 12 piedras, cada una grabada con el nombre de una tribu de Israel. Se ataba al efod. Ver *Efod*. Dentro del pectoral estaba el Urim y el Tumim, y se llevaba sobre el corazón (Lev. 8:8; ver Ex. 28:15; 28:28-29). Ver *Urim y Tumim*.

PEDRO (*"roca"*) Líder de los 12 apóstoles de Jesús; predicador en Pentecostés; llevó el evangelio a gentiles temerosos de Dios; hijo de Jonás o Juan (Mat. 16:17; Juan 1:42); autor de 1 y 2 Pedro; nombre hebreo de Simón (Hech. 15:14); Cefas (1 Cor. 1:12; 3:22; 9:5; 15:5; Gál. 2:9; Juan 1:42) y Pedro ambos significan "roca."

Él y su hermano Andrés eran de Betsaida (Juan 1:44) y eran pescadores galileos (Mar. 1:16; Luc. 5:2-3; Juan 21:3), juntamente con los hijos de Zebedeo, Jacobo y Juan (Luc. 5:10). Pedro era casado (Mar. 1:29-31; 1 Cor. 9:5) y vivía en Capernaum (Mar. 1:21,29). Pedro y Andrés habían tenido la influencia de la enseñanza de Juan el Bautista (Juan 1:35-42).

El nombre de Pedro aparece siempre en primer lugar en las listas de discípulos (Mar. 3:16; Luc. 6:14; Mat. 10:2). Frecuentemente, él era el vocero de los demás (comp. Mar. 8:29) y por lo general era el que hacía las preguntas que todos ellos parecían estar formulando (Mar. 10:28; 11:21; Mat. 15:15; 18:21; Luc. 12:41). Muchas veces Jesús se dirigía específicamente a Pedro para enseñanzas a todo el grupo de discípulos (ver especialmente Mar. 8:29-33). Como integrante del círculo de amigos íntimos de Jesús, Pedro estuvo presente con el Señor cuando éste resucitó a la hija del principal de la sinagoga (Mar. 5:35-41), en la transfiguración (Mar. 9:2-8), y en el arresto de Jesús en Getsemaní (Mar. 14:43-50). Como discípulo representativo, con frecuencia Pedro tipificó al discípulo de poca fe. Su conducta incongruente (ver Mat. 14:27-31) llegó al clímax con su negación del Señor (Mar. 14:66-72). Sin embargo, Pedro fue rehabilitado (Juan 21:15-19; comp. Mar. 16:7).

Pedro tuvo un papel influyente en el establecimiento de la iglesia en Jerusalén (ver los primeros capítulos de Hechos), y trabajó activamente en las etapas incipientes de la misión gentil (ver Hech. 10-11). Según la tradición, Pedro murió como mártir en Roma en los años 60 del primer siglo (1 Clem. 5:1-6:1). Ver *1 Pedro; 2 Pedro; Discípulos, Apóstoles*.

1 PEDRO Vigésimo primer libro del NT; escrito desde Roma (llamada "Babilonia" en 5:13) por el apóstol Pedro durante la gran persecución de Nerón a los creyentes alr. del 62-64 d.C., si bien algunos críticos han rechazado enfáticamente la autoría petrina. Está dirigido a iglesias de las provincias (Ponto, Galacia, Capadocia, Asia y Bitinia) en el norte de Asia Menor (hoy Turquía).

Los lectores eran convertidos judíos y gentiles, la mayoría probablemente gentiles. El griego es mucho más literario, tanto en vocabulario como en sintaxis, que lo que uno esperaría de un pescador ignorante (Hech. 4:13). El lugar de amanuenses en la obra literaria antigua era mayor que el de una secretaria moderna, y Silvano (1 Ped. 5:12) puede haber sido responsable de parte de la sofisticación estilística.

Los creyentes perseguidos en Asia fueron alentados a la esperanza en la liberación final de parte de Dios, y en consecuencia a permanecer firmes en sus persecuciones. La expiación vicaria se hace más clara en 1 Ped. 3:18 (ver también 1:18-19; 2:24) que en cualquier otra parte en las Escrituras. Uno de los pasajes más difíciles en la Biblia, 1 Ped. 3:18-22, presenta los siguientes problemas: (1) el significado de "predicó a los espíritus encarcelados," 3:19; (2) la mención de Noé, 3:20; y (3) "el bautismo que . . . ahora nos salva." Hay dos posiciones en cuanto a la predicación de Cristo a los espíritus encarcelados: (1) es un descenso de Cristo al Hades para anunciar que Él había muerto por los pecadores y que la victoria sobre Satanás estaba asegurada; (2) el espíritu de Cristo estaba en Noé cuando él predicaba en vano a esa generación de corazón duro. Pedro no estaba enseñando que hay una segunda oportunidad para salvación después de la muerte. La declaración acerca del bautismo no sugiere que el acto de mojar en agua logre lo que las Escrituras afirman en otros pasajes que es producto de la gracia a través de la fe (Ef. 2:8-9). No se trata de una mera remoción de suciedad, sino que es la respuesta a Dios por parte de una buena conciencia (1 Ped. 3:21).

Las apelaciones a la santidad y a una vida cristiana se hacen evidentes por toda la carta (1:14-2:12; 2:24-25; 3:8-13), pero la teología bíblica del sufrimiento está imbuida en el libro (1:6-9; 2:18-25; 3:9-17; 4:1-6,12-

19). El consejo de Pedro a miembros de la familia es típicamente judío, y reflejando el trasfondo del apóstol (2:18-20; 3:1-7). La doctrina de la escatología se menciona frecuentemente (1:4,7,11,13; 2:12; 4:7,13). Es la base para la apelación a una vida santa y a sufrir con paciencia la injusticia, sabiendo que Dios finalmente establecerá su reino con justicia. Ver *Pedro; 2 Pedro.*

El tema de la epístola: "El creyente debe estar firme en la gracia de Dios."

2 PEDRO Vigésimo segundo libro del NT; afirma que fue escrito por el apóstol Pedro probablemente poco después de la primera epístola, alr. del 64 d.C. La autoría de Pedro, cuestionada en tiempos antiguos, está todavía bajo una nube de incertidumbre debido a las grandes diferencias en el estilo y vocabulario de 1 Pedro. Esto puede explicarse por un cambio de amanuenses, o sugiriendo que Pedro usó a Silas en 1 Pedro mientras que 2 Pedro refleja su propio estilo no editado. Segunda Pedro se parece a 1 Pedro más que ningún otro libro del NT. Si 2 Ped. 3:1 alude a 1 Pedro, entonces los destinatarios son los mismos que en la carta anterior. Ver *1 Pedro.* Las referencias a cuestiones judías no son tan claras como en 1 Pedro, pero se pueden inferir en 2 Ped. 1:12; 2:1; 2:4-9; 3:5-8.

Una cuestión importante es la afinidad literaria de 2 Ped. 2 con Jud. 4-18. No hay manera de probar qué documento se apoyó en el otro. Muchos suponen que Judas es un escrito tardío y que el escritor de 2 Pedro dependió de él, de modo que 2 Pedro es un documento aun más tardío y no puede ser apostólico. Esto es imposible de probar y, además, meramente puede mostrar la fecha temprana de Judas.

El propósito de la carta era prevenir y derrotar la influencia de los herejes, que llegaban a la iglesia para llevar a los lectores al antinomianismo o a la total liberación de la ley. Esta tentación a un estilo de vida pecaminoso afectó tanto a Pedro, que poco después de su primera carta, continuó con esta segunda.

La vida cristiana práctica se enfatiza con los temas del crecimiento por adición en 1:3-8; con afirmaciones sobre el juicio en 3:11-14; y con exhortación al crecimiento en 3:17-18. La Palabra de Dios ocupa el lugar central en esta breve carta: en el cap. 1 al enfatizar el conocimiento (vv. 3,5-6,8,12,20-21) y su origen divino; en cap. 2 mostrando su historicidad (vv. 4-8), y en el cap. 3 indicando que las cartas de Pablo son "las otras Escrituras" (vv. 15-16). Pedro apoyó marcadamente la influencia de las Escrituras como el factor más importante en nuestra fe. Alguien que podía descansar tanto sobre la experiencia personal no lo hizo, y sólo apela a ella para expresar más profundamente la verdad de las Escrituras (1:16-21).

PEKA (*"de ojos abiertos"*) Oficial en el ejército de Israel que llegó a ser rey (752-732 a.C.) como consecuencia de un golpe de estado sangriento en que fue asesinado el rey Pekaía (2 Rey. 15:25).

PEKAÍA (*"Jah ha abierto sus ojos"*) Rey de Israel (742-740 a.C.); sucedió a su padre Manahem, como vasallo de Asiria (2 Rey. 15:23); asesinado por Peka, un oficial del ejército (15:25). Ver *Peka*.

PELETEOS (*"mensajero"*) Mercenarios extranjeros que el rey David empleó como guardaespaldas y fuerzas especiales (2 Sam. 8:18); probablemente pueblos del mar que se mantuvieron leales a David durante el tiempo que pasó con los filisteos mientras evadía a Saúl. Ver *Cereteos*.

PENA CAPITAL Castigo de muerte sancionado legalmente por una sociedad o un gobierno en caso de delitos extremadamente serios.

Delitos que demandaban la pena capital: (1) *Homicidio intencional* (Ex. 21:12; Lev. 24:17; Núm. 35:16-21,29-34); (2) *falso testimonio en casos punibles con la pena capital* (Deut. 19:16-21); (3) *idolatría* (Lev. 20:1-5; Deut. 13:2-19; 17:2-7); (4) *secuestro de personas para la esclavitud* (Ex. 21:16; Deut. 24:7); (5) *actos sexuales de incesto, homosexualidad y bestialidad* (Ex. 22:19; Lev. 20:11-17); (6) *violación* (Deut. 22:23-27), incluyendo a la muchacha si ésta no clamaba pidiendo ayuda; (7) *adulterio* (Lev. 20:10-12; Deut. 22:22); (8) *relaciones sexuales extramatrimoniales: a.* antes del matrimonio pero descubierto luego de éste (Deut. 22:20-21), sólo se ejecutaba a la mujer; *b.* relaciones con quien estaba desposado con otra persona (Deut. 22:23-24), se ejecutaba a ambos; *c.* prostitución de la hija de un sacerdote (Lev. 21:9); (9) *brujería y falsas alegaciones de profecía* (Ex. 22:18; Lev. 20:27; Deut. 13:1-5; 18:20; 1 Sam. 28:3,9); (10) *profanación del día de reposo* (Ex. 31:14-17; 35:2; Núm. 15:32-36); (11) *blasfemia* (Lev. 24:14-16,23; 1 Rey. 21:13; Mat. 26:65-66); (12) *maldecir o herir a los padres* (Ex. 21:15,17).

Métodos de pena capital: (1) *Apedrear* era el método más usado en Israel (Ex. 19:13; Lev. 20:27; Deut. 22:24; Jos. 7:25; comp. Luc. 20:3-6; Hech. 7:58). Para verificar la acusación se requerían al menos dos testigos, y éstos debían arrojar las primeras piedras (Deut. 17:6-7; comp. Juan 8:7). (2) *Quemar* a la persona era el castigo por incesto (Lev. 20:14); prostitución (Gén. 38:24), particularmente de la hija de un sacerdote (Lev. 21:9). (3) *Espada* (Ex.

32:27; Deut. 13:15), *lanza* (Núm. 25:7ss.) y *saetas* (Ex. 19:13). (4) La *decapitación* se reservaba en especial para aquellos que maldecían o insultaban a los reyes (2 Sam. 16:9; 2 Rey. 6:31-32). (5) La *crucifixión* en el NT sólo se llevaba a cabo como resultado de un decreto romano y estaba a cargo de soldados romanos (Mat. 27:22-26,33-50; Luc. 23:13-33; Juan 18:28-19:30) y se reservaba para los condenados por insurrección política contra Roma. A las autoridades judías durante el gobierno romano por lo general no se les permitía ejecutar a nadie (Juan 18:31), aunque se registran raras excepciones (Hech. 5:27-33; 7:57-60; 26:10); pero es difícil determinar si Roma había aprobado esos casos.

PENIEL   (*"rostro de Dios"*) (1) Benjamita (1 Crón. 8:25). (2) Sitio sobre el río Jaboc al nordeste de Sucot donde Jacob peleó con el ángel (Gén. 32:24-32; comp. Os. 12:4). Gedeón destruyó la ciudad porque sus habitantes le rehusaron provisiones mientras él perseguía a los madianitas (Jue. 8:8-9,17). Jeroboam I construyó (quizás reconstruyó o fortificó) la ciudad, aquí llamada "Penuel" (1 Rey. 12:25). El lugar está identificado con el montículo más oriental de dos elevaciones llamadas Tulul edh Dhahab, que dominan la entrada al valle del Jordán desde la garganta del Jaboc, a unos 11 km (7 millas) al este del Jordán.

PENTATEUCO   Primeros cinco libros del AT; los judíos los llaman Torá (ley o enseñanza). La división en cinco partes del Pentateuco es anterior a la Septuaginta, la traducción griega más temprana (alr. del 200 a.C.).

Una división del Pentateuco en base al contenido puede bosquejarse de la siguiente manera: Gén. 1-11, historia desde la creación hasta Abraham; Gén. 12-36, historia patriarcal;

Gén. 37-50, relatos sobre José; Ex. 1-18, el éxodo; Ex. 19-Núm. 10:10, Israel en el Sinaí; Núm. 10:11-21:35, Israel en el desierto; Núm. 22:1-Deut. 34, Israel en las llanuras de Moab.

El Pentateuco habla de Dios como Creador (Gén. 1-2); el comienzo del pecado (Gén. 3); el aumento de la población mundial y del pecado, y el juicio de Dios sobre todo el mundo (Gén. 4-11); la elección, el pacto, la promesa, la fe, y la providencia (Gén. 12-50). Los temas principales de Éxodo a Deuteronomio son liberación divina (1-18); pacto y ley (Ex. 19-24); adoración y ética social (Ex. 25-Núm. 10:10); guía de un pueblo rebelde a través del desierto (Núm. 10-21); y preparaciones para cruzar el Jordán y conquistar Canaán (Núm. 22-Deut. 34).

Las leyes comprenden sólo un pequeño porcentaje del texto. Los Diez Mandamientos (Ex. 20:2-17; Deut. 5:6-21) frecuentemente son llamados *ley*, pero no son ley en el sentido técnico porque no hay conectados a ellos castigos o sanciones. Los grupos de leyes en el Pentateuco son: el libro del pacto (Ex. 20:22-23:19); las leyes del sacrificio (Lev. 1-7); las leyes de la pureza (Lev. 11:15); el código de santidad (Lev. 17-26); y el código deuteronómico (Deut. 12-26). Ver *Ley, Diez Mandamientos, Torá; Libro(s); Libro de la vida; Pureza, Purificación; Sacrificio y ofrendas; Santo.*

Las leyes del AT fueron dadas en el contexto de un pacto. Dios actuó primero, y luego llamó al pueblo a responder.

El Pentateuco contiene muchas listas: genealógicas (Gén. 5; 11; Ex. 5), geográficas y etnográficas (Gén. 10; 26); tribales (Gén. 49; Deut. 33); de ofrendas (Ex. 35); de censo (Núm. 1-4; 26), y de campamentos en el desierto (Núm. 33).

Deuteronomio es el único lugar en el AT donde encontramos largos sermones. Incluso las leyes en Deuteronomio son leyes "predicadas." Israel cantaba en tiempos de victoria (Ex. 15), en el trabajo (Núm. 21:17-18), en tiempos de batalla (Núm. 21:14-15,27-30), y en la adoración (Núm. 6:22-26; Deut. 32:1-43).

El problema de la fecha y la autoría del Pentateuco es uno de los principales problemas críticos del AT. Los libros en realidad son anónimos. Algunas Biblias en castellano titulan "los libros de Moisés" a los primeros cinco libros. Estos títulos no figuran en los manuscritos hebreos, sino que fueron incluidos en algunas versiones hace muchos años y probablemente deriven de la traducción de Lutero que usaba sólo títulos numéricos, "Primer libro de Moisés," y así hasta el quinto.

Si bien los libros del Pentateuco como un todo son anónimos, una cantidad de pasajes alude a Moisés como autor de ciertas cosas (Ex. 17:14; 24:4,7; Núm. 33:1-2; Deut. 31:9,22). Al concluir el período del AT, surgió la tradición que aparentemente hace referencia al Pentateuco como el "libro de Moisés" (2 Crón. 35:12).

PENTATEUCO SAMARITANO Ver *Biblia, Textos y versiones.*

PENTECOSTÉS Ver *Fiestas; Espíritu Santo.*

PENUEL Descendiente de Judá y fundador (padre) de Gedor (1 Crón. 4:4).

PEOR (quizás *"abertura"*) (1) Montaña en Moab frente al desierto de Judá. Balac llevó allí a Balaam para que maldijera al campamento de los israelitas, visible desde el lugar (Núm. 23:28; 24:2). (2) Forma abreviada de Baal-peor (señor de Peor), un dios a quien los israelitas terminaron por adorar

(Núm. 25:18; 31:16; Jos. 22:17). Ver *Baal-peor.*

PERDICIÓN Estado de muerte, destrucción, aniquilación o ruina eternos; destino de todos los que no se arrepienten; contrasta con la bendición de Dios; castigo por la desobediencia (Deut. 22:24; 28:20); a veces ligada al Seol (2 Sam. 22:5; Sal. 18:4).

"Hijo de perdición" describe a la persona que ha sido víctima de esta destrucción (Juan 17:12). El "hombre de pecado" está condenado a perdición (2 Tes. 2:3). Una forma de esta palabra se usa en Apoc. 9:11 para describir al enemigo de Dios por excelencia: el Destructor. Ver *Muerte; Diablo, Satanás, Demonio, Demoníaco; Vida eterna; Castigo eterno; Infierno; Seol.*

PERDÓN Una acción de la gracia de Dios para olvidar eternamente y no tener por culpable al pueblo de la fe por los pecados que confiesa; en menor grado, el acto humano de gracia por el cual se absuelve a una persona de sus malas acciones. El perdón es un acto divino de gracia por el cual a los creyentes se los pone en una correcta relación con Dios y se los transfiere de la muerte espiritual a la vida espiritual por medio del sacrificio de Jesús. También es el continuo don de Dios sin el cual nuestra vida como cristianos estaría dislocada y llena de culpa. De acuerdo a una dimensión humana, perdón es la acción y actitud hacia quienes nos han hecho mal que permite que la relación y la comunión sean restauradas.

El Sal. 51 muestra la terrible condición del pecador no perdonado: sucio (vv. 2,7,10), lleno de pecado por su propia naturaleza (v. 5), lleno de dolor y pesar por estar separado de Dios (vv. 8,11,12) y lleno de culpa (v. 14). En el AT la manera principal de obtener perdón es por medio del sistema de sacrificios según el pacto que Dios estableció en el Sinaí. Al ofrecer el sacrificio, la persona mostraba su necesidad; la imposición de manos sobre el sacrificio viviente era símbolo de la identificación de la persona con el sacrificio; lo mismo sucedía al quitar la vida del animal, que era muerte en sacrificio. El énfasis en un sacrificio sin mancha subraya la santidad de Dios en contraste con la pecaminosidad humana. El perdón de Dios, encauzado por la ofrenda del sacrificio, era un acto de misericordia que Dios otorgaba gratuitamente, no era algo que compraba el que hacía la ofrenda.

La exigencia de Dios de que para el perdón se requería un corazón arrepentido (ver Sal. 51) llegó a su expresión máxima con los profetas (Isa. 1:10-18; Jer. 7:21-26; Os. 6:6; Amós 5:21-27). El sistema de sacrificios del AT nunca podía ofrecer perdón de una vez y para siempre. Los sacrificios debían repetirse una y otra vez (Heb. 10:1-4).

Jesús es el Sacrificio perfecto y final a través de quien el perdón de Dios se transmite a cada persona (Hech. 13:38; Rom. 3:25; Heb. 9:14,28; 10:11-12). Sólo Dios puede perdonar pecados; y Jesús declaró que Él podía hacerlo, y lo hizo (Mar. 2:1-12; Juan 8:2-11). Él consideró que su muerte era el cumplimiento del sistema de sacrificios del AT (Mar. 14:24). Hay perdón por medio del sacrificio de Cristo para todo el que verdaderamente se arrepiente (Luc. 23:39-43; Juan 8:2-11).

Una firme condición para recibir perdón de Dios es la disposición de perdonar a otros (Mat. 6:12,15; 18:12-35; Luc. 11:4). Lo que rige el perdón es el amor, no reglas inflexibles (Mat. 18:21-22). Con gran poder Jesús demostró esta enseñanza en la cruz, cuando pidió que hubiera perdón para sus verdugos (Luc. 23:34).

Ver *Cruz; Misericordia; Redimir, Redención, Redentor; Pecado; Pecado imperdonable.*

PEREA Distrito romano en Transjordania que llegó a ser parte del reino de Herodes el Grande; "Judea al otro lado del Jordán" (Mat. 19:1; Mar. 10:1). La capital era Gadara, donde la RVR dice que Jesús sanó al endemoniado (Mat. 8:28). Otros sitios importantes en la provincia fueron la fortaleza de Macaerus, donde Juan el Bautista fue decapitado, y Pella, a donde huyeron cristianos de Jerusalén justo antes de la destrucción romana de la Ciudad Santa en el 66 d.C. Perea era un área a través de la cual viajaban los judíos para evitar el viaje por Samaria. Ver *Gadara; Macaerus; Transjordania.*

PEREGRINACIÓN Viaje, especialmente un periplo religioso a un sitio en el que Dios se ha revelado en el pasado; en sentido figurativo, el viaje de la vida (Gén. 47:9).

En la historia temprana de Israel, numerosos santuarios locales eran el lugar de destino de peregrinajes religiosos: Bet-el (Gén. 28:10-22; 31:13; 35:9-15; Amós 4:4; 5:5); Gilgal (Jos. 4:19-24; Os. 4:15; Amós 4:4; 5:5); Silo (Jue. 20:26-27; 1 Sam. 1:3,19); Beerseba (Amós 5:5; 8:14); Gabaón (1 Rey. 3:3-5); incluso Horeb (1 Rey. 19:8). Jerusalén no fue destino de peregrinajes religiosos hasta que David reubicó allí el arca (2 Sam. 6:12-19). Las reformas de Ezequías y de Josías intentaron destruir los lugares paganos de peregrinación y adoración de ídolos (2 Rey. 18:4; 23:8), e hicieron de Jerusalén el foco exclusivo de peregrinación.

La ley mosaica requería a los varones israelitas adultos presentarse delante del Señor (donde estaba el arca del pacto) tres veces al año (Ex. 23:14-17; 34:18-23; Deut. 16:16).

Multitudes de peregrinos (Sal. 42:4; 55:14; Luc. 2:44) cantaban camino a Jerusalén (Isa. 30:29). Los salmos o cánticos graduales (Sal. 24; 84; 118; 120-134) probablemente se cantaban a medida que los peregrinos subían el acceso al monte del templo en Jerusalén. Los profetas condenaron la celebración de las peregrinaciones y las fiestas religiosas cuando éstas no estaban acompañadas de una devoción genuina al Señor, expresada en vidas justas (Isa. 1:12-13; Amós 4:4-5; 5:5-6,21-24). El NT da testimonio de la popularidad continua de la peregrinación a Jerusalén (Mat. 21:8-11; Luc. 2:41; Juan 2:13; 5:1; 7:2,10; 12:12,20; Hech. 2:5-10; 20:16).

PEREGRINACIÓN EN EL DESIERTO Viaje de Israel con Moisés desde Egipto hacia la Tierra Prometida (Ex. 12:31-Núm. 33:49).

PERFECCIONAR / PERFECCIÓN Alcanzar un estado ideal de integridad o plenitud espiritual; una cualidad que no se alcanza sólo por el esfuerzo humano, ni tampoco es un fin en sí misma. La perfección cristiana consiste esencialmente en ejercer el don divino del amor (Col. 3:14) por Dios y por otras personas (Mat. 22:37-39). La base de la perfección está en Dios mismo, cuya ley (Sant. 1:25), obra (Deut. 32:4) y caminos (Sal. 18:30) son perfectos. Como Dios es perfecto, puede, por lo tanto, demandar de los creyentes plenitud, y los capacita para recibirla (Mat. 5:48).

La cualidad de "perfecto" se adscribe a Noé (Gén. 6.) y a Job (1:1) como resultado de su obediencia de todo corazón. En otros contextos, la perfección colectiva y ser "íntegro" van de la mano (Sal. 37:37; Prov. 2:21). En el NT, a través de Cristo los creyentes pueden ser perfeccionados para siempre (Heb. 10:14). Los cristianos deben crecer y pasar de la infancia espiritual a la madurez de modo de compartir la estatura plena de Cristo, en cuya imagen ellos pueden ser renovados y perfeccionados (Col. 3:10).

En razón de que sobre la tierra el pecado permanece como una posibilidad para todos, los creyentes (1 Juan 1:8) necesitan llegar a ser perfectos aún cuando sólo logren una perfección relativa (Miq. 6:6-8; Fil. 3:16,12-14). El don divino de la perfección se concretará plenamente en la eternidad (Fil. 3:10-14; 1 Juan 3:2; comp. 2 Cor. 7:1; Ef. 4:13; Heb. 6:1; Sant. 3:2).

A través del sufrimiento y exaltación de Cristo, Dios hizo perfecto a Jesús (Heb. 2:10), e hizo que pueda ganar para la iglesia y el creyente individual una integridad que es un reflejo de la suya (Col. 1:28; Heb. 5:9). Ver *Santo.*

PERFUMADOR, PERFUME Ocupación mencionada en la Biblia (Ex. 30:25,35; 37:29; 2 Crón. 16:14; Neh. 3:8; Ecl. 10:1). Los perfumes mencionados en las Escrituras incluyen: áloes, balsamera (o bálsamo), bedelio, cálamo (o caña suave o aromática), canela (o casia), incienso, gálbano, aroma, alheña, mirra, nardo, azafrán y uña aromática. Ver *Cosméticos; Aceite; Ungüento; Plantas en la Biblia.*

PÉRGAMO (*"ciudadela"*) Ver *Asia Menor.*

PERGE Ciudad prehistórica en la provincia de Panfilia, alr. de 13 km (8 millas) del mar Mediterráneo. Uno de los edificios prominentes era un templo a Artemisa. Juan Marcos abandonó a Pablo y a Bernabé en esa ciudad (Hech. 13:13).

PERJURIO Declaración falsa dada voluntariamente bajo juramento; testimonio falso de hechos pasados u olvido de lo prometido previamente. La ley mosaica prohibía el juramento falso (Lev. 19:12; Ex. 20:7) y el falso testimonio (Ex. 20:16). El falso testimonio era punible con la sentencia que se le habría aplicado a quien había recibido la falsa acusación (Deut. 19:16-21). Ver *Juramentos*.

PERRO Ver *Animales*.

PERSECUCIÓN EN LA BIBLIA

Opresión y sufrimiento que personas e instituciones infligen a otros por ser diferentes en su fe, concepción del mundo, cultura o raza. La persecución busca intimidar, silenciar, castigar o incluso matar a las personas.

Israel fue agente de persecución a varias naciones (Jue. 2:11-23; Lev. 26:7-8). La Biblia da especial atención a la suerte de Israel en Egipto (Ex. 1-3) y en el exilio (Sal. 137). A nivel individual, Saúl persiguió a David (1 Sam. 19:9-12); y Sadrac, Mesac y Abed-nego fueron perseguidos porque se rehusaron a adorar la imagen del rey (Dan. 3). Jezabel persiguió a los profetas de Jehová, y el profeta Elías persiguió y mató a los profetas de Baal (1 Rey. 18). Job se sintió perseguido por Dios mismo (7:11-21). Los profetas —Amós (7:10-12), Jeremías (Jer. 1:19; 15:15,37-38) y Urías (Jer. 26:20-23)— sufrieron persecución porque encarnaron la voluntad de Dios en circunstancias adversas. Los Salmos hablan del justo que sufre, se siente perseguido por su fe en Dios, y ora a Dios pidiendo liberación (7; 35; 37; 79; 119:84-87). Jesús fue perseguido y finalmente matado por los líderes religiosos y políticos de sus días (Mar. 3:6; Luc. 4:29; Juan 5:16; Hech. 3:13-15; 7:52; relatos de la pasión).

Jesús prometió salvación de Dios a aquellos que son perseguidos por causa de la justicia (Mat. 5:10-12). En un mundo de maldad, los discípulos deben esperar persecución (Mat. 10:16-23; Mar. 4:17; 13:9; Juan 15:20; 16:2), tal como fue el caso de los profetas en el AT (Mat. 5:12; 23:31; Luc. 11:47-51; Hech. 7:52; Heb. 11:32-38). Pablo (1 Cor. 4:11-13; 2 Cor. 4:8-12; 6:4-10; 11:24-27; Gál. 5:11; 1 Tes. 2:2; 3:4; Hech. 17:5-10; 18:12-17; 21:30-36; 23:12-35), así como Esteban (Hech. 6:8-7:60), Jacobo (Hech. 12:2), Pedro (Hech. 12:3-5), y muchos mártires anónimos, experimentaron la verdad del dicho juanino: "Si a mí me han perseguido, también a vosotros os perseguirán" (Juan 15:20; ver Hech. 4:3; 5:17-42; 8:1; 12:1; Apoc. 2:3,9-10,13,19; 3:8-10; 6:9; 16:6; 17:6; 18:24; 20:4).

Primera Pedro, Hebreos y Apocalipsis fueron escritos para alentar a los cristianos en una situación de persecución (1 Ped. 3:13-18; 4:12-19; 5:6-14; Heb. 10:32-39; 12:3; Apoc. 2-3). Surgió así lo que podría llamarse teología de persecución, que enfatizaba la paciencia, la resistencia y la perseverancia (Rom. 12:12; 1 Tes. 2:14-16; Sant. 5:7-11); la oración (Mat. 5:44; Rom. 12:14; 1 Cor. 4:12); la acción de gracias (2 Tes. 1:4); la tribulación (Mar. 4:17) y el fortalecimiento de la fe (1 Tes. 3:2-3); la experiencia de la gracia de Dios (Rom. 8:35; 2 Cor. 4:9; 12:10), y la bendición a través del sufrimiento (Mat. 5:10-12; 1 Ped. 3:14; 4:12-14). De acuerdo a Pablo, la persecución de los cristianos podía ser un testimonio viviente y visible a favor del Cristo crucificado y resucitado (2 Cor. 4:7-12).

PERSEVERANCIA La acción de mantener la fe cristiana a través de los tiempos de prueba de la vida. Se esperaba que el creyente soportara fielmente y permaneciera firme frente a la oposición, los ataques y el desaliento. Los creyentes deben ser perseverantes en la oración (Ef. 6:18; Fil. 4:6) y estar preparados en los caminos de Dios (1 Cor. 9:24-27; Rom. 12:11-12; Heb. 12:1-12). Los cristianos terminarán de correr la carrera porque enfocan su atención en Jesús, el corredor número uno y el consumador de la fe (Heb. 2:10; 12:1-2).

La perseverancia de los santos es el lado humano de la salvación, y tiene que ver con la fidelidad de los cristianos en cuestiones de la voluntad de Dios (Sant. 1:25). Esto permite que las personas en este mundo sean juzgadas en cuanto a la manera en que viven, pero no excluye la gracia abundante de Dios.

La perseverancia es un llamado a la fidelidad y también una afirmación de que, de alguna manera, y a pesar de nuestros fracasos, Dios llevará a su pueblo consagrado a través de las dificultades y preocupaciones de la vida, hasta su destino prometido en Cristo.

PERSIA Nación que corresponde a la moderna Irán; imperio de estados y reinos que llegaban desde las costas de Asia Menor en el oeste hasta el valle del río Indo en el este, en el norte hasta el sur de Rusia, y en el sur hasta Egipto y las regiones que bordean el golfo Pérsico y el golfo de Omán.

El imperio persa fue el mejor organizado de todos los tiempos. Para el tiempo de Darío I (522-486 a.C.), estaba dividido en 20 satrapías (unidades políticas de variado tamaño y población). Las satrapías estaban subdivididas en provincias. Inicialmente, Judá fue una provincia en la satrapía de Babilonia. Más tarde, Judá fue parte de una satrapía conocida como "del otro lado del río." Las satrapías eran gobernadas por persas que eran responsables directamente ante el emperador. En lugar de imponer una ley imperial desde arriba, el emperador y sus sátrapas dieron su autoridad y apoyo a la ley local. Para los judíos, esto significó apoyo oficial para guardar la ley judía en la tierra de los judíos.

Cuando Ciro conquistó Babilonia, permitió que los judíos regresaran a Judá y alentó la reconstrucción del templo (Esd. 1:1-4). Ver *Israel, Historia de*. Esdras y Nehemías fueron representantes oficiales del gobierno persa. Esdras debía enseñar y nombrar jueces (Esd. 7). Nehemías puede haber sido el primer gobernador de la provincia de Yehud (Judá).

Ester es el relato del rescate divino del pueblo de Dios durante el reinado del emperador persa Asuero (también conocido como Jerjes I). Ver *Ciro; Darío; Daniel; Ester; Esdras; Nehemías; Templo*.

PESEBRE Comedero (Luc. 2:16) para ganado, ovejas, burros o caballos. Los pesebres de piedra en los establos de caballos de Acab en Meguido fueron excavados en piedra caliza aproximadamente 1 metro (3 pies) de largo, 46 cm (18 pulgadas) de ancho y 60 cm (2 pies) de alto. Otros pesebres antiguos eran obras de albañilería. Los pesebres se colocaban en establos tipo cuevas o en otras cuadras o caballerizas. Fue en un pesebre que durmió Jesús luego de su nacimiento.

PESHITTA Ver *Biblia, Textos y versiones*.

PESOS Y MEDIDAS Sistemas de medida en la Biblia. Los profetas hablaron en contra de los mercaderes que usaban medidas engañosas (Miq. 6:11). Los pesos hebreos nunca fueron un sistema exacto. Ni siquiera los pesos con la misma inscripción pesaban lo mismo. Las pesas se usaban en una balanza para pesar la plata y el oro, ya que no hubo moneda hasta el período persa después del 500 a.C.

El *siclo* es la unidad básica de peso tanto en el sistema hebreo como en el babilónico y el cananeo. El peso exacto variaba de una región a otra y algunas veces también de acuerdo con la clase de mercaderías en venta. El sistema mesopotámico era sexagesimal, basado en los seis y en los sesenta con un *talento* de 60 *minas*, una *mina* de 60 siclos, y un siclo de 24 *geras*.

El sistema hebreo era decimal como el egipcio. En Israel aparentemente hubo tres tipos de siclos corrientes: (1) un siclo del templo de alr. de 10 gr. (0,351 onzas) que se depreció hasta unos 9,8 gr. (0,345 onzas); (2) el siclo común de alr. de 11,7 gr. (0,408 onzas) que se depreció hasta unos 11,4 gr. (0,401 onzas); y (3) el siclo pesado (¿"real"?) de alr. de 13 gr. (0,457 onzas). La porción menor de un siclo era la *gera*, 1/20 de un siclo (Ex. 30:13; Ezeq. 45:12), de cerca de 0,571 gr. (0,02 onzas). El *becá* o medio siclo (Ex. 38:26), también conocido en Egipto, tenía más de seis gramos y puede haber sido la mitad de un siclo pesado, como el mencionado más arriba. El *pim*, si es 2/3 de un siclo como la mayoría de los eruditos suponen, también está relacionado con un siclo pesado, y pesa alr. de 8 gr (0,28 onzas) Puede haber sido un peso filisteo (1 Sam. 13:19-21).

En el impuesto del santuario (Ex. 38:25-26) vemos 3000 siclos en un talento, probablemente 60 minas de 50 siclos cada una. Este talento puede haber sido el mismo que el peso asirio, ya que tanto 2 Rey. 18:14 como las inscripciones de Senaquerib mencionan el tributo del rey Ezequías diciendo que fue de 30 talentos de plata y de oro. Esto era de 28,38 a 30,27 kilogramos (alr. de 70 libras). La mina tenía probablemente 50 siclos (como en el sistema cananeo), a pesar de que Ezeq. 45:12 establece una mina de 60 siclos, y la antigua traducción griega dice, "50." La mina ha sido estimada en 550 a 600 gr. (1,213 a 1,323 libras). A continuación sigue una tabla

de pesos del AT, estimada sobre un siclo de 11,424 gr.:

1 talento (3000 siclos)	34,27 kg	75,6 libras
1 mina (50 siclos)	571.2 gr	1,26 libras
1 siclo	11.424 gr	0,40 onzas
1 pim (¿2/3 de siclo?)	7,62 gr	0,26 onzas
1 becá (1/2 siclo)	5,71 gr	0,20 onzas
1 gera (1/20 de siclo)	0,57 gr	0,02 onzas

Los pesos del AT nunca fueron tan precisos. El ideal del Señor era pesos y medidas *justos* (Lev. 19:36; Prov. 16:11; Ezeq. 45:10); pero las manipulaciones deshonestas resultaban muy comunes (Prov. 11:1; 20:23; Os. 12:7). En el NT, el talento y la mina eran grandes sumas de dinero (Mat. 25:15-28; comp. Luc. 19:13-25), y la *libra* de perfume de mucho precio (Juan 12:3) probablemente equivale el peso romano de 327,45 gr (12 onzas).

Las medidas de capacidad también eran sólo aproximadas, y variaban de época en época y de lugar en lugar. La unidad básica de medida de áridos era el *efa*, que significa "canasta." El *homer*, "carga de asno", era una medida de áridos, del mismo tamaño que el *coro*, tanto una medida de áridos como de líquidos. Cada una contenía 10 efas o *batos*, medida de líquidos equivalente (Ezeq. 45:10-14). La *efa* tenía aproximadamente 22 litros, entre 3/8 y 2/3 de *bushel*.

Se estima, a partir de dos fragmentos de recipientes así rotulados del tell Beit Mirsim y Laquis, que el bato contenía 21 a 23 litros o alr. de 5,5 galones. El *létek,* que puede significar medio homer (o coro), tendría unas 5 efas. *Seah* era una medida de áridos, que puede ser 1/3 de un efa. El *hin,* una medida de líquidos egipcia que significa "frasco", era aprox. 1/6 de un bato. El *gomer,* usado solamente en la historia del maná (Ex. 16:13-36), era una ración diaria y se calcula en 1/10 de un efa (también llamado *issaron,* "décima"). Alr. de la mitad de un gomer es un *cab* (solamente en 2 Rey. 6:25), que era cuatro veces la unidad más pequeña, el *log* (solamente en Lev. 14:10-20), que se estima en forma variada, de acuerdo a su traducción griega o latina, en 0,274 ó 0,378 litros (1/2 pinta o 2/3 de pinta).

A pesar de que las medidas de capacidad en el AT variaban bastante, la siguiente tabla representa, en cierta medida, lo supuesto en la discusión anterior:

Medidas de áridos

cab	1,2 litros 1,16 cuartos de galón
gomer, issaron 1/10 de efa	2,09 cuartos de galón
seah, 1/3 de efa	7,3 litros 7 cuartos
efa	22 litros 21 cuartos
létek, 1/2 homer	110 litros 2,58 *bushels*
homer, coro	220 litros 5,16 *bushels*

Medidas de líquidos

log	0,3 litros 0,67 pinta
hin	3,66 litros 1 galón
bato	22 litros 5,5 galones
coro, homer	220 litros 55 galones

En el NT, las medidas de capacidad son griegas o romanas. El *sextarius* o "jarro" (Mar. 7:4) era alr. de 1/2 litro (una pinta). La medida de Juan 2:6 (*metretas, satón*) es tal vez unos 39 litros (10 galones). El almud

(*modios*) de Mat. 5:15 y paralelos es una vasija lo suficientemente grande como para cubrir una luz, tal vez alr. de 9 litros (1/4 de *bushel*). La cantidad de perfume que María usó para ungir a Jesús (Juan 12:3) era una libra romana de aprox. 0,327 gr (12 onzas), una medida tanto de peso como de capacidad; y Nicodemo llevó 100 de esas libras de especies mezcladas para ungir el cuerpo de Jesús (Juan 19:39).

En medidas de longitud, en todo el antiguo Cercano Oriente, la medida estándar era el *codo,* el largo del antebrazo desde el codo hasta la punta del dedo medio. Israel conocía dos longitudes diferentes para el codo, del mismo modo que Egipto. El codo común, mencionado en relación con la descripción de la cama de Og, rey de Basán (Deut. 3:11), era de alr. de 45 cm (17,5 pulgadas). Ezequiel (40:5) menciona un codo largo que consiste en un codo común más un palmo, lo cual da como resultado un codo "real" de alr. de 52 cm (20,5 pulgadas).

Aun midiendo con un codo común, Goliat tenía aprox. 2,9 m (9,5 pies) de altura (1 Sam. 17:4). Medido con el codo común, el templo de Salomón tenía alr. de 30 m (90 pies) de largo, 10 m de ancho (30 pies) y 15 m (45 pies) de alto (1 Rey. 6:2). El palmo es de medio codo (Ezeq. 43:13,17), es decir la distancia entre el pulgar extendido y el dedo meñique. Si es la mitad del codo largo, era alr. de 26 cm (10,2 pulgadas); si es la mitad del codo común, era alr. de 22,5 cm (8 y 3/4 pulgadas).

La palma o palmo menor es 1/6 de un codo; es el ancho de la mano en la base de los cuatro dedos. Esta medida es algo menos que 7,5 cm (3 pulgadas). La medida israelita menor era el dedo, un cuarto de palma (Jer. 52:21), y tenía casi 2 cm (3/4 pulgada). Mayor que el codo era la caña, que probablemente medía 6 codos comunes. Resumiendo, sobre la base del codo común, las medidas de longitud del NT eran:

Codo común

1 caña	6 codos	2,7 m 8 pies y 9 pulgadas
1 codo	6 palmos	45 cm 17,5 pulgadas
1 palmo	4 dedos	7,5 cm 2,9 pulgadas
1 dedo		1,9 cm 0,73 pulgadas

Codo de Ezequiel

1 caña	6 codos	3,12 m 10 pies y 24 pulgadas
1 codo	7 palmas	52,5 cm 20,4 pulgadas

Las medidas indefinidas de gran longitud incluían un día de camino, tres días de camino o siete días de camino, el cálculo de las cuales dependía del modo de transporte y la clase de terreno. Las distancias indefinidas más cortas eran el tiro de arco (Gén. 21:16) y la yugada (1 Sam. 14:14).

En el NT, las medidas de longitud eran unidades griegas o romanas. El codo probablemente equivalía al codo común, ya que los romanos lo estimaban en una vez y media el pie romano. La *braza* (Hech. 27:28) tenía una profundidad de unos 2 m (6 pies) de agua. El *estadio* era una medida romana de 400 codos o 1/8 de milla romana (unos 180-200 m, es decir 600 pies). La milla romana (Mat. 5:41) era de 1500 m (1,620 yardas). Josefo la calculó en 6 estadios o 1127 m (1,237 yardas).

Las medidas de superficie eran indefinidas en el AT. La tierra podía medirse por la cantidad de grano que se requería para sembrarla. En tiempos del NT una medida romana de la superficie era la medida latina *jugerum*, yugada, relacionada con lo que una yunta de bueyes podía arar en un día; esto equivalía a 0,275 hectáreas (28.000 pies cuadrados) o 5/8 de acre. Otra medida era el surco, 120 pies romanos en longitud.

PETICIÓN Ver *Oración*.

PETOR (*"adivino"*) Ciudad de la alta Mesopotamia; tell Ahmar, 19 km (12 millas) al sur de Carquemis cerca de la confluencia de los ríos Sajur y Éufrates; lugar de donde provenía (Núm. 22:5; Deut. 23:4).

PETRA (*"roca"*) Ciudad capital de los árabes nabateos ubicada alr. de 100 km (60 millas) al norte del golfo de Aqaba; a veces se la identifica con Sela (Jue. 1:36; 2 Rey. 14:7; Isa. 16:1; 42:11) porque ambos nombres significan "roca." La falta de evidencia arqueológica de un asentamiento edomita en la cuenca sugiere que es mejor identificar a Sela con Umm el Biyarah, sobre la meseta montañosa que domina a Petra. El rey nabateo Aretas IV (2 Cor. 11:32-33) reinó desde Petra.

PIBESET (*"casa de Bast"*, diosa egipcia representada como un gato) Ciudad egipcia ubicada sobre la orilla derecha del brazo pelusíaco del Nilo, a unos 72 km (45 millas) al nordeste de El Cairo; sirvió como capital del décimo octavo nomo (distrito administrativo) y como capital de un imperio egipcio fragmentado durante las dinastías XXII y XXIII (940-745 a.C.). El sitio es tell Basta.

PIE Parte del cuerpo humano o animal que se usa para caminar; la Escritura menciona más que nada el pie humano (Ex. 12:11; Hech. 14:8), pero también los pies de animales (Ezeq. 1:7) y, antropomórficamente, los pies de Dios (Isa. 60:13).

Con los caminos sin pavimentar del mundo antiguo, los pies se ensuciaban muy fácilmente. Los anfitriones ofrecían lavar los pies de sus huéspedes (Gén. 18:4), una acción que por lo general realizaba el sirviente más humilde (Juan 13:3-14). Ungir los pies de una persona indicaba que se la estaba honrado en gran manera (Deut. 33:24; Luc. 7:46; Juan 12:3). Quitarse el calzado era señal de librase de la suciedad, y por lo tanto indicaba santidad en la adoración (Ex. 3:5). Sacudir el polvo de los pies significaba rechazar totalmente determinado lugar (Hech. 13:51). El castigo por los delitos podía incluir poner los pies en el cepo (Job 13:27; Hech. 16:24). A menudo los "pies" eran símbolo de la persona toda (Sal. 119:101; comp. Luc. 1:79; Hech. 5:9; Rom. 3:15).

PIEDAD Actitud y estilo de vida que reconoce los derechos de Dios sobre la vida humana y desea vivir de acuerdo a la voluntad de Dios.

Las personas pueden aprender a vivir en piedad (1 Tim. 4:7). La enseñanza de la piedad (1 Tim. 6:3) da como resultado vidas de piedad (Tito 1:1). Los falsos maestros decidieron hacer de su "piedad" una fuente de ganancias (1 Tim. 6:5). Cuando es parte de una lista de virtudes, la "piedad" tal vez mantiene el sentido de respeto por Dios y las instituciones ordenadas divinamente (1 Tim. 6:11; Tito 2:12; 2 Ped. 1:3-7). La forma de piedad que carece de eficacia (2 Tim. 3:5) posiblemente sea presunta piedad que no moldea vidas de moral elevada ya que la profesión de fe no estuvo acompañada de una vital relación con Dios.

PIEDRA Materia mineral endurecida de la que está hecha la mayor parte de la tierra. Palestina es un país pedregoso. Frecuentemente era necesario limpiar el campo de piedras, preparándolo para su cultivo (Isa. 5:2). Se estropeaban los campos de un enemigo arrojándole piedras, y cubriendo con piedras los pozos de agua (2 Rey. 3:19,25). Las piedras se usaban para: muros de ciudades (Neh. 4:3), casas (Lev. 14:38-40), palacios (1 Rey. 7:1,9-12), pavimentos en pabellones y columnas (Est. 1:6), y en tiempos de Herodes, por lo menos, para pavimentar calles. Los israelitas usaban piedras sin tallar para construir sus altares. Frecuentemente apilaban piedras para conmemorar algún gran evento espiritual o un encuentro con Dios (Gén. 31:46; Jos. 4). Marcaban con piedras las tumbas de ofensores notorios (Jos. 7:26).

Se usaba una sola piedra para cerrar bocas de cisternas, pozos y tumbas (Gén. 29:2; Mat. 27:60; Juan 11:38), y para marcar límites (Deut. 19:14). Los israelitas a veces consagraban a Dios una piedra como recordatorio (Gén. 28:18-22; 1 Sam. 7:12). Las piedras eran armas letales (1 Sam. 17:49; Hech. 7:58). Ver *Armas y armadura*. Las piedras frecuentemente se usaban para pesas sobre balanzas y se empleaban para escribir documentos como los Diez Mandamientos.

Una piedra denota dureza o insensibilidad (1 Sam. 25:37; Ezeq. 36:26), firmeza y fuerza. Los seguidores de Cristo eran piedras vivas, construidas para formar el cuerpo espiritual de Cristo. Cristo mismo llegó a ser la piedra del ángulo (Ef. 2:20-22; 1 Ped. 2:4-8). Ver *Minerales y metales*.

PIEDRA DE TROPIEZO Cualquier cosa que hace que una persona tropiece o caiga (Lev. 19:14); se dice de los ídolos (Ezeq. 7:19), de la obra de Dios con gente infiel (Jer. 6:21), y de Dios mismo en relación a su pueblo (Isa. 8:14). Los cristianos no deben permitir que su libertad resulte en piedra de tropiezo para otros creyentes (Rom. 14:13; 1 Cor. 8:9). Se advierte a los desobedientes que Jesús mismo puede ser una piedra de tropiezo (Rom. 9:32-33; 1 Cor. 1:23; 1 Ped. 2:8).

PIEDRA DEL ÁNGULO Piedra que se colocaba en la esquina para unir dos paredes y hacerlas más fuertes; es símbolo de fuerza y prominencia, y a menudo se aplica a gobernantes o líderes (Sal. 118:22; 144:12; Isa. 19:13; Zac. 10:4). Dios prometió a través de Isaías que Sión sería restaurada, descansando en la piedra de ángulo de la renovada fe de Israel (Isa. 28:16; comp. Jer. 51:26).

El NT aplica Sal. 118:22 e Isa. 28:16 a Cristo como único fundamento seguro de la fe (Mat. 21:42; Mar. 12:10; Luc. 20:17; comp. Hech. 4:11; Ef. 2:20-22). Primera Pedro 2:4-8 hace una apelación al lector a acudir a la Piedra viviente (Jesús) que la gente había rechazado pero que es preciosa a los ojos de Dios (comp. Rom. 9:33). A los creyentes se los anima a ser piedras vivientes imitando a la Piedra viviente, y a ser edificados como una casa espiritual (1 Ped. 2:5).

PI-HAHIROT (en egipcio, *"casa de Hathor"*; en heb. *"boca de canales"*) Ciudad egipcia en el delta oriental del Nilo al este de Baal-zefón, donde los israelitas acamparon en los primeros tiempos del éxodo (Ex. 14:2,9; Núm. 33:7; comp. Núm. 33:8).

PILATO, PONCIO Gobernador romano de Judea, recordado en la historia como un notorio antisemita, y en los credos cristianos como el magistrado bajo quien Jesucristo "sufrió"

(1 Tim. 6:13). El NT habla de él como "gobernador," mientras que otras fuentes lo llaman "procurador" o "prefecto" (una inscripción encontrada en Cesarea en 1961). Pilato llegó al poder alr. del 26 d.C., cerca del tiempo en que dos de sus contemporáneos, Sejano en Roma y Flaccus en Egipto, estaban llevando a cabo políticas aparentemente dirigidas a la destrucción del pueblo judío. La procuraduría de Pilato incluyó una provocación de las sensibilidades judías detrás de la otra. Rompió con todos los precedentes al llevar a Jerusalén insignias militares con la imagen de César, en flagrante desafío a la ley judía. Las eliminó sólo cuando los judíos se ofrecieron a morir a manos de sus soldados antes que consentir con tal blasfemia. Brutalmente reprimió las protestas al colocar entre la multitud judía soldados armados disfrazados de civiles. Contra tal telón de fondo, no es difícil entender la referencia en Lucas 13:1 a "los galileos cuya sangre Pilato había mezclado con los sacrificios de ellos". Pilato finalmente fue sacado de su cargo como resultado de un ultraje similar en contra de los adoradores samaritanos, que se habían reunido en el monte Gerizim, su monte santo, para poder ver algunas vasijas sagradas que ellos creían Moisés había enterrado allí. Cuando los samaritanos se quejaron a Vitelio, el gobernador de Siria, Pilato fue llamado a Roma para dar cuenta de sus acciones ante el emperador, y no se lo vuelve a mencionar en fuentes contemporáneas confiables.

Pilato no parece haber tenido inclinaciones que lo llevaron a condenar a muerte a Jesús, y los escritores del NT lo dejan claro (Luc. 23:4,14,22; Juan 18:38; 19:4,6; comp. Mat. 17:19). Un grupo relativamente pequeño de sacerdotes de Jerusalén, incluyendo al sumo sacerdote, querían prevenir cualquier tipo de movimiento mesiánico por parte del pueblo, por causa de la represión que podía provocar de parte de los romanos (ver Juan 11:47-50,53). Ellos entonces manipularon a Pilato para que hiciese lo que ellos querían (Luc. 23.2). La inscripción que él insistió en dejar sobre la cruz según los cuatro Evangelios fue el último "chiste" sombrío de Pilato a costa de los judíos: "Este es el rey de los judíos." Antijudío hasta el fin, Pilato le estaba diciendo al mundo: "¡Qué raza lamentable es ésta, con un personaje tan miserable como su rey!" Ver *Cruz.*

PINÁCULO Punto más alto de una estructura. El pináculo (literalmente, "ala pequeña") del templo (Mat. 4:5; Luc. 4:9) puede ser la esquina sudeste de la columnata real que miraba hacia el torrente de Cedrón, o un dintel o balcón por arriba de una de las puertas del templo.

PIRATÓN, PIRATONITA (*"principesco"* o *"altura, cima"*) Pueblo en la región montañosa de Efraín; hogar de Abdón (Jue. 12:13,15) y Benaía (2 Sam. 23:30; 1 Crón. 11:31); Ferata, alr. de 8 km (5 millas) al sudoeste de Siquem.

PISGA (quizás *"el dividido"*) Montaña en la cadena de Abarim del otro lado del río Jordán desde Jericó; parte del monte Nebo o una elevación separada, ya sea el-Neba o cerca de la moderna khirbet Tsijaga. Dios permitió a Moisés ver la Tierra Prometida desde lo alto del Pisga (Deut. 34:1). Israel había acampado cerca de Pisga (Núm. 21:20). Balac llevó a Balaam a su cumbre para que el profeta pudiera ver a Israel y maldecirlo (Núm. 23:14). Era el límite del reino de Sehón (Jos. 12:2-3); y también de la tribu de Rubén (13:20).

PISIDIA Pequeña zona en la provincia de Galacia en el sur de Asia Menor, que limita con Panfilia, Frigia y Licaonia dentro de la cadena de los montes Tauro; resistió la invasión de pueblos antiguos. Recién en el 25 a.C. los romanos pudieron obtener el control sobre la región a través de diplomacia económica. Antioquía era la capital, si bien algunos historiadores sostienen que la ciudad no estaba realmente en Pisidia. Pablo y Bernabé llegaron a través de Antioquía (Hech. 13:14) después que Juan Marcos los dejó en Perge (v. 13). El NT no registra actividad misionera en Pisidia misma, probablemente porque allí había pocos judíos con los cuales comenzar una congregación. Ver *Asia Menor.*

PITÓN (*"mansión o propiedad de Atón"* [dios egipcio]) Ciudad que construyeron los israelitas para Egipto (Ex. 1:11); clave importante para la cronología del éxodo. Ver *Éxodo.*

PLAGAS Enfermedad interpretada como juicio divino. Las diez plagas en Éxodo (Ex. 7:1-13:15; comp. Deut. 4:34; 7:19; 11:3; Sal. 78; 105; Jer. 32:20) fueron obras poderosas de Dios que dieron como resultado la liberación de Israel y demostraron la soberanía de Dios (Ex. 9:14; 11:1); también fueron llamadas "señales" (Ex. 7:1-3) y "maravillas" (Ex. 7:3; 11:9). Pablo usó las plagas para hacer énfasis en la soberanía de Dios en el endurecimiento del corazón del faraón (Rom. 9:17-18). Las plagas de Apocalipsis reflejan la influencia del AT (Apoc. 8; 16).

Las plagas fueron el juicio del Señor sobre los egipcios y sus acciones salvadoras para con Israel. Las plagas describen eventos de la naturaleza que bien podían ocurrir en Egipto. Claramente, el autor de Éxodo las consideró producto de una voluntad divina intencional. En razón de que los magos egipcios reprodujeron los primeros dos eventos, la singularidad de las plagas puede radicar en el momento en que ocurrieron, la ubicación, intensidad e interpretación teológica. El propósito central fue la revelación de Dios. El faraón y los egipcios, así como Moisés y los israelitas, llegarían a conocer al Señor a través de lo ocurrido con las plagas (Ex. 7:17; 8:10,22; 9:14,16,29). Pablo reconoció este propósito: "para que mi nombre sea anunciado por toda la tierra" (Rom. 9:17). Ver *Éxodo; Milagros.*

PLANTAS EN LA BIBLIA   Toda vida vegetal, sean árboles silvestres o cultivados, arbustos o hierbas.

Lirio y rosa. Los labios rojos de Cant. 5:13 indican un "lirio" de flor roja, tal como tulipán o anémona escarlata. Cantares 2:1-2 puede referirse al verdadero lirio madonna blanco o azucena (*Lilium candidum*), ahora muy raro en la zona, o bien al jacinto silvestre (*Hyacintus orientalis*), al azafrán silvestre (especie de *Croccus*), o la "rosa" de Isa. 35:1-2. Es imposible asegurar a cuál de los "lirios" se refirió Jesús (Mat. 6:28; Luc. 12:27): puede haber sido la anémona o cualquiera de las flores silvestres, como por ejemplo la reina margarita (*Crysantemum coronarium*). La "rosa de Sarón" (Cant. 2:1) ha sido equiparada a la anémona, el narciso, el tulipán y el azafrán.

Ortiga. Plantas ásperas con pelos que pican y que pertenecen a la familia de la *Urtica*; generalmente, cualquier planta espinosa o que pica (Job 30:7; Prov. 24:31; Isa. 34:13; Os. 9:6; Sof. 2:9). El término heb. en Job 30:7; Sof. 2:9 quizás se refiere a la mostaza silvestre. A las ortigas se las usa como señal de desolación y juicio.

Juncos. El junco común o caña (*Faragmites communis*) forma grandes grupos en aguas poco profundas o en arena salada húmeda. La cabeza de la flor, en forma de penacho, le puede haber sido dada a Jesús como una burla (Mat. 27:29). Con los tallos, que eran parecidos al bambú se hacían plumas para escribir (3 Juan 13).

El junco o caña de papiro (*Cyperus papyrus*) también crece en aguas poco profundas en lugares calientes como por ejemplo el lago Hule y a lo largo del Nilo. Sus tallos altos, triangulares y esponjosos eran usados para hacer naves (Isa. 18:1-2), cestas y canastos (Ex. 2:3), y papel de papiro —material sobre el cual se puede haber escrito buena parte de la Biblia.

La espadaña o anea (*Tyfa domingensis*) parece haber sido el material de la cesta en que fue escondido Moisés (Ex. 2:3).

Espinas. La corona de espinas de Jesús ha llevado dos arbustos conocidos en castellano como "corona de Cristo" (espina de Cristo, *Zizifus spina-christi, Paliurus spina-christi.*) El primero crece cerca del mar Muerto no lejos de Jerusalén (Mat. 27:29; Mar. 15:17; Juan 19:5). Algunos autores consideran que la especie en cuestión es el espino común (*Poterium* o *Sarcopoterium spinosum*).

En la Tierra Santa, el terreno está maldito con malezas espinosas (Gén. 3:18; Núm. 33:55). Las espinas son generalmente plantas leñosas, por ejemplo *Acacia, Lycium, Ononis, Prosopis, Rubus, Sarcopoterium;* por otra parte los cardos son herbáceos, por ejemplo la *Centaurea, Notobasis, Silybum.* La última puede haber sido las "espinas" que ahogaron a las espigas en la parábola de Jesús (Mat. 13:7).

Plantas fragantes

1. Alheña (*Lawsonia inermis*). Sus hojas se aplastaban y usaban como perfume (Cant. 1:14, BLA), y como tintura amarilla para la piel, uñas y cabello. Es un arbusto subtropical con flores blancas.

2. Arrayán (Myrtus communis). Arbusto con hojas fragantes y flores blancas, frecuentemente en lugares de arbustos; usado en especial para hacer refugios temporarios durante la fiesta de los tabernáculos (Neh. 8:15).

3. Cálamo o caña dulce (Acorus calamus) Rizomas secos de esta planta acuática, importada de zonas templadas de Asia y usada como perfume (Isa. 43:24); ingrediente del aceite de la unción santa (Ex. 30:23). Era una especie de olor agradable. Se la conoce también como "caña fragante" o caña aromática.

4. Casia y canela se identifican tradicionalmente con los árboles del Cercano Oriente *Cinnamomum cassia y C. zeylanicum.* La corteza molida se usaba en el aceite de la unción santa para los sacerdotes (Ex. 30:24), y la canela se usaba en perfumería (Prov. 7:17; Apoc. 18:13).

5. Especias aromáticas o estacte (Ex. 30:34) usadas en el incienso; puede ser la resina del bálsamo de Galaad *(Commifora gileadensis)* del sur de Arabia.

6. Gálbano. Resina de olor muy fuerte que se quemaba como incienso (Ex. 30:34); se obtenía del tallo de la *Ferula galbaniflua, de la familia* del perejil que crecía sobre las colinas secas en Irán.

7. Hisopo. Usado para la limpieza ritual (Lev. 14:4,49) y para rociar con la sangre el tabernáculo (Ex. 12:22); se cree que es la mejorana blanca *(Origanum syriacum o Majorana syriacum),* que crece comúnmente en lugares rocosos y es de la familia de la menta.

8. Nardo. Caro aceite perfumado (Cant. 4:13-14; Juan 12:3), que se obtenía de las hojas de una hierba del desierto *(Cymbopogon schoenantus)* o, tradicionalmente, la valeriana de la misma familia, *Nardostachys jatamansi* del Himalaya.

9. Ruda (Ruta chalepensis). Crece en las colinas de la Tierra Santa como arbusto bajo y extendido, con hojas de olor muy intenso. Jesús se refirió al diezmo de la ruda (Luc. 11:42).

Hierbas culinarias. Las hierbas amargas para la Pascua son plantas silvestres con hojas de sabor fuerte. La planta del desierto conocida con el nombre de ajenjo *(Artemisia)* también era amarga, y describe el dolor y el sufrimiento (Prov. 5:4; Lam. 3:15,19).

1. Azafrán (Crocus sativus). Polvo amarillo preparado con los estigmas; usado como sabor sutil (Cant. 4:14) y para colorear comidas, y también como medicina.

2. Comino (Cuminum cyminum) y eneldo *(Anetum graveolens).* Así como el coriandro, el comino es de la familia del perejil con semillas picantes (Isa. 28:25-27; Mat. 23:23).

3. Comino negro (Nigella sativa). Planta anual con semillas aceitosas negras que al cosecharlas se dañaban con facilidad (Isa. 28:25-27).

4. Culantro o coriandro (Coriandrum sativum) provee tanto de hojas para ensalada como de semillas picantes (Ex. 16:31); comparado por los israelitas con el maná en el desierto.

5. Menta (Menta longifolia). Hierba popular para condimento, de la cual los líderes judíos daban el diezmo (Luc. 11:42).

6. Mostaza (Brassica nigra). Semillas picantes; las pequeñas semillas crecen hasta convertirse en árbol (Mat. 13:31-32).

Incienso y mirra. Resinas producidas por ciertos árboles que crecen en regiones secas en el sur de Arabia y el norte de África.

1. Incienso. Resina blanca o incolora producida por varias especies de *Boswellia,* principalmente la *B. sacra,* un arbusto o árbol pequeño que crece a ambos lados del mar Rojo. La resina se obtiene cortando las ramas y colectando las "lágrimas" que exuda, que son quemadas como incienso en los ritos religiosos o como un fumigante personal. El incienso estaba prescrito para la mezcla santa de incienso (Ex. 30:31,34; Luc. 1:9), y fue obsequiado por los magos de oriente al niño Jesús (Mat. 2:11).

2. Mirra. Resina de color rojizo que se obtenía de un arbusto espinoso, *Commifora myrrha,* de manera similar al incienso; por lo general no se quemaba sino que se disolvía en aceite y era ingerido o usado como medicina o cosmético (Sal. 45:8; Mat. 2:11).

Plantas medicinales. Muchas hierbas medicinales eran recolectadas de colinas y valles, donde crecían plantas silvestres. Ver *Incienso y mirra* arriba.

1. Los áloes (*Aloe vera*) eran plantas suculentas con largas hojas en forma de espada aserrada y flores con penachos erguidos de hasta 1 m (3 pies) de altura, importadas de Yemen. La amarga savia era usada como medicina y para embalsamar (Juan 19:39). En el AT los áloes eran maderas fragantes caras que se obtenían de un árbol tropical de la India (*Aquilaria agallocha*).

2. Bálsamo (Gén. 37:25). Término general para un ungüento medicinal preparado con plantas resinosas tales como el heliantemo, *Cistus laurifolius,* que produce ládano. El bálsamo de Galaad o bálsamo de Judea es producido por la *Commifora gileadensis,* un arbusto no espinoso de la región seca en el sur de Arabia y que se dice fue cultivado por Salomón en En-gadi cerca del mar Muerto (Cant. 5:1, BLA, NVI; RVR, "aromas"). Los aromas eran importados junto con el bálsamo por los ismaelitas (Gén. 37:25). Se saca de las raíces cortadas de un arbusto bajo y espinoso (*Astra-*

galus tragacant), que se cultivaba en las laderas secas de Irán.

Ciertas plantas, por ejemplo la calabaza silvestre, *Citrullus colocyntis,* en cantidades muy pequeñas podían ser purgas medicinales, pero también venenos amargos (2 Rey. 4:39-40).

Cereales para hacer pan. Los ricos hacían el pan principalmente de trigo, pero los pobres tenían que hacerlo con cebada común (2 Rey. 4:42; Juan 6:9).

1. Trigo (espelta, *Triticum dicoccum*; trigo para pan, *T. aestivum*). El cultivo anual crece hasta 1 m (3 pies) de altura, si bien las variedades primitivas eran más altas en tierras ricas; con espigas barbadas. Los granos de trigo son duros y secos, y se guardan fácilmente en graneros (Gén. 41:49). Era importante retener semilla para sembrar (Gén. 47:24), pero el grano en las tumbas antiguas no germina. Ver *Pan.*

2. Cebada (*Hordeum vulgare*). Tolera un suelo más pobre que el trigo; es más corta; tiene espigas barbadas; madura más rápidamente (Ex. 9:31-32); usada para destilar cerveza y como forraje para caballos y ganado (1 Rey. 4:28). A veces la cebada se comía como grano tostado (Rut 2:14, BLA; NVI). La paja del trigo y la cebada que quedaba después de la trilla era usada como combustible (Isa. 47:14), y el tamo fino para calor instantáneo en el horno.

Frutas

1. Olivos (*Olea europaea*). Pequeños árboles de huerto, de forma redondeada, con hojas estrechas de color gris verdoso y flores de color crema que florecen en mayo. Los frutos con carozo maduran hacia fines del verano y se colocan en salmuera, ya sea sin madurar como aceitunas verdes o maduros como aceitunas negras. El grueso de la cosecha se recogía para hacer aceite de oliva. Ver *Aceite.*

2. Vid (Vitis vinifera). Cultivada ya sea en viñas o individualmente como parrales de sombra alrededor de las casas y patios; tiene tallos largos y flexibles con zarcillos y hojas lobuladas. Pequeños ramilletes crecen entre las hojas nuevas al comienzo del verano, y las numerosas flores diminutas se convierten en racimos de uvas dulces y redondas, que maduran ya sea como frutos color verde o negro. Los frutos se comen frescos como uvas, o se secan y almacenan como pasas de uva (1 Sam. 30:12). Con el jugo fermentado se hacía vino. Ver *Vino.*

3. Higuera (Ficus carica). De tronco y ramas gruesos y ramitas que producen hojas ásperas de lóbulos toscos (Gén. 3:7). Durante el verano maduran frutos redondeados con numerosas semillas pequeñas en su cavidad interior. Había preferencia por los higos frescos (Isa. 28:4; Jer. 24:2). Los higos también se secaban y almacenaban como tortas para uso futuro (1 Sam. 25:18; 30:12). Varias veces Jesús se refirió a higos e higueras (Mat. 7:16; Luc. 21:29-31).

4. Sicómoro (Ficus sycomorus). Era otro tipo de higuera, que crecía en Egipto y en las áreas más cálidas de la Tierra Santa; árbol grande; usualmente con ramas largas como las que seguramente permitieron que Zaqueo, bajo de estatura, pudiera treparse para ver a Jesús (Luc. 19:4).

5. Granada (Punica granatum). Del tamaño de una pelota de tenis; llena de semillas y de pulpa dulce; se desarrolla a partir de hermosas flores escarlata, que en primavera cubren al arbusto. Los granados se cultivaban frecuentemente en huertos y junto a las casas (Deut. 8:8; Cant. 6:11). A Moisés se lo instruyó para que bordara granadas en las orlas de los mantos de los sacerdotes (Ex. 28:33), y en las columnas del templo de Salomón en Jerusalén había ornamentos con forma de granadas (1 Rey. 7:18; 2 Crón. 3:16).

6. Palmera datilera (Phoenix dactylifera). La única palmera que daba fruto en tiempos bíblicos; árbol muy alto con un áspero tronco sin ramas, que produce en su extremo un penacho de grandes hojas en forma de plumas; los frutos son mejores en las condiciones cálidas de los oasis del mar Muerto. A Jericó se la conocía como la ciudad de las palmeras (Jue. 1:16). Ver Ex. 15:27; Sal. 92:12; Apoc. 7:9. Cuando Jesús entró en Jerusalén, la gente cubrió el camino con ramas de palmera (Juan 12:13).

8. Manzano (Cant. 2:3,5; 7:8; 8:5; Prov. 25:11; Joel 1:12) resulta improbable que en tiempos tan remotos hubiera variedades tan finas de manzanas.

Alcaparra (Capparis spinosa). Se consideraba un afrodisíaco, y simbolizaba al disminuido deseo físico de los ancianos (Ecl. 12:5, BLA, NVI).

Nueces o frutas secas

1. Almendro (Prunus dulcis). La fruta seca más importante en la Biblia; árbol pequeño con deliciosas flores blancuzcas al comienzo de la primavera antes que aparezcan las hojas; el fruto está adentro de una cápsula muy gruesa y dura. Ver Gén. 43:11; Núm. 17:8; Ex. 25:33; 37:19.

2. Nogal (Juglans regia). Originario de la región del mar Caspio y tal vez no se haya plantado comúnmente en la región mediterránea oriental hasta después del período bíblico; es posible que Salomón lo haya cultivado en su huerto (Cant. 6:11). El árbol crece hasta llegar a un tamaño considerable. Las hojas son compuestas, y el fruto aceitoso y comestible parece un cerebro en miniatura —de allí el nombre antiguo de *Jovis glans* y la adaptación científica *Juglans.*

Vegetales. Durante la peregrinación en el desierto Israel anhelaba los vegetales de Egipto (Núm. 11:5; comp. 2 Sam. 17:28; Dan. 1:12).

1. Cebollas (Allium cepa). Bulbos blancos o morados; crecen rápidamente de semillas en una temporada.

2. Puerros (Allium porrum). No forman un bulbo tan definido; se cocinan o se pican las hojas.

3. Ajo (Allium sativum). Cebolla de sabor fuerte que produce un bulbo compuesto de dientes separados.

4. Pepinos. Los de Egipto bíblico en tiempos de la Biblia muy probablemente eran melones del tipo *Cucumis melo*, que tiene líneas longitudinales en su exterior.

5. Melones. En realidad eran sandías (*Citrullus lanatus*) y no el calabacín o el melón rocío de miel, que son de origen americano.

6. Lentejas (Lens culinaris). Crecían en áreas más áridas; el potaje o guisado rojo de lentejas le permitió a Jacob obtener la primogenitura de Esaú (Gén. 25:29-34). Las plantas de lentejas son pequeñas y delgadas con flores en forma de arveja y vainas pequeñas y chatas que contienen dos semillas.

7. Haba (Vicia faba) y *garbanzo* (*Cicer arietinum*) pueden haber sido las legumbres que Daniel y sus amigos comieron en Babilonia (Dan. 1:12).

Árboles de regiones secas y desérticas

1. Acacia. Algunas variedades crecen en el Sinaí; la madera fue usada para la construcción del tabernáculo, la tienda de reunión (Ex. 25); generalmente árboles chatos en la punta que tienen duras espinas.

2. Enebro (Retama raetam). Arbusto que con frecuencia se hace lo suficientemente grande como para proveer de sombra (1 Rey. 19:4-5); el follaje y las raíces frecuentemente se usaban como combustible (Job 30:4; Sal. 120:4). Sus flores blancas con el centro marrón rojizo hermosean el área del mar Muerto. Ritma (Núm. 33:18-19) recibe su nombre de este arbusto.

3. Tamarisco (Tamarix species). Arbusto o árbol pequeño con ramitas finas, hojas escamadas, y flores blancas o rosadas, que se halla en lugares salitrosos en el desierto. Abraham plantó uno en Beerseba (Gén. 21:33).

Árboles de arroyos, ríos y lagos

1. Plátano (Platanus orientalis) Árbol grande con corteza hojaldrada y hojas en forma de dedos; pequeñas flores se arraciman en varias bolitas que cuelgan; crece en los lechos rocosos de arroyos; vara que Jacob descortezó (Gén. 30:37, NVI, BLA y Ezeq. 31:8, BLA).

2. Álamo (Populus eufratica). Árbol que Jacob descortezó (Gén. 30:37); crece al lado del agua, especialmente junto a los ríos Éufrates y Jordán; es alto y con hojas que se sacuden y numerosas ramas que nacen alrededor de su base. El álamo blanco (*P. alba*) o el estoraque (*Styrax officinalis*) eran muy probablemente los árboles en las cimas de los montes según Os. 4:13.

3. Sauce (Salix acynofylla). Echa raíces fácilmente en lugares húmedos; no es tan alto como los álamos; por lo general tiene hojas largas y angostas (Job 40:22; Isa. 44:4; Ezeq. 17:5).

Árboles de colinas y llanuras

1. Balsamera. De ella se extrae una sustancia aromática y resinosa importada de Arabia o Abisinia o usada como especia o fragancia cosmética (2 Sam. 5:23-24; 1 Crón. 14:14-15). No se tiene conocimiento de que la balsamera haya crecido en los alrededores de Jerusalén, y esto hace que la identificación del árbol sea incierta. También se han sugerido como traducciones álamo y árbol de la pimienta. La misma palabra también aparece traducida como "aromas," "especias" y "especias aromáticas" (Cant. 5:1,13; 6:2). Ver *Cosméticos*.

2. Bojes (Isa. 41:19; 60:13). Crecen en Asia Menor y en Persia; no se dan en Palestina; identificados como "pinos" o "cipreses"; la palabra bojes está basada en traducciones tempranas del griego y del latín. En heb. significa "estar derecho" y aparentemente se refiere a los altos y majestuosos cipreses (Isa. 41:19).

3. Ciprés (*Cupressus sempervirens*). Árbol de bosques densos de coníferas con típicas ramas extendidas, aunque frecuentemente se lo ve, alto y delgado, plantado junto a cementerios. Evidentemente en Isa. 41:19 y 60:13 se hace referencia a cipreses en una lista con otros árboles.

4. Cedro (*Cedrus libani*). Cedro del Líbano; desempañaba un papel que todavía resulta desconocido en los ritos de purificación de Israel (Lev. 14:4; Núm. 19:6). Árboles gruesos y de punta chata cuya madera excelente se usó para la casa de David (2 Sam. 5:11) y el templo de Salomón (1 Rey. 5:6-10; ver 6:9-7:12; Esd. 3:7). El cedro era símbolo de poder real y riqueza (1 Rey. 10:27), y por lo tanto crecimiento y fuerza (Sal. 92:12; comp. Ezeq. 17). Cedros magníficos no pudieron estar ante de la presencia poderosa de Dios (Sal. 29:5). Los cedros debían su existencia a Dios, quien los había plantado (Sal. 104:16).

5. Encina (*Quercus species*). Proveen de madera excelente para barcos (Ezeq. 27:6) y otras construcciones. Las encinas eran utilizadas para indicar tumbas (Gén. 35:8), como mojones (1 Sam. 10:3), o para ceremonias sacrílegas (Os. 4:13).

6. Pino (*Pinus halepensis*). Especialmente el *Aleppo pineis* es una conífera alta con hojas largas en forma de aguja y piñas que contienen semi-

llas aladas; la madera es maleable y se usaba en la construcción (Isa. 44:14).

7. Terebinto (*Pistacia terebinthus*, *P. atlantica*). Producía frutos utilizados como frutas secas, pero la madera de la *P. Atlantica* parecida a una encina grande también era útil. La sombra de los terebintos era usada para los sacrificios y ofrendas paganos (Os. 4:13, BLA).

Árboles foráneos

1. Almug o sándalo (*Pterocarpus santalinus*). La flota de Hiram lo importó de Ofir a Judá para Salomón (1 Rey. 10:10-11). El sándalo de 2 Crón. 2:8 provenía del Líbano, en cuyo caso puede haber sido el abeto de Cilicia (*Abies cilicia*) o el enebro de Grecia (*Juniperus excelsa*).

2. Ébano. Vinculado con la importación de colmillos de marfil (Ezeq. 27:15); el ébano negro-rojizo del antiguo Egipto era un árbol leguminoso de África (*Dalbergia melanoxylon*), y posteriormente el nombre se transfirió al *Diospyros ebenum* de Asia, que tenía una madera negra azabache.

3. Cidro. Árbol de madera olorosa del norte de África (*Tetraclinis articulata*), un ciprés parecido a una conífera usado por los griegos y romanos para la construcción de armarios; de madera oscura, dura y fragante (Apoc. 18:12, BLA al margen).

PLATA Ver *Minerales y metales; Monedas*.

PLATA BATIDA Delgadas láminas de plata que se hacían martillando, y se usaban para cubrir objetos de menos valor como por ejemplo la madera de la imagen de un ídolo (Jer. 10:9-10). Ver *Minerales y metales*.

PLATERO Persona que refina la plata a partir del mineral, o fabrica un producto terminado de la plata refinada. La predicación de Pablo fue una amenaza para el sustento económico de los plateros (Hech. 19:23-41). Ver

Ocupaciones y profesiones en la Biblia.

PLAZA Lugar público de reunión con pequeños comercios. Las calles angostas y los amontonados edificios de la mayoría de los pueblos y aldeas en la antigua Palestina, dejaban poco lugar para un mercado público. Los comercios se construían en residencias privadas o se amontonaban en la zona de las puertas de la ciudad a fin de formar ferias o bazares (1 Rey. 20:34). Los comerciantes operaban puestos en la parte interna de las puertas de la ciudad, o pregonaban su mercadería fuera de la zona de las puertas en un espacio público o plazoleta. Esta área también funcionaba como lugar de formación para las tropas (2 Crón. 32:6), y como el sitio para reuniones públicas (Neh. 8:1), celebraciones de victorias (Deut. 13:16) y lugar en que se ponían a la vista prisioneros (2 Sam. 21:12).

Herodes reconstruyó muchas de las ciudades de Palestina siguiendo el modelo griego, que incluía lugares abiertos para reuniones públicas (griego *agora*). Entre los pequeños comercios jugaban los niños (Mat. 11:16), se reunían los jornaleros para que les dieran trabajo (Mat. 20:2-3) y se paseaban los fariseos y otros ciudadanos influyentes, saludándose (Mat. 23:7; Luc. 11:43). En sus visitas a ciudades griegas, Pablo iba a la plaza mercantil (griego *agora*) para hablarle a la multitud que siempre se reunía en el lugar (Hech. 17:17). Él y Silas fueron juzgados por magistrados en la plaza de Filipos (Hech. 16:19, RVR "foro").

POBRES EN ESPÍRITU Aquellos que tienen un espíritu humilde y de esa manera dependen de Dios (Mat. 5:3; comp. Sant. 2:5). El pasaje paralelo de Lucas habla simplemente de pobres (Luc. 6:20).

POBRES, HUÉRFANOS, VIUDAS Tres grupos de personas de las clases sociales bajas; necesitaban protección legal de los ricos y poderosos, que a veces abusaban de ellos (Job. 24:3-4). Habían sido oprimidos injustamente y empobrecidos (Job 24:14; 29:12; Sal. 10:9; Isa. 3:14); mendigaban pidiendo comida (Deut. 15:7-11; Job 31:16-21); no tenían posición económica ni social (2 Sam. 12:1-4; Prov. 14:20; Ecl. 9:13-18). El ideal era que no habría gente pobre entre el pueblo del pacto a causa de las bendiciones de Dios y la generosidad del pueblo hacia los que tenían necesidad (Deut. 15:7-11). Como provisión para los pobres, Dios les permitía espigar lo que quedaba en los campos y viñas, y además podían cosechar en los rincones de los sembrados (Lev. 19:10; 23:22). La instrucción era que los pobres recibieran un tratamiento justo y no favorable ni desfavorable (Ex. 23:3,6-7).

Dios es el refugio y el libertador de los pobres (Sal. 12:5; 14:6; 70:5), a quienes se identifica como justos (Sal. 14:5-6). La destrucción de Judá e Israel llegó en parte debido a que oprimía a los pobres (Amós 2:6-8; 4:1-3; 5:10-13; 8:4-6; comp. Ezeq. 16:46-50).

Jesús, que como hombre fue pobre, anhelaba dar buenas noticias a los pobres (Mat. 11:5; Luc. 4:18). Él alentó la generosidad hacia los pobres (Luc. 14:13-24). Los primeros cristianos proveyeron para las necesidades de las viudas pobres (Hech. 6:1-6; comp. 1 Tim. 5:3-16), y Pablo realizó un gran esfuerzo a fin de recolectar fondos para los pobres en Jerusalén (Rom. 15:26; comp. Sant. 2:1-6).

Se llamaba huérfano al niño sin padre (aunque la madre todavía viviera). Los códigos legales bíblicos (y no bíblicos) protegen los derechos de los huérfanos y las viudas (Ex. 22:22;

Deut. 10:18; 24:17-22; comp. Isa. 1:17; Jer. 5:28; Miq. 2:9; Mal. 3:5). Dios declaró que Él sería un Padre para los que no tenían padre y que proveería de justicia a las viudas (Deut. 10:18; Sal. 68:5). Jesús condenó a los fariseos por "devorar" las casas de las viudas (Mat. 23:40). El NT mide la verdadera religión de una persona de acuerdo al cuidado que ésta tuviera para con huérfanos y viudas (Sant. 1:27).

PODER Habilidad para actuar o producir un efecto; la posesión de autoridad sobre otros. En razón de que Dios ha revelado su poder en la creación, Él tiene autoridad para asignar dominio a quien Él quiere (Jer. 10:12; 27:5). Dios reveló su poder al liberar milagrosamente a Israel de la esclavitud en Egipto (Ex. 4:21; 9:16; 15:6; 32:11) y en la conquista de Canaán (Sal. 111:6). El poder de Dios incluye no sólo el poder para juzgar sino también el poder para perdonar el pecado (Núm. 14:15-19; Jer. 32:17-18). El segundo libro de Reyes 3:15 liga el ímpetu del poder de Dios con la profecía. Aquí poder se aproxima al Espíritu de Dios (comp. Miq. 3:8; Luc. 1:35).

Los milagros de Cristo pusieron en evidencia el poder de Dios en operación durante su ministerio (Mat. 14:2; Mar. 5:30; 9:1; Luc. 4:36; 5:17). Lucas destacó el papel del Espíritu Santo al llenar de poder el ministerio de Jesús (Luc. 4:14; Hech. 10:38) y el continuo ministerio de la iglesia (Hech. 1:8; 3:12; 4:7,33; 6:8). Pablo enfatizó la paradoja de que la cruz —que es aparentemente el momento de debilidad más grande de Jesús— es el evento en el que el poder de Dios para salvar se hace efectivo (1 Cor. 1:17-18; comp. Rom. 1:16). Esta paradoja del poder de Dios revelado en la muerte de Cristo continúa en la decisión divina de obrar a través de los que

no tienen poder (1 Cor. 1:26-29; 2:3-4; 2 Cor. 12:9). En algunos textos, "potestades" se refiere a poderes angelicales (Rom. 8:38; Ef. 3:10; Col. 2:15; 1 Ped. 3:22).

POESÍA Literatura hebrea que usa del paralelismo, la métrica, y agrupa líneas en unidades más grandes, llamadas estrofas. La distinción en el hebreo entre poesía y prosa no es tanto una diferencia en tipo como sí una diferencia en grado. Un tercio del AT está escrito en poesía.

La característica fundamental de la poesía hebrea es el paralelismo. En este, dos o tres líneas cortas (o versos) se vinculan unas con otras de la siguiente manera: por paralelismo sinónimo, antitético, o sintético. En el *paralelismo sinónimo*, la línea que sigue expresa un pensamiento idéntico o casi idéntico:

Mi boca hablará sabiduría,

y el pensamiento de mi corazón inteligencia. (Sal. 49:3)

En el *paralelismo antitético*, las líneas que siguen expresan conceptos opuestos:

El impío toma prestado, y no paga;

Mas el justo tiene misericordia y da. (Sal. 37:21)

En el *paralelismo sintético*, las líneas sucesivas presentan poca o ninguna repetición:

¡Mirad, cuán bueno y cuán delicioso es

Habitar los hermanos juntos en armonía! (Sal. 133:1)

La continuidad es lo que liga a las líneas paralelas. Las líneas paralelas sintéticas pueden describir un orden de acontecimientos, una lista de características de una persona o cosa, o simplemente pueden estar modificando un tema común.

Los intentos por establecer un sistema clásico de métrica (el pie de verso yámbico, por ejemplo) han fracasado. Otras teorías utilizan conteo de letras, de vocales, de énfasis y de palabras. El último mencionado es uno de los métodos más efectivos. Las líneas individuales van de dos a cuatro palabras cada una, incluso cuando cada una de estas "palabras" puedan ser traducidas con dos o tres palabras en castellano. Existe la posibilidad de numerosos sistemas métricos, por consiguiente, la métrica hebrea se describe en términos de patrones generales y no tanto de uniformidad absoluta.

Las estrofas pueden estar marcadas por líneas idénticas, o por líneas paralelas que expresen conceptos similares. Estas introducciones pueden adoptar la forma de estribillo, parecido a un estribillo musical. Las secciones separadas de esta manera pueden diferir en cuanto a tema, forma y vocabulario. Los Salmos 42-43 presentan un buen ejemplo de estrofas bien marcadas. Los dos capítulos juntos forman un solo poema. Se repite tres veces un refrán o estribillo: 42:5,11; 43:5, que subdivide el poema en tres secciones.

La poesía provee de imágenes y tono para que los escritores inspirados transmitan la palabra de Dios a su pueblo. Tomar en cuenta la forma poética alerta al lector a buscar las imágenes y emociones de un pasaje.

POLLINO Cría de los asnos (Gén. 49:11; Zac. 9:9). Ver *Animales*.

POLVO Tierra suelta; usado en figuras del lenguaje para hablar de una multitud (Gén. 13:16; Núm. 23:10; Isa. 29:5) o de abundancia (de carne, Sal. 78:27; de plata, Job 27:16; de sangre, Sof. 1:17); una metáfora para hablar de la muerte, la tumba o el Seol (Job 1:9; Ecl. 12:7; Dan. 12:2). El polvo en la balanza es una imagen de algo insignificante (Isa 40:15). Que las personas hayan sido creadas del polvo

de la tierra, habla de la humilde condición humana al compararla con Dios, y habla también de la estrecha relación que tiene la humanidad con el resto de la creación.

Para los judíos, sacudir el polvo de sus pies era una señal de que el territorio gentil era inmundo. En el NT esta acción indica que aquellos que han rechazado el evangelio se han hecho como los gentiles y deben enfrentarse al juicio de Dios (Mat. 10:114-15; Hech. 13:51).

PONCIO PILATO Ver *Pilato, Poncio*.

PONTO Provincia al sur del mar Negro en Asia Menor. Mitrídates fundó el reino del Ponto alr. del 302 a.C., y su dinastía continuó hasta el 63 a.C., cuando Roma tomó el control de la región. Primera Pedro fue dirigida a los "elegidos" de ese lugar (1:1-2). Ciudadanos del Ponto estaban en Jerusalén el día de Pentecostés (Hech. 2:9). Ver *Asia Menor*.

PORTERO Persona que vigilaba el acceso a un lugar importante o restringido. Ser portero del templo era un cargo de relevancia. Los porteros o guardianes de la puerta recogían dinero del pueblo (2 Rey. 22:4). A algunos levitas se los designó como porteros del arca (1 Crón. 15:23-24). Los reyes persas usaban eunucos como porteros (Est. 2:21). Las mujeres también podían ocupar este cargo (Juan 18:16-17; Hech. 12:13).

POSESIÓN DEMONÍACA Control de la personalidad de un individuo por parte de un malvado espíritu demoníaco (Luc. 8:2; 13:11,16). Las señales de la posesión demoníaca en el NT incluyen: mudez (Mat. 9:33); sordera (Mar. 9:25); ceguera (Mat. 12:22); ferocidad (Mat. 8:28); fuerza desmedida (Mar. 5:4); convulsiones (Mar. 1:26); espuma en la boca (Luc.

9:3). La cura para la posesión demoníaca siempre es fe en el poder de Cristo.

POTESTAD Ver *Poder*.

POTIFAR (*"perteneciente al sol"*) Capitán egipcio de la guardia que compró a José de los mercaderes madianitas (Gén. 37:36; 39:1) y lo nombró mayordomo sobre su casa. Potifar hizo encarcelar a José después de las acusaciones falsas de su esposa.

POTIFERA Sacerdote en la ciudad egipcia de On (Heliópolis) donde se adoraba a Ra, el dios del sol. José se casó con su hija, Asenat, por orden del faraón (Gén. 41:45).

POZO Fuente de agua creada cavando en la tierra hasta encontrar agua. Ver *Cisterna; Fuente; Agua*. La palabra hebrea más comúnmente traducida "pozo" es *beer* (Gén. 21:30-31; Núm. 21:16-18). *Beer* también aparece en varios nombres de lugares que indican la ubicación de pozos importantes: *Beer* (Núm. 21:16); *Beer-elim* (Isa. 15:8); *Beerot* (Deut. 10:6); *Beer-lahai-roi*, "Pozo del Viviente-que-me-ve" (Gén. 16:14); *Beerseba* (Gén. 21:31).

La excavación de un pozo podía ser un tiempo de celebración (Núm. 21:17-18), pero los pozos también eran motivo de peleas cuando diferentes personas trataban de controlar ese recurso valioso (Gén. 21:25-26; 26:15-22; Ex. 2:16-17). Los pozos estaban ubicados en el lugar en que se encontrara una fuente de agua. Esto incluía campos (Gén. 29:2), pueblos (2 Sam. 23:15), y el desierto (Gén. 16:7,14).

"Pozo" también se usa figurativamente con respecto a una ramera (Prov. 23:27) y con respecto a una ciudad malvada (Jer. 6:7, RVR "fuente"). En otro lugar la palabra es usada como metáfora de placer sexual (Prov. 5:15; ver Cant. 4:15).

POZO DEL ABISMO Traducción literal en Apoc. 9:1-2,11; 11:7; 17:8; 20:1,3; lugar en que están la maldad, la muerte y la destrucción hasta que el Dios soberano les permita poder temporario sobre la tierra. Ver *Abismo; Hades; Infierno; Seol*.

PRECURSOR Un término militar para expertos exploradores o caballería que se preparaban para un asalto a pleno. La esperanza cristiana de entrar en la presencia de Dios está garantizada por Cristo, el precursor que ya ha corrido la carrera y ha alcanzado la meta (Heb. 6:20). (Comparar con el concepto de Cristo como primicias de los muertos, 1 Cor. 15:20,23.) La imagen de Cristo como pionero de la salvación expresa una idea similar (Heb. 2:10). En vista de que Él ya corrió en la senda del sufrimiento, Cristo se convirtió en la fuente de salvación que permite que le sigamos (Heb. 5:8-10).

A fin de describir la misión de un mensajero profético que prepararía el camino para la llegada de Dios, el AT usó la imagen tan común de enviados que se anticipaban al rey y realizaban arreglos para su viaje (Isa. 40:3; Mal. 3:1). La aplicación de estos textos a Juan el Bautista por parte de los escritores del NT (Mat. 11:10; Mar. 1:2; Luc. 1:76; 7:27) afirman que la venida de Jesús fue la llegada de Dios.

PREDESTINACIÓN La obra de Dios en ordenar la salvación de las personas sin que éstas tengan previo conocimiento (Rom. 8:29,30; Ef. 1:5,11).

El libro de Hechos se refiere al propósito de Dios como algo determinado (Hech. 2:23; 11:29; 17:26); a Jesús como el escogido previamente por Dios (2:23; 10:41-42); a la iglesia primitiva como aquellos a quien Dios tomó previamente de la mano (Hech. 22:14).

El pecado es una lucha constante y una experiencia abrumadora (Rom. 7:23-24). Romanos 8 es vida en el Espíritu. El Espíritu de Dios ayuda a nuestro espíritu en las luchas de la vida y nos ayuda a conquistar todas las cosas. Dios tiene para su pueblo el propósito de una vida victoriosa y triunfante. Tal tipo de vida no es posible cuando la vivimos solos. Dios escoge y determina que obrará en su pueblo para que sea victorioso. El propósito de Dios para nosotros es bueno, y la determinación de Dios de ayudarnos es anterior a todas nuestras luchas (Rom. 8:29-30). La determinación de Dios se expresa particular y eternamente en Cristo. Él es lo que se supone que nosotros debemos ser. El Espíritu de Dios nos ayudará a ser como Jesús.

Romanos 9:13,17-18 puede ser interpretado afirmando que Dios de antemano ha planeado las cosas sin consideración alguna de la respuesta humana. En el peor de los casos esto sugeriría que Dios había tomado a un precioso joven príncipe egipcio y lo transformó en un monstruo (vv.17-18). Romanos 9:13 podría significar que Dios realmente odiaba a Esaú y tenía favoritos entre sus hijos. Sin embargo, esta no es la manera adecuada de entender estos pasajes. Por cuanto Dios no hace acepción de las personas que Él ha creado, Él no viola el libre albedrío que dio a la humanidad. Dios obra con ese albedrío. Dios usó lo que Esaú y faraón habían llegado a ser. Esaú, un hombre compulsivo que buscaba la gratificación instantánea de sus deseos, no sería el tipo de persona que llega a ser patriarca. A faraón, un hombre cruel, Dios lo confirmó y juzgó como un opresor. Dios recibió gloria para sí mismo aun por la desobediencia de faraón.

Cuando la gente oye y cree en el mensaje del evangelio (Ef. 1:13,15), vive bajo el liderazgo de Jesucristo como cabeza del cuerpo y es sellada por el Espíritu (v. 13). El poder de Dios operando en nosotros puede ayudarnos a creer. ¿Hace Dios esto sin nuestra propia disposición y cooperación, o somos participantes libres en lo que Dios está haciendo a través de la comunidad de fe bajo el señorío de Cristo y en el poder del Espíritu? Los vv. 5 y 11 encajan en este contexto si no los sacamos de lugar y preguntamos primero qué significa que fuimos predestinados antes de la fundación del mundo conforme a la voluntad de Dios. Jesucristo es ante todo el elegido de Dios desde la eternidad, el agente del plan redentor divino. Por Jesús conocemos al Padre; en Él la voluntad de Dios se hace efectiva en la historia. Nosotros somos incluidos, predestinados y elegidos al creer en Él por el poder del Espíritu. Dios, obrando su voluntad a través de nosotros, nos determina. Aparentemente, parte de la determinación de Dios es que los efesios y nosotros seamos participantes con Dios, en nuestra manera humana limitada, en hacer la voluntad de Dios. La dolorosa experiencia personal reflejada en Rom. 7 y las experiencias pecaminosas colectivas de las divisiones humanas de las que se habla en el resto de Efesios, nos llevan a creer que nosotros también podemos ejercer nuestra voluntad al rehusar creer en Dios y al desobedecerle. La predestinación jamás elimina la voluntad humana.

Dios obra conforme a un plan y propósito y así deberíamos hacerlo nosotros, especialmente cuando determinamos hacer su voluntad (1 Ped. 1:2; Luc. 22:22; Hech. 2:23; 10:41; 11:29; 17:26).

Desconocemos la manera en que la guía de Dios sobre su creación se relaciona con la libertad humana. Dios, quien nos hizo con voluntad y libertad, nos busca por su gracia y condena a las personas sólo por causa de la propia testarudez e incredulidad de ellas. La predestinación es una afirmación del amor redentor de Dios. Jamás hubo un momento, ni siquiera antes de la creación, cuando Dios no haya mostrado amor redentor por su creación. La predestinación nos asegura que Dios toma la iniciativa en relación con la salvación y que Él nos busca con amor redentor. Ver *Elección; Salvación.*

PREDICACIÓN EN LA BIBLIA
La presentación humana, a través del poder del Espíritu Santo, de los hechos redentores de Dios en Jesucristo. La verdadera predicación cristiana interpreta el significado de las acciones de Dios en contextos contemporáneos.

Los profetas anunciaron los mensajes directos de Dios contra los pecados del pueblo, hablaron de juicios venideros, y ofrecieron la esperanza futura del gran día del Señor. Durante períodos de avivamiento especial, los líderes viajaban y compartían la revelación en grandes asambleas (2 Crón. 15:1-2; 17:7-9; 35:3). Esdras y sus asociados interpretaron el "sentido" de lo que se estaba leyendo en tales reuniones (Neh. 8:7-9). Después del exilio, la explicación de las Escrituras se transformó en parte regular de la adoración en la sinagoga local.

Jesús anunció que Él era el heraldo que cumplía la profecía de Isaías sobre la predicación del reino y las bendiciones de éste (Luc. 4:16-21). Pedro y los otros apóstoles enfocaron la atención sobre la vida, carácter, muerte, sepultura, resurrección y regreso de Cristo. Ellos practicaron tanto *predicación del evangelio* (proclamando la salvación en Cristo) como *enseñanza pastoral* (instruyendo, amonestando y

exhortando a los creyentes en doctrina y conducta; 1 Cor. 15:1-7). El discurso de Esteban (Hech. 7:1-53) representa lo mejor de toda la tradición del AT, pues entreteje narración con porciones históricas de las Escrituras, junto con interpretación contemporánea y aplicación a la situación presente. El sermón de Pedro (Hech. 2) afirma la naturaleza expiatoria de la muerte de Jesús y la realidad de su resurrección, y hace un claro llamado a la fe y al arrepentimiento.

La predicación de Cristo advierte a los hombres y mujeres de la necesidad de salvación, y ayuda a los creyentes a crecer hacia la madurez espiritual (Col. 1:28; comp. Hech. 20:17-21; Ef. 4:11-16). Pablo se rehusó a adoptar algunas construcciones verbales artificiales de los retóricos seculares de su día (2 Cor. 4:2; 1 Tes. 2:3,5). No obstante, él adaptó bien su predicación a la variedad de audiencias y sus necesidades (Hech. 13:16-41; 17:22-31; 26:2-23).

PREEXILIO Período en la historia de Israel, antes de que comenzara el exilio en Babilonia en el 586 a.C. Ver *Israel.*

PREEXISTENCIA DEL ALMA
Doctrina herética que enseña que el alma existe antes de unirse a un cuerpo. Corolarios comunes de esta doctrina son el desdén por el cuerpo material como algo malo, o desprecio del cuerpo como inferior al alma. Las Escrituras afirman que el cuerpo es parte de la buena creación de Dios. Uno no llega a ser un "alma" viviente sin el cuerpo material (Gén. 2:7; 1 Cor. 15:45). Pablo esperaba ser vestido de un cuerpo espiritual (2 Cor. 5:41; 1 Cor. 15:44).

El consenso de la iglesia primitiva según lo atestigua el Credo Apostólico es que la esperanza cristiana es la resurrección del cuerpo, no la inmortalidad inherente de las almas. Ver *Inmortalidad; Resurrección; Alma.*

PRESCIENCIA Conocimiento de eventos antes que sucedan. Sólo Dios tiene presciencia. Nada está fuera de su conocimiento —nada pasado ni presente ni futuro. Sólo los necios creen que pueden ocultar sus acciones de Dios (Sal. 10:11; 11:4-5; Prov. 15:11; Isa. 29:15-16; comp. Sal. 139; Mat. 10:29-31; Heb. 4:13).

Los eventos de la historia se perciben con los ojos de la fe como la revelación paulatina de los eternos planes de Dios (Gén. 45:4-8; Isa. 14:24-27; 42:9; Jer. 50:45). La vida, muerte y resurrección de Jesús fueron parte de los eternos planes de Dios para salvar a la humanidad pecadora (Rom. 1:2; comp. Mat. 1:22-23; 2:5-6:15; Juan 19:24); no fueron un suceso fortuito en la historia (Hech. 2:23; 1 Ped. 1:20).

La presciencia de Dios en cuanto a las personas no es tanto una alusión a su intelecto divino sino a su bondadosa voluntad por la cual aparta para sí a seres humanos (Jer. 1:5; Rom. 8:29-30; Gál. 1:15-16). Afirmar la presciencia de Dios es una declaración de fe —fe en que el propósito de Dios existía antes que la humanidad tuviera oportunidad de responder a Dios (Sal. 139:16). Dios no rechazó al pueblo judío, a quien conoció de antemano (Rom. 11:2).

Dichas declaraciones hacen surgir la difícil cuestión teológica del libre albedrío humano. Si Dios ya conoce de antemano quién será salvo o quién es escogido, ¿no elimina eso el libre albedrío humano? ¿Acaso Dios ha predestinado a algunos para salvación y a otros para condenación?

Jacobus Arminio (1560-1609) arguyó, tal como lo habían hecho los padres de la iglesia antes de Agustín, que el conocimiento eterno de Dios es un conocimiento presciente; es decir que Dios conoce con anterioridad cuál será la respuesta de la persona, de modo que elige de antemano a aquellos que sabe habrán de aceptar a Cristo por propia voluntad. Esta perspectiva arminiana recibe el nombre de predestinación condicional, pues la predestinación está condicionada a la presciencia divina de que el individuo acepte o rechace a Cristo.

La tradición de Agustín, Lutero y Calvino declara que la presciencia de Dios determina eventos. Él predestina a algunos para que sean salvos, independientemente de la respuesta humana.

Ambas perspectivas encuentran apoyo en textos de la Escritura. Romanos 8:29-30, versículos clave en todo debate sobre la presciencia de Dios, tiene más relación con la doctrina de la seguridad de la salvación que con la doctrina de la predestinación.

Primera Pedro 1:20 también declara que los lectores cristianos que estaban siendo perseguidos en Asia Menor, habían sido elegidos por Dios de acuerdo a su presciencia. Esto les daba seguridad de que su existencia era parte de la voluntad y del plan de Dios, y de que ellos tenían una esperanza cierta y segura que no estaba ligada a circunstancias ni a eventos cambiantes. Otras afirmaciones similares en el NT (Ef. 1:4,11-12; 2 Tes. 2:13; Apoc. 17:8) deben leerse desde la misma perspectiva de fe. Los escritores no intentaban responder a la pregunta de a quién salva Dios y a quién rechaza, ni tampoco intentaban limitar el libre albedrío del ser humano. Más bien, estaban expresando su convicción y seguridad de que la salvación del individuo está enteramente en manos de Dios y en su eterno propósito. Ver *Conocimiento; Elección; Predestinación.*

PRESENCIA DE DIOS Iniciativa de Dios de tomar contacto con las personas. Durante el período patriarcal, Dios utilizó una variedad de medios de revelación para comunicarse con personas (Gén. 15:1; 32:24-30). Moisés encontró a Dios en la zarza ardiente y conoció a Dios "cara a cara" (Deut. 34:10). El tabernáculo fue el lugar del nombre o la gloria del Señor, una manifestación de la presencia y de la actividad de Dios en el mundo (Ex. 40:34,38). La nube y el fuego simbolizaron la presencia de Dios conduciendo el viaje hacia Canaán (Ex. 13:21-22).

El arca del pacto condujo al pueblo en el viaje a Canaán y en las batallas (Jos. 3:1-6). El arca finalmente llegó a estar en el templo, el lugar de la presencia de Dios. Aquí Isaías tuvo una poderosa visión del Dios santo (Isa. 6).

Dios también se manifestó en el fuego (1 Rey. 18) y en una suave voz apacible (1 Rey. 19). Salmos habla de la presencia de Dios entre su pueblo (Sal. 139) y de la aparente ausencia de este Dios presente (Sal. 13). En cada caso, Dios sigue siendo invocado. Ezequiel habló del exilio en términos de la gloria (presencia) de Dios dejando al antiguo Israel, pero retornando luego, al final del exilio en Babilonia (Ezeq. 43:1-5). Dios tiene total libertad para estar donde Él quiere pero constantemente Él escoge estar con su pueblo para darles vida.

Jesucristo es Emanuel, "Dios con nosotros" (Mat. 1:23; Juan 1:14; Heb. 1:1-3). Esta presencia no terminó con la muerte de Cristo. El Cristo resucitado apareció a los discípulos (Juan 21:1-14) y a Pablo. A través de ellos, la obra de Cristo continuó (Hech. 1:8; 26:12-18). El Espíritu Santo es una manifestación importante de la presencia de Dios y continúa la obra redentora de Dios. El retorno de Cristo traerá permanencia a la presencia de Dios con su pueblo. La iglesia es llamada a ser una manifestación de la presencia de Dios. Esa comunidad es nutrida por la presencia de Dios, que se encuentra en la comunión entre el adorador y Dios.

PRÉSTAMO Según la Biblia debe ser un acto de generosidad, no una acción para obtener ganancias a expensas del pobre (Lev. 25:35-37; comp. Ex. 22:21-24; Deut. 10:19; Sal. 82:3-4; Prov. 31:8-9). En vista de que la tierra es de Dios (Lev. 25:23; Deut. 10:14) y las posesiones humanas son regalos de Dios (Deut. 8:1-10), prestar era compartir los regalos de Dios. Las leyes para garantías colaterales centraban la atención en la protección del deudor. La prenda no debía ser una amenaza para la dignidad del deudor (Deut. 24:10-11) ni para la forma en que se ganara la vida (Deut. 24:6) ni para su familia (Job 24:1-3,9) ni sus necesidades físicas (Ex. 22:26-27; Deut. 24:12-13). El préstamo compasivo era una prueba de que el prestamista era una persona justa (Sal. 15; Ezeq. 18:5-9). Los años de remisión y el año de jubileo (Ex. 23:10-11; Deut. 15:1-15; Lev. 25) ofrecieron una manera sistemática de afrontar las dificultades económicas a largo plazo ya que se devolvían propiedades de la familia, se liberaban esclavos y se cancelaban deudas. Deuteronomio 15:7-11 hace una advertencia contra acreedores maquinadores que se negaban a otorgar préstamos porque se acercaba el año de remisión. Ver *Bancario, sistema; Prestar, Tomar prestado; Monedas; Ética; Año de jubileo; Justicia; Ley; Pobres, Huérfanos, Viudas; Levitas; Año sabático; Esclavo, Siervo; Diez Mandamientos.*

PRESTAR, TOMAR PRESTADO Tomar prestado es aceptar algo de otra persona, especialmente dinero, con la intención de devolverlo en un momento determinado. En la cultura hebrea tomar prestado era indicativo de dificultades económicas, no era una estrategia para agrandar los negocios ni para beneficio de la familia (Neh. 5:1-5; ver Lev. 25:35-37).

En Mat. 5:42 Jesús cita la generosidad de prestar como un ejemplo de actitud inesperada, altruista y llena de amor para con las demandas y los abusos de otros. Ver *Bancario, Sistema.*

PRETORIO Barracas donde Jesús fue llevado y escarnecido por los soldados antes de su crucifixión (Mar. 15:16); ya sea cerca del palacio de Herodes o junto al complejo del templo; aparentemente era la residencia oficial del gobernador romano. El pretorio de Herodes en Cesarea (Hech. 23:35) servía como la residencia del gobernador romano Félix. La confianza de Pablo de que su encarcelamiento había logrado publicidad a la causa cristiana "en todo el pretorio" (Fil. 1:13) puede referirse a todo el palacio o a la guardia pretoriana.

PRIMICIAS Lo mejor de una cosecha, lo que se recogía primero y se dedicaba a Dios (Ex. 23:19; 34:26), incluyendo grano, vino y aceite. Todo eso —con excepción del trigo (Lev. 2:14-16)— se utilizaba para el sostén de los sacerdotes (Núm. 18:12; Deut. 18:4; comp. Deut. 26:1-11; Prov. 3:9). La primera gavilla de una nueva cosecha de cebada se presentaba como ofrenda mecida ante el Señor (Lev. 23:9-14) en reconocimiento de que todo proviene de Dios y le pertenece a Él (Núm. 28:26; comp. Ex. 23:16; 34:22).

A Israel se la describe como las "primicias" de Dios (Jer. 2:3). En su resurrección, Cristo es las "primicias" de los que duermen (1 Cor. 15:20,23). Al Espíritu Santo se lo llama "primicias" (Rom. 8:23), y a los creyentes, "primicias" de las criaturas de Dios (Sant. 1:18). El remanente salvo en Israel son "primicias" (Rom. 11:16), como también lo son los 144.000 del período de la tribulación (Apoc. 14:4). A los primeros convertidos de una región se los designaba "primeros frutos" o "primicias" (Rom. 16:5; 1 Cor. 16:15).

PRIMOGÉNITO El primer hijo de una pareja debía ser dedicado a Dios de manera especial; representaba la plenitud del vigor humano (Gén. 49:3; Sal. 78:51). Cada primogénito de Israel, tanto de hombre como de animales, le pertenecía a Jehová (Ex. 13:2,15; comp. 12:12-16). El primogénito le era presentado a Jehová cuando cumplía un mes de vida. El padre debía comprar o redimir al niño de mano del sacerdote, a un precio no superior a los cinco siclos (Núm. 18:16).

La primogenitura incluía una doble porción de los bienes y ser líder de la familia. Se acostumbraba a que el hijo mayor cuidara de su madre hasta que ésta muriera, y también se hacía cargo de sus propias hermanas hasta que éstas se casaran.

El primogénito de un animal limpio se llevaba al santuario al octavo día del nacimiento (Ex. 22:30) y se ofrecía en sacrificio si no tenía mancha alguna (Deut. 15:19; Núm. 18:17). Aparentemente el primogénito de un animal limpio no debía usarse para ninguna labor pues le pertenecía al Señor (Deut. 15:19).

El primogénito de un animal inmundo debía ser redimido por un precio que estipulara el sacerdote, y a eso se agregaba la quinta parte (Lev. 27:27; Núm. 18:15; comp. Ex. 13:13; 34:20).

Israel era el "primogénito" de Dios (Ex 4:22; Jer. 31:9) y disfrutaba de condición prioritaria. Dentro de Israel, la tribu de Leví representaba a los primogénitos de la nación (Núm. 3:40-41; 8:18). Cristo es el "primogénito del Padre" (Heb. 1:6) "entre muchos hermanos" (Rom. 8:29), el "primogénito de toda creación" (Col. 1:15), y el "primogénito de entre los muertos" (Col. 1:18; Apoc. 1:5). Ver Heb. 12:23. Los creyentes cristianos, unidos con Cristo y como coherederos con Él, disfrutan de la condiciones de primogénitos en la familia de Dios.

PRIMOGENITURA   Privilegios especiales del hijo mayor varón de una familia, incluyendo doble porción de la herencia y la bendición principal del padre. Ver Gén. 25:29-34; Deut. 21:15-17.

PRINCIPADOS   Poderes espirituales sobrenaturales, ya sean buenos o malos; creados por Cristo y en consecuencia sujetos a él (Col. 1:16). Ni los principados ni ninguna otra fuerza puede separar a un creyente del amor de Dios que se encuentra en Cristo (Rom. 8:38).

PRÍNCIPE   Un gobernante; uno de nacimiento noble y alta posición; no simplemente el sentido limitado de un varón heredero de un reino. (Comp. Sof. 1:8.) La RVR usa "príncipe" como título para el rey de Israel (1 Sam. 13:14), un sacerdote líder (1 Crón. 12:27), un jefe tribal madianita (Núm. 25:18), los hombres principales de una ciudad o provincia (Gén. 34:2; 1 Rey. 20:15; Jer. 34:19), y para los gobernantes en general (1 Cor. 2:6,8). Por extensión, *príncipe* se aplica a los seres sobrenaturales. "Príncipe de paz" (Isa. 9:6) y "Príncipe y Salvador" (Hech. 5:31) son títulos mesiánicos. Daniel 8:25 se refiere a Dios como "Príncipe de los príncipes." Daniel 12:1 da a Miguel, el defensor angélico de Israel, el título de "príncipe." Frecuentemente se describe a Satanás como "el príncipe de este mundo" (Juan 12:31; 14:30; 16:11; comp. Mat. 9:34; 12:24; Ef. 2:2).

PRINCIPIO Y FIN   Ver *Alfa y Omega*.

PRIVACIDAD   La Biblia reconoce la necesidad de la privacidad personal (Prov. 25:17), mientras por otro lado sostiene el valor de la vida comunitaria (Hech. 2:44-46; 4:32-35; Rom. 14:7-8). La Biblia describe la privacidad como una vida tranquila y en paz, ya sea solo ("cada uno debajo de su parra y debajo de su higuera", 1 Rey. 4:25; Miq. 4:4) o en comunidad, como el pueblo de Lais que estaba "tranquilo y confiado . . . lejos de Sidón, y no tenían negocios con nadie" (Jue. 18:7,27-28). Heber ceneo (Jue. 4:11) y la tribu israelita de Simeón (1 Crón. 4:39-40) encontraron tierras tranquilas y pacíficas en las que asentarse. Pablo amonestó a los cristianos tesalonicenses a ocuparse de sus propios negocios (1 Tes. 4:10-11; comp. 2 Tes. 3:12). Pablo le pidió a Timoteo que orara fervientemente pidiendo que las personas en posiciones de autoridad permitieran a los cristianos llevar vidas tranquilas y pacíficas (1 Tim. 2:1-2).

Jacob (Gén. 32:23-24) y Jesús (Mat. 26:36) se retiraron y tuvieron momentos de privacidad antes de verse en grandes luchas personales, y lo mismo hizo Josué en la víspera del ataque de Israel a Hai (Jos. 8:13). En ocasiones, Jesús se retiró para descansar y orar (Mat. 14:13,23; Mar. 6:31). Él les dijo a aquellos que verdaderamente querían ser oídos por Dios que debían orar solos, en privado (Mat. 6:6).

PROCLAMACIÓN   Ver *Predicación en la Biblia*.

PROCÓNSUL   Oficiales administrativos principales en cuestiones civiles y militares en una provincia romana. Los procónsules eran responsables ante el senado en Roma. El NT se refiere a dos procónsules: Sergio Paulo en Chipre (Hech. 13:7) y Gayo en Acaya (Hech. 18:12). Comp. Hech. 19:38. Ver *Roma*.

PROCURADOR Oficial militar romano con control sobre países enteros. El procurador podía decretar penas de muerte y hacer acuñar monedas en su nombre. En el NT se nombra a tres procuradores: Pilato (Mat. 27:2; algunos cuestionan si Pilato era procurador), Félix (Hech. 23:24), y Festo (Hech. 24:27). Ver *Roma*.

PRODIGIOS   Ver *Milagros, señales, maravillas*.

PRÓDIGO Ver *Hijo pródigo*.

PROFECÍA, PROFETAS Recepción y declaración de una palabra de parte del Señor a través de una inspiración directa del Espíritu Santo y del instrumento humano. Los primeros profetas de Israel incluían a Moisés (Deut. 34:10; Mat. 17:1-8; Hech. 3:21-24); Miriam (Ex. 15:1-18); Débora (Jue. 4:6-7,9,14); Samuel (1 Samuel 3:11-14,20; 7:6,15; 12:18); Elías y Eliseo (1 Rey. 17-2 Rey. 9).

El desorden político de Israel proveyó del contexto para los profetas que dejaron legados escritos. El surgimiento de Asiria al poder después del 750 a.C. proveyó el enfoque de los ministerios de Amós, Oseas, Isaías, Miqueas y Nahum. La amenaza babilónica fue el trasfondo y motivo de buena parte del ministerio de Jeremías, Habacuc, Sofonías, Abdías y Ezequiel. El advenimiento del imperio persa alr. del 540 a.C. preparó el escenario para Hageo, Zacarías y Malaquías. De este modo, los profetas hablaron de parte de Dios a lo largo de la historia de Israel.

Los profetas fueron encarcelados (Jer. 37), ignorados (Isa. 6:9-13) y perseguidos (1 Rey. 19:1-2). Continuaron sirviendo a las instituciones de Israel: hablando a jueces y reyes, criticando la adoración vana (Amós 5:23-24) y los fracasos sacerdotales (Amós 7:10; Mal. 2), hablando en la adoración pública (Sal. 50:5; 60:6; 81:6-10; 91:14-16; 95:8-11), y usando la ley para llamar al pueblo a ser fieles al pacto (Isa. 58:6-9; Ezeq. 18; Miq.6:6-8; Os. 6:6; Amós 2:4; 5:21-24). Los profetas formaron asociaciones "gremiales" o escuelas (2 Rey. 4:38; 1 Sam. 10:5; 19:20; comp. Jer. 23:13-14). Estas escuelas o los amigos o ayudantes de los profetas ayudaron a reunir y preservar los libros de profecía (Isa. 8:8-16; Jer. 36:4).

Por lo general los profetas tenían en común experiencias y características claves. (1) Un llamado de Dios. Intentar profetizar sin tal comisión era falsa profecía (Jer. 14:14; ver Isa. 6:1-7; 1 Rey. 22:19-23; Jer. 23:18-22; comp. Amós 3:7; Job 1:6-12; 2:1-6; 2 Cor. 12:1-4; Apoc. 1:1-3; 22:18-19). (2) Una palabra de parte de Dios. Esta venía a través de muchos medios: declaraciones directas, visiones, sueños, o una aparición divina. (3) Los profetas eran básicamente voceros que llamaban al pueblo de Dios a la obediencia apelando al pasado y futuro de Israel. (4) Actos simbólicos. Estos servían como parábolas dramáticas y vivientes (Isa. 20:1-3; Ezeq. 4:1-3; Jer. 19:10-11; Os. 2:1-13). (5) Los milagros confirmaban su mensaje (Ex. 4:1-9; 1 Rey. 17; 2 Rey. 5; Isa. 38:8; comp. Mat. 12:22-29). (6) Escribir la Palabra de Dios (Isa. 8:1; Ezeq. 43:11). (7) Ministerio a su propio pueblo. Los profetas debían poner a prueba las vidas del pueblo de Dios (Jer. 6:27) y ser atalayas de toda transigencia moral (Ezeq. 3:17). Intercedían en oración —a veces incluso por su mismo enemigo (1 Rey. 13:6; 17:17-24; 2 Rey. 4:18-37; Amos 7:2; Jer. 14:17-20,21; Isa. 59:16). (8) Experiencias de éxtasis. Estas confirmaban la presencia de Dios y daban poder al profeta.

Distinguir entre profetas falsos y verdaderos era muy difícil. El profeta verdadero debía ser leal a la fe bíblica y dirigir al pueblo a adorar solamente a Yavéh (Deut. 13:1-3). Las palabras de un profeta verdadero se cumplían (Deut. 18:22; Jer. 42:1-6; Ezeq. 33:30-33), pero muchas veces con largos intervalos entre las predicciones y su cumplimiento (Miq. 3:12; Jer. 26:16-19). Algunas predicciones eran condicionales, es decir basadas en la respuesta del oyente (Jon. 3:4-5). Además, los profetas se podían comportar de manera no apropiada (Núm. 12:1-2; 20:1-12; Jer. 15:19-21; 38:24-27). A veces los profetas parecían ser ambivalentes cuando simplemente entregaban la palabra de Dios tal como era dada (2 Rey. 20:1-6). La predicción puntillosa no era una prueba final. Uno podía predecir correctamente y al mismo tiempo no ser leal a Yavéh (Deut. 13:1-3). Otras pruebas incluían la concordancia con las palabras de profetas anteriores (Jer. 28:8), un buen estilo de vida (Miq. 3:11), y la disposición a sufrir por ser fiel (1 Rey. 22:27-28; Jer. 38:3-13). De igual modo, los creyentes del NT tenían que distinguir la profecía verdadera (1 Juan 4:1; 1 Cor. 14:29; ver Mat. 7:15-20). Ver *Falso profeta*.

Muchas profecías tienen una aplicación inmediata a su propia situación y también son aplicables a otro contexto. De este modo, la predicción de que Cristo nacería de una virgen (Mat. 1:23) tuvo también su cumplimiento en los días de Isaías pues la palabra "virgen" en hebreo también hace referencia a una doncella o mujer joven (Isa. 8:3). De manera similar, las profecías del "día del Señor" han tenido varios cumplimientos (parciales) que también previeron un cumplimiento final (Abdías 15; Joel 1:15; 2:1; Sof. 1:7,14; Ezeq. 30:3; comp. 2 Ped. 3:10).

Las profecías predictivas pueden ser entendidas de varias maneras. (1) Algunas profecías parecen tener un cumplimiento directo y literal: el Mesías debía nacer en Belén (Mat. 2:5-6; Miq. 5:2). (2) No todas las predicciones se cumplieron literalmente. El regreso de Elías se cumplió con Juan el Bautista y no con un Elías literal (Mat. 11:13-15; Mal. 3:1-4). Pablo aplicó a la iglesia las profecías acerca del Israel literal y nacional (Rom. 9:25-26; Os. 1:9-10; 2:23). Esta lectura distintivamente cristiana se consideró legítima por causa del cumplimiento en Cristo y la interpretación del AT (Luc. 4:17-21). (3) La interpretación tipológica muestra cómo los eventos, personas o cosas del AT prefiguran el relato cristiano posterior. Cristo puede ser comparado con Adán (1 Cor. 15:22-23; ver 10:11). Las expresiones del AT pueden tener una importancia divina no prevista por el autor del AT, importancia que viene a la luz sólo después de una palabra o acción posterior de Dios. Ver *Tipología*.

Los profetas tuvieron un papel fundamental en la iglesia primitiva (1 Cor. 12:28-31; Ef. 4:11; 2:20). La visita y predicción del ángel (Luc. 1:11,26-27) hicieron que María y Zacarías profetizaran (1:46-67; 67-79; comp. 2:10-12,25,36-38). Juan el Bautista predijo que Jesús bautizaría en el Espíritu (Mat. 3:11).

Jesús se llamó a sí mismo profeta (Luc. 13:33). Sus milagros y discernimiento eran proféticos (Juan. 4:19). Él enseñó no citando a los rabinos expertos, sino con su propia autoridad profética (Mar. 1:22; Luc. 4:24). Los primeros creyentes fueron testigos del derramamiento del Espíritu (Hech. 2:17) como cumplimiento de la predicción de Joel de que todo el pueblo de Dios, jóvenes y viejos, varones y mujeres, profetizarían. Si bien cualquier cristiano ocasionalmente puede recibir una profecía, pareciera que algunos tienen un don especial de profecía (1 Cor. 12:29; 13:2). Los profetas actúan principalmente en la adoración de la iglesia (Hech. 13:2). Ellos predicen (Hech. 11:28; 20:23; 27:22-26), anuncian juicios (Hech. 13:11; 28:25-28), actúan simbólicamente (Hech. 21:10-11), y reciben visiones (Hech. 9:10-11; 2 Cor. 12:1). Hubo discernimientos proféticos que llevaron a esfuerzos misioneros (Hech. 13:1-3; 10:10-17; 15:28,32). La enseñanza y la profecía pueden estar relacionadas (Hech. 13:1-2; Apoc. 2:20). Algunos profetas "predicaron" largos mensajes (Hech. 15:32) y expusieron textos bíblicos (Luc. 1:67-79; Ef. 3:5; Rom. 11:25-36).

Se le puso límites a la profecía del NT (1 Cor. 11:5-7; 13:9); tenía que ser evaluada por la congregación (1 Cor. 14:26-40; 1 Tes. 5:20-21). Incluso alguien podía responder de manera inadecuada a la profecía (Hech. 21:12). La prueba suprema para la profecía es la lealtad a Cristo (1 Cor. 12:3; Apoc. 19:10). Algunos cristianos tienen el don de discernimiento (1 Cor. 12:10). La profecía no es una amenaza para la autoridad especial de las Escrituras (1 Cor. 14:38-39; 2 Tim. 3:16; 2 Ped. 1:20-21).

PROFETISA (1) Profeta femenino como: Miriam (Ex. 15:20); Débora (Jue. 4:4); Hulda (2 Rey. 22:14); Noadías, una profetisa "falsa" (Neh. 6:14) y Ana (Luc. 2:36). Jezabel pretendía ser profetisa (Apoc. 2:20). Los ministerios de las profetisas variaban notablemente. Miriam convocó a Israel a celebrar la liberación obrada por Dios. Débora combinó los oficios de profetisa y juez, incluso acompañando a Barac a la batalla. Hulda habló las palabras de juicio divino (2 Rey. 22:16-17) y de perdón (22:18-20). Ana compartió las buenas nuevas del nacimiento de Jesús con las multitudes del templo. Ver Joel 2:28-29; Hech. 2:17-18; 21:9; 1 Cor. 14:1,5. Primera Corintios 11:5 presupone que las mujeres estaba involucradas en profecía y oración en la adoración pública. (2) La esposa de un profeta (Isa. 8:3). Ver *Profecía, Profetas.*

PRÓJIMO Persona que vive en el mismo vecindario, que participa en actividades comunes, y por quien uno asume algunas responsabilidades. La preocupación mayor de la Biblia es cómo tratamos a nuestro prójimo. El amor es el principio guiador (Lev. 19:18). Otras referencias bíblicas dicen qué no hacer al prójimo (ver Deut. 19:11-14; 27:24; Prov. 14:21; Hab. 2:15). Rehusarse a respetar los derechos del prójimo constituía desintegración moral y provocaba castigo sobre la nación (Isa. 3:5; Jer. 9:4-9; Miq. 7:5-6).

Prójimos eran "los hijos de tu pueblo" (Lev. 19:18), esto es, tenían que ser parte de la clase de uno. Todo el que tuviera diferentes creencias no podía ser prójimo. Para el tiempo de Jesús, los rabinos habían restringido todavía más la definición. Para ellos prójimo era un judío que observaba estrictamente la ley. A los demás los aborrecían como enemigos (Mat. 5:43). Jesús procuró ampliar la definición de prójimo hasta incluir a los enemigos. Amar significaba hacerles el bien (Mat. 5:44). Su definición más amplia de prójimo vino en respuesta a la pregunta de un intérprete de la ley: "¿Quién es mi prójimo?" (Luc. 10:29). Jesús respondió con la historia de un hombre que había sido golpeado, robado y abandonado medio muerto. Primero pasó un sacerdote y no hizo nada. Luego pasó un levita y tampoco hizo nada. Finalmente apareció un extranjero (samaritano) y asistió con compasión al moribundo, salvando su vida y haciendo provisiones para su futuro inmediato (Luc. 10:30-35; comp. Rom. 13:9-10; Gál. 5:14; Sant. 2:8).

Un prójimo, entonces, es cualquier persona que encontramos que tiene alguna necesidad. Esto incluye a *todas* las personas con quienes nos encontramos. La condición de prójimo se da cuando mostramos misericordia para con ellos (Luc. 10:37). Amar a nuestro prójimo ocupa el segundo lugar en importancia, el primer lugar lo ocupa amar a Dios (Mat. 25:35-39). Amar al prójimo es más que todas las ofrendas y sacrificios que podamos dar (Mar. 12:33).

PROMESA Anuncio por parte de Dios de su plan de salvación y bendición a su pueblo, uno de los temas unificadores que integran el mensaje y las acciones del AT y del NT. La promesa de Dios cubre el plan futuro de Dios para todas las naciones de la tierra y tiene su enfoque en las dádivas y acciones que Dios concede a unos pocos para el beneficio de muchos. Las dádivas incluyen: (1) Él sería su Dios, (2) ellos serían su pueblo, y (3) Él moraría en medio de ellos.

En Gén. 1-11 la promesa de Dios está representada por las "bendiciones" sucesivas que se anuncian tanto en el orden de la creación como sobre la familia humana —incluso a pesar de su pecado. Los padres de Israel (Abraham, Isaac, y Jacob) recibieron una triple promesa que incluía: (1) la promesa de una simiente o descendencia (un heredero; Gén. 12:7; 15:4; 17:16,19; 21:12; 22:16-18; 26:3-4,24; 28:13-14; 35:11-12; comp. Heb. 6:14), (2) la promesa de una tierra (una herencia; Gén. 12:1,7; 13:17; 15:18; 17:8; 24:7; 26:3-5; 28:13,15; 35:12; 48:4; 50:24), (3) la promesa de bendición sobre todas las

naciones (Gén. 12:3; 18:18; 22:17-18; 26:4; 28:14).

Dios selló la promesa con Abraham con un rito en el que sólo Dios pasaba entre los pedazos divididos (Gén. 15:9-21), obligándose así a cumplir sus promesas, sin obligar simultáneamente y de igual modo a Abraham y a los beneficiarios subsiguientes de la promesa. La promesa era eterna. Los descendientes de Abraham tenían que transmitir la promesa a las generaciones subsiguientes hasta que la Simiente final, es decir Jesús el Mesías, llegara. Dios esperaba que ellos participaran personalmente por medio de la fe. Allí donde la fe estaba presente, también ya estaban presentes de igual modo las exigencias y los mandamientos. Así Abraham obedeció a Dios y dejó Ur (Gén. 12:1-4) y caminó delante de Dios de manera intachable (Gén. 17:1; comp. 26:5).

La ley extendía estas demandas a la vida total del pueblo y se basaba en promesas anteriores (Ex. 2:23-25; 6:2-8; 19:3-8; 20:2; comp. Rom. 3:31). La monarquía recibió un papel distintivo a través de la promesa de Dios (2 Sam. 7; comp. Sal. 2:8; 110:1). El nuevo pacto de Jer. 31:31-34 agrega varias características nuevas. La nueva promesa sigue conteniendo la ley de Dios, que ahora se hace interna. Sigue prometiendo que Dios será su Dios, y que ellos serán su pueblo. Sigue declarando que Él perdonará sus pecados y no los recordará más. Pero agrega que ya no será necesario enseñar al prójimo ni al hermano; porque todos conocerían al Señor.

El NT compara las promesas de Dios a Abraham (de que iba a tener un hijo) con Jesucristo (Rom. 4:13-16,20; 9:7-9; 15:8; Gál. 3:16-22; 4:23; Heb. 6:13-17; 7:6; 11:9,11, 17). Las promesas de la simiente de

David se relacionan del mismo modo con el envío de Jesús como Salvador "conforme a la promesa" (Hech. 13:23,32-33; 26:6; comp. Gál. 3:22; 2 Tim. 1:1; Heb. 9:15; 1 Juan 2:25). El NT también toma la promesa de Joel en cuanto al Espíritu Santo (2:28-31) y la relaciona con Pentecostés (Luc. 24:49; Hech. 2:33,38-39).

Otras cuestiones relacionadas con la promesa de Dios son: el reposo (Heb. 4:1); los nuevos cielos y la nueva tierra (2 Ped. 3:13); la resurrección (Hech. 26:6); el surgimiento de un reino inconmovible (Heb. 12:28); y los gentiles como destinatarios de la misma promesa (Ef. 2:11-13).

PROPICIACIÓN Ver *Expiación*.

PROPICIATORIO Lámina gruesa de oro puro que medía aprox. 1,15 m (45 pulgadas) por 70 cm (27 pulgadas) y que estaba ubicada sobre el arca del pacto; era la base de los querubines de oro (Ex. 25:17-19,21); simbolizaba el trono desde el cual Dios gobernaba a Israel (Lev. 16:2; Núm. 7:89). En el día de la expiación el sumo sacerdote salpicaba sobre el propiciatorio la sangre del cordero de sacrificio, como un clamor para que hubiera perdón para los pecados de la nación (Lev. 16:15). La palabra hebrea significa literalmente "borrar" o "cubrir por sobre". La cruz y la resurrección de Cristo mostraron la perfecta presencia divina y la expiación lograda de una vez y para siempre (Heb. 9).

PROPIEDAD Dos principios generales guiaban las leyes israelitas sobre la propiedad: (1) todas las cosas realmente pertenecen a Dios, y (2) la posesión de la tierra es puramente un asunto de negocios. Después de la división de la tierra entre las doce tribus, se le dieron parcelas individuales a grupos familiares o clanes. Si la ocasión lo demandaba, la tierra podía ser redividida posteriormente. Las ventas y transferencias de tierras eran registradas por los escribas sobre rollos de cuero o papiro, sobre tablas de arcilla, o en presencia de testigos con el acto simbólico de quitarse una sandalia (Rut 4:7), o cuando el nuevo dueño pisaba la tierra. La tierra pasaba de padre a hijo, pero podía ser dada a una hija. Las tierras privadas finalmente volvían al rey si durante varios años no habían sido usadas (2 Rey. 8). La ley del pariente redentor (Lev. 25:25) se estableció para asegurar que la tierra de un clan en particular, no pasara fuera de sus manos a pesar de la muerte de un esposo sin heredero. El pariente más cercano debía comprar la tierra y proveer un heredero para el fallecido. De esa manera la viuda empobrecida no sería forzada a venderle su tierra a extraños, con lo que se disminuiría el área tribal del clan.

El rey compraba tierras de sus súbditos, pero aquel también podía tomar tierras privadas. El gobernante regalaba tierras reales que producían renta a integrantes de su familia o a hombres que ganaban su favor. Frecuentemente la tierra era cultivada por el arrendatario para el rey, quien continuaba teniendo el derecho último para disponer de ella. Cuando la economía era difícil, los reyes daban tierras a cambio de otros servicios. Tal es el caso de Salomón, cuando dio tierras a Hiram, rey de Tiro, a cambio de oro y trabajadores para la construcción del templo (1 Rey. 9:11). Las familias sacerdotales y los santuarios locales también poseían tierras, especialmente las que rodeaban a las ciudades levíticas, donde los sacerdotes cultivaban sus propios campos (Jos. 21). Con la consolidación de la adoración en el templo de Jerusalén, muchas de las tierras sacerdotales se vendieron.

La propiedad privada continuó más o menos de la misma manera durante el tiempo del NT. Se han descubierto documentos de venta y escrituras de tierras registradas en rollos de papiro, lo cual atestigua del intercambio de tierras privadas. Frecuentemente, la venta de tierra privada estaba sujeta a la aprobación del rey. Los romanos supervisaron el control de las tierras en Palestina, y exigieron altos impuestos de parte de los propietarios. La comunidad cristiana primitiva existió por la generosidad de aquellos miembros que vendían muchas de sus posesiones para ayudar a los creyentes más pobres.

PROSÉLITOS Convertidos a una religión; no judíos que aceptaban la fe judía y cumplían con los rituales para hacerse judíos. El NT atestigua del celo de los fariseos del primer siglo para hacer prosélitos gentiles (Mat. 23:15). El éxito de los esfuerzos misioneros judíos se halla indicado en inscripciones en sinagogas y tumbas que se refieren a prosélitos, y también en referencias literarias romanas y judías. Los gentiles estaban impresionados con tres características del judaísmo: el concepto de un solo Dios; un estilo de vida de responsabilidad moral; y una religión de una tradición antigua y estable.

Las personas atraídas al judaísmo y que guardaban el Sábado y las leyes sobre comidas se denominaban temerosos o adoradores de Dios (Hech. 10:1-2; 16:14; comp. Juan 12:20; Hech. 17:4; 18:4). Muchas personas temerosas de Dios decidieron hacerse prosélitos o miembros aceptados plenamente e integrados a la comunidad judía a través de la circuncisión (varones) (ver Gál. 5:3), el bautismo (varones y mujeres) que lo hacía a uno ritualmente limpio, y una ofrenda (varones y mujeres) en el templo de Jerusalén que expiaba los pecados.

PROSTITUCIÓN Comercialización de servicios sexuales por pago. Oseas criticó la actitud que exigía el castigo de las prostitutas (y las mujeres que cometían adulterio), mientras que toleraba a los hombres con quienes se cometían estos actos (Os. 4:14; comp. Prov. 23:27-28; 29:3). A la prostituta se la toleraba en el antiguo Israel —en tanto que ella no estuviera casada— pero su profesión no era socialmente aceptable. Los hijos de rameras sufrían el prejuicio social (Jue. 11:2). El Código de Santidad prohibía a los padres israelitas transformar a sus hijas en prostitutas (Lev. 19:29).

Jesús les dijo a los líderes religiosos que las rameras entrarían al reino de Dios antes que ellos (Mat. 21:31). Las prostitutas no tenían la justicia propia ni el fariseísmo que impedía a los líderes religiosos arrepentirse. Los cuerpos de los creyentes son el templo del Espíritu Santo; en consecuencia, deben abstenerse de inmoralidad, incluyendo las relaciones sexuales con prostitutas (1 Cor. 6:15-20).

El término "prostitución cúltica" se usa frecuentemente para referirse a ciertas prácticas en los cultos de fertilidad cananeos, incluyendo el culto a Baal. Ver *Fertilidad, Culto a la*. La prostitución cúltica está proscripta en el código deuteronómico de la ley (Deut. 23:17-18).

La presencia de prostitutas "seculares" y "sagradas" proveyó a los profetas de una metáfora poderosa para hablar de la infidelidad del pueblo para con Dios (Ezeq. 16; comp. cap. 23; Os. 1:2; Apoc. 17:1-6).

PROVERBIOS, LIBRO DE Libro de sabiduría hebreo entre los "Escritos" en la Biblia hebrea; provee de una cosmovisión piadosa. Proverbios 1:7 proporciona la perspectiva para entender todos los proverbios: "El principio de la sabiduría es el temor de Jehová; los insensatos desprecian la sabiduría y la enseñanza." "El temor de Jehová" es la síntesis bíblica para hablar de una vida de total amor, adoración y obediencia a Dios.

El título de Proverbios (1:1) parece adscribir todo el libro a Salomón. Una inspección más cuidadosa revela que el libro consta de partes que se fueron formando a lo largo de varios cientos de años, como muestran los títulos introductorios de las subcolecciones principales del libro (1:1; 10:1; 22:17; 24:23; 25:1; 30:1; 31:1). Los caps. 25-29 fueron editados en la corte de Ezequías (25:1), alr. del 700 a.C. El proceso de compilación probablemente se extendió hasta el período postexílico.

El libro de Proverbios usa variedad de formas literarias sapienciales. Secciones diferentes del libro utilizan formas características. Largos poemas de sabiduría, que los eruditos llaman "Instrucciones" conforme a su contraparte egipcia, dominan 1:8-9:18. Estos generalmente comienzan con un discurso directo a "hijo/hijos" y contienen imperativos o prohibiciones, cláusulas de motivo (razones para las acciones), y a veces un desarrollo narrativo (7:6-23) o discursos públicos por parte de la Sabiduría personificada (1:20-33; 8:1-36; 9:1-6). El contexto de estas instrucciones puede ser una escuela para jóvenes aristócratas.

Proverbios breves que expresan discernimientos sabios acerca de la realidad son las formas principales en 10:1-22:16 y 25:1-29:27. En hebreo generalmente tienen dos líneas con sólo seis u ocho palabras. Estos dichos o proverbios pueden simplemente "decir las cosas tal como son," y dejar que los lectores saquen sus propias conclusiones (11:24; 17:27-28; 18:16). También pueden aclarar juicios de valor (10:17; 14:31; 15:33; 19:17). En 10:1-15:33 hay proverbios antitéticos que contrastan cosas opuestas. Hay mezclados algunos dichos del tipo "más vale" o "mejor que" (12:9; 15:17; comp. 16:8,19; 17:1; 19:1; 21:9; 25:24; 27:5,10b; 28:6). La sección 25:1-26:27 es especialmente rica en proverbios comparativos que colocan dos cosas una junto a la otra para comparación (25:25; comp. 25:12-14,26,28; 26:1-3,6-11,14,20).

"Amonestaciones" y pasajes tomados de la sabiduría egipcia caracterizan la sección 22:17-24:22. Las admoniciones contienen imperativos o prohibiciones, generalmente seguidos por una cláusula de motivo que da una razón o dos para hacer aquello que se pide (ver 23:10-11).

Las palabras de Agur (cap. 30) se especializan en dichos numéricos (30:15-31). El epílogo del libro (31:10-31) presenta un poema alfabético sobre la sabiduría encarnada en la "mujer virtuosa."

Proverbios presenta una cosmovisión unificada y ricamente compleja. El principio y fin de la sabiduría es temer a Dios y evitar el mal (1:7; 8:13; 9:10; 15:33). El mundo es un campo de batalla para la guerra entre la sabiduría y la necedad, la justicia y la maldad, el bien y el mal. Este conflicto está personificado en la "Dama" Sabiduría (1:20-33; 4:5-9; 8; 9:1-6) y la "Ramera" Necedad (5:1-6; 6:24-35; 7; 9:13-18). Ambas "mujeres" ofrecen amor e invitan a los jóvenes simples (como los jóvenes de la escuela real) a sus casas a probar sus mercancías. La invitación de la Sabiduría es para vida (8:34-36); la seducción de la Necedad lleva a la muerte (5:4-6; 7:22-27; 9:18).

Misteriosamente, la "Dama" Sabiduría habla en lugares públicos, ofreciendo sabiduría a todo el que quiera escuchar (1:20-22; 8:1-5; 9:3). Dios ha colocado en la creación un orden sabio que habla del bien y del mal, urgiendo a los seres humanos hacia el bien y alejándolos del mal. El perezoso debe aprender de la hormiga porque el trabajo de la hormiga está a tono con el orden de las estaciones (Prov. 6:6-11; comp. 10:5). Esta no es sólo la "voz de la experiencia," sino la revelación general de Dios que habla a todas las personas con autoridad (Sal. 19:1-2; 97:6; 145:10; 148; Job 12:7-9; Hech. 14:15-17; Rom. 1:18-23; 2:14-15). Esta perspectiva elimina cualquier separación entre fe y razón, entre sagrado y secular. Las experiencias en el mundo orientan a la persona de fe a Dios. La persona sabia "teme a Dios" y vive en armonía con el orden de Dios para la creación.

Los proverbios cortos en los caps. 10-29 cubren una amplia gama de temas, desde esposas (11:22; 18:22; 25:24) hasta amigos (14:20; 17:17-18; 18:17; 27:6), bebida fuerte (23:29-35; 31:4-7); riqueza y pobreza, justicia e injusticia, modales en la mesa y posición social (23:1-8; comp. 25:6-7; Luc. 14:7-11). Los proverbios pueden ser mal usados (Prov. 26:7; comp. v. 9). Los proverbios están pensados para hacerlo a uno sabio, pero requieren de sabiduría para ser usados correctamente. Los proverbios son ciertos, pero su verdad sólo se concreta cuando son aplicados adecuadamente en la situación correcta. Las esposas pueden ser un don del Señor (18:22), pero a veces la soltería parece ser mejor (21:9,19). El silencio puede ser una señal de sabiduría (17:27) o de ocultamiento (17:28). Se puede confiar en un "amigo" (17:17), pero no siempre (17:18).

La riqueza puede ser una señal de la bendición de Dios (3:9-10), pero algunos santos sufren (3:11-12). La riqueza puede resultar de la maldad (13:23; 17:23; 28:11; comp. 26:12). Es mejor ser pobre pero piadoso (16:8; comp. 15:16-17; 17:1; 19:1;

28:6). Al final, Dios ha de juzgar (21:13; comp. 3:27-28; 22:16; 24:11-12; 10:2; 11:4). Tales dilemas nos fuerzan a confrontar los límites de nuestra sabiduría (26:12) y descansar en Dios (3:5-8).

Proverbios generalmente opera en base al principio de que las consecuencias siguen a las acciones: cosechas lo que siembras. Sin embargo, en un mundo caído, la justicia de Dios a veces se demora. Los proverbios del tipo "mejor que" en particular muestran el desorden del mundo presente, las "excepciones a la regla." Así, pues, el justo trabaja y ora, como el salmista, por el día cuando Dios pondrá en orden todas las cosas.

PROVIDENCIA La guía y el cuidado fiel y efectivo de Dios, de todo lo que Él ha hecho, con miras al fin que Él ha escogido. La confesión cristiana dice que Dios obra todas las cosas para mi salvación. Esta doctrina bíblica debe ser diferenciada de varias distorsiones:

1. El fatalismo. Concepto de que todos los eventos están determinados por una ley inviolable de causa y efecto, una doctrina popular entre los estoicos.

2. El deísmo. Idea de que Dios creó el mundo pero luego se retiró de su gobierno diario.

3. El panteísmo. Virtualmente identifica a Dios con su creación. Dios es un tipo de Alma del mundo o fuerza impersonal que permea todo el universo.

4. El dualismo. Concepto de que dos fuerzas opuestas en el universo están trabadas en una lucha mutua para controlarlo. Las antiguas religiones de Zoroastro y Mani postulaban dos principios coeternos, tinieblas y luz. La teología de proceso moderna sostiene que Dios está limitado por el universo en evolución, atrapado en una lucha con fuerzas que escapan a su control.

Los salmos están llenos de alusiones a la dirección y sustento de Dios para la creación. Los cielos declaran la gloria de Dios, y el firmamento proclama la obra de sus manos (Sal. 19:1; comp. 65:6; 104:3,19; 107:29; 150:2,6).

Se puede hablar de la providencia como providencia general relacionada con la creación, y providencia especial relacionada con la historia de la salvación. Nehemías 9:6-38 pone juntas las providencias general y especial de Dios. "Tú solo eres Jehová; tú hiciste los cielos . . . la tierra y todo lo que está en ella, . . . y tú vivificas todas estas cosas . . . Tú eres, oh Jehová, el Dios que escogiste a Abram, . . . y por mano de Moisés tu siervo les prescribiste mandamientos . . . porque eres Dios clemente y misericordioso . . . que guardas el pacto."

Dios está presente en medio de las tempestades tormentosas de la vida, de modo que no tenemos por qué estar preocupados por el mañana (Mat. 6:25-34). Romanos 8:28 no significa que todo lo que nos ocurre es bueno, ni necesariamente el resultado de una "decisión tomada de repente" por Dios. Sí significa que nada jamás puede sucedernos independientemente del conocimiento, presencia, y amor de Dios, y que en la más desesperante de las circunstancias, Dios estará siempre obrando para bien. Los sufrimientos del tiempo presente no son dignos de compararse con la gloria que nos va a ser revelada (Rom. 8:18-25).

Frecuentemente, Dios obra a través de causas secundarias tales como la ley natural, o de mensajeros especiales, como los ángeles. A veces Dios ejecuta su voluntad directamente a través de milagros u otros sucesos sobrenaturales. Con gran frecuencia sus caminos son misteriosos.

La Biblia no presenta una respuesta sistemática al dilema del mal. Sólo afirma la realidad del mal, su poder perverso y demoníaco en la edad presente, y la certeza de la victoria final de Cristo sobre cada manifestación de maldad (1 Cor. 15:24-28). Los cristianos pueden afrontar el futuro en la confianza de que "ninguna otra cosa creada nos podrá separar del amor de Dios, que es en Cristo Jesús Señor nuestro" (Rom. 8:39). Ver *Elección; Dios; Predestinación.*

PSEUDOEPIGRÁFICOS, LIBROS

(*"escritos atribuidos falsamente"*) Literatura intertestamentaria no aceptada en el canon cristiano o judío de las Escrituras y frecuentemente atribuida a un héroe de la fe antiguo. El descubrimiento y la investigación permanente proveen de distintas listas de contenido. Una publicación reciente enumera 52 escritos.

El término "pseudoepigráficos" como título para estos libros por estar atribuidos falsamente, está basado en aquellos libros que alegan haber sido escritos por Adán, Enoc, Moisés y otras personas famosas del AT. Algunos eruditos prefieren el nombre "libros externos" para todos estos escritos, enfatizando que no llegaron a ser parte del canon. Algunos cristianos de la antigüedad y la iglesia romana han usado el término "apócrifos," dado que para ellos lo que los protestantes llaman "Apócrifos" es parte de su canon. Ver *Apócrifos.*

Tanto los judíos palestinos como los helenistas fueron autores de libros pseudoepigráficos. Usaron una variedad de estilos y de tipos literarios —leyenda, poesía, historia, filosofía— pero el tipo dominante fue el *apocalíptico.* Ver *Apocalíptica, Literatura.*

1. Primero de Enoc, un apocalipsis preservado en lengua etíope; es una obra compuesta por cinco secciones, escritas en tiempos diferentes.

Los caps. 1-36 relatan cómo Enoc fue llevado al cielo y se le mostraron sus secretos. El énfasis está colocado sobre el juicio y el castigo. El reino de los muertos está dividido en lugares separados para los justos y los malvados. Los caps. 37-71 (Parábolas o Similitudes) se refieren al hijo del hombre. Hay incertidumbre para fechar esta sección. El resto del libro proviene de entre el 200 y el 1 a.C., pero las Similitudes pueden haber sido escritas poco antes del 100 d.C. Los caps. 78-82 hablan sobre los cuerpos celestes. El autor arguye en favor de un calendario basado en el movimiento del sol a diferencia del calendario lunar que tenían los judíos. Los caps. 83-90 contienen dos visiones en sueño que tienen que ver con el diluvio y la historia de Israel desde Adán hasta la rebelión macabea. Los caps. 91-108 ofrecen instrucción religiosa en cuanto al fin de los tiempos.

2. *Segundo de Enoc*, un apocalipsis en lengua eslava escrito entre el 100 a.C. y el 100 d.C. Enoc fue llevado al cielo y se le ordenó que escribiera 366 libros. Se le permitió retornar a la tierra por 30 días para enseñar a sus hijos. Este escrito describe los contenidos de los siete cielos y divide el tiempo en siete períodos de 1000 años.

3. *Segundo de Baruc*, escrito poco antes del 100 d.C., es apocalíptico y muestra cómo algunos judíos respondieron a la destrucción de Jerusalén por los romanos en el 70 d.C. Tres visiones procuran consolar al pueblo al mostrar que Dios ha preparado algo mejor para ellos. El Mesías se revelará para traer un tiempo de gran prosperidad. El énfasis se coloca en la obediencia a la ley.

4. *Los oráculos sibilinos* son escritos apocalípticos populares modificados a partir de escritos originalmente paganos mediante la inserción de ideas acerca del monoteísmo, los requerimientos mosaicos, y la historia judía. Faltan tres de los 15 libros. El libro 3, de entre el 200 y el 100 a.C., se remonta en la historia judía desde Abraham hasta la construcción del segundo templo. Además pronuncia el juicio de Dios sobre las naciones paganas, pero sostiene la esperanza de que puedan volverse a Dios.

5. *El testamento de Moisés* (a veces llamado la *Asunción de Moisés*) es también apocalíptico. Los manuscritos están incompletos, y la porción que falta puede haber contenido un relato de la muerte de Moisés y su asunción al cielo. Escritores cristianos de la antigüedad declaran que el v. 9 de la epístola de Judas se encontraba en la *Asunción de Moisés*. Este libro es una nueva redacción de Deut. 31-34, y rastrea la historia del pueblo hasta el propio tiempo del autor. El libro fue escrito probablemente poco después del 1 d.C. Enfatizaba que Dios había planeado todas las cosas y las mantiene bajo su control.

6. *Los testamentos de los doce patriarcas* están conformados según Gén 49. Cada uno de los hijos de Jacob se dirigió a sus descendientes, haciendo un breve repaso de su vida con atención especial a algún pecado o fracaso e instando a sus hijos a vivir de una manera correcta. Se subraya el amor al prójimo y la pureza sexual. El libro se refiere a dos mesías: uno de la tribu de Leví, y uno de Judá. Las porciones más antiguas de los testamentos tuvieron origen después de 200 a.C.

7. *El libro de los jubileos* es una nueva redacción de Génesis y de los primeros capítulos de Éxodo, y data de después del 200 a.C. Se remonta a la historia de Israel desde la creación hasta el tiempo de Moisés, dividiendo el tiempo en períodos de jubileo, de

49 años cada uno. El calendario está basado en el sol y no en la luna. El escritor se opone marcadamente a las influencias gentiles que sentía como reales en el judaísmo, e insta a los judíos a mantenerse separados de los gentiles. El libro muestra cómo un judío conservador y sacerdotal veía al mundo alr. del 150 a.C.

8. Los salmos de Salomón son una colección de 18 salmos escritos alr. del 50 a.C. Reflejan la situación del pueblo en Jerusalén que fue tomada por los romanos bajo Pompeyo en el 63 a.C. Los salmos de Salomón 17 y 18 ven al Mesías como una figura humana, descendiente de David, sabio y justo, y sin pecado. Los títulos Hijo de David y Señor Mesías son usados en relación a Cristo.

9. Tercero de Macabeos, escrito después del 200 a.C., no tiene nada que ver con los Macabeos. Relata el intento de Tolomeo IV de matar a los judíos en Egipto. Dios frustró sus esfuerzos con el resultado del avance de los judíos. Este libro muestra la vindicación de los justos.

10. Cuarto de Macabeos hasta cierto punto está basado en material que se encuentra en 2 Mac. 6-7. Es un escrito filosófico, que enfatiza que la razón piadosa puede ser la dueña de las pasiones. La razón se deriva de la obediencia a la ley. El autor deja de lado toda referencia a la resurrección. El libro proviene de poco después del 1 d.C.

11. La vida de Adán y Eva se ha preservado en versiones en latín y griego, diferentes en extensión y contenido. La culpa por la caída recae en Eva. Este escrito se refiere a Satanás transformándose en el fulgor de los ángeles (9:1; ver 2 Cor. 11:14), y declara que el paraíso está en el tercer cielo (comp. 2 Cor. 12:2-3). *La vida de Adán y Eva* fue escrito después del 1 d.C.

12. La Carta de Aristeas fue compuesta después de l 200 a.C., y relata cómo la ley del AT fue traducida al griego. Procura mostrar que la ley judía estaba en conformidad con los más altos ideales del pensamiento y vida griegos. Indica que es posible para judíos y griegos vivir juntos en paz. Ver *Apocalíptica, Literatura; Apócrifos; Biblia, Textos y versiones*.

PSIQUIATRÍA Las enfermedades en la Biblia tenían causas físicas (Luc. 4:38; Juan 9:1-3) o espirituales, debiéndose las últimas ya sea al pecado (2 Rey. 5:26-27; Sal. 32:3-4) o a un espíritu malo (1 Sam. 16:14; Mat. 17:14-18; Mar. 5:2-4; Juan 10:20). Algunos intérpretes sostienen que muchas de las enfermedades atribuidas a espíritus malos serían clasificadas hoy como enfermedades mentales (por ejemplo, el rey Saúl y Nabucodonosor; comp. Juan 10:20).

La Biblia reconoce la realidad de la insania, y describe a David cuando fingió locura delante del rey Aquis de Gat (1 Sam. 21:13-15). A veces los profetas fueron acusados de locura por lo exótico de su actividad profética (2 Rey. 9:11; Jer. 29:26; Os. 9:7).

Ya sea que esté presente en creyentes o en incrédulos, las mentes perturbadas son resultado de la caída. Las circunstancias muchas veces producen depresión (Neh. 1:2; Prov. 15:13; 18:14) o ansiedad (Deut. 28:65-67; Luc. 10:41), y pueden llevar a ataques de pánico (Prov. 3:25; Zac. 12:4). Pablo describe las mentes de los incrédulos como "corrompidas" (Tito 1:15) y necesitadas de renovación por medio de la obra salvadora de Cristo (Ef. 4:23; 2 Cor. 5:17; comp. Rom. 12:2). Aquellos que confían en Dios frente a los conflictos son capaces de encontrar paz interior (Sal. 4:8; Isa. 26:3; Fil. 4:7; 1 Ped. 5:7).

PTOLOMEOS Ver *Tolomeos*.

PUBLICANO Oficio político creado por los romanos para ayudar en la recolección de impuestos en las provincias. "Cobrador de impuestos" es más correcto que el viejo término "publicano" en referencia al rango más bajo en la estructura. Zaqueo es llamado "jefe de los publicanos" (Luc. 19:2), indicando probablemente a alguien que era contratado por el gobierno para cobrar los impuestos, y que a su vez contrataba a otros para hacer el trabajo en sí. En tiempos del NT la gente se postulaba para el trabajo de jefe de cobradores de impuestos, y luego exigía a los ciudadanos el impuesto más una ganancia. La mayor parte de los puestos eran cubiertos por romanos, si bien algunos nativos ganaban la postulación. Los publicanos eran tenidos en la más baja estima por causa de sus ganancias excesivas, y se los colocaba en la misma categoría que las rameras (Mat. 21:32). Jesús fue acusado de comer con ellos y de ser su amigo (Mat. 9:11).

PUEBLO DE DIOS Grupo elegido por Dios que se comprometió a ser su pueblo del pacto; Israel, como pueblo de Dios elegido por gracia en el llamamiento de Abraham (Gén. 12; Gál. 3:29; Rom. 9:7-8) y en el pacto en Sinaí (Ex. 19).

La promesa de Dios en el pacto (Ex. 19:5b-6) incluye una relación Dios-pueblo y pueblo-Dios. Esta promesa fue heredada por la iglesia, que es el verdadero Israel o el nuevo Israel (Rom. 9:6-8; 1 Cor. 10:18-21; Gál. 6:16; comp. Rom. 9:25-26; 1 Cor. 6:14-17; Tito 2:14; Heb. 8:10; 1 Ped. 2:9-10; Apoc. 21:3). Ver *Iglesia; Pacto; Elección; Israel espiritual*.

A medida que Dios disciplinaba a su pueblo pecador, empezó a surgir un remanente como pueblo de Dios.

Sobre el remanente cayó la posición y condiciones del gran propósito de Dios para su pueblo (ver Mat. 22:14). El concepto de pueblo de Dios en el AT culmina en la persona del Siervo (Isa. 52:12-53:13), quien es el remanente personificado como individuo. Más que nada, Jesús mismo es el remanente, el Siervo Sufriente, que dio su vida en rescate por muchos y de esta manera inauguró el Nuevo Pacto. El llamado a ser pueblo es un llamado a ser siervos.

PUEBLO ELEGIDO Ver *Elección*.

PUERTA Abertura para entrar o salir de una casa, una tienda o una habitación. Por lo general era de madera con una lámina de metal, aunque se podía usar una plancha de piedra.

"Puerta" a menudo se usa en sentido figurado. "El pecado está a la puerta" (Gén. 4:7) significa que el pecado está cerca. El valle de Acor, un lugar de dificultades (Jos. 7:26) luego se convertiría en "puerta de esperanza" (Os. 2:15). Jesús se llamó a sí mismo "la puerta" (Juan 10:7,9). Fe en Él es la única manera de entrar al reino de Dios. Dios les dio a los gentiles "la puerta de la fe", una oportunidad para que lo conozcan como Señor (Hech. 14:27). Pablo constantemente buscó una "puerta grande", una ocasión para ministrar en el nombre de Cristo (1 Cor. 16:9). Jesús está ante la puerta (Apoc. 3:20) llamando a todos para que acudan a Él.

PUERTAS DE JERUSALÉN Y DEL TEMPLO Entradas a la capital de Judá y a su lugar de culto. Las muchas puertas de Jerusalén han variado en cantidad y ubicación con el cambiante tamaño y disposición de sus muros a través de la historia. Se podía entrar por una importante puerta en el oeste desde el camino de Jaffa (Telaviv), tal como se hace hoy. En el este, la entrada desde el valle de Cedrón se realizaba principalmente por la Puerta de las ovejas (la moderna Puerta Esteban o Puerta del León) en la época del NT, y durante el AT por una puerta al sur de los modernos muros de la ciudad. Esta última puerta puede datar del reinado de Salomón, ya que es similar a puertas salomónicas halladas en Meguido, Gezer y Hazor. La entrada al templo mismo se realizaba por su lado oriental a través de la puerta la Hermosa (Hech. 3:10), cerca de la puerta Dorada a la que recientemente se halló debajo del muro oriental de la ciudad. Al norte, la entrada principal (puerta de Damasco) salía al Camino a Damasco. En la actualidad hay siete puertas que permiten entrada a la vieja ciudad de Jerusalén.

La puerta del Pescado era una puerta norte (Sof. 1:10) mencionada en conexión con fortificaciones que construyó Manasés (2 Crón. 33:14; comp. Neh. 3:3; 12:39). El nombre tal vez derive de la proximidad que tenía esta puerta con el mercado de pescado (comp. Neh. 13:16-22). La puerta de la Fuente se hallaba en la esquina sudeste de los muros de la antigua Jerusalén (Neh. 2:14; 3:15; 12:37), probablemente con ese nombre porque era a través de esta puerta que la gente llevaba agua a la ciudad desde los manantiales de Rogel y Gihón. La puerta posiblemente sea la misma que la "puerta entre los dos muros" (2 Rey. 25:4; Jer. 39:4; 52:7).

La puerta de Efraín era una entrada a Jerusalén que estaba a 400 codos (unos 200 metros [200 yardas]) de la puerta de la esquina (2 Rey. 14:13). En tiempos de Nehemías, los tabernáculos para la fiesta correspondiente se construían en la plaza en la puerta de Efraín (Neh. 8:16). La puerta del Muladar en la esquina sudoeste del muro, fue un lugar relevante de Jerusalén en tiempos de Nehemías (Neh. 2:13;

3:13-14; 12:31) y se utilizaba para retirar la basura que se tiraba en el valle de Hinom más abajo.

A la puerta de Benjamín (Jer. 37:13; 38:7) se la identifica con la puerta de las Ovejas de Nehemías (Neh. 3:32) o con la puerta del Juicio (Neh. 3:31). Podría indicar la puerta que llevaba al territorio de Benjamín.

Puerta Oriental hace referencia a tres entradas distintas a Jerusalén o al templo. (1) RVR 1960 habla de la puerta oriental de Jerusalén que llevaba al valle de Hinom (Jer. 19:2), que está al sur de la ciudad y no al este. Traducciones más modernas hablan de la puerta de los tiestos. A esta puerta se la puede identificar con la puerta del valle (2 Crón. 26:9; Neh. 2:13,15; 3:13) o tal vez la puerta del Muladar (Neh. 2:13; 3:13-14; 12:31), ubicada a mil codos (unos 500 m [aprox. 500 yardas]) del lugar. (2) La puerta Oriental del atrio exterior del templo. Como el templo daba al este, esta puerta era la entrada principal a todo el complejo (Ezeq. 47:1; comp. 2 Crón. 31:14; Ezeq. 10:19; 43:1-2). Sólo podía usarla el príncipe, el rey mesiánico (Ezeq. 44:1-3). (3) La puerta oriental del atrio interior del templo. Esta puerta estaba cerrada durante los seis días laborales, pero abierta el día de reposo (Ezeq. 46:1).

La "puerta más alta" o "puerta mayor" es la designación que usa RVR 1960 para hablar de la puerta del templo de Jerusalén (2 Rey. 15:35; 2 Crón. 23:20; 27:3). Su ubicación no resulta clara, aunque tal vez sea la puerta de Benjamín. El pasaje de 2 Rey. 11:19, paralelo a 2 Crón. 23:20, usa "puerta de la guardia", que probablemente refleje un cambio de nombres a través de la historia.

La puerta de los Caballos estaba en el lado oriental del muro de Jerusalén, cerca del templo. Jeremías prometió que sería reconstruida (Jer. 31:40), labor que llevaron a cabo los sacerdotes liderados por Nehemías (Neh. 3:28).

La puerta de en medio (Jer. 39:3) era una de las puertas de la ciudad; probablemente estuviera a la mitad del muro norte de la ciudad preexílica; posiblemente la puerta del Pescado (2 Crón. 33:14; Neh. 3:3; Sof. 1:10).

La puerta Vieja es el nombre de unas de las puertas de la ciudad de Jerusalén reparada en tiempos de Nehemías (Neh. 3:6; 12:39). Esta es una traducción dudosa en el aspecto gramatical (en el hebreo no hay concordancia gramatical entre el adjetivo y el sustantivo). Esta puerta tal vez sea la puerta de la esquina (2 Rey. 14:13).

La puerta de la Cárcel (Neh. 12:39) era la puerta de la Guardia; tal vez sea la puerta del Juicio (Neh. 3:31).

PÚLPITO   Termino usado en algunas versiones para una plataforma elevada sobre la cual se paraba un orador (Neh. 8:4); no se refiere al atril o la mesa de lectura alta detrás de la que se para un lector.

PUREZA, PURIFICACIÓN Ver *Limpio, Limpieza*.

QUEBAR Río, o mejor dicho canal, que fluía unos 100 km (60 millas) desde Babilonia a Nipur; lugar donde Ezequiel tuvo visiones (Ezeq. 1:1; 3:15; 10:15; 43:3); probablemente el moderno Satt-el-nil.

QUEMOS (*"subyugar"*) Deidad que adoraban los moabitas (Núm. 21:29). Se esperaba que le proporcionara tierra a Moab (Jue. 11:24). Salomón erigió un santuario para Quemos (1 Rey. 11:7). Tiempo después Josías profanó el santuario (2 Rey. 23:13; ver Jer. 48:7,13,46). Probablemente equivalga a Kamis en Ebla (aprox. 2500 a.C.) y al nombre divino en Carquemis.

QUERIOT (*"ciudades"*) Ciudad fortificada de Moab (Jer. 48:24,41; Amós 2:2); puede ser Ar, antigua capital de Moab (ver Amós 2:2). Ver *Iscariote*.

QUERIT (*"cortadura"* o *"acequia"*) Wadi o arroyo al este del río Jordán; tal vez el moderno Wadi el-Yubis en el norte de Galaad. Ver 1 Rey. 17:3.

QUERUBÍN Clase de ángeles alados (Gén. 3:24; Isa. 6:2-6; Ezeq. 1:4-28; 10:3-22; Heb. 9:5); una de sus funciones era estar ante el trono de Dios (1 Sam. 4:4; 2 Sam. 6:2; 22:11; 2 Rey. 19:15; 1 Crón. 13:6; 28:18; Sal. 18:10; 80:1; 99:1; Isa. 37:16). Ver *Ángel*.

QUESO Producto lácteo que formaba parte del régimen de comidas (ver 1 Sam. 17:18; 2 Sam. 17:29; Job 10:10).

QUIEBRA Ver *Bancarrota*.

QUILMAD (*"lugar de mercado"*) Socio comercial de Tiro en Ezeq. 27:23 (hebreo); Kulmadara, ciudad en el reino sirio de Unqi; puede ser la moderna tell Jindaris; muchos estudiosos de la Biblia creen que los copistas accidentalmente cambiaron el texto de lo que originalmente tal vez haya sido "toda Media".

QUÍO Isla en el mar Egeo a 8 km (5 millas) de la costa de Asia Menor, ahora llamada Quíos; ciudad del mismo nombre (Hech. 20:15).

QUIRIAT (*"ciudad"*) Ver *Quiriat-jearim*.

QUIRIATAIM (*"ciudad doble"* o *"dos ciudades"*) (1) Ciudad levítica y ciudad de refugio en Neftalí (1 Crón. 6:76). Ver *Ciudades de refugio*. (2) Ciudad de Rubén (Gén. 14:5; Núm. 32:37; Jos. 13:19; Jer. 48:1,23; Ezeq. 25:9).

QUIRIAT-ARBA (*"ciudad de Arba"* o *"ciudad de cuatro"*) Antiguo nombre de Hebrón (Jos. 15:54). Ver *Hebrón*.

QUIRIAT-JEARIM (*"ciudad de bosques"*) Ciudad limítrofe de Dan, Benjamín y Judá (Jos. 15:9,60; 18:14-15); Deir al-Azhar, 13 km (8 millas) al norte de Jerusalén, o Abu Gosh, 14,5 km (9 millas) al norte de Jerusalén. Ver Jue. 18:12; 1 Sam. 6:21-7:2; 2 Sam. 6:1-8; Jer. 26:20-24).

QUIRIAT-SANA (tal vez *"ciudad de bronce"*) (Jos. 15:15-16,49); Ver *Debir 2*.

QUIRIAT-SEFER (*"ciudad de libro"*) Ver *Debir 2*.

QUISLEU   Ver *Calendarios;* Neh. 1:1; Zac. 7:1.

QUITIM Nombre tribal de la isla de Chipre; deriva de Kitión, una ciudad-estado en el lado sudeste de la isla. El autor de Daniel entendió que era una parte del Imperio Romano (11:30) que servía de amenaza a Antíoco Epifanes. Ver *Chipre*.

QUIÚN (*"el constante y que no cambia"*) Cambio intencional de los copistas (Amós 5:26) que insertaron las vocales de *siqquts*, "abominación" al original Kaiwan, el dios babilónico de las estrellas, equivalente al dios griego Saturno.

RAAMA Hijo de Cus (Gén. 10:7); antepasado de Seba y Dedán —tribus árabes que ocupaban el sudoeste y el centro oeste de Arabia (1 Crón. 1:9) y socios comerciales de Tiro (Ezeq. 27:22); probablemente Najran en Yemen.

RABÁ (*"grandeza"*) (1) Aldea cerca de Jerusalén (Jos. 15:60) asignada a Judá en territorio de Benjamín. (2) Capital de Amón que Moisés aparentemente no conquistó (Deut. 3:11; Jos. 13:25); 37 km (23 millas) al este del río Jordán. David la capturó (2 Sam. 11:1; 12:28-29). Recuperó su independencia poco después de la división de Israel. Rabá fue destruida durante la invasión babilónica en el área (590-580 a.C.) y no fue reedificada en varios cientos de años. Los habitantes le dieron el nuevo nombre de Filadelfia, y más tarde se transformó en Amman, la capital moderna de Jordania. Ver *Filadelfia*.

RABÍ (*"mi maestro"*) Título aplicado a maestros y otras personas de posición exaltada y reverenciada; más específicamente, alguien entendido en la ley de Moisés, sin significar un puesto oficial. Así fueron llamados los escribas (Mat. 23:7-8); Juan el Bautista (Juan 3:26) y Jesús (Mar. 9:5; 11:21; Mar. 14:45; Juan 1:49; 3:2; 4:31; 6:25; 9:2; 11:8; 20:16). Lucas presenta a Jesús como gran maestro a sus lectores predominantemente griegos (Luc. 17:13). Jesús y sus discípulos tenían prohibido llamarse "rabí" unos a otros (Mat. 23:8). Los discípulos llamaban a Jesús, "Señor."

RABMAG Título del oficial babilónico Nergal-sarezer (Jer. 39:3,13); significado desconocido; quizás funcionario a cargo de la adivinación (comp. Ezeq. 21:21).

RABONI Ortografía variante de Rabí.

RABSACES (*"copero principal"*) Título asirio de un oficial de gran influencia que trató con Ezequías en representación del rey asirio (2 Rey. 18:17-35).

RABSARIS (*"aquel que está parado junto al rey"*) Posición en la corte asiria con fuertes poderes militares y diplomáticos; enviado dos veces a hacer que los reyes israelitas paguen tributos retenidos (2 Rey. 18:17; Jer. 39:3).

RACA (*"vacío"* o *"ignorante"*) Palabra de reproche que los escritores hebreos tomaron prestada del arameo; fuerte término de burla (Mat. 5:22), poco menos que "tonto."

RACIAL, TENSIÓN Inquietud y división entre personas causada por orígenes raciales diferentes. La identidad personal en el mundo antiguo no estaba basada principalmente en la raza, sino en los lazos familiares, tribales, ciudadanos, nacionales, étnicos o religiosos.

Los pastores (que típicamente eran semitas) eran una abominación para los egipcios (no semitas) (Gén. 46:34). Cuando los judíos vivían fuera de Palestina, las diferencias raciales se tornaron más significativas (Est. 3:1-6; comp. Luc. 4:25-28). Pablo informa de una máxima griega bien aceptada que estereotipaba a los cretenses como "mentirosos, malas bestias, glotones ociosos" (Tito 1:12-13). En razón de que en Cristo no hay distinción racial (Gál. 3:28-29; Ef. 2:19), la iglesia fue capaz de esparcirse rápidamente a todo el mundo gentil para abarcar a personas de todas las razas. Divisiones y prejuicios basados en la raza nunca son aceptables para los cristianos.

RAHAB (*"arrogante, furiosa, turbulenta, afligente"*) (1) Monstruo marino primitivo que representa las fuerzas del caos que Dios venció en la creación (Sal. 89:10; Isa. 51:9; comp. Sal. 74:12-17). (2) Nombre simbólico para Egipto (Sal. 87:4). (3) Vocablo heb. que se escribe distinto y tiene significado distinto (*"amplia"*). Ramera en Jericó que escondió a dos espías hebreos que Josué envió allí a determinar la fuerza de la ciudad (Jos. 2:1). Cuando los hebreos destruyeron Jericó Josué perdonó a ella y a su clan (Jos. 6:17-25; comp. Mat. 1:5; Heb. 11:31).

RAMA Extremidad de un árbol o de la vid. Ser una rama implica pertenecer al pueblo de Dios (Juan 15:1-8, "pámpanos"; Rom. 11:16-21). Las ramas que se extienden pueden ser símbolo de fruto y prosperidad (Gén. 49:22; Job 8:16, "renuevos"; Sal. 80:11), mientras que ramas marchitas, quemadas o cortadas son símbolo de destrucción (Isa. 9:14; Jer. 11:16; Ezeq. 15:2). "Renuevo" se utiliza a menudo como símbolo de un rey de Israel, presente o futuro (Isa. 11:1; Jer. 23:5; 33:15; Zac. 3:8; 6:12). Ver *Mesías*.

RAMÁ (*"alta"*) Nombre aplicado a varias ciudades ubicadas sobre lugares altos, especialmente fortalezas militares que incluían (1) Ciudad de Benjamín (Jos. 18:25); er-Ram a 8 km (5 millas) al norte de Jerusalén entre los reinos rivales de Israel y Judá (1 Rey. 15:16-22; 2 Crón. 16:1,5,6); sitio tradicional de la tumba de Raquel (1 Sam. 10:2; Jer. 31:15). Débora, la profetisa, vivió y juzgó a Israel desde la vecindad de Ramá (Jue. 4:4,5). Ver Jos. 5:8; Isa. 10:29. Los babilonios aparentemente usaron Ramá como un campamento para prisioneros de guerra (Jer. 40:1-6; comp. Esd. 2:26; Neh. 7:30). (2) Lugar de nacimiento, hogar, sede judicial y lugar de sepultura de Samuel (1 Sam. 1:19; 2:11; 7:17; 8:4; 15:34; 25:1); llamada Ramataim de Zofim (1 Sam. 1:1); puede ser Arimatea, el hogar de José, en cuya tumba Jesús fue sepultado (Mat. 27:57-60).

RAMESÉS Ciudad capital egipcia y residencia real durante las dinastías XIX y XX (aprox. 1320-1085 a.C.); aparentemente en el delta del Nilo; puede ser Tanis o Zoan; cerca de donde los hebreos se establecieron bajo José (Gén. 47:11); los esclavos israelitas fueron forzados a construir Ramesés y Pitón (Ex. 1:11). Ver *Egipto; Éxodo; Pitón*.

RAMOT DE GALAAD (*"alturas de Galaad"*) Ciudad de refugio (Deut. 4:43; comp. Jos. 20:8) y ciudad levítica (Jos. 21:38); probablemente en el nordeste de Galaad. Salomón hizo a Ramot de Galaad capital de distrito (1 Rey. 4:13). Cerca del 922 a.C., la ciudad cayó en poder de Siria (1 Rey. 22:3; comp. 22:29-40; 2 Rey. 8:29; 9:1-6,14).

RAQUEL (*"oveja"*) Hija más joven de Labán; segunda esposa y prima de Jacob; madre de José y Benjamín (Gén. 27-35; comp. Rut 4:11; Jer. 31:15; Mat. 2:18). Ver *Jacob*.

REBECA (quizás *"vaca"*) Hija de Betuel, sobrino de Abraham (Gén. 24:15); esposa de Isaac (24:67); madre de Jacob y Esaú (25:25-26). Fue una virgen hermosa (24:16), una sierva dispuesta (24:19), y hospitalaria para con los extranjeros (24:25); en obediencia a la voluntad de Dios dejó su hogar en Padan-aram para ser la esposa de Isaac (24:58). Rebeca fue el consuelo de Isaac después de la muerte de Sara (24:67). Cuando se vio afligida por su embarazo problemático, se volvió a Dios pidiendo consejo (25:22-23). El favoritismo de Rebeca hacia Jacob no se presenta como algo favorable (25:28; 27:5-17,42-46).

REBELDÍA Infidelidad de Israel para con Dios (Isa. 57:17; Jer. 3:14,22; 8:5; Os. 11:7; 14:4). Israel había quebrantado su fe en Dios al servir a otros dioses y vivir en inmoralidad. Ver *Apostasía*.

RECAB Tres hombres del AT incluyendo: (1) Líder (junto con su hermano) de una banda de salteadores benjamitas. Asesinaron al hijo de Saúl, Is-boset, pensando conseguir el favor de David, cuya respuesta fue ejecutarlos (2 Sam. 4:1-12). (2) Padre o antepasado de Jonadab, que apoyó la purga que hizo Jehú de la familia de Acab y otros adoradores de Baal (2 Rey. 10:15,23). Sus descendientes, los recabitas, alr. del 599 a.C. se refugiaron de Nabucodonosor en Jerusalén (Jer. 35). Jeremías los usó como ejemplo de fidelidad a Dios después que ellos se rehusaron a romper los votos familiares de no beber vino. (3) Padre o antepasado de Malaquías que ayudó a Nehemías en la reconstrucción del muro (Neh. 3:14), posiblemente la misma persona que *2*.

RECICLAJE Sistema de reutilización de materiales para proteger el medio ambiente. La tierra y sus recursos fueron creados por Dios, Él los considera algo bueno (Gén. 1-2) y le pertenecen (Lev. 25:23; Job 41:11; Sal. 24:1; 89:11). Dios ha confiado la tierra a las personas (Gén. 1:28-30; 2:15; 9:1-4; comp. Deut. 8:7-10), que tienen la responsabilidad sagrada de cuidar de ella con la misma diligencia con que Dios mismo lo hace (Deut. 11:12; Sal. 65:5-13; 104:10-22). La Biblia condena las extravagancias egoístas que no tienen en cuenta el futuro (comp. Job 20:20-22; 21:21; comp. Isa. 39:5-8).

La Biblia ofrece como paralelos posibles de reciclaje el uso de joyas para hacer objetos religiosos (Ex. 32:2-4; 35:22; Ezeq. 7:20) y la distribución de ropas usadas a aquellos que fueron capturados en una batalla (2 Crón. 28:15).

RECONCILIACIÓN Establecimiento de relaciones amistosas entre partes que difieren entre sí; hacer las paces después de participar en una guerra; readmisión a la presencia y favor de una persona después de rebelión en contra de esa persona. Los pecados deliberados pueden ser perdonados sólo mediante oración y arrepentimiento. Los sacrificios en sí jamás pueden poner a un pecador en una correcta relación con Dios (Heb. 10:1-18). Pablo vio la necesidad de reconciliación entre los seres humanos y con el medio ambiente, pero su interés primordial era la reconciliación de una persona con Dios a través de Cristo (Rom. 5:10-21; 11:15; 1 Cor. 7:11; 2 Cor. 5:18-20; Ef. 2:16; Col. 1:20-21; comp. Mat. 5:23-24). Para Pablo, reconciliación significaba que se había logrado un cambio completo en la relación entre Dios y los seres humanos. A través de su amor manifestado a nosotros en la muerte de Cristo en la cruz, aún cuando estábamos en la condición de pecadores, Dios nos liberó de la ley, la ira, el pecado y la muerte, y nos llevó por la fe en Cristo a una relación de paz con Él.

El NT también nos exhorta a reconciliarnos con nuestro prójimo (Mat. 5:23-24). A través de la cruz, Cristo reconcilió tanto a gentiles como a judíos en una nueva humanidad, poniéndole fin a la hostilidad que existía entre ellos (Ef. 2:14-18). La iglesia tiene la comisión de llevar a cabo un ministerio de reconciliación (2 Cor. 5:12-21).

Cuando somos reconciliados con Dios, tenemos paz (Rom. 5:1; 1 Cor. 7:15; Gál. 5:22; Ef. 4:3; Fil. 4:7; Col. 3:15; 2 Tes. 3:16), libertad (Rom.

6:22; 8:2; Gál. 5:1), y somos sus hijos (Rom. 8:15; Gál. 4:5; Ef. 1:5). Ver *Expiación; Cruz; Jesús; Salvación.*

RED (1) Trama tejida abierta de hilo o cordel usada para atrapar pájaros, peces u otras presas. (a) Las redes de pesca eran básicamente de dos tipos. La primera tenía forma de cono con pesas de plomo alrededor de su amplia boca, que se usaba para el lanzamiento a mano (Mat. 4:18-21; Mar. 1:16-19). La segunda era barredera, una trama grande con flotadores en su cabeza y pesas en sus pies. Este tipo de red generalmente era arrastrada a la costa para vaciarla (Isa. 19:8; Ezeq. 26:5,14; 32:3; 47:10; Mat. 13.47). La red barredera es una figura de juicio a manos de fuerzas militares crueles. (b) Las redes para aves, frecuentemente tenían bocas en bisagra que se cerraban cuando las hacían saltar (Prov. 1:17; Os. 7:11-12). (c) Redes de tipo no especificado se usan frecuentemente como figuras de castigo del Señor (Job 19:6; Sal. 66:11; Lam. 1:13; Ezeq. 12:13) o de las conspiraciones de los malvados (Sal. 9:15; 31:4; 35:7-8). (2) Red o malla se refiere al enrejado usado como parte del ornamento de los capiteles de las columnas del templo (1 Rey. 7:17-20).

REDIMIR, REDENCIÓN, REDENTOR Pagar el precio requerido para asegurar la liberación de un criminal convicto; todo el proceso; Redentor es la persona que hace el pago. El hebreo tenía usos legales y comerciales para el concepto de redención. Si una persona era dueña de un buey que se sabía era peligroso, pero no mantenía al buey bajo seguridad y el buey corneaba al hijo o la hija de un vecino, tanto el buey como el dueño debían ser apedreados hasta morir. Si el padre de la persona muerta ofrecía aceptar una suma de dinero, el dueño podía pagar el precio de la redención y vivir (Ex. 21:29-30; comp. v. 32). Números 18:15-17 muestra cómo la práctica religiosa adoptó este lenguaje.

Jeremías demostró su confianza en la promesa de Dios al actuar como pariente cercano, a fin de redimir o rescatar la tierra de la familia (Jer. 32:6-15). Tales prácticas comerciales fácilmente se transformaban en conceptos religiosos. Dios redimiría a Israel de sus iniquidades. Ver *Pariente cercano; Expiación; Día de la expiación.*

El lenguaje religioso sobre la redención surge de la costumbre de volver a comprar algo que anteriormente pertenecía al comprador, pero que por alguna razón había pasado a ser propiedad de otro. La referencia básica en el AT es el éxodo. En el mar, Dios redimió a su pueblo de la esclavitud en Egipto (por ejemplo, Ex. 6:6; 15:13; Deut. 7:8; Sal. 77:15). De manera similar, Dios redimió a Israel del cautiverio babilónico entregando Egipto, Etiopía y Seba al rey Ciro (Isa. 43:3; comp. 48:20; 51:11; 62:12). Job sabía que él tenía un Redentor vivo (Job. 19:25). Los salmistas oraron pidiendo redención de la angustia (26:11; 49:15), y testificaron de la obra redentora de Dios (31:5; 71:23; 107:2). El testimonio del AT es que Dios es "roca mía, y redentor mío" (Sal. 19:14).

El NT centra la redención en Jesucristo. La redención en el NT habla del sacrificio sustitutorio que demuestra el amor y la justicia divinos. Este Cordero de Dios (Juan 1:29; Apoc. 5:8-14) compró a la iglesia con su propia sangre (Hech. 20:28), dio su carne por la vida del mundo (Juan 6:51), como el Buen Pastor puso su vida por sus ovejas (Juan 10:11), y demostró el amor más grande al poner su vida por sus amigos (Juan 15:13).

El propósito de Jesús fue entregarse en sacrificio por el pecado humano. Como el Siervo Sufriente, el suyo fue un sacrificio costoso: la vergonzosa y agonizante muerte en una cruz romana. Ver *Cristo; Jesús; Expiación; Reconciliación.*

REFAÍTAS Designación étnica de habitantes preisraelitas de Palestina, equivalente a los anaceos, al término moabita *emim* ("emitas," Deut. 2:10-11), y al término amonita *zanzumim* ("zomzomeos," 2:20-21). A pesar de su reputación de poder y altura, los refaítas fueron derrotados por una coalición de reyes orientales (Gén. 14:5), y más tarde fueron desplazados por los israelitas (Deut. 3:11,13; comp. Gén. 15:20) y sus parientes distantes, los moabitas (Deut. 2:10-11) y los amonitas (2:20-21).

REFIDIM Lugar desértico donde los hebreos se detuvieron en su camino a Canaán, justo antes de llegar a Sinaí (Ex. 17:1; 19:2; comp. 18:13-26).

REGENERACIÓN Cambio espiritual radical cuando Cristo entra en la vida de un individuo y lo lleva de una condición de derrota y muerte espiritual a una condición renovada de santidad y vida; simbolizada por el bautismo (Tito 3:5); nuevo nacimiento (Juan 3:3; comp. 1:13; 1 Ped. 1:23; 2:2); nueva creación (2 Cor. 5:17); nueva vida (Juan 5:21; 7:38; 10:10,28); "hechura" de Dios llevada a cabo para buenas obras (Ef. 2:10). Los seres humanos corrompen la auto-revelación de Dios y se vuelcan a formas torpes de desobediencia (Rom. 1:18-32). Dios exige santidad como condición para tener comunión con Él (Heb. 12:14). Los seres humanos deben tener un cambio radical. Dios promete tal cambio en la experiencia de regeneración.

El Espíritu Santo toma esta verdad de Jesús (ver Sant. 1:18) y ayuda a que el oyente la comprenda (Juan 16:8-11), de modo que en una experiencia instantánea, la persona se compromete a vivir la verdad. En la regeneración cada creyente ha puesto a un lado la vieja forma de vida, se ha vestido de una nueva forma de vida, y está en el proceso de renovación de la mente en cuanto a pensamiento, razonamiento y volición (Ef. 4:17-32).

Las Escrituras presentan al bautismo como señal de la regeneración (1 Ped. 3:21). El Espíritu Santo produce el cambio verdadero de la regeneración. Ésta es un cambio interior, y el bautismo es la señal exterior de ese cambio (Hech. 2:38; Col. 2:12; Tito 3:5). El bautismo se transforma en un medio de demostrar pública y exteriormente la naturaleza de este cambio. Ver *Bautismo.*

REGIO (gr., *"roto," "desgarrado",* o lat., *"real"*) Puerto en la punta sudoeste de la bota italiana a unos 11 km (7 millas) de Sicilia cruzando el estrecho de Messina. Pablo se detuvo allí en ruta hacia Roma (Hech. 28:13).

REHOBOT (*"lugares espaciosos"*) (1) Rehobot probablemente denota un lugar abierto dentro de Nínive o sus suburbios (Gén. 10:11), más que una ciudad separada entre Nínive y Cala. (2) Lugar de un pozo que fue excavado y retenido por los hombres de Isaac en el valle de Gerar (Gén. 26:22). (3) Ciudad edomita no identificada (Gén. 36:37; 1 Crón. 1:48). El río puede ser el torrente de Zered, principal arroyo en Edom.

REINA Esposa o viuda de un monarca; monarca femenina que reina por derecho propio. Reina madre se refiere a la madre del monarca reinante. En el antiguo Cercano Oriente se conocían regentes femeninas (1 Rey. 10:1-13, la reina de Saba; Hech. 8:27, Candace la etíope). Ninguna reina reinó en Israel o Judá por derecho propio, aunque Atalía usurpó el poder (2 Rey. 11:1-3). Las esposas de los monarcas variaban en su influencia. Dado que los matrimonios frecuentemente sellaban alianzas políticas (2 Sam. 3:3; 1 Rey. 3:1; 16:31; 2 Rey. 8:25-27), las hijas de aliados más poderosas, como la del faraón egipcio o la del rey de Tiro, gozaban de privilegios especiales (1 Rey. 7:8) y de influencia (1 Rey. 16:32-33; 18:19; 21:7-14). La madre del heredero designado también gozaba de un *status* especial. Natán alistó a Betsabé, no a Salomón, en su plan de hacer que Salomón fuera confirmado como rey (1 Rey. 1:11-40). Se tenía gran cuidado en preservar los nombres de las reinas madres, un puesto oficial en Israel y Judá (1 Rey. 14:21; 15:2,13; 22:42; 2 Rey. 8:26). La remoción que hizo Asa de su madre en vista de la idolatría (1 Rey. 15:13), señala el carácter oficial de ese puesto. Cuando murió su hijo, Atalía asesinó a sus propios nietos, los herederos legítimos, a fin de retener el poder que había tenido como reina madre (2 Rey. 11:1-2). La reina madre probablemente actuaba como consejera confiable para su hijo (Prov. 31:1). Como reina madre, Jezabel continuó como fuerza negativa después de la muerte de Acab (1 Rey. 22:52; 2 Rey. 3:2,13; 9:22).

REINA DEL CIELO Diosa femenina en Judá, adorada para asegurar fertilidad y estabilidad material (Jer. 7:18; 44:17); literalmente, "estrellas del cielo" o "hueste celestial." Las formas de adoración incluían hacer tortas (posiblemente con su imagen, como los moldes encontrados en Mari), ofrecer libaciones y quemar incienso (Jer. 44:25). La diosa de mayor influencia pudo haber sido Istar, la diosa mesopotámica conocida como reina del cielo (importada a Israel por parte de Manasés), o la cananea Astarté. En sitios israelitas los arqueólo-

gos han desenterrado muchas imágenes de diosas desnudas que muestran por qué Jeremías protestó contra tal adoración.

REINO DE DIOS El gobierno soberano de Dios como Rey. Al Dios del AT se lo describe como un Dios que gobierna (por ej. Sal. 47:2; 103:19; Dan. 4:17,25-37). El reino de Dios era la figura central en la predicación de Jesús (Mar. 1:14-15).

En sus parábolas, Jesús dijo que el reino de Dios es como un hombre que tiene un campo (Mat. 13:24), como una semilla (Mat. 13:31), levadura (Mat. 13:33), un tesoro (Mat. 13:44), un mercader de perlas (Mat. 13:45), una red para pescar (Mat. 13:47), un patrón o padre de familia (Mat. 20:1), un rey que invita a una fiesta de bodas (Mat. 22:2), y diez mujeres jóvenes (Mat. 25:1). También habló de las buenas nuevas del reino (Luc. 8:1) y del misterio del reino de Dios (Mar. 4:11). El reino de Dios es el gobierno soberano de Dios.

El reino de Dios no parece algo espectacular, pero de ser algo tan pequeño como una semilla de mostaza, habrá de crecer hasta llegar a ser un árbol lo suficientemente grande como para proporcionar refugio a todas las criaturas de Dios (Mar. 4:30-32).

En cierto sentido, el reino no llegará hasta un tiempo futuro no especificado (ver, por ejemplo, Mat. 25:1-46). Jesús también dijo que en un sentido el reino de Dios había llegado en la época misma de Jesús: "El tiempo se ha cumplido, y el reino de Dios se ha acercado" (Mar. 1:15); "Mas si por el dedo de Dios echo yo fuera los demonios, ciertamente el reino de Dios ha llegado a vosotros" (Luc. 11:20).

Las personas pueden hacer que el reino de Dios sea prioridad en su vida y buscarlo antes que todo lo demás (Mat. 6:33). Es una perla de tanto valor que deben vender todo lo que tienen para poder comprarla (Mat. 13:44-46). Se pueden arrepentir y creer en las buenas nuevas del reino (Mar. 1:14-15), y así entrar en el reino como si fueran niños pequeños (Mar. 10:14). Pueden orar para que el reino de Dios venga pronto (Mat. 6:10; comp. 1 Cor. 16:22). Pueden prepararse a fin de estar listos cuando llegue el reino (Mat. 25:1-46).

De manera regular Jesús invitaba a la gente a entrar al reino de Dios, es decir, a estar dispuestos a que Dios gobierne toda su vida. Él extendió la invitación a todos. Dijo que Dios enviaba a sus siervos a los caminos y vallados a instar a las personas a entrar al reino. Él también dijo que es más difícil que un rico entre en el reino que un camello pase por el ojo de una aguja (Mat. 19:24). Los cobradores de impuestos y las prostitutas entrarían en el reino antes que las personas morales y religiosas (Mat. 21:31).

Los apóstoles comenzaron a hablar de vida eterna, salvación, perdón y otros temas. Hablar de salvación es hablar del reino de Dios. El reino de Dios es justicia, paz y gozo en el Espíritu Santo (Rom. 14:17).

REINO DIVIDIDO Dos estados políticamente separados, Judá e Israel, que nacieron poco después de la muerte de Salomón y sobrevivieron hasta la caída de Israel en el 722 a.C. Ver *Israel, Historia de.*

RELACIONES PÚBLICAS Establecimiento de buena reputación en el mundo (Prov. 3:4; 22:1; 31:23,31; Ecl. 7:1; 2 Cor. 6:3-10; 1 Tim. 3:7). Jesús habló en contra de aquellos que sentían la necesidad de hacer gala de sí mismos delante de otros, y enseñó por el contrario que la opinión de Dios es de un valor mayor que la de una persona (Mat. 6:1-4; 23:5; Juan 12:43; comp. Gál. 1:10). Si bien las relaciones públicas son importantes,

los excesos en la autocongratulación deben evitarse. La Biblia provee de ejemplos de campañas de relaciones públicas eficaces (1 Sam. 24:23-25; 2 Sam. 15:2-6) e ineficaces (1 Rey. 12:1-15).

RELACIONES SEXUALES PRE-MATRIMONIALES El Cantar de los Cantares de Salomón es un poema extenso que alaba la virtud de la fidelidad sexual entre un rey y su esposa. El deseo sexual es evidente a lo largo del cantar, a medida que el rey y su amada anticipan su unión. A intervalos, el poeta repite un estribillo que aconseja la abstención sexual: "Yo os conjuro, oh doncellas de Jerusalén, por los corzos y por las ciervas del campo, que no despertéis ni hagáis velar al amor, hasta que quiera" (Cant. 2:7; 3:5; 8:4). A la iglesia de Corinto, una ciudad bien conocida por su conducta sexual promiscua, Pablo le escribe que los cristianos deben controlar sus deseos sexuales y que los que no pueden hacerlo, deben casarse (1 Cor. 7:2,8-9,36-37). Pablo aconsejó a Timoteo huir de las pasiones juveniles y seguir las cosas que tienen que ver con una vida pura (2 Tim. 2:22). Si bien la tentación a gratificar las pasiones propias puede ser fuerte, Pablo enseña que Dios promete fortaleza para vencer (1 Cor. 10:12-13).

Dios escogió la relación matrimonial como un medio para expresar la intimidad que Él comparte con los creyentes (Os. 1-3; 2 Cor. 11:2; Apoc. 21:2). Todo aquello que desvaloriza o rebaja la unión del esposo y la esposa en el matrimonio, por ejemplo el sexo pre o extramatrimonial, también empaña la relación de Dios con su pueblo.

RELÁMPAGO Resplandor o fogonazo que es resultado de una descarga de electricidad estática en la atmósfera; siempre se lo asocia con Dios, el creador de relámpagos y truenos (Job 28:26; Jer. 10:13), los cuales revelan el poder y la majestad divinos (Sal. 77:18; 97:4; Apoc. 4:5; 11:19). Una revelación de Dios a menudo está acompañada de relámpagos y truenos (Ex 19:16; 20:18; Ezeq. 1:13-14; Jesús: Mat. 24:26-27). El relámpago aparece como un arma de Dios cuando se lo presenta como guerrero ("saetas": 2 Sam. 22:15; Sal. 18:14; 77:17; 144:6; "fuego": Sal. 97:3; Job 36:32; comp. Apoc. 8:5; 16:18).

REMANENTE Algo que queda como resto, especialmente el pueblo justo de Dios después del juicio divino. Noé y su familia fueron un remanente de un juicio divino en el diluvio (Gén. 6:5-8; 7:1-23); comp. Lot (Gén. 18:17-33; 19:1-29); la familia de Jacob en Egipto (Gén. 45:7); Elías y los 7000 seguidores fieles (1 Rey. 19:17-18); y los israelitas del cautiverio (Ezeq. 12:1-16).

Aprox. en el 750 a.C., Amós descubrió que muchos en Israel creían que Dios los protegería a todos ellos y a sus instituciones. Él demolió esas ideas equivocadas (3:12-15; 5:2-3,18-20; 6:1-7; 9:1-6). Corrigió la convicción que tenían de que todos vivirían felices y prosperarían (9:10) con la doctrina de que sólo unos pocos sobrevivirían y reconstruirían la nación (9:8b-9,11-15). Esta nueva vida se llevaría a cabo si todos y cada uno se arrepentían, se volvían al Señor, y eran salvos (5:4b-6a,14-15).

Oseas muestra que la misericordia del Señor se extiende a aquellos que pasan por la experiencia del juicio (2:14-23; 3:4-5; 6:1-3; 11:8-11; 13:14; 14:1-9). Miqueas tiene un énfasis similar. Después de anunciar juicio, el Señor proclama que el pueblo será reunido como ovejas y que el Señor los conducirá (2:12-13) como su rey (4:6-8). El Mesías les daría atención especial a ellos (5:2-5,7-9). El clímax del libro es una exaltación de Dios como aquel que perdona y quita el pecado de sus vidas después que el juicio ha pasado (7:7-20).

La doctrina del remanente fue tan importante para Isaías que él le puso por nombre a uno de sus hijos Sear-jasub, que significa "un remanente volverá" (7:3). Los fieles sobrevivirían a las matanzas del ejército asirio (4:2-6; 12:1-6; comp. 36-38). Muchos pasajes sobre el remanente están estrechamente ligados con el futuro rey, el Mesías, que sería el gobernante majestuoso de aquellos que buscan sus misericordias (Isa. 9:1-7; 11:1-16; 32:1-8; 33:17-24). En el futuro habría un nuevo pueblo, una nueva comunidad, una nueva nación, y una profunda fe en un solo Dios. Un segmento importante del remanente serían aquellos que fueron afligidos (Isa. 14:32; comp. Sof. 2:3; 3:12-13) Este remanente estaría personificado en el Siervo Sufriente (Isa. 53).

Jeremías anunció que en el exilio, aquellos que creían en el único Dios verdadero serían reunidos para regresar a la Tierra Prometida. Dios crearía una nueva comunidad (ver caps. 30-33; comp. Ezeq. 40-48 con un nuevo éxodo, un nuevo establecimiento, y un nuevo templo). Zacarías habló en términos vívidos de cómo el remanente, los exiliados de regreso en Jerusalén, prosperarían (8:6-17; 9:9-17; 14:1-21). Esdras reconoció a las personas que habían regresado a Jerusalén como miembros del remanente, pero en peligro de repetir los pecados del pasado (9:7-15).

Pablo citó palabras de Oseas y de Isaías (Rom. 9:25-33), para demostrar que la salvación de un remanente de entre el pueblo judío era todavía parte del método del Señor para redimir a su pueblo. Siempre habría un futuro para todo aquel que en el pueblo del pacto se volviera verdaderamente al Señor para obtener salvación (Rom. 9-11).

REMISIÓN Liberación, perdón de la culpa o del castigo por los pecados; frecuentemente ligada al arrepentimiento, tanto en la predicación de Juan el Bautista (Mar. 1:4; Luc. 3:3), como de la iglesia primitiva (Luc. 24:47; Hech. 2:38; 5:31). La remisión de pecados es resultado de la muerte de Cristo (Mat. 26:28; comp. Heb. 10:17-18), y de su exaltación (Hech. 5:31). La remisión de pecados es accesible a todos los que creen en el nombre de Jesús (Hech. 10:43; comp. Luc. 24:47; Hech. 2:38).

RENFÁN Término para una deidad extranjera y astral (Hech. 7:43).

RENUEVO Ver *Rama*.

RESCATE Ver *Expiación; Propiciación; Redimir, Redención, Redentor*.

RESEF (*"carbón encendido"*) Pueblo cuya conquista, muy probablemente bajo Salmanasar III (alr. del 838 a.C.), usaron los asirios como advertencia para el rey Ezequías de Judá en el 701 a.C. a fin de que no confiara en Dios para librarlo de ellos (2 Rey. 19:12; Isa. 37:12); posiblemente Resefah a unos 160 km (100 millas) al sudeste de Alepo.

RESTITUCIÓN Acto de devolver lo que ha sido tomado equivocadamente o reemplazar lo que ha sido perdido o dañado; la restauración divina de todas las cosas a su orden original. La ley requería que se hiciesen "ofrendas por la transgresión" por pecados en contra del prójimo (robo, engaño, deshonestidad, extorsión, guardar propiedad perdida, o dañar una propiedad). Tales delitos incluían una "infidelidad" para con Dios y la interrupción de la comunión y la paz entre el pueblo. Debían ser expiados mediante una ofrenda a Dios por la culpa, y la "restitución" al prójimo afectado. La expiación y el perdón del pecado tenían lugar después que se había hecho la restitución a la víctima. La ley del AT establecía un principio de un "castigo adecuado al delito" (vida por vida, ojo por ojo, diente por diente, herida por herida). La restitución era congruente con este concepto de equidad. Las pautas para hacer restitución completa incluían también una provisión para daños punibles (hasta cinco veces lo que se había perdido), una medida que iba más allá del "ojo por ojo." Se hacían provisiones para complicaciones en este proceso (Ex. 22:3). Este principio se halla ilustrado (1 Rey. 20:34; 2 Rey. 8:6; Neh. 5:10-12; Luc. 19:1-10; comp. Mat. 5:23-24). Dios restablecerá todas las "cosas" a su orden y propósito originales, la restauración universal de la tierra (Hech. 3:21; comp. 1 Cor. 15:25-28).

RESURRECCIÓN Doctrina, evento y acto de personas que son traídas de la muerte a una vida sin fin al final de los tiempos. La muerte es el fin de la existencia humana, la destrucción de la vida (Gén. 3:19; Job. 30:23). En instancias aisladas ocurre la revivificación (ser devuelto a la vida desde la muerte, pero sólo como un escape temporario de la muerte final; 1 Rey. 17:17-22; 2 Rey. 4:18-37; 13:21). Dios se llevó de la tierra a dos personajes del AT antes que murieran: Enoc (Gén. 5:24) y Elías (2 Rey. 2:9-11).

Muchos salmos expresan la esperanza de que la comunión con Dios, que comenzó sobre la tierra, no tendrá fin (Sal. 16:11; 49:15; 73:24). El cántico de Moisés (Deut. 32) y el cántico de Ana (1 Sam. 2) afirman que Jehová mata y da vida. Estas expresiones de esperanza, que confiesan que el Dios viviente es capaz de intervenir en las horas más oscuras de la vida, pueden reflejar los comienzos de la doctrina de la resurrección.

Los profetas proclamaron esperanza para el futuro en términos de renovación nacional (ver Os. 6:1-3; Ezeq. 37). Los escritores del NT a veces usaron el lenguaje de los profetas para exponer la doctrina de la resurrección (comp. Os. 13:14; 1 Cor. 15:55). Los profetas profesaron la soberanía de Dios sobre todos sus súbditos, incluso la muerte. Isaías 26:19 y Dan. 12:2 decididamente hablan de la resurrección, una creencia que ganó expresión plena en la literatura intertestamentaria. Ver *Escatología; Esperanza; Seol.*

La predicación de Jesús presuponía una doctrina de resurrección: de los justos para vida eterna y de los malvados para castigo eterno (Mat. 8:11-12; 25:31-34,41-46; Juan 5:28-29). La oposición de los saduceos, que negaban la resurrección, le dio a Jesús la oportunidad para afirmar lo que Él sabía era la verdad al respecto (Mar. 12:18-27; Mat. 22:23-33; Luc. 20:27-38; comp. Deut. 25:5-10). Jesús es el mediador de la resurrección, quien da a los creyentes la vida que el Padre le dio a Él (Juan 6:53-58). Jesús es la resurrección y la vida (Juan 11:24-26). En sus apariciones con posterioridad a la resurrección, Jesús tenía un cuerpo que era tanto espiritual (Juan 20:19,26) como físico (Juan 20:20,27; 21:13, 15). De este modo, nuestro cuerpo resucitado será un cuerpo espiritual, diferente del cuerpo físico presente (1 Cor. 15:35-50); pero tendrá una continuidad con el cuerpo presente porque Cristo redime a la persona en su totalidad (Rom. 8:23).

La base para la esperanza de la resurrección cristiana es la resurrección de Cristo, el fundamento para la predicación del evangelio (1 Cor. 15:12-20). Cristo es las primicias de una cosecha venidera (1 Cor. 15:20-23). A aquellos que no siguen a Cristo les espera la destrucción (Fil. 3:19). Las personas viven más allá del tiempo, no en razón de alguna inmortalidad inherente, sino porque Dios les da vida (2 Cor. 5:1-10). Aquellos que están unidos a Cristo en la fe no sólo llegan a ser uno con Él en espíritu sino también uno con Él en cuerpo (1 Cor. 6:15).

RESURRECCIÓN DE JESUCRISTO La aparición corporal y viva de Jesús de Nazaret después que murió y fue sepultado. Proporciona esperanza segura de resurrección a los creyentes (1 Cor. 15:3-8; comp. Mat. 27:56, 61; 28:1-2,16-20; Mar. 16:1-8; Luc. 24; Hech. 1:6-11; Juan 20-21).

Jesús enseñó durante 40 días e hizo varias apariciones (1 Cor. 15:3-8; Luc. 24:34-43; Juan 20:24-29; Hech. 1:9-11; 7:55-56; 9:1-9; 15:13; Apoc. 1). Les dijo a los discípulos que esperaran al Espíritu en Jerusalén, repitió su comisión misionera, y ascendió mientras ellos observaban y ángeles les aseguraban que regresaría.

Jesús instruyó a los primeros creyentes acerca del significado profético y teológico de su muerte y resurrección. La resurrección de Jesús involucraba su cuerpo físico; pero su vida de resurrección era un nuevo tipo de vida dada por Dios, quien llevó a cabo la resurrección (Hech. 2:24). En razón de la resurrección de Cristo, nosotros tenemos la seguridad de la resurrección de todas las personas —algunas para salvación; algunas para perdición. Esta es la respuesta final de Dios al problema de la muerte (1 Cor. 15:12-58). Ver *Ascensión; Cristo; Jesús; Resurrección.*

RETRIBUCIÓN DIVINA Proceso en que Dios asigna la compensación merecida: castigo por la maldad o recompensa por el bien. La obediente respuesta de Abraham al llamado de Dios hizo que él fuera bendecido por Dios y se convirtiera en el mediador de las bendiciones de Dios a todo el mundo (Gén. 12:1-3). Si Israel oía y obedecía a Dios, iba a ser bendecida (Deut. 6:1-9; comp. Mat. 5-7; Mar. 10:41; Luc. 10:7; Juan 9:36; Gál. 6:7-8). La expulsión del Edén, el diluvio y la multiplicación de los idiomas fueron consecuencias del pecado (Gén. 3-11). Faraón y todo Egipto hicieron que cayera sobre ellos el juicio divino por no obedecer la voluntad de Dios. Hasta Israel pasó por la experiencia del juicio del exilio por no haber puesto su confianza en Dios. Los Salmos afirman que se da el mismo proceso tanto a nivel individual como a nivel grupal. Job hace una salvedad para esa perspectiva tan mecánica en cuanto a Dios y al sufrimiento en esta vida: Es peligroso interpretar todo sufrimiento como castigo. Los seres humanos no podemos determinar las causas del sufrimiento, y nunca debemos pasar por alto la paciencia, el perdón y la misericordia de Dios.

La recompensa y el castigo en esta vida es un anticipo de lo que ocurrirá en el fin de los tiempos. El evangelio es el estándar por el cual Dios habrá de recompensar y castigar (Rom. 2:16). Como es una revelación tanto de la fidelidad como de la ira de Dios, la predicación del evangelio promulga el proceso del juicio en el fin de los tiempos, y se convierte en anticipación del ajuste de cuentas que tendrá lugar ese día grande y glorioso. Ver *Escatología; Vida eterna; Castigo eterno.*

REUEL (*"amigo de Dios"*) (1) Hijo de Esaú y antepasado de varios clanes edomitas (Gén. 36:4,10,13,17; 1 Crón. 1:35,37). (2) Padre de Séfora, la esposa de Moisés (Ex. 2:18). Ver *Jetro.* (3) Un gadita (Núm. 2:14). (4) Un benjamita (1 Crón. 9:8).

REVELACIÓN DE DIOS Automanifestación de Dios a la humanidad, de tal manera que hombres y mujeres puedan conocerlo y tener comunión con Él. Jesucristo es la revelación final de Dios. La Biblia es la fuente divinamente inspirada de conocimiento proveniente de Dios y acerca de Dios.

Revelación general. Es la automanifestación de Dios en forma general a toda persona, en todo tiempo y lugar. La revelación general ocurre a través de (1) la naturaleza, (2) en nuestra experiencia y en nuestra conciencia, y (3) en la historia. Decir que Dios se revela a sí mismo a través de la naturaleza significa que a través de los eventos del mundo físico Dios nos comunica cosas acerca de sí mismo que de otro modo no conoceríamos. "Porque las cosas invisibles de él, su eterno poder y deidad, se hacen claramente visibles desde la creación del mundo, siendo entendidas por medio de las cosas hechas, de modo que no tienen excusa" (Rom. 1:20; comp. Sal. 19:1). Todo lo que puede conocerse en cuanto a Dios en un sentido natural ha sido revelado en la naturaleza.

Dios es el que "hace salir su sol sobre malos y buenos, y que hace llover sobre justos e injustos" (Mat. 5:45), revelando así su bondad hacia todos. Dios se da a conocer en el cuidado y provisión continuos para con la humanidad (Hech. 14:15-17).

Dios también se revela en los hombres y las mujeres hechos a su "imagen" y "semejanza" (Gén. 1:26-27). Los seres humanos, como una creación directa de Dios, son un espejo o reflejo de Dios evidenciado por la posición de dominio sobre el resto de la creación; en su capacidad de razonar, sentir e imaginar; en su libertad para actuar y responder; y en su sentido de lo correcto y lo incorrecto (Gén. 1:28; Rom. 2:14,15). Especialmente a través de este sentido moral, Dios se revela en las conciencias de hombres y mujeres. El hecho de que la creencia y la práctica religiosa es universal, confirma las declaraciones del apóstol en Romanos.

No obstante, las criaturas que adoran, oran, construyen templos, ídolos y templetes, y buscan a Dios de diversas maneras, no glorifican a Dios como tal ni le dan gracias (Rom. 1:21-23). Como a cada persona se le ha dado la capacidad para recibir la revelación general de Dios, cada una es responsable por sus acciones.

Toda la historia, debidamente entendida, lleva el sello de la actividad de Dios. Dios se revela en la historia a través del surgimiento y caída de pueblos y naciones (comp. Hech. 17:22-31). La revelación general de Dios es sencilla, ya sea en la naturaleza, en la conciencia humana, o en la historia. Frecuentemente se la interpreta mal debido a que los seres humanos pecadores y finitos están tratando de entender a un Dios perfecto e infinito.

La revelación general no es suficiente para lograr el conocimiento de Dios necesario para la salvación. El poder de Dios (Rom. 1:20), su bondad (Mat. 5:45), y su justicia (Rom. 2:14-15) se han revelado, pero no así su gracia salvadora. Esta sólo se revela a través de la revelación especial. En su revelación general Dios se revela tan claramente, que deja a todos sin excusa, pero debido a nuestra pecaminosidad, los humanos pervertimos la recepción de su revelación general.

Hombres y mujeres suprimen la verdad de Dios porque no quieren al Dios al cual los conduce la verdad, de modo que inventan en su lugar dioses y religiones sustitutos. Cuando suprimimos la conciencia que tenemos de Dios y sus demandas, esto ciega nuestra razón y nuestra conciencia. En razón de este rechazo de Dios, Él con justicia revela su ira contra la humanidad.

Revelación especial. La revelación especial de Dios es accesible para personas específicas en tiempos y lugares específicos; ahora es posible sólo a través de las Escrituras. La revelación especial es ante todo particular. Dios escoge a quién y a través de quién Él se dará a conocer. Dios se manifiesta de una manera particular a su pueblo, para que éste sea un canal de bendición a todos los demás (Gén. 12:3).

La revelación especial además es progresiva. No es que progresa de la falsedad a la verdad, sino que va de una revelación inferior a una más plena (Heb. 1:1-3). La revelación de la ley en el AT no es superada por el evangelio, pero halla cumplimiento en el evangelio.

La revelación especial es básicamente redentora y personal. Dentro del tiempo y el espacio, Dios ha actuado y ha hablado para redimir a la raza humana de la maldad. A través del llamamiento a personas, de milagros, del éxodo, del pacto, y finalmente a través de Jesucristo, Dios se ha revelado en la historia. El punto final y decisivo de la revelación personal de Dios está en Jesucristo. En Él, la Palabra se hizo carne (Juan 1:1,14; 14:9). La revelación redentora de Dios es que Jesucristo ha llevado los pecados de la humanidad caída, ha muerto en su lugar, y ha sido resucitado para asegurar la justificación. Este es el meollo de la revelación especial.

La revelación especial es también proposicional. Incluye no sólo acciones personales redentoras en la historia sino también la interpretación profética-apostólica de esos eventos. Esta revelación dio a conocer a su pueblo verdades acerca de Dios. El conocimiento acerca de alguien precede al conocimiento íntimo de alguien.

La revelación especial tiene tres etapas: (1) la redención en la historia, que finalmente se centra en la obra del Señor Jesucristo; (2) la Biblia, revelación escrita que interpreta lo que Él ha hecho para la redención de hombres y mujeres; (3) la obra del Espíritu Santo en las vidas de individuos y en la vida colectiva de la iglesia, aplicando la revelación de Dios en las mentes y corazones de su pueblo. Como resultado, hombres y mujeres reciben a Jesucristo como Señor y Salvador, y pueden seguirlo fielmente en una comunidad de fe hasta el final de la vida.

El contenido de la revelación especial es básicamente Dios mismo. Dios no se revela plenamente a cualquier persona. Dios se revela a personas en la medida en que ellas puedan recibirlo.

Dios se da a conocer a aquellos que reciben su revelación en fe (Hech. 11:1,6). A través de la Biblia el Espíritu testifica a individuos de la gracia de Dios y de la necesidad de una respuesta de fe. La fe es la recepción de la revelación de Dios sin reservas ni dudas (Rom. 10:17).

Dios ha iniciado la revelación de sí mismo a hombres y mujeres, haciendo posible conocer a Dios y crecer en la relación con Él. Para los creyentes hoy, la Biblia es la fuente de la revelación de Dios. En la palabra escrita podemos identificar a Dios, conocer y entender algo acerca de Él, de su voluntad y de su obra, y podemos guiar a otros a Él.

REY, CRISTO COMO   La enseñanza bíblica de que en Jesús de Nazaret se cumplieron las promesas del AT de un Rey perfecto que reinaría sobre su pueblo y sobre el universo. La esperanza del AT para el futuro incluía una visión de un nuevo rey como David, llamado el ungido o Mesías (2 Sam. 7:16). Isaías intensificó las promesas (caps. 9; 11) y habló de un Mesías que habrá de venir (Sal. 45; 110). En Daniel hallamos la visión de uno a quien le son dados el dominio, la gloria y el reino, uno a quien servirían todos los pueblos, naciones y lenguas. Su dominio es perpetuo y nunca acabará; su reino nunca será destruido (Dan. 7:13-14).

Cuando nació Jesucristo, su nacimiento fue anunciado en los términos mencionados. Su ministerio terrenal luego amplió estos temas (Mat. 4:17; Luc. 1:32-33). De igual manera, Juan el Bautista proclamó la presencia del reino de Dios en la venida de Jesús (Mat. 3). El tema de Jesús como Rey, Gobernante y Señor domina todo el NT. Hallamos la culminación de este tema con el Señor sentado en un trono, con sus enemigos que le están sujetos, y con el rey que recibe un nuevo nombre: "Y en su vestidura y en su muslo tiene escrito este nombre: Rey de reyes y Señor de señores" (Apoc. 19:16).

Cristo dijo que el reino de Dios "está entre vosotros" (Luc. 17:21). Por lo tanto, el reino de Cristo es tanto presente como futuro, ya está aquí y todavía debe llegar, es espiritual y es universal. El reinado presente de Cristo es que Él es rey de su pueblo (Col. 1:13,18), es un reino espiritual (Juan 18:36) establecido en los corazones y las vidas de los creyentes. Él administra su reino por medios espirituales —la Palabra y el Espíritu. Cuando los creyentes se sujetan al señorío de Cristo, el Salvador está desempeñando su función de Rey. Cuando nuestra oración es "Venga tu reino" (Mat. 6:10), tenemos en mente el gobierno presente de Cristo el Rey.

El reinado de Cristo también está presente hoy en el mundo natural (ver Juan 1:3; Col. 1:17). Él está en control del universo natural tal como lo demostró en su ministerio terrenal (Mar. 4:35-41).

Su reino se hará plenamente evidente en el futuro (Mat. 19:28). El reino futuro será perfecto, visible y perpetuo (1 Cor. 15:24-28). Dios el Padre habrá de exaltar a Jesús, su Hijo, al más alto nivel de autoridad y honor (Fil. 2:9-11).

Jesús estableció su dignidad real a través de su muerte como sacrificio. Cuando Pilato escribió en la tablilla "Rey de los judíos" como la acusación contra Jesús, estaba reconociendo más de lo que se imaginaba. La dignidad real de Jesús halla su más elevado ejemplo cuando Él da las bendiciones que pudo asegurar para su pueblo por medio de su obra expiatoria (Rom. 8:32; Ef. 1:3-11,20-22). Jesús siempre habrá de usar su poder para beneficio de los redimidos y para gloria de su reino.

REY, REINADO Monarca masculino de una gran unidad territorial; en especial alguien cuyo cargo es hereditario y cuyo gobierno es vitalicio.

A medida que Israel se establecía más en Canaán, las viejas instituciones tribales de liderazgo comenzaron a disolverse (ver, por ejemplo, 1 Sam. 8:3). Sumando esto a la amenaza de los filisteos, la misma existencia de Israel estaba en peligro. Muchos en Israel comenzaron a sentir una necesidad de liderazgo permanente y nacional a fin de poder enfrentar la amenaza (ver 1 Sam. 8:20; 10:1).

El primer líder nacional fue Saúl, que fue ungido como el *nagid* sobre Israel —es decir el líder militar y nacional— y no como *melek*, rey, un término que técnicamente nunca se utiliza con respecto a Saúl. Por primera vez después de establecerse en Canaán, Israel tuvo un líder militar nacional permanente. Saúl no estableció un gobierno central ni una burocracia, no

tenía corte real ni ejército permanente, y su residencia en Gabaa era una fortaleza, no un palacio.

David también fue una figura muy semejante a los jueces, con una personalidad carismática. Un profeta lo nombró rey tal como había sucedido con los jueces y con Saúl antes de él. A diferencia de Saúl, David pudo unir a las tribus de Israel en una nación leal a la corona, pudo establecer y mantener una corte real, y pudo establecer un ejército permanente. Cierta unión de 12 tribus se convirtió en un complejo imperio cuyo centro era la persona de David. Él tomó Jerusalén y la convirtió en centro religioso y político de Israel. La población cananea de Palestina estaba sujeta al rey. El ejército profesional de David obtuvo y mantuvo poderío en el extranjero para Israel. Las tierras subyugadas le pagaban tributo a David, no a las tribus individuales. Cuando David le transfirió el poder a su hijo Salomón, la transición del sistema de los jueces al sistema de monarquía hereditaria se hizo completa. El rey actuaba como líder militar (1 Sam. 8:20; 15:4-5; 1 Rey. 22:29-36; 2 Rey. 3:6-12), juez supremo (2 Sam. 12:1-6; 14:4-8; 15:2; 1 Rey. 3:16-28) y sacerdote (1 Sam. 13:10; 14:35; 2 Sam. 6:13; 24:25; 1 Rey. 3:4; 8:62-63; 9:25; 12:32; 13:1; 2 Rey. 16:10-18).

A diferencia de algunas de las naciones vecinas, Israel limitaba el poder de sus monarcas. Algunos israelitas no querían tener un rey en vista de los excesos a que éste podría llegar (1 Sam. 8:10-18). Era normal para los ancianos de la nación hacer un pacto con el rey (2 Sam. 5:3; 2 Rey. 11:17) donde se registraran por escrito los derechos y obligaciones del rey y se colocaran en el santuario —posiblemente en el momento de la ceremonia de la unción (1 Sam. 10:25). El rey no estaba exento de observar leyes civiles (ver 1 Rey. 21:4), ni tampoco era el señor absoluto de la vida y la muerte de sus súbditos, un poder que David tomó para sí en el asesinato de Urías (2 Sam. 11; comp. el asesinato de Nabot por parte de Acab, 1 Rey. 21:14-18. Ver también 2 Rey. 5:7; 6:26-33). La denuncia profética en cuanto a ciertos reyes demuestra que estaban sujetos a la ley (2 Sam. 12:1-15; 1 Rey. 21:17-24; comp. Deut. 17:14-20).

La corte de Saúl fue sencilla y no requirió de gran apoyo financiero (1 Sam. 22:6), mientras David dependió de los botines de guerra (2 Sam. 8:1-14). Salomón dividió la nación en 12 distritos, cada uno de los cuales era responsable de sostener a la corte real durante un mes por año (1 Rey. 4:7-19,27-28). Otras rentas para la corte del rey incluían las propiedades reales (1 Crón. 27:25-31; 2 Crón. 26:10; 32:27-29) y los trabajos forzados (2 Sam. 20:24; 1 Rey. 4:6; 11:28). Salomón también recibió rentas de un impuesto a las rutas comerciales que pasaban por Israel (1 Rey. 10:15), de comercio de caballos y carros (1 Rey. 10:28-29), de una flota mercante (1 Rey. 9:26-28) y posiblemente de minas de cobre.

La fe de Israel incluía la confesión de que el rey en realidad era Dios (Jue. 8:22). Y porque a Dios se lo veía como rey, algunos en Israel consideraron que el deseo de tener un rey terrenal era alejarse de Dios (1 Sam. 8:7; Os. 8:4). Como ungido de Jehová (1 Sam. 16:6; 2 Sam. 1:14) y capitán o príncipe del Señor (1 Sam. 9:16; 10:1; 13:14), el rey terrenal derivaba su autoridad de Dios. Muchos de los Salmos hablan de Dios como Rey (por ej. Sal. 24; 93; 95-98). Ver *Reino de Dios.*

1 Y 2 REYES Undécimo y duodécimo libros de la Biblia cristiana, que interpretan la manera en que Dios guió a los reinos de Israel y Judá. Originalmente, 1 y 2 Reyes eran un solo libro. La primera vez de que se tiene conocimiento sobre la división de los libros en dos partes es en la Septuaginta, donde 1 y 2 Reyes se conocieron con el nombre de 3 y 4 Reyes (a 1 y 2 Samuel se los conocía como 1 y 2 Reyes). Los libros de Reyes no mencionan quién fue el autor.

Usando los principios de Deuteronomio, el autor procuró explicar por qué se dividió la nación después del reinado de Salomón, y por qué ambas naciones finalmente cayeron víctimas de invasores extranjeros. Deuteronomio 28:1-14 describe las bendiciones que recibiría Israel si obedecía los mandamientos de Dios. Esta promesa de bendición divina se cumplió en la historia de Israel. Deuteronomio 28:15-68 describe en gráficos detalles qué le sucedería a Israel si desobedecía a Dios. De manera fiel Dios también cumplió la advertencia. Cuando el pueblo de Israel se alejó de los mandamientos de Dios, sufrió derrota, reducción de su población, severo sufrimiento y el exilio.

El reino del norte (Israel) fue vencido por los asirios y llevado a exilio en el 722 a.C. (2 Rey. 17:1-41). Judá sufrió un destino similar en manos de los babilonios entre el 597 y el 586 a.C. (2 Rey. 24:1-25:21). Continuamente los profetas de Dios proclamaron las promesas de Dios al pueblo: Elías (1 Rey. 17-19; 21; 2 Rey. 1), Eliseo (2 Rey. 2:1-25; 3:9-20; 4:1-8:15; 9:1-3; 13:14-21), Isaías (2 Rey. 19:1-20:19) y otros. El pueblo no tenía justificativos. Habían oído el mandamiento de Dios de que debían ser fieles, y habían oído las advertencias divinas de las bendiciones y maldiciones que seguían a esos mandamientos.

De manera especial el autor se interesaba en los mandamientos de que sólo se debía adorar a Dios, y que sólo se lo debía adorar en Jerusalén (Deut. 12-13). Los reinados de los reyes de Judá e Israel se evaluaban en base a cómo los monarcas habían obedecido estos dos mandamientos. En Judá, sólo Ezequías (2 Rey. 18:3-7) y Josías (2 Rey. 22:2) fueron elogiados sin reservas por haber obedecido estos dos mandamientos. Asa (1 Rey. 15:11-14), Josafat (1 Rey. 22:41-43), Joás (2 Rey. 12:2-3), Azarías (2 Rey. 15:3-4) y Jotam (2 Rey. 15:34-35) fueron elogiados por haber hecho lo correcto a ojos del Señor, pero a ese elogio sigue el comentario de que permitieron que en Judá prosiga la adoración de otros dioses. A todos los otros reyes de Judá se los condena por haber hecho lo malo a los ojos del Señor. Hasta Salomón recibe críticas. Aunque él construyó el templo donde se adoró a Dios, por otra parte se alejó del mandamiento del Señor y adoró a otros dioses. Este pecado llevó a que el imperio logrado por David se dividieran en dos a la muerte de Salomón (1 Rey. 11:1-12:25; ver 3:2-3).

El rey de Judá con peor reputación fue Manasés (2 Rey. 21:1-18). Él anuló las reformas de su padre, Ezequías, y de manera activa promovió la adoración de dioses extraños. Él mató en sacrificio hasta a su propio hijo, practicó la adivinación, y trató con médiums y brujos. En razón de los pecados de Manasés, la historia de Judá llegó a su fin (2 Rey. 21:12; 21:13-15; 23:26-27; 24:1-7; comp. 17:19-20).

Se condena a todos los reyes de Israel diciendo que hicieron lo malo a los ojos del Señor. La mayor responsabilidad recae sobre Jeroboam, el primer rey de Israel (2 Rey. 17:21-23; ver 1 Rey. 15:30), quien instituyó la adoración fuera de Jerusalén (1 Rey. 12:26-29) e hizo dos becerros de oro para que el pueblo adorara (1 Rey.

12:28). A los reyes de Israel que siguieron se los condena porque no dejaron los pecados de Jeroboam (1 Rey. 15:34; 16:2, 19, 26, 31; 22:52; 2 Rey. 3:3; 10:29,31; 13:2, 6,11; 14:24; 15:9,18,24).

En la aflicción de Israel, el autor pudo ver evidencia del continuo deseo de Dios de que, como pueblo del Señor, Israel se volviera a Dios. Israel todavía podía apropiarse de las bendiciones de Deut. 28:1-14. Esta esperanza está ilustrada en 2 Rey. 25:27-30 cuando a Joaquín se lo libera de prisión. Tal vez el autor estaba animando a los exiliados con la posibilidad de que Dios volvería a bendecirlos y levantaría a Israel por sobre todos los pueblos (Deut. 28:1), así como Joaquín gozó de preferencia sobre todos los demás prisioneros en el cautiverio (2 Rey. 25:28).

REZÍN Rey de Siria alr. del 735 a.C. Cuando Acaz de Judá se rehusó a unirse a Rezín y a Peka de Israel para luchar contra Asiria, Rezín persuadió a Peka a aliarse con él en contra del rey de Judá (2 Rey. 15:37; 16:5). Acaz apeló por ayuda a Tiglat-pileser de Asiria, quien vino contra Rezín y Peka, y destruyó sus reinos. Rezín murió en el 732 a.C. cuando Damasco cayó en manos asirias.

REZÓN (*"príncipe"*) Líder arameo que condujo exitosamente una revuelta contra Salomón y estableció un estado independiente con capital en Damasco (1 Rey. 11:23-25). Ver *Damasco*.

RIBLA (1) Pueblo sirio cercano a Cades sobre el Orontes cerca de la frontera con Babilonia. Allí el faraón Necao puso preso al rey Joacaz de Judá después que el joven monarca había reinado sólo tres meses (2 Rey. 23:31-33). Más tarde, cuando Sedequías se rebeló contra Nabucodonosor de Babilonia, fue llevado a Ribla como prisionero y vio la ejecución de sus hijos antes que le sacaran sus propios ojos (25:4-7). Ver *Diblat*. (2) Pueblo sobre la frontera este de Canaán (Núm. 34:11). Las traducciones más antiguas dicen "Arbela."

RIMÓN (*"granada"*) (1) Dios principal de Siria, llamado también Hadad (2 Rey. 5:18). (2) Pueblo de Judá (Jos. 15:32) dado a Simeón (19:7; comp. 1 Crón. 4:32); la moderna khirbet er-Ramamin a 3 km (2 millas) al sur de Lahav; límite sur del nuevo reino de Dios (Zac. 14:10). Traducciones antiguas y muchos intérpretes modernos entienden que debe decir En-rimón en todos los casos. Ver *En-rimón*. (3) Ciudad levítica en Zabulón (Jos. 19:13; 1 Crón. 6:77), probablemente la lectura original de la presente Dimnah (Jos. 21:35); Rummaneh, a 9,5 km (6 millas) al nordeste de Nazaret. (4) Peña cerca de Gabaa hacia donde el pueblo de Benjamín huyó de los israelitas vengativos (Jue. 20:45-57), la moderna Rammun a 6,5 km (4 millas) al este de Bet-el. (5) Padre de Recab y Baana, quienes mataron al hijo de Saúl, Is-boset (2 Sam. 4:2,9).

RÍO JORDÁN (*"el que desciende"*) Río que forma una división geográfica y separa las tribus orientales y occidentales de Israel; el río más largo e importante de Palestina. Nace al pie del monte Hermón y desemboca en el mar Muerto. Cuatro fuentes en las colinas al pie del monte Hermón se juntan y forman el río Jordán: los ríos Banias, el-Leddan, Hasbani y Bareighit.

Varios tributarios importantes (incluyendo el Yarmuk y el Jaboc) desembocan en el Jordán con abundante caudal.

Bajo el liderazgo de Josué, Israel cruzó el Jordán "en seco" (Jos. 3:15-17). Durante la época de los jueces y el comienzo de la monarquía, la pose-

sión de los vados del Jordán más de una vez significó la diferencia entre la derrota y la victoria. El Jordán era una fuerte línea defensiva que no se podía vadear con facilidad. La historia de los Evangelios comienza en el río Jordán donde Juan el Bautista predicaba la llegada del reino de los cielos y donde bautizó a Jesús (Mar. 1:9).

RÍO NILO Río principal considerado la "vida" del antiguo Egipto; formado por la unión del Nilo Blanco, que fluye desde el lago Victoria en Tanzania, y el Nilo Azul, desde el lago Tana en Etiopía. Estos se juntan en Khartum (o Jartum) en Sudán y más tarde son alimentados por el Atbara. De aquí en adelante, el Nilo fluye por unos 2700 km (1675 millas) hacia el norte, hasta el mar Mediterráneo, sin ningún otro tributario. En la antigüedad, seis cataratas o cascadas impedían la navegación en varios puntos. La primera de estas, yendo corriente arriba, se encuentra en Asuán, reconocida generalmente como la frontera sur de Egipto. Desde Asuán hacia el norte, el Nilo fluye entre dos líneas de barrancas que a veces bajan directamente hasta su borde, pero que en otros lugares se encuentran hasta unos 14,5 km (9 millas) de distancia. La tierra en las orillas podía ser cultivada hasta donde se pudiera llevar el agua. Los egipcios llamaban a esta área cultivada la Tierra Negra, por el color de su rico suelo. Luego estaba la Tierra Roja del desierto bajo, que se extendía hasta las estribaciones de las barrancas. En la parte superior de las barrancas estaba el gran desierto inhóspito a donde pocos egipcios se aventuraban. Más abajo de la moderna capital, El Cairo, y de la antigua capital que estaba cerca, Menfis, el Nilo forma un enorme delta. El borde oriental del Delta es el lugar de la tierra de Gosén, donde se establecieron

Jacob/Israel y sus descendientes. Ver *Gosén*.

Egipto fue único como comunidad agrícola pues no dependía de las lluvias. El secreto era el limo negro, notablemente fértil, depositado sobre los campos por las inundaciones anuales del Nilo Azul, debido a las lluvias de invierno en Etiopía. Las aguas de irrigación permitieron a los egipcios producir muchas variedades de cultivos en grandes cantidades (Núm. 11:5; Gén. 42:1-2). Si las lluvias de invierno no llegaban, ocurrían hambrunas desastrosas (comp. Gén. 41). El río era también una carretera natural. Ver *Egipto*.

RÍOS Y VÍAS FLUVIALES EN LA BIBLIA *1. Río Nilo.* El Nilo juega un papel prominente en los primeros eventos en la vida de Moisés (Ex. 2:3; 7:15,20). Se alude al Nilo llamándolo "el río" (Gén. 41:1), el "río de Egipto" (Gén. 15:18; Amós 8:8), Sihor (Jos. 13:3), río de Cus, entre otros nombres. El "torrente de Egipto" es mayormente una referencia al wadi el-Arish, el sistema de drenaje del Sinaí central. Los profetas Amós (8:8; 9:5) y Jeremías (46:8) usaron al Nilo como el símbolo de Egipto. Ver *Egipto*; *Río Nilo*.

2. Éufrates. Fluye 2700 km (1700 millas) desde la región montañosa del nordeste de Turquía (Armenia) en dirección sur hacia el norte de Siria, y gira hacia el sudeste para unirse al Tigris y fluir hacia el golfo Pérsico para transformarse en el río más largo en Asia occidental. Dos tributarios importantes, el Balik y el Khabur, confluyen en el Éufrates desde el norte. El bajo Éufrates generalmente conformaba los límites occidentales de las ciudades-estado que constituían la antigua civilización sumeria. Ver *Éufrates y Tigris*.

3. Tigris. Desde su naciente en un pequeño lago (Hazar Golu), a unos 160 km (100 millas) al oeste del lago Van, en Armenia, el Tigris fluye en dirección sudeste a lo largo de 1850 km (1150 millas) antes de unirse al Éufrates y desembocar en el golfo Pérsico. Si bien su curso superior es rápido entre gargantas estrechas, desde Mosul y Nínive hacia el sur su curso era navegable y en la antigüedad fue usado ampliamente para el transporte. Una serie de tributarios desde las laderas de los montes Zagros confluyen en el Tigris desde el este, incluyendo el Gran Zab y el Pequeño Zab y el Diyala. En la antigüedad, sus riberas estaban habitadas por una densa población, que se mantenía y prosperaba gracias a un excelente sistema de irrigación. Ver *Éufrates y Tigris*.

4. Río Halis. Desde sus nacientes en las montañas de Armenia, el Halis comienza su curso de 1150 km (714 millas) hacia el sudoeste y es desviado por una cordillera secundaria en una circunvalación amplia, hasta que su curso gira completamente en dirección hacia el nordeste, a través de las regiones montañosas que bordean la costa sur del mar Negro. Los hititas establecieron su capital, Boghazkoy, dentro de esta circunvalación del Halis en la norteña meseta de Anatolia. El Halis es el río más largo de Anatolia, y es el resultado de las densas lluvias en la zona del Ponto. Su curso dilatado hace del Halis un río no navegable. El curso del Halis generalmente constituyó las fronteras del distrito del Ponto.

5. Ríos de la costa Egea. La quebrada línea costera del Egeo contaba con una serie de puertos protegidos y ensenadas que facilitaron la colonización griega y el establecimiento de las grandes ciudades portuarias de los períodos griego y romano posteriores. Las bocas de los ríos egeos, que parecían ideales para centros marítimos durante la colonización, finalmente resultaron ser desastrosas. Era necesario un drenaje constante para mantener el acceso del puerto al mar y para evitar la formación de pantanos infectados de malaria. Es así que el Hermo de 250 km (155 millas) fue desviado para prevenir la destrucción del puerto de Esmirna (Izmir). Al sur de Éfeso, el sitio del pueblo original sobre las tierras pantanosas llenas de enfermedades fue abandonado alr. del 400 d.C., y se construyó un nuevo puerto sobre el río Caister. Durante la época próspera de Éfeso, el drenaje constante se mantuvo adecuadamente. Sin embargo, con la declinación del Imperio Romano después del 200 d.C., el aumento del cieno en el puerto produjo la declinación rápida de la ciudad. Mileto, sobre la llanura aluvial del río Meandro, de unos 380 km (236 millas), se estableció originalmente sobre un golfo profundo bien protegido de los vientos. La gran ciudad jónica había contado con cuatro puertos, pero la sedimentación de los puertos por los depósitos aluviales del Meandro finalmente produjo la decadencia y abandono de la ciudad.

En Siria y Palestina la importancia de los ríos radicaba en que separaban a los pueblos y no tanto en que proporcionaban poder económico.

6. Orontes y Litani. En el valle de Bega, que forma la falla entre las cadenas montañosas del Líbano y el Antilíbano, una línea divisoria de aguas de unos 1150 m (3770 pies) sobre el nivel del mar forma las nacientes de los ríos Orontes y Litani. Las lluvias y la nieve en las cumbres de las montañas en alturas superiores a los 3600 m (11000 pies) descienden en dirección a Bega (de 10 a 16 km [6 a 10 millas] de ancho) que es parte de la gran hendidura ("llanura del Líbano," Jos. 11:17). Desde la divisoria de aguas, el Orontes fluye hacia el norte y gira hacia el oeste para desembocar

en el Mediterráneo cerca de Antioquía. El Litani fluye hacia el sur y finalmente escapa hacia el mar al norte de Tiro. Desafortunadamente, su curso inferior ha formado una garganta tan profunda y estrecha, que es inútil para la comunicación. Ver *Palestina.*

7. Río Jordán. Ver *Río Jordán.*

8. Río Cisón. Este río drena la llanura de Jezreel y la porción sur de la llanura de Aco. El Cisón raramente es algo más que un arroyo dentro de riberas relativamente playas y estrechas, excepto durante las lluvias fuertes de los meses de invierno, cuando su curso se torna en una ciénaga pantanosa e infranqueable. Desde Jezreel, pasa junto al pie del monte Carmelo, a través del paso estrecho formado por una estribación de las colinas de Galilea y hacia la llanura de Aco, donde algunos tributarios adicionales se le unen antes de desembocar en el Mediterráneo. Su longitud total desde las vertientes hasta el mar es de apenas 37 km (23 millas). Ver *Cisón.*

9. Río Yarkón. Se forma por torrentes estacionales desde las laderas occidentales de las montañas de Samaria y Judea, que fluyen al arroyo de Caná, su tributario mayor, y a las ricas vertientes en la base de Afec a unos 13 km (8 millas) tierra adentro desde la costa del Mediterráneo. A lo largo de su curso se establecieron lugares para anclar y puertos pequeños, tales como tell Qasile, un pueblo filisteo; maderas de cedro del Líbano eran llevadas a flote tierra adentro hasta Afec para su transporte a Jerusalén para la construcción del palacio y el templo de Salomón. No obstante, históricamente el Yarkón formaba una gran barrera para el tráfico norte-sur en razón de los pantanos extensos que se formaban a lo largo de su curso. El Yarkón era la frontera entre las tribus de Dan y Efraín hacia el norte. Más hacia adentro, el arroyo de Caná constituía la frontera entre Efraín y Manasés (Jos. 16:8; 17:9).

Dos mares importantes influyeron profundamente en la historia política, económica y cultural de Israel.

10. El mar Mediterráneo. Ver *Mar Mediterráneo.*

11. El mar Rojo. Ver *Mar Rojo.*

RIQUEZAS Y MATERIALISMO Recursos físicos que Dios da a los seres humanos para que los controlen, y la tendencia humana de elevar esos recursos para reemplazar a Dios como centro de la vida. La riqueza es una bendición de Dios (Gén. 12:1-3; 13:2; 26:12-14; 1 Rey. 3:13; 10:23; Job. 42:12).

Las riquezas y la búsqueda de placer pueden impedir que algunos maduren en la fe (Luc. 8:14). La riqueza puede ser destructiva (Luc. 12:16-21). La vida no consiste en las posesiones que uno tiene (Luc. 12:15). El dinero (o la riqueza) es un poder espiritual (Mat. 6:24) y puede transformarse en un rival de Dios. Jesús frecuentemente pedía a la gente que se alejara de esto (Mat. 19:21; Luc. 12:33-34). Dar a los pobres y devolver la riqueza obtenida con engaño es una señal del deseo de seguir a Cristo (Luc. 19:8; comp. Hech. 20:35). Ver *Mayordomía.*

Los miembros de la iglesia de Jerusalén unían sus recursos para el bien común (Hech. 2:44-45; 4:34-35), proveyendo un modelo de la responsabilidad que los cristianos tienen unos por otros.

Un líder de la iglesia debe estar libre del amor al dinero (1 Tim. 3:3,8), "raíz de todos los males" (1 Tim. 6:10; comp. Heb. 13:5). El dinero se puede usar para realzar nuestra relación con Dios y bendecir a otros (2 Cor. 8:1-4; comp. 2 Cor. 9:7).

No debemos estar ansiosos por las cosas materiales, sino confiar en que el Padre Celestial cuida de nuestras necesidades (Mat. 6:25-26), sabiendo que el reino de Dios es más importante que el dinero (Mat. 6:33). Dios es el dueño de todas las cosas. Él nos da una porción para que usemos. Un día vamos a dar cuenta a Dios sobre el uso de nuestra riqueza.

RIVALIDAD ENTRE HERMANOS Tensiones y pelea entre hermanos o hermanas incluyendo a Caín y Abel (Gén. 4:1-16); Sem, Cam y Jafet (Gén. 9:20-27); Jacob y Esaú (Gén. 25:22-28:9; 32:1-33:17; Mal. 1:2-3); Lea y Raquel (Gén. 29:16-30:24); José y sus hermanos (Gén. 37; 39-45); Er y Onán (Gén. 38:1-10); Moisés, Aarón y María (Núm. 12:1-15); Abimelec y Jotam (Jue. 9:1-57); David y Eliab (1 Sam. 17:28-30); Absalón y Amnón (2 Sam. 13:1-39), y Salomón y Adonías (1 Rey. 1:5-53). En cada caso uno, o generalmente ambos, tratan de ganar *status* o favor por sobre el otro.

Las familias son dadas por Dios (Sal. 127:3), y no son elegidas por sus miembros, como sí son los amigos. La proximidad física y emocional de los miembros de la familia característicamente es muy estrecha. El potencial para la rivalidad entre hermanos es parte de la dinámica familiar, según lo entendía el escritor de Proverbios: "En todo tiempo ama al amigo, y el hermano nace para tiempo de angustia" (Prov. 17:17, BLA; 18:24; Mat. 10:21). El salmista exaltó lo bueno y placentero de los hermanos que pueden vivir juntos en unidad (Sal. 133:1-3).

RIZPA (*"carbones encendidos"* o *"pan calentado sobre carbones o cenizas"*) Concubina de Saúl a quien Abner tomó como esposa en lo que en realidad fue un reclamo a la corona (2 Sam. 3:7; comp. 1 Rey. 2:22); más conocida por su fiel vigilia sobre los cuerpos de sus hijos ejecutados (2 Sam. 20:10-14).

ROBOAM (*"él agranda al pueblo"*) Hijo y sucesor de Salomón (931-913 a.C.) al trono de la monarquía unida (1 Rey. 11:43); rechazó (1 Rey. 12) el pedido de las tribus del norte de quitar parte de la carga impositiva y las leyes laborales que su padre había colocado sobre ellos; decidió aumentar más las cargas. Las tribus del norte se rebelaron e hicieron rey a Jeroboam. Roboam quedó solo con las tribus de Judá y Benjamín. Continuó con las costumbres paganas que Salomón había permitido (14:21-24), y luchó contra Jeroboam y Sisac de Egipto.

ROCA El uso de sitios rocosos como lugares de refugio (Núm. 24:21; Jue. 15:8; 20:47) llevó a la imagen frecuente de Dios como una roca, una fuente de protección. Los títulos de Dios incluyen: la "Roca de Israel" (Gén. 49:24); "la Roca" (Deut. 32:4); "la Roca de su salvación" (32:15); la Roca que creó a Israel (32:18); "la roca que es más alta que yo" (Sal. 61:2). Isaías 8:13-14 describe al Señor de los ejércitos como una "piedra para tropezar" para la gente impía de Israel y Judá. Pablo identificó a Cristo como la Roca espiritual que nutrió a Israel en el desierto (1 Cor. 10:4). Otros textos aplican a Cristo la imagen de Isaías de una roca que hace que las personas caigan (Rom. 9:33; 1 Ped. 2:8). La enseñanza de Jesús es el fundamento de la vida, sólido como una roca (Mat. 7:24-25). Hay opiniones encontradas en cuanto a la identidad de la roca sobre la que Cristo prometió edificar la iglesia (Mat. 16:18). Las identificaciones posibles incluyen: Pedro, cuyo nombre significa "roca"; el grupo más amplio de discípulos; Cristo mismo; y la confesión de fe de Pedro. Los diferentes términos griegos que se emplean arguyen

en contra de una rápida identificación de Pedro como el fundamento. Tanto Cristo (1 Cor. 3:11) como el círculo más amplio de los apóstoles en otros pasajes son descriptos como el fundamento de la iglesia (Ef. 2:20; Apoc. 21:14). Parece improbable que Mateo presente a Cristo como el constructor y como el fundamento de la iglesia. La aplicación de la imagen del fundamento al trabajo evangelizador (Rom. 15:20; 1 Cor. 3:10) sugiere que la confesión de fe en Jesús como el Cristo, el Hijo del Dios viviente, hecha por Pedro y revelada por Dios (Mat. 16:16), es el fundamento de la iglesia, que pone sitio a las puertas del Hades. Ver *Llaves del reino; Pedro.*

ROCÍO Humedad del mar que se convierte en gotas de agua sobre la tierra durante una noche fresca; símbolo de algo refrescante (Deut. 32:2; Sal. 133:3); del amoroso poder de Dios que renueva y da nueva vida (Sal. 1:12); del repentino ataque de un enemigo (2 Sam. 17:12); de amor fraternal y armonía (Sal. 133:3); de la revelación de Dios (Jue. 6:36-40), y de la bendición de Dios (Gén. 27:28).

RODAS Isla al sudoeste de la costa de Asia Menor en el mar Mediterráneo, asociada con Dodanim (Gén. 10:4; Ezeq. 27:15); fundada como colonia comercial de Minos alr. del 1500 a.C., cayó bajo el control de un solo gobierno alr. del 407 a.C. Rodas, un rico centro de navegación, desarrolló armadas que controlaron el Mediterráneo oriental. Con un pie a cada lado de la entrada del puerto se erguía un Coloso de bronce de 32 m (105 pies) de alto, una de las siete maravillas del mundo antiguo. Levantado en el 288 a.C., cayó durante un terremoto alr. de 64 años más tarde. La deslealtad al gobierno romano terminó en duras sanciones económicas en contra de la ciudad. Cuando Pablo se detuvo allí en su viaje desde Troas a Cesarea (Hech. 21:1), Rodas era sólo una ciudad provincial menor. Ver *Dodanim*.

RODE (*"rosa"*) Esclava o visitante en la casa de Juan Marcos, que no le permitió entrar a Pedro (Hech. 12:13; comp. Luc. 24:9-11).

ROGEL (*"manantial del lavador"* o *"manantial del pie"*) Pueblo limítrofe entre Judá (Jos. 15:7) y Benjamín (Jos. 18:16; ver 2 Sam. 17:17; 1 Rey. 1:9), cerca de Jerusalén, en la intersección de los valles de Cedrón e Hinom en la moderna Bir Ayyub.

ROLLOS DEL MAR MUERTO Rollos con inscripciones que contienen los más antiguos textos del AT, y asimismo documentos de una secta copiados entre el 200 a.C. y el 70 d.C.. Se descubrieron entre 1947 y 1960 en once cuevas sobre la costa occidental del mar Muerto cerca de la ruina llamada khirbet Qumrán.

Los rollos contienen tres clases principales de literatura: (1) copias de libros del AT; (2) libros judíos no cristianos (por ejemplo 1 Enoc y Jubileos), probablemente escritos por los esenios; (3) composiciones propias de la comunidad, incluyendo comentarios bíblicos (por ejemplo sobre Habacuc y Nahum) que interpretan que las profecías bíblicas se aplicaban a la comunidad y a esa época; reglas de conducta comunitaria, y escritos litúrgicos como por ejemplo oraciones e himnos.

Los rollos muestran una sorprendente variedad de creencias. Así como sucedía con otros esenios, estos creían que estaban preservando un remanente fiel al guardar su propia interpretación de la ley judía y observar frecuentes lavados ceremoniales. Es así que se sentían listos para la restauración de la tierra por parte de Dios, quien castigaría a los impíos a través

de dos mesías: uno sacerdotal y uno laico. Estos esenios mostraban un interés especial en ángeles, astrología y predicciones proféticas. En Qumrán era común que hubiera una perspectiva dualista del mundo, ya que Dios había dispuesto que el mundo estuviera gobernado por un ángel de luz (uno de sus nombres era Melquisedec; ver Gén. 14; Heb. 7) y un ángel de la oscuridad. Todas las personas estaban asignadas a uno u otro de esos reinos. Ver *Esenios; Qumrán*.

ROMA Y EL IMPERIO ROMANO Gobierno internacional ejercido por el gobierno en Roma, Italia, después del 27 a.C. cuando murió la República de Roma y nació el Imperio Romano. Octavio se transformó en el único gobernante y en el 27 a.C. tomó el nombre de Augusto César. La república se transformó en el imperio, y Octavio llegó a ser el primer emperador de Roma.

Augusto fue extremadamente eficiente como administrador y corrigió muchos de los problemas que plagaron a la vieja república. Nombró procuradores sobre estas áreas potencialmente volátiles donde se habían estacionado las legiones o los ejércitos romanos. Poncio Pilato era uno de tales procuradores o gobernadores sobre Judea (Luc. 3:1).

Jesús nació durante el reinado de Augusto (27 a.C.-14 d.C.) y llevó a cabo su ministerio durante el reinado del sucesor de Augusto, Tiberio (14-37 d.C.; comp. Luc. 3:1). La imagen de este último estaba estampada sobre un denario de plata, al que se refirió Jesús en una discusión acerca de los impuestos (Luc. 20:20-26). Aprox. en el 18 d.C., Herodes Antipas, el hijo de Herodes el Grande, construyó su capital en la margen occidental del mar de Galilea y la llamó Tiberias en honor al emperador. Tiberio fue un comandante militar extremadamente capaz y un buen administrador, que a su muerte dejó un gran superávit en el tesoro. Él siguió el ejemplo de Augusto de no expandir las fronteras del imperio y así evitar la guerra. La *pax romana* (paz de Roma) que Augusto había inaugurado fue preservada, y ésta proporcionaba viajes fáciles y seguros por todo el imperio. Pablo indudablemente se refiere a esto en Gál. 4:4 cuando escribe: "Cuando vino *el cumplimiento del tiempo*, Dios envió a su Hijo" (cursivas agregadas). Tiberio nunca fue popular en el senado y decidió dejar Roma en la primera oportunidad que se le presentara. Después del 26 d.C. eligió gobernar el imperio desde su reclusión autoimpuesta en la isla de Capri. En este año, Poncio Pilato fue nombrado gobernador de Judea, un puesto que tuvo hasta el 36 d.C., justo antes de la muerte de Tiberio en el 37 d.C.

Tiberio fue sucedido por su sobrino nieto que sufría de alteraciones mentales, Gayo (Calígula), quien demostró ser un desastre. Durante su reinado (37-41 d.C.) y el de su sucesor, su anciano tío Claudio (41-54 d.C.), fue cuando tuvo lugar la mayor parte del ministerio de Pablo. Se informa que Claudio expulsó de Roma a judíos que estaban creando disturbios a instigación de Cristo (comp. Hech. 18:2). Inicialmente considerado inepto, Claudio resultó ser uno de los más hábiles emperadores de Roma. Fue responsable de la conquista del sur de Bretaña en 43-47 d.C., si bien tomó otros 30 años sojuzgar el norte de Bretaña y Gales. Su cuarta esposa, Agripina, envenenó a Claudio en el 54 d.C. para acelerar la sucesión de Nerón, su hijo de un matrimonio previo.

Nerón (54-68 d.C.) fue en algunos aspectos peor que Calígula, un hombre sin escrúpulos morales ni interés en el populacho romano. Tanto Pablo como Pedro parecen haber sido martirizados durante el reinado de Nerón, quizás en conexión con el incendio de Roma por Nerón en el 64 d.C., un evento por el que culpó a los cristianos. La revuelta de Galba, uno de su generales, llevó a Nerón al suicidio.

Galba, Otón y Vitelio, tres sucesivos emperadores-generales, murieron durante el año de guerra civil (68-69 d.C.) que siguió a la muerte de Nerón. El sucesor de Vitelio fue Vespasiano, uno de los comandantes que habían tomado Bretaña para Claudio y que estuvo en Judea aplastando la primera revuelta judía. Fue declarado emperador por las legiones de Siria y el Danubio, y retornó a Roma para asumir el puesto, dejando a su hijo Tito para que terminara con la destrucción de Jerusalén y el santo templo al año siguiente (70 d.C.) (notar Luc. 21:20).

Las aristocráticas dinastías julioclaudianas que habían reinado hasta la muerte de Nerón fueron felizmente reemplazadas por la dinastía flaviana, que surgió de la clase media rural de Italia y reflejaba un acercamiento más modesto y responsable al uso del poder. El reinado de Vespasiano (69-79 d.C.) fue sucedido por el breve ejercicio de su hijo Tito (79-81 d.C.), quien a su muerte dio lugar al gobierno de su hermano Domiciano (81-96 d.C.). Eusebio, historiador del siglo IV, informa que el apóstol Juan fue exiliado a Patmos (comp. Apoc. 1:9) durante el reinado de Domiciano. Eusebio también afirma que en el reinado de Nerva el senado quitó los honores de Domiciano y dio libertad a los exiliados para regresar a sus casas; esto permitió que Juan regresara a Éfeso.

El reinado de Nerva fue breve, ya que duró poco más de un año (96-98 d.C.). Fue sucedido por Trajano (98-117 d.C.), quien bañó de rojo al imperio con la sangre de los cristianos. Su persecución fue más severa que la instituida por Domiciano. En el siglo II

Ireneo escribió que Juan murió en Éfeso durante el reinado de Trajano. La persecución de la iglesia descripta en el Apocalipsis de Juan, probablemente refleja las iniciadas por Trajano y Domiciano.

ROMANOS, LIBRO DE La carta teológica más importante que se haya escrito; sexto libro del NT. Pablo había decidido dejar Éfeso, viajar a través de Macedonia y Acaya, ir a Jerusalén a entregar las ofrendas para los pobres (15:26), y luego visitar Roma (Hech. 19:21). Pasó tres meses en Acaya (Hech. 20:2-3). La mayoría de los eruditos sostiene que Romanos se escribió desde Corinto entre el 54 y 59 d.C., probablemente 55-56.

Durante un largo tiempo Pablo había deseado visitar a los cristianos en Roma, "para ser mutuamente confortados por la fe que nos es común a vosotros y a mí" (1:8-13). Pablo ya no tenía más lugares para evangelizar en el imperio oriental (15:23), pues había predicado desde Jerusalén hasta Ilírico (15:19). El apóstol planeaba continuar su ministerio hacia el límite occidental del imperio e ir a España (15:24). Pablo escribió esta carta para (1) solicitar las oraciones de ellos mientras él confrontara la amenazante situación en Jerusalén, (2) alertarlos de su posible visita, (3) darles a conocer algo de lo que él sabía que Dios había hecho en Cristo, (4) instruirlos en las áreas en que la iglesia confrontaba problemas específicos, y (5) obtener el apoyo de ellos en su aventura misionera a España.

El tema de Romanos es la "justicia de Dios" (ver 1:16-17), pero el significado de esta frase está en discusión. Algunos interpretan que significa la justicia que Dios concede a personas sobre la base de la obra de Cristo, entendiendo "de Dios" como "de parte de Dios." Otros intérpretes sostienen que "la justicia de Dios" es la actividad de Dios, y entienden el término básicamente a partir de su uso en la traducción griega del AT donde la expresión se refiere a la acción de Dios en su poder salvador. Esta parece ser la mejor alternativa —la justicia de Dios es la acción de Dios a través de la vida, muerte y resurrección de Jesús. Ver *Justicia*.

La justificación (la acción de Dios haciendo justas a las personas) puede referirse fundamentalmente a la nueva situación de alguien en Cristo —la justificación significaría así el otorgamiento de una posición justa delante de Dios—, o al nuevo carácter moral de alguien en Cristo —la justificación significaría entonces la acción de Dios en la vida de una persona para capacitarla a fin de que logre altas pautas éticas. La mejor manera de entender justificación es incluir tanto la nueva posición de la persona delante de Dios como la vida nueva que esta posición demanda. Ver *Justificación*. La salvación es tanto el don de Dios de una posición justa delante de Él en Cristo (6:22-23), como también la demanda de Dios de vivir la vida nueva que Cristo hace posible (6:19). Lo que Dios ha hecho por nosotros en Cristo nos convoca a lo que nosotros debemos hacer por Dios. Ver *Ética; Salvación*.

Pablo entendía que el centro de la vida cristiana es una lucha intensa con el poder del pecado en la vida de una persona. En Cristo, Dios vino a hacer libres a las personas del poder esclavizante del pecado, al permitir que los pecadores culpables sean declarados justos y luego lo logren. Pablo utilizó las figuras de Adán y Cristo representando las únicas dos posibilidades para la existencia humana. Adán, el transgresor original (5:12), fue aquel a través de quien entró el pecado; pero el pecado no vino solo —la muerte está ligada inseparablemente al pecado

(5:12-14). El pecado o la muerte "reinaron" (5:14,21). El poder del pecado se demostró pues este usó a la ley santa para sus propios propósitos (7:8-12). El pecado, la muerte y la ley se oponen a otra tríada de poderes (ver 5:18-21) en el reino de Cristo: justicia (contra el pecado), gracia (contra la ley) y vida (contra la muerte).

La carne, como sustancia o materia, es en sí misma neutral y no tiene una naturaleza mala ni buena; pero una persona bajo el control del pecado está "en la carne" (8:9), en contraste con la vida "en el Espíritu" (8:9-11). En esta vida (en la carne) los creyentes deben actuar según lo que demanda el don de Dios para nosotros a través de Cristo, y deben caminar "según el Espíritu" (8:4-8). La transición del reino de Adán al reino de Cristo es morir y resucitar con Cristo (6.5-11). Esta unión con Cristo en la muerte revela al pecado en todo su horror. Los creyentes siguen a Dios como lo hizo Jesús, repudian el gobierno del pecado y se dan cuenta de que el fin del pecado es la muerte. Nuestra resurrección con Cristo es nuestro levantarnos de la muerte con Él espiritualmente a fin de vivir para Dios. Este morir y resucitar con Cristo nos hace libres del pecado en el sentido de que el poder del pecado ya no esclaviza. El cristiano tiene los recursos divinos para luchar victoriosamente contra el pecado, pero es necesaria una intensa lucha (6:11).

El morir y el resucitar con Cristo da como resultado que una persona esté "en Cristo," la forma favorita de Pablo para describir la salvación. Estar "en Cristo" es estar en el campo de influencia de la gracia, la vida y la justicia; es vivir en el poder de haber sido resucitados con Cristo; y es una vida de confianza en Dios que lucha con el poder del pecado en la vida propia sobre la base de la poderosa presencia de Dios (el Espíritu Santo).

La introducción de Pablo a la carta (1:1-15) establece el llamado apostólico que lo califica (vv.1-7) y explica su razón para escribir a los romanos (vv. 8-15). Pablo declara de manera directa el tema de su carta —la justicia de Dios revelada en el evangelio y que trae salvación (1:16-17). Pablo entonces demuestra que todas las personas necesitan salvación (1:18-3:20), mostrando primero que el poder del pecado gobierna a los gentiles (1:18-32) y, segundo, que el poder del pecado también gobierna a los judíos (2:1-3:8). Toda la humanidad está bajo el poder del pecado (3:19-20).

La segunda sección importante trata con la provisión de justicia por parte de Dios a través de Jesucristo sobre la base de la fe (3:21-4:25). Dios ha manifestado su justicia aparte de la ley en la sangre expiatoria de Jesucristo. Dios justifica (declara justas) a las personas sobre la base de la fe (3:21-26). La justificación por la fe excluye toda jactancia o exultación en la bondad o virtud personal alcanzada por obras conforme a la ley. La manera en que Dios justificó a Abraham por la fe demuestra que la fe, como modo de relacionarse con Dios, precede a tratar de relacionarse con Él mediante las obras de la ley, confrontando así la objeción judía de que Dios requiere obras para que haya justificación (3:27-4:25).

La tercera sección de Romanos trata con el impacto y las implicaciones de lo que Dios hace por nosotros en Cristo, y enfoca la atención en cómo la salvación da como resultado una nueva vida victoriosa (5:1-8:39). El resultado inmediato de la justificación es paz con Dios basada en la seguridad que viene del amor de Dios por nosotros, y resulta en nuestra capacidad de regocijarnos frente a las dificultades, en razón de que Cristo ha revertido los resultados de la desobediencia de Adán (5:1-21). El corazón mismo de la salvación se halla en la lucha continua pero victoriosa del cristiano con el pecado (6:1-7:25). Esta lucha victoriosa es posible en razón del poder del Cristo resucitado, que nos llega por el Espíritu Santo y nos asiste para hacer lo correcto (8:1-39).

La cuarta sección (caps. 9-11) aborda la cuestión entre los cristianos judíos acerca del destino de los judíos que todavía se consideraban el pueblo de Dios, aun cuando habían rechazado a Cristo. Pablo enfatiza que la justicia de Dios queda demostrada en su fidelidad a todas sus promesas —incluso aquellas hechas a Israel en el AT. Pablo confiesa su propio dolor personal por el rechazo de Cristo por parte de Israel (9:1-15), y afirma que como siempre Dios ha manifestado su soberanía al tratar con Israel (9:6-29). La libertad de elección que Dios le dio a Israel explica el rechazo de Jesús como el Cristo (9:30-10:21). Pablo recuerda a sus lectores que la justicia de Dios se manifiesta en la misericordia divina, de la que todos —tanto judíos como gentiles— dependemos (11:1-36).

La sección final es una exhortación a la obediencia práctica a Dios (12:1-15:13). Los cristianos deben vivir vidas transformadas (12:1-2) y demostrar esto en una buena mayordomía de sus dones espirituales (12:3-21), en el cumplimiento de sus obligaciones para con el estado (13:1-7), en hacer del amor lo supremo (13:8-14), y en buscar nutrir a otros en la comunión de la iglesia, siendo particularmente cuidadosos en la paciencia para con el débil y en la edificación de éste (14:1-15:13).

La conclusión a la carta (15:14-16:27) resume el ministerio de Pablo y sus planes para el futuro, solicitando las oraciones de los romanos (15:14-33); el apóstol recomienda a Febe (16:1-2), envía saludos a cristianos individualmente (16:3-24), y finaliza con alabanza a Dios (16:27).

ROPA Prendas que usan los seres humanos para cubrir partes "vergonzosas" del cuerpo (Gén. 3:7-8). Los elementos más antiguos en la confección de ropas fueron las pieles de animales (Gén. 3:21).

En el período neolítico las fibras de lino se hilaban y se tejían hasta lograr tela de *lino.*

El *algodón* parece haberse originado en el valle del Indo. Era muy preciado desde Egipto hasta Babilonia debido a su color luminoso y a su suavidad, y a la vez por su durabilidad.

La *lana* era la materia prima más usada entre los pueblos semitas para hacer fieltro y otras telas. Las tonalidades naturales de la lana iban del blanco al amarillo y al gris.

La *seda* se importaba de China, luego se extendió a Mesopotamia y finalmente a las islas del Mediterráneo, donde se cultivaban gusanos de seda. La seda por lo general se reservaba para la realeza y la aristocracia.

La *fibra de cáñamo* y el pelo (de camello o de cabra) producían ropas toscas cuando se usaban por sí solos, pero cuando se usaban con lana el resultado era ropa áspera pero de calidad. El lavador preparaba los productos que se usarían en las prendas. Para quitar el aceite, la tierra y otros residuos se lavaba el material en un líquido de base alcalina y se lo enjuagaba repetidamente con agua limpia. El material entonces se dejaba al sol para que se secara, blanqueara y encogiera antes del uso final (Isa. 7:3).

La materia prima se hilaba y se tejía en secciones de tela de unos 2 metros (6 pies) de ancho y el largo necesario (Ex. 26:1-2,7-8). Durante la época bíblica se usaban tres clases de telares: el vertical egipcio, el vertical griego y el horizontal. En el período de hierro II en Israel fueron prominentes los telares verticales que usaban pesas de arcilla moldeadas a mano. Estos telares tenían dos barras verticales y una horizontal, y urdimbre que se estiraba entre la barra y una serie de pesas de telar. Ver Ex. 35:25; 39:3; Prov. 31:13,24.

Los egipcios predinásticos (aprox. 3000 a.C.) habían comenzado a dominar el arte de teñir telas. Ver *Colores*. Las fibras textiles teñidas por lo general se reservaban para vestimentas y ocasiones especiales (ver Gén. 37:3-4; Ex. 26:1). Tanto hombres como mujeres vestían *túnicas* de lino o lana que iban desde el cuello a las rodillas o los tobillos y tenían diversos motivos y colores.

Eran comunes los *cinturones* de lino (Jer. 13:1) o cuero (2 Rey. 1:8) que usaban hombres y mujeres para ceñir la túnica en los viajes. Para mayor comodidad se podía aflojar durante la noche o al descansar.

Los sacerdotes debían cubrirse lomos y muslos con *calzoncillos* (Ex. 28:42) para no estar descubiertos cuando servían a Jehová.

Los *mantos* (Esd. 9:3) eran vestimentas exteriores que se usaban para cubrirse durante la noche, y por lo tanto no debían prestarse (Deut. 24:13; comp. Juan 19:2). La túnica de Jesús probablemente fue la prenda por la que los soldados romanos echaron suertes durante su crucifixión (Juan 19:23). La realeza, los profetas y los miembros de la aristocracia vestían *túnicas* externas y sin mangas de tela azul o púrpura (1 Sam. 18:4; Luc. 15:22). En tiempos de tristeza o angustia, este vestido se podía rasgar (Job 1:20). El *efod*, por lo general una túnica blanca especial, era otro tipo de vestimenta exterior (1 Sam. 2:18).

Las vestimentas femeninas deben de haber tenido una notable diferencia con las masculinas, ya que estaba estrictamente prohibido vestir ropas del sexo opuesto (Deut. 22:5). La ropa interior era holgada y la exterior, más amplia. Las mujeres también usaban en la cabeza una tela de colores vivos o de material con diseños; se podía usar atada a fin de sostener y transportar cargas en la cabeza (Isa. 3:22). También podían usar un velo (Gén. 24:65) o una prenda colgante a fin de protegerse del sol tórrido. Mujeres de elevada condición social usaban un velo largo con cola (Isa. 47:2).

La ropa festiva tanto para hombres como para mujeres por lo común se hacía de un material blanco costoso y se ornamentaba con ataduras externas o coloridos adornos en la cabeza. La vestimenta festiva además se decoraba con oro, plata y joyas (2 Sam. 1:24). La ropa sacerdotal (Ex. 39:1-31) también constaba de lino de la mejor calidad teñido color carmesí, índigo y púrpura, y complementado con ornamentación de oro.

ROSTRO, FAZ Cara de una persona. "Rostro" tiene varios significados: literalmente, el rostro de personas (2 Cor. 3:13), serafines (Isa. 6:2) y el rostro de Cristo (Mat. 17:2); figurativamente, la faz de la tierra (Gén. 2:6), las aguas (Gén. 1:2), el cielo (Mat. 16:3 RV 1909); teológicamente, la presencia de Dios.

Las emociones se expresan en el rostro. Inclinar el rostro indica reverencia o temor reverencial (Núm. 22:31; Luc. 5:12) o completa sumisión (1 Sam. 20:41; Mat. 26:39). Cuando uno está enojado o triste, su semblante (rostro) decae (Gén. 4:5; contrastar con Prov. 15:13). A fin de expresar desagrado o disgusto, la persona esconde el rostro (Ezeq. 39:23; Sal. 102:2); buscar el rostro de alguien es desear ser oído por ese alguien (Sal. 105:4). Poner el rostro contra alguien o algo es expresar hostilidad (Jer.21:10), mientras que volver el rostro indica rechazo (Sal. 132:10). Volver el rostro también indica determinación (Jer. 42:17; Luc. 9:51). El hombre impío endurece su rostro (Prov. 21:29) y la gordura le cubre el rostro (Job 15:27). Cuando una persona está de duelo, cubre su rostro (2 Sam. 19:4).

Hay también varias frases y expresiones idiomáticas que se asocian con el rostro de Dios. La luz de su rostro (Sal. 4:6) es indicativo de buena voluntad y bendición. Él pone su rostro contra los pecadores (Lev. 17:10) y esconde su rostro (Sal. 13:1). A veces para traducir "rostro" se utiliza el término presencia (Ex. 33:14; 2 Tes. 1:9). En el tabernáculo, el pan de la proposición era, literalmente, "pan de los rostros", una manifestación local de la presencia de Dios. Moisés pidió ver la "gloria" de Dios (Ex. 33:18), pero Dios le respondió: "No podrás ver mi rostro" (Ex. 33:20). La correlación indica que al ver el rostro de Dios, tendríamos la experiencia de su misma presencia, y por lo tanto estaríamos expuestos a la naturaleza y el carácter de Dios. Sin la gracia o la misericordiosa intervención divina (Ex. 33:17-23) seres pecadores no pueden quedar con vida al estar en la santa presencia de Dios. Es así que Moisés (Ex. 3:6), Elías (1 Rey. 19:13) y los serafines (Isa. 6:2) escondían sus rostros en la presencia de Dios. Ver *Gloria; Pan de la proposición; Presencia de Dios; Ojo.*

RUEDA Disco u objeto circular capaz de girar sobre un eje central, probablemente inventada en Mesopotamia antes del 3000 a.C.; indispensable para el transporte —usada en carretas, carros y carruajes (Ezeq. 23:24; 26:10; Nah. 3:2; comp. 1 Rey. 7:30-33).

La visión de Ezequiel de una gran rueda en el cielo (1:4-28; cap.10) era un símbolo de la presencia de Dios. Quizás la visión representaba las ruedas del carro invisible de Dios moviéndose por el cielo ("carros del sol," ver 2 Rey. 23:11) o las ruedas del trono de Dios (Dan. 7:9). Comparar Sal. 77:18; Prov. 20:26; Jer. 18:13. Ver *Carros.*

RUHAMA (*"compadecida"*) Nombre que utilizó Oseas para simbolizar el cambio en la situación de Israel delante de Dios después del juicio divino (2:1; comp. 1:6). Primera Pedro 2:10 aplica la imagen de Oseas a los cristianos que han experimentado la misericordia de Dios en Cristo.

RUT Antepasado de David y Jesús. Ver *Rut, Libro de.*

RUT, LIBRO DE Libro en los escritos del AT que cuenta la historia del cambio en las fortunas de Rut y su suegra, Noemí; uno de los cinco Megilloth (rollos leídos en las fiestas judías); leído en la fiesta de las semanas. Ver *Fiestas.* El relato se ubica en el período de los jueces de Israel y en el mundo agrícola de Moab y los alrededores de Belén, y comienza (1:1-5) relatando por qué Noemí está en Moab y su situación grave después de la muerte de su esposo e hijos. El episodio A (1:6-22) narra su regreso y llegada a Belén, y cómo Rut la acompañó. El episodio B (2:1-16) presenta el encuentro de Rut y Booz mientras ella espiga grano durante la cosecha. El episodio C (2:17-23) muestra a Noemí y a Rut hablando sobre el día de Rut en el campo, e identifica a Booz como un pariente que tenía cierto papel que cumplir. El episodio D (3:1-5) presenta a Noemí presionando el papel de Booz como pariente. El episodio E (3:6-13) sigue a una transición en la que Rut y Booz se encuentran, y Booz se confronta con su responsabilidad como pariente. El episodio F (3:14-18) demora la resolución de la trama mientras Noemí le asegura a Rut que la cuestión se va a resolver. El episodio G (4:1-6) habla de Booz a la puerta de la ciudad arreglando con otro pariente las cuestiones de la propiedad de Elimelec y de Rut. Una narración aparte (4:7-8) explica la costumbre del zapato. Se da testimonio de las acciones de Booz, y él es bendecido por el pueblo y los ancianos por su papel como pariente en el episodio H (4:9-12). En el episodio I (4:13-17a) cambian las suertes de Noemí y Rut con el nacimiento de Obed, a quien se declara hijo de Noemí. Esta declaración le asegura un nombre y un futuro a la familia de Noemí. La terminación (4:18-22) liga todo el relato con una genealogía.

El libro de Rut habla contra el particularismo postexílico al aceptar a Rut (una nativa de Moab) en la corriente genealógica de Israel y al hacer que el libro sea parte del canon hebreo. Ver *Moab*. Rut tiene que ver con las normas y obligaciones familiares y matrimoniales israelitas. La trama de Rut muestra el matrimonio por levirato (Deut. 25:5-10) como una obligación familiar en acción. En lo religioso, el libro cuenta la historia de la fe de Noemí y Rut, y muestra los caminos de Dios en una situación familiar singular. La forma final del texto habla a las preocupaciones políticas a través de una genealogía (4:17b-22) que detalla el trasfondo de la familia de David y sirve para legitimarlo como rey sobre el trono de Saúl.

SAALBIM (*"lugar de zorros"*) Fortaleza amorrea eventualmente controlada por Manasés y Efraín (Jue. 1:35; ver 1 Rey. 4:9; 2 Sam. 23:32); tal vez la moderna Selbit, unos 11 km (7 millas) al sudeste de Lidia y 5 km (3 millas) al noroeste de Ajalón.

SABACTANI (*"él me ha abandonado"*) Ver *Elí, Elí, lama sabactani*.

SÁBADO, SABAT, DÍA DE REPOSO Cesación de todo trabajo cada siete días; era un día santo para Dios, por su descanso en el séptimo día después de la creación, y se lo veía como una señal de la relación de pacto entre Dios y su pueblo, y del descanso eterno que Él prometió a su pueblo. Los reglamentos sobre el Sábado son una característica principal de los Diez Mandamientos. Por seis días los israelitas debían trabajar, pero el séptimo, ellos tanto como esclavos, extranjeros y bestias debían descansar. Se dan dos razones. La primera es que Dios descansó el séptimo día después de la creación, con lo cual hizo que ese día fuera santo (Ex. 20:8-11). La segunda es un recordatorio de su redención de la esclavitud en Egipto (Deut. 5:12-15).

El día se transformó en un tiempo para asamblea sagrada y adoración (Lev. 23:1-3), una prueba del pacto que habían hecho con Dios (Ex. 31:12-17; Ezeq. 20:12-20). La pena por profanación era la muerte (Ex. 35:1-3). La observancia verdadera elevaría a una persona al monte santo de Dios y la alimentaría espiritualmente (Isa. 56:1-7; 58:13), pero el no guardar el Sábado traería destrucción a su reino terrenal (Neh. 13:15-22; Jer. 17:21-27).

Con el tiempo, los rabinos prohibieron 39 tareas, tales como atar o desatar un nudo. Éstas, a su vez, se extendieron hasta que se inventaron evasiones ingeniosas, que perdieron el espíritu pero satisficieron el requerimiento legal. El hábito de Jesús era observar el Sábado como día de adoración en las sinagogas (Luc. 4:16), pero como no cumplió con las restricciones mínimas, surgió conflicto (Mar. 2:23-28; 3:1-6; Luc. 13:10-17; Juan 5:1-18). Al principio, los cristianos también se reunían el Sábado con los judíos en las sinagogas para proclamar a Cristo (Hech. 13:14). Su día santo, el día que pertenecía especialmente al Señor, era el primer día de la semana, el día de la resurrección (Mat. 28:1; Hech. 20:7; Apoc. 1:10). Consideraban que el Sábado y otros asuntos de la ley eran una sombra de la realidad que ahora había sido revelada (Col. 2:16-23), y el Sábado se transformó en un símbolo del descanso celestial por venir (Heb. 4:1-11).

SABAOT (*"huestes, ejércitos, cuerpos celestiales"*) Transliteración del título divino hebreo que significa, "Señor de los ejércitos," también interpretado como Señor de los ejércitos de Israel (comp. 1 Sam. 17:45); los dioses cananeos de la naturaleza que habían sido depuestos, y cuyo título fue asumido por Jehová (Yavéh); las estrellas; miembros de la corte o consejo celestial de Jehová; un título que comprendía a todos los seres, celestiales y terrenales; un título intensivo que describe a Dios como todopoderoso. Al parecer, el título estaba estrechamente relacionado con Silo y el arca del pacto (1 Sam. 1:3,11; 4:4; 6:2). Jehová Sabaot parece haber enfatizado el lugar que tiene Dios como rey divino, entronizado entre los querubines, con el arca como su estrado, gobernando sobre la nación, la tierra y los cielos (Sal. 24:10). Él es el Dios sin igual (Sal. 89:8), que está presente con su pueblo (Sal. 46:7,11; comp. 2 Sam. 5:10).

SABÁTICO, AÑO Cada séptimo año, cuando los granjeros hacían descansar la tierra de producir cultivos a fin de renovar la tierra y el pueblo de Israel (Ex. 23:10-11; Lev. 25:1-7). Esto no sólo aseguraba que la tierra continuara siendo fértil, permitiendo que estuviera en barbecho, sino que también protegía los derechos de los pobres. A los campesinos se les permitía comer de la abundancia natural de los campos no sembrados. Puede ser que solamente una porción de la tierra descansara cada año sabático, mientras que el resto se cultivara como de costumbre. Ese año los hebreos vendidos como esclavos debían ser liberados (Ex.21:2). También se le debían perdonar los préstamos y las deudas a los israelitas (Deut. 15:1-3). Jeremías le recordó al pueblo que sus padres habían ignorado la observancia de la ley (Jer. 34:13-14; comp. Lev. 26:35). Israel renovó su dedicación a practicar el año sabático durante el tiempo de Nehemías, pero no es claro si se llevó a cabo (Neh. 10:31). Durante el período intertestamentario, hubo un intento de parte de Israel de observar el año sabático, a pesar de la confusión política de ese tiempo (1 Macabeos 6:49).

SABEOS Transliteración de dos nombres nacionales hebreos:

1. Descendientes de Seba, hijo de Cus (Gén. 10:7a), de quienes se esperaba que trajeran dádivas que significaran lealtad a Jerusalén (Sal. 72:10; Isa. 45:14; comp. Isa. 43:3; Ezeq. 23:42). Dios pudo usar a los sabeos para "pagar" el rescate de Israel de la cautividad (Isa. 43:3). Frecuentemente se los identifica con el pueblo de Meroe en el alto Egipto entre el Nilo Blanco y el Azul, por lo tanto la capital de Etiopía. Otros eruditos lo ubican

mucho más al sur, el territorio este y sudeste de Cus que termina en el mar Rojo. Otros eruditos identificarían aquí por lo menos algunas referencias idénticas a *2.* más abajo.

2. Descendientes de Seba, hijo de Raama (Gén. 10:7b) o Joctán (Gén. 10:28; comp. 25:3). La rica reina de Sabá (otra forma de la palabra Seba) visitó a Salomón (1 Rey. 10; ver Mat. 12:42). Los sabeos destruyeron los rebaños, las manadas y los criados de Job (Job 1:15). Eran conocidos como "los caminantes de Sabá" (Job 6:19; comp. Sal. 72:10,15; Isa. 60:6; Jer. 6:20; Ezeq. 27:22; 38:13; Joel 3:8). Sabá usualmente se equipara a Marib en Yemen. Algunos eruditos piensan que esto está demasiado al sur y buscan la Sabá bíblica en el norte de Arabia cerca de Medina en el wadi esh-Shaba. Sabeos pudo haberse transformado en un término general para mercaderes extranjeros o nómades. Se dice que los sabeos domesticaron al camello.

SABIDURÍA Y SABIOS Clase educada de personas responsables de preservar y transmitir la cultura y el conocimiento de la sociedad. La sabiduría enseña cómo tener éxito en la vida (Prov. 22:17-24:22). Job y Eclesiastés parecen tratar asuntos relacionados con la esencia de la vida (ver particularmente Job 30:29-31). La verdadera esencia de la sabiduría es espiritual y viene de Dios (Prov. 2:6). Incluye observación e instrucción, pero realmente comienza con Dios y la fe que uno tiene en Él (Prov. 1:7; Job 28:28).

En los comienzos, tal sabiduría probablemente era responsabilidad del patriarca o cabeza de un clan. En la cultura antigua había una clase distintiva de personas —sabios— responsable de crear y preservar la sabiduría: Ahitofel y Husai (2 Sam. 16:15-17:23); Salomón y su corte

(1 Rey. 4:29-34; 10); Ezequías (Prov. 25:1). Los enemigos de Jeremías llegaron a confrontarlo con respecto a su profecía de que la ley no le faltaría a los sacerdotes, los profetas y los sabios (Jer. 18:18). Los magos (o sabios) del oriente anunciaron el nacimiento de Cristo (Mat. 2:1-12), que llegó a ser el más grande de todos los maestros de sabiduría (Mat. 12:42; 13:54; Mar. 6:2).

La mayor parte del material sobre sabiduría del antiguo Cercano Oriente se ha encontrado en cierto tipo de estructura poética expresada en patrones paralelos. Ver *Poesía.*

La más grande contribución de los sabios de Israel ha sido Job, Proverbios y Eclesiastés. Salmos, el Cantar de los Cantares de Salomón y Lamentaciones contienen figuras de lenguaje y formas estilizadas que reflejan la tradición de sabiduría. Las obras intertestamentarias de Eclesiástico y la Sabiduría de Salomón continuaron la tradición y colocaron un fundamento excelente para la revelación máxima de sabiduría en Cristo Jesús (Mat. 11:19; Luc. 11:49-51; Col. 1:15-20; 1 Cor. 1:24, 30; Apoc. 5:12). Ver *Intertestamentaria, Historia y literatura; Apócrifos; Pseudoepigráficos, Libros.*

La sabiduría bíblica así como la de otras culturas enfatiza el éxito y el bienestar del individuo. Algunos de sus tópicos más importantes son: el conocimiento, el mundo, la justicia, la virtud, la familia, y la fe. El mayor de estos temas tal vez sea la fe que está constantemente vigilando a la sabiduría y realmente a la vida toda (Prov. 1:7). Ver *Eclesiastés; Job; Proverbios.*

SACERDOCIO DE CRISTO La obra de Cristo al ofrecerse como el sacrificio supremo por los pecados de la humanidad e interceder a su favor. Ver Heb. 4:14-15. Este sacerdocio de Cristo es "según el orden de Melquisedec" (Heb. 5:6), lo cual significa que Dios lo nombró directamente y que Jesús no debía remontar su sacerdocio a través de la línea humana de Aarón o Leví. Ver *Expiación; Cristo; Jesús; Sumo Sacerdote.*

SACERDOCIO DEL CREYENTE
Creencia cristiana de que cada persona tiene acceso directo a Dios sin ningún otro mediador que no sea Cristo; los creyentes pueden responder directamente a la actividad individual de Dios en sus vidas, a través del Espíritu Santo y a través de las Escrituras. Los cristianos han llegado a ser un "sacerdocio santo" (1 Ped. 2:5) y pueden ministrarse unos a otros y ministrar al mundo. Los sacerdotes de profesión ya no tienen más un canal exclusivo para la comunicación con Dios. Cualquier creyente puede ser un canal del Espíritu de Dios y mediar la gracia de Dios en oración, confesión o testimonio en situaciones particulares. El papel de Cristo como nuestro único sacerdote significa que Él es el único mediador entre Dios y los creyentes (1 Tim. 2:5). El sacrificio de Cristo de "una vez para siempre" cumplió la promesa y el propósito del sacerdocio del AT. Los sacerdotes del antiguo pacto ofrecían el sacrificio de animales sobre el altar. Cristo, como Sumo Sacerdote, ofreció su propia vida sobre el altar de la cruz. Los seguidores de Cristo son llamados a ofrecer sus propios cuerpos como un sacrificio vivo, un compromiso y un servicio diario a Dios, como la forma más auténtica de adoración (Rom. 12:1).

SACERDOTES Personal a cargo del sacrificio y la ofrenda en los lugares de adoración, particularmente en el tabernáculo y el templo. Las dos funciones principales del sacerdocio en el AT eran sacrificar en el altar y adorar en el santuario. Otras funciones eran bendecir al pueblo (Núm. 6:22-26), determinar la voluntad de Dios (Ex. 28:30), e instruir al pueblo en la ley de Dios (Deut. 31:9-12). Esta instrucción incluía la aplicación de las leyes de limpieza (Lev. 11-15). Algunas de estas funciones, como por ejemplo la bendición y la enseñanza, no estaban reservadas a los sacerdotes solamente, pero el sacrificio y el uso del Urim y Tumin eran de ellos con exclusividad. Ver *Urim y Tumim.*

Abel, Noé y Abraham fueron sacerdotes de su familia. Jetro, el sacerdote de Madián, llevó sacrificios a Dios y adoró con Moisés, Aarón y los ancianos de Israel (Ex. 18:12). Dios prometió que si Israel era fiel, sería un "reino de sacerdotes, y gente santa" (Ex. 19:6). Esto tal vez significó que Israel era llamado para mediar la palabra y la obra de Dios al mundo: ser una luz a las naciones (Isa. 42:6).

En el monte Sinaí, Dios le dijo a Moisés que nombrara a Aarón y a sus cuatro hijos para servir como sacerdotes, esto es, para servir en el altar y en el santuario (Ex. 28:1,41). Los miembros de la tribu de Leví que no eran del linaje de Aarón asistían a los sacerdotes, pero no ofrecían sacrificios. Los sacerdotes se sostenían con las ofrendas y los levitas con los diezmos (Núm. 18:20-24). Ver *Levitas; Sumo Sacerdote; Aarón.*

SACRAMENTO Signo exterior y visible de una gracia espiritual; se refiere usualmente a un ritual religioso que se cree conlleva una sanidad o poder salvador especial. El bautismo y la Cena del Señor son los dos sacramentos casi universalmente reconocidos en el cristianismo, aunque muchos cristianos evangélicos evitan la palabra *sacramento* en favor de "ordenanzas." Con el tiempo, los cristianos extendieron el uso del término a la predicación, la Cena del Señor, el lavamiento de pies, la bendición, el matrimonio,

la ordenación, y cualquier otro rito considerado como un canal de gracia divina en el corazón y la vida del creyente. La cuestión teológica que más dividió a los cristianos fue si la gracia divina se transmitía por una correcta realización del rito, o si el que la recibía debía tener una fe activa y dar una respuesta personal al poder del Espíritu de Dios.

Cuando Pablo escribió acerca de ser "sepultados con Cristo por el bautismo," ciertamente quería decir que este rito visible demuestra nuestra unión espiritual con Cristo en su muerte y resurrección. Sin embargo, no es una transmisión mecánica o automática de gracia divina. Depende de la fe interior y de la respuesta espiritual del creyente. Dado que Dios se hizo carne en Jesucristo, se deriva que Dios puede usar todo aquello que Él elija en su orden creado, para transmitir su verdad y poder salvador a aquel que cree en Él. Ver *Ordenanzas.*

SACRIFICIO HUMANO Rito en que se mata a una o más personas para agradar a un dios. Antes del 2000 a.C. tanto los egipcios como los sumerios mataban a siervos y posiblemente hasta a miembros de la familia para sepultarlos con los reyes fallecidos a fin de que los acompañen en el reino de los muertos. En Mesopotamia y tal vez en otros lugares, los restos de animales y de seres humanos ofrecidos como sacrificio se depositaban en los cimientos de un edificio para protegerlo de los poderes de la maldad (comp. 1 Rey. 16:34).

Jefté sacrificó a su hija para cumplir su voto (Jue. 11:30-40). Mesa, rey de Moab, ofreció a su hijo como holocausto —se presume que a Quemos, el dios nacional de Moab— sobre los muros de su capital mientras estaba sitiada por Israel y Judá (2 Rey. 3:27). El evento fue tan horrendo que dio por terminado el sitio. Aunque la ley de Israel específicamente prohibía el sacrificio humano (Lev. 18:21; 20:2-5), hay varias referencias a que la práctica tenía lugar, especialmente entre el 800 y el 500 a.C. Tanto Acaz como Manasés quemaron a sus hijos en sacrificio en tiempos de peligro nacional (2 Rey. 16:3; 21:6; comp. 1 Rey. 11:7; Jer. 7:31-32; 19:5-6; Ezeq. 16:20-21; 20:31). Ver *Hinom, Valle de; Moloc.* Josías profanó Tofet como parte de su reforma de manera que "ninguno pasase su hijo o su hija por fuego a Moloc" (2 Rey. 23:10). Estas prácticas, aunque no eran parte del culto a Jehová, seguramente fueron adoptadas por Israel de las naciones vecinas. El pueblo de Sefarvaim, al que Sargón II deportó a Palestina en el 721 a.C. desde una zona dominada por los arameos, quemó a sus hijos ofreciéndolos como ofrendas a Adramelec y Anamelec (2 Rey. 17:31). Sin embargo, los sacrificios humanos nunca pasaron por la mente de Jehová (Jer. 19:5). Tal cosa le es abominación.

SACRIFICIO Y OFRENDAS Elementos físicos que el adorador lleva a la Deidad para expresar devoción, acción de gracias o necesidad de perdón. Para los vecinos de Israel, los sacrificios y ofrendas a los dioses cubrían necesidades físicas. Los sacrificios eran la comida y la bebida de los dioses.

Caín y Abel llevaron ofrendas al Señor del fruto de la tierra y del primogénito del rebaño (Gén. 4). Al dejar el arca, Noé inmediatamente construyó un altar y ofreció holocaustos (Gén. 8). Entre los sacrificios patriarcales sobresale la voluntad de Abraham de sacrificar a Isaac (Gén. 22).

Los sacrificios debían usarse en la consagración y ordenación de los sacerdotes (Ex. 29). Los sacrificios que constituían buena parte de la adora-

ción de Israel, se quemaban sobre un altar hecho de madera de acacia y recubierto de cobre (Ex. 27). El incienso se quemaba sobre un altar más pequeño (Ex. 30). Ver *Altar*.

Levítico 1-7 da la descripción más detallada del sistema sacrificial de Israel, incluyendo cinco tipos de sacrificios ofrecidos por el pueblo como expresión física de su devoción interior.

1. Holocausto. Ofrecido tanto a la mañana como a la noche, y también en días especiales como el Sábado, en luna nueva, y en las fiestas anuales (Núm. 28-29; 2 Rey. 16:15; 2 Crón. 2:4; 31:3; Esd. 3:3-6). Los rituales realizados después de un nacimiento (Lev. 12:6-8), por la emisión de flujo impuro (Lev. 15:14-15) o hemorragia (Lev. 15:29-30) o después que una persona que guardaba un voto nazareo se contaminaba (Núm. 6:10-11), requerían de un holocausto, así como también de una ofrenda por el pecado. El animal tenía que ser un espécimen perfecto y completo. El tipo de animal parece depender de la capacidad financiera del oferente. El que traía la ofrenda debía poner una mano sobre el animal, como para identificar que el animal estaba tomando el lugar de la persona, y luego matarlo. El animal entero era quemado como un sacrificio. El sacerdote recibía la piel (Lev. 7:8). Este sacrificio se hacía para restaurar la relación con Dios y para expiar algún pecado (comp. 2 Sam. 24:18-25).

2. Ofrenda de grano u oblación. La ofrenda de la cosecha es el único tipo que no requería derramamiento de sangre. Consistía en flor de harina mezclada con aceite e incienso. A veces esta ofrenda se cocinaba en tortas sin levadura antes de llevarla al sacerdote. Toda ofrenda de granos u oblación debía tener sal (Lev. 2:13), quizás como un símbolo del pacto. Sólo una porción de esta ofrenda se quemaba en el altar, y el resto iba a los sacerdotes. Puede haber simbolizado el reconocimiento de la bendición de Dios en la cosecha.

3. Ofrenda de paz Consistía en el sacrificio de un toro, vaca, cordero o cabra que no tuviera defecto. El individuo colocaba una mano sobre el animal y lo mataba. Los sacerdotes, a su vez, rociaban la sangre alrededor del altar. Sólo ciertas partes de los órganos internos eran quemadas. El sacerdote recibía el pecho y la espaldilla derecha (Lev. 7:28-36), pero al oferente se le daba gran parte de la carne para que tuviera una comida de celebración (Lev. 7:11-21). Como parte de la comida, se ofrecían varias clases de pan (que finalmente el sacerdote conservaba). La idea de acción de gracias estaba asociada con la ofrenda de paz. Frecuentemente acompañaba a otros sacrificios en celebración de eventos, como la dedicación del templo (1 Rey. 8:63) o la renovación espiritual (2 Crón. 29:31-36).

4. Ofrenda por el pecado. Concebida para tratar con el pecado cometido en forma no intencional. El sacrificio variaba de acuerdo a quién cometía el pecado. Si el sacerdote o la congregación de Israel pecaban, entonces se requería un toro. Un líder del pueblo debía ofrecer un macho cabrío, mientras que cualquier otro sacrificaba una cabra o un cordero. A los pobres se les permitía ofrecer dos tórtolas o dos palominos. El que traía la ofrenda colocaba una mano sobre el animal y luego lo sacrificaba. Cuando el sacerdote o la congregación pecaba, la sangre se rociaba siete veces delante del velo en el santuario, y se colocaba un poco sobre los cuernos del altar del incienso. El resto de la sangre se derramaba en la base del altar del sacrificio. Cuando otros pecaban, se omitía el rociamiento de la sangre delante del velo. Los mismos órganos internos que estaban destinados a ser quemados en la ofrenda de paz, eran destinados, de la misma manera, en este sacrificio. El resto del animal se llevaba fuera del campamento al lugar donde se colocaban las cenizas de los sacrificios, y allí se quemaba. Estos procedimientos de eliminación no se llevaban a cabo cuando la ofrenda por el pecado se hacía en nombre de una persona que no era sacerdote (Lev. 6:24-30). En este caso, al sacerdote le estaba permitido comer algo de la carne.

5. Ofrenda por la culpa. Difícil de distinguir de la ofrenda por el pecado (Lev. 4-5; 5:6-7 llama a la ofrenda por la culpa "ofrenda por el pecado"). La ofrenda por la culpa tenía que ver principalmente con la restitución. Se esperaba que alguien que tomaba algo de modo ilegal lo pagara en su totalidad y le agregara un 20% más de su valor, y después ofreciera un carnero para la ofrenda por la culpa. Las ofrendas por la culpa también eran prescriptas para la limpieza de un leproso (Lev. 14), por tener relaciones sexuales con la esclava de otra persona (Lev. 19:20-22), y para renovar un voto nazareo quebrantado (Núm. 6:11-12).

Estos sacrificios se llevaban a cabo en forma individual y colectiva. El sistema de sacrificios enseñaba la necesidad de ocuparse del pecado, y al mismo tiempo demostraba que Dios proveía una manera de tratar con el pecado. Los profetas hablaron duramente sobre el concepto de sacrificio que tenía la gente. El pueblo con demasiada frecuencia tendía a ignorar la fe, la confesión y la devoción, pensando que los meros actos de sacrificio aseguraban perdón. Isaías sostuvo que los sacrificios no tenían valor si no estaban acompañados de arrepentimiento y de una vida obediente (Isa.

1:10-17; comp. Miq. 6:4-6). Jeremías condenó la creencia de que mientras el templo estuviera en Jerusalén y el pueblo fuera fiel en realizar los sacrificios, entonces Dios los protegería (Jer. 7:1-26). Malaquías condenó al pueblo por ofrecer a Dios animales cojos y enfermos en lugar de los mejores (Mal. 1:7-14).

Durante la era del NT, el pueblo sacrificaba de acuerdo a la guía del AT. María llevó a Jesús bebé al templo y ofreció un sacrificio por su purificación. Ver Lev. 12. Sacrificó tórtolas o palominos, indicando el bajo nivel económico de la familia. Cuando Jesús sanó al leproso (Luc. 5:12-14), le dijo que fuera al sacerdote e hiciera un sacrificio (comp. Lev. 14). La limpieza del templo (Juan 2) ocurrió porque la gente estaba vendiendo animales y aves para los varios sacrificios dentro del recinto del templo. Esta gente había permitido que este "negocio" de los sacrificios sobrepasara la naturaleza espiritual de las ofrendas. Jesús regañó a los fariseos por dejar de lado responsabilidades familiares, esgrimiendo que algo era "corbán," u ofrecido a Dios, y por lo tanto no disponible para el cuidado de sus padres (Mar. 7). *Corbán* es una palabra hebrea para ofrenda (Lev. 1:2). Ver *Corbán*.

Hebreos describe a Cristo como un sumo sacerdote sin pecado que se ofreció a sí mismo como sacrificio por los pecadores (7:27). La superioridad del sacrificio de Cristo sobre el sistema sacrificial levítico se ve en que su sacrificio tuvo que ser ofrecido una sola vez. Primera Pedro 2 dice que los creyentes son un santo y real sacerdocio que ofrece sacrificios espirituales. La muerte de Jesús fue una ofrenda y un sacrificio a Dios y, como tal, un olor fragante (Ef. 5:2). A Jesús se lo asocia con el sacrificio de la Pascua (1 Cor. 5:7). Pablo también habla de él mismo

como una libación derramada (Fil. 2:18). El regalo de los filipenses fue un olor fragante y un sacrificio acepto (Fil. 4:18).

Cuando el templo en Jerusalén fue destruido en el 70 d.C., el sistema sacrificial judío cesó. No obstante para ese momento, la iglesia había comenzado a distanciarse del judaísmo. Con la muerte de Cristo, el sacrificio físico se tornó innecesario. Como templo y sacerdote de Dios, el creyente ahora tiene la responsabilidad de ofrecer sacrificios espirituales agradables (Rom. 12:1).

SADOC (*"recto,"* forma abreviada de Sedequías) (1) Hijo de Ahitob y padre de Ahimaas, desciende de Aarón a través de Eleazar; sacerdote (2 Sam. 8:17; 1 Crón. 6:3-8; 24:3) leal a David cuando Adonías se rebeló siendo su padre anciano (1 Rey. 1) y de la misma manera sirvió bajo Salomón cuando Abiatar fue depuesto de sus funciones sacerdotales (1 Sam. 2:31-33; 1 Rey. 2:26-27) Ver *Abiatar*. La genealogía de Sadoc (1 Crón. 6:3-15) menciona un segundo Sadoc siete generaciones más tarde. (2) Abuelo de Jotam, rey de Judá (2 Rey. 15:33). (3)-(4) Hombres que ayudaron a Nehemías a reconstruir el muro de Jerusalén (Neh. 3:4,29). (5) Líder que firmó el pacto de Nehemías (Neh. 10:21). (6) Escriba fiel que Nehemías nombró como tesorero (Neh. 13:13).

SADRAC (*"circuito del sol"*) Amigo de Daniel llevado a Babilonia durante el exilio (Dan. 1:6-7); nombre hebreo, Ananías. Ver *Daniel*.

SADUCEOS Ver *Judíos (grupos) en el Nuevo Testamento*.

SAFÁN (*"conejo"*) Escriba y tesorero durante el reinado del rey Josías en Judá (2 Rey. 22); cuando se halló el libro de la ley, lo llevó de manos de

Hilcías, el sacerdote, al palacio del rey; fue enviado a Hulda, la profetisa, para hablar con respecto al libro (22:14). Safán y sus hijos trabaron amistad con Jeremías en varias ocasiones. Ver *Ahicam; Gedalías; Jaazanías.*

SAFIRA (*"hermosa"* o *"zafiro"*) Ver *Ananías 1.*

SAL Ver *Minerales y metales.*

SAL, CIUDAD DE LA Ver *Ciudad de la Sal.*

SAL, PACTO DE Ver *Pacto; Pacto de sal.*

SAL, VALLE DE LA Paso geográfico al sur y al este del mar Muerto. Allí David mató a 18.000 edomitas (2 Sam. 8:13; comp. 1 Crón. 18:12; Sal. 60). El rey Amasías (796-767 a.C.) mató a 10.000 edomitas (2 Rey. 14:7).

SALAF (*"alcaparra"*) Padre de Hanún, quien ayudó a reparar los muros de Jerusalén (Neh. 3:30).

SALAMINA La ciudad más importante de Chipre, ubicada en su costa este y con más de una sinagoga judía (Hech. 13:5). Ver *Chipre.*

SALARIO, PAGA Compensación a un obrero por servicios prestados. En una economía mixta, agrícola y pastoril, sin dinero acuñado, los salarios frecuentemente incluían poco más que las comidas y un lugar de trabajo (comp. Job 7:2; Juan 10:12). Un pastor habilidoso como Jacob podía recibir como salario una porción del rebaño y así comenzar su propia manada (Gén. 30:32-33; 31:8; y textos legales tanto de Asiria como de Babilonia). Los labriegos no tenían un salario fijo. Podían recibir una porción de la cosecha (Juan 4:36) o, como en Mat. 20:1-8, un salario diario concertado. Por ley, a estos trabajadores sin tierras se les debía pagar al final de cada día por sus esfuerzos (Lev. 19:13; Deut. 24:14-15). Este grupo frecuentemente era objeto de engaños con sus salarios (Jer. 22:13; Mal. 3:5; Sant. 5:4).

Los reyes empleaban tropas mercenarias para pelear sus guerras (Jue. 9:4; 2 Sam. 10:6) y para construir y decorar sus palacios y templos empleaban trabajadores hábiles, junto con esclavos y personal reclutado sin sueldo (1 Rey. 5:6-17; Isa. 46:6; 2 Crón. 24:11-12). Los servicios de los sacerdotes (Jue. 18:4; Mal. 1:10) y el consejo de los ancianos (Esd. 4:5; 1 Tim. 5:17-18) se obtenían a cambio de oro o plata con honorarios de acuerdo a sus capacidades. La autoridad de los profetas también podía adquirirse (Núm. 22:7; Neh. 6:10-13).

El uso teológico de estos términos promete la recompensa de Dios para los fieles (Gén. 15:1) y un galardón apropiado para su pueblo Israel (Isa. 40:10; 62:11). Su justicia ha asegurado que la recompensa de los injustos esté de acuerdo al delito de ellos (Sal. 109:20; Rom. 6:23; 2 Ped. 2:15). Ver *Comercio; Economía; Esclavo, Siervo.*

SALCA Territorio y/o ciudad en el límite extremo oriental de Basán; posiblemente Salkhad, centro defensivo de Gebel el-Druze a 102 km (63 millas) al este del Jordán (Deut. 3:10; Jos. 12:5). Ver *Basán.*

SALEM Forma abreviada de Jerusalén (Gén. 14:18; Sal. 76:2; Heb. 7:1-2). Ver *Jerusalén.*

SALIM (*"paz"*) Pueblo cerca del cual bautizaba Juan el Bautista (Juan 3:23). Ver *Enón; Juan (2).*

SALMÁN (*"completo, paz"*) Figura misteriosa en Os. 10:14, algunas veces identificada como una abreviatura de Salmanasar V de Asiria, y algunas veces como gobernante de Moab incluido por Tiglat-pileser III en la lista de reyes que le pagaban tributo. Su nombre se transformó en sinónimo de violencia y crueldad.

SALMANASAR *("Shalmanu [el dios] es el de más alto rango")* (1) Rey asirio (1274-1245 a.C.). Registros de sus hazañas militares sientan precedentes que siguieron los reyes que lo sucedieron. (2) Salmanasar III gobernó Asiria (858-824 a.C.); combatió a un grupo de pequeños reinos, incluyendo a Israel, en la batalla de Qarqar en el 853 a.C. A pesar de que se atribuyó la victoria, Salmanasar no pasó de allí. (3) Salmanasar V (726-722 a.C.) completó la toma de Samaria comenzada por su predecesor, Tiglat-pileser III (2 Rey. 17:6), terminando así con el reino del norte. Ver *Asiria; Israel.*

SALMÓN *("pequeño ser oscuro"* o *"pequeña imagen")* (1) Montaña cerca de Siquem donde Abimelec y sus hombres cortaron ramas para quemar la torre de Siquem (Jue. 9:48-49). (2) Uno de los "treinta" valientes de David (2 Sam. 23:28); también conocido como Ilai (1 Crón. 11:29). (3) Sal. 68:14-15 menciona el "monte de Basán" y le da el nombre de monte Salmón. Puede referirse a las alturas de Golán. (4) Promontorio en la costa norte de Creta; moderno cabo Sidero. Ver Hech 27:7.

SALMOS, LIBRO DE En la Biblia hebrea, la colección más completa de poesía y de material para la adoración; declaraciones teológicas y diálogo poético con Dios. El libro de los Salmos se encuentra en la tercera división del canon hebreo conocido como "los Escritos". El salterio tiene cinco divisiones: (1) Sal. 1-41; (2) 42-71; (3) 73-89; (4) 90-106; y (5) 107-150. Cada una concluye con una doxología (41:13; 72:18-19; 89:52; 106:48; 150). El Salmo 150 cierra tanto el libro quinto como la colección

de los salmos, así como el Salmo 1 sirve de introducción al salterio. Hay otras divisiones o colecciones que aparecen en los Salmos: (1) el salterio elohísta (Sal. 42-83) que usa regularmente el heb. *elohim* para el nombre divino (comp. Sal. 14; 53). (2) Los cánticos graduales o salmos de peregrinación (Sal. 120-134). (3) Los salmos de los hijos de Coré (Sal. 42-49) y los salmos de Asaf (Sal. 73-83). Ver *Poesía.* Los salmos pueden ser clasificados en cuanto a su forma según tipos. No es posible una categorización precisa para cada salmo, y tampoco cada salmo encaja en una categoría particular. Los tipos de salmos incluyen:

1. Lamento, expresado tanto por la comunidad (por ejemplo, 44; 74; 79) como por el individuo (22; 38; 39; 41; 54). Los lamentos son oraciones o clamores a Dios durante situaciones angustiosas. El patrón básico incluye una invocación a Dios, una descripción de la(s) queja(s) del peticionante, un repaso de experiencias de salvación pasadas (generalmente en los lamentos comunitarios), peticiones, una respuesta (o profecía) divina, y un voto de alabanza como conclusión. Tales salmos muestran a la oración como una comunicación sincera con Dios en las peores situaciones de la vida. Los siguientes salmos son lamentos: 3-4; 6-7; 12-13; 17; 22; 25-26; 28; 35; 38-44; 51; 54-57; 59-61; 63-64; 69-71; 74; 77; 79; 80; 83; 85-86; 88; 90; 94; 102; 109; 123; 126; 130; 134; 137; 140-144.

2. Acción de gracias o salmos de alabanza narrativa, que también son recitados por la comunidad (ver 124; 129) y por el individuo (ver 9; 18; 30). Estos salmos son respuestas a la liberación que ocurre después de la angustia. Estas expresiones de gozo son formas más completas del voto de alabanza del lamento. Estos salmos nos muestran nuestra necesidad de reconocer la obra de Dios en tiempos de dificultad y de testificar a otros lo que Dios ha hecho por nosotros. Los salmos de acción de gracias son 9-10; 18; 30-32; 34; 66; 92; 107; 116; 118; 120; 124; 129; 138-139.

3. Himnos. Son muy parecidos en su forma a una canción de alabanza moderna. El himno normalmente incluye un llamado a la alabanza, las razones para alabar a Dios, y un llamado a la alabanza como conclusión. Los himnos de la creación incluyen los Salmos 8; 19; 104; y 139. Los siguientes salmos son himnos: 8; 19; 29; 33; 65; 100; 103-105; 111; 113-114; 117; 135-136; 145-150.

4. Salmos litúrgicos. Pueden consistir en respuestas o diálogo antifonales y compartir similitudes con los himnos. Estos salmos incluyen instrucciones para el sacrificio, adoración, procesiones, o pueden invocar bendiciones sobre los adoradores. Aparecen en Salmos 67-68; 75; 106; 108; 115; 121.

5. Canciones de Sión. Piden la protección divina sobre la ciudad de Dios. Alaban indirectamente a Dios al describir la Ciudad Santa donde Él ha escogido vivir en medio de su pueblo y ser adorado. Muestran que Dios vive entre su pueblo para proteger y dirigir sus vidas. Estos son los Salmos 46; 48; 76; 84; 87; 122; 132.

6. Salmos reales o del rey. Tienen que ver con el rey terrenal de Israel. Eran usados para celebrar la entronización del rey. Pueden haber incluido una profecía para el rey. En algunos casos (tal como Sal. 72), se hacían oraciones para interceder en beneficio del rey. Los salmos reales apuntan al futuro Mesías, que inauguraría el reino de Dios. De ellos aprendemos a orar por los gobernantes y respetar el papel de los funcionarios de gobierno, y también aprendemos a alabar al Mesías de Dios. Los Salmos reales incluyen los Salmos 2; 18; 20; 21; 28; 45; 61; 63; 72; 89; 101; 110; 132.

7. Salmos de coronación. Celebran el reinado de Yavéh. Entre éstos se incluyen Salmos 47; 93; 96-99.

8. Ceremonias de entrada (Sal. 15; 24). Proveen preguntas y respuestas para enseñar las expectativas que Dios tiene en cuanto a sus adoradores.

9. Salmos de sabiduría. Tienen una forma y estilo poéticos específicos, pero se distinguen en razón del contenido y una tendencia hacia lo proverbial. Estos Salmos contemplan cuestiones de teología (Sal. 73), celebran la Palabra de Dios (Sal. 119), o tratan con dos formas diferentes de vivir —la persona piadosa y la mala (Sal. 1). Estos son los salmos 1; 14; 36-37; 49; 53; 73; 78; 112; 119; 127-128; 133.

10. Salmos de confianza. Expresan confianza en el cuidado de Dios por su pueblo y su liderazgo del mismo. Estos aparecen en Salmos 4; 11; 16; 23; 27; 62; 125; 131.

11. Salmos proféticos. Anuncian la voluntad de Dios a su pueblo que adora. Estos son 50; 52; 58; 81-82; 91; 95.

SALOMÉ (*"pacífica"*) Esposa de Zebedeo y madre de Jacobo y Juan (si uno combina Mar. 16:1; Mat. 27:56; comp. Juan 19:25); discípula de Jesús; una de las mujeres en la crucifixión que ayudaron a preparar el cuerpo del Señor para la sepultura. Ver *María.*

SALOMÓN (*"su paz," "[Dios] es paz," "Salem [un dios]," "intacto,"* o *"su reemplazo"*). Décimo hijo de David y segundo de Betsabé, tercer rey de Israel; reinó 40 años, alr. del 1000 a.C. Ver 2 Sam. 12:24; 1 Rey. 1-2. A Salomón se lo recuerda mayormente por su sabiduría, su programa de construcción, y su riqueza generada a través del comercio y la reorganización administrativa (1 Rey. 3:16; 4:32; 5-8; 9:15-19; 10). Proverbios, Eclesiastés y el Cantar de los Cantares en la Biblia se atribuyen a Salomón (Prov. 1:1; Cant. 1:1), como también varios libros apócrifos y pseudoepigráficos. Ver *Apócrifos; Pseudoepigráficos, Libros*.

Salomón dividió el país en distritos administrativos que no correspondían a los antiguos límites tribales (1 Rey. 4:7-19), e hizo que los distritos aportaran provisiones para el gobierno central. Este sistema, combinado con el control de las rutas comerciales vitales norte/sur, entre el mar Rojo y lo que luego se llamó Asia Menor, hizo posible que Salomón acumulara una vasta riqueza (1 Rey. 9:26-28; 10:26-29).

Las "setecientas mujeres reinas y trescientas concubinas" venían de muchos de los reinos con los cuales Salomón tenía tratados (1 Rey. 11:1). Aparentemente, él permitió que sus esposas adoraran a sus dioses nativos y aun hizo construir altares a esos dioses en Jerusalén (1 Rey. 11:7-8).

A Salomón se lo menciona en la enseñanza de Jesús acerca de la ansiedad (Mat. 6:29; Luc. 12:27; comp. Mat. 12:42; Luc. 11:31; Hech. 7:47).

SALTERIO (1) Nombre alternativo para el libro de los Salmos. (2) Cualquier colección de salmos usada en la adoración.

SALUDO Salutación al encontrarse con alguien: expresión de buenos deseos al iniciar (o en tiempos helenísticos también al concluir) una carta. Entre pueblos semitas, el saludo común era y es "paz" (*shalom*): "Sea paz a ti, y paz a tu familia, y paz a todo cuanto tienes" (1 Sam. 25:5-6; comp.

Luc. 10:5). El saludo griego por lo general es *charein*, que se traduce "salve" (Luc. 1:28; Mat. 28:9).

Con frecuencia el beso formaba parte del saludo (Gén. 29:13; Rom. 16:16; 1 Cor. 16:20; 2 Cor. 13:12; 1 Tes. 5:26; 1 Ped. 5:14). El mandamiento a no dejar de saludarse (2 Rey. 4:29; Luc. 10:4) subraya la premura de la exhortación.

Santiago es el único libro del NT que comienza con el saludo griego usual, *charein*. Pablo transformó el saludo acostumbrado en una oportunidad de compartir la fe con otros, y lo cambió a "Gracia [*charis*] y paz a vosotros, de Dios nuestro Padre y del Señor Jesucristo" (Rom. 1:7; 1 Cor. 1:3; 2 Cor. 1:2; Gál. 1:3; Ef. 1:2; Fil. 1:2; Tito 1:4). Ver *Carta: Formato y propósito*.

Las cartas helenísticas a menudo incluían saludos al concluir. Muchas veces son saludos en tercera persona, donde *X* le envía a usted saludos (por intermedio de mí) (1 Cor. 16:19-20; Col. 4:10-14) o le envía mis saludos a *Y* (a quien no se le habla en forma directa; ver Col. 4:15). Los saludos finales a menudo incluían una oración o bendición. La más simple es: "La gracia sea con vosotros" (Col. 4:18; 1 Tim. 6:21; Tito 3:15; Heb. 13:25). En otros pasajes la bendición se amplía (Rom. 16:25-27; 1 Cor. 16:23-24; Gál. 6:16; Ef. 6:23-24; Fil. 4:23). Algunas de las bendiciones más conocidas usadas en el culto cristiano provienen de dichos saludos finales (2 Cor. 13:14; Heb. 13:20-21; Jud. 24-25).

SALUM (*"reemplazante"* o *"el reemplazado"*) Catorce hombres del AT, incluyendo un rey de Israel (752 a.C.) que asesinó a Zacarías y fue, a su vez, asesinado por Manahem un mes después (2 Rey. 15:10-15).

SALUTACIÓN Acto de saludar, dirigirse a, bendecir, o dar la bienvenida con gestos o palabras; una forma específica de palabras que sirven como saludo, especialmente en el encabezamiento y conclusión de cartas.

SALVACIÓN Acción de agarrar a otros por la fuerza y librarlos de un serio peligro; salvar una vida de la muerte o de daño; liberación del castigo y del poder del pecado.

El evento principal de salvación en el AT es el éxodo (Ex. 14:13), que demostró tanto el poder de Dios para salvar, como la preocupación de Dios por su pueblo oprimido (Ex. 34:6-7). En el ritual de la Pascua (Ex. 12:1-13), en sermones (Neh. 9:9-11), y en los salmos (Sal. 74:12-13; 78:13,42-54; 105:26-38) Israel volvía a relatar la liberación de Dios de la esclavitud egipcia.

Los profetas anticiparon la salvación de Dios que tendría lugar en la renovada fertilidad de la tierra y en la reconstrucción de las ciudades en ruina de Israel (Amós 9:13-15). La salvación se extendería a todas las naciones que correrían hacia Sión buscando instrucción en los caminos de Dios (Isa. 2:2-4; Miq. 4:1-4; Zac. 8:20-23). Los profetas también hablaron de salvación fuera de la historia (por ejemplo, Isa. 51:6). La salvación de Dios abarca vida abundante (25:6) y el fin de la muerte (25:7), las lágrimas y la desgracia (25:8). A lo largo de gran parte del AT, la salvación es una experiencia colectiva o comunitaria. No obstante, en los Salmos hay una especial preocupación por la salvación del individuo de la amenaza de los enemigos (Sal. 13:5; 18:2,35; 24:5).

La obra salvadora de Cristo incluye una actividad salvadora ya completada, una en marcha y una futura. El ministerio terrenal de Jesús hizo de la salvación una realidad presente para su generación. El ministerio de sanidad de Jesús hizo efectiva la salvación de la enfermedad (Mar. 5:34; 10:52; Luc. 17:19; comp. Mar. 2:5; Luc. 7:50). Él le aseguró a un Zaqueo arrepentido que "Hoy ha venido la salvación a esta casa" (Luc. 19:9). A través de tales encuentros, Jesús cumplió la meta de su ministerio: "buscar y salvar lo que se había perdido" (Luc. 19:10).

La culminación de la obra completa de Cristo es su muerte sacrificial (Mar. 10:45; 2 Cor. 5:19; Heb. 9:12). El creyente puede confesar: "Fui salvo cuando Jesús murió por mí." La obra salvadora presente de Cristo tiene que ver, primordialmente, con el rol de Cristo como mediador (Rom. 8:34; Heb. 7:25; 1 Juan 2:1). La obra salvadora futura de Cristo tiene que ver principalmente con el retorno de Cristo "para salvar a los que le esperan" (Heb. 9:28), y para salvación de la ira del juicio final de Dios (Rom. 5:9-10). A pesar de que la muerte de Cristo como sacrificio es central, la actividad salvadora de Cristo se extiende a toda su vida, incluyendo su nacimiento (Gál. 4:4-5), resurrección (Rom. 4:25; 1 Cor. 15:17) y ascensión (Rom. 8:34).

La obra salvadora de Dios incluye convicción de pecado (Juan 16:8); arrepentimiento (volver) del pecado a Dios (Luc. 15:7,10; 2 Cor. 7:10); compromiso de fe con Cristo (Juan 3:16,36); confesión de Cristo como Señor (Hech. 2:21; Rom. 10:9-10). La Escritura describe este acto como: nuevo nacimiento (Juan 3:3; Tito 3:5), nueva creación (2 Cor. 5:17), adopción (Rom. 8:15; Gál. 4:4-5; Ef. 1:5), potestad de ser hechos hijos de Dios (Juan 1:12), posición de "santos" (1 Cor. 1:2; 2 Cor. 1:1). Esta obra inicial en la vida del creyente frecuentemente se denomina justificación. La justificación también abarca el juicio final de Dios (Rom. 2:13; 3:20,30).

La obra de Dios en marcha en la vida del creyente concierne al proceso de maduración en Cristo (Heb. 2:3; 1 Ped. 2:2; 2 Ped. 3:18), el crecimiento en el servicio a Cristo (1 Cor. 7:20-22), y la experiencia de victoria sobre el pecado a través del poder del Espíritu Santo (Rom. 7-8). Aquí el pecado sigue siendo una realidad en la vida del creyente (Rom. 7; 1 Juan 1:8-2:1). El creyente está atrapado entre lo que Dios ha comenzado y lo que Dios aún tiene que completar (Fil. 1:6; 2:12).

La obra divina aún no terminada en las vidas de todos los creyentes a veces se llama "glorificación" (Rom. 8:17; Heb. 2:10). Las Escrituras usan una cantidad de términos para esta obra salvadora futura: "adopción" (Rom. 8:23), "redención" (Luc. 21:28; Rom. 8:23; Ef. 4:30), "salvación" (Rom. 13:11; Heb. 1:14; 9:28; 1 Ped. 1:5; 2:2), y "santificación" (1 Tes. 5:23). La obra futura de Dios incluye más que al individuo; la obra futura de Dios se extiende a la renovación del cielo y la tierra.

La salvación es una dádiva gratuita de Dios, que se apropia por medio de la fe (Ef. 2:8-9; Rom. 3:28). Ningún individuo merece salvación por cumplir con la ley de Dios (Rom. 3:20). No obstante, la fe salvadora es fe obediente (Rom. 1:5; 16:26; 1 Ped. 1:2). Somos salvos para buenas obras (Ef. 2:10). La fe que no da como resultado acciones de amor cristiano no es fe salvadora sino demoníaca (Sant. 2:14-26, especialmente v. 19).

La seguridad de la salvación se afirma en la confianza en que Dios puede terminar la buena obra que comenzó en nosotros (Fil. 1:6); en que Dios, que sacrificó a su Hijo por los pecadores (Rom. 5:8-9), no va a retener nada necesario para salvar a uno de sus hijos (Rom. 8:32), y que nada nos puede separar del amor de Dios en Cristo (Rom. 8:35-39). Sin embargo, la confianza en la capacidad divina para cuidar a aquellos que han confiado sus vidas a Cristo, no es una excusa para la inactividad o el fracaso moral de cualquier creyente (Rom. 6:12-13; Ef. 2:10). Ver *Expiación; Conversión; Elección; Escatología; Perdón; Gracia; Justificación; Nuevo nacimiento; Predestinación; Reconciliación; Redimir, Redención, Redentor; Arrepentimiento; Santificación; Seguridad de la salvación.*

SALVADOR Uno que salva; se usa con varios matices de significados, que van de libertador a sanador y benefactor. Dios mismo y ningún otro es salvador (Isa. 43:11; 45:21; Os. 13:4; Luc. 1:47; 1 Tim. 1:1; 2:3; 4:10; Tito 1:3; 2:10; 3:4; Jud. 25), aunque individuos tales como Moisés y los jueces pudieron actuar como agentes de la liberación de Dios. Dios revela su papel como salvador principalmente a través del éxodo de Egipto y la provisión para Israel durante los años en el desierto (Os. 13:4-6).

El NT revela a Dios como salvador principalmente en Cristo. Cristo es el salvador de los desposeídos de Israel (Luc. 2:11), de Israel (Hech. 5:31; 13:23), de la iglesia (Ef. 5:23) y del mundo (Juan 4:42; 1 Juan 4:14). El papel de Jesús como salvador incluye dar "arrepentimiento y perdón de pecados" (Hech. 5:31; comp. Mat. 1:21). Cristo vendrá otra vez como salvador (Fil. 3:20). Ver *Salvación.*

SAMARIA, SAMARITANOS (*"montaña de observación"*) Montaña, ciudad, región y reino del norte (1 Rey. 13:32; Jer. 31:5); residentes de ese lugar; 68 km (42 millas) al norte de Jerusalén; 14,5 km (9 millas) al noroeste de Nablus en la zona montañosa central de Israel; cerca de la moderna Sebastiya. Samaria fue capital, residencia y lugar de sepultura de los reyes de Israel (1 Rey. 16:23-28; 22:37; 2 Rey 6:24-30). Después de la caída del reino del norte en manos de Asiria (721 a.C.; 2 Rey. 17:5; 18:9-12; comp. Isa. 8:4; 9:8-14; 10:9; 28:1-13; 36:19; Jer. 23:13; Ezeq. 23:1-4; Os. 7; 13:16; Amós 3:12; Miq. 1:6), exiliados de muchas naciones se establecieron en Samaria (Esd. 4:9-10). Más tarde, los griegos conquistaron la región (331 a.C.) y helenizaron el área con habitantes y cultura griegos. Fue entonces que los asmóneos, bajo Juan Hircano, destruyeron la ciudad (119 a.C.). Después de un largo período sin habitantes, Samaria volvió a vivir bajo Pompeyo y los romanos (63 a.C.). Finalmente, Herodes el Grande obtuvo control de Samaria en el 30 a.C. e hizo de ella una de las principales ciudades de su territorio. Otra vez la ciudad fue colonizada con personas de lugares distantes, esta vez mercenarios de Europa. Herodes llamó Sebaste a la ciudad, usando la palabra griega para Augusto, el emperador. Para la época del NT llegó a ser identificada con la región central de Palestina, con Galilea al norte y Judea al sur. Cuando los judíos se rebelaron en el 66 d.C., los romanos reconquistaron la ciudad y la destruyeron. Tiempo después los romanos reconstruyeron Samaria, pero la ciudad nunca recuperó el prestigio que una vez había tenido.

Samaria es la única ciudad importante fundada por Israel, el reino del norte. Omri, el sexto rey de Israel (885-874 a.C.), compró la colina de Samaria para su residencia real. Cuando Acab, el hijo de Omri, se convirtió en rey de Israel, construyó un palacio de marfil en Samaria. Amós lo denunció por hacer esto (Amós 6:1,4; 1 Rey. 22:39). Jezabel influyó sobre Acab, su esposo, para hacer de la ciudad el centro de adoración de Baal (1 Rey. 16:29-33). Jezabel también hizo matar a muchos profetas de Jehová en Samaria (1 Rey. 18:2-4). Dos veces Ben-adad, rey de Siria, sitió Samaria sin éxito (1 Rey. 20; 2 Rey. 6; ver 2 Rey. 1; 5; 10).

Los samaritanos originalmente eran israelitas del reino del norte (2 Rey. 17:29). Después del exilio del 721 a.C., un "remanente de Israel" permaneció en la tierra. Cautivos asirios de lugares lejanos también se establecieron allí (2 Rey. 17:24). Esto llevó al matrimonio mixto de algunos, no de todos, judíos con gentiles, y a una adoración generalizada de dioses extranjeros. Para el tiempo en que los judíos regresaron a Jerusalén para reconstruir el templo y los muros, Esdras y Nehemías se negaron a que los samaritanos participaran en la experiencia (Esd. 4:1-3; Neh. 4:7). El viejo antagonismo entre Israel al norte y Judá al sur intensificó la pelea.

En días de Cristo, la relación entre judíos y samaritanos era sumamente tirante (Luc. 9:52-54; 10:25-37; 17:11-19; Juan 8:48). La animosidad era tan grande que para evitar ir por Samaria los judíos caminaban una distancia extra, a través de la tierra árida de Perea en el lado este del Jordán. Sin embargo, Jesús reprendió a sus discípulos por esa hostilidad hacia los samaritanos (Luc. 9:55-56), sanó a un leproso samaritano (Luc. 17:16), honró a un samaritano por su amabilidad (Luc. 10:30-37), alabó a un samaritano por su gratitud (Luc. 18:11-18), pidió de beber a una mujer samaritana (Juan 4:7), y predicó a los samaritanos (Juan 4:40-42). Luego en Hechos 1:8, Jesús desafió a sus discípulos a testificar en Samaria. Felipe, un diácono, abrió una misión en Samaria (Hech. 8:5). Una pequeña comunidad samaritana continúa hasta hoy siguiendo con la adoración tradicional cerca de Siquem. Ver *Israel; Sanbalat.*

SAMGAR (en hurrita, *"Shimig [el dios] ha dado"*) Guerrero misterioso que mató a 600 filisteos con una aguijada de bueyes, un palo largo con punta de metal (Jue. 3:31; ver 5:6). Ver *Anat; Jueces.*

SAMGAR-NEBO Oficial babilónico que acompañó a Nabucodonosor de Babilonia en la toma de Jerusalén en el 587 a.C., de acuerdo al texto hebreo (Jer. 39:3); posiblemente una ciudad —Simmagir— que era el hogar de Nergal-sarezer o incluso un título de Nergal-Sarezer.

SAMOS (*"altura"*) Pequeña isla de sólo 44 km (27 millas) en el mar Egeo alr. de 1,5 km (1 milla) de la costa de Asia Menor cerca de la península de Trogilio. En el estrecho entre Samos y el continente, los griegos derrotaron a la flota persa alr. del 479 a.C. y cambiaron la corriente de poder en el antiguo Cercano Oriente. El barco de Pablo entró en Samos o bien ancló cerca de la costa (Hech. 20:15).

SAMOTRACIA (tal vez *"altura"* de Tracia) Isla montañosa en el mar Egeo del norte, 61 km (38 millas) al sur de Tracia, con picos que se elevan casi 1700 m (5000 pies) sobre el nivel del mar. Pablo pasó una noche allí en su segundo viaje misionero, mientras iba hacia Filipos (Hech. 16:11). Se practicaba en ese lugar un famoso culto de misterio.

SAMUEL (*"el nombre es Dios," "Dios es exaltado,"* o *"hijo de Dios"*) Último juez, primero en ungir reyes; sacerdote y profeta que ligó el período de los jueces con la monarquía (aprox. 1066-1000 a.C.). Nacido en respuesta a la oración llorosa de Ana, que era estéril (1 Sam. 1:10), Samuel fue dedicado al Señor antes de su nacimiento (1:11,28; 2:20). Elí crió a Samuel

en el santuario de Silo (1 Sam 2:11). Samuel se encontró con Dios y recibió su primera misión profética siendo un jovencito (1 Sam. 3:1,11-14).

Samuel fue responsable de un avivamiento en el santuario de Silo (1 Sam. 3:19,21; 9:6; comp. Sal. 99:6-7). Jeremías consideró a Samuel y a Moisés como dos grandes intercesores de Israel (Jer. 15:1). Después de la muerte de Elí y de sus hijos, Israel pasó por 20 años (1 Sam. 7:2) de pecado colectivo y de opresión filistea. Como juez, Samuel llamó a Israel al arrepentimiento y lo liberó de la dominación extranjera. Samuel administró justicia en Bet-el, Gilgal, Mizpa y Ramá (1 Sam. 7:15-17).

Los pecados de los hijos de Samuel y la amenaza filistea llevaron a los ancianos de Israel a pedir a Samuel un rey "como tienen todas las naciones" (1 Sam. 8:3,5,20). Con toda razón Samuel entendió este pedido de rey como rechazo del gobierno de Dios (1 Sam. 8:7; 10:19). Antes de ungir a Saúl como primer rey de Israel (1 Sam. 10:1) Samuel advirtió a Israel sobre los peligros de una monarquía —trabajo forzado, confiscación de propiedad, impuestos (1 Sam. 8:10-18). El registro de Samuel de los derechos y obligaciones del reino (1 Sam. 10:25; comp. 12:17-18) prepara el escenario para que los profetas posteriores llamaran a los monarcas a cumplir con sus tareas ya que desobedecían los mandatos de Dios.

La desobediencia impaciente de Saúl (1 Sam. 13:8-15; 15:1-33) llevó a Dios a rechazar la dignidad real de Saúl. Obedientemente, Samuel ungió a David como rey sobre Israel (1 Sam. 16:13). Más tarde, cuando Saúl quiso matar a David, éste se refugió con Samuel y su compañía de profetas en Ramá (1 Sam. 19:18-24). Finalmente, la muerte de Samuel inició un duelo nacional (1 Sam. 25:1; 28:3).

También dejó a Saúl sin acceso a la palabra de Dios. Desesperado, Saúl reconoció el poder y la influencia de Samuel y procuró tener comunión con el espíritu del profeta (1 Sam. 28).

1 Y 2 SAMUEL El noveno y el décimo de los libros de la Biblia, siguiendo el orden de la Septuaginta, pero combinados como un solo libro (el octavo del canon hebreo) en los "profetas anteriores"; lleva el nombre de la figura más importante de su primera parte.

La Biblia no dice quién escribió estos libros. Muchos estudiosos creen que Samuel junto con Natán y Gad hicieron una contribución importante, y hacen referencia a 1 Crón. 29:29 como evidencia. Ver *Crónicas, Libros de.* Otros piensan que los libros tuvieron una larga historia de composición, con varias narraciones o fuentes narrativas compuestas desde el tiempo de los eventos hasta el tiempo del exilio, cuando los "profetas anteriores" fueron compilados en una colección. Tales narraciones individuales incluirían Silo (1 Sam. 1-3), el arca (1 Sam. 4:1-7:1), el comienzo de la monarquía (1 Sam. 9:1-11:15), las batallas de Saúl (1 Sam. 13-15), la historia de la llegada de David al poder (1 Sam. 16:14-2 Sam. 5:25), y la sucesión al trono de David (2 Sam. 9-20; 1 Rey. 1-2).

Los libros de Samuel surgieron como una reflexión sobre la naturaleza del reinado humano, a la luz de la tradición israelita de que Jehová era su rey. Ver *Rey, Reinado; Reino de Dios.* Los libros cuentan la historia de tres figuras principales: Samuel, Saúl y David. Ver *David; Samuel; Saúl.* La historia de cada uno combina tragedia, desesperación y dirección hacia una esperanza futura. Los peligros de la monarquía (1 Sam. 8) y la esperanza para el reino (2 Sam. 7) constituyen la tensión narrativa de los libros.

El capítulo final (2 Sam. 24) no resuelve la tensión. Señala hacia el futuro, a la construcción del templo, donde la presencia de Dios y la adoración de Israel pueden estar en el centro de la vida, y llevar al rey a ser el siervo de Dios humilde y perdonado.

El liderazgo es el tema conductor de los libros. ¿Puede el pueblo de Dios continuar con una organización débil como en los días de los jueces, o deben tener "un rey que nos juzgue, como tienen todas las naciones" (1 Sam. 8:5)? Samuel no responde esta pregunta en forma explícita. Dios no acepta del todo la monarquía como única alternativa. La monarquía significa que el pueblo ha rechazado a Dios (1 Sam. 8:7; 10:19). Aún así, la monarquía puede florecer si el pueblo y el rey siguen a Dios (1 Sam. 12:14-15, 20-25). Saúl mostró que las amenazas de Dios podían cumplirse pronto (1 Sam. 13:13-14). Reinaría una nueva familia de una nueva tribu. Esto no significaba guerra eterna entre tribus y familias. Un pacto pudo unir a las dos familias (1 Sam. 20; 23:16-18). Ira por parte de uno no requiere ira por parte de otro, como continuamente lo demuestran las reacciones de David hacia Saúl, tal como están resumidas en 1 Sam. 24:17: "Más justo eres tú que yo, que me has pagado con bien, habiéndote yo pagado con mal." David ni planeó la desaparición de Saúl y su familia, ni recompensó a los que lo hicieron (2 Sam. 4:9-12). David estableció su reinado y procuró establecer una casa para Dios (2 Sam. 7:2). No obstante, el rey se sometió al plan de establecer la casa de David y permitió que su hijo construyera la casa de Dios (2 Sam. 7:13). La respuesta del rey muestra la naturaleza del verdadero liderazgo. Expresa alabanza a Dios, no orgullo en los logros personales (2 Sam. 7:18-29).

Dios obró para establecer su propio reino en medio de su pueblo. Él pudo hacerlo a través de un rey imperfecto que cometió un burdo pecado con Betsabé (2 Sam. 11), porque el rey estuvo dispuesto a confesar su pecado (2 Sam. 12:13). El gobierno del rey elegido por Dios no promete paz perfecta. Incluso la propia familia de David se rebeló en su contra. El orgullo y el ego humanos no determinaron la historia. La promesa de Dios a David no pudo ser destruida.

El llamado al compromiso y la obediencia del pacto, el perdón y la misericordia de Dios, la soberanía de Dios en la historia humana, la importancia de la oración y la alabanza, la fidelidad de Dios para cumplir la profecía, la necesidad de lealtad a líderes humanos, la presencia santa de Dios en medio de su pueblo, la naturaleza de la amistad humana, y la importancia de las relaciones familiares, todo esto reverbera como eco en estos libros.

SANBALAT (*"pecado que [el dios] ha sanado"*) De acuerdo al papiro de Elefantina del reinado de Darío I, Sanbalat fue gobernador de Samaria aprox. en el 407 a.C. Tuvo hijos cuyos nombres incluían el término Jehová (Yavéh) por el Dios de Israel. A pesar de que lo llamaban por su nombre babilónico (probablemente adquirido durante el exilio), Sanbalat era un judío practicante. Su hija se casó con el nieto del sumo sacerdote de Jerusalén (Neh. 13:28), lo que indicaba relaciones armoniosas entre Judá y Samaria en ese tiempo. Nehemías se refirió a Sanbalat como el "horonita," sugiriendo una conexión con la alta o la baja Bet-horón (Neh. 2:10). Sanbalat, aliado con Tobías y Gesem, se opuso a la reconstrucción del templo de Jerusalén por parte de Nehemías. La lucha parece haber sido más política que racial o religiosa. Papiros del wadi Daliyeh parecen indicar que dos Sanbalats posteriores también fueron gobernadores de Samaria.

SÁNDALO Madera rara y no identificada que Salomón importó del Líbano para el templo (1 Rey. 10:11-12; 2 Crón. 2:8; 9:10-11) usada para las puertas y para instrumentos musicales.

SANEDRÍN El más alto concilio judío en el primer siglo; 71 miembros presididos por el sumo sacerdote; en ocasiones, *principales sacerdotes* parece referirse a la acción del Sanedrín. Éste incluía en su membresía a los dos grupos judíos principales. Dado que el sumo sacerdote presidía, el grupo sacerdotal de los saduceos parece haber predominado; pero también eran miembros algunos líderes fariseos (Hech. 5:34; 23:1-9).

De acuerdo a la tradición judía, el Sanedrín comenzó con 70 ancianos nombrados por Moisés en Núm. 11:16 y fue reorganizado por Esdras después del exilio. No obstante, el AT no provee evidencia de un concilio que funcionara como el Sanedrín en tiempos posteriores. El Sanedrín tuvo su origen en algún momento durante los siglos intertestamentarios. Ver *Intertestamentaria, Historia; Judíos (grupos) en el Nuevo Testamento*.

El Sanedrín ejercía autoridad bajo la mirada atenta de los romanos. El Sanedrín, bajo el liderazgo del sumo sacerdote Caifás, conspiró para hacer matar a Jesús (Juan 11:47-53; comp. Mat. 26:14-16, 59-60; Mar. 14:55-15:15; Luc. 22:66). El juicio de Jesús muestra que el Sanedrín no tenía autoridad para condenar a muerte a las personas (Juan 18:31). Esteban fue apedreado hasta morir después de una audiencia frente al Sanedrín, pero esto puede haber sido más la acción de una turba que una ejecución legal autorizada por el Sanedrín (Hech. 6:12-15; 7:54-60).

Pedro y Juan fueron llamados delante del concilio y recibieron advertencias de no predicar más en el nombre de Jesús (Hech. 4:5-21). Más tarde, el concilio los hizo arrestar (Hech. 5:21,27,34-42). Esteban tuvo que presentarse delante del Sanedrín (Hech. 6:12-15). Después que Pablo fue arrestado en Jerusalén, el comandante romano pidió al concilio que examinara al apóstol para decidir cuál era su delito (Hech. 22:30-23:28).

SANGRE Líquido que proporciona vida y fluye de una herida en el cuerpo humano; tan íntimamente relacionado con la vida física que los israelitas no podían comerla (Deut. 12:23-24; comp. Gén. 9:4-6). Una persona que ofrecía un sacrificio mostraba que la reconciliación con Dios incluía la vida, el elemento básico de la existencia humana (Lev. 17:11; ver Ex. 12:7,22, 23; 24:3).

La expresión "carne y sangre" designa a un ser humano (Mat. 16:17; Gál. 1:6; Ef. 6:12; como algo pecaminoso en 1 Cor. 15:50). Comer "carne y sangre" es un poderoso lenguaje metafórico que habla de ser partícipes de la vida que Jesús da (Juan 6:57).

En el NT la expresión *sangre de Cristo* designa la muerte expiatoria de Cristo. Expiación se refiere al fundamento y al proceso por el cual los que se hallan lejos de Dios pueden reconciliarse con Él. En su última Pascua, Jesús inició el nuevo pacto en su sangre "derramada para remisión de los pecados" (Mat. 26:28; comp. Luc. 22:20). Jesús murió cargando sobre sí los pecados a fin de que nosotros pudiéramos vivir para justicia y ser sanados (1 Ped. 2:24). Ver *Expiación*.

SANGRE, CAMPO DE Ver *Acéldama*.

SANGRE, CULPABLE DE Alguien incurría en esta culpa cuando mataba a una persona que no merecía

morir (Deut. 19:10; Jer. 26:15; Jon. 1:14); esto hacía que la persona estuviera ceremonialmente inmunda (Núm. 35:33-34). Al matar en defensa propia o ejecutar a criminales, nadie era culpable de sangre (Ex. 22:2; Lev. 20:9).

La comunidad compartía la culpa del asesino hasta que la parte culpable hubiera pagado la pena de muerte. No había otro castigo ni sacrificio que pudiera sustituir la muerte de la parte culpable, ni había necesidad de sacrificio una vez que el asesino hubiera sido matado (Núm. 35:33; Deut. 21:8-9). Ver *Vengador*.

Judas se hizo "culpable de sangre" al traicionar a Jesús ("sangre inocente", Mat. 27:4). Los que pidieron la crucifixión aceptaron ser culpables de sangre, con una culpa que los alcanzaba a ellos y a sus hijos (Mat. 27:25). Pilato no aceptó ninguna responsabilidad por derramar sangre inocente (Mat. 27:24).

SANIDAD DIVINA La obra de Dios a través de instrumentos y maneras que Él escoge, a fin de producir salud en personas física, emocional y espiritualmente enfermas. Jesús comisionó a sus discípulos para que continuaran con su ministerio, incluso sanando. (Mat. 10:5-10; Mar. 6:7-13; Luc. 9:1-6), algo que ellos hicieron según vemos en el libro de Hechos.

Jesús habló positivamente de los médicos (Mat. 9:12; Mar. 2:17; Luc. 5:31). El Señor sanó por medio de la oración, de la imposición de manos, de la unción con aceite y por la seguridad del perdón de pecados. La iglesia continúa usando estos métodos (Sant. 5:14-16).

SANSÓN (*"del sol"*) El último de los jueces de Israel alr. del 1100 a.C. (Jue. 13:1-16:31); hijo de Manoa; danita; héroe legendario que combatió con los filisteos (14:4). Antes de su concepción, Sansón fue dedicado por sus padres para ser un nazareo de por vida (13:3-7). Parte del voto incluía dejar crecer el cabello y abstenerse de vino y de bebidas fuertes. La fuerza legendaria de Sansón llegó a él a través del "Espíritu de Jehová," que "vino sobre" él para permitirle realizar sorprendentes hazañas de fuerza física (14:6,19; 15:14; comp. 16:28-29). A pesar de que era nazareo, Sansón no vivió una vida consagrada. Con mucha frecuencia era descuidado con su voto. Desobedeció secretamente la prohibición de acercarse a un cuerpo muerto (14:8-9), tuvo relaciones inmorales con una ramera de Gaza (16:1), y con Dalila (16:4-20).

Sansón nunca liberó a Israel de los filisteos. En su muerte mató a más filisteos que el total de los que había matado durante toda su vida (16:30). Aparece en la lista de los héroes de la fe en Hebreos 11:32, porque su fuerza provenía de Dios y porque en su acción al morir, demostró su fe. Ver *Nazareo; Juez; Jueces, Libro de; Espíritu*.

SANTA CONVOCACIÓN   Ver *Fiestas*.

SANTIAGO, EPÍSTOLA DE Epístola general del NT que exhorta a los lectores a un cristianismo práctico. El autor afirma principios de conducta y con frecuencia proporciona vivas ilustraciones.

El nombre Santiago es la contracción de "San" y el hebreo *Yacob*. Santiago, el "siervo de Dios" (1:1) puede haber sido (1) Jacobo el hermano de Juan e hijo de Zebedeo, (2) Jacobo el hijo de Alfeo, uno de los Doce, o (3) Jacobo el medio hermano de Jesús, un hijo menor de María y José. De las tres posibilidades, la más probable es que haya sido Jacobo el hermano del Señor. Ver *Jacobo 5*. La

tradición de los primeros padres de la iglesia con unanimidad asignan la paternidad literaria de esta epístola a Jacobo, el pastor de la iglesia en Jerusalén.

El autor de la epístola también era versado en la perspectiva del AT en general y en el judaísmo en particular. La carta está dirigida a "las doce tribus que están en la dispersión", lo cual parece sugerir que los destinatarios eran judíos. Aparentemente Santiago estaba pensando en los judíos "cristianos" de la dispersión (1:1; 2:1).

El martirio de Jacobo aprox. en el 66 d.C. nos proporciona la fecha más tardía en que se puede haber escrito. Evidencias de una fecha muy temprana, por ejemplo la mención de aquellos que estaban en la "asamblea" (griego, *sunagoge*), indicaría una fecha muy temprana en la historia cristiana, tal vez anterior al concilio en Jerusalén en el 49-50 d.C. Aunque algunos eruditos de la Biblia fechan esta epístola después del 60 d.C., muchos otros están convencidos de que Santiago fue el primer libro que se escribió del NT, y lo fechan incluso en el 48 d.C.

La epístola expresó preocupaciones de los líderes en cuanto al estándar bíblico de los cristianos de la iglesia primitiva. El autor habla sobre cómo responder a las tentaciones y a las pruebas (1:1-18), sobre la necesidad de poner en práctica la palabra además de oírla (1:19-27), sobre cómo tratar a los pobres, y sobre la manera apropiada de manejar la riqueza (2:1-13; 5:1-6), sobre la indocilidad de la lengua y la necesidad de controlarla (3:1-18), sobre conflictos y actitudes para con otros cristianos (4:1-17), y sobre las respuestas apropiadas a las exigencias y presiones de la vida (5:1-20).

El tema del libro es que la religión práctica debe manifestarse en obras que sean superiores a las obras del mundo. Dichas obras incluyen santidad personal y servicio a otros, por ejemplo visitar a "los huérfanos y a las viudas" y "guardarse sin mancha del mundo" (1:27). Estas "obras" además exigen que haya resistencia activa al diablo (4:7), sujeción a Dios (4:7), y hasta sincero arrepentimiento de los pecados (4:9).

Tanto en la introducción como en la conclusión de la epístola se habla de la paciencia como resultado de las pruebas y las tentaciones. Cuando lleguen las pruebas, los lectores deben recibirlas con "sumo gozo" (1:2) y deben esperar recompensa por soportar con paciencia esas pruebas (1:12). Job y los profetas son ejemplos apropiados de paciencia en medio de la tribulación (5:7-11).

En 2:14-26, Santiago arguye que "la fe, si no tiene obras, es muerta en sí misma" (2:17). Esta aparente contradicción con la enseñanza del apóstol Pablo ha causado gran consternación entre algunos teólogos. Pero la contradicción es más aparente que real. Santiago declaró una fe que es sólo una fe que confiesa, tal como la de los demonios (2:19), no es una fe salvadora. La ortodoxia de doctrina que no produce un estilo de vida en santificación, no tiene valor.

En 5:13-18 Santiago habló de la sanidad y los medios para lograrla. El propósito de estas palabras es hacer énfasis en la eficacia de la oración tenaz de un hombre justo (5:15-16). Esto se halla ilustrado con una referencia a Elías, cuyas oraciones fueron suficientes primero para cerrar los cielos y luego para abrirlos (5:17-18). La oración de fe "salvará al enfermo". El agente de sanidad no es el aceite de la unción, ya sea medicinal, como han sostenido algunos, o simbólico, como han mantenido otros. Dios es quien

sana (5:14) y lo hace en respuesta a las fervientes oraciones de los justos.

SANTIFICACIÓN Proceso de hacerse santo, que da como resultado un cambio de estilo de vida para el creyente. Ver *Santo*.

El punto focal de la santidad es Dios. Él es santo (Sal. 99:9); su nombre es santo (Sal. 99:3; 111:9) y no puede ser profanado (Lev. 20:3). Todo lo que pertenece al Dios santo debe entrar dentro de ese reino de santidad. Esto incluye tiempo, espacio, objetos y personas.

Ciertos tiempos se santifican en tanto se separan especialmente para el Señor: el Sábado (Gén. 2:3), las varias fiestas (Lev. 23:4-44), el año de jubileo (Lev. 25:12). Israel santificó (o trató como santos) esas épocas especiales del año, observando estrictamente las ordenanzas para cada una. También la tierra de Canaán (Ex. 15:13) tanto como la de Jerusalén (Isa. 11:9) eran tierras santas para el Señor y no debían ser contaminadas con conducta pecaminosa (Lev. 18:27-28). El tabernáculo/templo y todos los objetos relacionados con él eran santos (Ex. 25-Núm 10; Ezeq. 40-48; comp. Mat. 6:9; 23:17,19; Luc. 11:2; 1 Tim. 4:5). Las varias dádivas traídas en adoración eran santificadas. Estas pertenecen a tres grupos: aquellas con santidad inherente (por ejemplo, los primogénitos machos de hembras animales o humanas, Ex. 13:2,11-13; Lev. 27:26); objetos que requerían santificación (por ejemplo, diezmos de frutos y animales puros, Lev. 27:30-33; Deut. 26:13); y dádivas cuya santificación era voluntaria (ver lista parcial en Lev. 27). La dedicación de estos objetos ocurría mayormente no en un ritual en el santuario, sino en una previa declaración de dedicación (Jue. 17:3; Lev. 27:30-33).

Los sacerdotes y los levitas que servían en el santuario eran santificados al Señor mediante la unción con aceite (Ex. 30:30-32; 40:12-15). Los nazareos eran consagrados (Núm. 6:8), si bien sólo por un período específico de tiempo. Finalmente, la nación de Israel fue santificada para el Señor como pueblo santo (Ex. 19:6; Deut. 7:6; 14:2,21; 26:19). Esta santidad estaba estrechamente identificada con la obediencia a la ley de santidad en Lev. 17-26, que incluye tanto ritual como ordenanzas éticas. Especialmente en los profetas, se hizo relevante la responsabilidad ética de ser santos en conducta (Isa. 5-6; Jer. 5-7; Amós 4-5; Os. 11).

La santificación está ligada vitalmente a la experiencia de salvación y tiene que ver con las obligaciones morales/espirituales asumidas en tal experiencia. Somos apartados para Dios en la conversión, y vivimos esa dedicación a Dios en santidad.

La crucifixión de Cristo hace posible que el pecador vaya de lo profano a lo santo, de modo que el creyente puede llegar a ser una parte del templo donde Dios mora y es adorado (Heb. 13:11-16; 2:9-11; 10:10,14, 29). La obra del Espíritu Santo en la conversión es la santificación (Rom. 15:16; 1 Cor. 1:2; 6:11; Ef. 5:26-27; 2 Tes. 2:13; 1 Ped. 1:2), haciendo al creyente santo como para presentarse delante de Dios. Se debe buscar la santificación/santidad como un aspecto esencial de la vida del creyente (Heb. 12:14); la sangre de la santificación no debe ser deshonrada con una conducta pecaminosa (10:26-31). Pablo enfatizó tanto el compromiso individual de una vida santa (Rom. 6:19-22; 1 Tes. 4:3-8; 2 Cor. 7:1) como también el poder de Dios que lo hace posible (1 Tes. 3:13; 4:8). La síntesis de este imperativo ético se ve en el uso que hace Pedro (1 Ped. 1:15-16) de Lev. 11:44; 19:2; 20:7: "Sed santos porque yo soy santo." Ver *Ética; Hebreos; Salvación*.

SANTÍSIMO, LUGAR El santuario más recóndito del templo; una gruesa cortina lo separaba de otras partes del templo; asociado en forma especial con la presencia de Jehová; contenía el arca del pacto. Ver *Templo*.

SANTO Característica que sólo hallamos en Dios y se convierte en la meta para el carácter moral del ser humano. Se basa en la calidad trascendente y la perfección moral divina. A un nivel terrenal, santo es aquello que ha sido separado para Dios. Lo santo evoca veneración o asombro, y hace que una persona se atemorice al extremo. Lo santo está lleno de poder sobrehumano y potencialmente fatal. Ser santificado es ser hecho santo.

El nombre de Dios es santo. La santidad implica la plenitud de Dios y la piedad en todas sus facetas y significados. Al ser santo, Dios está separado de los seres humanos; pero al ser una persona, Dios en su amor se relaciona con la gente. Ambas características deben ser parte del retrato de Dios.

Levítico presenta leyes que las personas deben guardar para ser santas así como Dios es santo. La santidad en los creyentes cristianos se alcanzaba a través de la cruz y se preservaba en una vida limpia y moral.

"Santo" define la deidad de Dios. Para que el Dios santo esté presente entre su pueblo, hubo que apartar lugares santos para que Dios y el pueblo pudieran reunirse. Se establecieron restricciones especiales para que los adoradores pudieran estar a salvo. Las distintas reglas para el sacrificio y la limpieza los ayudaba a prepararse para el contacto con Dios. Al lugar santísimo, un lugar sumamente especial, no estaba permitido el acceso. Sólo el sumo sacerdote podía entrar, y lo hacía sólo una vez al año y luego de una preparación especial.

"Santo" también se aplica a personas que iban a encontrarse con Dios. Los sacerdotes debían realizar rituales especiales que los santificaran y purificaran para el servicio en el templo.

A los cristianos se los llama a una vida santa (1 Cor. 1:2; 3:17). La santificación es obra del Espíritu Santo (Hech. 1:8; 2:4; 5:32; 13:2-4) sobre la base de la expiación de Cristo que llama a la sumisión obediente de quienes han sido salvados. Los cristianos son santos en vista de su llamado en Cristo, en razón de la expiación de Cristo por los pecados, y en vista de las ministraciones continuas del Espíritu Santo, que mantiene pura a la iglesia (Hech. 5:1-11) y promueve santidad en sus miembros (1 Cor. 6:19; 1 Tes. 4:7).

SANTOS Título para todo el pueblo de Dios pero en algunos contextos aplicado a un grupo pequeño considerado como el más dedicado. Ser santo es separarse del mal y dedicarse a Dios (Ex. 22:31). Esta separación refleja el mismo carácter de Dios, porque Él es santo (Lev. 19:2). Ver *Santo*; *Dios*. La santidad es más que una actividad puntual de separación y unificación. Es una forma de vida: "Santos seréis, porque santo soy yo" (Lev. 19:2) . Santas son las personas que tratan de vivir vidas santas (Dan. 7:18-28).

Santos que habían muerto fueron resucitados en la crucifixión del Señor; la muerte del Santo provee vida para los que creen en Dios (Mat. 27:52). Primero Ananías y después Pedro hablaron de los santos como simples creyentes en Cristo (Hech. 9:13, 32,41). Los santos son personas que invocan a Jesús como Señor. Ser santo es una realidad presente cuando un creyente busca dejar que el Espíritu forme a Cristo en su interior (Rom. 8:29; Gál. 4:19; Ef. 4:13). Ver *Espíritu*; *Testimonio, Testigo, Mártir*.

SARA, SARAI (*"princesa"*) Esposa y media hermana de Abraham (Gén. 11:29-25:10). Ver *Abraham*. En el dolor por su esterilidad, Sara le dio a Abraham su sierva Agar, con la esperanza de que naciera un heredero, pero expresó resentimiento cuando Agar concibió. Cuando Sara tenía casi 90 años, Dios cambió su nombre y le prometió un hijo. Un año más tarde, dio a luz a Isaac. A la edad de 127 años, Sara murió en Hebrón, donde fue enterrada en la cueva de Macpela cerca de Mamre. La esterilidad de Sara se considera evidencia de la fe de Abraham (Rom. 4:19); que ella haya concebido a Isaac es un ejemplo del poder de Dios para cumplir una promesa (Rom. 9:9). Ver Gál. 4:21-31; Heb. 11:11; 1 Ped. 3:6.

SARDIS Ciudad de una de las iglesias en Apocalipsis (3:1-6). La iglesia fue condenada por estar "muerta," tal vez una referencia a su ineficacia en el mundo. No obstante, algunos de sus miembros fueron elogiados (v. 4). Ver *Asia Menor*.

SAREPTA (*"purificación, refinamiento"*) Localidad sobre la costa del Mediterráneo, 13 km (8 millas) al sur de Sidón, 22,5 km (14 millas) al norte de Tiro, y 80 km (50 millas) al norte del monte Carmelo cerca de la moderna Sarafand; donde Dios envió a Elías después de profetizar una sequía (1 Rey. 17:2-9); hogar de una viuda y su hijo, cuyo abastecimiento de comida y aceite fue milagrosamente mantenido por Dios (17:12-16). Elías hizo revivir al hijo de la viuda (17:17-23). Frontera norte de Israel en la profecía de Abdías (v. 20); centro de fabricación cerámica y textil.

SARETÁN (*"refrescante"*) Lugar cercano al sitio donde se abrió el Jordán e Israel pasó para Canaán (Jos. 3:16) cerca de Bet-seán (1 Rey. 4:12); cerca de donde Hiram de Tiro hizo los utensilios del templo de bronce bruñido (1 Rey. 7:46; el paralelo en 2 Crón. 4:17 dice Seredata); muy frecuentemente identificado con los dos montículos del tell es-Saidiah en la orilla este del Jordán, a unos 22 km (14 millas) al norte de Adam (tell ed-Damieh). Emplazamientos alternativos incluyen tell Umm Hamad, Sleihat, y tell el-Merkbere.

SAREZER (*"que [nombre del dios] proteja al rey"*) (1) Hijo de Senaquerib que ayudó a asesinar a su padre (2 Rey. 19:37), 681 a.C. Ver *Asiria*. (2) Nombre factible de varias interpretaciones en Zac. 7:2; el nombre completo puede ser Bet-el-sarezer; puede ser un hombre enviado a la casa de Dios (*beth-el* en heb.) para orar. La ciudad de Bet-el puede haber enviado a Sarezer a orar. El nombre probablemente indica que la persona nació en el exilio babilónico. Puede haber venido de Babilonia con sus preguntas y haber llegado como representante del pueblo de Bet-el.

SARGÓN (*"el rey es legítimo"*) Nombre de un antiguo monarca asumido primeramente por el rey de Acad alr. del 2100 a.C. En el 722 a.C., Sargón II de Asiria sucedió a su hermano, Salmanasar V. Ver *Asiria; Israel*.

SARÓN, LLANURA DE (*"tierra llana"* o *"tierras pantanosas"*), **SARONITA** (1) Llanura costera que se extiende desde cerca de Tel Aviv hasta justo al sur del monte Carmelo, (unos 80 km [50 millas]). El área tenía abundantes pantanos, selvas, y médanos, pero pocos asentamientos durante los tiempos bíblicos, y era más usada por pastores migrantes que por

granjeros establecidos. Ver Isa 35:2; 65:10. Ver *Palestina*. (2) Área de ubicación incierta al este del Jordán habitada por Gad (1 Crón. 5:16) y mencionada por Mesa de Moab. Ver *Mesa*.

SARVIA (*"perfumada con almáciga"* o *"sangrar"*) Media hermana de David (1 Crón. 2:16); madre de tres generales de David —Joab, Abisai, y Asael (2 Sam. 2:18). De acuerdo a 2 Sam. 17:25, Abigail, hermana de Sarvia, era la hija (o nieta) de Nahas más que de Isaí, el padre de David.

SATANÁS (*"adversario"*) Transliteración de una palabra hebrea que aparece en Núm. 22:22,32; 1 Sam. 29:4; 2 Sam. 19:22; 1 Rey. 5:4; 11:14,23,25; Sal. 109:6 como adversario o acusador; nombre propio en Job 1-2; Zac. 3:2; 1 Crón. 21:1. Ver *Diablo, Satanás, Demonio, Demoníaco*.

SÁTRAPA Funcionario político en el imperio persa que se podía equiparar a un gobernador; su territorio era una satrapía (Esd. 8:36); ayudó a Israel a reconstruir Jerusalén y el templo. Durante el apogeo del gobierno persa había por lo menos 20 satrapías. Ver *Persia*.

SAUCE Ver *Plantas en la Biblia*.

SAÚL (*"pedido"*) Cuatro personas en el AT: (1) un rey de Edom (Gén. 36:37-38); (2) el último hijo de Simeón (Gén. 46:10); (3) un levita de los coatitas (1 Crón. 6:24), y (4) el primer rey de Israel (reino unido) (aprox. 1020-1000 a.C.). El rey Saúl era de la tribu de Benjamín (1 Sam. 9:1-2, 21). Elegido por Dios (1 Sam. 9:15-17) y ungido en secreto por Samuel (10:1), Saúl más tarde fue elegido al azar públicamente (10:17-24). A pesar del escepticismo de algunas personas (10:27), demostró ser un líder capaz al liberar la ciudad de Jabes de Galaad, y fue aclamado rey en Gilgal (11:1-15). Estableció su capital en "Gabaa de Saúl" ("colina de Saúl," 1 Sam. 11:4), probablemente tell el-Ful, 5 km (3 millas) al norte de Jerusalén. Desde Gabaa, Saúl expulsó a los filisteos de la zona montañosa (13:19-14:23) y peleó contra otros enemigos de Israel (14:47-48).

Su ofrenda presuntuosa (13:8-14) y la violación de una prescripción de guerra santa condujeron a su ruptura con Samuel, y a ser rechazado por Dios (15:7-23). Después del episodio de Goliat, Saúl se sintió celoso y temeroso de David (18:7,12), y eventualmente realizó varios atentados espontáneos e indirectos contra la vida de David (18:10-11,25; 19:1,9-11). Su miserable condición final se puso en evidencia cuando consultó con la adivina de Endor (28:7-8). Al día siguiente, los filisteos mataron a Saúl y a tres hijos en el monte de Gilboa (1 Sam. 31). David se rehusó a levantar la mano en contra del "ungido de Jehová" (1 Sam. 26:9-11,23) y a la muerte de Saúl hizo una endecha (2 Sam. 1:17-27).

SAULO Nombre hebreo de Pablo. Ver *Pablo*.

SEAR-JASUB (*"un remanente volverá"*) Nombre simbólico del primer hijo de Isaías, nacido probablemente alr. del 737 a.C. El nombre simbolizaba la profecía de que Judá caería, pero un remanente sobreviviría (Isa. 7:3-7). Ver *Isaías*.

SEBA (*"plenitud, integridad"*) (1) Ver *Sabeos*. (2) Nombre del benjamita que condujo la insurrección contra David (2 Sam. 20). (3) Gadita (1 Crón. 5:13).

SEBNA (*"Él se acercó"*) Escriba real (2 Rey. 18:18,37; 19:2; Isa. 36:3,22; 37:2) y "mayordomo" (Isa. 22:15) bajo el rey Ezequías alr. del 715 a.C. Ver *Escriba*.

SEBOIM (*"hienas"* o *"lugar salvaje"*) (1) Aldea que los benjamitas ocuparon después del exilio (Neh. 11:34); puede ser khirbet Sabije. (2) Valle en tierra de Benjamín entre Micmas y el desierto con vista al Jordán (1 Sam. 13:17-18); puede ser wadi Abu Diba.

SEDA (*"algo blanco brilloso"*) Tela hecha de la hebra que proviene del gusano de seda chino, tal vez vía India; puede ser "lino" o "lino fino"(ver Ezeq. 16:10; Prov. 31:22); en Babilonia los ricos compraban seda a los mercaderes (Apoc. 18:12).

SEDEQUÍAS (*"Yavéh es mi justicia"* o *"Yavéh es mi salvación"*) (1) Profeta falso que, en oposición a Micaías, aconsejó al rey Acab que luchara contra Ramot de Galaad, asegurándole al rey la victoria (1 Rey. 22). Micaías dijo que Dios había puesto un espíritu mentiroso en las bocas de Sedequías y su banda de profetas. Ver *Micaías; Falso profeta*.

(2) Último rey de Judá (596-586 a.C.); hecho rey por Nabucodonosor (2 Rey. 24:17). Cuando se rebeló, el ejército de Babilonia sitió Jerusalén y la destruyó. Sedequías fue llevado a Ribla junto con su familia. En Ribla fue testigo de la ejecución de sus hijos antes que le sacaran sus propios ojos (25:7). Luego Sedequías fue llevado a Babilonia. Aparentemente murió en cautiverio. Ver *Israel*.

(3) Hijo de Joacim o de Jeconías (1 Crón. 3:16), ya que el texto hebreo no es claro en este punto. (4) Firmante del pacto de Nehemías (10:1). (5) Profeta que prometió una esperanza falsa a los exiliados en Babilonia (Jer. 29:21). Jeremías pronunció el juicio de Dios sobre él. (6) Oficial real (Jer. 36:12).

SEFARVAIM Pueblos que los asirios conquistaron y reasentaron en Israel en el 722 a.C. (2 Rey. 17:24); puede representar a las dos Sippar sobre el río Éufrates o Shabarain en Siria; puede ser idéntico a Sibraim en Siria (Ezeq. 47:16). A pesar de las pretensiones de Asiria, los dioses de Sefarvaim no se podían comparar con Jehová (2 Rey. 19:12-13; comp. 17:31).

SEFELA (*"tierra baja"*). Ver *Palestina*.

SÉFORA (*"pájaro pequeño"* o *"gorrión"*) Primera esposa de Moisés (algunos creen que la mujer mencionada en Núm.12:1 puede también ser una referencia a Séfora) y madre de sus hijos Gersón y Eliezer (Ex. 2:21-22; 18:4); hija de Reuel, sacerdote de Madián. Al circuncidar a Gersón, salvó la vida de Moisés cuando el Señor buscó matarlo (4:24-25). Aparentemente Séfora permaneció con su padre después que Moisés hubo conducido al pueblo fuera de Egipto (18:2-6).

SEGUNDA VENIDA Enseñanza bíblica sobre el retorno de Jesús a la tierra al final de la historia terrenal; esperanza bienaventurada (Tito 2:13). Jesús dijo a sus seguidores que los dejaría, pero que regresaría a la tierra (Juan 14:3; comp. Hech. 1:11), y les advirtió que estuvieran preparados para recibirlo de regreso (Mat. 24-25; comp. Mar. 13). Jesús advirtió de falsos representantes (Mat. 24:4-5,11,23-26) y dijo que su aparición sería corporal e inconfundible (Mat. 24:27,30; comp. Hech. 1:11).

Los creyentes deben estar vigilantes (Mat. 24:42; 25:1-13; comp. Sant. 5:7-8) y ser fieles (2 Ped. 3:3-4; 1 Juan 3:3; comp. 1 Tes. 3:13; Col. 3:1-17; 1 Juan 2:28). No deben intentar conocer el tiempo exacto (Mat. 24:36; comp. 2 Tes. 2; 2 Ped. 3:4-11). Ver *Escatología; Cristo, Cristología; Jesús; Arrebatamiento*.

SEGURIDAD DE LA SALVACIÓN Enseñanza bíblica de que Dios protege a los creyentes para la terminación de su salvación. La salvación no depende meramente del esfuerzo humano. Dios es el autor de la salvación (2 Cor. 5:18-19; Juan 3:16). Dios, que ha comenzado la obra de salvación en los cristianos, también proporciona la seguridad necesaria para culminar su obra en el día de Cristo (Fil. 1:6). Dios en Cristo protege y guarda a los cristianos (Juan 10:27-29; 2 Tes. 3:3), así como Jesús tomó seriamente la tarea de preservar a los discípulos mientras Él estuvo sobre la tierra (Juan 17:12-15). Jesús prometió que enviaría al Espíritu que actuaría como compañero, el Consolador o Paracleto (Juan 14:16-18). El Espíritu sería para los cristianos su sentido de paz y seguridad, su testigo en cuanto a Jesús, su abogado para con el mundo, y su maestro o guía a toda verdad (Juan 14:25-30; 15:26-27; 16:8-15). Ver *Abogado; Consolador*.

Se espera que los cristianos resistan las tentaciones y huyan de toda actividad impía (por ejemplo, 1 Cor. 10:13-14). El cristiano puede encontrar en Dios una seguridad permanente para el alma (Heb. 6:17-20). Se espera que el cristiano persevere hasta el fin (1 Ped. 1:5; 1 Juan 5:18; Apoc. 3:10). Al identificarnos con el poder total de Cristo en la resurrección, nosotros también experimentaremos en nuestra vida la seguridad que tiene el creyente en el triunfo de Dios (1 Cor. 15:20-28). Ver *Perseverancia*.

SEHÓN Rey amorreo cuya capital era Hesbón (Deut. 2:26). Se opuso sin éxito al paso de Israel por su país cuando el pueblo de Dios peregrinaba hacia la Tierra Prometida (Núm. 21:23).

SEIR (*"peludo"*; *"tupido"* o *"pequeña región forestada"*) Cadena montañosa que corre a lo largo de Edom, y que a veces hace que Edom se equipare con Seir. El pico más alto está aprox. a 1850 m (5600 pies) sobre el nivel del mar. La región fue el hogar de Esaú y sus descendientes (Gén. 32:3; Jos. 24:4). "Hijos de Seir" representa a un antiguo clan horeo de la región. Ver *Edom*.

SELA (*"roca"*) Importante ciudad fortificada en Edom; sustantivo común para referirse a un territorio rocoso o desierto (ver Jue. 1:36; 2 Rey. 14:7). Isaías llamó a la acción desde Sela, quizás más bien un desierto rocoso que bordeaba Moab y no el pueblo más distante de Sela (Isa. 16:1). La Septuaginta identifica a Sela con Petra, la capital de Edom. Un estudio más reciente la ubica en es-Sela, a 4 km (2,5 millas) al noroeste de Bosra y 8 km (5 millas) al sudoeste de Tafilé. Las traducciones modernas incluyen Sela en Isa. 42:11.

SELAH Término de significado desconocido que aparece en Salmos y Hab. 3. Se lo interpreta de diversas maneras: como una pausa ya sea para silencio o interludio musical; una señal para que la congregación cante, recite o caiga postrada al suelo; una indicación para que suenen los címbalos; una palabra que debe ser gritada por la congregación; una seña para que el coro cante en un tono más alto o más fuerte. Las tradiciones judías antiguas pensaban que significaba "por siempre."

SELEC (*"hendidura, fisura"*) Uno de los "treinta" valientes de David (2 Sam. 23:37; 1 Crón. 11:39).

SELEUCIA Ciudad siria fundada por Seleuco Nicátor, primer rey selécida, en el 301 a.C. sobre la costa del Mediterráneo a 8 km (5 millas) al norte del río Orontes y a 24 km (15 millas) de Antioquía. Pablo se detuvo allí en su primer viaje misionero (Hech. 13:4).

SELÉUCIDAS Miembros de la dinastía siria fundada por uno de los generales de Alejandro Magno. Ver *Intertestamentaria, Historia y literatura*.

SELLO Signáculo o anillo que contenía una marca distintiva que representaba al individuo que lo poseía; los sellos más antiguos datan de antes del 3000 a.C. Variaban en forma y tamaño: algunos eran redondos y se llevaban alrededor del cuello; otros eran anillos para el dedo. La marca se hacía estampando el sello sobre arcilla blanda. Tamar le pidió a Judá su sello como garantía de un pacto que él hizo (Gén. 38:18). José recibió el anillo del faraón cuando fue colocado al frente del país (Gén. 41:42); esto simbolizaba el derecho de José de actuar con la autoridad del monarca. Jezabel usó el sello de Acab para firmar cartas pidiendo que Nabot fuese juzgado y apedreado a muerte (1 Rey. 21:8).

SELSA Ciudad cerca de la tumba de Raquel en tierra de Benjamín; sitio de la primera de las tres señales que Samuel prometió a Saúl como confirmación de su dignidad real (1 Sam. 10:1-2).

SEM (*"nombre"*) Hijo mayor de Noé y antepasado original de los pueblos semíticos incluyendo a Israel (Gén. 5:32; 6:10; 7:13; 9:18-27; 10:1,21-22,31; 11:10-11). Tuvo la bendición de Dios (9:26-27).

SEMANA Para los judíos, cualquier serie de siete días consecutivos que culmina con el sábado, el día de reposo (Gén. 2:1-3). Los cristianos cambiaron su día de adoración al domingo, el primer día de la semana, para enfocar la atención en la resurrección de Jesús (Luc. 24:1-7). Ver *Calendarios; Tiempo.*

SEMANA SANTA Semana que culmina con el domingo de la Pascua de resurrección, en que la iglesia recuerda la muerte y resurrección de Cristo. En los primeros siglos de esta era, las celebraciones del domingo de resurrección incluían la memoria tanto de la crucifixión como de la resurrección. Alr. del 500 d.C., el Viernes Santo se convirtió en el punto focal para recordar la crucifixión. Los cristianos empezaron a considerar el Jueves Santo (una referencia al "nuevo mandamiento" que dio Cristo en Juan 13:34) como un día especial para participar de la Cena del Señor. Al principio el Jueves Santo incluía un lavado de pies ceremonial, imitando el lavado de pies por parte de Cristo a los discípulos (Juan 13:5-11). Ver *Año eclesiástico.*

SEMITA Persona que declara ser descendiente de Sem, hijo de Noé (Gén. 5:32; 10:21-31), o más precisamente, como un término lingüístico, aquellos pueblos que hablan uno de los idiomas semíticos. La lista de razas de Génesis y la lista de los lingüistas no siempre incluyen a los mismos pueblos.

En la familia de idiomas semíticos existen tres divisiones principales: semítico del este —el acadio usado en la antigua Babilonia y Asiria; semíticos del noroeste —hebreo, arameo, siríaco, fenicio, samaritano, palmirano, nabateo, cananeo, moabita; semíticos del sur —árabe, sabeo, minoico y etíope. Ver *Idiomas de la Biblia; Asiria; Babilonia; Canaán.*

SENAQUERIB (En asirio, *"Sin [el dios] ha reemplazado a mi hermano"*) Rey de Asiria (704-681 a.C.). Ver *Asiria; Israel.*

SENIR (*"puntiagudo"*) Nombre amorreo para el monte Hermón

(Deut. 3:9). Ver *Hermón.* Cant. 4:8 puede indicar que Senir era un pico diferente del Hermón o indicaba toda la cadena (comp. 1 Crón. 5:23).

SEÑAL Aquello que señala alguna otra cosa; un objeto, acontecimiento, o persona a través del cual o de la cual uno reconoce, recuerda, o convalida algo; señal militar (Jos. 2:12); bandera militar (Núm. 2:2; Sal. 74:4). Las señales pueden clasificarse de acuerdo a siete funciones que en cierta manera se hallan superpuestas:

1. Las señales pueden impartir conocimiento o dar identidad. Estas señales típicamente caracterizan a Dios como Señor de la historia y adalid del Israel oprimido. La meta de las señales del éxodo es el conocimiento de que "yo soy Jehová en medio de la tierra" (Ex. 7:5; 8:22; 10:2) y que "Jehová es Dios y no hay otro fuera de él" (Deut 4:34-35; comp. Jer. 44:29). Estas señales alentaban el reconocimiento de Jehová como el único Dios, la obediencia al pacto de Dios, y la confianza en la palabra de Dios. Las señales de Juan generalmente imparten conocimiento acerca de Jesús y su relación con el Padre (Juan 2:1-11; 4:46-54; 5:2-9,17; 6:2-14,35; 9:1-7). La resurrección de Lázaro (Juan 11) señala a Jesús como la resurrección y la vida (11:25). El beso de Judas designó a Jesús como aquel que el populacho estaba buscando (Mat. 26:48). De la misma manera, la señal de la venida de Jesús y el fin de los tiempos es una marca identificatoria (Mat. 24:3; Mar. 13:4; Luc. 21:7; comp. Mat. 24:30).

2. Las señales protegen. La marca de Caín (Gén. 4:15), la sangre sobre los dinteles en la Pascua (Ex. 12:13) y el sello de Dios sobre las frentes, protegían a los que estaban bajo la señal (Apoc. 9:4).

3. Las señales producían fe y adoración. Frecuentemente se condena la falta de fe de Israel a pesar de las señales (Núm. 14:11,22; Deut. 1:29-33). Las señales cumplen su propósito cuando inspiran obediencia (Deut. 11:3,8), adoración (Deut. 26.8,10), y lealtad al Señor (Jos. 24:16-17). Se incluyen señales en el cuarto Evangelio de modo que "creáis que Jesús es el Cristo, el Hijo de Dios, y para que creyendo, tengáis vida en su nombre" (Juan 20:31). Juan previamente había marcado señales que guiaban a la fe (Juan 2:11; 4:53; 9:38; Hech. 4:16,21; 8:6). Del mismo modo, las señales de los profetas paganos sirven como desafío para confiar en Jehová (Deut. 13:1-4). La realidad de los falsos profetas milagreros subraya la verdad de que las señales en sí son ambivalentes; la función de la señal, ya sea para evocar o desafiar la fe en Jehová, es el factor decisivo.

4. Las señales sirven como recordatorios de eventos significativos. Comer pan sin levadura en la Pascua (Ex. 13:9) y redimir al primogénito (Ex. 13:16) son recordatorios de la liberación de Israel por parte de Dios. Las piedras en Gilgal (Jos. 4:6-7) también fueron testimonio de la continua presencia salvadora de Dios cuando Israel comenzó la conquista. Comp. Hech. 2:19,22; 4:30; 7:36-37; 14:3. La expresión bimembre "señales y maravillas" habla de los fundamentales eventos salvíficos del éxodo. Las "señales y maravillas" que hicieron Jesús y sus discípulos designan el comienzo del nuevo evento salvador de Dios.

5. Otras señales sirven como recordatorios de un pacto o una relación ya establecida. El arco iris, pacto con Noé (Gén. 9:12-17); la circuncisión, pacto con Abraham (Gén. 17:11; Rom. 4:11); el Sábado, pacto con Moisés (Ex. 31:13,17; Ezeq. 20:12). La Cena del Señor señala el nuevo pacto con Jesús.

6. Las señales sirven como confirmación. Las señales frecuentemente autentican un llamado especial de Dios (de Moisés, Ex. 3:12; 4:8; de Gedeón, Jue. 6:17; de Saúl, 1 Sam. 10:2-9) y confirman la palabra de juicio de Dios (1 Sam. 2:34; Jer. 44:29-30) o su promesa de sanidad (2 Rey. 20:8). Las circunstancias humildes del niño Jesús en el pesebre, confirmaron el anuncio del ángel de un Salvador para los pastores marginados (Luc. 2:12). Jesús ofreció la difícil "señal del profeta Jonás" como su autenticación (Mat. 12:39-43; Luc. 11:29-32).

7. Las señales toman forma a partir de hechos proféticos. Los nombres de Isaías ("Jehová es salvación") y de sus hijos Sear-jasub ("un remanente volverá") y Ma-her-salal-hasbaz ("el despojo se apresura, la presa se precipita") ilustran el destino de Israel (Isa. 7:3; 8:3). Que Isaías haya caminado desnudo y descalzo por tres años, ilustraba la humillación que venía sobre Egipto y Etiopía (Isa. 20:3). Ezequiel ilustró el inminente sitio sobre Jerusalén usando un adobe y una plancha de hierro (Ezeq. 4:1-3). La acción de Agabo de atarse con el cinto de Pablo (Hech. 21:11) es un paralelo de acciones de los profetas del AT.

El NT frecuentemente reprende el pedido de señal para confirmar la obra de Dios (Mat. 16:1; Juan 2:18; 4:48; 1 Cor. 1:22). Una señal puede evocar fe en un corazón receptivo, pero ninguna señal podrá convencer al corazón duro.

SEÑOR Uno que tiene poder y lo pone en ejercicio con responsabilidad; manera respetuosa de dirigirse al padre (Mat. 21:29-30) o a un gobernante (Hech. 25:26); simbolizaba al césar romano como monarca absoluto; no quería decir que césar fuese un dios ni tampoco se usaba en cultos dedicados a la adoración de los césares. Cuando los cristianos primitivos confesaban a Jesús como Señor, estaban rechazando las declaraciones y alegaciones religiosas del estado pero no el gobierno del césar como tal. Los rebeldes judíos negaban la autoridad política del césar. Como estaban exentos del culto a césar, los judíos fácilmente podían llamarlo "señor". Los cristianos tuvieron que disputar la declaración de césar de ser señor cuando por medio de ella se entendía como que el césar era divino. Ver *Emperador, Culto al*.

Las naciones vecinas de Israel a menudo llamaban "señor" a sus dioses. Los griegos no se veían a sí mismos en una relación siervo/señor. Los dioses de ellos estaban sujetos al destino.

Marduk, el dios nacional de Babilonia, era llamado Bel, otra forma de Baal (Isa. 46:1; Jer. 50:2; 51:44). De entre los seres humanos, el rey se elevaba por encima y más allá de todos. El dios había transferido al rey la administración de la ley divina.

En el AT "Señor" por lo general describe la esencia de Jehová: su poder sobre su pueblo (Ex. 34:23; Isa. 1:24), sobre toda la tierra (Jos. 3:13; Miq. 4:13) y sobre todos los dioses (Deut. 10:17; Sal. 135:5). *Señor* podía estar paralelamente al nombre de Dios, *Jehová* (Ex. 15:17). Términos adicionales como por ejemplo Sabaot (es decir, comandante supremo de todas las huestes celestiales) recalcaban el absoluto señorío de Jehová (Isa. 3:1; 10:16,33). Cuando *Señor* se utilizaba para dirigirse directamente a Dios, hablaba del honor de Dios o de su representante (2 Sam. 7:18-22,28-29; Jos. 5:14; Zac. 4:4).

Aprox. en el 300 a.C. *adonai* (Señor) se empezó a usar más frecuentemente que Jehová. Ester, Eclesiastés y Cantares no usan el nombre Jehová. El título "Señor" ya no fue un adjetivo que modificaba el nombre divino sino un sustituto del nombre divino Jehová.

En pasajes importantes del NT "Señor" aparece en el sentido del *adonai* de AT como Creador del mundo y Director de toda la historia (Mat. 9:38; 11:25; Hech. 17:24; 1 Tim. 6:15; libro de Apocalipsis). Como el NT y los cristianos primitivos también llamaron "Señor" a Jesús, a menudo nos resulta difícil determinar si "Señor" se refiere a Jesús o a Dios Padre (Mat. 24:42; Mar. 5:19-20; Luc. 1:76; Hech. 10:14).

Las palabras "Señor Jesús" constituyeron la primera confesión de fe cristiana (1 Cor. 12:3; Rom. 10:9). La razón decisiva para transferir a Jesús el título divino de Señor fue su resurrección de los muertos. Antes de su resurrección a Jesús se lo llamaba con el título honorífico judío *Rabí* ("maestro", Mar. 9:5; 11:21, por ejemplo). Lucas en todos los casos (Mateo en algunos) tradujo al griego este título por "Señor". Como Mesías de Israel (Hech. 2:36) Jesús fue hecho Cabeza de su iglesia y Gobernante del cosmos en virtud de su resurrección (Col. 1:17; 2:6,10; Ef. 1:20-23). La resurrección cambió la relación respetuosa de estudiante/maestro que los discípulos tenían con Jesús, a la relación siervo/Señor por parte de los creyentes. Dios honró a Jesús con el título de Señor como respuesta divina al sufrimiento obediente de Jesús (Fil. 2:6-11). Él se ha sentado a la derecha de Dios, lo cual demuestra la elevación de Jesús a la posición de soberano junto a Dios mismo (Sal. 110:1; ver Mar. 12:35-37).

La iglesia ora pidiendo el regreso de Jesús y dice: "Ven, Señor" (o *maranata* en arameo, 1 Cor. 16:22; 11:26; Apoc. 22:20). Jesús volverá a dar al Padre el mundo juzgado y redimido (1 Cor. 15:28).

El señorío de Jesús tiene consecuencias éticas. Llamar a Jesús con el título "Señor" no es suficiente para la salvación. Eso debe ir acompañado de acciones que correspondan a las enseñanzas del Crucificado y a su propio ejemplo (Mat. 7:21-22; Juan 13:14-15). El creyente se dedica a servir voluntariamente a otros, aun a quienes están en poder (Mar. 10:42-45). Jesucristo o bien une a las personas o las separa cuando éstas le niegan el derecho divino de ser Señor (Rom. 16:18; 1 Cor. 1:2,10-13).

De manera plena Dios le ha dado poder a Jesús para enviar su Espíritu (Hech. 2:33). El Señor es el Espíritu (1 Cor. 15:45; 2 Cor. 3:17). Esto no significa una total identificación de Jesús con el Espíritu de Dios (comp. 2 Cor. 13:14), pero da testimonio de la inseparable unidad del señorío de Dios con la venida de Jesús y la obra del Espíritu. Ver *Cristo; Dios; Espíritu Santo; Mesías; Jesús; Rabí; Resurrección.*

SEOL Para los hebreos, morada de todos los muertos; se pensaba que estaba en las profundidades de la tierra (Sal. 86:13; Ezeq. 31:14-15; Amós 9:2); se entraba cruzando un río; descrito como una ciudad con puertas (Isa. 38:10), un lugar de ruinas, o una trampa (2 Sam. 22:6; Sal. 18:5). El Seol a veces es personificado como una bestia hambrienta (Prov. 27:20; Isa. 5:14; Hab. 2:5) con una boca abierta y un apetito insaciable. Al Seol se lo describe como un lugar de polvo (Job 17:16) y tierra de tinieblas y de sombra de muerte (Job 10:21).

Los hebreos concebían al individuo como una unidad de cuerpo y espíritu. De ahí que era imposible para los muertos, cuyos cuerpos estaban putrefactos (Sal. 49:14), experimentar más que una existencia marginal. Los traductores usan varios términos para describir a los residentes del Seol (Job 26:5; Isa. 14:9), incluyendo "sombras" (RVR, BJ, BLA), "espíritus de los muertos" (BLA), o simplemente "muertos" (RVR, NVI). Los muertos no tienen recuerdos (Sal. 6:5; 88:12), no piensan (Ecl. 9:10), no hablan (Sal. 31:17; 94:17), especialmente no tienen palabras de alabanza (Sal. 6:5; 30:9), y no trabajan (Ecl. 9:10). Tal existencia se describe adecuadamente como sueño (Isa. 14:9). Para los muertos, el Seol es un lugar de dolor y angustia (Sal. 116:3), de debilidad (Isa. 14:10), de falta de fuerzas (Sal. 88:4); de desesperanza (Isa. 38:10), y de destrucción (Isa. 38:17).

Sólo una vez el AT habla del Seol específicamente como la morada de los malvados (Sal. 9:17). Se consideraba que algunas distinciones terrenales continuaban en el Seol. Ver Isa. 14:9; Ezeq. 32:18-30. Ir al Seol vivo era considerado como castigo por una maldad excepcional (Sal. 55:15; Núm. 16:30,33; comp. Job 24:19). Los rectos, los sabios y los de buena conducta podían evitar un prematuro traslado al Seol (Prov. 15:24; 23:14).

Dios está presente en el Seol (Sal. 139:8; Prov. 15:11; Job 26:6; Amós 9:2) y puede rescatar almas de sus profundidades (Sal. 16:10; 30:3; 49:15; 86:13; Job 33:18,28-30). Salmo 49:15 puede señalar el camino hacia la comprensión cristiana de la vida con Dios después de la muerte. Ver *Muerte; Escatología; Infierno.*

SEPARACIÓN DE IGLESIA Y ESTADO Durante la época del AT en la antigua Israel, había muy poca separación entre instituciones gubernamentales y religiosas. Antes de la monarquía israelita, Israel funcionaba como una teocracia; durante la monarquía, las instituciones religiosas de Israel estuvieron bajo la influencia directa del rey (por ej. 1 Rey. 5-8; 2 Rey. 16:10-18; 22:1-23:25). Sin embargo, algunos profetas actuaron independientemente del control real (por ej. 1 Rey. 17:1; Amós 7:12-15).

En el período del NT los cristianos individualmente estaban sujetos a la autoridad del César y sus funcionarios, pero las iglesias locales, si permanecían tranquilas, podían funcionar en forma relativamente independiente del control gubernamental. A medida que el movimiento cristiano creció en poder e influencia, los intereses del Imperio Romano invariablemente entraron en contacto —y conflicto— con los intereses de la iglesia.

Dios es quien confiere todo poder civil (Jer. 27:5-6; Dan. 2:21; Juan 19:11; Rom. 13:1) y religioso. La libertad religiosa está fundada en la realidad de Dios y en la libertad de la conciencia humana para adorarlo como se crea adecuado. En última instancia, todas las autoridades gubernamentales —e individuales— están sujetas a Dios (Rom. 13;4,6), ya sea que un estado particular elimine del control civil a la religión o no lo haga. Es responsabilidad de los ciudadanos cristianos obedecer a las autoridades de su gobierno (Rom. 13:1-5; 1 Tim. 2:1-2; 1 Ped. 2:13-17), y al mismo tiempo promover valores bíblicos en la sociedad, haciendo esto por medio de todas las posibles esferas de influencia.

SEPTUAGINTA (*"los 70"*) La traducción griega más antigua del AT hebreo; contiene varios libros apócrifos. La mayor parte de las citas que el NT hace del AT son de la Septuaginta. Ver *Apócrifos; Biblia, Textos y versiones.*

SEPULCRO Hoyo o cueva donde se sepultaba a los muertos. El sepulcro más común era el pozo o zanja. A menudo se optaba por las cuevas como alternativa conveniente al costo y tiempo que llevaba hacer un sepulcro en una roca. La tumba en rocas cava-

das a menudo se hacía de modo que sirviera como sepulcro múltiple con cámaras separadas. A menudo se construían "estantes" para los distintos integrantes de la familia; y cuando la tumba estaba llena, se ponían a un lado los huesos de sepulturas previas a fin de que hubiera más lugar. Los huesos se colocaban en jarros o cajas de piedra llamadas osarios. Estos a veces contenían huesos de más de una persona y frecuentemente estaban marcados con diseños decorativos o identificatorios. Las entradas a las tumbas se aseguraban con puertas enquiciadas o bien con grandes piedras planas que pudieran moverse haciéndolas rodar.

El lugar de sepultura preferido era la tumba familiar a la que se hacen muchas referencias en las narrativas de los patriarcas del Génesis. Los hebreos aparentemente imaginaban que luego de la muerte había una existencia "espectral y oscura", y para los restos mortales de sus seres queridos preferían proximidad con los antepasados antes que soledad.

Si bien la mayoría de los sepulcros no tenían señalizaciones específicas, a algunos se los marcaba con un árbol (Gén. 35:8) o pilares de piedra (ver 2 Sam. 18:18). Las sepulturas de los infames por lo general se indicaban con una pila de piedras (Jos. 7:26; 2 Sam. 18:17; Jos. 8:29; 10:27). En la época del NT a los sepulcros se los blanqueaba todas las primaveras para que la gente pudiera verlos con facilidad, evitara tocarlos y así no se contaminara ceremonialmente durante las peregrinaciones de la Pascua y Pentecostés (Mat. 23:27; comp. Luc. 11:44).

En el pensamiento hebreo, los sepulcros no eran simplemente lugares para depositar restos mortales. En cierto sentido eran anexos del Seol, el lugar de los muertos. Como el reino del Seol amenazaba a los mortales y cada sepultura era una expresión individual del Seol, cuando era posible los israelitas evitaban los lugares de sepultura y los trataban con cautela. Cuando el contacto se hacía inevitable, realizaban ceremonias de purificación. *Ver Muerte; Vida eterna; Seol.*

SEPULTURA Prácticas relacionadas con la honra a los muertos y colocación de estos en su última morada. El clima cálido de Palestina y la creencia de que el cadáver era ritualmente impuro, llevó a los israelitas a sepultar a sus muertos tan pronto como fuera posible, por lo general dentro de las 24 horas de producirse la muerte (Deut. 21:23). Era deshonroso permitir que un cadáver se descompusiera o fuera profanado antes de darle sepultura (1 Rey. 14:10-14; 2 Rey. 9:34-37), y cualquier cadáver que se encontrara en el camino debía ser enterrado (2 Sam. 21:10-14).

Los muertos eran sepultados en cuevas, tumbas cavadas en la roca, o bien en la tierra. Lo preferible era ser sepultado en la tumba familiar (Gén. 23:19; 25:9; 49:31; 50:13). Los ricos o los que eran poderosos en el aspecto político a veces recibían sepultura con abundantes accesorios que incluían mantos, joyas, muebles, armas y recipientes de alfarería (1 Sam. 28:14; Isa. 14:11; Ezeq. 32:27).

Israel cremaba a los muertos sólo en casos excepcionales, como por ejemplo cuando el cadáver era mutilado y luego entraba en descomposición (1 Sam. 31:12) o ante la amenaza de una plaga. El embalsamamiento, una práctica que aparentemente provenía de Egipto, sólo se menciona para con Jacob y José (Gén. 50:2-3,26), y en razón del escenario egipcio. *Ver Duelo.*

SERAFÍN (*"los que arden"*) Serpientes aladas cuyas imágenes decoraban muchos de los tronos de los faraones egipcios; se creía que actuaban como guardianes del rey. Israel adoptó el simbolismo para el trono de Dios. Isaías veía a los serafines como agentes de Dios que lo prepararon para proclamar el mensaje del Señor a Judá (Isa. 6:2). *Ver Ángel.*

SEREDA Paraje del hogar de Jeroboam en Efraín (1 Rey. 11:26), posiblemente identificado como Ain Seridah en el wadi Deir Ballut, 24 km (15 millas) al sudoeste de Siquem.

SEREDATA Ciudad en el valle del Jordán (2 Crón. 4:17). En el texto paralelo aparece "Saretán" (1 Rey. 7:46).

SERMÓN DEL MONTE Predicación de Jesús registrada en Mat. 5-7. El tema se encuentra en Mat. 5:20, "si vuestra justicia no fuere mayor que la de los escribas y fariseos, no entraréis en el reino de los cielos." El modelo es la perfección de Dios (Mat. 5:48). Nuestras vidas pueden conformarse a las pautas del sermón sólo si permitimos a Dios obrar en nosotros a través del poder del Espíritu Santo. El sermón describe lo que Dios desea hacer de nosotros si nos ofrecemos a Él como sacrificios vivos (Rom. 12:1-2).

El Sermón del Monte comienza con las bienaventuranzas (5:3-12) y continúa describiendo la función de los discípulos de Jesús (5:13-16). Jesús explica su interpretación de la ley (5:17-48) y ciertos actos de justicia (6:1-18), describe las actitudes que se requieren de sus discípulos (6:19-7:12), e invita a los oyentes a hacerse sus discípulos y a continuar como tales (7:13-27). *Ver Bienaventuranzas; Ética; Jesús, Vida y ministerio.*

SERPIENTE Víbora; símbolo del mal y de Satanás. *Ver Diablo, Sata-*

nás, Demonio, Demoníaco. Dios le dio a Moisés una señal que mostraba el control divino sobre las temidas serpientes (Ex. 4:3; 7:9-10; comp. Job 26:13). Jesús acusó a los fariseos de ser tan malvados y mortíferos como serpientes (Mat. 23:33). Él les dio a los 70 poder sobre las serpientes (Luc. 10:19; comp. Mar. 16:18). Ver *Animales*.

SERVICIO COMUNITARIO Las descripciones de servicio comunitario que se registran en la Biblia se centran primordialmente en la responsabilidad que tiene un creyente de procurar el bien de otros (1 Cor. 10:24; Fil. 2:4). Exhortaciones específicas para el servicio comunitario incluyen el cuidado de los pobres (Deut. 15:7-8), los huérfanos y las viudas (Deut. 14:29; Hech. 6:1), los extranjeros (Lev. 19:10; Deut. 14:29; Heb. 13:2), los enfermos y los presos (Mat. 25:36), los hambrientos (Isa. 58:7; Mat. 25:35; Sant. 2:15-16), los errantes y los que no tienen techo (Job 31:32; Isa. 58:7) y las víctimas de delitos (Luc. 10:29-37).

La iglesia primitiva se ocupaba regularmente de las necesidades sociales y físicas de sus miembros (Hech. 2:45-46; 4:34-37; 6:1-6; 2 Cor. 8:3-4). Si bien no resulta claro hasta qué punto la iglesia primitiva cubrió necesidades similares entre personas que no formaban parte de la iglesia, el tenor de las declaraciones de Jesús acerca del amor al prójimo (Luc. 10:29-37; comp. Luc. 4:25-27) sugiere que los creyentes también tienen la responsabilidad de ir más allá de la iglesia y llegar a la comunidad.

SESBASAR (probablemente *"que Shamash [dios sol] proteja al padre"*) Líder judío que acompañó al primer grupo de exiliados desde Babilonia a Jerusalén en el 538 a.C. (Esd. 1:8). El rey Ciro de Persia aparentemente nombró a Sesbasar gobernador de la Judá restaurada. Él intentó reconstruir el templo (Esd. 5:16), pero no llegó más allá de los cimientos, y fue reemplazado por Zorobabel. Algunos piensan que el Senazar de 1 Crón. 3:18 puede ser Sesbasar. Si es así, era hijo del rey Joaquín y tío de Zorobabel.

SET (*"Él estableció o nombró"* o *"reemplazo"*) Tercer hijo de Adán y Eva nacido después que Caín asesinó a Abel (Gén. 4:25; 5:3); antepasado de Jesús (Luc. 3:38).

SETENTA AÑOS Figura profética y apocalíptica que señala el tiempo del exilio de Israel en Babilonia y el final de la tribulación en la visión de Daniel. Setenta años representaban un número redondo de la expectativa de vida normal (Sal. 90:10). Isaías 23:15 y la piedra negra de Esar-hadón pueden indicar que 70 años era un tiempo esperado de castigo y desolación para una ciudad derrotada. Jeremías predijo que Judá serviría a Babilonia por 70 años (Jer. 25:11, comp. 29:10). En 2 Crónicas 36:21 vemos la terminación de los 70 años en la venida de Ciro (538 a.C.). Aparentemente se consideran los años desde la primera deportación de los judíos a Babilonia (alr. del 605 a.C.) hasta que llegó Ciro. Zacarías parece haber visto la finalización de los 70 años en sus propios días con la reconstrucción del templo (Zac. 1:12). Esto extendería el período desde la destrucción del templo (586 a.C.) hasta la dedicación en el 516 a.C. Algunos intérpretes ven en las referencias del cronista a los Sábados una indicación de un segundo significado para los 70 años, es decir, 70 años sabáticos (Lev. 25:1-7; 26:34-35) o 490 años. Considerándolo así, Israel no había guardado el mandamiento del año sabático desde el período de los jueces, de modo que Dios le dio a la tierra 70 años sabáticos consecutivos durante el exilio. Ver *Año sabático.* Daniel meditó en la profecía de Jeremías (Dan. 9:2) y entendió que hablaba de 70 semanas de años (v. 24). Ver *Setenta semanas.*

SETENTA SEMANAS Tiempo del que se habla en Dan. 9:24-27, generalmente entendido como 70 semanas de años o 490 años. El pasaje agrupa las semanas en tres partes: siete semanas (49 años), 62 semanas (434 años), y una semana (7 años). Los 49 años están asociados con la reconstrucción de Jerusalén "en tiempos angustiosos" (v. 25). Los 434 años están relacionados con el tiempo intermedio antes que se le quite la vida al Ungido (v. 26). Los 7 años están relacionados con el período de un pacto entre un gobernante y Jerusalén, que es violado en medio de los 7 años (v. 27). Un acercamiento histórico relaciona estos años con el período de la historia entre la caída de Jerusalén y la restauración del templo en el 164 a.C., luego de las atrocidades de Antíoco Epifanes. Ver *Intertestamentaria, Historia y literatura.* Un acercamiento profético ve que la referencia alcanza al nacimiento de Cristo, su crucifixión (el asesinato del Ungido), y la destrucción de Jerusalén por los romanos en el 70 d.C. La interpretación usual judía desde Josefo ha sido la misma forma de fechar pero sin referencia a Jesús.

La perspectiva dispensacionalista hace de las 70 semanas un marco profético para los eventos del fin de los tiempos, y no tanto una profecía de lo que tuvo lugar en la obra de Cristo en su primera venida. Se considera que la semana 69 llegó a su fin con la muerte de Cristo, mientras que la semana 70 todavía está por cumplirse como un período de una gran tribulación futura. El intervalo entre las dos se ve como un paréntesis en el patrón profético que contiene la era presente de la iglesia, un período que, se dice, no está revelado en la profecía del AT. Ver *Dispensación; Escatología; Milenio; Tribulación.*

SEXO, ENSEÑANZA BÍBLICA SOBRE EL Relaciones físicas que Dios dio al esposo y a la esposa para expresar amor y para procrear hijos. Dios creó a los seres humanos como seres sexuales, de alguna manera reflejando su propia imagen (Gén. 1:27), y declaró que esta realidad era buena en gran manera (Gén. 1:31). Hay pasajes que verdaderamente valoran el sexo y lo celebran con gozo (Gén. 18:12; 26:8; Cant. 4:1-16); otros demandan tiempos de abstenerse de actividad sexual (Ex. 19:15; 1 Sam. 21:4-5); aun otros elevan la vida sin sexo por encima de la relación marital normal (1 Cor. 7:1-9,37-38; Apoc. 14:4). Dios bendice el sexo tanto para compañerismo como para procreación (Gén. 1:28; 2:18-25). La fertilidad de las mujeres era una bendición, mientras que la esterilidad era una maldición (Gén. 29:30-30:24; 1 Sam. 1:5-20). La naturaleza pecadora de los humanos parece haber corrompido la buena dádiva de Dios. Fuera del Edén, aparece una actitud negativa contra la desnudez (Gén. 3:7,21; Luc. 8:27,35). "Descubrir la desnudez" se refiere a un acto sexual vergonzoso, incestuoso o prohibido (Lev. 18:6-19). El sexo puede malgastar nuestra fuerza (Prov. 31:3). El pecado ha producido duda y reservas acerca del sexo en los personajes y escritores bíblicos en comparación con la falta de vergüenza que vemos en el huerto del Edén (Gén. 2:25).

En el huerto, Adán y Eva fueron creados iguales (Gén. 1:27-28; 2:18-23). El pecado produjo el dominio masculino y la sumisión femenina (Gén. 3:16). Ver *Matrimonio.* El NT enseña que en Cristo se restaura esta complementariedad del Edén (2 Cor.

5:17; Gál. 3:28; Ef. 5:21-33). Los miembros de la pareja son iguales en cuanto a la posesión de uno por parte del otro (1 Cor. 7:4) y son interdependientes (1 Cor. 11:11-12). La nueva creación en Cristo lo hace posible.

La enseñanza bíblica condena varias desviaciones en la conducta sexual: homosexualidad (Lev. 18:22; Rom. 1:26-27; 1 Cor. 6:9-10); bestialismo (Ex. 22:19; Lev. 18:23); incesto (Lev. 18:6-18; 1 Cor. 5); violación (Ex. 22:16-17; Deut. 22:23-29); adulterio (Ex. 20:14; Deut. 22:22); prostitución (Prov. 7:1-27; 29:3); fornicación (1 Cor. 6:9-10; comp. Mat. 19:9). Se declara que todo esto está fuera de la voluntad de Dios para el hombre y la mujer, que son llamados a vivir juntos en una fidelidad monogámica, dentro del pacto del matrimonio. La única otra opción es el don del celibato (Mat. 19:12b; 1 Cor. 7:7). La Biblia guarda silencio con respecto al tema de la masturbación (comp. Lev. 15:16), y sobre técnicas físicas de las relaciones sexuales, y se refiere solamente a los derechos o el disfrute marital (Ex. 21:10), a las caricias en general (Gén. 26:8), a las eróticas (Cant. 2:6; 7:1-9), y al placer en la concepción (Gén. 18:12). De acuerdo a la perspectiva bíblica, la conducta sexual íntima fuera del matrimonio está considerada como inmoralidad sexual.

Dios da a los seres humanos el don de la sexualidad por el cual se asemejan a Dios cuando se unen en "una sola carne" (Gén. 2:24) para complementarse. Se espera que el pueblo de Dios ejercite el autocontrol, no practicando ascetismo (Col. 2:23; 1 Tim. 4:1-5) sino venciendo los impulsos sexuales por el poder del Espíritu Santo (Gál. 5:16-25; 1 Tes. 4:1-8). Para los no célibes, el matrimonio es la única manera aprobada para la expresión sexual (1 Cor. 7:9; Tito 2:5-6).

Fuera de los límites establecidos por Dios, el sexo se torna en una fuerza mala y destructiva en la vida humana, que necesita del poder redentor de Dios para liberar a los seres allí atrapados. El amor sexual marital es tanto una dádiva como una responsabilidad dada por Dios, para ser consagrada por la Palabra y la oración.

SHADAI Transliteración del nombre hebreo para Dios, frecuentemente traducido "Todopoderoso," siguiendo la Septuaginta. Ver *Todopoderoso; Nombres de Dios.*

SHEKINAH　　　(*"lo que habita"*) Transliteración de una palabra hebrea que no se encuentra en la Biblia, pero que es usada en muchos escritos judíos para hablar de la presencia de Dios. Ver *Gloria.*

SHEMÁ Transliteración de un imperativo hebreo que significa "oye" (Deut. 6:4); aplicado a 6:4-9, como una declaración básica de la ley judía. Para el pueblo de Dios la shemá llegó a ser una confesión de fe por la cual reconocían al único Dios verdadero y sus mandamientos para ellos. La práctica de adoración posterior combinó Deut. 6:4-9; 11:13-21; Núm. 15:37-41 en una shemá más larga, que era el resumen de la confesión judía. Cuando le preguntaron a Jesús sobre "el primer mandamiento de todos," Él respondió citando la shemá (Mar. 12:29).

SHOFAR Palabra hebrea para designar un cuerno de carnero ceremonial usado como bocina para convocar al pueblo de Israel (Ex. 19:16). Ver *Música.*

SHUR, DESIERTO DE　　(*"muro"*) Región en el límite noroeste de Egipto, quizás llamado así por el muro que los egipcios construyeron para proteger su frontera; puede ser tell el-Fara; lugar donde Moisés hizo la primera parada después de cruzar el mar Rojo (Ex. 15:22). Ver Gén. 16:7; 20:1; 1 Sam. 15:7; 27:8.

SIBA (arameo, *"rama"*) Sirviente de Saúl a quien David puso a cargo de la propiedad que le fue devuelta a Mefi-boset (2 Sam. 9:1-13). Durante la rebelión de Absalón, Siba acusó falsamente de traición a Mefi-boset (2 Sam. 16:1-4). David recompensó a Siba con la propiedad de Mefi-boset, el cual se encontró con David cuando este volvió al poder en Jerusalén, y acusó a Siba de engaño (2 Sam. 19:24-29). David, ya sea dudando a quién creer o deseoso de no tener rivales fuertes, dividió la propiedad de Saúl entre Siba y Mefi-boset.

SIBIA (*"gacela"*) (1) (masculino) Cabeza de familia de los benjamitas (1 Crón. 8:9). (2) (femenino) Madre del rey Joás de Judá (2 Rey. 12:1; 2 Crón. 24:1).

SIBMA (*"frío"* o *"alto"*) Ciudad que reconstruyó Rubén en Transjordania (Núm. 32:38; ver Jos. 13:19; comp. Isa 16:8-9; Jer. 48:32); puede ser khirbet al-Qibsh unos 5 km (3 millas) al estenordeste del monte Nebo y 5 km (3 millas) al sur de Hesbón. "Sebam" (Núm. 32:3) frecuentemente se considera cambio del copista a partir de Sibma.

SICARIOS (*"hombres con puñal"*) Grupo de judíos que trató de liberarse de los romanos; del término latino *Sicarii*. Josefo los describió diciendo que escondían pequeñas dagas en la ropa, y que utilizaban esta arma para matar a sus víctimas en situaciones donde había una multitud. Los romanos llamaban "sicarios" a los judíos que se dedicaban a la matanza organizada de políticos. En Hech. 21:38 a Pablo lo confundieron con un líder de 4000 sicarios.

SICLAG Aldea en el sur de la llanura de Judea entregada a Simeón (Jos. 15:31; 19:5); parece haber pertenecido a los filisteos; fue tomada por Israel en tiempos de los jueces (1 Sam. 27:6); identificada ya sea como tell el-Khuweilifeh, 16 km (10 millas) al nornordeste de Beerseba, tell esh-Shariah, 14,5 km (9 millas) al nor-noroeste de Beerseba, o khirbet el-Mashash. Aquis, rey de Gat, entregó la ciudad a David durante su período de "proscrito." Se transformó en su centro de operaciones para los ataques a los amalecitas. Cuando David encontró que la ciudad había sido saqueada y quemada por los amalecitas y que su familia había sido secuestrada, un arriesgado ataque nocturno salvó a su pueblo (1 Sam. 30). Los judíos que regresaron del exilio en Babilonia habitaron en Siclag (Neh. 11:28).

SIDA (Síndrome de inmunodeficiencia adquirida) Si bien la Biblia no se refiere específicamente al SIDA, proporciona principios para entenderlo y para que los que están afectados por el SIDA puedan hallar consuelo y esperanza.

Como todas las enfermedades, el sufrimiento y la muerte, el SIDA es una consecuencia de la caída del ser humano (Gén. 2:17; 3:19b; Rom. 1:27). Sin embargo, a diferencia de la mayoría de las enfermedades, el virus HIV por lo general (aunque no en forma exclusiva) afecta a personas a través de acciones de conducta irresponsable (Os. 8:7a; Gál. 6:7-8). La Biblia ordena a los seguidores de Cristo cultivar un estilo de vida puro (Fil. 4:8; Col. 3:1-7; 2 Ped. 1:5-11). Además, esa conducta o estilo de vida minimiza el riesgo por el cual el virus HIV pudiera infectarlos y pudieran contraer SIDA.

Al tocar (Mat. 20:34; Mar. 1:41) y sanar a los que acudían a Él, Jesús mostró compasión para con los leprosos (Mar. 1:40-42), parias sociales (Mar. 5:1-8; Juan 4:1-38) y otros que estaban enfermos y en gran necesidad (Mat. 9:36; 14:14; Mar. 1:32-34). Pablo ruega a los cristianos que muestren gran compasión por los que están en necesidad (Rom. 12:15; Gál. 6:2), declarando que los que sufren son consolados por Dios por medio de la obra de Jesús (2 Cor. 1:3-4). De la misma manera, los que están afectados con SIDA pueden encontrar consuelo y esperanza a través del amor de Dios.

SIDIM (*"lados"*) Ciudad fortificada en tierra de Neftalí (Jos. 19:35), quizás Hatin el-Qadim alrededor de 13 km (8 millas) al oestenoroeste de Tiberias. Algunos comentaristas la ven como una repetición de copista del hebreo que significa "ciudades cercadas." Ver *Zer.*

SIDÓN Y TIRO Ciudades fenicias sobre la llanura costera entre las montañas del Líbano y el mar Mediterráneo (Gén. 10:15). Mientras que Sidón parece haber sido dominante en la primera parte de la historia de ambas, Tiro dominó en tiempos posteriores. Ambas ciudades eran centros de comercio, especialmente comercio marítimo. Una de las exportaciones más codiciadas de Tiro era la tintura púrpura. Josué no pudo conquistar el territorio (Jos. 13:3-4). David (2 Sam. 5:11) y Salomón (1 Rey. 5) dependían en gran manera de materiales y artesanos de Tiro. Alr. del 870 a.C., Acab se casó con Jezabel, hija de un rey fenicio, y con esto introdujo la adoración de Baal en la corte de Israel. Ezequiel 28 caracteriza al rey de Tiro como el máximo ejemplo de orgullo. Bajo el gobierno romano, las dos ciudades eran importantes puertos comerciales, pero no gozaban del predominio que antes habían tenido. Jesús pasó tiempo en Tiro y Sidón y

las contrastó con los judíos como ejemplos de fe (Mat. 11:20-22). Pablo pasó siete días en Tiro después de su tercer viaje misionero (Hech. 21:3-4). Ver *Fenicia.*

SIERVO DE JEHOVÁ   Título que Jesús tomó del AT, especialmente Isa. 40-55; aplicado a líderes del pueblo de Dios: Moisés, David e Israel como nación (Isa. 41:8,9b). El Siervo de Jehová ideal iba a traer la justicia de Dios a todas las naciones (42:1,4). Dios llamó la atención a la incapacidad del israelita natural para conformarse a la imagen del Siervo ideal (42:19). No obstante, el Señor dice: "vosotros sois mis testigos, y mi siervo que yo escogí" (43:10; comp. 44:1-2,21).

Israel tenía la responsabilidad de hacer la obra del Siervo. No obstante, no se puede interpretar como todo Israel porque algunos eran blasfemos e idólatras. ¿Podía parte de Israel ser el verdadero Siervo? ¿O realmente esto puede apuntar a Alguien que debe venir de Israel —Uno que pueda representar a Israel en el cumplimiento de la tarea? Mat. 12:17-21 cita Isa. 42:1-4 y declara que fue cumplido en Jesucristo.

Isaías 49 distingue entre Aquel que cumplirá la obra del Siervo y la nación de Israel, a la que Aquel pertenece y representa (vv. 5-6). No sólo que Él va a traer juicio a todo el mundo sino que además va a "hacer volver a Él a Jacob" (v. 5) y a restaurar "el remanente de Israel" (v. 6). Él será "luz de las naciones" y "mi salvación hasta lo postrero de la tierra" (v. 6). En 50:4-10 leemos de los sufrimientos a los que Él se someterá voluntariamente.

Todo esto conduce al cuadro triunfal en Isa. 52:13-53:12, que muestra los sufrimientos del Siervo (52:14; 53:2-5,7-8,10), y su naturaleza vicaria y redentora (52:15; 53:4-6,8,10-12; comp. 1 Ped. 1:1-2). El cap. 54 muestra el alcance de la obra del Siervo, y el cap. 55 ofrece el glorioso llamado a recibir la salvación obtenida por la obra redentora del Siervo, "sin dinero y sin precio" (v. 1). Después del cap. 53, Isaías nunca más usa "siervo" en el singular; más bien habla de las bendiciones que los seguidores del Siervo recibirán, llamándolos "los siervos de Jehová" (54:17), "sus siervos" (56:6; 65:15; 66:14), y "mis siervos" (65:8,9,13,14).

Jesús fue el Siervo Sufriente que cumplió las gloriosas descripciones de Isaías (Mat. 12:14-21; Luc. 4:18-19; 22:37; Hech. 3:13; 4:27-28). Al lavar los pies de sus discípulos, Jesús simbolizó la condición de siervo para con ellos, llamándolos a servirse los unos a los otros y al mundo (Juan 13:4-17). Esto llevó a la iglesia primitiva a orar pidiendo que como siervos de Dios ellos pudieran hablar con denuedo y hacer milagros por medio del nombre de "tu santo Hijo Jesús" (Hech. 4:29-30). Ver *Cristo, Cristología; Isaías; Jesús; Esclavo, Siervo; Hijo de Dios.*

SIETE, SÉPTIMO Número de plenitud. Ver *Numérico, Sistema y simbolismo.*

SIETE PALABRAS DE LA CRUZ

Declaraciones de Jesús desde la cruz cuando era crucificado por nuestro pecado. Las primeras tres declaraciones de Jesús entre las 9:00 a.m. y el mediodía (Mar. 15:25), se relacionan principalmente con otros. Él pidió perdón para aquellos que lo estaban crucificando (Luc. 23:34), le prometió al ladrón penitente que iba a estar con Él en el paraíso (Luc. 23:43), y proveyó para el cuidado de su madre por parte de Juan (Juan 19:26-27).

Las últimas cuatro declaraciones, pronunciadas entre el mediodía y las 3:00 p.m., se refieren a Él mismo (Mat. 27:45; Mar. 15:33; Luc. 23:44). Él exclamó el grito de desola-

ción citando Sal. 22:1 en lengua aramea (Mat. 27:46; Mar. 15:34), expresó que tenía sed (Juan 19:28) y lanzó un grito de victoria: "Consumado es" (Juan 19:30). En sus palabras finales, al encomendar su espíritu a Dios (Luc. 23:46) Jesús citó Sal. 31:5. Ver *Crucifixión.*

SIHOR (*"estanque de Horus [un dios]"*) Pueblo en la frontera de la Tierra Prometida (Jos. 13:3), que marca la extensión más amplia de los reclamos territoriales de Israel (1 Crón. 13:5); en Isa. 23:3; Jer. 2:18, aparentemente se refiere a un brazo del río Nilo dentro de Egipto. Esto extendería los reclamos de Israel hasta el Nilo. Ver *Palestina.*

SILAS, SILVANO Aparentemente, formas griega y latina del mismo nombre. Líder en la iglesia de Jerusalén primitiva y evangelista (2 Cor. 1:19); acompañó a Pablo en los viajes misioneros (Hech. 15:40-41; 16:19-24; 1 Ped. 5:12). Una de sus primeras misiones fue llevar noticias del concilio en Jerusalén a los creyentes en Antioquía (Hech. 15:22). En Filipos, él y Pablo ganaron al carcelero y a su familia para el Señor, después que Dios los liberó de la prisión. Se unió a Pablo al escribir a los tesalonicenses (1 Tes. 1:1; 2 Tes. 1:1). También sirvió como escriba de Pedro, escribiendo 1 Pedro. Ver *Pablo; 1 Pedro.*

SILO (quizás *"tranquilo, seguro"*) Centro religioso de Israel por más de un siglo después de la conquista; lugar del tabernáculo de Israel (Jos. 18:1); alr. de 48 km (30 millas) al norte de Jerusalén; unos 19 km (12 millas) al sur de Siquem (ver Jue. 21:19). Ver *Tabernáculo.* Silo estaba en una llanura fértil a unos 700 m (2000 pies) de elevación; aparentemente la moderna Seilun fue el lugar donde Josué distribuyó parte de la tierra (Jos. 18);

ciudad cuyas hijas los benjamitas capturaron como esposas (Jue. 21).

Los primeros años de Samuel proveyeron otra conexión con Silo (1 Sam. 1-4). Silo aparentemente fue destruida por los filisteos alr. del 1050 a.C. (ver 1 Sam. 7:1). Ver Jer. 7:12; comp. 26:6-9; 41:5. Ver *Josué; Elí; Samuel.*

SILOÉ (*"enviado"*) Lugar que se confunde fácilmente con las aguas de Siloé (Isa. 8:6); estanque en el extremo sur de una antigua ciudad jebusea de Jerusalén, creado por el conducto de Ezequías que desviaba las aguas de Siloé desde el manantial de Siloé hasta un punto menos vulnerable al enemigo asirio. Ver *Jerusalén.* La inscripción de Ezequías preservada sobre la pared del conducto, describe el encuentro de los constructores que horadaron la piedra desde ambos extremos. Juan 9:7,11 usa un juego de palabras para remarcar que el ciego fue enviado a Siloé por el que era en sí mismo "el" enviado. Lucas 13:4 se refiere más bien a una torre desconocida en Siloé que a Siloé.

SILOÉ, AGUAS DE (*"siendo enviado"*) Aguas que abastecían a Jerusalén desviándose del manantial de Gihón y que representaban la provisión de Dios, haciendo que fuera innecesario depender de reyes extranjeros (Isa. 8:6). Difiere del conducto de Siloé que construyó Ezequías (2 Rey. 20:20). El trasfondo puede ser el ungimiento de reyes en Gihón (1 Rey. 1:33-40), implicando así el rechazo de la soberanía de Dios representada a través de su rey ungido.

SILVANO Ver *Silas, Silvano.*

SÍMBOLO Señal o signo; objetos, gestos o rituales que conllevan significado para la dimensión racional, emocional e intuitiva de los seres humanos. El símbolo universal y supremo de la fe cristiana es la cruz, un instrumento de ejecución, pero para los cristianos una señal del amor de Dios por los seres humanos. La muerte de Cristo vista a través de la resurrección se halla en el centro de los dos rituales simbólicos principales de la fe cristiana: el bautismo y la Cena del Señor o eucaristía. Ver *Ordenanzas; Sacramentos.*

El cordero del sacrificio es un símbolo de la muerte sacrificial de Cristo. Las parábolas de Jesús abundan en símbolos: grano, cizaña, varios tipos de suelo, una oveja perdida, una moneda perdida y un hijo perdido. Jesús utilizó el lenguaje simbólico al hablar acerca de sí mismo y de su relación con personas: pan de vida, luz del mundo, buen pastor, agua de vida y la puerta. Los escritos apocalípticos son ricos en lenguaje simbólico. Ver *Apocalíptica, Literatura.*

SIMEI (*"soy escuchado"*) Varios hombres del AT, entre ellos: (1) Nieto de Leví y cabeza de familia levítica (Ex. 6:17; Núm. 3:18; comp. 1 Crón. 6:42). (2) Pariente del rey Saúl que maldijo a David y se opuso a él cuando escapó de Absalón (2 Sam. 16; comp. cap. 19; 1 Rey. 2). Personalidad de la corte que se rehusó a apoyar a Adonías en contra de Salomón (1 Rey. 1:8).

SIMEÓN (*"escuchar"* o posiblemente, *"pequeña hiena"*) (1) Ver *Jacob; Tribus de Israel, Las.* (2) Judío devoto que vivía en Jerusalén durante el tiempo del nacimiento de Jesús y los ritos de la purificación de Jesús en el templo, que anunció a sus padres el plan de Dios para el niño (Luc. 2:25-34). (3) Antepasado de Jesús (Luc. 3:30). (4) Forma alterna griega para Simón, nombre original griego de Pedro. Ver *Pedro.*

SIMÓN (*"de nariz chata"*) Alternativa griega para el hebreo "Simeón."

(1) Padre de Judas Iscariote (Juan 6:71). (2) Uno de los discípulos de Jesús; un hijo de Jonás (Mat. 16:17) y hermano de Andrés. Después que confesó a Jesús como el Cristo, el Señor le cambió el nombre y lo llamó Pedro (v. 18). Ver *Pedro*; *Simeón*. (3) Fariseo que invitó a Jesús a una cena (Luc. 7:36-40) y aprendió acerca del amor, la cortesía y el perdón, después que una mujer pecadora ungió a Jesús en esta ocasión. (4) Nativo de Cirene que fue obligado a cargar la cruz de Jesús al Gólgota (Mar. 15:21). Ver *Cirene*. (5) Curtidor de cueros de animales de Jope. Pedro se quedó en su casa (Hech. 9:43) y recibió mensaje en forma de visión, que declaraba todas las comidas aptas para ser consumidas (10:9-16). (6) Discípulo de Jesús también llamado "el cananista" (Mat. 10:4) o "el zelote" (Luc. 6:15). (7) Hermano de Jesús (Mat. 13:55). (8) Leproso que hospedó a Jesús y vio a una mujer ungirlo con un perfume costoso (Mat. 26:6-13; comp. (3) más arriba). (9) Profeta y maestro en la iglesia de Antioquía (Hech. 13:1). (10) Mago de Samaria que creyó en la predicación de Felipe, fue bautizado, y luego trató de comprar el poder de imponer las manos y de dar el Espíritu Santo a la gente (Hech. 8:9-24).

SIN, DESIERTO DE Región árida en algún lugar al oeste de la meseta de Sinaí en la península de Sinaí. El pueblo hebreo hizo aquí una parada en su peregrinación de Egipto a la Tierra Prometida (Ex. 16:1). El lugar a veces se ha confundido con el desierto de Zin, que está ubicado en el lado noroeste del Sinaí. Ver *Zin*.

SINAGOGA Lugar de reunión local y asamblea del pueblo judío durante y después del exilio en Babilonia. Incluso después que muchos de los judíos retornaron a Jerusalén y reconstruyeron el Templo, siguió habiendo lugares de adoración local. Para el tiempo de Jesús estos lugares y asambleas en y fuera de Palestina eran llamados "sinagogas." Durante los días de Jesús, había incluso una sinagoga dentro del templo mismo. Las fuentes judías indican que debía establecerse una sinagoga dondequiera que hubiera por lo menos *diez* varones judíos. La reunión principal era el Sábado. Un servicio típico consistía en el recitado de la shemá (confesión de fe en el único Dios), oraciones, lecturas de las Escrituras (la Ley y los Profetas), un sermón y una bendición (ver Luc. 4:16-21). Ver *Shemá*.

Los ancianos locales tenían a su cargo la supervisión general de la sinagoga. Frecuentemente nombraban a un principal de la sinagoga, un laico que cuidaba del edificio y seleccionaba a aquellos que participaban en el culto. El principal o presidente era asistido por un ayudante, uno de cuyos deberes era entregar los rollos sagrados a aquellos que leían y regresarlos al lugar especial donde se guardaban (Luc. 4:17,20). En el día de reposo Jesús iba a la sinagoga con frecuencia en su propio pueblo de Nazaret (Luc. 4:16). Frecuentemente enseñó y predicó en sinagogas por toda la tierra (Mat. 4:23; 9:35; Mar. 1:39; Luc. 4:44). Sanó a un hombre en la sinagoga de Capernaum (Mar. 1:21-28; Luc. 4:31-37; comp. Luc. 13:10-16).

Jesús advirtió contra la hipocresía de aquellos que exhibían su justicia en la sinagoga (Mat. 6:2,5; 23:6; Mar. 12:39; Luc. 11:43; 20:46; comp. Mat. 10:17; 23:34; Mar. 13:9; Luc. 12:11; 21:12). Algunos creyentes judíos continuaron adorando en las sinagogas (Hech. 9:2; 22:19; 26:11) hasta que la persecución los forzó a salir. Pablo predicó a Cristo en las sinagogas (Hech. 9:20; comp. Hech. 13:5,14; 14:1; 17:1,10,17; 18:4; 19:8). Él encontró un interés especial entre los gentiles que asistían a la sinagoga, pero algunos judíos también creían (Hech. 13:42-43). Por lo general, se veía forzado a dejar la sinagoga y a ir a otra parte con el grupo de creyentes (Hech. 18:6-8; 19:8-10).

SINAR, TIERRA DE Mesopotamia (Gén. 10:10); nombre de un lugar usado en varios documentos del antiguo Cercano Oriente, aparentemente para localidades algo diferentes. Hay evidencia que señala un distrito sirio citado como Sanhara en las cartas de Amarna. Algunos eruditos equiparan Sinar en textos asirios con la moderna Singar al oeste de Mosul en Irak. Otros piensan que originalmente se refiere a una tribu kassita. Ver *Mesopotamia*.

La torre de Babel fue construida en Sinar (Gén. 11:2-9). El rey de Sinar se opuso a Abraham (Gén. 14:1). Isaías profetizó que Dios sacaría un remanente de su pueblo de Sinar (11:11). Daniel 1:1-2 y probablemente Zac. 5:11 equiparan Babilonia y Sinar, y de esta forma limitan Sinar a su ciudad más importante en la época de los escritores.

SION Transliteración de palabras hebreas y griegas que originalmente se referían a la colina fortificada de la Jerusalén preisraelita, entre los valles de Cedrón y Tiropeón (2 Sam. 5:6-10; 1 Crón. 11:4-9). La "fortaleza de Sion" puede haberse referido solamente al sector fortificado de la ciudad. Jerusalén era el nombre de la ciudad estado como un todo e incluía numerosas aldeas y casas ubicadas fuera del área fortificada de la ciudad misma. Después que David capturó Sion, vivió allí y cambió su nombre por el de "ciudad de David." Muchos salmistas usan Sion para referirse al templo construido por Salomón (2:6; 48:2; 84:7; 132:13). En Isa. 1:27, la idea de "Sion" incluía a toda la nación. Sion también hacía alusión a la capital de Judá (Amós 6:1). El uso más común de Sion era para referirse a la ciudad de Dios en la nueva era (Isa. 1:27; 28:16; 33:5). También se entiende que Sion se refiere a la Jerusalén celestial (Isa. 60:14; Heb. 12:22; Apoc. 14:1), el lugar donde el Mesías aparecería al final de los tiempos. Ver *Jerusalén*.

SIOR (*"pequeñez"*) Aldea asignada a Judá en la zona montañosa cerca de Hebrón (Jos. 15:54).

SIQUEM (*"hombro, espalda"*), **SIQUEMITA** Distrito y ciudad en una zona montañosa de Efraín en el centro-norte de Palestina (Jos. 17:7); primera capital del reino del norte, Israel; construida mayormente sobre una ladera, o un lomo, entre el monte Gerizim y el monte Ebal. Situada donde convergían las principales carreteras y las antiguas rutas comerciales. Siquem fue una ciudad importante mucho antes que los israelitas ocuparan Canaán. Comp. Gén. 12:6-7; 33-34, donde Siquem era el nombre de la ciudad y también del príncipe de la ciudad (37:12; Jos. 24:32).

Cuando los israelitas conquistaron Canaán, se dirigieron inesperadamente hacia Siquem. Josué construyó un altar sobre el monte Ebal y condujo a su pueblo en la renovación de su compromiso con la ley de Moisés (Jos. 8:30-35; comp. Deut. 27:12-13). Siquem era una ciudad de refugio (Jos. 20:7) y una ciudad levítica (21:21). Ver *Ciudades de refugio*. Allí Josué guió a Israel a renovar su pacto con Dios (Jos. 24:1-17). Abimelec, hijo de Gedeón, luchó contra los líderes de Siquem (Jue. 8:31-9:49).

Roboam, sucesor del rey Salomón, fue a Siquem para ser coronado rey sobre Israel (1 Rey. 12:1). Cuando la nación se dividió, Siquem se transformó en la capital de Israel, el reino del norte (1 Rey. 12:25; comp. Os. 6:9).

En Siquem (algunas veces identificada con Sicar), Jesús conversó con la mujer samaritana en el pozo de Jacob (Juan 4). Los samaritanos habían construido su templo en el monte Gerizim, donde practicaban su forma de religión.

SIRACUSA Ciudad principal de Sicilia. Pablo se quedó tres días en el puerto de Siracusa cuando iba camino a Roma (Hech. 28:12).

SIRIA Región o nación directamente al norte de Palestina en la esquina noroeste del mar Mediterráneo; actuales Siria y Líbano con pequeñas porciones de Turquía e Irak. Siria, al igual que Palestina, tiene cuatro características geográficas básicas a medida que uno va desde el Mediterráneo hacia el este: (1) una estrecha llanura costera; (2) una línea de montañas; (3) la falla del valle y (4) una estepa fértil que se pierde en el desierto. Los dos ríos principales surgen cerca el uno del otro en la falla del valle. El Orontes fluye hacia el norte antes de girar abruptamente hacia el oeste y al mar en la llanura de Antioquía, mientras que el Leontes fluye hacia el sur, luego gira al oeste a través de una garganta estrecha y desemboca en el mar. Ver *Palestina; Ríos y vías fluviales en la Biblia.*

Los arameos comenzaron a asentarse en Siria y en el norte de Mesopotamia alr. del 1200 a.C., estableciendo una cantidad de estados independientes. El AT menciona los reinos arameos de Bet-edén en el norte de Siria, Soba en Siria del sur y central, y Damasco en el sur. Saúl confrontó a Soba (1 Sam. 14:47). David derrotó decisivamente a Aram de Soba (2 Sam. 10:6-19), cuyo rey Hadad-ezer había conseguido la ayuda de sus estados arameos súbditos

(10:16,19). Como resultado, Soba y sus vasallos, aparentemente incluida Damasco, llegaron a ser súbditos de David (2 Sam. 8:3-8; 10:19). Hamat, un estado neo-hitita en el norte de Siria, que había estado en guerra con Soba, también estableció relaciones amistosas con David (2 Sam. 8:9-10). Mientras tanto, un tal Rezón se separó de Hadad-ezer de Soba después de la victoria de David y se transformó en el líder de una banda de saqueo. Durante el reinado de Salomón se estableció como rey en Damasco (1 Rey. 11:23-25), tomando el sur de Siria de manos del control israelita. Apariciones subsiguientes de "Aram" o "arameos" ("Siria" o "sirios") en el AT se refieren a este reino arameo de Damasco.

Asa de Judá indujo a Ben-adad el rey de Damasco a romper su alianza con Israel e ir en ayuda de Judá (1 Rey. 15:18-19). Ben-adad respondió conquistando un número de ciudades y territorio en el norte de Israel (v. 20). Ver *Damasco.*

En tiempos del NT, Judea fue hecha parte de una procuraduría dentro de la más amplia provincia romana de Siria (Mat. 4:24), siendo gobernada esta última por un gobernador (Luc. 2:2). Pablo se convirtió en el camino a Damasco (Hech. 9:1-9) y subsiguientemente evangelizó en la provincia (Hech. 15:41; Gál. 1:21). Antioquía, donde los creyentes fueron llamados "cristianos" por primera vez (Hech. 11:26), se transformó en la base de sus viajes misioneros (Hech. 13:1-3).

SIROFENICIO Combinación de Siria y Fenicia, que refleja la unión de las dos áreas en un distrito bajo el gobierno romano (Mar. 7:26).

SIRTE Probablemente el golfo de Sidra, lugar de aguas poco profundas con rocas escondidas, bancos de arena y arenas movedizas frente a la costa de África, al oeste de Cirene (Hech. 27:17).

SIS (*"capullo"*) Paso a través de un lugar escarpado por donde el pueblo de Amón, de Moab y de monte Seir iban a entrar a Judá para atacar al rey Josafat (2 Crón 20:16); frecuentemente ubicado en wadi Asaza, al sudeste de Tecoa, cerca del mar Muerto.

SISAC Faraón (945-924 a.C.) que fundó la dinastía XXII en Egipto; conocido también como Sesonq I. Inmediatamente después que Roboam comenzó a reinar en Judá, Sisac invadió Jerusalén y se llevó los tesoros del templo a la fuerza (1 Rey. 14:25-26). Inscripciones en un templo al dios Amón en Karnak muestran que Sisac capturó a más de 150 pueblos en Palestina, incluyendo Meguido, Taanac y Gabaón. Algunos lo equiparan con el faraón cuya hija se casó con Salomón (3:1), y quien luego incendió Gezer y se la dio a su hija (9:16). Ver *Egipto*.

SÍSARA (*"meditación"*) Dos hombres del AT incluyendo al líder militar de Jabín, rey de Canaán (Jue. 4:2), quien fue muerto por Jael, la esposa de Heber (v. 21). Ver *Jabín; Jueces, Libro de; Juez*.

SITIM (*"acacias"*) (1) Área grande en Moab directamente cruzando el Jordán desde Jericó y al nordeste del mar Muerto; tell el-Hammam es Samri, alr. de 13 km (8 millas) al este del Jordán. Israel acampó allí antes de cruzar hacia la Tierra Prometida. Ver Núm. 22-25; comp. Deut. 34:9; Jos. 2:1; 3:1; Miq. 6:5. (2) En Joel 3:18, el significado simbólico de acacias se pone de relieve en el cuadro mesiánico de la fertilidad del torrente del Cedrón, con una fuente que sale del templo.

SOA (*"¡auxilio!"*) Nación que Dios usó para castigar a su pueblo (Ezeq. 23:23); usualmente identificada con Sutu, un pueblo nómada del desierto de Siria y Arabia conocido por los documentos de Mari, Amarna y Asiria. Algunos comentaristas lo ven mencionado en Isa. 22:5, donde la mayoría traduce "clamar."

SOBA (*"batalla"*) Poder sirio imperante antes de la aparición de Damasco. Ver *David; Siria*.

SOBERANÍA DE DIOS Enseñanza bíblica de que Dios es la fuente de toda creación y que todas las cosas provienen y dependen de Él (Sal. 24:1). Dios creó el mundo y guía a su creación hacia un fin significativo.

La soberanía de Dios es trascendente, y va más allá de nuestra comprensión total (Isa. 6:1). Dios es un ser separado de su creación y obra en maneras que los seres humanos no siempre entendemos. La soberanía de Dios va hacia un fin particular, un propósito específico (Fil. 2:13): llevar a su creación —a toda su creación— a la plenitud y consumación, a la comunión con Él, "Dios estaba en Cristo reconciliando consigo al mundo" (2 Cor. 5:19). El reino de Dios es el fin hacia el cual Dios mueve a su creación.

La soberanía divina no significa que todo lo que ocurre en el mundo es la voluntad de Dios. Dios ha creado un mundo en el que la libertad es una posibilidad real. Su voluntad permisiva provee para la libertad humana y las leyes de la naturaleza. Esta libertad significa que la soberanía debe siempre distinguirse del "hado" o "destino," la creencia de que todo lo que ocurre en el mundo ha sido predeterminado y tabulado de antemano por Dios. Ver *Libertad*. Los seres humanos encuentran verdadera libertad no haciendo todo lo que quieren, sino sometiéndose a la voluntad soberana de Dios, al gobierno y reinado de Dios en sus vidas individuales y colectivas. La soberanía de Dios incluye la autolimitación de Dios a fin de que su creación también pueda escoger la libertad en Él.

El Dios soberano del universo escoge identificarse con su creación en la cruz de Cristo. No hay un ejemplo más grande de su cuidado de la creación. Ver *Dios; Providencia.*

SOBORNO Dar algo de valor con la intención de influir en alguien en el cumplimiento de sus deberes; presenta la oportunidad de que se pervierta la justicia (ver 1 Sam. 8:3; Prov. 17:23; Isa. 1:23; Miq. 3:11, "cohecho"; 7:3); en la Biblia se prohíbe (Ex. 23:8; Deut. 16:19).

SOCO (*"espinas"*) (1) Pueblo en el sur de la zona montañosa del sur de Judá, usado como fortificación contra gente que venía del sur (Jos. 15:35); khirbet Abad (comp. 1 Sam. 17:1; 2 Crón. 11:7). (2) Pueblo en la zona montañosa del sur de Judá unos 16 km (10 millas) al sudoeste de Hebrón (Jos. 15:48) en khirbet Shuweikeh. (3) Pueblo que pertenecía al hijo de Hesed (1 Rey. 4:10); as-Shuweikeh al oeste de Nablus y a 3 km (2 millas) al norte de Tulkarm. (4) Nativo de Judá, hijo de Heber (1 Crón. 4:18). Algunos intérpretes perciben que este es el nombre de un lugar más que un nombre de persona y puede ser el mismo que (2).

SODOMA Y GOMORRA Dos ciudades famosas por su maldad (Gén. 18:20) en tiempos de Abraham, y por lo tanto destruidas por Dios a pesar de la intercesión de Abraham; estaban entre cinco "ciudades de la llanura" (Gén. 13:12; 19:29) en los tiempos del patriarca. Las ubicaciones exactas se desconocen, pero probablemente estuvieran situadas en el valle de Sidim

(Gén. 14:3,8,10-11) cerca del mar Muerto, quizás en el área ahora cubierta por el poco profundo extremo sur de dicho mar. Ver Gén. 13:10-12; 14:12; 19:1.

La lujuria antinatural de los hombres de Sodoma (Gén. 19:4-8; Judas 7) nos ha legado el término moderno *sodomía*, pero la ciudad era culpable de un espectro completo de pecados incluyendo orgullo, opresión de los pobres, soberbia y "abominación" (Ezeq. 16:49-50). Sodoma y Gomorra proveyeron un punto de comparación para la pecaminosidad de Israel y de otras naciones (Deut. 32:32; Isa. 1:10; Jer. 23:14). La memoria de su destrucción proveyó un cuadro del juicio de Dios (Isa. 13:19; Jer. 49:18; Mat. 10:14-15; 11:23-24) y las convirtió en ejemplo que se debe evitar (Deut. 29:23-25; 2 Ped. 2:6).

SODOMITA Originalmente un ciudadano del pueblo de Sodoma (Gén. 13:12); varón que tiene relaciones sexuales con otro varón. Ver *Homosexualidad; Sexo, Enseñanza bíblica sobre el.*

SOFONÍAS (*"Yavéh cobijó o almacenó" o "Zafón [dios] es Yavéh."*) (1) Profeta cuya predicación produjo el trigésimo sexto libro del AT. (2) Sacerdote a quien el rey Sedequías envió para pedir a Jeremías que orara por las naciones amenazadas por Nabucodonosor de Babilonia (Jer. 21:1-7; 37:3). Reportó a Jeremías una profecía falsa de Babilonia (29:24-32). Cuando Jerusalén cayó, el sacerdote fue ejecutado (52:24-27). (3) Padre de Josías y de Hen (Zac. 6:10,14), posiblemente identificado con (2) más arriba. (4) Levita (1 Crón. 6:36), quizás el mismo que Uriel (1 Crón. 6:24).

SOFONÍAS, LIBRO DE Libro bíblico entre los profetas menores, cuyo enfoque es el castigo de todas las naciones pecadoras, incluida Judá, y seguidamente la restauración de Judá y de las naciones.

El primer versículo relata lo único que sabemos sobre el profeta, rastreando hacia atrás cuatro generaciones hasta Ezequías. Algunos eruditos piensan que este Ezequías era el rey de Judá (2 Rey. 18-20). Si es así, Sofonías habría pertenecido al linaje real. Eso tal vez explicaría por qué no condenó al rey en 1:8; 3:3-5, donde acusa a la mayoría de la clases altas de Judá por sus pecados. Otros eruditos señalan que Ezequías era un nombre común y que el texto no dice nada sobre un rey. El padre de Sofonías era Cusi, que podría significar "cusita" o "etíope." Tal vez los ancestros de Sofonías hayan sido rastreados hasta cuatro generaciones anteriores para demostrar que era realmente israelita.

Sofonías ministró durante el reinado de Josías (640-609 a.C.). La mayoría de los eruditos fechan el libro en el 630 a.C. o entre 630 y 621. En el 621, el rey Josías instituyó una reforma arrolladora de la adoración en Judá (ver 2 Rey. 22:3-23:25) y abolió oficialmente la adoración de Baal y de las estrellas mencionada en Sofonías 1:4-6. Jeremías también condenó esas prácticas (Jer. 2:20-28; 8:1-3). Jeremías 26:1 muestra que las prácticas florecieron nuevamente incluso en el reinado de Joacim (609 a.C.); tal adoración puede haber continuado secretamente entre el 621 y 609. Si hubiera sido así, Sofonías podría haber profetizado durante esos años.

Sofonías predijo castigo sobre el mundo entero, incluida Jerusalén (1:2-6). El castigo es el día de Jehová (vv. 7-16). Los versículos 17-18 describen la incapacidad de la humanidad pecadora para escapar del castigo de Dios. El castigo caería sobre los nobles en la corte del rey, aquellos que ganaron materialmente a través de la violencia, los mercaderes, y los que negaron el poder de Dios para recompensar el bien o castigar el mal.

El segundo capítulo contiene una serie de amenazas contra los filisteos (vv. 4-7), los moabitas y los amonitas (vv. 8-11), los etíopes (v. 12), y los asirios (vv. 13-15). Sofonías llamó a todas las naciones al arrepentimiento y a transformarse en justas y humildes.

El capítulo 3 comienza (vv. 1-7) con un lamento sobre Jerusalén por la opresión dentro de sus muros por parte de príncipes, profetas y sacerdotes. Los versículos finales (8-20) tienen una palabra positiva hacia Israel. Los versículos 8 y 14 amonestan al pueblo a esperar que Dios actúe y a regocijarse en lo que Él hará. Los vv. 8-13 prometen que Dios castigará a las naciones y que las convertirá de la idolatría. Aún más, Dios promete quitar a los altivos del monte de Sion, dejando atrás un pueblo manso y humilde. Los versículos 14-20 predicen la cesación del castigo y de la opresión y el regreso de los exiliados. Dios mismo es el rey de Israel (v. 15). Su presencia alivia cualquier razón que exista para temer a las naciones.

SOL Fuente de luz para la tierra; generalmente considerado un dios: el egipcio Ra; el griego Helios; el semítico Samas. La ciudad cananea de Bet-Semes probablemente esté ligada a un templo en la ciudad. La Biblia considera al sol simplemente como la "gran lumbrera" que Dios creó para gobernar el día (Gén. 1:16). En Israel, el nuevo día comenzaba con el atardecer. Los Salmos comparan el fulgor del sol con la gloria de Dios por la cual será reemplazado algún día (Sal. 84:11). Zacarías describe la venida de Cristo como un nuevo amanecer para la humanidad (Luc. 1:78). El oscurecimiento o eclipse del sol generalmente se interpretaba como una señal del descontento de Dios con los seres humanos. Ver *Dioses paganos.*

SOLDADO Persona entrenada para pelear, generalmente en servicio militar activo. En la historia antigua de Israel, cuando las tribus eran amenazadas, todo varón era convocado para pelear. David fue el primero en reunir un ejército nacional formado por soldados profesionales. El soldado del NT era usualmente el soldado romano. Juan el Bautista indicó que el soldado romano promedio sacaba dinero a los civiles mediante amenazas (Luc. 3:14). Por otra parte, el centurión (líder de 100 hombres) es tenido en estima en el NT (ver Hech. 10). Ver *Ejército; Centurión.*

SOMBRA Imagen oscura de un objeto, creada cuando el objeto interrumpe rayos de la luz; protección transitoria, breve y cambiante. El calor intenso, particularmente en el verano, hacía que las sombras fueran importantes en Palestina. Los viajeros buscaban descanso bajo un árbol (Gén. 18:4; comp. Job 40:22) o en una casa (Gén. 19:8). Especialmente al mediodía, cuando la sombra virtualmente desaparecía, la gente buscaba una sombra (Isa. 16:3; comp. Gén. 21:15; Jon. 4; Job 7:2). Por la tarde, las sombras se alargan (Jer. 6:4; comp. Neh. 13:19). Al despuntar el día, las sombras desaparecen (Cant. 2:17). En la soledad del desierto, el viajero encontraba poca esperanza de sombra, pero buscaba la sombra de las colinas (Jue. 9:36), de grandes rocas (Isa. 32:2), de una cueva (Ex. 33:22; 1 Rey. 19:9), o de una nube (Isa. 25:5).

La gente poderosa ofrece sombra de protección y seguridad (Cant. 2:3). Lo mismo hace un rey (Lam. 4:20; Ezeq. 31:6). No obstante, Israel conocía las pretensiones falsas de los reyes, de proveer tal protección (Jue. 9:15;

comp. Isa. 30:2; Ezeq. 31). Los escritores bíblicos pusieron su mirada en el Mesías en busca de la sombra necesaria (Isa. 32:2; Ezeq. 17:23). Dios era la sombra más importante de protección para su pueblo (Sal. 36:7; 91:1; 121:5; Isa. 25:4; 49:2; 51:16). La vida humana misma es sólo una sombra breve (Job 8:9; 14:2; Sal. 102:11; 144:4; Ecl. 6:12; 8:13).

La *skia* griega puede referirse a una sombra literal (Mar. 4:32; Hech. 5:15). Más frecuentemente, se refiere a la muerte (Mat. 4:16; Luc. 1:79 tomando Isa. 9:2) o a una indicación de algo por venir, un presagio. Las leyes con respecto a los alimentos y las fiestas religiosas eran sólo una sombra que preparó a Israel para la realidad que se conoció en Cristo (Col. 2:17; Heb. 8:5; 10:1). Dios no es una sombra que huye o cambia (Sant. 1:17).

SOREC (*"uva roja"*) Valle sobre el lado oeste de Palestina donde vivía Dalila (Jue. 16:4); desde cerca de Jerusalén hacia el mar Mediterráneo. Bet-semes guardaba el extremo este, mientras que los filisteos controlaban la porción occidental durante la época de los jueces.

SUAL (*"chacal"*) Territorio sobre un camino que tomaron los filisteos para ir contra Saúl (1 Sam. 13:17). Algunos lo identificaban con Saalim (1 Sam. 9:4).

SÚAL Descendiente de Aser (1 Crón. 7:36).

SUCOT (*"cabañas"*) (1) Ciudad al este del Jordán en Gad; quizás tell Deir Alla. Ver Gén. 33:17; Jue. 8:5-7,13-16; 1 Rey. 7:45-46. (2) Lugar donde los israelitas acamparon ni bien dejaron Egipto (Ex. 12:37; 13:20; Núm. 33:5-6); generalmente identificada con tell el-Maskhutah o tell er-Retabah.

SUCOT-BENOT (*"cabañas de las hijas"*) Deidad pagana que el pueblo llevó consigo a Israel desde Babilonia cuando fueron reasentados por los asirios después de la caída de Samaria en el 722 a.C. (2 Rey. 17:30); probablemente Sarpanitu, consorte de Marduk. Ver *Dioses paganos*.

SUEÑO, DORMIR Estado natural de descanso para los seres humanos y los animales (Sal. 4:8); Dios causa "sueño profundo" para revelación (Gén. 2:21; 15:12; Job 4:13), y algunas veces para impedir la visión profética (Isa. 29:10; comp. 1 Sam. 26:12). También se usa como señal de pereza (Prov. 19:15). El sueño es una figura para la muerte física (Juan 11:11-14; 1 Cor. 15:51). Ver *Muerte; Vida eterna*.

SUEÑOS Visiones que tienen lugar mientras la persona duerme. En el mundo del antiguo Cercano Oriente, los sueños eran el mundo de lo divino y lo demoníaco, y a menudo revelaban el futuro o le mostraban a la persona cuál era la decisión correcta. La gente dormía en templos o en lugares sagrados a fin de tener un sueño que los ayudara a tomar una decisión. Muchas de las naciones vecinas de Israel contaban con figuras religiosas con habilidades para interpretar sueños. Los más altos niveles en el gobierno las consultaban para decisiones importantes. En Egipto y Asiria, estos intérpretes hasta elaboraban "libros de sueños" para interpretar los símbolos de un sueño.

Israel tenía prohibido usar muchas de las prácticas de adivinación de sus vecinos, pero más de una docena de veces Dios reveló algo por medio de un sueño (Ver Zac. 10:1-2). La profecía y los sueños debían someterse a una prueba similar (Deut. 13; comp. Núm. 12:6; 1 Sam. 28:6; Jer. 27:9; Joel 2:28). Algunos sueños podían ser cosas que uno deseaba que sucedieran (Sal. 126:1; Isa. 29:7,8; comp. Jer. 23:28). Distinguimos tres tipos de sueños: (1) El simple "sueño con mensaje" aparentemente no necesitaba interpretación (Mat. 1; 2); (2) El "sueño simbólico sencillo", con símbolos lo suficientemente claros como para que quien soñaba y otros pudieran entenderlo (Gén. 37); (3) los sueños simbólicos complejos requerían de la habilidad de interpretación de alguien con experiencia o con una capacidad fuera de lo común para interpretación (Dan. 2; 4). Hasta Daniel tuvo sueños con simbolismo tan complejo que tuvo que buscar interpretación divina (Dan. 8). Dios a menudo usaba sueños para revelar su voluntad, pero la gente no puede apoyarse en sueños para conocer la voluntad divina.

SUFRIMIENTO Dolores y experiencias duraderas e indeseables. La Biblia acepta el mal y el sufrimiento como parte de un mundo caído y pecaminoso. Los hebreos consideraban al sufrimiento como castigo por el pecado contra el orden moral divino (Sal. 7:15,16; 37:1-3; 73:12-20; 139:19), aun cuando los malignos puedan prosperar por un tiempo (Job 21:28-33). El sufrimiento es interpretado en muchos casos como señal de la ira de Dios y castigo por el pecado personal y el de los padres (1 Rey. 21:20,22,29; comp. Juan 9:2), o por la maldad del rey (2 Rey. 21:10,11).

Se explicaba el sufrimiento de los justos como una manera que Dios tiene para captar la atención de las personas (Job 33:14; 36:15), para corregir el pecado y transformarlo en obediencia (2 Crón. 20:9,10; Mal. 3:3), o para desarrollar o refinar el carácter (Job 23:10; Sal. 66:10). En última instancia, los que sufren confían en la sabiduría de Dios que a veces está escondida (Job 42:2,3; Sal. 135:6). El profeta obtuvo una visión de un propósito mayor en el sufrimiento —llevar los pecados de otros (Isa. 53). Los justos esperaban el día de Jehová, cuando ellos serían vindicados y la justicia reinaría (Dan. 12:1).

Dios mismo es tocado por el sufrimiento de Cristo sobre la cruz. El propósito y necesidad del sufrimiento en la vida del Hijo de Dios (Mat. 16:21; Mar. 8:31; Luc. 9:22) nos ayuda a enfrentar el nuestro. Como Cristo sufrió, así sufrirán los creyentes (Juan 16:33; Hech. 14:22; Rom. 8:31-39; 1 Cor. 12:26; 1 Tes. 2:14; 2 Tim. 3:12; 1 Ped. 4:12,13) que continúan la misión divina (Mar. 13:12,13; Apoc. 17:6; 20:14), porque el mundo odia a los discípulos tanto como odió al Señor (ver Juan 15:18; 1Cor. 2:8; 1 Juan 3:11,12). Sufrir por amor a Él se contaba como privilegio (Hech. 5:41; 1Cor. 11:32; 1 Tes. 1:4-8).

El sufrimiento debe soportarse pacientemente y no con rebeldía (1 Tes. 3:3; Sant. 1:2-4) porque Dios está llevando a cabo su propósito en las vidas de sus hijos (Rom. 8:28-29). Satanás tienta a los creyentes para que sean derrotados en su sufrimiento (2 Cor. 4:8-12; Apoc. 2:10). Sin embargo, los cristianos pueden fortalecerse espiritualmente a través de las pruebas (Rom 6:4-8; 1 Ped. 4:1; Heb. 12:11), y compartir el triunfo final de Cristo (Mar. 13:9; Juan 16:33; 2 Tes. 1:5; Apoc. 5:5; 20:9,14,15), aun hoy, mientras experimentan victorias diarias (Rom. 8:37; 1 Juan 2:13-14; 1 Ped. 5:10). Los sufrimientos dan lugar a la esperanza (Rom. 12:12; 1 Tes. 1:3), dado que ningún sufrimiento presente se compara con las recompensas que le esperan al fiel seguidor de Cristo (Rom. 8:17-18).

SUICIDIO ASISTIDO En la Biblia se registran varios casos de suicidio (Abimelec, Jue. 9:54; Sansón, Jue. 16:29-30; Saúl, 1 Sam. 31:4; el paje de armas de Saúl, 1 Sam. 31:5; Ahitofel, 2 Sam. 17:23; Zimri, 1 Rey. 16:18 y Judas, Mat. 27:5, comp. Hech. 16:27). De todos estos casos, las muertes de Abimelec y de Saúl están en la categoría de "suicidio asistido". Con la posible excepción de Sansón (cuya muerte tal vez se describa mejor llamándola "martirio"), la Biblia presenta a cada suicida como un individuo cuya conducta no debemos imitar.

Si bien la Biblia no prohíbe específicamente el suicidio, proclama la santidad de la vida (Gén. 1:26-27; 2:7; Sal. 8:5) y declara categóricamente que el pueblo de Dios debe elegir la vida en vez de la muerte (Deut. 30:15,19). El derecho a dar vida y a quitarla le está reservado a Dios (Job 1:21; comp. Ex. 20:13). Los cristianos son llamados a permanecer firmes en medio de pruebas (2 Cor. 12:7-10; Fil. 4:11-13; Sant. 1:2-4), pero Juan vio que en los últimos días los hombres que se enfrentaran a dificultades querrían la muerte (Apoc. 9:6).

Moisés (Núm. 11:14-15), Elías (1 Rey. 19:4), Job (Job 6:8-11) y Jonás (Jon. 4:3) le pidieron a Dios la muerte, pero en cada uno de los casos Dios se negó. Simeón (Luc. 2:29) y Pablo (2 Cor. 5:2,8; Fil. 1:20-23) anhelaron estar en el cielo, pero se contentaron con permanecer en la tierra, esperando que Dios actuara a su tiempo. Si bien dichos ejemplos no están en la categoría de "suicidio asistido", proveen amplia evidencia bíblica de que el suicidio asistido nunca es la elección apropiada.

SULAMITA Descripción de una mujer (Cant. 6:13); puede significar: (1) de Sunem, por un cambio del copista; (2) de Sulam, un pueblo desconocido; (3) salomonita refiriéndose a una relación con Salomón; (4) o un sustantivo común que significa "el reemplazado."

SUMER Una de las dos divisiones políticas que originalmente abarcaban lo que llegó a ser Babilonia; llanura fértil entre los ríos Tigris y Éufrates; se la llama Sinar (Gén. 10:10) o Caldea (Jer. 50:10); parte sur del actual Irak. Sus ciudades principales eran Nipur, Adab, Lagas, Umma, Larsa, Erec, Ur y Eridu, la mayor parte de las cuales estaban sobre o cerca del Éufrates.

Sumer desarrolló la primera gran civilización de la humanidad aprox. en el 3000 a.C. Allí se inventó la escritura cuneiforme. Para los eruditos bíblicos resultan de mucho interés el código legal de Ur-nammu, la lista de reyes sumeria, el relato del diluvio de Ziusudra, el mito del paraíso de Enki y Ningirsu, formas tempranas de la epopeya de Gilgames, y el descenso de Inanna al mundo de los muertos.

Cerca del 2100 a.C. Sumer fue conquistada por pueblos tribales invasores provenientes del oeste y el norte. Sargón I de Acad conquistó esta área y extendió su imperio desde el golfo Pérsico hasta el mar Mediterráneo. Fundó una nueva ciudad capital, Agadé, que por más de medio siglo fue la capital más rica y más poderosa del mundo. Sumer gozó de un breve avivamiento en Ur (aprox. 2050 a.C.), sólo para declinar frente al surgimiento de los elamitas, un pueblo hacia el este. Finalmente, alr. del 1720 a.C. Hammurabi de Babilonia unió Sumer (la división sur de la antigua Babilonia) en un solo imperio.

SUMO SACERDOTE Sacerdote que estaba a cargo de la adoración en el templo (o tabernáculo): el sacerdote (Ex. 31:10), el sacerdote ungido (Lev. 4:3) y el sumo sacerdote (2 Rey. 12:10).

El sumo sacerdocio era una función hereditaria que se basaba en la descendencia de Aarón (Ex. 29:29-30; Lev. 16:32). Por lo general, el sumo sacerdote era tal hasta su muerte (Núm. 18:7; 25:11-13; 35:25,28; Neh. 12:10-11), aunque ya durante el reinado de Salomón al sumo sacerdote se lo reemplazaba por razones políticas (1 Rey. 2:27).

Del sumo sacerdote se esperaba que fuera santo (Lev. 10:6,9; 21:10-15). Si pecaba, traía culpa sobre todo el pueblo (Lev. 4:3). Para el sumo sacerdote, la ofrenda por el pecado (Lev. 4:3-12) era idéntica a la que se exigía si pecaba toda la congregación de Israel (4:13-21).

La consagración del sumo sacerdote era un elaborado ritual de siete días que incluía lavado especial, vestimentas especiales y unción con aceite y con sangre (Ex. 29:1-37; Lev. 6:19-22; 8:5-35). El sumo sacerdote guardaba los elementos sagrados para echar suertes (Urim y Tumim), que se usaban para inquirir un asunto del Señor (Ex. 28:29-30; Núm. 27:21). Ver *Efod; Urim y Tumim.*

Sólo al sumo sacerdote se le permitía entrar al lugar santísimo, y sólo en el día de la expiación (Lev. 16:1-25; ver *Día de la expiación*). Una persona que fuera culpable de homicidio no intencional debía permanecer en una ciudad de refugio hasta que muriera el sumo sacerdote (Núm. 35:25,28,32; Jos. 20:6). La muerte expiatoria del sumo sacerdote eliminaba la culpa de sangre que contaminaba la tierra (comp. Núm. 35:33).

Eleazar estaba a cargo de la supervisión de los levitas (Núm. 3:32; comp. 1 Crón. 9:20) y de todo lo relacionado con el santuario (Núm. 4:16). Como sumo sacerdote, Eleazar ayudó a Moisés con el censo (Núm. 26). Fue consejero de Moisés (Núm. 27:1) y de Josué, y consultó al Señor por medio de suertes sagradas. Dicho consejo fue la base de la división de la Tierra Prometida entre las tribus (Núm. 34:17; Jos. 14:1; 17:4; 19:51; 21:1). Una indicación de la importancia de Eleazar es que el libro de Josué concluye con la muerte de este sumo sacerdote (24:33).

A Finees, que fue hijo de Eleazar, se lo conoce más por el celo de su oposición al casamiento entre israelitas y moabitas, y a la concomitante idolatría (Núm. 25:6-13). Como resultado de su celo, a Finees se le concedió un pacto de sacerdocio perpetuo (Núm. 25:13) y se lo consideró justo (Sal. 106:30). Parte de su ministerio ante el arca incluyó consultar a Jehová para recibir consejos para las batallas (Jue. 20:27-28). Finees fue el personaje principal en la resolución del conflicto del altar conmemorativo que habían construido las tribus al este del Jordán (Jos. 22:13,31-32).

Hasta tanto apareció Elí al final de los jueces, hay un gran silencio en torno al sumo sacerdocio. En 1 Crónicas 6:1-15 se ofrece una lista (¿parcial?) de siete sumos sacerdotes entre Finees y Sadoc, un contemporáneo de David y Salomón. De estos siete no se sabe nada con excepción de sus nombres. Elí no está en esta lista, aunque actuó como sumo sacerdote del santuario de Silo.

A Elí se lo conoce más que nada por haber criado a Samuel (1 Sam. 1:25-28) y por no haber podido controlar a sus propios hijos (1 Sam. 2:12-17,22-25; 3:13), lo cual dio como resultado que perdiera el derecho al sumo sacerdocio (1 Sam. 2:27-35). Después de la muerte de Elí, el sacerdocio en Silo aparentemente se reubicó en Nob. Saúl creyó que el sacerdocio había conspirado con David y eliminó entonces a la familia sacerdotal de Ahimelec (1 Sam. 22:9-19). Sólo Abiatar escapó (22:20). Cuando David trasladó el arca a Jerusalén, Abiatar y Sadoc aparentemente oficiaban en forma conjunta como sumos sacerdotes (1 Sam. 8:17; 15:24-29,35; 19:11), aunque Sadoc parece ser la figura predominante en 2 Samuel. Salomón sospechó que Abiatar había conspirado contra él con su hermano Adonías, y lo exilió al lugar de sus ancestros (1 Rey. 2:26-27). El sumo sacerdocio permanece en la familia de Sadoc desde el comienzo del reinado de Salomón (aprox. en el 964 a.C.) hasta que Menelao compró el sumo sacerdocio (171 a.C.) en los días de Antíoco Epifanes.

El sumo sacerdote Hilcías descubrió el libro de la ley, que proveyó el incentivo para las reformas del rey Josías (2 Rey. 22:8). Hilcías quitó del templo de Jerusalén todos los rastros del culto a Baal (2 Rey. 23:4).

En el comienzo del período postexílico, al sumo sacerdote Josué se lo presenta como igual de Zorobabel, gobernador davídico (Hag. 1:1,12, 14; 2:2,4). Tanto el sumo sacerdote como el gobernador actuaron en conjunto para la reconstrucción del templo (Esd. 3; 6:9-15; Hag. 1-2). A ambos se los reconoce como líderes ungidos (Zac. 4:14; 6:9-15). Hay algo más que aumenta la importancia del sumo sacerdocio en el período postexílico: interés en las listas de los sumos sacerdotes (1 Crón. 6:1-15,50-53; 9:11; Esd. 7:1-5; Neh. 12:10-11), un nuevo desarrollo en la literatura bíblica.

En el período anterior a la rebelión macabea, el sumo sacerdocio se volvió cada vez más politizado. Jasón, un simpatizante del helenismo, sacó del cargo a su hermano, Onías III, que era más conservador (2 Mac. 4:7-10,18-20). A su vez, Jasón fue expulsado por Menelao, que era un helenista más radical y ofreció a los gobernantes seléucidas un soborno mayor para asegurarse el cargo (2 Mac. 4:23-26). Con Menelao, el sumo sacerdocio ya no fue del linaje de Sadoc, que era el linaje legítimo.

Los macabeos combinaron el cargo de sumo sacerdote con el de comandante militar o líder político. Alejandro Balas, un contendiente del trono seléucida, designó sumo sacerdote y amigo del rey a Jonatán Macabeo (1 Mac. 10:20). De la misma manera, Simón Macabeo fue confirmado en el sumo sacerdocio y nombrado "amigo" del rey seléucida Demetrio II (1 Mac. 14:38). Templo y estado quedaron combinados en la persona de Simón, que fue tanto sumo sacerdote como *etnarca* (1 Mac. 15:1-2).

Durante el período romano, Anás (sumo sacerdote entre el 6 y el 15 d.C.,) fue claramente la figura sacerdotal con más poder. Aun después que los romanos lo depusieran, Anás consiguió que cinco de sus hijos y un yerno, José Caifás (sumo sacerdote entre el 18 y el 36/37 d.C.), fueran nombrados sumos sacerdotes. Ananías, uno de los hijos de Anás, fue el sumo sacerdote ante quien tuvo que comparecer Pablo en Hech. 23:2; 24:1.

SUNEM, SUNAMITAS Pueblo en Isacar al sudoeste del monte Carmelo; Solem, alr. de 13 km (8 millas) al norte de Jenín y 5 km (3 millas) al este de Affulah. Los israelitas lo controlaron bajo Josué (Jos. 19:18; comp. 1 Sam. 28:4; 1 Rey. 2:17; 2 Rey. 4). Alr. del 920 a.C. el faraón egipcio Sisac capturó el pueblo. Ver *Sisac*.

SUSA (*"lirio"* o *"loto"*) Ciudad en el sudoeste de Irán; muy rica por su ubicación sobre rutas caravaneras entre Arabia y lugares al norte y al oeste; antigua capital de Elam; habitada ya desde aprox. el 3000 a.C. En Est. 1:2 la ciudad se identifica como la ciudad del trono de Asuero. La dinastía aqueménida, entre el 500 y 300 a.C., llevó a Susa a su esplendor político y económico. Sirvió como residencia de invierno del rey; la residencia de verano era Ecbatana. Ver *Elam; Persia*.

❧ T ❧

TAANAC Pueblo levítico de Manasés (Jos. 17:11; 21:25) sobre la ladera norte del monte Carmelo, que protegía el acceso desde la llanura de Esdraelón y que soportó los esfuerzos de conquista originales (Jue. 1:27; comp. Jos. 12:21; Jue. 5:19). La ciudad cananea se originó cerca del 2700 a.C. y fue destruida alr. del 918 a.C. por el faraón Sisac.

TABERNÁCULO, TIENDA DE REUNIÓN Tienda sagrada, un santuario portátil y provisorio donde Dios se revelaba y moraba entre su pueblo (Ex. 33:7-10). Dos frases compuestas designan a esta tienda: "el tabernáculo de reunión" (Ex. 29:42,44), literalmente "tienda de reunión" (NVI, BLA) y "tabernáculo del testimonio" (Núm. 17:7) o "tienda del testimonio" (BLA).

El AT menciona tres tiendas o tabernáculos. Después del pecado del becerro de oro en el monte Sinaí, el tabernáculo "provisorio" fue establecido fuera del campamento y se llamaba "tienda de reunión"; sólo Moisés entraba aquí mientras Josué vigilaba (Ex. 33:7-11; 34:34-35). El tabernáculo "sinaítico" en el centro del campamento (Núm. 2-3) fue construido conforme a las instrucciones que Dios le dio a Moisés (Ex. 25-40). El tabernáculo "davídico" fue erigido en Jerusalén para recibir el arca (2 Sam. 6:17). La nube descendía sobre la tienda cuando Moisés iba a consultar a Dios; pero la nube se quedó sobre el tabernáculo permanente, y la gloria del Señor lo llenó de manera que Moisés ya no pudo entrar (Ex. 40:34,35,38; comp. 29:43,45).

TABERNÁCULOS, FIESTA DE LOS Ver *Fiestas.*

TABLA DE LAS NACIONES Enumeración de los descendientes de los hijos de Noé (Gén. 10; comp. 1 Crón. 1:5-23) para explicar el origen de las naciones y los pueblos del mundo conocido. Menciona 70 grupos étnicos diferentes.

TABOR (quizás *"altura"*) (1) Montaña en el valle de Jezreel a unos 9,5 km (6 millas) al este de Nazaret; punto limítrofe para Neftalí, Isacar y Zabulón (Jos. 19:12,22), donde las tribus adoraron al principio (Deut. 33:18-19). Barac reunió a un ejército en Tabor para defenderse de Sísara (Jue. 4:6). Aparentemente, era un lugar de adoración falsa (Os. 5:1). La tradición dice que Tabor fue el sitio de la transfiguración de Jesús (Mar. 9:2). (2) Ciudad levítica (1 Crón. 6:77), aparentemente reemplazó a Naalal en la lista previa (Jos. 21:35). Puede ser khirbet Dabura. (3) "Encina de Tabor" (1 Sam. 10:3) aparentemente cerca de Gabaa.

TABOR, ENCINA DE Designación de un sitio entre la tumba de Raquel (cerca de Belén) y Gabaa de Saúl (1 Sam. 10:3). Otras traducciones dicen "llanura," "gran árbol" o "terebinto" (BLA, margen) de Tabor.

TADEO Ver *Discípulos, Judas 6.*

TADMOR Ciudad de Salomón construida en el norte de Palestina (2 Crón. 8:4; comp. Tamar, NVI margen, BJ, 1 Rey. 9:18), probablemente para controlar una ruta caravanera; Palmira, gran ciudad árabe, a unos 190 km (120 millas) al nordeste de Damasco.

TAFNES (*"fortaleza de Penhase"* o *"casa del Nubio"*) Ciudad en el delta del Nilo cerca de la frontera este de Egipto (Jer. 2:16); Dafnai (tell Defne); escenario de batalla entre Egipto y Nabucodonosor de Babilonia (605 a.C.; 601 a.C.). Jeremías 46:14 quizás se relaciona con una de estas batallas. Un buen número de judíos llevó consigo a Jeremías y huyó a Tafnes (Jer. 43:7; 44:1; comp. 42:19; 46:14).

TAHPENES Consorte real egipcia (1 Rey. 11:19-20).

TALENTO Ver *Pesos y medidas.*

TALITA CUMI (*"muchachita, levántate"*) Transliteración de una frase en arameo. Palabras de Jesús a la hija de Jairo (Mar. 5:41).

TALMAI (*"labrador,"* o *"grande"*, en hurrita) (1) Uno de los tres anaceos (habitantes preisraelitas gigantes de Canaán) que residían en Hebrón (Núm. 13:22). (2) Rey de Gesur, padre de Maaca esposa de David y abuelo de Absalón (2 Sam. 3:3; 13:37; 1 Crón. 3:2).

TALMUD (*"estudio"* o *"aprendizaje"*) Comentarios judíos; opiniones y enseñanzas que los discípulos aprenden de sus predecesores, particularmente con respecto al desarrollo de las enseñanzas legales orales (*halakah*); compendio de comentarios sobre la Mishná (o Misná). La Misná (enseñanzas legales orales sobre la ley escrita de Moisés) fue puesta por escrito probablemente en Jamnia en Galilea alr. del 220 d.C. Entre el 220 y 500 d.C., las escuelas rabínicas en Palestina y Babilonia ampliaron y aplicaron las enseñanzas de la Mishná para sus comunidades judías. Dos documentos llegaron a incorporar gran parte de esta enseñanza: el Talmud de Jerusalén (400 d.C.) y el Talmud babilónico (500 d.C.); este último es el más autoritativo. Los eruditos representados en la Mishná son conocidos como *Tannaim.* Vivieron desde el tiempo de Jesús hasta el 200 d.C. El Talmud ofrece las opiniones de una nueva generación de eruditos que se conocen como los *Amoraim* (200-500 d.C.). La importancia del Talmud para la vida judía hasta el período moderno

difícilmente puede ser sobreestimada. Algunas de las halakah en el Talmud pueden reflejar la práctica judía en tiempo de los escritores del NT o de Jesús. Ver *Misná.*

TAMAR (*"palmera de dátiles"*) (1) Nuera viuda de Judá, esposa de su hijo mayor, Er (Gén. 38:6); engañó a su suegro para concebir con él un hijo (38:18). (2) Hija de David violada por su hermanastro Amnón (2 Sam. 13:14); vengada por su hermano Absalón (13:28-29; comp. 2 Sam. 12:10). (3) La única hija de Absalón (2 Sam. 14:27). (4) Ver *Tadmor.* (5) Ciudad fortificada al extremo sur del mar Muerto, que marcaba el límite ideal de Israel (Ezeq. 47:19; 48:28).

TAMO, PAJA Cáscara y otros materiales que se separaban del grano de cereal durante el proceso de aventar las mieses. Se hacía volar al viento (Os. 13:3) o era quemado como algo inútil (Isa. 5:24; Luc. 3:17).

TAMUZ Dios sumerio de la vegetación (Ezeq. 8:14-15); se dice que fue traicionado por su amante, Ishtar, y como resultado muere cada otoño, lo cual provoca gran lamentación. Ver *Fertilidad, Culto a la.*

TAPÚA (*"manzana"* o *"membrillo"*) (1) Calebita (1 Crón. 2:43). (2) Ciudad en la Sefela de Judá (Jos. 15:34), posiblemente Beit Nettif a unos 19 km (12 millas) al oeste de Belén. (3) Ciudad sobre la frontera norte de Efraín (Jos. 16:8) cuyos alrededores fueron asignados a Manasés (17:7-8), posiblemente la Tapúa de Jos. 12:17 y 2 Rey. 15:16; quizás Sheikh Abu Zarod a unos 13 km (8 millas) al sudoeste de Siquem.

TARÉ (quizás *"íbice"*) Padre de Abraham, Nacor y Harán (Gén. 11:26). Taré trasladó a su familia siguiendo el río Éufrates hasta Harán (11:31), donde murió a los 205 años de edad (11:32). Josué 24:2 aparentemente señala a su familia cuando cita registros que indican que "los padres" adoraron a otros dioses.

TARGUM (*"explicar, traducir"*) Traducciones tempranas de la Biblia al arameo, la lengua nativa de Palestina y Babilonia en el siglo I d.C.; parecen incluir gran número de comentarios bíblicos que quizás reflejen sermones en las sinagogas judías de Palestina. Ver *Arameo; Biblia, Textos y versiones.*

TARJETAS DE CRÉDITO Aunque las tarjetas de crédito no existían en el mundo bíblico, el crédito sí, y la Biblia habla con gran firmeza tanto contra la práctica imprudente de tomar prestado como también contra las tasas de interés exorbitantes.

La actitud bíblica en cuanto a tomar prestado se halla resumida en Proverbios 22:7, donde tomar prestado equivale a ser siervo del que presta. Pablo enseñó que es mejor no deber a nadie nada. No obstante, la Biblia reconoce que a veces ciertos préstamos pueden ser necesarios, y por lo tanto aconseja contra las tasas de interés injustas (Sal. 15:5; Prov. 28:8; Ezeq. 18:8,13). A los que toman prestado y no devuelven se los llama "impíos" (Sal. 37:21) y habrán de comparecer en el día de en que haya que rendir cuentas (Hab. 2:6-7).

Las inminentes dificultades sociales y económicas cuando se toman prestadas grandes cantidades ya habían sido anticipadas en la ley de Moisés, que ordenaba que los israelitas no debían cobrar interés sobre préstamos a conciudadanos (Ex. 22:25; Deut. 23:19-20; comp. Neh. 5:7-12). Esta práctica va contra la moderna industria bancaria y la crediticia, y lo mismo sucede con la máxima de Jesús de prestar sin esperar que se nos devuelva (Luc. 6:34).

TARSIS (*"jaspe amarillo"* o en acadio *"planta aromática"*) (1) Hijo de Javán (Gén. 10:4; 1 Crón. 1:7) y antepasado de un pueblo egeo. (2) Guerrero benjamita (1 Crón. 7:10). (3) Uno de los siete oficiales principales del rey Asuero de Persia (Est. 1:14). (4) Designación geográfica, muy probablemente de Tartessus en el extremo sur de España pero posiblemente de Tarso en Cilicia (Jon. 1:3). Comp. Isa. 23:1; Jer. 10:9; Ezeq. 27:12. (5) "Naves de Tarsis" puede designar a barcos marinos como los de Tarsis u otros barcos que transportaban carga de metal como los de Tarsis; comp. Isa. 2:16 donde las naves de Tarsis se comparan con hermosas artesanías (1 Rey. 10:22; 22:48; 2 Crón. 9:21; 20:36).

TARSO Ver *Asia Menor, Ciudades de; Pablo.*

TARTAC Deidad adorada por los aveos a quienes los asirios establecieron en Samaria después del 722 a.C. (2 Rey. 17:31); probablemente un error deliberado del escriba en cuanto a la palabra Atargatis, la diosa superior siria y esposa de Hadad.

TARTÁN Título de un oficial asirio del más alto rango luego del rey; comandante en jefe; comandante supremo (2 Rey. 18:17; Isa. 20:1).

TEATRO Aparentemente desconocidos en el Israel del AT, los teatros en Palestina eran un recordatorio constante del control griego y romano sobre el estado judío. Herodes I construyó numerosos teatros en las ciudades griegas durante su reinado en Palestina (37-4 d.C.). Su presencia, especialmente cerca del templo de Jerusalén, enfurecía continuamente a los judíos. Por todo el Imperio Romano, florecieron los teatros. Las presentaciones públicas comenzaban con un sacrificio a una deidad pagana, generalmente el dios patrono de la ciudad. Dramas y comedias incluían temas históricos o políticos, y frecuentemente eran obscenos y de doble sentido. Los teatros variaban en tamaño. Los de los pueblos pequeños alojaban aprox. 4000 personas, mientras que los grandes teatros, tales como el de Éfeso donde Pablo fue denunciado (Hech. 19:29), tenían una capacidad de 25.000 o más. Ver *Grecia; Roma y el Imperio Romano.*

TEBAS Capital del Alto Egipto durante la mayor parte de la historia del reino (alr. de 2000-661 a.C.). La ciudad decayó sólo durante el breve período de los hicsos (alr. de 1750-1550 a.C.). Tebas era el centro de adoración del dios Amón, una deidad principal en la religión egipcia. Ver *Egipto.*

TEBES Posiblemente Tubas, a 21 km (13 millas) al nordeste de Siquem donde convergían las rutas de Siquem y Dotán, que conducían al valle del Jordán (Jue. 9:50-53; 2 Sam. 11:21).

TECOA (*"lugar para plantar una tienda"*) Ciudad tecoíta en las tierras altas de Judá a 9,5 km (6 millas) al sur de Belén y 16 km (10 millas) al sur de Jerusalén; hogar de Amós (Amós 1:1; comp. 7:12). Ver 2 Sam. 23:26; 2 Crón. 11:5-6; 20:20-22; Neh. 3:5). Ver *Amós.*

TEJER Ver *Ropa.*

TEMA (*"país del sur"*) (1) Hijo de Ismael (Gén. 25:15; 1 Crón. 1:30). (2) Oasis estratégico en la península arábiga a unos 400 km (250 millas) al sudeste de Aqaba y a 322 km (200 millas) al nornordeste de Medina; estación caravanera ("Temán" Job 6:19); Teima. Isaías 21:14 probablemente se refiere a la campaña del rey asirio Tiglat-pileser III (738 a.C.) cuando Tema escapó de la destrucción me-

diante el pago de tributo. Jeremías 25:23 quizás alude a una campaña de Nabucodonosor. Habiendo conquistado y reconstruido Tema, Nabónido, el último rey de Babilonia, permaneció allí 10 años, dejando a su hijo Belsasar como vicerregente en Babilonia (Dan. 5).

TEMÁN (*"lado derecho"*, *"sureño"*) (1) Clan edomita descendiente de Esaú (Gén. 36:11,15; 1 Crón. 1:36). (2) Ciudad asociada con este clan (Jer. 49:7,20; Ezeq. 25:13; Amós 1:12; Abd. 1:9; Hab. 3:3); frecuentemente identificada con Tawilan, a 80 km (50 millas) al sur del mar Muerto justo al este de Petra. Otros entienden que Temán es el sur de Edom en general o la Tema en la península arábiga (ver Jer. 49:7; Ezeq. 25:13).

TEMOR Sentimiento normal de alarma como resultado de esperar un peligro, dolor o desastre inminente; admiración reverente hacia un poder supremo. El temor secular surge en actividades normales. El ser humano siente temor de los animales (Gén. 9:2; Amós 3:8); otras personas (Gén. 26:7); naciones (2 Sam. 10:19); guerras (Ex. 14:10); enemigos (Deut. 2:4); subyugación (Deut. 7:18; 28:10); muerte (Gén. 32:11); desastre (Sof. 3:15-16); pánico repentino (Prov. 3:25); adversidad (Job 6:21) y lo desconocido (Gén. 19:30). El temor puede reflejar tanto las limitaciones de la vida (Ecl. 12:5) como las consecuencias imprevisibles de las acciones (1 Sam. 3:15). El temor puede aparecer cuando se reconoce el pecado y la desobediencia (Gén. 3:10; 20:8-9). El pecado crea separación y culpa, lo cual conduce a temor del día del Señor (Joel 2:1).

El temor puede ser la consideración y estima de los jóvenes hacia los viejos (Job 32:6), la honra que un hijo demuestra hacia sus padres (Lev.

19:3), el respeto reverencial de individuos para con sus amos (1 Ped. 2:18) y para con personas en cargos de responsabilidad (Rom. 13:7). El temor también puede ser un sentido de preocupación por los demás (2 Cor. 11:3) como también respeto por el propio marido (1 Ped. 3:2).

La libertad del temor surge cuando las personas confían en Dios, que las protege (Sal. 23:4) y las ayuda (Isa. 54:14). El perfecto amor echa fuera el temor (1 Juan 4:18; comp. 2 Tim. 1:7).

El temor religioso es la respuesta humana a la presencia de Dios. La realidad de la santidad de Dios revela la vasta distinción que existe entre los seres humanos y Dios; esto atrae y aleja al mismo tiempo, y abruma a la persona con un sentido de admiración y temor. La persona responde con reverencia y adoración, confesando el pecado y buscando la voluntad de Dios (Isa. 6). Los israelitas recibieron la exhortación a servir "a Jehová con temor" (Sal. 2:11).

Jehová es "Dios de los cielos, fuerte, grande y temible" (Neh. 1:5; comp. Ex. 15:11; Deut. 28:58; Sal. 99:3). El temor de Dios no es el miedo al castigo, sino la estima y admiración reverencial que surge al reconocer y sujetarse a lo divino.

El temor protegió a Israel de minimizar la importancia de Dios o de presumir por la gracia divina. El temor llamó a la obediencia (Deut. 10:12-13; comp. 6:24-25; 10:20; 13:4). El temor puede ser una actitud adquirida (Deut. 17:19). Se requería que todos los jueces temieran a Dios (Ex. 18:21) y de igual manera los reyes (2 Sam. 23:3); hasta el rey mesiánico iba a vivir en el temor del Señor (Isa. 11:2). Temer a Dios era el principio de la sabiduría, y por lo tanto del sendero a la verdadera vida (Prov. 1:7; 9:10; 15:33).

"No temas" es una invitación a la fe y la confianza. Sin connotación religiosa, "no temas" expresa consuelo y ánimo (Gén. 50:21; Rut 3:11; Sal. 49:16). En un contexto religioso, "no temas" invita a la persona a confiar en Dios (Gén. 15:1; 26:24; Dan. 10:12,19; Luc. 1:13,30).

Los que temían a Dios eran aquellos que le eran fieles y obedecían sus mandamientos (Job 1:1; Sal. 25:14; 33:18). En el NT, los que temían a Dios llegó a ser una expresión técnica para hablar de gentiles incircuncisos en la sinagoga judía.

Pablo amonestó a los creyentes a ocuparse de la salvación "con temor y temblor" (Fil. 2:12). La iglesia primitiva crecía en número y vivía "en el temor del Señor" (Hech. 9:31). La iglesia del NT muestra temor en la presencia de un Dios santo, pues el temor a Dios es "el todo del hombre" (Ecl. 12:13).

TEMPLO DE JERUSALÉN Lugar de adoración que Salomón construyó en Jerusalén para la adoración nacional a Jehová. David planeó el templo y acumuló grandes riquezas y dádivas para la edificación, después que Dios rechazó su deseo de construirlo (2 Sam. 7). Previamente, se llamó templo a una casa de Jehová en Silo (1 Sam. 1:7,9,24; 3:3; comp. 2:22). Jeremías advirtió a quienes estaban en la casa del Señor en Jerusalén que no debían confiar en el templo tan marcadamente (Jer. 7:1-15; 26:1-6). Babilonia destruyó el templo en el 586 a.C. Con la ayuda de Hageo, Zacarías y Josué, Zorobabel lo reconstruyó en el 515. Luego, Herodes el Grande invirtió décadas en reconstruirlo. El judaísmo llama "segundo templo" tanto al templo de Zorobabel como al de Herodes.

Cada templo se levantaba sobre una colina prominente al norte de la ciudad capital de David (2 Sam. 5:6-

7; comp. Gén. 22:1-14; 2 Sam. 24:18-25; 2 Crón. 3:1). El lugar del templo es una gran roca encerrada dentro del Domo de la Roca (o mezquita de Omar), en el centro del recinto musulmán llamado Haram es-Sharif (el tercer lugar más sagrado del Islam, después de Meca y Medina). La visión de Ezequiel del templo de la nueva Jerusalén después del exilio (Ezeq. 40-43) es idealista y quizás jamás se llevó a cabo en la reconstrucción que hizo Zorobabel.

El templo con el arca simbolizaba la presencia de Dios en medio de su pueblo (Ex. 25:21-22). Los adoradores no podían entrar en el lugar santo, reservado sólo para los sacerdotes y otros líderes de adoración, y mucho menos en el lugar santísimo al que sólo entraba el sumo sacerdote una vez al año (Lev. 16). Los adoradores se congregaban para la oración y el sacrificio en el/los patio/s del templo, donde podían cantar salmos al ver su ofrenda presentada a Jehová sobre el gran altar.

El templo de Salomón tenía la forma de una "casa larga" de tres cuartos sucesivos de este a oeste, un vestíbulo de sólo unos 5 m (15 pies) de profundidad, una nave (el lugar santo) de 20 m (60 pies) y un santuario interior (el lugar santísimo) de 10 m (30 pies) (1 Rey. 6:2-3,16-17). Tenía aprox. 10 m (30 pies) de ancho y 15 m (45 pies) de alto en sus medidas interiores, sin contar el pórtico, que era una entrada abierta. Alrededor del exterior de la casa propiamente dicha había construidos tres pisos de dependencias laterales como lugares de depósito, sobre los cuales había ventanas ahuecadas en las paredes del lugar santo (1 Rey. 6:4-6,8-10).

El lugar santísimo, un cubo sin ventanas de unos 10 m (30 pies), albergaba el arca del pacto; dominaban dos querubines guardianes de 5 m (15 pies) de alto con alas extendidas que alcanzaban a unos 5 m (15 pies) para tocarse en el medio y en cada pared lateral (1 Rey. 6:15-28). El arca, cuya tapa o propiciatorio tenía sus propios querubines guardianes (Ex. 25:18-20), era el "estrado" de Jehová. Por debajo de estos majestuosos querubines, Dios estaba entronizado de manera invisible.

Las creaciones más misteriosas eran dos enormes columnas de bronce (Jaquín, "Él establecerá" y Boaz "En la fuerza de"), de unos 11 m (35 pies) de alto (1 Rey. 7:15-20). Tenían casi 2 m (6 pies) de diámetro, eran huecas, y tenían un grosor de bronce de unos 7,5 cm (3 pulgadas). El altar de bronce (2 Crón. 4:1) era un altar de 2,8 m^2 (30 pies cuadrados) y de 5 m (15 pies) de alto, presumiblemente con escalones. El mar de fundición, que puede haber tenido algún tipo de simbolismo cósmico, frente al altar de bronce, era redondo con un borde en forma de copa, de unos 5 m (15 pies) de diámetro y 2,5 m (7,5 pies) de alto, con una circunferencia de unos 15 m (45 pies). Descansaba sobre los lomos de 12 bueyes de bronce. En razón de que contenía alrededor de 38.000 litros (10.000 galones) de agua, debe de haber suplido de agua a las fuentes mediante algún tipo de mecanismo de sifón.

Había diez soportes ornamentados y rodantes para las fuentes, que estaban cinco a cada lado del patio; tenían 0,55 m^2 (6 pies cuadrados) y 1,5 m (4,5 pies) de alto. Cada una contenía unos 760 litros de agua (200 galones) (2 Crón. 4:6).

Los tesoros de oro del templo eran saqueados frecuentemente por invasores extranjeros como Sisac de Egipto (1 Rey. 14:25-26; comp. 2 Rey. 23:4-6,11-12) y los reyes de Judá (1 Rey. 15:18-19; 1 Rey. 14:12-14; 2 Rey. 12; 16:8-9,17; 2 Rey. 18:13-

16). Joacim revirtió las reformas de Josías y llenó el templo con abominaciones paganas (Ezeq. 8). La pérdida del templo y de la ciudad fue un golpe lamentable (Sal. 137; Lam. 1-5). Jeremías y Ezequiel habían preparado a un remanente con sus profecías de esperanza de retorno y reconstrucción. Ver *Israel, Historia de.*

El templo de Zorobabel quizás estaba montado sobre una plataforma y medía unos 30 m por 30 m (100 pies por 100 pies), y tenía dimensiones interiores virtualmente semejantes a las del templo de Salomón. Probablemente no estaba tan ornamentado y decorado (Esd. 3:12-13; Hag. 2:3). El arca del pacto jamás fue reemplazada (Jer. 3:16). El lugar santísimo estaba separado del lugar santo por un velo en lugar de una puerta.

Judas Macabeo rededicó el templo en el 167 a.C. después que Antíoco lo profanó en diciembre del año 164 a.C. Este evento gozoso todavía es recordado en la celebración judía de Januká. Pompeyo capturó el templo en el 63 a.C. pero no lo saqueó. Ver *Intertestamentaria, Historia y literatura.*

Herodes el Grande llegó al poder en el 37 a.C. Su contribución más notable fue la mampostería magnífica de la plataforma del templo, que fue ampliado notablemente. Herodes rodeó todo el recinto con magníficos atrios, particularmente la columnata real a lo largo de la pared sur. Los adoradores subían por pasillos cerrados hasta el atrio de los gentiles. En la esquina sudoeste ascendía hacia el templo una escalera monumental desde la calle principal más abajo. Quizás esto era el "pináculo del templo" desde donde Satanás tentó a Jesús para que se arrojase.

Después de la revuelta judía en el 66 d.C., Vespaciano y luego su hijo Tito aplastaron toda resistencia. El templo fue destruido en el 70 d.C. Para Pablo, la iglesia y los cristianos eran el nuevo templo (1 Cor. 3:16-17; 6:19-20). Para Juan, el ideal que el templo representaba finalmente se hará realidad en la "nueva Jerusalén" (Apoc. 21:2).

TENTACIÓN Las personas son tentadas o seducidas a pecar pero no por Dios (Sant. 1:13), aunque Él permite que los seres humanos sean tentados por Satanás (1 Crón. 21:1; Mat. 4:1,3 ; Mar. 1:13; Luc. 4:2,13; 1 Cor. 7:5; 1 Tes. 3:5; Apoc. 2:10). Las personas son tentadas también por su propia lujuria o deseos (Sant. 1:14). Las tentaciones de ninguna persona son únicas, y Dios es fiel al no permitir que nadie sea tentado más allá de su capacidad de resistir (1 Cor. 10:13). Jesús les enseñó a sus discípulos a orar: "Y no nos metas en tentación, mas líbranos del mal" (Mat. 6:13).

Las personas no deben tentar a Dios (Deut. 6:16; Mat. 4:7) pero lo hicieron (Ex. 17:2,7; Deut. 6:16; 9:22; Núm. 14:22; Hech. 5:9; 15:10; 1 Cor. 10:9; Heb. 3:8-9; comp. Hech. 15:6-11). Ver *Diablo, Satanás; Eva; Tentación de Jesús.*

TENTACIÓN DE JESÚS Los intentos de Satanás al comienzo del ministerio de Jesús de alejarlo del camino de Dios en el cumplimiento de su misión divina (Mat. 4:1; Mar. 1:12; Luc. 4:3). Las tentaciones están basadas en el reconocimiento de que Jesús es el Hijo de Dios.

La primera tentación fue de transformar en pan las piedras planas del desierto, que se parecían mucho a los panes chatos y redondos de Medio Oriente. Jesús citó Deut. 8:3 diciendo "que no sólo de pan vive el hombre, sino de todo lo que sale de la boca del SEÑOR" (NVI).

El escenario de Mateo para la segunda tentación es el pináculo del templo en Jerusalén, donde Jesús fue desafiado a saltar sobre la base de Sal. 91:11-12, que prometía que los ángeles de Dios rescatarían y levantarían al ungido de Dios. Jesús respondió con Deut. 6:16, diciendo que uno no debe tentar "al Señor tu Dios."

La tercera tentación según Mateo fue sobre una montaña alta desde donde se podían ver los reinos del mundo. Satanás prometió entregar los reinos de este mundo a Jesús. Jesús citó Deut. 6:13 y ordenó a Satanás retirarse. El diablo se fue y los ángeles ministraron a Jesús.

Satanás tentó a Jesús para que fuese un mesías de pan, un mesías espectacular y un mesías transigente. Cuando Jesús se rehusó a continuar siendo un "mesías de pan", las multitudes lo dejaron (Juan 6:25-68). Cuando Jesús fue al templo, no fue para hacer milagros sino para limpiarlo (Mat. 21:12-17). Cuando el pueblo lo quiso coronar rey, Él los eludió, escogiendo en su lugar ser exaltado ("levantado" en gr.) sobre la cruz. Hebreos 4:15 dice que Jesús fue tentado en todo y completamente. El maligno no tiene nada en lo cual encontrarlo culpable (Juan 14:30). La tentación mayor de Jesús fue hacer la voluntad de Dios a la manera del diablo, no siguiendo el camino del sufrimiento que Dios había indicado. Jesús no se rindió a esta gran tentación, ni se rindió a la tentación en ningún otro momento. Ver *Diablo; Jesús, Vida y ministerio de.*

TEOCRACIA Tipo de gobierno en el que Jehová era rey sobre Israel. Tal gobierno podía ser "mediatizado" o no a través de un gobernante mesiánico. Típicamente se han reconocido tres clases de teocracia. (1) *Una forma premonárquica* que estaba basada en el pacto sinaítico (Ex. 19) y en el liderazgo carismático de los jueces y los profetas. La experiencia fue más religiosa que política. (2) *Una forma monárquica* que produjo transigencia entre las fuerzas antimonárquicas y premonárquicas en Israel. El rey era el representante de Jehová y era llamado ungido o príncipe de Jehová. (3) *Una forma sacerdotal postexílica* que veía como representantes de Jehová tanto al príncipe como al sacerdote. A lo largo de la historia de Israel, la teocracia fue frecuentemente más un ideal que proclamaron los mensajeros de Dios que una realidad vivida por Israel.

TEOFANÍA Aparición física o manifestación personal de un dios a una persona. Ver a Dios podía ser fatal (Ex. 33:20; comp. Gén. 16:13; Ex. 3:2-6; 19:20-21; Jue. 6:22-23; 13:20-22). Personas como Moisés y otros en el Sinaí sí vieron a Dios (Ex. 24:9-10; comp. Núm. 12:4-8; Isa. 6:1,5).

Las teofanías son de cinco tipos:

1. En forma humana. Aparición de un ser humano con un embaldosado de zafiro "debajo de sus pies" (Ex. 24:10; comp. Gén. 32:30; Ex. 33:11,18,23). Dios en su sabiduría no se restringe a un solo método de auto-revelación. Comp. Núm. 12:6-8; Deut. 4:12-15.

2. En visión. Incluso a Balaam, egoísta como era, se le permitió ver al Señor en visión (Núm. 24:3-4; comp. Gén. 28:12-13; Isa. 6; Ezeq. 1; Dan. 7:9).

3. Por el "Ángel del Señor". Forma usual de teofanía. El "ángel del Señor" se identifica con el mismo Jehová. Sólo aparece ocasionalmente en forma humana. Ver Gén. 16:7-13. Ver *Ángel.*

4. No en forma humana. La zarza ardiente (Ex. 3:2-4:17); la guía a través del desierto (13:21; comp. Hech. 7:30); la gloria del Señor. Ver *Gloria.*

La presencia de Dios está en una nube (Ex. 16:10; 33:9-10; Ezeq. 10:4). Dios también se manifestó en la naturaleza y la historia (Isa. 6:3; Ezeq. 1:28; 43:2).

5. *Como el nombre del Señor.* El sagrado nombre de Dios representaba su presencia (Deut. 12:5; Sal. 102:15; Isa. 30:27; 59:19).

La doctrina del NT en cuanto a Dios es concluyente y completa sin necesidad de una teofanía. Dios siempre está presente en el Cristo resucitado y en el Espíritu Santo.

TEÓFILO (*"amigo de Dios"*) Persona a quien fueron dirigidos Lucas y Hechos (Luc. 1:3; Hech. 1:1); se desconoce su identidad exacta. La especulación ha ido desde un genérico "amigo de Dios" para referirse a todos los cristianos, hasta un benefactor específico, quizás en una alta posición social y/o política. Si esto último es cierto, el nombre puede ser un seudónimo para proteger al individuo de la persecución.

TERAFINES Ídolos de forma y tamaño indeterminados usados como dioses domésticos o para la adivinación (comp. Gén. 31; Jue. 17:5; 18:14-20; 1 Sam. 19:13; 15:23; 2 Rey. 23:24; Os. 3:4; Ezeq. 21:21; Zac. 10:2). Raquel los robó por razones que no se explican. Jacob (Gén. 35:2) se deshizo de tales artefactos religiosos antes de regresar a Bet-el. A los terafines se los asocia con la adivinación. Ver *Adivinación y magia.*

TERREMOTO Temblor de la tierra debido a actividad volcánica o, más frecuentemente, debido al deslizamiento de la corteza terrestre. Los terremotos severos producen efectos secundarios tales como gran estruendo (Ezeq. 3:12-13), boquetes en la corteza de la tierra (Núm. 16:32) y fuego (Apoc. 8:5). En Palestina hay dos o tres terremotos graves por siglo,

y entre dos y seis temblores por año. Los centros telúricos más importantes de Palestina son la Alta Galilea (cerca de Siquem-Nablus) y cerca de Lida en el extremo occidental de las montañas de Judea. Hay centros telúricos secundarios en el valle del Jordán en Jericó y en Tiberias. Durante el reinado de Uzías tuvo lugar un memorable terremoto (Amós 1:1; Zac. 14:5).

A menudo el juicio o la visitación de Dios se describe usando imágenes de un terremoto (Sal. 18:7; Isa. 29:6; Nah. 1:5; Apoc. 6:12; 8:5; 11:13; 16:18) y a menudo se considera como una señal del fin de los tiempos (Mat. 24:7,29). Un terremoto es una señal de la presencia de Dios o de la revelación de Dios mismo (1 Rey. 19:11-12; Sal. 29:8; Ezeq. 38:19-20; Joel 2:10; 3:16; Hech. 4:31; Apoc. 11:19). A veces se dice que Dios hace temblar todo el universo (Isa. 13:13; 24:17-20; Joel 3:16; Hag. 2:6-7; Mat. 24:29; Heb. 12:26-27; Apoc. 6:12; 8:5).

Dios puede usar los terremotos para un propósito bueno (Hech. 16:26). La tierra tembló repugnada por la muerte de Jesús (Mat. 27:51-54), y también se sacudió para mover la piedra de la tumba de Jesús (Mat. 28:2). Los que aman a Dios y le son fieles no tienen por qué temer cuando la tierra tiembla (Sal. 46:2-3).

TESALÓNICA La ciudad más grande de Macedonia fundada por Casandro, un general de Alejandro Magno, cerca del 315 a.C., nombrada en honor de su esposa, la hija de Felipe II y media hermana de Alejandro. Ubicada sobre el golfo termaico (golfo de Salónica) con un puerto excelente —y al final de una ruta comercial importante desde el Danubio— llegó a ser, con Corinto, uno de los dos centros comerciales más importantes en Grecia. Ver *Macedonia.* Tesalónica era una ciudad libre, sin una guarnición romana dentro de sus muros, y mantenía el privilegio de acuñar sus propias monedas. Había allí una sinagoga judía (17:1).

1 TESALONICENSES   Primera carta que Pablo escribió a la iglesia en Tesalónica, la ciudad más grande en la Macedonia del primer siglo y la capital de la provincia. Ver *Macedonia*. Pablo, Silas y Timoteo evangelizaron la ciudad confrontando una fuerte oposición de los judíos (Hech. 17:4).

Para ayudar a la nueva iglesia, Pablo escribió 1 Tesalonicenses no mucho después que Timoteo llegó a él en Corinto (1 Tes. 3:6; Hech. 18:5), no en Atenas (1 Tes. 3:1-2). Pablo escribió 1 Tesalonicenses probablemente a principios del año 50 d.C.; es una de las primeras cartas de Pablo y uno de los documentos cristianos más antiguos.

La iglesia de Tesalónica confrontaba la persecución de los paganos (2:14) y la tentación de los creyentes a aceptar las pautas sexuales paganas (4:4-8). Algunos cristianos parecían haber abandonado el trabajo y haber descansado en otros para suplir sus necesidades (4:11-12). Había incertidumbre en cuanto al destino de los creyentes que habían muerto, y algunos tesalonicenses parecen haber pensado que Cristo vendría pronto y los tomaría a todos ellos para estar con Él. ¿Qué pasaría con aquellos que habían muerto antes del gran evento (4:13-18)? Algunos creyentes parecen haber estado interesados en cuanto al tiempo del retorno de Jesús (5:1-11). Así es que Pablo escribió esta carta pastoral para llenar las necesidades de cristianos inexpertos y para acercarlos a Cristo. Ver *Pablo*.

2 TESALONICENSES   Segunda carta que Pablo escribió a la iglesia en Tesalónica no mucho después de su primera carta. El apóstol escribió a

cristianos consagrados que no habían progresado mucho en la vida cristiana. La salutación de apertura declara que la gracia y la paz provienen de Dios el Padre y del Señor Jesucristo (1:2). A lo largo de la carta, a Cristo se lo ve en una estrecha relación con el Padre. A veces no estamos seguros de si *Señor* significa el Padre o el Hijo, como en la expresión "Señor de paz" (3:16). La grandeza de Cristo se ve en la descripción de su majestuoso retorno con los ángeles, cuando Él venga en juicio (1:7-10). La carta menciona brevemente el evangelio (1:8; 2:14), la salvación (2:13), y el "testimonio" de los predicadores (1:10).

Algunos habían llegado a creer que "la venida de nuestro Señor" estaba cerca o que incluso ya había comenzado (2:2). Algunos habían abandonado el trabajo del que vivían (3:6-13), quizás porque sostenían que la venida del Señor estaba tan cerca que no tenía sentido seguir trabajando. Pablo escribió para tranquilizarlos un poco, sin restringir su entusiasmo.

Hay cuatro grandes enseñanzas en esta carta: (1) la grandeza de Dios, (2) la maravilla de la salvación en Cristo, (3) la segunda venida, y (4) la importancia de la vida y el trabajo de cada día.

Dios ama a personas como los tesalonicenses y los ha traído a la iglesia (1:4). Él los ha elegido (2:13), llamado (1:11; 2:14), y salvado. Sus propósitos perduran hasta el fin, cuando serán llevados a su clímax con el retorno de Cristo y el juicio de todos. En las referencias a que Dios considera dignos a los creyentes (1:5,11) y en su enseñanza sobre la fe (1:3; 4:11; 2:13; 3:2) tal vez esté la doctrina de la justificación.

Este Dios grande ama a su pueblo y les ha dado consuelo y esperanza, dos importantes cualidades para un pueblo perseguido (2:16). El apóstol oraba para que los corazones de los convertidos estuviesen dirigidos "al amor de Dios" (3:5). Dios ha revelado lo necesario y tiene más revelaciones para los últimos días (1:7; 2:6,8).

A la segunda venida se la ve en términos de la exclusión de todo mal, especialmente del hombre de pecado. La venida de Cristo significará castigo para la gente que se rehúsa a conocer a Dios y que rechaza el evangelio, y traerá reposo y gloria a los creyentes (1:7-10).

En su debido momento, Dios castigará a aquellos que persiguen a los creyentes, y dará a éstos reposo (1:6-7). Quienes se rehúsan a conocer a Dios y rechazan el evangelio, recibirán las consecuencias de sus acciones (1:8-9). A la luz de 2:2 vemos que algunos convertidos habían entendido mal ya sea un "espíritu" (es decir, una profecía o revelación) o una "palabra" (comunicación oral) o una carta, y pensaban que el retorno de Cristo tendría lugar muy pronto. Creían que Cristo ya había regresado. Varias cosas deben ocurrir primero: "la apostasía" que viene y la revelación del "hombre de pecado" (2:3). Pablo no explica ninguna de las dos. Probablemente se estaba refiriendo a lo que les había dicho a los tesalonicenses mientras había estado con ellos. En la enseñanza cristiana se sabe que una rebelión en contra de la fe precederá al retorno del Señor (Mat. 24:10ss.; 1 Tim. 4:1-3; 2 Tim. 3:1-9; 4:3-4). *El hombre de pecado* es el "anticristo" (1 Juan 2:18). En el fin de los tiempos aparecerá alguien que hará la obra de Satanás de manera especial. Se opondrá al Dios verdadero y pretenderá para sí honores divinos (2:4). A su debido tiempo ocurrirán estas cosas, y Dios terminará con todas las fuerzas de maldad (2:8-10).

Pablo se dirigió a personas que él llamó "desordenadas." Parecen ser ociosas, que no trabajan en nada (3:6-12), quizás porque pensaban que la venida del Señor estaba tan cerca que no tenía sentido hacerlo, o quizás eran tan "espirituales" que se concentraban en las cosas superiores y dejaban que otras personas proveyeran para sus necesidades. Pablo les aconsejó a todos trabajar para su sustento (3:12).

TESORO Lo que uno valora, ya sea plata y oro o algo intangible; lugar de almacenaje de lo que es valioso en el palacio del rey (2 Rey. 20:13) o en el templo (1 Rey. 7:51); 13 receptáculos de ofrendas en forma de trompeta en el atrio de las mujeres en el templo (Mar. 12:41). Israel era el tesoro de Dios (Ex. 19:5; comp. 1 Ped. 2:9). La memoria de una persona es un tesoro (Prov. 2:1; 7:1). El temor (reverencia) del Señor era el tesoro de Israel (Isa. 33:6).

Jesús contrastó los tesoros terrenales con los del cielo (Mat. 6:19-20). Lo que una persona atesora o valora determina su lealtad y sus prioridades (Mat. 6:21). El tesoro de la revelación que Dios hizo de sí mismo en Cristo fue depositado en un vaso de barro, tal como Pablo mismo lo describe (2 Cor. 4:7). Ver *Templo de Jerusalén.*

TESTIMONIO, TESTIGO El AT usa el heb. *moed* para referirse al lugar de "encuentro" de Dios con su pueblo. Este encuentro es testimonio de una persona o evento particular, como por ejemplo Dios o la entrega del pacto, y provee de un lugar de testimonio.

Uno daba testimonio basándose en la observación; el testimonio debía ser verdadero y fiel (Rut 4:9-11; notar el juicio de Jesús Mat. 26:65; Mar. 14:63; Luc. 22:71). También se esperaba que los testigos tuvieran parte en el juicio (Deut. 17:7). Pablo dio testimonio a los gálatas del cuidado de ellos hacia él (Gál. 4:15). Timoteo no debía actuar demasiado apresuradamente al acusar a un anciano sin por lo menos dos o tres testigos (1 Tim. 5:19). Josué (24:22) le recordó al pueblo que ellos eran testigos y por lo tanto responsables. Josué erigió un recordatorio como testimonio del accionar de Dios tanto para las generaciones presentes como las futuras. En Sal. 119, la ley es el "testimonio" o monumento supremo de Dios.

Jesús es el testimonio supremo de Dios y de su amor. Juan el Bautista, el Padre, y la Escritura, todos dan testimonio de Él (Juan 1; 5; notar cap. 8). Jesús es verdadero y fiel, y así es su mensaje que exige una respuesta.

Cristo desafió a los creyentes a ser sus testigos en todo el mundo (Hech. 1:8). Este testimonio es informado y comisionado por el Espíritu Santo (Juan 15:26-27). El testimonio de un creyente debe ser verdadero y fiel, reflejado tanto en palabras como en estilo de vida (Hech. 4:33; 14:3; Heb. 10:15-17; 1 Tes. 2:10).

El gran compromiso que tuvo Cristo para dar testimonio dio como resultado su persecución y muerte. Sus seguidores también sufrirían persecución por el testimonio que dieran (Juan 15:20; Hech. 7).

TETRARCA Puesto político en el Imperio Romano antiguo. Lucas 3:1 nombra a uno de los tetrarcas que servían en el año del nacimiento de Jesús. La posición se tornó menos poderosa con el tiempo, y los límites de la autoridad disminuyeron. Cuando Herodes el Grande murió, su reino fue dividido entre sus tres hijos, uno de los cuales fue llamado "etnarca" mientras que los otros dos fueron llamados tetrarcas. Ver *Roma; Ley romana*.

TEUDAS (*"dádiva de Dios"*) Hombre asesinado (Hech. 5:36) después de conducir una rebelión fallida de 400 hombres con anterioridad al censo (6 d.C.). Josefo conoció a un Teudas que condujo una rebelión frustrada durante el consulado de Caspio Fado (cerca del 44 d.C.).

TIARA Gorro de forma cónica colocado sobre la cabeza del sacerdote en el momento de la investidura; estaba hecho de lino fino (Ex. 28:40; 29:9; 39:28; Lev. 8:13). Ver *Ropa*.

TIATIRA Ciudad en el valle del río Lico; centro de asociaciones comerciales. Uno de los primeros convertidos de Pablo en Europa, Lidia, era natural de Tiatira (Hech. 16:14). La iglesia en Tiatira fue alabada por sus obras de caridad, servicio y fe (Apoc. 2:19), pero criticada por permitir a los seguidores de Jezabel prosperar en su medio (2:20). Ver *Asia Menor, Ciudades de; Apocalipsis, Libro de*.

TIBERIAS Ciudad sobre la margen occidental del mar de Galilea (Juan 6:23; comp. 6:1; 21:1). En la antigüedad incluía Tiberias y Hamat, que estaban a 1,5 km (1 milla) de distancia. Fueron combinadas en una sola ciudad. Alr. del 18 d.C. Herodes Antipas (Luc. 3:1) construyó esta ciudad más grande sobre una ruta comercial importante que conectaba Egipto con Siria, para reemplazar a Seforis como capital de Galilea. Permaneció como capital hasta el 61 d.C. cuando Nerón la entregó a Agripa II.

TIBERIO CÉSAR Ver *Roma y el Imperio Romano*.

TIDAL Rey en Gén. 14:1,9; nombre similar a Tudhalia, nombre de varios reyes hititas, lo que sugiere un origen en Asia Menor; quizás Tudhalia I (aprox. 1700-1650 a.C.).

TIEMPO LIBRE Por lo general la Biblia habla de "descanso" o "reposo" en términos de cesación del trabajo, las dificultades y el pecado (por ej., Ex.

33:14; Isa. 32:18; Heb. 4:1-11). Durante el reposo, las personas disfrutan a Dios y disfrutan de la compañía de otras personas, un anticipo de lo que ha de suceder en el cielo.

La Biblia reconoce la necesidad de tener ratos regulares de descanso del trabajo. El día de reposo semanal (Ex. 20:8-11) y las varias fiestas anuales (Lev. 23:1-44; Deut. 16:1-17) tenían el objetivo de enfocar la atención en las necesidades espirituales de Israel, pero también proporcionaban descanso del trabajo físico. La ley mosaica mandaba una luna de miel de un año para los recién casados (Deut. 24:5; comp. Luc. 14:20). Jesús trató de hallar tiempo para estar solo a fin de descansar y orar, pero la presión de las multitudes a menudo le impedía contar con ese tiempo (Mat. 14:13; Mar. 3:20; 6:31; Juan 11:54).

La Biblia hace advertencias contra el mal uso del tiempo libre que conduce a la pereza (Prov. 19:15; 24:33-34; Ecl. 10:18; Amós 6:4-6; 1 Tim. 5:13), demasiadas fiestas y banquetes (Isa. 5:11-12) o a desorden y alboroto (2 Crón. 13:7; Prov. 6:10-15).

TIEMPO, SIGNIFICADO DE Dios es Señor del tiempo, y está presente de manera soberana en todos los eventos del tiempo. Él ofrece cada nuevo día como una oportunidad para juicio o redención.

Desde el punto de vista bíblico, Dios es eterno, y esto significa que su existencia encierra al tiempo cósmico. Él estaba allí al comienzo de todas las cosas creadas; Él estará allí cuando termine la realidad temporal; y Él está presente en todo momento entre una y otra cosa. Él gobierna activamente a todas sus criaturas, llamando a cada persona, a quien Él ha dado el poder de libre elección, el poder de obedecer y creer. Ver Isa. 48:12-13; comp. 41:4; 44:6.

Los cuerpos son temporales. Creados del polvo (Gén. 2:7), los seres humanos deben morir en algún momento. No pueden adueñarse de la inmortalidad y ser como Dios (Gén. 3:22; comp. Ecl. 11:8; 12).

No hay evidencia de que los israelitas contaran segundos, minutos ni incluso horas (los judíos del NT aprendieron de los romanos a contar las horas). El día estaba dividido en "vigilias" (comp. Ex. 14:24; 1 Sam. 11:11), medidas por la observación de la posición del sol en el cielo. Contaban los años por el ciclo de las estaciones. Sus meses se contaban de una luna nueva a la siguiente, lo cual hacía necesario agregar días extras "intercalados" después de doce meses para hacer que el nuevo año (365 + días) comenzara con una luna nueva = mes. Originalmente, los israelitas contaban el día desde la mañana hasta el atardecer, o contaban la noche desde una mañana hasta la siguiente. La creciente importancia de la salida de la luna en la observancia de fiestas los llevó a contar el día a partir del atardecer, que es la costumbre judía hoy. Los días eran identificados por su evento o experiencia más importante: "día de gozo," "día de turbación," "día de salvación." Hubo un "día" de la elección dael (Deut. 9:24; comp. Ezeq. 16:4-5), un "día" cuando Dios sacaría a su pueblo de Egipto (Jue. 19:30; 1 Sam. 8:8; 2 Sam. 7:6; Isa. 11:16; Jer. 7:22,25), pero también un "día" de restauración (Zac. 8:9-12). Había también un día final cuando Dios juzgaría al mundo; este era "el día de Jehová" (Amós 5:18-19; Isa. 13:6; Sof. 1:7).

Había días o tiempos buenos y malos; Ecl. 3:1-8 provee una lista de tales tiempos mientras advierte que la humanidad es incapaz de discernir el propósito de Dios al enviar dichos tiempos. Generalmente los "días" malos de una persona pesan más que los días buenos (comp. Gén. 47:9; Job 7:1,16; Sal. 144:4; Ecl. 2:23). El Sal. 90, que mide la breve vida de la humanidad (vv. 9-10) en contraposición con la eternidad de Dios (vv. 2,4), pide a Dios en oración: (1) "enséñanos de tal modo a contar nuestros días, que traigamos al corazón sabiduría" (Sal. 90:12), y (2) "alégranos conforme a los días que nos afligiste, y los años en que vimos el mal" (v. 15).

La plenitud del tiempo ya ha aparecido (Hech. 1:7; 1 Tes. 5:1-11). En su Hijo, Dios le dio a la humanidad la revelación más perfecta de sí mismo (Juan 14:5-11). Nada cuenta sino el momento presente —el momento de decisión por Cristo.

Los vecinos de Israel creían que sus dioses podían ser contactados en lugares sagrados (los santuarios) y en tiempos sagrados (las fiestas religiosas). El Dios bíblico no puede estar limitado a lugares y tiempos especiales. No obstante, su pueblo antiguo obedientemente construyó el templo y apartó épocas santas para su adoración, no para forzar a Dios sino para santificar su presencia santa por medio de la oración y la acción de gracias. Guardar sus Sábados y fiestas santas y reunirse en su templo eran acciones de celebración y reconsagración. Todo tiempo pertenece a Dios (Gén. 1), pero los tiempos sagrados, especialmente apartados y observados con devoción, sirven para mostrar una vez más nuestra participación en los grandes eventos de la aparición de Dios.

TIERRA Todo el planeta; un área limitada de territorio habitable o una nación; un terreno, especialmente el reservado para agricultura. Todas estas connotaciones son traducciones del hebreo *'erets*. Los intérpretes y traductores deben decidir, de acuerdo al contexto literario, si *'erets* hace referencia a toda la tierra, a una región

específica o al suelo. Naamán, comandante del ejército de Siria, acudió a Eliseo para que éste lo sane de su lepra. A su criada se la llama "una muchacha que es de la tierra [*'erets*] de Israel" (2 Rey. 5:4; ver Jer. 2:6-7). Naamán declaró en cuanto al Dios de Eliseo: "Conozco que no hay Dios en toda la tierra [*'erets*], sino en Israel" (2 Rey. 5:15; comp. Jer. 50:1,8,25; 50:23; Hag. 1:10; Zac. 8:12).

Dios creó la maravillosa tierra, juntamente con los cielos (Gén. 1:1,2,31; comp. Job 26:7; 38-41; Isa. 4:28; 42:5; 45:12,18; 48:13). En el AT el reino celestial, el reino terrenal y el de debajo de la tierra (Ezeq. 26:15-20; 31:2,14,16,18; 32:18, 24; ver Job 10:21-22; Sal. 63:9) describían, respectivamente, el lugar de Dios y sus ángeles, el lugar donde ahora vive la gente, y el lugar de los que murieron.

La tierra, especialmente la tierra de Canaán (Joel 2:18,19), le pertenecía a Jehová. Dios era celoso de "su tierra". Él juzgaría a las naciones porque "repartieron mi tierra" (Joel 3:2; comp. Gén. 17:8-9). Los que unían tierra a tierra, casa a casa y heredad a heredad (en monopolios de tierra) eran condenados (Isa. 5:8-10; comp. Amós 6:1,4; Miq. 2:2). Para evitar que la tierra se consolidara en manos de unos pocos, Levítico requería un jubileo de 50 años para devolver la propiedad a las familias (Lev. 25). El Señor del cielo y de la tierra es también el Señor de tierras individuales. Toda la tierra así como también porciones específicas deben usarse a fin de promover vida digna para sus habitantes. Las personas deben darle gracias a Aquel que les proporcionó los medios para lograr dicha vida.

TIERRA ORIENTAL Designación de los territorios ubicados en la dirección del sol naciente. En Gén. 25:6 se hace referencia a tierras desérticas más que a una dirección geográfica. En 1 Rey. 4:30 la sabiduría del oriente —de Mesopotamia o de los árabes del desierto— juntamente con la sabiduría de Egipto habla de toda la sabiduría. La tierra oriental de Ezeq. 47:8 está ubicada en la dirección del mar Muerto. La tierra del oriente y la tierra donde se pone el sol (Zac. 8:7) hablan de todo el mundo.

TIFSA (*"pasaje, vado"*) (1) Ciudad de la ribera oeste del Éufrates alr. de 120 km (75 millas) al sur de Carquemis; límite noroeste del reino de Salomón (1 Rey. 4:24). (2) Lugar cerca de Tirsa en Samaria (2 Rey. 15:16), posiblemente deformación de Tapúa, como aparece en la traducción griega más antigua (BJ).

TIGLAT-PILESER (*"mi confianza es el hijo de Esarra [el templo de Asur]"*) Rey de Asiria (745 a 727 a.C.; 2 Rey. 16:7), también conocido como Tiglat-pilneser (BLA, 1 Crón. 5:6; 2 Crón. 28:20) y Pul (2 Rey. 15:19; 1 Crón. 5:26). Ver *Asiria, Historia y religión de*.

TILDE Traducción del término griego que literalmente significa "pequeño cuerno" (Mat. 5:18; comp. "ápice" Luc. 16:17, BLA). A la tilde por lo general se la considera una marca para distinguir a letras hebreas o arameas que tienen forma similar. *Iota*, que se ha traducido "jota" o "la letra más pequeña" es la vocal griega más pequeña, y por lo general se considera que aquí hace alusión a *yod*, la letra hebrea de tamaño más diminuto. De modo que Jesús afirmó que era más fácil que pasaran el cielo y la tierra antes que se dejara de lado el más pequeño detalle de la ley.

TIMNAT (*"porción asignada"*) (1) Pueblo asignado a Dan (Jos. 19:43) sobre la frontera sur con Judá (Jos. 15:10); probablemente tell el-

Batashi a unos 6,5 km (4 millas) al noroeste de Bet-semes en Judá. Los filisteos ocuparon el sitio en tiempos de Sansón (Jue. 14:1-5; comp. 2 Crón. 26:6; 28:18). La ciudad cayó en manos del rey asirio Senaquerib en 701 a.C. (2) Aldea en la región montañosa de Judá (Jos. 15:57); posiblemente escenario del encuentro de Judá con Tamar (Gén. 38:12-14); probablemente al sur de Hebrón a unos 6,5 km (4 millas) al este de Beit Nettif.

TIMNAT-SERA (*"porción que queda"*) Lugar de la herencia y sepultura de Josué (Jue. 2:9; Jos. 19:50; 24:30); dedicado a la adoración del sol (Jue. 2:9); khirbet Tibneh a unos 27 km (17 millas) al sudoeste de Siquem.

TIMOTEO (*"honrando a Dios"*) Amigo y colaborador de confianza de Pablo (1 Cor. 4:17; 1 Tim. 1:2,18; 2 Tim. 1:2; 4:9); mencionado con Pablo como coautor de seis cartas (2 Cor. 1:1; Fil. 1:1; Col. 1:1; 1 Tes. 1:1; 2 Tes. 1:1; Filem. 1); recibió dos cartas de Pablo (1 Tim. 1:2; 2 Tim. 1:2); aprendió las Escrituras de su madre Eunice y su abuela Loida (2 Tim. 1:5; 3:15) en Listra; puede haberse convertido en el primer viaje misionero de Pablo (Hech. 14:6-23; comp. 16:1-2). El padre de Timoteo era griego, y Timoteo no había sido circuncidado. En razón de que estarían ministrando a muchos judíos y que la madre de Timoteo era judía, Pablo hizo circuncidar a Timoteo (Hech. 16:3). El apóstol envió a Timoteo a muchas misiones cruciales (Hech. 17:14-15; 18:5; 19:22; 20:4; Rom. 16:21; 1 Cor. 4:17; 16:10; 2 Cor. 1:19; Fil. 2:19; 1 Tes. 3:2,6). Pablo sentía que nadie tenía más compasión y compromiso que Timoteo (Fil. 2:20-22), quien fue encarcelado pero liberado luego (Heb. 13:23). Ver *Pablo; 1 Timoteo; 2 Timoteo*.

1 TIMOTEO Primera de dos epístolas que Pablo escribió a Timoteo alr. del 63 d.C., luego del primer encarcelamiento de Pablo en Roma, quizás desde Macedonia (1 Tim. 1:3). Pablo había instado a Timoteo a que permaneciera en Éfeso y condujera a esta importante iglesia como su pastor (1:3). Pablo quería que Timoteo supiera "cómo debes conducirte en la casa de Dios" (3:14-15). La epístola contiene instrucciones en cuanto al orden y estructura de la iglesia y consejos prácticos para el joven pastor. Pablo urge a Timoteo y a Tito a confrontar la enseñanza falsa mediante la sana doctrina (1 Tim. 1:10; 6:3; 2 Tim. 1:13; 4:3; Tito 1:9,13; 2:1-2).

Algunos estaban enseñando con falsedad una interpretación mitológica de las genealogías del AT (1:3-4). Se le pide a Timoteo que enseñe la "sana doctrina" en su lugar (1:10-11). Pablo entrega a dos líderes —Himeneo y Alejandro— a Satanás, para que no sean blasfemos, y procura la restauración eventual del ofensor (1:20; comp. 1 Cor. 5:5).

Se le da prioridad a la oración en los cultos de adoración en la iglesia. En 2:5 Pablo escribe que hay un "solo Dios" y "un solo mediador entre Dios y los hombres, Jesucristo hombre." Jesús pagó por nuestra redención con su muerte en la cruz (2:6).

El capítulo 3 menciona 15 requisitos morales y éticos para los líderes de la iglesia. Pablo afirma que todo lo que Dios ha creado es bueno (4:4), si bien algunos maestros falsos sostenían que el matrimonio y ciertas comidas eran malos. La humanidad toma la buena creación de Dios y la corrompe. El apóstol le recuerda a Timoteo que sea un "buen servidor de Cristo Jesús" (4:6 NVI) y que sea un ejemplo a seguir en la manera de hablar, en la conducta, y en amor, fe y pureza (4:12).

Pablo da instrucciones prácticas en cuanto al ministerio de la iglesia a varios grupos que constituyen su membresía (cap. 5). Los maestros de doctrinas falsas estaban motivados por "ganancia" (6:5 NVI). Pablo advierte a la luz de este hecho y otros que "el amor al dinero es la raíz de toda clase de males" (6:10 NVI).

2 TIMOTEO Segunda de las epístolas de Pablo a Timoteo, pastor de la iglesia en Éfeso; desde la celda durante su segundo encarcelamiento en Roma entre 63-67 d.C.; última carta que tenemos escrita por Pablo. Él sentía que no sería puesto en libertad (4:6); contiene las conmovedoras palabras de aliento e instrucción del apóstol a su joven discípulo. Pablo quería ver a Timoteo (1:4) y le pide que vaya a Roma antes del invierno (4:21), y que le lleve el capote de invierno que dejó en Troas (4:13). También se le pide a Timoteo que lleve los rollos y los pergaminos de modo que Pablo pueda leer y estudiar (4:13).

Pablo había llegado a ser el padre de Timoteo (1:2) y le dice que ministre con un espíritu de "poder" (1:7). El Espíritu Santo da poder a los creyentes, pero debemos ser cuidadosos de ejercer este poder en un "espíritu . . . de amor y de dominio propio (1:7). Dos hombres, Figelo y Hermógenes, abandonaron a Pablo (1:15). Onesíforo fue un amigo reconfortante y no se avergonzó de las cadenas de Pablo (1:16).

Pablo urge a Timoteo a estar firme en Cristo Jesús. El llamado cristiano es para que todos puedan alcanzar "la salvación que es en Cristo Jesús con gloria eterna" (2:10). Timoteo debía ser alguien que "interpreta rectamente la palabra de verdad" (2:15 NVI) frente a aquellos que, como Himeneo (1 Tim. 1:20) y Fileto, la manejaban mal. Ellos estaban enseñando que la resurrección ya había ocurrido y estaban destruyendo la fe de algunos (2:18).

"Los últimos días" son una referencia a la segunda venida de Jesús. Los días que preceden a su retorno serán terribles. Pablo enumera 18 características de los hombres malvados (3:2-5). Hace una comparación con Janes y Jambres, que se opusieron a Moisés (3:8). Ver *Janes y Jambres*. La enseñanza mala y falsa debe ser vencida por las Sagradas Escrituras (3:16-17).

Pablo instruyó a Timoteo a estar preparado para predicar la palabra en todo tiempo, porque la gente no siempre va a adherir a la "sana doctrina"(4:3). Pablo compara su vida con una "libación" (ver Núm. 28:24) derramada sobre un sacrificio antes de ser ofrecido. Estaba listo para partir de esta vida a fin de ir a estar con el Señor. Esperaba con expectativas la "corona de justicia" que le aguardaba (4:8).

TINTE El proceso de teñir materiales. El proceso de tintura no se menciona en las Escrituras, aunque sí se habla del material teñido (Ex. 25:4; 36:8,35,37; Jue. 5:30; 2 Crón. 2:7; 3:14). En el NT Lidia era vendedora de telas teñidas de púrpura (Hech. 16:14).

El proceso de tintura incluía poner en remojo el material a teñir en cubas de tinte, para luego secarlo. Este proceso se repetía hasta que el elemento teñido quedaba del color deseado. El proceso concluía mojando el material en una sustancia fijadora que hacía que el color de la tela no destiñera. Ver *Colores*.

TIPOLOGÍA Método de interpretar partes de la Escritura buscando un patrón establecido por una declaración anterior, y por la cual se explica una posterior. La tipología involucra una *correspondencia*, generalmente en *una* cuestión particular, entre una persona, evento o cosa en el AT con una persona, evento o cosa en el NT.

1. Advertencias del AT. Pablo (1 Cor. 10:1-11) aplicó las experiencias del pueblo de Israel en el éxodo y en sus 40 años en el desierto. Todo el pueblo participó de estas experiencias, pero Dios no se agradó de la mayoría de ellos, y murieron en el desierto (1 Cor. 10:5). La mayoría fueron *tipos* o ejemplos de advertencia para los cristianos (1 Cor. 10:6).

2. Adán es un tipo de Cristo. Pablo comparó a Adán con Cristo (Rom. 5:12-21). Él argumenta que las acciones de Cristo son mucho más poderosas que la transgresión de Adán. El punto de correspondencia en el pasaje es *el efecto de su influencia* sobre la humanidad. Adán afectó a la humanidad adversamente; Cristo afecta a la misma humanidad para bien (vv. 16,18).

3. Bautismo como cumplimiento de un tipo. Pedro (1 Ped. 3:20-21) muestra que el bautismo es una presentación dramática de la fe —una promesa dramatizada de una buena conciencia. El diluvio fue un tipo de bautismo porque las personas de fe experimentaron liberación.

La tipología, que es una comparación que enfatiza un punto de similitud, nos ayuda a ver a la persona, evento o institución del NT como el cumplimiento de aquello que sólo fue insinuado en el AT.

TÍQUICO (*"afortunado"*) Uno de los colaboradores de Pablo en el tercer viaje misionero; nativo de Asia Menor (Hech. 20:4). Tíquico y Onésimo llevaron la carta de Pablo a los colosenses (Col. 4:7-9) y debían contar a la iglesia sobre la condición de Pablo. Pablo envió también a Tíquico a Éfeso (2 Tim. 4:12) y posiblemente a Creta (Tito 3:12).

TIRANO (*"gobernante con autoridad absoluta"*) El dueño de una escuela o un prominente filósofo asociado con una escuela en la que Pablo predicó durante dos años después que se retiró de la sinagoga en Éfeso (Hech. 19:9).

TIRAS División de los descendientes de Jafet; todos pueblos navegantes (Gén. 10:2; 1 Crón. 1:5). Tradicionalmente relacionados con los tursos, parte de los pueblos del mar contra los que luchó Ramsés III (1198-1166 a.C.). Algunos los han identificado con los etruscos de Italia.

TIRHACA Faraón egipcio de la dinastía XXV (689-664 a.C.); apoyó la revuelta de Ezequías contra el rey asirio Senaquerib (2 Rey. 19:8-9; Isa. 37:9).

TIRO Ver *Sidón y Tiro.*

TIRSA (*"ella es afable"*) (1) Hija de Zelofehad que heredó parte de la distribución de tierra tribal de Manasés, dado que su padre no tuvo hijos varones. (2) Originalmente una ciudad cananea notable por su belleza (Cant. 6:4), pero capturada en la conquista de la Tierra Prometida (Jos. 12:24); una de las primeras capitales de Israel (1 Rey. 14:17; 16:23-24); tell el-Fara, alr. de 11 km (7 millas) al nordeste de Siquem.

TISBITA Residente de una aldea no identificada, Tisbi; título de Elías (1 Rey. 17:1; 21:17,28; 2 Rey. 1:3,8; 9:36); posiblemente una deformación de jabesita o una designación de clase. Ver *Elías.*

TITO Compañero gentil de Pablo (Gál. 2:3; 2 Cor. 8:23) y destinatario de la carta del NT que lleva su nombre; puede haberse convertido con Pablo (Tito 1:4); acompañó a Pablo y a Bernabé a Jerusalén (Gál. 2:1), probablemente en visitas con el propósito

de aliviar el hambre (Hech. 11:28-30); evidentemente conocido para los gálatas (Gál. 2:1,3), quizás del primer viaje misionero a aquella región. Era supervisor u obispo de la iglesia en Creta (Tito 1:5); Pablo lo envió a Dalmacia (2 Tim. 4:10). Le fue confiada la delicada tarea de entregar la severa carta de Pablo (2 Cor. 2:1-4) a Corinto y corregir los problemas dentro de la iglesia allí (2 Cor. 7:13-15). La genuina preocupación de Tito por los corintios y su trato imparcial para con ellos (2 Cor. 8:16-17; 12:18) contribuyó a su éxito, que él reportó a Pablo en persona (2 Cor. 2:13; 7:5-6,13-15). Pablo respondió escribiendo 2 Corintios, la cual Tito probablemente llevó consigo en forma personal (2 Cor. 8:6,16-18,23).

TITO, CÉSAR Emperador romano (79-81 d.C.), hijo mayor de Vespasiano; soldado en Alemania, Bretaña y el Medio Oriente. Sus tropas capturaron el templo de Jerusalén (70 d.C.) y tomaron Masada (73 d.C.); gobernante amado y honesto y un eficiente administrador. Ver *Jerusalén; Roma y el Imperio Romano.*

TITO, EPÍSTOLA A Carta de Pablo a Tito, pastor de la iglesia en Creta (1:1,4), después del primer encarcelamiento de Pablo en Roma alr. del 63 d.C. Pablo escribió para alentar e instruir a Tito frente a la oposición. Tito debía amonestar a la gente a sostener una "sana doctrina" y a ser "sanos en la fe" (1:9,13; 2:1-2).

El capítulo 1 manifiesta que un conocimiento genuino de la verdad lleva a la piedad (1:1). El primer deber de Tito era nombrar ancianos (vv. 6-9; comp. 1 Tim. 3:1-7). Falsos maestros amenazaban a la iglesia. "Los de la circuncisión" (1:10) eran convertidos a la fe cristiana provenientes del judaísmo, que aparentemente enseñaban que la circuncisión era necesaria para ser un cristiano completo. Tales maestros eran de mente corrupta y detestables en sus acciones (1:15-16).

El capítulo 2 insta a Tito a enseñar la "sana doctrina" para corregir la enseñanza falsa. Tito debía ser un ejemplo para todos (2:7). Su enseñanza debía caracterizarse por "integridad," "seriedad," y una "palabra sana" (2:7-8), de modo que los falsos profetas no tuvieran "nada malo que decir de vosotros" (2:8). La base de una vida piadosa es "la gracia de Dios [que] se ha manifestado para salvación" (2:11). La evidencia de que uno ha recibido la gracia y la salvación de Dios es la transformación de la vida. "La esperanza bienaventurada" (2:13) de su regreso debería motivarnos a vivir piadosamente.

El capítulo 3 recuerda a los creyentes que "se sujeten a los gobernantes y autoridades" (3:1) porque Dios creó el gobierno. Los creyentes deben tratar a todas las personas con consideración y humildad. La bondad y el amor de Dios se manifestaron en "nuestro Salvador" (3:4). Nuestra salvación es por su gracia (3:5). La salvación se asemeja al "lavamiento de la regeneración" y a la "renovación en el Espíritu Santo" (3:5). La regeneración ocurre con la salvación, y la renovación es un proceso de por vida. Zenas y Apolos probablemente entregaron la carta a Tito (3:13). Ver *Apolos; Circuncisión; Espíritu Santo; Pablo; Salvación.*

TOB (*"bueno"*) Ciudad siria en el sur de Haurán a la cual Jefté huyó de sus hermanos (Jue. 11:3-5; comp. 2 Sam. 10:6-13); quizás idéntica a Tabeel (Isa. 7:6); puede ser el-Tayibah unos 19,5 km (12 millas) al este de Ramot de Galaad, cerca del nacimiento del río Yarmuk.

TOBÍAS (*"Jah es bueno"*)

1. Adversario principal de los esfuerzos de Nehemías para reconstruir Jerusalén; judío practicante que vivía en una habitación dentro del templo; llamado "amonita" (Neh. 2:10,19) probablemente porque su familia huyó a ese territorio por la destrucción de Jerusalén. Se oponía a la reconstrucción de Jerusalén porque debilitaría su autoridad política en el área.

2. Exiliado que regresó y quien aparentemente llevó un regalo de oro desde Babilonia para la comunidad de Jerusalén. Zacarías lo usó como testigo de la coronación de Josué, el sumo sacerdote, y para preservar las coronas en el templo (Zac. 6:9-14).

3. Antepasado de un clan que regresó del exilio pero no pudo demostrar que era israelita (Esd. 2:60).

TODOPODEROSO Nombre de Dios; traducción del hebreo *El Shaddai.* Ver *Nombres de Dios.*

TOFEL Lugar cerca del sitio del discurso de despedida de Moisés a Israel (Deut. 1:1); el-Tafile a unos 24 km (15 millas) al sudeste del mar Muerto entre Kerak y Petra; puede representar el nombre de un territorio y no tanto de una ciudad.

TOFET Lugar en el valle de Hinom en las afueras de Jerusalén, derivado del arameo o hebreo que significa "lugar del fuego," pero alterado por los escribas hebreos para significar "cosa vergonzosa" en razón de la adoración ilícita llevada a cabo allí (Jer. 7:31-32). En Tofet se practicaba el sacrificio de niños, lo que llevó al profeta a anunciar una matanza de personas en el lugar cuando llegara el tiempo de la venganza de Dios (Jer. 19:6-11). Ver *Hinom, Valle de.*

TOGARMA Hijo de Gomer y nombre de una región de Asia Menor (Gén. 10:3; 1 Crón. 1:6; comp. "casa de Togarma," Ezeq. 38:6) habitada por sus descendientes; famosa por sus caballos (Ezeq. 27:14); probablemente Gurun, a 115 km (70 millas) al oeste de Malatya o un área en Armenia.

TOLOMEOS Familia real en Egipto como consecuencia de las conquistas de Alejandro Magno.

Los Tolomeos hicieron de Alejandría un centro de erudición y comercio. Tolomeo I transportó gran cantidad de judíos desde Palestina a Alejandría para establecerse, comenzando así una comunidad judía grande e influyente. Ver *Alejandría*. Los judíos alejandrinos se empaparon del helenismo mucho más profundamente que sus contrapartes de Judea, como queda evidenciado por su traducción del AT al griego. Ver *Biblia, Textos y versiones*.

TOMÁS (*"un mellizo"*) Ver *Apócrifos, Nuevo Testamento; Discípulos.*

TORÁ (*"instrucción, ley"*) Enseñanza o instrucción (Job 22:22; Sal. 78:1; Prov. 1:8; 4:2; 13:14; Isa. 30:9); preceptos, mandamientos y estatutos (Gén. 26:5; Ex. 18:16); código deuteronómico (Deut. 4:8; 30:10; 32:46); título judío para el Pentateuco, los primeros cinco libros del AT dados a Moisés (Ex. 24:12; comp. Jos. 1:8; 8:31-32,34; 2 Rey. 14:6; Neh. 8:1; Isa. 5:24; Jer. 32:23; 44:10; Dan. 9:11) que debían ser guardados (Ex. 16:28; Deut. 17:19; Ezeq. 44:24). El "libro de la ley" que inspiró las reformas de Josías (2 Rey. 22:8-13) se considera generalmente que era más o menos el equivalente del libro de Deuteronomio. En el judaísmo rabínico, el alcance de la Torá a veces se expande hasta incluir a todas las Escrituras o incluso a toda la revelación de Dios. Ver *Ley; Pentateuco.*

TORBELLINO Cualquier vendaval destructivo. Sólo el Sal. 77:18 indica un movimiento circular. Los verdaderos torbellinos y tornados son raros en Palestina. Usualmente ocurren cerca de la costa cuando las brisas frescas del mar Mediterráneo chocan con el viento cálido que viene del desierto. En los torbellinos menores se ve polvo arremolinado que es arrojado al aire. El Señor usó el viento enfurecido para llevar a Elías al cielo (2 Rey. 2:1,11) y para hablar con Job (38:1; 40:6). Los profetas usaron el viento tempestuoso como una figura del juicio (Isa. 5:28; Jer. 4:13; Os. 8:7; Amós 1:14; Zac. 7:14). Dios viene a liberar a su pueblo cabalgando en vientos de tormenta (Zac. 9:14).

TORO, BUEY Ver *Animales, Ganado; Canaán, Historia y religión de.*

TORRENTE DE CEDRÓN (*"turbios, en sombras, lúgubre"*) Profunda barranca junto a Jerusalén que separa el monte del templo y la ciudad de David en el oeste, del monte de los Olivos en el este; la fuente de Gihón se encuentra en la ladera occidental. El huerto de Getsemaní estaba por encima del valle o torrente en el lado oriental. En esta área se han encontrado cementerios desde la edad de bronce media (antes del 1500 a.C.). Ver 2 Sam. 15:23; 1 Rey. 2:37; 15:13; 2 Rey. 23:4,6,12; 2 Crón. 29:16; 30:14. Después de la última cena, Jesús pasó por el torrente de Cedrón camino al monte de los Olivos (Juan 18:1).

TORTA Forma de cierto tipo de pan (plano y redondo).

TRABAJO, TEOLOGÍA DEL Significado y valor que Dios pone en la labor humana. El pueblo de Dios trabaja porque está hecho a su imagen. Dios trabajó para crear el universo y continúa trabajando para sustentar la creación. El pecado afectó las circunstancias originales del trabajo de las personas. Después de la caída, la gente ha tenido que trabajar duro para ganarse la vida. La naturaleza no coopera como lo haría sin la maldición. La habilidad física de las personas ha sido limitada por efecto del pecado, y la capacidad mental ha sido drásticamente reducida por el ataque del pecado. La primera comisión para la humanidad de sojuzgar la tierra sigue en pie.

El cristianismo afecta el trabajo de los empleados y la actitud de los empleadores. Los cristianos ven el servicio a su empleador como servicio ofrecido a Dios, en última instancia, sabiendo que Él es el juez final de sus esfuerzos (Ef. 6:5-8). Los empleadores o supervisores cristianos saben que son responsables ante Dios por cómo tratan a aquellos bajo sus órdenes (Ef. 5:9).

El pueblo de Dios reconoce que el plan de Dios para el trabajo también incluye un plan para el descanso (Ex. 20:8-11), y reconoce que su primera vocación es servirlo a Él.

TRACONITE ("*montón de piedras*") Distrito político y geográfico en el norte de Palestina sobre la margen este del río Jordán justo al sur de Damasco (Luc. 3:1), conocido como Basán en el AT. Su terreno accidentado era adecuado para la cría de ovejas y cabras. Durante el ministerio de Juan el Bautista, Traconite estuvo gobernada por Felipe, el hermano de Herodes Antipas. (Amós 4:1). Ver *Basán; Herodes; Felipe.*

TRANSFIGURACIÓN La transformación en la apariencia de Jesús, con Moisés y Elías, delante de Pedro, Jacobo y Juan (Mat. 17:1-13; Mar. 9:1-13; Luc. 9:28-36; comp. 2 Ped. 1:16-18). Dios habló desde la nube identificando a Jesús como su Hijo (comp. la voz en el bautismo) y ordenó a los discípulos que le presten oídos. Cuando la nube se levantó, Jesús quedó solo con los discípulos, que estaban temerosos. Jesús les dijo a los discípulos que no le contaran a nadie lo sucedido. El sitio tradicional es el monte Tabor en la Baja Galilea, pero no es una montaña alta, sólo unos 600 m (1850 pies) y probablemente estaba fortificada y era inaccesible en los días de Jesús. Mucho más probable es el monte Hermón de unos 3000 m (9100 pies) al norte de Cesarea de Filipos. Ver *Hermón.*

Moisés y Elías representaban la ley y los profetas, que testifican de Jesús pero deben darle lugar. Ellos fueron heraldos del Mesías (Deut. 18:15; Mal. 4:5-6). Los discípulos necesitaron la confirmación de la transfiguración al pensar en la muerte de Jesús y sus sufrimientos futuros. Ver *Jesús, Vida y ministerio de.*

TRANSGRESIÓN Imagen del pecado como algo que traspasa o transgrede los límites que impone la ley de Dios. Ver *Maldad; Perdón; Arrepentimiento; Salvación; Pecado.*

TRANSJORDANIA Área inmediatamente al este del río Jordán ocupada por Rubén, Gad, la mitad de Manasés, Edom, Moab y Amón. Para tiempos del NT, habían surgido en el norte de Transjordania (antiguas Basán, Galaad y Amón) un conjunto de ciudades de orientación greco-romana con población básicamente gentil (las así llamadas ciudades de "Decápolis"). Por otro lado la Transjordania del sur (antiguas Moab y Edom) estaba dominada por los nabateos, un pueblo de origen árabe que estableció un imperio comercial a lo largo de las márgenes del desierto con su capital en Petra. Ver *Palestina; Amón; Arnón;*

Basán; Decápolis; Edom; Galaad; Jaboc; Moab; Tribus de Israel.

TRANSPORTE Y VIAJES En su mayoría, el transporte y los viajes en el mundo bíblico eran a pie (Jue. 16:3; Jos. 9:3-5; 1 Rey. 18:46), siguiendo las sendas que los animales hacían a través de las colinas y valles de Palestina.

Las carreteras internacionales y las rutas comerciales, al igual que la ruta costera, la Vía Maris, y la carretera real de Transjordania, estaban desarrolladas junto con rutas conectoras secundarias. Estas carreteras promovían el movimiento de comerciantes, peregrinos religiosos, oficiales de gobierno y ejércitos entre regiones del país y naciones extranjeras.

Los viajeros y los constructores de caminos tenían que vencer las características geográficas accidentadas de Palestina. Las regiones desérticas del Neguev y de las tierras altas de Judea en el sur requerían la identificación de pozos y pastizales para los animales de tiro. La cadena montañosa del centro de Palestina forzaba a los viajeros a zigzaguear alrededor de ascensos empinados (tales como el que había entre Jericó y Jerusalén), o seguir las crestas a lo largo de las cumbres de las colinas (la ruta de Bet-horón al noroeste de Jerusalén), o seguir junto a las vertientes de aguas (Belén a Mizpa). Los viajeros tenían que vadear numerosos arroyos, así como el río Jordán (2 Sam. 19:18), a veces a costa de equipaje y animales.

En los valles, tales como el de Jezreel, los caminos generalmente seguían el terreno más alto junto al pie de los montes, de modo de evitar las áreas pantanosas y mantenerse lejos de los torrentes embravecidos, que a veces llenaban los lechos de los arroyos en la estación de lluvias. Valles estrechos y serpenteantes, como en el desierto de Judea, proveían frecuentemente de áreas perfectas para emboscadas de bandidos. A lo largo de la llanura de la costa, las dunas de arena requerían un desvío tierra adentro por las estribaciones de la Sefela.

La accidentada costa de Palestina carecía de un buen puerto de aguas profundas para la navegación. Como resultado, se requería de un viaje adicional por tierra para transportar mercaderías agrícolas y otros productos comerciales hacia y desde los puertos de Ezión-geber (1 Rey. 9:26-28) sobre el Mar Rojo y los puertos fenicios de Tiro y Sidón, a las ciudades de Israel. Ver *Barcos, marineros y navegación.*

Los caminos variaban en tamaño e iban de carreteras de dos carriles de unos 3 m (10 pies) de ancho, a sendas angostas a través de los campos, apenas anchas como para que un hombre y su burro pasaran en fila india. Los caminos probablemente eran mantenidos en condiciones por obreros reclutados por el gobierno (2 Sam. 20:24; 1 Rey. 9:15) o por el ejército. Dado que no se conocían puentes en el período bíblico, se identificaban vados (Jue. 12:5-6) para el uso general. Cuando no se podía encontrar un cruce para el río, se amarraban botes para formar transbordadores temporarios o grandes transportes.

Para ayudar con el constante flujo de viajeros del gobierno, se construyeron paradores (cada 15 ó 25 km —entre unas 10 y 15 millas— en el imperio persa) y puestos administrativos. Antes que hubiera posadas, estas estaciones proveían de suministros a los funcionarios que viajaban y montas frescas a los correos. El viajero privado tenía que depender de la hospitalidad de pueblos o amigos a lo largo del camino (Jue. 19:10-15; 2 Rey. 4:8).

La Biblia menciona varios tipos de animales de tiro: asnos, mulas, camellos y bueyes. Los asnos parecen haber sido el medio de transporte más popular en el Cercano Oriente (Gén. 42:26; 1 Sam. 16:20; Neh. 13:15). Las mulas se mencionan con menos frecuencia, quizás debido a la escasez de caballos para la reproducción o a la costumbre de restringir el uso de mulas a las clases altas (2 Sam. 13:29; comp. 2 Sam. 18:9; 1 Rey. 1:33). Isaías 66:20 describe una caravana extraordinaria de exiliados que regresan cabalgando sobre caballos, mulos y camellos, así como en carros y literas. Se menciona que los camellos (2 Rey. 8:9; Isa. 30:6) llevaban enormes cargas (cinco veces la de un asno). Estas bestias eran usadas probablemente sólo en las rutas más importantes tales como la Vía Maris, a lo largo de la costa, o sobre los caminos de los valles más llanos de la Sefela y el Neguev.

Los bueyes están asociados exclusivamente al viaje con un vehículo de ruedas. El uso israelita de caballos no aparece antes que David los incorporara a sus fuerzas (2 Sam. 8:3-4). Se mencionan principalmente en contextos militares (Job 39:18-25; 1 Rey. 12:18). Los mensajeros oficiales cabalgaban en caballos (2 Rey. 9:18-19), al igual que los exploradores del ejército (2 Rey. 7:13-15).

El vehículo de ruedas más comúnmente mencionado es el carro, usado primero por los enemigos de Israel durante el período de la conquista (Jue. 1:19; 4:3). No podía utilizarse de manera eficaz en el terreno montañoso accidentado donde las tribus se establecieron inicialmente (Jos. 17:16). Los carros llegaron a ser una parte integral de la estrategia de batalla de los reyes (1 Rey. 10:26; 22:31-34) y un medio regular de viaje para reyes (2 Rey. 9:16) y nobles (2 Rey. 5:9; comp. Isa. 22:18; 8:26-38). En el bajorrelieve asirio (alr. de 701 a.C.) del sitio de Senaquerib a Laquis, aparece un carro de batalla judío de tres hombres con un yugo para cuatro caballos.

En tiempos bíblicos eran comunes los carros grandes de dos y cuatro ruedas para transportar cargas pesadas y personas (Gén. 45:19-27; Núm. 7:1-8). Los carros eran una ayuda diaria para agricultores que tenían que transportar gavillas de grano a la era (Amós 2:13; comp. 2 Sam. 6:2-17). Varios hombres caminaban junto al carro para guiar a los bueyes y evitar que la carga se desplazara.

Para transportar al pueblo al exilio se usaron caminos anchos y pesados vehículos con ruedas. El bajorrelieve de piedra de Senaquerib de su sitio a Laquis, incluye un cuadro de judíos que son llevados en carros de dos ruedas tirados por una yunta de bueyes. Los exiliados están sentados sobre bultos que contienen sus pertenencias, mientras un hombre camina al lado del buey de la mano izquierda guiándolo con un palo afilado. Ver *Animales; Economía.*

TRATADO Ver *Pacto.*

TRIBULACIÓN Aflicción o presión de tipo general; un tiempo particular de sufrimiento asociado con eventos del final de los tiempos (Mat. 24:21). Algunos (los proponentes del amilenialismo) consideran que "la gran tribulación" (Apoc. 7:14) históricamente se refiere a la persecución confrontada por los cristianos después del 90 d.C., pero que también es simbólica de la tribulación que ocurre periódicamente a lo largo de la historia. Otros (los que apoyan el premilenialismo) manifiestan que la gran tribulación se refiere al período del fin de los tiempos. El premilenialismo dispensacionalista conecta esta tribulación de siete años con la semana setenta del esquema profético tomado de Dan. 9:24-27. Generalmente se hace una distinción entre las dos mitades de los siete años. La segunda mitad, frecuentemente llamada la Gran Tribulación, se menciona de varias maneras: tres años y medio (Dan. 9:27), 42 meses (Apoc. 11:2; 13:5), 1260 días (Apoc. 11:3; 12:6), o "un tiempo, y tiempos, y la mitad de un tiempo" (Apoc. 12:14). Característica de este concepto es la enseñanza de que la iglesia será arrebatada al comienzo del período de la tribulación. El premilenialismo histórico ve a este período como un tiempo futuro de intensa aflicción sobre la tierra previo al retorno de Cristo, pero sostiene que la iglesia pasará por la tribulación, aunque no experimentará la ira de Dios. Ver *Dispensación; Escatología; Milenio; Arrebatamiento; Apocalipsis, Libro de; Setenta semanas*.

TRIBUNAL Plataforma elevada o banco que ocupó Poncio Pilato cuando estaba deliberando sobre las acusaciones contra Jesús (Mat. 27:19; comp. Hech. 18:12). En Rom. 14:10 y 2 Cor. 5:10 el tribunal de Cristo es un concepto teológico que hace énfasis en que las personas son responsables de sus vidas ante el Señor, y un día deberán enfrentarse a Él en el juicio.

TRIBUS DE ISRAEL Grupos políticos y sociales en Israel que declaraban descender de uno de los 12 hijos de Jacob. La "tribu," *shebet* o *matteh*, era la unidad social mayor que componía la estructura de la nación. La tribu estaba compuesta por "clanes," una *mishpaha* o familia de familias o un conjunto de familias que tenían un antepasado en común. El clan estaba compuesto por las casas o familias individuales que son mencionados como "jefes de linaje" (Núm. 3:24). Ver *Familia*.

La familia de Jacob (Israel), de quien provienen las tribus, se originó en el norte de Siria durante la estada de Jacob en Harán con su tío Labán. Once de los doce hijos nacieron en Harán, mientras que el décimo segundo, Benjamín, nació después que Jacob regresó a Canaán. El nacimiento de los hijos fue a través de las esposas de Jacob: Lea (Rubén, Simeón, Leví, Judá —Gén. 29:31-35— e Isacar y Zabulón, así como una hija, Dina —Gén. 30:19-21); y Raquel (José —Gén. 30:22-24— que fue el padre de Efraín y Manasés —Gén. 41:50-52— y Benjamín —Gén. 35:16-18); y sus siervas Zilpa (Gad y Aser —Gén. 30:9-13) y Bilha (Dan y Neftalí —Gén. 30:1-8). Quizás se incorporaron a la nación otros grupos —"grande multitud de toda clase de gentes" (Ex. 12:38). Algunas de las listas principales de tribus incluyen la bendición de Jacob a las 12 (Gén. 49), la mención de las familias oprimidas en Egipto (Ex. 1:1-10), la bendición de Moisés a las tribus (Deut. 33), y el cántico de Débora (Jue. 5). Conocemos pocos detalles acerca de las tribus individuales:

1. Rubén perdió el rol de liderazgo de su familia a causa de una aventura ilícita que tuvo con la concubina de su padre, Bilha (Gén. 35:22; comp. Gén. 49:4). Cuando la familia de Jacob fue a Egipto, Rubén tenía cuatro hijos (Gén. 46:8-9). Rubén ocupó la región sur al este del río Jordán, aproximadamente desde el río Arnón hasta Hesbón (Jos. 13:15-23). Aparentemente, se criticó a la tribu por no asumir un papel más activo en la conquista (Jue. 5:15-16). Ver *Transjordania*.

2. Simeón jugó un papel clave con Leví al procurar venganza por el encuentro de su hermana Dina con Siquem (Gén. 34:1-4,25-26; comp. 49:5-7). Simeón fue retenido como rehén por José (Gén. 42:24). Simeón parece haberse caracterizado por su debilidad (Gén. 49:7) y no recibió una herencia propia (Jos. 19:1-9).

3. *Leví* tuvo con Simeón el incidente de Dina. En el desierto, los hijos de Leví mataron a 3000 varones hebreos rebeldes (Ex. 32:25-29). Fueron la tribu sacerdotal sin tierras (Jos. 21). Ver *Levitas; Sacerdotes*.

4. *Judá*, un líder y vocero entre sus hermanos (Gén. 37:26; 43:3; 44:16; comp. 46:28); se le prometió preeminencia por sobre las demás tribus (Gén. 49:8-12; comp. Núm. 2:9). Judá ocupó la parte sur de Palestina entre el mar Muerto y el Mediterráneo (Jos. 15), al norte de los territorios de Benjamín y Dan. Judá constituyó la mayor parte del reino del sur.

5. *Isacar* confrontó una variedad de dificultades (Gén. 49:14-15). Su territorio es difícil de definir con precisión (Jos. 19:17-23). Estaba al oeste del Jordán y justo al sur del mar de Galilea, y se extendía hacia el valle de Jezreel. Con Zabulón (Deut. 33:19) pueden haber compartido un centro de adoración sobre el monte Tabor. Los de Isacar pueden haber servido como esclavos en proyectos de trabajos forzados de sus vecinos cananeos.

6. *Zabulón* vivió en el sur de Galilea, limitando con Isacar en el sur sudeste, Neftalí en el este, y Aser en el oeste (Jos. 19:10-16); aparentemente en algún momento tuvieron acceso al Mediterráneo cerca de Sidón (Gén. 49:13; comp. Deut. 33:19). Zabulón probablemente haya ido más allá del llamado al deber al proveer de apoyo; es la única tribu mencionada dos veces en el Cántico de Débora (Jue. 5:14,18).

7. *José*. Dos de las tribus de Israel provinieron de José, es decir, sus hijos Efraín y Manasés (Gén. 41:50-52), a quienes Jacob adoptó (48:8-20). Ver *José; Maquir*. Si bien Manasés era el mayor, Jacob dio preferencia a Efraín (v. 14; comp. Deut. 33:17).

a. Efraín ocupó la región justo al norte de Dan y Benjamín desde el río Jordán hasta el mar Mediterráneo. Josué (Núm. 13:8,16; Jos. 1:1-11); Samuel (1 Sam. 7:15-17) y Jeroboam I (1 Rey. 12:1-20) descendían de Efraín. Este exigió liderazgo en el período de los jueces (Jue. 3:27; 4:5; 7:24; 8:1; 10:1; 12:1-6; 17:1; 18:2,13; 19:1). Silo, ubicada en Efraín, llegó a ser el principal centro de adoración durante el período tribal (Jos. 18:1; 1 Sam. 1:1-18). Oseas usó a Efraín como sinónimo de Israel para hablar del reino del norte.

b. Manasés ocupó territorios tanto al este como al oeste del río Jordán: en el este, Galaad y Basán, que muy probablemente se extendían desde el río Jaboc hasta cerca del monte Hermón (Núm. 32:39,41-42; Jue. 5:14); en el oeste, estaba al norte de Efraín. Gedeón es el descendiente más conocido de Manasés (Jue. 6-7).

8. *Benjamín* formaba un grupo especial con Efraín y Manasés. El pequeño territorio de Benjamín estaba entre Efraín hacia el norte y Judá hacia el sur (Jos. 18:11-28). Los benjamitas tenían reputación de ser hombres de guerra (Gén. 49:27; Jue. 5:14; 20:12-16); fueron responsables por actos inhumanos (Jue. 19). El segundo juez, Aod (Jue. 3:12-30), y el primer rey, Saúl (1 Sam. 9:15-17; 10:1), provenían de Benjamín.

9. *Dan* y su hermano de sangre Neftalí son generalmente mencionados juntos (Gén. 46:23-24; Ex. 1:4). Dan originalmente ocupó un territorio justo al oeste de Benjamín, con Efraín al norte y Judá y los filisteos al sur (Jos. 19:40-48). Los amorreos y los filisteos (Jue. 1:34-36; comp. Jue. 13-16) forzaron a Dan a migrar hacia el norte del lago Hule, a Lais (renombrada Dan) y su territorio (Jue. 18:14-29). Llegó a ser un centro de culto del reino del norte. Ver *Dan*.

10. Neftalí ocupaba la franja ancha de tierra al oeste del Jordán en el área del lago Hule y el mar de Cineret (Galilea); iba desde Isacar y Zabulón en el sur hasta cerca de Dan en el norte (Jos. 19:32-39). Neftalí proveyó de fuerzas durante la conquista de la tierra (Jue 5:18) y durante la amenaza madianita (Jue. 6:35; 7:23).

11. Gad tenía su territorio al este del río Jordán y el mar Muerto, incluyendo una parte de la región llamada Galaad (Núm. 32:34-36; Jos. 13:24-28), y se extendía desde el río Jaboc en el norte hasta el río Arnón en el sur, una de las mejores tierras en la Transjordania (Deut. 33:20-21). Gad experimentó quizás numerosos ataques (Gén. 49:19), especialmente de grupos como los amonitas, según se ve reflejado en la historia de Jefté (Jue. 11). Aparentemente, los hombres de Gad adquirieron gran experiencia como guerreros (1 Crón. 12:8).

12. Aser ocupó la selecta región (Gén. 49:20) al oeste de Zabulón y Neftalí, la región costera norte de Palestina desde cerca del monte Carmelo en el sur hasta cerca de Tiro en el norte (Jos. 19:24-31). Aser es la única tribu a la que no se reconoce por haber provisto de un juez durante el período tribal. Aparentemente, Aser fue reprobada y no ganó el respeto de algunas de las otras tribus (Jue. 5:17b).

Los lazos y tradiciones tribales continuaron siendo bastante fuertes. Muchos eruditos sugieren que los celos y tradiciones tribales jugaron un papel importante en producir la división del reino en el 922 a.C.

TRIBUTO Ver *Impuestos*.

TRIFENA; TRIFOSA (*"refinada"* y *"delicada"*) Dos mujeres a las que Pablo saludó como quienes "trabajan en el Señor" (Rom. 16:12).

TRIGO Grano básico del antiguo Cercano Oriente (Núm. 18:12); cultivado en esta región por lo menos desde tiempos neolíticos (8300-4500 a.C.); llegó a ser un cultivo importante después que los nómadas comenzaron a establecerse en sociedades agrarias; usado como analogía para hablar del juicio de Dios (Mat. 3:12) y de su cuidado (Sal. 81:16). El trigo era usado para hacer pan y también se tostaba (Lev. 23:14). La palabra hebrea también se traduce "espiga" (Mar. 4:28). En la antigüedad, la cosecha del trigo era una referencia a un tiempo determinado (Ex. 34:22) y se celebraba con la fiesta de las semanas. El trigo se segaba (1 Sam. 6:13), se sacudía (Jue. 6:11), y se aventaba (Mat. 3:12). Ver *Agricultura; Pan; Plantas en la Biblia.*

TRINIDAD Término teológico usado para definir a Dios como una unidad indivisa, que se expresa en la naturaleza triple de Dios el Padre, Dios el Hijo, y Dios el Espíritu Santo. Dios se manifiesta a través de Jesucristo por medio del Espíritu.

Hay dos errores que aparecen en la historia de la doctrina: el triteísmo y el unitarismo. En el triteísmo se comete el error de enfatizar la distinción que hay en la Deidad hasta el punto de que se ve la Trinidad como tres dioses separados. El unitarismo excluye el concepto de distinción y enfoca la atención exclusivamente en la unidad de Dios el Padre, y considera a Cristo y al Espíritu Santo menos que divinos.

El AT (Deut. 6:4; ver *Shemá*) enfatizaba la unicidad de Dios para advertir a los israelitas en contra del politeísmo y del ateísmo práctico de sus vecinos paganos. A la palabra de Dios se la reconoce como agente de la creación (Sal. 33:6,9; comp. Prov. 3:19; 8:27), la revelación y la salvación (Sal. 107:20), vocabulario que con Jesucristo recibe una personalidad distintiva en el prólogo de Juan (Juan 1:1-4). Otras categorías de vocabulario incluyen la sabiduría de Dios (Prov. 8) y el Espíritu de Dios (Gén. 1:2; Sal. 104:30; Zac. 4:6).

Los escritores del NT afirman unánimemente la fe monoteísta hebrea, pero la extienden hasta incluir la venida de Jesús y el derramamiento del Espíritu Santo. La evidencia del NT para la Trinidad puede agruparse en cuatro tipos de pasajes. El primero es la fórmula trinitaria de Mat. 28:19; 2 Cor. 13:14; 1 Ped. 1:2; Apoc. 1:4. El segundo es la forma triádica o trina (Ef. 4:4-6; 1 Cor. 12:3-6), con énfasis en la administración de los dones de la Deidad. El tercero es la mención de las tres personas de la Deidad sin una clara estructura triádica. En el bautismo de Jesús (Mat. 3:3-17; Mar. 1:9-11; Luc. 3:21-22), el Hijo fue bautizado, el Espíritu descendió, y el Padre habló con aprobación. Pablo en Gál. 4:4-6 bosqueja la obra de la Trinidad desde la perspectiva del Padre que envía. Otros pasajes representativos en esta categoría (2 Tes. 2:13-15; Tito 3:4-6; y Jud. 20-21) describen a cada integrante de la Trinidad en relación con una función redentora particular. El cuarto tipo de pasaje se encuentra en el discurso de despedida de Jesús a sus discípulos (Juan 14:16; 15:26; 16:13-15). Jesús explicó la obra y ministerio del Espíritu como el agente de Dios en el ministerio continuado del Hijo.

El NT es cristológico en su enfoque, pero incluye la plenitud de Dios accesible para cada creyente a través de Jesús y por el Espíritu. En la era postbíblica, la discusión cambió del énfasis del NT sobre la función de la Trinidad en la historia de la redención, a un análisis de la unidad esencial de la Deidad.

Quizás cuatro declaraciones puedan resumir y clarificar este estudio.

1. Dios es uno. El Dios del AT es el mismo Dios del NT.

2. Dios tiene tres maneras distintas de ser en la acción redentora, y no obstante Él permanece como una unidad indivisa.

3. La manera fundamental de entender el concepto de la Trinidad es a través de la participación triple en la salvación.

4. La doctrina de la Trinidad es un misterio absoluto. Principalmente se la conoce no a través de la especulación sino a través de la experiencia del acto de gracia a través de la fe personal. Ver *Dios; Jesús; Espíritu Santo.*

TROAS Ver *Asia Menor, Ciudades de; Pablo.*

TRÓFIMO (*"nutritivo"*) Cristiano gentil de Éfeso que acompañó a Pablo a Jerusalén para la presentación de una colecta (Hech. 20:4-5; 21:29). La asociación libre de Pablo con Trófimo llevó a la acusación falsa de que Pablo había contaminado el templo al introducir a un gentil dentro del atrio de Israel (Hech. 21:19). El "Trófimo" a quien Pablo dejó en Mileto (2 Tim. 4:20) es otro Trófimo o bien evidencia de un segundo encarcelamiento romano. (De acuerdo a Hechos, Pablo no pasó por Mileto cuando fue a Roma.)

TUBAL Hijo de Jefté (Gén. 10:2; 1 Crón. 1:5) y antepasado de un pueblo, conocido por su habilidad en trabajar metales, posiblemente de Capadocia o de Cilicia en Asia Menor (Isa. 66:19; Ezeq. 27:13; 32:26; 38:2-3; 39:1).

TUBAL-CAÍN (*"productor"* y *"herrero"*) Hijo de Lamec, asociado con el origen de la metalurgia (Gén. 4:22).

TUMIM Ver *Urim y Tumim.*

TÚNICA Vestido suelto, largo hasta la rodilla, que se usaba sobre la piel (Mat. 10:10; Mar. 6:9). Ver *Ropa.*

❧U❧

UCAL (*"soy fuerte"* o *"estoy consumido"*) Discípulo de Agur, maestro de sabiduría responsable de Prov. 30 (v. 1). La NVI sigue a la Septuaginta al traducir los nombres propios "Itiel y Ucal" como "Cansado estoy, oh Dios; cansado estoy, oh Dios, y débil."

UFAZ Yacimiento de oro fino no identificado (Jer. 10:9; Dan. 10:5), u otro término para oro fino; un vocablo heb. relacionado se traduce "oro purísimo" (1 Rey. 10:18; Isa. 13:12). Es posible un cambio del copista en lugar de Ofir en Jer. 10:9, según se indica en versiones tempranas.

UGARIT Importante ciudad sobre la costa del Mediterráneo a unos 15 km (9 millas) al norte de Latakia en Siria. Su excavación ha provisto de tablillas que ofrecen la evidencia primaria más cercana que existe para reconstruir la religión cananea que confrontó Israel; el nombre contemporáneo es Ras Shamra. Ubicada en la intersección de las rutas comerciales más importantes desde Anatolia, el noroeste de Mesopotamia y Egipto. Contaba con un puerto (el moderno Mi-net el-Beida), que acomodaba barcos de Chipre, el Egeo y Egipto. Ugarit fue un importante centro comercial en muchos períodos. Los pueblos del mar destruyeron la ciudad poco después del 1200 a.C.

La ciudad de Ugarit del período de bronce tardío cubría unas 36 hectáreas (70 acres) y tenía templos dedicados a Baal y El. Se han descubierto tablillas de arcilla y otras inscripciones representando ocho idiomas. Los testimonios religiosos incluyen el ciclo de Bel-Anat, la leyenda del rey Keret, la leyenda de Aqhat, y otros. Ver *Canaán, Historia y religión de; Fertilidad, Culto a la.*

Los textos ugaríticos han provisto de un recurso necesario para clarificar los significados y matices de palabras y frases desconocidas u oscuras en el AT, para entender la estructura poética y literaria, identificar nombres de dioses, y aprender acerca de la religión y el ritual cananeos.

ULAI Canal que conectaba los ríos Kerkha y Abdizful justo al norte de Susa (Dan. 8:2,16).

ÚLTIMA CENA Ver *Cena del Señor; Ordenanzas.*

UNGIR, UNGIDO (hebreo, *messiach*; griego, *christos*) Restregarse o untarse a uno mismo o hacerlo a otra persona o cosa, por lo general con aceite (de oliva) para sanar, consagrar o embalsamar. Ver Est. 2:12, para propósitos cosméticos.

Los sacerdotes y los reyes eran ungidos ceremonialmente como símbolo de su nombramiento oficial al cargo y como señal del poder de Dios que estaba sobre ellos.

En el NT ungir habla del cuidado diario del cabello (Mat. 6:17), de tratar una herida o una enfermedad (Luc. 10:34) y de preparar el cuerpo para la sepultura (Mar. 16:1). Los cristianos ven a Jesús como el Ungido, el Salvador (Hech. 10:38). El cristiano además es ungido por Dios (2 Cor. 1:21; 1 Juan 2:27) para el ministerio.

UNGÜENTO Ungüentos perfumados o pomadas de varias clases usados como cosméticos, medicina, y en ceremonias religiosas; la palabra hebrea más común simplemente significa "aceite" (Gén. 28:18; Os. 2:8) sin distinción entre aceite y ungüento. En el NT se usa la palabra perfume (Mat. 26:7; Mar. 14:3-4; Luc. 7:37-38).

Uno de los usos más importantes del ungüento en el AT, era en ceremonias religiosas (Ex. 30:22-25). Muchos individuos eran ungidos con el ungüento sagrado cuando se los dedicaba al servicio a Dios.

Se usaban perfumes para contrarrestar el olor corporal. Todo el cuerpo era usualmente ungido con perfume después del baño (Rut 3:3; 2 Sam. 12:20; Ezeq. 16:9). Los perfumes se usaban entre la ropa (Cant. 1:13), y mayormente por parte de mujeres que deseaban ser atractivas a los hombres (Est. 2:12).

UNIDAD Unicidad. La confesión de la unidad de Dios es central para la fe de Israel: "Oye, Israel: Jehová nuestro Dios, Jehová uno es" (Deut. 6:4). En razón de que Dios es uno, debía aplicarse un solo conjunto de leyes tanto a israelitas como a extranjeros (Núm. 15:16). La historia humana es la historia de la fractura que causó el pecado en la unidad ordenada por Dios. El ideal de Dios para el matrimonio es que el esposo y la esposa experimenten unidad de vida, "una sola carne" (Gén. 2:24). El empecinamiento de voluntad ("dureza" de corazón, Mar. 10:5) continúa trastornando el deseo divino de unidad en el matrimonio (Gén. 3:12). El ideal de Dios para la familia humana más amplia es una vez más unidad. También se interrumpió la unidad primordial de la humanidad ("una sola lengua," Gén. 11:1) como resultado del orgullo pecaminoso (11:4-8). La visión profética del futuro anticipaba el día cuando Dios reuniría los reinos divididos de Israel y Judá, haciendo regresar a todos los exiliados esparcidos (Ezeq. 37:15-23). En realidad, la esperanza profética incluye que todos los pueblos del mundo vuelvan a unirse bajo la soberanía del único Señor (Zac. 14:9).

Jesús oró para que sus discípulos experimentaran una unidad como la unidad que Él tenía con el Padre (Juan 17:11,21-23). Los primeros creyentes estaban juntos en un lugar; compartían sus posesiones y eran de un sólo corazón y un solo sentir (Hech. 2:1,43; 4:32). El egoísmo de Ananías y Safira (Hech. 5:1-11), el prejuicio de aquellos que descuidaron a las viudas de habla griega (6:1), la rigidez de aquellos que demandaban que los gentiles se hicieran judíos antes de hacerse discípulos (15:1) —todo esto amenazaba la unidad de la iglesia. El Espíritu Santo condujo a la iglesia a producir soluciones creativas que desafiaron a la iglesia a ir más allá de la disensión en favor del ministerio (Hech. 6:2-7; 15:6-35). Los creyentes son "un cuerpo en Cristo", que sobrepasa la variedad de dones (Rom. 12:5-8; 1 Cor. 12:13,27-30) y categorías humanas (Gál. 3:28; Ef. 2:14-15; 3:6). La unidad de la iglesia refleja la unidad de la deidad: un Dios (1 Cor. 12:6); un Señor (Rom. 10:12; 1 Cor. 12:5; Ef. 4:5); y un Espíritu (1 Cor. 12:4,11; también Hech. 11:17). La unidad cristiana tiene varios aspectos: la experiencia que compartimos de Cristo como Señor y la confesión de la fe en el bautismo (Ef. 4:5,13); un mismo sentido de misión ("una mente," Fil. 2:2); una misma preocupación de unos por otros (1 Cor. 12:25; "el mismo amor," Fil. 2:2; 1 Ped. 3:8); y la experiencia compartida de sufrir por amor de Cristo (2 Cor. 1:6; Fil. 1:29-30; 1 Tes. 2:14; 1 Ped. 5:9).

UÑA AROMÁTICA Especia probablemente derivada de los opérculos o de la concha de un molusco del mar Rojo; usada en el incienso reservado para la adoración de Yavéh (Ex. 30:34).

UPARSIN Ver *Mene, mene, tekel uparsin*.

UR (*"horno de fuego"*) Antigua ciudad en la baja Mesopotamia con puerto sobre el río Éufrates. Lugar de nacimiento de Abraham (Gén. 12:1; Hech. 7:2); tell el-Muqayyar, a unos

350 km (220 millas) al sudeste de Bagdad.

URÍAS (*"fuego de Jah," "llama de Yavéh"*) (1) Mercenario hitita (heteo) o quizás un noble israelita de ascendencia hitita, en el ejército de David (2 Sam. 11); uno de los valientes de David (23:39); esposo de Betsabé, la mujer con la que David cometió adulterio, lo que llevó al asesinato de Urías después que el rey no pudo esconder más la aventura. (2) Sumo sacerdote en el templo de Jerusalén bajo el rey Acaz, que siguió las instrucciones del rey de establecer un altar en el templo conforme a un modelo sirio (2 Rey. 16:10-16; comp. Isa. 8:2). (3) Sacerdote en tiempos de Esdras y Nehemías (Esd. 8:33; Neh. 3:4,21). (4) Persona que ayudó a Esdras a informar al pueblo sobre la palabra de Dios (Neh. 8:4). (5) Profeta que se unió a Jeremías en la predicación contra Jerusalén. Cuando el rey Joacim ordenó su ejecución, Urías huyó a Egipto. Fue capturado, llevado de vuelta a Jerusalén y ejecutado (Jer. 26:20-23).

URIM Y TUMIM Objetos que Israel y especialmente el sumo sacerdote utilizaban para determinar la voluntad de Dios; los guardaba el sumo sacerdote en el "pectoral del juicio" (Ex. 28:15-30; ver Núm. 27:18-23; 1 Sam. 14:41-45). Más tarde, Moisés le dio a Leví la responsabilidad especial de su cuidado (Deut. 33:8). Aparentemente eran dos objetos que servían como suertes sagradas. Eran "echados" quizás extrayéndolos de una bolsa o sacudiéndolos. Un objeto o "suerte" daba una respuesta; la otra suerte daba otra respuesta. Probablemente, a la "suerte" que salía primero se la consideraba la respuesta de Dios. Él se podía negar a responder (1 Sam. 28.6-25). Existía la expectativa de que algún día iba a levantarse un sacerdote con Urim y Tumim (Esd. 2:63; Neh. 7:65).

UZÍAS (*"Yavéh es poder"*) (1) Descendiente de Leví (1 Crón. 6:24). (2) Padre de uno de los tesoreros de David (1 Crón. 27:25). (3) Hijo y sucesor del rey Amasías de Judá (2 Rey. 14:21; 15:1,6-8,17,23,27; 2 Crón. 26:1). El reinado de Uzías fue un tiempo de gran prosperidad material para Judá (2 Crón. 26:1-23). El intento orgulloso de Uzías de usurpar la prerrogativa sacerdotal de ofrecer incienso en el templo trajo aparejado el castigo divino. Uzías quedó leproso (2 Crón. 26:16-20; comp. Núm. 16:1-40; 1 Sam. 13:8-15). Su hijo Jotam reinó en su lugar, si bien Uzías probablemente permaneció en el poder detrás del trono (2 Crón. 26:21). (4) Sacerdote postexílico con esposa extranjera (Esd. 10:21). (5) Descendiente de Judá y padre de un residente postexílico de Jerusalén (Neh. 11:4).

VALLE Depresión o extensión larga y ancha entre cadenas paralelas de colinas o montañas (Núm. 14:25; Jos. 8:13; Jer. 21:13); llanura amplia (Gén. 11:2; Isa. 41:18) o meseta; hondonada estrecha y profunda (Isa. 40:4; Zac. 14:4); tierra baja, llanura o ladera que desciende suavemente de las montañas (Jos. 9:1). Dios está presente con su pueblo, protegiéndolos al pasar a través de los valles de la vida (Sal. 23:4). Ver *Palestina*.

VALLE DE ZERED Ver *Zered*.

VANO Generalmente es la traducción de palabras que significan "nada" o "desconfianza." Tratar de torcer la voluntad de Dios (Sal. 2:1; ver Hech. 4:25) o de hacer cosas sin la ayuda de Dios (Sal. 127:1) es vano. No debemos tomar el nombre de Dios en vano, como si fuese nada (Ex. 20:7; Deut. 5:11). Los creyentes no deben darle a Dios un vano servicio de labios sino obediencia del corazón (Mar. 7:6-7; ver Isa. 1:13; 29:13; Sant. 1:26).

VASIJAS (ARQUEOLOGÍA) Recipientes cóncavos usados para retener sustancias secas o líquidas. Iban de fuentes y platos de alfarería, a boles, urnas, jarras, canastas, recipientes de metal, bolsas de tela y cuero, cajas y boles de madera, y recipientes de cristal o vidrio de todas las formas y tamaños. Los recipientes más comunes eran de barro.

Los primeros fueron recipientes de piedra, y datan de la edad paleolítica (antigua edad de piedra) y epipaleolítica (edad de piedra media) (700.000 a 8300 a.C.). La edad neolítica (nueva edad de piedra) y la calcolítica (8300 a 3100 a.C.) trajeron consigo vasijas de piedra más grandes y profundas realizadas en hornos especiales. Ver *Alfarería*.

Se han hallado numerosos utensilios de metal. Los palacios y los templos a menudo tenían vasijas de oro o plata; el material más común era el bronce. El cobre puro se usaba muy rara vez. Ver *Minerales y metales; Minas y minería.*

La madera se usaba para cajas de almacenamiento y tazones o boles. Las cajas se hacían clavando tablas, mientras que para hacer los boles por lo general se ahuecaba una pieza de madera.

El vidrio tiene una larga historia en el Medio Oriente. La obsidiana (vidrio volcánico) se llevó a Palestina desde Anatolia ya en el 5000 a.C. El vidrio manufacturado comenzó a aparecer después del 2500 a.C., pero las vasijas de vidrio no aparecieron hasta aprox. el 1500 a.C. Los recipientes de vidrio se hacían moldeando el material fundido de la forma deseada alrededor de una horma sólida. Artesanos muy hábiles creaban piezas que eran imitación de piedras preciosas como lapislázuli y turquesa. Sólo las familias reales y los templos tenían recipientes de cristal. Prácticamente todo el vidrio palestino se importaba de Egipto, cuya industria vidriera alcanzó su cenit entre el 1400 y el 1300 a.C.

Los cuencos de vidrio para beber se hicieron populares en Palestina alrededor del 200 a.C. La mayoría era de origen fenicio. Aprox. en el 50 a.C. llegó la revolucionaria invención del soplado del vidrio. Los artistas palestinos se hicieron famosos por su vidrio de color marrón. Muchos hasta comenzaron a estampar su firma en lo que creaban —los primeros productos de diseño exclusivo de que se tiene conocimiento.

VASIJAS, RECIPIENTES Y UTENSILIOS Implementos o recipientes usados generalmente en el servicio del templo o en las tareas de la casa.

Plateros y orfebres hacían copas y tazones de metal precioso para el servicio religioso (Núm. 7:13,19; 1 Crón. 28:17; 2 Crón. 4:8; Esd. 1:9-10; 8:27) o para personas con gran riqueza y autoridad (Gén. 44:2). También se hacían vasos de cobre y bronce (Ex. 27:3; Lev. 6:28).

El alabastro se tallaba y pulía con facilidad y era especialmente apreciado para guardar perfumes (Mat. 26:7; Mar. 14:3-4; Luc. 7:37). Las grandes tinajas de piedra (Juan 2:6) se hacían en un torno especial. Las tazas eran talladas a mano. En tiempos del NT, se empezó a usar mucho el vidrio para jarras y botellas. Ver *Vidrio*.

Las canastas de junco eran contenedores baratos utilizados para el transporte y a veces para almacenamiento. Las botellas de vino o agua se hacían frecuentemente con piel de animales (Jos. 9:4,13; Jue. 4:19; 1 Sam. 1:24; 10:3; 2 Sam. 16:1; Neh. 5:18; Job 32:19; Sal. 119:83; Mat. 9:17; Mar. 2:22; Luc. 5:37).

El material más usado para vasijas era la arcilla (Núm. 5:17; Jer. 32:14). Ver *Alfarería*. Ver Isa. 30:14; 41:25; 45:9; Jer. 18:1-6; 19:1-2,10-11; Rom. 9:20-21. Los fragmentos o tiestos de una vasija rota eran extremadamente duros (comp. Job 41:30) y así se han conservado.

En el período israelita los tazones o vasijas grandes para mezclar o servir (Ex. 24:6, "tazones"; Cant. 7:2 NVI, "copa redonda"; Isa. 22:24, "tazas"), generalmente tenían asas. Para servir se usaban tazones similares pero más pequeños (Jue. 5:25; 6:38). Los jarros para rociar (Núm. 7:84-85) generalmente eran de metal. Se usaban platos de plata en la dedicación del altar (Núm. 7:84). El "plato" más importante en las comidas (2 Rey. 21:13; Prov. 19:24; 26:15; Mat.

26:23) era en realidad un tazón mediano sin asas. Las versiones más pequeñas se utilizaban para otros propósitos (2 Rey. 2:20). Los platos no fueron comunes hasta tiempos del NT. Las copas eran prácticamente desconocidas en tiempos del AT, y eran también pequeños tazones (Gén. 40:11; Isa. 51:17,22; Jer. 35:5; Zac. 12:2). La "copa de plata" de José (Gén. 44:2,12,16-17) probablemente era un tazón o cáliz. Los vasos en el NT (Luc. 11:39) siguieron siendo semejantes a un tazón y eran de varios tamaños.

Para amasar la masa en la fabricación del pan se usaba una artesa parecida a un tazón (Ex. 8:3; 12:34; Deut. 28:5,17). Otros tazones especiales servían como braseros para mantener el carbón (Zac. 12:6). Ver *Lámparas*.

"Olla" (Ex. 16:3; Núm. 11:8; 2 Rey. 4:38-41; Job 41:20,31) se refiere a calderos para cocinar que durante la monarquía generalmente tenían dos asas. Las ollas para cocinar en el NT eran similares, pero más pequeñas y más delicadas, con asas delgadas. Las ollas se fabricaban en tamaños graduados en forma similar a lo que sucede en la actualidad.

Las tinajas de almacenaje eran altas, ovaladas o en forma de pera, con dos o cuatro asas. La parte de arriba se cerraba con un tiesto de forma apropiada o con un tapón de arcilla. Para guardar aceite se usaba una vasija más pequeña (2 Rey. 4:2). Las vasijas típicas tenían bases redondeadas, casi en punta y se colocaban en soportes, agujeros en tablas de madera o se enterraban en el suelo blando.

Frecuentemente se utiliza la palabra "utensilios" como un término colectivo para hablar de los artículos de oro y bronce usados en el servicio del tabernáculo (Ex. 25:39; 27:3,19; 30:27-28). Estos incluían despabiladeras, bandejas, paletas, tinajas, tazones, tenedores, sartenes, garfios y cosas semejantes. Ver *Arqueología; Herramientas.*

VASTI (*"la deseada, la amada"*) Esposa del rey Asuero y reina de Persia y Media (Est. 1:9), que se rehusó a exhibir su belleza y fue depuesta como reina (1:19). Ver *Asuero; Ester; Persia; Jerjes.*

VAU Sexta letra del alfabeto hebreo. Encabezamiento de Sal. 119:41-48 donde cada versículo comienza con dicha letra.

VELO Tela que cubre. *(1) Velos de mujeres.* Rebeca se puso velo antes de encontrarse con Isaac (Gén 24:65). Su velo era quizás la señal de que ella era una doncella casadera. Tamar usó su velo para ocultar su identidad de Judá (Gén 38:14,19). Accesorio de adorno que las mujeres selectas de Jerusalén perderían en el sitio venidero (Isa. 3:23 "tocados"; el mismo término heb. traducido "manto," RVR y NVI; "chal," BLA y BJ en Cant. 5:7, donde la remoción del chal era parte del asalto humillante sobre la amada del rey; comp. Isa. 47:2). Pablo ordena a las mujeres llevar velo cuando oren o prediquen ("profeticen") en público (1 Cor. 11:4-16). Ver *Cubrirse la cabeza. (2) Velo de Moisés.* Elemento que Moisés utilizó para proteger al pueblo del resplandor de su rostro (Ex. 34:33-35). La práctica de Moisés ilustró la superioridad del nuevo pacto (2 Cor. 3:7-11) y la barrera mental que impedía a Israel reconocer a Cristo en el AT (3:12-18). *(3) Velo figurado.* El "velo que envuelve a todas las naciones" (Isa. 25:7) es probablemente una imagen de la muerte que también es destruida (25:8). *(4) Velo del templo.* Esta cortina separaba el lugar santísimo del lugar santo (2 Crón. 3:14; comp. Lev. 16:2). Cuando Jesús murió, el velo del templo se rasgó de arriba abajo. En

Cristo, Dios ha abolido la barrera que separaba a la humanidad de la presencia de Dios (Mat. 27:51; Mar. 15:38; comp. Luc. 23:45; Heb. 10:20). Ver *Templo de Jerusalén.*

VENENO Agente químico que causa enfermedad o muerte cuando un organismo toma contacto con él o lo ingiere; frecuente imagen para hablar de maldad, especialmente la mentira (Deut. 32:32; Sal. 58:4; 140:3). Hierbas venenosas ilustran los juicios que surgen de los pactos y acuerdos quebrantados (Os. 10:4). En Amós 6:12 el veneno sirve como una imagen de injusticia. El agua envenenada describe el juicio de Dios sobre el pecado (Jer. 8:14).

VENGADOR Persona con responsabilidad legal para proteger los derechos de un pariente en peligro. Ejercía esa responsabilidad tomando la vida de alguien que había matado a un familiar (Núm. 35:12), recibiendo restitución por delitos cometidos contra un pariente ya fallecido (Núm. 5:7-8), volviendo a comprar la propiedad que la familia había perdido (Lev. 25:25), redimiendo a un pariente que se había vendido a sí mismo como esclavo (Lev. 25:48-49), o casándose con la viuda de un pariente sin hijos a fin de perpetuar la familia (Deut. 25:5-10). "Vengador" es la traducción del hebreo *go'el*, que en su forma verbal significa redimir. Redención es el recobro de la posesión de cosas consagradas a Dios (Lev. 27:13-31) o las acciones de Dios para con su pueblo (Ex. 6:6; Job 19:25; Sal. 103:4; Isa. 43:1). Dios es el redentor supremo (Isa. 41:14).

VENGANZA Demostración y restauración de la solidaridad e integridad de una comunidad dañada por una ofensa a través de una acción de represalia o castigo. Ver Gén. 4:23-24; Jue. 15:7; Jer. 20:10. La venganza podía ser castigo dirigido hacia alguien que había cometido adulterio con la esposa de uno (Prov. 6:32-34) o hacia todo un grupo étnico (1 Sam. 18:25). Se dice que los enemigos de Dios actúan vengativamente (Ezeq. 25:12, 15,17). En el contexto del amor al prójimo, estaba prohibida la venganza humana hacia los compatriotas hebreos (Lev. 19:17-18; comp. Deut. 32:35; Rom. 12:19; 1 Tes. 4:6-7; Heb. 10:30); pero se podía usar como castigo legítimo por un daño (Ex. 21:20; comp. Ex. 21:23-25; Lev. 24:19; Deut. 19:21).

Acción de Dios para con su pueblo —retribución y/o liberación (Deut. 32:35,41,43; Jue. 11:36; comp. 2 Sam. 4:48; 22:48; Sal. 18:47; 58:10; 79:10; 94:1; Jer. 11:20; 15:15; 20:12; Apoc. 6:10; 19:2). Dios manifestó su ira hacia Babilonia (Jer. 51:6,11,36; Isa. 47:3; Ezeq. 24:7-9) y hacia Israel en razón del pecado (Lev. 26:25). Dicha venganza divina contra los enemigos puede señalar la liberación escatológica de Israel (Isa. 34:8; ver "día de venganza" y "año de mis redimidos" 61:1-3; 63:4; Luc. 21:22; Hech. 7:24; 2 Tes. 1:7-8; comp. Isa. 66:15; Sal. 79:6).

El pedido persistente de vindicación de su enemigo por parte de una viuda es un caso extremo de la vindicación ("liberación") de Dios a su pueblo (Luc. 18:1-8). Pablo usó venganza como "castigo" para producir arrepentimiento (2 Cor. 7:10-11; 10:5-6). Los gobernantes son siervos de Dios, vengadores "para castigar al que hace lo malo" (Rom. 13:4; ver 1 Ped. 2:14). Ver *Vengador; Ira.*

VENTANA Agujeros en una casa: por ejemplo una chimenea para que salga el humo (Os. 13:3, nota en BLA); en lugares donde viven palomas (Isa. 60:8); en el cielo por donde cae la lluvia (Gén. 7:11; 8:2; Mal. 3:10; comp. 2 Rey. 7:2); en la pared para aire y luz (Gén. 8:6; Jos. 2:15; Jue. 5:28). Ciertos edificios públicos elaborados, como el templo (1 Rey. 6:4) y el palacio real (2 Rey. 9:30), tenían la característica de ventanas con trabajos de enrejado. Ver *Arquitectura; Casa.*

VERDAD Aquello que es de fiar y que es confiable; hecho real en oposición a lo que es apariencia, fingimiento o afirmación (Zac. 8:16; Mar. 5:32-33); conocimiento o doctrina correctos (1 Tim. 4:3; 2 Tim. 2:18). La idea esencial de la verdad en la Biblia es la fidelidad o confiabilidad. Dios es el modelo. La verdad de Dios (fidelidad o confiabilidad) es básica para toda otra verdad (Deut. 7:9-10). Él guarda el pacto y la misericordia. Él es confiable (Deut. 32:4; 2 Crón. 15:3; Isa. 65:16; Jer. 10:10). Dios "guarda la verdad para siempre" (Sal. 146:6). La Palabra de Dios y su ley son verdaderas en vista de la naturaleza de Dios como verdad (fidelidad) en lo que Él hizo en la creación, la elección, la redención y la entrega de la ley (Neh. 9:13-14; comp. 1 Sam. 12:24; Rom. 3:1-7).

La verdad y la sinceridad están en oposición a la malicia y la maldad (1 Cor. 5:8). La verdad debe ser obedecida (Rom. 2:8; Gál. 5:7). La verdad de Dios se revela no tanto en la ley como en Cristo (Rom. 15:8-9; comp. Rom. 1:1-6; 16:25-26; 2 Cor. 4:6; Gál. 2:5,14). Uno oye y cree la verdad, y está en Cristo (Ef. 1:13).

Cristo es la verdad (Juan 1:17-18; 18:37). Dado que Cristo comparte la verdad de Dios, Él está lleno de gracia y de verdad. Él es "el camino, y la verdad, y la vida" (Juan 14:6). La actividad del Espíritu Santo está asociada con la actividad de Jesús en lo que hace a la verdad (Juan 15:26-27).

Los discípulos deben apropiarse de la verdad (Juan 17:17-19). Los seguidores de Cristo son de "la verdad"

(Juan 18:37). Este conocimiento de la verdad no es simplemente un conocimiento intelectual. Consiste en recibir a Cristo (Juan 1:11-13). Esta aceptación de Jesús y recepción de la verdad va acompañada de "andar en la verdad" o en la luz (2 Juan 4; 3 Juan 3-4; 1 Juan 1:7), y practicar la verdad (Juan 3:21; 1 Juan 1:6).

VERGÜENZA Y HONRA Humillación o pérdida de posición (Jer. 2:26); eufemismo para desnudez (Jer. 13:26; Nah. 3:5); y estima, respeto, (gran) consideración, o (buena) reputación. Dar honor a las partes privadas es vestirlas (1 Cor. 12:23-24). Honrar es reconocer el valor de alguien o de algo y actuar en consecuencia. Honrar a los padres (Ex. 20:12) incluye proveer para sus necesidades materiales (Mat. 15:4-5) de modo que su pobreza no sea una fuente de vergüenza. Honrar puede significar recompensar con señales tangibles de respeto (2 Crón. 16:14; Est. 6:8-11). Avergonzar a alguien es desafiar su reputación o no considerar su valor. Los antiguos veían toda acción e interacción humanas como una ocasión ya sea para obtener honor, esto es, aumentar el valor de una persona a los ojos de los demás, o para ser avergonzado, esto es, ser degradado en su estima. El deseo de mantener el honor y de evitar la vergüenza era un incentivo poderoso para una acción correcta (Job 11:3; Sal. 70:3; Ezeq. 43:10). Se pensaba que el honor era un bien limitado, esto es, una persona tenía cierta medida de honor a su disposición. Si uno perdía el honor, otro tenía que ganarlo (Prov. 5:9).

El hombre y la mujer desnudos (Gén. 2:25) tenían su honor y respeto intactos, en contraste con la pérdida de respeto que sufrieron cuando Dios hizo pública su culpa (Gén. 3:8-10).

VESPASIANO Ver *Roma y el Imperio Romano*.

VESTIDO Ver *Ropa*.

VÍA DOLOROSA (*"el camino del sufrimiento"*) Después del 1300 d.C., la ruta con 14 estaciones por las cuales Cristo fue llevado a su crucifixión.

VÍBORA Serpiente venenosa, posiblemente *Echis colorata*. Jesús habló de los líderes religiosos malvados llamándolos víboras (Mat. 3:7). Pablo fue picado por una víbora (Hech. 28:3), pero no sufrió ningún daño por ello.

VID Cualquier planta con tallo flexible que se apoya enredándose a lo largo de una superficie o trepando un sostén natural o artificial; generalmente parral o viña con algunos pepinos y melones (Núm. 11:5; Isa. 1:8). En el AT se usan las viñas para simbolizar la fertilidad de la tierra (Deut. 6:11; Jos. 24:13; 1 Sam. 8:14; 2 Rey. 5:26; Jer. 5:17; 40:10; Os. 2:12).

La Biblia remonta el origen del cuidado de las viñas a Noé (Gén. 9:20-21).

Frecuentemente se mencionan las colinas como los lugares más convenientes para las viñas, especialmente porque eran menos adecuadas para otras formas de agricultura (comp. Sal. 80:8-10; Jer. 31:5; Amós 9:13). La región de Hebrón era particularmente notable por sus uvas (Núm. 13:22-24). Por lo general se construían paredes y/o cercos de piedra alrededor de la viña para proteger las uvas de animales sedientos y de ladrones (Cant. 2:15; Jer. 49:9). Torres con atalayas proveían de mayor protección. El tallado de un lagar completaba la instalación de la viña (Isa. 5:2). Las viñas se podaban (Lev. 25:4; Isa. 18:5; Juan 15:1-2) para producir pámpanos más fuertes y mayor cantidad de fruto.

La cosecha de las uvas tenía lugar en agosto o septiembre. Un hombre que hubiera plantado una viña estaba eximido del servicio militar (Deut. 20:6). Parte de las uvas cosechadas se comían frescas (Jer. 31:29), y otras se secaban como pasas de uva (1 Sam. 25:18). La mayor parte se aplastaba y exprimía para sacar el jugo con que hacer el vino. Las viñas debían descansar cada siete años (Ex. 23:10-11; Lev. 25:3-5), y no se podían sembrar otras plantas en su lugar (Deut. 22:9). Las viñas eran cultivadas por sus dueños, por jornaleros (Mat. 20:1-16) o se las arrendaba (Cant. 8:11; Mat. 21:33-43).

Se dice de Israel que fue sacado de Egipto y plantado como una viña en la tierra, pero que fue olvidado (Sal. 80:8-13; comp. Isa. 5:1-7; Jer. 2:21; comp. Os. 10:1; Ezeq. 15:1-8; 19:10-14).

Israel era "como uvas en el desierto" cuando Dios los halló (Os. 9:10; comp. Isa. 65:8). La abundancia de la viña simboliza la gloriosa era venidera cuando el pisador de las uvas alcance al que lleva la semilla (Amós 9:13-15; comp. Gén. 49:10-12).

Jesús frecuentemente utilizó a la viña como una analogía del reino de Dios (Mat. 20:1-16; 21:28-32 y paralelos). A Jesús mismo se lo describe como la "vid verdadera" y a sus discípulos (cristianos) como los pámpanos (Juan 15:1-11). Ver *Agricultura; Escatología; Israel; Vino; Lagar.*

VIDA Principio o fuerza que sustenta la cualidad distintiva de seres animados, tanto animales como humanos (Gén. 1:20; 2:7; 7:15); aplicación mucho más amplia que simplemente la existencia física y corporal (Ex. 1:14; Sal. 17:14; 63:3; Sant. 4:14). Lo viviente tiene movimiento; al morir, todo el movimiento cesa. Los organismos vivos crecen y se reproducen de acuerdo a su propia especie. La existencia física y corporal está sujeta a sufrimiento, enfermedad, trabajo, muerte, tentaciones y pecado (Sal. 89:47; 103:14-16; 104:23; Juan 11:1-4, 17-44; Rom. 5:12-21; 6:21-23; 8:18; 1 Cor. 7:5; 10:13; 2 Cor. 1:5-7; 11:23-29; 1 Tim. 6:9; Heb. 9:27; Sant. 5:10).

Sólo Dios tiene vida en sentido absoluto. Él es el Dios viviente (Deut. 5:26; Jos. 3:10; 1 Sam. 17:26; Mat. 16:16). Toda otra vida depende de Dios en cuanto a creación y sustentación (Gén. 2:7,19,21-22; Sal. 36:9; Hech. 17:25; Rom. 4:17). A Dios se lo describe como el Dios de la vida y el dador de vida (Núm. 14:28; Deut. 32:40; Jue. 8:19; Rut 3:13; 1 Sam. 14:39; 19:6; Jer. 5:2). En marcado contraste con Dios, los ídolos están muertos (Sal. 115:3-8; 135:15-18; Isa. 44:9-20; Jer. 10:8-10,14), y también están muertos los que dependen de ellos para la vida (Sal. 115:8; 135:18).

No hay posibilidad de vida cuando Dios retiene su aliento o espíritu de vida (Job 34:14-15; Sal. 104:29). Dios es Señor tanto de la vida como de la muerte (2 Cor. 1:9; Sant. 4:15). La vida es algo que sólo Dios puede dar (Sal. 36:9; 66:9; 139:13-14) y que sólo Dios puede sustentar (Job 33:4; Sal. 119:116; Isa. 38:16). Toda vida le pertenece a Dios. Nadie tiene derecho a acabar con una vida (Ex. 20:13; Deut. 5:17; comp. Gén. 4:10,19-24). Como la vida le pertenece a Dios, uno debe abstenerse de consumir sangre, el vehículo de la vida (Gén. 9:4; Lev. 3:17; 17:10-14; Deut. 12:23-25). Para Dios hasta la vida de los animales tiene valor, algo que resulta evidente en que a sus ojos la sangre del animal era sagrada.

La Biblia hace énfasis en la calidad de la vida. La persona que halla sabiduría es afortunada (Prov. 3:18). La vida es más que la comida (Deut. 8:3; Mat. 4:4; Luc. 4:4) o que las posesiones (Luc. 12:15). Cada persona debe vivir por la Palabra de Dios (Mat. 4:4). Jesús sanó a las personas y a algunos los resucitó de entre los muertos a fin de aliviar los rigores de la vida (comp. Mar. 5:23-45).

La respuesta adecuada en cuanto a la vida como regalo de Dios es vivir sirviendo a Dios (Isa. 38:10-20), obedeciendo la ley (Lev. 18:5), haciendo la voluntad divina (Mat. 6:10; 7:21), y alimentándose de la Palabra de Dios (Deut. 6:1-9; 8:3; 32:46-47; Mat. 4:4). Todos los cristianos deben hacer que el Señor Jesús ocupe el centro de sus vidas y deben vivir para demostrar que Él es la razón para vivir (Rom. 14:7-9; comp. Juan 6:35,48; 10:10; 11:25; 14:6; 20:31; comp. Sal. 42:8; 27:1; 66:9). La vida que viene de Jesús a los que obedecen a Dios es la vida verdadera o eterna. Ver *Vida eterna.*

VIDA ETERNA Vida que incluye la promesa de resurrección que Dios da a quienes creen en Cristo.

Las características de esa vida comprenden (1) vida impartida por Dios; (2) transformación y renovación de la vida; (3) vida dócil a Dios y centrada en Él; (4) una constante victoria sobre el pecado y la maldad moral, y (5) la eliminación de la maldad moral de la persona y de su ambiente.

Quien confía en el Hijo, tiene vida eterna; quien desobedece al Hijo ya es pasible de la ira de Dios sobre él (Juan 3:36; ver 3:15-16; 5:24; 6:54). La vida eterna es tanto una realidad presente como futura (Juan 5:24; 10:27-28). Como Cristo es nuestra vida, debemos hacer que esa vida sea parte de nosotros acudiendo a Cristo activamente y obteniendo de Él la fuerza vivificadora (6:57; comp. Mat. 19:16; Mar. 10:17-22; Luc. 18:18). En Mar.

10:29 la vida eterna hace referencia a una realidad futura sin fin.

La vida eterna es conocer constantemente y por experiencia al único Dios verdadero y a Jesucristo a quien Él ha enviado (Juan 17:3). En Juan 12:20-26 Jesús contrastó la vida eterna con la vida presente. Estar donde está Cristo significa tener vida eterna, una vida libre de pecado y maldad moral.

Jesús y el Espíritu Santo dan la vida eterna (Gál. 6:8). Comunión en vida eterna significa comunión con el Dios triuno.

VIDA, ESPERANZA DE La esperanza de vida en los países industrializados de occidente se aproxima bastante a la esperanza de vida de la humanidad de acuerdo al Salmo 90:10: "los días de nuestra edad son setenta años; y si en los más robustos son ochenta años..." comp. 2 Sam. 19:32-35; Luc. 2:36-37). Mientras la medicina moderna, los servicios de salud y una sana dieta alimenticia pueden aumentar un poco este límite natural, no es razonable creer que las personas habrán de vivir tantos años como los patriarcas de la antigüedad.

Con excepción de Enoc, quien "caminó" con Dios y "desapareció, porque le llevó Dios" (Gén. 5:24), todos los padres antediluvianos vivieron más de 595 años (Gén. 5:3-31). La esperanza de vida que se registra para los descendientes de Noé, gradualmente fue disminuyendo después del diluvio, de modo que cada uno de los patriarcas vivieron sólo el doble de la esperanza de vida promedio de hoy (Gén. 25:7-8; 35:28-29; 47:28; 50:26). Si bien muchos eruditos aceptan estos totales de años como cifras exactas, otros los calculan en menos tiempo basándose en fórmulas matemáticas o genealógicas conocidas o sugeridas.

La Biblia registra muchas instancias trágicas de vida humana terminada prematuramente (Gén. 4:8; 1 Sam. 31:2; 2 Crón. 35:23-25; Job 21:21; Sal. 39:5,11; Luc. 12:20). Nadie conoce el día de su muerte (comp. Gén. 27:2). Dado que los años transcurren tan rápidamente, el salmista rogó: "Enséñanos de tal modo a contar nuestros días, que traigamos al corazón sabiduría" (Sal. 90:12).

VIDA, LIBRO DE LA Documento celestial (Sal. 139:16; Luc. 10:20; Apoc. 13:8) donde Dios registró los nombres y las acciones de personas justas, y que muestra el poder de Dios para conocer a los suyos.

VIDA, MANTENIMIENTO ARTIFICIAL DE LA Si bien la Biblia no habla directamente en cuanto al sostén de la vida por medios artificiales (lo que hoy sería, por ejemplo, la máquina pulmón-corazón), por otro lado proporciona relevantes principios sobre el momento en que uno muere. Estos principios sugieren que las medidas extremas para prolongar la vida usurpan la prerrogativa divina del control sobre la vida y la muerte. Por la misma razón, todas y cada unas de las formas de eutanasia son contrarias a la enseñanza de la Escritura.

La Biblia enseña que sólo Dios es quien da vida, y que sólo Dios debe tomarla (Ex. 20:13; Job 1:21; comp. Rom. 14:7-8). La vida humana es un regalo sagrado y valioso porque cada persona es creada a la imagen de Dios (Gén. 1:26-27; Sal. 8:5). Los escritores del AT manifestaron una marcada preferencia de la vida sobre la muerte (Deut. 30:19), aun cuando hubiera terrible dolor y derrota (Job 2:9-10).

Sin embargo, llega el momento ordenado por Dios en que todos deben morir (Ecl. 3:2; Heb. 9:27). Aunque los cristianos valoran mucho la vida, no tienen por qué temer a la muerte (1 Cor. 15:54-55; Heb. 2:14-15; comp. 2 Cor. 5:8). El apóstol Pablo, que por un lado anhelaba la vida en la tierra y por otro la vida eterna en el cielo, estuvo dispuesto a seguir la senda que Dios deseara para él (Fil. 1:19-26).

VIDA, ORIGEN DE LA La Biblia enseña que todas las cosas (Juan 1:3), incluyendo las cosas vivientes, fueron creadas por Dios *ex nihilo* (de la nada —Heb. 11:3) a través de una serie de acciones especiales y decisivas, que se presentan individualmente en Génesis 1 con la frase "y Dios dijo" (Gén. 1:3,6,9,14,20,24,26; comp. Sal. 148:5; Apoc. 4:11). Las plantas y los animales fueron creados en especies que se autorreproducen (Gén. 1:11-12,21,24). Toda la creación fue dirigida por Dios y tuvo un propósito específico (Isa. 43:7; 45:18; Col. 1:16).

La Biblia habla de la especial creación de los seres humanos (Gén. 1:26-28; 2:7; Mat. 19:4), a quienes Dios creó para su propia gloria (Isa. 43:7; comp. Col. 1:16), y para quienes hizo la tierra (Isa. 45:18). El salmista se maravilló por el complejo diseño del cuerpo humano, y lo consideró un testimonio del poder creativo de Dios (Sal. 139:13-15).

Cada una de las declaraciones bíblicas sobre la creación es incompatible con las varias teorías de evolución.

VIDRIO Sustancia amorfa, por lo general transparente o translúcida, formada por la fusión de silicatos sin cristalización; conocido en Egipto desde alr. del 2600 a.C.; a su valor se lo equipara con el del oro y se lo usa en paralelo con las joyas (Job 28:17, BLA). El vidrio transparente no se fabricó hasta la época del NT, cuando Alejandría en Egipto se convirtió en centro conocido mundialmente por su producción de artefactos de vidrio. Se fabricaban jarras con pico, boles, frascos, copas y botellas de vidrio transparente.

Juan probablemente estaba pensando en el vidrio transparente cuando escribió Apocalipsis (Apoc. 21:18,21). El apóstol también describió el mar diciendo que era como vidrio (Apoc. 4:6; 15:2).

En los tiempos de la Biblia para hacer espejos no se utilizaba el vidrio.

VIENTO Fuerza natural que representa, en su significado por extensión, el aliento de vida en los seres humanos y el poder creativo de Dios y de su Espíritu que llena nuestra vida. En el AT, está el soplo pasajero (Sal. 78:39), el viento de tormenta (Isa. 32:2), el torbellino (2 Rey. 2:11), y el viento abrasador (Sal. 11:6). Los vientos de las montañas y del mar al norte y al oeste traían lluvia y tormenta (1 Rey. 18:43-45; ver Ex. 10:19; Ezeq. 1:4); los que venían de los desiertos del sur y del este podían por momentos ser suaves, pero con más frecuencia quemaban la tierra y secaban la vegetación (Gén. 41:6).

Dios le respondió a Job desde un torbellino (Job 38:1), y las cuatro criaturas vivientes le aparecieron a Ezequiel en un viento huracanado del norte (1:4). El viento era un símbolo de la transitoriedad (Sal. 78:39), del esfuerzo infructuoso (Ecl. 1:14, BLA), y de la desesperación (Job 6:26). Era una fuerza poderosa que sólo Dios podía gobernar (Jer. 10:13; Sal. 104:4). Sopla de donde quiere (Juan 3:8). El viento es el aliento que Dios sopló sobre el mar para cubrir los carros del faraón (Ex. 15:10), o por el cual Él congeló ríos (Job 37:10) y secó la hierba (Isa. 40:7).

El viento es también el aliento en los seres humanos, como el aliento de vida (Gén. 6:17, BLA). El significado de la misma palabra hebrea frecuentemente se expande de viento a espíritu

(Isa. 40:13; notar Sal. 51:10-12,17). Ver *Aliento, Respiración, Espíritu*.

VIGILIA Antigua división horaria (Sal. 90:4; 119:148; Lam. 2:19; Mat. 14:25). Conforme al sistema judío posterior, la noche se dividía en tres vigilias (atardecer, medianoche y mañana). El sistema grecorromano agregó una cuarta (la del canto del gallo), entre la medianoche y la mañana (Mar. 13:35). La cuarta vigilia (Mat. 14:25; Mar. 6:48) designa el tiempo justo antes del amanecer. Comp. Ex. 14:24; Jue. 7:19; Neh. 4:9; 7:3. Ver *Tiempo, significado de*.

VINAGRE Bebida —ya sea de vino o de sidra— que se ha tornado agria (Núm. 6:3); generalmente se hacía derramando agua sobre los hollejos y tallos de las uvas después que se había extraído el jugo, y dejando que fermente. Para hacer vino o vinagre se podía utilizar cualquier fruta. El vinagre se usaba más comúnmente como un aderezo para la comida o como un condimento sobre el pan (Rut 2:14). Los nazareos tenían prohibido el vinagre en sus dos formas en razón de su asociación con bebidas fuertes (Núm. 6:3). Esta bebida irrita los dientes (Prov. 10:26) y neutraliza el jabón (Prov. 25:20). Era una bebida desagradable (Sal. 69:21), si bien algunos mojaban el pan en ella (Rut 2:14). Jesús rechazó lo que aparentemente era una mezcla utilizada para amortiguar los sentidos de la víctima y anular el dolor. Él sí aceptó la bebida acostumbrada de los labriegos o los soldados, la *posca*, una mezcla de vinagre, agua y huevos. Ver *Vino*.

VINO En tiempos del NT, este brevaje hecho de uvas fermentadas se conservaba en contenedores de piel y frecuentemente se diluía con agua. También se usaba como medicina y desinfectante. La cosecha y el pisoteo de las uvas era un tiempo de gozo y celebración (Isa. 16:10; Jer. 48:33; Deut. 16:13-15); y la imagen de la abundancia de vino se usa en la Biblia para hablar de la salvación y la bendición de Dios (Prov. 3:10; Joel 3:18; Amós 9:13). El juicio de Dios se describe como el pisoteo en el lagar (Isa. 63: 2-3; Apoc. 14:19-20). La Escritura condena la borrachera y el abuso, pero describe al vino como parte de la típica comida de la antigüedad. Ver *Vid*.

VIOLACIÓN Delito de involucrarse en relación sexual con otra persona sin consentimiento, por la fuerza y/o engaño. La ley mosaica requería que un hombre que había seducido a una virgen pagara cierto precio y se ofreciera a casarse con ella (Ex. 22:16-17). La violación forzada de una mujer comprometida para casarse era una ofensa capital (Deut. 22:25-27). En otros casos de violación forzosa, se requería que el ofensor se casara con su víctima y no se le permitía divorciarse de ella (Deut. 22:28-29). La violación es un delito espantoso, con consecuencias horribles, que destruye las vidas tanto de quienes están involucrados como también las de otros (Gén. 34:1-31; 2 Sam. 13:1-39). Los soldados de un ejército invasor planeaban violar a las mujeres de los pueblos y aldeas conquistados como parte de su botín de guerra (Isa. 13:16; Lam. 5:11; Zac. 14:2). Las violaciones grupales en Sodoma (Gén. 19:4-11) y Gabaa (Jue. 19:22-30), junto con el remedio para el delito de Gabaa que incluyó más violación (Jue. 21:16-23), figuran en el relato bíblico para mostrar la depravación total de la humanidad. Ver *Sexo, Enseñanza bíblica sobre el*.

VIOLENCIA Uso de fuerza para lastimar o dañar. Dios odia la violencia (Mal. 2:16) y demanda que se le ponga fin (Jer. 22:3; Ezeq. 45:9). El diluvio fue la respuesta de Dios a un mundo lleno de violencia y corrompido por ella (Gén. 6:11,13; comp. Ezeq. 7:23). Quienes viven vidas de violencia tendrán fines violentos (Sal. 7:16; Prov. 1:18-19; 21:7; comp. Mat. 26:52). Tal violencia se hizo evidente especialmente en la opresión del pobre por parte del rico (Sal. 55:9,11; 73:6; Jer. 22:17; Miq. 6:12; Sant. 5:1-6). El Siervo del Señor es un modelo de respuesta no violenta a la violencia (Isa. 53:9; comp. 1 Ped. 2:23; Sant. 5:6). Isaías anticipó el fin de la violencia en la era mesiánica (60:18).

Mateo 11:12 es uno de los textos más difíciles en el NT. El reino de los cielos ¿acaso sufre violencia (RVR, BA, BJ), o viene "contra viento y marea" (NVI)? La violencia que Juan el Bautista (Mat. 14:3-10) y los creyentes (Mat. 5:10-11; 10:17; 23:34) sufren habla en favor de lo primero. Otras imágenes "violentas" de la venida del reino (Mat. 10:34-36; Luc. 14:26-27) apoyan lo segundo. Los candidatos al liderazgo de la iglesia deben ser personas no violentas (1 Tim. 3:3, "no pendenciero"; Tito 1:7).

VIRGEN, NACIMIENTO VIRGINAL Alguien que no ha tenido relaciones sexuales (Gén. 24:16; Jue. 11:37-38; 2 Sam. 13:2); la nación de Israel (Isa. 23:12; 37:22; Jer. 14:17); la concepción de Jesús en el seno de María por la acción milagrosa de Dios sin un padre humano.

El sumo sacerdote tenía que casarse con una virgen (Lev. 21:13-14). La palabra hebrea por lo general se traduce "virgen" o "doncella" (Sal. 78:63; 148:12; Ezeq. 9:6), si bien puede estar implicada la idea de castidad. Una segunda palabra hebrea se traduce "doncella" tres veces en RVR (Gén. 24:43; Cant. 1:3; 6:8); una vez se traduce "virgen" (Isa. 7:14). NVI traduce "joven" (Gén. 24:43; Isa. 7:14) y "virgen" (Cant. 1:3; 6:8).

La palabra griega podía referirse a jóvenes no casadas (Mat. 25:11; Hech. 21:9; 1 Cor. 7:34,36,37) o a las mujeres no casadas en general (1 Cor. 7:25), dando por sentada la virginidad de quienes no se habían casado. La palabra se usa también en un sentido espiritual (2 Cor. 11:2). El término se utiliza en relación con María, la madre de Jesús (Mat. 1:23; Luc. 1:27).

Isaías 7:14 es de interés especial en razón de su uso en el Evangelio de Mateo. En su contexto en Isaías, aparentemente era un mensaje para el rey Acaz. La palabra hacía referencia a una joven, generalmente en edad casadera. Dios inspiró a Mateo a interpretar Isa. 7:14 para su día y el nuestro a la luz de la milagrosa nueva obra de Dios en Cristo.

El nacimiento virginal es una doctrina central del pensamiento cristiano. María era virgen cuando Jesús fue concebido y cuando nació. El énfasis está sobre la concepción milagrosa de Jesús. No hubo un padre humano. Él era Hijo de Dios. Dios obró de una manera oculta, secreta, que está más allá de nuestra capacidad de entender o explicar. María y José tuvieron varios hijos después del nacimiento de Jesús: Jacobo, José, Judas, Simón y varias hermanas (Mar. 6:3). El nacimiento virginal es la manera que Dios escogió para producir la encarnación.

VISIÓN Experiencia por la cual se recibe una revelación especial de Dios. Abram (Gén. 12:1-3), Lot (Gén. 19:5), Balaam (Núm. 22:22-40) y Pedro (Hech. 12:7) tuvieron una visión para dirección inmediata. También hubo visiones para desarrollar el reino de Dios mediante la revelación de las deficiencias morales y espirituales del pueblo de Dios, a la luz de los requerimientos divinos, para mantener una relación adecuada con Él (Isaías, Amós, Oseas, Miqueas, Ezequiel, Daniel, Juan). La visión puede involucrar percepción con los ojos (Job 27:11-12; Prov. 22:29), la función profética de recibir y entregar la palabra de Dios (2 Sam. 7:17; Isa. 22:1,5; Joel 3:1 y Zac. 13:4) o la revelación misteriosa del futuro (Daniel). Ver *Profecía; Revelación de Dios.*

VOLUNTAD DE DIOS Plan y propósito de Dios para su creación y para cada individuo. Dios hace lo que le place (Sal. 135:6) y desea que todos hagan su voluntad. Sólo las personas plenamente maduras en Cristo pueden hacer la voluntad de Dios vez tras vez (Col. 4:12; comp. Sal. 40:8). La voluntad de Dios es siempre buena, aceptable y perfecta (Rom. 12:2). El hacer la voluntad de Dios lo sostuvo a Jesús toda su vida (Juan 4:34). Algunas veces, no obstante, la voluntad de Dios lleva al sufrimiento (Rom. 8:28; Sant. 1:2-4; 1 Ped. 3:17), como ocurrió con Jesús (Isa. 53:10; Mat. 26:39,42).

Los cristianos deben preocuparse de conocer la voluntad de Dios para sus vidas (Sal. 143:10; Ef. 5:17; Col. 1:9; comp. Rom. 1:10). Deben discernir la voluntad de Dios a través de la oración (Col. 1:9), y también orar para que se cumpla la voluntad de Dios para el mundo (Mat. 6:10). Jesús consideró a aquellos que hacían la voluntad de Dios como miembros de su propia familia (Mat. 12:50). Ellos, como Jesús, vivirán para siempre (1 Juan 2:17).

VOLUNTARIOS Personas que piden a Dios que los use para llevar a cabo su obra. El espíritu de voluntariado, motivado por la devoción a Dios, surgió en tiempos cruciales en la historia bíblica, permitiendo que se llevaran a cabo tareas intrépidas. Moisés recibió de los israelitas contribuciones voluntarias de bienes preciosos, suficientes para construir el tabernáculo (Ex. 25:1-9). Los israelitas contribuyeron voluntariamente con su riqueza, de modo que Salomón pudiese construir el templo (1 Crón. 29:6-9). Bajo Josías, los líderes de Israel nuevamente hicieron una contribución voluntaria para que el pueblo de Israel y los sacerdotes pudiesen tener corderos para la Pascua (2 Crón. 35:7-9). Cuando Sesbasar condujo a los que volvían del exilio en Babilonia de regreso a Jerusalén, llevaron grandes riquezas dadas voluntariamente por "todos los que estaban en sus alrededores" (Esd. 1:5-6), incluyendo al rey persa (Esd. 7:14-15).

En la dádiva de dinero, la delantera la tuvieron personas que tenían medios para dar. Sin embargo, incluso una viuda sin medios dio voluntariamente (Luc. 21:1-4), proveyendo así de un ejemplo de ofrenda abnegada que fue adoptado por la iglesia primitiva (2 Cor. 8:1-4; 9:7).

Otros contribuyeron con su tiempo y pericias. Débora lideró a comandantes militares (Jue. 5:9) y guerreros (Jue. 5:2) voluntarios, que libraron a Israel de Jabín, rey de Canaán (Jue. 4:23-25). Quienes se ofrecieron para trasladarse a Jerusalén durante los días de Nehemías fueron bendecidos por hacerlo (Neh. 11:1-2). Amasías sirvió como voluntario en el templo durante el reinado de Josafat (2 Crón. 17:16).

VOTOS Expresiones voluntarias de devoción que generalmente se cumplen después que se ha satisfecho alguna condición. Los votos en el AT usualmente eran condicionales: "si . . . entonces" (Gén. 28:20; Núm. 21:2; Jue. 11:30). Quien hacía el voto religioso proponía que si Dios hacía algo (tal como dar protección o victoria), entonces él o ella a cambio haría algún acto de devoción. Algunos votos, como el voto nazareo (Núm. 6), se hacían por devoción a Dios sin plantearle ningún pedido. El énfasis de la Biblia está en guardar los votos. Un voto no

cumplido es peor que un voto que nunca se hace. Pablo hizo un voto que incluyó afeitarse la cabeza (Hech. 18:18).

VOYERISMO Búsqueda de estímulo sexual a través de medios visuales. En la cultura de la Biblia, por lo general se exponía y mostraba públicamente a otros la desnudez propia para indicar vergüenza por pecados previos, no para excitación sexual (por ejemplo, Gén. 9:20-23; Isa. 3:17; 20:2-4; 47:2-3; Jer. 13:22,26; Lam. 1:8; Os. 1:10; Apoc. 3:17-18). Antes de la caída, en razón de que no había vergüenza ni voyerismo, la desnudez y la sexualidad no estaban corrompidas (Gén. 2:25).

Para David, el voyerismo fue el preludio de otros pecados sexuales (2 Sam. 11:2), y evidentemente jugó una parte importante en los deseos pasionales de faraón hacia Sara (Gén. 12:14-15), y de la esposa de Potifar hacia José (Gén. 39:6-7). El concurso de belleza auspiciado por Asuero tuvo matices voyerísticos (Est. 2:2-4).

Job reconoció que el voyerismo, un acto del corazón, quebranta las leyes de Dios (Job 31:1-4). Esto fue confirmado por Jesús, quien igualó el voyerismo con el adulterio (Mat. 5:28). La amonestación de Pablo de evitar las pasiones juveniles (2 Tim. 2:22; comp. 1 Tes. 5:22) a favor de pensamientos puros (Fil. 4:8) habla en contra del voyerismo.

VULGATA Traducción latina de la Biblia hecha por Jerónimo cerca del 400 d.C. Ver *Biblia, Textos y versiones*.

WADI Transliteración de una palabra árabe para cauce rocoso, seco excepto durante las estaciones lluviosas; se puede tornar en torrentes furiosos especialmente cuando caen lluvias fuertes.

⊸YZ⊷

YELMO Ver *Armas y armadura.*

YHWH Cuatro consonantes que conforman el nombre divino en hebreo (Ex. 3:15); aparece más de 6000 veces en el AT. El idioma hebreo escrito no incluía vocales, así que los lectores suplían las vocales a medida que leían. La reverencia por el nombre divino llevó a la práctica de evitar su uso para no ir en contra de mandamientos como el de Ex. 20:7 o Lev. 24:16. Con el tiempo se pensó que el nombre divino era demasiado santo para ser pronunciado. De esta manera, surgió la práctica de usar la palabra 'adonai: "Señor." En algunas versiones castellanas YHWH es reemplazado por la palabra SEÑOR. Ver *Dios; Jehová; Señor.* La verdadera pronunciación de YHWH se perdió. En la Edad Media, eruditos judíos desarrollaron un sistema de símbolos ubicados debajo y al lado de las consonantes, para indicar las vocales. YHWH apareció con las vocales de 'adonai como una señal que les recordara decir "Adonai" cuando leyeran el texto. Una latinización de la combinación de las consonantes de YHWH y las vocales de 'adonai se pronunciaba "Jehová," pero esa palabra en realidad no existía. Estudiando la estructura de la lengua hebrea, la mayoría de los eruditos hoy creen que YHWH probablemente se pronunciaba "Yavéh."

YOD Décima letra del alfabeto hebreo usada como título de Sal. 119:73-80 donde todos los versículos comienzan con esta letra.

YUGADA Traducción del hebreo *tsemed;* tierra que una pareja de bueyes puede arar en un día (1 Sam. 14:14; Isa. 5:10).

YUGO Armazón de madera colocado en el lomo de animales de tracción para hacerlos tirar de a dos. Los yugos simples consistían en una barra con dos abrazaderas, ya sea de madera o de soga, que iban alrededor de los cuellos de los animales. Los yugos más elaborados tenían pértigos conectados al medio, con los cuales los animales tiraban de arados o de otros implementos. La palabra es usada en la Biblia, con mucha frecuencia, para hablar de esclavitud, servidumbre y penuria (1 Rey. 12:4; Jer. 27:8). Un uso positivo incluye el yugo de Cristo (Mat. 11:29-30) y la naturaleza colectiva del trabajo de la iglesia (Fil. 4:3).

ZAANAIM Lugar en Neftalí cerca de Cades (Jue. 4:11). Ver *Alón-saanaim.*

ZAANÁN (*"campo de ovejas"* o *"llanura desértica"*) Ciudad no identificada en el extremo sur de Judá (Miq. 1:11), probablemente Zenán (Jos. 15:37).

ZAAVÁN (*"temblar"* o *"estremecerse"*) Hijo de Ezer (Gén. 36:27; 1 Crón. 1:42).

ZABAD (*"Él ha dado"* o *"dádiva"*) (1) Miembro de la tribu de Judá (1 Crón. 2:36-37). (2) Efrainita (1 Crón. 7:20-21). (3) Uno de los "treinta" valientes de David (1 Crón. 11:41); el primero de los veintiún nombres agregados por el cronista a la lista paralela de 2 Sam. 23:24-39. (4) Asesino del rey Joás (2 Crón. 24:26), llamado Josacar en 2 Rey. 12:21. (5) Tres laicos postexílicos a quienes se les ordenó divorciarse de sus esposas extranjeras (Esd. 10:27,33,43).

ZABAI (*"puro"*) (1) Hijo de Bebai quien prometió a Esdras que despediría a su mujer extranjera (Esd. 10:28). (2) Padre de Baruc quien trabajó en el muro de Jerusalén (Neh. 3:20). Algunos dicen que *1* y *2* pueden ser la misma persona. En una antigua nota de copista (*qere*) en Nehemías aparece como Zacai.

ZABDI (*"mi dádiva"* o forma abreviada de *"Jah da"*) (1) Hijo de Zera de Judá (Jos. 7:1). (2) Hombre de Benjamín (1 Crón. 8:19). (3) Varón a cargo de las bodegas de David (1 Crón. 27:27). (4) Hijo de Asaf quien guiaba la acción de gracias y la oración (Neh. 11:17).

ZABDIEL (*"Dios da dádivas"* o *"Mi dádiva es Dios"*) (1) Descendiente de David (1 Crón. 27:2). (2) Supervisor en Jerusalén (Neh. 11:14).

ZABUD (*"dádiva"* o *"dotado"*) (1) Descendiente de Bigvai quien regresó a Jerusalén con Esdras (Esd. 8:14). Una nota de copista (*qere*) tiene "Zacur." (2) Hijo de Natán, sacerdote y amigo de Salomón (1 Rey. 4:5).

ZABULÓN (*"morada elevada"*) Décimo hijo de Jacob, el sexto de Lea (Gén. 30:20). Ver *Tribus de Israel.*

ZACAI (*"puro"* o *"inocente"*) Antepasado de los que volvieron del cautiverio (Esd. 2:9; Neh. 7:14).

ZACARÍAS (*"Jah recordó"*) (1) Hijo de Jeroboam II, quien reinó sobre Israel por seis meses en el 746 a.C.; asesinado por Salum (2 Rey. 15:8-12). Ver *Israel.* (2) Profeta postexílico (520-518 a.C.) quien instó al pueblo de Judá a reconstruir el templo. (3) Abuelo de Ezequías (2 Rey. 18:2). (4) Sacerdote y profeta a quien el pueblo apedreó y Joás, el rey, mató (2 Crón 24:20-22). (5) Portero del templo postexílico (1 Crón. 9:21). (6) Gabaonita (1 Crón. 9:37). (7) Músico del templo (1 Crón. 15:20). (8) Líder comunitario a quien el rey Josafat envió para enseñar (2 Crón. 17:7). (9) Uno de los mayor-

domos de Josías en la reparación del templo (2 Crón. 34:12).

(10)-(11) Hombres que acompañaron a Esdras al regresar de Babilonia (Esd. 8:3, 11). (12) Hombre que Esdras envió a buscar levitas para que regresaran de Babilonia (Esd. 8:16). (13) Israelita con esposa extranjera (Esd. 10:26). (14) Hombre que ayudó a Esdras en la enseñanza de la ley (Neh. 8:4), tal vez la misma persona que (12) o alguno de los anteriores. (15) Antepasado de un residente postexílico de Jerusalén (Neh. 11:4). (16) Antepasado de un residente postexílico de Jerusalén (Neh. 11:5). (17) Antepasado de un sacerdote (Neh. 11:12). (18) Importante sacerdote cuando Joiacim era sumo sacerdote, posiblemente identificado con el profeta (Neh. 12:16). (19)-(20) Músicos sacerdotales que ayudaron a Nehemías en la celebración (Neh. 12:35, 41). (21) Alto oficial que Isaías usó como testigo, quizás el mismo que (3) más arriba. (22) Hijo de Josafat, a quien su hermano Joram mató en cuanto subió al trono (2 Crón. 21:2-4). (23) Consejero devoto del rey Uzías (2 Crón 26:5). (24) Descendiente de la tribu de Rubén (1 Crón. 5:7). (25) Padre de un líder de la mitad oriental de la tribu de Manasés (1 Crón. 27:21). (26)-(34) Levitas (1 Crón. 15:18,24; 24:25; 26:2,14; 26:11; 2 Crón. 20:14; 29:13; 35:8). (35) Sacerdote en Jerusalén y padre de Juan el Bautista (Lucas 1:5-54). Quedó mudo por su falta de fe hasta que confirmó que el nombre del bebé sería Juan.

ZACARÍAS, LIBRO DE Décimo primero de los así llamados "profetas menores". En el 538 a.C., Ciro el Grande, emperador persa, publicó un edicto (Esd. 1:2-4; 6:3-5) permitiendo a los judíos en Babilonia regresar a Jerusalén. Aparentemente se hizo un esfuerzo para reconstruir el templo bajo un oficial llamado Sesbasar (Esd. 5:14-16) y quizás con Zorobabel (Esd. 3:1-13; Zac. 4:9), pero el trabajo se paró debido a la oposición por parte de las personas que no habían estado en el exilio y por parte de oficiales locales. Cambises, hijo de Ciro (530-521 a.C.) murió sin heredero. Darío I y Gautama lucharon por la corona. En medio de esa confusión, Dios levantó dos profetas, Hageo y Zacarías, para incentivar la terminación del templo.

Zacarías 1-6 contiene 8 visiones y dos exhortaciones. Dios prometió prosperidad a Judá y a Jerusalén si se purificaban del pecado. El mensaje con que empieza (1:1-6) recuerda a la audiencia que Dios había advertido a los predecesores contra el pecado, pero ellos no habían escuchado ni se habían arrepentido. Habían atraído el exilio sobre ellos mismos. Las tres primeras visiones predicen prosperidad para Judá y Jerusalén. Cuatro jinetes cabalgan (1:7-17) para anunciar el regreso de Dios a Sion, un nuevo día en que habría prosperidad. En la segunda visión (1:18-21), cuatro carpinteros (agentes de la liberación de Dios) derriban cuatro cuernos (símbolos de las naciones que gobernaban sobre Jerusalén). Esta reversión de fortunas traería aparejada prosperidad. En la tercera visión (2:1-13) un hombre mide Jerusalén y descubre que es demasiado pequeña para albergar a todos los que Dios traería de vuelta para vivir allí en gloria. Las visiones concluyen con un llamado a los exiliados para regresar a su tierra desde Babilonia.

Las últimas cinco visiones tienen que ver con la purificación. En la cuarta visión (3:1-10) el sumo sacerdote Josué es limpiado simbólicamente para su obra. La quinta visión (4:1-14) describe a Dios como un candelabro con dos olivos a su lado: Josué y Zorobabel. Éste recibe el llamado para terminar de construir el templo, en el cual la adoración y el sacrificio serían los medios de purificación. La sexta visión (5:1-4) involucra un rollo que vuela por el aire condenando el hurto y la mentira para encubrir el propio robo. En la séptima visión (5:5-11), Zacarías vio un efa, un recipiente con una pesada tapa de plomo. Este efa, en cambio, contenía a una mujer que simboliza la impureza. Dos mujeres aladas vinieron a llevar la iniquidad de vuelta a Babilonia, de donde había salido. En la última visión (6:1-8), cuatro carros salen en todas las direcciones para patrullar la tierra (y presumiblemente para castigar el mal). Los capítulos 7 y 8 muestran que Dios busca la rectitud y no el ritual y que va a castigar a su pueblo.

Los últimos seis capítulos presuponen que el templo existe, de modo que fueron escritos por lo menos después del 515 a.C., cuando el templo fue terminado. Además, 11:12-13 son citados en Mat. 27:9-10 como palabras de Jeremías. Estos capítulos difieren en estilo y contenido tanto de Jeremías como de Zacarías 1-6, y seguramente representan la obra posterior de Zacarías.

Los capítulos 9-11 describen la victoria de Dios con su Mesías sobre los pueblos vecinos, incluyendo a los griegos (9:1-10:7), el regreso de los exiliados (10:6-12), y el castigo de los líderes malvados de Judá (11:4-17). Los capítulos 12-14 describen un ataque de los últimos tiempos sobre Jerusalén y las ciudades de Judá (12:1-3; 14:1-3), un ataque en el que muchas personas serían muertas a medida que Dios purifica a su pueblo (13:7-9). Dios mismo rescataría a su pueblo (12:4-9; 14:4-5,12-15), limpiaría al pueblo de la idolatría, liberaría a la tierra de la profecía (que se había tornado en sinónimo de profecía falsa, 13:1-6), y transformaría a Jerusalén en un paraíso al que las naciones del mundo irían para adorar. Zacarías 14 habla del monte de los Olivos dividiéndose en dos partes, con agua fresca (representando las bendiciones de Dios) que fluyen hacia el este y el oeste y riegan al mundo. El frío y la noche, símbolos de amenazas al control de Dios, serían eliminados cuando Él viniera a reinar sobre todo el mundo desde Jerusalén.

ZACUR (*"bien recordado"*) (1) Padre de Samúa de la tribu de Rubén (Núm. 13:4). (2) Descendiente de Misma de Simeón (1 Crón. 4:26). (3) Descendiente de Merari entre los levitas (1 Crón. 24:27). (4) Hijo de Asaf (1 Crón. 25:2; Neh. 12:35). (5) Hijo de Imri quien ayudó a reconstruir los muros (Neh. 3:2). (6) Uno de los que firmaron el pacto de reforma (Neh. 10:12). (7) Padre de Hanán, uno de los tesoreros que nombró Nehemías (13:13) Ver *Zabud.*

ZAFNAT-PANEA (*"el dios ha dicho, 'él vivirá'"*) Nombre que el faraón dio a José (Gén. 41:45).

ZAFÓN (*"norte"*) (1) Ciudad al este del río Jordán en territorio de Gad (Jos. 13:27) donde Jefté confrontó a Efraín (Jue. 12:1); probablemente centro de adoración del dios Baal-zefón para los cananeos; identificado con tell el-Qos, tell es-Saidiye, o tell el-Mazar. Atarot-sofán (Núm. 32:35) puede ser otra ortografía de la misma ciudad. Ver *Zefón.* (2) Montaña considerada como el hogar de los dioses en el pensamiento cananeo, quizás mencionada en Sal. 48:2 (comp. 89:12), Isa. 14:13 y Job 26:7 (comp. Ezeq. 39:2), mostrando que Jehová controla lo que Canaán pensaba poseían sus dioses. Ver *Direcciones (geográficas).*

ZAHAM (*"gordura"* o *"aversión"*) Hijo del rey Roboam y de Abihail (2 Crón. 11:18-19).

ZAIN Séptima letra del alfabeto hebreo. Título de Sal. 119:49-56, donde cada versículo comienza con esa letra.

ZAIR (*"pequeño"*) Lugar donde Joram, rey de Judá (853-841 a.C.), luchó contra Edom (2 Rey. 8:20-21). Algunos lo ubican al sur del mar Muerto cerca de Edom. Otros lo equiparan con Zoar (Gén. 13:10) o con Sior (Jos. 15:54). Comp. 2 Crón. 21:9.

ZALMONA (*"oscuro"* o *"sombreado"*) Primera parada de Israel después de dejar el monte de Hor (Núm. 33:41-42).

ZALMUNA (*"protección retirada"* o *"Zelem [dios] reina"*) Rey de Madián capturado y muerto por Gedeón (Jue. 8:1-21; Sal. 83:11).

ZANOA (*"terreno accidentado"* o *"pestilente"*) (1) Aldea en Judá identificada con khirbet Zanu, alrededor de 5 km (3 millas) al sudsudeste de Betsemes (Jos. 15:34; Neh. 3:13; 11:30). (2) Ciudad en la zona montañosa de Judá (Jos. 15:56); identificación con khirbet Beit Amra.

ZAQUEO (*"inocente"*) Corrupto recaudador de impuestos de Jericó (Luc. 19:2-9). Llamándolo por su nombre, Jesús lo sorprendió al pedirle que bajara del árbol y lo invitara a comer a su casa. Su nueva fe guió a Zaqueo a devolver con intereses el dinero que había obtenido ilegalmente.

ZARA (*"salida del sol"*) Gemelo nacido a Tamar y a Judá su suegro (Gén. 38:30; comp. Jos. 7:1,25); incluido en Mateo en la genealogía de Cristo, aunque Fares fue el antepasado directo (1:3).

ZARET-SAHAR (*"esplendor del amanecer"*) Ciudad ubicada "en el monte del valle [del mar Muerto]"; asignada a Rubén (Jos. 13:19); tal vez la moderna Zarat cerca de Macaerus sobre la costa este del mar Muerto; otros sugieren khirbet el-Libb, 11 km (7 millas) al sur de Medeba o khirbet qurn el-Kibsh, unos 10 km (6 millas) al noroeste de Medeba.

ZARZA Ver *Plantas en la Biblia*.

ZARZA ARDIENTE Planta que usó Dios para captar la atención de Moisés y demostrar su presencia divina (Ex 3:2). Ver *Moisés; Éxodo*.

ZATU Cabeza de familia postexílica en Jerusalén (Esd. 2:8; 10:27; Neh. 7:13; 10:14).

ZAZA Hijo de Jonatán y descendiente de Jerameel (1 Crón. 2:33).

ZEBA (*"matanza"* o *"sacrificio"*) Junto con Zalmuna, reyes madianitas que Gedeón capturó y mató porque habían asesinado a sus hermanos (Jue. 8:4-21; ver Sal. 83:11; Isa. 9:4; 10:26).

ZEBADÍAS (*"Yavéh ha dado"*) (1) Hijo de Bería (1 Crón. 8:15). (2) Hijo de Elpaal (1 Crón. 8:17). (3) Hijo de Jeroham de Gedor (1 Crón. 12:7). (4) Portero (1 Crón. 26:2). (5) Cuarto capitán en el ejército de David (1 Crón. 27:7). (6) Levita que Josafat envió para enseñar la ley (2 Crón. 17:8). (7) Hijo de Ismael quien presidía las causas civiles bajo Josafat (2 Crón. 19:11). (8) Hijo de Sefatías que regresó a Jerusalén desde Babilonia (Esd. 8:8). (9) Sacerdote que despidió a su esposa extranjera (Esd. 10:20).

ZEBEDEO (*"dádiva"*) Pescador en el mar de Galilea con base en Capernaum; padre de Jacobo y Juan, dos de los primeros discípulos de Jesús (Mar. 1:19-20). Simón Pedro y An-

drés trabajaron para él (Luc. 5:10). Su esposa siguió a Jesús y lo sirvió (Mat. 27:56). Ver *Zabdi*.

ZEBINA (*"comprado"*) Uno que tenía una esposa extranjera (Esd. 10:43).

ZEBOIM (*"hienas"*) Ciudad en el valle de Sidim (Gén. 14:2-3) en el extremo sur del mar Muerto gobernada por el rey Semeber pero bajo el control de Quedorlaomer, rey de Elam; destruida cuando Dios envió fuego y azufre sobre Sodoma y Gomorra (Deut. 29:23; comp. Oseas 11:8)

ZEBUDA (*"dádiva"*) Esposa de Josías; madre del rey Joacim (2 Rey. 23:36).

ZEBUL (*"príncipe"* o *"capitán"*) Residente de Siquem y seguidor de Abimelec, hijo de Gedeón (Jue. 9:30-41).

ZEDAD (*"lugar inclinado"* o *"montañoso"*) Frontera norte de Canaán (Núm. 34:8; Ezeq. 47:15); Sadad, unos 100 km (62 millas) al norte de Damasco.

ZEEB Ver *Oreb y Zeeb*.

ZEFAT (*"atalaya"*) Ver *Horma*.

ZEFATA (*"atalaya"*) Valle donde Asa se encontró con Zera, rey etíope, en batalla (2 Crón. 14:10). La Septuaginta lo tradujo Zafón, "norte," en vez de Zefata. Si Zefata se identifica con Safiyah, a unos 3 km (menos de 2 millas) al noreste de Beit Jibrin, el "valle de Zefata" es el wadi Safiyah. Ver *Maresa*.

ZEFO (*"pureza"* o *"buena fortuna"*). Descendiente de Esaú (Gén. 36:11,15; 1 Crón. 1:36).

ZEFÓN (*"norte"*) Hijo mayor de Gad; antepasado de los zefonitas (Núm. 26:15). El Pentateuco samaritano y la Septuaginta respaldan la identificación con Zifión (Gén. 46:16).

ZELA (*"costilla, costado, ladera"*) Ciudad asignada a Benjamín (Jos. 18:28), en la cual fueron enterrados los huesos de Saúl y de Jonatán (2 Sam. 21:14); probablemente khirbet Salah, entre Jerusalén y Gabaón.

ZELOFEHAD (*"protección del terror"* o *"pariente es mi protector"*) Hebreo que vagó en el desierto con Moisés y murió sin hijos varones (Núm. 26:33; 27:1-4). Dios guió a Moisés a declarar que las hijas de Zelofehad tenían derecho de heredar la tierra de su padre (27:6-7; 36:5-9).

ZELOTE Ver *Judíos (grupos) en el Nuevo Testamento*.

ZEMARAIM (*"picos gemelos"*) (1) Ciudad asignada a Benjamín (Jos. 18:22), probablemente Ras et-Tehuneh. (2) Montaña en Efraín donde Abías reprendió a Jeroboam (2 Crón. 13:4).

ZEMAREOS Cananeos que habitaban el área al norte del Líbano entre Arvad y Trípolis (Gén. 10:18; 1 Crón. 1:16); posiblemente le dieron su nombre a la ciudad de Sumra.

ZEMIRA (*"canción"*) Descendiente de Benjamín (1 Crón. 7:8).

ZENÁN (*"rebaños"*) Aldea de Judá en el distrito de la Sefela (desierto) (Jos. 15:37), posiblemente identificada con 'Araq el-Kharba; tal vez igual a Zaanán (Miq. 1:11).

ZENAS (forma abreviada de Zenodoros, *"dádiva de Zeus"*) Abogado cristiano, Pablo pidió a Tito que enviara a Zenas junto con Apolos, sin que les faltara nada para el camino (Tito 3:13). Tal vez Zenas y Apolos entregaron a Tito la carta de Pablo.

ZEQUER Forma de escribir Zacarías (1 Crón. 9:37) usada en 1 Crón. 8:31.

ZER (*"angosto"* o *"enemigo"*) Ciudad fortificada en Neftalí (Jos. 19:35), posiblemente identificada con Madón. Los comentaristas toman Zer como una modificación del copista, que repite el hebreo para "ciudades fortificadas." Ver *Sidim*.

ZERA (*"salida del sol"*) (1) Descendiente de Esaú y por ello líder del clan de los edomitas (Gén. 36:13,17). (2) Antepasado de un rey edomita (Gén. 36:33). (3) Líder de un clan de Simeón (Núm. 26:13), aparentemente es Zohar (Gén. 46:10). (4) Levita (1 Crón. 6:21, 41). (5) General cusita que Dios derrotó en respuesta a la oración de Asa (2 Crón. 14:8-13). Ver *Cus; Etiopía*.

ZERAÍAS (*"Yavéh ha amanecido"*) (1) Sacerdote descendiente de Finees (1 Crón. 6:6,51; Esd. 7:4). (2) Descendiente de Pahat-moab ("gobernador de Moab") y padre de Elioenai (Esd. 8:4). Ver *Israhías*.

ZERAÍTAS Miembros de un clan descendiente de Zera; dos familias, una de Simeón (Núm. 26:13), la otra de Judá (Núm. 26:20; Jos. 7:17; comp. 1 Crón. 9:6; Neh. 11:24), descendientes de hombres llamados Zera. Dos de los "treinta" valientes de David, Sibecai y Maharai, eran zeraítas (1 Crón. 27:11,13).

ZERED (*"espina blanca"*) Arroyo que desemboca en el extremo sur del mar Muerto; de sólo 61 km (38 millas) de largo, drena una gran porción de tierra (Deut. 2:13-14; comp. 2 Rey. 3:16; Isa. 15:7; Amós 6:14). Ver *Palestina*.

ZERERA Sitio sobre la ruta por la cual huyeron de Gedeón los madianitas derrotados (Jue. 7:22); posiblemente una variante de "Saretán" (Jos. 3:16; 1 Rey. 4:12; 7:46) o de "Seredata."(2 Crón. 4:17). Ver *Saretán*.

ZERES (*"cabeza despeinada, desgreñada"*) Esposa y consejera de Amán (Est. 5:10,14; 6:13).

ZERET (*"esplendor"*) Descendiente de Judá (1 Crón. 4:7).

ZERI (*"bálsamo"*) Arpista levítico (1 Crón. 25:3); posiblemente una variante de Izri (25:11).

ZEROR (*"atado, bolsa pequeña"* o *"partícula de piedra"*) Antepasado de Saúl (1 Sam. 9:1).

ZERÚA (*"afligida"* o *"leprosa"*) Madre del rey Jeroboam (1 Rey. 11:26).

ZETAM (*"olivo"*) Levita que servía como tesorero del templo (1 Crón. 23:8; 26:22).

ZETÁN (*"olivo"* o *"mercader de aceitunas"*) Benjamita (1 Crón. 7:10).

ZETAR (*"asesino," "reino,"* o *"vencedor"*) Eunuco que sirvió al rey Asuero de Persia (Est. 1:10).

ZEUS Dios griego del cielo y jefe del panteón (equivalente al Júpiter latino); gobernador sobre todos los dioses; controlaba el clima. Bernabé fue confundido con Zeus por el pueblo de Listra (Hech. 14:8-12). Ver *Dioses paganos*.

ZÍA (*"tembloroso"*) Cabeza de familia de Gad (1 Crón. 5:13).

ZIBEÓN (*"pequeña hiena"*) Jefe horeo (Gén. 36:29) y antepasado de una de las esposas de Esaú (Gén. 36:2; comp. Gén. 36:20,24,29; 1 Crón. 1:38,40).

ZICRI (*"remembranza, consciente"*) (1) Levita en tiempos de Moisés (Ex. 6:21). (2) Cabezas de tres familias

de los benjamitas (1 Crón. 8:19,23,27). (3) Levita (1 Crón. 9:15), tal vez Zacur (1 Crón. 25:2,10; Neh. 12:35) y Zabdi (Neh. 11:17). (4) Descendiente de Moisés que ayudó en la tesorería de David (1 Crón. 26:25). (5) Rubenita (1 Crón. 27:16). (6) Padre de uno de los comandantes del ejército de Josafat (2 Crón. 17:16). (7) Padre de uno de los generales de Joiada (2 Crón. 23:1). (8) Guerrero efrainita que ayudó a Peka en la eliminación de los familiares y consejeros de Acab (2 Crón. 28:7). (9) Padre de un importante benjamita en la Jerusalén postexílica (Neh. 11:9). (10) Sacerdote postexílico (Neh. 12:17).

ZIF (*"que fluye"*) (1) Hijo de Maresa y nieto de Caleb (1 Crón. 2:42); el texto quizás quiere decir que Maresa fue el fundador de Zif cerca de Hebrón. (2) Familia de Judá (1 Crón. 4:16). (3) Ciudad de la parte montañosa de Judea (Jos. 15:24), probablemente tell Zif, alrededor de 5 km (3 millas) al sudeste de Hebrón. David se escondió de Saúl en el desierto de los alrededores (1 Sam. 23:14-15; 26:2). Los residentes de Zif en dos ocasiones revelaron a Saúl el escondite de David (1 Sam. 23:19; 26:1). Roboam fortificó el emplazamiento (2 Crón. 11:8). (4) Ciudad en el Neguev (Jos. 15:24), probablemente khirbet *ez*- Zeifeh al sudoeste de Kurnub. (5) Segundo mes del calendario hebreo (1 Rey. 6:1). Ver *Calendarios*.

ZIFA (*"que fluye"*) Familia de Judá (1 Crón. 4:16).

ZIFEOS Ver *Zif*.

ZIFIÓN Ver *Zefón*.

ZIFRÓN (*"fragancia"*) Lugar en la frontera norte de Canaán, cerca de Hazar-enán (Núm. 34:9); puede ser la moderna Zaferani al sudeste de Restan entre Hamat y Homs.

ZIGURAT Construcción escalonada, que usualmente termina en un templo, popularizada por los babilonios. Muchos eruditos bíblicos creen que la torre de Babel era un zigurat (Gén. 11:3-9).

ZIHA (*"la cara de Horus [dios] ha hablado"*) (1) Familia de sirvientes del templo (netineos) (Esd. 2:43; Neh. 7:46). (2) Supervisor de los sirvientes postexílicos del templo (Neh. 11:21).

ZILA (*"sombra"*) Segunda esposa de Lamec y madre de Tubal-caín y Naama (Gén. 4:19,22-23).

ZILETAI (*"Yavéh es una sombra"*, es decir, un protector) (1) Familia de los benjamitas (1 Crón. 8:20). (2) Uno de los de Manasés que apoyó a David en Siclag (1 Crón. 12:20).

ZILPA (*"de nariz corta"*) Criada de Lea (Gén 29:24; 46:18), entregada a Jacob como concubina (30:9; 37:2); madre de Gad y Aser, a quienes se consideró hijos de Lea (30:10, 12; 35:26).

ZIMA (*"Yavéh ha considerado o resuelto"*) Levita (1 Crón. 6:20,42; 2 Crón. 29:12).

ZIMRAM (*"celebrado en canción, famoso"* o *"cabra montés"*) Hijo de Abraham y de Cetura y antepasado de una tribu árabe (Gén. 25:2; 1 Crón. 1:32), posiblemente identificado con Zimri (Jer. 25:25).

ZIMRI (*"Jah ayudó"*, *"Jah es mi protección,"* o *"Jah es mi alabanza"*) (1) Hijo de Zera y nieto de Judá (1 Crón. 2:6). (2) Comandante de carros en Israel quien usurpó el trono matando a Ela (1 Rey. 16:9-10); el nombre llegó a ser un prototipo para homicidas de reyes (2 Rey. 9:31); el reinado más corto de los reyes de Israel, 7 días (16:15). (3) Líder de Simeón asesinado por Finees por llevar a una mujer madianita al campamento en el desierto (Núm. 25). (4) Descendiente de Saúl (1 Crón. 8:36). (5) Nombre de una nación que Dios juzgó (Jer. 25:25); el nombre frecuentemente se explica como un modificación del copista en base a la palabra hebrea para cimerios, o bien una designación en código para hablar de Elam, algo que se clarifica con la mención inmediata de Elam. No se tiene conocimiento de una nación de nombre Zimri.

ZIN Área desértica y rocosa a través de la cual Israel pasó camino de Egipto a Canaán (Núm. 20:1; 27:14; 33:36); se extendía desde Cades-barnea hasta el mar Muerto; formaba parte del límite sur de Canaán y más tarde de Judá (Núm. 34:3-4; Jos. 15:1,3). "Desde el desierto de Zin hasta Rehob" en Galilea está comprendida la Tierra Prometida (Núm. 13:21). El desierto de Zin debe distinguirse del desierto de Sin, el cual abarca la meseta occidental del Sinaí. Ver *Neguev; Desierto*.

ZINA Hijo de Simei, levita de la familia de Gersón (1 Crón 23:10).

ZIPOR (*"[pequeño] pájaro"*) Padre del rey Balac de Moab (Núm. 22:2,4,10).

ZIZA (*"reluciente"* o *"brillo"*) (1) Hijo de Sifi; parte de la expansión de Simeón dentro de Gedor (1 Crón. 4:37). (2) Uno de los hijos de Roboam por parte de Maaca (2 Crón. 11:20).

ZOÁN Nombre hebreo para la ciudad egipcia de Tanis situada en San el-Hagar en el brazo tanítico del río Nilo, 46,5 km (29 millas) al sur del Mediterráneo. Zoán llegó a ser capital de Egipto alrededor del 1070 a.C. bajo Smendes I y permaneció como tal hasta el 655 a.C. Núm. 13:22 hace notar que Hebrón era 7 años más antigua que Zoán, pero se desconoce la fecha exacta de la construcción de ambas. Los profetas usaron Zoán para referirse al gobierno egipcio y sus actividades (Isa. 19:11,13; 30:4; Ezeq. 30:14). El salmista alabó a Dios por los milagros del éxodo cerca de ese lugar (Sal. 78:12,43).

ZOAR (*"pequeño"*) Ciudad en el valle de Sidim, también conocida como Bela (Gén. 14:2); quizás Safi, sobre el río Zered. Fue atacada por Quedorlaomer, pero aparentemente liberada por Abraham (14:17). Lot escapó a Zoar con su familia justo antes que Dios destruyera Sodoma y Gomorra (19:23-24). Isaías profetizó que los habitantes de Moab huirían a Zoar cuando viniera la destrucción sobre su nación (Isa. 15:5; comp. Jer. 48:34).

ZOBEBA Descendiente de Judá (1 Crón. 4:8).

ZOFA (*"jarra"*) Familia de la tribu de Aser (1 Crón. 7:35-36).

ZOFAI (*"panal"*) Hijo de Elcana (1 Crón. 6:26). Ver *Zuf.*

ZOFAR Uno de los tres amigos de Job en su miseria (2:11); probablemente el más joven; el crítico más agudo de los tres y el más filosófico y dogmático en su crítica de Job.

ZOFIM (*"vigías"* o *"el campo de los vigías"* o *"puesto de observación"*) Lugar alto en la cima de Pisga cerca del extremo nordeste del mar Muerto. Balac llevó allí a Balaam para que maldijera a los israelitas (Núm. 23:14).

ZOHAR (*"testigo"*) (1) Heteo (Gén. 23:8; 25:9). (2) Hijo de Simeón (Gén. 46:10; Ex. 6:15), también llamado Zera (Núm. 26:13; 1 Crón. 4:24).

ZOHELET (*"el que se arrastra"*, *"corredizo"*, o *"piedra de la serpiente"*) Peña de sacrificio donde Adonías ofreció sacrificio en razón de su inminente coronación como rey (1 Rey. 1:9); cerca de Rogel, un manantial o pozo cerca de Jerusalén donde se encuentran el torrente de Cedrón y el valle de Hinom.

ZOHET Hijo de Isi (1 Crón 4:20); jefe de familia en Judá.

ZOMZOMEOS Nombre que los amonitas dieron a los refaítas. Vivieron al este del río Jordán hasta que los amonitas los expulsaron (Deut. 2:20). Ver *Refaítas.*

ZORA (*"avispas"* o *"avispones"*) Ciudad de Dan (Jos. 19:41) a unos 21 km (13 millas) al oeste de Jerusalén en el límite con Judá (Jos. 15:33); hogar de Manoa, padre de Sansón (Jue. 13:2); la moderna Sarah, al norte de Bet-semes. Roboam, rey de Judá, fortificó a Zora para la eventualidad de una guerra (2 Crón. 11:5-12).

ZORAÍTAS Pueblo de Zora (1 Crón. 2:54).

ZORATITAS Descendientes de Sobal que vivían en Zora (1 Crón. 2:52-53).

ZOROASTRO Antiguo profeta iraní quien le dio el nombre a la religión conocida como zoroastrismo. Ver *Persia.*

ZOROBABEL (*"descendiente de Babel"*) Nieto del rey Joaquín (llevado a Babilonia por Nabucodonosor en el primer exilio en el 597 a.C., 2 Rey. 24:10-17) e hijo de Salatiel (Esd. 3:2), segundo hijo de Joaquín (1 Crón. 3:16-17); lideró el regreso del exilio en el 539 a.C. (Esd. 2:2). De acuerdo a Esdras 3, Zorobabel y Jesúa (o Josué), el sumo sacerdote, reconstruyeron el altar y en su segundo año (538) pusieron los cimientos del templo, pero su obra fue interrumpida por la oposición de personas que habían permanecido en Palestina durante el exilio (4:1-6,24). Darío (emperador persa 522-486 a.C.) otorgó a los judíos permiso para continuar construyendo el templo (6:1-12). Bajo la instancia de Hageo (1:1, 12-15; 2:1, 20) y de Zacarías (4:6-10a), Zorobabel, ahora gobernador (Hag. 1:1) en lugar de Sesbasar (Esd. 5:14), retomó la tarea (Esd. 5:1-2), y la completó en el 515 a.C. Zacarías 6:9-14 puede reflejar el deseo de coronar rey a Zorobabel, pero no sabemos qué sucedió. Ver *Babilonia; Israel; Zacarías.*

ZUAR (*"joven"* o *"pequeño"*) Miembro de la tribu de Isacar (Núm. 1:8; 2:5; 7:18,23; 10:15).

ZUF (*"panal"*) (1) Antepasado levítico de Elcana y de Samuel (1 Sam. 1:1; 1 Crón 6:16,26,35) de Efraín. (2) "Tierra de Zuf" donde Saúl buscaba algunos asnos (1 Sam. 9:5).

ZUR (*"roca"*) (1) Jefe tribal madianita (Núm. 25:15) cuya hija, Cozbi, fue asesinada por un hombre israelita llamado Finees. Más tarde, Zur fue muerto en una batalla que libró Moisés (Núm. 31:7-8; Jos. 13:21). (2) Tío del rey Saúl (1 Crón. 8:30; 9:36).

ZURIEL (*"Dios es una roca"*) Hijo de Abihail y cabeza de la familia de Merari de los levitas (Núm. 3:35).

ZURISADAI (*"shadai es una roca"*) Padre de Selumiel, líder de la tribu de Simeón en el desierto (Núm. 1:6).

ZUZITAS Pueblo que vivió en Ham y fue derrotado por Quedorlaomer (Gén. 14:5); aparentemente llamados zomzomeos en Deut. 2:20.